全国汉传佛教院校教材

四分律
比丘尼戒相表记
教　程

〔上〕

释如瑞　编著

社会科学文献出版社
SOCIAL SCIENCES ACADEMIC PRESS (CHINA)

全国汉传佛教院校教材系列
编委会名单

总　序

佛教诸要务，教育为第一。古德云："佛法二宝，并假僧弘。"续佛慧命、住持正法，服务社会、利益众生，都要靠优秀的佛教人才来践行和落实。因此，办好佛教教育事业、培养合格佛教人才，是事关佛教健康传承的千秋大计，是推进新时代佛教中国化的重要支撑。中国佛教协会自成立以来，特别是改革开放以来，始终把人才建设作为佛教自身建设的关键环节，将发展教育作为佛教工作的头等大事，团结引领全国佛教界齐心协力育人才，克服了改革开放后佛教人才青黄不接的困难局面，初步培养了一支爱国爱教的佛教人才队伍，为佛教健康传承和推进佛教中国化不断注入生机活力。

佛教教育事业是一项艰巨复杂的系统工程，包含佛教院校建设、师资队伍建设、课程体系建设、教材体系建设、后勤保障建设等诸多方面。其中，教材建设是发展佛教教育事业的一项基础性工作。佛教院校专业课教材，是教师教学的基本依据，是学生学习的重要蓝本。编写一套高质量的佛教院校专业课教材，是中国佛教协会加强人才培养的一项重要任务，更是全国佛教界几代人的夙愿。改革开放以来，本会积极组织和推动佛教院校专业课教材编写工作，进行了持续探索，付出了不懈努力，取得了一批阶段性成果，积累了宝贵经验，为新时代继续系统推进佛教院校专业课教材建设奠定了坚实基础。

中共十八大以来，中国特色社会主义进入新时代。在2016

年全国宗教工作会议上，习近平总书记指出，积极引导宗教与社会主义社会相适应，一个重要的任务就是支持我国宗教坚持中国化方向。习近平总书记强调，要坚持政治上靠得住、宗教上有造诣、品德上能服众、关键时起作用的标准，支持宗教界搞好人才队伍建设。为深入贯彻落实习近平总书记关于宗教工作的重要论述和全国宗教工作会议精神，顺应新时代推进佛教中国化对人才培养提出的新任务新要求，本会于2018年6月启动了新时代全国佛教院校专业课教材编写工作。本会理事会和领导班子对教材编写高度重视，成立全国佛教院校教材编写领导小组，负责统筹协调、检查督促教材编写各项工作；召开以佛教院校教材编写为主题的全国佛教院校联席会，举办教材编写研讨班，研究制定《全国佛教院校教材编写工作方案》，明确教材编写总体思路、主要原则、基本要求、编写范围、工作计划等，整合全国佛教院校资源，扎实有序推动教材编写。这套《全国佛教院校教材》，正是此次教材编写工作结出的硕果。

坚持正确导向是教材编写的根本原则，质量是教材的生命，实用是体现教材价值的落脚点。为编写一套坚持佛教中国化方向、符合宗教人才培养"四项标准"、发扬中国佛教优良传统、适应当代中国发展进步要求、具有新时代中国佛教鲜明特色的高质量佛教院校专业课教材，本会为教材编写确立了以下指导思想：以习近平新时代中国特色社会主义思想和习近平总书记关于宗教工作的重要论述为指导，以社会主义核心价值观为引领，坚持佛教中国化方向，发挥本会理事会佛教教育委员会专业优势和全国佛教院校人才培养主渠道作用，调动和整合教师与编辑、教学与出版等多方面资源，凝聚全国佛教界力量共同担当佛教院校教材建设重任，确定佛教院校专业课课程体系建设和教学大纲，制订教材编写规划，努力打造一套具有时代性、基础性、科学性、发展性、权威性的佛教院校教材。

为落实上述指导思想，教材编写遵循以下基本原则：1. 精品原则。坚持质量为本，锚定精品定位，致力于编写、出版高质量、高水平、专业化、体系化的系列教材，避免低水平重复。2. 创新原则。坚持守正创新，发扬中国佛教优良传统，传承契合佛陀本怀、久经历史考验、获得广泛共识的中国佛教传统教理思想，积极推动教材编写的理念创新、方法创新、内容创新，将教材建设与佛学研究前沿紧密结合，凸显教材的时代性。3. 适用原则。坚持面向一线，将理论性与实践性有机融合，在框架结构、知识体系、表达方式等方面力求符合教材的一般要求，努力满足教师讲授和学生学习的实际需要，力争能被全国更多的佛教院校所采用。

本套教材的编写凝聚了全国佛教院校和佛教教育工作者的集体智慧。在本会统一组织下，各佛教院校根据自身资源优势和学科特长，自主选取承担相应的教材编写工作，各尽所能、优势互补，共同建设佛教院校专业课教材体系的庄严殿堂。教材编写全过程坚持高标准、严要求，初稿完成后，由相关专家进行专业评审，根据评审意见修改完善，再提交教材编写领导小组审核，审核通过后，交付出版。从执笔编写、评审修改到审核把关、出版发行，力求各环节精益求精，努力将高质量的教材建设目标和要求落到实处。

本套教材包括基础教材和原典教材两大部分，每一部分根据具体学科和内容分为不同模块。基础教材主要指佛教通史、概论、宗派史等类课程的教材。原典教材主要指佛教经典讲解、阐释类教材。基础教材重在构建和传授关于佛教教理思想、历史源流、教规制度、文化艺术等方面的基础知识体系，原典教材重在引导学生细读经典，学习经典解读方法，培养经典阐释能力。两部分教材各有侧重、相得益彰，既传承了两千多年来中国佛教的智慧结晶，也吸收了当代佛学研究和佛教院校学科建设的崭新成果，共同构成了比较系统完整的新时代佛教院校专业课教材体系。

　　本套教材是推进新时代佛教中国化在佛教教育领域的重要体现与成果，在当代中国佛教教育发展史上具有里程碑意义。其出版和应用将进一步夯实佛教院校学科体系建设和佛教人才培养工作的基础，进一步强化佛教健康传承和佛教中国化的人才支撑。该套教材也可为希望了解佛教知识的社会人士提供有益参考。限于水平，教材中难免错误与疏漏。恳请全国佛教院校师生和社会各界关心佛教事业的人士斧正，惠赐宝贵意见。守正创新永无止境。本会也将在人才培养实践中适时对教材进行修订完善，推动佛教院校教材建设与时俱进，为全面建设社会主义现代化国家、实现中华民族伟大复兴的中国梦做出佛教界应有的贡献。

中国佛教协会会长　演觉

二〇二一年十月

内容提要

此《四分律比丘尼戒相表记教程》(简称《教程》) 旨在注释《四分律比丘尼戒相表记》(简称《表记》), 为原典类教材。《表记》体量颇大,《教程》篇幅随之亦长。

全书共有十二章:

第一章 "四分律比丘尼戒相表记编修缘起":录出慈舟法师、胜雨法师、通愿法师为编修《四分律比丘尼戒相表记》所作之叙及序, 说明编修缘由, 令尼僧对佛制戒律生增信心。

第二章 "悬叙义门":慈舟律师撰写, 重点阐释律学之核心概念及基本常识。

第三章 "释题":依释经惯例, 释 "法题" 与 "人题"。前者包括《四分律比丘尼戒相表记》及《四分比丘尼戒本》;后者则含《四分律》部主、译主及《比丘尼戒本》重刻主。

第四章 "叙前方便及说戒经序":"叙前方便" 中重点叙述昙无德尊者所作皈敬赞颂、说戒羯磨前方便及秉白羯磨;"说戒经序", 即解说别解脱经 (比丘尼三百四十八条止持戒) 之由绪, 由此进入戒文。

第五章 "波罗夷戒法" 至第十一章 "灭净法":是依《表记》所录《比丘尼戒本》之篇聚列章, 章中大都依戒条设节。每节中, 着重注释当戒戒名、缘起、戒文、制意、具缘、罪相、开缘以及祖师警策等。

第十二章 "结劝回向":重点解释 "七佛略教" 及 "部主结颂"。七佛略教中各分 "法体偈" 及 "能说人" 两部分;部主所作十四首偈颂分为 "成二因果" 乃至 "总结回向" 六个主题。

此外,《教程》对《表记》后所附《行事钞·对施兴治篇》作了简要解释。

《教程》遵循 "述而不作" 之编写原则, 但于个别条文, 亦依律藏原文作必要之更正说明或提示。

ONTENTS

上　册

中　册

下　册

本册目录

上 册

凡 例

1.《四分律比丘尼戒相表记教程》（以下简称《教程》）旨在注解《四分律比丘尼戒相表记》。《教程》中【记】后列示之文，是《四分律比丘尼戒相表记》原文。其余内容，若无特别标明，皆是对原文之注释。

2.《教程》所注释《四分律比丘尼戒相表记》，是 1944 年北京通教寺胜雨比丘尼等编辑，1957 年清凉山（五台山）清泰茅棚通愿法师修订，2003 年五台山普寿寺律学研讨组重校本。

3.《四分律比丘尼戒相表记》，依据弘一律师①所作《四分律比丘戒相表记》格式。若比丘、比丘尼同制同学之戒，即照比丘表记之原式；若比丘尼不同于比丘之戒，依据《四分律·第二分》（即比丘尼止持戒）摘录列示。在具缘、开缘、境想、并制等等方面之差别，皆依据律藏作适当改编。

4. 每条戒之制意，依于《四分律疏》（唐·法砺律师著，《卍新续藏》收录）摘录，若《四分律疏》中没有，即从《开宗记》（唐·怀素律师著，《卍新续藏》收录）中摘录。

5. 比丘、比丘尼相同之戒，所引缘起、举证等，多是比丘。因与比丘尼同制，所以下列"尼同"以示之。

6. 不同于比丘之戒，所列犯戒之相状，或摘录于《行事钞·尼众别行篇》，或摘录于《比丘尼钞》。若此二著作中皆无，则采用《四分律比丘尼戒本会义》（清·

---

① 弘一律师（1880～1942），原籍浙江，生于天津，俗姓李。民国初年中兴南山律学之名僧，也是著名的书法家、音乐家。在文艺界，以"李叔同"之名为世所知。1918 年舍俗出家于杭州虎跑定慧寺，法名演音，号弘一。同年九月受具足戒于灵隐寺，晚年号晚晴老人、二一老人。师秉志道业，发心扶律，终年粗衣淡饭，甘之若素，破衲敝席，用之数十年不易。常往来于嘉兴、上海、温州等地，并闭关著述。1928 年入闽，常居厦门南普陀及泉州承天、开元等寺，弘扬南山戒律，曾创设"南山律学院"。抗战时期提出"念佛不忘救国，救国必须念佛"的爱国主张。1942 年十月示寂于晋江温陵养老院，世寿 63，僧腊 24。师平生最推崇印光大师"不收徒众、不主寺刹"之风，惟以写字与人结缘。其清纯恬淡、孤高耿介之风范，对民国以来佛教界影响极大。主要著作有：《弥陀义疏撷录》《四分律比丘戒相表记》《清凉歌集》《华严联集》《戒本羯磨随讲别录》《四分含注戒本讲义》《南山道祖略谱》《南山律在家备览要略》《佛学丛刊》等。1974 年台湾有蔡运辰所编《弘一大师法集》行世。

德基律师述）所列。偶尔也有摘录《卍新续藏》中收录的《四分律疏》及《开宗记》等。

7. 每条戒之后的警策语，多数摘录自道宣律师著作，如《四分律删繁补阙行事钞》《四分律含注戒本疏》《四分比丘尼钞》，或灵芝律师之撰述，如注释道宣律师《行事钞》之《资持记》，注解道宣律师《戒本疏》之《行宗记》等。

8. 《四分律比丘尼戒相表记》中冠之以 案 字部分，为弘一律师私人记述。①

9. 《四分律比丘尼戒相表记》中偶尔在表下或"警策语"中有括弧（）记号，其中内容为慈舟律师所述，以诫敕尼众。

10. 每条戒戒名之后，冠以"同、大、性"或"同、大、制"等字样。"同"：指比丘、比丘尼同制同学。"大"：菩萨戒亦制，与大乘行者同戒。《教程》解释"戒名"时，若未详明"大乘菩萨戒"之出处，通指菩萨比丘尼若犯此戒，则违反菩萨三聚净戒及发菩提心之本怀，是故不许。"性"：犯此戒为性罪。"制"：犯此戒为遮罪。

11. 《四分律比丘尼戒相表记》中每一篇篇名之下，注明若干年，是指犯本篇任何一戒，堕在某种地狱中的人间年数。比如，犯初篇波罗夷戒，则堕炎热地狱，人间年数九十二万万一千六百万年。

12. 《教程》编写基本上遵行中国佛教协会 2019 年 5 月下发的"全国汉传佛教院校教材编写体例"。但关于标题级别，由于个别章节内容微细繁杂，则使用"子丑寅卯"或"A. a."等科判细目。

13. 《教程》共分十二章，其中第五章"波罗夷戒法"、第六章"僧伽婆尸沙戒法"、第七章"尼萨耆波逸提戒法"及第八章"波逸提戒法"四章中，原则上一戒一节，以戒名为节名。而第九章"波罗提提舍尼戒法"、第十章"众学法"以及第十一章"灭诤法"三章，因每条戒内容比较简单，篇幅过小，不足为节，故作适当合并。

14. 《教程》各节所列科目，主要根据《四分律比丘尼戒相表记》所出每条戒之实际内容，未依用原文页眉所列仅科分"戒文"之科判。

15. 《教程》所出《四分律比丘尼戒相表记》原文中小五号括弧及文字，为《教程》编写者所加。

16. 《四分律比丘尼戒相表记》原文中各种表格，如罪相、境想、并制、开缘等，按照章节内容编排，不另加表题、序号。《教程》作者编制诸表格，全书统一排序，并加表题。

---

① 《表记》中"案"文，皆出自弘一律师著《四分律比丘尼戒相表记》，福建省新闻出版局准印，准印证号：（闽）新出［2012］内书第 36 号（宗）。

17. 练习题及思考题，根据各章节篇幅、重点、难点等具体情况，或在"章"后，或在"节"尾列示。

18. 《教程》所引文献，除特别说明者，皆出自"CBETA 电子佛典"（Version June 2016）。

19. 《四分律比丘尼戒相表记》所引著作大多是略称。例如《尼戒会义》，全称是《比丘尼戒本会义》；《开宗记》，全称是《四分律开宗记》；《重治毗尼》，全称是《重治毗尼事义集要》，等等。《教程》常引文献中引用的三藏典籍及著作，也多是略称。比如"四分""此律""本律"，皆指《四分律》；"善见""见论""善见律""善见论"，皆指《善见律毗婆沙》；"多论""婆论""萨婆多论"，皆指《萨婆多毗尼毗婆沙》；"南山行事钞""行事钞""南山之钞"，皆指《四分律删繁补阙行事钞》，等等。为方便读者学习阅读，这里列出《四分律比丘尼戒相表记》及《教程》常引文献简称、全称一览表。

全称	《表记》原文、《教程》引文简称	《教程》释文简称
《大方广佛华严经》	华严大经 华严 大经	《华严经》
《大方等大集经》	大集经 大集	《大集经》
《大般涅槃经》	涅槃 涅槃经	《涅槃经》
《四分律》	四分 此律 本律 律	——
《十诵律》	十诵	——
《弥沙塞部和醯五分律》	五分 五分律	《五分律》
《摩诃僧祇律》	僧祇 僧祇律 祇	《僧祇律》
《根本说一切有部毗奈耶》	根本律	《根本说一切有部律》
《根本说一切有部苾刍尼毗奈耶》	根本律	《根本说一切有部尼律》
《佛说目连问戒律中五百轻重事经》	——	《五百问事》
《萨婆多毗尼毗婆沙》	多论 婆论 萨婆多论	《萨婆多论》
《萨婆多部毗尼摩得勒伽》	伽论 摩得伽	《伽论》
《根本萨婆多部律摄》	律摄	《律摄》
《律二十二明了论》	明了论 明了	《明了论》
《善见律毗婆沙》	见论 善见 善见律 善见论	《善见律》
《毗尼母经》	母论 毗尼母	《母论》
《大智度论》	智论 智度论	——
《四分律删繁补阙行事钞》	南山行事钞 行事钞 钞 南山之钞 南山四分律行事钞	《行事钞》
《四分律比丘含注戒本》	南山含注戒本	《含注戒本》

续表

全称	《表记》原文、《教程》引文简称	《教程》释文简称
《四分律含注戒本疏》	南山戒本疏　戒本疏　戒疏	《戒本疏》
《四分比丘尼钞》	比丘尼钞	《比丘尼钞》
《四分律开宗记》	开宗记　四分开宗记	《开宗记》
《四分律行事钞资持记》	灵芝资持记　资持记	《资持记》
《四分律含注戒本疏行宗记》	灵芝行宗记　行宗记	《行宗记》
《四分律删补随机羯磨疏济缘记》	灵芝济缘记	《济缘记》
《重治毗尼事义集要》	重治毗尼　重治毗尼	《重治毗尼》
《毗尼止持会集》	见月止持　见月毗尼止持	《毗尼止持》
《四分律比丘尼戒本会义》	尼戒会义	《尼戒会义》

第一章 四分律比丘尼戒相表记编修缘起

导 言

《四分律比丘尼戒相表记》（简称《表记》），是 1944 年北京通教寺胜雨法师、通愿法师等大德尼僧编辑。

慈舟律师应编者之请，为生增尼众对佛制戒律之信乐，感念弘一律师作《四分律比丘戒相表记》之悲心以及胜雨法师等作《表记》之本怀，作"四分律比丘尼戒相表记叙"。"叙"中着重赞叹戒之功德，概述学戒之重要、不学戒之过患。胜雨法师同时亦作"四分律比丘尼戒相表记序"，重申学戒之重要，简述自己学戒之因缘及感受，并说明作《表记》之缘由。通愿法师与十方尼众学习《表记》十余载之后，对《表记》又作校对修订，并作"四分律比丘尼戒相表记修订序"，概说学习《表记》之感触，明示对盗戒内容作修订之缘由及方法。

此章分三节：一、四分律比丘尼戒相表记叙，二、四分律比丘尼戒相表记序，三、四分律比丘尼戒相表记修订序。

建议讲授 2 课时，讨论 2 课时，共 4 课时。

第一节 四分律比丘尼戒相表记叙

【记】 窃闻戒为无上菩提本，无戒不成佛故。又为三学之首，不学不知持犯故。为杀贼之先锋，以戒制惑业始成定慧故。为防非之城郭，无城则持戒良民失所故。为法王之家规，无戒规不能约束子孙故。为僧众六和之首，无戒则成一盘散沙故。为修道之急务，五夏以前专精戒故。为三宝之护符，无戒则三宝潜辉故。为佛法之寿命，有戒即佛法住世故。为诸宗之基础，佛教弟子必先皈戒故。为诸佛之印信，三世不易故。具此无尽种种功德，故学戒乃能自利利他。三百四十八戒，名曰三百四十八学处。儒云：不学诗无以言，不学礼无以立。

佛子不学经论无以言，不学戒律无以立。既无立足之地，即或能讲，欲将取信于谁。况不学经论不闻堕何地狱，比丘尼所受三百四十八戒，一戒不学，即或不犯，亦有不学无知罪，当堕众合地狱一万万四千四百万年。犯则随戒轻重结罪。故犯罪轻重经，不可不读。况佛制戒，皆以摄取于僧故，令僧欢喜故，令僧安乐故，未信令信故，已信令增故，难调令调故，惭者得安故，断现在有漏故，断未来有漏故，令正法久住故。戒具此十种因缘，岂可小哉。奈知识幼稚不知痛痒者，奔忙尘劳，不肯学戒。具正见之弘一律师深怜愍之，于民国辛酉年出四分律比丘戒相表记。希望好学而畏难之比丘，一学即知梗概。近来北京通教寺胜雨比丘尼等，亦体此意，闵彼不学之尼，出四分律比丘尼戒相表记。问叙于余，余固不敏，见此护法救人之胜意，不得不搜索枯肠，略述数语以应之。常希学者多阅律藏及弘一律师之表记，始终乃知。尚有不及赘述者多，是为叙。

民国三十三年十二月八日慈舟①扶病叙于安养精舍

此是慈舟律师于 1945 年初为《四分律比丘尼戒相表记》所作之叙。此叙约意可分为三段：（一）赞叹戒之功德（"窃闻戒为无上菩提本……故学戒乃能自利利他"）。（二）明学戒之重要与不学戒之危害（"三百四十八戒……岂可小哉"）。（三）述作叙之缘由（"奈知识幼稚"以后）。

第一段：赞叹戒之功德——"窃闻戒为无上菩提本……故学戒乃能自利利他"

【记】　窃闻戒为无上菩提本，无戒不成佛故。

慈舟律师云，自己曾听闻"戒为无上菩提本"②，戒如平地，能生万善功德，无上菩提必从戒地出生。《大智度论》云："若人弃舍此戒，虽山居苦行食果服药，与禽兽无异。或有人但服水为戒，或服乳或服气……或着草衣或木皮衣……受行苦行。以无此戒空无所得。"③ 是以无戒，菩萨便不能成就六度，无上菩提则无从谈起？

【记】　又为三学之首，不学不知持犯故。

----

① 慈舟律师（1877～1958），湖北随县人，俗姓梁，幼年从父母学佛，成年后常怀出家之志。1910 年，与妻同时出家于随县佛垣寺，礼照元法师为剃度师，法名普海。复于汉阳归元寺受具足戒。1914 年，就学于上海哈同花园华严大学。1918 年，于河南信阳贤首山，开讲《大乘起信论》。次年，与了尘、戒尘二法师，于汉口九华寺开办华严大学。1923 年，应杭州灵隐寺之请，开办明教学院，复佐惠宗法师筹办法界大学。1929 年，任灵岩山住持。1931 年，应虚云老和尚之邀，前往福建鼓山筹办法界学院。1958 年 1 月 6 日，于北京安养精舍示寂，世寿 82，僧腊 48。师毕生持戒精严，除弘宣律部外，亦致力于华严、净土的弘扬。著有《毗尼作持要录》《菩萨戒本疏》《大势至菩萨圆通章讲义》《金刚经中道了义疏》等。今有《慈舟大师法汇》行世。

② （东晋）天竺三藏佛驮跋陀罗译《大方广佛华严经》卷六"贤首菩萨品第八之一"，原文是："戒是无上菩提本"。《大正藏》第 9 册，第 433 页。

③ 〔印度〕龙树菩萨造，（后秦）龟兹国三藏法师鸠摩罗什奉诏译《大智度论》卷 13，《大正藏》第 25 册，第 153 页。

"三学"即戒、定、慧三无漏学。因戒生定，因定发慧。由戒出三途，定超六欲，慧脱三界，如此三法相资，烦恼净尽，不再流转生死。今三学中，戒学居首。因不学戒，便不知开遮持犯，从而造诸过非，而障定慧之发生。是以不学戒，欲免三途犹难，何况出离三界？

【记】　为杀贼之先锋，以戒制惑业始成定慧故。

"贼"乃烦恼之喻，以烦恼贼能掠夺行者之功德法财，坏行者之法身慧命，故以为喻。言"戒"为杀贼之先锋者，以烦恼惑业难清，要由方便。今先以戒捉，次以定缚，后以慧杀。若不以戒防，则随境造非，心猿意马，定从何生？定既不修，于诸我倒，无思择力，明慧自隐，证道无由。《遗教经》云："戒是正顺解脱之本，故名波罗提木叉。因依此戒，得生诸禅定及灭苦智慧。"[①]

【记】　为防非之城郭，无城则持戒良民失所故。

城有内、外之分，内云城，外曰郭。戒乃防非止恶之城郭，若无戒城，则烦恼贼随时侵入，致使善法功德荡然无存也。

【记】　为法王之家规，无戒规不能约束子孙故。

"法王"者，即佛之尊称。以王有最胜、自在之义。而佛为弘传之主，能自在教化众生，故称法王。"规"者，画圆形之器具，喻法则也。若无家规，则子孙缺乏家教，其家必遭破败，法门亦如是。戒是佛所制定之家规，无戒则无法约束佛弟子。因此佛于涅槃会上，殷勤嘱咐弟子们以戒为师。佛虽灭度，由有戒故，亦如在世无异。《遗教经》云："汝等比丘，于我灭后，当尊重珍敬波罗提木叉……当知此则是汝等大师，若我住世，无异此也。"[②]

【记】　为僧众六和之首，无戒则成一盘散沙故。

"六和"即身和共住、口和无诤、意和同悦、戒和同修、见和同解、利和同均。而六和必以戒摄持，若无戒，则身心无法安住；又无戒，亦无法利和同均。如檀越施物，若寺主以己物收之，岂能同均耶！故《华严经》云："具足受持威仪教法。是故能令僧宝不断。……行六和敬。是故能令僧宝不断。……善御大众心无忧恼。是故能令僧宝不断。"

【记】　为修道之急务，五夏以前专精戒故。

约声闻而言，因急于了生脱死，故戒急乘缓；若约菩萨而言，则戒乘俱急。故

---

① （后秦）龟兹国三藏法师鸠摩罗什译《佛垂般涅槃略说教诫经》，《大正藏》第12册，第1111页。
② （后秦）龟兹国三藏法师鸠摩罗什译《佛垂般涅槃略说教诫经》，《大正藏》第12册，第1110页。

不问菩萨比丘、比丘尼或声闻比丘、比丘尼皆应以戒为修道之急务。律中，佛制比丘五夏以前专精戒律，若达持犯，办比丘事，乃可学习经论。《四分律》制："若愚痴无智慧者，尽形寿依止。""制五岁比丘，当诵戒诵羯磨使利。若不者如法治。"①

"专精"者，专是专一；精是不杂也。"夏"，指由如法结夏安居所得之夏腊。五夏乃对比丘而言。比丘尼，则须六夏专精戒律。如《十诵律》"比丘尼单提"第一〇六条制："从今听诸比丘尼受大戒满六岁不依止他、不满六岁依止他，十二岁得畜众。"②

【记】　为三宝之护符，无戒则三宝潜辉故。

"护符"者，能消灾延寿之吉祥灵符，佩戴于身，则邪恶不侵。而戒即是三宝之护符，若出家人依戒行持，具足威仪幢相，能光耀三宝。故《成实论》云："道品楼观，以戒为柱；禅定心城，以戒为郭；度生死河，以戒为桥梁。入善人众，以戒为印。"③ 若无戒，三宝之光辉则随之隐没。

【记】　为佛法之寿命，有戒即佛法住世故。

毗尼住世，佛法住世，故戒为佛法之寿命。《十诵律》中设问答："问：过去佛法几时住世？佛言：随清净比丘不坏法说戒时名法住世。又问：未来佛法几时住世？佛言：随清净比丘不坏法说戒时名法住世。又问：今世尊法几时住世？佛言：随清净比丘不坏法说戒时，名法住世。"④ 《百一羯磨》卷三亦云："云何名为正法住？云何名正法隐没？佛言：有秉羯磨者有顺教行者，既有能秉法人及有行人。此则名为正法住世。若不作羯磨及无顺教行者，名为正法隐没。"⑤

【记】　为诸宗之基础，佛教弟子必先皈戒故。

佛教之各宗派于修证上，虽各有所长，然不论何宗何派，必不可离戒而修。故蕅益大师云："非归戒无以为出要之本；非闻修无以开出要之门。"⑥ 因此，佛门子弟，必先皈敬于戒。不尔，所修尽成外道，故曰戒为诸宗之基础。

【记】　为诸佛之印信，三世不易故。

"印信"者，谓凭此官印，以资信守也。"如人捧持王印，随处无畏；行者亦

① （后秦）罽宾三藏佛陀耶舍共竺佛念等译《四分律》卷三十四、卷三十六，《大正藏》第 22 册，第806 页、第 825 页。
② （后秦）北印度三藏弗若多罗共罗什译《十诵律》卷四十五，《大正藏》第 23 册，第 325 页。
③ 〔印度〕诃梨跋摩尊者造，（后秦）三藏鸠摩罗什等译《成实论》卷十四，《大正藏》第 32 册，第351 页。
④ （后秦）北印度三藏弗若多罗共罗什译《十诵律》卷四十八，《大正藏》第 23 册，第 346 页。
⑤ （唐）三藏法师义净奉制译《根本说一切有部百一羯磨》卷三，《大正藏》第 24 册，第 468 页。
⑥ （明）智旭：《灵峰蕅益大师宗论》卷二，《嘉兴藏》第 36 册，第 275 页。

尔，执持戒印，到处无碍，不为一切魔怨所娆，直至涅槃。"①"三世不易"：是指十方三世诸佛，佛佛道同，皆不改以戒为印信也。

【记】 具此无尽种种功德，故学戒乃能自利利他。

戒具如此无尽种种功德，因此大家应发起学戒、持戒之心，令三学次第增上，而达解脱。由己之解脱，进而才能真正发菩提心，令他人解脱。如是学戒、持戒，即是自利利他也。

第二段：明学戒之重要与不学戒之危害——"三百四十八戒……岂可小哉"

【记】 三百四十八戒，名曰三百四十八学处。

三百四十八戒，是比丘尼止持戒总数。所谓"学处"，根本能生，故名为处；是处应学，故名学处。《瑜伽师地论》言，学处有七义："一自利处。二利他处。三真实义处。四威力处。五成熟有情处。六成熟自佛法处。七无上正等菩提处。"②

【记】 儒云：不学诗无以言，不学礼无以立。佛子不学经论无以言，不学戒律无以立。既无立足之地，即或能讲，欲将取信于谁。况不学经论不闻堕何地狱。

《论语·季氏篇》云：不学诗，无以言对；不学礼，无以立足。佛门亦复如是：不学经论，无以言对；不学戒律，无以立足。今既无立足之地，即或能讲经说法，将欲取信于谁？更何况不学经论，未曾闻堕何地狱。

【记】 比丘尼所受三百四十八戒，一戒不学，即或不犯，亦有不学无知罪。当堕众合地狱一万万四千四百万年，犯则随戒轻重结罪。

比丘尼所受三百四十八条戒，只要有一戒不学，即使不犯，也结不学无知罪。此罪属波逸提，当堕众合地狱一万万四千四百万年。若因无知而犯戒，则随所犯戒之轻重再结罪。

据《资持记》释：言不学者，或忽慢戒律，都无所知；或虽能学习，不专持奉，虽学亦名不学；或先曾奉持，中道而废，皆结不学无知罪。③

又，不学罪，凡经两结：若初起心不学，顿、渐随犯。顿：即若要心于可学境止，作不学意，则于一一法上，顿得不学罪；若要心于一法不学，于余悉学，望此不学一法边，犯一止罪，名渐。此初起心不学，不结无知罪。后随事不了，则结二罪：一则不学吉罪；二则无知提罪。是以，无知必约不学之人。若学人，一向无罪。因尚未学到而犯，不结无知罪。

---

① （明）广州沙门释弘赞在犙辑《四分律名义标释》卷二，《卍新续藏》第44册，No.0744.
② 弥勒菩萨说，（唐）三藏法师玄奘奉诏译《瑜伽师地论》卷三十五，《大正藏》第30册，第482页。
③ （宋）余杭沙门释元照撰《四分律行事钞资持记》卷二，《大正藏》第40册，第338页。

此处以"掘地戒"为例列表以明。

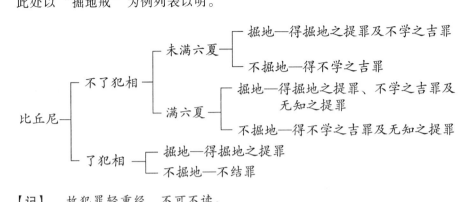

【记】 故犯罪轻重经，不可不读。

犯罪轻重经，即《佛说目连问戒律中五百轻重事经》，又作《五百问事经》《五百问》，内述佛答目连所问末世比丘违犯戒律罪报之轻重。

【记】 况佛制戒，皆以摄取于僧故，令僧欢喜故，令僧安乐故，未信令信故，已信令增故，难调令调故，惭者得安故，断现在有漏故，断未来有漏故，令正法久住故。戒具此十种因缘，岂可小哉。

更何况佛制戒，皆具十句义：摄取于僧乃至令正法久住。每条戒都具此十种殊胜因缘，岂可视为小事！

此十句义，将在悬叙义门制戒因缘中详释，此不赘述。

第三段：述作叙之缘由——"奈知识幼稚"以后

【记】 奈知识幼稚不知痛痒者，奔忙尘劳不肯学戒。

言"知识幼稚"者，谓浅薄后学之辈，"不知痛痒"者，谓麻木不仁，犯戒亦不畏因果。亦即不知学戒之重要与不学戒之害处。"尘劳"：为烦恼之异称。以烦恼能染污心，犹如尘垢能使身心疲惫。此处指俗人所做，如掘地、坏生种、绩纺等障碍解脱之事。

出家之士本应修出离行，奈何有斯知识浅薄、麻木不仁者，不畏因果，不知轻重，终日奔忙于俗人所做之事，不肯发心学戒。

【记】 具正见之弘一律师深怜愍之，于民国辛酉年出四分律比丘戒相表记，希望好学而畏难之比丘，一学即知梗概。

此段叙述弘一律师作《比丘戒相表记》的缘由。以不学戒者将来必堕苦处，故弘一律师深怜愍之，于民国辛酉年（1932），根据《四分律》，以图表格式列出各条戒的罪相、开缘等，希望好学而畏难之比丘，一学即知每条戒之梗概。

【记】 近来北京通教寺胜雨比丘尼等，亦体此意，阅彼不学之尼，出四分律比丘尼戒相表记。

此叙《比丘尼戒相表记》之由来。由北京通教寺胜雨法师等（慧证法师、同德法师、通愿法师），深感尼众也存在同样的学戒困难，悲愍不学戒之尼众，仿《比丘戒相表记》作此《比丘尼戒相表记》。

【记】　问叙于余，余固不敏，见此护法救人之胜意，不得不搜索枯肠，略述数语以应之。

编写《四分律比丘尼戒相表记》之尼众法师，请慈舟律师写叙。慈老法师谦称，说自己虽然不聪敏，但见此护法救人之胜意，不得不搜索枯肠，略述数语以应诸位法师之请求。

【记】　常希学者多阅律藏及弘一律师之表记，始终乃知。尚有不及赘述者多，是为叙。

慈舟律师告诫后学者，当多阅读律藏及弘一律师作《比丘戒相表记》，如是方能真正明了戒律的来龙去脉及真实之义。尚有许多未叙述之处，不再赘述。以此为叙。

【记】　民国三十三年十二月八日慈舟扶病叙于安养精舍

慈舟律师于甲申年腊月初八（即1945年1月21日），于安养精舍抱病作叙。

第二节　四分律比丘尼戒相表记序

【记】　夫波罗提木叉者，别而言之，为无上菩提本；总而言之，为四圣之阶梯。诸佛因此得成正觉，菩萨依此而证贤圣，二乘藉此而超三界。三界众生如欲转凡成圣，舍此则如蒸沙欲成嘉馔，尘劫叵得。故大经云：戒为无上菩提本，应当具足持净戒。我佛世尊，始成正觉，顿结三聚。终至鹤林，嘱师木叉。岂非离木叉，则六凡无由离苦；缺尸罗，则四圣无以证圣。是以欲严戒体，当从戒相戒行勉力行之。利根菩萨，固如良马，一见鞭影，即超彼岸。钝根声闻，百劫千生，亦难并驰，况凡夫乎。因此大权菩萨，见十二年前之略教诫，不能制御末世众生故，乃于十二年后示现犯戒，作制戒因缘。随犯随遮，制成比丘二百五十戒，比丘尼三百四十八戒。我等既为尼众，应于比丘尼戒一一学之。一戒不学，即犯一不学无知罪。一切不学，即犯三百四十八不学无知罪。既不知持犯，则犯戒之罪，宁有数乎。故曰末世众生，犯戒犹如雨点。翻犯成持，则福亦如之，何得痴而不为。雨自惭业障深重，福薄慧浅。虽祝发染衣，以失学故，一举一动，常违戒律。一语一默，恒犯尸罗。不遇知识，无由知悔。幸于民国二十二年秋，得遇慈公老人，在闽省鼓山涌泉寺，开办法界学苑，讲演华严大经。老人以三学并进，故每于法座必以戒律为先导。常云解要圆，行要方，婆心切切。希诸学者，成贤成圣。雨虽愚而非木石，闻教之余，即具学戒之心。无奈光阴迅速，忽忽十有一载，心力有余，而慧力不足。故虽学而未能深入，纵有一知半解亦未能实行，可惭可愧。回思未学戒前，所作多成罪种。既学戒已，知惭知惧故，纵未能严持不犯，亦觉多犯不如少犯。或有犯时，惧罪报故，随时学忏。决不敢似麻木不仁者，以犯戒事视作福事。如此知解，实由亲近善知识而得。佛制尼众之八敬法，皆依大僧，深有意焉。后蒙老人讲弘一律师所集之四分律比丘戒相表记，见闻之下，欢喜莫名。表中所列罪相具缘开缘，一一了如指掌，令初学者易得门径。并集有学戒次第，及种种良好警策。句句皆阿伽陀药，服者必能发心学戒，得疗众病，实末法僧伽之大光明灯也。雨思尼众，若有此表，以便习学，不亦善乎。是以效比丘戒相表，再搜集律藏及行事钞、比丘尼钞、资持记、四分律疏等律部，集成此表，名曰四分律比丘尼戒相表记，以备自习耳。今同学尼共谋付印，公诸大众。恐有错误，伏希贤者，更正是幸。将付梓时，略述数语，以序始末。

时在　中华民国三十三年腊月佛成道日比丘尼胜雨[①]序于北京通教寺

此是胜雨法师所作之序。此序文大分三段：（一）明学戒之重要（"夫波罗提木叉……何得痴而不为"）。（二）叙学戒因缘及感受（"雨自惭业障深重……深有意焉"）。（三）作《比丘尼戒相表记》缘由（"后蒙老人"以后）。

第一段：明学戒之重要——"夫波罗提木叉……何得痴而不为"

【记】　夫波罗提木叉者。

"夫"是发语词。"波罗提木叉"，华言别别解脱，于三百四十八条戒上别别防非而得别别解脱也。或云处处解脱，意即缘一切情非情境得戒，能防护不犯，便于所发戒处尽得解脱。或云保解脱，谓但肯学戒，持一条，解脱一条。今言波罗提木叉，此约果而立名，以戒之因行，方感木叉之果故。

【记】　别而言之，为无上菩提本；总而言之，为四圣之阶梯。诸佛因此得成正觉，菩萨依此而证贤圣，二乘藉此而超三界。

---

① 胜雨法师，福建籍，生卒年月及出家因缘皆不详。1937 年福州"法界学院"迁至北平时，与开慧法师跟随而来。1942 年，入住东直门内一条小胡同里一间破败尼寺。1943 年仿弘一律师《四分律比丘戒相表记》，编写了《四分律比丘尼戒相表记》，之后又将寺院彻底翻建，更名为"通教寺"并任住持，随即又创办"八敬学院"接引尼僧。法师秉承慈舟律师"以华严为宗，戒律为行，净土为归"此"三宗齐入"的修行理念，"以持戒、念佛"为实修课业。法师恪守戒律，所定寺规亦颇严厉。后因种种事由，法师舍戒前往天津。之后信讯全无。

从别而论，戒为无上菩提之根本。因为只有因行清净，果上才能圆满。所以，无戒欲成佛，无有是处。就总而言，戒为四圣（佛、菩萨、缘觉、声闻）剋证的阶梯。十方三世一切诸佛皆因此戒而成无上正等正觉，菩萨悉依于戒而证三贤十圣，声间、缘觉二乘亦借此戒而超出三界。

【记】　三界众生如欲转凡成圣，舍此则如蒸沙欲成嘉馔，尘劫叵得。

正因为有戒，三界众生才能转凡成圣。若舍此戒，则如蒸沙煮饭，欲成美好嘉肴，纵经久远尘劫亦不可得。所谓"尘劫"，《法华经·化城喻品》云："有佛两足尊，名大通智胜。如人以力磨，三千大千土，尽此诸地种，皆悉以为墨。过于千国土，乃下一尘点，如是展转点，尽此诸尘墨。如是诸国土，点与不点等，复尽末为尘，一尘为一劫。此诸微尘数，其劫复过是，彼佛灭度来，如是无量劫。"[①]

【记】　故大经云：戒为无上菩提本，应当具足持净戒。

"大经"即指《大方广佛华严经》东晋译本。全偈为"戒是无上菩提本，应当具足持净戒，若能具足持净戒，一切如来所赞叹"。

【记】　我佛世尊，始成正觉，顿结三聚。

尔时，释迦牟尼佛初坐菩提树下成无上正等正觉，即顿结三聚净戒。三聚净戒即大乘菩萨戒法。因三聚戒法无垢清净，且含摄大乘诸戒，圆融无碍，故称三聚净戒、三聚圆戒。包括：（1）摄律仪戒（收摄一切律仪戒，为止恶门）。律仪即是禁止造作恶业。欲除恶业，须灭业因，此即止持行。又，此戒为法身之因，以法身本自清净，由恶所覆而不得显。今离断诸恶，则功德显现。（2）摄善法戒（收摄一切善法，为修善门）。即世出世间大小二乘所修证的八万四千法门，如戒定慧三学、六度万行等法，菩萨能够究竟圆满地去修学，以求证无上佛道，并以此修证功德究竟利益众生。此即作持行。以其止恶修善，故为成就报身佛之缘。（3）摄众生戒（将一切摄受众生之法集在此聚而形成，即利生门）。即欲令一切众生究竟得度，而行布施、爱语、利行、同事四摄法，故亦名饶益有情戒。以此饶益有情，成就应身佛。

此三聚净戒为大乘道俗通行戒。大乘僧众始受摄律仪戒，此谓别受。后再总受三聚净戒，称为通受。

【记】　终至鹤林，嘱师木叉。

至佛最后涅槃时，仍殷勤嘱咐弟子："以戒为师。""鹤林"指世尊于印度拘尸

---

① （后秦）三藏法师鸠摩罗什奉诏译《妙法莲华经》卷三，《大正藏》第9册，第22页。

那揭罗城跋提河畔入灭的娑罗树林，又称白鹤林。时世尊入涅槃，娑罗林乃垂覆宝床，遮盖如来，后惨然变白，犹如白鹤，故"鹤林"一词亦转用为"佛涅槃"之意。

佛临灭度，告阿难言："汝勿见我入般涅槃，便谓正法于此永绝。何以故？我昔为诸比丘，制戒波罗提木叉，及余所说种种妙法，此即便是汝等大师。如我在世，无有异也。"[①] 此乃世尊最后嘱咐，为佛弟子岂可不遵。

【记】　岂非离木叉，则六凡无由离苦；缺尸罗，则四圣无以证圣。

佛初成道，顿结三聚净戒；临灭度时，仍殷勤嘱咐以戒为师，岂不正是说明：若不依戒，六凡众生(天、人、阿修罗、畜生、饿鬼、地狱) 就不能脱离生死苦海；若于戒有缺，更何谈剋证四圣之果(须陀洹、斯陀含、阿那含、阿罗汉)。

"尸罗"，华言为戒，乃从行立名。有二义：（1）警，谓警策三业，远离缘非；（2）禁，谓禁断诸恶也。戒有三名，毗尼是教，尸罗是因行，木叉是果。这是表示依正教而修因行，进而能得解脱之果。

【记】　是以欲严戒体，当从戒相戒行勉力行之。

是以欲严护戒体光洁，当从戒相、戒行上勉励自己清净持守。

这里需简述戒之四科：戒法、戒体、戒行、戒相。（1）**"戒法"**：世尊制定的教法，用以轨范佛弟子身口意三业。（2）**"戒体"**：是由身口意三业之造作而产生的业性。即受戒时，通过一定的仪轨，于无量无边的境界中发起断恶、修善、度众生之誓愿，将妙善戒法领纳于心，从而得到戒体。（3）**"戒行"**：受戒后，身口意三业之造作顺本受体，善加防护，依体起用，名"戒行"。（4）**"戒相"**：有二种：一者，约法而言，即比丘尼三百四十八条戒；二者，约行而言，由持戒之德，自然显现威仪有度、仪容可观的外在行为。

【记】　利根菩萨，固如良马，一见鞭影，即超彼岸。钝根声闻，百劫千生，亦难并驰，况凡夫乎。

然众生之机有利有钝。利者如大乘菩萨，发菩提心，行菩萨行，忘己利物，历劫不舍。犹如良马，一见鞭影，即奔驰而至目的地。钝者如小乘声闻，厌离娑婆，乐出三界，独善一身。而钝根声闻，纵经百劫千生，亦难以与利根菩萨并驾齐驱，况凡夫之辈。

【记】　因此大权菩萨，见十二年前之略教诫，不能制御末世众生故。乃于十二年后示现犯戒，作制戒因缘。随犯随遮，制成比丘二百五十戒，比丘尼三百四

---

① （东晋）平阳沙门释法显译《大般涅槃经》卷三，《大正藏》第 1 册，第 204 页。

十八戒。

"大权菩萨"，即诸佛菩萨为济度众生而权巧示现。如《法华玄义》云："摩耶是千佛之母，净饭是千佛之父，罗睺罗千佛之子。诸声闻等，悉内祕外现，示众有三毒，实自净佛土，诸亲族等，皆是大权法身上地。岂有凡夫，能怀那罗延菩萨耶？"①

律中，大权菩萨如六群比丘、六群比丘尼等，见佛初成道十二年所说之略教诫，已不堪制御末世众生，故于十二年后示现犯戒，以此作为佛制戒因缘。故佛随其所犯而加以遮止，制成比丘二百五十条戒，比丘尼三百四十八条戒。虽言其示现犯戒，实则未犯一戒。以佛未制戒前无戒可犯，待制戒已，彼不复再犯此戒。

【记】　我等既为尼众，应于比丘尼戒一一学之。一戒不学，即犯一不学无知罪。一切不学，即犯三百四十八不学无知罪。

我等既已出家受具成为比丘尼，理应于比丘尼三百四十八条戒，一一皆须认真学习。倘有一戒不学，即犯一不学无知罪；一切比丘尼戒不学，即犯三百四十八条不学无知罪。

【记】　既不知持犯，则犯戒之罪，宁有数乎？故曰末世众生，犯戒犹如雨点。翻犯成持，则福亦如之，何得痴而不为？

既不学戒律，不懂开遮持犯，则犯罪之数不可称计。故曰"末世众生犯戒犹如雨点"。然若能研习戒律，将犯戒转成持戒，持戒之福报亦如雨点。怎能愚痴至此，轻慢不学戒律？

第二段：叙学戒因缘及感受——"雨自惭业障深重 …… 深有意焉"

【记】　雨自惭业障深重，福薄慧浅。

此乃胜雨法师自谦之词。彼能亲近慈舟律师，且于开慧和尚尼教诲下修学，实乃有福有慧之人。

【记】　虽祝发染衣，以失学故，一举一动，常违戒律。一语一默，恒犯尸罗。不遇知识，无由知悔。

"祝发"，即剃发。胜雨法师复自谦云：我虽已剃发染衣，然因失学戒律故，从朝至暮，举止动静，常违犯戒律；言语缄默，亦恒犯尸罗。以不遇善知识，既不知持犯，更不懂忏悔。

【记】　幸于民国二十二年秋，得遇慈公老人，在闽省鼓山涌泉寺开办法界学

---

① （隋）天台智顗大师述《妙法莲华经玄义》卷六，《大正藏》第33册，第756页。

苑，讲演华严大经。老人以三学并进，故每于法座必以戒律为先导。常云解要圆，行要方，婆心切切。希诸学者，成贤成圣。

此乃胜雨法师述说彼遇慈舟律师之因缘。胜雨法师于民国二十二年，即1933年秋遇见慈舟律师。当时慈公于福建鼓山涌泉寺开办法界学苑，专门讲演《华严经》。老法师注重戒定慧三学并进，虽讲《华严经》，然于法座上必以戒律为先导，常常告诫学子："解要圆，行要方。"意即学时应圆解佛意，体悟佛圆融无碍之智；而行持要以戒为准，二六时中提起正念，谨慎护戒。慈公悲心切切，望诸学子能依教奉持，早日解脱生死，出离三界，成贤证圣。

【记】　雨虽愚而非木石，闻教之余，即具学戒之心。无奈光阴迅速，忽忽十有一载。心力有余，而慧力不足。故虽学而未能深入，纵有一知半解亦未能实行，可惭可愧。

胜雨法师谦逊云：我虽愚笨却不似木石无心，闻慈老之苦心教诲，即发心学戒。怎奈时光飞速，转眼间已过十一年，尽管有心学戒，但智慧欠缺。是故虽在学习，而未能深入；纵然有一知半解，也未能如法行持，真是惭愧至极。

【记】　回思未学戒前，所作多成罪种，既学戒已，知惭知惧故。纵未能严持不犯，亦觉多犯不如少犯。或有犯时，惧罪报故，随时学忏，决不敢似麻木不仁者，以犯戒事视作福事。如此知解，实由亲近善知识而得。佛制尼众之八敬法。皆依大僧，深有意焉。

回首未学戒前，种种违戒之行，已成罪种。学戒以后即知惭愧，更感畏惧。纵然未能严谨持守，清净不犯，亦深感多犯不如少犯。若有所犯，因畏惧来日苦报，即随时如法忏悔。绝对不敢像那些麻木不仁者，把犯戒之事视为培福。之所以会有如此见解，实乃因亲近慈老法师这样的善知识。佛制尼众八敬法，令尼众行持皆须依大僧教导，实在有其深远意义。

第三段：作《比丘尼戒相表记》缘由——"后蒙老人"以后。

【记】　后蒙老人讲弘一律师所集之四分律比丘戒相表记，见闻之下，欢喜莫名。

当年慈舟律师于鼓山涌泉寺法界学苑，为比丘讲授弘一大师集撰《四分律比丘戒相表记》时，开慧和尚尼、胜雨法师等，皆随比丘听课。见闻之下，欢喜之心无以言表。

【记】　表中所列罪相具缘开缘，一一了如指掌，令初学者易得门径。并集有学戒次第，及种种良好警策。句句皆阿伽陀药，服者必能发心学戒，得疗众病。

实末法僧伽之大光明灯也。

《比丘戒相表记》中每条戒下所列罪相、具缘、开缘等都非常清楚明了，初学戒之人由此极易寻到学戒之门路。其中尚列有学戒入门次第，即先学止持，后习作持。而且还摘录许多祖师警策语，句句皆是阿伽陀药。若学者肯纳之心怀，必能发心学戒，以疗治无始劫来贪嗔痴等种种痼疾。末世浊恶，佛日潜辉，此《比丘戒相表记》实在是僧伽的大光明灯。

【记】　雨思尼众，若有此表，以便习学，不亦善乎。是以效比丘戒相表，再搜集律藏及行事钞，比丘尼钞，资持记，四分律疏等律部，集成此表，名曰四分律比丘尼戒相表记，以备自习耳。

胜雨法师慈愍尼众，希望比丘尼也有戒相表记，依此方便学戒，亦为善事。因此效仿《比丘戒相表记》，另搜集《四分律》《行事钞》《比丘尼钞》《资持记》《四分律疏》等律学著作集成此表，名曰《四分律比丘尼戒相表记》，以备自己研习。

【记】　今同学尼共谋付印，公诸大众。恐有错误，伏希贤者，更正是幸。
　　　　将付梓时，略述数语以序始末。

作《比丘尼戒相表记》原是准备自己研习用，但同学尼师见之皆欢喜，共同研究商讨，欲付印刷，公诸于众。但恐其中错误，恳请贤达有智之士能慈悲指正。将交付印刷之际，略述数语，说明作此书之前后缘由。

【记】　时在民国三十三年①腊月佛成道日比丘尼胜雨序于北京通教寺

胜雨法师于甲申年腊月初八（即 1945 年 1 月 21 日）佛成道日，于北京通教寺作序。

第三节　四分律比丘尼戒相表记修订序

【记】　五七年夏，各地比丘尼安居于五台。课余研律，喜戒相表之纲目精细，实为初学之珍册，乃集资重印。复以盗戒微细，而盗三宝物更为切要，故依行事钞释盗戒具缘列表于罪相之前，并附原文于初卷（篇）之后。匆忙录就，恐多错讹，尚希贤哲多加指正。

---

① 福建莆田广化寺流通的《四分律比丘尼戒相表记》［福建省新闻出版局准印，（闽）新出〔2009〕内书第 81 号（宗）］中记载"时在中华民国三十二年……"

时西元一九五七年弥陀诞辰恩师慈公老人圆寂日比丘尼通愿[①]序于清凉山清泰茅蓬

此序是通愿律师为《四分律比丘尼戒相表记》修订版所作。序云：五七年夏，各地比丘尼于五台山安居。安居期间，每人都有固定功课，于课余之暇，共同研讨戒律。大家都喜欢《四分律比丘尼戒相表记》之提纲契要、条目精细，实为初学戒律者之珍贵书册，于是共同商定集资重印。又因为盗戒微细烦琐，性重之中最为难护。其中，盗三宝物更是要点，稍不小心，动辄结犯，故依据道宣律师《行事钞》，将解释盗戒具缘列表于罪相之前，并附钞文于初篇之后，以供参考。由于匆忙录集，难免有错误之处，尚须贤达智慧之士多加指正。

于一九五七年弥陀圣诞（农历十一月十七日），即慈舟律师圆寂日，作序于清凉山清泰茅蓬。

 小结

诸法仗缘而生，戒相表记亦然。弘一律师怜好学而畏难之初学，更愍不学戒者将来必堕恶趣之苦楚，作《四分律比丘戒相表记》。北京通教寺胜雨法师等诸大德比丘尼，深愍尼众中畏难者乃至不学无知者，仿效弘一律师所作之戒相表记，亦作《四分律比丘尼戒相表记》。通愿律师多年习学，喜戒相表之纲目精细，实为初学之珍册，又以盗戒微细，盗三宝物更为切要，故依道宣律师之《行事钞》，对盗戒内容作必要之修订。

在佛教文化中，法脉之清净传承极为关键，惟有师资相承、授受清净，方谈得上"邵隆僧种、续佛慧命"。此章三篇叙（序）言，清晰勾勒出从弘一律师、慈舟律师到胜雨法师、通愿律师再到本书作者的法承脉络。

---

① 通愿律师，1913年出生，祖籍黑龙江省，俗姓翟。其父翟文选曾任奉天省（辽宁）省长、省政府主席。师从小受良好教育，1934年至1937年就读于北平大学女子文理学院，其间追随在净莲寺讲法授业的慈舟法师，听讲不辍。1940年，于慈舟律师座下披剃出家，法名通愿，号妙体。1942年跟随开慧、胜雨两位比丘尼入住通教寺，直到1956年。其间师参与创办"八敬学苑"及编辑《四分律比丘尼戒相表记》，任通教寺尼僧监学，并在"八敬学院"讲经说法。1956年，经北京市宗教管理部门同意，师与开慧法师移居五台山，在荒僻山谷中一间小茅屋结庐修行七年。1963年至1969年，师被政府指定任五郎庙当家（当时叫主任委员）。"文革"期间受到冲击。改革开放之后，恢复宗教活动，师继续弘法利生。1982年，在中佛协、四川省佛协及比丘僧团指导下，与隆莲法师联袂于成都文殊院圆满举行新中国成立后第一次二部僧传戒法会。师也云游四方，随缘度生。1985年在繁峙县圭峰寺结夏安居，之后在陕西乾县居住数年，弘扬并实践慈舟法师"华严为宗、戒律为行、净土为归"三宗齐入之修学理念。1991年初，师从乾县返回五台山途中，在太原逗留患重感冒，病情逐渐加重。师预知尘缘将尽，便放弃回山，在附近一间寺院一心念佛，求生净土。山西省佛协领导次探望，师在佛协大德、领导面前殷重嘱托跟随自己多年的法子如瑞法师、妙音法师在五台山建立十方尼众道场，弘扬戒律、学修华严、老实念佛。3月6日（正月二十日）深夜，师安详舍报。世寿78岁，僧腊51载。

诸位大德在叙（序）言中，语重心长、苦口婆心。我等既非草木，惟当依教奉行，学戒持戒，早日出离生死、利益群迷，方得酬祖训、报师恩。

练习题

1. 背诵并解释慈舟律师所作"四分律比丘尼戒相表记叙"第一段"赞叹戒之功德"。

2. 慈舟律师所作"四分律比丘尼戒相表记叙"讲述学戒重要性体现在哪些方面？

3. 何谓"不学无知"？举例说明因"不学无知"而犯戒的结罪情况。

4. 胜雨法师所作"四分律比丘尼戒相表记序"怎样叙述学戒的重要性？

5. 通愿律师为何修订《四分律比丘尼戒相表记》？修订了哪些内容？

思考题

1. 你怎样理解"岂非离木叉，则六凡无由离苦；缺尸罗，则四圣无以证圣"？

2. 弘一律师编辑比丘戒相表记、胜雨法师等编辑比丘尼戒相表记之发心是怎样的？你从中受到什么启发？

3. 请简述你学戒的因缘。

第二章 悬叙义门

导 言

悬叙义门①是从慈舟律师所著《四分僧戒本悬谈》中摘出，以此来叙述戒本大义，以便学人从整体上掌握戒本要旨。

此章分六节：一、教起因缘，二、诸藏所摄，三、教义分齐，四、教所被机，五、能诠教体，六、所诠宗趣。②

建议讲授 4 课时，讨论 2 课时，共 6 课时。

第一节 教起因缘

【记】 第一科 教起因缘^{分三节}

说明律教生起之因缘。

教：谓圣人被下之言，即佛陀教导弟子之言语。世尊在世时是言教，结集三藏后则为文教。**起**：生起。法不孤起，仗缘而生，故曰因缘。律教是怎样生起的？其因缘如何？谓佛知众生须持戒方得解脱，此为因；而弟子有漏法生起，此为缘。又，舍利弗请佛制戒为因；佛知时制戒为缘。

此节含三部分：一、制戒因缘，二、结集因缘，三、译出因缘。

一 制戒因缘

【记】 第一节 制戒因缘

说明佛陀因何制戒。

---

① **悬**：先，表远义；**叙**：叙述；**义**：文中所含的义理；**门**：通达之义。未释正文前，设此一门，先总叙一部著作（或一篇文章）之要义纲领，谓之"悬叙义门"。

② 此是慈舟律师依贤首宗解经之仪而作分科。贤首释经有十科、八科、六科之不同，今以六科而释。

包括制戒之因、制戒之缘、制戒十句义三部分内容。

（一）制戒之因

舍利弗请佛制戒为因。

1. 制戒缘由

【记】　昔舍利弗，在林间习定已，思惟佛法妙善，未审住世久近。如过去六佛，何故法住久近不同？思已问佛，佛云：制戒广略不同故。

舍利弗尊者在林间修习禅定，从定中出已，思惟佛法微妙净善，不知住世远近？如过去六佛，其法住世为何有久有近，并以此请问佛陀。佛陀回答：若制广律，佛法久住。否则，佛法不久住。

2. 劫名、佛号

【记】

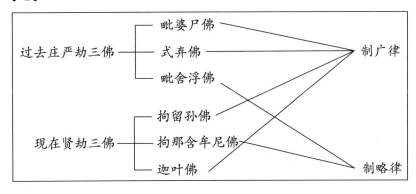

以上现在劫，人寿六、四、二万岁，如次出现，释迦百岁出。

（1）劫名

过去庄严劫： 过现未三世三大劫中，过去大劫称庄严劫。在现在贤劫之前，由一大劫所成。一大劫中总有成、住、坏、空之八十增减小劫，于其住劫中，以华光佛为首，至毗舍浮佛，共有千佛出世，庄严其劫，故称庄严劫。

现在贤劫： 现在住劫二十增减中，有千佛出世，故称为贤，亦名善劫。《大悲经》曰："阿难！何故名为贤劫？阿难！此三千大千世界，劫欲成时，尽为一水。时净居天以天眼观见此世界唯一大水，见有千枝诸妙莲华，一一莲华各有千叶，金色金光大明普照，香气芬熏，甚可爱乐。彼净居天因见此已心生欢喜，踊跃无量，而赞叹言：奇哉奇哉！希有希有！如此劫中当有千佛出兴于世，以是因缘，遂名此劫号之为贤。"①

---

① （北齐）三藏那连提耶舍译《大悲经》卷三，《大正藏》第 12 册，第 958 页。

未来星宿劫：未来大劫之名，此劫中有千佛出世。始于日光佛，终于须弥相佛。佛之出兴，如天之星宿，故名星宿劫。

（2）佛号

贤劫千佛：指贤劫出现之千佛。就因位而言，称为贤劫千菩萨。即自过去拘留孙、拘那含牟尼、迦叶、释迦牟尼之四佛，及当来出现之慈氏、师子焰乃至楼至等千佛，称为贤劫千佛。

七佛：①**毗婆尸佛**，亦名维卫，此云胜观。②**式弃佛**，亦名尸弃，此云火。③**毗舍浮佛**，亦名毗舍，此云遍一切自在。④**拘留孙佛**，此云所应断，又云作用庄严。在此贤劫第九小劫中，减至人寿六万岁时出世，为千佛之首。⑤**拘那含牟尼佛**，此云金寂，亦云金仙，人寿四万岁时出现于世。⑥**迦叶佛**，具云迦摄波，此云饮光，人寿二万岁时出世。⑦**释迦文佛**，亦云释迦牟尼，此云能仁寂默，人寿百岁时出世。

前三佛在过去庄严劫末出世，后四佛在贤劫初次第出现世间。

现在贤劫前三尊佛，分别于人寿六万岁、四万岁、两万岁时，次第出兴。释迦牟尼佛，于人寿百岁时教化于世。

（3）广略二教

略教：谓佛初成道，先示行法，令依奉行。不待犯戒，以未有罪故。若即制广戒，必令怀疑起谤，故略陈教法，通禁三业，是名略教。又，略教但指三业而直示，故亦云教授木叉。

广教：以略教通禁三业，未列过相，虽造诸非，不谓有犯，故须随事别制，立篇聚名，以被钝根。因广说故，名为广教。又广教追事有怖，故亦云威德木叉。

二教差异：（1）**根条异**：略教，不待犯而制，是根本；广教，略教坏方有，是枝条。（2）**为人异**：略教利机，无过可起；广教待犯，犯必钝根。（3）**对过异**：略教不因过制，纯被净也；广教必待犯后方制，通净秽也。（4）**请不请异**：略教不待请，一往便说；广教必待请，如舍利弗请佛制戒。

3. 尊者祈请

【记】　又云：我佛何不广制戒律？佛云：我自知时。无病与药，反遭人谤。

舍利弗尊者祈请佛陀广制戒律，佛以"我自知时"而答，以不可无病与药故。病如"犯戒"，药如"制戒"。佛乃一切智人，深达众生之机，深悟法性之理，深解权巧之道，因此能够应机施教。制戒亦然，机缘成熟方可制之，机缘不成而制，必招外道讥谤，且弟子并不信受。譬如名医，对症下药，其病可除。其人无病，强授与药，反受药害。

（二）制戒之缘

大权示现病行为制戒之缘。

【记】 于是大权示现，种种病行，即圣、梵、天、病、婴儿，五行之一，为制戒因缘。

病行乃天台教五行之一。五行，是菩萨修行之法，谓圣行、梵行、天行、病行、婴儿行。

圣行：圣，正也。菩萨依戒定慧所修之行，称为圣行。

梵行：梵，净之义。菩萨于空有二边，无爱着之染。以此净心，运于慈悲，与众生乐，而拔其苦。

天行：天，指第一义天。菩萨由天然之理而成妙行。

病行：菩萨以平等心，运无缘之大悲，示现同众生之烦恼、病苦等行。

婴儿行：婴儿，喻人天、小乘。菩萨以慈悲之行，示同人天、声闻、缘觉之小善行。

（三）制戒十句义

佛制每条戒皆为十义故。

【记】 又二百五十戒，一一皆以十句义为制戒因缘。一、摄取于僧：谓戒和即是僧家自然团体故。二、令僧欢喜：喜其无染故。三、令僧安乐：乐其清净故。四、未信令信：则后进绵延故。五、已信令增：增道损生故。六、难调令调：不致失机故。七、惭愧者得安：恶不能害故。八、断现在有漏：今世解脱故。九、断未来有漏：后世究竟故。十、令正法久住：堪护大小诸乘永不磨灭故。

此明佛制戒十句义：

1. 摄取于僧

以戒收摄别别人而成僧。摄：收摄、聚集。僧：由别别收摄、聚集而成，即揽别成众。今由制广戒，能治个人身三、口四七支等过。自行既立，同和号僧。

2. 令僧欢喜

佛说有二健儿：一者严持不犯；二者犯已忏悔。佛制半月半月说戒，以说戒检行，净秽两明。若严持净戒，则心安趣道；若有所毁犯，则如法忏悔。如是无有染犯，现预净僧，故欢喜也。

3. 令僧安乐

大众依教奉修，展转相谏、展转相教、展转忏悔，现则清净安乐住，未来必绝三苦，证涅槃，得究竟之安乐。

4. 未信者令信

由制广戒，善比丘、比丘尼严持净戒，内德外彰，威仪具足，令在家未信者见之，生大信心，作如是言：释迦弟子，勤行精进，难行能行，所作极善！因而发心出家。故制广戒可以绍隆僧种，使佛法绵延不断。

5. 已信者令增长

由诸出家弟子随顺佛教，少欲知足，勤修梵行，严持净戒，道业增进，烦恼损减，令已信佛法者见已，知僧德内充，而更增信心。

6. 难调者令调

难调者，即破戒作恶、心性刚强，内无羞耻之人。若僧中有如此难调伏者，众僧可依毗尼法治罚，令彼改恶向善，身心调柔，舍邪归正。

7. 惭愧者得安

有惭者能远离恶法，有愧者能精进修善。今佛制广戒，令作恶者不得入众布萨自恣，不得触扰如法清净众，故令惭愧者得安乐住。

8. 断现在有漏

若三毒不禁，放纵六根，于情、非情境上造诸过非，有漏事兴，而得恶疾、遭打、横死等现报。今制广戒，制伏现前三业，远离缘非，身心安乐，今世可得解脱，故曰断现在有漏。

9. 断未来有漏

若有犯者不发露忏悔，生后二报无穷。今由依广教，及时洗心悔过，障于来恶，后世究竟安乐，故曰断未来有漏。

10. 令正法久住

有戒即可护持正法，令大小诸乘佛法皆得久住，永不磨灭。

《善见律》云："令正法久住者，正法有三种。何谓为三：一者学正法久住。二者信受正法久住。三者得道正法久住。问曰：何谓学正法久住？答曰：学三藏一切久住。佛所说，是名正法。于三藏中十二头陀、十四威仪、八十二大威仪戒、禅定三昧，是名信受正法久住。四沙门道果及涅槃者，是名得道正法久住。"①

二　结集因缘

【记】　第二节　结集因缘

叙述诸尊者结集三藏之因缘。**结**：撰结，谓撰结如来遗言。**集**：聚集，即随事类别，各聚一处。

初明制戒因缘，皆约世尊在世金口宣扬。既然佛示现灭度，不知何人结集？何人弘传任持？又因何事乖净纷然，而有二部、五部之殊，乃至二十部别？故次明之，总为"结集因缘"。包括结集三藏、异世五师任持一味、离分部别三部分内容。

---

① （齐）僧伽跋陀罗译《善见律毗婆沙》卷六，《大正藏》第24册，第715页。

（一）结集三藏

1. 结集之因

【记】 佛涅槃时，行化诸方之圣僧，泣赴涅槃会。中途遇六群①跋难陀等，问从何来？陀答云：从佛处来。又问：闻佛涅槃有诸？答云：然。圣僧皆大痛②。彼云：佛去世，我等可以自由无拘，何痛而不喜？如是圣僧更痛，约同志结集律藏。迦叶尊者集诸罗汉于王舍城不远之毕钵罗窟，阿阇世王以为檀越。

又有外道，途遇圣僧云：佛在世时，制戒令弟子共学，如烟。今火灭烟尽，不足畏也。例知戒律不行，则尽成外道。

佛陀入般涅槃时，在各处行化的圣僧，疾疾奔赴涅槃会。于道行中，遇见跋难陀等比丘，迦叶尊者问其从何处来？跋难陀回答说：从佛处来。尊者又问："听说佛已入般涅槃，是否有此事？"回答说："是的。"圣僧皆十分悲痛。跋难陀见此情景却说：佛去世，我们可以自由自在，无所拘束，为什么这样悲痛而不欢喜呢？闻此言后，圣众们更加悲痛。于是尊者为正法久住，便约志同道合者来结集律藏。迦叶尊者将结集律藏诸大阿罗汉，集在离王舍城不远之毕钵罗窟，阿阇世王为檀越。

又有外道，在路上遇到正奔赴佛陀涅槃会的圣僧，便说：瞿昙沙门在世时，制戒令弟子共学。能教者如火，所教之法如烟。如今瞿昙沙门入灭了，犹如薪尽火灭，其所说的戒法也将渐渐地烟消云散。火灭烟尽，不值得畏惧。

由此可知，沙门释子不再遵行戒律，便尽成外道矣。

2. 迦叶号令

【记】 迦叶上座，将集众时，至须弥山顶，击犍椎唱云：是佛弟子，若念于佛，当报佛恩，莫入涅槃！共结制教，否则当得吉罗。

---

① 六群：佛在世时，有六位恶比丘，结党多作非威仪之事，称"六群比丘"。佛制戒多缘此六位比丘而起，但诸部律所出六位名字不同。《僧祇律》中"六群比丘"指：阐陀、迦留陀夷、三文陀达多、摩醯沙满多、马师、满宿（《大正藏》第 22 册，第 350 页）。《根本说一切有部毗奈耶》中"六群比丘"指：难陀、邬波难陀、邬陀夷、阐陀、阿湿薄迦、补捺伐素（《大正藏》第 23 册，第 817 页）。《萨婆多论》中"六群比丘"指：难途、跋难陀、迦留因夷、阐那、马宿、满宿（《大正藏》第 23 册，第 525 页）。《鼻奈耶》卷三云："跋难陀、难陀二人生天；迦留陀夷、车匿，佛去世已，于阿难许得道，二人般涅槃；马师、弗那跋二人生龙中。"（《大正藏》第 24 册，第 863 页。）
② 据《四分律》卷五十四记载，不是"圣僧皆大痛"，而是未离欲比丘悲痛。律文："中有未离欲比丘，闻世尊已取涅槃，便自投乎地，譬如斫树根断树倒，此诸未离欲比丘亦复如是，啼哭而言：'善逝涅槃何乃太早！世间明眼何乃速灭？我曹所宗之法何得便尽？'或有宛转在地犹若圆木，此诸未离欲比丘，亦复如是，啼哭忧恼而言：'善逝涅槃何乃太早？'"（《大正藏》第 22 册，第 966 页。）《佛遗教经》中亦云："于此众中所作未办者，见佛灭度，当有悲感。若有初入法者，闻佛所说，即皆得度，譬如夜见电光即得见道。若所作已办、已度苦海者，但作是念：'世尊灭度，一何疾哉！'"（《大正藏》第 12 册，第 1112 页。）

迦叶尊者为聚集圣众，到须弥山之顶，击打犍椎，唱告：今王舍城将有法事，诸证果人，宜时速集！诸佛弟子，当念于佛恩，当报佛恩，莫入涅槃！共结制教，违者当得突吉罗罪。

3. 正明结集

【记】　正结集时，迦叶尊者问，优婆离尊者答。答者一夏九旬，升八十回座。诵出根本律，即上座部，亦名八十诵律。同时有窟外集者，即大众部。部虽有二，无甚争端。

窟内结集时，迦叶尊者问，优婆离尊者答。一夏安居九十日中，升座八十回，诵出《根本律》，即上座部，亦称《八十诵律》。在窟内结集同时，于毕钵罗窟外，亦有结集者，即大众部。此次结集，虽有上座部与大众部之分，但二部却无争端。

（二）异世五师

五位尊者，师资相承，任持一味，未分部别。

【记】　迦叶、阿难、末田地、商那和修、优波掘多，五师百年相承。

自结集三藏已，迦叶付法阿难。阿难付法末田地、商那和修，末田地行化罽宾，商那和修化于印度，二师同时分地教化。商那和修度优波掘多。此五师于百年内相传，大约各有二十年，通弘三藏，并未分教。世称"竖五师"或"异世五师"。

（三）离分部别

部别分立由来，分五段说明。

1. 同世五师

掘多五弟子，各执所闻，遂有五部。

【记】　后掘多弟子，昙无德、萨婆多、弥沙塞、迦叶遗、犊子，五人，各执所闻，分为五部，学者随学一部皆得。

优波掘多五弟子，各执所闻，随其所应，建立三藏等法，名为"横五师"，又名"同世五师"，是五部律之部主。因五部法脉相承，故学者随学一部皆得。①

昙无德部——《四分律》，译为法正。

萨婆多部——《十诵律》，译为一切有，从宗计取名。

迦叶遗部——但传戒本，即《解脱戒经》，重空观。

---

① （唐）道宣律师《戒本疏》、（宋）元照律师《行宗记》解释律分五部之由：然时既浇漓，情见互起，虽诸无学理解无殊，事见尚异。而优波掘多受法渐劣于师，如商那和修现定，掘多不识。和修云：吾师阿难得定，我不能知；我得定，汝不能知。故知师道渐劣矣！致使弟子皆生心见，若有疑问，或师任弟子而不为决，或弟子自任而不启问，遂分为五部。（《卍新续藏》第39册，第725页。）

弥沙塞部——《五分律》，不重有无观，从行立名。

婆粗富罗部（犊子部）——我国未传，重有行，不舍实我之坚执。

2. 今人所宗

东土今人所宗。

【记】　今我等所学者，即昙无德部四分律也。

于诸部律中，我们所宗乃昙无德部，即《四分律》。

我等之所以宗《四分律》，道宣律师在《戒本疏·序》中云："至如四分肇兴，祖习绵远；正法初百，便列其宗。斯人博考三机，殷鉴两典。包括权实，统收名理；集结兹藏，通被时宾。故使韦编成规，钦承无绝。自诸部远流，咸开衢术；独斯一宗，未怀支派。良由师禀有踪，知时不坠故也。"[1]《行宗记》释：初至其宗，叙其时远。正法千年，一百年时分出，故云初百。佛灭千年，法流此土，至于唐朝几六百载，大约而论，则一千五百许年矣。良以教本对机而设，约机考教，得其源矣。权实者，一往且约大小而分。此明四分通大之意，心为业主，识对诸尘，沓婆回心，施生成佛，迥异有宗，深通实道。韦，熟皮也。古者用编简牍，如孔子读易，韦编三绝。今借彼意，以明古今披览无厌，释成久传无绝之意。分部中，下引三藏所传，萨婆多出四，迦叶遗中分二，弥沙塞分一，僧祇中分六，故云咸开等。唯昙无德部始终不分，由集律者达教适机，故不分耳。传受得旨，故曰有踪；立法悠永，故云无坠。此亦显绵远义也。

3. 示二十部

总明二十部之由来。

【记】　又有云：百余年后，育王时行筹，分新上座、旧大众，为二部。于二百年间，新出十一，旧出七，共成二十部。

依《异部宗轮论》所说，佛灭百余年后，阿育王行筹，将大众部分成新上座和旧大众二部。即佛灭度百年初顷至二百年，大众部本末别说成九部；佛灭度三百年初至四百年初，上座部本末别说成十一部。故大众、上座两部，本末共二十部。[2]

分部之相，众说纷纭。今总会之，不外二部、五部、十八部等，今略述之：

二部：当时迦叶尊者选五百耆年无学，于毕钵罗窟内结集者，为上座部；余不在数于窟外自兴结集，人不计数，名大众部。《文殊师利问经》记载，根本有二部：上座部及大众部。虽二部名异，然皆宗义一味，无异见诤论，并无分教。逮至佛灭

① （唐）道宣律师撰《四分律含注戒本疏·序》，《卍新续藏》第 39 册，第 711 页。

② 〔印度〕世友菩萨造，（唐）三藏法师玄奘译《异部宗轮论》卷一，《大正藏》第 49 册，第 15 页。

后百年，有摩诃提婆（即大天）从一窟外僧出家，别立大众部，而使佛法分为二部。① 据《阿毗达磨大毗婆沙论》记载：大天出家前曾犯杀父、杀母、杀阿罗汉三逆罪，为灭罪而出家。不久，能诵持三藏，受国王信重。私通王妃，自称得阿罗汉，梦中失精。弟子怀疑而质问：于烦恼漏尽之上人，何容有此事，因此大天说五事入于戒本中，令人诵之，上座耆旧极力反对遂产生诤纷。时阿育王闻已亦自生疑。大天告曰："教有明文，若欲殄诤依多人语。"尔时王令僧别住行筹，执非法筹既多，王遂从多。尔时诤犹未息，后随异见便分二部：一新上座部，二旧大众部。②

五部：自结集三藏后，异世五师踵迹相承，并未分教。至优波毱多下五弟子，称横五师，或同世五师，见地互异，始有五部之分。然教行虽殊，但理果不别，皆能悟道。故《大集经》云："五部虽各别异，而皆不妨诸佛法界及大涅槃。"③

十八部：依《四分律疏》所说，佛灭度二百年后，萨婆多部分出四部；迦叶遗部分出二部；弥沙塞部分出一部。佛灭度四百年后，但僧祇部分出六部，本、末共七部；昙无德部始终未分。故佛灭度二百年后，本、末共十二部；佛灭度四百年后，本、末共十八部。④

五百部：《行宗记》云："智论但有通数，不出人法名字。彼具云：佛法过五百岁后，各各分别，有五百部。乃至坚著语言，闻说般若毕竟空，如刀伤心（不乐闻故）。"⑤

4. 引经证明

引《文殊问经》证明二十部皆出自大乘。

【记】　文殊问经曰：十八及本二，悉从大乘出。无是亦无非，我说未来起。

此偈颂出自《文殊问经》下卷"分别部品"，说明不论是二部还是十八部，都是出自大乘。不能简单判断孰是孰非，此是未来必然出现的结果。⑥

5. 大天分部

说明大天执己谬见另立部别。

【记】　盖结集时，二部无诤。后有一大天，于大众部出家。好名闻故，自己另立一部，号大众部。知见乖谬，得育王信故，分成二部，而俱存之。

① （梁）三藏僧伽婆罗译《文殊师利问经》卷二，《大正藏》第14册，第501页。
② （唐）三藏法师玄奘奉诏译《阿毗达磨大毗婆沙论》卷九十九，《大正藏》第27册，第510－511页。
③ （北凉）三藏昙无谶等译《大方等大集经》卷二十二，《大正藏》第13册，第159页。
④ （唐）法砺律师撰《四分律疏》卷一，《卍新续藏》第41册，第540页。
⑤ （宋）元照律师述《四分律含注戒本疏行宗记》卷一，《卍新续藏》第39册，第726页。
⑥ 《文殊师利问经》卷二云："佛告文殊师利：未来我弟子，有二十部能令诸法住，二十者并得四果。三藏平等无下中上，譬如海水味无有异，如人有二十子，真实如来所说。……佛说此祇夜：摩诃僧祇部，分别出有七，体毗履十一，是谓二十部。十八及本二，悉从大乘出，无是亦无非，我说未来起。"（《大正藏》第14册，第501页。）

最初结集时，窟内窟外二部，无异见诤论，并无分教。逮至佛灭后百年，有摩诃提婆（即大天）从一窟外僧出家。此人因好名闻，便自己另立一大众部。其知见极乖谬，但深得阿育王信任。在部派纷诤之时，依阿育王势力而使佛法分为二部，由此产生二部并存局面。

三 译出因缘

【记】 第三节 译出因缘

叙述翻译律藏之因缘即诸律译传情况。"译"：谓翻译，即翻梵语为华言。

此中包括四部分：教流之始、戒本及羯磨初传、五部律之译传、《四分律》之弘扬。

（一）教流之始

圣教在东土最初情形。

【记】 佛法来自汉时，出家人不知受戒持戒，但茹素耳。

佛法东流，始于汉明帝之时。[①] 当时出家人虽言二众，但仅受三皈五戒，剃发披缦衣，长期茹素而已。不知受十戒、具足戒，更谈不上学戒、持戒。《简正记》云："当时虽有斋设，但一时陈列饭食，屈僧就座而飡，同于祭祀。"[②]

（二）戒本及羯磨初传

戒本、羯磨最初东传。

【记】 至魏曹丕嘉平年，来昙摩迦罗，始传僧祇戒本，即大众部。未几，昙摩迦罗请昙谛尊者，译出昙无德部之羯磨本，出四分律中。于是授戒者，遵此羯磨。

迄至曹魏嘉平年间，中天竺昙摩迦罗，此云法时，译出《僧祇戒心》（或称《僧祇戒本》）一卷，此律属大众部。未久，安息国沙门昙谛尊者来游洛阳，迦罗尊者请其译出《昙无德羯磨》，此羯磨出自《四分律》。于嘉平二年（250），遵此羯磨在

---

① 《佛祖历代通载》卷四记载：佛法肇兴缘于后汉明帝永平三年（60）。帝夜梦金人，身长丈六，项佩圆光，自西而至，威光赫奕，照于殿庭。明旦乃召集群臣，共占此梦。时有通人傅毅奏曰：臣谨按《周书异记》详析此梦。彼异记云：西域有神，其名曰佛。周昭王时生，周穆王时灭。入灭之时，此土午时天阴，大地震动，白虹十二道，贯于太微，竟夜不灭！周穆王乃问群臣，时大臣扈多奏曰："西方有圣人入灭之兆也！千年之后，教法合传此土。"穆王即令镌之于石，埋于南郡天祠之前。臣今次用子排之，已过千岁，陛下所梦，必是其征也！汉明帝闻已，信以为然。至永平七年（64）遣蔡愔等十八人，从西域迎请佛教。时彼一行人行至月支国，途中遇迦叶摩腾与竺法兰二尊者。彼二尊者将《四十二章经》及白氎画释迦佛像等，以白马驮，欲来此土，遂与汉使相随。永平十年（67），至此洛阳鸿胪寺安置。此即此方三宝之始也。（《大正藏》第49册，第507页。）

② （后唐）吴越国清凉大师景霄纂《四分律行事钞简正记》卷九，《卍新续藏》第43册，第236页。

洛阳举行十人授戒。此为中国大僧受具足戒之始。

（三）五部律之译传

五部广律翻传至东土及弘传状况。

【记】　至姚秦，十诵广律初翻，人即依用。其次弘始年，佛陀耶舍尊者记慧流出四分。姚主恐误，乃以数万言之医书与之。一阅成诵，姚兴始无疑。竺佛念尊者记写。耶舍即罗什之师。同时，僧祇、五分广文并传此土。人谓僧祇与先所学戒本相合，乃舍十诵，复演僧祇。唯四分、五分未曾弘通。

至后秦时①，《十诵律》初次翻译，僧人依此行持。其后，至弘始年②，佛陀耶舍尊者博强记忆，诵出《四分律》。国主姚兴担心尊者记忆有误，便以数万言医书令尊者背诵以验证其记忆力。尊者阅读一遍便能诵出，且毫无错谬，姚兴方深信不疑。佛陀耶舍诵《四分律》时，竺佛念尊者记录书写。佛陀耶舍尊者乃鸠摩罗什大师之师。《四分律》译出的同时，僧祇、五分广律也传译到汉地。僧众见到僧祇广律译本，认为与最初依用的《僧祇戒心》相吻合，便舍弃《十诵律》，重新依用《僧祇律》。诸部律中，只有《四分律》《五分律》未被弘扬流通。③

（四）《四分律》之弘传

【记】　至元魏法聪律师，始悟前非，即罢讲僧祇，首弘兼大之四分，而多旧执难忘。至隋智首律师，作五部区别。然亦未尽其善，尚有纷纭。故南山行事钞，纯粹尽量弘通四分，尽善尽美。故有称律宗为南山宗者。

---

①　后秦（384～417），五胡十六国时期，羌人贵族姚苌建立的政权。传三世共三帝，历经三十四年。

②　弘始（或作洪始，399年九月至416年正月），是十六国时期后秦君主文桓帝姚兴的第二个年号，共计18年。

③　诸部律藏之译者及译出年代：1.《十诵律》：乃诸部律藏中最早译出者，凡经三译，一部方全。（1）初译者，弘始五年（404），罽宾国弗若多罗尊者，秦言功德华，于长安逍遥园诵出梵文，龟兹鸠摩罗什尊者笔译，义学沙门余人辅助。约成三分之二，弗若多罗尊者圆寂，翻译暂止。（2）续译者，弘始七年（406）龟兹沙门昙摩流支尊者，秦言法乐，携十诵梵本至长安。庐山慧远法师遣弟子昙邕致书请其续译，乃与鸠摩罗什尊者于中兴寺共译，成五十八卷。后因鸠摩罗什尊者圆寂，律文未得删定。（3）后译者，弘始八年（407），时有罽宾沙门卑摩罗叉尊者，此云无垢眼，先在龟兹弘律藏，是鸠摩罗什尊者的小乘师，后至长安，与罗什尊者相遇，乃讲十诵律。至罗什尊者圆寂，即东游至安徽寿春县石涧寺，再译后文，共成六十一卷。2.《四分律》：弘始十二年至十四年（411～413），在长安中兴寺由罽宾沙门佛陀耶舍尊者诵出梵文，竺佛念尊者译，道含法师笔受。共同译成六十卷。3.《僧祇律》：东晋安帝义熙十二年至十四年（416～418），于扬州道场寺，罽宾沙门佛陀跋陀罗尊者，此云觉贤，与法显法师共译，共四十卷。《僧祇律》梵文本是法显法师从师子国（今斯里兰卡）携回。4.《五分律》：《五分律》梵文亦是法显法师从师子国携回，惜未译便逝。刘宋少帝景平元年至二年（423～424），于扬州龙光寺，罽宾沙门佛陀什尊者与于阗沙门智胜法师共译，道生法师、慧严法师等笔受，共成三十卷。5.《根本说一切有部毗奈耶》《根本说一切有部苾刍尼毗奈耶》：唐义净法师于唐武宗长安三年（703）在洛阳译出，乃藏传佛教所依之律。其内容与《十诵律》为同一系统，故称《十诵律》为旧有部律，号《根本说一切有部毗奈耶》《根本说一切有部苾刍尼毗奈耶》为新有部律。

直到北魏孝文帝时，五台北寺法聪律师，因考究受体，发现此土受体乃依《四分律》中羯磨而得，但随行却依僧祇，受随相违，遂罢讲《僧祇律》，首先弘扬兼大乘义之《四分律》。然而对过去依用之《僧祇律》多怀旧执，难以忘怀。至隋朝智首律师，著《五部区分钞》廿一卷，叙述诸部之同异，并考证其废立，也未达到尽善尽美，尚有诸多纷诤之处。逮至道宣律师著述《四分律删繁补缺行事钞》等，专精研习弘传《四分律》，融入大乘圆教之义理，使《四分律》之弘通达到顶峰，故有人将律宗称为南山宗。

第二节　诸藏所摄

【记】　第二科 诸藏所摄（有二三通别之分）

此节旨在说明《四分比丘尼戒本》在诸藏中之归摄。此中有二藏、三藏之分，又有兼通、别属之异。诸：多、非一之义。藏：蕴含之义。如经典能蕴含文义，故名经藏。

一　约二藏言

将如来一代时教，分为菩萨藏和声闻藏。①

【记】　约二藏：别属声闻，亦通菩萨，三乘共学故。

约二藏而言，《四分比丘尼戒本》专属于声闻藏，也通于菩萨藏，因为三乘行人皆须学修故。菩萨三聚净戒中，第一聚摄律仪戒，此即声闻戒。律仪为三乘共学，菩萨若有毁犯，亦当依小教而行忏法。菩萨戒行者，须依菩萨戒本行持。是故此处言兼通，而非正属。

二　约三藏言

依经、律、论三藏来判。②

【记】　约三藏：别属于律，亦通经论，举一具三故。

---

① **菩萨藏**：即为菩萨所说之六度等教法。**声闻藏**：据《佛光大辞典》释，指释尊为声闻所说之四谛、十二因缘等教说。
② **三藏**：据丁福保《佛学大辞典》释，指经律论也。此三者，各包藏文义，故名三藏。经说定学，律说戒学，论说慧学。此亦有大乘三藏与小乘三藏之分，如《阿含经》等属小乘经藏；《四分律》《五分律》《十诵律》等属小乘律藏；《成实论》《俱舍论》等属小乘论藏。《华严经》《法华经》等属大乘经藏；《梵网经》等属大乘律藏；《大智度论》等属大乘论藏。

若约小乘三藏判摄，《四分比丘尼戒本》别属律藏，亦兼通于经、论二藏。以律藏所诠是戒学；经藏所诠是定学；论藏所诠是慧学。而戒有捉烦恼贼之功；定有缚烦恼贼之力；慧有杀烦恼贼之能。如是三学，举一即具三，如鼎之三足，缺一不可。

第三节　教义分齐

【记】　　第三科 教义分齐^{分二节}

此节分判《四分比丘尼戒本》教下所诠义理及齐限范围。**教**：即能诠之文。佛在世时，指如来言教；佛灭度后，指圣弟子结集而流传后世之教典。**义**：即教下所诠之义理。

此中大分为二：一、概论如来一代时教教义；二、的①分比丘四分戒本教义。

一　概论如来一代时教教义

【记】　　第一节 概论如来一代时教教义

自有天台四教、贤首五教可以检阅，但律门以三藏对判，则经论为化教，化恶为善故。律藏为制教，制恶不行故。二者相辅，教乃大成。

自古以来分判如来一代时教：天台宗依《法华经》判为化法四教及化仪四教；贤首宗依《华严经》判为五教，研理者可自行查寻披阅。此律门，则约经律论三藏相对而判，将如来一代时教分为化制二教：经、论二藏为化教，以化导道俗，舍恶从善故；律藏为制教，唯制道众，使不犯诸恶故。然此化、制二教相辅相成，如来一代时教乃能大成。

二　的分比丘四分戒本教义

【记】　　第二节 的分比丘四分戒本教义^{分二}

精确判明《四分比丘戒本》为何教所摄。分两部分：

（一）约法判

约法判《四分比丘戒本》所归摄。（《四分比丘尼戒本》亦同）

【记】　　一约法：非大非小。隐实施权时，故非大；开权显实时，故非小。

约法判，《四分比丘戒本》既非大乘教，亦非小乘教。若"隐实施权时"，即隐

---

① "的"：切切实实。

一乘之实义而施设三乘之权教时，则《四分比丘戒本》是声闻教，即小乘教，故非大乘教。若"开权显实时"，即开三乘之权巧方便，以显一乘之实义时，则三乘教皆是一乘之方便，一乘之外无三乘，故《四分比丘戒本》亦非小乘教。

天台宗就《妙法莲华经》经题中的莲花，发明施、开、废三义，[①] 以阐明权、实一体之妙法。如图示：

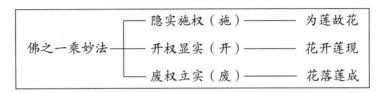

（二）约人判

约人判《四分比丘戒本》所归摄。（《四分比丘尼戒本》亦同）

1. 约破执与发心大小而判

【记】 二约人：亦小亦大。学声闻之凡夫，但能破我执者学之，故小；学菩萨之凡夫，兼破法执者学之，故大。况圆人受法，无法不圆，岂仅大乘而已哉？如二执未破，不能剋果，亦得谓之非大非小。乃戒凡夫之戒耳，又岂得谓之小乘戒耶？

二约人判，《四分比丘戒本》亦小乘教，亦大乘教，此约破执与发心大小而言。学声闻之凡夫，但能破我执，出三界，唯求自利，以发心小故，是为小乘教。学菩萨之凡夫，兼破法执，自利利他，以发心大故，是为大乘教。何况圆教根机之人受法，无法不是究竟圆满大教。若此人学《四分比丘戒本》则岂唯大乘教而已？可谓圆满大教者也。若我、法二执未破，未能克证果位之人学之，亦得谓之非大乘教，亦非小乘教，乃仅戒凡夫之戒耳，又岂得谓之小乘教耶？故知大小，不在于法上之分判，而在于学者发心之大小。

2. 菩萨戒不列微细戒之由

【记】 楞严经第六卷，文殊拣圆之后，佛告阿难云：以具足戒为小乘者，遗误多人。盖为嫌小不持所误，堕三途故。如四重之下，二百四十六戒，皆为四重而设。菩萨戒中无此细戒者，以菩萨比丘，先已熟习具戒故。

---

① 施，即"施权隐实期"。开，即"开权显实期"。废，即"废权立实期"。**施权隐实期**：谓如来于宣讲《法华经》以前，说三乘方便教，是为隐一乘之实义。即佛以方便力示现种种道，其实为一佛乘，欲令众生知第一寂灭故，犹如莲花为莲实而开敷也。**开权显实期**：谓如来于法华会上，开三乘之权巧方便，以显一乘之实义。亦即开方便门，以示真实之相，犹如莲花开，而有莲实之显也。**废权立实期**：谓一乘之实教既显，则三乘之权教自废，即"正直舍方便，但说无上道"。犹如莲花落而唯有莲实也。

《楞严经》记载，楞严会上，大小二十五位圣者各述己证之圆通方便。佛敕文殊师利菩萨料简是非，文殊师利菩萨历评已，独以观音菩萨之耳根圆通为最上。文殊菩萨拣选圆通之后，佛告阿难云："云何贼人假我衣服，裨贩如来，造种种业，皆言佛法却非出家，具戒比丘为小乘道？由是疑误无量众生堕无间狱。"① 盖因彼嫌比丘具足戒为小乘戒，故不奉行持守，因斯所误，而堕落三涂恶道。如比丘二百五十戒，四根本重戒之下二百四十六戒，皆为四重而施设，乃根本之枝末也。而菩萨戒中无此微细戒者，盖因菩萨比丘，皆先受声闻戒，方受菩萨戒，已先熟习具足戒故耳。

3. 约受学与否而判

【记】　菩萨居士，乘急戒缓故，不许受学此戒故。菩萨比丘，理应乘戒俱急。若只为比丘，即是戒急乘缓。乘戒俱缓之白衣，夫何言哉？是以知学菩萨声闻比丘，决不能逃责，不学此戒。小不学大不犯，大不学小则犯。先受大后受小者，不得舍大持小。先受小后受大者亦然，皆当大小并持，始不违我佛立教义意。

以戒乘缓急关系说明如何受持大小乘教。菩萨居士，如维摩居士，乃乘急戒缓。因未受具足戒，不许学此声闻戒。所谓"乘急"，谓专急于成佛之道，而研开悟实相的智慧；所谓"戒急"，谓特严戒法、依戒解脱而后研智慧者。菩萨比丘，俱受声闻戒及菩萨戒，理应戒乘俱急。若但受具足戒而未受菩萨戒之比丘，即是戒急乘缓。若是乘缓且戒缓之白衣，则不足言之。

所以，学声闻或菩萨比丘，决不能逃脱习学声闻戒之责。若但受声闻戒而不学菩萨戒不犯；若受菩萨戒而不学声闻戒则犯。若先受菩萨戒，后受声闻戒者，不得舍菩萨戒而持声闻戒。反之亦然。易言之，不问先受何戒，皆当声闻、菩萨二戒并持，方不违我佛立教之意义。

第四节　教所被机

【记】　第四科 教所被机

判明《四分比丘戒本》所被之人。分两部分：一、通判机宜；二、别判《四分律》所被。(《四分比丘尼戒本》亦同)

教：即如来所说教法；**机：**即教所被之众生。九界众生，机类虽多，但归起来不出三种、五种。了知机宜，才可应机施教，讲者、听者方产生共鸣。否则法不应

---

① （唐）天竺沙门般剌蜜帝译《楞严经》卷六，《大正藏》第19册，第132页。

机，不但达不到教化目的，反而令起谤法之过。

一 通判机宜

总标各种根机。

【记】 三乘中，声闻缘觉，有定不定。定者，定入偏空。不定者，可以回小向大。菩萨无不定者，定趣佛果故。五性中除三乘外，又有不定凡夫及邪定阐提。三聚即正定聚、邪定聚、不定聚，不出凡外三乘故。

从两方面分判并解释名相：

（一） 约三乘判

1. **就三乘而言**：声闻、缘觉分定与不定两类。定性声闻、缘觉入偏空，即定以生空智，证入我空真如，断四住烦恼，了分段生死，成就小果。但求自利，灰身泯智后，入无余涅槃，以不具佛种，故不成佛。不定性之二乘圣者，闻佛于方等经中呵小叹大，即发菩提心，回小向大，广行六度万行。菩萨乘人，无不定性者。因为他们定能断五住烦恼，了二生死，破除俱生我、法二执，证入究竟之二空真如，必定成佛。

2. **约五性而论**：三乘圣人属五性中声闻性、缘觉性与菩萨性。

（二） 约凡外言

1. **就三聚判**：凡夫属不定聚，外道属邪定聚。

2. **约五性判**：凡夫属五性中的不定性凡夫；外道属无定性阐提外道。

（三） 解释名相

1. **正定聚**：断贪嗔痴等，烦恼皆尽，心无邪伪。此性决定聚集不散，是名正定聚。

2. **邪定聚**：四恶趣（修罗、饿鬼、畜生、地狱）及一切边邪等见，不信正法，皆名邪性。此性决定聚集不散，是名邪定聚。

3. **不定聚**：或可为邪，或可为正，定非一向，是名不定聚。

4. **五性众生**：声闻性、缘觉性、菩萨性、不定性凡夫、无性阐提。

5. **聚性相配**：三聚与五性的关系是三乘圣者为正定聚；不定性凡夫为不定聚；无定性阐提、外道为邪定聚。

小结：不论约三聚还是就五性众生进行分类，无非是应机说法，令出离三界，引入佛道。由此说明佛陀大慈大悲，不舍众生，一切众生皆是佛所教化之机。

二 别判《四分律》所被

特别判定《四分律》所被之机。

【记】　此四分律正被不定凡夫，兼被正定三乘，旁及邪定。于不定凡夫中，被僧不被俗。于僧中正被比丘比丘尼，随被沙弥等小三众。又皆渐被而非顿被也，渐制非顿制故。

从两方面判：

（一）泛判

《四分律》正被不定性凡夫，兼被正定聚三乘圣者，以律仪是三乘共修故。亦旁被邪定聚，如舍利弗原是外道，后见马胜比丘威仪庠序，而舍邪归正。

（二）详判

1. **约不定性凡夫**：被道不被俗。

2. **约道众**：正被比丘、比丘尼，亦随被下三众，即式叉尼、沙弥、沙弥尼。如式叉尼须学比丘尼行法等；沙弥、沙弥尼亦须学沙弥十戒、威仪门等，若对比丘、比丘尼戒有所违犯，亦须结突吉罗罪。

3. **就渐顿约被**：是渐被，非顿被，因是别解脱戒故，持一戒解脱一戒。

4. **就渐顿约制**：是渐制，非顿制，因随过制约故，不同菩萨三聚净戒之顿结。

第五节　能诠教体

【记】　第五科 能诠教体

"诠"有二义：一谓显义，即能显示教所依之体；二谓含藏义，即教体所含藏之宗旨与目标。**"教"**为能诠；**"体"**是所诠。体为教源，有能生义。由体能生教，教为能显，故依教而显体，是名**"能诠教体"**。

【记】　我佛如来从真我、无我大悲心中流出此教，即当以真我、悲心为教体。

此乃正判《四分律》之教体。如来在世说法，依言音为教体；灭后，以名句文身为教体。此约小乘而判教体。若约大乘判别，又分以下两种：（1）若舍假求实，以唯识为教体。唯识属相。（2）若离相归性，摄用归体，则以真如为教体。真如属性。因《四分律》受体乃大乘唯识的善种之说，故教体不应约小教判。

此教体，本师释迦牟尼佛从真我、无我的大悲心中流出，故当以此大慈悲心为教体。所谓慈能与乐，悲能拔苦。与乐无过于受戒而得戒体。如受戒时，教授师告云："汝莫恐惧，须臾将汝着高胜处。"此高胜处即纳法于心胸，置佛种于心田之时。此乃成佛之正因，故云："众生受佛戒，即入诸佛位。位同大觉已，真是诸佛子。"① 所谓与乐勿过于此，而拔苦无过于忏重。若犯重戒，便失僧位，亦感苦果。若以殷重之心，发露忏悔，宁死不离三宝，并无覆藏之心，惭愧至极，从僧乞求波罗夷戒，今生虽不能上趣圣位，亦可作学悔沙弥，能拔除九十二万万一千六百万年重狱苦报。故《四分律》是依大慈悲心而为教体。

【记】　不分八识性相，而自在其中。

唯识宗言一切色心诸法，无论有形、无形皆阿赖耶识等诸识所变。八识，即眼、耳、鼻、舌、身五识，意识，末那识及阿赖耶识。此八识在凡夫位是有漏、染垢，"动身发语"造作引满之业而感流转六道。此心识既有我法二执，则非真我，非大慈悲心。若通过修唯识之观行，了达一切法依他起性，则能离遍计执而证圆成实性，最终转八识成四智（成所作智、妙观察智、平等性智、大圆境智），真正达到无我，契证真如。此心极清净，慈彻骨髓，悲遍法界，故能拔苦与乐。因此说从真我、无我大悲心中流出教体，不分别八识性相，因为八识性相自在其中矣。

第六节　所诠宗趣

【记】　第六科　所诠宗趣

此节说明教中所诠之宗旨及目的。

"**宗**"即宗旨，"**趣**"谓趣向。教为能诠，宗是所诠。机为能趣，宗是所趣。凡所趣向，须有目的。依既定之宗旨，进取不息，必达目的。

【记】　止恶行善为宗，求证无为为趣。大小皆同，而有浅深。

此《四分律》所诠宗趣，乃以止恶行善为宗旨；求证无为佛果菩提为趣向。然而止恶行善为宗，求证无为为趣，大小乘相同，只是浅深有别。因为机涉利钝，悟有浅深，行分迟速，故非是法有大小不同。佛本应机而施法药，药无贵贱，对症者良；法无大小，对机者妙。故《金刚经》云："一切贤圣皆以无为法而有差别。"

止恶行善，即止作二持。止持即戒本律仪，三业对境，止造过非，《四分比丘尼戒本》即是。作持即羯磨，三业对境，兴诸善法。若三业对境息善行恶，即成止作二犯。律藏所诠义理，不出止作二持、二犯。止恶，则三业清净，不起作犯；行善，则尊奉制教，不生止犯。如此，戒净生定，定起发慧。烦恼业因可断，生死苦报可了。三乘圣位，不求自得。依此自行，名为自利；依斯化他，则成利人。二利圆满，佛果堪成。

---

①　（后秦）三藏鸠摩罗什译《梵网经》卷二，《大正藏》第 25 册，第 1004 页。

【记】 以上第一章悬叙义门一科已竟

第一章"悬叙义门"一科，到此已说竟。

 小结

"悬叙义门"以六科内容总叙《四分比丘尼戒相表记》之要义纲领。通过**"教起因缘"**，了知佛制戒之因缘、意义以及迦叶尊者结集三藏及后来离分部别之过程，并叙述了诸部律藏翻译弘传之梗概等。在**"诸藏所摄"**中，指出《四分比丘戒本》别属声闻藏又兼通菩萨藏及其原因。《四分比丘尼戒本》同理。**"教义分齐"**中明确指出此戒本教下所诠之义理及其齐限范围，分出浅深差异及教义特点。**"教所被机"**中判定此戒本所被之机，令应机施教，师资相摄。最后以**"能诠教体"**和**"所诠宗趣"**两科判分《四分律》以真我、悲心为教体，以止恶行善为宗旨，以求证无为为归趣。如此，能令学者从整体上掌握《四分比丘尼戒本》之精神要旨，明白学习此律之核心所在。

练习题

1. 略述律教生起的缘由，并说明过去六佛之法久住、不久住的原因。

2. 如何理解佛制戒十义？

3. 最初结集三藏是由谁发起？结集之起因及过程如何？

4. 请分别列出"异世五师"和"同世五师"，并说明他们之间师资传承关系。

5. 简述"五部""十八部""五百部"的分部情况。

6. 我们现在所宗的是哪一部律？原因何在？

7. 简述诸部律的译传情况。

8. 令《四分律》的弘扬流通达到顶峰的是哪位律师？

9. 请分别就二藏、三藏分判《四分比丘尼戒本》之归摄。

10. 律主如何判分如来一代时教？《四分比丘尼戒本》属何教所摄？

11. 作为声闻菩萨之比丘及比丘尼，应如何受学大小戒？

12. 《四分律》被哪类根机的众生？依何为体？其所诠的宗旨和目的是什么？

思考题

1. 从三藏最初结集中，你受到什么启发或触动？

2. 谈谈你对汉传佛教宗奉《四分律》的看法。

3. 结合自己实际修持，谈谈对"乘急戒缓""乘戒俱急"之认识。

第三章　解释题目

导　言

解释题目，包括法题及人号。在释法题中，需解释《四分律比丘尼戒相表记》与《四分比丘尼戒本》二题。在释人号中，需介绍《四分律》之部主、译家及《四分比丘尼戒本》之重刻者。通过解释法题，令学人了知所学修之法的大致轮廓；通过解释人号，令学人了知祖师之功德，生增对法之好乐及信心。

建议讲授 2 课时，讨论 1 课时，共 3 课时。

第一节　释法题

解释法题，含两部分：一、《四分律比丘尼戒相表记》；二、《四分比丘尼戒本》。

一　释《四分律比丘尼戒相表记》

【记】　四分律比丘尼戒相表记

《四分律比丘尼戒相表记》，由北京通教寺胜雨法师等编集。释此标题，可分四段：（一）四分律；（二）比丘；（三）尼；（四）戒相表记。

（一）《四分律》

四分：是别题；**律**：是通题。

《四分律》是在佛灭度百年后，昙无德尊者于上座部《根本律》中，搜括博要且契合己见，经四次传文而集成。因为结集此律是随所演说至处为一分，如是四次演说，一部方毕，故云"四分"。"分"，乃据每次演说所至处以论，而非从义理上判定。

《四分律》翻传此方，总六十卷。

第一分，明比丘事，共廿一卷；第二分，明比丘尼事及受戒、说戒等法，共十五卷；第三分，明安居、自恣、破僧等法，共十三卷；第四分，明房舍等杂法，共十一卷。

律者，法也。梵语毗尼，或云毗奈耶，此翻为律。法以楷定为义，楷定持戒、犯戒，犯轻、犯重，因罪、果罪等。比如世间法律，犯法即施相应的刑罚，譬如罚金、拘役、有期徒刑、无期徒刑乃至死刑等，皆有明文规定。佛制五篇七聚等戒法亦皆楷定。故律的作用是处断轻重，明示开遮持犯。

（二）比丘

"比丘"是梵音，有三义：

1. 怖魔，或云令魔怖

怖魔：乃约本志而言。谓出家本为出三界，降伏四魔[1]，故须勤修戒定慧，息灭贪瞋痴。由有此义，名之为僧。

令魔怖：是约功行而言。《大智度论》云："'比'名怖，'丘'名能，能怖魔王及魔人民。当出家剃头着染衣受戒，是时魔怖。何以故怖？魔王言：'是人必得入涅槃。'"[2]《维摩经略疏》亦云："怖魔者既能破恶。魔罗念言此人非但出我界域。或有传灯化我眷属空我宫殿。故生惊怖。通而言之三魔亦怖。"[3]

2. 乞士

《戒本疏》云：乞士有二义，上则乞法以练心，下则乞食以资身。[4]《四分戒本如释》述：乞是乞求之名；士是清雅之称。谓内修清雅之德，外离四邪，福利众生。[5]

3. 破烦恼

《戒本疏》云："破烦恼者，欲使依名思义，顾瞻有本，不至流俗，唯欣出要。故云：于我法中快修梵行尽苦源也。"[6] 闻此"破烦恼"之名，进而思惟"破烦恼"之义，观察生死根本，舍弃世间微乐，欣求出世圣道。佛初成道，以"善来"之语度人，所谓："善来比丘，于我法中，快修梵行，尽苦源也。"

比丘因中具此三义(怖魔、乞士、破烦恼)，故于果上，相应而得杀贼、应供、无

---

① 魔：包括四魔，指恼害众生甚至夺其身命或慧命的四种魔类，即天魔、阴魔、烦恼魔、死魔。天魔，欲界第六天（即他化自在天）之魔王，能害人之善事，故名魔。阴魔，又云五众魔，新译云蕴魔，色等五阴，能生种种之苦恼，故名魔。烦恼魔，贪等烦恼，能恼害身心，故名魔。死魔，死能断人之命根，故名魔。

② 〔印度〕龙树菩萨造，（后秦）三藏鸠摩罗什译《大智度论》卷三，《大正藏》第25册，第80页。

③ （隋）智顗大师说，天台沙门湛然略《维摩经略疏》卷一，《大正藏》第38册，第572页。

④ （唐）道宣律师撰《四分律含注戒本疏》卷一，《卍新续藏》第39册，第735页。

⑤ （明）弘赞律师绎《四分戒本如释》卷一，《卍新续藏》第40册，第197页。

⑥ （唐）道宣律师撰《四分律含注戒本疏》卷一，《卍新续藏》第39册，第735页。

生之号，名为阿罗汉也。如《大智度论》卷二云："云何名阿罗呵？'阿罗'名'贼'，'呵'名'杀'，是名'杀贼'。如偈说：'佛以忍为铠，精进为刚甲，持戒为大马，禅定为良弓，智慧为好箭；外破魔王军，内灭烦恼贼，是名阿罗呵。'复次，'阿'名'不'，'罗呵'名'生'，是名'不生'。佛心种子，后世田中不生，无明糠脱故。复次，'阿罗呵'名'应受供养'。佛诸结使除尽，得一切智慧故，应受一切天地众生供养，以是故，佛名阿罗呵。"①

又，比丘亦云"**除馑**"。众生无法自资，多所馑乏，出家戒行，是良福田，能生物善，是故世人归信，供养种福，如沃壤之田，能生嘉苗，而除彼之馑乏也。

（三）尼

尼：为梵语，华言即"女"也，若沙门释子以女字称之，则为世人轻薄。今称尼者，以使世人生信敬尊重故。且显出离尘垢，戒德持心，能修梵行。

（四）戒相表记

戒有三名：毗尼、尸罗、波罗提木叉，皆本梵音，非此所有。今且依名译释如下：

1. 毗尼

或云毗奈耶，此翻为律。律者，法也，以楷定为义。乃从教立名，其作用是处断轻重，明示开遮持犯，唯法能定。

2. 尸罗

此翻为戒，乃从行立名。

有二义：（1）**警**：谓警策三业，远离缘非。警策是作，离非是止，此约心用二持，以显戒义。（2）**禁**：谓禁断诸恶。

若就功能来说，则译作清凉，能除热恼故。

3. 波罗提木叉

此翻为别解脱、别别解脱或处处解脱。戒是因，木叉是果。

约因中望果，有二义：（1）近而彰名，随分果也。身口七非，犯缘非一，各各防护，随相解脱。比丘尼三百四十八条戒，持一条解脱一条，随分而证。（2）远取戒德，因戒克圣，望彼绝累，还遵戒本。持戒清净，进而生定发慧，克剿烦恼，获得解脱。故《四分律》云："除结无罣碍，缚着由此解。"②

戒之三名，涵盖教、理、行、果。律从教立名，戒从行立名，别解脱从果立名。毗尼是教，尸罗是因行，木叉是果。依正教而修因行，进而得解脱果。又如旃檀木，随举一片，片片皆香。戒法亦如是，随举一名，整个戒法皆含摄其中。正如《遗教

---

① 〔印度〕龙树菩萨造，（后秦）三藏鸠摩罗什译《大智度论》卷二，《大正藏》第25册，第71页。
② （后秦）三藏佛陀耶舍共竺佛念等译《四分律》卷一，《大正藏》第22册，第567页。

经》云："戒是正顺解脱之本。"①

又，戒有四科：戒法、戒体、戒行、戒相。此处正明戒相，然欲知戒相，须先明法、体、行之义理。（1）**戒法**：圣人所制之教名法，依之修行必能轨范成就出离之道。故戒法亦称圣法。（2）**戒体**：通过授受之作法，领纳圣法于心，从而成就戒体，对境生起防非止恶之功。《芝苑遗编》云："夫戒体者，律部之枢要，持犯之基本，返流之源始，发行之先导。"②（3）**戒行**：如法造作三业。顺本受体，依体起护，故名戒行。（4）**戒相**：**约法而言**，即比丘尼三百四十八条戒。**约行来说**，为行有仪，身口造作合于戒法，行住坐卧，有威仪轨则。戒行成就，美德光显于外，则名戒相。**约境来说**，戒则无量。受戒时遍缘十法界情非情境而发戒，因此持犯之境亦无量无边。

表：按一定次序分类排列。每条戒大致包括戒名、缘起、戒文、制意、具缘、罪相、并制、境想、开缘、警策语等，以此方式讲述，条目清晰，便于掌握。

记：记录。表示此非自己之创，仅如实记录。

二 释《四分比丘尼戒本》

【记】 四分比丘尼戒本

《四分比丘尼戒本》（以下简称《戒本》）出于《四分律·第二分》"尼戒"部分。略去广律中之缘起及广解，只择录出三百四十八条戒相及七佛略教诫经等，别集成本。便于尼众诵习广略教诫，识相守持，不亏戒体，发生定慧。同时，半月半月布萨亦诵此本以为恒规，故云《四分比丘尼戒本》。

前已释"四分"及"比丘尼"，此不繁述，单明"戒本"。

戒本：即显示教体。戒是所诠体，本乃能诠体。有五义，前二约所诠之法，后三就能诠之文：

1. 戒为道本

"戒"，禁也、警也，即众行之因。"本"，根本，能生之义。儒家云："君子务本，本立而道生。"③ 出世行者以戒为本，则能生成道务。此乃以因望果，故言道本。

2. 戒是行本

谓戒是世出世间众行之本，若欲得人天福乐，或证得五分法身，必依戒起行，方能渐次满愿。此乃单就因上而言，故云行本。

---

① （后秦）三藏鸠摩罗什奉诏译《佛垂般涅槃略说教诫经》，《大正藏》第12册，第1111页。

② （宋）余杭郡沙门元照《芝苑遗编》卷一，《卍新续藏》第59册，第620页。

③ 见《论语·学而篇》。

3. 戒为教本

一部广律旨在解释戒行，计理应称律本。此指行以目教，故是教本。此约能诠对所诠。

4. 戒为说本

说戒者依承此戒诫劝在座大众，文云"半月半月说戒经中来"，是以所说为传者之本。此即能说望所说。

5. 听者以说为本

诵戒时，听者在下，由耳闻而纳法于心，寻声为起行之根本，故言听者以说为本。此即能听望能说。

又，《四分比丘尼戒本》常见者有三种版本：一、姚秦三藏佛陀耶舍译本，二、宋元照律师删定本，三、唐怀素律师集注本。《表记》依据第一本。

第二节 释人题

一 部主

【记】 出昙无德部

标示部主。《四分比丘尼戒本》出自昙无德部。昙无德部乃五部之一，以部主为名。

昙无德：梵音，华言为法正、法护、法镜等。**法正**：谓部主明慧卓朗，能除邪倒；**法护**：谓部主能兴建正法，使不坠于时；**法镜**：谓部主智慧超群，如明镜能照达万物。

昙无德尊者为异世五师中第五师优波掬多之弟子，亦是同世五师之首。道宣律师在《四分律含注戒本疏》中云：尊者博考上、中、下三机，殷鉴大、小二乘经典，包括权实，统收名理，集结此藏。通被时宾，故使韦编成规，钦奉传承无有断绝。其他诸部分流若干，然独此一宗，未分支派。良因部主上达如来制戒之理，下通众生持戒之机，故能立法悠久。①

二 译主

【记】 姚秦三藏佛陀耶舍共竺佛念译

---

① （唐）道宣律师撰《四分律含注戒本疏》卷一，《卍新续藏》第39册，第711页。文中"**上、中、下三机**"，意即：上机即四依、头陀等；中机谓百一供身、二房、二请等；下机如诸长、净地、钵、器、皮革、诸重物等。"**权实**"：是指《四分律》通大乘之意：心为业主识对诸尘、耆婆回心、施生成佛等，迥异有宗，深通实道。但教局小乘，未容直显故也。"**名理**"：名谓能诠名句，理谓所诠义趣。"**时宾**"：当时学众。

此句标示译主。将《四分律》由梵文翻为华言者，是姚秦时代的三藏法师佛陀耶舍及竺佛念二尊者。

1. 姚秦

即后秦，东晋十六国之一。晋朝分西晋和东晋。西晋是由魏、蜀、吴三国合并而成，后来国家势力衰退，迁都建康（今南京市），改名东晋。东晋时期，西方兴起一国名秦，史称前秦，开国皇帝叫苻坚。苻坚征集百万大军攻打东晋（即淝水之战），兵败溃退。大臣姚苌乘机杀死苻坚而为国王，仍用其国号，建都长安，亦自称秦王，史称后秦。由姚氏所建，故亦称姚秦，以别于秦始皇之秦及苻坚之秦。姚秦至东晋为刘裕所灭，凡历三主共三十四年。

2. 三藏

藏即含藏之意。三藏即经、律、论。谓译主能了达一切修多罗、毗奈耶、阿毗昙旨趣，因以称之三藏法师。言法师，谓以法自师，且能以法师人。即以佛法为己师，且以所学之法，经实修实证后，传授于人，如此方堪称法师。

3. 佛陀耶舍

此云觉明，北印度罽宾国人，婆罗门种，东晋译经家。十三岁出家，至十五岁日诵经二三万言，二十七岁始受具足戒。常以读诵为务，专精不息，博通大小乘。鸠摩罗什大师游学时，曾以尊者为师。姚秦，弘始十年（408），尊者应鸠摩罗什大师之请，抵长安助其译出《十住经》。十二年至十四年间，应校尉姚爽之请，于长安中兴寺译出《四分律》六十卷、《长阿含经》二十二卷（与竺佛念合译）、《四分僧戒本》一卷。义熙八年（412）入庐山。后归罽宾，途中偶得《虚空藏菩萨经》一卷，托商贾携致凉州诸僧。其后不知所终。

有关佛陀耶舍尊者之详细事迹，见《高僧传》[①] 卷二。

4. 共竺佛念

共：即与、同。《四分律》乃佛陀耶舍与竺佛念合译而成。

竺佛念：东晋僧，凉州（甘肃武威）人。幼岁出家，志业坚精，于讽习众经外，并兼习外典。苻坚建元年间（365~384），僧伽跋澄与昙摩难提等来到长安，受赵政之请，跋澄翻译《婆须蜜所集论》，难提翻译《王子法益坏目因缘经》《增一阿含经》《中阿含经》等。其时师即担任传语之职。师于姚秦弘始年间（399~416）译出《菩萨璎珞经》《十住断结经》《出曜经》《菩萨处胎经》《中阴经》等五部，誉为苻、姚时期之译经宗师。出《三藏记集》卷二，则于五部之外加添《王子法益坏目因缘经》，《开元释教录》卷四，又增《菩萨璎珞本业经》《鼻奈耶》《持人菩萨经》《大方等无想经》《菩萨普处经》《十诵比丘尼戒所出本末》等六部，计十二部七十四

---

① 凡十四卷，梁会稽嘉祥寺沙门释慧皎撰，收于《大正藏》第50册，No. 2059.

卷，然《持人菩萨经》以下皆遗失。后寂于长安，寂年、世寿均不详。①

5. 译

传、释也。谓交释两国言音，而传告之也。在这里指将梵文翻为华文。

三　重刻主

介绍《比丘尼戒本》重刻主读体律师。

【记】　宝华山传戒比丘读体依藏重刻

此句标示重刻主。

宝华山：位于江苏省句容市西北部，与南京接壤。读体律师在宝华山隆昌寺所建戒坛保存完好，现仍为传戒之用。**传戒**：弘传戒律。**比丘**：说明其身份。**依藏重刻**：依于《四分律》，重新刻印。

读体律师（1601～1679），字见月，明代高僧，律宗千华派第二代祖师，亦即中兴律宗的一代宗师。少好游，曾到金沙江，甸尾等地，因羡慕赤松子，遂出家当道士，后舍道入佛。32岁从宝洪山亮如法师剃度，法名读体。36岁时从三昧律师受具足戒，继而随师传戒诸方，开始阅读律藏，为各方所推重。38岁入金陵宝华山，受请为监院，并为大众讲戒。律师所讲深达佛意，言词清楚流利，座下听者无不叹服。清顺治二年(1645)，师44岁，三昧律师即将圆寂，以衣钵戒本授之。律师继承法席，主持宝华山30余年。康熙十一年(1672)，江南大饥，律师募化赈粥50多日，救活饥民数以万计。康熙十八年(1679)正月二十二日圆寂，终年79岁。读体律师著述有《传戒正范》《大乘玄义》《毗尼止持会集》《毗尼作持续集》等十部传世，其中《传戒正范》至今仍为我国传戒之蓝本。其口述自传《一梦漫言》最为有名，影响深远，至今仍为人传诵。②

小　结

本章首先解释《四分律比丘尼戒相表记》以及《四分比丘尼戒本》两个法题，令学者对所学戒本有一简单了解，并了知其中包含的义理。其次在解释人题中，分别对部主昙无德尊者、译主佛陀耶舍和竺佛念尊者以及重刻主读体律师作了简单介绍。冀后辈学人能饮水思源，在学习过程中知恩念恩，并以清净持守戒律以报恩。

练习题

1. 请解释《四分律》题目之由来。

---

① 见《高僧传》卷一。
② 详见读体律师撰《一梦漫言》及《中华佛教百科全书》等。

2. "比丘"一名有哪三义？

3. 何谓"毗尼""尸罗""波罗提木叉"？

4. 何谓"戒法""戒体""戒行""戒相"？

5. "戒本"有哪五义？

6. 道宣律师在《戒本疏》中怎样评价昙无德尊者？

7. 请用自己的语言介绍佛陀耶舍尊者、竺佛念尊者、读体律师。

 思考题

1. 谈谈"比丘"因地三义与果地三义的关系。

第四章　叙前方便及说戒经序

导　言

此章含两部分：先是"叙前方便"，即在说戒之前所作之准备，如赞叹戒经功德，秉持说戒羯磨等。次为"说戒经序"，即说戒经之序文。严格说来，此二科分别列章更为严谨，因为"说戒经序"已经开始正式说戒经，不属于"前方便"所摄。但"戒经序"篇幅甚小，不足为章，故不得已将其与"叙前方便"合并为一章，单列为节。

弘一律师所著《四分律比丘戒相表记》中，将"归敬偈"与"戒经序"并列。《比丘尼戒相表记》所出"四分律比丘尼戒本科表"中将"说戒经序"置于"叙前方便"中，亦各有其道理。

建议此章用 5 课时讲授，3 课时讨论，共 8 课时。

第一节　叙前方便

叙述《比丘尼戒本》正文之前的必要准备。此中又分三部分：略述赞颂、作前方便、秉白羯磨。

一　略述赞颂

赞颂，即戒本前面赞叹戒经之偈颂，此乃部主昙无德尊者撰述，共有十二偈，分为九段：皈敬述意、明德劝持、持则离过、师资秉承、毁持损益、约危时警、依安时诫、双陈安危、正明当持。

（一）皈敬述意
皈敬三宝之本意。有一偈。

【记】　稽首礼诸佛　及法比丘僧　今演毗尼法　令正法久住

上半偈明归敬三宝；下半偈显说戒能令正法久住。

1. 释上半偈——稽首礼诸佛　及法比丘僧

（1）字词义

稽首：古代一种跪拜礼，叩头至地，表示最虔诚恭敬。《大智度论》云："礼有三种：一者、口礼；二者、屈膝，头不至地。三者、头至地，是为上礼。人之一身，头为最上，足为最下，以头礼足，恭敬之至。"①

礼：礼敬。敬在于心，礼见于身，心敬不已，身乃致礼，是则礼者，唯主于敬也。**稽首礼**：是能敬之仪，后列三宝是所敬之境。

诸佛：众佛非一，故言诸佛。余部戒本但皈敬释迦世尊，独今《四分律》中遍礼诸佛，此乃本宗分通大乘之义。因佛佛道同，自行修证、化他，权实二教无异。且释迦世尊制戒，开遮重轻，并观三世佛。诸佛如是制戒，释迦世尊亦如是，并无异辙，故齐须同敬诸佛。

佛：具云佛陀，义译为觉者或智者。觉有二义：（1）**觉察**，如人觉贼。此觉乃对烦恼障而言，烦恼侵害，事等如贼，唯圣觉知，不为其害，故名为觉。（2）**觉悟**，如人睡寤。此觉乃对所知障来讲，无明昏寝，事等如睡。圣慧一起，朗然大悟，如睡得寤，故名觉。既能自觉，复能觉他，觉行圆满，故名为佛。自觉，简异凡夫；觉他，明异二乘；觉行圆满，则彰异菩萨。佛乃由凡夫地，持戒、习定、修慧而成就佛果。

及：和、并也。谓稽首礼诸佛，亦通敬法与僧。

法：梵音"达摩"，有二义。（1）**自体**：即任持自性。每一事物皆有特点，是故不会混淆。（2）**轨模**：即轨道模式。至圣演教，意在成行，如车从辙，如器从模，法非目睹，故以喻成也；行必从道，道即行之所依法式，无越此也。

比丘：比丘三义：怖魔、乞士、破烦恼，前已委示，此不赘述。

僧：梵语具云僧伽，以相翻之，号为众，或有翻为和合众。律中说四人成众，四人和聚，能御圣法，办得前事，名之为僧。僧以和合为义，和合有二义：（1）**理和**，谓初果已去，同证择灭。（2）**事和**，谓身、口、意、戒、见、利六和。其中戒、见、利三，名体和；身、口、意三，名相和。

比丘僧：比丘是别，揽别成众名僧，故两列之。

（2）释偈文义

凡作法事，必先礼敬三宝，以表感恩、恭敬、求加被，使内障遣消，外魔无扰，法事得以顺利成办。今诵戒前，先皈敬三宝，乃是为演说毗尼戒法，令正法久住。

---

① 〔印度〕龙树菩萨造，（后秦）三藏鸠摩罗什译《大智度论》卷一百，《大正藏》第 25 册，第 751 页。

①皈敬三宝之本意

据《戒本疏》，以六义①论之：

A. **荷恩故**：佛说法药，僧是弘传。为拔毒箭，兴显于世。皆于我益，何得不敬。

B. **求加护**：浊世障深，将欲传通（弘传流通毗尼教法），多感魔业，作诸留难。若不威加，无由远离。

C. **生人信**：恐人谓戒经乃妄自臆测言说，不承宗绪。故先皈敬三宝，知戒经传承有续，以增他信。

D. **表敬仪**：五众所归，并宗三宝。今欲通法，必先兴请，近行世供，远住法故。

E. **显胜相**：《成实论》云："三宝于一切世间第一吉祥。"② 今初列皈敬三宝，乃为显殊胜之相。

F. **开众生三宝念**：以三宝大利，惠益无边，微沾希向，历劫不朽。故前列之，令兴敬念。

此六义，一、二及五，恩威胜相，皆属所敬；三、四与六，信敬并念，皆属能敬。

②何谓三宝

所谓三宝，即佛、法、僧也。有四种三宝：理体三宝、化相三宝、住持三宝、一体三宝。今略述于下：

A. **理体三宝**：谓于真如理体上立三宝，则五分法身是佛宝；灭理无为是法宝；声闻学无学是僧宝。"五分法身"，即以五种功德法（戒、定、慧、解脱、解脱知见）成就之法身。其中戒、定、慧是从因受名；解脱、解脱知见是以果受号。此五种功德之次第，谓由戒生定，由定发慧，由慧断惑，惑无之处名解脱；出缠破障，反照观心名解脱知见。"灭理无为"，即四谛中之灭谛涅槃。"声闻学无学"，即初果已去，同见真谛之理和僧。

B. **化相三宝**：或云真实三宝。分大乘化相三宝及小乘化相三宝。前者：诸佛三身为佛宝；六度为法宝；十圣为僧宝。后者：佛住世时，树下得道，丈六化身是佛宝；演说苦、集、灭、道四谛法是法宝；鹿野苑初度憍陈如等五比丘是僧宝。

C. **住持三宝**：佛灭度后，木、土、金、石、丹青圣像为佛宝；黄卷、赤牍、三藏圣教为法宝；剃发染衣，绍隆佛种之出家众为僧宝。

D. **一体三宝**：真性即法宝；观照即佛宝；资成即僧宝。《法华经》云："佛自住大乘"，佛是佛宝；大乘是法宝；"如其所得法，以此度众生"，即是与理和，复与众生和，即是僧宝。"世间相常住"，名法宝；"于道场知已"，名佛宝；"导师方

①　（唐）道宣律师撰《四分律含注戒本疏》卷一，《卍新续藏》第39册，第734页。
②　〔印度〕诃梨跋摩造，（后秦）三藏鸠摩罗什译《成实论》卷一，《大正藏》第32册，第247页。

便说"，上与理和，下与众生和，名僧宝。一体三宝，非一之一，不三之三，此之三一，不纵不横，称之为妙。①

以上四种三宝中，理体及一体就理而论；化相一种局于佛世；住持一位通被三时。

③何以称誉为宝

以能利益世间，近拔三有，远清分段、变异二死，稀世独达，如世宝珍贵稀有，故称之为宝。《宝性论》② 卷一中以世宝六义，明佛、法、僧称为宝之意义：

A. **稀有义**：世宝贫穷者所无；三宝薄福者不遇。此通四种三宝，以住持三宝，无福不遇；化相三宝，无缘不遇；理体三宝局圣，凡愚不遇；一体三宝，二乘不遇。

B. **离垢义**：世宝体无瑕秽；三宝绝离诸漏，此唯约理体三宝而言。余三种三宝，则无此义。如《释门归敬仪》云：住持三宝，体是有为，具足漏染；化相三宝，体是无常，四相所迁，灭过千载，但可追远，用增翘敬；一体三宝，在迷随染。③

C. **势力义**：世宝除贫、去苦毒；三宝具足六通难思议。此唯对化相三宝而言，以六通局在人故。六通：天眼通、天耳通、他心通、神足通、宿命通、漏尽通。

D. **庄严义**：世宝严身令好；三宝能严法身。此通四种三宝，以住持、化相三宝能发人信仰；理体、一体三宝可以修证，能够庄严法身。

E. **不改义**：世宝炼磨不变；三宝八法（利、衰、毁、誉、称、讥、苦、乐）不动。此唯局理体三宝，以理体三宝常住于世，不为世法所凌慢；一体三宝虽常，然就迷边，随缘流变；化相、住持三宝无常，则非所论矣。

F. **最胜义**：世宝诸物中胜；三宝诸有无上。此亦通四种三宝，如住持三宝中的佛、法二宝，虽是世物，莫不表示功用无极。《释门归敬仪》云："金木土石体是非情。以造像故敬毁之人自获罪福。"④

2. 释下半偈——今演毗尼法 令正法久住

此半偈显说戒，法得久住。皈敬三宝之本意在于演说毗尼法，而演说毗尼法之目的乃为令正法久住。

（1）释字词义

今：正当说戒之时，简非过去、未来。

演：演说，谓宣布流通之义。

今演：乃能弘之缘，今指说时，演属说人，二并能弘之缘。

---

① （隋）天台智顗：《妙法莲花经玄义》卷五，《大正藏》第33册，第745页。
② （西魏）三藏勒那摩提译《究竟一乘宝性论》，《大正藏》第31册，No.1611.
③ （唐）道宣律师述《释门归敬仪》卷一，《大正藏》第45册，第856～857页。
④ （唐）道宣律师述《释门归敬仪》卷一，《大正藏》第45册，第858页。

毗尼法：所弘之教，此即指戒本。

毗尼：律，律即是法。今名义齐列，为令易解故。

正法：具备教、理、行、果之出世无漏圣法。

令正法久住：由秉羯磨说戒，世间正法不灭，故云毗尼藏者是佛法寿命。毗尼藏住，佛法亦住，以诸善法，妙定胜慧，皆藉戒而生。

（2）引论证明

《善见律》卷十六记载，佛告阿难，有五法令正法久住：①**毗尼是汝大师**——律教即是汝等之师。②**下至五人解律在世**——指比丘知法可传戒，令僧种不断，弘传佛法，令正法久住。③**中国十人，边方五人如法受戒**——约受戒而言。④**乃至二十人得出罪**——约随行而言。⑤**由律师持律故，佛法住世五千年**——约延时之久而言。① 初约教而言，后四从人以论。

（3）释疑解惑

《戒本疏》设问答解释"毗尼令正法久住"之义。

问：约断烦恼、证涅槃，慧学功高。为何令正法久住，偏约毗尼？

答：戒慧二学，所明之义不同，各有兼正。据理之深浅，对治烦恼之功而言，戒律多从事相上对治，仅为降伏业习之方便，所以劣于明慧。若就住持、兴建三宝来说，则戒学为胜。

因为由慧所悟之真理，体性常寂，非证不知；律则随事相而生，众别二行，生善灭恶，昭然显明，易令见闻者生信敬之心。舍利弗尊者因马胜比丘之威仪而得度便是明证。若约根条而言，戒是根本，定慧所不能及。如《遗教经》云："因依此戒，得生诸禅定及灭苦智慧。"② 据此等义故，偏约毗尼能令正法久住，当弘演之。

（二）明德劝持

明戒德广博劝听获益。有一偈。

【记】　戒如海无涯　如宝求无厌　欲护圣法财　众集听我说

上半偈明戒德如海，广博无涯，能出众宝，令求无厌。下半偈明劝听获益。简言之，上半偈陈喻，下半偈举益。

1. 释上半偈——戒如海无涯　如宝求无厌

此乃比喻。戒之意旨功德深远，非浅识凡夫所能了知，故以喻明之。

---

① 《善见律》卷十六记载："佛语阿难：'若我灭度后，毗尼即是汝大师也。'是名令正法久住。下至五比丘解律，在世能令正法久住，若中天竺佛法灭，若边地有五人受戒，满十人往中天竺，得与具足戒，是名令正法久住。如是乃至二十人得出罪，是名令正法久住。因律师故，令正法久住，是名持律五德。……以律师持律故，佛法住世五千岁。"（《大正藏》第24册，第786页。）

② （后秦）三藏鸠摩罗什奉诏译《佛垂般涅槃略说教诫经》卷一，《大正藏》第12册，第1111页。

（1）释字词义

戒：即三百四十八波罗提木叉以及诸威仪。

海：为众流所归，深广无涯，清澄离染，性不纳秽。若有死尸，风浪必漂置岸上。戒亦如是，为众善所集，体周法界。且戒海亦不容恶人，僧中若有破戒者，必摈出僧团之外。

无涯：又于一一戒中各生"摄取于僧"等十种功德，一一功德中生十种正法，即信等五根（信、精进、念、定、慧），无贪、嗔、痴等三善根以及身口二护。故有三千威仪、八万细行①。一一清净戒色，各遍法界。于念念中，任运成就戒法善色，悉遍法界，不可穷尽，由此成诸福海，无有边际，故云无涯。

如宝求无厌：海能出生众宝，为世人所重，求者没有厌足。戒海亦如是，不但清澄，且能兼生三十七道品，为三乘道人所重，常行志求，无时暂息。又宝有二能：①**现除贫苦**。因戒能止恶修善，招感人天善果，免堕三途贫苦；②**资成形命**。显戒能令道人资成道业，近获人天乐果，远成五分法身。

（2）引律证明

《四分律》记载："佛告目连：'海水有八奇特法，所以阿修罗娱乐住者……我法中亦有八奇特，使诸弟子见已，于中而自娱乐。'"② 何者为八奇特法？

①**渐深渐入**：大海，一切众流皆往投之；我诸弟子渐次学戒，皆归我法，于中学诸善法。

②**潮不过限**：海水常住，不失潮法；我诸弟子住于戒中，乃至于死终不犯戒。

③**百川来会，无复本名**：五大河尽归于海，失于本名，名之为海；于我法中，刹利、婆罗门、毗舍、首陀四种姓，以信坚固，从家舍家，学道灭本名，皆称为沙门释子。

④**万派悉归，而无增减**：五大河及天雨皆归于海，而海水无有增减；于我法中，诸族姓子以信坚固，从家舍家，学道入无余涅槃界，而无余涅槃界无增无减。

⑤**同一咸味**：大海之水同一咸味；于我法中，同一解脱味。

⑥**不蓄死尸**：大海不受死尸，设有死尸，被风漂置岸上；于我法中，亦复如是，不受死尸。所谓死尸者，非沙门自称为沙门，非梵行自称为梵行，犯戒恶法不净污秽，邪见覆藏不善业，内怀腐烂如空中树。虽于众中坐，常离众僧远，众僧亦离彼远。

---

① 据《四分戒本如释》卷一所言：八万细行，是指：二百五十具足戒法，以行住坐卧四威仪，各有二百五十，合为一千。循过去未来现在三世，为三千威仪。以此三千，配身口七支，成二万一千。以此二万一千，复对治贪嗔痴及等分四种烦恼，为八万四千细行，此即八万四千律仪也。言八万细行者，举其略也。（《卍新续藏》第40册，第194页。）

② （后秦）三藏佛陀耶舍共竺佛念等译《四分律》卷三十六，《大正藏》第22册，第824页。

⑦**出众珍宝**：大海水多出珍奇异宝，陆地所无有。所谓珍宝者，金、银、珍珠、琉璃、珊瑚、砗磲、玛瑙。于我法中，亦多出珍宝。所谓珍宝者，四念处、四正勤、四如意足、四禅、五根、五力、七觉意、八贤圣道。

⑧**大身众生所居**：大海水乃大形众生所居处。于我法中，亦受大形，所谓向须陀洹、得须陀洹果，乃至向阿罗汉、得阿罗汉果。

（3）释疑解惑

《戒本疏》设问答解释偈中为何仅列二德。

问：如经论说，海喻多种功德，偈中为何只列二者？

答：尊者知时，举重要者说明。"无涯喻"，明戒海深广清澄。显示说戒之仪，专被行净之人。如有纤毫之过，即违听说之仪。"所求无厌喻"，明众成之功，取决于自行无违。众成由行，能怀圣宝。前喻众行，后喻自行。说戒摄僧，唯此二德为要务。此二德摄化始终，其余诸德相对而言并非要务，故略而不叙。①

2. 释下半偈——欲护圣法财　众集听我说

若欲获得圣法之财，大众应和合共集，听我说戒。

欲：想要，即方便摄持。谓未犯戒前，用种种方便护持戒体。

护：对治行成，非缘不起。即不论何时何地，遇非缘之境，依于佛教，提起正念，不令过起，名之为护。

圣法财：即三十七道品。恐混滥于世财，故言圣法财。世财能养色身寿命，法财能滋法身慧命。以戒德内充，资助心神，长养圣道，故称之为圣法财。此诸圣法财，非戒无能守护。由戒有防非止恶之功，如勇兵猛将能伏怨敌，亦如坚城深堑能御魔军，不令得便侵凌故也。

众：指如法得圆满戒之僧众。

集：身心合集一处。

众集：欲护持圣法财，须善巧方便护持戒体，不令有所毁缺，当于半月半月布萨日，大众僧和合共集一处听我说戒。以说戒是摄僧大纲，乃被清净之人，必须界内尽集，不许别众。若有三宝、瞻病等因缘事，得与欲清净，故言众集。

听：属耳识。谓于说戒者所说文义，以耳识领受，决心了知。

我说：谓词义无违，如律而说。

（三）持则离过

举教劝修，明持戒则能离过。有一偈。

【记】　欲除八弃法　及灭僧残法　障三十舍堕　众集听我说

---

① （唐）道宣律师撰《四分律含注戒本疏行宗记》卷一，《卍新续藏》第39册，第738页。

前三句，说明广教戒相有灭恶之力。最后一句，劝众谛听。

此偈大意：欲除八弃不犯，永绝僧残不干，障隔舍堕无违，众集一心听说。

第一句：欲除八弃法

除：此教本能防未起之过非，应起不起，名之为除。不是已犯过非而说除弃。偈中"除、灭、障"三字皆以离过为本，随用何字皆得。为避免重复，故用字不同。

欲除：比丘尼方便禁止、警策，使初篇之业冥伏不起，名为欲除。所除是何？即八弃法。

八：初篇中八条戒：婬、盗、杀、妄、触、八、覆、随。

弃：随犯初篇中一戒，即一切功德道品、沙门四道果、五分法身、一切善法悉皆捐弃。如人犯死罪，施以死刑，更无生路。如大海不受死尸，漂弃岸上。比丘尼若犯八弃法之一，便被永弃清净众外，不得与诸比丘尼共住。

法：有多义，今取能成犯之缘，即此诸戒相，各列犯缘。具则成犯，楷式轨定。犯由缘办，故云法也。

第二句：及灭僧残法

灭：消灭过非令不生起。

僧残：梵语僧伽婆尸沙，即二篇十七事。若犯此罪，于二部四十位清净僧中如法忏悔，方得除灭。如被人砍，尚留咽喉，有余残可治，故名僧残也。

第三句：障三十舍堕

障：遮障过非令不生起。

三十舍堕：即三篇三十事，由恣畜财物生过。若犯此罪，须向众中先舍其物，次忏堕罪。若不如法舍忏，命终当堕三涂，受烧煮苦，故名舍堕。

第四句：众集听我说

既已知八弃、僧残及舍堕之戒相，应依说而行，远离成犯之缘，故又重新劝告："众集听我说。"何以重劝？但以末法众生，根机陋劣，情多浮滥。圣所制禁，凡所常行，恐不能专念遵奉，懈慢轻忽，故又重劝。

比丘尼戒本通摄五篇，今但举前三篇，以重摄轻；又七聚中，初三为戒分所收，下四是威仪所摄。今且举纲领，故不随事。

（四）师资秉承

明师资相授，秉持教法，皆有传承，非无根由。有二偈。

【记】　毗婆尸式弃　毗舍拘留孙　拘那含牟尼　迦叶释迦文

　　　　诸世尊大德　为我说是事　我今欲善说　诸贤咸共听

此二偈中，前偈列七佛教主之名。后偈中上半偈明戒有传承，此乃真实不虚。下半偈秉此传承以劝听。

1. 释前偈——毗婆尸式弃　毗舍拘留孙　拘那含牟尼　迦叶释迦文

此偈明七佛名号。七佛：指过去庄严劫最后三佛（毗婆尸佛、式弃佛、毗舍浮佛）及现在贤劫最初四佛（拘留孙佛、拘那含牟尼佛、迦叶佛、释迦牟尼佛）。

（1）**毗婆尸佛**——过去庄严劫第九百九十八尊佛

亦云维卫佛，华言胜观。谓智满如月圆，惑亡如魄尽。于过去九十一劫，人寿八万岁时出现于世，刹利王种。佛身长六十由旬，圆光一百二十由旬。坐娑罗树下成道，三会说法：第一会，度一百一十六万八千比丘众；第二会，度十六万比丘；第三会，度十万比丘得阿罗汉道。佛寿八万岁，百岁之中，众皆清净，恒以一偈而为禁戒。

（2）**尸弃佛**——过去庄严劫第九百九十九尊佛

亦云式弃佛，华言火，又云持髻。谓无分别智最为尊上，处于心顶也。于过去三十一劫，人寿七万岁时出现于世，刹利王种。佛身长四十由旬，圆光四十五由旬，通身光一百由旬。坐分陀利树下成道，三会说法：第一会，度十六万众比丘；第二会，度十四万众；第三会，度十万众皆得阿罗汉。佛寿八万岁，八十年中，众皆清净，恒说一偈而为禁戒。

（3）**毗舍浮佛**——过去庄严劫第一千尊佛

亦云随叶佛，华言遍一切自在。谓烦恼断尽，于一切处无不自在。于过去三十一劫，人寿六万岁时出现于世，刹利王种。佛身长三十二由旬，圆光四十二由旬，通身光六十二由旬。坐菩萨罗树下成道，三会说法：第一会，度十万众；第二会，度八万众；第三会，度七万众，皆得阿罗汉。佛寿七万岁，七十年中，众皆清净，复以一偈而为禁戒。此是过去庄严劫第一千尊佛。

（4）**拘留孙佛**——现在贤劫第一尊佛

华言所应断，谓断一切烦恼，永尽无余。于贤劫中，第九减劫人寿六万岁出现于世，婆罗门种。佛身长二十五由旬，圆光三十二由旬，通身光五十由旬。坐尸利沙树下成道，二会说法：初会度七万众，第二会度六万众，皆阿罗汉。佛寿六万岁，于六十年中，众皆清净，时以二偈以为禁戒。

（5）**拘那含牟尼佛**——现在贤劫第二尊佛

华言金寂，金则明现，寂则无碍。于贤劫人寿四万岁时出现于世，婆罗门种。佛身长二十五由旬，圆光三十由旬，通身光四十由旬。坐优头跋罗树下成道，二会说法：初会度六十万众，第二会度三十万众，皆阿罗汉。佛寿四万岁。三十年中，众皆清净，时以一偈而为禁戒。

①　以下所举七佛之名称、出兴时间、几会说法、度众之数等，皆引自《四分律名义标释》卷三，《卍新续藏》第44册，第422～423页。

（6）迦叶佛——现在贤劫第三尊佛

具云迦摄波，华言饮光，谓身光显赫，能饮一切光明故。于贤劫人寿二万岁时出现于世，婆罗门种。佛身长十六丈，圆光二十由旬。坐尼拘律树下成道，亦二会说法：初会度四十万众，第二会度三十万众，皆阿罗汉。佛寿二万岁，二十年中，众皆清净，恒以一偈而为禁戒。

（7）释迦牟尼佛——现在贤劫第四尊佛

华言能仁寂默，谓慈悲利物，智慧冥理。以利物故，不住涅槃；以冥理故，不住生死。悲智双运，立此嘉称。于贤劫人寿百岁时出现于世，刹利王种。佛身长一丈六尺，圆光一寻。坐毕钵罗树，一会说法，千二百五十人，皆阿罗汉。佛寿八十岁，十二年中，众皆清净，亦以一偈而为禁戒。

之所以说此七佛名：一谓在百小劫内，净居天人所曾见故。二谓本师修相好业，从毗婆尸佛时为始故。①

2. 释后偈——诸世尊大德　为我说是事　我今欲善说　诸贤咸共听

第一句：诸世尊大德

诸：统称七佛而言。

世尊：谓以无漏智等法，破贪瞋痴等一切烦恼不善之法。灭生死苦，得无上觉。天人凡圣，世出世间，咸尊重故，号为世尊。

大德：此处指佛，谓行满位高。行满，即利益众生之菩萨行，经三大阿僧祇劫之累积而得圆满。位高，即众圣中最尊者。又，等济众生具大慈德，折摄教化具大威德。

第二句：为我说是事

此明师资授受，非臆说也。

我：指现前能说戒人。

是事：从戒序至七佛略教经偈。

第三句：我今欲善说

因上有所承，今将绍续，故善说戒经。

善说：如法如律，如佛所教，言词明了，文句无谬。若为名利无益而传，则是绮语，非此义摄。

第四句：诸贤咸共听

诸贤：乃称美当时听众，必据佛教修行之人。

咸共听：从无夏乃至百腊，皆应来共听。始从戒序乃至七佛略教诫经，皆应一一摄耳谛听受持，无有妄想。

---

① （明）蕅益沙门智旭汇释《重治毗尼事义集要》卷一，《卍新续藏》第40册，第354页。

贤：若约佛教而言，大小二乘俱有贤圣[①]。贤者发似解而伏惑之位。圣者发真智而断惑之位。

（五）毁持损益

明持戒之利及毁戒之损。有二偈。

【记】　　譬如人毁足　　不堪有所涉　　毁戒亦如是　　不得生天人

　　　　　欲得生天上　　若生人中者　　常当护戒足　　勿令有毁损

譬如人毁损二足，不堪有所游涉；毁犯戒行之士，犹如人毁足。戒品既坏，尚不得生人天善道，何况剋取三圣道果？若欲生人天，求福享乐者，应当恒时护持戒足，勿令有所毁损。

前偈明止犯之损，令观毁戒过失而生厌离心；后偈显作持之益，举人天乐果，令生欣求意。

1. 释前偈"毁足喻"

此偈中以人毁足为喻，比喻戒为身足。凡夫色身须凭两足游涉，此喻万种善行须依净戒住立。《遗教经》云："若人能持净戒，是则能有善法。若无净戒，诸善功德皆不得生。"[②]

此偈中，上二句设喻，下二句法合。

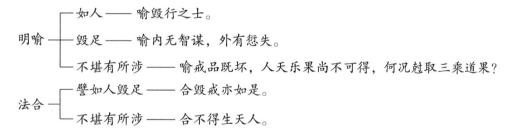

明喻　——┬── 如人 ── 喻毁行之士。
　　　　　├── 毁足 ── 喻内无智谋，外有愆失。
　　　　　└── 不堪有所涉 ── 喻戒品既坏，人天乐果尚不可得，何况剋取三乘道果？

法合　——┬── 譬如人毁足 ── 合毁戒亦如是。
　　　　　└── 不堪有所涉 ── 合不得生天人。

2. 释后偈"生人天"

我佛制戒，本欲令众生圆满菩提大道，所谓"为道制戒，本非世福"。二乘化城尚非圣意，何况人天福报？而此偈言"欲得生天上，若生人中者"，岂不与此相违？

《重治毗尼事义集要》云："略有二义：一谓戒足不可毁，毁则人天尚自无分，何况涅槃？二谓摄受下种性故。语以涅槃则怖；语以人天则乐。先以欲钩牵，后令入佛智也。又复约事实说，果能持戒不毁，纵无定慧，亦决不失人天之身。又复应知，喻戒以足，无远弗届。若欲超登上品莲台，若欲承事十方诸佛，若欲严净无边

---

① 《佛光大辞典》释：大乘之三贤：十住、十行、十回向；大乘之十圣：初地乃至十地菩萨。小乘之七贤：外凡三位（五停心、别相念、总相念），及内凡四位（暖、顶、忍、世第一）；小乘之四圣：初果乃至四果。

② （后秦）三藏鸠摩罗什奉诏译《佛垂般涅槃略说教诫经》卷一，《大正藏》第12册，第1111页。

佛土，若欲普入法界玄门，莫不以此为初方便也。"[1]

（六）约危时警

约危险时当警戒己身勿犯戒律。有一偈。

【记】 如御入险道　失辖折轴忧　毁戒亦如是　死时怀恐惧

1. 偈文大意

譬如驾御者，驶车乘入险恶之道，不善护持车乘，致令两辖损毁，横轴断折，万分忧怖。毁戒者亦然，若平时不摄持身口意，使令三业游于五欲尘境，放纵身口，随境造非，不加禁敕，丧失功德法财。临命终时，地狱相现，便心怀恐惧，悔已晚矣！

2. 明喻法合

此偈名为"轴辖喻"，即以车轴喻戒。轴，即连贯二轮运转的横木；辖，即括轮之物，于轴两头。驾车之人依结实之轴及坚固之辖方得顺利出行。而行者欲得胜果，当依凭清净持戒，故以为喻。此偈上二句设喻，下二句法合。

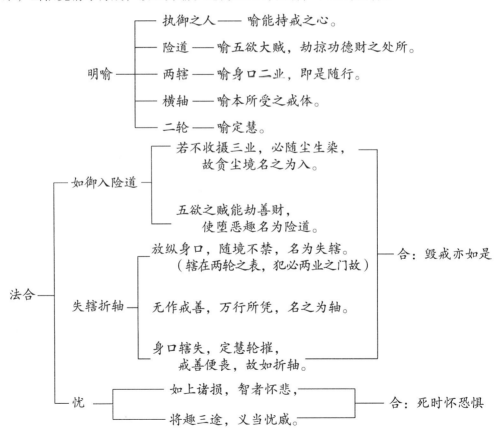

---

① （明）蕅益沙门智旭汇释《重治毗尼事义集要》卷一，《卍新续藏》第40册，第355页。文中"无远弗届"，意即：不管多远，都能到达。

（七）依安时诫

约顺境时，警策自己，检束身心。有一偈。

【记】　　如人自照镜　好丑生欣戚　说戒亦如是　全毁生忧喜

1. 偈文大意

譬如人以镜自照其面，容貌端正，则生欣喜；容貌丑陋，便怀忧戚。说戒亦复如是，当自反观是染是净。戒若全净，则内怀欣喜，外不愧人；戒身染污，则内生忧戚，外耻于众。

2. 明喻法合

此偈名为"明镜喻"，即以明镜喻戒。说戒之时，持犯自显，如镜能照。显秉戒之人，准教立行，要由说听之功也。此偈上二句设喻，下二句法合。

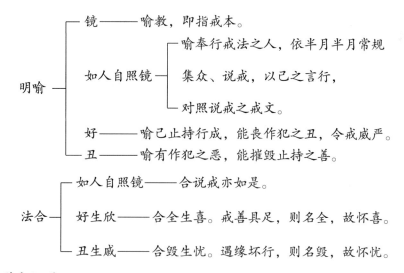

3. 引文证明

《比丘尼钞》曰：有两种随行：一是精持不犯，二是犯已能悔。若对精持不犯，便具止作二持；若对犯已能悔，即辨止作二犯。[①]

（1）**止持**：如受戒已，止不作恶，即名为持。持由止生，故名止持。

（2）**作持**：谓动身口，戒意离非，顺本所受，不犯前过，号之为持；持由作生，故名作持。

（3）**止犯**：谓止不修善，违本所受，名之为犯；犯由止成，故名止犯。翻作持也。

（4）**作犯**：谓动身口，造作前非，违本要期，名之为犯；犯由作成，故名作犯。翻前止持也。

故二持翻两犯，二犯翻二持。逆顺不相妨，善恶体相违。且列表如下：

① （唐）道宣律师述《四分比丘尼钞》卷一，《卍新续藏》第40册，第708页。

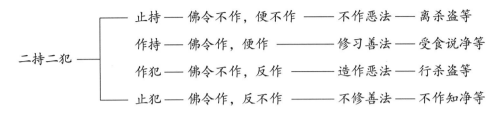

因此，每一戒并具四行，若从内心生摄护义，名止持；若无心摄护，名止犯；若励意防慎，名作持；若具缘造非，名作犯。且如婬戒，顺教禁防，即止持义；观厌现前，无思染秽，纵有境逼，三时不乐，名为作持。违作止犯；违止作犯。

（八）双陈安危

明安全与危险时，皆能严持不犯。有一偈。

【记】　如两阵共战　勇怯有进退　说戒亦如是　净秽生安畏

1. 偈文大意

譬如两阵交战，勇者安而前进，怯者畏而退缩。大众僧说戒亦如是，当说戒师提示过境，同集听众随事观缘，若己持戒，由行净而心安趣道；若己怠惰不学，心志昏暗，遇境迷漫，将临苦趣而生畏。

2. 明喻法合

此偈名为"两阵喻"，以两阵共战比喻说戒法时检点净秽。上二句设喻，下二句法合。

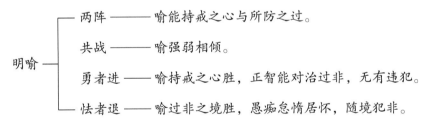

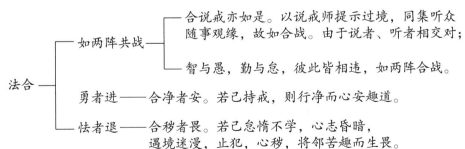

明镜喻、两阵喻属众法喻，明镜喻显作犯，文彰全毁，是已起之重罪；两阵喻彰净秽，是将兴轻罪。以止犯之人，既不达教，是非莫知，微细威仪，必多陵犯，

随作恐犯，故云秽者畏。

（九）正明当持

正式说明比丘尼当善护持戒。有二偈。

【记】　　世间王为最　　众流海为最　　众星月为最　　众圣佛为最

一切众律中　　戒经为上最　　如来立禁戒　　半月半月说

前偈以四喻显戒经之功德利益。后偈之上二句，总合上喻；第三句，举法属人，明无虚制；第四句，明说戒之时。

第一句：世间王为最

王：自在义，威德超于众人，是世间最为尊胜者。世间王有三种：梵王、轮王、魔王，恐滥法王，故云世也。法合：喻戒经住持佛法，功德高于万善。

第二句：众流海为最

海：大海弘广无涯，包含众流，百川归海。法合：喻戒善周遍法界，德收众行。

第三句：众星月为最

月：明月朗照天空，能除热恼、破黑暗，于众星中最为明亮。法合：喻戒能除身口七支烦恼，而见谛理。

第四句：众圣佛为最

佛：佛为法王，是圣中之圣，仙中之仙，乃众圣所师敬仰慕。法合：喻戒是正顺解脱之本，是解脱正行，为九道众生之所尊崇。

以上四句是借世间最殊胜之事物来比喻戒德。

第五六句：一切众律中　　戒经为上最

正显戒经是为最胜。戒经，谓比丘、比丘尼律仪之别解脱经也。依此经修行，即于下下等九品诸惑，渐次断除。于诸烦恼而得解脱。由烦恼惑结缚有情，沉没三界，此经能使解脱而趣涅槃，是故此经恃为上最。众律：谓五戒、八戒、十戒乃至轮王十善、世间法律及诸外道邪禁也。《四分律》部主偈云："众经亿百千，戒为第一最。"[①] 是则不但余教不如，即三藏十二部中，亦以戒为最。故"根本说一切有部律"部主亦云：佛说三藏教，毗奈耶为首。佛游于世间，随处说经法，律教不如是，故知难值遇。诸佛证菩提，独觉身心静，及以阿罗汉，咸由律行成。三世诸贤圣，远离有为缚，皆以律为本，能至安隐处。[②]《楞严经》云：若不坚持禁戒，纵有

① （后秦）三藏佛陀耶舍共竺佛念等译《四分律》，《大正藏》第 22 册，第 567 页。

② （唐）三藏法师义净奉制译《根本说一切有部毗奈耶》卷一，《大正藏》第 23 册，第 627 页。"根本说一切有部律"，包括《根本说一切有部毗奈耶》（简称《根本说一切有部律》）五十卷及《根本说一切有部苾刍尼毗奈耶》（简称《根本说一切有部尼律》）二十卷，共七十卷，三藏法师义净奉制译，收于《大正藏》第 23 册，No. 1442. No. 1443.

禅定多智现前，皆是魔业。①

第七句：如来立禁戒

此乃举法属人。所以尔者，末世根机陋劣，虽闻殊胜之法，若非至圣所立，恐生怀疑轻慢心，故重举立法之人，明此法之殊胜。

如来：乘如实道来成正觉。真理平等，体绝虚妄，故云如实。乘履此法，出现于世，利益众生，故云如来，即佛之真应二身。

立：过犯既兴，随之制约。

禁戒：教法所诠，由止成善，此即禁戒义。

第八句：半月半月说②

今此戒经，是如来应众生之机所制立之禁戒，令诸比丘、比丘尼，于半月半月晦望之日，集众宣说。佛之所以制半月半月说，有其深意。若过频繁，则废修道业；若过稀疏，又易怠慢。故约长短折中，每半月一说。

道宣律师在《戒本疏》中设问答释"半月半月"。问：但言半月，即得被时，何须重言半月半月？答：（1）一月分黑白二半月故。（2）双牒半月半月，乃是连累无穷之语，即每至半月即须说戒，故重言半月半月。③

二　作前方便

作前方便：即欲作羯磨前，应作事前诸多准备，如问和、集僧等，皆为成就羯磨故。此前方便属于作持，恐新学未知，故先介绍有关羯磨的若干基本概念，然后解释说戒羯磨法。

（一）释名

1. 羯磨

是梵语，约能造作之体，正翻为业。约功能，翻为办事。业以造作成事为义，即羯磨当体是以身口意三业造作，成济现前僧务法事。故作法之时，口诵词句须清楚明了、前后有序；身合仪则，或坐或立，威仪一致；意无异想，作法始终，专心谛听，不缘余境。为有别于世俗善恶业名，故仅存梵语，以此说明羯磨事唯局于僧，非俗人所为。

2. 羯磨大宗

法、事、人、处，作羯磨法必具此四缘方能成就，故此四缘被称为羯磨大宗。

---

① （唐）中天竺沙门般剌蜜帝译《楞严经》卷六，《大正藏》第 19 册，第 131～132 页。

② 半月半月：依玄奘大师《大唐西域记》卷二所载，印度以黑前、白后合为一月。"月盈至满谓之白分，月亏至晦谓之黑分，黑分或十四日、十五日，月有小大故也。"（《大正藏》第 51 册，第 875 页。）

③ （唐）道宣律师撰《四分律含注戒本疏》卷一，《卍新续藏》第 39 册，第 744 页。

（1）法

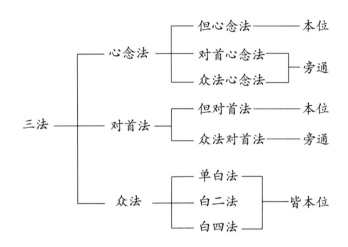

（2）事

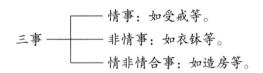

（3）人

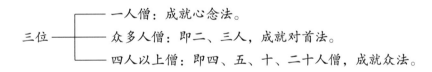

（4）处

大分为二，即作法界和自然界。

作法界：大众僧以白二羯磨法加被之处，使之与自然界分开，成为大众僧作羯磨法事之处所。作法界有摄僧界、摄衣界、摄食界。其中摄僧界又有大界、戒场、小界。

自然界：有聚落界、兰若界、道行界、水界四种，皆自然形成。

3. 羯磨十缘

广开羯磨大宗便为羯磨十缘，任何羯磨法须具如是十缘方能成就。即称量前事乃至答所成法。其中1、8为羯磨大宗中的"事"；2为"处"；3~7为"人"；9、10为"法"。

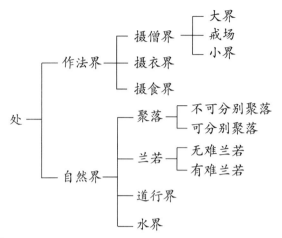

（1）称量前事

称量：筹量考虑；**前事**：面对之僧事。凡欲行僧务法事，不可盲目卒然加法，必须事先评议事缘可否，可作才作，不可则不作。

（2）法起托处

法起：即生起羯磨教法；**托处**：作法所依托之处所（自然界、作法界）。作羯磨法之处所，有自然界和作法界两种。因自然地弱，没有加结圣法，故不堪胜任僧事羯磨。故须先和僧，以白二羯磨结成作法界，方能作诸羯磨。自然地上只能作"结界羯磨"。

（3）集僧方法

集：召集、聚集。欲作法，须集僧，而集僧须有方法仪则。《四分律》中记载：佛言，当敷座打犍槌，尽共集一处。[①]

（4）僧集约界

作法时，须尽集同界之僧于一处，界外不是所集之限。如前"处"中所示，界大分为作法界、自然界二种。自然界有六相之别，作法界中摄僧界则含三种：小界、戒场、大界。

小界：此是难缘别开，为避免所呵人进入，故随人坐处即是界线。因此仅集界内，无界外人可集。

无戒场大界：说戒、自恣时，则界内、界外二处通集；若余羯磨，则随界内所局各集，作法各成。

有戒场大界：四处各集：界外、界内、中隔[②]、戒场。四处同时各集，四法各成，并不相妨碍。（如界外作对首加药，界内作分亡人物羯磨，中隔作对首受持衣

---

① 参见《大正藏》第 22 册，第 819 页。
② 中隔：《四分律删繁补阙行事钞》卷一云："中隔自然，两界各别，作法不通。"（《大正藏》第 40 册，第 17 页。）意即大界内相外戒场外的中间空地。

钵，戒场中行受戒法。）

（5）应法和合

应法：相应于说戒羯磨之法。若和合方能相应于清净戒法，若不和合即不能应法。故众僧作羯磨，必须和合。和合之相，表现于身、心、口和上。若有一种不和，便是别众。

和合之相 ┬ 身和：应来者来
　　　　 ├ 心和：应与欲者与欲
　　　　 └ 口和：得呵者不呵

身和：应来者来。如果应来者无故不来，为不和合相。反之，应参加作法的比丘尼皆已到场，此名身集，便为身和之相。

心和：应与欲者与欲。因三宝事缘或病缘等，身不能到场故开心集，送心达僧，表无别众。身异心同，故成和相。

口和：现前得呵人①不呵，此是口和。如果作法之时，在场人出言反对，则是不和合之相。反之，默然即表和合。

以上身、心、口三和同时具备名为和合，方应羯磨法。因此，凡参加说戒、自恣等众法之时，既然住于同一界内，听到集众号令，就应及时赶到集僧之处。若有三宝等事缘应说欲者必须说欲。在正作法时，威仪须一致，坐则同坐，立则同立。如法僧事不得有呵，这样方能成就羯磨法事。

（6）简众是非

简：简择，属能简之法；**众**：所简之人。作法前简去众中"非法比丘尼"。非法比丘尼：包括未受具者及不足数者。故文云："未受具者出否？"至于不足数，详见作持著作，此不列示。

（7）说欲清净

说欲：即请假。

欲：希望、需求为义，谓心有所望。即对如法僧事乐意随喜，但因三宝事、瞻病事等缘，而不能前往，故求请他人前去致意，以示赞同。

欲有三种：与欲、受欲、说欲。请假之人表达随喜僧事为"与欲"②，僧委派之人接受请假为"受欲"，到僧中传达为"说欲"。

---

① 得呵人：《四分律行事钞资持记》卷一云："得呵者，谓具德知法。"（《大正藏》第40册，第192页。）指谙熟戒律，有呵羯磨之资格者。

② 据《四分律》卷三十六所制，与欲有五种方法：①与汝欲；②我说欲；③为我说欲；④若现身相；⑤若广说欲："大姊一心念，某甲比丘尼，如法僧事，与欲清净。"（一说）（《大正藏》第22册，第821～822页。）此五种与欲，前四是略法，唯在病重时用。通常应用广法。

说欲之缘：若有佛、法、僧事，自病及看病事，皆听与欲。唯结界一法，必须尽集，不许说欲。因为：（1）自然界势力薄弱，不胜说欲；（2）结界是为众僧共住处所而结，故须通集；（3）必须亲自了知方隅界相，以免离衣宿、破夏等。

说欲清净：若说戒时，僧作种种羯磨，故须与欲及清净，一时俱说，不得单说。因为与欲应于羯磨，而清净应于说戒。若单说清净而不与欲，即是别众，将妨僧事。若与欲而不告清净，则不足数。是故，与欲及清净必同时。

说欲方法：至僧中说欲之法，《僧祇律》云："与欲时不得辄与人，应与能持欲入僧中说者。"① 所谓能持欲者，指言词清利、知法知律、反应灵活者。

若有说欲者，诵戒者或羯磨师问："不来诸比丘尼说欲及清净？"彼受欲者应出，向上礼佛已，长跪、合掌如是答："大姊僧听！某甲比丘尼，我受彼欲清净，彼如法僧事，与欲清净。"（一说）

（8）正陈本意

正式陈说作法本来之意。如结界时，事先唱四方、四隅界相；说戒、安居等法事，须行筹白告等。

（9）问事端绪

问集僧事由，欲唱显端绪。律云："僧今和合，何所作为？"事含通别，临时唯一通问。但答语不同，因所作之事有别故。

（10）答所成法

回答秉羯磨所成之法，即根据所作羯磨如实而答。

上已略述作羯磨应具之十缘，今说戒羯磨唯列六缘，余不须问。见表1。

表1 说戒羯磨六缘

羯磨十缘	说戒羯磨所列六缘
称量前事	
法起托处	
集僧方法	
集僧约界	僧集否
应法和合	和合否
简众是非	未受大戒者出否
说欲清净	不来诸比丘尼说欲及清净
正陈本意	
问事端绪	僧今和合何所作为
答所成法	说戒羯磨

---

① （东晋）三藏佛陀跋陀罗共法显译《摩诃僧祇律》卷二十七，《大正藏》第22册，第449页。

（二）释文

解释作说戒羯磨前方便之文。

【记】　僧集否。答：已集。和合不。答：和合。未受大戒者出不。有者，依言遣出。无者，答言已出。不来诸比丘尼，说欲及清净。有者，依言说之。如无，答云：无说欲者。僧今和合，何所作为。答言：说戒羯磨。

1. 集僧（僧集否。答：已集。）

此即十缘中第四缘"集僧约界"。此说戒法须尽集界内比丘尼众。因凡秉羯磨，同界比丘尼必须尽集，否则便成别众，法不成就。因此，在说戒之前，必问"僧集否？"维那称量后答："已集。"

若在大界内说戒时，戒场上的比丘尼也应来参加。《四分律》记载：时有比丘说戒日，若在界内，若在戒场，不往说戒处。佛言：应求，应唤，是我所教。若出界外，若往不坐者，如法治。① 此明说戒时，虽是界外亦须内集。

说戒乃摄僧大要，凡圣僧皆须参加。《四分律·说戒犍度》记载："尔时大迦宾茇在仙人住处黑石山侧，在静处思惟，而作是念：'我今若往说戒、若不往，我常第一清净。'尔时世尊，知长老大迦宾茇心中所念，譬如力士屈申臂顷，从耆阇崛山忽然不现，乃在仙人住处黑石山侧，在迦宾茇前敷座而坐。时迦宾茇礼世尊足已在一面坐。时世尊知而故问：'汝在此闲静处思惟，心作是念：我今若往说戒若不往，我常第一清净。为尔已不？'答言：'尔。'佛言：'如是！如是！迦宾茇，如汝所言：汝若往就说戒、若不往，汝常第一清净。然迦宾茇！说戒法当应恭敬尊重承事，若汝不恭敬布萨尊重承事者，谁当恭敬尊重承事？是故汝应往说戒，不应不往。应当步往，不应乘神足往。我亦当往。'"② 由此可知说戒事之重要。

2. 问和（和合否？答：和合。）

此为十缘中第五缘"应法和合"。僧既已集，须一味一相，犹如水乳。若稍有乖违，法则不成，因此问：和合否？答云：和合。

表2　僧和二义

僧和有二义	理和	初果以上，同证择灭故。
	事和	内凡已下，即六和也。

① （后秦）三藏佛陀耶舍共竺佛念等译《四分律》卷三十六，《大正藏》第22册，第828～829页。
② 《四分律》卷三十五，《大正藏》第22册，第818页。

表3　六和

六和	戒和 （正戒）	正戒是入道之基	体和
		无受戒不得、受已毁破之过	
	见和 （正见）	正见乃绝缚之慧	
		无邪见、执见各异之过	
	利和 （正命）	正命为成道之缘	
		无非法乞求、邪意活命之过	
	身和	应来者来	相和
	心和	应与欲者与欲	
	口和	现前得呵者不呵	

三体和，别人恒具，是为内德。必具三体，乃名僧宝。三相和，临事方彰，是为外用。必具三相，方能办事。

僧集 —— 体和 ┐
　　　　　　　　├ 六和依三体而成三相，体相俱备，内外两和。
和合 —— 相和 ┘

3. 简众是非（未受大戒者出否。有者，依言遣出。无者，答言已出。）

此是十缘中第六缘。

未受大戒者：未经白四羯磨如法得具足戒之人，亦包括不足数者。

出：遣出众外，即离见闻处。律云：不应在未受大戒人前作羯磨说戒。若未受戒者，应遣。为防彼因盗听说戒而成受具之难，或僧中露罪而招讥嫌。故凡作僧事，皆须尽界集僧，但不可集非僧之人。因此，即须在秉白之前，首先加以简问。若有，依言遣出；如果没有，维那称量答云："已出。"

4. 说欲清净（不来诸比丘尼，说欲及清净。有者，依言说之。如无，答云：无说欲者。）

此是十缘中第七缘。凡僧中所作羯磨法事，皆须大众身心俱集，方成和合。而三和合相中，其一便是应与欲者与欲。此中所问，即是听传因三宝事或病缘事，不能来听戒人之欲。

如果某比丘尼病重，五种与欲之法，皆不能行之，当如何？律中，佛言：若病重者应舆至僧中，若恐病者因动加重病情，僧应往病者之所，围绕作羯磨；若不能者，众僧应出界外，作羯磨说戒，不合别众故。

5. 问事端绪（僧今和合，何所作为。）

此是十缘中第九缘。僧众和集，须作法办事。然事既繁杂，如受戒、忏悔、结界等事。若不问，就不明所作何事。故设此问，来明所为。

6. 答所成法（答言：说戒羯磨。）

此即第十缘。前既已问，故依所作之事而答言"说戒羯磨"。此即将秉持之羯磨法。

三　秉白羯磨

解释说戒单白羯磨。

【记】　大姊僧听。今十五日（前半月云白月十五日；后半月云黑月十五日，月小云十四日），众僧说戒。若僧时到，僧忍听。和合说戒。白如是。

此即正式所作说戒羯磨。因僧众有凡夫、贤圣之别，情见难调。今欲说戒，恐有人不许，故须此单白羯磨告众。

此羯磨，文分五句：

第一句：大姊僧听。

此乃警众之语。欲说戒，恐心缘异境，不能摄心听戒，故以此告众，令发动耳识之功，摄耳谛听，方应僧同法。

大姊：呼尼之称。十诵律称：大德尼僧听。根本律中称：大德尼僧伽听。以尼字为别，表二部僧严持净戒，俱有广大德行故。今依本部，仍称大姊。

听（tìng）：诫令大众勿余觉、余思，应专心聆听我所陈。欲说净戒，此非杂染之人所闻。故应谛听，静察己身是否坚持无损。若有所毁缺，应忏说令净。假如不专一听戒，便忘所犯，带罪终身，故须静听。此**"听"**，读 tìng，有审察、断决之义。

第二句：今十五日，众僧说戒。

正宣情事，白众委知。此句缘本双陈：标日，是其时缘；说戒，乃其宗本。上句诫令摄耳谛听，正为此也。

十五日：或白月十五日；或黑月十五日，若小月，即黑月十四日。

第三句：若僧时到，僧忍听。

明僧若和集，谛心审听，量其可否。

若：不定之词。

僧时到：到，至也，有二义：一者人到，同一界内清净僧众已入说戒场；二者时到，十五日布萨之时已至。

僧忍听（tīng）：请众僧和忍听可，同意则默然，不同意则提出异议。此**"听"**，读 tīng，谓内心和忍而听。

第四句：和合说戒。

重牒第二根本白意，决判成就，乃劝大众忍可所为。

第五句：白如是。

前已详述将欲说戒，最后结告成就，云："白如是。"

五句中，第一句"大姊僧听"，第三句"若僧时到，僧忍听"及第五句"白如是"是羯磨之纲，一切僧众单白羯磨皆同此，不可缺字、颠倒、错乱。第二句"今十五日，众僧说戒"及第四句"和合说戒"，则随缘变易，为事之本。

第二节 说戒经序

解释说戒经序之方法及序文大义。

"说戒经序"，道宣律师在分科中判名为**"诫敕时众"**，意即通过说此序，使听者依所诵戒，检点自行，反省自身净秽。此处所言**"戒经"**，即比丘尼三百四十八戒之总名。**"序"**，绪也，即说戒时以此为先，引出余下戒文。

一 正说序文

【记】   诸大姊，我今欲说波罗提木叉戒。诸比丘尼共集在一处，当谛听，善思念之。若有犯者，应忏悔。无犯者，默然。默然故，知诸大姊清净。若有他问者，即应如实答。如是诸比丘尼，在于众中，乃至三问。忆念有罪，不发露者，得故妄语罪。佛说妄语是障道法。若彼比丘尼，自忆知有罪，欲求清净者，当忏悔，忏悔则安乐。

序文分八句。

第一句：诸大姊，我今欲说波罗提木叉戒——标举所宗，叹功劝信

诸比丘尼大姊，我今将说波罗提木叉戒，请大众摄护威仪，整束三业，如法听闻。

先标举所宗"波罗提木叉"，因木叉有生善灭恶之功，故能劝发众人生起奉持信心。

诸大姊：呼比丘尼。说戒法本位是众法，须四位以上如法比丘尼成办，故呼"诸大姊"。前面单白羯磨称"大姊僧听"，约法来讲，是指僧。现在说戒简问自行，约机来讲是别。说戒法被于人，所以要别别来问。"诸"，乃大众；"大姊"，法被个人，当各自检点自行。

我：说戒人。

今：说戒当时。

欲：想要。

波罗提木叉：华言别别解脱、处处解脱、保解脱，能保证行人，出生死海。此是戒的三名之一，即果德名。**"戒"**是因中之名，正顺解脱之本。今言**"波罗提木叉戒"**，是二名合举，因果双显。

第二句：诸比丘尼共集在一处——明共集

共集：表戒法非偏被，人无独说，故说戒之时，同界须尽集。

集在一处：佛言，同羯磨者乃至应呵者不呵是名如法。说戒等众法，圣制须界内尽集，三业无违，方表和合。同羯磨者集在一处，是身集；有缘不来可传欲至僧，是心集；又须默忍不呵，是口集。以此三业和合，共成一众，故云"集在一处"。

共集说戒旨在表明：说戒要务，约别而言，乃检行之准；就众而论，乃住持之本。说听有功，使戒体光洁无瑕。

第三句：当谛听，善思念之——敕谛听善思

三业既然和合无违，但说戒之时，还须谛闻、善思，不可心意外驰，方符戒镜检行、纲维僧务、住持正法之本意。因此，此句敕令谛听善思，正明警诫安缘之意，以表说戒有开慧生解之用。

谛听：三慧之中闻慧所摄。

善思：端意专心而听法，此乃思慧所摄。《戒本疏》中释："正心思择名端意也，一心无倒名专听也。"[①]

第四句：若有犯者，应忏悔——正劝时众省己之违，见过忏悔

律云：若有犯者，不得说戒，不得闻戒。故净行之人方堪闻戒，若有所违犯，便乖说听之法。因此，此句正劝时众察己顺违。若见过能忏，方与说戒相应，成就清净自行。

忏悔：忏悔乃梵华并举之词。**忏**，即披陈发露诸过，不敢覆藏。**悔**，即断相续之心，不再后犯。能作之心和所作之罪悉皆弃舍，故言忏悔。又，忏名修来，悔名改往，弃往修来合名忏悔。此乃修慧所摄。

闻思之后，自知有犯，即当披陈发露所犯之过，依律忏悔清净，乃堪闻戒。

若大众僧尽犯，皆不清净，了知所犯罪名种相时，可作单白羯磨共悔此罪。《四分律》卷三十六记载：尔时众僧集在一处欲说戒，当说戒时，一切众僧尽犯罪，各作是念："世尊制戒，有犯者不得说戒、不得闻戒、不得向犯比丘忏悔，犯者不得受他忏悔。我等当云何？"即告诸比丘。诸比丘往白佛，佛言："汝等善听！众僧集在一处欲说戒，当说戒时一切众僧尽犯罪，彼各各作是念：'世尊制戒，犯者不得说戒、不得闻戒、不得向犯者忏悔，犯者不得受他忏。'彼比丘白已当忏悔。当作如是白：'大德僧听！此一切众僧犯罪。若僧时到僧忍听，此一切僧忏悔。白如是。'作是白已，然后说戒。"若大众僧于所犯罪有疑，佛言："彼一切僧，作白已应说其罪，当作如是白：'大德僧听！此一切僧于罪有疑。若僧时到僧忍听，此众

---

① （唐）道宣律师撰：《四分律含注戒本疏》卷一，《卍新续藏》第39册，第757页。

僧自说罪。白如是。'作如是白已，然后得说戒。"①

第五句：无犯者，默然。默然故，知诸大姊清净——明省己之顺，以默表净

无犯：佛言，无犯者有二种：一者专精不犯；二者犯已能悔。

默然：以此表己清净。即清净持守没有毁犯，或犯已忏悔，默然即可，不须说我清净。由默然故，便知诸大姊秉持净戒，清净无染。此乃说戒常仪。

第六句：若有他问者，即应如实答——明若有他举，如实答之

此句乃就别别人，若有他人问罪，亦应如实作答。

若有他问：举罪比丘如法征问，即他人以见闻疑三根举己之罪。见根：己实见，或他人见，从彼闻得，以此为根据。闻根：己亲闻，或他人闻，从彼闻得，以此为根据。疑根，从见或闻上生疑，并以此为根据。

举罪五德：为他人举罪，当具五德：一知时、二如实、三利益、四柔软、五慈心。

即应如实答：必须如实回答，若无犯用默答；若有犯则露答。

第七句：如是诸比丘尼，在于众中，乃至三问。忆念有罪，不发露者，得故妄语罪。佛说妄语是障道法——明不忏有损

若内实犯罪而外表清净，令僧妄解，罪障尤深。故此明覆过结业，违制障道，劝速发露。

三问：即说戒师三问："是中清净否？"从此戒经序至七灭净法，共有八处，各处皆三问清净。故称八处三问。

之所以要三问，是因说听相应，方达说戒之功。虽闻不解，容犯妄听，故须核检。三问是令语词圆满，无繁略之过。略则暗钝者卒难明了，无惭者不能发露忏悔；繁则令听者生烦，心生疲倦。而三问处中，故以三问为准。

忆念有罪，不发露者，得故妄语罪：律中佛言，僧说戒时默妄语故，犯突吉罗罪。

佛说妄语是障道法：《四分律》云："故妄语，佛说障道法者，障何等道？障初禅、二禅、三禅、四禅、空无相无愿，障须陀洹果乃至阿罗汉果。"②

第八句：若彼比丘尼，自忆知有罪，欲求清净者，当忏悔。忏悔则安乐——明知犯识忏，克成道业不虚之益

若比丘尼忆念所犯之事，欲求戒身清净者，当如法发露忏悔。由现世清净因行而感证未来圆满净果。

"清净"有二义：一净因，二净果。持戒是净因，涅槃是净果。

"安乐"亦有二义：一是现世安乐；二是后世安乐。现世安乐，即戒身清净，心无忧悔，恒住善法之中。后世安乐，即得四禅，乃至四果等涅槃之乐。

---

① （后秦）三藏佛陀耶舍共竺佛念等译《四分律》卷三十六，《大正藏》第22册，第826～827页。

② （后秦）三藏佛陀耶舍共竺佛念等译《四分律》卷三十五，《大正藏》第22册，第817页。

二　结文简问

总结说明戒经序已说竟，检问大众清浊，劝令持守。

（一）结前文

总结前面所说戒文。

【记】　诸大姊，我已说戒经序。

诸大姊，此戒经序，我已了了说竟。

以此结束戒经序，表明欲演广教正宗文。

（二）简众情

简别大众持戒清浊。

【记】　今问诸大姊，是中清净不？三说

诸大姊，是中清净，默然故，是事如是持。

通过检问令同会大众静默谛听。欲说后篇戒，先须三遍检问，若大众默然，则知众清净，可继续说戒经。

今问诸大姊，是中清净不：正式征问参加听戒之大众，对于比丘尼三百四十八条戒，是否都持守清净？有所毁犯是否已发露忏悔？若严持不犯或忏悔清净，则与说戒相应。

是中：指比丘尼三百四十八条戒。

清净不：这是通问之语，即通问比丘尼三百四十八条戒是否持守清净？每说完一篇，都要通篇而问，不是只问当篇。如果仅问当篇是否清净，若别篇有犯，而带罪听戒，不符合"自身有罪，不合闻戒"之教法。

三说：小注说明问清净时需问三遍，引起大众注意，使说、听者能够相应，并能确实检查自己有无犯戒。如果仅问一遍，唯恐昏沉掉举之人不闻。若问五六遍，又恐大众厌烦。所以，限问三遍，应于中道，法则如是。

诸大姊，是中清净，默然故，是事如是持：诸大姊，大众皆清净，因为各各默然。如是大众奉持佛戒清净不犯，以后亦如是奉持。

小结

此章合并说戒前之"叙前方便"与正式"说戒经序"两部分内容。

"叙前方便"一节分"略述赞颂""作前方便""秉白羯磨"三科，分别解释了《四分律》部主昙无德尊者所造十二首赞叹戒德之偈颂，正作羯磨前之问答（以有关

羯磨之基本概念作铺垫），以及说戒羯磨之作法与羯磨文义。偈颂引发学人对佛制禁戒之信心；前方便教导学人如法说戒；正作羯磨表明说戒之法乃摄僧大要。

"说戒经序"一节，内含"正说序文""结文简问"两部分。此节篇幅虽小，内容亦简单明了，但在整部戒本中地位重要。其中将听闻戒经之规则、犯与无犯当所为、有犯不发露之过患等核心内容，皆阐述清楚。此序是整部戒经之先导，对听闻全部戒文具普适意义。

练习题

1. 背诵全部偈颂并默写。

2. 有哪几种三宝？为什么要皈敬三宝？为什么将佛、法、僧称为"宝"？

3. 依《善见律》，有哪五法能令正法久住？

4. 请解释"戒如海无涯，如宝求无厌"。海水之"八奇特法"比喻什么？

5. 何谓"圣法财"？

6. 请列出《戒本》中所说七佛名号？

7. "毁足喻"出自哪首偈？

8. "两阵喻"出自哪首偈？解释偈颂大意。

9. "半月半月说"是何意？

10. 何谓"羯磨"？请列出羯磨大宗。

11. "羯磨十缘"指什么？略作解释。

12. 众僧作羯磨，必须和合，和合之相有哪些？

13. 实地练习作"说戒羯磨"（至少四人一组，相互担任羯磨师、维那师及传欲师）。

14. 背诵"说戒单白羯磨"文，并解释其意。

15. 背诵"戒经序"并逐句解释。

第五章　波罗夷戒法

导　言

此章含八条戒：即婬戒、盗戒、杀人戒、大妄语戒、摩触戒、八事成重戒、覆他重罪戒及随举三谏不舍戒。每条戒中，主要叙述：戒名、缘起、戒文、制意、具缘、犯相、开缘等。

此章重点是每条戒的戒文含义、具缘、犯相、开缘。难点是具缘与开缘中涉及的犯与不犯、犯轻犯重，尤其是盗戒。

犯此八条，犹如断头，会被僧团灭摈，不能再作比丘尼。是故，此章内容至关重要，需要细致讲解、深入学习，慎勿毁犯。

建议用 20 课时讲授，8 课时讨论，共计 28 课时。

第一节　概述

【记】　诸大姊，是八波罗夷法，半月半月说，戒经中来。

八波罗夷法 焰热 九十二万万一千六百万年

一　释义

诸大姊：是对同诵戒法诸比丘尼的称呼。意即：将要宣说戒相，恐听说戒者心有异缘，不明了净秽，乖违说戒及听戒的仪规。故首先呼起一声，提醒大众注意，令专心听说，思惟戒相。

是八波罗夷法：此乃八条波罗夷戒法：婬、盗、杀、妄、触、八、覆、随。

波罗夷：华言无正译，诸部律有不同解释。《僧祇律》谓之退没堕落①，即于诸智、涅槃、梵行退没堕落，无道果分。《十诵律》谓之堕不如②，是罪极恶极重，犯此戒者，犹如与魔战而堕于负处也。《四分律》谓之断头、无余、不共住等。③《根本说一切有部律》谓之极重罪。极可厌恶，可嫌弃，不可爱等。④ 失苾刍性，乖涅槃性。堕落崩倒，被他所胜，不可救济。

半月半月说：明说戒恒规，每半月宣说一次。今说戒是正时，而非余难缘。

戒经中来：所诵戒法，传承有据，乃出自戒经⑤，为佛亲制。

二 犯戒罪报

八波罗夷法："波罗夷法"为比丘尼戒首篇，共有八条。

焰热：即"焰热地狱"，又称"烧炙地狱"，即八大热地狱中第六地狱。《长阿含经》卷十九云：狱卒将诸罪人置铁城中，其城火然，内外俱赤，烧炙罪人，皮肉燋烂，苦痛辛酸，万毒并至。余罪未毕，故使不死。⑥

所谓"八大地狱"，此经中云：第一大地狱名想（等活），第二名黑绳，第三名堆压（众合），第四名叫唤（嗥叫），第五名大叫唤（大嗥叫），第六名烧炙（焰热），第七名大烧炙（极热），第八名无间。⑦

九十二万万一千六百万年：若犯此八波罗夷任何一法，当堕焰热地狱。堕此地狱的时间是他化自在天天寿十六千岁。他化自在天一日相当于人间一千六百年，堕此地狱的时间合人间年数是九十二万万一千六百万年。⑧

---

① 《僧祇律》卷二云：波罗夷者，谓于法智退没堕落、无道果分，是名波罗夷。如是未知智、等智、他心智、苦习尽道智、尽智、无生智，于彼诸智退没堕落、无道果分，是名波罗夷。又复波罗夷者，于涅槃退没堕落、无证果分，是名波罗夷。又复波罗夷者，于梵行退没堕落、无道果分，是名波罗夷。（《大正藏》第22册，第237页。）

② 《十诵律》卷一云：波罗夷者，名堕不如，是罪极恶深重，作是罪者，即堕不如，不名比丘、非沙门非释子、失比丘法。（《大正藏》第23册，第2页。）

③ 《四分律》卷一云："云何名波罗夷？譬如断人头不可复起，比丘亦复如是，犯此法者不复成比丘，故名波罗夷。云何名不共住？有二共住：同一羯磨、同一说戒。不得于是二事中住，故名不共住。"（《大正藏》第22册，第571页。）

④ 《根本说一切有部毗奈耶》卷一云："是极重罪极可厌恶，是可嫌弃不可爱乐。若苾刍亦才犯时，即非沙门非释迦子，失苾刍性乖涅槃性，堕落崩倒被他所胜不可救济。如截多罗树头更不复生，不能郁茂增长广大，故名波罗市迦。"（《大正藏》第23册，第630页。）

⑤ "戒经"，指律藏中比丘、比丘尼止持戒。如义净法师译《根本说一切有部戒经》及《根本说一切有部苾刍尼戒经》。元亨寺《汉译南传大藏经·律藏·经分别》即由比丘止持戒与比丘尼止持戒两部分组成。

⑥ （后秦）三藏佛陀耶舍共竺佛念译《长阿含经》卷一，《大正藏》第1册，第124页。

⑦ （后秦）三藏佛陀耶舍共竺佛念译《长阿含经》卷一，《大正藏》第1册，第121页。

⑧ 《僧祇律》卷四十、《佛说犯戒罪报轻重经》皆云："佛告目连：'无惭无愧，轻慢佛语，犯波罗夷，如他化自在天寿十六千岁堕泥梨中'"（《大正藏》第22册，第548页。《大正藏》第24册，第910页。）

第二节　婬戒

一　戒名

【记】　婬戒第一　（同、大、性）

（一）解释戒名

婬：邪私，谓耽于色欲。

戒：禁止、防止。佛知婬欲非法，故制教防约，令依教起行，使断婬习，故名为戒。

婬戒：戒是能防之行，婬是所防之过，能所通举，故言婬戒。若比丘尼作婬欲，犯不净行，佛制不许。

第一：此戒为八波罗夷法之首。

婬戒之所以为首，原因有三：（1）因婬戒犯缘居首，故先制。初篇中，前四条是依比丘犯缘发起，二部同制。后四条乃因尼有漏法生，随犯随制。（2）婬欲烦恼最强盛，故在前而制，酌量人情，起婬多，故先立此戒。（3）婬欲乃生死之源，障道最重。声闻视三界如火宅，急于解脱，故婬戒第一。菩萨不怖生死，而重在慈悲利物，杀乃违慈之甚，故杀戒为菩萨戒之首。

（二）释"同大性"

同：比丘、比丘尼同制同学。此戒以比丘为缘起而制，同时亦制比丘尼。以下诸戒戒名后所标"同"字，皆同此义，不赘释，需特别注释者除外。

大：大乘菩萨戒也制。菩萨戒中，若犯婬戒，亦得重罪。《梵纲经菩萨戒本》十重之三："若佛子，自婬、教人婬，乃至一切女人不得故婬。婬因、婬缘、婬法、婬业，乃至畜生女、诸天鬼神女及非道行婬……是菩萨波罗夷罪。"

比丘尼三百四十八止持戒，《表记》中注明"大"字者有二百零六戒。据《菩萨地持经》云，"菩萨一切戒"含三种：一者律仪戒，二者摄善法戒，三者摄众生戒。律仪戒者：谓七众所受戒，比丘、比丘尼、式叉摩尼、沙弥、沙弥尼、优婆塞、优婆夷，在家出家，随其所应，是名律仪戒。摄善法戒者：谓菩萨所受律仪戒，身口意三业上修大菩提，于一切善法，心不放逸，护持修习。摄众生戒者：略说有十一种，总摄菩萨当行利益众生一切事业。①

据此当知，佛为比丘尼所制一切学处，皆不出摄护律仪、长养善法、饶益众生

---

① （北凉）三藏昙无谶译《菩萨地持经》卷四，《大正藏》第30册，第910页。

三义，是故亦得归摄于菩萨尸波罗蜜中，为大乘菩萨已学、今学、当学。正如蕅益大师在《重治毗尼》中云："声闻遮戒，大士悉皆同学。"① 以下诸戒戒名后所标"大"，准是应知，不再赘释，需特别注释者除外。

性：此戒是性戒，即禁止性恶。

佛制广教所禁者，不出性恶与遮恶二种：

性恶：如十不善业，体是违理，无论佛制与不制，若作，必然遵循因果规律招感苦果，故言性恶。又，性罪有三过：（1）违理恶行；（2）违佛广制；（3）能妨道业。

遮恶：如伐斫草木、垦掘土地，威仪粗丑，不生俗信。佛未制前，造作无罪。自佛制戒以后，若有所违犯，妨乱修道，招世讥谤，佛制不许，故名遮也。遮有二义：（1）能遮正道，故言遮恶；（2）此恶为教遮而生，故曰遮也。遮罪有二过：（1）违佛广制；（2）能妨道业。

比丘尼三百四十八学处，若性，若遮，皆同此义，后不赘释，需特别注释者除外。

二 缘起

【记】 须提那子　跋阇子　住山比丘

此三人乃缘起中能犯之人。

（一）制戒三要素

五百结集中，始自初戒，终至众学法，迦叶尊者一一举三事：何处制、因谁制、因何制，问优波离尊者。尊者随问答之，而集成律藏。以犯有戒相，恐涉妄列，故必须三处审知其来由。若乖其本，虽佛所说，亦不依用。

（二）佛制此戒三要素

1. **何处制**：毗舍离。
2. **因谁制**：须提那子、跋阇子、住山比丘。
3. **因何制**：（1）须提那子具足信心出家，后还本村与故二，共行不净；（2）跋阇子愁忧，不乐梵行，即还家共故二行不净行；（3）住山比丘共雌猕猴行不净。诸比丘呵责已展转白佛，佛呵责制戒。

三 戒文

【记】 戒文——若比丘尼，作淫欲，犯不净行，乃至共畜生。是比丘尼波罗夷，不共住。

文分五句：

---

① （明）蕅益沙门智旭汇释《重治毗尼事义集要》卷一，《卍新续藏》第40册，第344页。

第一句：若比丘尼 ── 能犯人

若：不定词，显犯者非局。即凡受大戒，得戒体的比丘尼，若犯此戒，皆须结罪。

律中列有八种比丘尼，即名字比丘尼、相似比丘尼、自称比丘尼、乞求比丘尼、着割截衣比丘尼、破结使比丘尼、善来比丘尼、白四羯磨如法成就得处所比丘尼。

此处"能犯人"是指"白四羯磨受具戒比丘尼"，即白四羯磨如法、僧数满足、结界如法、外缘具足，感得具戒之体，住比丘尼法中。

第二句：作婬欲，犯不净行──所防过

作：有婬心，故作。**婬：**作男女染污之事，爱结缠心。**欲：**希望、需求为义。**犯：**造作成事。

不净行：即行婬欲法。由染污心，动身造作，随染境，男女根合乃至入毛头许，即犯重戒，玷污清净戒体，染污清净识田，故云不净行。

第三句：乃至共畜生──列犯境

此是举所犯之境，即可行婬处者。可行婬处三种：人、非人、畜三趣；复有三种：即男子、二形、黄门。

乃至：超略词，省略人与非人，即畜生是六道中最边鄙者，故偏举下类以况上。

第四句：是比丘尼波罗夷──结罪

此乃引人依法科罪。是比丘尼，即引人；波罗夷，乃依法科罪。作婬欲，犯不净行比丘尼，依法应结波罗夷罪。譬如断人头，不可复起。比丘尼亦如是，犯此戒之人不复成比丘尼。

第五句：不共住──灭摈

不共住，是治罚灭摈之名。若犯波罗夷，则被僧团灭摈永弃，不共说戒、不共羯磨。

有二共住：（1）同一羯磨，即众法同；（2）同一说戒，即自行同。持奉无瑕，方应说戒故。

四　制意

【记】 四分律疏 制意：不听婬者，婬欲之性，体是鄙秽，爱结缠心，觌惑难舍。既能为之，则生死苦增，炽燃不绝，沉沦三有，莫能出离。障道之源，勿过于此，结患之深，宁容不禁？是故圣制。

（一）消疏文

佛之所以不允许婬欲，是因为婬欲之性体乃粗鄙污秽。男女双方若彼此系意，其贪爱烦恼如同绳结，系缚彼此身心，令沉溺于爱欲烦恼之中难以自拔。今既作婬欲，犯不净行，则必然生死苦增，如炽燃猛火，无止息之日。如是沉沦三界，不得出离。由此可知，障道根源无过于婬欲。既然婬欲过患如是深重，岂能不加以遮止？是故佛制不许。

（二）释制意

制意，即佛制戒之本意，分通意和别意。通意，即通于诸戒；别意，即别制当戒。

1. 通意

佛制诸戒，本为止恶。业由三毒所兴，故佛制戒无非为止三毒。依《萨婆多论》，佛制戒有四义：（1）**先作无罪，得除忧悔**：如须提那子最先犯已，常怀忧悔，由佛制戒，先作无犯。（2）**灭将来非法不起**：此即佛制戒之正意。（3）**决疑网**：佛既结戒，知罪轻重、有残无残、可忏不可忏，决将来疑网。（4）**有十利功德故**：即摄取于僧、令僧欢喜、令僧安乐、未信者令信、已信者令增长、难调者调、惭愧者安、断现在有漏、断未来有漏、令正法久住。[1]

2. 别意

《表记》引法砺律师《四分律疏》，详述佛制此戒之别意。

（1）示婬欲过体

婬欲之性，体是鄙秽，爱结缠心，耽惑难舍。

（2）明结业感果

既能为之，则生死苦增，炽燃不绝。沉沦三有，莫能出离。

《涅槃经》云："若有众生习近贪欲，是报熟故，堕于地狱。从地狱出，受畜生身，所谓鸽雀、鸳鸯、鹦鹉、耆婆耆婆舍利伽鸟、青雀、鱼鳖、猕猴、獐鹿，若得人身，受黄门形、女人、二根、无根、婬女。若得出家，犯初重戒，是名余报。"[2] 习因滋长，恶果无穷，生死之苦，何有尽期！

（3）显结患之深

障道根源无过于婬欲。婬欲过患如是深重，岂能不遮？是故佛制不许。

五　具缘

【记】 南山行事钞 自婬。具四缘成犯：一、是正境（女三处）。二、兴染心（谓非余睡眠等）。三、起方便。四、与境合，犯。

南山行事钞 逼婬。具四缘成犯：一、是正境（原注云：不问自他）。二、为怨逼。三、与境合。四、受乐，犯。（尼同）

具缘，即具足犯缘，亦有通、别之分。通缘，通于诸戒；别缘，局于当戒。

---

① 《萨婆多毗尼毗婆沙》卷二，《大正藏》第 23 册，第 513 页。
② （北京）三藏昙无谶译《大般涅槃经》卷二十四，《大正藏》第 12 册，第 507 页。

（一）通缘

通缘有三：

1. **是比丘尼**：若小三众（式叉尼、沙弥、沙弥尼），但结突吉罗罪。

2. **制广戒后**：佛制广戒之后，方有违制之罪；未制戒前，仅有业道罪。

3. **无重病**：谓非癫狂、心乱、痛恼所缠等。此据不了知自己是比丘尼而言，若虽重病，而知自己是比丘尼，则不开。

（二）别缘

就此婬戒，具缘又分自婬与逼婬两种情况。前者是比丘尼主动行婬；后者是为怨家所逼，非己乐欲。

1. 自婬

具四缘成犯：

（1）**是正境**：即女三处：口道、大便道、小便道。

（2）**兴染心**：兴起欲染之心，而不是在睡眠之中等。

（3）**起方便**：兴起种种方便。如起欲心，但未动身口，便止不作，结突吉罗罪（远方便）；若起欲心，动身就彼，口陈欲作，结中品偷兰遮罪（次方便）；若起欲心，至彼人边或欲摩触，身未交前，结上品偷兰遮罪（近方便）。

（4）**与境合。犯**：比丘尼三处，任一处受男根入如毛头许，便犯波罗夷。言毛头许者，谓极小也。

2. 逼婬

亦具四缘成犯：

（1）**是正境（原注云：不问自他）**：是比丘尼三处，且不问是自己将三处受男根入，还是男子将男根入自己三处。

（2）**为怨逼**：为怨家所逼，非己乐欲。

（3）**与境合**：男根入比丘尼三处。

（4）**受乐。犯**：比丘尼有受乐之觉，便犯波罗夷。何谓"受乐"？何谓"不受乐"？《僧祇律》云："受乐者。譬如饥人得种种美食，彼以食为乐；又如渴人得种种好饮，彼以饮为乐受；欲乐者亦复如是。不受乐者，譬如好净之人以种种死尸系其颈上；又如破痈热铁铄身；不受乐者亦复如是。"[1]

比丘尼相同。

六　犯相

犯此戒之言行相状及结罪轻重。

---

[1]　（东晋）三藏佛陀跋陀罗共法显译《摩诃僧祇律》卷二，《大正藏》第22册，第238页。

《表记》原文仅此戒列"犯相"，其余诸戒皆列"罪相"，其意与"犯相"相同。

（一）正明犯

1. 行淫之正境

【记】

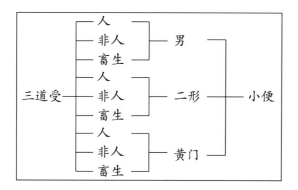

此表约犯者行淫之处，说明犯此戒之相：若比丘尼三道，或受人男、非人男、畜生男，或受人二形、非人二形、畜生二形，或受人黄门、非人黄门、畜生黄门的小便道，即犯此戒。

此中，"二形"，亦名二根，即一身具有男女二种根形。

"黄门"，有男、女黄门之别。男黄门有五：（1）生：即天生不能行淫。（2）半：半月能淫，半月不能淫。（3）妒：见他人行淫而起淫心。（4）变：欲行淫时，忽失男根。（5）犍：生已腐烂，或因虫噉等而截去男根。女黄门亦有五：（1）螺：女根如螺形。（2）筋：女根枯萎。（3）鼓：子宫壁厚，经常出月经。（4）角：难产。（5）脉：出赤带、臭味。

2. 犯境之知觉及坏相

【记】

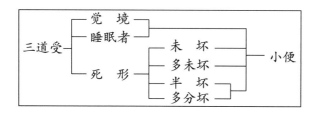

此表说明：不问对方是醒觉还是睡眠；亦不问死形是未坏乃至多未坏，只要受其小便道，皆结波罗夷。表中半坏、多分坏，依比丘律结兰罪，尼律无。

3. 自有婬意

【记】

此表说明：若比丘尼自有婬意，三处中任何一处受对方男根，乃至入毛头许，结波罗夷罪；若方便受，而未入者，结偷兰遮罪。

4. 逼迫行婬

【记】

为怨家逼（三处）┬ 自受他 ┐ 若始入、入已、出 ┐
　　　　　　　　└ 他入自 ┘ 时有一时自受乐者 ┴ 波罗夷

此表说明：若比丘尼为怨家所逼，不问自受他男根入三处或他男根入己三处，若始入、入已、出时，三时中，随有一时受乐，即结波罗夷罪。

5. 二根间有隔无隔

【记】

此表说明：不问男女二根之间是否有隔障，也不问受他男根是全入还是未全入，结罪相同。其中，隔障有四句：（1）有隔有隔：男女二根俱有衣隔；（2）有隔无隔：女根有衣隔，男根无衣隔；（3）无隔有隔：女根无衣隔，男根有衣隔；（4）无隔无隔：男女二根俱无衣隔。

6. 告知他人与否

【记】

此表说明：不问行婬者是否将此事告诉别人，结罪相同。

（二）引文释

引律文及祖师著作解释怨家、醉者及癫狂者等。

1. 释怨家

【记】 灵芝行宗记 言怨有二：如王大臣恶贼，持刀陵逼，是名强怨。（若亲里故夫^{故夫，在}_{家夫也}）爱染缠扰，是名软怨。

《行宗记》释云：怨家有二种：一是强怨家，如国王、大臣、恶贼等持刀陵逼比丘尼与之共婬；另一种是软怨家，如亲里故夫（俗家丈夫），爱染缠扰比丘尼与之共婬。①

2. 释醉者等

【记】 第四分 醉者、癫狂者、嗔恚者、苦痛者，与睡眠者为一类，皆夷。若与木像中、壁上男像等，当与胡胶作根为一类。

《四分律·第四分》中云：假如对方是醉人、颠狂人、嗔恚人、苦痛人，均与睡眠人属同一类。若比丘尼共此等人行婬，结波罗夷罪。② 如果比丘尼与木雕男像或壁上男像等身中行婬，与单提第七十三"用胡胶作男根戒"为一类，应结波逸提罪。③

七 并制

同时制教作者及其余作相。

（一）制教作者

【记】

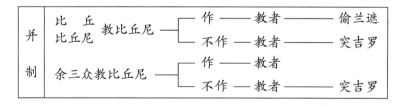

此戒中"并制"，是指在制犯本戒比丘尼的同时亦制教作者。此表包括：

1. 若比丘或比丘尼教他比丘尼作婬欲，被教者如果去作，教者结偷兰遮罪；如果

---

① （宋）元照律师述《四分律含注戒本疏行宗记》卷二，《卍新续藏》第 39 册，第 819 页。

② （后秦）三藏佛陀耶舍共竺佛念等译《四分律》卷五十五，《大正藏》第 22 册，第 973 页。

③ "若与木像中"以下文，乃《表记》编辑者参照《四分律》卷五十五对比丘所制之文而加。律文："时有比丘于木女像身中行婬，疑，佛言：'犯偷兰遮。'于壁上女像形行婬，佛言：'偷兰遮。'"（《大正藏》第 22 册，第 975 页。）

不作，教者结突吉罗罪。教者之所以不结重，是因被教者行婬生染乐，而教者不生。

2. 若小三众，即式叉尼、沙弥、沙弥尼教比丘尼作婬欲，不问被教者作或不作，教者皆结突吉罗罪。

（二）制余作相

1. 染心看男子等

【记】 尼戒会义 僧祇：若比丘尼染污心，欲看男子，越毗尼心悔。^{责心}^{突吉罗}若眼

见，若闻声，越毗尼罪。^{对首}^{突吉罗}若裸身相向，偷兰遮。

《尼戒会义》① 引《僧祇律》文，若比丘尼染污心，欲看男子，犯越毗尼心悔，即责心突吉罗。若比丘尼染污心眼看男子，或闻其音声，犯越毗尼罪，即对首突吉罗罪。若比丘尼染污心裸身向男子，得偷兰遮罪。②

2. 与沙弥行婬等

【记】 同 僧祇云：比丘尼共沙弥行婬，波罗夷。沙弥驱出。^{即灭}^{摈也}比丘尼若眠，

若心狂，若入定，有人就上行婬，尼觉三时中，随一时受乐，波罗夷。三时中不受乐，无犯。又云：受乐者，如饥得食，如渴得饮。不受乐者，譬如好净之人，以种种死尸，系其颈上。又如破痈热铁烙身。不受乐者，亦复如是。

方框中"同"字，表明此段文出处同前，即《尼戒会义》。《僧祇律》云：若比丘尼共沙弥行婬，比丘尼结波罗夷罪；沙弥则驱出僧团（即灭摈也）。比丘尼如果睡眠、或心狂、或入定，此时有男子就尼身上行婬，比丘尼觉醒，如果三时之中，即男根始入、入已、出时，随有一时受乐，即结波罗夷罪。如果三时之中都没有受乐之感，则不犯。③《僧祇律》又云，受乐者，譬如人饥得种种美食，彼以食为乐；又如渴人得种种好饮，彼以饮为乐。受欲乐者亦复如是。不受乐者，譬如好净之人以种种死尸系其颈；又如破痈，熟铁烙身。不受乐者，亦复如是。④

八　境想

犯者于犯境有无想差。

【记】 慈舟律师云：尼于婬戒一交即犯，应不于境想分轻重，故不列境想。

---

① 全称《四分律比丘尼戒本会义》，（清）德基律师述，三宝弟子倡印，佛历二五四七年恭印，地址：福建省晋江市龙湖镇古湖庄。
② （东晋）三藏佛陀跋陀罗共法显译《摩诃僧祇律》卷三十六，《大正藏》第 22 册，第 514 页。
③ （东晋）三藏佛陀跋陀罗共法显译《摩诃僧祇律》卷三十六，《大正藏》第 22 册，第 514 页。
④ （东晋）三藏佛陀跋陀罗共法显译《摩诃僧祇律》卷三十六，《大正藏》第 22 册，第 514 页。

慈舟律师说：比丘尼于婬戒，只要三处任何一处与男根一交即犯，不因是否想差而判轻重。亦即：只要是男根，不论是作男根想，还是作非男根想，或是作非男根疑，都结波罗夷罪。是故不需列境想。

九　开缘

开不犯本罪的因缘。

（一）　正明开缘

【记】

开缘	若睡眠无所觉知。 若不受乐。 若一切无有婬意。	无犯
	若最初未制戒。 若痴狂、心乱、痛恼所缠。	无犯

此表将开缘分为两类，即别缘与通缘。前者局于此戒；后者通于诸戒。

1. 别缘

（1）**若睡眠无所觉知**：若比丘尼睡眠无所觉知，有男子就其身上行婬，不犯。此乃开怨家来逼婬，且无所觉知，故不犯。

（2）**若不受乐**：若比丘尼遇怨家逼婬，三时皆不受乐者，不犯。

（3）**若一切无有婬意**：若比丘尼正念摄心，一切没有婬欲意，不犯。

2．通缘

（1）**若最初未制戒**：佛尚未制广戒前，造作此染污行，虽然会感招不净行的业果，但不犯制戒罪。

（2）**若痴狂、心乱、痛恼所缠**：若比丘尼或痴狂，或心乱，或被痛恼所缠，完全不知自己是比丘尼而造作非法事，并开不犯。据《十诵律》解释：

痴狂有五因缘：（1）亲里死尽故狂；（2）财物失尽故狂；（3）田业人民失尽故狂；（4）四大错乱故狂；（5）先世业报故狂。

心乱有五因缘：（1）为非人所打故心散乱；（2）非人令心散乱；（3）非人食其精气故心散乱；（4）四大错乱故心散乱；（5）先世业报故心散乱。

痛恼所缠，有五种病坏心：（1）风发故病坏心；（2）热发故病坏心；（3）冷发故病坏心；（4）风、热、冷俱发故病坏心；（5）时节气发故病坏心。[①]

虽有如上种种因缘，若尚能自觉是比丘尼，若作婬欲事，亦结波罗夷罪。

---

① （后秦）三藏弗若多罗共罗什等译《十诵律》卷五十七，《大正藏》第23册，第424页。

（二）引文解释

引祖师著作等解释如上开缘。

1.《戒本疏》

【记】 南山戒本疏 睡眠者，开怨来逼，无所觉故。不受乐者，开前怨家将向前境，禁无染故。（前狂等指所受，此指能受。）

道宣律师在《戒本疏》中解释：开缘中"若睡眠"，是开怨家来逼婬，而比丘尼无所觉知，故不犯。"不受乐者"，是开前怨家将男根入尼三处之时，比丘尼禁心无染，因不受乐故不犯。

括弧中内容是慈舟律师之解释：前文引《四分律·第四分》，癫狂等人是指所受人，即男子，若比丘尼与此癫狂等人共婬，皆结波罗夷罪。此开缘中所言"痴狂"等人是能受，即比丘尼自身，故开不犯。

2."案"

【记】 案 开缘分为二类：后者通缘，诸戒皆开故。前者别缘，本戒特开故。已下诸戒，谨列别缘。通缘准是应知，更不重出。

方框中"案"字，表明是弘一律师私记。此"案"说明：开缘分为二类，后二种是通缘，即诸戒皆开不犯。而前三条是别缘，唯本戒才开。下面诸戒仅列别缘，通缘准此可知，故不再重复标列。

十 警策

祖师针对婬戒对后学施以警戒策励。

（一）灵芝律师《资持记》

【记】 灵芝资持记 然心行微细，粗情不觉。纵知违戒，制御犹难。岂况悠悠，终无清脱。请临现境，自审狂心。或宛转回头，或殷勤举眼，或闻声对语，或吸气缘根。虽未交身，已成秽业。大圣深制，信不徒然。谅是众苦之源，障道之本。是以托腥臊而为体，全欲染以为心，漂流于生死海中，焉能知返？交结于根尘网里，实谓难逃。当自悲嗟，深须勉强。或观身不净，即是屎囊。或谛彼婬根，实唯便道。或缘圣像，或念佛名，或诵真经，或持神咒，或专忆受体，或摄念在心，或见起灭无常，或知唯识所变。随心所到，着力治之。任性随流，难可救也。

此段文出自《资持记·释篇聚篇》，教诚行者在日常行事中，当摄心观照以防范。若身临染境，当精勤用功以对治。

此文大意：心念微细，迁流不息，粗心凡夫难以觉知。遇染污境，纵然知道所行犯戒，但却难以制御狂心。更何况放纵身心，悠悠度日，终究难有清净解脱之日。身临染境，当自省察：或宛转回头，或频频举眼；或听其声音接话攀谈，或嗅其气味心缘身根。虽然两身体尚未相交，但八识田中已种垢秽业种。佛陀从深防中制，相信绝非徒然。婬欲实乃众苦之源，障道之本。一切众生皆依腥臊、垢秽之父精母血而成报体，完全以贪爱染欲为心，是故随境造作，漂流于生死苦海，何能迷途知返？深陷根尘网结，实难逃离。思及于此，自当悲叹，深须自勉。依佛教导，精勤行之：或作不净观，知此身即是屎囊；或仔细思惟彼婬根，实是粪便之道。或缘念佛菩萨圣像，观想佛之相好、功德，或称念佛名圣号，或诵读经典，或持诵神咒，或专心忆念所受戒体，或摄心正念，或观因缘生灭皆是刹那无常，或观根身器界皆是心识所变现，心外无境。总之随狂心所到之处，努力对治。若任由己性，随烦恼业习流转，实难可救。

（二）道宣律师《行事钞》

【记】 然婬过粗现，人并知非。及论问犯，犯皆结正。约相示过，耳不欲闻。或致轻笑，生疑生怪。故善见云：法师曰，此不净法语，诸闻说者勿惊怪。生惭愧心，志心于佛。何以故？如来慈愍我等。佛是世间王，离于爱染，得清净处。为愍我等，说此恶言，为结戒故。又观如来功德，便无嫌心。若佛不说此事，我等云何得知波罗夷罪？有笑者，驱出。

灵芝释云：约下四句（原文无"四句"二字），述其愚暗。此有四过：一、生厌恶，不欲闻故；二、无尊重，生轻笑故；三、无深信，疑非佛说故；四、不正见，怪作是说故。（此处省略原文）生惭愧者，克己自责也。世间愚人，谁能反照。身行鄙秽，殊不省非。及闻教说，反生惊怪。汝必恶闻，何如不作。汝既自作，何得恶闻。此由不知于大慈门，说毗尼藏，全是指出众生恶业。若能知业，岂复有教？呜呼！凡愚迷倒至此。

道宣律师在《行事钞》中教诫，学婬戒时不可轻笑厌恶。此文大意：婬欲过患，相状粗显，人所皆知。说到结罪，只要比丘尼与男子行婬，就结夷罪。约犯相来讲婬欲之过，有人耳不欲闻、或轻视窃笑、或起疑惊怪，因此《善见律》中说：听闻婬欲法者不要惊疑奇怪，应生惭愧心。对佛生至诚恭敬心。因为如来慈悲我等而作是语。佛是世间大法王，已彻离爱欲，身口意三业清净无染。为怜悯我辈凡夫，为结戒故，而说此婬欲法。若能谛观如来种种功德，就不会对此不净法语产生嫌恶心。若佛不说此婬欲法，我等凡夫又怎能识知波罗夷罪？若听闻讲说婬戒时反生讥笑，定当驱出。①

灵芝律师在《资持记》中解释：道宣律师所言"约相示过。耳不欲闻。或致轻笑。生疑生怪。"四句是讲述轻笑者之愚痴暗钝，有四种过：（1）心生厌恶，故耳不欲听。（2）无尊重心，故生轻慢讥笑。（3）无深信心，故怀疑非佛所说。（4）没有正见，所以惊怪作如是说。生惭愧者，即反省自己有无此过。若有，则应惭愧自责，改过迁善。世间愚痴之人，谁能回光返照？自己行为粗鄙垢秽，不但不知反省己过，听到讲说婬欲法时，反生惊怪。既然厌恶听闻，不如不造作。既然有此过失，又何必厌恶听闻。实由不知毗尼藏是从佛陀大慈悲心中流露。众生愚钝造作诸恶，佛为断除众生过非，故指过立教。若众生能识知业相，哪里还需世尊制戒。呜呼！凡愚众生，迷惑颠倒竟到如此地步！

（三）灵芝律师《济缘记》

【记】 灵芝济缘记 然而浊世障深，惯习难断。初心怯懦，容退菩提。故须期生弥陀净土。况复圆宗三聚，即是上品三心。律仪断恶，即至诚心。摄善修智，即是深心。摄生利物，即回向发愿心。既具三心，必登上品，得无生忍，不待多生。成佛菩提，了无退屈。此又行人究竟域心之处矣。

此段文出自灵芝律师《四分律删补随机羯磨疏济缘记》卷三，旨在阐述圆宗三聚与上品三心。大意是：

五浊恶世末法众生，业障深重，且无始劫之惯习难以断除。初发心者道心不坚固，胆怯懦弱，恐退菩提，故须期求往生弥陀净土。更何况圆教宗三聚净戒，即是往生净土之上品三心。受摄律仪戒，愿断一切恶，翻恶染业成清净行，趣无愿解脱门，证法身佛，即是至诚心；受摄善法戒，愿修一切善，翻愚痴业成智慧行，趣空解脱门，证报身佛，即是深心；受饶益众生戒，愿度一切众生，翻爱憎业成慈悲行，趣无相解脱门，证应身佛，即回向发愿心。若具此三心，必上品生，登上品莲台，得无生忍，无须更经累劫多生，便可成就佛道，永不退转。此又是行人究竟寄心之处也。

练习题

1. 何谓"波罗夷"？比丘尼波罗夷法包括哪些？

2. 为什么"婬戒"为诸戒之首？

3. 简述佛制"婬戒"三要素。

4. 背诵并解释"婬戒"之戒文。

---

① （齐）三藏僧伽跋陀罗译《善见律毗婆沙》卷七，《大正藏》第24册，第721～722页。

5. 根据法砺律师《四分律疏》，佛制"婬戒"的意义有哪些？

6. 请列出犯"婬戒"需具足的条件。

7. 请分别说明"自婬"与"逼婬"的结犯相状。

8. 教比丘尼行婬，教者当如何结罪？

9. "婬戒"有哪些开缘？

 思考题

1. "法师曰，此不净法语，诸闻说者勿惊怪。生惭愧心，志心于佛。何以故？如来慈愍我等。佛是世间王，离于爱染，得清净处。为愍我等，说此恶言，为结戒故。又观如来功德，便无嫌心。若佛不说此事，我等云何得知波罗夷罪？"请解释此段文。

2. 如何理解通于诸戒开缘中的"痴狂、心乱、痛恼所缠"？

3. 结合祖师警策，谈谈学习"婬戒"后之感想。

第三节　盗戒

一　戒名

【记】　盗戒第二　（同、大、性）

盗：非理侵损曰盗。此戒以盗来标名，通摄劫、偷、不与取三名。"劫"，劫取，即公白强力而取；"偷"，避开主人悄悄而取；"不与取"，主人不舍，即以种种手段方便而取。

戒：佛制不许。

盗戒：盗为所犯，戒是能防，以戒来防盗，能所双举，是为盗戒。非理侵损，恼害众生，此是恶事，佛制不许。

第二：此戒为波罗夷戒第二条。以下诸戒戒名后"第一"乃至"第一百七十八"等，皆为在当篇戒中之排序，不再赘释。

大：大乘菩萨也制。《梵网经菩萨戒本》十重之二："若佛子自盗、教人盗、方便盗、咒盗。盗因、盗缘、盗法、盗业，乃至鬼神、有主劫贼物、一切财物，一针一草不得故盗。"

二　缘起

【记】　檀尼迦

檀尼迦，乃缘起中能犯之人。

佛制此戒三要素：（1）**何处制**：罗阅城。（2）**因谁制**：檀尼迦比丘。（3）**因**

何制：檀尼迦比丘盗瓶沙王军用木材。如法比丘闻已展转白佛，佛呵责制戒。

三　戒文

【记】　戒文——若比丘尼，在聚落，若空处。不与，怀盗心取。随所盗物，若为王，若王大臣所捉，若杀，若缚，若驱出国。汝是贼，汝痴，汝无所知。若比丘尼作如是不与取，是比丘尼波罗夷，不共住。

文分八句：

第一句：若比丘尼 —— 能犯人

即白四羯磨如法得处所的比丘尼。

第二句：在聚落，若空处 —— 盗物处所

聚落：即村落。约相而言，律中有四种：（1）周匝垣墙：四周有墙，上无覆盖。(2) **栅篱**：四周有栅篱。(3) **篱墙不周**：四面由栅篱或土墙相间。(4) 四周有屋。

若从义上来说，则不局于此四种，只要周围有物，若渠、沟、堑等，皆为聚落所摄。又，聚落名通大小，凡一切白衣舍乃至一家皆名为聚落。

空处：即闲静处，除聚落界，所有空地皆是。

犯盗之处，若非聚落，即是空处。此二句摄尽盗物的一切处所。

第三句：不与 —— 主人不舍

第四句：怀盗心取——盗心取

说明心相应于境，于他物起盗心，非无心而取。

第五句：随所盗物 —— 所盗重物

若所盗之物值五钱或过五钱。此乃结罪分齐。

第六句：若为王，若王大臣所捉，若杀，若缚，若驱出国。汝是贼，汝痴，汝无所知。 —— 出俗治法

"王"：国主。**"大臣"**：辅助国王料理国家大事之人。**"捉"**：执持。**"杀"**：以刀杖等断其命。**"缚"**：杻械枷锁等。**"驱出国"**：即摈令出国界。

捉、杀、缚、驱，若按治罚轻重顺序应为：捉、缚、驱、杀。此等皆是不信仰佛法的王臣，心量不广，情生不忍，故作如是治罚。若敬信王臣，但作如下呵责言词：汝是贼，汝痴，汝无所知。

第七句：若比丘尼作如是不与取，是比丘尼波罗夷 —— 结罪

若比丘尼作如是不与取，随所取得之物，若值五钱、或过五钱，此比丘尼犯波罗夷罪。

第八句：不共住 ——灭摈

不容许此犯罪尼和大众僧同一说戒、同一羯磨。

四 制意

【记】 四分律疏 制意：不听盗者，凡资财，形命之本，非此不济。人情宝重，恋着处深。出家所为，应舍己济物。今乃非理侵夺，损恼不轻，过中之重。是故圣禁。

法砺律师释佛制此戒意义有二：

1. 资财之义

资身财物乃众生维持生命之根本，若无资财则无法生存。因此众生对资生财物特别吝护，贪着极深。

2. 偷盗之过

出家人理应舍己财物济度众生，而今却无理侵损他人之物，对众生损恼匪浅。偷盗之过实为深重，是故佛制不许。

五 具缘

【记】 南山行事钞 具六缘成犯：一、有主物。二、有主物想。三、有盗心。四、重物。五、兴方便。六、举离本处。犯。

此戒具六缘成犯。根据律藏所制及祖师著述，成犯盗戒之缘微细复杂，《表记》详细列表以示之。

（一）有主物

所盗之物是有主物，简别不是无主物。此科体量庞大、层次繁多，需先以地支次第略示科目（见第89页"表4有主物表"），次逐一注解《表记》诸表。

【记】 一、有主物分三——（一）盗三宝物

有主物分三种：三宝物、人物、非人畜生物。首先说明"**盗三宝物**"。

丑一、盗三宝物

《表记》中就"盗三宝物"列二表：一"知事是非"；二"盗用差别"。

寅一、知事是非

说明堪任知事之资格。三宝物多为寺院知事掌管，是故须先简别何人堪任知事。

【记】

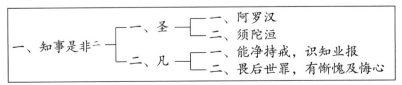

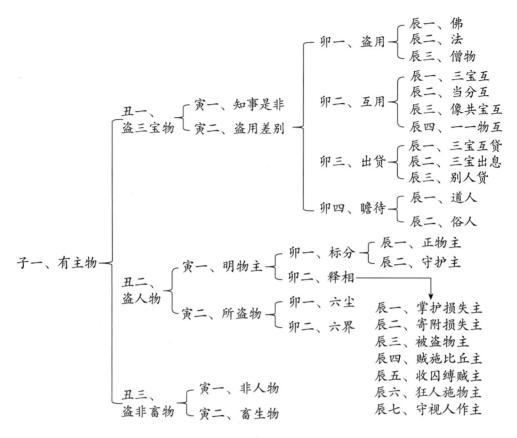

表4 有主物表

知事：梵语羯磨陀那，又称悦众，即知其事而悦其众。指为大众僧办事如法，令大众欢喜。**是**：堪任知事。**非**：不胜其职。

此表将知事分为"圣""凡"两类，且分别有不同要求。

约圣而言：佛听两种人掌管三宝物：一是四果阿罗汉；二是初果须陀洹。虽然只列两种圣人，但同时也包括二果斯陀含和三果阿那舍。如《大方等大集经》卷三十四记载：佛说有二种人堪持僧事，守护僧物，即：（1）具八解脱之阿罗汉人，（2）须陀洹等三果之学人。[1]

佛之所以制由圣人担任知事？原因有二：（1）圣人善知僧事，离爱恚怖痴，怨亲平等；（2）佛、法二物无主，僧物复杂难掌，动辄有过，唯圣者堪能恰当掌护。

约凡而言：末法时代，少有圣人，故需凡夫担任知事。依道宣律师、百丈禅师等古来祖师所述，担任知事之凡夫须具如下品德：（1）**能净持戒、识知业报之人**。为求解脱而出家，于戒律严持不犯，并懂得因果业报。（2）**畏后世罪，有惭愧及悔心**。明白若毁犯戒法，后世一定堕落受苦。是故偶有违背佛之教法，当即生起惭愧，

---

① （隋）三藏那连提耶舍译《大方等大集经》卷三十四，《大正藏》第13册，第238页。

并忏悔改过。[①]

寅二、盗用差别

盗用三宝物之差别相状。

【记】 二、盗用差别^四

此中又分四科：盗用、互用、出贷、瞻待。

卯一、盗用

【记】 一、盗用^三

此科又分佛、法、僧物三部分。

辰一、佛

【记】

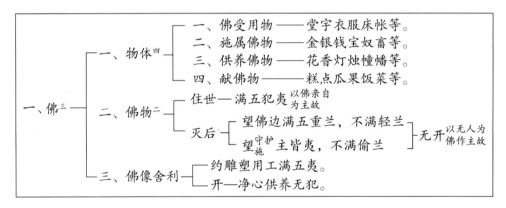

此表列示物体、佛物、佛像舍利三部分。

巳一、物体

即佛物之体。有四：

1. 佛受用物，堂宇衣服床帐等

即佛日常生活所需用之物。**堂宇**：指佛世时所住房舍，佛灭度后供奉佛像之殿堂。**衣服床帐**：指佛世时所穿、所用之物，佛灭度后供养佛之衣袍等庄严物。此物因佛曾受用过，故不可互易、转卖，亦不可挪用。若有难缘发生，可暂时移处，随身守护。待难缘退后，须送回原处。若有损坏，须妥善处理，置于净地，不可随意丢弃或转卖。故道宣律师《戒本疏》中云："若是佛园坐具等者，一切天人供养，同塔事故。所以不许者，莫不即体法身之相，表处是深，不得轻故。"[②]

---

① 参见道宣律师撰《四分律删繁补阙行事钞》《四分比丘尼钞》，大智寿圣禅寺住持臣僧德辉奉敕重编《敕修百丈清规》等。

② （唐）道宣律师撰《四分律含注戒本疏》卷二，《卍新续藏》第 39 册，第 824 页。

2. 施属佛物，金银钱宝奴畜等

金银钱宝：指供养佛之钱财，可存于银行涨利息。所生子息应还着佛无尽财中，① 归佛所用，不得掺杂。**奴**：指施主专门布施与佛使用之人。**畜**：指专门为佛驮运物品之畜生。而此奴畜，但佛可用，余人不得借用。

又，此施属佛物，不堪受用，但系属耳，与佛受用物不同，故可互易。如《佛说目连问戒律中五百轻重事经略解》云："问：佛物（当指塑画佛像余剩之物。可以）得买供养具（供佛）否？答：得。（总是佛之受用，皆令施主得胜福故。）"②

3. 供养佛物，花香灯烛幢幡等

严格来讲，此供养佛物不得互用、别用，但亦有开缘的情况。如《僧祇律》云：若供佛的花多，听转卖，买香灯供佛。若花仍多，可转卖为钱，着佛无尽财中。若佛幡多，欲作他用，但可改作不转变本质的缯盖幢幔等物。③

4. 献佛物，糕点瓜果饭菜等

供佛的饭菜糕点，皆属献佛物。《善见律》云："若人将余食施佛及僧，以钵置佛前次第行，佛饭谁得食？若有侍佛比丘得食，若无侍佛比丘，有白衣侍佛亦得食。"④ 但需注意：若是取常住食物供佛，供后应还归常住。

巳二、佛物

盗佛物结罪分佛住世及佛灭后二种情况。

1. 佛住世

佛在世时，佛所受用之物和余人相同，因佛自可做主，故盗佛物满五犯波罗夷。

2. 佛灭后

佛灭度后，盗佛物，若望佛边结罪，满五钱结重兰（上品偷兰遮），不满五钱结轻兰（中品偷兰遮）。

若望守护主或施主边结罪，满五波罗夷，不满则结偷兰遮。因守护主掌管佛物有责任心，或物尚在施主手边，有我所心，故结罪重。

又，佛灭度后，若盗佛物，因无人能为佛作主，亦无可咨白，故不可依照僧物和白开听互用、转贸等。

巳三、佛像舍利

若盗佛像舍利，按雕塑时所须工钱，满五钱结波罗夷罪。

① 《四分律行事钞资持记》卷二云："西竺三宝各有无尽财，谓常存供养，滋生不竭故。"（《大正藏》第40册，第280～281页。）
② （明）姑苏报国寺弘戒沙门性祇述《佛说目连问戒律中五百轻重事经略解》卷上，《卍新续藏》第44册，第876页。
③ （东晋）三藏佛陀跋陀罗共法显译《摩诃僧祇律》卷三十三，《大正藏》第22册，第498页。
④ （齐）三藏僧伽跋陀罗译《善见律毗婆沙》卷十七，《大正藏》第24册，第794～795页。

但《十诵律》中云：若欲净心供养，非盗心而取，不犯盗。[①] 因佛像主人仍可作意遥心礼敬，故开缘不犯。此但约主人不局而言。若佛像主人有局，则不开净心供养，若取，亦须结罪。

辰二、法

【记】

此表列示法之物体、法物及法三部分内容。

巳一、物体

即法物之体。有四：

1. 法受用物，谓箱函匮簏巾袱等

"箱"，箱子；**"函"**，即匣、套子；**"匮"**，即柜子；**"簏"**，即竹箱；**"巾袱"**，指巾帕、盖经布等，皆属法受用物。

2. 施属法物

3. 供养法物 ｝皆与佛物相同，此不赘述。

4. 献法物

巳二、法物

盗法物结罪情况。

若盗法物，满五钱结夷罪。因法物属无情，且无我所心。盗法物者，则望守护主结罪。

巳三、法

盗法结罪，有四种情况。

1. 盗经

盗经计纸墨、人工之价，满五钱结夷罪。因佛语无价，法属无情，故望守护主结罪。

2. 损坏

《五百问事》中云："问：'戒律不用流落，可烧不？'答：'不得。不知有罪，

---

① 《十诵律》卷五十二云："又问：'若盗佛舍利得何罪？'答曰：'偷兰遮。若尊敬心作是念：佛亦我师。清净心取无罪。'"（《大正藏》第23册，第380页。）

烧舍堕。若知烧有罪，故烧犯决断。'"① 《资持记》解释：不知有罪烧舍堕，即犯轻。若知烧有罪，故烧犯决断，即偷兰。今云重者，对上堕故。此且望无主为言，若是有主，理从上判。即须再按损坏多少，计值结罪。②

《戒本疏》云："有人无识，烧毁破经。我今火净谓言得福，此妄思度。半偈舍身，著在明典；两字除惑，亦列正经。何得焚除失事在福也。"③

3. 借拒

借经拒而不还，令主生疑，为更还我？为永不还？此时，因主人心未决定失故，借经拒还者，结偷兰遮罪。若主人决定心认为借经者拒还，则满五钱结夷罪。

4. 盗写或盗听

若未经主人允许，而盗写、盗听他人所吝护的秘方等法，皆须按价定犯，满五钱结夷罪。

辰三、僧物

详述盗僧物。包括物体、释相、对简三部分。

巳一、物体

僧物之体，有四：

【记】

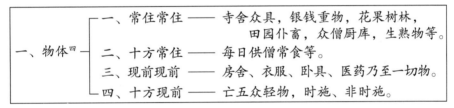

1. 常住常住物

前一**"常住"**，指常住之人。纵包三世，横含十方，即十方三世一切凡圣僧皆是常住常住物的主人。

后一**"常住"**，是指常住之物。约物体来讲，即包括寺舍众具、银钱重物、花果树林、田园仆畜、众僧厨库、生熟物等。**寺舍众具**：寺庙、僧寮、桌子、板凳等；**银钱重物**：即金、银，财宝等重物；**花果树林、田园仆畜**：即众僧的田地、果园、仆人、畜生等；**厨**：即为大众僧做饭之处；**库**：即大众僧存放物品之房；**生熟物**：即生熟饮食。若未归入当日供僧限者，皆属常住常住物所摄。若已入当日供僧之饮

---

① 《佛说目连问戒律中五百轻重事经》卷上，《大正藏》第24册，第985页。
② （宋）元照律师撰《四分律行事钞资持记》卷二，《大正藏》第40册，第277页。
③ （唐）道宣律师撰《四分律含注戒本疏》卷二，《卍新续藏》第39册，第824页。文中云"半偈舍身"，见《大般涅槃经》卷十四"菩萨为得'生灭灭已，寂灭为乐'半偈而舍身"之文（《大正藏》第12册，第451页）；"两字除惑"，见《大般涅槃经》卷七"闻'常住'二字音声即生天上"之文（《大正藏》第12册，第406页）。

食，则属十方常住物。

"常住常住物"，即常住之人受用的常住之物。

2. 十方常住物

十方：是约人而言，指当世一切出家人，不含过去僧和未来僧；**常住**：即常住之物。

十方常住物之物体，即每日供僧常食，于打板后，十方僧进界者皆有份，随人一饱而食。

3. 现前现前物

前一**"现前"**，谓现前之人，即现前僧；后一**"现前"**，谓现前之物。**"现前现前物"**，即现前僧受用现前之物。

现前现前物之物体，即居士布施供养现前僧之房舍、衣服、卧具、医药等物。

4. 十方现前物

"十方"，谓十方僧；**"现前"**：指现前之物。即十方僧受用现前物。

十方现前物之物体，如亡五众轻物、时施、非时施等。

亡五众轻物：指比丘、比丘尼、式又摩那、沙弥、沙弥尼五众中，若有往生者，彼所遗留之轻物。《行事钞·二衣总别篇》中列出诸部律皆认同之亡人轻重物："轻物"即佛所制畜，如六物(三衣一钵加坐具、针筒或滤水囊) 等。良由资道要务，故一向入轻。"重物"指佛制不听畜，如田园、奴婢、畜生、钱宝、谷米、船乘等。实由妨道中最，不许自营，准判入重。[①]

时施：指施主专为布施供养前安居僧之物，因心有局，故称时施。

非时施：施主有缘即施，不限时节供养。

巳二、释相

解释盗各种僧物结罪之相状。

【记】

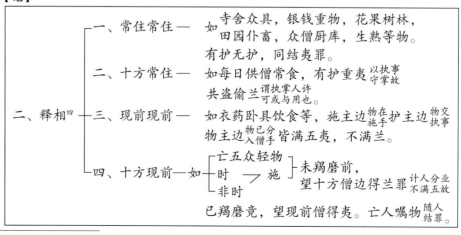

---

① （唐）道宣律师撰《四分律删繁补阙行事钞》卷三，《大正藏》第40册，第114页。

此表说明如下四事：

1. 常住常住物

如寺舍众具、银钱重物、花果树林、田园仆畜、众僧厨库、生熟等物，属处已定，不可分割。无论有守护主或无守护主，但属常住常住物之体，若非理侵损或盗用，满五皆结波罗夷罪。若欲惠施余寺，羯磨和僧得与，不犯；若直送者，亦为盗常住常住物。

2. 十方常住物

如每日供僧常食，体通十方，唯局本处。但约打板后，进界有份，随人一饱。

若有守护主，盗者望守护主结罪，满五结夷。

若无守护主，分两种：（1）自盗：即监守自盗；（2）共盗：即主掌人随便与用，或主掌人与人共同盗损。此二种皆望十方僧结罪，因按人分业，无满五钱之义，故结偷兰遮罪。

3. 现前现前物

如施主布施供养现前僧之医药、卧具、饮食等，物到应立即分与。盗此类僧物，结罪有三种情况：（1）若物尚在施主手中，盗则望施主结罪，满五结夷，不满结兰；（2）若物已交与执事人，执事人即为守护主，盗则望守护主结罪，满五结夷，不满结兰；（3）若物已分与个人僧，盗则望个人僧结罪，满五结夷，不满结兰。

4. 十方现前物

如亡五众轻物、时施、非时施等，物据即分，但人无定限，是故需以羯磨遮约。

详言之：未羯磨前，十方僧皆有份，若盗则望十方僧结罪。因按人分业，无满五钱之义，故结偷兰遮罪。羯磨竟，进界者无份，若盗则望界内现前僧结罪，满五结夷，不满结兰。

但于亡五众轻物中，若亡人临终时有所嘱授，盗则望嘱咐人边结罪，满五结夷，不满结兰。若亡人嘱授不决，还同僧物。

巳三、对简

对比简别不同僧物及结犯轻重，包括简名和简罪两部分。

【记】

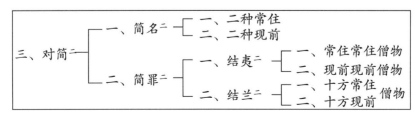

午一、简名

简别僧物之名。

【记】

此表简别四种僧物之名：包含二种常住物与二种现前物。

1. 二种常住物

指常住常住物和十方常住物。此二种常住物，处所永定，故皆名常住。

又，常住常住物，凡界内之人皆可受用，但不可分割；而十方常住物，则约打板后，进界有份，随人一饱，故以"常住"和"十方"区别之。

2. 二种现前物

指现前现前物和十方现前物。此二种物，物据即分（物一到手即刻分与），故皆名现前。

又，现前现前物，局供养现前僧，人有限数；而十方现前物，未作羯磨前，十方僧皆有份，人无限数。故以"现前"和"十方"区别之。

午二、简罪

简别盗四种僧物所结之罪。

【记】

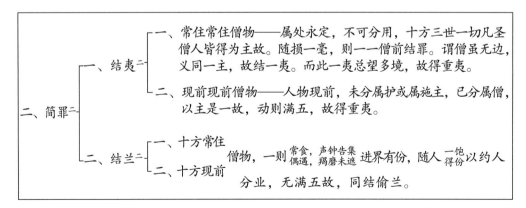

此表简别二种罪：结波罗夷罪与结偷兰遮罪。

1. 结波罗夷罪

（1）常住常住僧物

此种僧物处所永定，僧至此处但可受用，不可分割。十方三世一切凡圣僧皆为其主，若人盗损，乃至一毫，则须于一一僧前结罪，而僧虽无量无边，但义理上视同一主，满五钱则结一波罗夷罪。此夷罪总望十方三世一切凡圣僧而结，故是重夷。譬如寺中的桌子属常住常住物，十方三世一切凡圣僧皆是此桌子的主人。在此寺院都可受用。若人盗此桌，则损一一僧人受用本桌的权利。故盗常住常住物罪过深重不可救拔。①

（2）现前现前僧物

人和物皆现前，若未分，尚在施主手边，盗则望施主结罪；若在守护主手边，盗则望守护主结罪；若已经分给个人僧，盗则望个人僧结罪。无论物在施主、护主或个人僧边，其主皆一，盗则有满五之义，故曰动则满五。满五即结波罗夷罪。

2. 结兰罪

（1）十方常住僧物

即每日供僧常食，鸣犍槌召十方僧同来受供，进界者有份，随人一饱。此时若盗，则望十方僧结罪，因人无限数，约人分业，无满五之义，故结偷兰遮罪。

（2）十方现前僧物

此是偶遇，并非常有。未作羯磨遮约以前，界内、界外之出家人皆有份。若盗，则望十方僧结罪，由于人无限数，约人分业，无满五之义，故结兰罪。

卯二、互用

说明非法互用财物之相状及结罪轻重．分四科。

此乃盗戒具缘第一缘"有主物"之第一大科"盗三宝物"中"盗用差别"里继第一科"盗用"之后的又一科。

【记】

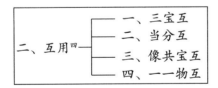

"互用"中包括：（1）"三宝互"，即佛、法、僧三宝物之间互用；（2）"当分互"，是各就一宝，以论彼此之互用，如佛物与佛物互用、法物与法物互用等；（3）"像共宝互"，即理体三宝与住持三宝之互用；（4）"一一物互"，就一佛论四种佛物互用。

此四门之次第乃从宽至狭。

辰一、三宝互

佛、法、僧三物互用之结犯。

_____

① 《大方等陀罗尼经》卷三云："世尊除二种人我所不摄。一者谤方等经。二者用僧祇物乃至一比丘物。"（《大正藏》第21册，第654页）《僧祇律》卷三十一云："不听比丘卖僧床褥、借人、私受用，设一切僧集亦不听卖、借人、私用。"（《大正藏》第22册，第478页）

【记】

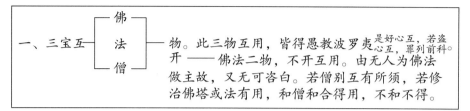

表中含"正制"及"开否"两事。

巳一、正制

三宝互：即佛物、法物、僧物三物互用，如佛物僧用，或法物佛用，或法物僧用等。若好心互用三宝物，结愚教波罗夷①。若盗心互用，结罪同前科"盗用"中所列。

《僧祇律》卷三云："若比丘作摩摩帝，塔无物，众僧有物，便作是念：'天人所以供养众僧者，皆蒙佛恩，供养佛者便为供养众僧。'即持僧物修治塔者，此摩摩帝得波罗夷。若塔有物、众僧无物，便作是念：'供养僧者佛亦在其中。'便持塔物供养众僧，摩摩帝用者，得波罗夷。"②

巳二、开否

表中"**开**"字指是否开互用缘，包括两种情况。

1. 佛物及法物皆不开互用

由无人可为佛、法做主，且无可咨问作白之人，是故不可互用。如经云："佛所有物乃至一线，皆是施主信心施佛，是故诸天世人于此物中生佛塔想，而况宝物。若于佛塔先以衣施，此衣于佛塔中宁令风吹雨烂破尽，不应以此衣贸易宝物。何以故？如来塔物无人能与作价者，又佛无所须故。"③ 由此文可知，施主殷重心供养佛之物，不可任意有所损坏、丢弃、互用。

2. 僧物开互用

此有二缘：

（1）若僧别互有所须，和僧和合得用，不和不得。**僧：**指常住常住物；**别：**指招提常住物，即施主建房舍布施十方僧。而住于此房舍的僧人，其四事皆由施主别自供养，不涉众僧常住，此并非布施个人的私房，故名招提常住物。

（2）若欲用僧物修治佛塔或法有所用，依法取僧和合得用。不和合则劝俗人修补。

僧物不同于佛法二物，因为有人可作主，而且可以咨问作白，所以开互用。

综上所说，佛堂之内设僧席，或僧房之内安置经像，妨僧受用，并是互用的情

---

① 愚教波罗夷：由不学而迷于教法，且不依佛教而行，妄执自己知见，在无知迷教之下所犯重罪。

② （东晋）三藏佛陀跋陀罗共法显译《摩诃僧祇律》卷三，《大正藏》第22册，第251页。

③ （北凉）沙门释道龚译《大宝积经》卷一百一十三，《大正藏》第11册，第643页。

况。以三宝位别，各摄分齐故。若无妨碍暂时安设，理得无损。又，据《十诵律》
所制：佛听僧坊畜使人、佛图使人乃至象马牛羊亦尔，各有所属，皆不得互使。①

辰二、当分互

单就一宝，论彼此互用。

【记】

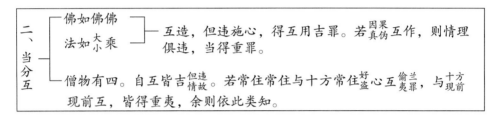

表中含三种当分互。

巳一、佛物当分互

佛与佛互用。

1. 佛佛互造

譬如施主发心欲塑造释迦牟尼佛像，而改塑阿弥陀佛像。因为同是果位之人，
但违施主之心，故结互用突吉罗罪。

又，施主本欲供此佛像，而回供彼佛像者，亦结互用突吉罗罪。

2. 因果互作

即施主本欲塑造果地的佛像，而改造修因中的菩萨像，既乖本施心，又理上本
末全别，故情理俱违，其过深重，结波罗夷罪。

又，施主施财欲造一殿，心不局供佛，则菩萨及声闻弟子理通得供，但不通牛马
及非佛家所宜之人。《五百问事》云：用佛彩色作鸟兽形得罪，除在佛前为供养故。②

巳二、法物当分互

1. 经典互造

若大乘经典互造，或小乘经典与小乘经典互造，或大乘经典与小乘经典互造。
因大小乘经典皆载真理，并是佛说，但违施心，故结突吉罗罪。

2. 经论互造

若施主本欲印经而回改作论，结夷。因经是佛所宣说，属本；而论是论师所作，
为解释佛语，属末。若回，本末全别，又乖施心，情理俱违，其过深重，故结波罗夷罪。

---

① 此文出自《四分律删繁补阙行事钞》卷二。《十诵律》卷五十六云："人物者，佛听僧坊使人、佛图
使人，是人属佛图、属众僧，是名人物。非人物者，佛听象马、骆驼、牛羊、驴骡，佛图、属僧，
是名非人物。"（《大正藏》第23册，第413页。）

② 《佛说目连问戒律中五百轻重事经》卷上云："问：'佛物得作天人世人畜生像不？'答：'佛边作
得。'"（《大正藏》第24册，第973页。）

3. 真伪互造

本造藏录真经而改造人集伪经，其行因感果，胜劣全乖，故得重罪。

巳三、僧物当分互

僧物当分互，包括每一种僧物自互与四种僧物彼此互两种情况。

午一、自互

如常住常住物自互、或十方常住物自互、或现前现前物自互、或十方现前物自互，皆结突吉罗罪。

如施主布施钱财，欲买汽车供养常住，而回作僧房，则违施主之心，结突吉罗罪。此属常住常住物自互的情况。虽然汽车和僧房都属常住常住物，但因其受用不同，所感未来果报亦随之不同。是故知事人应依施主本心而作，勿辄自互用。

午二、彼此互

四种僧物之间彼此互用。分别以每一种僧物为头，各作三句，共十二句。

1. 以常住常住物为头

（1）常住常住物与十方常住物互

若常住常住物与十方常住物好心互用，结偷兰遮罪；若盗心互用，结波罗夷罪。如《善见律》云："若檀越以果树为四事布施，比丘以盗心回分食，随直多少结罪。若檀越为作房舍施众僧，回食得偷兰遮，应还直。"[1]

（2）常住常住物与十方现前物互

若将常住常住物回作十方现前物，满五结夷罪。如分亡五众轻重物时，将重物归入轻物，即同盗损常住常住物，满五结重夷。

（3）常住常住物与现前现前物互

若将常住常住物回作现前现前物，满五结波罗夷罪。如施主布施园林果树，所得财利归常住常住物，欲供僧四事，而知事人盗心回分与现前僧食，满五结重夷。

2. 以十方常住物为头

（4）十方常住物与常住常住物互

灵芝律师认为：若论十方常住，因物非久停，即无互作常住常住之义。意即每日供僧常食则无互作义。[2]

然今社会，施主多以钱财供斋，若不按照施主之心准备斋供，反将此供斋钱财入常住常住物，满五结兰。

（5）十方常住物与十方现前物互

如将拟作僧食的钱财回作十方现前物之时施、非时施，如僧衣等，其判如上，

① （齐）三藏僧伽跋陀罗译《善见律毗婆沙》卷十，《大正藏》第24册，第742页。
② （宋）元照律师撰《四分律行事钞资持记》卷二，《大正藏》第40册，第280页。

满五结兰。

（6）十方常住物与现前现前物互

如将拟作僧食的钱财回作现前现前物，如药品等，其判如上，满五结兰。

3. 以十方现前物为头

（7）十方现前物与常住常住物互

若将十方现前物回与常住常住物结兰罪。比如：分亡五众轻重物时，将轻物归入重物，即同盗损十方现前物，故结兰罪。

（8）十方现前物与十方常住物互

若将属于十方现前拟作僧衣的钱款回作僧食，结兰罪。

（9）十方现前物与现前现前物互

若将十方现前物回作现前现前物，结兰罪。比如：亡五众轻物之体为十方现前物，应作羯磨遮约而分。若未作羯磨，辄将此物直分当处现前僧，则结兰罪。

4. 以现前现前物为头

（10）现前现前物与常住常住物互

现前现前物回作常住常住物，满五结夷罪。如施主欲供现前僧财物，因常住常住物有缺，知事人盗心将欲供现前僧的财物回与常住常住物，满五结夷。若好心且如法回互，则不犯。如《善见律》云："若檀越为三衣施，若众僧无房舍，作白羯磨回以作房舍，众僧和合用无罪。"①

（11）现前现前物与十方常住物互

如将属现前现前物，即拟作僧衣的布变卖后回作僧食，满五结夷罪。

（12）现前现前物与十方现前物互

若将现前现前物回与十方现前物，满五结夷。比如：施主欲布施与现前僧的财物，而知事人将此财物回施十方僧，满五结夷。

今再以简表总括之：

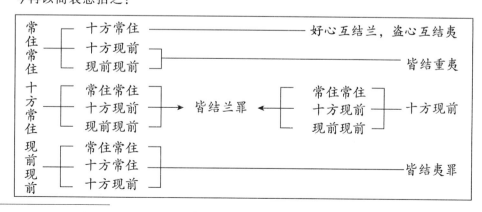

① （齐）三藏僧伽跋陀罗译《善见律毗婆沙》卷十，《大正藏》第 24 册，第 742 页。

辰三、像共宝互

住持三宝与理体三宝之互用。

【记】　三、像共宝互——东土无分，律无结罪明文，故不列。

依《资持记·释释相篇》，"像即住持，宝唯理体"。此处指住持三宝与理体三宝之互用。《表记》言：此二种三宝物互用情况，东土无涉，律中没有结罪明文，所以不列。

此处约义理略作解释：

住持三宝： 佛入灭后，靠此延续佛法慧命，故称住持三宝。木雕、石刻、彩画等佛像以及供佛像的塔庙是佛宝。纸绢等书写的三藏经典是法宝。剃发染衣，纳法得戒，具足威仪幢相的比丘、比丘尼是僧宝。

理体三宝： 五分法身是佛宝。灭谛无为等圣智所证之真理名法宝。声闻学、无学功德为僧宝。

道宣律师在《行事钞·随戒释相篇》中讲：**施佛：**（1）佛世时，言施佛，则色身受用；（2）施佛宝，则置塔中供养法身，以法身常在世间故。**施法：**（1）施法者，分作二分：一分与经法，一分与诵经说法者；（2）若布施法宝，则悬置塔中供养。**施僧：**（1）若施众僧，凡（内凡以下名世俗僧）圣俱有份；（2）若施僧宝，着于塔中，供养第一义谛僧。

是故，知事当审究施主布施供养心意，必须善识告之，是供养理体三宝还是住持三宝？勿令互用，致有过愆。

辰四、一一物互

每一种物体内自互。

一一物互与当分互不同：如佛物中，当分互乃一佛对余佛而言；而一一互乃就一佛的四种物体自互来说。

【记】

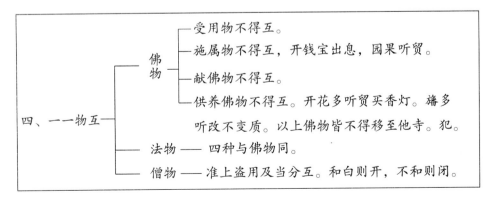

此表列示三种情况。

午一、佛物——互

佛物有四种差别：即佛受用物、施属佛物、供养佛物及献佛物。此四种物中每一种类内部，若一一互用亦属犯盗。

1. 佛受用物

不得互用。如《五百问事》云："问：得买佛上缯作衣不？答：不得。"①

2. 施属佛物

不得互用。但开钱宝出息、听人借贷，亦听园果贸易。譬如施属佛物的田园，于中种杏、桃、梨、苹果等树，收成后听贸易。所得钱财着于佛无尽财中，供佛使用。

3. 献佛物

不得互用。《简正记》云："献佛物与供养佛物如何分之？答：供养佛物永属于佛，献者暂时却归本主，故有别也。"②

4. 供养佛物

不得互用。本律无文，依《僧祇律》卷三十三，供养佛的花多，听转卖买香灯供佛。如果还多，可以转卖，着佛无尽财中。《五百问事》中设问答："问：'先上佛幡，得取用作佛事不？'答：'佛事得用。若檀越不听，不得。'"③ 依此，回改作故，不转变本质。

以上四种佛物属处皆定，若移至他寺，亦是盗戒所摄。然《五百问事》有一开缘："一切佛物都不得移动。若有事难，众僧尽去，当白众。若众听，得赍至余处无罪。"④

午二、法物——互

法物亦有四种差别。

1. 法受用物

不得互用。箱函匮簏巾㡓等，曾经盛贮经书，因为是克定永施之物，所以应该敬同圣教。故此等皆是灭谛之理所依，所以若有损益，并望涅槃而生罪福。

2. 施属法物

不得互用。准佛物，亦开钱宝出息等。

3. 献法物

不得互用。

4. 供养法物

不得互用。准佛物，如果供养花多，可转卖买香灯供法。若还多，亦可转卖，

---

① 《佛说目连问戒律中五百轻重事经》卷上，《大正藏》第 24 册，第 984 页。
② （唐）吴越国清凉大师景霄：《四分律行事钞简正记》，《卍新续藏》第 43 册，第 265 页。
③ 《佛说目连问戒律中五百轻重事》卷一，《大正藏》第 24 册，第 973 页。
④ 《佛说目连问戒律中五百轻重事》卷一，《大正藏》第 24 册，第 972 页。

着法无尽财中。

午三、僧物一一互

根据上述僧物盗用以及当分互，经大众僧羯磨，和合则开，不和合则闭。

卯三、出贷

借贷三宝物之结犯轻重。此乃盗戒第一具缘"有主物"之第一大科"盗三宝物"中"盗用差别"里继"盗用""互用"之后的又一科。

【记】

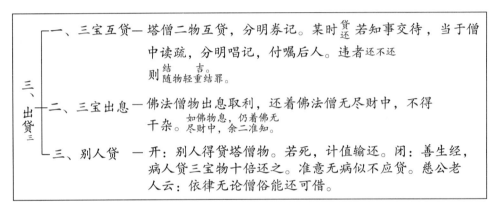

表中列示出贷三种情况：三宝互贷、三宝出息、别人贷。

辰一、三宝互贷

互贷即互借，即佛法僧三宝，互有所缺，允许彼此借用。若塔僧二物互贷，应立契书，应于契书上记载某时贷某时还。知事人应将互贷情况告知大众，当于僧中读疏，即立账告僧，分明唱记，付嘱后人，令大众皆知。若不如是作，后虽还物，但违此教，贷者亦须结突吉罗罪。若贷者不还，须随物轻重结犯。

辰二、三宝出息

三宝物中各有所属之无尽财，若出息取利，应着各自无尽财中，不得干杂(互相混乱)。如佛物出息，着佛无尽财中；法物出息，着法无尽财中；僧物出息，着僧无尽财中。《五百问事》云：问：佛物出贷与人，取利息自用，犯罪不？答：利息与佛物同体，俱犯重。[1]

辰三、别人贷

别人贷三宝物，有开、闭之分。《十诵律》云：别人得贷塔、僧二物，若死，计值输还塔、僧。[2]说明个人可借贷三宝物，但死时必须按价偿还。譬如分亡五众物时，须先问明有没有借贷三宝物。若有，应先偿还；所余之物再以羯磨分与。此

---

① 《佛说目连问戒律中五百轻重事经》卷上，《大正藏》第24册，第984页。
② （后秦）三藏弗若多罗共罗什等译《十诵律》卷六十一，《大正藏》第23册，第467页。

是开别人贷三宝物。

又，《善生经》云："设在穷乏有所须者，六物之外有不应惜。病时当为求觅所须，瞻病之时不应生厌。若自无物，应四出求；求不能得，贷三宝物，差已依俗十倍偿之，如波斯匿王国之正法。"① 由此文意，可知病人贷三宝物，尚须十倍偿还，何况无病之人，理无辄贷。此是不开别人贷。

慈舟律师说：依照律文，不论僧俗②，但有能力偿还，皆可借贷三宝物，反之则不可。

卯四、瞻待

以财物供给道人和俗人的开闭差别。此乃"盗用差别"之最后一大科。

【记】

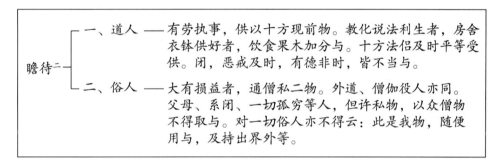

瞻待二
- 一、道人——有劳执事，供以十方现前物。教化说法利生者，房舍衣钵供好者，饮食果木加分与。十方法侣及时平等受供。闭，恶戒及时，有德非时，皆不当与。
- 二、俗人——大有损益者，通僧私二物。外道、僧伽役人亦同。父母、系闭、一切孤穷等人，但许私物，以众僧物不得取与。对一切俗人亦不得云：此是我物，随便用与，及持出界外等。

辰一、道人

瞻待道人分三种情况。

1. 有劳执事

大众僧应鼓励奖赏为大众辛苦执劳之知事。但应以何种僧物奖赏，《四分律》记载：有施主供养大众僧一顶贵价衣，因沓婆摩那子为大众执劳有功，故众僧羯磨和合以贵价衣赏劳之。此即说明应以十方现前物赏与执劳者。或现前僧同意，亦可以现前现前物赏劳。③

2. 教化说法利生者

对于知法、知律、知论，且能讲法利益众生之人。因彼能代佛宣法，替补佛位，开众生慧眼。故凡所到之处，皆应供与上好房舍、衣钵等。饮食、瓜果加倍给予。但此物仅限于十方现前物或现前现前物，不可以常住常住物供给。

---

① 此文出自《优婆塞戒经》卷三，（北凉）中印度三藏昙无谶译，《大正藏》第24册，第1046页。

② 此中俗者，似指未受十戒之沙弥、沙弥尼，以一般俗人不应辄贷三宝物。《济缘记》云："如形同单白，但云剃发；法同白中，始云求出家。验知受十戒者，方名出家；已前剃发，体是俗人。"（《卍新续藏》第41册，第204页。）

③ （后秦）三藏佛陀耶舍共竺佛念等译《四分律》卷十八，《大正藏》第22册，第686页。

3. 十方法侣

因十方法侣皆是出家修道之人，打板后供僧饮食，于日中前来，皆可平等受供。但破根本戒之人，即使是日中前到来；或是持戒有德之人，日中后方至，都不应供给饮食。

辰二、俗人

瞻待俗人分两种情况。

1. 大有损益之人

若大有损益之人可以与僧私二物。《僧祇律》云："若比丘知僧物，有应与、有不应与。云何应与？若损者、若益者，应与。云何损者？有贼来诣寺索种种饮食，若不与者或能烧劫寺内，虽不应与，畏作损事故，随多少与。云何益者？若治众僧房舍，若泥工、木工、画工，及料理众僧物事者，应与前食后食，及涂身油、非时浆等，若王及诸大势力者，应与饮食。是名益者应与。"[1]

道宣律师在《行事钞·随戒释相篇》中引诸部律综述，对三宝大有损益者，不出国王、大臣、檀越、作人、恶贼等。**国王、大臣**：有大势力，若令彼不喜，恐其拆除寺庙而令僧众不得安住；**檀越**：布施、护持道场，对三宝有大利益，若怠慢之，恐生不喜，而对三宝失信敬心；**作人**：治理维护道场，若不与食，恐其偷工减料，而令房舍不牢固；**恶贼**：入寺乞物若不与，则可能烧毁寺庙等。此外，尚有外道、白衣及净人等。**外道**：至寺中乞物，若不与，易招彼谤；**白衣**：若入寺僧不与食，便见僧过，起毁谤之心，故听许给予饮食。此谓悠悠俗人见僧过者。若在家二众及识达俗士，须说福食难消非为悭吝。**僧中役人**：即僧中净人，临时或长期专为僧众执劳办事。若临时净人，须视其勤怠而给与衣食。勤劳者，与上等衣食；懈怠者，则与下等衣食。若长期净人，则须供给衣食等物。如律所说：大众僧分物，亦应有份，但须酌量给予。[2]

2. 父母、病人等一切孤穷人

对于父母、病人、小儿、系闭等一切孤穷弱势之人，允许给予出家人私人之物，不得与众僧物。亦不得对一切俗人说，此乃我个人私物，可随意用、任意与，或持出界外等。

佛教讲三孝：在家孝敬父母是**小孝**；替父母光耀门庭是**中孝**；出家精进修道，劝化父母归敬三宝，乃至度彼往生西方净土，此谓之**大孝**。若出家后，父母生病，身边无亲眷照料，佛允许可以己物供给父母。但彼须先受三皈五戒，懂得何者为僧物，何者可受用，不致造罪。

---

[1] （东晋）三藏佛陀跋陀罗共法显译《摩诃僧祇律》卷三，《大正藏》第 22 册，第 252 页。

[2] （唐）道宣律师撰《四分律删繁补阙行事钞》卷二，《大正藏》第 40 册，第 57 页。

佛教讲三田：**敬田**，佛法僧三宝为敬田，应恭敬供养；**恩田**，父母为恩田，应奉侍孝养；**悲田**：诸穷病等者为悲田，应竭尽己力，怜悯救济。

盗戒第一具缘"有主物"中第一科"丑一、盗三宝物"已说竟。次明"丑二、盗人物"。

丑二、盗人物

盗人物结犯情况。

【记】 （二）盗人物

此科"盗人物"大分为二：一明物主，二所盗物。其中又各含两大部分。

寅一、明物主

物主之差别。

卯一、标分

标示两种物主，即正物主和守护主。

物必有主，或物主，或守护主。盗者若损物主，则望物主结罪；若损守护主，则望守护主结罪。

【记】

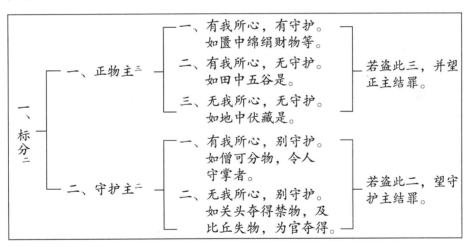

辰一、正物主

即物主，又称正主。有三种之别：

（1）**物主于物有我所心，亦有守护心**。如家中箱子所藏绵绢财物等。

（2）**物主于物有我所心，但没有守护**。如田中五谷庄稼，无法贮藏，并非物主不守护。

（3）**物主于物无我所心，亦无守护**。如地中伏藏之物，因主人不知地中埋有宝藏，故不系念此物。

若盗此三种物，皆望正主结罪。

辰二、守护主

即看守之人。有两种情况：

（1）**有我所心，别守护**。如僧中可分物，令一人守护，故别守护。虽然此物未分与个人僧，尚属众僧之物，但知其中有己之份，故有我所心。若盗此物，望守护主结罪。

（2）**无我所心，别守护**。如在两国交界处，即边境口岸，政府工作人员没收之禁物。被夺之人既舍，故无我所心，而令官人掌录，故为别守护。若盗此物，则望官人结罪。又如比丘失物，官人从贼处夺得，而失物比丘已作失想。贼被捉后，彼贼又不作得想，于此物无我所心，而官人为别守护。若盗此物，望官人结罪。

卯二、释相

解释物主之相状。

《表记》列七种：一、掌护损失主，二、寄附损失主，三、被盗物主，四、贼施比丘主，五、收囚缚贼主，六、狂人施物主，七、守视人作主。

前二约护主而言，并兼本主；后五皆约本主来说，亦通护主。

辰一、掌护损失主

守护他人财物而被盗者。

【记】

| 一、掌护损失主 —— | 若掌护 谨慎/懈慢 失物 不应/应 偿。 若 强令偿/不还者 结重。 |

就"掌护损失主"，此表列示两种结犯情况[1]：

1. **掌护人小心谨慎**

如果掌护人谨慎掌护他物，但此物丢失。掌护人不须偿还，若物主强令偿还，物主须结重罪。约盗者言，由于未损害到掌护主，只损本主，故望本主结罪。

2. **掌护人懈怠懒惰**

如果掌护人懈怠懒惰，而非谨慎守护料理。若丢失此物，则掌护人应赔偿；若不赔偿，须结重罪。约盗者言，便是损害掌护主，故望掌护主结罪。

---

① 此二分别，参见《善见律》卷九文："若知典钵库比丘，若出入诸比丘钵，忘不闭户，失诸比丘钵应偿，若人穿壁偷，不偿。若诸比丘语典钵比丘：'长老！晨朝出钵置外，我等遣人守护。'守护人眠睡失钵，典钵比丘不须偿。若典钵比丘，诸比丘付钵，懒开库而以钵置己私房，若失钵，责偿。若典钵库比丘开钵库户，未得闭忽得卒病，不展转付嘱，失钵不偿。若典库比丘闭库而眠，有贼来唤开户，比丘不开，贼云：'我得户开我杀汝。'比丘亦不开，贼而以斧斫户，比丘念言：'我若不开，复死复失钵。'于是开户，贼悉将钵去，比丘不得责。若知钵库比丘，以钥匙与客比丘，客比丘遂开库，偷将钵去，知库比丘应偿钵。若上座向知库比丘言：'我欲寄钵，库主共长老看钵。'若开户不闭，失钵，二人共偿。若上座将人入库，知钵库比丘言：'莫将人入。'上座言：'无所苦。'失钵，上座自偿。"（《大正藏》第24册，第738页。）

辰二、寄附损失主

受寄保管物品而被盗者。

【记】

> 二、寄附损失主——若比丘或居士，为寄附物主，不好看守而失破者，应偿。反之不应偿。若^{慎护者强征不还犯重}慎护者^{强征不还犯重}。若借他物，不问^{好恶}心须偿。

此表说明三事：

1. 如果比丘或居士为寄附物主，而懈慢藏护，不谨慎看守受寄之物。若此物丢失或损毁，寄附物主应赔偿；若不赔偿，犯重。

2. 若谨慎藏护，则不须赔偿。物主若强令偿还，犯重。

3. 但若借他人之物，不问是好心或是恶心，若丢失或损坏，皆须照价赔偿。

辰三、被盗物主

本物主。

【记】

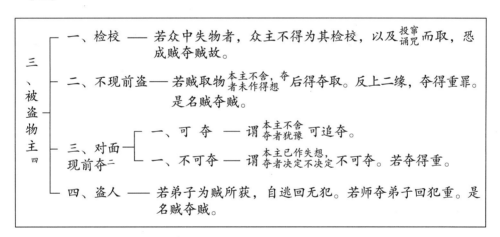

此表中含四种情况：一、检校，二、不现前盗，三、对面现前夺，四、盗人。

午一、检校

检查核校偷盗者。

此表说明：若众中有人丢失财物，众主，亦即寺主，不可逐一检查为谁所偷。亦不可用投窜或诵咒方式过分逼迫盗者交出所盗之物，恐成贼夺贼故。

投窜：即众主于大众中放言云：我知有人盗此物，且识此人，我不忍道出名字。若盗物者可于夜中方便置于某处。众主即腾出一空房，于黑夜时分令众人皆从彼处而过。盗物者因恐怖，便将所盗物置于彼处，故云投窜。

诵咒：即世间咒术，诵后便知盗者是谁。或者诵此咒术，可使咒神往彼处将物取来。

贼夺贼：因贼盗得财物后已有决定心，认为此物属己。若用种种方法过分逼迫彼交出，反成盗贼人之物。

以上检校之法，律中皆不允许。又，卜筮、掷签义同，皆不可也。

午二、不现前盗

不在物主面前盗取财物。

不现前盗：谓物在别处，贼人不对物主面前盗。盗者心决彻，而失者不知，完全没有追回失物之心，即护物义弱。纵然主人于物心不舍，后见此物，亦不得夺取。因离地属贼义成，若夺犯重。

此表依《行事钞》解释：若贼未在物主前盗物。一本主不舍；二夺者未作得想。后本主见物可夺取。反上二缘，夺得重罪。即使自心不舍，但贼人已决定取，正成盗损，不得夺之。① 否则，即为"贼夺贼"。

此约物主知己物被贼盗，且贼已作得想，故夺取还成贼夺贼。若物主全然不知己物被盗，后见此物，以为是己遗忘之物，但作己物想取回，理应不犯。

不现前盗，本主可否夺取，可作四句：

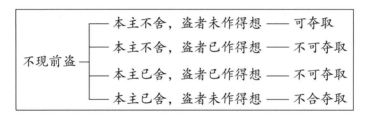

第四句"不合夺取"之意：盗者盗物后，物主心已舍。后盗者于前路，或被吓唬，或为人趁捉，放物而去。此时，物主与盗者二人，于物俱无心，故此物便是无主物。后若有人取得此物，举离于地，即属后取人。物主于后人边夺取，正式犯重，故不许也。

午三、对面现前夺

谓贼当物主面劫夺，故物主守护物义强。而夺物者，既对物主直夺，虽得物入手，心中犹豫，恐后被夺，是以未作决彻得想。此亦分可夺、不可夺两种情况：

1. 可夺

若本主心不舍，且夺者心犹豫，即对所夺物，得想未定，本主可以追夺。

据《僧祇律》所制，"可夺"有"直夺""自取""言教而取"三种。②

---

① （唐）道宣律师撰《四分律删繁补阙行事钞》卷二，《大正藏》第40册，第58页。

② （东晋）三藏佛陀跋陀罗共法显译《摩诃僧祇律》卷三，《大正藏》第22册，第251页。

（1）直夺

时有比丘在道行，被贼劫衣钵，诸比丘自相谓言："今此贼少，我等人多，当共合力还取本物。"便捉砖石逐贼，比丘遥骂言："弊恶罪贼！我等自可剃除须发，汝复谓我剃去手脚？"时贼恐怖，便放衣钵，各自散去。彼诸比丘若未作失想，还取本物无罪。若作已失想，而还取者，便成贼夺贼物，满五结夷罪。

（2）自取

时有比丘道行，为贼所劫，贼夺衣钵已，入林中藏。时贼思惟："我伴党多，其物又少，宁可更求相添分也。"即藏衣钵覆着一处。尔时比丘见已，伺彼去后，便取衣钵。是比丘若不作舍意，得取无罪；若作绝心，即不合取，若取，亦成贼夺贼物，满五成重也。

（3）言教而取

比丘道行，为贼所劫衣钵。时贼顺道而去，比丘随后遥望，看彼群贼所至何处，追之不止。渐近村落，贼便分物，比丘语言："我出家人，只仰他活，汝可乞我衣钵，汝复何用此衣钵为？"若比丘如是得者，无罪。若贼骂言："弊恶沙门，我已乞汝命。何敢复来欲得衣钵？"比丘念言："是贼已近聚落必不害我，当恐怖之。"即语贼言："汝等谓我无所恃耶？我当白王及诸大臣知汝为贼。"若恐怖得者，无罪。贼复瞋言："终不与汝，欲去任意。"若比丘语聚落主，方便慰喻，得衣钵者，无罪。若告聚落主，捉得诸贼，若缚、若杀，则不应尔。

2. 不可夺

若本主心已作失想，不问夺者心决定得或不决定得，若本主后还取便为贼夺贼，本主应结重罪。因物已属贼人。纵本主不作失想，而盗者决定心取得，此物亦属贼，不合追夺。若夺得重罪。

对面现前夺之情况，亦可作四句：

对面现前夺　— 本主作失想，夺者决定得 ———— 不可夺
　　　　　　— 本主作失想，夺者未决定得 ———— 不可夺
　　　　　　— 本主未作失想，夺者未决定得 ———— 可夺
　　　　　　— 本主未作失想，夺者决取无畏 ———— 不可夺

午四、盗人

弟子为人所盗。

此明若弟子为贼所掳，他自己逃离贼所返回师处，不犯。因彼身体属正报，自能作主义强，而贼得义弱。如果师父将弟子从贼所夺回，犯重。因弟子为贼所掳，属贼义强，属师义弱，故师父若将弟子夺回，则成贼夺贼。

辰四、贼施比丘主

贼人布施比丘财物。

【记】

```
               ┌─ 一、别人物 ── 贼施得取,莫从贼乞。
四、贼施比丘主二┤   二、三宝物 ── 贼施得取,不得受用。
               └                应还本处用 如佛物仍归佛用等
```

此表列示两种情况:

1. 别人物

比丘可受贼布施,纵然知道布施物之来处,亦可受。因贼已成为物主,而且是他自己来供养比丘,故受用无妨。但不可以向贼乞,恐成教他盗。若贼施比丘衣,比丘取已,应染坏色而着。如果原衣主识出,向比丘索取,比丘应还之。[①]

2. 三宝物

若贼偷三宝物供养比丘,比丘既知是三宝物,虽可受,但不可用。应还本盗处,且佛物还归佛物中,法物还归法物中,僧物还归僧物中。

若不知本处,只要是三宝处皆可用。

辰五、收囚缚贼主

将被官府囚系牢狱之人。

【记】

```
五、收囚缚贼主 ── 官未收录 得取  (灵芝释云:四、
                      已     不得取   五二种,此土法制不可受)
```

收囚缚贼主:即触犯王法,官府准备收禁牢狱之人。若此人还未被官捉拿,财物尚未被查封收录,这时可以接受其布施;若其财物已被查封收录,若再布施就不可取。因为此物所属未定或已归国有。然而,《资持记》中云:“西天可尔。此土国禁必有取者。虽佛教无违而世刑可虑。”[②] 说明东土国法不允许接受贼施比丘主和收囚缚贼主之布施。

辰六、狂人施物主

丧失心智者布施比丘财物。

【记】

```
六、狂人施物主 ── 若知  父母眷属者 自手与得取。
                    不知            若施 得
```

---

① 《十诵律》卷五十八记载:“诸贼破城邑聚落,若持钱物上至阿兰若处,后官力来围绕是处,是贼怖畏急故,持物施诸比丘,施已便出去。诸白衣来,见物在比丘所,语言:‘长老!此是我物,今在汝手。’比丘言:‘贼布施我。’诸白衣言:‘谁信汝语?汝或自作贼,或从贼得。’诸比丘不知云何?是事白佛,佛言:‘莫从贼取物,若贼主与当取。取已便染坏色着。若坏色已,主故索者当还。’”(《大正藏》第 23 册,第 428 页。)

② (宋)元照律师撰《四分律行事钞资持记》卷二,《大正藏》第 40 册,第 281 页。

狂人施物主：即精神失常者布施财物。《伽论》云："狂人边得取衣不？或得，或不得。云何得？不知父母兄弟姊妹所在，自持物施比丘，得取。云何不可取？父母等可知，不自手与，不可取。"①

辰七、守视人作主

度被守视监护之人以及守视人布施物。

【记】

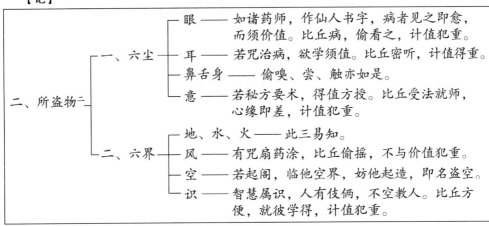

此表列示两种情况：

1. 人

有三种人属于没有守视人：（1）如荒废家业而被父母遣去的子女；（2）父母双亡之人；（3）负债人。度无守视人出家，无罪。②若有守视人，盗度则犯重。如奴仆，其主人即守视人，若不经主人同意而度奴仆出家，望其主人边结罪。

2. 物

若守视人主动布施则可受，但不应从守视人而乞，因物属他人故。若向守视人乞，即是教彼盗他人物，故不可从他乞。

"盗人物"中第一科"寅一、明物主"已说竟。次说"寅二、所盗物"。

寅二、所盗物

含六尘、六界两部分。

【记】

① （刘宋）三藏僧伽跋摩译《萨婆多部毗尼摩得勒伽》卷七，《大正藏》第23册，第605页。

② 参见《善见律》卷九，文云："法师曰：'我欲现偷人无罪。云何无罪？'答曰：'无主人故无罪。若人儿落度，父母以水灌顶遣去，或父母死亡，比丘取如是人无罪。若负他人债，比丘将去无罪。'"（《大正藏》第24册，第739页。）

约所盗之境，非常广泛。今且以六尘、六界来统收。

盗六尘：即六根于六尘上起盗行。

盗六界：即盗地、水、火、风、空、识。

卯一、六尘

盗六尘之差别相状。表中列示六根所对六尘之差别。

1. 眼根对色尘

有诸仙人是胸行蛇毒药师，作仙人书字，病者见之皆愈。欲看者，须先付钱。若比丘被毒所害，偷看药师所书之字却不与价，计值则犯重。

2. 耳根对声尘

有人能诵咒治病，此咒是秘方。凡是想学此咒者，须与价才得传授。比丘窃听此咒却不与价值，计值则犯重。

3. 鼻根对香尘

有师能作药，若人有病，嗅此药即瘥。若欲嗅此药须与值。比丘有病，不与价偷嗅，病即得瘥，计值犯重。

4. 舌根对味尘

或有好药，比丘偷尝，病即得瘥，计值犯重。

5. 身根对触尘

或有好药，比丘偷触，病即得瘥，计值犯重。

6. 意根对法尘

有师有秘方要术，若人病，心缘此法，病即得瘥。欲缘此法须与价。若不与价，师则不示其法。若比丘病，就师受法，病即得瘥。若不与值，计值犯重。

卯二、六界

盗六界之差别相状。

六界，即地水火风空识。表中列示如下相状：

1. 地、水、火

如偷移界标，盗他人之地；水有价，若盗，计水价犯重；火种有价，若盗，计值犯重。

2. 风

有涂药之扇，若人有病，摇此扇引风触身，其病即瘥。若人欲摇扇须与值。而比丘有病偷摇却不与价，即是盗风，计值犯重。

3. 空

若人建房，临空而建，即上面超出底下土地范围，如今自扩阳台等，妨碍他人造屋，此即盗空。

4. 识

智慧属识，譬如人有才学技艺、本领，师不白教，欲学者须与价。若比丘方便从彼学得却不与价，即为盗识。

盗戒第一具缘"有主物"中第二科"丑二、盗人物"已说竟。次明"丑三、盗非人畜生物"。

丑三、盗非人畜生物

盗非人、畜生物之结犯相状。

【记】　（三）盗非畜物

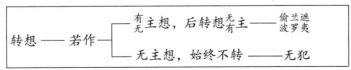

盗非畜物分二科：一、非人物，二、畜生物。

1. 非人物

正制：若非人物有守护主，盗则望守护主结罪，满五结夷。若无人守护，则望非人边结兰罪。

开缘：若到无人守护的神庙，欲取庙中物，恐有神守护，应允掷卜来测试，以知其舍吝。若舍则可取，反之不许。另外，如果非人主动供养，可以受取，不犯。

2. 畜生物

正制：若盗畜生物，结突吉罗罪。

开缘：（1）若取狮子残食，不犯，由其不食冷食，心不系着所遗残食。[①]（2）可受畜生供养。如猕猴以蜜供佛，佛受之。

盗戒第一具缘"有主物"竟。以下第二缘"有主物想"、第三缘"有盗心"。

（二）有主物想

盗者作有主物想。

【记】

转想 —— 若作 —— 有无主想，后转想无有主 —— 偷兰遮 波罗夷
　　　　　　　　 无主想，始终不转 —— 无犯

① 《十诵律》卷三十九云："不得取虎残。犯者，突吉罗。何以故？虎不断望故。若取师子残者无犯。何以故？师子断望故。"（《大正藏》第23册，第286页。）

于盗戒中，心境相应方犯本罪。若盗时有想差或中间有转想，结罪便不同。

此表说明：如有主物，盗者本作有主想，临至物边，后转无主想而取，但得方便偷兰遮罪；若本作无主想，临至物边，后转有主想而取，即结波罗夷罪。若盗者将有主物作无主想，而且始终不转想①，则不犯。

盗戒第二缘"有主物想"竟。下明第三缘"有盗心"。

（三）有盗心

盗由心结，有心则犯。

【记】　三、有盗心

此乃盗戒具缘之三，《表记》此处引三律一论而明"盗心"。

1.《十诵律》

【记】

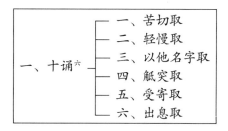

《十诵律》列此六种盗心取：②

（1）**苦切取**：紧逼前人而取，或非理骂辱，或苦言强迫，欲令前人以物相与。(相当四分中恐怖心迫喝取)

（2）**轻慢取**：恃己凌他，倚藉豪强，高门大姓，轻慢贫弱，取他财物。(相当于四分中恐怯取)

（3）**以他名字取**：称某大德尊贵贤善，而自云为其门徒眷属，令他敬重，而意在求其财利；或自称为三宝、名闻大德乞求衣药等物，得物后入己；或与官人往还，希求官人嘱请，而送物入己。(相当于四分倚托取)

（4）**觝突取**：借他物后不肯还，即假借不还。(亦通四分中恐怯取)

（5）**受寄取**：受他人寄物，物在己边，后物主觅而不还。(相当四分中寄物取)

（6）**出息取**：谓出息得利。因彼此相允，依世俗法收利，故不犯盗。(四分中无此种取)

---

① （唐）江东杭州华严寺沙门大觉撰《四分律行事钞批》卷八云："发心取时曰始，举离本处名终。于此时间迷心不返。故曰始终不转也。"(《卍新续藏》第42册，第832页。)

② （后秦）三藏弗若多罗共罗什等译《十诵律》卷五十二，《大正藏》第23册，第379页。

彼律云："是六种取中，何等取得波罗夷？"答："除出息取，余取得波罗夷。若具足取，得波罗夷。不具足取，偷兰遮。"

2. 《伽论》

【记】

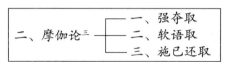

《表记》引《伽论》明三种盗心取：①

（1）**强夺取**：他人不与，强夺而取。（相当四分中恐怯取）

（2）**软语取**：诈现善相，说好话而从彼得物。（相当四分倚托取中的巧言辩说而取）

（3）**施已还取**：已决定施与人，物尚在已边，后不与；或物已施人，后心悔向人要回，或自己取回。（四分中无此种取）

3. 《五分律》

【记】

《五分律》中在"不与而取"之外又列示四种盗心：②

（1）谄心：谄心取财。如有人讲经说法，意求财利，而无长福之心。（相当于《四分律》中邪心）

（2）曲心：曲断方便以求其物，或非直心而取他物。（相当于《四分律》中见便取）

（3）嗔心：嗔责前人，令他与物。若烧、埋、坏色，皆属嗔心取。（相当于《四分律》中曲戾心）

（4）恐怖心：虚示威严，令他怖畏而与物。（相当于《四分律》中恐怯心）

---

① 《伽论》卷七列示五种盗心取：强夺取、软语取、苦切取、受寄取、施已还取（《大正藏》第23册，第609页）。《表记》仅取强夺取、软语取、施已还取三种。

② 《弥沙塞部和醯五分律》卷一云："物属他、他所护，不与而取，是名盗心。又以谄心、曲心、嗔恚心、恐怖心取他物，亦名盗心。"（《大正藏》第22册，第6页。）

4.《四分律》

【记】

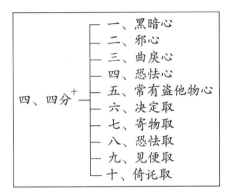

四、四分⁺
- 一、黑暗心
- 二、邪心
- 三、曲戾心
- 四、恐怯心
- 五、常有盗他物心
- 六、决定取
- 七、寄物取
- 八、恐怯取
- 九、见便取
- 十、倚托取

《四分律》列此十种盗心取。前五约起心，为五种贼心；后五约行动，成五种取，即五种贼。取是其业，即对境行事，但仍不离心，故亦可名二五盗心。①

（1）**黑暗心**：痴心愚于教行，教是可学而不修学，故随境犯盗。如好心互用三宝物，结愚教波罗夷。

（2）**邪心**：贪心求利，为利养说法，即以利求利，恶求多求，外现清白，内实邪浊。

（3）**曲戾心**：曲：非理，戾：愤怒，即嗔心。或与少生嫌恨，假借嗔心而得财；或虚现威怒之相，希求现利。

（4）**恐怯心**：或以迫喝而取。迫：以事逼切；喝：说时作大声。或说法怖而取：说地狱恶报、可畏等事，令他布施。或说王官势力，倚恃豪势而取。或自怀疑怖而取：譬如向俗人说：贫道近来多有病苦，恐死不远，心希他物，以为汤药等。

（5）**常有盗他物心**：恒怀盗取他物之心。

（6）**决定取**：内心筹量考虑，而起种种方便，决定取得此物。微动即犯，不待离处。如空静处盗物，决得无疑。

（7）**寄物取**：他人寄附之物，以少还他，或全不还。

（8）**恐怯取**：示身口相令他怖畏，而取得财物。

（9）**见便取**：伺求他慢、因利求利而取。**伺求他慢**：伺他人懈慢未将财物收藏，借此方便，顺手窃取。**因利求利**：贪心求利，为财说法，即以法利益前人，而心求财利。

（10）**倚托取**：倚自名闻威德而取；或以他名字方便而取；或假借亲友威势而

---

① 《四分律》卷五十九云："有五种贼心：黑暗心、邪心、曲戾心、不善心、常有盗他物心，是为五。复有五种贼：决定取、恐怯取、寄物取、见便取、倚托取，是为五。"（《大正藏》第22册，第1004页。）

取；或诳惑而取：即非法言法，法言非法，但规前利，幻惑群情而取；或以言辞辩说而取：即托于浮华之词诱导人，令前人有所寄望，而取得财物。

综上各部律论所列，现以简表总括之：

表 5　诸部律论所列盗心之对照

	《四分律》	《十诵律》	《伽论》	《五分律》
一	黑暗心			
二	邪心			一谄心
三	曲戾心			三嗔心
四	恐怯心	一苦切取		四恐怖心
五	常有盗心			
六	决定取			
七	寄物取	五受寄取		
八	恐怯取	二轻慢取 四抵突取	一强夺取	
九	见便取			二曲心
十	倚托取	三以他名字取	二软语取	
		六出息取	三施已还取	

盗戒第三缘"有盗心"竟。下明第四缘"是重物"。

（四）重物

满五钱或值满五钱之物。

【记】　四、是重物

此缘包含三部分：物体、钱体、判罪。

1. 物体

所盗物体之价值。

【记】

一、物体二┌一、五钱
　　　　　└二、余杂物，价值五钱是

若成犯盗戒，约所盗物体言，应通含钱、物两种。若盗五钱，或盗价值五钱之余杂物，即结波罗夷罪。若不满五钱，结偷兰遮。

2. 钱体

【记】

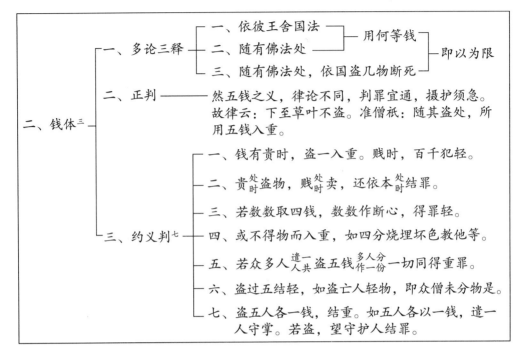

此表从三方面判断钱体：

（1）多论三释

《萨婆多论》对钱体有三种解释。

第一、二种解释出自《萨婆多论》卷三："佛在王舍城依人王制戒。王舍国法，五钱以上入重罪中。佛依此法，盗至五钱得波罗夷。如是阎浮提内现有佛法处，限五钱得罪。"①

第三释出自彼论卷二末："五钱成重罪者，佛依王舍国法结戒故，限至五钱得波罗夷。如是各随国法依而制罪。"②

简言之，**第一解**：按照王舍国之国法来判断，盗五钱入重。**第二解**：随有佛法处，按当地国家之钱体，满五结重。**第三解**：随有佛法处，按当地国家法律判死罪的数额为准，不局五钱。

诸部律论观点有所不同，古来律师亦各有判断。

（2）正判

正式判断钱体。

---

① 《大正藏》第 23 册，第 517 页。
② 《大正藏》第 23 册，第 516 页。

虽然五钱的定义，律论观点不同，但断犯时宜应通而判之。若论个人行持，则须从急，应专精持奉。故《四分律》云："一切不得盗，下至草叶。"①

又《僧祇律》云："王无定法自随其意，或小盗便杀、或盗多不死。"② 故正式判罪时，当随偷盗之处，以其国法所用五钱而结重。

（3）约义判

约义理以判钱体。

约义理言，可从七方面来判钱体：

①钱有贵贱

钱贵之时，一当多用，盗一人重；钱贱之时，多当少用，盗百千而犯轻。

②依本盗处、盗时结罪

于贵处或贵时盗得之物，若取至贱处卖或贱时卖，还依本盗处或依本盗时之价结罪。

③数数盗四钱，数数作断心

若数数盗取四钱，但于每次盗后皆作断心，心想："这次偷后，绝对不再偷。"由此断心，令盗心不相续，故得轻罪。

④虽不得物，但亦犯重，因损他故

如《四分律》中制，烧毁、埋藏、坏本色、或教他作，虽未得物，但皆须依价结罪，满五犯重。③

⑤众多人遣使盗五钱，共犯重

若众多人遣一人盗五钱，多人共分，虽每人所分不满五钱，但望所盗物通作一份，若满五钱，一切同盗者皆结夷罪；或众多人共盗五钱，结罪亦同。

⑥虽盗过五钱，但结轻罪

如亡五众轻物，若僧未作羯磨前而盗，通望十方僧结罪，无满五之义，故结轻罪。

⑦盗少成重

如有五人，各以一钱，派遣同一人来守掌。若盗，望守护者结罪，因满五故结重。

3. 判罪

引《善见律》说明智慧律师应观五处判罪。智慧律师：通达开遮持犯，知犯轻犯重的律师。若有相关犯盗之诤事起，智慧律师应先观察五处，然后定罪，方得宜

---

① （后秦）三藏佛陀耶舍共竺佛念等译《四分律》卷三十五，《大正藏》第 22 册，第 815 页。

② （东晋）三藏佛陀跋陀罗共法显译《摩诃僧祇律》卷三，《大正藏》第 22 册，第 244 页。

③ （后秦）三藏佛陀耶舍共竺佛念等译《四分律》卷一，《大正藏》第 22 册，第 574 页。

也。何谓五处？即处、时、新、旧、随用。

【记】　　三、判罪 — 智慧律师，若诤事起，先观五处，然后判断。

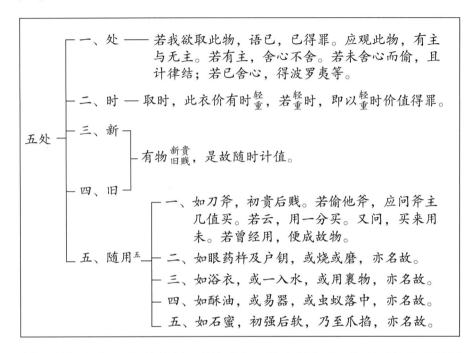

《善见律》记载："智慧律师，若诤事起，莫速判此事，先观五处然后判断，如往昔偈言：若说往昔事，时宜用为五，于五处观已，智慧应当知。"[①]

（1）处

若起盗心，语言欲盗此物，即结远方便突吉罗罪。复观察此物属有主物或无主物，若是有主物，被盗后而物主未作决定心丢失，按律结轻罪；若物主已作决定心丢失，盗业毕竟，则计值犯重。

（2）时

因时节不同，物价有轻重之别，因此判罪亦应不同。如人盗衣，若当时衣价轻，当以轻时之价得轻罪；若盗时衣价重，当以重时之价得重罪。

（3）新

物新则贵，如新铁钵，完净无穿，初贵。后穿破，便贱。是故应随情况而计值定罪。

（4）旧

物旧则贱，同上可知。

---

①　（齐）僧伽跋陀罗译《善见律毗婆沙》卷八，《大正藏》第24册，第730页。

（5）随用

根据物之使用与否而定罪。此中分五事：①譬如刀斧，新时而贵，用后即贱。若盗他人之斧，应问斧主多少钱买得？若云，一分买得。又问，买来之后用过否？若曾使用，便成旧物，判罪时应按旧时即贱而定罪。②譬如上眼药之具，或钥匙之类，若用火烧毁或已磨损，此应判为旧物。③譬如浴衣，一入水，或曾经包裹物品，亦成旧物。④譬如酥油倒换器皿，或有小虫、蚂蚁掉入瓶中，便成旧物。⑤譬如冰糖，初时坚硬，经一段时间后即软，乃至经指爪掐过，皆成旧物。

盗戒第四缘"是重物"竟。下明第五缘"兴方便"、第六缘"举离处"。

（五）兴方便

作盗前准备工作。①

《表记》中未列此科。

（六）举离处。犯。

使物举离本处。若前五缘具足，盗者但使物离本处，即犯波罗夷。

【记】　五、举离处

由《表记》未列"兴方便"一缘，故"举离处"即为"第五缘"。

此科含三部分：1. 示相，2. 义分，3. 结示成犯。

1. 示相

略示举离处之相状及结犯轻重。

【记】　一、示相—盗心吉，掘地提，捉物吉，动物及牵挽埋藏皆兰，离处成重。

引律中例子明举离处相状及结犯。如物在地中，于物起盗心，结远方便突吉罗罪。若掘生地，结波逸提罪。②若捉物，属次方便，于《五分律》结吉罪，而于《四分律》则判兰罪。若移动物体、或牵引、或拉挽、或埋藏，皆属近方便，随作一事，皆结兰罪。若离本处，满五结夷。

示相中，文列五罪，掘地提者，有无不定。其余四种，远方便、次方便、近方便乃至最后举离处，皆须具备，方犯根本。

---

① 道宣律师在《戒本疏》中讲，盗戒具五缘成犯，无"兴方便"缘。何以故？（1）损他财物即是盗，虽不假方便，但有盗便成重罪。因恐相滥，故不列兴方便。（2）未离本处之前，皆是方便所摄，故不须再列兴方便。（《卍新续藏》第39册，第821页。）

② 《行宗记》云："为盗掘地，方便兰罪。若准五分，掘地亦提。"（《卍新续藏》第39册，第837页。）

2. 义分

【记】

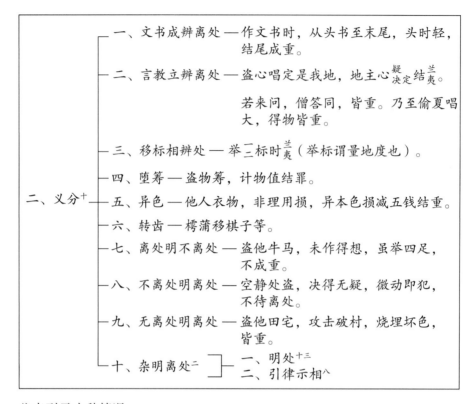

此表列示十种情况。

（1）文书成辨离处

文书：谓打官司或处分时所作记录，如契书等。作文书时，但写文书开头，则结方便兰罪。若至末尾处，文书成立，即为离处，结本罪。如判亡五众物，须差律师，处断轻重，且轻重等物，皆须文疏记载，并告知大众。若判重为轻，犯夷；若判轻为重，得兰。此皆望文疏成时，而定犯相。

（2）言教立辨离处

此约口断。譬如地本非己有，而盗心唱言：定是我地。若地主闻已生狐疑心，恐失此地，盗者即得兰罪。若地主作决定失想，得夷罪。若此人来问众僧，僧回答同于前人，因为同是盗心盗他人地，所以皆结夷罪。

另外，若按夏腊分物，偷夏唱大之人得物，犯重。① **偷夏唱大**：即妄称自己的

---

① 夏腊：出家人登坛受具足戒后，若能如法安居，于七月十五日夏安居结束，则长一岁，故称为夏腊。如丁福保《佛学大辞典》释："比丘之年岁也。比丘每岁为九旬之安居，由其安居之数，以算法龄，称曰法腊几岁，故安居中与安居竟之日，犹如世俗之旧腊与岁首。此所以用夏腊之字也。以此夏腊之多少而定僧中之长幼。"

夏腊。如僧中分物依夏腊而分，想要得物，本来五夏却妄称十二夏，便能分得物品。若以此法得物已，计此物价值，满五结夷。

（3）移标相辨处

标：测量土地之物。**举标**：即插标以记度土地之量。若为盗地故，而移动界标，随所移动界标之数而结罪。譬如地有二标，举一标结兰罪，举二标结夷罪。若地有三标，举一标结吉，举二标结兰，举三标结夷。乃至盗十标，前八标皆吉，九标结兰，十标结夷。

（4）堕筹

堕：下。**筹**：即用竹子等做成，为计数之器具。**堕筹**：即下筹多而令物少，或不下筹而取多物。如分亡五众物，须按现前僧数下筹。若盗心欲多得物，便下筹多于现前僧数，盗取剩余之筹。这样，随物筹价值，满五结重。或分亡五众衣物，约物下筹分，抽中哪个筹，即按筹取物。若盗他人物筹而得物，亦计物筹价值结罪。

（5）异色

异色：即异于本色。譬如借他人衣钵等物，非理而用，以致有损，不同于原物形状或颜色，满五钱结重。

（6）转齿

转：翻转。**齿**：骰子，多用牙骨做成，是一种赌博工具。**樗蒲**：赌博之异名，亦名博弈。凡现代人赌博时所用麻将、棋子、扑克牌等赌物，皆为此类所摄。若赌博时，偷偷动手脚，盗心移转赌物，随所得物结犯。

（7）离处明不离处

虽举物离本处，而未作得想，义同不离本处。譬如盗他牛马，本主来逐，虽举四足，但心未作得想，结兰罪；或欲驱牛马至所期之处，而牛马不随所趋，虽举四足，但得兰罪。

（8）不离处明离处

虽所盗物不离本处，但得心已决，义同离处。如在空旷寂静无人处，若盗心取物，决得无疑，但微动物即犯，不待举离本处。

（9）无离处明离处

如田地、房子、村落等，不可举离，而将之击破、炸坏、烧毁、埋藏等，即同离处。

（10）杂明离处

汇集多种举离处之相状。又分二类：一、明处；二、引律示相。依《表记》所列，此科亦得包含《戒本疏》所示诸种举离处之相。故在"引律示相"后加"引疏别明"一科。

①明处

具体辨别十三种物体所在之处及结罪轻重。

【记】

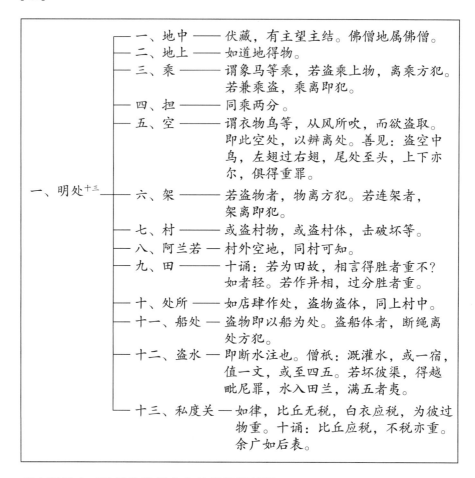

一、明处十三

一、地中 —— 伏藏，有主望主结。佛僧地属佛僧。

二、地上 —— 如道地得物。

三、乘 —— 谓象马等乘，若盗乘上物，离乘方犯。若兼乘盗，乘离即犯。

四、担 —— 同乘两分。

五、空 —— 谓衣物鸟等，从风所吹，而欲盗取。即此空处，以辨离处。善见：盗空中鸟，左翅过右翅，尾处至头，上下亦尔，俱得重罪。

六、架 —— 若盗物者，物离方犯。若连架者，架离即犯。

七、村 —— 或盗村物，或盗村体，击破坏等。

八、阿兰若 —— 村外空地，同村可知。

九、田 —— 十诵：若为田故，相言得胜者重不？如者轻。若作异相，过分胜者重。

十、处所 —— 如店肆作处，盗物盗体，同上村中。

十一、船处 —— 盗物即以船为处。盗船体者，断绳离处方犯。

十二、盗水 —— 即断水注也。僧祇：溉灌水，或一宿，值一文，或至四五。若坏彼渠，得越毗尼罪，水入田兰，满五者夷。

十三、私度关 —— 如律，比丘无税，白衣应税，为彼过物重。十诵：比丘应税，不税亦重。余广如后表。

表中列示十三种被盗物所在之处及结犯情况：

A. **地中——伏藏，有主望主结，佛僧地属佛僧**。地下埋藏物，若有护主，盗则望护主结罪。在佛、僧地下的伏藏物，当属佛、僧，不得盗用。此于佛在世时的印度可行，而我国国法规定：地下埋藏物，归物主所有；若不知物主，自国家有关部门发布招领公告之日起六个月内无人认领的，归国家所有。①

B. **地上——如道地得物**。如道路上的财物，属有主物。若以盗心牵挽，或埋藏而取，若举离本处，波罗夷；方便欲举而不举，偷兰遮。

C. **乘——谓象马等乘。若盗乘上物，离乘方犯。若兼乘盗，乘离即犯**。乘：即运载工具。古代有象、马、步、车等，现代有火车、汽车、飞机等。若盗乘上或乘

---

① 《中华人民共和国物权法》第113、114条等。

内之物，物离乘方犯；若盗物兼盗乘，乘离本处即犯。

D. 担——同乘两分。担：即两头挑筐、篮之物，如扁担。同乘两分：即若盗筐、篮内物品，但物离筐、篮方犯；若兼盗筐、篮，筐、篮一离本处，即犯。

E. 空——谓衣物鸟等，从风所吹。而欲盗取，即此空处，以辨离处。善见：盗空中鸟，左翅过右翅，尾处至头，上下亦尔，俱得重罪。欲盗取被风所吹的衣、物、鸟等，即以空为处来辨别离处。《善见律》云：若盗空中有主人之鸟，约横飞而言，从左翅过右翅；或约直飞而言，从尾处至头处，即犯重；上下飞时亦同此判。①

F. 架——若盗物者，物离方犯。若连架者，架离即犯。若盗架上之物，物离架时方犯；若兼盗架时，架离本处即犯。若盗树上、墙上、篱上或绳床上之物，皆同盗架上物而判。

G. 村——或盗村物，或盗村体，击破坏等。村：即聚落。若欲盗村中之物，物离村时即犯。若将村击破、毁坏等，即所谓盗村体。

H. 阿兰若——村外空地，同村可知。阿兰若：即指村外空地，此同村判法。

I. 田——十诵：若为田故，相言得胜者重，不如者轻。若作异相，过分胜者重。田：即百谷生长之处。相言：诣官言人。异相：用种种方法立界标。《十诵律》云："有二因缘夺他田地：一者相言、二者作相。比丘为地故言他得胜者，波罗夷。不如者，偷兰遮。若作异相过分得胜，地值五钱，波罗夷，僧坊舍亦如是。"②

J. 处所——如店肆作处，盗物盗体，同上村中。店肆：即店铺、商店。若盗店铺物品，取物离店铺即犯。若将店铺击破、毁坏，即是盗店铺之体。此与盗村相同。

K. 船处——盗物即以船为处，盗船体者，断绳离处方犯。若盗船上之物，即以船为处所，举物离船即犯。若欲盗船，将拴船绳索截断，船离本处，即犯。

L. 盗水——即断水注也。僧祇：溉灌水，或一宿值一文，或至四五。若坏彼渠，得越毗尼罪，水入田兰，满五者夷。盗水：如断水注，即将他人灌溉的水截断，注入自己田地，计水价满五则结重。《僧祇律》制："若人有溉灌渠流水，或一宿直一钱，乃至二、三、四、五钱，若比丘若为佛法僧自为有盗心坏彼渠者，得越比尼罪；水流入田，偷兰罪；满者，波罗夷。"③

M. 私度关——如律比丘无税，白衣应税，为彼过物重。十诵：比丘应税，不税亦重。余广如后表。律云：比丘无输税法，而白衣应输税物。若比丘以盗心为白衣带物过关逃税，犯重。《十诵律》卷一云："比丘度关应输税物而不输税，直五钱，波罗夷。"④

① （齐）三藏僧伽跋陀罗译《善见律毗婆沙》卷九，《大正藏》第24册，第734页。
② （后秦）三藏弗若多罗共罗什等译《十诵律》卷一，《大正藏》第23册，第6页。
③ （东晋）三藏佛陀跋陀罗共法显译《摩诃僧祇律》卷三，《大正藏》第22册，第245页。
④ （东晋）三藏佛陀跋陀罗共法显译《摩诃僧祇律》卷三，《大正藏》第22册，第245页。

其余内容详见后表。

②引律示相

引律说明八种偷盗的相状。

【记】

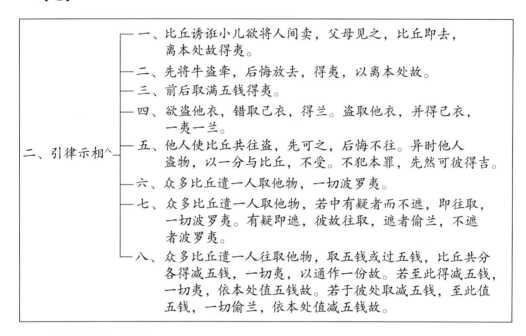

```
二、引律示相 — 一、比丘诱诳小儿欲将人间卖，父母见之，比丘即去，
                   离本处故得夷。
            — 二、先将牛盗牵，后悔放去，得夷，以离本处故。
            — 三、前后取满五钱得夷。
            — 四、欲盗他衣，错取己衣，得兰。盗取他衣，并得己衣，
                   一夷一兰。
            — 五、他人使比丘共往盗，先可之，后悔不往。异时他人
                   盗物，以一分与比丘，不受。不犯本罪，先然可彼得吉。
            — 六、众多比丘遣一人取他物，一切波罗夷。
            — 七、众多比丘遣一人取他物，若中有疑者而不遮，即往取，
                   一切波罗夷。有疑即遮，彼故往取，遮者偷兰，不遮
                   者波罗夷。
            — 八、众多比丘遣一人往取他物，取五钱或过五钱，比丘共分
                   各得减五钱，一切夷，以通作一份故。若至此得减五钱，
                   一切夷，依本处值五钱故。若于彼处取减五钱，至此值
                   五钱，一切偷兰，依本处值减五钱故。
```

此表说明如下八事：

A. 比丘诱诳小儿欲将人间卖，父母见之，比丘即去，离本处故，得夷。若比丘诱骗诳惑他人小儿，欲于人间贩卖，后被小儿父母看见，比丘遂逃去。但因诱小儿离本处且作得想之故，结波罗夷罪。

B. 先将牛盗牵，后悔放去，得夷。以离本处故。若比丘先以盗心将牛牵离本处，后心悔放回，结波罗夷罪。因盗心牵离本处且作得想故。

C. 前后取满五钱，得夷。若前后盗取满五钱，结重罪。此约非同时而取，且未作断心，故满五结重。譬如先盗取一钱，未作断心，后再盗取四钱，前后相加，满五，得夷罪。

D. 欲盗他衣，错取己衣，得兰。盗取他衣，并得己衣，一夷一兰。本欲盗他人衣，而错取己衣，结兰罪。此兰乃方便罪，因未得欲盗之衣故。若盗他人衣，并将己衣同时盗来，结一波罗夷、一偷兰遮。此波罗夷乃约盗得他衣而结罪，偷兰遮则约盗得己衣而言。

E. 他人使比丘共往盗，先可之，后悔不往。异时他人盗物，以一分与比丘，不受，不犯本罪。先然可彼得吉。有人令比丘共往盗物，比丘先前应允，后反悔不往。待异时，彼人盗得之物，分与比丘一份，若比丘不受，不犯本罪。但因先允他人共

往盗物，故结突吉罗罪。

F. 众多比丘遣一人取他物，一切波罗夷。 众多比丘共遣一人，往盗他物，若盗满五钱或过五钱，此众多比丘皆结波罗夷罪。

G. 众多比丘遣一人取他物，若中有疑者而不遮，即往取，一切波罗夷。有疑即遮，彼故往取，遮者偷兰遮，不遮者波罗夷。 众多比丘共遣一人往盗他物，若其中有疑者不遮止，彼被遣人即前往盗取，得物满五钱或过五钱，此众多比丘皆结波罗夷罪。若有疑者遮止不令往盗，但被遣人仍故前往盗取，得物满五钱或过五钱，遮者结偷兰遮，余不遮者则结波罗夷。

H. 众多比丘遣一人往取他物，取五钱或过五钱，比丘共分各得减五钱，一切夷。以通作一份故。若至此得减五钱，一切夷。依本处值五钱故。若于彼处取减五钱，至此值五钱，一切偷兰。依本处值减五钱故。 众多比丘共遣一人往盗他物，而盗得五钱或过五钱。虽比丘共分，各得不满五钱，但因所盗之物，通作一份故，此众多比丘皆结波罗夷罪。又，若众多比丘共遣一人，于彼处盗得值五钱，但至此处却不满五钱，还依本盗处，满五结罪，一切皆夷。若于彼处盗得不满五钱，但至此处值五钱，还依本盗处不满五钱之故，一切皆结兰罪。

③引疏别明

《表记》引道宣律师《戒本疏》别别说明举离处之相状。分三科：一、物处差别；二、物体差别；三、契要差别。

【记】　<u>南山戒本疏</u>分二十六处为三类：一至十三物处差别，十四至二十一物体差别，二十二至二十六契要差别。①

A. 物处差别

物体所在处所之差别，有十三种。

【记】　一、地处　地中伏藏未发出之七宝金银，珍珠、琉璃、贝玉、砗磲、玛瑙、生像、金宝、衣被等——有主者。以盗心取—若牵挽取，若埋藏，若举离本处。

地处，即地中伏藏未被发掘的七宝金银、珍珠、琉璃、贝玉、砗磲、玛瑙、生像、金宝、衣被等财物，是有主物。若以盗心取值五钱，若过五钱。或用绳子往外拉取，或埋藏而取。若取离本处，初离处即犯波罗夷；若方便欲举离本处而不举，结偷兰遮罪。

【记】　二、地上处　不埋之七宝金银乃至衣被等。——同——同

---

① 《表记》中这段文置于"罪相"之后，似有不妥，故将之提至此处。

地上有金银七宝，乃至衣被等不埋之物，是有主物。若以盗心取值五钱，若过五钱。或牵挽取，或埋藏取。若取离本处，初离处即犯波罗夷；若方便欲举而不举，结偷兰遮罪。此中二 "同" 字，前 "同"，是同于前条 **"有主者。以盗心取"**。后 "同"，是同于前条 **"若牵挽取，若埋藏，若举离本处"**。

【记】　三、乘处　象乘、马乘、车乘、步乘等，彼乘上有七宝金银乃至衣被等。——同——同——又若取彼从道至道，从道至非道，从非道至道，从坑中至岸上，从岸上至坑中，如是取举离本处。

乘处：以乘为处。古时有四种乘：象乘、马乘、车乘、步乘。现代有多种乘：如飞机、火车、汽车、轮船等。在乘上或乘内有金银七宝乃至衣被等物，是有主物。若以盗心取值五钱，若过五钱。或牵挽取，或埋藏取。若取离本处，初离处即犯波罗夷；若方便欲举而不举，结偷兰遮罪。

又，若欲盗乘，从道至道、从道至非道、从非道至道，从坑中至岸上、从岸上至坑中。若取离本处，初离处即犯波罗夷；若方便欲取而不取，结偷兰遮罪。

此中二 "同" 字，意思如上。

【记】　四、担处　头担、肩担、背担及抱等，彼担上有七宝金银乃至衣被等。——同——同——同

担处：以担为处。头担：以头顶物；肩担：以肩膀扛物；背担：以背背物；若抱：于前胸以手抱物等。在担上有七宝金银乃至衣被等物，是有主物。若以盗心取值五钱，若过五钱。或牵挽取，或埋藏取。若取离本处，初离处即犯波罗夷；若方便欲举而不举，结偷兰遮罪。

若欲盗担，则同盗乘结罪，即从道至道、从道至非道、从非道至道，从坑中至岸上、从岸上至坑中。若取离本处，初离处即犯波罗夷；若方便欲取而不取，结偷兰遮罪。

此中三 "同" 字，前二，意思同前。第三 "同" 字，是说若盗担，同盗乘结罪，即 **"若欲取彼，从道至道……如是取离本处"**。

【记】　五、空处　风吹毳，乃至麻、绵、绢布等。又雁、鹤、诸鸟等。——同。

空处，以虚空为处。若风吹来各种物，如毳，即鸟兽腹部软毛，乃至麻、绵、绢布等物。或雁、鹤等诸鸟，从空中飞来，是有主物。若以盗心取值五钱，若过五钱。若取离本处，初离处即犯波罗夷；若方便欲取而不取，结偷兰遮罪。

此中 "同" 字，合并前二 "同" 意。

【记】　六、上处　树上、墙上乃至地敷上等。彼上有七宝金银乃至衣被

等。——同——同。

在树上、墙上、地敷上等处，有七宝金银乃至衣被等物，是有主物。若以盗心取值五钱，若过五钱。或牵挽取，或埋藏取。若取离本处，初离处即犯波罗夷；若方便欲举而不举，结偷兰遮罪。**地敷：**即地毯、草席之类的物品。二"同"字，意同上。

【记】　七、村处　周匝垣墙，栅篱，篱墙不周，四周屋等。彼村中有七宝金银乃至衣被等。——同——同——又若以方便破坏其处，若作水浇，或依亲厚强力，或以言词辩说诳惑而取。

村：即聚落。律中有四种聚落相，即周匝垣墙、栅篱、篱墙不周及四周有屋。在村中有七宝金银乃至衣被等物，是有主物。若以盗心取值五钱，若过五钱。或牵挽，或埋藏取。若取离本处波罗夷；若方便欲举而不举，结偷兰遮罪。

又若以种种方便破坏其村体，或以水浇，或以亲厚强力，或以言词辩说诳惑而取。初得波罗夷；若方便欲取而不取，结偷兰遮罪。二"同"字，意同上。

【记】　八、阿兰若处　村外有主空地，彼空处有七宝金银乃至衣被等。——同——同——同

阿兰若，华言"寂静处"，即村外空地。余如"村处"所说。

【记】　九、田处　稻田、麦田、甘蔗田等，彼田中有七宝金银乃至衣被等。——同——同——同

田，即百谷生长之处，如稻田、麦田、甘蔗田等，余如"村处"所说。

【记】　十、处所　家处所，市肆处，乃至舍后等，彼处所中有七宝金银乃至衣被等。——同——同——同

处所，如家处所、市场店铺处乃至房舍后等。余如"村处"所说。

【记】　十一、船处　小船、大船乃至筏船等，彼船上有七宝金银乃至衣被等。——同——同——又若从此岸至彼岸，从彼岸至此岸。若逆流，若顺流，若沉着水中，若移岸上，若解移处。

船：如小船、大船乃至筏船等。若盗船上的七宝金银乃至衣被等物，如"地处"所说。若盗船，从此岸至彼岸，或从彼岸至此岸，若逆流，或顺流，若沉着水中，或移岸上。若解开绳索，使船初离本处即犯波罗夷；若方便欲取而不得，结偷

兰遮罪。

【记】　十二、水处　于水中藏有七宝金银乃至衣被等。又若有水獭鱼，乃至芬
　　　　　　　陀利花等。——同——同——又若以方便破坏其处等，广
　　　　　　　如上说。

于水中藏有七宝金银乃至衣被等物，及水獭、鱼等动物或莲花等植物，是有主物。若盗心取值五钱，若过五钱。或牵挽取，或埋藏取，或浮至他处，或着陆上。若取离本处，初离处即犯波罗夷；若方便欲取而不得，结偷兰遮罪。又若以种种方便破坏其水处等，如"村处"结罪。

【记】　十三、私渡关塞不输税　比丘尼无输税法，若白衣应输税物。——比丘
　　　　　　　尼以盗心为他过物——若掷关外，若埋藏举，若以辩辞言说诳惑，若以咒术过。

（以上物处别）

往昔印度国王恭敬三宝，对僧众无输税法，白衣则须输税物。而比丘尼以盗心为白衣过物，若掷关塞外，或示其异道以过关卡，或代为埋藏举，或以辩辞言说诳惑使其过关，或以咒术使其过关。若值五钱或过五钱，犯波罗夷；若方便欲令其过关而不得过，结偷兰遮罪。

括弧中**"以上物处别"**：即以上十三种是说明物体所在处所的差别。

B. 物体差别

物体自身之差别相，有八种。

【记】　十四、取他寄信物　寄持信物去。——以盗心取
　　　　　　　——若头上肩上互移着，若右肩左肩互移着，若右
　　　　　　　手左手互移着，若抱中，若着地，举离处。

他人寄附的信物，以盗心取值五钱，若过五钱。或将物从头上移至肩上，或从肩上移至头上，或右肩左肩互移，或右手左手互移，或抱中，或着地。若举离本处，初离处即犯波罗夷；若方便取离而不离结偷兰遮罪。

【记】　十五、水　大小盆，及余种种水器，众香水、药水。
　　　　　　　——有主者。以盗心取——若牵取，若弃。

盆器内盛有水、香水或药水等，是有主物。若以盗心取值五钱，若过五钱。或牵引取，或丢弃，或用种种方法盗水离本处。初离本处即犯波罗夷；若方便欲取而不得，结偷兰遮罪。

【记】　十六、杨枝　若一、若两乃至一担。——同——若牵挽取，离本处。

有杨枝，一枝、两枝乃至一担，是有主物。若以盗心取值五钱，若过五钱。若

牵挽取，若取离本处，初离本处即犯波罗夷；若方便欲取而不取，结偷兰遮罪。此中"同"字是同上"有主物。以盗心取"。下不重复。

【记】　十七、园中树果草木　一切草木丛林花果。

　　　　　　　──同──若牵挽取，若举，若埋藏，离本处。

若园中一切草木丛林花果，是有主物。若以盗心取值五钱，若过五钱。或牵挽取，或举，或埋藏。若取离本处，初离本处即犯波罗夷；若方便欲取而不取，结偷兰遮罪。

【记】　十八、无足众生　蛇、鱼等。──同

若无足众生，如蛇、鱼等，是有主物。若以盗心取值五钱，若过五钱，犯波罗夷；若方便欲取而不得，结偷兰遮罪。

【记】　十九、二足众生　人、非人、鸟等。──同

盗二足众生，如人、非人、鸟等，如上所说。

【记】　二十、四足众生　象、马等。──同

盗四足众生，如象、马等，如上所说。

【记】　二十一、多足众生　蜂、百足等。──同（以上物体别）

盗多足众生，如蜂、蜈蚣等，如上所说。

括弧中**"以上物体别"**明如上八种情况属于物体自身的差别相状。

C. **契要差别**

诸盗者订约合谋等的差别相，有五种情况。

【记】　二十二、同财业。同事业，所得财物，一切当共。──以盗心故。

同财业：《四分律》云："同事业得财物当共，以盗心取值五钱，若过五钱，波罗夷；方便，偷兰遮。"[1] 以违契要故。

道宣律师在《戒本疏》中云：同财业，其相多种，今略述两种：（1）**资生同：**如师徒同活，彼此财物、无所简别，故以盗心取五钱，即犯重。（2）**同活生：**即共营财业，得财后各分一半。若生起独占财业的盗心，须取十钱方重。以五钱是己之份，另五钱属他故。[2]

【记】　二十三、共要。共他作要。教言：某时去，某时来。若穿墙取物，若道

────────────
① （后秦）三藏佛陀耶舍共竺佛念等译《四分律》卷一，《大正藏》第 22 册，第 575 页。
② （唐）道宣律师撰《四分律含注戒本疏》卷二，《卍新续藏》第 39 册，第 829 页。

路劫取，若烧，所得财物，一切当共。——以盗心取。

共要：即与他人有共同约定。如人共他有约，并教彼言："某时当去，某时当来；若穿墙而过盗取他物，或于道路中劫取财物，或烧毁而取物，于其中所得财物，一切当共分。"若得财已，违其约定，盗心取五钱，或过五钱，结波罗夷罪；若方便欲取而不得，结偷兰遮罪。

【记】　　二十四、伺候。我当往观彼村，乃至作坊处，所得财物，一切当共。——同。

伺候：即为求财物，两人共约，一人观察，一人等候。如约定："我当往观彼村，乃至作坊处，所得财物，一切当共。"若得财已，违其约定，盗心取五钱，或过五钱，结波罗夷罪；若方便欲取而不得，结偷兰遮罪。

此中"同"字，是指同上"以盗心取。"下不重复。

【记】　　二十五、守护。从外得财来，我当守护，所得财物，一切当共。——同。

守护：即二人共约，一人从外所取之财，由另一人为其守护，所得财物当共分。若得财已，违其约定，盗心取五钱，或过五钱，结波罗夷罪；若方便欲取而不得，结偷兰遮罪。

【记】　　二十六、逻守要道。我当看道，有军来当相告语，所得财物一切当共。——同。（以上契要别）

逻守要道：即二人约定，一人往盗财物，另一人替其看道，以防军、警等来破坏此事，所得财物，一切当共分。若得财已，违其约定，盗心取五钱，或过五钱，结波罗夷罪；若方便欲取而不得，结偷兰遮罪。

括弧中**"以上契要别"**，意即以上皆是因违其约定而犯盗。

【记】　　案 初举离本处，即谓之得。方便欲举而未举，乃至手触彼转侧而不举者，皆谓之不得。若得者，是物应依其值计算定罪。[①]

弘一律师加"案"解释：以上所列各种物处中，所言"初举离本处"，意即盗者已得此物。所言"方便欲举而未举"，乃至盗者已经以手触及欲盗之物，反复摸触，但终未举离本处，都视为未得此物。若盗者已得，应依所盗物之价值来定罪。

以上是盗戒第六具缘"举离处"之第二科"义分"，以下第三科"结示成犯"。

---

① 此"案"在《表记》原文中置"罪相"之后，似有不妥，将之提至此处，作为对所列各种物处中所说"初举离本处""方便欲举而未举"之解释。

3. 结示成犯

总结多种不与取，显示至举离处，方结本罪。

【记】①

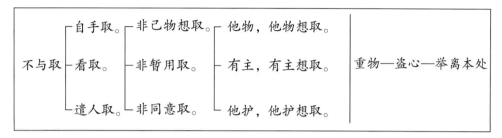

不与取：盗之异名。意即主人不舍，而以种种手段方便而取。根据此表，有三个三种不与取。首三种：（1）**自手取：**自己亲手而取。（2）**看取：**看着他人而取。（3）**遣人取：**派遣人往取。次三种：（4）**非己物想取：**作非己物想而取。（5）**非暂用取：**非暂用即还而取。（6）**非同意取：**未经物主同意而取。后三种：（7）**他物，他物想取：**他人之物，作他人之物想而取。（8）**有主，有主想取：**有主物，作有主物想而取。（9）**他护，他护想取：**他人守护之物，作他人守护之物想而取。

以上种种不与取，若所取之物满五钱或过五钱，怀盗心，且举离本处，则结波罗夷罪。

盗戒第五大科**"具缘"**已竟，释次下科**"罪相"**。

六　罪相

犯盗戒之相状及结罪轻重。（以下诸戒"罪相"皆同此解，不赘释，需要特别注释者除外。）

【记】　罪相

根据《表记》所列诸表，此戒罪相分二部分：一自盗、二教人盗。

（一）自盗

盗者亲自造作盗业。此中有二表。

1. 自求五钱或自求过五钱

【记】

---

① 此表在《表记》中列在二十六处之前，似有不妥。现将之置于二十六处之后，作为对盗戒第六缘"举离本处"之结示。

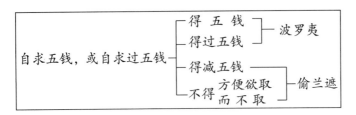

此表包含三层意思：（1）自有盗心欲取五钱，或过五钱，而且得五钱，或过五钱，皆结波罗夷罪。（2）自欲盗取五钱，或过五钱，但实际盗取不满五钱，结偷兰遮罪。（3）若方便欲盗取五钱，或过五钱，而不得，结偷兰遮罪。

2. 自求减五钱

【记】

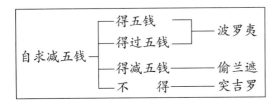

此表亦明三意：（1）自有盗心欲取减五钱，而得五钱或过五钱，皆结波罗夷罪。（2）自有盗心欲取减五钱，且得减五钱，结偷兰遮罪。（3）自有盗心欲取减五钱，若不得者，结突吉罗罪。

（二）教他盗

教者与受教者的结犯相状，此中有五表。

1. 教人求五钱或求过五钱

【记】

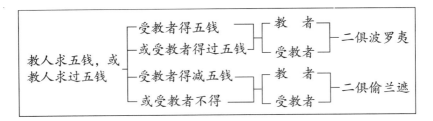

此表说明二层意思：（1）教人盗取五钱，或过五钱，若受教者取得五钱，或过五钱，教者和受教者皆结波罗夷罪。（2）教人盗取五钱，或过五钱，而受教者仅得减五钱，或未盗得，则教者和受教者皆结偷兰遮罪。

2. 教人求减五钱

【记】

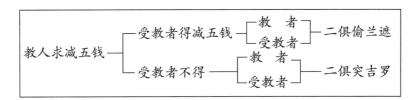

此表亦明二意：（1）教人盗取减五钱，且受教者得减五钱，则教者和受教者，皆结偷兰遮罪。（2）教人盗取减五钱，而受教者未取得，则教者和受教者，皆结突吉罗罪。虽未得物，但不应教人盗他人物，亦不应受别人教唆而往盗物，故俱结突吉罗罪。

3. 受教者违教者意

【记】

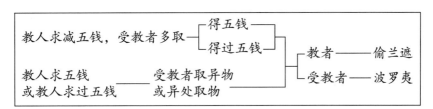

此表说明受教者违背教者之意的两种情况：（1）教人盗取减五钱，但受教者取得五钱，或过五钱，则教者结偷兰遮罪，而受教者结波罗夷罪。（2）教人盗取五钱，或过五钱，受教者盗取异物，或于异处盗取，则教者结偷兰遮罪，受教者结波罗夷罪。

异物：非原本教彼盗取之物。**异处**：非原本教彼盗物之处。

4. 5. 教者与受教者心不相应

【记】

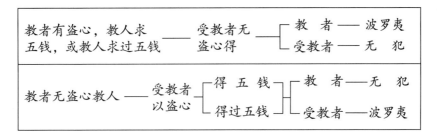

上表说明：教者有盗心教人取五钱，或过五钱，而受教者无盗心，若得五钱或过五钱，教者结波罗夷罪；受教者不犯，以无盗心故。

下表说明：教者无盗心教他取物，但受教者以盗心盗取五钱，或过五钱，则受教者结波罗夷罪，而教者无盗心，故不犯。

七　境想

据盗者对境是否想差以明结犯。

（一）正明境想

【记】

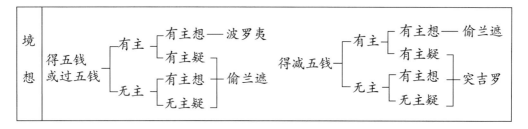

此中含二表。

前表说明盗得五钱或过五钱之境想。含四层意思：（1）不与而取，得五钱或过五钱，是有主物且作有主想，结波罗夷罪。（2）不与而取，得五钱或过五钱，是有主物而有主疑，结偷兰遮罪。（3）不与而取，得五钱或过五钱，是无主物但作有主想，结偷兰遮罪。（4）不与而取，得五钱或过五钱，若是无主物而无主疑，亦结偷兰遮罪。

虽取无主物不犯，但因作有主想或无主疑而取，故须结罪。

可知：除了有主物作有主物想，盗得五钱或过五钱，须结波罗夷外，其他境想皆得偷兰遮罪。

后表说明盗得减五钱之境想。亦含四意：（1）不与而取，得减五钱，是有主物作有主想，结偷兰遮罪。（2）不与而取，得减五钱，若是有主物而有主疑，结突吉罗罪。（3）不与而取，得减五钱，是无主物作有主想，结突吉罗罪。（4）不与而取，得减五钱，若是无主物而无主疑，亦结突吉罗罪。

（二）引文别明

【记】 　第四分　取男物，作女物想。取女物，作男物想。————同罪。

取余女物，作此女想。取余男物，作此男想。————同罪。

按照《四分律·第四分》(卷五十五)"调部之一"中所制：若取男物，但在境上作女物想；或取女物，作男物想。因所对境皆是人，故结罪相同。

又，若取其他女子之物，而作此女物想；或取其他男子之物，而作此男物想。因所对境亦皆是人，故结罪亦同。

八 开缘

说明开不犯本罪的因缘。

（一）正明开缘

正式说明开不犯盗戒之缘。

【记】

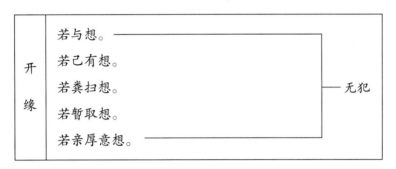

此表列示五缘：

1. **若与想**：确实认为此物是他人所与而取，则不犯。若明知他人不与，而故意想是他人所与，则犯。

2. **若己有想**：误认为是自己的东西，取之不犯。

3. **若粪扫想**：取时作无主物粪扫想，不犯。

4. **若暂取想**：知是有主之物，若起心暂时借用，用后即还，非盗心而取，故不犯重罪。但不应不问主而取，故须结突吉罗罪。

5. **若亲厚意想**：亲厚意，即不分彼此，是故不犯。但不可非亲厚而强作亲厚意取。[①]

（二）引律列示

引《四分律》详列盗戒之开缘。

【记】 第四分 有卖物者，先许与比丘物。后异人住，比丘不知，作与想，取物，无犯。而不应不问主而取。

第四分：是指《四分律·第四分》，说明此科内容之出处。

《四分律·第四分》记载：时有比丘，估客为其檀越并语言："大德，若有所须便取。"答言："可尔。"彼估客还家，后更有异人在此处卖物。后比丘须米，即取

---

① 《四分律》卷四十一云，具七法名亲厚：（1）难作能作：即彼此竭力代劳，为之不厌。（2）难与能与：即己所重物，与之不吝。（3）难忍能忍：即极相违恼，而了无所恨。（4）密事相语：即吐露私心，而无所隐。（5）不相发露：即掩恶扬善，恐伤外望。（6）遭苦不舍：即囚系患难，多方拯济。（7）贫贱不轻：即贵贱贫富，始终一如。具足以上七法，方可为亲厚。（《大正藏》第22册，第861页。）

米持去。彼语言："大德，莫持我米去。"比丘言："此是某甲米。先语我言，若有所须便取，是故我取。"彼言："此非某甲米。"比丘即置米而去，疑。佛问言："汝以何心？"具答因缘。佛言："无犯。而不应不问主而取。"不问主而取，当结突吉罗罪。①

【记】 同 谓是己衣，不以盗心，无犯。而不应不看衣便着。

同：即同上出处，此段文亦出自《四分律·第四分》，下同。

律中记载：迦留陀夷与六群比丘在阿夷婆提河中浴。迦留陀夷先出岸上，错着六群比丘衣去。六群比丘后出，河岸上不见己衣，见迦留陀夷衣，便言彼犯盗，取我等衣，即不于现前作灭摈。时迦留陀夷闻之生疑，往世尊所头面礼足却坐一面，以此因缘具白世尊。世尊问言：汝以何心？答言：谓是己衣，不以盗心。佛言无犯，而不应不看衣便着。②

【记】 同 不应取他塔庙中庄饰衣，作粪扫衣取。

律中记载：时有比丘取他塔庙中衣，疑。佛问言："汝以何心取？"答言："以粪扫衣取。"佛言："无犯。不应取他塔庙中庄饰衣。"③

【记】 以粪扫衣想，不以盗心，无犯。若多有衣聚，不应作粪扫衣取。

律中记载：时有众多白衣在冢间，脱衣置一处埋死人。有粪扫衣比丘，谓是粪扫衣，即持去。诸白衣见已语言："大德，莫持我衣去。"彼答言："我谓是粪扫衣。"即置衣而去，疑。佛问言："汝以何心？"答言："以粪扫衣想，不以盗心。"佛言："无犯。若多有衣聚，不应作粪扫衣取。"④

【记】 不应打死人令破，取衣。

不应为取衣，而将死尸打坏。律中记载：时有牧牛人，脱衣置头前而眠。有粪扫衣比丘，见谓是死人，作是念：世尊不听比丘取完死人衣，即取死人臂骨打头。牧牛人醒觉，起言："大德，何故打我也？"比丘言："我谓汝是死人。"牧牛人言："汝宁可不别我死生也？"即打比丘。诸比丘白佛，佛言："不应打死人令破取衣。"⑤

【记】 不应取水中，风飘墙上、篱上、埵中，粪扫衣。

不应取水中所漂，或被风吹到墙上、篱上、埵中的粪扫衣。律中记载：尔时有

---

① （后秦）三藏佛陀耶舍共竺佛念等译《四分律》卷五十六，《大正藏》第22册，第979页。
② （后秦）三藏佛陀耶舍共竺佛念等译《四分律》卷五十六，《大正藏》第22册，第979页。
③ （后秦）三藏佛陀耶舍共竺佛念等译《四分律》卷五十五，《大正藏》第22册，第976页。
④ （后秦）三藏佛陀耶舍共竺佛念等译《四分律》卷五十五，《大正藏》第22册，第976页。
⑤ （后秦）三藏佛陀耶舍共竺佛念等译《四分律》卷五十五，《大正藏》第22册，第976~977页。

居士，洗衣已，着墙上晒。粪扫衣比丘见，谓是粪扫衣，即持去。时居士见语言："大德，莫持我衣去。"比丘言："我谓是粪扫衣。"即放衣而去，疑。佛问言："汝以何心取？"答言："粪扫衣取。"佛言："无犯，而不应于墙上、若篱上、若堑中取粪扫衣。"①

【记】　取粪扫衣时，应以左足指蹑，右足指牵解看。若有不净（不净者钱宝也）出之，净者持去。

若取粪扫衣时，应以左脚趾踏衣，再以右脚趾拉解开看。若有钱宝即抖出，方可持粪扫衣去。律中记载：尔时世尊在毗舍离，有不信乐离奢族人，以弊物裹五钱，置粪聚间。遣人微伺，若见取者将来。时粪扫衣比丘见，谓是粪扫衣，即取着囊中。时彼使人见已语言："某甲，离奢唤。"比丘答言："去。"去至离奢所，离奢问言："大德，应捉钱宝不？"比丘答言："不应。""汝何故取耶？"答言："我不取。"彼言："出看之。"彼即从囊中出示。此比丘惭愧，余比丘亦尔。以此因缘具白世尊。世尊言："诸比丘善听！若有比丘欲取如是粪扫衣者，应以左足指蹑、右足指牵解看。若有不净出之，净者持去。"②

【记】　同暂取，非盗心，无犯。不应不问主而暂取用。

若暂时取用，用后即还，不以盗心而取，不犯。但不应不问主而暂时取用。律中记载：时有乞食比丘，晨朝着衣持钵往白衣家，见有独坐床，暂取用坐，后疑。佛问言："汝以何心？"答言："暂取，非盗心。"佛言："无犯。不应不问主而暂取用。"③

【记】　同亲厚意取，无犯。而不应非亲厚意，作亲厚意取。

若是亲厚人的物品，作亲厚意取，不犯盗；但不应非亲厚意，强作亲厚意想，而取他人之物。律中记载：时有比丘，字耶输伽，有僧伽梨。复有比丘，字婆修达多，不语辄着，入聚落乞食。彼谓失衣，便行求觅。见婆修达多着，即便捉之，言："汝犯盗。"彼答言："我不盗汝衣，以亲厚意取耳。"彼疑。佛问言："汝以何心？"答言："以亲厚意取，非盗心。"佛言："无犯，而不应于非亲厚而作亲厚意取。"④

【记】　同有他守视人及贼，与比丘食。比丘念此非彼食，不受。佛言：此即是檀越食，听净洗手受食。

律中记载：有他守视人及贼，施与比丘食物，比丘心想彼非物主，故不受。佛

① （后秦）三藏佛陀耶舍共竺佛念等译《四分律》卷五十六，《大正藏》第22册，第979页。
② （后秦）三藏佛陀耶舍共竺佛念等译《四分律》卷五十六，《大正藏》第22册，第979页。
③ （后秦）三藏佛陀耶舍共竺佛念等译《四分律》卷五十五，《大正藏》第22册，第976页。
④ （后秦）三藏佛陀耶舍共竺佛念等译《四分律》卷五十五，《大正藏》第22册，第977页。

言：此即是主，可净洗手受食之，无犯。虽贼盗物有罪过，但将所盗之物施与比丘，亦可得福。佛慈悲怜悯众生，为令贼得福，故开缘可受。① 这种情况，西天可尔，东土国法不许。

【记】 同 有豹捉鹿，鹿被疮来入寺，死。取食。——无犯。

律中记载：时有豹捉鹿，鹿负重伤，来入寺中而死，诸比丘取食，疑。佛言：无犯。②

【记】 同 使守园人坏彼鸟巢、鼠穴，于中得金、碎帛、药。佛言：鸟兽无用。——无犯，但不应受。

律中记载：时祇桓中有众多鸟巢，至后夜鸟鸣唤，乱诸坐禅比丘。有旧比丘，遣守园人除去鸟巢。彼于鸟巢中，见有金，有碎帛，持来与旧比丘，彼疑。佛言：鸟兽无用，无犯。而不应受如是物。时祇桓中有鼠穴，比丘使守园人坏。彼于鼠穴中得药、碎帛，持来与比丘，比丘疑。佛言：畜生无用，无犯，而不应受如是物。③

【记】 同 误指他人地为僧地。——无犯。但不应尔。

律中记载：时去祇桓不远，有居士耕地。有客比丘见语言："此是僧地，莫耕。"彼答言："非僧地，我地耳。"比丘复语言："是僧地，汝莫耕。"居士即放犁去，作如是言："我自有地，而不得耕也。"彼客比丘入祇桓问旧比丘："有居士去此不远耕，此是谁地？"答言："是彼居士地。"旧比丘言："汝何故问也？"即具说因缘，便疑。佛问言："汝以何心？"具说因缘。佛言："汝无犯，而不应作如是事。"④

【记】 同 以慈心解放牛。——无犯。但不应尔。

律中记载：时有比丘昼日往阿兰若处。有贼系牛在树，牛见比丘泣泪。比丘慈念，便解放去，比丘疑。佛问言："汝以何心？"答言："以慈心，无盗意。"佛言："无犯，不应作如是事。"⑤

【记】 同 贼偷小儿去，比丘以慈心取返。——无犯。但不应尔。

律中记载：尔时毕陵伽婆蹉有檀越。檀越有二小儿，黠了不畏人。毕陵伽婆蹉至家时，小儿便抱脚婉转戏。后异时，此二小儿为贼偷去。时毕陵伽婆蹉，晨朝着

① （后秦）三藏佛陀耶舍共竺佛念等译《四分律》卷五十五，《大正藏》第 22 册，第 977 页。
② （后秦）三藏佛陀耶舍共竺佛念等译《四分律》卷五十五，《大正藏》第 22 册，第 978 页。
③ （后秦）三藏佛陀耶舍共竺佛念等译《四分律》卷五十五，《大正藏》第 22 册，第 978 页。
④ （后秦）三藏佛陀耶舍共竺佛念等译《四分律》卷五十五，《大正藏》第 22 册，第 977 页。
⑤ （后秦）三藏佛陀耶舍共竺佛念等译《四分律》卷五十五，《大正藏》第 22 册，第 978 页。

衣持钵，至檀越家敷座而坐。小儿父母向涕泣流泪言："小儿为贼偷去，若今在者，当来捉大德脚戏。"即答言："可于屋内处处求觅。"彼父母求觅不得。时毕陵伽婆蹉还至寺内入房中，思惟入定，念在于身，以清净过人天眼见小儿，贼偷在恒水中乘船而去。见已，譬如人屈伸臂顷，从寺内没至恒水贼船中立，时小儿见即欢喜来抱脚。婆蹉即以神足令小儿持来着阁上房中，至檀越所敷座而坐。时父母涕泣而言："若我儿在者，今当抱大德脚戏。"答言："可于阁上房中觅。"彼言："已求觅不得。"毕陵伽婆蹉言："但更觅。"彼即更于阁上房中觅得。时儿父母大欢喜言："我儿为贼所偷，而今毕陵伽婆蹉为我将来。"时诸比丘闻，中有少欲知足行头陀乐学戒知惭愧者，嫌责毕陵伽婆蹉言："云何贼偷他儿去，而夺来耶？"毕陵伽婆蹉闻已疑，往佛所，头面礼足，却坐一面，以此因缘具白世尊。世尊知而故问："汝以何心取？"答言："慈心取，无有盗意。"佛言："无犯，而不应作如是事。"①

【记】 同倒易绳床等，言此亦是僧，彼亦是僧。佛言：不应尔。

僧有春、夏、冬房。夏房，为结夏安居时所分之房。而春冬房，是依上中下座而分。有上座来，下座应避，其房内绳床卧具亦按上中下座而分。若比丘言此亦僧，彼亦僧，而倒换房内绳床卧具等物。此虽不犯盗，但佛言，不应作如是事。

律中记载：时有比丘，倒易绳床言："此亦是僧，彼亦是僧。"佛言："不应倒易。"时有比丘，倒易木床、大小褥、若枕，此亦是僧，彼亦是僧。毡被、瓶、澡罐、杖、扇，言："此亦是僧，彼亦是僧。"佛言："不应尔。"②

九 警策

祖师就此戒对后学警诫开导，此中有四段文。

（一）弘一律师加"案"说明

【记】 案是编初稿，撷录较繁，再稿之时，颇加删削。惟是盗戒，删者至少。盖以性重之中，盗戒最为难护。诸部所述，颇极繁广。僧祇释盗，文有五卷。十诵四卷。善见三卷。南山之钞，亦涉二卷。是宜详识开遮，未可概从约略。惟愿后之学者，其勿轻忽于斯。

弘一律师云：编辑《四分律比丘戒相表记》初稿之时，摘录许多律文。后再审稿，多加删减，惟有盗戒删减最少。因性戒重罪中，盗戒罪相微细，最难守护。诸部律中所述盗戒之文，甚是繁杂广泛。如《僧祇律》解释盗戒文有五卷，《十诵律》

---

① （后秦）三藏佛陀耶舍共竺佛念等译《四分律》卷五十六，《大正藏》第 22 册，第 980 页。
② （后秦）三藏佛陀耶舍共竺佛念等译《四分律》卷五十五，《大正藏》第 22 册，第 978 页。

有四卷，《善见律》有三卷。道宣律师所撰《行事钞》亦涉及二卷。所以僧众对此盗戒，宜应详细研究，而求通达明了开遮持犯，不可约略，仅知梗概。希望后学之人，切莫轻忽此戒。

（二）怀素律师在《开宗记》中教诫

【记】 四分开宗记 问云：文中遣立知事，处当三宝财物。及盗损中，亦望护主成业。而全未知何人堪作？答：凡知事者，必须识性昭敏，明练毗尼；善达开遮，洞知持犯。至于随物量据，不率己心；行洁冰霜，惧来业道。如此之人，方堪执物。斯则远继前踪，遐开后辙。自有屋愚下辈，志性猖狂，不识圣制根由，亦迷业道轻重。直畅无明之庆快，不忧永劫之沉沦。斯乃佛法疮疣，僧中息肉。以兹慰喻，幸可思之。一旦飘零，悔之何及！岂得更纵顽心？便谓三途可诃。斯则四山①奄至，五痛②焦然。故大集经四十二③云：若有四方常住僧物，或现前僧物，笃信檀越，重心施物，或花果等诸物，一切所须。私自费用，或持出外，乞与知识、亲里白衣。此罪重于阿鼻地狱，所受果报。

怀素律师在《开宗记》设问答。问：文中提到差遣知事来处理、掌管三宝财物，以及盗损三宝物中，亦望守护主结罪。然而全然不知何人堪任知事？答：凡是知事人，遇事须善于观察，反应敏捷，如镜照物，毫无差池。须练达戒律，通晓开遮，洞知持犯，即何种情况应开缘，何种情况须遮止以及对持守及毁犯纤毫了知。在掌管三宝物及对施主所施财物，皆以戒律作为处断根据，绝不轻率，任由己性。在个人行持方面，持戒清净，皎如冰霜，识知业报，畏后世罪。如此之人，方堪任知事，掌三宝之物。此等人乃上承古德先贤之芳踪，下为后学效仿之楷模。

然而，却有知识浅薄、目光短浅之辈，本性卑劣，傲物凌人。根本不懂佛陀制戒之慈悲本怀，对犯戒之轻重业报更是一无所晓。顺着自己无始劫来的无明习气，肆无忌惮地造作非法。只贪图一时享受痛快，全不担忧将来永劫沉沦之苦报。如此之人，实乃佛法疮疣，僧中息肉。

以此宽慰晓谕后学，当慎重思维。若不惧因果，恣意毁坏圣制，犯戒后又不知忏悔。一旦失去人身，飘落于生死苦海，受地狱之苦报，则悔之晚矣。知此后果，

---

① 四山：譬喻生老病死之四相。谓生老病死，逃避无所，如四山合来也。《大般涅槃经》卷二十九记载："有四大山从四方来，欲害人民。"王若闻省当设何计？王言："世尊！设有此来，无逃避处，惟当专心持戒布施。"我即赞言："善哉，大王！我说四山，即是众生生老病死。生老病死常来切人。"（《大正藏》第12册，第536页。）

② 五痛：造杀、盗、婬、妄、酒之五恶者，生时遭王法之逼害，死入于恶道，名为五痛。苦痛切身如火之烧，故喻之为五烧。《佛说无量寿经》卷二云："我今于此世间作佛，处于五恶、五痛、五烧之中，为最剧苦。教化群生令舍五恶、令去五痛、令离五烧。"（《大正藏》第12册，第275页。）

③ 此段文出自《大方等大集经》卷四十四，《大正藏》第13册，第292页。

怎可更放纵顽愚之心，无视三涂之报？四山难避，五痛剧烈。生之现世痛苦尤不堪耐，死后地狱之报更不可述！

因此，《大集经》卷四十四中说：若有四方常住僧物或现前僧物，笃信施主殷重心所施，或花果等物，或日常生活一切所需之物。若私自取用，或持出界外，送与亲里俗眷及白衣等，此罪业重于阿鼻地狱所受之果报。

（三）道宣律师在《行事钞》中劝导

【记】 南山行事钞 忧心念道者，缘境既局，少应清洁。若多众务，而欲高升者，必罹盗网，终无有出。何者？由心怀胜劣，倒想未倾。初果无学，方可营事。 灵芝释云：忧下。初明知足之人，惧犯退藏。若下，明多事求进，为盗所陷。言忧心者，心之可畏，难可禁制。微纵成业，殃及累世，是可忧故。念道者，慕出离也。缘境局者，为教所禁也。多众务者，或好为人师，或乐营世福也。欲高升者，名位过人也。罹盗网者，结业成也。无有出者，苦报无穷也。何下，征示其意，如前宝梁所拣人也。

此文分两段，前段为道宣律师《行事钞》警策，后段是灵芝律师《资持记》解释。

大意：担心造恶受报，畏惧生死轮回之人，谢绝尘境，少欲知足，欣慕出离，清净持戒。而多事求进之人，或好为人师、或喜修大庙、或乐营世福，易为盗戒所陷，苦报无穷。何以故？由心中尚怀爱恚怖痴，有胜劣分别。处事当中，执无常为常、不净为净、无我为我、诸苦为乐等。由此颠倒梦想，故犯诸多过失，必然罹盗，终无有出。故《大宝积经·宝梁聚会第四十四》云：初果无学，方可为众僧营事。因其心已离胜劣，无爱恚怖痴故。

（四）灵芝律师《资持记》中教诫

【记】 灵芝资持记 今时讲士，多尚乞求。谄笑趋时，巧言媚俗。或厚于饷遗，岂避污家？或勤于请谒，宁知屈道？不识者诈识，非亲者强亲。口说多方，心谋百计，终朝役虑，毕世劳形。一言蔽诸，无非爱物。虽云为众，实乃治生。未知祝发坏衣，意图何事。谈经讲律，目瞩何言。谅乎！惑业日增，故使奔趋忘倦，可谓徒生徒死。深嗟！不觉不知。请细览斯文，反求诸己，忠言逆耳，当自深思。呜呼！

灵芝律师感慨说，"今时"（宋朝），讲经谈论之人，大多喜欢向白衣乞求。为了讨好白衣而笑脸逢迎，谄媚承事，谈话则迎合时尚，流于世俗，语多巧妙，尽献殷勤。或常以礼品馈赠白衣，哪里还避污家之过？更有甚者，或自设宴席款待白衣，或登门造访殷勤探问。难道不知此行，有辱僧格，污损人天师表之美称？

又，欲与白衣攀缘，本不认识而诈言认识，本非亲里而强拉亲眷。口中尽说动听之言，然则心中却谋计多端。如是这般，终日谋虑财物而心无暂息，终生劳碌奔波而身无暂歇。何故如此？一言以蔽之，无非贪图财物。虽口说是为众僧，但实际却为自身利益。实不知当初剃发染衣，究竟图谋何事？而今讲经说律，目睹佛陀所教何法？想必此等人，烦恼惑业日日增长，致使奔波趋利而忘记身心疲惫。可谓徒生徒死，却不自知，深深感叹。期望有志之士详读此文，并当自我反省。正谓"忠言逆耳利于行"，当好自深思！

 练习题

1. 解释"盗戒"戒名。

2. 佛制"盗戒"三要素是什么？

3. 背诵并解释"盗戒"之戒文。

4. 佛制"盗戒"有哪两意？

5. "盗戒"具几缘成犯？请列举具缘。

6. 请列举佛物的四种物体，其中哪一种佛物可以转卖？

7. 盗佛物及佛像舍利如何结罪？

8. 盗法的结犯情况有哪些？

9. 请解释四种僧物并分别列举其物体。

10. 盗僧物如何结罪？

11. 何谓"互用"？若三宝物互用，如何结罪？

12. "佛物当分互"如何结罪？

13. 四种僧物之间彼此互用结犯情况如何？

14. 哪些人是对佛法大有损益之人？如何赡待他们？

15. 盗人物中，《表记》列举了哪七类物主？

16. 请解释盗六尘、盗六界。

17. 盗非人物、畜生物如何结罪？

18. 《四分律》所谓的"盗心"包括哪十种？请解释。

19. 《萨婆多论》对钱体作了哪三种解释？

20. 约义如何判钱体？

21. 依《善见律》，智慧律师应观哪五处判罪？

22. 何谓"举离本处"？请举出五种"举离本处"的例子。

23. 盗者亲自造作盗业，结犯情况如何？

24. 教他人盗，教者与盗者结犯情况如何？

25. 盗者对境想差如何结罪？

26. "盗戒"有哪些开缘？

 思考题

1. 掌管三宝物的寺主或知事，应具备怎样的品德？

2. 为什么"盗戒"内容如此庞杂？

3. 如何正确把握发菩提心与清净持戒的关系？

第四节　杀人戒

一　戒名

【记】　杀人戒第三　（同、大、性）

（一）正释

杀：断众生的气、暖、识。"气"，即出入息，人以出入息为命。"暖"，维系色身不臭不烂。"识"，指心意识。随有暖处，识在其中。人的报身是假色、受、想、行、识五蕴和合而成，身即色蕴，心乃受、想、行、识四蕴。今所言"杀"，但能杀色身，而识不可杀。然若坏色身，则识无所依，暖、气亦随之而灭，因此报身无以相续，便名犯杀。

人：仁也。仁者：忍也，好生恶杀，善恶含忍也。即人立志，存育为先，故云"仁"也。"存育"，天阳之气，资始万物。人有推爱及物，博施济众，合天之道，得人之正。所以人边着"二"名为仁，即二人相形方有忍义。又有云：人者，真也、正也。

杀人戒：若比丘尼断他人命，佛制不许。《楞严经》云："杀心不除尘不可出，纵有多智禅定现前，如不断杀必落神道，上品之人为大力鬼，中品即为飞行夜叉诸鬼帅等，下品当为地行罗刹。"①

（二）引文释

引祖师著作之解释。

【记】　灵芝资持记 简于非畜，不犯重故。或名大杀，简后小故。

───────────────

① （唐）天竺沙门般剌蜜帝译《楞严经》卷六，《大正藏》第19册，第132页。

灵芝律师在《资持记》中云：此戒标名"杀人戒"，即简别不同于杀非人及畜生。若杀非人、畜生则不犯根本。本戒又名大杀戒，即不同于后单提中第四十六条小杀戒——"夺畜生命戒"。杀人结重，杀非、畜结轻。

二　缘起

叙述佛制杀戒之缘由。

【记】 *勿力伽难提*

勿力伽难提①，华言鹿喜，余律皆云鹿杖外道，乃受婆裘园诸比丘之雇而行杀之人。据诸比丘及佛之呵责，乃斥内众比丘，外道受雇，非缘起人。故此戒缘起中能犯人应是婆裘园诸比丘。

佛制此戒三要素：（1）**何处制：**佛于毗舍离制。（2）**因谁制：**婆裘园诸比丘。（3）**因何制：**佛在毗舍离，诸比丘修不净观，厌身叹死，外道沙门勿力伽难提受雇行杀，居士惊怖。佛知此事，便说安那般那禅法，比丘修习证增上果。因呵上过，而制此戒。

三　戒文

【记】　戒文——若比丘尼，故自手断人命，若持刀授与人。若叹死、誉死、劝死。咄！人用此恶活为，宁死不生。作如是心念，无数方便，叹死、誉死、劝死。此比丘尼波罗夷，不共住。

文分六句：

第一句：若比丘尼——能犯人

白四羯磨如法得处所的比丘尼。

第二句：故自手——自杀业

故：故意、有意，简别于误杀。自手：亲手而作。

第三句：断人命——所杀境

断绝人的生命。所杀境是人命，而非余趣。**人命：**如果只说人，无命之人也是人，害则不犯重罪，故又重列，言"人命"。

第四句：若持刀授与人，若叹死，誉死，劝死。咄，人用此恶活为，宁死不生，作如是心念，无数方便，叹死，誉死，劝死——教他业

---

① 《善见律》卷十三云：是鹿杖沙门。鹿杖者，其名也；沙门者，作如沙门形：剃头留少周罗发，亦着坏色衣，一以覆身，一置肩上，入寺依止比丘，拾取残食以自生活。（《大正藏》第22册，第744页。）

说明教杀之相，此中分身、口二相：（1）**身相："若持刀授与人"**，此是教他人行杀。或持刀与人，令他杀人；或知有人厌患身命，便持刀与之，令他自杀。刀即杀具之一，以此为例。（2）**口相："若叹死，誉死，劝死"**，此乃口叹教人求死也。"叹死"，如见病患、残疾、丧亲等痛苦之人，便对其说法，赞叹死后可得生天，胜于人间受诸苦恼。"誉死"，如见持戒、修道、行善之人身患病苦，便赞誉其持戒、行善，死必生天，胜现受苦。"劝死"，见患有苦痛之人，不问其是持戒行善，或破戒行恶，即对其说法，劝说死胜于恶活。"咄，人用此恶活为，宁死不生"："喂！汝何必如此痛苦地生活？活着日日造恶受罪，宁可死，也比活着受罪强！"因为此人已经叹死、誉死、劝死，但对方不从，故出此呵毁之言，令对方去死。"作如是心念，无数方便，叹死，誉死，劝死"：如果比丘尼已如上劝叹死后，再以其他种种方法进行叹死、誉死、劝死。

第五句：此比丘尼波罗夷——治罪

因为此比丘尼自手断人命，或教人行杀，乃至口叹令人求死，犯杀人戒，结波罗夷重罪。

第六句：不共住——灭摈

犯波罗夷比丘尼当被众僧灭摈，不得与大众共同说戒、羯磨。

四　制意

【记】 ｜四分律疏｜制意：人趣报胜，善因所招，形心俱是受道之器。但出家之人，应怀四等。今反嗔忿，断坏阴境，违慈恼他，损害道器。过中之甚，为斯圣禁。

此戒制意有二：

（一）所害境殊胜

为何不许杀人？因为人的正报殊胜，此是宿世善因所感。六道中，天道纯乐，三恶道或苦切或愚痴。唯有人道，苦乐相间，辨知善恶，堪能修行。所以人之身心皆是受道之器，比丘、比丘尼戒定在人中受，四果、辟支佛、佛尽在人中成。

（二）能杀者过深

出家之人，理应内怀慈悲喜舍四等心（以无量众生为所缘，平等生起慈悲喜舍四种心），如此方顺出家正行。

而今内心怀嗔恨忿怒，断坏他命。所造之业正违出家正行。阴境：指色、受、想、行、识五阴之境，此五阴和合成一假命。若坏色阴，余之四阴亦不得转。如打破盛乳之瓶，瓶既破，乳等亦失。

杀生有违慈悲喜舍正行，且触恼他人，亦损害修道之器，故情过深重。断绝人命属极严重性罪，故佛制不许。

五　具缘

【记】　南山行事钞 具五缘成犯：一、是人。二、人想。三、起杀心。四、兴方便。五、命断，犯。

此戒具五缘成犯：

1. **是人**：是人道，若杀非人、畜生，不犯重罪。

2. **人想**：作人想，没有想差。若杀张氏，作王氏想，同样结波罗夷罪。因为是作人想。如果杀张氏时，作非人、畜生、杌木之想，则结偷兰遮罪。

3. **起杀心**：起杀害对方之心。若没有杀害之心，符合开缘，无罪。若苦治人，因过分惩罚犯错之人而致死；或与病人过量药，不善看护，致死等种种情况，得偷兰遮罪。

4. **兴方便**：作种种准备工作，如找杀具、观察地形，等等。

5. **命断。犯**：若对方命断，便犯波罗夷。

六　罪相

首先说明结犯相状，其次引律文补充解释。

【记】　罪相

（一）正明犯相

正式说明结犯相状。分两科：行杀之相、结罪相状。

1. 行杀之相

行杀的具体行相。

【记】　南山戒本疏科 一自杀。二至十教人杀。十一至十三现相杀。十四教叹杀。十五、十六遣书杀。十七至二十杀具。[1]

《戒本疏科》[2]，将二十种行杀之相科分为六类：自杀、教人杀、现相杀、教叹杀、遣书杀及杀具。

（1）自杀

自己亲自行杀，唯有一种。

---

① 《表记》中，此段文在"罪相表"之后。为方便科分及解释诸犯相，故置前。
② 凡四卷，全称《释四分律含注戒本疏科》，大宋余杭沙门元照录，收于《卍新续藏》第 39 册，No. 0713.

【记】

> 自杀　一、自杀——若以手、若瓦、石、刀、杖等。

第一类：A. 一自杀。 即亲自行杀，如自己用手，或瓦、石、刀、杖及余物杀害他人。

（2）教人杀

教唆他人去行杀，此中有九种①。与前"自杀"连续排序号。

【记】

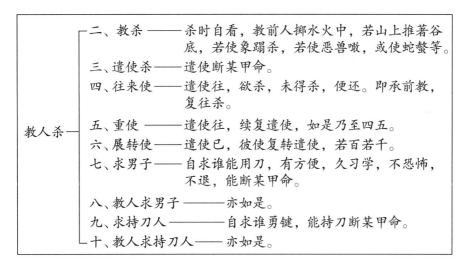

第二类：教人杀

B. 二教杀： 教他人行杀时亲自于前观看。或教前人将欲杀害者掷入水、火中，或从山上将其推入谷底，或使大象踏杀之，或使恶兽噉之，或使毒蛇螫之等。

C. 三遣使杀： 比丘尼差遣使者往杀某甲，并示其所在处。使者随语往断某甲命。

D. 四往来使： 比丘尼差遣使者往杀某甲，使者受语往杀。至彼处欲杀而未遂，便还本处。随即又按照比丘尼的教令再往彼处，断某甲命。

E. 五重使： 比丘尼本来差遣一个使者往杀某甲，接着又再继续派遣其他人去杀，如是乃至差四五个人去杀同一人。

F. 六展转使： 比丘尼差遣使者往断某甲命。被差人没去，却展转差遣其他人往杀，如是展转派百千人。如果最后有一人断某甲命，所有参与派遣杀人者皆犯。

G. 七求男子： 比丘尼亲自寻找勇士前往杀害某甲。此处"勇士"：即能用刀等杀

---

① 依于《戒本疏科》，"教人杀"有八种。灵芝律师在《行宗记》卷二中解释：根据《戒本疏》文，似应有九。前总分中，不列"教杀"，则知注中，此句通标，下列别相。可知，加此通标"教杀"，故有九种。（《卍新续藏》第39册，第843页。）

· 151 ·

具，有种种杀人的方法，并久习学，而且临境不恐怖，亦不退怯，有能力断某甲命者。

H. **八教人求男子**：比丘尼教他人求如上勇士往杀某甲。

I. **九求持刀人**：比丘尼亲自寻找持刀人往杀某甲。此处"持刀人"：指旃陀罗辈，其人勇健，能持刀断某甲命。持刀人与勇士的差异：持刀人是平日以持刀杀生为营生；勇士但能用刀杀而已。

J. **十教人求持刀人**：教他人求持刀人往杀某甲。

（3）现相

杀者身口所现之相，有三种。

【记】

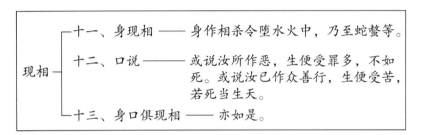

第三类：现相

K. **十一身现相**：比丘尼身现可畏容貌，或现身相作取死之状，令对方怖畏而自堕于水火中，或堕谷底、被象踏杀、被恶兽食、被毒蛇螫等。

L. **十二口说**：比丘尼或以言说叹劝其死，或以大声恐吓而令其死。如对前人言："汝所作恶，无仁慈，怀毒意，不作众善行；汝不作救护，汝生便受罪多，不如死。"或作如是语："汝不作恶暴，有仁慈，不怀毒意；汝已作众善行，汝已作功德，汝已作救护，汝生便受众苦。若死当生天上。"前人因此言而自杀。

M. **十三身口俱现**：如世间有厌世之人，自己想自焚、跳崖、上吊等。有不知教比丘尼见此状况，反而合掌赞好，乃至亲自帮助对方以满其愿。

（4）教叹

教他人前往叹劝死，仅一种。

【记】

第四类："教叹"

N. **十四遣使说**：比丘尼派遣使者往某甲处说："汝所作恶，生便多罪。"或说："汝已作众善行，生便受苦，若死当生天。"云云。对方听使者叹劝死之言词后而自杀。劝叹之词，如上所说。

（5）遗书

以书信叹劝死，有两种。

【记】

```
       ┌── 十五、遗书——执书，言汝所作善恶如是。广如上说。
遗书 ──┤
       └── 十六、遣使书——亦如是。
```

第五类："遗书"

O. **十五遗书**：比丘尼亲自执笔书写："汝所作恶，生便多罪。"或"汝已作众善行，生便受苦，若死当生天。"云云。对方读后而自断己命。或者比丘尼自己将取死之法表于纸墨，派人将此死书送往彼人，彼人因之而死。

P. **十六教遣书**：比丘尼自己不写，而派人作书，令人受死，亦如是。

（6）杀具

致人死亡的工具，此中有四。

【记】

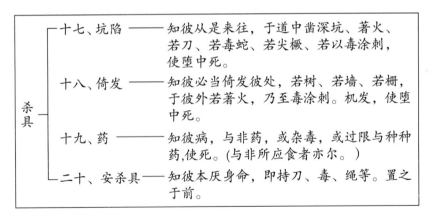

```
       ┌── 十七、坑陷 ──── 知彼从是来往，于道中凿深坑、著火、
       │                    若刀、若毒蛇、若尖橛、若以毒涂刺，
       │                    使堕中死。
       │
       │── 十八、倚发 ──── 知彼必当倚发彼处，若树、若墙、若栅，
       │                    于彼外若著火，乃至毒涂刺。机发，使堕
杀具 ──┤                    中死。
       │
       │── 十九、药 ───── 知彼病，与非药，或杂毒，或过限与种种
       │                    药，使死。(与非所应食者亦尔。)
       │
       └── 二十、安杀具 ── 知彼本厌身命，即持刀、毒、绳等。置之
                            于前。
```

第六类："杀具"

Q. **十七坑陷**：比丘尼知某甲从此道来往，即于道中凿深坑，且于此深坑中，或着火，或刀，或毒蛇，或小尖橛，或以毒涂刺，令某甲堕此深坑而死。

又，如果比丘尼为杀人而作坑，人因此坑而死，则结本罪；非人及畜生于此坑死，得兰罪。如果比丘尼为杀畜生造坑，畜生死，得提罪；人及非人死，得吉罪。如果比丘尼漫心造坑，即不限定杀人或非人、畜生等，则人死得夷罪，非人死得兰罪，畜生死得提罪。

R. **十八倚发**：比丘尼知道某甲一定会倚靠彼处，如树、墙、栅，便于彼处安置杀具，如着火乃至毒涂刺。某甲不知，倚靠彼处，触动机关，杀具射发，彼人即死。

S. **十九药**：比丘尼知某甲患病，或与非治此病之药，或与杂毒之药，或过限与种种药，令彼服药而死。慈舟律师加括弧（与非所应食者亦尔），意即：若与病人不应食之食物，使食之而死，亦得重罪。

T. **二十安杀具**：比丘尼知某甲厌患身命，即持刀、毒药、绳索等，放置在某甲前，令彼死亡。如世中行刑之所，比丘尼往看，施其绳索，令彼死者，犯重。

2. 结犯相状

【记】

此表说明三种情况：（1）若比丘尼故杀人，且作人想，如果杀死，结波罗夷罪；若已作种种方便但未杀死，结偷兰遮罪。（2）若比丘尼故杀天、龙、阿修罗、捷达婆、夜叉、饿鬼，若杀死，结偷兰遮罪；若已作种种方便但未杀死，结突吉罗罪。（3）若比丘尼故杀畜生，其能变形或有智慧，能解人语，若杀死，结偷兰遮罪；若已作种种方便但未杀死，结突吉罗罪。若畜不能变形者，见下波逸提第四十六条，即若杀死，结波逸提罪；方便不死，结突吉罗罪。

（二）引律补释

引《四分律》补充说明其他犯杀戒的相状，此中有二。

1. 堕胎

【记】 第四分 比丘以咒食、咒药乃至为按腹等，堕他胎。——波罗夷

堕胎后，母死，儿活。母死——无犯 方便堕胎——偷兰遮

根据《四分律·第四分》所制：若比丘以咒食、咒药乃至为妊妇按腹等，堕她胎，结波罗夷罪。此乃儿死，母活，望儿边结夷罪。又云：若堕胎后，母死儿活。则母死无犯，但因方便堕胎，须结偷兰遮罪。此因对母本无杀心，故母死无犯。但望儿边，本有杀心，而杀未遂，故须结杀人方便罪。[1]

2. 众比丘遣使断他命

【记】 同 众比丘遣一人断他命。——一切波罗夷。

---

[1] （后秦）三藏佛陀耶舍共竺佛念等译《四分律》卷五十六，《大正藏》第22册，第981页。

> 众比丘遣一人断他命，中有疑者，而不遮，即往杀。——一切波
> 罗夷
>
> 众比丘遣一人断他命，中有疑者，即遮。彼故往杀，遮者——偷兰
> 遮；不遮者——波罗夷。
>
> （尼亦例同）

《四分律·第四分》又制：（1）若众多比丘共遣一人断他人命，则一切俱结波
罗夷罪。（2）若众多比丘共遣一人断他人命，其中有人生疑，而不遮止，被遣者即往
杀，则一切亦俱结波罗夷罪。（3）若众多比丘共遣一人断他人命，其中有人生疑，
即遮止，但被遣者仍故往杀。遮者结偷兰遮罪；余不遮者俱结波罗夷罪。遮者之所
以仍结罪，以彼先前与余人共遣一人断他人命，虽后反悔，但仍须结方便杀人罪。[①]

比丘尼结罪同上。

七　境想

对所杀境是否想差之结犯。

（一）正明境想

【记】

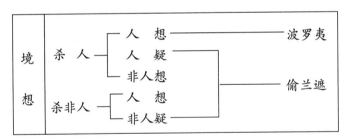

此有五句：

1. 若比丘尼杀人时，将对方当人想，结波罗夷罪。以无想差故。
2. 若比丘尼杀人时，心中生疑，不知对方是不是人，结偷兰遮罪。
3. 若比丘尼杀人时，将对方当成是非人，亦结偷兰遮罪。
4. 若比丘尼杀非人时，将对方当人想，结偷兰遮罪。
5. 若比丘尼杀非人时，心中生疑，不知对方是不是非人，亦结偷兰遮罪。

（二）引律别示

【记】　第四分 断男命，作女想；断女命，作男想。——同罪。

---

① （后秦）三藏佛陀耶舍共竺佛念等译《四分律》卷五十六，《大正藏》第22册，第981页。

断彼女命，作此女想；断彼男命，作此男想。——同罪。

　　《四分律·第四分》记载：尔时世尊在毗舍离，优波离尊者从坐起，偏露右肩，右膝着地，合掌白佛言："……大德，若作女想断男命，是犯不？"佛言："波罗夷。""大德，若作男想断女命，是犯不？"佛言："波罗夷。""若作此女想而断彼女命，是犯不？"佛言："波罗夷。""大德，若作此男想断彼男命，是犯不？"佛言："波罗夷。"①

八　开缘

（一）正明开缘

【记】

开缘	若掷刀、杖、瓦、石，误著彼身，死者。	无犯
	若营事作房舍，误堕墼石、材木、椽柱，死者。	
	若于重病人扶起、扶卧、浴时、服药时、从凉处至热处、从热处至凉处、入房、出房、向厕往返。	
	若一切无害心而死者。	

　　此戒开缘有四：

　　1. 若比丘尼掷刀、杖、瓦、石时，误着彼人身上，因而致死者，不犯。以无害彼人之心故。

　　2. 若营事比丘尼作房舍时，不慎将砖石、材木、椽柱堕彼人身上，因而致死者，不犯。（表中"墼"jī，即未烧之砖坯）

　　3. 若比丘尼或扶重病者起床，或扶之卧床，或与药令服，或扶之从凉处至热处，或扶之从热处至凉处，或扶之入房，或扶之出房，或扶之入厕，或扶之出厕，来回往返，因而致死者，不犯。以看病者小心看护，且怀慈济，无丝毫害心故。

　　4. 若一切无害心而死者：上三缘乃略举开缘之相，此句则通收一切，但约无害心，便不犯。

（二）引律别示

　　引《四分律》特别说明余相，此中有三。

　　1. 误压死他人

　　【记】　第四分 比丘在山顶欲自杀，投身，堕斫竹人身上，比丘不死，彼死。

---

　　①　（后秦）三藏佛陀耶舍共竺佛念等译《四分律》卷五十六，《大正藏》第22册，第980页。

彼死。——无犯　方便欲自杀。——偷兰遮（尼同）

《四分律·第四分》记载："时有比丘欲舍戒堕下业，彼作是念：'我不应已于佛法中出家作如是恶事。'即往摩头山顶，自投身堕斫竹人上，比丘活、彼人死。疑，佛言：'彼人死无犯，方便欲自杀偷兰遮。'"① 比丘尼同制。

2. 无心杀贼

【记】　同 捉贼压治，或着地窖中，遂死。无杀心。——无犯。但不应尔。

律中记载："时有贼盗取比丘衣钵、针筒、坐具，时比丘即捉贼压治，遂命过。疑，佛问言：'汝以何心？'答言：'不以杀心。'佛言：'无犯。而不应压治。'时有贼盗比丘衣钵、坐具、针筒，比丘捉得，内着地窖中，遂命过。彼疑，佛言：'汝以何心？'答言：'不以杀心。'佛言：'无犯。而不应尔。'"②

3. 强为人治痈

【记】　同 按他痈肿或涂药等，他不许，强为之，彼死。无杀心。——无犯。但不应强为。

律中记载："时有比丘，腋下有痈肿，有比丘为按，彼语言：'莫按！莫按！'而故为按之不止，遂便命过，疑。佛问言：'汝以何心？'答言：'不以杀心。'佛言：'无犯。而不应如是强按。'时有比丘通身肿，有比丘以急躁药涂之，彼言：'止！止！莫涂，我患热痛。'彼言：'小忍，当得除差。'涂之不止，遂便命过。疑，佛问言：'汝以何心？'答言：'不以杀心。'佛言：'无犯。而不应如是强涂。'"③

练习题

1. 何谓"杀"？

2. "简于非畜，不犯重故。或名大杀，简后小故。"这段文是何意？

3. 简述佛制"杀人戒"三要素并说明为什么说能犯人是"婆裘园诸比丘"？

4. 请背诵并解释"杀人戒"之戒文。

5. 佛制"杀人戒"有哪二意？

6. "杀人戒"具哪几缘成犯？

7. 请分别解释九种教人杀？

8. 请列举三种口业杀人的相状。

---

① （后秦）三藏佛陀耶舍共竺佛念等译《四分律》卷五十六，《大正藏》第 22 册，第 983 页。
② （后秦）三藏佛陀耶舍共竺佛念等译《四分律》卷五十六，《大正藏》第 22 册，第 981 ~ 982 页。
③ （后秦）三藏佛陀耶舍共竺佛念等译《四分律》卷五十六，《大正藏》第 22 册，第 981 页。

9. 若比丘尼故意杀众生，如何结罪？

10. 根据《四分律·第四分》所制，堕人胎如何结罪？

11. 若对所杀境想差如何结罪？

12. "杀人戒"有哪些开缘？

 思考题

1. 佛是一切智人，为何对婆裘园诸比丘教修"不净观"，乃令其死？

2. 如何正确把握临终关怀与叹死、誉死、劝死？

3. 为什么说人之身心俱是受道之器？

第五节　大妄语戒

一　戒名

【记】　大妄语戒第四　（同、大、性）

（一）正释

大：过重欺深。**妄：**体乖实录。**语：**成业在口。**妄语：**乖离真实之语言。

大妄语戒：若比丘尼于过人法未证言证，未得言得，佛制不许。《楞严经》云："如是世界六道众生，虽则身心无杀盗婬，三行已圆；若大妄语，即三摩提不得清净，成爱见魔失如来种。"①

（二）引文解

【记】　灵芝资持记妄语名通，加大简小，唯局称圣。

灵芝律师在《资持记》中解释：因妄语之名通于大小，故今加"大"字，以简别小妄语。此大妄语戒，唯局妄称已证圣。余不实之称，则归小妄语戒所摄。②

二　缘起

【记】　众多比丘

此戒由二缘而制：一是婆裘河比丘；一是增上慢比丘。

制此戒三要素：（1）何处制：佛在毗舍离制。（2）因谁制：婆裘河边众多比丘，

---

① （唐）天竺沙门般剌蜜帝译《楞严经》卷六，《大正藏》第19册，第132页。

② （宋）元照律师撰《四分律行事钞资持记》卷二，《大正藏》第40册，第285页。

增上慢比丘。（3）**因何制**：时世谷贵，乞食难得。婆裘河边有安居比丘，便共称叹得上人法，信心居士减份施之。后往佛所，因问呵责，而制此戒。有增上慢比丘，自言已证，后精进修道，实证以后方知前言不实。展转白佛，佛重制此戒，开增上慢。

三　戒文

【记】　戒文——若比丘尼，实无所知。自叹誉言：我得过人法，我已入圣智胜法。我知是，我见是。后于异时，若问、若不问，欲求清净故，作是说：诸大姊，我实不知不见，而言我知我见，虚诳妄语。除增上慢。是比丘尼波罗夷，不共住。

戒文分七句：

第一句：若比丘尼 ——能犯人

白四羯磨如法得处所的比丘尼。

第二句：实无所知——是妄境

实不知苦、集、灭、道四圣谛理，亦未得诸神通，此是妄称之境。

第三句：自叹誉言，我得过人法，我已入圣智胜法，我知是，我见是——犯过本

此句示行妄之相，亦是犯过之本。前两句是总举。后三句乃别示犯相。自我称叹赞誉"我已得过人所修、所证之法，我已证入生空之智及法空胜法之理，我知四圣谛理，真实不妄，我得诸神通，真实不妄"。

所谓"过人法"，《戒本疏》云：言非称实，名之为妄。妄说圣德，事超凡境，故云过人法。"过"者有二：一者超越凡夫至圣位；二者超越欲界至色界。[1]

《四分律》对此句涉及法相作详解：[2]

自称者：自称说有信、戒、施、闻、智慧、辩才。

《行宗记》如是解释"信"乃至"辩才"。**信**：即不坏之信。谓内凡分见真理，善根坚固，不可倾动，故云不坏。**戒**：即八正道中正语、正业、正命及定共戒、道共戒，此并是圣戒。其中正语、正业、正命，皆以无漏之戒为体，为戒所摄，故言八正之戒。而定、道二共戒，乃得色无色定及初果已上，得无漏圣道时，身口任运，离诸业非，与定、道同时，故二并名共，亦名为俱。**施**：亡我之施，即能施、所施及中间物，三皆不可得，则心不望福求报，名不住相施。**闻**：道分无漏闻慧。**智慧**：思、修正道之智。**辩才**：即四无碍辩：法无碍辩、义无碍辩、辞无碍辩、乐说无碍辩。[3]

人法者：人阴、人界、人入。

---

① （唐）道宣律师撰《四分律含注戒本疏》卷二，《卍新续藏》第 39 册，第 848 页。

② （后秦）三藏佛陀耶舍共竺佛念等译《四分律》卷二，《大正藏》第 22 册，第 578 页。

③ （宋）元照律师述《四分律含注戒本疏行宗记》卷二，《卍新续藏》第 39 册，第 850 页。

《四分律名义标释》释：**人法者**，人阴、人界、人入也。然此三法，一切有情皆悉具之，故名众生。今以局在人中说故，故云人法。**阴**：即色、受、想、行、识五阴。**入**：即六入，亦即十二入：以眼、耳、鼻、舌、身、意为内六入；色、声、香、味、触、法为外六入。此十二通称为入者，入以涉入为义，根尘相对，则有识生。识依根尘，乃为能入，根尘即是所入。**界**：即十八界，六根、六尘、六识也。界以界别为义，此十八法各有别体，义无混滥，故通受界名。

此阴、入、界，名为三科法门。法门虽三，总是色、心二法，开合不同而已，佛为迷心不迷色人说五阴法，合色为一分，开心为四分；为迷色不迷心人，说十二入法，开色为十分半，谓内五根，外六尘，法尘半分故，合心为一分半，谓意根一分，法尘半分；为心色俱迷人，说十八界，开色为十分半，开心为七分半，谓六识加意根一分、法尘半分。斯皆如来，逗众生机，说此三科法门。各随根性，任修一法，即能悟入。①

上人法者：诸法能出要成就。据《戒本疏》释：以上诸法，如信、戒、施、闻、智慧、辩才过人等，以非唯一法故言之。**出**：凭借此法能破诸有漏法；**要**：离此法外，非余法能，故曰要。**成就**：顺于佛教，能灭诸烦恼，故曰成就。②

自言念在身者：有念能令人出离，狎习亲附此法，修习增广如调伏乘，守护观察善得平等，已得决定，无复艰难而得自在，是为自言得身念处。

自言正忆念者：有念能令人出离，狎习亲附此法，修习增广如调伏乘，守护观察善得平等，已得决定，无复艰难而得自在，是为自言正忆念。自言得戒、自言有欲、自言不放逸、自言精进、亦如上说。

自言得定者：有觉有观三昧、无觉有观三昧、无觉无观三昧、空无相无作三昧，狎习亲附思惟此定，余如上说。

自言得正受者：想正受、无想正受、随法正受、心想正受、除色想正受、不除色想正受、除入正受、一切入正受，狎习亲附思惟此正受，余如上说。

自言有道者：从一支道乃至十一支道，狎习亲附思惟此道，余如上说。

自言修者：修戒、修定、修智、修解脱慧、修见解脱慧，狎习亲附，余如上说。

自言有智者：法智、比智、等智、他心智，狎习亲附思惟此智，余如上说。

自言见者：见苦、见集、见尽、见道，若复作如是言："天眼清净观诸众生，生者、死者，善色、恶色，善趣、恶趣。知有好丑、贵贱，随众生业报如实知之。"狎习亲附，余如上说。

自言得者：得须陀洹、斯陀含、阿那含、阿罗汉，狎习亲附，余如上说。

———————————

① （明）弘赞律师辑《四分律名义标释》卷五，《卍新续藏》第 44 册，第 441～442 页。
② （唐）道宣律师撰《四分律含注戒本疏》卷二，《卍新续藏》第 39 册，第 850 页。

自言果者：须陀洹果、斯陀含果、阿那含果、阿罗汉果，狎习亲附，余如上说。

第四句：后于异时，若问，若不问，欲求清净故，作是说：诸大姊，我实不知不见，而言我知我见，虚诳妄语——解疑网

打大妄语之比丘尼，说此妄语后，于别一时期，或其他清净比丘尼检问："汝得圣道果耶？从何法师学得此道？汝何处得？得时云何？"方发露答云："我实不知四圣谛理，亦未见诸神通，而言我知四圣谛理，我见诸神通，是虚诳妄语也。"

或打大妄语比丘尼见世人造恶，诣官自首，可以减刑，于是欲求清净，乃作是说："我实不知四圣谛理，亦未见诸神通，而言我知四圣谛理，我见诸神通，是虚诳妄语也。"虽作如是自首，然由口造业，言了了即结重罪，恶业已成。

虚：即所说无实。**诳**：本欲诳惑于他。**妄语**：因以妄心，方自称说。

第五句：除增上慢——开心实

增上：无漏正道，超出世间有为之相，名为增上。**慢**：于增上之法，未得谓得，名之为慢。由增上慢人，不违法相，错认消息，得小轻安，自谓究竟，乃是如心而说，故不入妄语罪中。①

第六句：是比丘尼波罗夷——结罪

此实不知不见，而言我知我见的比丘尼，须结波罗夷罪。

第七句：不共住——灭摈

既犯波罗夷，即应被灭摈，不得与大众僧同一说戒，同一羯磨。

四　制意

【记】　　四分律疏制意：无漏真道，圣所证法，非是凡夫障秽之所然契。以未得故，冒假虚谈，自言己证。惑乱群心，欺诳于世。希招名利，以自拥己。曀②法于时。过中之重，故须圣禁。

（一）正明制意

佛制此戒之本意，为令弟子远离行大妄语之四种过失。

---

① 《摩诃僧祇律》卷四记载："时有二比丘在阿练若处住，其一比丘暂成就根力觉道，贪恚不起，语第二比丘言：'长老是我善知识所敬重者，今欲向长老说密事。'彼言：'汝欲说何等？'便言：'长老！我得阿罗汉。'……是比丘后时游诸聚落，放纵诸根废习止观，便起烦恼觉痴爱生，便语其伴：'我本谓有所得，定自未得。何以知之？自觉心中烦恼犹在。'彼比丘言：'长老妄称得过人法，犯波罗夷。'是比丘言：'我非知而妄语，谓为实耳。'诸比丘以是事具白世尊……尔时世尊告诸比丘：'是比丘非故虚妄说得过人法，当知此比丘是增上慢。'佛告比丘：'云何于正法中信家非家、舍家出家起增上慢？汝当方便除增上慢可得罗汉。'时彼比丘大自惭愧，即于佛前精进方便修行正观，除增上慢得罗汉果。"（《大正藏》第22册，第259页。）

② 曀：yì，翳也，昏暗、隐没。

1. 窃法之过

无漏圣道，乃圣人所证之法，根本不是三毒具足之凡夫所能契合。自己尚未证得，却假装、冒充，虚妄诈称已证已得，故犯窃法之过。

2. 诳人之过

对内，迷惑大众之心；对外，欺罔、诳惑世人。欲令他人虚解自己为圣者，而别行供养，致失正信。

3. 邪求之过

希望借此博得名闻利养，以拥为己有。世间有德君子尚不齿蝇头小利，况出世向道之士？昔孔子在陈绝粮，子路问云："君子亦有穷乎？"孔子曰："君子固穷，小人穷斯滥矣！"①意即君子处于困穷，能坚定不移，守志不变；小人当困之时，则无所不为也。故出家修行者岂可为名利而行邪命？所谓"利养及名闻，愚人所爱乐。能坏众善法，如剑斫人头"②。

4. 灭法之过

于虚诳妄语之时，佛法随之隐没。此乃过中之重，故须制戒禁约。

《五分律》卷二云：佛言世间有五大贼：一者，作百人千人主，破城聚落，害人取物。二者，有恶比丘将诸比丘游行人间，邪命说法。三者，有恶比丘于佛所说法，自称是我所造。四者，有恶比丘不修梵行，自言我修梵行。五者，有恶比丘为利养故，空无过人法，自称我得。此第五贼，名为一切世间，天、人、魔、梵、沙门、婆罗门中之最大贼。

（二）设问结示

灵芝律师在《行宗记》设问答总结四戒之重。

问：婬盗杀妄四戒制意中皆云"过中之重"，究竟何者最重？

答：此四戒皆为重戒，岂有优劣之别？但各专一义，相对而言方有优劣：如婬戒障道之极，余三则轻。盗戒违恼最重，杀戒损害道器最重，妄语取诳罔于时最重。

五 具缘

【记】 南山行事钞 具九缘成犯。一、对境是人。二、人想。三、境虚。四、自知境虚。五、有诳他心。六、说过人法。七、自言己证。八、言了了。九、前人解，犯。

此戒具九缘成犯：

---

① 见《论语·卫灵公篇》：在陈绝粮，从者病，莫能兴。子路愠见，曰："君子亦有穷乎？"子曰："君子固穷，小人穷斯滥矣。"

② （唐）三藏法师义净奉制译《根本说一切有部毗奈耶》卷十四，《大正藏》第23册，第701页。

1. **对境是人**：比丘尼所欺诳的对象是人。

2. **人想**：欺诳时，作人想，没有想差。

3. **境虚**：所说证圣之境虚妄不实，即自身实无证圣。

4. **自知境虚**：自己也了知实无证圣。若不知境虚，如增上慢人，不犯本罪。

5. **有诳他心**：有欺诳对方之心。

6. **说过人法**：所说的内容为过人法（指无漏圣道，出过凡法）。若言人法，如："我持戒清净。"或言："我婬欲不起。"不实者，结兰罪。

7. **自言己证**：自言己得过人法。若不自言己证，而言他人证果。若但虚称美名而不为名利，得吉罪；若为自身名利而虚称，得兰罪。

8. **言了了**：说得清楚明了。若不清楚明了，结兰罪。

9. **前人解**。犯：对方闻且解其意，便犯波罗夷。若对方听不清楚，或闻而不解其意，结兰罪。

六　罪相

（一）正明犯

【记】

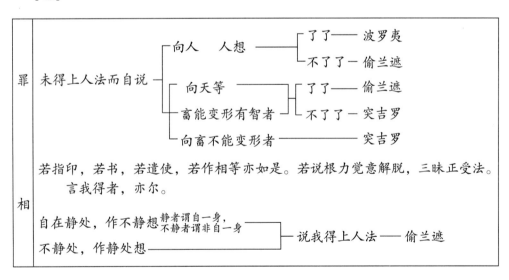

此表列三事：自言、指印等、场景。

1. 自言

口自说大妄语。

（1）向人说

若比丘尼自未得上人法，而向人说已得上人法，说时亦将对方想是人。且说得清楚明了，对方亦闻解，即结波罗夷罪；如果说得不清楚，结偷兰遮罪；如果说得清楚明了，但对方或未听清楚，或听清楚而不解其意，亦结偷兰遮罪。

（2）向天等说

若比丘尼自未得上人法，而向天、龙、阿修罗、犍闼婆、夜叉、饿鬼说已得上人法，说得清楚明了，对方亦闻解，即结偷兰遮罪；若说得不清楚，或虽说得清楚明了，但对方未听清楚或听清楚而不知其意，俱结突吉罗罪。

（3）向能变化或有智畜生说

若比丘尼自未得上人法，而向能变化或有智解人语的畜生说已得上人法，结罪同（2）。

（4）向不能变化或无智畜生说

若比丘尼自未得上人法，而向不能变化且无智不解人语的畜生，不问说得清楚明了与否，俱结突吉罗罪。

2. 指印等

以指印等相表大妄语及言其他妄语。

（1）指印等作相表妄

此中含四：

①**若指印**：如果比丘尼自未得上人法，而以指印表示已得上人法。若对方相信，结波罗夷罪；若疑，结偷兰遮罪。

②**若书**：如果比丘尼自未得上人法，而用书信表达已得上人法。若文意明了，且对方阅而知解，结波罗夷罪；若文意不明了，结兰罪；若文意明了，但对方未阅，或阅而不解其意，俱结偷兰遮罪。

③**若遣使**：如果比丘尼自未得上人法，而遣使向他人说已得上人法。若使者诳他时，言语清楚明了，对方闻解，比丘尼即得波罗夷罪；若使者言语不清楚，比丘尼结偷兰遮罪；若使者言语虽清楚明了，但对方未听清楚，或听清楚而不解其意，比丘尼亦结偷兰遮罪。

④**若作相等亦如是**：所谓作相，即现身口威仪，示已有所知、有所见，令他虚解，以为己是异于凡夫的圣者。若比丘尼自未得上人法而现身相，示已有所知有所见。若对方信者，得波罗夷罪；若疑者，结偷兰遮罪。

（2）说根力觉意等

说根力觉意等亦犯重。

若比丘尼未得五根、五力、七觉意、八解脱、三三昧、正受法，以言说或作相向人、天、畜生等表示已得，其结罪情况同上。

根：即五根：一信根、二精进根、三念根、四定根、五慧根。**力**：即五力：一信力、二精进力、三念力、四定力、五慧力。有问：五力名同于五根，何须更立此五力耶？答：善根虽生，恶犹未破，复更修习，令根增长，是故此五复受力名。根成恶破，故名为力。①

觉意：即七觉支：择法觉支、精进觉支、喜觉支、轻安觉支、念觉支、定觉支、舍觉支。

解脱：即八解脱，亦名八背舍。或有云：在因位修曰八背舍，于果位证名八解脱。

三昧正受：梵汉双举，《大智度论》曰："善心一处住不动，是名三昧。"②

3. 妄语场景

妄语场景想差之结犯。

若比丘尼未得上人法，本仅有自己一人，而想有多人共处。或本有多人共处，而想仅有自己一人。如是向人说已得过人法，俱结偷兰遮罪。

（二）引文释

1. 引《戒本疏》

【记】　南山戒本疏　西域人指，并贯环印，见相知心，义应假语。作相者，现身口威仪，令异凡度也。

道宣律师在《戒本疏》中说：西域人手指上常贯有环印，若见环印之相，即知其心所要表达之意。但如果仅示其环印之相，恐难辩了，故于义应有佐助表达其意之言语。如果以身口威仪相状等显现与凡人不同的气质风度，亦应归在"大妄语"中。③

2. 引《四分律》

【记】　第四分　比丘向檀越言，常为汝说法者，是阿罗汉。檀越问：大德何所说？比丘默然——偷兰遮。不了了故。（尼同）

《四分律·第四分》记载："时比丘有檀越，比丘语言：'常为汝说法的人是阿罗汉。'檀越即问言：'大德何所说？'便默然。比丘疑，佛言：'不了了，偷兰遮。'"④ 以表达不清楚，对方亦不知其意故。比丘尼同制。

3. 弘一律师加"案"说明

【记】　案　天等者，具云：天、龙、阿修罗、犍闼婆、夜叉、饿鬼。已下并同，准是应知。

---

① （唐）毗陵沙门湛然述《止观辅行传弘决》卷七，《大正藏》第 46 册，第 364 页。
② 〔印度〕龙树菩萨造，（后秦）三藏鸠摩罗什奉诏译《大智度论》卷七，《大正藏》第 25 册，第 110 页。
③ （唐）道宣律师撰《四分律含注戒本疏》卷二，《卍新续藏》第 39 册，第 853 页。
④ （后秦）三藏佛陀耶舍共竺佛念等译《四分律》卷五十六，《大正藏》第 22 册，第 983 页。

弘一律师加"案"解释：罪相中所言天等，完整说，包括天、龙、阿修罗、犍闼婆、夜叉、饿鬼。已下诸戒并同，准此应知。

七　并制

兼制余相。

【记】

| 并制 | 实得上人法。———向不同意比丘尼说。———突吉罗 |

若比丘尼实得上人法，向不同意比丘尼说，结突吉罗罪。

不同意：即境界不同，不能知解。

八　境想

（一）正明境想

【记】

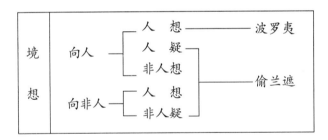

此表列示五种情况：

1. 若比丘尼自未得上人法，而向人说已得上人法，说时无有想差，将对方作人想，结波罗夷罪。

2. 若比丘尼自未得上人法，而向人说已得上人法，但说时怀疑对方是人，结偷兰遮罪。

3. 若比丘尼自未得上人法，而向人说已得上人法，但说时想对方是非人，结偷兰遮罪。

4. 若比丘尼自未得上人法，而向非人说已得上人法，但说时想对方是人，结偷兰遮罪。

5. 若比丘尼自未得上人法，而向非人说已得上人法，但说时怀疑对方是非人，结偷兰遮罪。

（二）引律别示

引律特别说明虽对境想差但结罪相同。

【记】　　| 第四分 |男前，作女想；女前，作男想。——同罪

此女前，作彼女想；此男前，作彼男想。——同罪

《四分律·第四分》记载：诸比丘白佛言："大德，若男前作女想是犯不？"佛言："波罗夷。""女前作男想是犯不？"佛言："波罗夷。""若于此女前作彼女想，是犯不？"佛言："若说了了者，波罗夷；若不了了者，偷兰遮。""于此男前作彼男想是犯不？"佛言："若说而了了者，波罗夷；说而不了了者，偷兰遮。"[1]

九　开缘

（一）正明开缘

【记】

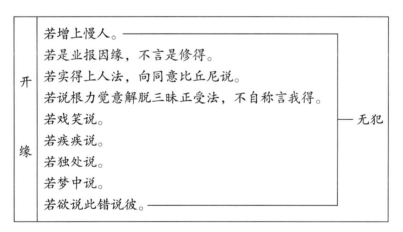

此戒开缘如下：

1. **若增上慢人**：若比丘尼是增上慢人，言己得上人法，不犯，以境虚心实故。

2. **若是业报因缘，不言是修得**：比丘尼有不同于常人的神通力，如能见鬼、彻听远声等，此是业报因缘所得。如果不说是己修得，则不犯。

3. **若实得上人法，向同意比丘尼说**：若比丘尼确实证得上人法，向同意比丘尼说，不犯。同意：境界相当，堪能知解。

4. **若说根力觉解脱三昧正受法，不自称言我得**：若比丘尼向人说五根、五力、七觉意、八解脱、三昧正受法，但不自称说是己得者，不犯。

――――――――――――

[1] （后秦）三藏佛陀耶舍共竺佛念等译《四分律》卷五十六，《大正藏》第 22 册，第 983 页。

5. **若戏笑说**：若比丘尼戏笑说："我得上人法！"不犯本罪，以实无诳意。但乖言说仪则，须结吉罪。

6. **若疾疾说**：若比丘尼疾疾说："我得上人法！"不犯本罪，以言语不辩了故。但乖言说仪则，亦须结吉罪。

7. **若独处说**：若比丘尼独处自说："我得上人法！"不犯本罪，以不为他闻故。但乖言说仪则，亦须结吉罪。

8. **若梦中说**：不犯，以无心故。

9. **若欲说此，错说彼**：若比丘尼欲说此事，而错说彼事，不犯。以所说并非己意故。

（二）引文释相

引律文和祖师著作解释开缘的相状，此中有五。

1. 引《戒本疏》释业报得者不犯

【记】 南山戒本疏 若业报得者，今有见鬼、彻听，非是修得，恐同圣故。如：世俗通、咒通、术通、幻通、药通、报通。如鸟飞空，报通也。人虽不得，亦不怪彼。

《戒本疏》云：开缘中，之所以列出业报因缘所得诸通，是因为有人能见到鬼、能彻听远处音声等，此非修证得来，而是由其业报感得。道宣律师恐有人滥同于圣人修得之神通，故特别简别。如：世俗通、咒通、术通、幻通、药通、报通，灵妙莫测。又如报通，来去无碍，悉皆不犯本戒。如鸟于空中飞行，此即报通。人虽不能飞行，见鸟飞行，亦不惊怪。[①]

2. 引《行事钞》明乖语仪结吉罪

【记】 南山行事钞 戏笑已下三相，皆不犯重，而犯吉罗。以非言说之仪轨故也。（已下诸戒开缘中有戏笑说等者，并同此义。）

道宣律师在《行事钞》中云：开缘中，"若戏笑说"已下三相，即"若戏笑说、若疾疾说、若独处说"，皆不犯重罪，但犯突吉罗罪。皆因乖违通常言谈说话之仪则轨度。[②]

以下诸戒开缘，有"若戏笑说，若疾疾说，若独处说"等者，皆同此义。[③]

---

① （唐）道宣律师撰《四分律含注戒本疏》卷二，《卍新续藏》第39册，第853页。

② （唐）道宣律师撰《四分律删繁补阙行事钞》卷二，《大正藏》第40册，第60页。

③ 此乃弘一律师之注。

3. 引《四分律》明非自言不犯

【记】 第四分 众比丘游行，人言：大德阿罗汉来。比丘问：汝何所说？答：大德应受饮食衣服医药所须之具。比丘言：有是理。——无犯（尼同）

《四分律·第四分》云：时有众多比丘于拘萨罗国游行，有信乐能相婆罗门，见已，作如是言："大德阿罗汉来。"比丘问言："汝何所说耶？"彼答："大德，应受饮食、衣服、医药所须之具。"比丘言："有是理。"比丘疑，白佛。佛言："无犯。"① 因为比丘所言，意即比丘应受四事供养，而非自称己是阿罗汉，故无犯也。比丘尼同制。

4. 引《四分律》明真实语不犯

【记】 同 目连说诸神通事，诸比丘谓为妄说得上人法。佛言：目连所说如实。——无犯。佛止目连，不须复说，令诸比丘以不信故，得多罪。（尼同）

《四分律·第四分》记载：目连说诸神通事，诸比丘谓目连妄说得上人法，波罗夷，非比丘。白佛，佛言："目连所说如实不犯。"尔时佛告目连言："汝止止！不须复说！诸比丘不信汝言，何以故？令诸比丘不信故得多罪。"② 比丘尼亦同。

5. 引《行事钞》明自称是佛不犯重

【记】 南山行事钞 摩得伽云：自称是佛、天人师等，偷兰。灵芝释云：今时即佛，便谓己是，不复进求，准同此犯。经云：一切众生，皆有佛性。此指理同，须知事异。如冰即水，冰岂成流。似矿即金，矿无金用。岂得僭同上圣，惑彼下愚。恣懒慢以谓无修，作鄙秽而言妙用。若此即佛，何止汝徒。经说遮那遍一切处，则山河大地全法王身。软动翾飞③，皆如来藏。此盖都迷阶渐，一混圣凡。灭法坏人，莫甚于此。自非达者，谁复鉴哉！

道宣律师在《行事钞》中说：伽论云，若自称己是佛、天人师等，结偷兰遮罪。④ 自称佛为何仅结偷兰遮罪？一者，世间但有一佛，更无第二故；二者，佛具足三十二相，相好光明，异于世人，无人信受故。

灵芝律师在《资持记》中对此作解释：今时（宋朝），有人但闻理即佛⑤，便认

① （后秦）三藏佛陀耶舍共竺佛念等译《四分律》卷五十六，《大正藏》第22册，第983页。
② （后秦）三藏佛陀耶舍共竺佛念等译《四分律》卷五十六，《大正藏》第22册，第984~985页。
③ 翾：xuān，飞翔。
④ 《萨婆多部毗尼摩得勒伽》卷一云："'我是佛。'偷罗遮。'我是天人师。'偷罗遮。"（《大正藏》第23册，第571页。）
⑤ 所谓"理即佛"，《大明三藏法数》卷十九云："谓众生本具佛性之理，与诸如来无二无别。故《涅槃经》云：一切众生即是佛，是为理即佛。"（《永乐北藏》第182册，CBETA第182页。）

为自己是佛，而不再更精进求道，准《伽论》所说，理应犯偷兰遮。《涅槃经》《梵网经》《佛说大般泥洹经》等大乘经典皆云：一切众生，皆有佛性。此乃约理性而言，一切众生同具佛性。然而须知于事相上，则是森罗差别。譬如冰是由水结成，然冰是固体，岂能如水成流？又如未经提炼之金矿，虽亦含全，然却无精金之用！众生亦复如是，虽本具如来智慧德相，然由最初一念不觉，经旷尘劫，已是具缚凡夫，岂得超越本位，混同究竟佛，而迷惑不明教理之众生？

恣意、懒惰、懈慢，以谓"无修"，如言："烦恼即菩提"！作粗鄙污秽事，反言是真如妙用，如言："行婬怒是真如妙用！"若说此理即佛，何止汝等这般恣意懒慢、行为鄙秽之徒是。经云：毗卢遮那法身佛遍一切处，则山河大地全是法王之身；软动蠕飞皆是如来藏。[①] 谓己是佛者，皆是迷于修道之阶位次第，而将事理圣凡混为一谈。毁灭佛法，引人误入歧途，实无超过此之知见言说。自非通达教理之人，谁又能鉴别此中道理？

 练习题

1. "妄语名通，加大简小，唯局称圣。"这段文是何意？

2. 略述佛制"大妄语戒"三要素。

3. 背诵并解释"大妄语戒"之戒文。

4. 何谓"增上慢"？

5. 大妄语有哪些过患？

6. 婬、盗、杀、妄四戒制意中都说是"过中之重"，此四戒究竟哪一戒最重？

7. 何谓"过人法"？

8. "大妄语戒"具几缘成犯？请略作解释。

9. 向不同的众生口自说大妄语如何结罪？

10. "罪相"中所言"天等"，包括哪些众生？

11. 何谓"不同意比丘尼"？

12. "大妄语戒"有哪些开缘？

思考题

1. 日常生活中见闻的大妄语有哪些？

2. 如何正确把握既能最大限度利益众生，又不犯大妄语戒？

3. 如何理解"一切众生皆有佛性"？

---

① （唐）天竺沙门般剌蜜帝译《楞严经》卷三、卷四，《大正藏》第 19 册，第 118 页、119 页等；（刘宋）昙无蜜多译《佛说观普贤菩萨行法经》，《大正藏》第 9 册，第 392 页。

第六节 摩触戒

一 戒名

【记】 摩触戒第五 （残、大、性）

摩： 以手触摩；**触：** 男女二身互相触对。

摩触戒： 若比丘尼与男子意相染着，彼此身相触对，互相触摩者，佛制不许。

以男女意相染着，爱染污心，互相摩触，容犯根本，是婬戒前方便，其性是恶。佛为防微杜渐，以防犯根本，故深防中制。

二 缘起

【记】 大善鹿乐长者 偷罗难陀尼

偷罗难陀尼，乃缘起中能犯之人。

佛制此戒三要素：（1）**何处制：** 佛于舍卫国制。（2）**因谁制：** 偷罗难陀尼。（3）**因何制：** 有大善鹿乐长者与偷罗难陀尼，互相系意。长者设食，诸尼尽往，唯偷罗难陀尼不往。长者至寺，摩触呜之，守房小沙弥尼白大尼，展转白佛，故制。

三 戒文

【记】 戒文——若比丘尼，染污心，共染污心男子，从腋已下、膝已上，身相触，若捉摩。若牵，若推，若上摩，若下摩，若举，若下，若捉，若捺，是比丘尼波罗夷，不共住。是身相触故。

戒文共有八句：

第一句：若比丘尼—— 能犯人

白四羯磨如法得处所的比丘尼。

第二句：染污心—— 有染心

比丘尼自有染污心。

所谓染污心，即婬乱变心。《善见律》云："婬乱变心者，婬欲入身，如夜叉鬼入心无异，亦如老象溺泥不能自出。婬乱变心随处而着，无有惭愧。或心变欲或欲变心，是故律本中说，婬乱变心，心即染着。"[1]

第三句：共染污心男子—— 境亦染

---

[1] （齐）三藏僧伽跋陀罗译《善见律毗婆沙》卷十二，《大正藏》第 24 册，第 761 页。

比丘尼所对的男子亦有染心。

男子：即堪行婬欲，有智，命根未断，解好恶言义，有漏心之人。

第四句：从腋已下，膝已上，身相触——出身分齐

腋已下膝盖已上身分，此乃重境，却衣与男子身相触摩。

第五句：若捉摩、若牵、若推、若上摩、若下摩、若举、若下、若捉、若捺——明摩触业

此明摩触业：（1）**若捉摩**：捉摩身之前。捉，即捻置一处。（2）**若牵**：牵前。（3）**若推**：推后。（4）**若上摩**：从下至上逆摩。（5）**若下摩**：从上至下顺摩。（6）**若举**：抱举于凳上、几上、床上等。（7）**若下**：若立，抱下令坐。（8）**若捉**：捉前、捉后、捉乳、捉髀。（9）**若捺**：用手重按乳、髀、脐等。

第六句：是比丘尼波罗夷——结罪

与染污心男子身相触的比丘尼，须结波罗夷罪。

第七句：不共住——灭摈

犯波罗夷的比丘尼应被灭摈，不得与大众僧同一说戒，同一羯磨。

第八句：是身相触故——制名

所犯之事是因比丘尼与男子皆怀染污心身相触，故佛制戒遮约，名为摩触戒。

四　制意

【记】　四分律疏制意：凡女人之性，染爱情深，既受摩触，适悦处重。又人轻易陵，义无自固。容成大恶，临危事险。可坏之甚，故方便之内，制以深防。但使受乐，即结夷罪。

女子天性，染爱心重，易动感情、生爱着，且触觉灵敏。当有男子摩触，便生爱乐。又，女人柔弱，易被欺凌，难以自护。摩触之下，即临近犯根本婬戒边缘，甚是危险。因此，方便之中，佛从深防中制。只要随触受乐，就犯波罗夷罪。

五　具缘

【记】　比丘尼钞具六缘成犯：一、是人男。二、人男想。三、彼此有染心。四、腋已下，膝已上，腕已后。五、身相触。六、受乐便犯。

据《比丘尼钞·随戒篇》中释，此戒具六缘成犯：

1. **是人男**：对方是人男子。

2. **人男想**：作人男子想，无有想差。

3. **彼此有染心**：彼此意相染着。

4. **腋已下，膝已上，腕已后**：比丘尼身分重境为腋已下，膝已上、腕已后。除此，则为轻境。因此轻境，染心既微，必无陵逼之过，故犯轻罪。又尼以轻境触男重境，或男以轻境触尼重境，皆犯重。

5. **身相触**：二人却衣，身相触对。若一有衣，一无衣，或二人俱有衣，不犯重。

6. **受乐便犯**：比丘尼与男子身相触，受乐便犯波罗夷。**受乐**：此约男触尼而言。若比丘尼主动往触男子，随触便犯，不待受乐。

六　罪相

【记】

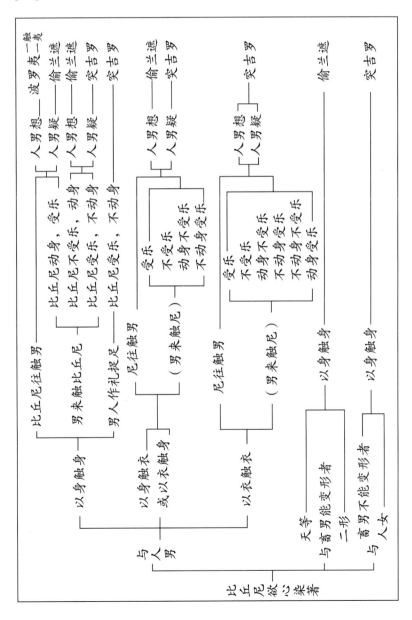

此表列示比丘尼犯摩触戒之结犯相状。含二事：与人男、与余趣。

（一）与人男

比丘尼欲心染着与人男身相触。包括三部分内容：以身触身、以身触衣或以衣触身、以衣触衣。

1. 以身触身（俱无衣）

即比丘尼与男子，俱无衣，以身触身。此又分三：

（1）比丘尼往触男

若比丘尼主动以身触男子身，欲心染着，不问受乐不受乐，男作男想，随一一触，一一波罗夷；若作男人疑，随一一触，一一偷兰遮。

（2）男来触比丘尼

若男子以身来触比丘尼身，比丘尼欲心染着：① **若动身、受乐**：若男作男想，波罗夷；若人男疑，偷兰遮。② **若不受乐动身**：若男作男想，偷兰遮；若作人男疑，突吉罗。③ **若受乐不动身**：若男作男想，偷兰遮；若作人男疑，突吉罗。

（3）男人作礼捉足

若男人作礼捉比丘尼足，比丘尼欲心染着，受乐不动身，结突吉罗罪。此乃轻境触轻境，故结罪轻。此处尚应加三句，即受乐动身，结兰罪；动身不受乐，结吉罪；不动身不受乐亦应结吉罪，以比丘尼欲心染着故。若比丘尼全无染心，男子来作礼捉足，不动身，亦不受乐，虽不犯，依东土风俗，甚乖威仪。

《僧祇律》中有文，若比丘坐时，有女人来礼比丘足。比丘如果起欲心，当端身正住，应语女人言：稍微远一点作礼。如果女人笃信，突然来接比丘足，这时比丘应自咬己舌令疼痛，不令自己感觉到女人细滑。①

2. 以身触衣，或以衣触身（一有衣一无衣）

（1）尼往触男

若比丘尼欲心染着，主动以身触男子衣，或以衣触男子身，不问受乐不受乐，动身不动身，若男作男想，随一一触，一一偷兰；若作人男疑，随一一触，一一突吉罗。

（2）男来触尼

若男子以身来触比丘尼衣，或以衣来触比丘尼身。比丘尼欲心染着，无论受乐、不受乐，或动身不受乐，或不动身受乐，若男作男想，结偷兰遮罪；若作人男疑，结突吉罗罪。

3. 以衣触衣（俱有衣）

若比丘尼与男子俱有衣，比丘尼欲心染着，则不问是比丘尼往触男子还是男子

---

① （东晋）佛陀跋陀罗共法显译《摩诃僧祇律》卷五，《大正藏》第22册，第266页。

来触比丘尼，无论比丘尼受乐与否、动身与否，若男作男想、作人男疑，俱结突吉罗罪。

（二）与余趣、人女等

比丘尼欲心染着与余趣、人女等身相触。有二：与天男等、与人女等。

1. 若比丘尼欲心染着，与天男等（天、龙、阿修罗、犍达婆、夜叉、饿鬼）、与能变形的畜生男或者二形人，身相触，俱结偷兰遮罪。

2. 若比丘尼欲心染着，与不能变形的畜生或者人女，以身触身，俱结突吉罗罪。

七 并制

【记】

| 并制 | 比丘尼欲心触衣钵、尼师坛、针筒、革屣 乃至自触身 ——————— 一切突吉罗 |

若比丘尼欲心触衣钵、尼师坛、针筒、革屣，一切并结突吉罗罪。灵芝律师在《资持记》中云："触衣钵等，事通男女，虽非触乐，妄适婬情，故同一制。"[1] 若比丘尼欲心自触己身，亦结突吉罗罪。

八 境想

【记】

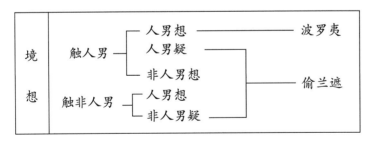

| 境想 | 触人男 | 人男想 ——————— 波罗夷 人男疑 非人男想 | 偷兰遮 |
| | 触非人男 | 人男想 非人男疑 | |

此表列示五事：（1）若比丘尼欲心触人男，且作人男想，无有想差，结波罗夷罪。（2）若比丘尼欲心触人男，但作人男疑，结偷兰遮罪。（3）若比丘尼欲心触人男，但作非人男想，结偷兰遮罪。（4）若比丘尼欲心触非人男，但作人男想，结偷兰遮罪。（5）若比丘尼欲心触非人男，但作非人男疑，亦结偷兰遮罪。

---

① （宋）元照律师撰《四分律行事钞资持记》卷二，《大正藏》第40册，第286页。

九　开缘

（一）正明开缘

【记】

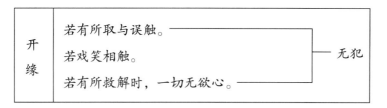

此戒开缘如下：

1. **若有所取与误触**：律云："若取与时触身"不犯。若比丘尼因从他男子取物，或递物与他男子时，因事故触，不犯本罪，但仍须结乖越威仪之突吉罗罪。

2. **若戏笑相触**：若比丘尼戏笑与男子相触，以无婬心，故不犯本罪。然乖越威仪，仍须结突吉罗罪。

3. **若有所救解时，一切无欲心**：若男子遭难时，比丘尼为解救，而与其身相触，不犯本罪，但仍有吉罪。或有人相斗诤，比丘尼为劝解，而触彼男子，亦开不犯本罪，但结吉罗。

以上一切均约无欲心而言，若稍涉染心，结罪如"罪相"中言。

（二）引文补释

1. 引《戒本疏》

【记】　南山戒本疏 言戏非犯者，不以婬心，则余戏耳。为开夷故，非不损威仪。灵芝释云：戏非犯者，虽内心无染，而外相乖仪，理须结吉。

道宣律师在《戒本疏》中云：开缘中，戏笑相触之所以不犯，由无婬欲心，故开不犯波罗夷罪。但并非说此行为不坏威仪。灵芝律师释云：戏笑相触不犯本罪，即使内心无欲染，但从外相看，乖越出家人之威仪。因此，于理须结突吉罗罪。

2. 引《比丘尼钞》

【记】　比丘尼钞 十诵云：不犯者，若父母儿想，或水火刀杖恶缘等触，一切无染心故，不犯（仍有吉罪）。义云：今时斋会处，数有尼自行水香等事，终不善宜，令男子行者最好。若自行时，宜可悬放，勿令触着男子手，诸器物等亦然。

《比丘尼钞·随戒篇》中引《十诵律》文：此摩触戒开作父母、兄弟、儿想；

或因水、火、刀、杖恶缘等而相触。因为这一切都无染心，所以不犯。^① 小字说明，于理仍须结突吉罗罪。约义而言：今时（唐朝），供僧斋会之处，常有比丘尼自手行净水及香等^②，外相终非适宜。最好令男子行，若无男子，必须自行时，当置空悬放，或用诸器皿等盛放而与，切勿直接以手触男子之手。

十　警策

【记】 灵芝资持记 今时下愚，多因攀缘，履涉俗舍，招待男子，致俗讥诃。或在僧坊，牵延累日。取与不护于摩触，语笑岂慎于粗言。染意窥看，念念重吉；深察坐起，一一偷兰。现世遭世俗之讥，袈裟永离。生报有泥犁之苦，烧煮难堪。宜奉圣言，可保终吉。

灵芝律师在《资持记·释释相篇》中对后学慈悲教诫。今时（宋朝），无知之人，欲攀缘达官贵人而多涉足俗舍，或者殷勤招呼、款待男子，遭致俗人讥嫌、呵责。或者比丘尼在比丘寺院逗留多日，经久不思离去。与男子取递物品，根本不防护摩触；与男子言谈语笑，哪里还避讳粗言。^③

若比丘尼染污心，欲窥视男子，念念结对首突吉罗罪；若于寮房屏处与男子共坐、共立等，一一结偷兰遮罪。^④ 现世遭世俗讥嫌，甚至袈裟永离；来生受地狱之苦，烧煮难堪。是以应当谨奉圣教，如法行持，可保终身平安、世世吉祥。

练习题

1. 请解释"摩触戒"戒名。
2. 略述佛制"摩触戒"三要素。
3. 背诵并解释"摩触戒"之戒文。
4. "摩触戒"制意如何？
5. "摩触戒"具哪几缘成犯？

---

① 《十诵律》卷四十二云："不犯者，若父想、兄弟想、儿子想、若水漂、若火烧、若刀稍、弓杖、若欲堕坑、若值恶兽难、恶鬼难，不犯。一切无着心，不犯。"（《大正藏》第23册，第303页。）

② 丁福宝《佛学大辞典》释"行香"：行，施与之义；香，因对佛有信，故施僧烧之，以劝请佛至。行香，此事为法会严仪，非大会不作，作者多系上位之人。昔唐太宗设无遮大会诏五品已上方可行香。或以燃香熏手，或将香末遍行，谓之行香。《四分律删繁补阙行事钞》卷三云："若行香者不令妇人指桎掌中，语令悬放。必不肯者，便可缩手当使过去。若有男子幸遣行之。尼法反前，为深防罪故。五百问及三千云：不得立受香。因比丘受香女触其手，欲发罢道。佛言：若立受者吉罗。"（《大正藏》第40册，第136页。）

③ 粗言：即粗语，如称男女二根好恶事等。《四分律含注戒本疏》卷二释：因婬欲鄙恶，极为不善，故名为粗；今说其状，表彰于口，故曰语。（《卍新续藏》第39册，第863页。）

④ 此约有染心而言，是八事成重戒中前七事，故一一结兰。若无染心，与男子屏处坐立，应结提罪。

6. 若比丘尼欲心染着，与男子身相触，如何结罪？

7. 若比丘尼欲心染着与天人畜生等身相触，如何结罪？

8. "摩触戒"有哪些开缘？

思考题

1. 为什么佛制比丘尼染心与男子摩触结波罗夷罪？

2. 熟读灵芝律师警策语，谈读后感。

第七节　八事成重戒

一　戒名

【记】　八事成重戒第六　（大、性）比丘随所犯

八事：指八件事，即捉手、捉衣、入屏处、共立、共语、共行、身相倚、共期。

成重：比丘尼染污心与染污心男子作满此八件事，即犯重罪。

八事成重戒：若比丘尼染污心，知男子染污心，受捉手、捉衣、入屏处、共立、共语、共行、身相倚、共期，佛制不许。

比丘随所犯：此是比丘、比丘尼同制不同学戒，比丘随所犯八事而结不同的罪。如后"并制"中说。

二　缘起

【记】　偷罗难陀尼　沙楼鹿乐长者

佛制此戒三要素：（1）何处制：佛于舍卫国制。（2）因谁制：偷罗难陀比丘尼。（3）因何制：偷罗难陀与沙楼鹿乐长者相互系心，欲心受彼捉手等八事，比丘尼展转白佛，因制。

三　戒文

【记】　戒文——若比丘尼，染污心，知男子染污心。受捉手、捉衣、入屏处、共立、共语、共行、或身相倚、或共期。是比丘尼波罗夷，不共住。犯此八事故。

文分七句：

第一句：若比丘尼——能犯人
白四羯磨如法得处所的比丘尼。

第二句：染污心——内有染心

比丘尼自有染污心。

第三句：知男子染污心——知境亦染

知对方男子亦有染污心。

第四句：受捉手、捉衣、入屏处、共立、共语、共行、或身相倚、或共期——正作八事

（1）**受捉手**：如大指、小指，乃至腕。（2）**捉衣**：捉身上衣。（3）**入屏处**：离见闻处。屏处者有二种：一者见屏，若尘雾黑暗中不相见；二者闻屏，乃至常语不闻声处。（4）**共立**：于屏处共立。（5）**共语**：于屏处共语。（6）**共行**：于屏处共行。（7）**身相倚**：身得相及处，即身身相倚偎。（8）**共期**：即共约行婬处。

第五句：是比丘尼波罗夷——结罪

与男子共作八事的比丘尼，须结波罗夷罪。

第六句：不共住——灭摈

犯波罗夷的比丘尼须被灭摈，不得与大众僧同一羯磨、同一说戒。

第七句：犯此八事故——制名

以比丘尼犯此八事，故佛制戒遮约，名之为八事成重戒。

四　制意

【记】　四分律疏 制意：前戒得境处深，染情垢重。故制深防，一触成重。此戒亦是染心所为，触境处浅，染心微薄，要假八事相资。过集积增，垢情转着。趣重必然，故须圣制，满八成重。

前条摩触戒制一触即犯根本，而此戒须作满八事方犯根本。何以故？由摩触戒中摩触身体部位为重境（即腋以下、膝以上、腕以后），易发染情，过失实重，故佛制深防，一触即成重罪。而此戒所制诸事，虽以染心而作，但接触之境较轻，须凭借八事相互资助方犯本罪。此八种事累积叠加，其染欲心亦随之增盛，最后必然导致犯根本婬戒。是故须佛制戒，比丘尼作满此八事即结重罪。

五　具缘

【记】　比丘尼钞 具五缘成犯：一、是男子。二、男子想。三、俱有染心。四、犯前七事未忏。五、作八事，犯。

此戒具五缘成犯：

1. **是男子**：对方是人男子。

2. **男子想**：作男子想，没有想差。

3. **俱有染心**：比丘尼与男子皆有染心，彼此互相恋着。

4. **犯前七事未忏**：已犯前七事，均未如法忏悔。若犯前七事后，曾经忏悔清净其中一事，虽再作第八事，不犯重，以不满八事故。

5. **作八事。犯**：再作第八事，便犯波罗夷。

六　罪相

（一）正明犯

【记】

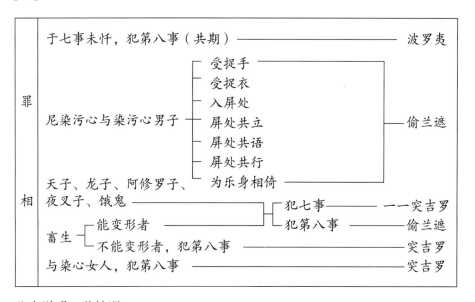

此表说明三种情况：

1. 与人男

（1）若比丘尼自有染污心，与染污心男子共作前七事，一一皆未忏悔，若再与男子共期行婬处，即犯波罗夷。

（2）若比丘尼自有染污心，与染污心男子，或受捉手，或受捉衣，或共入屏处，或于屏处共立，若于屏处共语，或于屏处共行，或为乐身共相倚，犯偷兰遮罪。不满八事故。

2. 与余趣

（1）若比丘尼自有染污心，与天男、龙男、阿修罗男、夜叉男、饿鬼男，及能变形畜生男，犯前七事，一一结突吉罗罪。

（2）若比丘尼自有染污心，与天男乃至能变形之畜生男，若前七事未忏，再作第八事，即结偷兰遮罪。

（3）若比丘尼与不能变形畜生男犯前七事，一一突吉罗；于前七事未忏，再犯第八事，亦结突吉罗罪。

3. 与人女

若比丘尼与染污心女子，犯前七事，一一突吉罗；于前七事未忏，再犯第八事，亦结突吉罗罪。

（二）引文释

【记】 比丘尼钞 犯八捉手不成重，以事是一故。捉手者轻，腕已后重。捉衣者，身上衣。入屏处者，谓离伴见闻处。共立、共语、共行者，亦离见闻处也。身相倚者，二身相及处。共期者，共行淫处。若一男犯八，或一时犯八，八年犯八，八男成八，俱犯重罪，亦无次第。

此文出自《比丘尼钞·随戒篇》，分三段。

1. 单事犯多次：若比丘尼染污心与染污心男子犯八次捉手，亦不犯重罪，以所作之事为同一件事故。其余七事，每一事共作八次，亦不犯重。

2. 释八事：（1）捉手者：若捉手乃至腕，犯轻；若捉腕已后，重。（2）捉衣者：谓捉身上衣。（3）入屏处者：谓二人入于离同伴之见闻处。（4）共立、（5）共语、（6）共行：此三事亦皆离于见闻处。（7）身相倚者：谓比丘尼与男子二身相及处。（8）共期者：谓约定行淫之处。

3. 犯满八事：若比丘尼与同一男子犯满八事，或者是一时犯八事；或者是八年犯八事；或者比丘尼分别与八位男子，合起来犯满八事。皆犯波罗夷罪。因此，不问作八事次第、时间，但满八事，便犯重。

七 并制

（一）正明并制

【记】

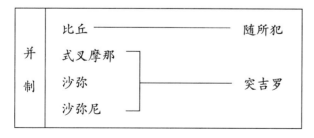

此表含二事：

1. 若比丘染心与女子作八事，随所作分别结罪。详如后引《尼戒会义》中释。

2. 式叉摩那、沙弥、沙弥尼小三众，染心与异性作一事，作多事，一事作多次，乃至作满八事。随所作，一一皆结突吉罗罪。

（二）引文解释

【记】 尼戒会义 比丘随所犯者：染心捉女人衣、衣衣相倚，突吉罗。染心捉女人手、身相触、粗恶语、叹身索欲、身身相倚，僧残。与女人屏处坐、说法过五六语、共立、共行、共语、共期，波逸提。身相倚，一有衣一无衣。偷兰遮。[①]

《尼戒会义》解释"并制"中"比丘随所犯"。

1. 若比丘染心捉女人衣，或二人俱有衣，身相依，结突吉罗罪。

2. 若比丘染心捉女人手，身相触、粗恶语、叹身索欲；二人俱无衣相依，结僧残罪。

3. 若比丘与女人屏处共坐，或说法过五六语，或共立、共行、共期，俱结波逸提罪。

4. 若比丘与女人，一有衣，一无衣，身相依，结偷兰遮罪。

八 开缘

（一）正明开

【记】

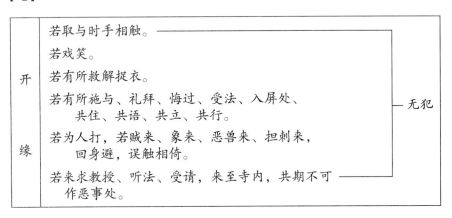

此戒开缘如下：

1. 若比丘尼从他男子取物，或递物与他男子时触其手，不犯本罪。但须结非威仪突吉罗罪。

---

① 《尼戒会义》原文云：比丘随所犯：染污心捉女人手，僧残。捉衣，突吉罗。入屏处共行欲，波罗夷。或身相触、粗恶语、叹身索欲，僧残。独与女人屏处坐、说法过五六语、共立、共行、共语、共期，犯波逸提。身相倚，僧残。一有衣一无衣，偷兰遮。衣衣相倚，突吉罗。此是同制不同学戒。

2. 若比丘尼与男子共戏笑，以无染心，不犯本罪。但乖违威仪，须结突吉罗罪。

3. 若男子有难，比丘尼为救彼人，而受捉衣，不犯。又，若有男子自缢、噉毒等，为劝解，而受捉衣，亦不犯。

4. 若比丘尼，或因有所施与，或为礼拜，或为忏悔，或为受法，而与男子共入屏处，共立、共语、共行，不犯。若与男子共入暗室，结提罪。如下引《比丘尼钞》所释。

5. 若有人欲打比丘尼，或有贼人来，或象来、恶兽来、担刺人来等，为回避而误触，乃至与他男子身相倚，不犯。

6. 若有男子为求教授、听法、受请，来至寺内，与比丘尼共同约定至不可作恶事之处，不犯。

如上开缘，皆约无染污心而言。但若乖违威仪，令世人讥嫌，当结突吉罗罪。

（二）引文释

1. 引《比丘尼钞》

【记】　比丘尼钞 云不犯者，俱无染心故。下文暗室者提，以招世讥故。

《比丘尼钞·随戒篇》云：开缘中，云不犯者，是比丘尼与男子俱无染心，故开不犯偷兰遮罪。而单提中第八十六戒，与男子共入暗室，结提罪，因招世人讥嫌故。

2. 引《四分律》

【记】　第二分 若有礼拜，若有所与、悔过、受法，屏处不作恶事，不犯。俱无染心故。

《四分律·第二分》云：比丘尼若有所礼拜、若有所给与，或悔过、受法，共入屏处，或共期至不可作恶事之处，不犯。因比丘尼与男子俱无染心故。①

练习题

1. 请解释"八事成重戒"戒名，并说明何谓"八事"。

2. 略述佛制"八事成重戒"三要素。

---

① 《四分律》卷二十二云："不犯者，若有所取与时手相触，或戏笑，或有所救解捉衣；若有所施与，若礼拜，若悔过，若受法，入屏处共住；若有所施与，若礼拜，若悔过，若受法，入屏处共立；若有所施与，若礼拜，若悔过，若受法，入屏处共语；若有所施与，若礼拜，若忏悔，若受法，入屏处共行；若为人打，若贼来，若有象来，若恶兽来，若有刺来回身避，若来求教授，若听法，若受请，若来至寺内，若共期不可作恶事处，无犯。"（《大正藏》第 22 册，第 716 页。）

3. 背诵并解释"八事成重戒"之戒文。

4. 根据制意比较"摩触戒"与"八事成重戒"之不同。

5. "八事成重戒"具哪几缘成犯?

6. 结合《比丘尼钞》所释,请列示比丘尼染污心与染污心人男犯此戒的具体结罪情况。

7. 若比丘尼染污心与非人男、畜生男犯此八事如何结罪?

8. 请解释"并制"中所言"比丘随所犯"。

9. "八事成重戒"有哪些开缘?

第八节　覆他重罪戒

一　戒名

【记】　覆他重罪戒第七　(提、大、遮)

覆:隐藏、覆盖。他:指其他比丘尼。重罪:初篇八波罗夷罪。

覆他重罪戒:若比丘尼覆藏他比丘尼重罪,佛制不许。①

提、大、遮:比丘覆他比丘重罪,结提罪;大乘菩萨也制;此戒是遮戒。②

二　缘起

【记】　偷罗难陀尼　坻舍尼

偷罗难陀尼,乃缘起中能犯之人。本戒由二缘合制。

佛制此戒三要素: (1)**何处制**:佛于舍卫国制。(2)**因谁制**:偷罗难陀尼。

(3)**因何制**:偷罗难陀尼覆藏其妹坻舍尼重罪,因制。

三　戒文

【记】　戒文——若比丘尼,知比丘尼犯波罗夷。不自发露,不语众人,不白大众。若于异时,彼比丘尼或命终,或众中举,或休道,或入外道众。后作是言:我先知有如是如是罪。是比丘尼波罗夷,不共住。覆藏重罪故。

戒文分七句:

---

① 蕅益大师在《重治毗尼事义集要》卷八中设问答。问:不覆他罪,得非说四众过耶?答:但制不得向外人说,不制僧中如法举过也。倘姑息纵容,养成巨慝(tè,即罪恶),既令彼罪日深,兼使法门受玷,谁有慈心,乃甘坐视也哉?(《卍新续藏》第40册,第412页。)

② 准波逸提中"覆他粗罪戒"第四十九条,此戒应是性戒。

第一句：**若比丘尼——能犯人**

白四羯磨如法得处所的比丘尼。

第二句：**知比丘尼犯波罗夷——知他犯重**

比丘尼知他比丘尼犯波罗夷罪。**知：**或自知，或从他人闻知，或犯罪者自说而知。

第三句：**不自发露，不语众人，不白大众 ——故不发露**

不自发露他人重罪，或不向一人，乃至众多人发露，或不白告大众僧。"**不自发露**"：此是总标；"**不语众人，不白大众**"：是别陈。**众人：**指一人，乃至众多人；**大众：**指四人或四人已上大众僧。

第四句：**若于异时，彼比丘尼或命终，或众中举，或休道，或入外道众。后作是言，我先知有如是如是罪——自言引覆**

比丘尼覆藏他尼重罪已，过后某时，犯重罪比丘尼或命终，或被大众僧如法如律白四羯磨作举、摈出，不得在众中共住；或罢道还俗；或入外道中受外道法。此覆藏他重罪的比丘尼，方作是言：我先已早知彼尼有如是如是罪。

第五句：**是比丘尼波罗夷——结罪**

覆藏他尼重罪之比丘尼，须结波罗夷罪。

第六句：**不共住——灭摈**

犯波罗夷比丘尼应被灭摈，不得与大众僧同一说戒、同一羯磨。

第七句：**覆藏重罪故——制名**

以此比丘尼覆藏他尼重罪故。

四　制意

【记】 四分律疏 制意：出家尼众，递相禁约，使离过行成，光显僧众。今知他犯重，故相容匿。致犯剧罪，沦陷前人。自坏损僧，污辱不轻。故加深防，制重夷罪。

出家尼众共住一处，本应展转相谏，互相警策约束，如此方能离诸过失，成就梵行，令僧众清净、显佛法荣光。而今明知他尼犯重，却隐匿过失，不发露白告，令犯尼滥充僧数而成贼住。日所受用，便成盗损。由此转增诸罪，当来必沉沦陷没，堕泥犁受苦。而且自坏心行，有损僧团，使僧众蒙受极大污辱。故佛于深防之中，制此重夷。

五　具缘

【记】 比丘尼钞 具六缘成犯：一、是大尼。二、犯重罪（即八波罗夷）。三、知他犯重。四、作覆藏心。五、不发露。六、明相出。犯。

此戒具六缘成犯：

1. **是大尼**：是大比丘尼。

2. **犯重罪**：其他比丘尼犯波罗夷罪。

3. **知他犯重**：比丘尼知其犯重罪。

4. **作覆藏心**：有覆藏他重罪之心。

5. **不发露**：不向一人乃至众人发露，亦不白告大众僧。

6. **明相出。犯**：第二日明相出[①]，覆他重罪之比丘尼便犯波罗夷。

六　罪相

（一）正明罪相

【记】

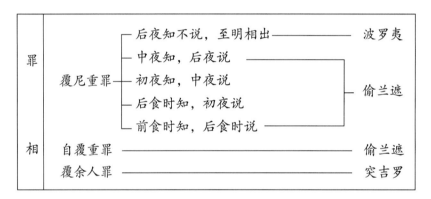

此表列示三种结罪情况。

1. 覆藏比丘尼重罪

（1）**结波罗夷罪**：若比丘尼知他比丘尼犯重罪，作覆藏心。若后夜知不说，至第二日明相出，结波罗夷罪。

（2）**结偷兰遮罪**：若比丘尼知他比丘尼犯重罪，作覆藏心。若中夜知，至后夜说；若初夜知，至中夜说；若后食时知，至初夜时说；若前食时知，至后食时说，俱结偷兰遮罪。

初夜：即晚上六点至十时；**中夜**：晚上十点至半夜二点。**后夜**：半夜二点至清晨六点。**前食**：早斋。**后食**：午斋。

由此结罪情况可知，发露他人重罪，制限在半日之内。若过此限，即结罪。

---

① 明相：即黎明时分。《萨婆多毗尼毗婆沙》卷四云："明相者，有种种异名。有三种色，若日照阎浮提树则有黑色，若照树叶则有青色，若过树照阎浮提界则有白色。于三色中白色为正。"（《大正藏》第 23 册，第 529 页。）《释氏要览》卷一曰："须舒手见掌文分明，始得食粥。"（《大正藏》第 54 册，第 274 页。）

2. 覆藏自己重罪

若比丘尼覆藏自己重罪，结偷兰遮罪。

道宣律师在《戒本疏》中云：之所以覆他重、覆自轻？是因覆他重罪，染污自己原本清净之戒体，故佛重制应发露。而覆藏自己重罪，原本受体已不清净，故不需重制。①

又，覆他重罪有三损：（1）致前犯重者罪根滋漫，永不可息；（2）自坏心行，将欲造罪；（3）纵容过恶。故制以重罪。而自覆无损他之义，故得轻罪。

3. 覆藏余人重罪

此处"余人"，指小三众。若比丘尼覆藏式叉摩那尼、沙弥、沙弥尼四根本重罪，得突吉罗罪。

又，根据《四分律》卷十七比丘单提第六十四条"覆他粗罪戒"中之并制：若比丘尼覆藏比丘波罗夷罪及僧残罪，结波逸提罪。②

（二）引律补充

【记】　[第二分] 除八夷，覆余罪随所犯。（覆残提；覆兰吉。）

引《四分律·第二分》补充说明覆藏余罪之结犯情况。

若比丘尼覆藏其他比丘尼除八波罗夷外的其他罪，则随他尼所犯之罪而定此比丘尼之罪。③ 如括弧中云：若覆藏他尼僧残罪，得波逸提罪；若覆藏他尼偷兰遮罪，结突吉罗罪。

七　开缘

（一）正明开缘

【记】

---

① （唐）道宣律师撰《四分律含注戒本疏》卷四，《卍新续藏》第 40 册，第 131 页。

② （后秦）三藏佛陀耶舍共竺佛念等译《四分律》卷十七，《大正藏》第 22 册，第 679 页。《戒本疏》卷三设问答："问：尼说大僧，则违敬法，何故覆罪，乃制提者？答：制尼说过，不对犯者。但明所隐，同类便得，故不露罪，情过得提。"（《卍新续藏》第 39 册，第 883 页。）答中大意：佛制比丘尼不得举比丘罪，是不许直接对犯戒比丘说，但必须对同类者说。若比丘尼知比丘犯重罪，对比丘尼不发露其罪，结提罪。

③ 《四分律》卷二十二云："除八波罗夷法，覆余罪不说者，随所犯"（《大正藏》第 22 册，第 717 页。）《摩诃僧祇律》卷十九云："若比丘知他比丘犯四事、十三僧伽婆尸沙，若一一覆藏者，波夜提。三十尼萨耆、九十二波夜提，若一一覆藏者，越毗尼罪。四波罗提提舍尼、众学法，一一覆藏者，越毗尼心悔。若覆藏比丘尼八波罗夷、十九僧伽婆尸沙，一一覆藏者，偷兰遮。三十尼萨耆、百四十一波夜提，若一一覆藏者，越毗尼罪。八波罗提提舍尼、众学法，若一一覆藏者，越毗尼心悔。式叉摩尼十八行法，更受学法，若一一覆藏者，越毗尼罪。沙弥、沙弥尼十戒，若一一覆藏，更与出家法，越毗尼罪。下至俗人五戒，若一一覆藏者，越毗尼心悔。"（《大正藏》第 22 册，第 377 页。）

开缘	若不知。	无犯
	若重罪非重罪想。	
	若向人说。	
	若无人可向说。	
	若意欲说未说，明相出。	
	若说有命难梵行难。	

此戒开缘如下：

1. 若比丘尼先不知他人犯重罪，故不发露，不犯，以无覆藏心故。

2. 若他尼犯重罪，但以为是轻罪而不发露，不犯本罪，以心想差故。但仍须结覆藏他尼轻罪之提罪或吉罪。①

3. 若比丘尼知他尼犯重罪，如法向人发露，不犯。顺佛所教故。

4. 若比丘尼知他尼犯重罪，欲向人发露，而无人可向说，不犯。以缺所对人故。

5. 若比丘尼知他尼犯重罪，意欲向人说，未及发露，明相出，不犯。以没有覆藏心故。

6. 若比丘尼知他尼犯重罪，若向人发露，恐自己有命难或梵行难，如是不说，不犯。

（二）引文补释

1. 引《资持记》

【记】　灵芝资持记不知者，无心覆故。不重想者，由心差故。若向说者，已发露故。无人向者，缺所对故。若发心者，非覆意故。

灵芝律师在《资持记》中解释：开缘中"不知"，指没有覆藏心。"不重罪想"，因心想有差。"若向他人说"，已经向人发露。"无人向说"，因为缺乏可向发露之人。"若发心"，以非作覆藏心故。②

2. 引《比丘尼钞》

【记】　比丘尼钞十诵云：若尼被举，狂乱心，覆者不犯。若狂乱止，覆者便犯。　僧祇云：知尼犯，应向人说。若犯罪人凶恶有势力者，恐有命梵等难，应作念言：彼业行罪报自当知。喻如失火烧舍，但自救身，焉知他事？得心相应便罢。义云：若欲发露故不成者，为非清净者。若对先知不肯发露人，二俱有过，以各须发露故。如向有犯者，不成忏悔。若欲发露，称犯重人名，各各

---

① 此开缘是《表记》编辑者据《四分律·第一分》比丘单提第六十四条而列，比丘尼戒中无。

② （宋）元照律师撰《四分律行事钞资持记》卷二，《大正藏》第40册，第325页。

说罪名种，方成发露。若不得人名、罪名，无覆藏过。若前人受他发露竟，不须更说，若说则有无穷之过。若彼犯人自发露竟，余人作覆藏心，皆不成，以根本已发露故。

十诵云：尼不得比丘前发露粗罪，还向尼前发露。若不识罪相，至比丘所泛问取解，还至尼边忏悔。

此文解释二事：一覆藏心，二发露。

（1）引《十诵律》《僧祇律》释"覆藏心"

《十诵律》云："若僧与是比丘尼作不见摈、不作摈、恶邪不除摈，若是比丘尼狂心、乱心、病坏心，尔时覆藏不犯波罗夷。若僧与是比丘尼解摈、若苦痛止还得本心，尔时覆藏他罪至地了时，犯波罗夷。"[1]

《僧祇律》云："若彼犯罪比丘凶暴，若依王力、大臣力、凶恶人力，或起夺命因缘毁伤梵行者，应作是念：'彼罪行业必自有报，彼自应知。喻如失火，但自救身焉知余事。'尔时但护根相应无罪。"[2]若作如是心念，无覆藏之心，便不犯。

（2）道宣律师释"发露"

约义以论，若欲发露，必须简人，有四别。

①须简有犯不忏，即不清净人

从义理上说，若比丘尼犯重罪，想发露，但所对人也犯重罪，不成发露。

②须简覆藏不说之人，即先知而不肯发露者

如果对事先已经知道彼尼犯重罪却覆藏的人发露，也不成发露。如甲尼犯重，乙尼知，却覆藏不说。后丙尼知甲尼犯重，便向乙尼发露，不成。因乙尼亦犯重罪。故发露不成。

③须简如实不妄，即能所双方，皆识犯重罪尼。若欲发露，应称犯者法名，所犯罪名，即篇名、罪种，方成发露。若不知彼人法名，所犯篇名、罪种，亦无覆藏之过。

罪名：即同篇名，如：波罗夷、僧残等。**罪种：**当聚别类所收，即如初篇八条别相，如婬、盗等。**罪相：**成犯数目，如婬中有多少，盗中多少等。

若前人受他人发露竟，不须更向人说，若再向人说，则有无穷之过。此约受他人发露，而非覆藏者隐私告知，故不须更向人说。若他人作覆藏意，隐私告知，此时知而不发露者，并犯。若彼犯重罪尼，已向人发露。余人知她犯重，而作覆藏心，也不成覆藏，因根本已发露故。

④须简异众。僧尼位别，不容参滥。《十诵律》云：比丘尼不得于比丘前发露

---

[1]　（后秦）三藏弗若多罗共罗什等译《十诵律》卷四十二，《大正藏》第23册，第305页。"地了"，即即明相出。

[2]　（东晋）三藏佛陀跋陀罗共法显译《摩诃僧祇律》卷十九，《大正藏》第22册，第377页。

粗罪，还向比丘尼前发露。若不明白罪相，可先至比丘所泛尔求教咨问，明白后，还向比丘尼前忏悔。①

3. 引《行事钞》

【记】 南山行事钞 若独住无人说者，不成覆。

道宣律师《行事钞》云：若独住时，无人可向发露，不成覆藏。

 练习题

1. 请解释"覆他重罪戒"戒名。

2. 略述佛制"覆他重罪戒"三要素。

3. 背诵并解释"覆他重罪戒"之戒文。

4. 结合佛制"覆他重罪戒"之制意，谈为什么覆他人罪犯重，覆藏自己罪犯轻？

5. "覆他重罪戒"具哪几缘成犯？

6. 比丘尼覆藏比丘尼重罪、覆藏自己重罪、覆藏小三众重罪如何结罪？

7. 如果比丘尼覆藏比丘重罪，结何罪？

8. 若比丘尼覆藏比丘尼其他罪，如何结罪？

9. "覆他重罪戒"有哪些开缘？

10. 《十诵律》《僧祇律》如何解释"覆藏心"？

思考题

1. 比丘尼若发露比丘重罪，是否犯八敬法？

2. 道宣律师在《比丘尼钞》中如何诠释"发露"？

第九节　随举三谏不舍戒

一　戒名

【记】　随举三谏不舍戒第八　（大、性）

随：随顺。**举**：被众僧作白四羯磨举罪之比丘。**三谏**：大众僧作羯磨三次劝谏。

---

① 《十诵律》卷四十记载："佛在舍卫国。尔时诸比丘尼，在比丘前忏悔，发露粗罪。诸比丘尼羞愧，不知云何？是事白佛，佛言：'从今比丘尼粗罪，不应比丘前发露，应向比丘尼前发露。'诸比丘尼发露时，不知是何罪？摄在何处？是事白佛，佛言：'应问比丘。作是言：大德！作是事犯何罪？是罪何名？比丘应答：作是事者，得如是罪，摄在某处，是罪名某。'"（《大正藏》第23册，第294页。）

不舍：即不舍己见。

随举三谏不舍戒：比丘尼随顺被举罪比丘，比丘尼僧为作白四羯磨谏劝，仍坚持己见，不舍随顺，佛制不许。

此戒是比丘、比丘尼不共戒。据《四分律》卷二十二所制，若比丘犯此戒，结突吉罗罪。

二　缘起

【记】　　阐陀　尉次尼

尉次尼，乃缘起中能犯之人。

佛制此戒三要素：（1）何处制：佛于拘睒弥国。（2）因谁制：尉次比丘尼。（3）因何制：阐陀比丘被僧三举[①]，尉次比丘尼往返承事阐陀比丘，诸比丘尼三谏不舍，因制。

三　戒文

【记】　　戒文——若比丘尼，知比丘，僧为作举，如法如律，如佛所教。不顺从，不忏悔。僧未与作共住，而顺从。诸比丘尼语言：大姊，此比丘，为僧所举，如法如律，如佛所教。不顺从，不忏悔，僧未与作共住，汝莫顺从。如是比丘尼谏彼比丘尼时，坚持不舍。彼比丘尼应乃至第二第三谏，令舍此事故。乃至三谏，舍者善。若不舍者，是比丘尼波罗夷，不共住。犯随举故。

戒文分八句：

第一句：若比丘尼——能犯人

白四羯磨如法得处所的比丘尼。

第二句：知比丘，僧为作举，如法如律，如佛所教。不顺从，不忏悔。僧未与作共住，而顺从——谏所为事

比丘尼知比丘被比丘僧作白四羯磨举罪，且此举罪如法如律，如佛所教。然彼比丘却不肯顺从，亦不忏悔，比丘僧未与作解罪羯磨，而比丘尼却顺从此比丘。

如法：即依法而行，符合轨度；**如律**：据律中折伏法来治罚；**如佛所教**：依佛教导，与彼犯过比丘作呵责、举罪羯磨。**不顺从**：不下意软言、折伏身心，不顺从治罪法。**不忏悔**：五篇七聚，随有所犯，未忏悔清净。**僧未与作共住**：彼未至僧中，下意求解羯磨，僧未与作解罪羯磨。

---

① 所谓"三举"，《四分律名义标释》卷三十释："谓比丘有犯，若他诘时，自言不见罪，佛听僧与作不见罪举羯磨。若令忏悔，自言不忏。若令舍恶邪见，自言不舍。皆与作举羯磨，此名三举法。"（《卍新续藏》第 44 册，第 630 页。）

顺从有两种：一者法顺从；二者衣食顺从。

第三句：诸比丘尼语言，大姊，此比丘，为僧所举，如法如律，如佛所教。不顺从，不忏悔。僧未与作共住，汝莫顺从。——屏谏

此即私下个别谏劝。佛制僧谏之前，必先屏谏。若不听，再于僧中作羯磨谏劝。诸如法比丘尼，语彼比丘尼言：大姊，此比丘已被比丘僧作白四羯磨举罪治罚，且此治罪法如法如律，如佛所教。然彼比丘却不顺从治罪法，不肯折伏自己，亦不忏悔自身所犯之罪，比丘僧未与其作解罪羯磨，汝莫以法、衣食顺从彼。

第四句：如是比丘尼谏彼比丘尼时，坚持不舍——拒屏谏

如法比丘尼谏劝犯过比丘尼时，彼比丘尼坚持己见，不肯弃舍随顺比丘之事。

第五句：彼比丘尼应乃至第二第三谏，令舍此事故。乃至三谏，舍者善。——僧谏

以所谏比丘尼拒屏谏，故比丘尼僧应如佛所教，为彼作白四羯磨谏劝。先作白，白已，当语言："妹！当知，我已白已，余有羯磨在，汝舍此事，莫为僧所举，更犯重罪。"若随语者善，若不随语者，当作初羯磨。作初羯磨已，亦如上语之。若随语者善，若不随语者，当作第二羯磨。作第二羯磨已，复如上语之。若随语者善，若不随语者，当作第三羯磨。如是三谏，能舍者，则弥善，将不至犯波罗夷重罪。

第六句：若不舍者，是比丘尼波罗夷——违僧谏结罪

若犯过比丘尼，不舍随顺被举比丘之事，违背僧谏，第三羯磨竟，便犯波罗夷。

第七句：不共住——灭摈

犯波罗夷比丘尼应被灭摈，不得与大众僧同一说戒、同一羯磨。

第八句：犯随举故——制名

所犯之事，是随顺被举比丘且违背众僧谏劝，佛制戒遮约，故名随举三谏不舍戒。

四 制意

【记】 四分律疏 制意三：一、不听随顺者，有三种过故。（一）长彼邪见，永无忏悔，改过从善。（二）同彼染着，自坏心行。（三）大僧举竟，不听共语，辄便随顺，违法恼僧，犯突吉罗。二、解谏意。然此比丘尼，倚傍八敬，又倚佛教，开亲不犯。故文言：此是我兄，今不供养，更待何时？坚执此二，相滥难分，须僧说谏，开示是非。敬教及开亲者，谓是正见清净比丘，有法益尼，可须虔奉。虽可是亲，邪见心成，无法益尼，不得随顺。开晓心怀，识是须敬，非者不须。冀彼改迷从正，弃恶就善故也。三、结罪意。僧既设谏，是非理分。固执己心，不肯从劝，违法恼僧，过是不轻，故结重夷。

此戒制意有三：

（一）随顺被举比丘有三种过失

1. 大众僧治罚被举比丘，令彼别住。乃为折伏彼，希望其能折伏自心，向大众僧求忏悔。若比丘尼随顺被举比丘，比丘会以己为是，增长邪见，永无忏悔之心，更不会改过从善。

2. 被举比丘是犯戒人，比丘尼若随顺彼，即随喜作恶。不仅损己信法向道之心，同时也坏己励意摄修之行。

3. 比丘僧为犯罪比丘作举已，即不允许与之共语，而比丘尼随便随顺被举比丘，不仅违法，而且还会触恼大众僧，得突吉罗罪。

（二）释谏劝意

然缘起中犯过比丘尼，倚傍八敬法，比丘尼必须恭敬比丘。又借口佛开亲里不犯之文，便言："此是我兄，今不供养，更待何时？"顽固执着此二见。从相上看，难以分清是非。乍听之下，似乎有理。由此混淆视听，故须大众僧与其说法谏劝，告之是非对错。八敬法及开亲里不犯，所对比丘是具有正知正见，且能以佛法利益尼众者，所以比丘尼必须虔诚敬奉。而缘起中阐陀比丘，虽是亲眷，但彼邪知邪见已成，对比丘尼毫无法益，不堪随顺。此中道理必须凭借大众僧开示引导，令彼了解对如法比丘应行八敬，若非法比丘则不许。由此希望他能改邪迷而归正途，舍恶法而从善行。

（三）明结罪意

比丘尼僧既已设谏，此比丘尼理应分清是非对错。若仍然顽固执着自己谬见，不肯听从大众僧谏劝，不仅违法，而且触恼大众僧。因为过失深重，故结波罗夷罪。

五　具缘

【记】　四分律疏具六缘成犯：一、是被举比丘。二、知被举不舍不忏。三、随顺。四、尼众如法设谏。五、拒而不受。六、三羯磨竟。犯。

此戒具六缘成犯：

1. **是被举比丘**：所随顺的是被比丘僧作法举罪之比丘。

2. **知被举不舍不忏**：知被举比丘不舍邪知邪见，不向大众僧求忏悔。

3. **随顺**：随顺被举比丘。

4. **尼众如法设谏**：如法比丘尼先屏谏，若拒谏，众僧如法作羯磨谏劝。

5. **拒而不受**：拒绝接受比丘尼僧谏劝。

6. **三羯磨竟。犯**：三番羯磨竟，此比丘尼便犯波罗夷。

六 罪相

【记】

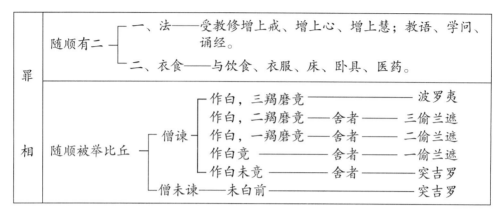

此表列示二事：随顺、结罪。

（一）随顺

随顺有二种：法随顺、衣食随顺。

法随顺：比丘尼受被举罪比丘所教，修学增上戒、增上心、增上慧。[①] 而且跟随其学习讲经说论、研习学问、诵习经典等。

衣食随顺：比丘尼供给被举罪比丘饮食、衣服、卧具、医药。

（二）结罪

1. **僧未谏**：比丘尼僧未作白前，若比丘尼随顺被举比丘，一切皆结突吉罗罪。[②]

2. **僧谏**：若比丘尼随顺被举比丘，比丘尼僧为作白四羯磨谏劝，令舍此事：若作白未竟，即舍，结突吉罗罪。若作白竟，舍者，结一偷兰遮罪。若作白，一羯磨竟，舍者，结二偷兰遮罪。若作白，二羯磨竟，舍者，结三偷兰遮罪。若作白，三羯磨竟，即结波罗夷罪。此罪有揽因成果之义，即揽一切方便罪而成果罪，不须别忏诸方便罪。

---

① 《阿毗达磨集异门足论》卷五释："增上戒学云何？答：安住具戒、守护别解脱律仪，轨则所行悉皆具足，于微小罪见大怖畏，受学学处，是名增上戒学。增上心学云何？答：离欲恶不善法，有寻有伺离生喜乐入初静虑具足住，广说乃至入第四静虑具足住，是名增上心学。增上慧学云何？答：如实了知此是苦圣谛、此是苦集圣谛、此是苦灭圣谛、此是趣苦灭道圣谛，是名增上慧学。"（《大正藏》第26册，第388页。）

② 《四分律》卷二十二云："若未白前随顺所举比丘者，一切突吉罗。"（《大正藏》第22册，第718页。）《表记》原文未出"一切"二字。

七 并制

（一）正明并制

【记】

并制	比　丘 比丘尼	当僧谏时 —— 教言莫舍 —— 教者 —— 偷兰遮 当僧未谏时 —— 教言莫舍 —— 教者 —— 突吉罗
	余三众 —————————— 教言莫舍 —— 教者 —— 突吉罗	

比丘或比丘尼，当大众僧在谏劝时，若在旁教言：不要舍弃己见，应去随顺被举比丘，结偷兰遮罪；若大众僧未谏劝时，教人莫舍，结突吉罗罪。

若小三众，即式叉尼、沙弥、沙弥尼，教人莫舍者，不管大众僧谏、未谏，一切皆结突吉罗罪。①

（二）引文补充

【记】 重治毗尼 十诵云：诸尼应语是摈比丘，汝应折伏下意向大僧。若不折伏下意，尼僧当作不礼拜、不共语、不供养羯磨。若尼僧未作不礼拜羯磨时，教法、受法、与物、受物，一一突吉罗。若已作羯磨后，一一偷兰遮。诸尼先应软语约敕，若舍者，教作多突吉罗、多偷兰遮悔过。若不舍，与白四羯磨。

《重治毗尼》引《十诵律》所制：诸比丘尼应告诉被举比丘：汝应折伏我慢，低下心来向大众僧求忏悔。若不折伏下意求悔，比丘尼僧当为你作不礼拜、不共语、不供养羯磨。

若比丘尼僧未作不礼拜等羯磨，尔时比丘尼教是比丘经，若是偈说，偈偈突吉罗；若是章说，章章突吉罗；若是别句说，句句突吉罗。若摈比丘教比丘尼读诵经，若比丘尼受偈说，偈偈突吉罗：若受章说，章章突吉罗：若受别句说，句句突吉罗。若比丘尼与财供养，与钵，突吉罗。与衣，突吉罗。与户钩、时药、夜分药、七日药、尽形药，皆突吉罗。若摈比丘，与比丘尼财供养、若与衣钵，比丘尼受者，皆突吉罗。若与户钩、时药、夜分药、七日药、尽形药，比丘尼受者，皆突吉罗。

若比丘尼僧，为被举比丘作不礼拜等羯磨竟，尔时比丘尼教比丘读诵经，若是偈说，偈偈偷兰遮；若章说，章章偷兰遮；若别句说，句句偷兰遮。若摈比丘教比丘尼读诵经，若是偈说，偈偈偷兰遮；若章说，章章偷兰遮；若别句说，句句偷兰

---

① 《四分律》卷二十二云："除比丘、比丘尼，余人教'莫舍'。呵责不呵责，一切突吉罗。"（《大正藏》第22册，第718页。）《表记》原文未出"一切"二字。

遮。若比丘尼，与摈比丘财供养、若与钵，偷兰遮。若与衣，偷兰遮。若与户钩、时药，皆偷兰遮。夜分药、七日药、尽形药，皆偷兰遮。若摈比丘，与比丘尼财供养、若与钵，比丘尼受者，偷兰遮。若与衣、户钩、时药、夜分药、七日药、尽形药，比丘尼受者，皆偷兰遮。

诸比丘尼，先应软语教是随助比丘尼言："汝莫佐助摈比丘，莫随顺行。"若软语时舍者，应教令作众多突吉罗、众多偷兰遮悔过出罪。若软语不舍者，应与白四羯磨呵谏。①

八　开缘

【记】

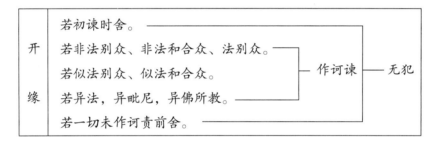

此戒有如下开缘：

1. 若初谏时便舍，但结突吉罗罪。

2. 若呵谏羯磨属于五非羯磨，如非法别众羯磨、非法和合众羯磨、法别众羯磨、似法别众羯磨、似法和合众羯磨。因作法不成，故违谏不犯。

3. 若所作呵谏羯磨，作法时不符合轨则要求，是"异法"；非律中所制折服之法，是"异毗尼"；非佛所说之法，即"异佛所教"。违背此等羯磨所谏，不犯。

4. 若一切未作呵责前舍，不犯。

练习题

1. 请解释"随举三谏不舍戒"戒名。

2. 背诵并解释"随举三谏不舍戒"之戒文。

3. 随顺被举比丘有哪些过失？

4. 对随顺被举比丘的比丘尼，为什么佛制大众僧当谏劝？

5. "随举三谏不舍戒"具哪几缘成犯？

6. "随顺"包含哪些内容？

---

① （后秦）三藏弗若多罗共罗什等译《十诵律》卷四十二，《大正藏》第23册，第306～307页。

7. 若比丘尼随顺被举比丘，在尼僧为作呵谏羯磨前、后，如何结罪？

8. 若教她人不舍随顺事，教者当如何结罪？

9. "随举三谏不舍戒"有哪些开缘？

思考题

1. 如何正确理解佛制八敬法与不听随顺被举比丘之间的关系？

2. 从《十诵律》所制比丘尼随顺被举比丘之结罪，受到什么启发？

第十节 总示结问

以上详述八波罗夷法。据《表记》列示，尚有诸事，统括八条重戒，以为总示。依据《四分比丘尼戒本》，每篇戒文之后，须有结文简问文句，以总结全篇、检问清浊等，以为结问。

一 总示

（一）八重戒中自作与教他作

【记】 四分律疏 八夷中婬、触、八、覆、随，此五戒自重教轻（原文：初一下四，此之五戒自重教轻）；杀盗二戒，自作教人，彼我俱犯；妄语一戒，自作正犯，教同不同。

法砺律师在《四分律疏》卷六中云：初篇八波罗夷中，第一条戒"婬戒"及后四条戒"摩触戒""八事成重戒""覆他重罪戒""随举三谏不舍戒"，此五条戒，如果自作，则犯重；若教他作，则犯轻。

"杀人戒"和"盗戒"，不论自作或教他作，皆犯重。

"大妄语戒"，若自说证圣，犯本罪。若教人说，视具体情况而定其罪，大分有二：教人打大妄语，若名利属他，则教者犯轻，说者犯重；若教人说自己证圣，而利养属己者，则教者犯重，说者犯轻。

（二）释"不共住"之由

【记】 尼戒会义 萨婆多论云：不共住者，不共作一切羯磨、同于僧事。所以不共住者，有四义：一、为生四部天龙鬼神信敬心故。若行恶之人与共同事，则无由信敬。二、以现佛法无私，无爱憎故。三、为止诽谤故。四、以持戒者得安乐住，增上善根故；破戒者生惭愧心，折伏恶心故。

《尼戒会义》引《萨婆多论》卷二文解释"不共住"，即不共作一切羯磨，且不同于僧事。不共住的原因有四：

1. 为使天龙鬼神四部生信敬故：若大众僧与行恶之人共同行事，天龙鬼神四部，见恶人尚在僧中，便不生信敬心。

2. 为现佛法无私，无爱憎故：佛弟子依佛之教而行，该灭摈者灭摈，无所偏私及爱憎，全以道为重。若清净者共住，不清净者不共住。

3. 为止毁谤故：若与犯重罪之人共住，将招致外道、邪见人及普通世人讥嫌毁谤："佛法有何可贵？不问善恶，一切共事。"

4. 为令持戒者安乐，增上善根；令破戒者能生惭愧，折伏恶心：若犯重之人，仍参与羯磨法事，势必增其恶心，恼乱僧团，令持戒者不得安乐，增上善根。若大众僧对之施与如法如律之治罚，不与之共同说戒、共同羯磨，则能挫其恶心，令生惭愧。[①]

二 结问

【记】 诸大姊，我已说八波罗夷法。若比丘尼犯一一波罗夷法，不得与诸比丘尼共住，如前。后犯亦尔，如是比丘尼得波罗夷罪，不应共住。今问诸大姊，是中清净不？（三说）

诸大姊，是中清净，默然故，是事如是持。

此文有三层意思：（一）结前文；（二）除疑执；（三）简众情。

（一）结前文

总结前所说戒文。

诸大姊：呼起一声，提醒大众，专心谛听。

我已说八波罗夷法：此是总结之文，表明我已了了说完八波罗夷法，冀在座听者，重审是否有所违犯。

（二）除疑执

除却疑惑及执念。

若比丘尼犯一一波罗夷法，不得与诸比丘尼共住：此是除同住疑。时人有疑，但言犯者不共住，不知哪些人是不共住？故今明之：若比丘尼犯初篇中的任何一戒，都不得与大众僧于二种法中共住，即不得同一说戒，同一羯磨。

如前：如过去未犯夷罪前，因其清净，得于二种法中同住。

后犯亦尔，如是比丘尼得波罗夷罪，不应同住：此是除重（chóng）犯疑。时

---

① 《萨婆多毗尼毗婆沙》卷二，《大正藏》第23册，第514页。

人认为，初犯属斩首，有戒可破。后虽犯过，应似无罪。① 故今明之：后再犯初篇，亦得波罗夷罪。不应如过去未犯前，可与大众僧同法共住。

（三）简众情

简别大众持戒清浊。

通过检问令同会大众静默谛听。欲说后篇戒，先须三遍检问，若大众默然，则知众清净，可续说戒经。

今问诸大姊，是中清净不：正式征问参加听戒之大众，对于比丘尼三百四十八条戒，是否都持守清净？有所毁犯是否已发露忏悔？如果忏悔清净，则与说戒相应。

是中：指比丘尼三百四十八条戒。

清净不：这是通问之语，即通问比丘尼三百四十八条戒是否持守清净？每说完一篇，皆须通篇而问，不只检问当篇。如果仅问当篇是否清净，若别篇有犯，而带罪听戒，不符合"自身有罪，不合闻戒"之教法。

三说：小注说明问清净时需问三遍，引起大众注意，使说、听者能够相应，并能确实检查自己有无犯戒。如果仅问一遍，唯恐昏沉掉举之人不闻。若问五六遍，又恐大众厌烦。所以，限问三遍，应于中道，法则如是。

诸大姊，是中清净，默然故，是事如是持：诸大姊，大众皆清净，因为各各默然。如是大众奉持佛戒清净不犯，以后亦如是奉持。

小结

良由尼众身心俱弱，易受侵凌，容犯诸过。佛陀悲悯，于比丘四波罗夷之外，特为比丘尼另制四重戒。借此八法，防护外境滋恼、内境烦扰。

此章八戒，乃五篇七聚之首，一切戒中最根本、最严重者。若能清净持守，则能保全比丘尼体，堪得如法修道，获证道果。

《涅槃经》云：欲见佛性，证大涅槃，必须深心修持净戒。② 《成实论》亦云："道品楼观以戒为柱。禅定心城以戒为郭。度生死河以戒为桥梁。入善人众以戒为印。八直圣田戒为壃畔。"③

倘若毁犯此等重戒，则如断头，不可复起。于诸圣果，永不可趸。不任僧用，众法绝分。是以祖师谆谆教诲：圣教所不许者，弟子特须敬顺。日常之中，宜修方

---

① 道宣律师在《含注戒本疏》中设问答。问：既有重（chóng）犯，不应断头。既喻断头，亦无重犯。答：断头据果为譬，重犯据戒犹存也。

② （北凉）三藏昙无谶译《大般涅槃经》卷十七云："菩萨闻是涅槃经已，知有世间不知见觉，应是菩萨所知见觉，知是事已，即自思惟：'我当云何方便修习，得知见觉？'覆自念言：'惟当深心修持净戒。'善男子！菩萨尔时以是因缘，于未来世，在在生处，戒常清净。"（《大正藏》第12册，第466页。）

③ 〔印度〕三藏诃梨跋摩造，（后秦）三藏鸠摩罗什译《成实论》卷十四，《大正藏》第32册，第351页。

便，检点身口。勖志专崇，高慕前圣。不得自怠，轻慢佛语。故经曰"正法住、正法灭"，① 意在兹乎。

练习题

1. 请比较"八波罗夷戒"中"自作"与"教他作"之结罪异同。

2. 据《萨婆多论》，犯重戒者不得与清净僧共住之理由何在？

3. "若比丘尼犯一一波罗夷法，不得与诸比丘尼共住，如前。后犯亦尔，如是比丘尼得波罗夷罪，不应共住。"这段文解除了哪两种疑惑？

4. 请解释"今问诸大姊，是中清净否？"

---

① （刘宋）三藏求那跋陀罗译《胜鬘师子吼一乘大方便方广经》卷一，《大正藏》第 12 册，第 219 页。

第六章　僧伽婆尸沙戒法

导　言

此章包含十七条戒：即"媒嫁戒"乃至"发起四诤谤僧违谏戒"。每条戒主要讲解：戒名、缘起、戒文、制意、具缘、罪相、开缘以及祖师警策等。

此章重点是每条戒的戒文、具缘、罪相、开缘。难点是具缘与开缘中涉及的犯与不犯，以及犯轻犯重等。尤其是前九条一作一说即犯，后八条三谏不舍方犯，此两类戒各自结犯分齐当细致判断。四独戒中"独入村"与"独在后行"之区别及犯缘等，需准确理解应用。

犯此十七条戒，如被人砍头，仅存咽喉。须在二十位清净比丘、二十位清净比丘尼中忏悔，方可恢复清净。此章前九条比后八条更容易犯到本罪，故需要细致讲解、反复讨论、深入理解。

建议用12课时讲授，8课时讨论，共计20课时。

第一节　概述

【记】　诸大姊，是十七僧伽婆尸沙法，半月半月说，戒经中来。

十七僧残法。^{僧残}大叫　二十三万万零四百万年　^{偷兰}嗥叫　五万万七千六百万年

一　释义

诸大姊：呼起一声，提醒同法诸比丘尼，专心听说戒相。

僧伽婆尸沙：简称僧残。由罪缠行人，非全净用，须僧作法除罪故。犯僧残罪如被人所砍，残有咽喉，若得良医妙药还可救治，所以须及早救疗。应在二十位清

净比丘和二十位清净比丘尼中忏悔，悔已还可恢复清净。

半月半月说：明说戒恒规，每半月宣说一次。今说戒是正时，而非余难缘。

戒经中来：所诵戒法，传承有据，乃出自戒经，为佛亲制。

二　犯戒罪报

十七僧残法："僧残法"为比丘尼戒第二篇，共有十七条戒。

大叫：即"大叫地狱"，又称"大叫唤地狱"。《长阿含经》记载：狱卒取彼罪人置铁镬中，热汤涌沸，煮彼罪人，号咷叫唤，苦毒辛酸，万毒并至。余罪未毕，故使不死。故名大叫唤地狱。[1]

二十三万万零四百万年：十七僧残法中，若犯到本罪，须堕大叫地狱。此狱一昼夜，相当于欲界化乐天寿八千岁，而化乐天一昼夜相当于人间八百年，即堕此地狱的时间合人间年数二十三万万零四百万年。

偷兰：全称"偷兰遮罪"，意译：重罪、粗罪、粗恶、大障善道等。详见本章后"附二：忏偷兰遮罪之法"。

嗥叫：即"嗥叫地狱"，又称"叫唤地狱"。《长阿含经》记载：其诸狱卒捉彼罪人掷大镬中，取彼罪人掷大铁瓮中，取彼罪人置大铁锅中，取彼罪人掷小镬中，热汤涌沸，煮彼罪人。或取彼罪人掷大鏊上，反覆煎熬，号咷叫唤，苦痛辛酸，万毒并至。余罪未毕，故使不死。[2]

五万万七千六百万年：若未犯到僧残本罪，而结偷兰遮罪者，当堕嗥叫地狱。此狱一昼夜相当于欲界兜率天寿四千岁，而兜率天一昼夜相当于人间四百年，即堕此地狱的时间合人间年数五万万七千六百万年。

第二节　媒嫁戒

一　戒名

【记】　媒嫁戒第一　（同、大、制）

媒：谋也，考虑筹量之意。为彼男女两家，往返相谋，以成就嫁娶，故谓之媒。

嫁：指男婚女嫁。

戒：禁止、防止。

---

① （后秦）佛陀耶舍共竺佛念译《长阿含经》卷第十九，《大正藏》第1册，第124页。
② （后秦）佛陀耶舍共竺佛念译《长阿含经》卷第十九，《大正藏》第1册，第124页。

媒嫁戒：比丘尼成就男女婬欲和合之事，佛制不许。

制：此戒是遮戒。因世人并不认为此事不善，但出家人若做此事，将会障其道业，故佛制不许。

二 缘起

【记】 迦罗

迦罗比丘，乃缘起中能犯之人。

佛制此戒三要素：（1）**何处制：**佛在罗阅祇。（2）**因谁制：**迦罗比丘。（3）**因何制：**迦罗比丘善知俗法，与俗为媒，招讥故制。

三 戒文

【记】 戒文——若比丘尼，媒嫁，持男语语女，持女语语男。若为成妇事，及为私通事，乃至须臾顷。是比丘尼犯初法应舍，僧伽婆尸沙。

文分五句：

第一句：若比丘尼——能犯人

白四羯磨如法得处所的比丘尼。

第二句：媒嫁—— 正显业本

所作为媒嫁之事。

第三句：持男语语女，持女语语男—— 所媒境界

将男方所说之语告诉女方，再将女方之意转告男方。此中二"语"字。前"语（yǔ）"，名词，即言语；后"语（yù）"，动词，即告诉之意。

第四句：若为成妇事，及为私通事，乃至须臾顷—— 正作媒事

若成就正式夫妇之事，以及男女间暂时的私通事。无论是长时间，或短时间，乃至须臾之时，即犯。须臾：为印度之时间单位，一日分三十个须臾。[1] 而此方一日分二十四个小时，以此推算，一须臾约四十八分钟。

第五句：是比丘尼犯初法应舍，僧伽婆尸沙——结罪

初法：即一作一说即犯，不需经过僧中作羯磨三谏。[2]

应舍：即应舍罪求悔，在僧中半月行摩那埵，行完后再出罪。

---

① 《僧祇律》卷十七云："须臾者，二十念名一瞬顷，二十瞬名一弹指，二十弹指名一罗豫，二十罗豫名一须臾。日极长时有十八须臾，夜极短时有十二须臾，夜极长时有十八须臾，日极短时有十二须臾。"（《大正藏》第22册，第360页。）

② 十七条僧残中，前九条戒是初法应舍僧伽婆尸沙，后八条戒是三法应舍僧伽婆尸沙。后八条中，若单论所媒事，不结僧残罪，若僧中羯磨三谏，仍然不舍己错误言行乃至恶见，即结僧残罪。此媒嫁戒，一作媒嫁之事即犯僧残，故属初法应舍僧伽婆尸沙。

四　制意

【记】　四分律疏制意：婚嫁之礼，和合生死，正违出离。出家所为，特乖法式。又纷务妨修，相招讥丑，不免世诃，是以圣制。

根据《四分律疏》，佛制此戒有三意：

1. 障于圣道

婚姻嫁娶是世间礼法，而男女结合正是和合生死之缘，乖违出离道业。因婬欲是生死根本，故媒嫁障于圣道。

2. 明乖僧仪

为世间男女做媒嫁之事，全然不合道人之行为轨度。而且，事务纷扰，妨碍修行，令道业不能增长。

3. 招世讥谤

为人和合生死，约外相而言，易招世人讥嫌毁谤，并使他们失去信敬佛法之心，由此而丑累佛法，故佛制不许。

五　具缘

【记】　南山行事钞具六缘成犯：一、是人男女。二、人想。三、为媒嫁事。四、媒嫁想。五、言了了。六、受语往还报。犯。

具六缘成犯：

1. **是人男女**：人道中的男女。

2. **人想**：作人想。

3. **为媒嫁事**：专为成就男女婬欲和合之事。

4. **媒嫁想**：心中作成就男女婬欲和合事想。

5. **言了了**：说得清楚明了。

6. **受语往还报。犯**：受男方或女方委托，而至女方或男方处传达彼此之意，后再回报对方，即犯僧残罪。

六　罪相

（一）正明犯相

【记】

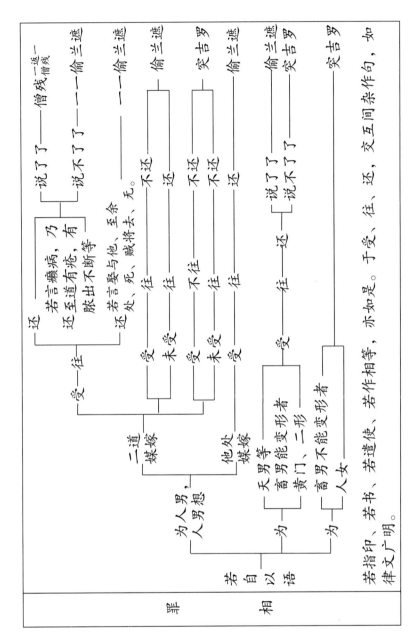

此戒罪相如下：

1. 若自以语，为人男，人男想，媒嫁。分二：

（1）二道媒嫁

即指大小便道媒嫁。结罪分三：

①约具三时：即受、往、还三者皆具。

受：接受男方或女方委托；**往**：至女方或男方处传达所托；**还**：将结果还报与男方或女方。

A. 若比丘尼亲自用言语，为人男，且作人男想，二道媒嫁，受语、往、还报一次，说得清楚，则结一僧残罪；说得不明了，则结一偷兰遮罪。即随媒嫁多少，说得清楚，一一结僧伽婆尸沙；说得不明了，一一结偷兰遮罪。

B. 若还报时，说对方根有癞病，乃至说道有疮、不断出脓等，结罪同前。因病好之后，还可以媒嫁。

C. 若还报时，说女方已嫁与他人，或已有主，或已到他处去，或已死，或已被贼劫去，或找不到，一一结偷兰遮罪。因为于此情况下，对男方而言，已经没有希望再得到。

②**约具二时**：同样是二道媒嫁，即受、往、还中缺一时。

A. 若比丘尼受语、往，但不还，结偷兰遮。

B. 比丘尼未受语，但往、还，也结偷兰遮。即未受男女双方委托，而自己主动去，回来又到男方或女方处说明情况。

③**约具一时**：同样是二道媒嫁，即受、往、还中，缺二时。

A. 若比丘尼但受，不往、不还。即虽受男女双方的委托，但不往、不还，结突吉罗罪。

B. 若未受，只往、不还。即虽没有受语，但自己去说，没有返还汇报，亦结突吉罗罪。

（2）他处媒嫁

即身上其余部位，如肢节等处媒嫁。若比丘尼亲自用言语，为人男，且作人男想，他处媒嫁，受、往、还，结偷兰遮罪。因为不是大小便道，所以结罪轻。

2. 若自以语，为天男乃至二形人媒嫁

若比丘尼亲自用言语，为天男、龙男、阿修罗男、夜叉男、饿鬼男，或为能变形之畜男，或为黄门、二形人媒嫁，具受、往、还时，说得清清楚楚，结偷兰遮罪；说得不明了，结突吉罗罪。

3. 若自以语为不能变形之畜生或人女媒嫁

若比丘尼亲自用言语，为不能变形的畜生男媒嫁，或者为二人女媒嫁，结突吉罗罪。

4. 若不以语言，而以指印等

若比丘尼不以语言，而用指印、书信、遣使、作相等，往返媒嫁，结罪亦同。其中，相互交叉、交杂作句，或具足三时，或缺一时，或缺二时，律中有明文详细说明，可自行阅读《四分律》卷三。

（二）引文补释

【记】 南山戒本疏 受往还即结僧残，不待二家和不和也。

道宣律师在《戒本疏》中云：只要受语、往说、还报三个条件具足，则结僧残罪，不必等待男女二家和合或不和合。①

【记】 南山行事钞 若言癞病等，还报者，结残者，以后得媒嫁故。

道宣律师在《行事钞》中云：如果以癞病等还报，即言若癞病、若痈、若白癞、干痟、癫狂，若痔病、若道有疮、若有脓不断流出，亦结僧残罪。因为病愈后，还可以媒嫁。②

【记】 第四分 僧中为媒嫁事，作白二羯磨，受往还者——一切僧残。僧中为媒嫁事，作白二羯磨。受往，至还时，使者比丘念："若白众僧，恩不在我。"即自往居士所还报，使者比丘——僧残；众僧——偷兰遮。（尼同）

根据《四分律·第四分》制，大众僧中做媒嫁之事，而且以白二羯磨差一比丘，受、往、还，大众僧皆结僧残罪。

僧中为媒嫁事，作白二羯磨差一比丘。此比丘受、往，还时作念：若白众僧，恩不属我。于是自己直接到居士家还报。此比丘结僧残罪，大众僧结偷兰遮罪。③比丘尼亦同。

七　并制

（一）正明并制

【记】

| 并制 | 比丘尼持他书往，不看者。———— 突吉罗 |
| | 比丘尼为白衣作余使。———— 突吉罗 |

制媒嫁戒时，同时又制二事：

1. 比丘尼为他人带书信，不看内容即带信前往，结突吉罗罪。恐信中有男女和合之事，无意中成就媒嫁而毁犯圣制。

2. 若比丘尼为白衣作余使，结突吉罗罪。出家人和在家人尊下有别，若为白衣作使，既失僧人威仪，亦被白衣轻视，故佛制不许。

（二）引文补释

1. 引《资持记》

【记】 灵芝资持记 因制二事，非道所宜。事通一切，不局媒嫁。文制不看，

---

① （唐）道宣律师撰《四分律含注戒本疏》卷二，《卍新续藏》第 39 册，第 869 页。

② （唐）道宣律师撰述《四分律删繁补阙行事钞》卷二，《大正藏》第 40 册，第 62 页。

③ （后秦）三藏佛陀耶舍共竺佛念等译《四分律》卷五十七，《大正藏》第 22 册，第 989 页。

看知可否，容有开持。

《资持记》解释：并制中所列二事，出家人不宜。但事通万相，不局一境，故不能单局媒嫁。律中有制，若先不看书而带，结突吉罗罪。若先阅信，知其内容，如果无媒嫁等非法事，即可持往。①

2. 引《比丘尼钞》

【记】 比丘尼钞 僧祇：若主人畜多妇妾，不均斗诤，一妇私成②比丘即为和平，或夫妇不和，劝和合者，兰。若妇人及女归家，比丘到舍，便劝早还者，兰。注云：恐累夫嗔，不得和合。五分：若为男倩女，为女倩男，长使者，兰。伽论：若指腹作媒嫁，及自媒身者，兰。僧祇：乃至为他求好马种和合者，兰；余畜生，吉。毗奈耶云：余畜及马得残。

《比丘尼钞》分别引《僧祇律》《五分律》《伽论》《鼻奈耶》（《比丘尼钞》云"毗奈耶"）补充说明多种结罪情况。

（1）《僧祇律》

①若人畜有妻及妾多人，她们因丈夫不平等对待而发生斗诤。其中一妇人私下找比丘，比丘即劝男主人应平等对待妻妾，结偷兰遮罪。

②或者夫妇不和，比丘劝他们和合，也结偷兰遮罪。

③如果妇人及女归家，比丘到她家劝彼早回丈夫家，亦结偷兰遮罪。③

《比丘尼钞》中以小字注释：之所以不许比丘作此事，是恐其丈夫生嗔恨心故。

（2）《五分律》

若比丘为男子找女子，或为女子找男子，长期受人使唤，结偷兰遮罪。因为男女有别，聚必相染，恐有和合婬欲之事发生，故结偷兰遮罪。倩：即雇用。④

（3）《伽论》

若比丘为尚在母腹中之胎儿指腹为婚，或自为己作媒嫁，结偷兰遮罪。⑤

（4）《僧祇律》

有人多畜马而无好种生者，语比丘言："某家有生马，为我求之。"比丘为求，得偷兰遮罪。和合余畜生，得越毗尼罪。⑥

（5）《鼻奈耶》

———————————

① （宋）元照律师撰《四分律行事钞资持记》卷二，《大正藏》第 40 册，第 288 页。

② 按照《僧祇律》卷六中文义，"私成"乃"私请"之意。

③ （东晋）三藏佛陀跋陀罗共法显译《摩诃僧祇律》卷六，《大正藏》第 22 册，第 275 页。

④ （刘宋）三藏佛陀什共竺道生等译《弥沙塞部和醯五分律》卷二，《大正藏》第 22 册，第 13 页。

⑤ （刘宋）三藏僧伽跋摩译《萨婆多部毗尼摩得勒伽》卷二，《大正藏》第 23 册，第 571 页。

⑥ （东晋）三藏佛陀跋陀罗共法显译《摩诃僧祇律》卷六，《大正藏》第 22 册，第 275 页。

若比丘解放畜生，合其牝牡（雌、雄动物），僧伽婆尸沙。①

八　境想

【记】

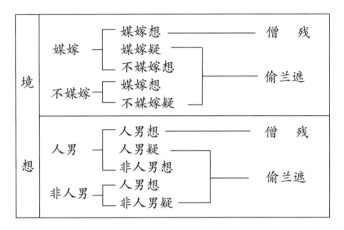

此表列四事：

1. 若比丘尼，为彼男女作媒嫁，且作媒嫁想，结僧残罪。若作媒嫁疑，结偷兰遮罪。若不作媒嫁想，亦结偷兰遮罪。

2. 若比丘尼，不媒嫁，但作媒嫁想，结偷兰遮罪。若作不媒嫁疑，亦结偷兰遮罪。

3. 若比丘尼，为人男，且作人男想，作媒嫁，结僧残罪。若作人男疑，结偷兰遮罪。

4. 若比丘尼，为人男，作非人男想，为其作媒嫁。为非人男，作人男想，或作非人男疑，皆结偷兰遮罪。

九　开缘

（一）正明开缘

【记】

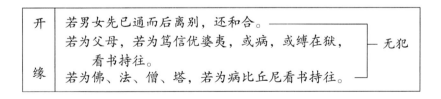

此表含三事：

1. 若有男女先已通，通即和合，但后来分开各住，而比丘尼又令他们和合，不

---

① （后秦）竺佛念译《鼻奈耶》卷四，《大正藏》第 24 册，第 865 页。

犯。因为彼男女已行婬欲，非比丘尼促成。

2. 若为父母，或虔诚居士，或为生病人，或为被关在监狱之人，看书信后即持往，此乃济俗急缘，故开不犯。

3. 若为佛、法、僧、塔等事，或为病比丘尼，看书信后，即可持往。此乃为道之要事，故开不犯。

（二）引文解释

1. 引《四分律》明为忏悔故不犯

【记】 第四分 夫妇斗，驱妇出，或妇自出，妇来乞比丘，比丘即往和合，令共夫忏悔，为忏悔故——无犯。（尼同）

《四分律·第四分》记载：夫妇之间相斗争，丈夫将妻子驱出，或妇人自出走，若妇人来乞求比丘，比丘即往和合，令妇人向其丈夫求忏悔。此但为求忏悔，而不是令他们作婬欲事，故不犯。① 如开缘中第一条所说。比丘尼亦同。

2. 引《四分律》明约定作使不犯本罪

【记】 同 为先和合者，先有言誓者作使。——不犯本罪。但为白衣作使——突吉罗。

《四分律·第四分》又制：为先已行男女婬欲事之人，或为先有婚约之人作使，不犯本罪。但须结为白衣作使之突吉罗罪。②

练习题

1. 何谓"僧伽婆尸沙"？比丘尼"僧伽婆尸沙法"包括哪些？

2. 请解释"媒嫁戒"戒名？

3. 简述佛制"媒嫁戒"之三要素。

4. 背诵并解释"媒嫁戒"之戒文。

5. 佛制"媒嫁戒"制意如何？佛制不许媒嫁可以避免哪些过失？

6. "媒嫁戒"具哪几缘成犯？

7. "媒嫁戒"结犯相状如何？

8. 佛制"媒嫁戒"的同时又制哪几件事？

9. 犯者对境想差，应如何结犯？

10. "媒嫁戒"有哪些开缘？

---

① （后秦）三藏佛陀耶舍共竺佛念等译《四分律》卷五十七，《大正藏》第22册，第989页。
② （后秦）三藏佛陀耶舍共竺佛念等译《四分律》卷五十七，《大正藏》第22册，第989页。

思考题

1. 如何会通《僧祇律》中所说"夫妇不和，劝和合者，兰"与《四分律》开缘中所说"若男女先已通而后离别，还和合。不犯"？

2. 你对出家人为俗人主持婚礼、证婚，寺院为俗人举办婚庆典礼等，有何看法？

第三节　无根重谤戒

一　戒名

【记】　无根重谤戒第二　（同、大、性）

根：即根据，律中三根：见根、闻根、疑根。

无根：没有见、闻、疑三根。

重谤：即用重罪加诬。

无根重谤戒：没有三根之事，而凭空捏造重罪来毁谤受具足戒之人，佛制不许。

二　缘起

【记】　慈地

慈地比丘，乃缘起中能犯之人。

佛制此戒三要素：（1）**何处制**：佛在罗阅祇。（2）**因谁制**：慈地比丘。（3）**因何制**：沓婆为知事，慈地依僧次得恶房恶食，便令妹尼对僧以重谤。故制。

三　戒文

【记】　戒文——若比丘尼，嗔恚不喜，以无根波罗夷法谤，欲破彼清净行。后于异时，若问、若不问，知是事无根说，我嗔恚故作是语。是比丘尼犯初法应舍，僧伽婆尸沙。

文分七句：

第一句：若比丘尼——能犯人

白四羯磨如法得处所的比丘尼。

第二句：嗔恚不喜——有嗔心

有嗔恨恚怒，不欢喜的心。嗔恚：由怨恨而忿怒，使身心热恼，起诸恶业。忿怒为嗔，怨恨为恚。

第三句：以无根 ——无三根

没有见、闻、疑三根。

第四句：波罗夷法谤 —— 重事加诬

诬谤他人犯波罗夷罪。波罗夷法，是重事。谤：即加诬、毁谤。

第五句：欲破彼清净行 —— 释谤情

毁谤的目的是要破坏对方梵行，令大众误认为他犯重戒，并通过大众僧作法将其灭摈。

第六句：后于异时，若问、若不问，知是事无根说，我嗔恚故作是语 —— 自言己非

若比丘尼以重事加诬别人后，经过一段时间，自己知道此谤是因为嗔恚之缘故，并没有见闻疑三根，故心生悔恨，希望求得清净。或他人来检问，或不由他人而问，便发露说：我因为嗔恚缘故而如是诽谤，他并没有犯重。

第七句：是比丘尼犯初法应舍，僧伽婆尸沙 —— 结罪

此比丘尼不管事后有没有发露，只要一谤即结僧残罪。

四　制意

【记】 四分律疏 制意：然出家同住，理应和容，互相将护，不相恼触。今乃怀嗔，横构重事谤人，自坏心行，增长生死，复灭正法。又尘坌污辱良善，甄在众外，恼他一生，废修正业，欺陵事深，故须圣制。故多论云：为护自行，正法久住故。为止谤毁，令梵行者，安乐修道，不废正业故。

佛制此戒有三意：

1. 明出家人所应做

出家人理应依六和共住，彼此宽容，互相关心、爱护，不应相互触恼。

2. 明出家人所不应做

现在却心怀嗔恨，凭空虚构波罗夷罪来毁谤他人。如此行为，不仅破坏自己信法向道之心，增长轮回生死罪业（自损之过）；而且毁灭正法（灭法之过）。同时，以虚构重罪诬谤贤善之人，使众僧将被诬谤之人灭摈，则会损恼他一生，令其荒废道业（损他之过）。如此欺凌他人，实乃极其恶劣之行，所以必须由佛制戒禁止。

3. 引《萨婆多论》为证

《萨婆多论》云：为维护自行，同时令正法久住，也为止息谤毁，令梵行者安乐修道，不废正业，故制此戒。[①]

五　具缘

【记】 南山行事钞 具八缘成犯：一、是比丘及尼，除下三众。二、作比丘及

---

① 《萨婆多毗尼毗婆沙》卷三，《大正藏》第23册，第523页。

尼想（原文"作大比丘想"）。三、有嗔心。四、无三根。五、下至对一比丘尼（原文无"尼"字）说。六、重事加诬。七、言了了。八、前人解。犯。

具八缘成犯：

1. **是比丘及尼，除下三众**：所谤之人是比丘或比丘尼，而不是式叉尼、沙弥、沙弥尼。

2. **作比丘及尼想**：心中所想是比丘或比丘尼，没有想错。

3. **有嗔心**：有嗔恨恚怒之心。

4. **无三根**：没有见闻疑三根。

5. **下至对一比丘尼说**：毁谤时，乃至对一比丘尼说，即犯。

6. **重事加诬**：以八波罗夷法来毁谤。

7. **言了了**：说得清晰、明了。

8. **前人解。犯**：对方领解，即犯此戒。

六 罪相

（一）正明罪相

【记】

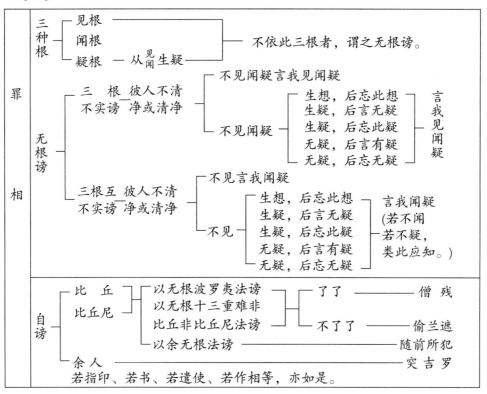

此表含三事：

1. 三种根

即见根、闻根和疑根。见根：自己亲见，或他人亲见，从亲见者闻得，以此为根据。闻根：自己亲闻，或他人亲闻，从彼闻得，以此为根据。疑根，从自己所见或自己所闻上生疑，并以此为根据。

若不依此见、闻、疑三根举罪，自己横构重事毁谤他人，就称为无根谤，即犯此戒。

2. 无根谤

分三根不实谤和三根互不实谤两种情况。

（1）三根不实谤

①不见闻疑，言我见闻疑。无论被谤者清净与否，如果比丘尼自己不见对方犯波罗夷，不闻犯波罗夷，不疑犯波罗夷，便作是说：我见、闻、疑某甲比丘或比丘尼犯波罗夷。即三根不实谤。

②不见闻疑，但有种种心理活动，最后说我见闻疑。分以下几种情况：

A. 本来心生见闻疑想，后来忘记此想；

B. 本来心生怀疑，但后来却说：我没有怀疑；

C. 本来心生怀疑，但后来却忘记有疑；

D. 本来心中没有怀疑，却说：此中我怀疑；

E. 本来心中没有怀疑，后来却忘记无疑。

无论被谤者清净与否，如果比丘尼自己不见对方犯波罗夷，不闻犯波罗夷，不疑犯波罗夷，心中生如上种种想或者疑。最后说：我见、闻、疑某甲比丘或比丘尼犯波罗夷，亦为三根不实谤。

（2）三根互不实谤

①不见，言我闻疑。无论被谤者清净与否，如果比丘尼自己没有看见对方犯波罗夷，便作是说：我闻、疑某甲比丘或比丘尼犯波罗夷。即三根互不实谤。

②不见某甲犯波罗夷，有种种心理活动，但最后言我闻疑。分以下几种情况：

A. 不见，是中有见想，后忘此想，便言：我闻疑。

B. 不见，是中有疑，便言：是中无疑，我闻疑。

C. 不见，是中有疑，后忘此疑，便言：我闻疑。

D. 不见，是中无疑，便言：我有疑，我闻疑。

E. 不见，是中无疑，后忘此无疑，便言：我闻疑。

此约不见但言有闻疑而列五句。

括弧内说明：如果不闻，或不疑，都可以此类推。

3. 自谤

（1）以无根波罗夷法谤

比丘尼自己毁谤比丘、比丘尼，以无根波罗夷法谤，说得清楚，结僧残罪。说得不明了，结偷兰遮罪。

（2）以无根十三重难法谤

比丘尼自己毁谤比丘或比丘尼，以无根十三重难①，譬如以犯边罪、犯比丘或比丘尼、贼心受戒、破内外道、黄门、杀父、杀母、杀阿罗汉、破僧、恶心出佛身血、非人、畜生、二根来毁谤前人，说得清楚，结僧残罪。说得不明了，结偷兰遮罪。因为，若是十三重难人，就不能成就比丘、比丘尼之戒体，所以，凡是以无根十三重难、非比丘比丘尼法谤者，结罪等同以无根波罗夷法谤。

（3）以余无根法谤

比丘尼自己以其他无根法毁谤比丘、比丘尼，随其所谤而结罪。后文弘一律师加"案"解释"随前所犯"。

（4）毁谤余人

比丘尼自己毁谤余人，即小三众，结突吉罗罪。

（5）以指印乃至作相谤

除了用言语毁谤之外，通过其他方式，如用指印、书信、遣使或作相等方式来毁谤他人，结罪亦同上。

（二）加案说明

弘一律师加"案"说明罪相中个别条目。下面有两个"案"：

1. 改文句

【记】 案 不见，共有六句。其第三句，律文云：若彼人不清净，不见彼犯波罗夷，是中无疑，便言："是中有疑，我闻疑彼犯波罗夷。"与第五句相同。② 但准诸前列之不见闻疑第三句，似应改云：若彼人不清净，不见彼犯波罗夷，彼有

---

① 据《四分律》卷四、卷三十五，十三重难是指：（1）边罪难：曾受佛戒，后犯根本戒，即是佛法海边之人，故称为边罪。（2）犯清净比丘或比丘尼：指未受五戒、八戒之俗人犯了清净比丘或比丘尼。若已受佛戒，则为边罪所收。（3）贼心受戒：白衣、沙弥尼或式叉尼时，盗听说戒羯磨，及通僧法事，若来受具戒，即为贼心受戒，受戒不得戒，已受戒者则灭摈。（4）破内外道：本是外道，后舍外道来出家。出家已又还外道。后又重来受佛戒，如此内外道通坏。此人志性不定，不许受戒。（5）黄门。（6）杀父。（7）杀母。（8）杀阿罗汉。（9）破僧：破法轮僧障戒，破羯磨僧不障戒。（10）出佛身血。（11）非人：八部鬼神之类，变作人形而来受戒者。（12）畜生：变为人形而来受戒者，畜生报劣，非受道法器。律中有龙变形来受戒，佛言，畜生者我法中无所长益。（13）二形：即同时具男女二根，这种人志向怯弱，信心不坚定，所以成难，不得受戒。（《大正藏》第 22 册，第 589 页、第 814 页。）

② 经查，《四分律》卷四关于"不见而言闻疑"之第三句与第五句本不相同。第三句："若彼人不清净，不见彼犯波罗夷，是中有疑，便言：'是中无疑。我闻疑彼犯波罗夷。'以无根法谤，僧伽婆尸沙。"第五句："若彼人不清净，不见彼犯波罗夷，是中无疑，便言：'我有疑。我闻疑彼犯波罗夷。'以无根法谤，僧伽婆尸沙。"（《大正藏》第 22 册，第 589 页。）推测，弘一律师所见《四分律》版本中有误。

疑，后便言："我是中无疑，我闻疑彼犯波罗夷。"又考见月《毗尼止持》，亦如是改写。

弘一律师加"案"说明：于三根互不实谤中，不见而言闻疑共有六句。其中第三句，《四分律》卷四原文为："若彼人不清净，不见彼犯波罗夷，是中无疑，便言：'是中有疑，我闻疑彼犯波罗夷。'"实际上，这句话与第五句相同，两句重复。若对比"不见闻疑，而言见闻疑"六句，"不见而言闻疑"的第三句似应改为"若彼人不清净，不见彼犯波罗夷，彼有疑，后便言：'我是中无疑，我闻疑彼犯波罗夷。'"另外，考证见月律师《毗尼止持》，也如是改写①。

2. 释词句

【记】 同 余法者，即下四篇三百四十法等。随前所犯者，以残谤者提；以提谤者吉罗；以吉罗谤者吉罗。

弘一律师"案"中解释：**余法者：**是指初篇以下其余四篇，共三百四十条戒。**随前所犯者：**即以无根僧残法谤比丘或比丘尼，结波逸提罪；以无根波逸提法谤比丘或比丘尼，结突吉罗罪；以无根突吉罗法谤比丘或比丘尼，亦结突吉罗罪。

七　开缘

【记】

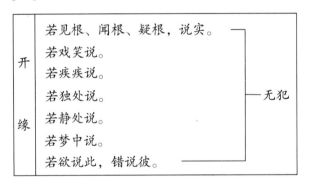

此戒开缘如下：

1. **若见根、闻根、疑根，说实：**若确实有见闻疑三根，依此三根而说，不犯。

2. **若戏笑说、** 3. **若疾疾说、** 4. **若独处说、** 5. **若静处说：**以上四种情况，虽不犯僧残，但乖违言说仪规，结不应该突吉罗罪。

6. **若梦中说：**因不由自己，故不犯。

---

① （清）沙门读体集《毗尼止持会集》卷四，列"不见，而言闻疑"第二句为："不见有疑言无疑，有闻疑，以波罗夷法谤，亦如上。"第三句为："不见有疑，后忘疑，言闻疑。以波罗夷法谤，亦如上。"（《卍新续藏》第39册，第723页。）

7. **若欲说此，错说彼**：此是误说，故不犯。

练习题

1. 何谓"无根重谤戒"？

2. 简述佛制"无根重谤戒"之三要素。

3. 背诵并解释"无根重谤戒"之戒文。

4. "无根重谤戒"制意如何？

5. "无根重谤戒"具哪几缘成犯？

6. "无根重谤戒"结犯相状如何？有哪些开缘？

思考题

1. "三根不实谤"和"三根互不实谤"有什么区别？

2. 二尼生争，一尼嗔心当第三人面言另一尼"不是人"，犯"无根重谤戒"吗？若犯，结什么罪？

第四节　假根谤戒

一　戒名

【记】　　假根谤戒第三　　（同、大、性）

假：假借，凭借。

根：见、闻、疑三根。

谤：诽谤。

假根谤戒：假借见闻疑三根诽谤他人，佛制不许。

此戒亦名"取片谤"，即取他人事或畜生事，以少许相似之法安于被谤者，加以诽谤。

二　缘起

【记】　　慈地

慈地比丘，乃缘起中能犯之人。

佛制此戒三要素：（1）**何处制**：佛在罗阅祇。（2）**因谁制**：慈地比丘。（3）**因何制**：慈地比丘因见羝羊行婬，便言羝羊如沓婆，母羊如慈比丘尼，向诸比丘说：我今亲见，不是从前没有三根。诸比丘白佛，佛制不许假根谤。

三 戒文

【记】 戒文——若比丘尼，嗔恚不喜，于异分事中取片。非波罗夷比丘尼，以无根波罗夷法谤，欲破彼人梵行。后于异时，若问，若不问，知是异分事中取片。彼比丘尼住嗔恚法故，作如是说。是比丘尼犯初法应舍，僧伽婆尸沙。

文分八句：

第一句：若比丘尼——能犯人

白四羯磨如法得处所的比丘尼。

第二句：嗔恚不喜——嗔心

嗔恨恚怒，心里不欢喜。

第三句：于异分事中取片——假异分

异分事：并非被谤者实有此事，而是假借别事。如沓婆是人，羊是畜生，以公羊当沓婆，母羊当尼，即以羊行婬当作人行婬。

取片：取少许相似法。

第四句：非波罗夷比丘尼——所谤境

所谤者是未犯波罗夷的比丘尼。

第五句：以无根——无根

没有见闻疑三根。

第六句：波罗夷法谤，欲破彼人梵行——重事

谤毁对方犯波罗夷，其目的是要破坏对方清净梵行。

第七句：后于异时，若问、若不问，知是异分事中取片。彼比丘尼住嗔恚法故，作如是说——自言

彼比丘尼取片谤人，一段时期之后，不论有人问或无人问，知道是在不同的事上取少许相似法来毁谤对方。这是因为嗔恨恚怒的缘故，而故意作如是说。

第八句：是比丘尼犯初法应舍，僧伽婆尸沙——结罪

能谤比丘尼，只要出言一谤，即犯僧残，应舍罪忏悔。

四 制意

【记】 四分律疏制意：此戒要假实事，上有见根，取彼事见，以谤此人。见虽相当，事不相当，名为假。如见言闻等，则是无根，前戒中摄。制意、犯缘，悉同前戒，唯以假根为异。

前无根谤戒是以虚构事诽谤他人，而此假根谤戒是假借实有之事，即在此事上确实有见根，取其所见之事作为凭据以谤人。但是，虽然有见根，但所见事与所犯事并不吻合，故名为假。若是见到，却说是听到；或是听到，却说见到。此乃无根，属前无根谤戒所摄。本戒制意和犯缘皆与前无根谤戒相同，唯改假根以区别。

五　具缘

【记】　南山行事钞 具缘同上。灵芝释云：惟第四假根有别。

《行事钞》云：本戒具缘同前"无根谤戒"。灵芝律师在《资持记》中解释，惟第四缘"假根"与前戒有别。

六　罪相

（一）正明犯

【记】

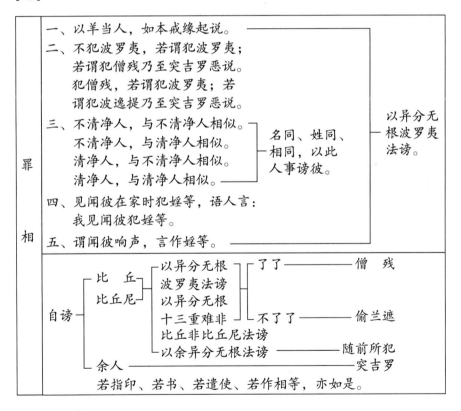

此表含二事：

1. 释异分

异分：假借其他人或事相谤。表中列举五种：

（1）异趣

假借异趣众生所做的事来谤对方。如律中缘起，慈地比丘见公羊和母羊行婬，便说是沓婆摩罗子与慈比丘尼行婬。

（2）异罪

假借异罪谤对方。如：对方未犯波罗夷，而说对方犯波罗夷。或认为对方犯僧残、波逸提、波罗提提舍尼、偷兰遮、突吉罗、恶说，而说对方犯波罗夷。又如：对方犯僧残，而说对方犯波罗夷。或认为犯波逸提、波罗提提舍尼、偷兰遮、突吉罗、恶说，而说犯波罗夷。①

（3）异人

假借与对方相似的人所做之事诽谤对方。相似：即名字相同，或姓氏相同，或相貌相似。有四种情况：

①对方本身不清净，而与某不清净人相似，或名字、姓氏相同，或相貌相似，即以此相似人所做之事以谤对方。

②对方本身不清净，而与某清净人相似，或名字、姓氏相同，或相貌相似，即以此相似人所做之事以谤对方。

③对方本身清净，而与某不清净人相似，或名字、姓氏相同，或相貌相似，即以此相似人所做之事以谤对方。

④对方本身清净，而与某清净人相似，或名字、姓氏相同，或相貌相似，即以此相似人所做之事以谤对方。

（4）异时

用对方不同时间所做之事谤对方。如曾见、曾闻对方在家时行婬，即谤对方现在行婬。

（5）异响

借着不同响声来谤对方。如闻床动响声，即告人言：我闻彼犯婬。或有人于山谷中大喊：某甲比丘尼犯婬。山谷即传回响声，此人即以此响声为闻根，语人云：我闻彼比丘尼犯婬。

2. 明犯相

（1）以异分无根波罗夷法谤

比丘尼自己毁谤比丘或比丘尼，以异分无根波罗夷法谤，说得清楚，结僧残罪。说得不明了，结偷兰遮罪。

---

① 《四分律》卷四云："异分者，若比丘不犯波罗夷，言见犯波罗夷，以异分无根法谤，僧伽婆尸沙。若比丘不犯波罗夷，谓犯僧伽婆尸沙。以异分无根法谤，僧伽婆尸沙。若比丘不犯波罗夷，彼见犯波夜提、波罗提提舍尼、偷兰遮、突吉罗、恶说，以异分事无根波罗夷法谤，僧伽婆尸沙。若比丘犯僧伽婆尸沙，彼言犯波罗夷，以异分无根波罗夷法谤，僧伽婆尸沙。若比丘犯僧伽婆尸沙，彼谓犯波逸提、波罗提提舍尼、偷兰遮、突吉罗、恶说，以异分事无根波罗夷法谤，僧伽婆尸沙。"（《大正藏》第22册，第589页。）

（2）以异分无根十三重难谤

比丘尼自己毁谤比丘或比丘尼，以异分无根十三重难加以诽谤，说：你犯边罪，乃至二形（如前戒说）。说得清楚，结僧残罪。说得不明了，结偷兰遮罪。

（3）以余异分无根法谤

比丘尼自己以其余异分无根法毁谤比丘或比丘尼，随其所谤来结罪。如：以异分无根僧残法谤，结波逸提罪。以异分无根偷兰遮法谤、以异分无根波逸提法谤、以异分无根突吉罗法谤，都结突吉罗罪。

（4）以异分无根法谤余人

比丘尼自己以异分无根法谤小三众，结突吉罗罪。

（5）以指印乃至作相等谤

比丘尼若用指印，或书信，或遣使，或作相等方式，以异分无根法谤，结罪亦同上。

（二）引文释

【记】 $\boxed{\text{南山行事钞}}$ 律中有五种异分：一、对异趣。二、异罪。三、异人。四、异时。五、假响。

道宣律师在《行事钞》云：律中有五种异分，"对异趣"乃至"假响"。《四分律》卷四中有详述，罪相表中亦有明示，此不赘述。

七　开缘

【记】

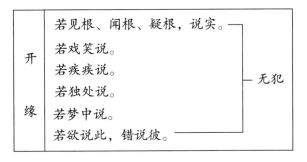

此戒开缘亦同上无根谤戒。

1. 若确实有见闻疑三根，依实而说，不犯。

2. 从"若戏笑说"至"若独处说"三条，虽不犯僧残罪，但乖违说话仪轨，须结不应该突吉罗罪。

3. 若梦中说，不是故意而说，故不犯。

4. 若欲说此，错说彼，此属误说，亦不犯。

练习题

1. 何谓"假根谤戒"?

2. 简述佛制"假根谤戒"之三要素。

3. 背诵并解释"假根谤戒"之戒文。

4. "假根谤戒"制意如何?

5. "假根谤戒"具哪几缘成犯?

6. "异分"包括哪些?

7. "假根谤戒"结犯相状如何? 有哪些开缘?

思考题

1. 清净人与清净人相似,如何产生诽谤?

2. 如果比丘尼"见到"其他比丘尼犯初篇罪而说"听闻"到彼犯初篇罪,犯哪条戒?

第五节 诣官言人戒

一 戒名

【记】 诣官言人戒第四 (大、制)

诣:到、往、去。

官:官家,即今司法机关等有权力评断纠纷事务之机构。

言:陈辞举告。

人:所告的对象。

诣官言人戒:比丘尼和他人发生纠纷后,到司法机关告状,佛制不许。

此戒比丘、比丘尼不共。根据《四分律》所制,若比丘犯此戒,结突吉罗罪。①

二 缘起

【记】 诸尼

诸比丘尼,乃缘起中能犯之人。

佛制此戒三要素: (1) 何处制:佛在舍卫国。(2) 因谁制:诸比丘尼。(3) 因何

---

① 以下诸戒,若戒名后括弧内未标"同"字,说明比丘、比丘尼不共制,比丘若犯此戒,结突吉罗罪。后不赘释,需特别说明者除外。

制：诸比丘尼诣官言人。

三　戒文

【记】　戒文——若比丘尼，诣官言居士，若居士儿，若奴，若客作人。若昼，若夜，若一念顷，若弹指顷，若须臾顷，是比丘尼犯初法应舍，僧伽婆尸沙。

文分五句：

第一句：若比丘尼——能犯人

白四羯磨如法得处所的比丘尼。

第二句：诣官言——诣官言

到官家告状。

第三句：居士，若居士儿，若奴，若客作人——所言境界

所告的对象是居士、居士儿、奴或客作人。

居士：在印度，泛指在家人。居士儿：居士所生之子。奴：或买来，或奴所生。客作人：雇用的工人。

第四句：若昼，若夜，若一念顷，若弹指顷，若须臾顷——出言时节

说明比丘尼告人的时间，不论白天黑夜，不论时间长短，若去告人，都不可以。

第五句：是比丘尼犯初法应舍，僧伽婆尸沙——结罪

若比丘尼与在家人发生争执，或为财产、或为名誉等，到司法机关起诉。不管白天或黑夜，无论时间长短乃至须臾间，便结僧残罪，应舍罪忏悔。

四　制意

【记】　四分律疏 制意：所以不听言人者，有三过故：一、出家之人，应怀四等，陈辞举告，损恼前人，即非益物。二、女人之性，理无外涉。是非难究，不闲进否。虽理灼然，言不自雪。丑累佛法，讥损处重。三、自坏心行，障道根本。具斯诸过，故所以制。

佛之所以不允许比丘尼告官，是因为有三种过失：

1. 出家人本应怀慈悲喜舍四无量心，而今却陈辞举罪告官，使在家人受到损害而生恼，此乃与人结怨，非利他行。

2. 女子天性，慧浅志弱，最好不要牵涉外事。世事复杂，女众很难明察是非，进退分寸把握不住。纵然自己理据昭然，但因说不清楚，也变得无理。如此将会丑累佛法，而招致讥嫌，损害之处深重。

3. 诣官告人，不仅损坏自己信法向道之心，也障碍励己摄修之行，这是障道根本。

具备以上种种过失，故佛制不许告官。

五 具缘

【记】 比丘尼钞 具四缘成犯：一、往俗官所。二、言白衣居士。三、词列其事。四、下手疏。犯。

此戒具四缘成犯：

1. **往俗官所**：到世俗的司法机关。
2. **言白衣居士**：告在家人。
3. **词列其事**：告官时，陈词说明所告的人、事和告状缘由等。
4. **下手疏。犯**：只要断事官将所陈之词记录下来，即结僧残罪。

六 罪相

（一）正明犯相

【记】

若比丘尼到官家和白衣居士争辩对错、是非，若断事官下手疏即结僧残罪。若不说被告人名字，结偷兰遮罪。

（二）引文杂明

1.《比丘尼钞》引《善见律》

【记】 比丘尼钞 见论云：至官言人，令官罚物，随多少犯罪，物应偿之。若被夺物，得就官乞护身，不得道名字。官自访得，治罚无犯。若人入寺斫伐树木，不得夺刀斧，应还值。

《善见律》云：若比丘尼到官家告人，令官家罚彼被告人财物，则比丘尼应随被告人损失多少财物来结罪，且东西必须偿还对方。如若不还，就会落入盗戒。

如果被贼夺去财物，可以到官家请求保护，但不可以说出贼人名字。若官家自己查访到，并且治罚其罪，与比丘尼无关，故不犯。

若有人到寺院中砍伐树木等，比丘尼不可夺其刀斧，亦不可打坏。如果打坏须计价偿还。若不还，犯盗。①

---

① （齐）三藏僧伽跋陀罗译《善见律毗婆沙》卷十六，《大正藏》第24册，第787页。

2.《比丘尼钞》引《十诵律》

【记】　比丘尼钞 十诵云：尼在断事人前，嗔恨诃骂本所打人，僧残。若向余人诃骂本所打人，兰。

《十诵律》制：比丘尼，若断事时，在断事人前嗔恨、诃骂本所打人者，僧伽婆尸沙。若向余人诃骂本所打人者，偷兰遮。①

七　开缘

（一）正明开缘

【记】

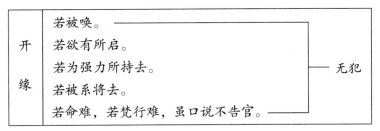

此戒开缘如下：

1. 如果被法院等政府部门唤去，不犯。

2. 若有事须向官家启告，如到官家请求保护等，不犯。

3. 如果是被强力者挟持而去，不犯。

4. 如果被人绑缚带去，不犯。

5. 若遇到命难或梵行难，虽然只有口说要告官而实际上没有告官之意，不犯。

（二）引文补充

【记】　比丘尼钞 五分云：若尼为人轻陵，得语其父母、亲里有力者援护。

《比丘尼钞》引《五分律》补充说明：若比丘尼为人轻陵，应语其父母。若无父母，应语其亲族。若无亲族，应语比丘、比丘尼、优婆塞、优婆夷。若比丘、比丘尼有势力，不援护者突吉罗。语时，应云：彼轻陵我，为我呵谏。②

练习题

1. 何谓“诣官言人戒”？

① （后秦）三藏弗若多罗共罗什等译《十诵律》卷四十二，《大正藏》第23册，第309页。

② （刘宋）三藏佛陀什共竺道生等译《弥沙塞部和醯五分律》卷十一，《大正藏》第22册，第80页。

2. 简述佛制"诣官言人戒"之三要素。

3. 背诵并解释"诣官言人戒"之戒文。

4. 佛制"诣官言人戒"制意如何？

5. "诣官言人戒"具哪几缘成犯？结犯相状如何？有哪些开缘？

6. 据《五分律》，比丘尼若被人轻凌，当如何？

思考题

1. 若比丘尼向政府职能部门举报有关机构团体收费不合理，服务不周到，犯这条戒吗？

2. 如果比丘尼在网上举报有人通过 QQ 群、微信群或网页广告等平台诈骗钱财，国家司法机关依法惩罚此等行为。此比丘尼犯此戒吗？为什么？

第六节 度贼女戒

一 戒名

【记】　度贼女戒第五　（大、制）

度：度人出家。

贼：害也，凡偷盗劫杀皆曰贼。

贼女：《四分律》卷二十二云：贼者，若盗五钱，若过五钱。① 约此戒制意，依国法犯死罪之女，皆是此戒所称"贼女"。

度贼女戒：比丘尼度贼女出家受具足戒，佛制不许。

二 缘起

【记】　诸尼

诸比丘尼，乃缘起中能犯之人。

佛制此戒三要素：（1）**何处制：**佛在毗舍离。（2）**因谁制：**诸比丘尼。（3）**因何制：**诸比丘尼度贼女出家。

三 戒文

【记】　戒文——若比丘尼，先知是贼女，罪应死，人所知。不问王大臣、不问

---

① （后秦）三藏佛陀耶舍共竺佛念等译《四分律》卷二十二，《大正藏》第 22 册，第 719 页。

种姓，便度出家，受具足戒。是比丘尼犯初法应舍，僧伽婆尸沙。

文分五句：

第一句：若比丘尼——能犯人

白四羯磨如法得处所的比丘尼。

第二句：先知是贼女，罪应死 ——知是贼女

比丘尼先知道（自知，或从他知），此是贼女，依国法应判死罪。

第三句：人所知——多人所知

众人皆知，此女是贼女，其所犯罪应至死。

第四句：不问王大臣、不问种姓，便度出家，受具足戒——辄便受具

度人之时，应问王大臣是否同意，及其种族姓名。而今却不问，即度其出家受具足戒。

以今言之，如果有人欲求出家时，即应问其个人家庭背景、过去工作状况、宗教信仰及有无犯罪记录，等等。

第五句：是比丘尼犯初法应舍，僧伽婆尸沙——结罪

度贼女出家受具足戒之比丘尼，待与贼女受具戒三番羯磨竟，即犯僧残，应舍罪忏悔。

四　制意

【记】 四分律疏 制意：出家尼众，理宜胜人相（原文"崇"）集，光显僧众，外长信敬。今此女人，身行不端，过状外彰。既罗公网，辄度出家，招致讥丑，污辱处深，损坏不轻，故所以制。

出家尼众，依理应贤善共聚，如此才能彰显僧团庄严，令人对三宝生信敬之心。而今此贼女，行为不端，所犯之过，触犯国法，而且众所周知。若辄度其出家，必将招致讥嫌，丑累佛法。如此，严重毁辱三宝。自损、损他、坏灭正法，故佛制不许。

五　具缘

（一）正明具缘

【记】 比丘尼钞 具五缘成犯：一、是贼人罪应死者。二、知。三、不问王大臣。四、辄便受具。五、羯磨竟。犯。

此戒具五缘成犯：

1. **是贼人罪应死者**：此贼女所犯之罪应至死。

2. **知**：知此女是贼女，且犯了死罪。

3. **不问王大臣**：不问王大臣是否同意。

4. **辄便受具**：随便即与此贼女授具足戒。

5. **羯磨竟。犯**：比丘尼为此贼女授具足戒，三番羯磨竟，即犯僧残。

（二）引文释"贼"

【记】 比丘尼钞 十诵云，贼有二种：一、偷财物犯王法，王欲杀之。二、偷身犯，夫欲杀之。

《比丘尼钞》引《十诵律》释"贼"有两种：

1. 盗窃财物触犯王法，王欲杀之。
2. 与其他男子私通，其丈夫欲杀之。①

六 罪相

（一）正明犯相

【记】

若贼女求出家，和尚尼知是贼女，不问王大臣，亦不问其种姓，随便度其出家，和尚尼随所度出家②、授具足戒作羯磨次第分别结罪。

1. 若与剃发，或与授沙弥尼十戒，或与授具戒时，集僧做种种前方便，一切突吉罗。

2. 若正式授具足戒作白四羯磨时，若作白未竟，结突吉罗罪。

3. 作白竟，结一偷兰遮罪。

4. 作白，一羯磨竟，结二偷兰遮罪。

5. 作白，二羯磨竟，结三偷兰遮罪。

6. 作白，三羯磨竟，结僧残罪。

---

① （后秦）三藏弗若多罗共罗什等译《十诵律》卷四十三，《大正藏》第 23 册，第 310 页。
② 《四分律·比丘尼犍度》（卷四十八）云，出家是指受沙弥尼十戒。（《大正藏》第 22 册，第 923 页。）

以上皆是约和尚尼来结罪。

（二）引文杂明

1. 《比丘尼钞》引《十诵律》

【记】　比丘尼钞 十诵云：和尚尼知者，僧残；阿阇梨尼知者，偷兰遮；僧知者，突吉罗。

《十诵律》云：若和尚尼知是贼女，度其出家授具足戒，即结僧残罪。若羯磨阿阇梨、教授阿阇梨知，结偷兰遮罪。若大众僧知，结突吉罗罪。[①]

2. 《比丘尼钞》引《五分律》《僧祇律》

【记】　比丘尼钞 五分云：三羯磨竟，和尚尼，僧残。余师皆偷兰遮。僧祇云：与出家吉；与学戒兰；受具戒残。

《五分律》云：度贼女出家受具足戒，三羯磨竟，和尚尼结僧残罪；余师（包括羯磨阿阇梨、教授阿阇梨以及七尊证）皆结偷兰遮罪。[②]

《僧祇律》云：与出家，即与授沙弥尼十戒，结突吉罗罪。与学戒，即与二岁学戒（授六法），结偷兰遮罪。若与授具足戒，则结僧残罪。皆约和尚尼结罪。[③]

七　开缘

【记】

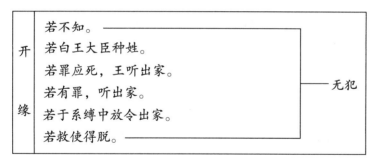

开缘	若不知。	
	若白王大臣种姓。	
	若罪应死，王听出家。	无犯
	若有罪，听出家。	
	若于系缚中放令出家。	
	若救使得脱。	

此戒开缘有六：

1. 若不知是贼女，度其出家，不犯。

2. 若经过国家政府同意，不犯。

3. 虽犯死罪，但王赦免，允许出家，不犯。

---

① （后秦）三藏弗若多罗共罗什等译《十诵律》卷四十三，《大正藏》第 23 册，第 310 页。

② （刘宋）三藏佛陀什共竺道生等译《弥沙塞部和醯五分律》卷十一，《大正藏》第 22 册，第 79 页。

③ （东晋）三藏佛陀跋陀罗共法显译《摩诃僧祇律》卷三十六，《大正藏》第 22 册，第 520 页。

4. 虽有罪，但允许出家，不犯。

5. 若在监狱中，放其出来，令出家，不犯。

6. 若此女被系闭，如果能如法免其罪，救其出来，再度之出家，不犯。

练习题

1. 何谓"度贼女戒"？

2.《十诵律》如何解释"贼女"？

3. 简述佛制"度贼女戒"之三要素。

4. 背诵并解释"度贼女戒"之戒文。

5. 佛制"度贼女戒"制意如何？

6. "度贼女戒"具哪几缘成犯？

7. "度贼女戒"结犯相状如何？有哪些开缘？

9. 根据《比丘尼钞》所引他部律，"度贼女戒"如何结罪？

思考题

1. 依《十诵律》，若女人与其他男子私通，亦属于贼女。此贼女与婬女有何区别？

2. 此戒结罪是约和尚尼而言。从中受到什么启发？

第七节 界外辄解三举戒

一 戒名

【记】 界外辄解三举戒第六 （大、制）

界：指大界，是作法界之一，即僧众常行人法二同（即同一住处、同一说戒）之界。

界外：指大界外。就作法而言，界内、界外互不相干。若在大界内作法，必须尽集界内所有僧众，不得别众。但可以不集界外之僧。

辄：随便、一意孤行。

解：作法解罪。

三举：即不见举、不忏举、恶见不舍举。

不见举：倒说四事（破戒、破见、破威仪、破正命），或不信因果。法说非法，犯言不犯。僧问：汝犯罪，见否？答言：不见。众僧应作不见举羯磨，暂时弃于众外，不同僧事（不同于灭摈永弃）。并夺三十五事，目的是令其折伏，改邪归正。如果后来此人心意调柔，已怀正信，应向众僧求解。大众僧应当衡量审查，而后解之。

不忏举：倒说四事，犯后却不肯忏悔，拒绝执行大众僧命令，僧应与作不忏举羯磨。余同上。

恶见不舍举：即后单提第五十二条戒之缘起，倒说四事，说婬欲不障道，违逆僧命，僧应作恶见不舍举羯磨。余同上。

界外辄解三举戒：犯过比丘尼已被大众僧在界内如法作举，且不低下心忏悔。如果有比丘尼袒护犯过尼故，不经大众僧同意，便自作主张出界外与此比丘尼解罪，佛制不许。

二　缘起

【记】　尉次尼　偷罗难陀尼

《表记》列二尼，若约犯过者，偷罗难陀比丘尼乃缘起中能犯之人。

佛制此戒三要素：（1）**何处制**：佛在舍卫国。（2）**因谁制**：偷罗难陀尼。（3）**因何制**：尉次尼为僧所举，偷罗难陀不白尼僧，僧未与指令，辄自出界外，与作解罪羯磨，故制。

三　戒文

【记】　戒文——若比丘尼，知比丘尼为僧所举，如法如律，如佛所教。不随从，未忏悔，僧未与作共住羯磨。为爱故，不问僧，僧不约敕，出界外，作羯磨，与解罪。是比丘尼犯初法应舍，僧伽婆尸沙。

文分五句：

第一句：若比丘尼——能犯人

白四羯磨如法得处所的比丘尼。

第二句：知比丘尼为僧所举，如法如律，如佛所教。不随从，未忏悔，僧未与作共住羯磨 ——知是被举尼

知道彼比丘尼被大众僧作白四羯磨举罪，而且此治罪是依法而行，符合律制，按照佛之教敕，为折服她而作。但是，被举比丘尼却不顺从此治法，不肯下意折服己心，不向大众僧求忏悔。因此，大众僧尚未与她作解罪羯磨。

第三句：为爱故，不问僧，僧不约敕 ——不白僧

此比丘尼，出于私情，未白大众僧，大众僧亦未敕令其去为被举比丘尼解罪。

第四句：出界外，作羯磨，与解罪 ——出界解

约人出界外，与被举罪比丘尼作解罪羯磨。

第五句：是比丘尼犯初法应舍，僧伽婆尸沙——结罪

待解罪三羯磨竟，此比丘尼即犯僧残，当舍罪忏悔。

四　制意

【记】　四分律疏制意：辄解举者，有三种过：一、前比丘尼，邪心成就，障于学路。僧既治罚，情见未舍。偏心辄解，长彼邪见，永无忏悔，改过从善。二、容同彼见，自坏心行。三、轻尼违法恼僧。具斯诸过，故制残罪。

若随便出界外与被举比丘尼解罪，有三种过失：

1. 被举比丘尼邪知邪见已经形成，障其学法修道之路。虽然已被大众僧治罚，但却未舍己见。如果此时有比丘尼出于偏心，未经大众僧允许，随便为其作解罪羯磨，将增长其邪执，使之不能产生忏悔之心，从而不能改过从善。

2. 如果比丘尼随便出界外，为被举比丘尼解罪，表明自己与其知见相同，不仅助长彼邪知邪见，同时亦损坏自己信法向道之心、励己摄修之行。

3. 随便出界外与人解罪，即显示出轻慢众僧之心，违背佛之教法，同时也触恼大众僧。

由于有以上种种过失，所以须佛制戒。若犯，即结僧残罪。

五　具缘

【记】　四分律疏具六缘成犯：一、前人有三举事。二、尼僧如法举。三、未随顺、未忏悔。四、辄与解。五、无因缘。六、三羯磨竟。犯。

此戒具六缘成犯：

1. **前人有三举事**：指被举比丘尼犯不见罪、不忏罪、恶见不舍罪。

2. **尼僧如法举**：比丘尼僧如法与她作白四羯磨，举罪治罚。

3. **未随顺、未忏悔**：被举比丘尼不肯下意顺从大众僧对其治罪，尚未向大众僧求忏悔，亦未到僧中下意乞解，大众僧未与她作解罪共住羯磨。

4. **辄与解**：未经过众僧允许，便约人出界外，为被举比丘尼作羯磨解罪。

5. **无因缘**：没有开缘中的情况。

6. **三羯磨竟。犯**：若比丘尼出界外，为被举比丘尼作白四解罪羯磨，三羯磨竟，即犯僧残。

六　罪相

【记】

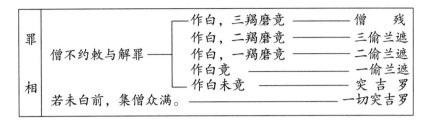

此戒罪相如下：

若大众僧没有敕令，随便出界外与被举比丘尼解罪，结罪分六个阶段：

1. 如果没有作白以前，集僧，人数满足，一切突吉罗罪。

2. 开始作解罪羯磨，如果作白未完，结突吉罗罪。

3. 作白竟，结一偷兰遮罪。

4. 作白，一羯磨竟，结二偷兰遮罪。

5. 作白，二羯磨竟，结三偷兰遮罪。

6. 作白，三羯磨竟，结僧残罪。

七 开缘

【记】

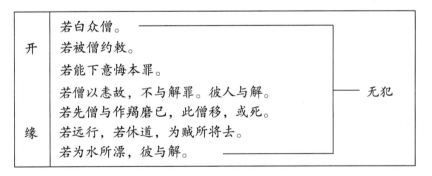

此戒开缘如下：

1. 如果白过大众僧，得到大众僧允许，不犯。

2. 如果大众僧敕令为被举比丘尼解罪，不犯。

3. 如果被举比丘尼肯下意折伏己心，向大众求忏悔，乞解罪。为其解罪，不犯。

4. 如果大众僧出于嗔恚心，不为被举比丘尼解罪。此时，为被举比丘尼解罪，不犯。

5. 如果先前的大众僧为犯过比丘尼作三举羯磨后，或迁移、或死、或出外远行、或罢道、或被贼房走，乃至被水漂走。若有以上情况，余人为被举比丘尼解罪，不犯。

练习题

1. 何谓"界外辄解三举戒"？

2. 简述佛制"界外辄解三举戒"之三要素。

3. 背诵并解释"界外辄解三举戒"之戒文。

4. 佛制"界外辄解三举戒"制意如何？

5. "界外辄解三举戒"具哪几缘成犯？

6. "界外辄解三举戒"结犯相状如何？有哪些开缘？

思考题

1. "三举人"与解罪比丘尼结罪相同吗？

2. 为什么好心为人解罪还要结罪？

第八节　四独戒

一　通释

【记】　四独戒第七　（大、制）

（一）戒名

四独：即独渡水、独入村、独宿、独在后行。

四独戒：若比丘尼独渡水、独入村、独宿、独在后行，佛制不许。①

（二）戒文

【记】　戒文——若比丘尼，独渡水、独入村、独宿、独在后行，犯初法应舍，僧伽婆尸沙。

文分三句：

第一句：若比丘尼——能犯人

白四羯磨如法得处所的比丘尼。

第二句：独渡水、独入村、独宿、独在后行——明四独

独渡水：一人独自渡水。**独入村**：一人独自进入聚落。**独宿**：一人独自夜宿。

---

①　此四独戒于《根本说一切有部尼律》中分为四条戒，而在《四分律》《五分律》《十诵律》中则合为一戒。

独在后行：舍伴，一人独自在后行走。

第三句：犯初法应舍，僧伽婆尸沙——结罪

比丘尼若犯四独中的任何一独，即犯僧残，应舍罪忏悔。

（三）制意

【记】 四分律疏 制意：凡女人志弱，事无独立，人轻易陵，容成大恶。假伴相援，方能离过，故制不听独。水是难处；夜分奸非；村是俗男所居；旷野及道，容有恶缘。故并皆制，独犯僧残。

佛之所以为比丘尼制四独戒，是因为女人志性软弱、力气单薄，从事相上说不堪独立。而且女人柔弱，极易受人陵逼，尤其易受男子欺侮。一旦被侮，便毁犯根本大戒，铸成终身之憾。故须借助同伴相互援助，方能远离过患。因此佛制不许比丘尼独渡水、独入村、独宿及独在后行。详而言之：

1. **不许独渡水**：因为水是难处，易发生难缘。譬如河水宽深或水流湍急，若独自渡水，极易溺水，或被冲走。而且，撩衣渡水，易令岸上男子起邪念。如果独自上岸，则会遭到男子欺凌。

2. **不许独宿**：夜晚时分，正是坏人潜行出没、作奸犯科之时，如果比丘尼独自一人夜宿，易遭到坏人侵犯。

3. **不许独入村**：村是世俗男子所居之处，如果比丘尼独自入村而没有同伴互相援护，则易发生难缘。

4. **不许独在后行**：独自一人在空旷之处或者道上行走，容有恶缘发生。此时，如果遇到坏人，势单力薄，无法抵挡。

以上四种情形都是容易发生梵行难之缘，所以佛制戒遮止。四独合制，随犯任何一独，即结僧残罪。

二　别释

（一）独渡河戒

1. 戒名

【记】 先明独渡河

首先说明"独渡河戒"。若比丘尼独自一人渡河，佛制不许。

2. 缘起

【记】 有尼

某比丘尼，乃缘起中能犯之人。

佛制此戒三要素：（1）**何处制：**佛在舍卫国。（2）**因谁制：**有颜貌端正比丘尼。（3）**因何制：**高褰衣渡水，受贼人触娆，俗人讥嫌，故制。

3. 具缘

【记】 四分律疏 具四缘成犯：一、是河水。二、独渡。三、无因缘。四、独越河过。犯。

此戒具四缘成犯：

（1）**是河水：**即比丘尼所渡之处是河水。

各部律对"河水"的定义有所不同：《四分律》云：河水独不能渡，当求一比丘尼共渡，不论其宽狭，但使褰衣渡水，而异于陆地行走之威仪，即犯僧残。[①]《五分律》云："若独渡水，水广十肘，深半髀，僧伽婆尸沙；若减，突吉罗。"[②]

（2）**独渡：**独自渡河。

（3）**无因缘：**无开缘情况。

（4）**独越河过。犯：**若比丘尼独自过河，上岸即犯僧残。

4. 罪相

（1）正明犯

【记】

罪	前尼疾疾入水，令伴不相及，双脚上岸 —— 僧　残
相	疾疾入水，不待后伴 ———— 偷兰遮
	若至彼岸，不待后伴 ————

此表含二事：

①如果二比丘尼共渡水，应渐渐褰衣入水待伴。如果前比丘尼疾疾入水，使同伴比丘尼不能相及，前尼只要两脚一上岸，即结僧残。

②如果二比丘尼共渡水，下水时，应随水深浅褰衣待后伴。如果前比丘尼故意疾速入水，而不渐渐褰衣待后伴，结偷兰遮罪。或者行至彼岸，应渐渐下衣待后伴。如果前比丘尼疾疾上岸，不待后伴，亦结偷兰遮罪。

（2）引文释

【记】 比丘尼钞 今准道行戒，但使褰衣渡水，异于陆路，皆残。大界中亦犯，

① 《四分律》卷二十二云："水者，河水独不能渡，彼比丘尼当求一比丘尼共渡，比丘尼应渐褰衣入水待伴。前比丘尼疾疾入水令伴不及，僧伽婆尸沙。"（《大正藏》第22册，第720页。）

② （刘宋）三藏佛陀什共竺道生等译《弥沙塞部和醯五分律》卷十一，《大正藏》第22册，第80页。

以难同故。如界中有村，独入亦犯。若有桥者，如常开之。按此列相，具解第一犯缘。

尼疾疾入水，兰；双脚上岸，僧残；后尼独入水，兰。按此列相，具解第二犯缘。第四犯缘，谓伴中无相援义。

引《比丘尼钞·随戒篇》解第一犯缘"是河水"。本律说明比丘尼不能独渡河水，未明河水的深广度。无论界内、界外，只要撩衣渡河，乖于陆地行走威仪即犯僧残。

如果大界内有河水，比丘尼独渡亦犯僧残，因为难缘相同的缘故。如同大界内有村落，比丘尼独入亦犯僧残。如果有过渡的桥梁，因不涉水，故开缘不犯。按照以上所列之相，便能详细明了第一条犯缘——是河水。（"按此列相，具解第一犯缘"一句，《比丘尼钞》中无）

如果二比丘尼同渡水，前比丘尼疾疾入水，不待后伴，结兰罪。只要双脚一上岸，即结僧残罪。后比丘尼如果不紧跟前比丘尼，有心犯独故意落后，亦犯兰。此乃诠释第二犯缘——独渡。第四犯缘独越河过，犯，此约同伴比丘尼无相援义而言。（"按此列相，具解第二犯缘。第四犯缘"数语，《比丘尼钞》中亦无）

5. 开缘

（1）正明开缘

【记】

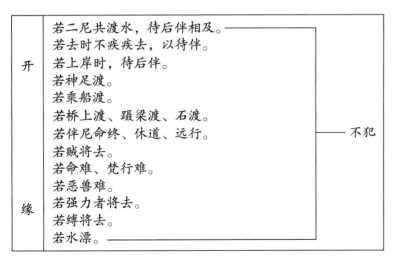

| | 开缘 | 若二尼共渡水，待后伴相及。
若去时不疾疾去，以待伴。
若上岸时，待后伴。
若神足渡。
若乘船渡。
若桥上渡、蹑梁渡、石渡。
若伴尼命终、休道、远行。
若贼将去。
若命难、梵行难。
若恶兽难。
若强力者将去。
若缚将去。
若水漂。 | 不犯 |

此戒开缘如下：

①若两位比丘尼共同渡水时，前尼不疾疾入水，等待后伴一起入水，彼此伸手相及，不犯。

②、③若两位比丘尼共渡水，前尼不疾疾入水，而是随河水深浅渐渐褰衣，待后伴共同入水。上岸时，前尼渐渐下衣待后伴，不犯。

④若比丘尼用神足通渡河，不犯，因为不会发生难缘。

⑤若比丘尼乘船渡河，不犯。

⑥若河水上架有桥梁，登桥或踏梁而过，不犯。石渡：即河里有石头，踩着石头过河，不犯。

⑦、⑧、⑪、⑫、⑬若同伴比丘尼命终、还俗、舍自己远行，或同伴被贼掠走、被强力人带走、被系缚走、被水漂走，暂时求不到伴而独渡水，不犯。

⑨、⑩若有命难、梵行难时，或遇到恶兽难缘而独渡水，不犯。

（2）引文释

【记】 比丘尼钞 共伴渐渡，不失威仪不犯。五分云：水狭浅，无畏男子处不犯。

《比丘尼钞》云：渡河时，与同伴互相照顾，彼此伸手相及，缓缓而渡不失威仪，不犯。《比丘尼钞》引《五分律》文：如果河水窄浅，不担心有男子侵扰之处，不犯。①

（二）独入村戒

1. 戒名

【记】 独入村戒

若比丘尼独自一人入村落，佛制不许。

2. 缘起

【记】 差摩尼

差摩比丘尼，缘起中能犯之人。

佛制此戒三要素：（1）何处制：佛在舍卫国。**（2）因谁制**：差摩比丘尼。**（3）因何制**：差摩比丘尼畜多弟子，有少事缘即舍大众独自入村，遭世俗讥嫌，说比丘尼独自入村欲找男子。由此讥嫌，诸比丘尼展转白佛，故制。

3. 具缘

【记】 四分律疏 具四缘成犯：一、是俗人村落。二、独入。三、无因缘。四、越界。犯。

此戒具四缘成犯：

（1）**是俗人村落**：《四分律》云：村者，白衣舍。有四种：一者周匝垣墙，二者栅篱，三者篱墙不周，四者四周屋。② 此外，比丘尼"若无村独诣空旷无道处行，

---

① （刘宋）三藏佛陀什共竺道生等译《弥沙塞部和醯五分律》卷十一，《大正藏》第22册，第80页。

② （后秦）三藏佛陀耶舍共竺佛念等译《四分律》卷一，《大正藏》第22册，第573页。

一鼓声闻", 亦犯。

(2) **独入**: 独自一人进入村落。

(3) **无因缘**: 无开缘情况。

(4) **越界。犯**: 越过村界, 即犯僧残。

4. 罪相

(1) 正明犯

【记】

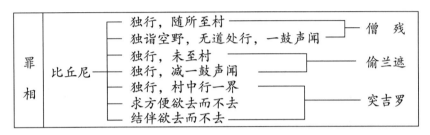

此表含六事:

①如果比丘尼独行, 随她所到的村落, 则结僧残罪。

②如果比丘尼独自一人行至旷野, 在没有道路界线分齐的地方行走, 若相距满一鼓声闻[①], 即犯僧残。

③如果比丘尼独行未至村, 或独行未满一鼓声闻, 皆结偷兰遮罪。

④若比丘尼在村中独行一界, 结突吉罗罪。村有两种: 大村和小村。**大村**: 指多户人家聚集的聚落。**小村**: 即单独一户人家。聚落内的每一户人家即一小村。若比丘尼在聚落内行走, 每过一户人家的界限, 但没有进入户内, 即须结一突吉罗罪。

⑤若比丘尼已做种种准备工作, 欲独自入村, 但后来未去, 亦须结前方便突吉罗罪。

⑥若比丘尼本欲结伴入村, 但后又没找伴, 想独自入村。最后虽亦未去, 也须结起念头的突吉罗罪。

(2) 引文释

【记】　比丘尼钞　若至门不待后伴, 双足入门限, 残。村中先有尼者不犯, 以前尼为伴故。

《比丘尼钞·随戒篇》云: 若比丘尼走至村门, 或白衣家门口时, 不等待后伴, 只要双脚跨入村界, 或者双脚跨入白衣家门槛, 即犯僧残。如果村内, 或白衣家事

---

① 一鼓声闻:《萨婆多论》卷五云: "云拘屡舍者, 是声名也。凡言鼓声所及处, 是一拘屡舍。" (《大正藏》第23册, 第538页。) 《杂宝藏经》卷一云: "一拘屡者 (秦言五里)。" (《大正藏》第4册, 第452页。)

先已有比丘尼在，则不犯。因为此比丘尼可为伴。

5. 开缘

（1）正明开缘

【记】

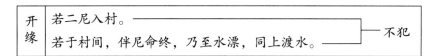

此戒开缘如下：

①如果二比丘尼结伴入村，到村门时，等待后伴而入，不犯。

②如果二比丘尼结伴入村后，若于村中间，伴尼命终，或休道，或远行，或为贼将去等，比丘尼独入村，不犯。此中开缘情况与上独渡水戒相同（若命难，或梵行难，或恶兽难，或为强力者将去，被缚将去，或为水所漂等）。

（2）引文解释

【记】 比丘尼钞 入村不犯者，如前缺缘便是。

《比丘尼钞》解释：入村不犯者，若欠缺前面所述具缘之一，即缺缘，便不犯。

（三）独宿戒

1. 戒名

【记】 独宿戒

若比丘尼独自夜宿，佛制不许。

2. 缘起

【记】 差摩尼

缘起中能犯人仍是差摩比丘尼。

佛制此戒三要素：（1）**何处制：**佛在舍卫国。（2）**因谁制：**差摩比丘尼。（3）**因何制：**差摩比丘尼舍大众独自入村并在村内独宿，世人讥嫌言：比丘尼独自在村中宿，欲寻男子。诸比丘尼展转白佛，佛呵责制戒。

3. 具缘

【记】 四分律疏 具三缘成犯：一、离伸手处宿。二、无因缘。三、随胁转侧。犯。

此戒具三缘成犯：

（1）**离伸手处宿：**即使有伴尼共宿，只要离伸手相及处，亦犯。

（2）**无因缘**：无开缘的情况。

（3）**随胁转侧**。犯：随胁一着地①，即犯僧残。一转一僧残。

4. 罪相

（1）正明犯相

【记】

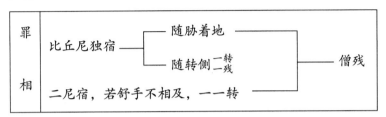

此表含二事：

①比丘尼独自夜宿，随胁着地，即结僧残。又，随身转侧，一转一僧残。

②即使二尼共宿，若离伸手相及处，随身转侧，一转一僧残。

（2）引文别明

【记】 比丘尼钞 离伸手外宿，莫问寺中村内、床别、席别，并犯。应在伸手内，更相检校，方能离过。本作离意，随转侧多少便犯。僧祇云：当在伸手内，一夜中三度以手相寻看。不得一时顿三度看，当初、中、后夜各一时相寻觅，知其在否。五分云：若不相及处，初中后夜，兰。明相出，残。

《比丘尼钞·随戒篇》云：若比丘尼与比丘尼在伸手以外的距离夜宿，无论是在寺中还是村内，亦不问床别或席别，即犯僧残。应于伸手相及处共宿，更应彼此互相检校，方能离过。若本意是离伴伸手相及处宿，随胁着地，或随身转侧多少，一一僧残。

《比丘尼钞》引《僧祇律》文：应于伸手相及处内而宿，且一夜中三次伸手寻看伴尼是否还在。但不可一时看三次，应初夜、中夜、后夜各一次相寻看。② 又引《五分律》文：比丘尼若于伸手不相及处而宿，初夜、中夜、后夜结兰罪。明相出则结僧残罪。③

5. 开缘

（1）正明开缘

【记】

---

① 此处所谓"地"：泛指身卧之处，如床上、地上，等等。又，随身转侧，一转一僧残。

② （东晋）三藏佛陀跋陀罗共法显译《摩诃僧祇律》卷三十六，《大正藏》第 22 册，第 519 页。

③ （刘宋）三藏佛陀什共竺道生等译《弥沙塞部和醯五分律》卷十一，《大正藏》第 22 册，第 80 页。

	若二尼舒手相及处宿。	
开缘	若一尼出大小便，或出受经、诵经。 若一尼乐静，独处经行。 若一尼为病尼，煮羹粥作饭。 若一尼命终、休道、远行等。同上戒。	无犯

此戒开缘如下：

①如果二比丘尼于伸手相及处而宿，不犯。

②如果二比丘尼共宿，其中一尼出去大小便，或者出去受经、诵经，另一尼则留于屋内独宿，不犯。因彼尼虽出屋外诵经等，但知屋内尚有伴尼，其必观照屋内状况，有相援义故不犯。若无相援义，则不可。

③如果二比丘尼共宿，其中一尼喜欢安静，便出屋外经行。另一尼则留于屋内独宿，因为有相援义，故开不犯。

④如果一比丘尼病重，另一尼为其煮羹粥、做饭，料理汤药等，不犯。

⑤如果同伴尼或命终，或休道，或远行等，如同独渡水的开缘，皆不犯。

（2）引文解释

【记】 比丘尼钞 若本在伸手内，后因睡重，而相离者不犯。僧祇云：若病尼，贼乱围城，独宿不犯。

《比丘尼钞·随戒篇》云：如果二比丘尼初入睡之时，本在伸手相及处内，后因睡重，翻身至伸手相及处外，不犯。《比丘尼钞》引《僧祇律》文：若比丘尼离比丘尼一夜宿，除余时，是法初罪僧伽婆尸沙。余时者：不欲离宿、老羸病、贼乱围城，若城内不得出，城外不得入，是名余时。①

（四）独在后行戒

1. 戒名

【记】 独在后行戒

若比丘尼一人独自走在余比丘尼后面，离开见闻处，佛制不许。

2. 缘起

【记】 六群尼 偷罗难陀尼

六群比丘尼②、偷罗难陀尼是缘起中能犯人。

---

① （东晋）三藏佛陀跋陀罗共法显译《摩诃僧祇律》卷三十六，《大正藏》第22册，第518页。
② 指结党行恶的六位比丘尼，亦即佛制诸多尼戒之缘起人。然此六尼之名字，佛典中皆未见记载。

制此戒三要素：（1）**何处制**：佛在舍卫国。（2）**因谁制**：六群比丘尼、偷罗难陀尼。（3）**因何制**：时六群比丘尼及偷罗难陀比丘尼，常在后独行下道，意在得男子。佛呵责制戒。

3. 具缘

【记】 四分律疏 具四缘成犯：一、在道行。二、舍伴见闻。三、无因缘。四、行。犯。

此戒具四缘成犯：

（1）**在道行**：于道上行走。

（2）**舍伴见闻**：原本与同伴比丘尼在道上行走，后舍伴尼离见闻处。

（3）**无因缘**：无开缘情况。

（4）**行。犯**：一人独行即犯僧残。

4. 罪相

【记】

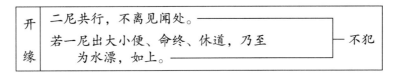

此表含二事：

①二比丘尼在道上行走，如果彼此离开见闻处，即彼此看不到对方，也听不到对方的声音，即结僧残罪。

②如果彼此只是离开见处而未离闻处，或只离闻处而未离见处，但结偷兰遮罪。

5. 开缘

（1）正明开缘

【记】

开缘	二尼共行，不离见闻处。 若一尼出大小便、命终、休道，乃至 为水漂，如上。	不犯

此戒开缘如下：

①二比丘尼在道上共行，如果彼此之间没有离开见闻处，不犯。

②如果其中一尼去大小便，或者死去，或者罢道乃至被水所漂等，其余开缘同上条独渡水戒，皆不犯。

（2）引文补充

【记】 比丘尼钞 僧祇云：不得出聚落界，除道行便利、避近失伴，未及中间不犯。病亦如是。五分云：若恐怖走时，老病不及伴者无犯。

《比丘尼钞》引《僧祇律》云：比丘尼不得出聚落界一人独自在道上行走。除大小便或途中遇男子搅扰，因而赶不上前行的伴尼。于此未及伴尼期间，不犯独行。若因生病走不动而赶不上前行的伴尼，亦不犯。[1]

又引《五分律》云：若发生诸难缘，如贼乱围城，诸尼因而恐惧逃跑。此时，老人或病者，因行动缓慢而不及伴，不犯独行。[2]

 练习题

1. 何谓"四独戒"？
2. 分别说明佛制每一条独戒之三要素。
3. 背诵并解释"四独戒"之戒文。
4. 佛制每一条独戒之意义如何？
5. 每一条独戒各具哪几缘成犯？
6. 每一条独戒之结犯相状如何？各有哪些开缘？
7. 为什么比丘尼在大界内亦会犯四独戒？
8. 请说明"独渡水戒"具缘中的第二缘与第四缘有何不同？
9. 关于"独宿戒"，《四分律》与《五分律》的结犯有何区别？
10. 《僧祇律》是怎样要求护"独宿戒"的？

思考题

1. "独入村戒"和"独在后行戒"的结犯分齐各是什么？
2. 若比丘尼患传染病，恐传染他人而在夜间独自睡卧，犯"独宿戒"吗？为什么？
3. 若比丘尼因疫情防控被隔离一段时间，是否会犯"独宿戒"？为什么？

第九节　受染心男子衣食戒

一　戒名

【记】　受染心男子衣食戒第八　（大、制）

---

① （东晋）三藏佛陀跋陀罗共法显译《摩诃僧祇律》卷三十六，《大正藏》第22册，第518页。
② （刘宋）三藏佛陀什共竺道生等译《弥沙塞部和醯五分律》卷十一记载：《大正藏》第22册，第80页。

受：接受、领受。

染心：爱染贪着之心。

受染心男子衣食戒：比丘尼接受染心男子衣食，佛制不许。

二 缘起

【记】 提舍难陀尼

提舍难陀尼，乃缘起中能犯之人。

佛制此戒三要素：（1）**何处制**：佛在舍卫国。（2）**因谁制**：提舍难陀尼。（3）**因何制**：提舍难陀尼受染心男子食，因制。

三 戒文

【记】 戒文——若比丘尼，染污心，知染污心男子，从彼受可食者，及食并余物。是比丘尼犯初法应舍，僧伽婆尸沙。

文分五句：

第一句：若比丘尼——能犯人

白四羯磨如法得处所的比丘尼。

第二句：染污心 ——有染心

比丘尼自有染污心。

第三句：知染污心男子 ——前境亦染

知彼男子亦有染污心。

第四句：从彼受可食者，及食并余物——所受物

比丘尼从染污心男子处接受可食物、食物及余物。

第五句：是比丘尼犯初法应舍，僧伽婆尸沙——结罪

比丘尼若接受染污心男子衣食等物，物一入手即犯僧残。应舍罪忏悔。

四 制意

【记】 四分律疏 制意：凡结患之重，莫过情欲。束心谨意，犹恐不禁。岂况知他有染，纵心而受。既荷其恩，脱有陵逼，事成难免，损处非轻。故须圣制。

烦恼过患之重，无过于男女之间爱染贪着之情欲。即使收摄身心，小心谨慎，遇境尚恐无法禁止。更何况知男子有染心，而放纵己心接受其食。既已受其恩惠，倘若对方凌逼行淫，则难免毁破根本。损害之处极深，故佛制不许。

五　具缘

【记】　具五缘成犯：一、是男子。二、男子想。三、染心施衣食。四、知。五、受得入手。犯。

此戒具五缘成犯：

1. **是男子**：对方是男子。

2. **男子想**：作男子想，没想错。

3. **染心施衣食**：彼男子以染心而布施衣食。

4. **知**：比丘尼知彼男子是染心布施衣食。

5. **受得入手。犯**：受染心男子之物，入手即犯僧残。

六　罪相

（一）正明犯相

【记】

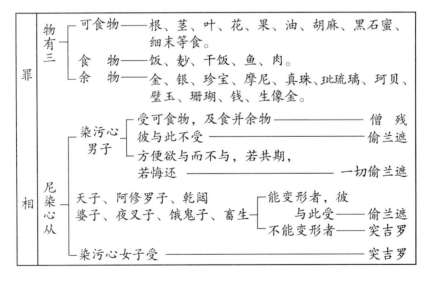

此表含二事：

1. 示三种物

（1）可食物

即根、茎、叶、花、果、油、胡麻、黑石蜜、细末食等。这些可食物在律中都称为非正食，即五不正食。**果**：指水果、蔬菜之类。**油**：泛指一般植物油或动物油。**胡麻**：本生胡国，其色如酱，其形如虱，养血润肠，并非一般人所说的黑芝麻。**黑石蜜**：即冰糖之类，乃由甘蔗煎熬而成。**细末等食**：即粉状类食品。

（2）食物

即饭、麨、干饭、鱼、肉，此乃五正食。麨：将粳米、粟米、麦米等炒后磨粉，或散为麨，或以糖蜜抟之。鱼、肉：即五净肉，包括不见杀、不闻杀、不为我杀、自死、鸟残等物。佛在世时，并未禁之。但于大乘经典，如《梵网经》《楞严经》《涅槃经》中都有明文，不可食众生肉。①

（3）余物

其他物品。如金、银、珍宝、摩尼、真珠、玼琉璃、珂贝、璧玉、珊瑚、钱、生像金。**摩尼**：即如意珠，又云离垢，由其实光洁，不为垢秽所染。**真珠**：即珍珠，蚌壳内的圆体物质。**玼琉璃**：即琉璃，类似玉的青宝石。**珂**：一云玛瑙，洁白如雪，像玉之石，亦名白玛瑙；一云螺属，生在海中；或云贝。大者，名珂。**珊瑚**：海中的石树。**生像金**：生金，指黄金，因本色即是黄色，故曰生。像金是指白银，因银可染色似金，故云像。②

2. 明犯三事

（1）比丘尼自有染污心从染污心男子处受物

①比丘尼亦知男子有染污心，而从对方接受可食物、食物或余物，皆结僧残罪。

②比丘尼亦知男子有染污心，若对方给予，而比丘尼未接受，结偷兰遮罪。

③比丘尼亦知男子有染污心，如果对方找种种方便欲与物而后未与；或者彼此已约好时间、地点与物，后未与；或者比丘尼虽已接受，随即后悔而退还。以上一切并结前方便偷兰遮罪。

（2）比丘尼自有染污心而从染污心天子等处受物

①若比丘尼自有染污心而从天子、阿修罗子、乾闼婆子、夜叉子、饿鬼子乃至畜生能变形者接受可食物、食物或余物，皆结偷兰遮罪。

②若从畜生不能变形者接受可食物、食物或余物，结突吉罗罪。

（3）比丘尼自有染污心而从染污心女子处受物

若比丘尼自有染污心，而从染污心女子处接受可食物、食物或余物，则结突吉罗罪。

---

① 《梵网经》卷二云："一切菩萨不得食一切众生肉，食肉得无量罪。"（《大正藏》第 24 册，第 1005 页。）《楞严经》卷六云："汝等当知，是食肉人纵得心开似三摩地，皆大罗刹，报终必沈生死苦海，非佛弟子，如是之人相杀相吞相食未已，云何是人得出三界？"（《大正藏》第 19 册，第 132 页。）《大般涅槃经》卷四云："从今日始，不听声闻弟子食肉，若受檀越信施之时，应观是食如子肉想。"（《大正藏》第 12 册，第 386 页。）

② 《摩诃僧祇律》卷十三云："生色者，是金也。似色者，是银。生色似色者，钱等市用物。"（《大正藏》第 22 册，第 311 页。）《善见律毗婆沙》卷十六云："生像者，此是金与银，及一切宝。"（《大正藏》第 24 册，第 788 页。）

（二）引文别明

1. 引《比丘尼钞》

【记】　比丘尼钞　僧祇云：若尼无染心，染心男子边，受衣食汤药，残。若人与衣钵所须，口虽不语，现身相画地作字，知有欲心，受者，皆兰。谓劝受故。十诵云：因是尼与僧设食，偏与所爱尼而受者，兰。

《比丘尼钞》引《僧祇律》文："若人与比丘尼衣钵、饮食、疾病汤药，作是言：'我为是故与。'不应受，应言：'我不须，余家自得。'若受者，僧伽婆尸沙。若不语、动手足、瞬眼、振手、弹指、画地作字，如是相者，知有欲心于我，此不应受；受者，偷兰遮。"因为是对方以身相等劝受之故。[1]

又引《十诵律》文：若男子因贪爱某位比丘尼而设食供养大众僧。于供僧中，对于所喜爱的比丘尼偏心多给或给较好者。若比丘尼知对方心意而接受其物，结偷兰遮罪。[2]

2. 引《重治毗尼》

【记】　重治毗尼　根本律云：尼有染心，男子无染心者，得吐罗罪（吐罗者偷兰）。尼无染心，男子有染心，得恶作罪。

蕅益大师在《重治毗尼》中引《根本说一切有部尼律》卷五文：如果比丘尼有染污心，虽男子没有染污心，而从对方接受物品，结吐罗罪。此中"吐罗罪"，即偷兰遮罪。如果比丘尼没有染污心，而男子有染污心，比丘尼并不知对方有染污心而受彼物，得恶作罪，即突吉罗罪。此明不应随便接受男子物品，以免产生诸多过失。[3]

七　境想

【记】

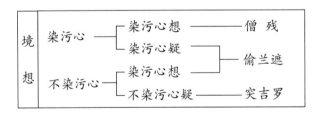

---

①　（东晋）三藏佛陀跋陀罗共法显译《摩诃僧祇律》卷三十六，《大正藏》第22册，第521页。

②　《十诵律》卷四十二云："若有居士，因是比丘尼故，与比丘尼僧作食，偏与所爱比丘尼多食，比丘尼受者，偷兰遮。"（《大正藏》第23册，第307页。）

③　（唐）三藏义净法师制译《根本说一切有部苾刍尼毗奈耶》卷五中，此戒名为"共染心男子交易学处"，是"二十僧伽伐尸沙法"第四条戒。（《大正藏》第23册，第934页。）

此表所列境想分染污心和不染污心两种，每种分别有二种情况：

（一）染污心

1. 彼男子有染污心，比丘尼亦作彼有染污心想，而从彼受物，结僧残罪。
2. 彼男子有染污心，比丘尼作彼有染污心疑，而从彼受物，结偷兰遮罪。

（二）不染污心

1. 彼男子无染污心，而比丘尼作彼有染污心想，若从彼受物，结偷兰遮罪。
2. 彼男子无染污心，而比丘尼作彼无染污心疑，若从彼受物，结突吉罗罪。

八　开缘

【记】

此戒开缘如下：

1. 若比丘尼自己没有染污心，而且也不知男子有染污心，如此而受其物，不犯。
2. 此是净心供养，彼此双方皆无染心，故不犯。

练习题

1. 何谓"受染心男子衣食戒"？
2. 简述佛制"受染心男子衣食戒"之三要素。
3. 背诵并解释"受染心男子衣食戒"之戒文。
4. 佛制"受染心男子衣食戒"制意如何？
5. "受染心男子衣食戒"具哪几缘成犯？
6. "可食物""食物""余物"分别包括哪些食品与物品？
7. "受染心男子衣食戒"结犯相状如何？有哪些开缘？

思考题

1. 比丘尼染污心从染污心男子边受物，心悔后将物还给男子，为什么结偷兰遮罪，而不是结本罪？

2. 男子通过写字表达对比丘尼的欲意并送礼物，男子虽一言未发，但比丘尼知其心意并接受供养，结什么罪？

第十节　劝受染心男子衣食戒

一　戒名

【记】　劝受染心男子衣食戒第九　（大、制）

劝：劝说。

劝受染心男子衣食戒：若比丘尼劝他尼接受染污心男子的衣食，佛制不许。

二　缘起

【记】　提舍尼母　偷罗难陀尼

提舍尼母、偷罗难陀尼，乃缘起中能犯之人。

佛制此戒三要素：（1）**何处制**：佛在舍卫国。（2）**因谁制**：偷罗难陀尼及提舍尼之母。（3）**因何制**：时提舍难陀尼入城乞食，空钵而还，偷罗难陀尼及提舍母劝彼受染心男子食，因制。

三　戒文

【记】　戒文——若比丘尼，教比丘尼，作如是语：大姊，彼有染污心，无染污心，能奈汝何？汝自无染污心，于彼若得食，以时清净受取。此比丘尼犯初法应舍，僧伽婆尸沙。

戒文分三句：

第一句：若比丘尼——能犯人

白四羯磨如法得处所的比丘尼。

第二句：教比丘尼，作如是语：大姊，彼有染污心，无染污心，能奈汝何？汝自无染污心，于彼若得食，以时清净受取——劝受染心男子食

作如是语：此乃总标教语，下文别陈所教。

大姊，汝所乞食之处，彼男子有染污心，汝自无染污心，彼能奈汝何？此句正陈能奈汝何之本意。世间男女情投意合，须出彼此之意，如果一方不从，岂得欲染？所以劝言：若于彼男子处得饮食时，汝但以清净心受取，即不犯过失。

第三句：此比丘尼犯初法应舍，僧伽婆尸沙——结罪

比丘尼若如此劝他尼接受染污心男子衣食，一说即犯僧残，应舍罪忏悔。

四　制意

【记】　四分律疏制意有三：一、所以不听劝者：凡圣人制戒，有益无损，何得轻尔不思？劝人为恶，令他得罪，已自招愆。人我兼损，理所不许。二、解同犯意：正由言中厉他，劝彼为恶。复即谤佛，不惧圣教，所为过重，故亦犯残。三、解离为二意：前身业犯，此口业违。又前得衣食，此全不得。又谤不谤殊，故为两戒。

佛制此戒有三意：

（一）不许劝意

凡佛所制戒，皆利益弟子修行办道，只要依戒而行，必定不会受损。佛既然已制不许受染心男子衣食，就应谛思佛之用意，怎能轻慢圣教而劝他尼行恶，令她得罪？并且自己亦招致罪累。既自损又损他，故于理绝不可劝他尼接受染污心男子衣食。

（二）示同犯意

劝他尼受染污心男子衣食亦犯僧残，是因为用言语鼓励他尼造恶。何况佛已制戒，不许受染心男子衣食。明知圣制，却仍然劝他尼接受，即同谤佛。这种不惧佛制，任由己性加以轻毁的行为极其严重，故亦须结僧残罪。

（三）分二戒意

1. 身口异：前戒，尼亲自受染污心男子衣食，故是身业犯；此戒，尼虽然自未受，但劝他尼受，故是口业违。

2. 得与不得异：前戒，尼自得衣食；此戒，尼劝他尼受，己并未得衣食。

3. 谤与不谤异：前戒无谤意；此戒有谤意。

有此三异，故分为二戒。

五　具缘

【记】　比丘尼钞　具五缘成犯：一、是人男。二、染心施食。三、知。四、发言激切，劝令受之。五、言了了。犯。

此戒具五缘成犯：

1. **是人男**：施者必须是人男子，方犯僧残。

2. **染心施食**：彼男子以染污心施食。

3. **知**：劝他之尼明知彼男子以染污心施食。

4. **发言激切，劝令受之**：发言激切，鼓励他尼受彼染心男子食。

5. **言了了。犯**：劝他尼之语，说得清楚明了，即犯僧残。

六　罪相

（一）正明犯

【记】

如果劝导鼓励他尼接受染心男子所施之衣食，言语清楚明了，结僧残罪；若言辞不清楚，结偷兰遮罪。

（二）引文释

【记】　比丘尼钞 五分云：劝受语语残。

《比丘尼钞》引《五分律》所制：比丘尼劝他比丘尼受染心男子衣食，随其所说之语结罪，每说一句，即结一僧残罪。[1]

七　开缘

【记】

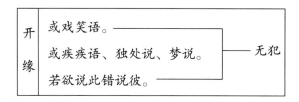

此戒开缘如下：

1. 若戏笑语，或疾疾语、独处说，此虽不犯本罪，但违说话仪则，须结突吉罗罪。

2. 若梦说，因无法控制，故不犯。

3. 若欲说此错说彼，此属误说，故不犯。

 练习题

1. 何谓"劝受染心男子衣食戒"？

---

[1] （刘宋）三藏佛陀什共竺道生等译《弥沙塞部和醯五分律》卷十一，《大正藏》第 22 册，第 81 页。

2. 简述佛制"劝受染心男子衣食戒"之三要素。

3. 背诵并解释"劝受染心男子衣食戒"戒文。

4. 佛制"劝受染心男子衣食戒"制意如何？

5. "劝受染心男子衣食戒"与"受染心男子衣食戒"有哪些不同？

6. "劝受染心男子衣食戒"具哪几缘成犯？结犯相状如何？有哪些开缘？

思考题

1. 比丘尼劝其他比丘尼受染心男子衣食，受与不受，劝者结何罪？

2. 比丘尼劝其他比丘尼接受染心男子所订机票，他尼接受，劝者与受者各犯何戒？各结何罪？

第十一节　破僧违谏戒

一　戒名

【记】　破僧违谏戒第十　（同、大、逆）

（一）通释戒名

僧：梵语，具云僧伽，华言和合众。

和合：是体，即大众同具六和，或云同一说戒、同一羯磨。

众：是相，即四人以上。

和有二种：理和与事和。**理和**：即同证无为。如《济缘记》云："初果已去，见真谛理，理无异体，圣证皆同，谓之理和。"[①] **事和**：即六和，又分体相二和。**体和**，即戒、见、利，亦名内和。**相和**，即身、口、意，亦名外和。

破僧：破和合僧，即将同一说戒、同一羯磨的和合僧团分成二部，同一界内各自说戒、羯磨。

违谏：违背谏劝。

破僧违谏戒：比丘尼欲破和合僧，大众僧如法设谏，却违僧谏劝，拒不听从，佛制不许。破僧为所做之事，违谏是所犯之过，二者皆为所犯，而戒为能防。

逆：即逆罪。逆罪包括杀父、杀母、杀阿罗汉、出佛身血及破转法轮僧。此**"逆"**字是针对缘起中提婆达多破法轮僧而言。若破羯磨僧，不是逆罪，但结中品兰罪。约比丘尼而言，不可能破法轮僧，所以犯不到逆罪。此戒正制比丘尼欲破和

---

① （宋）元照律师述《四分律删补随机羯磨疏济缘记》卷一，《卍新续藏》第41册，第94页。

合僧，但未正式破僧，而违僧谏劝，故结僧残罪。

（二）别释破僧

【记】 灵芝资持记 破僧有二：一、立五法化世，破四依八正，名破法轮僧。二、同界各作众法，名破羯磨僧。

《资持记·释释相篇》中云，破僧有两种[①]：

1. 破法轮僧

如提婆达多自立邪三宝，用五邪法教化世人，破佛所说之四依八正，是名破法轮僧。

邪三宝： 以提婆达多为邪佛；五邪法为邪法；三闻达多等四伴党为邪僧。

五邪法：（1）尽形寿乞食。（2）尽形寿着粪扫衣。（3）尽形寿露坐。（4）尽形寿不食酥盐。（5）尽形寿不食鱼及肉。

五邪法中，前三乃似佛所说四依法，故名相似语。然不同四依法开制托缘，此三事，提婆达多说必须尽形故。后二则是提婆达多自立，故为妄语。彼谓酥盐味重、鱼肉损生，故立永断不食。

2. 破羯磨僧

本一和合僧团，令分两部，同一界内各自说戒、羯磨，是为破羯磨僧。

二 缘起

【记】 调达

调达，乃缘起中能犯之人。

佛制此戒三要素：（1）**何处制：** 佛在王舍城。（2）**因谁制：** 提婆达多[②]。（3）**因何制：** 因破僧事。此戒正制比丘不得破法轮僧，亦不得破羯磨僧。同制比丘尼，但比丘尼只能破和合僧，不可能破法轮僧。

三 戒文

【记】 戒文——若比丘尼，欲坏和合僧，方便受破僧法，坚持不舍。是比丘尼应谏彼比丘尼言：大姊，汝莫坏和合僧，莫方便坏和合僧，莫受破僧法，坚持

---

① （宋）元照律师撰《四分律行事钞资持记》卷二云："破僧有二。一立五法化世破四依八正。名破法轮僧。二同界各作众法。名破羯磨僧。"（《大正藏》第40册，第290页。）

② （明）弘赞律师辑《四分律名义标释》卷七云："提婆达多，略言调达，或云提波达兜。提婆：此云天。达多：此云授，亦云与，又云施，三义皆一。谓父母从天乞子，天授与之，故名天授。或翻为天热，以其生时，人天等众，心皆惊热。是佛堂弟，阿难亲兄。出家通诵六万法聚，学满十二韦陀书，十二游经云。调达身长，一丈五尺四寸。"（《卍新续藏》第44册，第458页。）

不舍。大姊，应与僧和合。与僧和合，欢喜不诤，同一师学，如水乳合，于佛法中，有增益安乐住。是比丘尼谏彼比丘尼时，坚持不舍。是比丘尼应三谏，舍此事故，乃至三谏，舍者善。不舍者，是比丘尼犯三法应舍，僧伽婆尸沙。

文分六句：

第一句：若比丘尼——能犯人

白四羯磨如法得处所的比丘尼。

第二句：欲坏和合僧，方便受破僧法，坚持不舍 ——谏所为事

此是谏劝能犯人所做的事。

欲坏和合僧：明彼人有欲破和合僧之心，但未破。

方便受破僧法：即作种种方便破僧。

《四分律》云："破者，破有十八事：法非法、律非律、犯不犯、若轻若重、有残无残、麁恶非麁恶、常所行、非常所行、制非制、说非说，是为十八。"[1] 道宣律师在《戒本疏》中解释如下：[2]

（1）**法、非法：**佛所说八正道，可规范行人，令生神解（即心慧）。依之而修，能得解脱，乃趣道之近因，是法，而调达说是非法。调达所制五邪法，无法令人解脱，是非法，而彼却说是法。

（2）**律、非律：**佛所说八正道，能调我等身口，使我等离于身三、口四之七非，是律，而彼谓非律。彼之五邪法不能调我等身口，亦不能令我等离于身口七非，是非律，而彼却谓为律。

（3）**犯、非犯：**是犯戒，彼谓之不犯。不犯戒，彼谓之犯。佛制发甲过长不剃、不剪，犯吉。而彼谓发爪系属人身，生长不息，即同有命，剪除成损，不剪不剃不犯。又，心念作恶，尚未动身口，理违恶微，佛知机，故对声闻小机不制有罪。而彼说心起三毒，最是过本，彼不知机，却反说为犯。

（4）**若轻、若重：**犯遮恶为轻，彼谓为重。犯初篇为重，彼谓为轻。彼见伊钵罗龙王坏伊罗树叶而堕长寿龙中受大苦果，便谓坏一切草木皆重。[3] 彼龙王之所以受剧苦果报，乃因嗔心毁谤戒，而非坏树叶之缘故，调达不审，而谓坏一切草木皆重。又，佛说犯杀盗婬妄是重罪，而彼见须提那子及檀尼迦先作而不犯戒，便谓

① （后秦）三藏佛陀耶舍共竺佛念等译《四分律》卷五，《大正藏》第 22 册，第 595 页。
② （唐）道宣律师撰《四分律含注戒本疏》卷三，《卍新续藏》第 39 册，第 891～893 页。
③ （唐）三藏义净法师制译《根本说一切有部毗奈耶杂事》卷二十一记载：伊钵罗龙王，昔迦叶佛时，为一比丘，善闲三藏，具习定门。一日，于伊罗树下经行以自策励。经行中不慎被伊罗树叶打其额头，初时即便忍受。后于一时系心疲倦，从定而起策念经行，叶还打其额头，备生痛苦，便发嗔怒心，即以两手折其树叶掷之于地。作是语，迦叶佛，无情物上见何过咎，而制学处令受斯苦。由彼猛毒嗔心毁戒，命终之后堕长寿龙中，且伊罗大树生于彼头上，脓血常流，多有诸虫、蝇蛆唼食，臭秽非常，不可闻之。（《大正藏》第 24 册，第 304 页。）

犯杀盗婬妄是轻。殊不知彼等不犯戒乃因其所作于佛制戒前，而调达却又执此反说。

（5）**残、无残**：犯下四篇，犯则有残，而彼说无残。若犯初篇，永丧道芽，名无残，彼说有残。

（6）**粗恶、非粗恶**：初二篇及偷兰遮是粗恶，彼说是非粗恶。波逸提以下诸篇非粗恶，彼说是粗恶。

（7）**常所行、非常所行**：八正道是常所行法，彼说非常所行法。五邪法非常所行法，彼说是常所行法。

（8）**制、非制**：五篇戒为佛金口所制，彼说是非制。五邪法非佛所制，彼说是制。

（9）**说、非说**：杀盗婬妄是重禁，余是轻约，此名正说，彼说为非说。四禁为轻，余篇为重，是名非说，彼谓是说。

以上十八法，九正九邪，调达以九邪破九正，迷惑众生，令其受此破僧法，别立异见，使和合僧团破裂为二。

第三句：是比丘尼应谏彼比丘尼言：大姊，汝莫坏和合僧，莫方便坏和合僧，莫受破僧法，坚持不舍。大姊，应与僧和合。与僧和合，欢喜不诤，同一师学，如水乳合，于佛法中，有增益安乐住——屏谏

此是如法比丘尼对欲破僧的比丘尼直言相谏之词，乃屏处谏劝。律中规定，对非法比丘尼，须如法设谏。先屏谏，若拒谏，僧中方作羯磨谏劝。如果直接僧中羯磨谏劝，大众僧皆须结突吉罗罪。

此"屏谏"意分二段：

1. **牒过知非**：大姊，不要有破坏和合僧团之心，不要作种种方便破坏和合僧团，也不要受持破僧之法，更不能顽固坚持破僧之见而不放弃。

2. **劝同和相**：大姊，应与僧和合，与僧和合，欢喜不诤，同一师学，如水乳合，于佛法中，有增益安乐住。

应与僧和合：乃劝其与僧六和共住，此劝其同体也。

欢喜不诤，同一师学：之所以有诤事起，皆因从师所禀有异，知见不同而生纷诤。今释迦如来是我等本师，同学十二分教，所禀无异，故应欢喜受持，此乃劝其行和也。

于佛法中，有增益安乐住：若能舍除异见，和合共住，如法修道，现前则能增长道法，安乐同住。未来则可永绝三苦，证涅槃果，得究竟安乐住。

第四句：是比丘尼谏彼比丘尼时，坚持不舍 ——拒谏

如法比丘尼如是谏劝欲破僧比丘尼时，彼仍坚持破僧不舍，亦即违拒屏谏。

第五句：是比丘尼应三谏，舍此事故，乃至三谏，舍者善——僧中设谏

僧中如法比丘尼，应集僧作白四羯磨谏劝，令彼舍破僧之事。作白已，应更劝言：大姊，我已白竟，余有羯磨在，汝今可舍此事，莫令僧为汝作羯磨，更犯重罪。

若接受谏劝，舍破僧事者，弥善。若不舍者，应作初番羯磨，乃至二番羯磨。于一一羯磨竟，皆应作如上劝言。

第六句：不舍者，是比丘尼犯三法应舍，僧伽婆尸沙——违谏结罪

僧中作羯磨谏劝时，若拒僧谏，待三番羯磨竟，彼欲破僧之比丘尼，即犯僧残，应舍罪忏悔。

四　制意

【记】　四分律疏制意有三：一、不听破僧意：僧众和合，义无乖诤，理应同遵，犹如水乳。今反倚傍圣教，说相似语，惑乱群情，坏僧断法，坠陷无辜，为恶滋甚，是故圣制。二、谏意：然调达倚傍如来四依八正。然佛所说乞食等四，生圣之缘，趣泥洹之远因，说缘非圣种。八正道趣泥洹之近因，是圣种，然称法如谈，名为正见。而今调达说乞食等以为圣种，泥洹近因。八正道说为非种，趣泥洹远因。颠倒说法，是非交滥，真伪难分，执情为恶，事是可愍，须僧设谏，开示是非。冀彼改邪从正，弃恶就善，是以须谏。三、结罪意：然彼众僧，详心设谏，明宣是非，晓喻其怀，开示令舍。而仍固执己心，不肯从劝，违众情重，故结僧残。

佛制此戒有三意：

1. 不听破僧意

僧者和合义，故大众僧共住，即应同遵六和。约义而言，应欢喜不诤，而不应相互违恼斗诤。且以理而言，应审其邪正，秉于法律，六和共住，犹如水乳，一相一味，无别色味。此乃僧众和合之真实意义。

然而，调达却依傍佛之圣教欲破僧。佛说常乞食、粪扫衣、树下坐、腐烂药四依法，他即说与此相似之法，谓尽形寿乞食、尽形寿着粪扫衣、尽形寿露坐。且自立尽形寿不食酥盐、尽形寿不食鱼肉。调达以此五法，迷惑人心，扰乱群情。一些年少新学比丘，尚未建立正知正见，见此五法刻苦无比，即认为此五法比佛之四依法更殊胜，遂舍佛正法，随他共行破僧之事。如此不仅破坏和合僧团，毁灭正法，同时亦陷害无辜新学比丘，因无知盲从而导致破僧犯罪。

调达作如是事有四过：（1）倚教；（2）惑众；（3）灭法；（4）损他。具上诸过，故其所造罪恶益加深重，因此佛制不许破僧。

2. 须僧谏劝意

调达五邪法是倚傍佛之四依正道而建立，使人真伪难辨。须知佛之四依法乃成就圣道之助缘，为证得涅槃之远因，并非生圣之种。而八正道才是证涅槃之近因，是解脱根本，乃真正成圣之根种。如果能真实按照佛所说四依八正来阐述，才能称为正见。

然而，现在调达颠倒说法，将其五邪法说是成就圣道之根本、证得涅槃之近因。说八正道非成就圣道之根种，而为成证涅槃之远因。如此本末倒置，正与佛法相背。而且，五邪法不仅滥同四依，还加上尽形，表面上似乎比四依法更严格。如此更使是非交织混乱，令人无法辨别真伪。调达因固执邪见而造作诸多过恶，实可怜愍。是故必须凭借大众僧谏劝，对他开晓、示导对错、是非。目的是希望他能改邪归正，舍恶从善，所以须僧设谏。

3. 结罪意

大众僧既已详审邪正，秉于律制如法设谏，告诉调达是非对错，晓之以理，开示劝导他舍弃邪见。但他却仍然顽固地坚持邪见，不肯听劝。故意违背大众僧谏劝，严重违恼众僧，所以须结僧残罪。

五 具缘

（一）正明具缘

【记】 尼戒会义 具三缘成犯：一、欲破僧心。二、受持破僧法。三、僧中如法三谏不舍。犯。

此戒具三缘成犯：

1. **欲破僧心**：有欲破和合僧之心。

2. **受持破僧法**：作种种方便破僧并受持破僧之法。

3. **僧中如法三谏不舍。犯**：大众僧如法设谏，仍坚持不舍。待三番羯磨竟，即犯僧残。

（二）引文补充

【记】 戒本疏 尼同犯者，虽无破轮体，得立主伴，坚持五法，以诱于人也。

道宣律师在《戒本疏》中云：破僧违谏戒，原本制比丘，而比丘尼也同犯此戒。原因是：虽然比丘尼没有破法轮僧之体，女身不能作佛故。[①] 但仍然可以设立中心领导及随从伴党，以主带伴，坚持提婆达多五邪法，并用此邪法诱诳他人，也

---

① 比丘尼没有破法轮僧之体。（后汉）西域沙门昙果共康孟详译《中本起经》卷二云："女人有五处不能得作。何等为五？女人不得作如来、至真、等正觉；女人不得作转轮圣王；女人不得作第二忉利天帝释；女人不得作第六魔天王；女人不得作第七天梵天王。此此五处者，皆丈夫得为之耳。丈夫得于天下作佛、得作转轮圣王、得作天帝释、得作魔天王、得作梵天王。"（《大正藏》第 4 册，第 159 页。）因此，若有比丘尼自称是佛，无人相信。

能成就破僧之事。所以比丘尼亦同犯此戒。

六　罪相

【记】

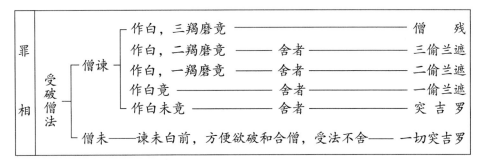

此戒罪相如下：

1. 僧未作羯磨谏劝

在未作白前，若比丘尼方便欲破和合僧，或受持破僧法不舍，一切结突吉罗罪。

2. 僧作羯磨谏劝

若比丘尼受破僧法坚持不舍，僧作白四羯磨谏劝：

（1）如果作白未竟即舍，结突吉罗罪。

（2）作白竟舍，结一偷兰遮罪。

（3）作白，一羯磨竟舍，结二偷兰遮罪。

（4）作白，二羯磨竟舍，结三偷兰遮罪。

（5）作白，三羯磨竟，即结僧残罪。

七　并制

【记】

此表含二事：

（一）比丘、比丘尼教人不舍破僧法

1. 当大众僧为欲破僧之比丘尼作呵谏羯磨时，若有其他比丘或比丘尼教言：莫舍。教者结偷兰遮罪。

2. 若大众僧尚未作呵谏羯磨，教彼言：莫舍，教者结突吉罗罪。

（二）小三众教人不舍破僧法

如果余三众，即式叉摩那、沙弥、沙弥尼从旁教言别舍，教者尽结突吉罗罪。

八 开缘

【记】

开缘	若初谏便舍。	无犯
	若以非法别众、非法和合众、法别众、法相似别众、法相似和合众（此即律中五非羯磨），作呵谏者。	
	若以非法、非律、非佛所教，作呵谏者。	
	若一切未作呵谏前。	
	若破恶友、恶知识。	
	若破方便欲破僧者，遮令不破。	
	若破方便助破僧者。	
	若破二三人作羯磨。	
	若破欲作非法非律羯磨。	
	若破为僧、塔、和尚尼、同和尚尼、阿阇梨尼、同阿阇梨尼、知识等，作减损，作无住处者	

（第二、非皆人非。第三、三非皆法非。第四、开本罪有吉。后六破其得其当，故无犯。或约谏不得当，故违谏。无犯）

此戒开缘如下：

1. **若初谏便舍**：顺谏故不犯。

2. **若以非法别众、非法和合众、法别众、法相似别众、法相似和合众，作呵谏者**：此五种羯磨即是律中五非羯磨，若违背此等非法羯磨呵谏，不犯违僧谏。但依然有违屏谏，须结突吉罗罪。

3. **若以非法、非律、非佛所教，作呵谏者**：除如上五非羯磨外，若用其他不如法、不符合毗尼法、不是佛所教的方法作呵谏，则不成呵谏，是故不犯违僧谏。

4. **若一切未作呵谏前**：僧未作呵谏之前所作一切，不犯本罪，但须结突吉罗罪。

5. **若破恶友、恶知识**：如果有恶友、恶知识对三宝有损害，破如此恶僧，不令恶事得成，不犯此戒。

6. **若破方便欲破僧者，遮令不破**：若有人作种种方便欲破僧，此时想办法遮止，不令其破僧得成，不犯。

7. **若破方便助破僧者**：如果想办法破坏方便助破僧者，不犯。

8. **若破二三人作羯磨**：如果二三人作羯磨，作法不成，破之不犯。

9. **若破欲作非法非律羯磨**：如果有人欲作非法非律羯磨，想办法不令其作法成就，破之不犯。

10. **若破为僧、塔、和尚尼、同和尚尼、阿阇梨尼、同阿阇梨尼、知识等作减损，作无住处者**：如果有人欲对三宝、和尚尼，乃至知识等人作非理损减，或者妄自驱摈和尚尼，乃至知识等人，欲令他们没有住处修行办道，破如此非法之僧则不犯。①

表下括弧中内容为慈舟律师所加。其中"**第二、非皆人非**"，是补充说明第二开缘中"五非羯磨"均是由人不如法而造成。此处"人非"，是指别众。事实上，"五非羯磨"中，亦含"法非"。如"非法别众""非法和合众""法相似别众""法相似和合众"等。"**第三、非皆法非**"，是补充说明第三开缘中"三非羯磨"皆是作呵谏羯磨时，所用之法错谬。"**第四、开本罪有吉**"，意即一切未作呵谏前所作一切破僧方便，开缘不犯本罪，但须结突吉罗罪。"**后六破其得其当，故无犯**"，意即开缘中从第五条到第十条共六条，或因有人作非法事，理所当然不该令其得成，故破之不犯；或者因其谏劝不得当，故违谏不犯。

练习题

1. 何谓"破僧违谏戒"？破僧有哪几种？

2. 简述佛制"破僧违谏戒"之三要素。

3. 背诵并解释"破僧违谏戒"之戒文。

4. 佛制"破僧违谏戒"制意如何？

5. "破僧违谏戒"具哪几缘成犯？结犯相状如何？有哪些开缘？

6. 佛制"破僧违谏戒"的同时又遮止哪些事？

7. 何谓"五非羯磨"？

思考题

1. 《涅槃经》《楞伽经》等大乘经典制断比丘食肉，这与调达五邪法中的尽形

---

① **和尚**：弘赞律师在《沙门日用》中云，亦云"和上"，正梵音云"邬波驮耶"。此云"亲教师"，谓亲从受业，由能教出离法故。又云"力生"，谓入法门中，受微妙法，盖师之力。生长法身，出功德财，养智慧命，功莫大焉。**和尚尼**：即尼众和尚。**同和尚尼**：夏腊同于和尚尼，如和尚尼的戒兄弟等。（《卍新续藏》第 60 册，第 222 页。）**阿阇梨**：见月律师在《毗尼作持续释》卷四中云，梵语"阿阇梨"，此翻"轨范"，亦云"正行"，谓能令弟子效其轨则，以纠正心行故。**同阿阇梨尼**：夏腊同于阿阇梨尼。**知识等**：相识或有联系之人，如同学、师兄弟、朋友等。（《卍新续藏》第 41 册，第 392 页。）

寿不食鱼肉有何区别?

2. 如何理解"女人五障"?

第十二节　助破僧违谏戒

一　戒名

【记】　助破僧违谏戒第十一　　(同、大、逆)

助:帮助;**破僧**:破和合僧;**违谏**:违背谏劝。

助破僧违谏戒:如果比丘尼助破和合僧,他人如法谏劝,不肯听从,违背谏劝,佛制不许。

逆:如上戒所释,约破法轮僧来讲,是为五逆罪之一。律中记载闻达等四人帮助提婆达多破法轮僧,亦为逆罪所摄。但此戒中,约比丘尼助破羯磨僧来讲,犯不到逆罪。

二　缘起

【记】　闻达等四人

闻达等四人,是调达伴党,乃缘起中能犯之人。《十诵律》云:"是调达有四同党弟子:一名俱伽梨、二名干陀骠、三名迦留罗提舍、四名三闻达多。"[①]

佛制此戒三要素:(1)**何处制**:佛在罗阅祇。(2)**因谁制**:闻达等四人。(3)**因何制**:因僧谏劝调达莫破僧,四伴党助破僧,反谏僧莫劝调达,故制。此戒正制比丘,不得助破法轮僧,亦不得助破羯磨僧;同制比丘尼,但比丘尼只能助尼破羯磨僧,不可能助尼破法轮僧。

三　戒文

【记】　戒文——若比丘尼,有余比丘尼群党,若一、若二、若三,乃至无数。彼比丘尼语是比丘尼言:大姊,汝莫谏此比丘尼。此比丘尼,法语比丘尼、律语比丘尼。此比丘尼所说,我等心喜乐。此比丘尼所说,我等忍可。是比丘尼语彼比丘尼,言:大姊,莫作是说,言此比丘尼,是法语比丘尼、律语比丘尼。此比丘尼所说,我等喜乐。此比丘尼所说,我等忍可。何以故?此比丘尼所说,非法语、非律语。大姊,莫欲破坏和合僧,当乐欲和合僧。大姊,应与僧和合,

---

① (后秦)三藏弗若多罗共罗什等译《十诵律》卷三十六,《大正藏》第23册,第259页。

欢喜不诤，同一师学，如水乳合，于佛法中，有增益安乐住。是比丘尼谏彼比丘尼时，坚持不舍。是比丘尼应三谏，舍此事故。乃至三谏，舍者善。不舍者，是比丘尼犯三法应舍，僧伽婆尸沙。

文分七句：

第一句：若比丘尼 ——能犯人

白四羯磨如法得处所的比丘尼。

第二句：有余比丘尼群党，若一、若二、若三，乃至无数 ——伴党党数

此明伴党数量。**有余比丘尼群党**：正是此戒所谏之人，即能犯人。**若一、若二、若三**：指随从破僧的伴党，如缘起中三闻达多等四人。**乃至无数**：由少而扩展到招募天下无数人而成其伴党。

第三句：彼比丘尼语是比丘尼言：大姊，汝莫谏此比丘尼。此比丘尼，法语比丘尼、律语比丘尼。此比丘尼所说，我等心喜乐。此比丘尼所说，我等忍可 ——正明助破

此句正明伴党助破僧之相。即助伴党不听僧谏，反说正破僧者懂得佛法，了解戒律。明确表示很赞同其言行，故反问谏劝者，为什么大众僧还设谏呢？

彼比丘尼：指助伴党。**语是比丘尼**：反而对如法比丘尼说。**此比丘尼，法语比丘尼、律语比丘尼**：此比丘尼（即正破僧者）所说如法、如律，因此我等皆赞同此比丘尼所说（破僧之法）。

第四句：是比丘尼语彼比丘尼，言：大姊，莫作是说，言此比丘尼，是法语比丘尼、律语比丘尼。此比丘尼所说，我等喜乐。此比丘尼所说，我等忍可。何以故？此比丘尼所说，非法语、非律语。大姊，莫欲破坏和合僧，当乐欲和合僧。大姊，应与僧和合，欢喜不诤，同一师学，如水乳合，于佛法中，有增益安乐住——屏谏

如法比丘尼应谏助破伴党：大姊，不要这样说，此比丘尼是法语比丘尼、律语比丘尼，我们喜欢她。此比丘尼所说的，我们都赞同。为什么不能赞同？因为此比丘尼所说不是法语、不是依律而说。大姊，你们不要破坏和合僧，应当乐欲与大众僧和合，欢喜不诤。我们都是同一师学，师同见合，理则无别，如水合水，如乳合乳。如此志同道合，如法修道，不仅现在于佛法中可以得到增益安乐住，未来也必定可以灭除生死过患，得到涅槃安乐。

第五句：是比丘尼谏彼比丘尼时，坚持不舍 ——拒谏

此为拒屏谏。如法比丘尼谏伴党比丘尼时，她们仍然坚持错误知见，不肯舍弃助破僧之事。

第六句：是比丘尼应三谏，舍此事故。乃至三谏，舍者善 ——僧中设谏

因为伴党比丘尼拒绝如法比丘尼屏谏，所以大众僧应依佛所教，为其作白四羯磨，在僧中谏劝，令舍弃助破僧事。乃至在第三羯磨未竟之前，若助破僧者能改过从善，将不犯僧残。

第七句：不舍者，是比丘尼犯三法应舍，僧伽婆尸沙 ——结罪

第三羯磨竟，诸伴党比丘尼仍然不舍弃，便是违僧谏，结僧残罪。

四　制意

【记】　四分律疏 制意：众僧作法，谏调达时，四伴别响，助成破僧。僧寻设谏，拒而不受。故制。

众僧作法谏劝提婆达多时，四位伴党别别响应，帮助提婆达多成就破僧之事。大众僧随即在僧中白四羯磨设谏，但诸伴党拒而不受，所以佛制此戒。

五　具缘

【记】　南山行事钞 具五缘成犯：一、明有人作破僧事。二、众僧如法设谏。三、四伴助破谏僧。四、僧如法设谏。五、三羯磨竟。犯。

依道宣律师在《行事钞》中阐述，本戒具五缘成犯：

1. **明有人作破僧事**：有人欲作破僧之事。

2. **众僧如法设谏**：大众僧如法设谏。

3. **四伴助破谏僧**：破僧四伴党，别别响应，以助成破僧之事。

4. **僧如法设谏**：大众僧如法设谏。

5. **三羯磨竟。犯**：待三番羯磨竟，助破僧者仍然坚持不舍助破僧事，即犯僧残。

六　罪相

【记】

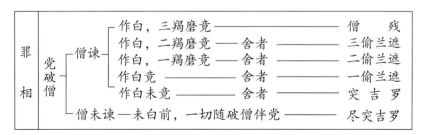

此戒罪相基本同上"破僧违谏戒"，也分二种情况：

（一）僧未作羯磨谏劝

在未作白之前，随破僧伴党比丘尼一切随顺破僧的方便，全部都结突吉罗罪。

（二）僧作羯磨谏劝

僧作白四羯磨谏劝破僧伴党比丘尼：

1. 如果作白未竟即舍，结突吉罗罪。

2. 作白竟舍，结一偷兰遮罪。

3. 作白，一羯磨竟舍，结二偷兰遮罪。

4. 作白，二羯磨竟舍，结三偷兰遮罪。

5. 作白，三羯磨竟，即结僧残罪。

七　并制

【记】

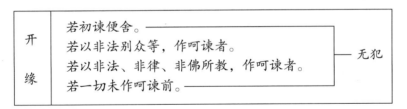

| 并制 | 同第十破僧违谏戒。 |

此戒并制与第十条"破僧违谏戒"相同。

八　开缘

【记】

| 开缘 | 若初谏便舍。
若以非法别众等，作呵谏者。
若以非法、非律、非佛所教，作呵谏者。
若一切未作呵谏前。 | 无犯 |

此戒开缘如下：

1. **若初谏便舍**：此指屏谏，不成僧呵谏意，故不犯。

2. **若以非法别众等，作呵谏者**：如果以律中五非羯磨（非法别众、非法和合众、法别众、法相似别众、法相似和合众）作呵谏，羯磨法不成，若违僧谏，不犯。但依然有违屏谏，须结突吉罗罪。

3. **若以非法、非律、非佛所教，作呵谏者**：如果用不如法，或者不符合毗尼法，不是佛所教的方法作呵谏，则不成，是故不犯。

4. **若一切未作呵谏前**：僧未作呵谏之前所作一切，不犯本罪，但须结突吉罗罪。

练习题

1. 请解释"助破僧违谏戒"戒名。

2. 简述佛制"助破僧违谏戒"之三要素。

3. 背诵并解释"助破僧违谏戒"之戒文。

4. 佛制"助破僧违谏戒"制意如何？

5. "助破僧违谏戒"具哪几缘成犯？

6. "助破僧违谏戒"结犯相状如何？有哪些开缘？

思考题

1. 比丘尼会犯到"破僧违谏戒"及"助破僧违谏戒"中的"逆罪"吗？为什么？

第十三节　污家摈谤违僧谏戒

一　戒名

【记】　污家摈谤违僧谏戒第十二　　（同、大、性）

污： 染污。**家：** 有男有女谓之家。

污家： 即怀有希望心送给居士种种信施物，破坏居士平等净善之心。如罪相中的四种污家：依家污家、依利养污家、依亲友污家及依僧伽蓝污家。

恶行： 作与佛法相乖违之行，如自种花或教人种花等鄙贱行；或与男子共床坐，或同一器具饮食等染污行；或自歌舞倡伎等轻逸行。

摈： 举过如法驱摈。**谤：** 以罪加诬。**谏：** 以理晓喻。

污家摈谤违僧谏戒： 如果比丘尼作污他家、行恶行的不如法事，大众僧举其过并如法驱摈，随即谤大众僧有爱恚怖痴。于是，大众僧又如法设谏，劝其不要再谤大众僧，而却违僧谏劝，佛制不许。

二　缘起

【记】　马师　满宿

马师比丘、满宿比丘，乃缘起中能犯之人。

佛制此戒三要素：（1）**何处制：** 佛在舍卫国。（2）**因谁制：** 马师、满宿二比丘。（3）**因何制：** 因比丘在羁连聚落行恶污家，舍利弗往摈反谤，故制。

马师、满宿：《四分律》云"阿湿婆""富那婆娑"。①

羁连：迦尸国邑名。

《善见律》卷十四云：马师、满宿于六群比丘中最为上座，二人本是田夫，同作田事辛苦，共相论言："我等作田辛苦，可共出家，于佛法中衣食自然。"同伴答言："善哉，可尔。"更共筹量，我等今者，就谁出家？当就舍利弗、目犍连出家。共筹量已，往至舍利弗、目犍连所，求欲出家。时二尊者即为出家，与具足戒。彼二人诵波罗提木叉竟满五腊。……后二人共议，意共同好种花等事，即往丰熟处住。②

三　戒文

【记】　戒文——若比丘尼，依城邑，若村落住。污他家、行恶行，行恶行，亦见亦闻，污他家，亦见亦闻。诸比丘尼谏彼比丘尼言：大姊，汝污他家、行恶行，行恶行，亦见亦闻，污他家，亦见亦闻。大姊，汝污他家、行恶行，今可远此聚落去，不须住此。是比丘尼语彼比丘尼言：大姊，今僧有爱、有恚、有怖、有痴，有如是等同罪比丘尼，有驱者，有不驱者。诸比丘尼谏言：大姊，莫作是语，言有爱、有恚、有怖、有痴，有如是同罪比丘尼，有驱者，有不驱者。何以故？而诸比丘尼，不爱、不恚、不怖、不痴，有如是同罪比丘尼，有驱者，有不驱者。大姊，污他家、行恶行，行恶行，亦见亦闻，污他家，亦见亦闻。是比丘尼如是谏时，坚持不舍。彼比丘尼应三谏，舍此事故。乃至三谏，舍者善。不舍者，是比丘尼犯三法应舍，僧伽婆尸沙。

文分八句：

第一句：若比丘尼——能犯人

白四羯磨如法得处所的比丘尼。

第二句：依城邑，若村落住。污他家、行恶行，行恶行，亦见亦闻，污他家，亦见亦闻——正明起过

城邑：即君王都集处，如古时的京都。此处泛指城镇。**村落**：巷陌、街衢住处是名为村，村外远家是名为落。此处泛指乡村。

污他家、行恶行：表其作种种非法之行。

亦见亦闻：有见闻疑三根，非虚妄而说。

污他家，亦见亦闻：此正明比丘尼依聚落造诸罪过。

第三句：诸比丘尼谏彼比丘尼言：大姊，汝污他家、行恶行，行恶行，亦见亦闻，

---

① 《四分律》卷五记载："尔时佛在舍卫国祇树给孤独园，时羁连有二比丘：一名阿湿婆，二名富那婆娑，在鞞连行恶行污他家，污他家亦见亦闻，行恶行亦见亦闻。"（《大正藏》第22册，第596页。）

② （齐）三藏僧伽跋陀罗译《善见律毗婆沙》卷十四，《大正藏》第24册，第770页。

污他家，亦见亦闻。大姊，汝污他家、行恶行，今可远此聚落去，不须住此 ——牒过驱摈

此是如法比丘尼谏劝污他家、行恶行比丘尼的谏词。先牒其所犯之过：大姊，你污他家、行恶行。行恶行亦见亦闻，污他家亦见亦闻。后则驱摈：大姊，汝污他家，行恶行，今可离开此聚落，不可继续住此。

第四句：是比丘尼语彼比丘尼言：大姊，今僧有爱、有恚、有怖、有痴，有如是等同罪比丘尼，有驱者，有不驱者——非理谤僧

污他家、行恶行比丘尼不服大众僧驱摈，不思己过，便言事迹相似，以爱恚怖痴非理谤僧：大姊，今大众僧有所爱，有所恚恨，亦有所怖畏，不善治罚故，亦是愚痴。因有同犯污家恶行比丘尼，有驱摈者，有不驱摈者。

第五句：诸比丘尼谏言：大姊，莫作是语，言有爱、有恚、有怖、有痴，有如是同罪比丘尼，有驱者，有不驱者。何以故？而诸比丘尼，不爱、不恚、不怖、不痴，有如是同罪比丘尼，有驱者，有不驱者。大姊，污他家、行恶行，行恶行，亦见亦闻，污他家，亦见亦闻——屏谏

诸比丘尼谏言：这是如法比丘尼屏谏污他家、行恶行比丘尼之言词。

大姊，莫作是语……有驱者，有不驱者：牒其谤词。

何以故……有驱者，有不驱者：大众僧依理喻彼之词。

不爱：因为佛法治人，是为了防止骄逸。有其他行污家恶行者，已经逆路对僧悔过，大众僧则不需加以治罚，是故说大众僧不爱。

不怖：有其他行污家恶行者，因为身不现前，所以不应该与其作羯磨法，并非惧其势力而不治罚，故曰大众僧不怖。

不恚：汝等既然现前，而且不肯忏悔，所以大众僧须如法治摈，是曰不恚。

不痴：有污家恶行者，皆按照佛之教导而给与相应治罚，故曰大众僧不痴。

大姊，污他家、行恶行，行恶行，亦见亦闻，污他家，亦见亦闻：重叙前过，众所耳闻目睹，义当从摈，如何反谤？

第六句：是比丘尼如是谏时，坚持不舍 ——拒谏

如法比丘尼如是屏谏时，彼污他家、行恶行比丘尼，拒绝谏劝并顽固坚持其邪见，不肯弃舍。

第七句：彼比丘尼应三谏，舍此事故。乃至三谏，舍者善 ——僧谏

因不听屏谏，故须僧中作羯磨谏劝，令其止息谤僧行为。若能于第三羯磨前舍其邪见，弥善。

第八句：不舍者，是比丘尼犯三法应舍，僧伽婆尸沙 ——结罪

不舍者，此拒僧谏也。第三羯磨竟，污他家、行恶行比丘尼即犯僧残，应舍罪忏悔。

四　制意

【记】　四分律疏　制意六：一、解所以听依聚落有二意：（一）有待之形，假资方立。须衣障形，食以充躯。济身长道，为求自利故。（二）为益施主：僧田行施，获反报之福。二、不听污家恶行者：克依聚落，广兴诸过。身非威仪，即非自利。四种污家，坏彼时人平等净善之心，亦非利物，故结其罪。三、须摈者：为过情深，内外俱坏。若不治罚，永无改惩，入道之益。又增俗人以非为是，故须治摈，除其二坏。四、解谤僧意：倚傍六人同作。祇云：三闻达多、摩醯沙达多，走至王家聚落。迦留陀夷、阐陀，逆路忏悔。此四人不治，迹涉爱憎故。五、须谏意：既有治不治，似有爱憎，相滥难分，须僧因理谏彼，显己内无怖嗔之意。六、结罪意：众僧自理谏彼，是非理分。固执拒劝，三谏不舍。故结僧残。

此戒制意有六：

（一）解释佛之所以听出家人依聚落住的原因

1. 凡夫有待身形，须借助衣食等资助才能生存。外需衣物以遮障身体，内需饮食维持性命。故衣食乃修道助缘，如果依聚落而住，则易得衣食，衣食充足则能资助色身，安心办道，增长道业。为求自利故，佛听依聚落而住。

2. 为利益施主，令其能于僧田中广行布施，从而获得反报之福，此即利他。出家人即僧田，如果檀越能恭敬供养僧宝，即于僧田中种下福德种子，所获福报将不可限量。

（二）不允许污他家行恶行的原因

既已克定依聚落而住，以得衣食资助色身，便于用功办道。而今却由此广兴过失，作种种非威仪之事，如鄙贱行、染污行、放逸行，这样就失去了利己修道之益。

而且，四种污家，即依家污家、依利养污家、依亲友污家、依僧伽蓝污家，破坏了居士平等净善之心。居士本以敬爱平等，无分别心供养，而今出家人却以信施物与居士，令其对出家人生分别心。供养时对给物者，则爱敬；而于不送物者，则无恭敬。平等净善之心被破坏，就不能得到实际利益。行恶行是自损，污他家是损他。是故污他家、行恶行，皆须结罪。

（三）必须驱摈的原因

虽依聚落而住，却污他家、行恶行，自损损他，彼此俱坏。若不治罚，他们将永无改过除愆之心，更不能安心办道，获得修道实益。

另外，污家恶行是非法行，若不治罚，世人反而以非为是，增长邪见。是故须治罪驱摈，以除彼此俱损之过。

（四）解释谤大众僧的原因

马师、满宿倚傍六人同作污家恶行事，因众僧对此六人有治罚，有不治罚，故出言毁谤大众僧有爱恚怖痴。

《僧祇律》记载："时六群比丘闻尊者阿难与六十人俱眷属而来，为我作驱出羯磨，即生恐怖。时三文陀达多、摩醯沙达多走到王道聚落。长老阐陀、迦留陀夷，便一由旬迎尊者阿难，即忏悔言：'长老！我所作非善，犯诸过恶，从今已去不敢复作。'尔时众僧受其忏悔。尊者阿难前到聚落，彼二人已忏悔，二人已走去；余有残住者，为作驱出羯磨。"[1] 由大众僧未治罚此四人，表面看似涉爱憎，故有此谤毁。

（五）明须谏劝意

众僧对同作污家恶行事者，有治罚，有不治罚，似有爱憎，于相上难以分辨清楚，故须以理谏劝，以显大众僧没有爱恚怖痴。

因三闻达多与摩醯沙达多二人跑至王道聚落，不与治罚，相似僧有所怖。然二人逃走，身不现前，不得治摈，不是僧有所怖。又，阐陀与迦留陀夷二人逆路忏悔，僧受其忏悔，不与治罚，相似僧有所爱。然彼二人既已改过伏从，无罪可治，不是僧有爱也。而马师与满宿二人，僧作法驱摈，相似僧有所恚。然此二人所作非法，既没逃走，又不肯忏悔，故须大众僧依法驱摈，并不是有恚。今大众僧不爱、不怖、不恚，依法举治，何痴之有？

（六）结罪意

大众僧以理劝谏犯者，表明僧无有爱恚怖痴。既然已将是非辨清，理当顺从，改过忏悔。但他们仍然坚执错误知见，拒绝众僧谏劝，不舍非法，所以三谏不舍即须结残罪。

五　具缘

（一）正明犯缘

【记】 南山行事钞 具六缘成犯：一、作污家恶行事。二、心无改悔。三、作法驱摈。四、非理谤僧。五、僧如法设谏。六、三羯磨竟。犯。

本戒具缘如下：

1. **作污家恶行事**：比丘尼作四种污家及三种恶行之事。

2. **心无改悔**：内心没有悔改之意。

3. **作法驱摈**：因作污家恶行事而心无改悔，故大众僧作法驱摈。

---

① （东晋）三藏佛陀跋陀罗共法显译《摩诃僧祇律》卷七，《大正藏》第22册，第287页。

4. **非理谤僧**：犯尼不服从大众僧作法驱摈而毁谤众僧。

5. **僧如法设谏**：大众僧依佛所教，如法设谏，即先屏谏，后僧中白四羯磨谏。

6. **三羯磨竟。犯**：待三番羯磨竟，即犯僧残。

（二）别释本缘

【记】　　同污家非戒本缘，谤僧是也。污家得吉罗，谤僧得提，三羯磨竟犯。①

道宣律师在《行事钞》中解释：污家不是此戒制戒本缘，谤僧才是。如果犯污家，只结突吉罗罪，谤僧得提罪。② 若僧作白四羯磨谏劝，三番羯磨竟，便犯僧残。

六　罪相

【记】

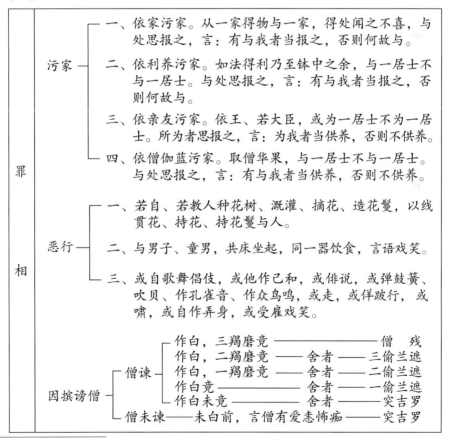

		一、依家污家。从一家得物与一家，得处闻之不喜，与处思报之，言：有与我者当报之，否则何故与。
罪相	污家	二、依利养污家。如法得利乃至钵中之余，与一居士不与一居士。与处思报之，言：有与我者当报之，否则何故与。
		三、依亲友污家。依王、若大臣，或为一居士不为一居士。所为者思报之，言：为我者当供养，否则不供养。
		四、依僧伽蓝污家。取僧华果，与一居士不与一居士。与处思报之，言：有与我者当供养，否则不供养。
	恶行	一、若自、若教人种花树、溉灌、摘花、造花鬘，以线贯花、持花、持花鬘与人。
		二、与男子、童男，共床坐起，同一器饮食，言语戏笑。
		三、或自歌舞倡伎，或他作己和，或俳说，或弹鼓簧、吹贝、作孔雀音、作众鸟鸣，或走，或伴跛行，或啸，或自作弄身，或受雇戏笑。
	因摈谤僧	僧谏：作白，三羯磨竟——僧残；作白，二羯磨竟——舍者——三偷兰遮；作白，一羯磨竟——舍者——二偷兰遮；作白竟——舍者——一偷兰遮；作白未竟——舍者——突吉罗。僧未谏——未白前，言僧有爱恚怖痴——突吉罗

---

① 《行事钞》中未见"污家得吉罗，谤僧得提，三羯磨竟犯"此三句。《戒本疏》卷三云："若未白前言僧有爱恚怖痴，若不看书持往及为白衣信使，一切突吉罗。尼同。"（《卍新续藏》第 40 册，第 2 页。）

② 《四分律》卷五云："若未白前言：'僧有爱、有恚、有怖、有痴'，一切突吉罗。"（《大正藏》第 22 册，第 598 页。）未见"谤僧结提罪"之文，但约义而言，若不称实而说，结小妄语波逸提罪。

此表说明三事：

（一）释污家

有四种污家：

1. 依家污家

从一家得物，转赠与另一家。原物主知，心生嗔恚，得物者则心生欢喜，想着怎样回报，并说：与我物者，我当回报。未与我物者，为何供养彼？

2. 依利养污家

出家人如法得利养，下至以钵中剩余食物，与此居士，不与彼居士。得物者心生欢喜，想着如何回报，并说：给我物者，我当回报；未与我物者，为何供养彼？

3. 依亲友污家

即出家人凭借国王、大臣等官府有势力之人，帮助此居士，不助彼居士。得助者即生是念：助我者，我当供养；不助我者，则不供养。

4. 依僧伽蓝污家

出家人取僧伽蓝华果等物，与此居士，不与彼居士。得物者想着应当回报，便说：给我恩惠者，我当供养；不与恩惠者，则不供养。

（二）释恶行

有三种恶行：

1. 鄙贱行

如比丘尼自种花树、教人种花树，灌溉、摘花、造花鬘，以线贯花、持花、持花鬘与人等。

2. 染污行

如比丘尼与童男、男子，共一床同坐、同起，同一器具饮食，言语戏笑等。

3. 轻逸行

如比丘尼自己歌舞倡伎（作乐），或者他作而己和，或者俳说（俳即戏，即今说相声之类，以逗人发笑），或者弹鼓簧（簧即笙）、吹贝、作孔雀音、作众鸟相鸣之音，或跑，或假装跛脚而行以逗乐，或者作啸声（吹口哨），或者自作弄身，或者受雇戏笑等。

（三）明结犯

若比丘尼污他家行恶行，因摈谤僧。

1. 大众僧未谏时

未白前，言僧有爱恚怖痴，一切皆结突吉罗罪。

2. 大众僧作羯磨三谏时

1. 作白未竟，舍者，结突吉罗罪。

2. 作白竟，舍者，结一偷兰遮罪。

3. 作白，一羯磨竟，舍者，结二偷兰遮罪。

4. 作白，二羯磨竟，舍者，结三偷兰遮罪。

5. 作白，三羯磨竟，则结僧残罪。

七 并制

【记】

| 并制 | 同第十破僧违谏戒。 |

此戒并制与第十条"破僧违谏戒"相同。

八 附制

（一）正明附制

【记】

| 附制 | 比丘尼持他书往，不看者。
比丘尼为白衣作信使。 | 突吉罗 |

制本戒同时，又附制：如果比丘尼替人带书信等，若不看内容就带，须结突吉罗罪；如果比丘尼为在家人作信使，亦结突吉罗罪。

（二）引律补充

引《四分律·第三分》《四分律·第四分》内容补充附制杂相。

1. 不应为白衣剃发

【记】 第三分 不应为白衣剃发，除欲出家者。

《四分律·第三分》（卷四十二）云：不应为白衣剃发，如果有人欲出家，则开缘可为其剃头。[1]

"白衣"：在家人。印度在家人喜着鲜白衣服，故称白衣。而出家人则着染色衣，故东土称出家人为缁衣。

问：为何不可替白衣剃发？**答**：因为出家人是人天师表，与在家人是师徒关系。若作此鄙贱行，则降师位，且失为人师表之尊严。久之，在家人易对出家人失信敬

---

① （后秦）三藏佛陀耶舍共竺佛念等译《四分律》卷四十二，《大正藏》第 22 册，第 874 页。

之心，故不应为。

2. 不应礼白衣及其塔庙

【记】 第四分 不应礼白衣，不应礼白衣塔庙，亦不应故左绕行。

《四分律·第四分》云：不应顶礼在家人，也不应顶礼在家人塔庙，亦不应故意左绕而行。①

何以故？以白衣未出家受戒，没有戒德堪受出家人顶礼。

白衣塔：即在家人坟墓或祠堂。于佛教中，做任何事皆有其轨则。佛在世时，弟子诣佛所，必先右绕佛三匝。右绕：顺于正道，表吉祥及善；左绕：则乖于正道，表凶恶不吉祥。是以不顶礼白衣塔即可，不可故意左绕而行。若至一般神庙，亦不应顶礼，可先三弹指，后为说三归依：归依佛、归依法、归依僧。

3. 不应卜占

【记】 同 不应与人卜占，不应从人卜占。

同：即同上《四分律·第四分》（下同）。律云：出家人不应与人占卜，也不应让人为己占卜。②

卜占：即算卦，如现在的抽签、批生辰八字、算命皆包括在内。

出家修行是修正自己的行为，但依佛所教如法而行，一切皆可改变。若出家人不好自修行而从人卜占，不仅招致俗人之讥嫌，亦丑累佛法。

4. 不应作伎吹贝供养塔

【记】 同 不应自作伎。若吹贝供养塔，听令白衣作。

《四分律·第四分》（卷五十二）云：不应自作伎，若欲吹贝供养佛塔，可令白衣作。③ 因出家人乃人天师表，若自作伎，有失威仪。

5. 不应畜（xù）鸟畜（chù）

【记】 同 不应畜鹦鹉等鸟，不应畜狗。

《四分律·第四分》云：不应畜养鹦鹉等鸟，亦不应畜养狗。④
此中虽列两种，实含一切动物。如菩萨戒所说，"不应长养猫狸猪狗"。鹦鹉喜

---

① 《四分律》卷五十记载："佛言：'不应礼白衣'……'不应礼白衣塔庙。'彼既不得礼白衣塔庙，便左绕行，护塔庙神嗔。佛言：'随本所来处行，不应故左绕行。'"（《大正藏》第 22 册，第 940 页。）
② （后秦）三藏佛陀耶舍共竺佛念等译《四分律》卷五十二，《大正藏》第 22 册，第 955 页。
③ （后秦）三藏佛陀耶舍共竺佛念等译《四分律》卷五十二，《大正藏》第 22 册，第 956 页。
④ 《四分律》卷五十三，《大正藏》第 22 册，第 961 页。

学人语，狗可看门，或可当玩物，故俗人多喜畜养。出家但为了生脱死，与世人异。

6. 不应乘车马、捉持刀剑等

【记】　同不应乘象马、车乘、辇舆，捉持刀剑。老病者，听乘步挽车，若男乘（尼反之）。避难，听乘象马。白衣持刀剑寄，听藏举。

《四分律·第四分》云：佛言：比丘不应乘象马、车乘、辇舆而共戏笑，比丘亦不应捉持刀剑。时诸上座老病比丘，不能从此住处至彼处，畏慎不敢骑乘。佛言：听乘步挽车，若男子乘，一切畜生乘，亦男。彼有命难、净行难，畏慎不敢骑乘避走。佛言：若有如是难，听乘象马避。时诸白衣，持刀剑来寄诸比丘藏，比丘畏慎不敢受，世尊有如是教，不听持刀剑。白佛，佛言：听为檀越牢坚故藏举。[1]

步挽车：即拉力车，或马拉车，或象拉车，或人力拉车。

出家人不应骑马、骑象，或者乘象马所拉之车及种种高贵辇舆，以失威仪故。当时在印度，居士若见则讥嫌言："此出家人像国王大臣，乘象马车乘。"又，若骑马象等动物，欠其劳力，将来必还。

约常途而言，不应乘象马车辇舆，但年老有病，则可开缘乘步挽车。但须注意，比丘须乘男乘，而比丘尼则须乘女乘。如果避难之时，允许乘象马车乘逃命，这是开缘情况。

如果白衣持刀剑寄存，听为藏举。这虽是开缘，在印度或许可行，但若在东土则不允许。如果在家人犯罪后把刀剑寄放在出家人处，一旦被查出，也会因窝藏凶器而受到制裁。

7. 不应歌舞戏笑等

【记】　同于圣法律中，歌戏犹如哭，舞如狂者，戏笑似小儿。

律载：佛制圣法律仪中，出家人有不同俗人之威仪。世间人喜欢唱歌、跳舞、演戏等，在出家人眼里，歌如哭，舞似狂，演戏如无知小儿。[2]

8. 不得向暮至白衣家

【记】　同不应向暮至白衣家，除为三宝事，病比丘尼事，或檀越相唤。

《四分律·第四分》记载：佛言：不应向暮至白衣家。时诸比丘，为佛事、法事、僧事、塔事、病比丘事，若檀越唤，逼暮，比丘疑不敢往。佛言：若有如是事，

---

① 《四分律》卷五十三，《大正藏》第 22 册，第 961 页。
② （后秦）三藏佛陀耶舍共竺佛念等译《四分律》卷五十八，《大正藏》第 22 册，第 998 页。

应往。①

"向暮"：近傍晚时分。

出家人晚上到白衣家，会妨碍在家人的正常生活。再者，触景生情，难免沾染俗气。

如果为三宝事或者为病比丘尼找药、找大夫，向暮至白衣家不犯。如果檀越请唤，既然相唤，必有准备，此时至其家中则无过失。

9. 常喜往返白衣家有五过

【记】 同常喜往反白衣家，有五过：一、数见女人（尼反之）。二、渐相附近。三、转亲厚。四、生欲意。五、或犯死罪，若次死罪。

《四分律·第四分》云：出家人常常喜欢往返俗家有五种过患：（1）**数见女人**（比丘尼则数见男人）：数即数次、多次。有男有女谓之家，进俗人家必多见男女之相。（2）**渐相附近**：渐渐地相互亲近。多次见面，彼此即渐渐熟悉。（3）**转亲厚**：熟悉以后即转为亲厚。（4）**生欲意**：亲厚以后，即生欲念。男恋着女，女恋着男。（5）**或犯死罪，若次死罪**：死罪即犯波罗夷，次死罪是僧残罪。男女彼此相恋着，易犯初篇波罗夷罪，如婬戒、摩触戒、八事成重，或者犯次篇僧残罪。②

10. 远离具有九法之白衣家

【记】 同白衣家有九法，未作檀越不应作，若至其家不应坐。何等九：见比丘不喜起立。不喜作礼。不喜请比丘坐。不喜比丘坐。设有所说，而不信受。若有衣服、饮食所须之具，轻慢比丘而不与。若多有而少与。若有精细而与粗恶。或不恭敬与。是为九。（以上尼亦同）

《四分律·第四分》中说：如果见俗人具有以下九种情况时，不应以其为檀越接受其供养，如果到其家也不应坐。九法如下：（1）见比丘不喜站立；（2）不喜问讯顶礼；（3）不喜请比丘坐；（4）不喜比丘坐；（5）若比丘有所说法，不相信，不接受；（6）虽有衣服、饮食及生活所需，因轻慢比丘而不给与；（7）即使有所布施，本来有多物却少给；（8）如果他有精细物品，而施舍粗恶之物；（9）假如有所布施，以不恭敬相与。③ 以上九事，对比丘尼亦尔。

---

① 《四分律》卷五十二，《大正藏》第22册，第955页。

② 《四分律》卷五十九云："常意往反白衣家比丘有五过失：……复有五：一数见女人、二既相见相附近、三转亲厚、四已亲厚生欲意、五已有欲意或犯死罪若次死罪，是为五。"（《大正藏》第22册，第1005页。）

③ （后秦）三藏佛陀耶舍共竺佛念等译《四分律》卷六十，《大正藏》第22册，第1011页。

（三）明杂列之由

弘一律师说明列如上杂相之缘由。

【记】 案 污家恶行，非此戒本缘，乃依之而附制者。斯土末法之际，习染最深。下士固不足言，贤者亦犹未免。故于是种罪相，胪列较详。惟愿见闻，知所警惕。共遵佛化，严护僧仪。

上列第四分，为灵峰事义集要中所摘录者。此外律中所载尚多，学者幸披寻详览。

弘一律师说：污家恶行并非此戒本缘，而是依本缘（即谤僧违谏）附带而制。之所以列出此等附制罪相，因为东土在此末法之际，污家恶行之陋习最为严重。凡愚之人自不必提，就连有德之士也难以避免。所以，在此将污家恶行罪相详细罗列，希望见闻罪相之道众能有所警惕，共同遵循佛之教法，严护僧人应有之尊仪。

以上所列多出自《四分律·第四分》，是从蕅益大师所作《灵峰事义集要》之《重治毗尼》中摘录。此外，《四分律》中尚有诸多关于污家恶行的内容，希望学者去披寻详览。

九 开缘

（一）正明开

【记】

开缘	若初谏便舍。 若以非法别众等，作呵谏者。 若以非法、非律、非佛所教，作呵谏者。 若一切未作呵谏前。 若与父母、病人、小儿、娠妇、牢狱系人、寺中客作者。 若自若教人种华树、造花鬘，以线贯花、持花、持花鬘，供养佛法僧。或教人取花，供养佛法僧。 若人举手欲打，若贼，或象、熊黑、狮子、虎、狼来，若担刺棘者来，而走避者。 若渡河沟渠坑而跳踯者。 若同伴行在后，还顾不见而啸唤者。 若为父母，若为笃信优婆夷。或病，或系在狱，看书持往。 若为塔、僧，若为病比丘尼持书往返者。

（右侧大括号标注：无犯）

此戒开缘如下：

1. 若初谏便舍：以顺谏故不犯。

2. 若以非法别众等，作呵谏者：如果以非法别众、非法和合众、法别众、法相似别众、法相似和合众（此即律中五非羯磨），作呵谏。这五种均是非法羯磨，故羯磨法不成，亦不成呵谏，所以不犯僧谏；但依然犯屏谏，须结突吉罗罪。

3. 若以非法、非律、非佛所教，作呵谏者：非法，即设谏时不如法，不符合轨度；非律，不是律中所说折服法；非佛所教，不是佛所教的折服法。如是呵谏，不成呵谏，违谏不犯。

4. 若一切未作呵谏前：不犯本罪，犯突吉罗罪。

5. 若与父母、病人、小儿、娠妇、牢狱系人、寺中客作者：开为七种人不犯污家：（1）（2）父母：若有兄弟姊妹照顾，则尽量不给；若无人照顾，则可开供给，但须劝父母信佛，受三归五戒，否则信施难消。（3）病人：病人最苦，照顾病人给予食物，不犯污家。所谓看病福田是第一福田。（4）小儿：不懂事，故可给予。（5）娠妇：孕妇甚苦，可与物品。（6）牢狱系人：关在监狱或被系闭之人，身不自由，可与物品。（7）寺中客作者：替寺庙做事之人，亦可与物。

6. 若自若教人种华树、造花鬘，以线贯花、持花、持花鬘，供养佛法僧。或教人取花，供养佛法僧：为供养三宝故，开五事不犯恶行：（1）若种花树，复教人种，供养佛法僧。此开缘是就没有犯到掘地、坏生种而言，无论自作还是教人，皆为供养三宝，故不犯。（2）自造花鬘，教人造，供养佛法僧。（3）自以线贯花，教人贯，供养佛法僧。（4）自持花，教人持花，供养佛法僧。（5）自以线贯花鬘，教人贯持，供养佛法僧。

7. 若人举手欲打，若贼，或象、熊罴、狮子、虎、狼来，若担刺棘者来，而走避者：开逃走。如果有人举手欲打，用手去遮挡，变弄手足，不犯。若有贼，或象、熊罴、狮子、虎、狼来，为了躲避而跑，不犯。如果有人担刺棘迎面而来，为躲避而闪开，也不犯。

8. 若渡河沟渠坑而跳躑者：开跳行。为了过河、沟、渠、坑，一脚先迈，跳跃而过，不犯。

9. 若同伴行在后，还顾不见而啸唤者：开呼啸。如果同伴在后行，回头看不见同伴人影，便呼啸唤之，不犯。

10. 若为父母、若为笃信优婆夷。或病，或系在狱，看书持往：开为白衣作使。若父母病或闭在狱；若笃信优婆夷病、若系闭在狱，看书持往，不犯。即开看书持往，先看信中没有违反国法及媒嫁等事，可为其捎信。

11. 若为塔、僧，若为病比丘尼持书往返者：如果为塔、为僧，即为佛法僧三宝事，或为病比丘尼事，看后持书往返，一切不犯。

（二）引文释

引《资持记》对如上开缘作具体解释。

【记】　灵芝资持记 五、污家不犯，得与七人。六、恶行不犯，得作五事。初非掘坏，自作教人，皆为供养。文言自取（律文作教人取，南山含注戒本作自取），义非自摘。七、开走。八、开伴跛行（即跳行也）。九、开呼啸。十、十一、开作使。

如上"开缘"中释。

十　警策

（一）引《行事钞》

【记】　南山行事钞 多论云：污他家者，若比丘尼凡有所求，若以种种信施物，为三宝自身乃至一切，而与大臣及道俗等，皆名污家。何以故？凡出家人，无为无欲，清净自守，以修道为心。若为俗人信使往来，废乱正业，非出离故。由以信施物，与白衣故，即破前人平等好心。于得物者，欢喜爱乐；不得物者，纵使贤善，无爱敬心。失他前人深厚福田。又倒乱佛法故。凡在家俗人，常于三宝求清净福，割损血肉以种善根。今出家人反持信物赠遗白衣，俗人反于出家人所，生希望心。又若以少物赠遗白衣，因此起七宝塔，造立精舍，乃至四事满阎浮提一切圣众，亦不如静坐清净持戒，即是供养真实法身。（已上录南山行事钞删节之文，未能详明，学者宜检阅原文。）灵芝释云：寄语来学，细览斯文。且心识非愚，耳目犹具，何事终年讲读，殊无一句染神。岂异盲聋，信同土木。必怀高操，勿混下流。不唯沈屈平生，更乃毁伤三宝。愿详圣训，返照自心。忽悟前非，早须改迹。（尼同）

道宣律师在《行事钞》中警诫后学：据《萨婆多论》，污他家有诸多过患。[1]

第一，废乱正业

如果比丘尼以信心居士供养之物赠予他人，如国王、大臣等，或者出家、在家之人，无论是为三宝、为自己还是为其他一切，只要与物之时，内怀期望对方能多供养之心，即以利求利之心，都属于污家。何以故？凡出家人，当修习无为，无欲无求，清净守持本分，以修道为心。若与世人交往，甚至为其作信使，驰走往来，即会荒废、倒乱正业，此非出离法。

---

[1] 《萨婆多毗尼毗婆沙》卷四，《大正藏》第23册，第524页。

第二，破平等心

由于把信心居士供养之物转施与白衣，则破坏居士平等净善之心：对与物之出家人，便欢喜爱乐；而对不与物者，纵然是有道有修之人，也不生爱乐、敬重之心。如此便失去于出家人前种深厚福田之机会。何以故？若以平等心供养出家人，所获福报则大；若以分别心供养，所获福报便小。

第三，倒乱佛法

而且还倒乱佛法。在家人为在三宝中种善根、求净福，常常节己口粮，省妻儿之份来供养。而今出家人却将信众割损血肉供养三宝的财物转赠白衣，令其于出家人生起获得利养之希望心。全然颠倒本末。

第四，营福无益

若出家人以少量财物赠予白衣，由此获得白衣之回馈，纵使能起七宝之塔，或能造立庄严精舍，乃至感得白衣以四事供养满阎浮提一切圣众，也不如静坐清净持戒。此乃供养如来真实法身。何以故？因为起塔造寺是世间有为善法，而静坐清净持戒，正是修无漏净业，是出离生死之因，与所受戒体相应。

以上摘录于《行事钞》，此是删节之文，未能详细说明，学人最好查阅原文，以便全面了解。

灵芝律师在《资持记》中警策后学：希望能仔细阅读这段文字。众等心识并不愚钝，且眼耳具足。为何年年讲经说法，天天读诵经典，竟没有一句入心？行污家恶行者与盲聋何异？相信此人必同土石、朽木一样无心。希望内怀高尚节操之有识之士，一定不要混同于下流俗辈。如果自甘下流，不仅枉费、断送了自己的一生，更严重的是毁灭、损伤三宝。希望后学能仔细思惟佛陀的教诲，回光返照自己的内心，能猛然反省过去的错误行为，一定要趁早改正行迹。比丘尼也同此。

（二）引《资持记》

【记】　灵芝资持记 今时释子，名实俱丧。能书写则称为草圣，通俗典则自号文章，择地则名为山水，卜术则呼为三命。岂意舍家事佛，随顺俗流之名。本图厌世超升，翻习生死之业。沽名邀利，附势矜能。形厕方袍，心染浮俗。毕生虚度，良可哀哉。

灵芝律师在《资持记》中云：今时（宋朝）沙门释子，名实皆亡。能书会写者便被称为草圣；通晓世俗典籍者就自称文人；会看风水者则呼为山水先生；会算卦占卜者便称为三命①大师。哪里想到，本来弃俗出家应奉事于佛法，如今却完全落

---

① 弘一律师集释《钞记扶桑集释》卷下如是解释"三命"："有云本命星、七曜、二十八宿三也，以此三作卜故。又允钞云：'三明者，三命也；支干纳音为三命……以干推福禄，以支推寿命，以纳音推智愚贵贱也。'"（台湾正觉精舍倡印，香港实业公司承印，2003，第1132页。）

入世俗九流之辈。出家本为出离生死，清净解脱，而今，反又做世俗之事，重增生死之业。用种种手段谋取名誉，求得财利。依附权势，炫耀己能。身着方袍，外形滥同出家；内心贪染，着于虚浮荣华。如此虚度一生，实在可悲！

（三）引《比丘尼钞》

【记】　比丘尼钞 婆论：作种种恶业，破彼信敬善心，是名污家。作恶行者，作此不清净秽污垢浊，又得恶果故。

《比丘尼钞》引《萨婆多论》卷四文：造作种种恶业，破坏了在家人对三宝信奉恭敬的平等善心，叫作污家。作恶行，造作不清净的垢秽污浊之事，将来必得恶果。

练习题

1. 请解释"污家摈谤违僧谏戒"戒名。
2. 简述佛制"污家摈谤违僧谏戒"之三要素。
3. 结合"污家摈谤违僧谏戒"缘起，解释何谓"不爱、不恚、不怖、不痴"？
4. 背诵并解释"污家摈谤违僧谏戒"之戒文。
5. "污家"有哪些？"恶行"有哪些？
6. 佛制"污家摈谤违僧谏戒"之制意如何？
7. "污家摈谤违僧谏戒"具哪几缘成犯？
8. "污家摈谤违僧谏戒"结犯相状如何？有哪些开缘？
9. "污家摈谤违僧谏戒"中附带制了哪些事？
10. 根据道宣律师《行事钞》中的警策，谈谈"污家"有哪些过患？

思考题

1. 弘一律师讲："污家恶行，非此戒本缘，乃依之而附制者。斯土末法之际，习染最深。下士固不足言，贤者亦犹未免。"请解释这段话。

2. "今时释子，名实俱丧。……毕生虚度，良可哀哉。"仔细阅读此文，写一篇读后感。（不超过500字）

第十四节　恶性拒僧违谏戒

一　戒名

【记】　恶性拒僧违谏戒第十三　（同、大、性）

恶性：恶劣成性，即俗语所说的坏脾气。凡事若不如己意，内心便生恚恨，外相便现怒相。而且愚痴、固执己见，任由己性，不听从佛之教诲，不接受他人善谏。

拒僧：拒绝接受大众僧善谏。**违谏**：违背僧中羯磨三谏。

恶性拒僧违谏戒：若比丘尼恶劣成性，将欲犯戒造罪，大众僧如法设谏，先屏谏，后僧中作羯磨谏劝，三羯磨竟依然不舍谬见错行，佛制不许。

二　缘起

【记】　　阐陀

阐陀，乃缘起中能犯之人。

佛制此戒三要素：（1）**何处制**：佛于拘睒弥国。（2）**因谁制**：阐陀比丘。（3）**因何制**：阐陀比丘恶性不受人语，比丘白佛，佛听僧与阐陀作呵谏白四羯磨，而结此戒。

三　戒文

【记】　　戒文——若比丘尼，恶性不受人语。于戒法中，诸比丘尼如法谏已，自身不受谏语。言：诸大姊，莫向我说若好若恶，我亦不向诸大姊说若好若恶。诸大姊且止，莫数谏我。彼比丘尼当谏是比丘尼言：大姊，莫自身不受谏语，大姊自身当受谏语。大姊如法谏诸比丘尼，诸比丘尼亦当如法谏诸大姊。如是佛弟子众，得增益，展转相谏、展转相教、展转忏悔。是比丘尼如是谏时，坚持不舍。彼比丘尼应三谏，舍此事故。乃至三谏，舍者善。不舍者，是比丘尼犯三法应舍，僧伽婆尸沙。

戒文分八句：

第一句：若比丘尼——能犯人

白四羯磨如法得处所的比丘尼。

第二句：恶性不受人语——恶性

即所谏人，因恶劣成性，不听他人谏劝，不接受他人善言教诲。

第三句：于戒法中，诸比丘尼如法谏已——诸尼谏劝

诸比丘尼以戒法，如法如律、如佛所教来谏劝，以期莫再毁犯。

第四句：自身不受谏语。言：诸大姊，莫向我说若好若恶，我亦不向诸大姊说若好若恶。诸大姊且止，莫数谏我——不受谏劝

恶性比丘尼听到如法比丘尼谏语，刚愎自用，根本不接受谏劝，还说：诸大姊，不要向我说持戒、犯戒事，我也不说你们是持戒还是犯戒。诸大姊且止，不要反复谏劝我。

若好若恶：止作二持，是顺理益物之行，因此称为好；止作二犯，是违理造恶之事，故名恶。

第五句：彼比丘尼当谏是比丘尼言：大姊，莫自身不受谏语，大姊自身当受谏语。大姊如法谏诸比丘尼，诸比丘尼亦当如法谏诸大姊。如是佛弟子众，得增益，展转相谏、展转相教、展转忏悔 ——屏谏

此是如法比丘尼屏谏恶性比丘尼的言辞。首先，谏劝"莫自身不受谏语"。其次，重加谏劝应该接受谏劝："大姊，自身当受谏语"等。这样彼此才如法如律，起到相互间三个展转、规劝、琢磨之益。如是佛弟子众在道业上才获得增益。

展转相谏：你见我过，谏我令不起；若我见你过，劝止你不作。彼此之间互相谏劝，以遮止未起之过非。

展转相教：我教你修已作和未作的善行，你教我修曾作和即要作的福业，彼此相互劝修已作和未作的福业。

展转忏悔：你有罪，我教你忏悔；我有罪，你教我忏悔。彼此互相监督、提携，共同消灭已起过恶。

此展转相谏、展转相教、展转忏悔是摄僧三大要，统括三世一切止作二善。

第六句：是比丘尼如是谏时，坚持不舍——拒谏

如法比丘尼虽然已经谆谆教诲，但此恶性比丘尼仍然坚持不舍自己错误知见，拒绝屏谏。

第七句：彼比丘尼应三谏，舍此事故。乃至三谏，舍者善——僧谏

诸如法比丘尼应僧中作羯磨三谏，令其舍弃此事。若三番羯磨前舍者，弥善。

第八句：不舍者，是比丘尼犯三法应舍，僧伽婆尸沙 ——结罪

若恶性比丘尼不舍己见，待三番羯磨一结束，即犯僧残，应舍罪忏悔。

四 制意

【记】 四分律疏 制意三：一、制恶性不受谏意。人非性智，义无独善。要赖善友，互相匡导，方能离过修善，有出道之益。而今阐陀，迷心造非，不自见过。他如法谏，理宜从顺。今复倚傍胜人，尊处其己。望人师敬，反欲匡众。非分自处，情过深厚。是故圣制。二、须谏意：有四种人，咸须设谏。（一）年耆宿德。（二）久居众首。（三）薄学浅识，谓智能过人。（四）共胜人参居。今此谏戒，正当第四人。然法由人弘，人能通法。德人怀道，明达取舍。理宜凭仗，请决进否。是以圣教，劝依三藏，开导迷愚，以成谂训。而今阐陀，内实无德，闻劝不受，反倚傍胜人，恃己陵物。言佛是我释种，法是我家佛所说，我是佛法根本，我应教诸大德，大德何用教我为。言说相似，愚迷谓是，须僧设谏，开示是非。有德相谏，理宜顺从，改迷从正，弃恶就善，是以须谏。三、结罪意：众僧详谏，劝依三藏。理应受语，是非见分。不肯从顺，故违僧法。情过是重，三谏不舍，故结僧残。

佛制此戒意义有三：

（一）制不许恶性不受谏劝意

人非圣贤，孰能无过？既有过错，即需依靠善友提携，互相谏劝，改过从善，方能离开过非，获得修道的真实利益。而今缘起中阐陀比丘，执迷不悟，造作种种非法之事。既然不能自见己过，当他人如法善谏时，依理应随顺，受他教诲。但他却依仗佛的势力，以尊自处，希望他人敬己如师，不肯接受谏言。并且反过来还欲指正大众，训导他人。如此非分尊己贱他，凌驾于人，不受谏劝，过失严重，是故佛制不许恶性不受谏劝。

（二）须劝谏意

有四种人必须设谏：

1. **年耆宿德**：即老僧。年耆宿德：德高望重之人，即老修行。受僧俗二众所恭敬，久之，便仗己久学老参而骄矜，不见己过。他人因恭敬故，亦难启齿谏劝。是故对年耆宿德者，必须设谏。

2. **久居众首**：即高僧，如住持、当家、上座，乃至丛林中的四大班首、八大执事等。"由久居众首，德望既重。多轻余人，亦须此谏。"[①] 此等人习惯命令、检点他人，却往往忽视己过，他人则畏惧犯上而不敢劝谏。是故对久居众首者，必须谏劝。

3. **薄学浅识，谓智慧过人**："谓学业极浅，将为自足，拟佛齐德。憍慢自居，故须谏也。"[②] 这类人少参寡学，无所见识，却自以为博学多闻，智慧过人，与佛齐等。骄慢自高，藐视他人。是故对薄学浅识者，必须谏劝。

4. **共胜人参居**："且如今人，还领处高，恃势陵人，故须设谏。即戒缘中阐陀是也。"[③] 此等人乃依仗胜人势力不受谏语。如长老大德、住持、当家之徒众，常仰仗师父威望而骄矜自负，不受人语。是故对共胜人相居者，必须谏劝。

本戒所谏之人，正指第四种人。所谓法赖僧弘，人能通法。有德之人心系于道，明练通达取舍对错。依理应仰仗此等善知识，遇事请其裁决是非、指导进退。所以佛陀教导，为师者不仅需通达三藏，且能勤教授，开示诱导迷愚。而弟子当秉承师训，增进道业。以此成就咨问秉训之义。

而今阐陀本人既无修证实德（又数数犯非），理应听从他人谏劝，改过从善。但

① （唐）大觉律师撰《四分律行事钞批》卷八，《卍新续藏》第 42 册，849 页。
② （唐）大觉律师撰《四分律行事钞批》卷八，《卍新续藏》第 42 册，849 页。
③ （唐）大觉律师撰《四分律行事钞批》卷八，《卍新续藏》第 42 册，849 页。

他不仅不接受谏劝，反倒倚傍于佛，高抬自己，凌驾于人，还说：佛乃我释家种族，法是我家佛所说，所以我才是佛法根本。我应当教导诸位，汝等哪有资格来教导我？此言乍听有理，实乃极为愚痴之词。所以须大众僧设谏开导，告诉他是非对错。既是有德人善言谏劝，依理应随顺听从，改迷归正，弃恶从善，因此须大众僧设谏规劝。

（三）结罪意

大众僧既已详审设谏，劝令恶性之人要依止三藏教典。于理应欢喜纳谏，辨清是非。而今却固执己见，拒绝善劝，故意违背僧法，触恼大众僧，所犯之过情节严重。因此，若僧中三番谏劝羯磨竟，即结僧残罪。

五　具缘

【记】　南山行事钞 具五缘成犯：一、自身不能离恶，将欲作罪。二、诸善比丘尼（原文无"尼"字）如法劝谏。三、不受来谏，自恃陵他。四、僧如法设谏。五、三羯磨竟。犯。

此戒具五缘成犯：

1. **自身不能离恶，将欲作罪**：自己没有分辨是非的智慧，不能离开过失，将欲犯戒造罪。

2. **诸善比丘尼如法劝谏**：诸善比丘尼如法如律，如佛所教来谏劝。

3. **不受来谏，自恃陵他**：不接受如法比丘尼谏劝，并自有所依恃凌驾于人。

4. **僧如法设谏**：大众僧如法设谏，先屏谏，后僧中作白四羯磨谏劝。

5. **三羯磨竟。犯**：待三番羯磨竟，即犯僧残。

六　罪相

【记】

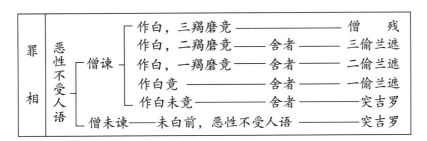

如果比丘尼恶劣成性，不肯接受他人谏劝：

（一）大众僧未设谏时

未白前，恶劣成性，不接受他人谏劝，一切皆结突吉罗罪。

（二）大众僧作白四羯磨三谏时

1. 作白未竟，舍者，结突吉罗罪。

2. 作白竟，舍者，结一偷兰遮罪。

3. 作白，一羯磨竟，舍者，结二偷兰遮罪。

4. 作白，二羯磨竟，舍者，结三偷兰遮罪。

5. 作白，三羯磨竟，则结僧残罪。

七　并制

【记】

| 并制 | 同第十破僧违谏戒。 |

此戒并制与第十条"破僧违谏戒"相同。

八　开缘

（一）正明开

【记】

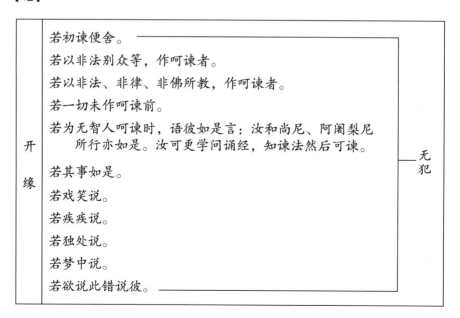

开缘	若初谏便舍。	无犯
	若以非法别众等，作呵谏者。	
	若以非法、非律、非佛所教，作呵谏者。	
	若一切未作呵谏前。	
	若为无智人呵谏时，语彼如是言：汝和尚尼、阿阇梨尼所行亦如是。汝可更学问诵经，知谏法然后可谏。	
	若其事如是。	
	若戏笑说。	
	若疾疾说。	
	若独处说。	
	若梦中说。	
	若欲说此错说彼。	

此戒开缘如下：

1. **若初谏便舍**：以顺谏故不犯。

2. **若以非法别众等，作呵谏者**：如果以非法别众、非法和合众、法别众、法相似别众、法相似和合众五非羯磨作呵谏，羯磨法不成，亦不成呵谏，所以不犯违僧谏。但由于拒屏谏，须结突吉罗罪。

3. **若以非法、非律、非佛所教，作呵谏者**：若设谏时不按如法轨度，不以律中所说折伏法，不以佛所教导折伏法，如是呵谏，不成呵谏，违谏不犯。

4. **若一切未作呵谏前**：不犯本罪，但恶性不受人语，须结突吉罗罪。

5. **若为无智人呵谏时，语彼如是言：汝和尚尼、阿阇梨尼所行亦如是。汝可更学问诵经，知谏法然后可谏**：如果无智慧者来呵谏时，可以告诉他：你的和尚尼及阿阇梨尼亦如是作。你应该更学习、咨问、诵经，知谏劝法后，再来谏劝。因为是被无智慧者呵谏，不接受，不犯。

6. **若其事如是**：他人谏劝时，自己反省，实无过失，不受谏不犯。

7～10. **若戏笑说，若疾疾说，若独处说，若梦中说**：如果戏笑语、疾疾语、独语，不犯本罪，但违说话仪则，须结吉罪。若是梦中语，以不由己故，不犯。

11. **若欲说此错说彼**：如果欲说此而错说彼，不犯，非故意故。

（二）引文释

【记】　灵芝资持记初即顺谏。二、非法者，谏不如教故。五、无智呵者，不当理故。六、实尔者（律文作其事如是），省己无非故。十一、错说者，不作意故。

灵芝律师在《资持记》中云：以上开缘中，第一，因顺从谏劝，故不犯。第二，非法谏即五非羯磨，若谏法不如法，非佛所教，不受谏，不犯。第五，无智慧者所呵，不合佛理，不接受不犯。第六，实际自己并没有过失，故他人谏劝时，不接受不犯。律中原文是："若其事如是。"第十一，欲说此而错说彼，不是故意，因此不犯。

练习题

1. 请解释"恶性拒僧违谏戒"戒名。
2. 简述佛制"恶性拒僧违谏戒"三要素。
3. 背诵并解释"恶性拒僧违谏戒"之戒文。
4. 佛制"恶性拒僧违谏戒"制意如何？
5. 对哪四种人必须设谏？
6. "恶性拒僧违谏戒"具哪几缘成犯？
7. "恶性拒僧违谏戒"结犯相状如何？有哪些开缘？

第十五节 习近住违谏戒

一 戒名

【记】 习近住违谏戒第十四 （不定、大、性）

习近住：二人非以道相亲，乃出自私情而交往亲密。如《四分律》云："亲近者，数数共戏笑、数数共相调、数数共语。"① 《僧祇律》云：习近住有三，"身习近住、口习近住、身口习近住。身习近住者，共床坐、共床眠、共器食、迭互着衣、共出共入，是名身习近住。口习近住者，迭互染污心语，是名口习近住。身口习近住者，共床坐、共床眠、共器食、迭互着衣、共出共入、语时展转相为染污心语，是名身口习近住"。②

违谏：违背大众僧谏劝。

习近住违谏戒：如果比丘尼习近住，共作恶行，恶声流布，展转共相覆罪。大众僧如法设谏，彼二人却违背僧谏，不肯听从，佛制不许。

不定：此戒在比丘戒中属不定法，随其所犯而定罪。如：共相覆藏僧残罪，得波逸提罪；若覆藏偷兰遮、波逸提、提舍尼、突吉罗罪，俱结突吉罗罪。若污他家、行恶行，结突吉罗罪。若屏谏不舍，结突吉罗罪。若三谏不舍，则结僧残罪。

二 缘起

【记】 苏摩尼 婆颇夷尼

苏摩尼、婆颇夷尼，乃缘起中能犯之人。

佛制此戒三要素：（1）何处制：佛于舍卫国制。（2）因谁制：苏摩及婆颇夷二尼。（3）因何制：苏摩及婆颇夷常相亲近住，共作恶行，恶声流布，展转共相覆罪。

三 戒文

【记】 戒文——若比丘尼，相亲近住，共作恶行，恶声流布，展转共相覆罪。是比丘尼当谏彼比丘尼言：大姊，汝等莫相亲近，共作恶行，恶声流布，共相覆罪。汝等若不相亲近，于佛法中得增益安乐住。是比丘尼谏彼比丘尼时，坚持不舍。是比丘尼应三谏，舍此事故。乃至三谏，舍者善。不舍者，是比丘尼犯三法应舍，僧伽婆尸沙。

---

① （后秦）三藏佛陀耶舍共竺佛念等译《四分律》卷二十三，《大正藏》第22册，第724页。

② （东晋）三藏佛陀跋陀罗共法显译《摩诃僧祇律》卷二十四，《大正藏》第22册，第423页。

文分六句：

第一句：若比丘尼 ——能犯人

白四羯磨如法得处所的比丘尼。

第二句：相亲近住，共作恶行，恶声流布，展转共相覆罪 ——谏所为事

须谏劝之事：二尼相亲近住，数数共戏笑，数数共相调，数数共语，共作种种恶行，其恶声流遍四方，且互相覆藏罪过（指覆藏八波罗夷以外之罪）。

第三句：是比丘尼当谏彼比丘尼言：大姊，汝等莫相亲近，共作恶行，恶声流布，共相覆罪。汝等若不相亲近，于佛法中得增益安乐住 ——屏谏

是比丘尼：指如法的比丘尼。**彼比丘尼**：指习近住的二比丘尼。**于佛法中得增益安乐住**：若能不相亲近住，则现前能断恶修善，增长道业、得到安乐，未来能绝三苦，得证涅槃。

第四句：是比丘尼谏彼比丘尼时，坚持不舍 ——拒谏

如法比丘尼软语屏谏习近住二比丘尼时，二尼坚持己见，不肯舍弃习近住。

第五句：是比丘尼应三谏，舍此事故。乃至三谏，舍者善 ——僧谏

二习近住比丘尼拒听屏谏，如法比丘尼应集僧，作白四羯磨三谏，令其舍弃习近住。乃至三番羯磨竟之前，若二尼能舍弃非法之行，弥善。

第六句：不舍者，是比丘尼犯三法应舍，僧伽婆尸沙 ——结罪

若二尼不舍习近住，三番羯磨竟，即犯僧残，应舍罪忏悔。

四　制意

【记】　四分律疏 制意三：一、解不听习近意。制二人为伴，欲使互加禁敕，断恶修善。今乃私情交密，染心共住。互相覆藏，心无愧耻。内自坏行，外累佛法。可患之深，故制不听。二、解谏意。倚傍圣教，制二人为伴，何得大姊谏我使别，即是迷于佛教，不晓制意。须僧设谏，开示是非。欲使前人解制二之意，使修其善。汝今二女返作恶行，不应共住。令彼改迷，舍邪就正，故尔。三、解结罪意。僧既设谏，是非灼然。固执己心，不肯从劝。违法恼僧，故结僧残。

此戒制意有三：

（一）释不听习近住之意

佛制尼众不许犯独，须二人为伴，目的是令彼此互相警策约束，以断恶修善。而今二比丘尼共处，不以道相亲，却出于私情而亲密交往，染心共住，彼此系着，不愿舍离。并且互相覆藏罪过，不肯发露，毫无惭愧、羞耻之心。如此，内则坏己信法向道之心，及励己摄修之行；外则恶声流布，招世人讥毁，从而丑累佛法。此过患实重，故佛制不许习近住。

（二）释谏劝之意

习近住尼之所以不听谏劝，是因为依傍圣教，佛制尼众不许犯独，须二人为伴，犯尼误解：既然佛如此制教，他尼便不该谏劝，令其别住。此是迷于教法，不明佛制戒之意。需大众僧设谏，开导犯尼，令明白是非，懂得佛制二人为伴，乃是为便于修学善法。而今，二尼在一起，不但不共修善法，反而共作恶行，令恶声流布，并且还展转覆罪。为令二尼迷途知返，舍邪归正，故而设谏。

（三）释结罪之意

大众僧既已详心设谏，是非对错已说得清楚明白，但二位习近住比丘尼仍然顽固坚持己见，不肯听从谏劝，违法恼僧，故须结僧残罪。

五　具缘

【记】 四分律疏 具六缘成犯。一、是染心习近住。二、众尼劝别住（原文"尼众劝使别住"）。三、倚傍圣教不肯别住。四、如法设谏。五、拒而不从。六、三羯磨竟。犯。

此戒具六缘成犯：

1. **是染心习近住**：二比丘尼是出于亲密私情而共住。

2. **众尼劝别住**：众尼私下软语约敕，劝二尼分开住。

3. **倚傍圣教不肯别住**：二尼倚傍圣教——佛制尼众不许犯独，须二人为伴，以此为由而不肯别住。

4. **如法设谏**：大众僧如法作白四羯磨谏劝。

5. **拒而不从**：彼二尼拒绝僧谏，不肯顺从。

6. **三羯磨竟。犯**：三番羯磨竟，即犯僧残。

六　罪相

（一）正明犯

【记】

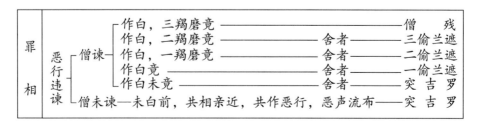

此戒罪相如下：

1. 大众僧未设谏时

未白前，若比丘尼相亲近住，共作恶行，恶声流布等，一切须结突吉罗罪。

2. 大众僧作白四羯磨三谏时

若比丘尼相亲近住，共作恶行，恶声流布等，僧谏时，违背谏劝：

（1）若作白未竟，舍者，结突吉罗罪。

（2）若作白竟，舍者，结一偷兰遮罪。

（3）若作白，一羯磨竟，舍者，结二偷兰遮罪。

（4）若作白，二羯磨竟，舍者，结三偷兰遮罪。

（5）若作白，三羯磨竟，即犯僧残罪。

（二）引文释

1. 引《四分律》

【记】　第二分 亲近者，数数共戏笑，相调共语。

《四分律·第二分》解释何谓"**相亲近**"：即二人常常在一起戏笑，互相调弄，说与修道不相应之语。①

2. 引《重治毗尼》

【记】　重治毗尼 十诵云：若自作不善因缘，兰；有恶名声，恼尼僧，互相覆罪，皆兰。

《重治毗尼》引《十诵律》文：若二比丘尼同心共作不如法事，成就不善因缘，即结偷兰遮；若恶名声，结偷兰遮罪；触恼比丘尼僧，结偷兰遮罪；互相覆藏罪，亦结偷兰遮罪。② 由此知《十诵律》所制比《四分律》重。

七　并制

【记】

并制	同第十破僧违谏戒。

此戒并制与第十条"破僧违谏戒"相同。

---

① （后秦）三藏佛陀耶舍共竺佛念等译《四分律》卷二十三，《大正藏》第 22 册，第 724 页。

② （后秦）三藏弗若多罗共罗什等译《十诵律》卷四十三，《大正藏》第 23 册，第 312 页。

八 兼附

兼带附制。

（一）正明兼附

【记】

兼附	比　丘 —————————— 随所犯 小三众 —————————— 突吉罗

制此戒时，兼带附制比丘和小三众：

1. 比丘随所犯：即随比丘所犯之事而结罪，如下《尼戒会义》详明。

2. 小三众：即式叉尼、沙弥、沙弥尼，相亲近住，共作恶行，互相覆罪，他谏不舍，俱结突吉罗罪。

（二）引文解释

【记】　尼戒会义　随所犯者：共相覆粗罪，得波逸提。覆波逸提、波罗提提舍尼、突吉罗，俱突吉罗。覆偷兰遮，得突吉罗。污他家、行恶行，吉罗。屏谏不舍，吉罗。僧中三谏不舍，残。

德基律师在《尼戒会义》中云：比丘随其所犯之事不同而结罪有别：如共相覆粗罪，结波逸提罪；覆藏波逸提、提舍尼及突吉罗，俱结突吉罗罪；覆藏偷兰遮，亦结突吉罗罪。如果污他家、行恶行，结突吉罗罪；如果屏谏不舍，结违屏谏突吉罗罪；僧谏时，三谏不舍，则结僧残罪。

九 开缘

【记】

开缘	同十一助破僧违谏戒。

此戒开缘同第十一条"助破僧违谏戒"。

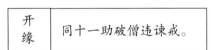 练习题

1. 何为"习近住"？

2. 简述佛制"习近住违谏戒"三要素。

3. 背诵并解释"习近住违谏戒"之戒文。

4. 佛制"习近住违谏戒"制意如何？

5. "习近住违谏戒"具哪几缘成犯？结犯相状如何？

6. 佛制"习近住违谏戒"时兼制哪些事？

7. 《尼戒会义》如何解释"随所犯"？

8. "习近住违谏戒"开缘同哪条戒？有哪些开缘？

第十六节　谤僧劝习近住违谏戒

一　戒名

【记】　谤僧劝习近住违谏戒第十五　（大、性）

谤僧：毁谤大众僧有爱、有恚、有怖、有痴。**劝习近住**：劝习近住二尼莫别住。**违谏**：违背谏劝。

谤僧劝习近住违谏戒：如果比丘尼毁谤大众僧有爱、有恚、有怖、有痴，而且劝习近住的二尼莫别住。大众僧如法谏劝，先私下软语约敕，若不舍，僧中白四羯磨谏劝，若依然坚持己见，不肯听从，佛制不许。

二　缘起

【记】　偷罗难陀尼

偷罗难陀尼，乃缘起中能犯之人。

佛制此戒三要素：（1）**何处制**：佛于舍卫国制。（2）**因谁制**：偷罗难陀尼及苏摩、婆颇夷二比丘尼。（3）**因何制**：僧与苏摩、婆颇夷作呵谏已，偷罗难陀尼劝彼二人莫别住，且谤僧有爱、有恚、有怖、有痴，因制。

三　戒文

【记】　戒文——若比丘尼，比丘尼僧为作呵谏时，余比丘尼教作如是言：汝等莫别住，当共住。我亦见余比丘尼不别住，共作恶行，恶声流布，共相覆罪。僧以恚故，教汝别住。是比丘尼应谏彼比丘尼言：大姊，汝莫教余比丘尼言，汝等莫别住，我亦见余比丘尼共住，共作恶行，恶声流布，共相覆罪，僧以恚故，教汝别住。今正有此二比丘尼共住，共作恶行，恶声流布，共相覆罪，更无有余。若此比丘尼别住，于佛法中有增益安乐住。是比丘尼谏彼比丘尼时，坚持不舍。是比丘尼应三谏，舍此事故。乃至三谏，舍者善。不舍者，是比丘尼犯三法应舍，僧伽婆尸沙。

文分六句：

第一句：若比丘尼 ——能犯人

白四羯磨如法得处所的比丘尼。

第二句：比丘尼僧为作呵谏时，余比丘尼教作如是言：汝等莫别住，当共住。我亦见余比丘尼不别住，共作恶行，恶声流布，共相覆罪。僧以恚故，教汝别住——谏所为事

此明能犯人作如是事而为僧所谏。比丘尼僧依法依律，如佛所教，谏习近住二尼时，有余恶比丘尼挑拨习近住比丘尼言：汝等莫别住，亦更有余习近住比丘尼不别住，共作恶行等，大众僧因嗔恚故而令汝等别住。

第三句：是比丘尼应谏彼比丘尼言：大姊，汝莫教余比丘尼言，汝等莫别住，我亦见余比丘尼共住，共作恶行，恶声流布，共相覆罪，僧以恚故，教汝别住。今正有此二比丘尼共住，共作恶行，恶声流布，共相覆罪，更无有余。若此比丘尼别住，于佛法中有增益安乐住 ——屏谏

因恶比丘尼劝习近住尼莫别住而违僧制，如法比丘尼应屏谏此恶比丘尼，莫教习近住尼共作恶行等。并解释再无其他比丘尼作此恶行，唯此二尼共住，共作恶行，恶声流布，共相覆罪。若此二尼别住，现前能断恶修善，增长道业，得到安乐。未来则能离三苦，得证涅槃。

第四句：是比丘尼谏彼比丘尼时，坚持不舍 ——拒屏谏

如法比丘尼屏谏恶比丘尼时，恶尼坚持己见，不舍此事。

第五句：是比丘尼应三谏，舍此事故。乃至三谏，舍者善 ——僧谏

比丘尼僧作白四羯磨三谏，令恶比丘尼舍此事。乃至三番羯磨竟前，能舍此事，弥善，便不会犯僧残。

第六句：不舍者，是比丘尼犯三法应舍，僧伽婆尸沙 ——结罪

如果三番羯磨竟，劝人莫别住的恶性比丘尼便犯僧伽婆尸沙，应舍罪忏悔。

四 制意

【记】 四分律疏 制意四：一、所以不听劝人意。凡是非交滥，相则难分。愚者不究其言，谓之为是。理相奖导，舍恶修善。今反助火益薪，更增彼恶。复即谤僧，事恼非轻，故不听劝。二、解谏意。劝他别住，迹涉爱憎。故致言谤，相滥难分。须僧自理谏彼，彰己内无怖嗔。令彼体知，改迷从正故尔。三、结罪意。有三种过：（一）劝他为恶。（二）非理谤僧。（三）固执违谏。恼重情深，故制同犯。四、离为二意。前戒谏自习近住，此戒谏谤僧劝习近住。又谏辞有殊，故为二戒。

此戒制意有四：

（一）不许劝他人习近住的原因

凡是非交杂混滥时，从相上难以分辨对错。愚者受人鼓动挑拨，不考究其言，便随顺其语。大众僧如法谏劝习近住比丘尼时，余比丘尼于理应善言劝导，令其舍恶修善。缘起中偷罗难陀比丘尼反而劝二习近住尼莫别住，当共住。这无异于火上加油，更增其恶。不仅认为自己无错，而且还诽谤大众僧有爱、恚、怖、痴。触恼众僧非轻，是故不许劝他人习近住。

（二）解释谏劝之意

大众僧设谏劝习近住比丘尼别住，未劝其他共住尼别住，表象上似乎有爱有憎，故使劝人习近住的比丘尼有所毁谤。于是造成是非混滥，难以分辨对错的局面。是故大众僧须据理设谏，令恶比丘尼知：现在唯有此二比丘尼不如法共住，共作恶行，恶声流布，共相覆罪，其他比丘尼无此事。以此彰显大众僧并无嗔恨与怖畏，希望恶比丘尼能认知错误，改邪归正。故而设谏。

（三）结罪意

谤僧，劝他人习近住有三种过失：（1）劝他人作恶；（2）非理毁谤大众僧；（3）固执己见，违背僧谏，严重触恼大众僧，故制与习近住比丘尼同罪。

（四）分为二戒之由

因前（第十四条）"习近住违谏戒"是大众僧如法谏劝习近住比丘尼，此戒是谏劝谤僧并劝他人习近住的比丘尼。此外，两条戒的谏劝之辞有所不同，所以分成二戒。

五　具缘

【记】　四分律疏 具六缘成犯：一、前尼习近住。二、尼僧谏使别住。三、谤僧劝习近住。四、僧（原文"尼僧"）如法设谏。五、拒而不从。六、三羯磨竟。犯。

此戒具六缘成犯：

1. **前尼习近住**：对方是习近住尼。

2. **尼僧谏使别住**：比丘尼僧如法设谏，使习近住比丘尼别住。

3. **谤僧劝习近住**：比丘尼谤僧有爱、有恚、有怖、有痴，并劝习近住二尼莫别住。

4. **僧如法设谏**：大众僧如法设谏，谏此劝人习近住的比丘尼。

5. **拒而不从**：此尼拒绝谏劝，并坚持己见，不肯顺从。

6. **三羯磨竟。犯**：三番羯磨竟，此劝人习近住的比丘尼即犯僧残。

六　罪相

（一）正明罪相

【记】

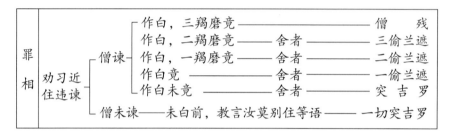

此戒罪相如下：

1. 大众僧未设谏时

未白前，劝他习近住，并教言："汝等莫别住"等语，一切突吉罗。

2. 大众僧作白四羯磨三谏时

（1）若作白未竟，舍者，结突吉罗罪。

（2）若作白竟，舍者，结一偷兰遮罪。

（3）若作白，一羯磨竟，舍者，结二偷兰遮罪。

（4）若作白，二羯磨竟，舍者，结三偷兰遮罪。

（5）若作白，三羯磨竟，即犯僧残罪。

（二）引文补充

【记】　　重治毗尼 十诵云：若言，汝等莫别离行，当同心行。别离行者不得增长，同心行者便得增长，皆偷兰遮。若言比丘尼僧中亦有如汝等者，僧嗔故教汝别离行。呵责比丘尼僧，故波逸提。

《重治毗尼》据《十诵律》文意，补充说明此戒罪相：若比丘尼劝二比丘尼言："汝等莫别离行"，结偷兰遮罪；言："当同心行"，结偷兰遮罪；若言："别离行者不得增长"，结偷兰遮罪；言："同心行者便得增长"，结偷兰遮罪。若言："比丘尼僧中亦有如汝等者，僧嗔故教汝别离行"，因呵责比丘尼僧，故结波逸提罪。[1]

---

[1]　（后秦）三藏弗若多罗共罗什等译《十诵律》卷四十三，《大正藏》第23册，第313页。

七 并制

【记】

并制	同第十破僧违谏戒。

此戒并制与第十条"破僧违谏戒"相同。

八 开缘

【记】

开缘	同十一助破僧违谏戒。

此戒开缘与第十一条"助破僧违谏戒"相同。

练习题

1. 解释"谤僧劝习近住违谏戒"戒名。
2. 简述佛制"谤僧劝习近住违谏戒"三要素。
3. 背诵并解释"谤僧劝习近住违谏戒"之戒文。
4. 佛制"谤僧劝习近住违谏戒"制意如何？
5. "谤僧劝习近住违谏戒"具哪几缘成犯？结犯相状如何？
6. "谤僧劝习近住违谏戒"开缘与哪条戒相同？有哪些开缘？

第十七节 嗔心舍三宝违僧三谏戒

一 戒名

【记】 嗔心舍三宝违僧三谏戒第十六 （大、性）

嗔心：嗔恨恚怒之心，即内有恚怒之心，而外现嗔恨之相。

舍三宝：发言舍佛、舍法、舍僧。

违僧三谏：违背僧中三谏，不肯听从。

嗔心舍三宝违僧三谏戒：若比丘尼因生起嗔恨心，而发言舍三宝。大众僧如法设谏，先屏谏约敕，不舍。后大众僧作白四羯磨谏劝，依然坚持己见，不肯听从，佛制不许。此戒是因一时嗔心起而舍戒，并非真心舍。

二　缘起

【记】　六群尼

六群尼，乃缘起中能犯之人。

佛制此戒三要素：（1）**何处制：**佛于舍卫国。（2）**因谁制：**六群比丘尼。（3）**因何制：**六群比丘尼辄以一小事嗔恚不喜，便言舍三宝，僧如法设谏，不舍，因制。

三　戒文

【记】　戒文——若比丘尼，辄以一小事，嗔恚不喜，便作是语：我舍佛、舍法、舍僧。不独有此沙门释子，亦更有余沙门、婆罗门修梵行者，我等亦可于彼修梵行。是比丘尼当谏彼比丘尼言：大姊，汝莫辄以一小事，嗔恚不喜，便作是语：我舍佛、舍法、舍僧。不独有此沙门释子，亦更有余沙门、婆罗门修梵行者，我等亦可于彼修梵行。若是比丘尼谏彼比丘尼时，坚持不舍。彼比丘尼应三谏，舍此事故。乃至三谏，舍者善。不舍者，是比丘尼犯三法应舍，僧伽婆尸沙。

文分六句：

第一句：若比丘尼 ——能犯人

白四羯磨如法得处所的比丘尼。

第二句：辄以一小事，嗔恚不喜，便作是语：我舍佛、舍法、舍僧。不独有此沙门释子，亦更有余沙门、婆罗门修梵行者，我等亦可于彼修梵行 ——谏所为事

此明能犯人因微不足道之事便嗔恚不欢喜，出言舍三宝，并说不仅只有沙门释子可修梵行，亦更有其他沙门、婆罗门亦可修梵行。

沙门：印度出家人的总名，通内外道。沙门是梵语，华言为勤劳、勤息、勤行等。勤劳：勤修善法，有多功劳故。勤息：勤修善法，息灭恶法也。勤行：勤修善法，精进而行，求证涅槃。

沙门释子：随释迦牟尼佛出家的修行者，因沙门之称通内外道，故以释子二字别于外道出家人。释子：从释迦牟尼佛教化而生，故曰释子。

婆罗门：意译净行、梵志，为古印度四大种姓中最上位者。诸经并载，婆罗门是由梵天之口而生，颜貌端正，清净高洁，以习吠陀、司祭祀为业。

第三句：是比丘尼当谏彼比丘尼言：大姊，汝莫辄以一小事，嗔恚不喜，便作是语：我舍佛、舍法、舍僧。不独有此沙门释子，亦更有余沙门、婆罗门修梵行者，我等亦可于彼修梵行 ——屏谏

此是如法比丘尼私下软语约敕之辞，劝她不要轻言舍三宝。

第四句：若是比丘尼谏彼比丘尼时，坚持不舍 ——拒谏

如法比丘尼私下软语约敕嗔心舍三宝的比丘尼时，非法比丘尼固执己见，不舍恶事。

第五句：彼比丘尼应三谏，舍此事故。乃至三谏，舍者善 ——僧谏

因嗔心舍三宝的比丘尼拒绝屏谏，大众僧当作白四羯磨，谏此尼舍此恶事。乃至三番羯磨竟前，能舍者，弥善，不致犯僧残。

第六句：不舍者，是比丘尼犯三法应舍，僧伽婆尸沙 ——结罪

第三番羯磨竟，嗔心舍三宝的比丘尼则犯僧残，应舍罪忏悔。

四　制意

【记】 四分律疏 制意三：一、凡出家之士，正以三宝为心。何乃因于小事，内怀嗔忿，辄欲弃舍真途，归投邪住。自坠义深，理所不许。二、谏意。但女近见，不及远闻。出家名同，谓梵行亦齐。迷心将趣，可愍之甚。须僧设谏，使邪正理分，改恶从善。三、结罪意。僧谏理分，邪正两别。仍守邪心，坚执不舍，故制残罪。

此戒制意有三：

（一）不许嗔心舍三宝意

凡出家之人，正当以三宝为归心处所，时时刻刻忆念三宝。[①] 而今，岂能为小事因缘，便内怀嗔恚，辄言欲舍可获解脱的真实正道，而归投于导致沉沦的外门邪道。外道非究竟解脱之法，若依之而修，心生邪见，终至沉沦，坠陷实深，故佛制不许嗔心舍三宝。

（二）解释谏劝之意

良由尼众见识短浅，少学寡闻。其他沙门、婆罗门亦名出家修梵行，便以为与沙门释子所修齐等。愚痴邪见迷惑其心，因此欲舍三宝，归投外道，实在令人怜悯。大众僧须善心设谏，使其分清是非邪正，进而弃恶从善。

（三）结罪意

大众僧既已详心设谏，说明邪正之理，而此比丘尼却仍然顽固坚持己见，是故须结僧残罪。

---

① （刘宋）三藏求那跋陀罗译《杂阿含经》卷第二十云：当念佛功德，此如来、应供、等正觉、明行足、善逝、世间解、无上士、调御丈夫、天人师、佛、世尊。念法功德，于世尊正法、律现法离诸热恼，非时通达，缘自觉悟。念僧功德，善向、正向、直向、等向，修随顺行，谓向须陀洹、得须陀洹，向斯陀含、得斯陀含，向阿那含、得阿那含，向阿罗汉、得阿罗汉。如是四双八士，是名世尊弟子僧，具足戒、定、慧、解脱、解脱知见，供养、恭敬、尊重之处，堪为世间无上福田。（《大正藏》第2册，第145页。）

五　具缘

【记】　具六缘成犯：一、因事嗔恨。二、背此向彼。三、发言舍三宝。四、僧如法谏（原文"尼僧如法设谏"）。五、拒谏（原文"拒而不从"）。六、三羯磨竟。犯。

此戒具六缘成犯：

1. **因事嗔恨**：比丘尼因一小事因缘而嗔恨恚怒。

2. **背此向彼**：欲舍三宝，不作沙门释子，而投归外道中出家修行。

3. **发言舍三宝**：发言舍佛、舍法、舍僧。

4. **僧如法谏**：大众僧如法设谏，先屏谏，不听；再于僧中作白四羯磨谏劝。

5. **拒谏**：彼比丘尼拒不接受谏劝。

6. **三羯磨竟。犯**：待三番羯磨竟，即犯僧残。

六　罪相

（一）正明罪相

【记】

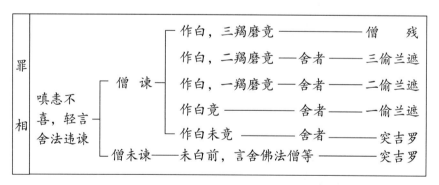

此戒罪相如下：

1. 大众僧未设谏时

未白前，发言舍佛、舍法、舍僧等，一切皆结突吉罗罪。

2. 大众僧如法白四羯磨谏劝时

（1）若作白未竟，舍者，结突吉罗罪。

（2）若作白竟，舍者，结一偷兰遮罪。

（3）若作白，一羯磨竟，舍者，结二偷兰遮罪。

（4）若作白，二羯磨竟，舍者，结三偷兰遮罪。

（5）若作白，三羯磨竟，即犯僧残罪。

（二）引文补充

【记】　|重治毗尼|十诵云：若言，我舍佛、舍法、舍僧、舍戒，皆偷兰遮。若言非但沙门释子知道等，呵僧故，波逸提。

《重治毗尼》引《十诵律》卷四十三云：若比丘尼言，我舍佛，偷兰遮；若言舍法，偷兰遮；若言舍僧，偷兰遮；若言舍戒，偷兰遮。若言非但沙门释子知道，更有余沙门、婆罗门，有惭愧善好乐持戒，我当从彼修梵行。呵众僧故，得波逸提。①

七　并制

【记】

并制	同第十破僧违谏戒。

此戒并制与第十条"破僧违谏戒"相同。

八　开缘

【记】

开缘	同十一助破僧违谏戒。

此戒开缘与第十一条"助破僧违谏戒"同。

练习题

1. 请解释"嗔心舍三宝违僧三谏戒"戒名。
2. 简述佛制"嗔心舍三宝违僧三谏戒"三要素。
3. 背诵并解释"嗔心舍三宝违僧三谏戒"之戒文。
4. 佛制"嗔心舍三宝违僧三谏戒"制意如何？
5. "嗔心舍三宝违僧三谏戒"具哪几缘成犯？结犯相状如何？
6. "嗔心舍三宝违僧三谏戒"有哪些开缘？

思考题

1. 嗔心舍三宝与舍戒还俗有什么区别？

---

① （后秦）三藏弗若多罗共罗什等译《十诵律》卷四十三，《大正藏》第23册，第311页。

第十八节　发起四诤谤僧违谏戒

一　戒名

【记】　发起四诤谤僧违谏戒第十七　　（大、性）

发起：发动、生起。

四诤：指僧中四种诤事，即言诤、觅诤、犯诤、事诤，而非一般的骂詈、斗争之事。如果僧中有诤事生起，就须大众僧作法除灭。

谤僧：谤僧有爱、有恚、有怖、有痴。

违谏：违背谏劝。

发起四诤谤僧违谏戒：若比丘尼，诤事已灭，自不善忆持诤事，亦不服大众僧治罚，遂生嗔恚，谤僧有爱、有恚、有怖、有痴。大众僧如法设谏，却拒谏不听，佛制不许。

二　缘起

【记】　黑比丘尼

黑比丘尼，乃缘起中能犯之人。

佛制此戒三要素：（1）**何处制**：佛于拘睒弥国制。（2）**因谁制**：黑比丘尼。（3）**因何制**：黑比丘尼喜斗诤，不善忆持，谤僧违谏，因制。

三　戒文

【记】　戒文——若比丘尼，喜斗诤，不善忆持诤事。后嗔恚，作是语：僧有爱、有恚、有怖、有痴。是比丘尼应谏彼比丘尼言：大姊，汝莫喜斗诤，不善忆持诤事。后嗔恚，作是语：僧有爱、有恚、有怖、有痴。而僧不爱、不恚、不怖、不痴，汝自有爱、有恚、有怖、有痴。是比丘尼谏彼比丘尼时，坚持不舍。彼比丘尼应三谏，舍此事故。乃至三谏，舍者善。不舍者，是比丘尼犯三法应舍，僧伽婆尸沙。

文分六句：

第一句：若比丘尼——能犯人

白四羯磨如法得处所的比丘尼。

第二句：喜斗诤，不善忆持诤事。后嗔恚，作是语：僧有爱、有恚、有怖、有痴——谏所为事此明僧所谏之事，即比丘尼喜斗诤，不善忆持诤事，后嗔恚谤僧。**喜斗诤**：喜，即好乐、数数地作；诤，即言诤、觅诤、犯诤及事诤。**不善忆持诤事**：于所诤之事，不善忆持。若己与人斗诤，为僧所呵责，不自忆念己过，不服大众僧判决。因此起嗔恚心而发言谤僧有爱、有恚、有怖、有痴。

有爱：谤僧心存爱护，偏私而不治他尼；**有恚**：谤僧嗔恚于己，而加呵责；**有怖**：谤僧怖畏他人的势力而不敢呵责；**有痴**：谤僧判事无有智慧。

第三句：是比丘尼应谏彼比丘尼言：大姊，汝莫喜斗诤，不善忆持诤事。后嗔恚，作是语：僧有爱、有恚、有怖、有痴。而僧不爱、不恚、不怖、不痴，汝自有爱、有恚、有怖、有痴——屏谏

此是因发诤的比丘尼谤僧，故如法比丘尼依法依律，依佛所教，私下以软语约敕彼尼：大姊，你不要喜斗诤，而且不自忆念发生的诤事，不服大众僧判决，心怀嗔恚说僧有爱、有恚、有怖、有痴。其实大众僧并不爱、不恚、不怖、不痴，是你自身有爱、有恚、有怖、有痴。

第四句：是比丘尼谏彼比丘尼时，坚持不舍——拒谏

如法比丘尼如是谏非法比丘尼时，其固执己见，不舍此事。

第五句：彼比丘尼应三谏，舍此事故。乃至三谏，舍者善——僧谏

发诤比丘尼不接受屏谏，大众僧作白四羯磨谏其舍弃成见。乃至三番羯磨竟前，能舍此事，弥善，不至犯僧残。

第六句：不舍者，是比丘尼犯三法应舍，僧伽婆尸沙——结罪

第三番羯磨竟，此发诤比丘尼即犯僧残，应舍罪忏悔。

四 制意

【记】 四分律疏 制意三：一、四诤之兴，乖理违和。备德断理，诤事消殄。女人见不及远，妄别引比类。谤僧发起，使斗诤还生。过损非轻，故制吉罗。二、解谏意。但治罚之时，一作罪处所灭，一作忆念灭。迹涉僧爱，似有不平。须僧自理谏彼，彰己内无爱憎之意。三、结罪意。僧谏理分，宜自改心。故违僧命，坚执不舍。故结僧残。

此戒制意有三：

（一）佛制不许兴诤意

僧中四诤（言诤、觅诤、犯诤、事诤）之兴起，皆于理有乖，不顺六和。具德（不爱、不恚、不怖、不痴、知法）善友，依理评断是非，已息灭诤事。而女人见识短浅，妄自别引他事，以作比类，谤僧有爱、有恚、有怖、有痴，令已息灭之诤事再度生起。所生过失及损害不轻，故制突吉罗罪。

（二）解释谏劝之意

大众僧作治罚时，时而作罪处所灭，时而以忆念法灭。从表相看，似有憎爱分别、处事不公之嫌。如，对象力比丘之诤以罪处所灭，对沓婆摩罗子之诤而作忆念法灭。事实上，依于佛制，不同诤事，应用不同灭诤法，并非僧有爱憎。故须大众僧以理谏劝犯过比丘尼，并彰显众僧并无爱憎之意。

罪处所灭：即七灭诤法中的觅罪相。比丘、比丘尼犯罪时打妄语，不自首本罪，众僧则以白四羯磨，治罚其本罪。待其伏首本罪后，再与解。此即罪处所灭。

忆念法灭：作法证明被举罪者所忆无犯，以除灭诤事。此法对无着之人（阿罗汉圣者）方可行之，因无着之人不故犯戒。下辈凡夫，不合行之。

（三）结罪意

大众僧详心设谏，是非对错已清楚明白。犯者理应舍己邪见，今反故违大众僧之命，坚持己见，故须结僧残罪。

五　具缘

【记】　四分律疏 具六缘成犯：一、已起四诤事。二、僧如法灭。三、谤僧发起。四、僧（原文"尼僧"）如法设谏。五、拒谏。六、三羯磨竟。犯。

此戒具六缘成犯：

1. **已起四诤事**：已发起的四种诤事。

2. **僧如法灭**：大众僧已如法将此诤事除灭。

3. **谤僧发起**：谤僧有爱、恚、怖、痴，并发起已灭之诤事。

4. **僧如法设谏**：大众僧如法设谏，先屏谏，犯尼拒谏，大众僧作白四羯磨谏劝。

5. **拒谏**：彼尼拒绝僧谏。

6. **三羯磨竟。犯**：三番羯磨竟，即犯僧残罪。

六　罪相

【记】

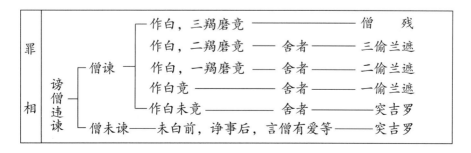

大众僧已平息四诤事，若比丘尼谤僧有爱、恚、怖、痴而重新发起已灭之诤事：

（一）大众僧未设谏时

未白前，即发起诤事后，说僧有爱、恚、怖、痴等，一切皆结突吉罗罪。

（二）大众僧作白四羯磨三谏时

1. 若作白未竟，舍者，结突吉罗罪。

2. 若作白竟，舍者，结一偷兰遮罪。

3. 若作白，一羯磨竟，舍者，结二偷兰遮罪。

4. 若作白，二羯磨竟，舍者，结三偷兰遮罪。

5. 若作白，三羯磨竟，即犯僧残罪。

七　并制

【记】

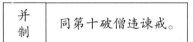

并制	同第十破僧违谏戒。

此戒并制与第十条"破僧违谏戒"相同。

八　开缘

【记】

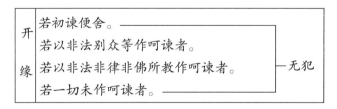

开缘	若初谏便舍。 若以非法别众等作呵谏者。 若以非法非律非佛所教作呵谏者。 若一切未作呵谏者。	无犯

此戒开缘如下：

1. **若初谏便舍**：以顺谏故，不犯。

2. **若以非法别众等作呵谏者**：因非法别众、非法和合众、法别众、法相似别众、法相似和合众皆是非法羯磨，不成呵谏，故不犯僧谏；但依然犯屏谏，须结吉罪。

3. **若以非法、非律、非佛所教，作呵谏者**：若用非法、非律、非佛所教作呵谏时，不成呵谏，不犯。

4. **若一切未作呵谏者**：不犯本罪，但须结突吉罗罪。

练习题

1. 何为"四诤"？
2. 请解释"发起四诤谤僧违谏戒"戒名。
3. 简述佛制"发起四诤谤僧违谏戒"三要素。
4. 背诵并解释"发起四诤谤僧违谏戒"之戒文。
5. 佛制"发起四诤谤僧违谏戒"制意如何？
6. "发起四诤谤僧违谏戒"具哪几缘成犯？
7. "发起四诤谤僧违谏戒"结犯相状如何？有哪些开缘？

第十九节　结文简问

一　结前文

【记】　诸大姊，我已说十七僧伽婆尸沙法。

诸大姊，此十七僧残法，我已了了说竟。

以此结文，令参加诵戒诸比丘尼重审其事，有犯无犯。

二、除疑执

除却同法大众疑惑及执着。

【记】　九初犯罪，八乃至三谏。若比丘尼犯一一法，应二部僧中，强与半月行摩那埵法。行摩那埵已，应与出罪。当二部四十人中，出是比丘尼罪。若少一人，不满四十众，是比丘尼罪不得除。诸比丘尼亦可呵，此是时。

十七僧残法中，前九戒，一作一说便得本罪。后八戒，须僧中作白四羯磨谏劝，若犯尼固执己情，不肯舍弃，如法三谏竟，方犯本罪。

比丘尼随犯任何一法，都必须在二部僧中强与半月行摩那埵法。**强与**：说明人须从法，即犯尼必须依从如来所制之法而行。**摩那埵**：华言意喜，其义有二：（1）**自意欢喜**：因出罪有期，即将清净，故自私喜。比丘犯僧残，如果有覆藏，必须按照其覆藏日数来行别住。如果覆藏时间长，行别住日子也长。行别住已，次行六夜摩那埵。因六夜时间短，即将清净，故得喜名。比丘尼若犯僧残，不须行别住，只需半月行摩那埵。（2）**众僧欢喜**：对行摩那埵的比丘尼，众僧叹言："此人从此改悔，更不起烦恼，成清净人，真令人欢喜。"

行摩那埵已，应为犯尼出罪。**二部四十人**：即需二十位清净比丘，二十位清净比丘尼尚可作出罪羯磨。出罪时，若人数不够，或者其中有不足数人（如学悔人，行别住人等）充数，都称为"不满四十众"。表面上虽为犯尼出罪，但实际上僧残罪未得除。这样，所有参与作法的僧众，都是不善作法之人，应该受到呵责，须作突吉罗忏悔。法当如是。

三 简众情

【记】　今问诸大姊，是中清净不？三说

　　　　诸大姊，是中清净，默然故，是事如是持。

因为将要说后篇戒，所以先须简别大众。经过三遍检问，如果大众默然，则知众中清净，可继续说戒经。

今问诸大姊，是中清净不：这是正式检问听戒大众，对于比丘尼三百四十八条戒，是否都持守清净？有所毁犯是否已发露忏悔？如果忏悔清净，方与说戒相应。

是中：指三百四十八条戒。

清净不：这是通问之语，每说完一篇，皆通篇而问，不单问当篇。经三遍检问，若大众默然，则知众中清净。

若此处征问只是检校当篇戒是否持守清净，而不含余篇，则说明可以带罪听戒，此不符合"自身有罪，不合闻戒"之教法。

是中清净，默然故，是事如是持：经过三遍检问，大众默然，则知众中清净，可以继续说戒经。

小结

本章共十七条，前九条，一说一作便犯；后八条，僧作谏劝羯磨竟方犯。犯此篇者，其罪仅次于初篇，为次死之罪。

此篇虽罪重难忏，但罪相粗显，相对威仪戒而言，易于行持，惟女众四独戒稍有难处。尼众身单志弱，须假伴离过，以护命梵二难。诸障既除，心易入道。学尼须体恤佛之悲心，恪守勿犯。

《母论》云："如二人共入阵斗，一为他所害命绝，二为他所害少在不断。不断者，若得好医良药可得除差，若无者不可差也。犯僧残者亦复如是，有少可忏悔之理。若得清净大众为如法说忏悔除罪之法，此罪可除。"[1]

于比丘尼而言，犯僧残罪，虽无须行别住法，但须行十五夜摩那埵，而且得二十位清净比丘、二十位清净比丘尼方可为之出罪。所以，行者须用心学习，识别开

---

① 《毗尼母经》卷七，《大正藏》第24册，第842页。

遮持犯，谨慎护持，远离诸过。

练习题

1. "九初犯罪，八乃至三谏"是什么意思？
2. 何谓"强与"？何谓"摩那埵"？

思考题

1. 为什么由二部四十人为犯僧残的比丘尼出罪？

第七章 尼萨耆波逸提戒法

导 言

此章包含三十条戒：即第一"长衣过限戒"乃至第三十"过乞轻衣戒"。道宣律师在《戒本疏》中云："三十中犯，莫非贪心尤重，取物失方。妨道招讥，过重制舍，违本贪心故也。"

与前两篇大致相同，此篇每条戒中也主要解释戒名、缘起、戒文、制意、具缘、罪相、开缘等。本章重点亦在于诸戒戒文、具缘、犯相、开缘。本篇戒难点、疑点颇多：如每条戒之结犯相状、开缘限度。尤其是畜长财、离衣、畜钱宝、贩卖等诸戒中之时间分齐、处所界限、财物范围及开遮尺度等，皆不易掌握，容生疑惑。

此章内容在日常学修生活中多有涉及，行持上歧义较多，需细致推敲律中文义及祖师注释。反复讨论、深入理解。

建议用 18 课时讲授，10 课时讨论，共计 28 课时。

第一节 概述

【记】　诸大姊，是三十尼萨耆波逸提法，半月半月说，戒经中来。

　　　　三十舍堕法　众合一万万四千四百万年

一 释义

诸大姊：是对同诵戒法诸比丘尼的称呼。

尼萨耆：是梵语，华言为舍。舍有三种：（1）舍财，（2）舍相续贪心，（3）舍罪。

波逸提：是梵语，华言为堕。

尼萨耆波逸提：华言舍堕。若犯此罪，一定要尽舍忏悔。

据《萨婆多论》所述，舍有三种：（1）舍财：财是生犯的境，以离犯罪之缘。

如果没有财，罪也就无从生起，故先须舍财。（2）舍心：心是造业之本，由贪慢故而违反圣教。为灭犯罪之因故须舍心。（3）舍罪：罪是入道的障碍，为除入道之障故须舍罪。①

又，"尼"译为尽，"萨耆"翻为舍，"尼萨耆"即为尽舍。依《四分律》所制，犯舍堕之财物，"应舍与僧，若众多人、若一人，不得别众舍"②。故谓之尽舍。

半月半月说：明说戒恒规，每半月宣说一次。今说戒是正时，而非余难缘。

戒经中来：所诵戒法，传承有据，乃出自戒经，为佛亲制。

二　犯戒罪报

三十舍堕法："舍堕法"共有三十条戒，与一百七十八条"波逸提法"（单堕法），同属于比丘尼戒第三篇。

众合：即众合地狱，又名堆压地狱。《长阿含经》记载："其地狱中有大石山，两两相对，罪人入中，山自然合，堆压其身，骨肉糜碎，山还故处，犹如以木掷木，弹却还离，治彼罪人，亦复如是，苦毒万端，不可称计。余罪未毕，故使不死。"③

一万万四千四百万年：如果犯此舍堕中任何一法，将堕众合地狱。堕此地狱时间是欲界夜摩天寿二千岁。夜摩天一昼夜相当于人间二百年，堕此狱时间合人间年数一万万四千四百万年。

　　练习题

1. 请解释"尼萨耆波逸提"。

2. 根据《萨婆多论》，何谓"舍财、舍心、舍罪"？

3. 若犯舍堕罪，有何罪报？

第二节　长衣过限戒

一　戒名

【记】　长衣过限戒_{长，音仗，余也，多也}第一　（同、制）

---

① 《萨婆多毗尼毗婆沙》卷四，《大正藏》第23册，第528页。

② （后秦）三藏佛陀耶舍共竺佛念等译《四分律》卷六，《大正藏》第22册，第602页。文中"别众"者，据《四分律》卷四十七所述，谓"同一界羯磨不尽集，应嘱授者不嘱授，在现前应呵者便呵"。（《大正藏》第22册，第919页。）

③ （后秦）佛陀耶舍共竺佛念译《长阿含经》卷十九，《大正藏》第1册，第123页。

长：念 zhàng，多、余。

衣：指布或已做成的衣。

长衣：限分外之衣。佛制比丘畜三衣，比丘尼畜五衣，此是制限。超出制限之衣，即为长衣。若有比丘尼受持百一供身物[1]，则百一供身物以外之衣为长衣。如《萨婆多论》云："百一物各得畜一，百一之外皆是长物。"[2]

过限：超过说净的期限。若得长衣，佛制应在十日内说净，若过十日不说净，即为过限。

长衣过限戒：若比丘尼得长衣，无特殊因缘，在十日内未说净，佛制不许。

二　缘起

【记】　六群

六群比丘乃缘起中能犯之人。

佛制此戒三要素：（1）**何处制：**佛于舍卫国制。（2）**因谁制：**六群比丘。（3）**因何制：**六群比丘多畜长衣，且常经营衣服，积而藏举，因制。

三　戒文

【记】　戒文——若比丘尼，衣已竟，迦𫄧那衣已舍。畜长衣，经十日，不净施得持。若过，尼萨耆波逸提。

戒文分五句：

第一句：若比丘尼——能犯人

白四羯磨如法得处所的比丘尼。

第二句：衣已竟，迦𫄧那衣已舍——显犯时

此明犯此戒的时限，即在比丘尼五衣已具足，迦𫄧那衣已舍后。

竟：具足、完备义。**衣：**即尼五衣。僧伽梨、郁多罗僧、安陀会、僧祇支及覆肩衣。[3] **僧祇支：**翻为掩腋衣，上狭下广。覆左肩上，着带系于右腋下。覆肩衣者：《僧祇律》云："襞叠拖覆肩上，若不作不着，越比尼罪。"[4]

---

[1] 所谓"百一供身物"，《萨婆多毗尼毗婆沙》卷四云："凡百一物中，三衣钵必应受持，自外若受则可、不受无过。"（《大正藏》第 23 册，第 527 页。）《四分律行事钞资持记》释：百一供身，谓时须要用者，加受忆识，二俱通许。（《大正藏》第 40 册，第 368 页。）《释氏要览》中曰："百一物大概之辞也。"（《大正藏》第 54 册，第 278 页。）

[2] 《萨婆多毗尼毗婆沙》卷五，《大正藏》第 23 册，第 535 页。

[3] 关于比丘尼三衣外之余二衣，诸部律说法不同。《四分律》卷二十七等：僧祇支及覆肩衣。《五分律》卷十二等：覆肩衣与水浴衣。《根本说一切有部苾刍尼毗奈耶》卷七：僧祇支与俱苏洛迦（华言为裙）。

[4] （东晋）三藏佛陀跋陀罗共法显译《摩诃僧祇律》卷四十，《大正藏》第 22 册，第 546 页。

迦绨那衣：迦绨那，是梵语，有部律翻为"坚实"。由受此衣，令比丘、比丘尼虽行五过而不犯。古译"赏善罚恶衣"，即赏前安居人，后安居不得。亦名"功德衣"，以僧众同受此衣，便招五利功德。①

已舍：若众僧安居竟受持迦绨那衣，待五月后，作法舍之。如《四分律》云，安居竟，应受功德衣，"听冬四月竟僧应出功德衣"②。

第三句：畜长衣——示财体

比丘尼五衣已具足，且迦提一月、五月已过，而畜积长衣。

长衣者：《四分律》云："若长如来八指、若广四指是。"③

"迦提一月"，指前安居人若不受迦绨那衣，在安居竟一月内（七月十六日——八月十五日）享受五利。"迦提五月"，指前安居人受持迦绨那衣，则在安居竟，五月内（七月十六日——十二月十五日）享受五利。

至于衣体，律中有十：（1）憍施耶：华言蚕衣，即丝棉所成。（2）劫贝：华言木棉，是细棉布。（3）钦婆罗：毛织成的衣，如绒褐之类。（4）刍摩：华言麻。彼土麻少，多用草、羊毛织成。（5）谶摩：华言粗布。（6）扇那：或云奢那，是树名。此树如人高，皮似麻，取以织衣，体如粗布，此方无有。（7）麻。（8）翅夷罗：华言细布。（9）鸠夷：华言也叫细布。（10）谶罗半尼：未见翻译。《行宗记》解释：律中十种衣，"初是蚕口丝绵，二即木绵，七即是布，余多是兽毛，名相不可识也"④。

第四句：经十日，不净施得持——圣开时限

此是佛所开的时限，即比丘尼得长衣，于十日内，可不作净施而畜。

净施有二种：1. 真实净施：物寄他人边，令他掌管，即真实施与他人。物在主边，用时须问主而取着，名真实施。2. 展转净施：物在己边，但作他物想。取用时，问不问通得，以随意着用，故曰展转净施。

第五句：若过，尼萨耆波逸提——违教结罪

此即违背佛所制教。得到长衣后，于十日内不说净，到第十一日明相出，即犯舍堕，应舍财、舍心、舍罪忏悔。

四 制意

【记】 四分律疏 制意：一、制开意者。良由行者，根器不同，报有强弱，资

---

① 佛制僧尼夏安居竟可备办衣钵等修道必需品，但有五条戒对此事有妨，故佛权巧开缘，是名"五利"。如《四分律》卷四十三云："受功德衣已，得五事。何等五？得畜长衣、离衣宿、别众食、展转食、食前食后不嘱比丘入聚落。"（《大正藏》第22册，第878页。）
② （后秦）三藏佛陀耶舍共竺佛念等译《四分律》卷四十三，《大正藏》第22册，第878页。
③ （后秦）三藏佛陀耶舍共竺佛念等译《四分律》卷六，《大正藏》第22册，第602页。
④ （宋）元照律师述《四分律含注戒本疏行宗记》卷三，《卍新续藏》第40册，第726页。

须不等。致大圣开遮，始终将补。有四种之差，各有资身长道之益。若报力资强，堪耐寒苦，制畜三衣。称彼根性，凭之长道，能会于圣。故律云：来世善男子，畜此三衣不得过。第二人者，报力次劣，若制同上士，唯着三衣，力分未堪，非是此长道之缘。是以如来方便，听畜助身，百一记识受持，不须说净。此多论说。第三人者，报力次劣，百一物外，复听随施而受，说净畜之，欲使彼获施福。此资道缘，故所以尔。第四人者，报力最劣，虽开轻资，犹阙修道，要假重物，方能济身，进业有益。圣复开畜诸重物，谓被褥杖枕等。次明制者。

一、因圣开听广畜盈长，贪于俗利，则坏道利功德之财。二、又失俗人信敬之心，无厌贮聚，与俗不别。三、又违如来四依之教，即非节俭知足之行。故使不加净法，制与舍堕。此谓制下二人。

本戒制意有二：先明佛开畜长衣之意；次明佛制不许过限之意。

（一）叙开意

由于出家修行者根器不同，报身有强弱之别，所以资身办道所需之物亦不等。报身强，所需之物少；报身弱，则需多。所以世尊随众生根机、报身、资需不同而有制有开。先制不听畜长衣，后又开许，开已复制限内，始终将补（将，即辅助）。世尊制此长衣戒，从始至终，逐渐补充完善，以令各种根器、报身之行者皆能获得适合修道之资身物品，从而安心办道，增上道业。

众生报身强弱共有四种差别：**第一种**：身体强壮，堪耐寒冷之苦。三衣、五衣之外，更不需他物，即能精进办道，得证圣果。世尊衡量其根性，故制畜但三衣、但五衣。此等行者即但三衣比丘、但五衣比丘尼，是上等根机。**第二种**：报身次于前者。如果制同上等根机、行头陀之人，只许其着三衣或五衣，则因报身力弱，不能抵御寒冷，便无法安心办道。故佛又方便听畜助身衣，百一记识受持，不用说净。此据《萨婆多论》卷五所说。**第三种**：报身又劣于第二种，百一供身物外尚有所需。故佛复开听随施主布施而受，但须说净方可畜用。何以故？为令施主通过布施获得福报，同时，也使这类行者得到所需之物，资助身体，精进行道。**第四种**：报身最劣。佛虽开畜长衣，仍然缺少资身之物，无法安心办道，须藉重物方能济助色身，增道获利。所以，佛又开听畜种种重物，如被、褥、杖、枕等。

除上四种人外，律中尚有二种：一是上士面王[1]，二是天须菩提[2]。佛开为道，

---

[1] 《四分律含注戒本疏》云：上士面王，报力殊异，胎衣随长，未假资持。及将入法，誓不服余。如来顺机，任听但一，便能自静，缘济修道。（《卍新续藏》第40册，第17页。）

[2] 《分别功德论》卷五云：天须菩提，五百世中常上生化应天（即他化自在天），下生王者家。出家后佛令粗衣恶食，草褥为床。彼闻辞退。阿难曰，君且住一宿。即往王所，借种种坐具幡华香灯，事事严备。此比丘于中上宿，以适本心，乃至后夜即得罗汉。（失译人名附后汉录，《大正藏》第25册，第47页。）

非是常教。

(二) 叙遮意

佛开畜后，之所以又再制约，原因有三：

1. 因佛开畜长衣、重物等，有出家人便贪图供养，无厌足积畜长物，从而坏己道心，不能增长出世功德法财，是故佛制。

2. 俗人看见出家人贪心畜积，便对三宝失去信敬之心，产生种种讥嫌诽谤。认为方外之人同样贪求无厌，贮聚财物，与俗人无别。

3. 佛制道众少欲知足，常行四依。[①] 多贪畜积，便有违四依教法，不符合出家人本应有少欲知足之节操。所以，佛又制，若得长物，过十日不说净，犯舍堕。这是对第三种畜长物及第四种畜重物两种根机人而制。

五　具缘

【记】　南山行事钞 具六缘成犯：一、是己长衣。二、明属己定。

钞文云，虽知是长 若忘等缘，则无有罪。 三、应量之财。 原注云，绵毛之类，体非衣摄不合。 四、不说净。五、无因缘。

钞又云，谓迎 提一月五月等。 六、过十日。犯。

此戒具六缘成犯：

1. **是己长衣**：是比丘尼五衣外的长衣。如果受持百一物，则百一物外为长衣。《十诵律》卷五十六中说：有七种衣不用作净施，即三衣、坐具、雨衣、覆疮衣及百一供身具。

2. **明属己定**：比丘尼清楚、明了是属于自己的长衣。小字说明：道宣律师在《行事钞》中说，虽然是自己的长衣，如果确实忘记说净，有此等心迷之缘，超过十日不说净无罪。

3. **应量之财**：此衣量达到律制应说净的尺度，即长如来八指、广四指。如来一指即二寸，衣量若达长一尺六、宽八寸，或达此量或超过者，即应量之财，须说净。否则，正犯此戒。若长过宽减，或宽过长减，亦应说净，否则，结突吉罗罪。小注云：绵花或兽毛之类，不属于衣体所摄，所以不合说净。

《戒本疏》云：但是布帛绵毛，量可限约者，则为衣相。自余未成，尺寸不定，如毛束绵屯，本非衣故，何得应量而说净耶？[②] 由上可知，如果本体是毛，不须说

---

① 《四分律》卷五十八云："有四依止法：粪扫衣、乞食、树下坐、腐烂药。"（《大正藏》第22册，第1001页。）

② （唐）道宣律师撰《四分律含注戒本疏》卷三，《卍新续藏》第40册，第21页。

净；如果是已作成的毡布之类，就须说净。故毛衣或棉衣皆须说净。

4. **不说净**：比丘尼得到长衣，且已确定是属于自己，而不加法说净。

5. **无因缘**：小字说明：《行事钞》解释开缘的情况，指迦提月中（不受功德衣一月，受功德衣五月），此间得到长衣不说净，不犯。

6. **过十日。犯**：比丘尼得长衣，过十日不说净，于第十一日明相出，即犯此戒。

六　罪相

（一）正明结犯

【记】

罪相	某日^{得衣之 第一日}得长衣，若不作净施，经十日。此十日内，或再得衣，或不再得衣。于再得之衣，或作净施，或不作净施——至第十一日明相出。以第一日所得衣已不作净施，势力相染故。凡此十日内所得衣是不作净施者————————————————皆舍堕
	某日^{得衣之 第一日}得长衣，若不遣与人，若不失衣，若不故坏，若不作非衣，若不作亲厚意取，若不忘去，^{亦不作 净施}经十日。此十日内，或再得衣，或不再得衣。于再得之衣，或遣与人，乃至忘去，或不遣与人，乃至不忘去，^{亦不作 净施}——至第十一日明相出。以第一日所得衣已，不遣与人，乃至不忘去，^{亦不作 净施}势力相染故，凡此十日内，所得衣是不遣与人乃至不忘去者^{亦不作 净施}————————皆舍堕
	犯舍堕衣，不舍，持更贸余衣。————————一舍堕一突吉罗
	舍不成舍　————————————————————突吉罗

此表含四事：

1. **得长衣不作净施**

如果比丘尼某日得长衣（即得长衣的第一日），不作展转净施或真实净施，经过十日。在此十日当中，或再得长衣，或不再得衣。于此再得的长衣，或作净施，或不作净施。至第十一日明相出时，因第一日所得的长衣没作净施，由此不净施长衣势力相染的缘故，凡于十日内所得的未作净施的长衣，都结舍堕罪。（十日中已经作净施的长衣，则无罪。）

势力相染：初日所得之衣为能染，后九日所得之衣为所染。因为先得之衣没说净，后得之衣虽未满十日，以先得之衣势力相染的缘故，皆被染犯长，除去开缘的情况。

2. 得长衣无开缘不作净施

若比丘尼得长衣的第一日，如果不遣与人、不失衣、不故坏、不作非衣、不作亲厚意取乃至不忘去，如果没有此六种因缘，得长衣而不作净施，经过十日。到第十一日明相出，因第一日所得的衣没有送人，乃至没有忘记，却不说净。由此不净长衣势力相染的缘故，在此十日内所得的长衣，如果有没送人乃至没有忘记，也不作净施的，都犯舍堕。如果有送人，乃至忘去等缘，十日之内不作净施，或者长衣一入手即说净，则不犯。若没有如上因缘，于十日内所得之衣，皆被第一日的长衣势力相染，第十一日明相出，皆犯舍堕。

此中有六种因缘开不犯：（1）遣与人：送给别人。一得衣就决定送人，非染犯之衣。（2）失衣：因被人夺取等种种因缘而失衣。（3）故坏：由风、火、水、湿等缘而烂坏。（4）作非衣：转作帽、袜之类。（5）作亲厚意取：当作是他人之衣，以亲厚意取着。（6）忘去：确实忘记自己有长衣，或忘记说净。并开十日。

3. 以舍堕衣贸余衣

如果有舍堕衣，还没有舍衣忏罪，就用此衣再去贸易其余的衣，结一舍堕（即前衣的堕罪）、一突吉罗罪（即不忏辄贸，违佛之教）。

4. 舍不成舍

若舍忏之时，应舍与僧，或众多人，乃至一人，不得别众舍。如果不如法舍，则不成舍，须结突吉罗罪。

（二）引文别明

1. 弘一律师加"案"说明

【记】 案若先所得衣，皆能随作净施等，更无余长者，必须隔一日后，再得衣乃可畜。得至十日，无犯。

弘一律师对上面的罪相加按语补充说明：如果先得的衣，都能随时作净施，纵然再没有其余的长衣，也必须在十日后隔一日，再得长衣，这样方可畜积，得至十日，不犯。言下之意，不可无止境地日日受衣说净，应以一日作隔断。

2. 怀素律师《僧羯磨》

【记】 怀素僧羯磨注 三十舍堕，舍时应舍与僧，除二宝。僧、若众多人（谓若三人二人）、若一人，不得别众舍。若舍，不成舍。突吉罗。

根据怀素律师所作《僧羯磨》卷二注中说明：比丘尼如果犯三十舍堕罪，于忏悔舍财时，除畜钱宝及贸宝二戒，当舍与白衣外，余二十八条戒，其犯舍物皆应尽舍与僧，在僧中忏悔。或在众多人，如二三人前，或一人前忏舍。不得别众舍忏，若别众舍，不成舍，须结突吉罗罪。[①]

佛正制忏舍堕罪须在僧中，忏尼应将舍堕财尽舍与僧，钱、宝应舍与俗人。因僧人众多难集，或人数不足，故开二三人乃至一人前舍忏。若在大界内舍忏，必须界内尽集，不可别众。若界内只有二三人亦须尽集。若僧众难集，开界外二三人或一人前舍忏。

3. 灵芝律师《行宗记》

【记】　灵芝行宗记　应量者，满尺六也。（已下但吉）

灵芝律师在《行宗记》中云：所谓应量财，即长满一尺六，若畜，则犯舍堕；如果长不够一尺六，结突吉罗罪。

4. 道宣律师《行事钞》

【记】　南山行事钞　长尺六，广有八寸。二俱过始犯。

《行事钞》云：衣之大小，应依姬周尺，长一尺六，宽八寸。二者皆过此量，方犯。《四分律》云："长衣者，若长如来八指，若广四指是也。"[②] 据此，如果长宽达到或超过此量，犯舍堕。

七　并制

（一）正显结犯

【记】

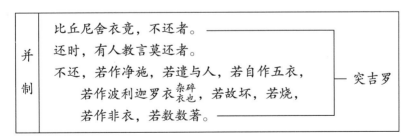

并制	比丘尼舍衣竟，不还者。 还时，有人教言莫还者。 不还，若作净施，若遣与人，若自作五衣，若作波利迦罗衣（杂碎衣也），若故坏，若烧，若作非衣，若数数著。	突吉罗

此表含三事：

1. 犯畜长衣的比丘尼在忏罪时，应先将衣舍与大众僧，或二三人，或一人。忏罪竟，物还成净，故制作法人应还衣。如果作法人不还，结突吉罗罪。《戒本疏》

---

① （唐）怀素律师集《僧羯磨》卷二，《大正藏》第 40 册，第 527～528 页。
② （后秦）三藏佛陀耶舍共竺佛念等译《四分律》卷六，《大正藏》第 22 册，第 602 页。

云：以舍时是决断心，故物已不属此人，不还不犯重，但结违教突吉罗罪。①

2. 若作法人还衣时，有人教言："莫还"，教者结突吉罗罪。

3. 比丘尼舍衣忏罪后，作法人不还衣，而将此衣作净施，或送与人，或自己作五衣，或自己作波利迦罗衣（华言杂碎衣），或故意损坏，或被火烧，或作帽、袜等非衣，或数数穿着此衣，俱结突吉罗罪。

（二）引文别释

1. 见月律师《毗尼止持》

【记】　见月止持 已上突吉罗皆反治能作法者。由不遵圣制，违越毗尼故。

见月律师云：已上并制中之所以结突吉罗罪，皆是反治能作法之人，因还衣时不遵圣教，违教故得越毗尼罪（即结突吉罗罪）。

2. 弘一律师加"案"说明

【记】　案 还法有二：一、即座转还法。若众僧多难集，若此比丘尼（原文无"尼"字）欲远行时，用之。如律中舍堕第一本文所引者是。二、经宿直还法。若无上缘，要经宿已，羯磨还主。如律中舍堕第二已下本文所引者是。

弘一律师加"案"释云：犯长衣过限的比丘尼舍衣忏罪竟，众僧还衣时有两种方法：一即座转还法，二经宿直还法。

（1）即座转还法

犯长衣过限的比丘尼忏罪竟，若众僧多难集，或忏尼有因缘欲远行。作法人可当下作法，将长衣交给忏尼指定的比丘尼，由此尼在屏处再转还给忏尼。具体做法在《四分律》三十舍堕第一条长衣戒后。②

（2）经宿直还法

长衣不说净，即有相染过。为断犯者相续心，忏罪后，若无上述因缘，应经宿还衣。即第二日，作羯磨法将衣物直接还给物主。具体做法在《四分律》舍堕法第

---

① （唐）道宣律师撰《四分律含注戒本疏》卷三，《卍新续藏》第40册，第17页。
② 《四分律》卷六云：若众僧多难集，此比丘若因缘事欲远行，应问言："汝此衣与谁？"随彼说便与。僧即应还此比丘衣，白二羯磨应如是与。僧中当差堪能羯磨人如上说，作是白："大德僧听！某甲比丘故畜尔所长衣犯舍堕，今舍与僧。若僧时到僧忍听，僧持此衣与彼某甲比丘，彼某甲比丘当还此比丘。白如是。""大德僧听！此某甲比丘故畜尔所长衣犯舍堕，今舍与僧。僧持此衣与彼某甲比丘，彼某甲比丘当还此比丘。谁诸长老忍僧持此衣与彼某甲比丘、彼某甲比丘当还此比丘者默然，谁不忍者说。""僧已忍与彼某甲比丘衣竟，僧忍，默然故，是事如是持。"（《大正藏》第22册，第603页。）

二离衣宿戒后。①

八 开缘

（一）正明开缘

【记】

开缘	若齐十日内，作净施，或遣与人等。——— 若夺想，若失想，若烧想，若漂想，如此不作净施。或不遣 　　与人等（财在想去，无畜心故。及至知财在己，可经十日。） 若夺衣、若失衣、若烧衣、若漂衣，或取著，或他与著。 若他与作被。 若受寄衣比丘尼命终，若远行，若舍戒，若贼难，若恶兽难， 　　若水漂，如此不作净施，或不遣与人等。——— 无犯

（第二若长衣被夺想等，无长可舍故。第三若本受持衣被夺故等，此长衣即可受持故。第五即已作非己有想矣。）

此戒开缘如下：

1. **若齐十日内、作净施，或遣与人等**：若得长衣后，于十日内说净，或送人等，不犯。

2. **若夺想、若失想、若烧想、若漂想，如此不作净施，或不遣与人等（财在想去，无畜心故，及至知财在己，可经十日）**：若得长衣后，因心迷故，认为此衣已被贼夺，或认为衣已丢失，或被火烧、水漂等。若实作如是想，而不说净，或不送与人等，不犯。（此谓在想上出现差错，无畜衣之心，故不犯，及至日后发现此衣实未丢失，还可开十日，不犯。）

表后括弧内慈舟律师解释：如果长衣被夺想等，因心迷认为没有长衣可舍，故不犯。

3. **若夺衣、若失衣、若烧衣、若漂衣，或取着，或他与着**：若受持的五衣被夺，或丢失，或被烧，或被水漂等，此时如果有长衣，虽未舍忏，亦可直接加法受持成五衣。忏罪时，直忏堕罪而不须舍此长衣。又，若遇如上因缘时，他人与犯长之衣，着而不犯。因衣属别人，他人犯长，自己但着，无罪。

表后括弧内慈舟律师解释：若本受持的五衣被夺等，此长衣即可取来受持成五

---

① 《四分律》卷六云：僧应即还此比丘衣，白二羯磨应如是与。僧中当差堪能羯磨人如上，作如是白："大德僧听！某甲比丘离衣宿犯舍堕，今舍与僧。若僧时到僧忍听，持此衣还彼某甲比丘。白如是。""大德僧听！此某甲比丘离衣宿犯舍堕，今舍与僧。僧持此衣还彼某甲比丘。谁诸长老忍僧持此衣还彼某甲比丘者默然，谁不忍者说。""僧已忍与彼某甲比丘衣竟，僧忍，默然故，是事如是持。"（《大正藏》第22册，第604页。）

衣，不作净施，不犯。

4. **若他与作被**：若他人所与的布是为作被子用，被子属于重物，不合加净法。虽过十日，不犯长。

5. **若受寄衣比丘尼命终、若远行、若舍戒、若贼难、若恶兽难、若水漂，如此不作净施，或不遣与人等**：如果衣由他尼代为藏举，而此尼或死，或远行他方，或舍戒，或遇贼难，或恶兽难，或被水漂走等。有如上因缘而不作净施，或不送与人等，不犯。因有以上缘差，而不得会衣，非慢心不作净施故。

表后括弧内慈舟律师解释，开缘第二：如果认为自己所畜长衣被他人夺去，不舍衣，不犯。开缘第三：如果自己受持之衣被夺、被烧等，所畜长衣可加法受持。不舍衣，不犯。开缘第五：所畜长衣已经作非己有想，不舍衣，不犯。

（二）引文释

1. 弘一律师加"案"解释

【记】 案第四，本律作他与作彼。而南山撰述，彼皆作被。（下第三戒开缘中本律亦作被。）戒本疏云：若与他作被者，以财是重物，不合加净。虽过日限，不入长犯。

弘一律师加"案"释：开缘中第四"他与作被"，在本律中为"他与作彼"。道宣律师撰述中"彼"皆写作"被"。下面第三条戒开缘中，本律亦写作"被"。故怀疑律中"彼"字是写误，故今也改为"被"字。《戒本疏》中解释"他与作被"之所以不犯，是因被子属重物所摄，不合加法说净。故虽过十日，亦不犯长衣过限戒。

2. 《四分律·第三分》

【记】 第三分众僧衣，过十日——无犯。

《四分律·第三分》中云：若是大众僧之衣，未分时，不犯。若衣已分到个人手中，过十日，不说净，则犯。

九　警策

祖师针对本戒对后学施以教诫警策。

【记】 灵芝资持记今时讲学，专务利名。不耻五邪，多畜八秽。但随浮俗，岂念圣言？自下坛场，经多夏腊。至于净法，一未沾身。宁知日用所资，无非秽物。箱囊所积，并是犯财。慢法欺心，自贻伊戚①。学律者知而故犯，余宗

---

① 自贻伊戚："贻"，即赠也。"伊"，如是。"戚"，乃忧戚。此语通因果，罪由心造，非人所加，是自赠耳。

者固不足言。谁知报逐心成，岂信果由种结？现见袈裟离体，当来铁叶缠身。为人则生处贫穷，衣裳垢秽。为畜则堕于不净，毛羽腥臊。况大小两乘，通明净法，傥怀深信，岂惮奉行？故荆溪禅师辅行记云：有人言，凡诸所有，非己物想，有益便用，说净何为？今问，等非己财，何不任于四海？有益便用，何不直付两田（原注云悲敬）？而闭之深房，封于囊箧。实怀他想，用必招愆（成盗）。忽谓己财，仍违说净。说净而施，于理何妨？任己执心，后生仿效（已上彼文）。故知不说净人，深乖佛意，两乘不摄，三根不收。若此出家，岂非虚丧？呜呼！

灵芝律师于《资持记》中，斥责当时某些讲经说法之人。一心追名逐利，造作五邪①、畜积八秽②，无有厌足，寡廉鲜耻。但随浮薄俗习，岂念佛所制教。自从受戒下坛场后，虽经多年，但对说净一法，始终未曾依教而行。殊不知日日所用，以不说净故，皆成秽物。其箱囊所装，悉皆犯长之财。此即轻慢佛陀教法，又负己灵，必将自招苦果。学律之人居然明知故犯；学他宗者更无须提。谁能知报由心成，谁会信果由种结？现生袈裟离体，当来必堕地狱，铁叶缠身。地狱报尽，纵然为人，也生于贫穷之处，衣不遮体，形服垢秽。若为畜生，则堕不净毛羽类中，腥臊臭秽。

何况大小二乘经典都明示说净之法，是为去除凡夫贪着之心。若对佛法深怀信心，怎能畏劳而不奉行。故《辅行记》云：时有人因不行此净法，便自我开脱说：凡我所有，皆不作己物想，只要有益即可随时使用，何必说净？对此，禅师反问道：既然不作己物想，为何不随意布施，任人取用？既说有益便用，何不直接布施悲、敬两田③？而今反将此物锁于深房，封于箱囊之中。退而言之，若实怀他物想，应属他人之物，自用便落入盗网。听到此言，对方便转口言：“属我所有！”于是，岂不又违教不说净？倘能明白佛制教之意，说净而畜，日后随意而用，于理又有何妨？如此任由己性，执着谬见，后学将会效仿。④

由此可知不说净之人，实违佛制，大小二乘皆不摄，上中下三根亦不收。如是出家，岂不虚度光阴，悲哉！

---

① 《大智度论》卷十九云："何等是五种邪命？答曰：一者、若行者为利养故，诈现异相奇特；二者、为利养故，自说功德；三者、为利养故，占相吉凶为人说；四者、为利养故，高声现威令人畏敬；五者、为利养故，称说所得供养以动人心。邪因缘活命故，是为邪命。"（《大正藏》第 25 册，第 203 页。）

② 八秽：亦名八不净物。《四分比丘尼钞》卷二云：八不净物，名通经论。一是田宅、二种植园林、三畜积盐粟、四畜奴婢、五养群畜、六贮金银钱、七为金银镂床褥氍毹、八铜铁釜镬（除十六枚器不犯）。若畜此八，皆长贪坏道，污染梵行，又得秽果。故名不净。（《卍新续藏》第 40 册，第 743 页。）

③ 悲、敬二田者，《大乘理趣六波罗蜜多经》卷四云："有二种田！云何为二？一者悲田，谓诸孤露贫穷困苦。二者敬田，谓佛法僧父母师长。"（《大正藏》第 8 册，第 884 页。）

④ （唐）毗陵沙门湛然述《止观辅行传弘决》卷四，《大正藏》第 46 册，第 263 页。

练习题

1. 请解释"长衣过限戒"戒名。

2. 略述佛制"长衣过限戒"三要素。

3. 约畜资身之物，众生根器有哪几种不同？

4. 据《四分律》，多大尺寸即成长衣？

5. 背诵并解释"长衣过限戒"之戒文。

6. 佛为什么开畜长衣？为什么制说净？

7. "长衣过限戒"具哪几缘成犯？

8. 何谓"势力相染"？

9. 得到衣后，在哪些情况下无须说净？

10. "长衣过限戒"结犯相状如何？

11. 佛制"长衣过限戒"时并制哪些事？如何结罪？

12. 忏罪之后，作法人还衣的方法有哪两种？

13. "长衣过限戒"有哪些开缘？

思考题

1. 某尼将说净之衣和未说净之衣混在一起，忘记哪些已说净，哪些未说，应如何处理？

2. 灵芝律师就"长衣过限戒"对后学的警策大意是什么？从中受到什么启发？

第三节　离五衣宿戒

一　戒名

【记】　离五衣宿戒第二　（同、大、制）

五衣：即佛制比丘尼应受持之五顶衣：僧伽梨、郁多罗僧、安陀会、僧祇支及覆肩衣。

离五衣宿戒：若比丘尼与五衣在不同之处，经夜，佛制不许。

二　缘起

【记】　六群

六群，乃缘起中能犯之人。

佛制此戒三要素：（1）何处制：佛于舍卫国制。（2）因谁制：六群比丘。（3）因何制：六群比丘持衣寄亲友，往人间游行。受寄比丘常常替他们晒衣，比丘见而呵责，因制。

三　戒文

【记】　戒文——若比丘尼，衣已竟，迦絺那衣已舍。五衣中，若离一一衣异处宿，经一夜。除僧羯磨，尼萨耆波逸提。

戒文分六句：

第一句：若比丘尼——能犯人

白四羯磨如法得处所的比丘尼。

第二句：衣已竟，迦絺那衣已舍——显出犯时

此明比丘尼犯离衣宿戒的时限。即有已加法受持的五衣，在自恣后有衣五月或无衣一月外的时间。

衣已竟： 五衣已具足，且加法受持已。如果没有加法的衣，虽不犯离衣宿戒，但须结缺衣及非威仪二吉罪。

迦絺那衣已舍： 自恣后受持迦絺那衣五月，或不受持迦絺那衣一月已过，开缘已谢。

第三句：五衣中——列所离衣

此明比丘尼所离的衣，是五衣中的任何一衣。

第四句：若离一一衣异处宿，经一夜——人衣异界

比丘尼受持的五衣中，随离其中一衣，而人于异处而宿，经一夜，明相出，即须结罪。

第五句：除僧羯磨——除开缘

若僧中为作不失衣白二羯磨，则开缘不犯。如律中缘起，时比丘得干痟病，粪扫僧伽梨极重，有因缘事人间游行，不堪持行，以事白佛，佛令三乞已，白二羯磨离。

第六句：尼萨耆波逸提——结罪

如果比丘尼已具足五衣，并加法受持。而有衣五月，无衣一月的时间已过。其五衣中，离任何一衣，人于异处宿，经一夜。第二日明相出，除僧为作不失衣羯磨外，即犯舍堕。应舍财、舍心、舍罪忏悔。

四　制意

【记】　四分律疏 制意：所以不听离衣宿者，言五衣者，乃是三世诸佛应法之

服。资身长道，最为要用，理宜随身。如鸟二翼，许无暂离。今置衣在此，身居异处，寒暑卒起，急须难得。又阙守护，容成失夺。废资身用，事恼不轻，是故圣制。

（一）叙法衣之功德

佛之所以不允许比丘尼离衣宿，因为比丘尼五衣（比丘三衣）是三世诸佛之法服，对资身长道极为重要，依理衣须随身，如鸟两翼，不许暂离。

（二）明离衣之过失

而今却将衣放在一处，人则在另外一处。若天气骤变，急需衣时就无法得到。另外，衣在他处，缺于看守，容易丢失，或被劫夺。失去资身之缘，损恼极大，故佛制不许离衣宿。

五　具缘

（一）正明犯缘

【记】　南山行事钞 具六缘成犯：一、是己五衣（原文"是三衣"）。二、加受持。三、衣人异碍。四、不舍会。五、无因缘。六、明相出。犯。

1. **是己五衣**：是比丘尼自己的五衣。简别不是他人衣及余衣。

2. **加受持**：是已加法受持之衣。如果没有加法受持，过夜无离衣罪，但有缺衣及坏威仪二突吉罗罪，须随日结。

3. **衣人异碍**：衣和人于不同之处，不得自在会衣。有染、情、隔、界四碍生起。（容后释）

4. **不舍会**：不遥舍及不奔会。如果有因缘不及会衣，律开可以遥舍。若既不会衣，亦不遥舍，便为犯缘。

5. **无因缘**：不在开五利的时中，或无僧羯磨及开缘中等事。

6. **明相出。犯**：第二日明相出，即犯舍堕。

（二）引文释

1. 灵芝律师《资持记》

【记】　灵芝释云：第四，不舍会者（原文无此句），有缘不及，律开遥舍或复奔会，二皆无犯。非此，则为犯缘。

灵芝律师在《资持记·释释相篇》中云：具缘之四"不舍会者"，是说有因缘人衣分离，律中开可以遥舍衣，趋轻避重。或者在明相出之前奔赴会衣。若具此二，不犯离衣宿。否则，则成为犯缘。

2. 道宣律师《比丘尼钞》

【记】　比丘尼钞 人衣异碍有四种不同：一者染碍，谓同界有男子者，名为染碍。故律云：诸比丘脱衣服人家，形露。佛言：除村，村外界故。知村不摄衣，名为染碍。二者隔碍，此律：若水陆道断等，离衣不犯。三者情碍，此律若失夺想，恶兽命梵难缘等，失衣无犯。婆论云：王来入界住宿，大小行在近处，并非衣界，以情隔故。四者界碍，此律：自然衣界有十一种。一、伽蓝，二、村界，三、树界，四、场界，五、车界，六、船界，七、舍界，八、堂界，九、库界，十、仓界，十一、兰若界。前中伽蓝及村二界，各有四相，成者不名多界。为僧村二界义强，摄前九界，便成一界。若此四相不圆者，诸界并生，便有十一界起。故律云：若干界。谓内有三碍起 四相：一、周匝垣墙，二、篱栅不周，三、篱墙不周，四、四周有屋。此律云：十一界各加势分，更有十三步。故律云：以中人掷石所及处是。见论云：中人者，取不健不羸人，尽力掷至落处，不取转处。诸师义评计十三步 若置衣在十一种界内，身在界外宿。若不舍会，不至掷石所及处，明相出，一一犯舍堕。若界内有男子，持衣须近身。不尔，明相出，犯舍。以无势分故。又余部衣界有四：一、道行者。十诵云：与师持衣道中行，前后四十九寻内不失衣。婆论云：纵横四十九寻内不失衣。二、洲上界者。见论云：水洲上十四肘内不失衣。若有人来往，衣须近身。不尔失衣。三、水界者。见论云：比丘在阿兰若处，夜入池中浴未竟，明相出犯舍。母论云：一脚在岸，一脚入水，虽经明相不失衣。四、井界者。僧祇云：道行露地井兰旁宿，诸衣在二十五肘内，身在外宿者失衣。或置衣井内，身在上宿，不以绳连，或不垂手脚，经明相出，皆犯。例余坑窖等皆犯 明了云：道行夜宿，错持衣去。他衣不失，己衣失也。

《比丘尼钞》云：人与衣在不同之处，不能自在往返会衣的障碍有四种：

（1）**染碍**：因同一摄衣界内有男子，男女有别，动即相染，讥过随生。若衣在此，往会困难，故名染碍。如《四分律》云："时诸比丘脱衣置白衣舍，当着脱衣时形露。时诸比丘以此事往白佛，佛言：'自今已去，听比丘结不失衣界，除村、村外界，白二羯磨。'"①（村外界即村外势分）

（2）**隔碍**：即难缘等成碍，不能会衣。《四分律》卷六中："若水道断路崄难。"② 此属对精勤护衣者的开缘。虽不犯离衣罪，但衣却失受。如果后得此衣，应

---

① （后秦）三藏佛陀耶舍共竺佛念等译《四分律》卷三十五，《大正藏》第22册，第820页。
② 《四分律》卷六，《大正藏》第22册，第604页。

再加法受持。

（3）**情碍**：谓情意有阻，故名为碍。《四分律》卷六所列"若贼难、若恶兽难……或命难、或梵行难"①，即属于此，不犯离衣。如《行事钞》释："律不犯中，夺失烧漂坏五想者（衣实见在，妄起想心，经宿失受无罪。决心谓失即是舍心，无情过故不犯舍也）。若水陆道断，若贼恶兽命梵等难，若不舍衣不犯，此是情隔两碍，失受无罪。"②

（4）**界碍**：界即彼此差别，互不相通。有两种：作法摄衣界和自然摄衣界。此二界若有情、染、隔三碍，则不得依界护衣，衣必须随身。若无三碍，则二界各得护衣。本律十一种，他部有四种，共有十五种自然摄衣界。

先明本律十一种自然摄衣界：

①**僧伽蓝界**：僧伽蓝，华言众园，即出家人所住之处，僧众于此园中勤植道芽，能长成圣果。僧伽蓝界有四相，后详述。

②**村界**：即聚落界。

③**树界**：最小量是一棵与人等高之独树，且树荫足以覆盖跏趺坐时之膝盖，则成一摄衣界。即人与衣同在此树界及其势分范围之内，不失衣。已下诸界并同。

④**场界**：治五谷之场所，或是村外空静之处。

⑤**车界**：停住之车，回转一圈之范围内为车界。

⑥**船界**：靠岸停泊之船，其回转处即为船界。

⑦**舍界**：《四分律》中但列其名，并无其相。此谓村外别舍，即今田野间草舍之类。

⑧**堂界**：即多有敞露之处。如屋前敞露处、内空豁但有障壁处。

⑨**库界**：即储藏车乘辇舆及贩卖物之处。

⑩**仓界**：即储存粮食之仓库。

⑪**兰若界**：即迥在空野，不知界之分齐，假借弓树大小来量。即八树间，一树间七弓，弓长四肘，通计五十八步四尺八寸，兼其势分，则七十一步四尺八寸。

前十一种自然界中，僧伽蓝和村二界各有四相。即：（1）周匝垣墙，即四周皆

---

① 《四分律》卷六，《大正藏》第22册，第604页。

② （唐）道宣律师撰《四分律删繁补阙行事钞》卷二，《大正藏》第40册，第67页。《四分律含注戒本疏》中对"情碍"有进一步解释。此疏卷三云："三、情碍，如僧祇中兄弟分齐等。如多论中王来入寺，取水处，大小便处，近王左右，尽非衣界。又有幻人、戏乐人，人来亦尔。"（《卍新续藏》第40册，第27页。）文中所言"僧祇中兄弟分齐等"，指《僧祇律》卷八文：家内界者，若兄弟二人共一家住，于家中别作分齐。若兄不听弟入、弟不听兄入，若比丘在兄分齐内、衣在弟分齐内，日光未没至明相出者，犯离衣宿。（《大正藏》第22册，第297页。）"多论中王来入寺"等，指《萨婆多论》卷四文："又如王来入界内施帐幕住，近左右作饮食处、大小行来处，尽非衣界。有作幻人、咒术人、作乐人来入界内所住止处，亦如王法，尽非衣界。"因王臣权势极大，故作幻人等惑乱人心，故对此等人，皆应回避，因此成碍。（《大正藏》第23册，第529页。）

有垣墙；（2）篱栅不周，如三面有篱或栅；（3）篱墙不周；（4）四面有屋。

此二界四相中随有一相成就，即使界内再有树、仓、库等界，也不成多界。因为僧伽蓝和村的摄衣义强，能将余九界摄为一界。若此二界四相中无一相圆满成就，即不成伽蓝或村相，摄衣之义则弱，那么，则生出十一种自然摄衣界。因此，《四分律》中说："不失衣者，僧伽蓝里有一界；失衣者，僧伽蓝里有若干界。"①

"不失衣界"，是指僧伽蓝四周有院墙，界内没有染、隔、情三碍，只要人和衣都在寺院势分范围内，即使人衣异处，不出界，则不犯，故言一界。

钞文中小字"谓内有三碍起"：指僧伽蓝界内有染、隔、情三碍产生，这时，僧伽蓝界即失，院内的仓库、车库、各殿堂、寮房等，即各自成摄衣界，故有多界。如果人和衣于不同摄衣界中，如人在殿堂，衣置于寮房，明相出即失衣。

依《四分律》：这十一种自然摄衣界，各加势分，即周匝往外各加十三步（一步为六尺，即七十八尺），于此势分内亦属摄衣界，如律中"以中人若用石若砖掷所及处"即是。《善见律》云："中人者，不健不羸。掷石者，尽力掷也，至石所落处，不取石势转处。"②

钞文中小字"诸师义评计十三步"：古代律师经过义评，确定相当于一般人的十三步。

如果将衣放在这十一种自然摄衣界内，而身在摄衣界外宿，如果不遥舍衣，或不奔会衣，或不至掷石所及处，即势分内，次日明相出，随离一一衣皆犯舍堕罪。若摄衣界内有男子，应将衣放置于靠近身体之处，可随手捉到。否则，明相出即犯舍堕。因为有染碍，所以不再有势分。

另外，他部律中，还有四种自然摄衣界：

①**道行界**：即道行时的摄衣界。《十诵律》云："如比丘与和上阿阇梨担衣道中行，若在前、若在后，四十九寻内不离。"③（一寻为八尺，四十九寻即三十九丈二尺，总六十五步有余。）《萨婆多论》云："若比丘与师持衣，前后四十九寻。律师云，亦得纵广四十九寻。"④

②**洲界**：即水中陆地的摄衣界。《善见律》云：水洲上十四肘内不失衣。每肘是一尺八寸，十四肘即二丈五尺二寸。如果水洲上有人来往之时，应将衣放在身边，否则失衣。⑤

③**水界**：《善见律》云："比丘在阿兰若处，竟夜坐禅，天欲晓患眼睡，脱衣置

---

① （后秦）三藏佛陀耶舍共竺佛念等译《四分律》卷六，《大正藏》第22册，第603页。
② （齐）三藏僧伽跋陀罗译《善见律毗婆沙》卷八，《大正藏》第24册，第729页。
③ （后秦）三藏弗若多罗共罗什等译《十诵律》卷五，《大正藏》第23册，第33页。
④ 《萨婆多毗尼毗婆沙》卷四，《大正藏》第23册，第530页。
⑤ （齐）三藏僧伽跋陀罗译《善见律毗婆沙》卷十四，《大正藏》第24册，第773页。

岸上，入池洗浴，洗浴未竟明相出，此衣便成离宿，犯尼萨耆罪。"① 因为衣在陆界，人在水界故。

《母论》云："若持衣入水恐落水中，若着岸上复恐失衣。佛教令取水时，一脚入水，一脚在岸上得取水。"② 这样，虽经明相而不失衣，因水陆相连的缘故。

④井界：《僧祇律》云："井界者，比丘与贾客共行，于井边宿。井栏外二十五肘内，名为井界。衣着井栏上，比丘去井过二十五肘，日光未灭去，至明相出时，尼萨耆。亦如上说。若畏贼故，藏衣井外过二十五肘，来井边宿，日光未灭去至明相出时还，尼萨耆。若藏衣井半龛中，于井上宿，日光未灭去至明相出时，尼萨耆。若绳连衣着身宿者，不犯。置衣井底、于井上宿；置衣井上、井底宿，亦复如是。若夜暂垂手脚井中，与衣合者无罪。是名井界。"③

钞文中小字"例余坑窖等皆犯"：其余的如坑窖等皆类同此例。

《明了论》云：若在行路中逢天黑过夜，粗心错把他人衣拿走，则对方不犯，自己犯离衣宿。论中原文："复次小便等所逼事中，由他加行难所作，是名于三衣处怜愍。此义由转车戒中广说应知。"④ 《行事钞》解云：由大小便、病、怖畏难等所逼，夜出界未得还，而明相出亦不失衣。又，二人共宿三衣同置一处，一人因急事须夜行，不持自衣，误取住人衣而去。至明相出，行人失衣，由行人误取故。住人不失衣。行人心意火急，故言加行。对此住人而言是难，许此难不失衣。⑤

六　罪相

【记】

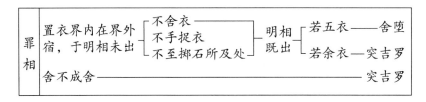

此戒罪相如下：

1. 比丘尼将衣置于摄衣界内，人于摄衣界外宿，经夜，于明相未出时，如果不遥舍衣（即界内有隔碍及界外事）；或手不捉衣（或界内有染碍、情碍），或不到自然摄衣界势分之内（即界内无三碍，可奔会至掷石所及处），明相出，随所离五衣，则犯尼萨耆

---

① （齐）僧伽跋陀罗译《善见律毗婆沙》卷十四，《大正藏》第 24 册，第 773 页。
② 《毗尼母经》卷六，《大正藏》第 24 册，第 837～838 页。
③ （东晋）三藏佛陀跋陀罗共法显译《摩诃僧祇律》卷八，《大正藏》第 22 册，第 297 页。
④ 〔印度〕正量部弗陀多罗多法师造，（陈）天竺三藏真谛译《律二十二明了论》，《大正藏》第 24 册，第 668 页。
⑤ （唐）道宣律师撰《四分律删繁补阙行事钞》卷二，《大正藏》第 40 册，第 66 页。

波逸提。除五衣外，如果离余衣，结突吉罗罪。

2. 如果比丘尼已犯离衣宿，忏罪时不得别众舍。否则，舍不成舍，须结突吉罗罪。

七 并制

【记】

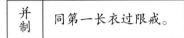

| 并制 | 同第一长衣过限戒。 |

此并制是反治作法之人，同于第一条"长衣过限戒"。具体言之：

1. 犯此戒的比丘尼在忏罪时，应先将衣舍与大众僧，或二三人，或一人。忏罪竟，物还成净，故制应还衣。如果作法人不还，结突吉罗罪。

2. 若作法还衣时，有人教言："莫还"，教者结突吉罗罪。

3. 比丘尼舍衣忏罪后，作法人不还衣，而将此衣作净施，或送与人，或自己作五衣，或自己作波利迦罗衣（华言杂碎衣），或故意损坏，或被火烧，或作帽、袜等非衣，或数数穿着此衣，俱结突吉罗罪。

从此戒至第八条"过限忽切索衣价戒"，并制皆同第一条"长衣过限戒"，不赘列。

八 开缘

（一）正明开缘

【记】

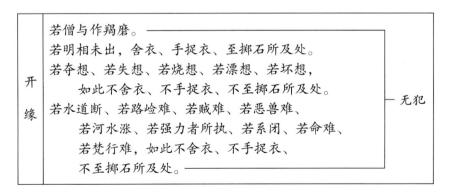

| 开缘 | 若僧与作羯磨。
若明相未出，舍衣、手捉衣、至掷石所及处。
若夺想、若失想、若烧想、若漂想、若坏想，
　　如此不舍衣、不手捉衣、不至掷石所及处。
若水道断、若路崄难、若贼难、若恶兽难、
　　若河水涨、若强力者所执、若系闭、若命难、
　　若梵行难，如此不舍衣、不手捉衣、
　　不至掷石所及处。 | 无犯 |

此戒开缘如下：

1. 如果大众僧为衣重、老病之人作白二羯磨后而离衣，不犯。但只能离僧伽梨。

2. 在明相未出时：（1）如果摄衣界内没有染情隔三碍，至摄衣界势分内；（2）如果摄衣界内有染情二碍，奔会手捉衣；（3）如果摄衣界内有隔碍，或界外有难缘生起，则遥舍衣，如是作者，不犯。

3. 若妄起想心，以为衣被贼人所夺，或衣已丢失，或衣被火烧毁，或被水漂走，或衣被虫蛀坏等，如此不遥舍衣、不手捉衣、不入自然摄衣界势分内，不犯离衣宿，但衣失法。

4. 若贼难、恶兽难、命难，皆是情碍，梵行难属于染碍，若不舍衣，不犯，但衣失法。若水陆道断，属于隔碍，不舍衣，不犯，衣亦失法。

（二）引文别明

【记】 南山行事钞 多论：若重缝五衣（原文"三衣"），设有因缘，摘分持行，名不离衣宿。

《行事钞》引《萨婆多论》卷四文：若是双重缝制之五衣（比丘三衣），假使有外出因缘，可拆开，将一重留于寺中，一重随身持行，不犯离衣宿罪。

九 警策

（一）道宣律师《行事钞》

【记】 同 十诵：所行之处，与衣钵俱，无所顾恋，犹如飞鸟。若不持三衣，入聚落俗人处，犯罪。僧祇亦云：比丘三衣钵，须常随身。违者出界结罪，除病。当敬三衣如塔想。五分：三衣谨护，如身薄皮，常须随身。如鸟毛羽，飞走相随。四分：行则知时，非时不行。所行之处，与衣钵俱。犹如飞鸟，羽翮相随。诸部并制随身，今时但护离宿，不应教矣。（尼应五衣）灵芝释云：今时希有护宿，何况常随！多有毕生，身无法服。是则末世护宿，犹为胜矣。但内无净信，慢法轻衣。真出家儿，愿遵圣训。

《行事钞·二衣总别篇》中引四段文，多举鸟羽以喻常随。

《十诵律》云：出家之人随所到之处，衣钵必须随身。犹如飞鸟，毛羽相随。出家人乃方外之宾，四海为家，有衣可以蔽形，有食可以资身，故来去自在，无所牵挂。如果不持三衣入聚落俗人住处，则结突吉罗罪。[①]

《僧祇律》亦云：比丘三衣及钵（比丘尼五衣及钵），必须恒常随身。如果故违佛制，不带衣钵出大界，即结吉罪，除有病缘。又，应于所持三衣恒怀恭敬，如对佛塔。因为三衣是诸佛应法之服，是贤圣标志，故不可轻慢。[②]

---

① （后秦）三藏弗若多罗共罗什等译《十诵律》卷二十七，《大正藏》第23册，第198页。

② （东晋）三藏佛陀跋陀罗共法显译《摩诃僧祇律》卷八，《大正藏》第22册，第293～294页。

《五分律》云：对三衣当如对待自己的皮肤，须谨慎摄护，随身携带，如鸟用毛羽飞翔，不可暂离。①

《四分律》卷五十三云：凡出行乞食必须在适宜的时间，不是合适之时即不可出行。如向暮入聚落易招俗人讥谤，故为非时。出家人随所到处，必带衣钵，犹如飞鸟，其羽毛和翮，常与身相随而不分开。②

诸部律中都制衣钵要随身，但在佛法正兴盛的唐朝，出家人也只是护离衣宿戒而已，这已经不符合佛之教义。比丘尼应护五衣。

灵芝律师《资持记》云：唐朝时只护离衣宿，至宋朝时连护离衣宿的出家人已经非常稀少，更何况衣钵常随其身。更有人出家一生都没有应法之衣。所以，末法时代能护离衣宿，已是难能可贵了。出家众只因内无清净坚固信心，所以轻慢佛法，不重视法衣。真出家人，希望能遵循圣教，衣钵随身。

（二）灵芝律师《济缘记》

【记】　灵芝济缘记 今时愚者，作恶不除，居屏不着，脱着不知褶叠，损坏不时补治，体色乖仪，短长无准。袴襦俗服，敬若身皮。正制法衣，视同弃物。祖师所谓轻圣所重，重圣所轻。现世剥除，他生永离。悲夫！

灵芝律师于《济缘记》中云：现在（宋朝）有些愚痴僧人，或于污秽劳作处，不抽却法服；或在独居无人处，不穿着法衣；或抽搭衣时，不知道折叠齐整；或法衣损坏时，不予及时补治。衣之体色皆乖违仪则，衣之长短也没有标准。对于世人所着裤、袄俗服，恭敬如身皮；而对佛制法服袈裟，却视之如弃物。正如祖师所谓：轻慢于佛所重的法衣，而尊重佛所轻的俗服。此举果报，即今生袈裟离身还俗，来生轮转三涂，无有出期，再无搭袈裟的机缘。故袈裟下失人身，实在可怜！

练习题

1. 请解释"离五衣宿戒"戒名。

2. 略述佛制"离五衣宿戒"三要素。

3. 背诵并解释"离五衣宿戒"之戒文。

4. 佛制"离五衣宿戒"制意如何？

5. "离五衣宿戒"具哪几缘成犯？

6. 人衣异碍有哪四种？

---

① （刘宋）三藏佛陀什共竺道生等译《弥沙塞部和醯五分律》卷二十七，《大正藏》第22册，第180页。
② （后秦）三藏佛陀耶舍共竺佛念等译《四分律》卷五十三，《大正藏》第22册，第963页。

7. 据《四分律》，有哪几种自然摄衣界？

8. 自然摄衣界的势分是多少？

9. "离五衣宿戒"结犯相状如何？

10. 如果界内有染碍出现，应如何护衣？

11. 背诵《行事钞》所引诸部律中说明"衣钵随身"之文。

第四节　一月衣戒

一　戒名

（一）正释

【记】　一月衣戒第三　　（同、大、制）

一月：即佛为但五衣比丘尼所开作衣之期限，得足而不犯长。

同体衣材：即衣的材质及颜色相同。如作一衣，得多种零段衣材，其中体、色相类同者，名为同衣；其余不相类同者，不堪共作一衣，即属于不同体衣材。

一月衣戒：如果但五衣比丘尼，其五衣破旧、弊坏，欲作新衣，但所得的衣材量少不足，为等待满足故，可开一月。如果同体衣足，即须立即成衣。若不疾疾成衣并加法受持，超过期限，佛制不许。

（二）别解

【记】　灵芝资持记 月，即开之时限。望，谓希其满足。

此戒又名"月望衣戒"。《资持记》释：月，佛开一月之期限。望，即希望能得到足量、同体衣材，作成一衣。

二　缘起

【记】　六群

六群，乃缘起中能犯之人。

佛制此戒三要素：（1）**何处制**：佛于舍卫国制。（2）**因谁制**：六群比丘。（3）**因何制**：但三衣比丘有僧伽梨故烂，十日中间，不能置办。佛听畜长衣，为满足故。六群比丘取同衣不足者，浣染点净，寄人游行。比丘举过，佛呵制戒。

三 戒文

（一）正释戒文

【记】 戒文——若比丘尼，衣已竟，迦绨那衣已舍。若比丘尼得非时衣，欲须便受。受已，疾疾成衣。若足者善，若不足者，得畜一月，为满足故。若过畜者，尼萨耆波逸提。

戒文分六句：

第一句：若比丘尼——能犯人

白四羯磨如法得处所的比丘尼。

第二句：衣已竟，迦绨那衣已舍——显出犯时

显出犯此戒的时间：即五衣同体衣材已满足竟，而且前安居人受五利之开缘已过。

衣已竟：即指同体衣材足够作成一衣。

迦绨那衣已舍：受五利的时间已过。虽然但五衣比丘尼不受五利，然此是佛所开，故如常不犯。

长衣过限戒、离五衣宿戒及一月衣戒，皆言"衣已竟"，其区别在于：长衣过限戒中，衣已竟，是指已具足佛制比丘尼应有之五件衣。离衣宿戒中，衣已竟，是指此五衣已经加法受持。一月衣戒中，衣已竟，是指缝制五衣所需同材质、同颜色的布料已经具足。

第三句：若比丘尼得非时衣，欲须便受。受已，疾疾成衣——明须衣当受

时：即无迦绨那衣，自恣后一月；有迦绨那衣，自恣后五月。

非时：不在此时限内。

如果比丘尼在时外得衣材，依长衣戒所制，通开十日之限。但五衣比丘尼，在此十日期限内，若衣材满足，当裁割缝制成衣，加法受持。在前九日，若未缝制成衣，无妨。到第十日，若所得同体衣材满足，必须裁割缝制成衣。或用线先稀疏地将衣材缝在一起，令不散，是为"疾疾成衣"，然后加法受持。若不如是，到第十一日明相出，便犯舍堕。

第四句：若足者善——同衣足不开

到第十日，若同体衣材足可成衣，就应当立即裁割缝制。不开十日后继续畜衣材。

第五句：若不足者，得畜一月，为满足故——同衣不足开限一月

如果所得同体衣材不足缝作一衣，可存畜此衣材，等待再得同体衣材之因缘。为满足同体衣材故，可畜存一月。此中分两种情况：（1）从第十一日至第二十九日，于此期间，得同体衣足，当日便须裁割缝作衣，或以线稀疏拼缝成衣，并加法受持。若不尔者，次日明相出，便犯舍堕。若不足者，更开望一日。（2）至第三十

日，若所得同体衣材足成一衣，须立即作成衣，并加法受持。若衣材不够，须说净方可畜存。否则，第三十一日明相出，就犯舍堕。

第六句：若过畜者，尼萨耆波逸提——随违结罪

若超过如上所制三位时限，即犯舍堕，应舍财、舍心、舍罪忏悔。

（二）别解三位时限

1. 初位——初十日常开

（1）若第一日至第九日，虽衣材满足，如果不立即缝作衣，不犯。

（2）若至第十日得同体衣材足作一衣者，当日须作成衣或用线粗略缝在一起。否则，第十一日明相出，犯舍堕。

2. 中位——次十九日有开有制

第十一日至第二十九日，得同体衣材足者，随得足之当日，即应作成，否则，次日明相出，犯舍堕。为防当日缝作不完，可暂且粗略拼缝在一起，加法受持已，后更复细刺。

3. 后位——第三十日一向限之

至第三十日，若得衣、不得衣，若同衣体、不同衣体，一向限之。即：（1）若同体衣材不足，可说净畜之。（2）若同衣材足者，或缝制成衣，或粗略、急急地拼缝一起，加法受持已，后更复细刺。不然，第三十一日明相出，随衣材多少则犯舍堕。

四 制意

【记】 四分律疏制意：衣为资身，随时受用。虽先有衣，故烂弊坏，但任受持，不堪着用。今得少财，为作五衣（原文"三衣"），以换故者。而少不足，为待满故，圣开一月。过畜长贪，违教妨道，故以制随五衣（原文"三衣"），不任着须换。若衣材不同，各得一月。若衣同者，即须并作一衣。如不尔者，随过限即犯。是以文言，若同衣足应割截。不者过犯。不问有望无望，断以不断，但同衣足犯。不足随开，不同余律。

衣用以资身办道，随时着用。虽已有五衣，但弊旧坏烂，只可受持，足数而已，却不堪着用。今得少量衣材，拟作五衣，以换故旧。然而衣材少，不够缝作一衣，为等待衣材满足，佛开一月，令望得同体衣足，得作成衣。如果超过期限而畜存，不仅长养贪心，且违背制教，妨碍道业。故佛制，随五衣不堪着用者，方换新衣。如果衣材体、色不同，可以为待衣材满足而各等一月。如果衣材色体相同，即须立即作成一衣。否则，超过期限，便犯舍堕。

因此，《四分律》卷六云：若同体衣材满足，应割截缝作衣。若不如是者，超过期限，便犯舍堕。无论有无希望得衣处，不管望得处断绝不断绝，只要是同体衣材满足，不立即割截缝作衣，第二日明相出，便犯舍堕。若同体衣材不满足者，则随所开，不同其他部律。①

五　具缘

【记】 南山行事钞 具六缘成犯：一、故坏五衣（原文"三衣"）。二、财少不足。三、为换五衣（原文"三衣"），拟替故者。四、不说净，作五衣（原文"三衣"）。五、无因缘。原注云同长衣六、过限。犯。此戒是但五衣（原文"三衣"）者，得少财为换故衣，以不足故，佛开一月。过限而畜，故制。畜长比丘尼（原文无"尼"字），得即说净，不须此戒。

此戒具六缘成犯：

1. **故坏五衣**：比丘尼有破烂、弊坏五衣，但能受持，不堪着用。
2. **财少不足**：衣材少，不足缝作一衣。
3. **为换五衣，拟替故者**：畜此衣材是为换五衣，准备替换故旧之衣。
4. **不说净，作五衣**：不说净，以待衣材满足，缝作五衣。
5. **无因缘**原注云同长衣：原注文，同长衣过限戒，即迦提一月、五月等。
6. **过限。犯**：超过制限，便犯舍堕。

此戒是制但五衣比丘尼，得少衣材，为换故旧五衣。但因衣材少，不足缝作一衣，故佛开一月，令畜存而不犯长。因但五衣比丘尼超过制限而畜，故佛制戒。若是畜长衣比丘尼，衣材到手，应立即说净，故不须此戒。

六　罪相

【记】

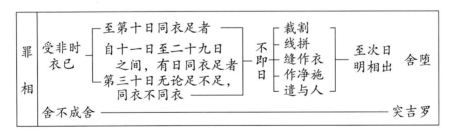

---

① 律云："若十日中同衣足者，应裁割、若线拼、若缝作衣，若作净施、若遣与人；若不裁割缝作衣、若不线拼、不净施、不遣与人，十一日明相出，随衣多少尼萨耆波逸提。若同衣不足至十一日，同衣足即十一日应裁割缝作衣、若线拼，若不裁割缝作衣、若不线拼、若不净施、若不遣与人，至十二日明相出，随衣多少尽尼萨耆波逸提。如是乃至二十九日亦如是。"（《大正藏》第22册，第605页。）

此戒罪相如下：

1. 如果比丘尼，五衣故坏，于非时中得少量衣材而不足作成一衣，为待同体衣材满足：（1）至第十日，同体衣材足者，不即日或裁割，或线拼，或缝作衣，或作净施，或遣与人，至第十一日明相出，便犯舍堕。（2）自第十一日至第二十九日之间，有某日得同体衣足者，如果当日不裁割，或线拼，或缝作衣，或作净施，或遣与人，至次日明相出，便犯舍堕。（3）至第三十日，不问衣材足不足，或同体衣、不同体衣，如果当日不裁割，或线拼，或缝作衣，或作净施，或遣与人，至次日明相出，便犯舍堕。

2. 若犯此戒，忏罪时，不得别众舍。若舍不成舍，须结突吉罗罪。

七 并制

【记】

| 并制 | 同第一长衣过限戒。 |

此并制同第一条"长衣过限戒"。

八 开缘

【记】

| 开缘 | 若十日内同衣足，即日裁割、线拼等。
若不足，至十一日乃至二十九日同衣足，即日裁割、线拼等。
若至三十日，足或不足，同衣或不同衣，即日裁割、线拼等。
若夺想、若失想、若烧想、若漂想，不裁割、不线拼等。
若夺衣、若失衣、若烧衣、若漂衣，或取着，或他与着。
若他与作被。
若受寄衣比丘尼命终、若远行、若舍戒、若贼难、若恶兽难、若水漂，如此不裁割、不线拼等。 | 无犯 |

此戒开缘如下：

1. 若第十日，同体衣材足者，即日裁割，缝作衣，或线拼等，不犯。此是初位开缘。

2. 若第十日，同体衣材不足，可以继续等待衣材。至第十一日，乃至第二十九日，若某日有同体衣材足者，即日裁割，缝作衣，或线拼等，不犯。这是中位开缘。

3. 若至第三十日，不问衣材足不足，同体或者不同体，即日裁割，缝作衣，或线拼，作净施等，不犯。此是后位开缘。

4. 如果得长衣后，因心迷故，或认为此衣已被贼夺，或已丢失，或已被火烧、水漂等。而不当日裁割，缝作衣，或线拼，作净施等，不犯。

5. 如果衣或被夺，或丢失，或被烧，或水漂等，或取着，或他与着。有如是因缘，而不当日裁割，缝作衣，或线拼，作净施等，不犯。

6. 若他人所施之衣材是为作被子，被子属重物，不合加净法。如是而不当日裁割，缝作衣，或线拼，作净施等，不犯。

7. 若衣不在己处，而由他尼代为藏举。此尼或死，或远行，或舍戒，或遇贼难、恶兽难，或被水漂走等。如是不即日裁割，缝作衣，或线拼，作净施等，不犯。

练习题

1. 请解释"一月衣戒"戒名。

2. 何谓"月望衣"？

3. 佛制"一月衣戒"三要素如何？

4. 背诵并解释"一月衣戒"之戒文。

5. "一月衣戒"为哪种根机人制？为何制？

6. "长衣过限戒""离五衣宿戒"及"一月衣戒"，俱明"衣已竟"，如何区分？

7. "一月衣戒"具哪几缘成犯？结犯相状如何？

8. 在什么情况下开不犯"一月衣戒"？

第五节　从非亲里居士乞衣戒

一　戒名

【记】 从非亲里居士乞衣戒第四 　　（同、制）

亲里： 父母亲里，乃至七世血亲。《行宗记》云：父亲己身为一世，上取四世：一父、二祢祖、三曾祖、四高祖。下取儿、孙二世，共为七世。傍及从四：即兄、弟、姊、妹。七世竖论、从四横说，故云傍也。以上七世，一一世中，皆有此四。母亲类说，竖七横四，并同父也。①

居士： 东西方说法不同。东土所言居士，泛指居家信佛之男女。印度则有两种：一者，以多积财货，居业丰盈，谓之居士。二者，居家修道之士，其中包括佛教徒

---

① （宋）元照律师述《四分律含注戒本疏行宗记》卷三，《卍新续藏》第40册，第36页。

及非佛教徒。此戒泛指在家人。

从非亲里居士乞衣戒：若比丘尼向非亲里居士乞衣，除难缘，佛制不许。

二　缘起

【记】　跋难陀

跋难陀：乃缘起中能犯之人。

佛制此戒三要素：（1）**何处制**：佛于舍卫国。（2）**因谁制**：跋难陀。（3）**因何制**：跋难陀为人说法，从索所着衣，彼不得已而与之，单衣入城，便云："祇桓中被贼劫！"诸俗讥嫌，因制。

三　戒文

【记】　戒文——若比丘尼，从非亲里居士，若居士妇乞衣，除余时，尼萨耆波逸提。余时者，若夺衣、失衣、烧衣、漂衣，是谓余时。

戒文分五句：

第一句：若比丘尼——能犯人

白四羯磨如法得处所的比丘尼。

第二句：从非亲里居士，若居士妇乞衣——从非亲乞

比丘尼自己或教他人向非父母亲里，乃至七世非亲的居士及居士妇乞衣。

第三句：除余时——除因缘

若有失夺等因缘，则开不犯。

第四句：尼萨耆波逸提——结罪

若比丘尼无因缘而从非亲里居士、居士妇乞衣，即犯舍堕。须舍财、舍心、舍罪忏悔。

第五句：余时者，若夺衣，失衣，烧衣，漂衣，是谓余时——列不犯缘

余时因缘：即夺衣、失衣、烧衣、漂衣。若有此等因缘，向非亲里居士乞衣者，不犯。

夺衣：或被贼夺，或别人与衣后又夺回。

失衣：自失落，或忘处所。

烧衣：被冢火、鬼火、野火、天火所烧。

漂衣：被水漂去。

四　制意

【记】　四分律疏 制意：凡出家人，宜应知足。今五衣（原文"三衣"）具备，长道缘充。方广乞求，增贪恼物，招致讥过，损坏不轻，故所以制。多论云：一、令佛法增上故，二、为止诤讼故，三、为灭前人不善心故，四、为令众生于佛法中生信乐故。

凡出家之士，理应少欲知足。现在比丘尼既然已具足五衣，长养道业之缘充足无缺，却仍然四处乞求，不仅增长自己贪心，而且触恼居士，招致讥嫌。自坏损他，毁灭正法，过失严重，因此佛制此戒。

又《萨婆多论》卷五中说，佛制不许多乞衣有四益：一者，出家人少欲知足，可光大佛法；二者，不过分乞求，可止息诤讼；三者，不过度求索，可灭前人讥嫌毁谤之种种不善；四者，出家人安贫守道，可令众生对佛法生信乐之心。

五　具缘

【记】　南山行事钞 具六缘故犯：一、五衣（原文"三衣"）具足。二、无因缘。三、非亲里。四、为己乞应量衣。五、彼与。六、领受。犯。

此戒具六缘成犯：

1. **五衣具足**：比丘尼五衣已具足。

2. **无因缘**：没有夺衣、失衣、坏衣等因缘。

3. **非亲里**：乞索的对象是非亲里男女居士。即使是亲里居士，也不可恣意乞索，如《萨婆多论》卷五云："若亲里丰财多货，从索无过。若贫穷者，突吉罗。"

4. **为己乞应量衣**：为自己乞应量之衣。若不足量，应犯轻。

5. **彼与**：对方给予。

6. **领受。犯**：比丘尼领受衣，即犯舍堕。

六　罪相

【记】

罪相		
从非亲里居士居士妇乞衣 ————————	舍堕
舍不成舍 ————————————————————	突吉罗

此戒罪相如下：

1. 如果比丘尼从非亲里居士、居士妇乞衣，犯舍堕。

2. 忏罪舍衣时，不如法舍，舍不成舍，结突吉罗罪。

七　并制

【记】

| 并制 | 同第一长衣过限戒。 |

此并制同于第一条"长衣过限戒"。

八　开缘

【记】

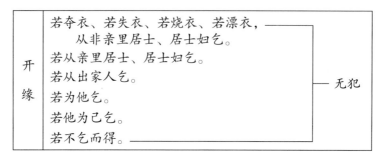

此戒开缘情况如下：

1. 有夺衣、失衣、烧衣、漂衣等因缘，开乞不犯。

2. 如果比丘尼向亲里居士、居士妇乞衣，不犯，以讥嫌小故。纵然是亲里，也不可乞好衣，或无厌足而乞。

3. 如果比丘尼向出家人乞衣，不犯。

4. 如果比丘尼为他人乞衣，不犯，以非为己故。

5. 若他人为己乞衣，而非自乞，不犯。

6. 若施主供养，不乞而得，不犯。

九　警策

（一）道宣律师《行事钞》

【记】　南山行事钞　五百问论：昔有比丘，多乞积聚，不肯为福，又不行道，命终作一肉骆驼山，广数十里。时世饥饿，一国之人，日日取食，随割随生。有一他国人来，见便斫取，便大唤动地。人问其故，便言：吾本是道人，为贪财不施，负此国人物，以肉偿之。我不负卿物，是故唤耳。佛告比丘：贪为大患，舍之则应比丘之法。灵芝释云：比丘之法，少欲为本。贪求不厌，未殊鄙俗。况讲法谈禅，身当众首。非唯自陷，抑误后生。请详上缘，仍思佛诫。自非木石，宁不动心哉。

道宣律师在《行事钞》中云，《五百问论》①记载：昔有一位比丘，因多方贪乞无厌，积畜屯聚大量财物，既不肯为大众执劳营福，又不肯修行办道。命终后，化作一肉骆驼山，其形大背高，广几十里。正值饥馑年，人民取此肉充饥度日，此肉随割随生。有一外国人至此，见肉骆驼山，便砍取此肉。此山大叫，惊天动地。彼人问其缘由，答言：我本是出家人，因贪求吝惜财物，不肯施舍，亏欠此国人民财物，故以肉偿还。而我不欠你物，是故大唤！佛告比丘：贪乃修道大患，如果舍此贪心，方应比丘之法。

灵芝律师释云：所谓比丘之法，即少欲知足为本。如果出家人，仍贪求财物，无有厌足，则与粗鄙俗人无异。更何况讲经谈禅诸师，身为大众上座首领，其行为举止必为后学仿效。若不尊奉圣教，不仅自己坠陷地狱，而且贻误后人。请仔细阅读此文，深思佛之教诫。相信皆非草木顽石，岂能不为之动心？

（二）道宣律师《戒本疏》

【记】　南山戒本疏 今世讲师，至此常不敢语。以亲行故，羞不语他。何以不行而隐不道，何妨有人行之，则此戒或末法一人持也。慎之哉！慎之哉！灵芝释云：亲行，谓自犯也。羞不语者，说行相反故。此指当时，犹能知愧。而今无耻，身犯口说，何足议也。何下，正斥，古本作可以。己虽不行，讲须明示，令他行之，则末法或有一人，不可期也。此言激励之切，末学听寻，当如何耶？下诫讲者不可隐教，再言慎之，诫之极也。

道宣律师说：今世（唐朝），有些讲经说法者，每每讲到过分乞求，常常不敢论说。因为自己也如是造作，感到羞愧便避而不谈。但何必因自己有犯而隐之不讲？何妨有能行之人。值此末法之际，或许仍有一人能持。是以讲法者，必不可隐藏佛之教法。慎矣！慎矣！灵芝律师云：钞文中所说"亲行"，是指讲法者本身也犯过分乞求之过。"羞不语他"，是因为自己言行不一，感到羞愧，无颜教诫他人。在唐朝，讲者仍知羞愧。"而今"指宋朝，讲法者则大多已无羞耻之心，自身数犯过分乞求之过，却大言不惭地为人讲说。此等人士，不足议也。

从"何妨有人行之"以下，是正式呵斥讲法者隐藏教法。古本"何"字写作"可"。因为讲法者虽然自己做不到，但在讲说之时，必须开示此过分乞求之过，使听者明白道理，如法行之。或许末法时代，仍然有一人能依教奉行。道宣律师此言，激励之意深切，后学闻后须自审思，当如何行持。之后告诫讲说者应明示佛之教法，所以重复说"慎之哉！"以表祖师恳切之极。

① 藏经中未见此论。《行事钞》所引"肉骆驼山"一事未详出处，文中"贪为大患"一语，见于《佛说目连问戒律中五百轻重事经》卷下（《大正藏》第24册，第994页）。

练习题

1. 何谓"非亲里"?

2. 佛制"从非亲里居士乞衣戒"三要素是什么?

3. 背诵并解释"从非亲里居士乞衣戒"之戒文。

4. 佛制"从非亲里居士乞衣戒"的目的是什么?

5. 具哪几缘即犯"从非亲里居士乞衣戒"?

6. "从非亲里居士乞衣戒"有哪些开缘?

思考题

1. 请举出几则因过分乞求遭世人讥嫌的实例,并结合实例讨论佛制"从非亲里居士乞衣戒"的现实意义。

第六节　过知足受衣戒

一　戒名

【记】　过知足受衣戒第五　（同、制）

过:超过、过分。

知足受衣:施主因比丘尼失衣、夺衣、烧衣、漂衣而施衣,比丘尼当知足受衣。《四分律》云:"若失一衣不应取,若失二衣、余一衣,若二重、三重、四重应摘作。若僧伽梨、若郁多罗僧、若安陀会,若三衣都失,彼比丘应知足受衣。"[1]

律中又云,知足有二种:(1)在家人知足:指随白衣所与衣而受之,纵然不足,也不应向他再乞索。(2)出家人知足:指比丘三衣、比丘尼五衣既足,不应更受。[2]

过知足受衣戒:若比丘尼失衣、夺衣、烧衣、漂衣,施主因而发心施衣,比丘尼当知足受衣,若过分取衣,佛制不许。

二　缘起

【记】　六群

六群,乃缘起中能犯之人。

---

[1]　(后秦)三藏佛陀耶舍共竺佛念等译《四分律》卷七,《大正藏》第22册,第610页。
[2]　(后秦)三藏佛陀耶舍共竺佛念等译《四分律》卷七,《大正藏》第22册,第610页。

佛制此戒三要素：（1）何处制：佛于舍卫国制。（2）因谁制：六群比丘。（3）因何制：时有众多比丘，遇贼被夺衣，来到祇桓精舍。有优婆塞闻知，多持好衣来，随诸比丘意取。比丘说已有三衣，故不需也。六群比丘反而令取归己，比丘举过，因制。

三 戒文

【记】　戒文——若比丘尼，失衣、夺衣、烧衣、漂衣，若非亲里居士、居士妇，自恣请，多与衣。是比丘尼当知足受衣。若过者，尼萨耆波逸提。

戒文分五句：

第一句：若比丘尼——能犯人

白四羯磨如法得处所的比丘尼。

第二句：失衣、夺衣、烧衣、漂衣——遇四因缘

此明比丘尼因遇失、夺、烧、漂四因缘而失衣。

第三句：若非亲里居士、居士妇，自恣请，多与衣——非亲施衣

非亲里居士、居士妇因此比丘尼遇缘失衣，故持多衣而布施，请比丘尼随意取用。

第四句：是比丘尼当知足受衣——教知足受

此是居士因难缘而发心布施，因此受者应知足取用。《善见律》云："若比丘尼失五衣，得受二衣；若失四衣，得受一衣；若失三衣不得受。"[1] 余不足者，但向余处乞索。由失衣处，施主厚心，故不可全取。

第五句：若过者，尼萨耆波逸提——过受结犯

如果比丘尼超过知足受衣的制限，即犯舍堕，应舍财、舍心、舍罪忏悔。

四 制意

【记】　四分律疏 制意：所以制不听过知足取衣者。出家之人，遇四因缘，失夺五衣（原文"三衣"）。笃信闻之，竭贫以施。理应称施而受，彰己内有廉节之心，外不恼物。今五衣（原文"三衣"）已足，过分更受，内长贪结，外乖施心，殊所不应。是故圣制。

佛所以不听比丘尼过知足受衣，是因为比丘尼遇到失、夺、烧、漂四因缘而缺五衣。虔诚居士听闻后，竭尽所能而布施。虽施者无厌，但受者应知足。如是，则彰显自己内怀廉洁之心，外不损恼施主。而今比丘尼五衣已具足，却过分再受衣，既长自己贪心，又违施主之意，极不应该。因此，佛制不许。

---

[1] （齐）僧伽跋陀罗译《善见律毗婆沙》卷十五，《大正藏》第24册，第775页。

五 具缘

【记】 南山行事钞 具六缘成犯：一、比丘尼失夺五衣，^{五衣都失，}^{乃可乞衣，}二、非亲居

士，三、为失夺故施，^{钞又云：若不为}^{失，随受无罪。}四、比丘尼知彼为失故施，五、过知足，

六、领受。犯。①

此戒具六缘成犯：

1. **比丘尼失夺五衣**^{五衣都失，}^{乃可乞衣}：比丘尼因遇失、夺、烧、漂四缘而失五衣。小

字注明：须五衣都失方可乞衣，若没尽失则不可乞。因尚有余衣在，若二重、三重、

四重，可摘作所缺之衣。

2. **非亲居士**：施衣者是非亲里居士、居士妇。

3. **为失夺故施**^{钞又云：若不为}^{失，随受无罪}：居士是因比丘尼失夺因缘而布施。小字注明：

《行事钞》又云：如果居士不是因比丘尼失夺因缘布施衣，则随受无罪。

4. **比丘尼知彼为失故施**：比丘尼亦知居士是因其失夺因缘而施衣。

5. **过知足**：比丘尼过知足受衣。

6. **领受。犯**：如果比丘尼领纳入手，则犯此戒。

六 罪相

（一）正明犯

【记】

罪相	非亲里居士、居士妇，自恣请，多与衣，过知足受者———舍堕
	舍不成舍———————————————————突吉罗

此戒罪相如下：

1. 若非亲里居士、居士妇自恣请，多与衣，超过知足而受，即犯舍堕罪。

2. 此舍堕衣，忏罪时应舍与僧，若众多人，若一人。不得别众舍，若舍不成

舍，结突吉罗罪。

---

① 此非《行事钞》原文。钞文："六缘：一比丘失夺三衣。二非亲居士。三为失夺故施。若不为失随受

无罪。四比丘知彼为失故施。五过知足。六领受便犯。"《表记》约比丘尼戒而将"比丘"改为"比

丘尼"，将"三衣"改为"五衣"。《行事钞》中无小字"五衣都失，乃可乞衣"，似《表记》编辑者

据《四分律》制"比丘三衣都失方可受衣"而加。

（二）引文释

【记】 ┌見月止持┐ 自恣请多与衣，谓檀越多持衣施，请诸比丘尼（原文无"尼"字）随意而取。非是夏满自恣也。

见月律师在《毗尼止持》中说：自恣请多与衣，是指檀越多持衣来布施，请诸比丘随意取衣，不是夏安居圆满日之自恣。

七 并制

【记】

并制	同第一长衣过限戒。

此并制同第一条"长衣过限戒"。

八 开缘

（一）正明开缘

【记】

开缘	若知足取。─────┐ 若减知足取。 若居士多与衣，若细薄不牢，应二重三重四重作衣。安缘，贴障垢处，安纽及钩。若有余残衣，应语居士言：此作何等？彼言：我不以失衣故与，自欲与大姊耳比丘尼受者。───┘	无犯

此戒开缘如下：

1. 若比丘尼知足受衣，不犯，以顺教故。

2. 若比丘尼减知足受衣，如：可受上下二衣，但受一衣；或居士施大价衣，而比丘尼取不如者，则不犯。

3. 如果居士自恣请多与衣，若衣细薄不坚牢，比丘尼应取作二重、三重或四重衣。四周安缘，当于肩上贴障垢腻处，安纽及钩。如果有多余衣材或下脚料等，应问居士：此等作何用？居士答言：我不因您失衣而施，而是发心想供养您。如此，受取不犯。

（二）引文别明

【记】 四分律疏 前戒去自无所违故，为他不犯。此戒不开，为他亦犯。此乃
自受衣，为他故犯。

引《四分律疏》说明此戒与前戒开缘不同。前条"从非亲里居士乞衣戒"，是
居士随缘布施，并非专局为某因缘，所以为他乞，不会遭人讥嫌，因此不犯。而此
"过知足受衣戒"，施主是为比丘尼失、夺五衣等缘来供养，比丘尼应知足而受。若
足而多受，转赠余人，有违施主本心，所以此戒为他亦犯。

 练习题

1. 请解释"过知足受衣戒"戒名。

2. 依据《四分律》，"知足"有哪两种？

3. 略述佛制"过知足受衣戒"三要素。

4. 背诵并解释"过知足受衣戒"之戒文。

5. 根据《四分律》及《善见律》，解释"知足受衣"。

6. 佛制"过知足受衣戒"制意如何？

7. "过知足受衣戒"具哪几缘成犯？若施主不为失夺因缘而施，比丘尼过知足
受取，是否有过失？

8. "过知足受衣戒"结犯相状如何？有哪些开缘？

9. "过知足受衣戒"为什么不开为他人乞？

第七节 劝增衣价戒

一 戒名

【记】 劝增衣价戒第六 （同、大、制）

劝：劝说。**增**：增加。

衣价：衣的价值。或钱，或金银乃至玉石等，凡可用来购买衣者，皆可称为衣价。

劝增衣价戒：如果比丘尼劝居士、居士妇为自己增衣价，佛制不许。

二 缘起

【记】 跋难陀

跋难陀，乃缘起中能犯之人。

佛制此戒三要素：（1）**何处制**：佛于舍卫国制。（2）**因谁制**：跋难陀。（3）**因何制**：时居士、居士妇共议云："跋难陀是我知旧，当持是衣价买如是衣与之。"乞食比丘闻已，告知。后往增衣价，彼人讥嫌，比丘举过，佛便制戒。

三　戒文

【记】　戒文——若比丘尼，居士、居士妇，为比丘尼办衣价。具如是衣价，与某甲比丘尼。是比丘尼先不受自恣请，到居士家，作如是说：善哉居士，为我办如是衣价与我，为好故。若得衣者，尼萨耆波逸提。

戒文分五句：

第一句：若比丘尼——能犯人

白四羯磨如法得处所的比丘尼。

第二句：居士、居士妇——俗人非亲

施主是非亲里的居士、居士妇。

第三句：为比丘尼办衣价。具如是衣价，与某甲比丘尼——为办衣价

居士准备定量的衣价，欲买衣施与某甲比丘尼。

第四句：是比丘尼先不受自恣请，到居士家，作如是说：善哉居士，为我办如是衣价与我，为好故——嫌少劝增

此比丘尼未受到居士事先邀请，便自往居士所，作如是说："善哉居士，为我办如是衣价，与我作广大坚致，质地颜色合意之衣。"说此语是为求得价、色、量悉皆精妙之好衣。

自恣请：若居士云："阿姨！我欲为您办衣价，您需何种衣，我将为您作如是衣。"此即自恣请。而此戒中，居士、居士妇在屏处商议，为比丘尼办一定衣价，买衣供养，并非自恣请，所以比丘尼自往求索，嫌少劝增，殊所不应。

第五句：若得衣者，尼萨耆波逸提——领受结犯

如果居士依比丘尼意为增衣价，比丘尼得衣，即犯舍堕。应舍财、舍心、舍罪忏悔。

四　制意

【记】　四分律疏 制意：笃信居士，标心舍施，价限已定。理宜随施而受，不亏道法。今反嫌少，过分更索。长己贪求，坏彼信敬，是故圣制。

笃诚居士，发心布施，确定价格为比丘尼作衣。比丘尼理宜随居士布施欢喜接受，而不亏损出家人少欲知足、清净无为之道法。而今，却反嫌价少，劝增价格，过分索求。如此，内则长己贪求之心，外则坏彼居士信敬。因此，佛制戒遮止。

五　具缘

【记】 南山行事钞 具六缘成犯：一、非亲俗人，虚心办价。二、施期有限。三、知有限。四、嫌少劝增。五、彼为增价缕。六、领受。犯。

此戒具六缘成犯：

1. **非亲俗人，虚心办价**：非亲里居士以虔诚心为比丘尼备办衣价。

2. **施期有限**：居士先已期定衣的价限及颜色、材质等。

3. **知有限**：比丘尼知居士施衣的价限已定。

4. **嫌少劝增**：比丘尼嫌衣价少，劝增衣价。

5. **彼为增价缕**：居士为比丘尼增衣价或增缕线。

6. **领受。犯**：居士如比丘尼所求，为其增衣价或增缕线，衣入手，比丘尼即犯此戒。

六　罪相

【记】

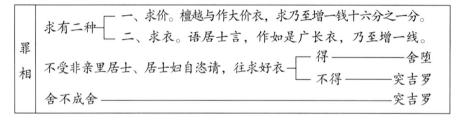

此表含二事：

（一）二种求

1. 求价

檀越与比丘尼作大价衣，比丘尼嫌价少，劝求增衣价，乃至增一钱十六分之一分，亦成求价。**一钱**：即古大铜钱。一大铜钱相当于十六小钱，故十六分之一分即是一小钱，此乃极微价，说明即使劝增极微价亦犯。据《根本说一切有部百一羯磨》注文，西域八十贝齿为一磨洒，一磨洒值此方一钱，故知"一钱十六分之一分"为五贝齿。①

2. 求衣

比丘尼语居士言："作如是广长衣与我！"令居士为彼增缕线，乃至增一缕线，

---

① （唐）三藏法师义净奉制译《根本说一切有部百一羯磨》卷一，《大正藏》第24册，第458页。

亦成求衣。《戒本疏》云：若俗人许与绢疋，令买好者，即同此戒。[1]

（二）明结犯

1. 若比丘尼先未受非亲里居士、居士妇随意请，自往居士所，求索好衣。**求价**：乃至居士为增一小钱。**求衣**：乃至居士为增一缕线。得衣者，犯舍堕；不得衣者，结突吉罗罪。

2. 比丘尼忏罪舍衣时，若舍不如法，舍不成舍，结突吉罗罪。

七 并制

【记】

| 并制 | 同第一长衣过限戒。 |

此并制同第一条"长衣过限戒"。

八 开缘

（一）正明开缘

【记】

| 开缘 | 若先受自恣请，往求。知足减少求。
若从亲里求。
若从出家人求。
若为他求。
若他为己求。
若不求而得。 | 无犯 |

此戒开缘如下：

1. 如果比丘尼先受非亲里居士随意请而往求索；或居士供养大价好衣，比丘尼求不如者，不犯。[2]

2. 如果比丘尼从亲里求索，不犯。此约没有贪心而言。若生贪心，虽不犯本罪，但须结突吉罗罪。

3. 比丘尼若从出家人求，不犯。以讥嫌少故。

---

[1] （唐）道宣律师撰《四分律含注戒本疏》卷三，《卍新续藏》第40册，第40页。

[2] 《戒本疏》云：听索不如者，指少欲省功故。若需花费更多时功，有劳俗人，亦犯。（《卍新续藏》第40册，第40页。）如《僧祇律》卷九云："若与细衣时便言：'我不用是好衣，我是阿练若，如鹿在林中，住在空地，与我粗者，足障寒热风雨。'是名粗足好。若得者，尼萨耆波夜提。"（《大正藏》第22册，第305页。）

4. 若为他求、若他为己求，如是互求不犯。

5. 如果居士自增衣价，比丘尼不求自得，不犯。

（二）引文别释

【记】 案灵芝资持记，合先受自恣请往求，知足减少求为一句。谓虽容恣索，而不贪求。考律文，世尊初制是戒，后又因二事缘起而开制，即此开缘第一所列者也。若据是义，分为二句，或亦可通。

对于开缘第一条，弘一律师加"案"云：在灵芝律师《资持记》中，合"先受自恣请往求"和"知足减少求"为一句。其意为：虽然居士容许比丘尼随意求索，但比丘尼自不贪求，故不犯。

但考证律文，世尊初制此戒后，又因二事缘起而开制，即此开缘中第一所列。第一事缘起，有居士自恣请，问比丘需何等衣？比丘言："佛有制戒，我不敢求。"比丘将此事白佛，佛言："若居士自恣请，得衣，不犯。"即开若先受自恣请，往求不犯。第二事缘起，后又有居士供养贵价好衣。比丘不须，欲求不如者，但因佛先制戒不许求，故不敢言。比丘将此事白佛，佛言："若比丘知足减少求，不犯。"

根据此二缘起之义，将开缘第一条中所列情况分为二句，即"先受自恣请往求"为一句，而"知足减少求"为一句，如此亦通。

 练习题

1. 请解释"劝增衣价戒"戒名。

2. 佛制"劝增衣价戒"三要素是什么？

3. 背诵并解释"劝增衣价戒"之戒文。

4. 佛为何制"劝增衣价戒"？

5. "劝增衣价戒"具哪几缘成犯？结犯相状如何？有哪些开缘？

6. 二种求指什么？

7. 如何理解"求不如"？

第八节　劝二家增衣价戒

一　戒名

【记】　劝二家增衣价戒第七　（同、大、制）

劝二家增衣价戒：有两家居士本欲各自作衣供养比丘尼，而比丘尼为求好衣故，即劝二家合作一衣。如是劝增衣价，佛制不许。

二　缘起

【记】　　跋难陀

跋难陀，乃缘起中能犯之人。

佛制此戒三要素：（1）**何处制：**佛于舍卫国制。（2）**因谁制：**跋难陀。（3）**因何制：**时有二居士夫妇共议，欲与跋难陀买衣。乞食比丘闻已，具告。彼即到二家，语令共作。比丘举过，佛因呵制戒。

三　戒文

【记】　　戒文——若比丘尼，二居士、居士妇，与比丘尼办衣价。我曹办如是衣价，与某甲比丘尼。是比丘尼先不受自恣请，到二居士家，作如是言：善哉居士，办如是如是衣价与我，共作一衣，为好故。若得衣者，尼萨耆波逸提。

戒文分五句：

第一句：若比丘尼——能犯人

白四羯磨如法得处所的比丘尼。

第二句：二居士、居士妇——俗人非亲

施主是非亲里居士、居士妇。

第三句：与比丘尼办衣价。我曹办如是衣价，与某甲比丘尼——为办衣价

二家居士、居士妇各自为比丘尼备办一定限量衣价，欲买衣施与某甲比丘尼。

第四句：是比丘尼先不受自恣请，到二居士家，作如是言：善哉居士，办如是如是衣价与我，共作一衣，为好故——嫌少劝增

此某甲比丘尼先未受彼二家居士、居士妇随意请，自往彼二家，先赞叹彼等，"善哉居士！"后强求二家共作贵价大衣，言："若欲为我作衣，当二家共作，为我办如是衣价，与我共作体、色、量合意之衣。"其意乃为得一广长坚致胜妙之衣。

第五句：若得衣者，尼萨耆波逸提——领受结犯

若二家为比丘尼共作一胜妙好衣，衣入手，比丘尼即犯舍堕，应舍财、舍心、舍罪忏悔。

四　制意

【记】　　四分律疏 制意：如前无异，唯以二居士合作为别。

此戒制意同前"劝增衣价戒"，唯以二家居士合作与前戒不同。前戒是劝一家居士为增衣价。此戒是劝二家居士合作，共增衣价。

五　具缘

【记】　制缘同前，唯劝合二家为异。灵芝释云：文指制缘，改前第四，但于劝字下加二家两字。

此戒具缘同前"劝增衣价戒"。唯前戒劝一家增衣价，本戒劝二家合作共增衣价为异。灵芝律师释云：文中所指"制缘"，即改前戒具缘第四缘，但于劝字下加"二家"两字，亦即改"嫌少劝增"为"嫌少劝二家增"。

具六缘成犯：一、非亲俗人虚心办价。二、施期有限。三、知有限。四、嫌少劝二家增。五、彼为增价缕。六、领受。犯。

六　罪相

【记】

罪相	不受非亲里居士、居士妇自恣请，往求共作好衣	得 —— 舍堕
		不得 —— 突吉罗
	舍不成舍 ———————— 突吉罗

此戒罪相如下：

1. 如果比丘尼先未受二家居士、居士妇随意请，自往二家居士所，求二家为自己共作好衣。比丘尼得衣，犯舍堕罪；不得，犯突吉罗罪。

2. 比丘尼忏罪舍衣时，若舍不如法，舍不成舍，结突吉罗罪。

七　并制

【记】

| 并制 | 同第一长衣过限戒。 |

此并制同第一条"长衣过限戒"。

八　开缘

（一）指同

【记】

| 开缘 | 同第六劝增衣价戒。 |

此戒开缘同第六条"劝增衣价戒"。

（二）补释

【记】　南山戒本疏 劝二居士共作一衣，价不增非犯。

道宣律师在《戒本疏》中说：劝二家居士共作一衣，如果衣价不增，不犯。

练习题

1. 略述佛制"劝二家增衣价戒"三要素。

2. 背诵并解释"劝二家增衣价戒"之戒文。

3. "劝二家增衣价戒"制意、具缘、罪相、开缘与"劝增衣价戒"有何不同？

第九节　过限忽切索衣价戒

一　戒名

（一）正释

【记】　过限忽切索衣价戒　（同、大、制）

过限：超过佛制索衣价之限度。**忽切**：急切。

索衣价：向净施主求索衣价。佛制出家之人不得畜钱宝，若有檀越持衣价为比丘尼作衣，当交与净施主掌管。比丘尼需衣时，再请净施主备办衣价作衣，但须与净施主备办时间，不可急切逼迫。佛制三语六默，令对方忆念自己取衣价之事。过此限，即犯此戒。

所谓三语六默：即三纯语、六默然。即比丘尼需衣时，当往净施主所，言："我需衣。"如果初次往，取衣不得；当二次，乃至三次往，说明自己须衣，令对方忆念取衣价之事。若三次语索不得衣时，当往净施主前默然立，令彼忆念其取衣价之事，乃至六次默然立，得衣者善；若不得者，应自往，或遣信往檀越处，令知此事。

过限忽切索衣价戒：若比丘尼需衣时，超过三语六默，急切逼迫净施主以求索衣价，佛制不许。

（二）补释

引《资持记》补充解释。

【记】　灵芝资持记 越三语六默，名过限。逼迫净主，为忽切。

灵芝律师《资持记》云：比丘尼向净施主索衣，若超过三语六默，名过限；急切逼迫净施主，为忽切。

二 缘起

【记】 *跋难陀*

跋难陀，乃缘起中能犯之人。

佛制此戒三要素：（1）**何处制：**佛于舍卫国制。（2）**因谁制：**跋难陀。（3）**因何制：**时罗阅城中有一大臣与跋难陀释子是亲友，数数往来，遣使持衣价与跋难陀。跋难陀将衣价付净主已，因事急索，致令彼受罚。诸俗讥嫌，比丘举过，佛因制戒。

三 戒文

【记】 戒文——若比丘尼，若王、若大臣、若婆罗门、若居士、居士妇，遣使为比丘尼送衣价。持如是衣价，与某甲比丘尼。彼使至比丘尼所，语比丘尼言：阿姨，今为汝故，送是衣价，受取。是比丘尼语彼使如是言：我不应受此衣价，我若须衣，合时清净当受。彼使语比丘尼言：阿姨，有执事人不？须衣比丘尼应语言：有。若僧伽蓝民、若优婆夷，此是比丘尼执事人，常为诸比丘尼执事。时彼使便往执事人所，与衣价已。还到比丘尼所，如是言：阿姨，所示某甲执事人，我已与衣价。大姊知时，往彼当得衣。须衣比丘尼，若须衣者，当往执事人所，二反、三反，语言：我须衣。若二反、三反，为作忆念，得衣者善。若不得衣，四反、五反、六反，在前默然立，令彼忆念。若四反、五反、六反，在前默然住，得衣者善。若不得衣，过是求得衣者，尼萨耆波逸提。若不得衣，随使所来处，若自往、若遣信往，语言：汝先遣使持衣价与某甲比丘尼，是比丘尼竟不得衣。汝还取，莫使失。此是时。

戒文分九句：

第一句：若比丘尼 ——能犯人

白四羯磨如法得处所的比丘尼。

第二句：若王、若大臣、若婆罗门、若居士、居士妇，遣使为比丘尼送衣价。持如是衣价，与某甲比丘尼。彼使至比丘尼所，语比丘尼言：阿姨，今为汝故，送是衣价，受取——施主遣使送衣价

有施主遣使为比丘尼送衣价，与彼作衣。此中"**若王、若大臣、若婆罗门、若居士、居士妇**"等，是施主。"**如是衣价**"，说明衣价已限定。"**某甲比丘尼**"，确定受施比丘尼。"**阿姨**"，梵语阿梨耶，此云尊者。原为佛陀姨母大爱道之尊称，后世人尊称比丘尼皆为阿姨。

施主遣派使者持已限定之衣价与某甲比丘尼，彼使者至比丘尼所，对比丘尼言："阿姨！我今至此是为汝送衣价，请接受。"

第三句：是比丘尼语彼使，如是言：我不应受此衣价。我若须衣，合时清净当受 ——免犯畜宝故不受

此谓比丘尼因佛制戒不听畜钱宝，故不受此衣价。即对彼使言：佛制比丘尼不听畜钱宝，故不应接受此衣价。我若须衣，合我须用之时，依佛之教法将钱宝换成衣物，此则清净，如此我当受取。

合时：合比丘尼须衣之时。**清净：**将钱宝换作体、色、量皆如法的衣物。

第四句：彼使语比丘尼言：阿姨，有执事人不 ——使问净主

彼使知比丘尼不可畜钱宝，即问比丘尼言：阿姨，有没有为您掌管钱宝的执事人？

第五句：须衣比丘尼，应语言：有。若僧伽蓝民、若优婆夷。此是比丘尼执事人，常为诸比丘尼执事——示净主处

比丘尼告诉使者执事人处所。比丘尼语彼使者言：有执事人，即住在僧伽蓝内的净人，或优婆夷，此是比丘尼的执事人，专为诸比丘尼执劳服务，掌管钱宝。

僧伽蓝民：此有二别：（1）为僧执劳服务，作诸净业，名为净人。（2）防护住处，名为守园人。本戒缘起，是从波斯匿王最初施人与僧伽蓝，为众僧执劳服务，是为净人之初。

优婆夷：此云近事女，谓亲近承事诸佛法故。又翻为近住女，谓受持戒行，堪近僧住。

第六句：时彼使便往执事人所，与衣价已，还到比丘尼所，如是言：阿姨，所示某甲执事人，我已与衣价，大姊知时，往彼当得衣——使付还报

彼使者知执事人处所后，便往彼所，将衣价付彼掌管，并嘱：若比丘尼须用衣时，当持此衣价换如法衣与之。付与执事人衣价已，还至比丘尼所，报言：阿姨，您所示某甲执事人，我已付与衣价。大姊当知，您须用衣时，往彼某甲执事人所，便可置办如法之衣。

第七句：须衣比丘尼，若须衣者，当往执事人所，二反、三反，语言：我须衣。若二反、三反，为作忆念，得衣者善。若不得衣，四反、五反、六反，在前默然立，令彼忆念。若四反、五反、六反，在前默然住，得衣者善 ——开索方法

此明比丘尼须衣时，如何到执事人处索衣。比丘尼若须用衣时，当一次二次三次往执事人所，语言："我须衣。"若初次往执事人所，说明己须衣，令彼忆念付衣价作衣之事，得衣者善。若不得衣者，当二次往取，乃至三次往取。此三次是通过语言索衣。得衣者善，若不得衣者，当一次乃至六次至执事人前默然而立，令彼忆念付衣价作衣之事。若初次至执事人前默然而立，得衣者善。若不得衣者，当二次乃至六次至彼前默然而立，得衣者善。若不得衣者，不应更往求索。

二反三反语言"我须衣"：即三语索衣，具云"一反二反三反"，意即须用衣时，当一次乃至三次到执事人所，说明自己须衣，令彼忆念付衣价作衣之事。

四反五反六反在前默然立：即六默索衣，具云应为"一反二反三反四反五反六反"，因借前语势而将一反二反三反省略。意即三语索衣不得之时，当一次乃至六次至执事人前默然立，令彼忆念付衣价作衣之事。

《善见律》云："云何默然者？口不语、立不坐。若檀越唤教坐，不得坐，若与饮食，亦不得受，乃至饮亦尔，若请说法咒愿，悉不得为说。若檀越问言：'以何因缘来至此？'答言：'居士自当知。'"①

第八句：若不得衣，过是求得衣者，尼萨耆波逸提——过索结犯

如果比丘尼经三语六默索衣而未得衣，不得再索。若再往求索，得衣即犯舍堕，应舍财、舍心、舍罪忏悔。

第九句：若不得衣，随使所来处，若自往，若遣信往。语言：汝先遣使持衣价与某甲比丘尼，是比丘尼竟不得衣。汝还取，莫使失。此是时 ——如法进退

若比丘尼经三语六默索衣而不得者，应往施衣价的檀越处，或亲自前往，或委托可信人前往，告彼檀越知，语言：汝先前遣使持衣价与某甲比丘尼，而此比丘尼始终未得衣，汝当还取衣价，莫使此衣价虚失。此正是还取衣价时，莫延迟。

四 制意

【记】 四分律疏 制意：宝璧精华，世情所重。长贪妨道，生患处深，非是比丘尼（原文无"尼"字）之所宜畜。今施主信心奉施，以为衣价。惧犯畜宝，无宜自受。故付俗人，令贸净物。寻索忽切，情无容豫。迭相催促，逼恼前人。故作制限，三索六默。然今过索，恼境结罪。

钱宝、珍珠、碧玉等为世人所重，但对出家人而言，则长贪妨道，畜之则生深重祸患，所以比丘尼不应畜之。现在施主以信敬心，用钱宝作衣价奉施比丘尼，比丘尼恐犯畜钱宝戒而不受取。于是依佛之教法，将此钱宝交付俗人掌护，令其为贸资身长道之净物。比丘尼须衣时，不可急切逼迫净施主，否则，对方措手不及，无法备办。若无休止催促，定会逼恼前人，是故佛制三语六默为索衣限度。而今过限求索，触恼净施主，故结堕罪。

五 具缘

【记】 南山行事钞 具五缘成犯：一、施主送宝。二、为贸衣用。三、付人转

---

① （齐）僧伽跋陀罗译《善见律毗婆沙》卷十五，《大正藏》第24册，第775页。

贸。四、过分索之。五、得入手。犯。灵芝释云：四、过分者，此有三位。一、纯语，得六反。二、三反语，六反默，齐九反。^{原注云：二默当一语，成本同此相。}三、纯默，齐十二反。过三分齐。犯。

此戒具五缘成犯：

1. **施主送宝**：施主送钱宝与比丘尼。
2. **为贸衣用**：施主送钱宝的目的，是为比丘尼贸衣用，即作为衣价，非为余用。
3. **付人转贸**：比丘尼嘱来人将钱宝付与净施主，令其为比丘尼转贸衣物。
4. **过分索之**：比丘尼向净施主索衣，超过三语六默的限度。
5. **得入手。犯**：比丘尼过分索衣，衣入手，即犯舍堕。

灵芝律师解释具缘中第四"过分"：所谓过分索衣者，此有三位：（1）纯语，得以六反：即纯以言语方式索衣，可六次往索。（2）三反语，六反默，齐九反：即三次用言语索衣，六次用默然索衣，如是共九次索衣。原注中云：二次默然，可当一次言语。戒本中所说语默之相，同此处所说。（3）纯默，齐十二反：即纯以默然方式索衣，得以十二次。因为一次言语，可当二次默然，故六次言语，可当十二次默然。若索衣时，过此三位索衣限度，衣入手即犯舍堕。

六 罪相

【记】

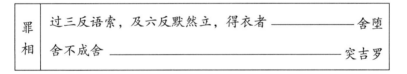

| 罪相 | 过三反语索，及六反默然立，得衣者 ——— 舍堕 |
| | 舍不成舍 ————————— 突吉罗 |

此戒罪相如下：

1. 若比丘尼超过三反语，六反默然，向净施主索衣。衣入手，即犯舍堕。
2. 比丘尼忏罪舍衣时，若舍不如法，舍不成舍，结突吉罗罪。

七 并制

【记】

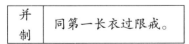

| 并制 | 同第一长衣过限戒。 |

此戒并制与第一条"长衣过限戒"相同。

八　开缘

【记】

开缘	若三反语索及六反默然立，得衣。 ┐ 若不得衣，语所得衣价处，使还取。傥彼不须，施比 　　丘尼。是比丘尼应以时、软语，方便索衣。 ├ 无犯 若为作波利迦罗故与，以时索，软语索，方便索得者。┘

此戒开缘如下：

1. 若比丘尼三反语索及六反默然立得衣，没有过齐限，顺教故不犯。

2. 比丘尼若不得衣，应当告诉与衣价者，使其取回衣价。若施主不须，已施与比丘尼，比丘尼应在适当之时，以善巧言语方便索衣，如此则不犯。

3. 如果施主是为比丘尼作杂碎衣（即助身衣）故与。比丘尼于适当之时，以善巧言语，方便索衣，不犯。

练习题

1. 请解释"过限忽切索衣价戒"戒名。

2. 何谓"过限忽切"？何谓"三语六默"？

3. 据《善见律》，何谓"默然"？

4. 简述佛制"过限忽切索衣价戒"三要素。

5. 背诵并详解"过限忽切索衣价戒"之戒文。

6. 佛制"过限忽切索衣价戒"制意如何？

7. "过限忽切索衣价戒"具哪几缘成犯？

8. 索衣限度有哪三位？请具体说明。

9. "过限忽切索衣价戒"有哪些开缘？

思考题

1. "过限忽切索衣价戒"戒文中的"执事人"是出家人还是在家人？此人的职责是什么？

2. 如果"执事人"将施主供养比丘尼的衣价丢失或携款潜逃，比丘尼当如何？

第十节　畜钱宝戒

一　戒名

【记】　畜钱宝戒第九　（同、制）

畜：积蓄，储蓄。

钱：指交换物质的货币，有八种：金、银、铜、铁、白镴、铅锡、木、胡胶，皆可作钱。

总之，凡上有纹像，随国家所用的货币即是钱。若无纹像，则归宝所摄。

宝：指七宝，谓金、银、真珠、摩尼、珊瑚、车磲、玛瑙。此等宝物，世人所重，可用来换取财物。

畜钱宝戒：如果比丘尼积蓄钱宝，佛制不许。

二　缘起

【记】　跋难陀

跋难陀，乃缘起中能犯之人。

佛制此戒三要素：（1）**何处制：**佛于罗阅祇制。（2）**因谁制：**跋难陀。（3）**因何制：**大臣为跋难陀留食分，其儿以五钱取食。跋难陀取钱寄市肆上而去，人讥故制。

三　戒文

【记】　戒文——若比丘尼，自手取钱，若金银，若教人取，若口可受，尼萨耆波逸提。

戒文分五句：

第一句：若比丘尼——能犯人

白四羯磨如法得处所的比丘尼。

第二句：自手取钱——自手捉

自己亲手受取以上所列各种钱。

第三句：若金银——所捉宝

没有纹像的金银等七宝。

第四句：若教人取，若口可受——教人及口受

或者教他人替自己受取，或以口受。如有人供养钱，虽不亲手受取，而口言：

"好，放着。"或类似词句，即为口受。戒文中未明说畜积钱宝，但以上所说自手取、教人取、口受钱，皆受畜之相。

第五句：尼萨耆波逸提——结罪

无论比丘尼是自手取钱宝，教人取钱宝，还是口受钱宝，即犯舍堕罪。应舍财、舍心、舍罪忏悔。

四　制意

【记】 南山戒本疏 制意：夫出家为道，世财非意。俗士高节，顾若遗尘。况复情存出要，义乖常习。今辄贪畜，殊坏法仪，即非少欲知足之本。所以如来制戒，不约俗人，唯斯一戒，对俗而制。欲使息灭贪竞，兴道相师。若不从法，自陷坑窜，损丧道器。何恶过此，故所以制。多论云：制有三益，一、为息诽谤故；二、为灭斗诤故；三、为成四圣种，节俭行故。

道宣律师在《戒本疏》中说：出家人以修道为本，对于世间财宝，不应系之于怀。世间高风亮节之士，视钱宝如尘土。何况心存出离，期求成就道业之人，更应背离常人所习。而今，出家人动辄贪畜世财，严重损坏出世法仪，即非出家人少欲知足之本志。

如来本不在俗人前制戒，但此一戒，当俗人面而制。体究佛之本意，是为令道众息灭对世财之贪着及由此而起之纷诤、斗乱。与修道相应，成就僧格，兴隆三宝。若出家人不奉行佛之教法，则会自陷坑阱，损丧道器。此恶极大，无有过者。因此，佛制不许畜钱宝。

《萨婆多论》云，佛制此戒有三益：（1）为息诽谤故。如缘起中，跋难陀持钱寄于市肆，俗人讥嫌。（2）为灭斗诤故。钱能招致诤讼，是起祸根源，喻如毒蛇恶兽。若不捉畜，视若粪土，若人诽谤偷盗钱宝，无有是处。（3）为成四圣种，节俭行故。四圣种：粪扫衣、常乞食、树下坐、腐烂药。此四法乃成就圣道之种。[①]

五　具缘

【记】 南山行事钞 具四缘成犯：一、是钱宝。二、知是。三、为己。四、领受。犯。

此戒具四缘成犯：

1. **是钱宝**：是钱或宝。

2. **知是**：知是钱宝无谬。

---

① 《萨婆多毗尼毗婆沙》卷五，《大正藏》第23册，第535页。

3. **为己**：是为自己而受，并未作意暂时先受，后净施与人。

4. **领受**。犯：比丘尼受畜钱宝，即犯舍堕罪。应舍财、舍罪、舍心忏悔。

六　罪相

（一）正明犯相

【记】

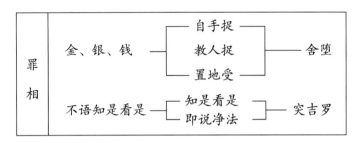

此戒罪相如下：

1. 如果比丘尼自手捉金、银、钱，或教人捉，或置地受，俱结舍堕罪。

置地受：不是专指置于地上。只要为己，口说令对方置于一处，如桌上、窗台上等，俱是犯相。如果心已领受，即犯舍堕。

2. 若比丘尼教净人捉钱，不说"知是看是"，结突吉罗罪。"知是看是"，即说净之语。下引《戒本疏》将释其意。

此为"畜钱宝戒"，波逸提第六十六条是"捉宝戒"。恐相混乱，故作四句简别：

（1）是畜非捉：唯犯前戒，如教人口受。

（2）是捉非畜：但犯后戒，如触他人宝。

（3）亦畜亦捉：前后俱犯，如手受而畜。

（4）非畜非捉：即如法受净。

（二）引文别释

1. 道宣律师《戒本疏》

【记】 南山戒本疏 看是，谓看于钱宝。知是，谓非我所作，为净与尔。何得不道，失法故吉。

《戒本疏》云："看"，是眼看；"是"，此处指钱宝；"知是"，知钱宝本不是出家人所应捉畜，为清净故与你。即令其知道比丘尼不可捉畜钱宝，需说净语，净施与对方。比如有居士布施钱，欲与比丘尼作衣用，比丘尼应对净人说："知是看是。"意即为清净故，你来执掌。净语如此简单，为何不说？由于不说净语，失法故，须结突吉罗罪。

2. 弘一律师加"案"

【记】 案 此戒及下第十（原文是"第十九"）戒舍法、还法，与他戒异。今略录律文大意如下。

舍：应对信乐守园人，或优婆夷，舍宝、说净。^{当语言：此是我所不应，汝当知之。或言：知是看是。}

还：彼取宝已，还宝。比丘尼（原文无"尼"字）作彼物想受，敕净人掌。若得净衣钵、针筒、尼师坛，应易持之。彼取宝已，还净衣钵等，比丘尼（原文无"尼"字）应取持之。

不还：彼取宝已，不还。令余比丘尼（原文无"尼"字）言之，仍不还。自往言：汝可与僧、塔、和尚尼（原文无"和尚尼"三字）等，或还本主。

弘一律师加"案"说明：这条畜钱宝戒及第十条贸宝戒，忏罪时舍法及忏罪后还法与其他戒有所不同。如长衣戒、离衣宿戒等，皆在僧中舍财。此二宝戒，钱宝须舍与白衣。现在大略摘录律文如下：

（1）舍法

犯舍堕的财宝，应舍与对佛法有信乐的僧伽蓝民，或者有信乐的优婆夷。当先说净语："此是我所不应，汝当知之"；或说"知是看是。"然后对方将钱宝取去。

（2）还法

①**净人不解净施意**：因白衣不懂净施法，不明白是为作净的缘故而将钱宝舍与他。由于不解施意，故净施法不成。若此不知法白衣取钱宝之后，又将钱宝还来，比丘尼当作净人物想而受，事同受人寄存，敕令净人掌管。若不知法白衣以此钱宝为比丘尼贸易衣钵等物，由于净施法不成，此衣钵等物皆不清净，应由知法净人贸易成清净衣钵等物之后，比丘尼再受持。

②**净人解施意**：若净人懂得净施之意，净施法即成。此知法白衣取钱宝后，贸易成衣钵等物还给比丘尼。由于净施法成就，此衣钵等皆清净，不需再转贸，比丘尼可直接受持。

（3）索还法

净人取宝之后，如果不还，可遣其他比丘尼对净人说："佛有教，为净故与汝，汝应还他物。"若仍然不还，舍财比丘尼当自往语言："佛有教，为净故与汝，汝今可与僧、与塔、与和尚尼、亲旧知识等，或还本施主。"

3. 道宣律师《比丘尼钞》

【记】 比丘尼钞 僧祇云：若居士施金银，为衣值得受。不得自手取，使净人知。无净人者，指脚边地，语言：是中知。着地已，自用草叶甄瓦等，遥掷覆上，将净人令知持去。若知佛事、僧事，有金银欲举者，若是生地，应教净人知已，作坑内钱置中。若散落者，得自捉甎瓦，掷钱使入，得自填上。僧祇、十诵、善见：若病人得金银钱，令净人畜，为贸药故。若多人与药值，得置毡褥底。眼暗求时，手触无犯。僧祇云：受宝物者，若身分，乃至手脚，系僧伽梨、钵中，皆犯。

此文引《僧祇律》等简别特殊因缘下捉持金钱犯与不犯。含四层意思：

（1）示受钱宝法

《僧祇律》云：如果有居士施比丘金银，若是作为衣值，比丘可以受。但不得自手受取，当使净人知。若无净人，可指示脚边地语言："是中知。"（此即是净语）俗人置钱于地已，自己可以用草叶、砖瓦等，遥掷覆盖于上，待净人来，令知已持去。若是不可信净人，教使在前行，令持付他人。若是可信净人，即令掌举。①

（2）示知事藏举法

《僧祇律》又云：若是料理佛事、僧事之知事，有金银欲藏举。若是生地，恐犯掘地戒，应教净人知，作知净语。净人掘地作坑，将钱宝置于其中。若钱宝散落于坑外，比丘得自手捉砖瓦掷钱使堕坑中，自己可以将坑填上。②

（3）病人开触钱宝

《僧祇律》有制：如果病人得金银钱，可令净人畜藏，作为买药之价。若有多人与药值，得置于毡褥下。若眼暗，求索物品时虽触钱宝，不犯。③《十诵律》《善见律》中未见类似文义。

（4）示领受之相

《僧祇律》还制："自手者，若身、若身分、若身相续。身者，一切身。身分者，若手、若脚、若肘、若膝。身相续者，若系僧伽梨、郁多罗僧、安陀会、覆疮衣、僧祇支、雨浴衣、若钵、小钵、键镃、铜盂中。"④ 比丘若将钱宝放置如上身份或物品之中，皆犯舍堕。

七　开缘

（一）正明开

【记】

---

① （东晋）三藏佛陀跋陀罗共法显译《摩诃僧祇律》卷十，《大正藏》第22册，第311页。
② （东晋）三藏佛陀跋陀罗共法显译《摩诃僧祇律》卷十，《大正藏》第22册，第311页。
③ 《摩诃僧祇律》卷十五云："若病比丘有人与药直钱，病故得着敷褥底，眼安求时，手摩触在不？无罪。"（《大正藏》第22册，第312页。）
④ （东晋）三藏佛陀跋陀罗共法显译《摩诃僧祇律》卷十，《大正藏》第22册，第311页。

| 开缘 | 若语知是看是。——────────────
若舍竟，彼还或不还，比丘尼如法作。——无犯
如前略录律文中说。 |

此戒开缘如下：

1. 如果比丘尼说"知是看是"，不犯。说此净语，意即令净人将钱取去。

2. 如前弘一律师"案"中略录律文中说，比丘尼舍钱宝后，净人还，或不还，比丘尼如律所制如法而作，不犯。

（二）示杂相

【记】 第三分 有比丘在冢间得钱，自持来。比丘白佛。佛言：不应取。彼比丘须铜，白佛。佛言：打破坏相，然后得自持去。（尼同）

《四分律·第三分》中说：时有比丘，在冢间得钱，自己持来。比丘白佛，佛言："不应取。"彼比丘须铜，白佛，佛言：先将铜钱打破，损坏其相，然后可以自己持去。[1] 比丘尼亦如是。

八 警策

引《行事钞》两段文警示策励后学。

（一）明小缓大急

【记】 南山行事钞 明开畜者，经中禁重，如后所明。律中在事，小机意狭，故多开畜。灵芝释云：上明大乘机教俱急。经即涅槃。下明小乘机教俱缓，律在事者，违事故轻。则显经宗于理，违理故重。小机意狭，不堪故开。反上大机，堪任故重。世人反谓小乘须戒，大教通方者，几许误哉。

道宣律师在《行事钞》中云：关于开畜不净物，于大乘经典中有禁止畜重之文，如后文将有说明。而小乘律中则是约事相而制，因小乘之人机劣意狭，故多开畜。

灵芝律师释云：钞文前段说明大乘根机及教法俱急。经即指《涅槃经》[2]。下段

---

① （后秦）三藏佛陀耶舍共竺佛念等译《四分律》卷三十九，《大正藏》第22册，第850页。
② 《大般涅槃经》卷六云："若能远离于八不净毒蛇之法，是名清净圣众福田，应为人天之所供养。清净果报，非是肉眼所能分别。……祇桓精舍有诸比丘，或言金银佛所听畜，或言不听。有言听者，是不听者不与共住、说戒、自恣，乃至不共一河饮水，利养之物悉不共之。"（《大正藏》第12册，第401页。）

明小乘根机及教法俱缓。"律在事者"，即律是约事相而制戒，具缘方犯。由此则显出经是约理明宗，违理（瞥尔一念）即犯。所以，小乘所制较轻，大乘则重。因小乘人先须安身，然后才能进道，此即意狭。是故不堪绝对禁畜，所以佛开钱帛说净等。而大乘根机之人则相反，其力堪任，所以大乘经典中禁止畜重。世人反倒认为小乘人才须戒律，而大乘人则灵活变通。这种理解多么谬误！

（二）引经律斥非

【记】　|同|此之一戒，人患者多。但内无高节，外成鄙秽。不思圣诫严猛，唯纵无始贪痴。故律言：非我弟子。准此，失戒矣。又云：佛告大臣，若见沙门释子，以我为师，而受金银钱宝，则决定知非沙门释子。又杂含云：若为沙门释子，自受畜者，当知五欲功德，悉应清净。又增一云：梵志书述，若是如来者，不受珍宝。故略引多文，证成非滥。灵芝释云：非弟子者，不禀师教故。非沙门者，不修净行故。非释子者，不系圣族故。今多受畜，为教所拣。虽自剃染，即魔外之徒。

佛世尊欲增尚弟子，令弃鄙业，远超三界，近为世范。今乃反自坠陷，自畜自捉，剧城市之商贾，信佛法之烟云。反自夸陈，妄排法律。云：但无贪心，岂有罪失。出此言者，妄自矜持，不思位是下凡，轻拨大圣。一分之利尚计，不及俗士高逸。何异螳螂拒轮之智，不殊飞蛾赴火之能。岂唯畜捉长贪，方生重盗之始。故略述诫劝，有智者临境深思。灵芝释云：剧，甚也。行商坐贾，皆求利者。今僧贪积，往往过之，故云甚也。沙门行净，则佛法光辉。行既鄙秽，则能障蔽，故如烟云。不思等者，善戒经云：菩萨为利众生故，听畜憍奢耶金银等。愚人据此，辄拟同伦，是不思也。况菩萨语，通在家出家。如涅槃经中，出家菩萨遮性等持。纵云开畜，涅槃、地持俱令净施。纵依善戒，本为利生。今乃顺己贪爱，谄诈追求。为聚积则多索无厌，见贫病则一毫不给。岂与夫大士不分高下耶。轻谓侮圣，拨谓无法。一分尚计者，举少况多。不及俗士者，引俗诫道。原宪居于环堵，蓬户不掩。颜渊处于陋巷，箪食瓢饮。晋宋高贤，齐梁达士，视富贵如粪土，慕俭约为高尚。遍于史籍，岂不闻乎。故下结劝，杂心云：未来舍轮王位易，现在不取一钱难。故令临境深思，未知何人能禀斯嘱？悲夫！

道宣律师在《行事钞》中说：人多喜犯此戒，只因内心无高尚节操，于外便现鄙秽行径。不思惟佛制此戒如此严格、急切之由，唯知一味放纵无始劫来的贪婪愚痴。是故律云：捉畜钱宝非我弟子。准此，若捉畜钱宝，一切善戒皆失。

律中记载，佛告珠髻大臣："汝今当知，若应捉金银若钱，不离珠璎珍宝，亦应受五欲。若受五欲，非沙门释子法。"①《杂阿含经》云："佛告聚落主：'若沙门释子自为受畜金银珍宝清净者，五欲功德悉应清净。"② 又，《增一阿含经》云：超术梵志复作是念，"我今可急速报佛恩，今且以此五百两金奉上定光如来。"复作是念："书记所载，如来不受金银珍宝。我可持此五百两金，用买华香，散如来上。"③

以上略引诸文，证明沙门释子不应捉畜金银钱宝，有圣言量根据，非伪滥之说。

灵芝律师解释：身为佛弟子，应依教奉行。而今不禀师教，自手捉畜钱宝，故非佛弟子；只知贪畜钱财，不修清净梵行，故非沙门；亦不属释姓圣族，故言非释子。现今（宋朝）受畜之人比比皆是，依教拣别，均不是沙门释子。因此，虽已剃发染衣，也属邪魔外道之流。

《行事钞》又云：佛为增上弟子，制不许受畜钱宝，令舍弃世俗鄙秽之业，远超三界，近为楷模。而今有教不依，自甘堕落，自畜自捉钱宝。求索畜积，超过行商作贾之人。此庸俗卑劣心行，必定如雾如霾，障蔽佛法光辉。不知惭愧，反自夸耀，自称大乘学者，不必拘泥小戒。妄毁戒律，言：只要没有贪心，畜捉金银钱宝，哪里能有过失？言此语者，实乃妄自尊大，不思忖自己乃下位凡夫，不筹量此乃轻忽颠倒大圣正法。一分之利尚且斤斤计较，远不如世间君子之高逸。此等辩白，与螳螂拒轮之智有何异？与飞蛾赴火之能有何别？捉畜钱宝哪里只是增长贪心，更是犯盗之始。所以，略述如上告诫之语，恳切劝励有智之人，临境应善思之！

灵芝律师解释：剧，超出之意。行商坐贾都是贩博求利之人，而今有些出家人贪积钱财，其行径往往超过俗人，故言甚于城市之商贾。若沙门释子勤修净行，不捉持金银，则显佛法光辉。而捉畜钱宝，行为鄙秽，犹如烟云，障蔽佛日。④《菩萨善戒经》云："菩萨若受菩萨戒已。应受应畜憍奢耶敷具。至百千万数金银亦尔。声闻之人但为自利。是故如来不听受畜。菩萨不尔。为利众生是故听畜。不得不受。"⑤ 愚痴之人据此便将自己与大菩萨划为同类，此即不思己位是下凡也。况菩萨之语通于在家出家，如《涅槃经》中，出家菩萨遮性等持，即使开畜，也须净施。《涅槃经》《菩萨地持经》中皆有明示。纵依《菩萨善戒经》，本意也是为利益众生

---

① （后秦）三藏佛陀耶舍共竺佛念等译《四分律》卷八，《大正藏》第 22 册，第 619 页。
② （刘宋）三藏求那跋陀罗译《杂阿含经》卷三十二，《大正藏》第 2 册，第 228 页。
③ （东晋）三藏瞿昙僧伽提婆译《增一阿含经》卷十一，《大正藏》第 2 册，第 598 页。
④ 《四分律》卷八云："日月有四患，故不明不净，不能有所照，亦无威神。云何为四？阿修罗、烟、云、尘雾是日月大患。若遇此患者，不明不净，不能有所照，亦无威神。沙门婆罗门亦有四患，不明不净，不能有所照，亦无威神，亦复如是。云何为四？若沙门不舍饮酒、不舍婬欲、不舍手持金银、不舍邪命自活，是谓沙门婆罗门四大患，能令沙门不明不净，不能有所照，亦无威神。"（《大正藏》第 22 册，第 619 页。）
⑤ （刘宋）三藏求那跋跎摩译《菩萨善戒经》卷一，《大正藏》第 30 册，第 1016 页。文中"憍奢耶"，《萨婆多论》云："是绵名也。此国养蚕，如秦地人法，蚕熟得绵，名憍奢耶。"（《大正藏》第 23 册，第 533 页。）

而畜积。今乃顺己贪心，诌曲诳骗，不择手段谋求钱财。为聚积财宝，求索无厌；见贫穷病羸，则难舍一毫。怎能与菩萨大士不分高下、相提并论？

轻拨大圣：轻即侮辱大圣，拨即无有正法。

一分尚计：此是举少况多。一毛尚且不拔，又怎能布施多财？

不及俗士高逸：是引俗士以劝诫道人。原宪，安居狭屋，栅篱门，不掩关。颜回，乐处陋室，一箪食，一瓢饮。① 其余如晋、宋、齐、梁等高贤达士，视富贵如粪土，钦慕节俭为高尚。如是世间高洁君子，遍于历史典籍之中，难道不曾听闻？

故略述诫劝，有智者临境深思：总结上文，诫劝后学。《杂心论》卷八云：舍未来转轮王位容易，但现在不取一钱却很难。② 先贤令"有智者应临境深思"，不知何人能秉承嘱咐，悲哉！

练习题

1. 何谓"钱"？何谓"宝"？

2. 请解释"畜钱宝戒"戒名。

3. 略述佛制"畜钱宝戒"三要素。

4. 背诵并解释"畜钱宝戒"之戒文。

5. 世尊为什么制"畜钱宝戒"？何谓"四圣种"？

6. "畜钱宝戒"具哪几缘成犯？结犯相状如何？

7. 举例说明犯"畜钱宝戒"与犯"捉钱宝戒"的区别。

8. "知是看是"是何意？若不说"知是看是"结何罪？

9. 根据弘一律师"案"，犯"畜钱宝戒"比丘尼在忏罪时应怎样舍财？忏后应怎样还财？

10. "畜钱宝戒"有哪些开缘？

思考题

1. 若比丘尼手机上绑定银行卡，通过支付宝、微信等方式购置日常所需。会犯到哪些戒？

2. 结合"过限忽切索衣价戒"，谈谈怎样如法持守"畜钱宝戒"及"捉钱宝戒"。

3. 灵芝律师云**"世人反谓小乘须戒，大教通方者，几许误哉"**，此话何意？

4. 道宣律师云：**"此之一戒，人患者多。但内无高节，外成鄙秽。不思圣诫严猛，唯纵无始贪痴。故律言：非我弟子。准此，失戒矣。"**如何理解此段文？有何感想？

第十一节　贸宝戒

一　戒名

【记】　贸宝戒第十　（同、大、制）

贸：贸易，即彼此交换。

宝：指钱宝。宝者，律中所言七物：（1）已成金，（2）未成金，（3）已成未成金，（4）已成银，（5）未成银，（6）已成未成银，（7）钱。钱者，律中有八种：金钱、银钱、铜钱、铁钱、白镴钱、铅锡钱、木钱、胡胶钱。

贸宝戒：如果比丘尼以钱宝或衣物等与他人更相贸易钱宝，为从中得利，佛制不许。

二　缘起

【记】　跋难陀

跋难陀，乃缘起中能犯之人。

佛制此戒三要素：（1）**何处制**：佛于罗阅城制。（2）**因谁制**：跋难陀。（3）**因何制**：跋难陀往市肆上以钱易钱，居士讥嫌，因制。

三　戒文

【记】　戒文——若比丘尼，种种卖买宝物者，尼萨耆波逸提。

戒文分三句：

第一句：若比丘尼——能犯人

白四羯磨如法得处所的比丘尼。

第二句：种种卖买宝物者——互相贸易

比丘尼与他人贸易种种宝物，如已成金、未成金、已成未成金；已成银、未成银、已成未成银，及已成钱。

第三句：尼萨耆波逸提——结罪

比丘尼与他人贸易钱宝，领受即犯舍堕罪。应舍财、舍心、舍罪忏悔。

四　制意

【记】　四分律疏制意：以其宝物，更互相贸。为求息利，长贪妨道，招世讥过。故须圣制。

若出家人用种种宝物交互贸易，以从中获得利润。如此将会增长贪心，妨修道业，亦招世人讥嫌。自损损他，其过失严重，所以佛制此戒遮止。

五 具缘

【记】 南山行事钞 具五缘成犯：一、是钱宝。二、互相易。三、决价。四、为己。五、领受。犯。

此戒具五缘成犯：

1. **是钱宝**：所贸的是钱宝。
2. **互相易**：彼此互相贸易。
3. **决价**：价格已决定。
4. **为己**：是为己而贸，若为三宝则不犯。
5. **领受。犯**：领受所贸的钱宝，即犯舍堕罪。此钱宝不宜再用，应舍忏。

六 罪相

（一）正明犯

【记】

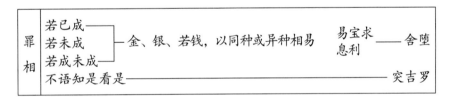

此戒罪相如下：

1. 如果比丘尼以已成金、未成金、已成未成金，已成银、未成银、已成未成银，已成钱，不论同种相易或异种相易，但所贸是钱宝，且为求息长利，即犯舍堕罪。

同种相易：同性质金、银、钱等互相贸易，如用金戒指换金耳环。

异种相易：如金与银互相贸易。

2. 如果让净人为其贸易，而不说净语"知是看是"，违教故，结突吉罗罪。

（二）引文释

【记】 灵芝资持记 律有七物，交互并犯。金有三品：一、已成金。（原注云：华钗庄严具是。）二、未成金（即金铤也）。三、已成未成金。（镕泻成器，未铤治者。）银亦三种，钱唯一品，总为七也。

灵芝律师在《资持记》中说：律中有七物交互贸易，并犯舍堕。

七物当中，金有三品：（1）**已成金**：即已作成的金器。原注说明：如华钗、金耳环、金项链一类的庄严具。（2）**未成金**：即未成器的金铤。（3）**已成未成金**：镕金泻作成器而未铤治，亦即已成形状而未经捶打揩磨。

银亦有三品：已成银、未成银及已成未成银。

钱只有一品：即已成钱。依理也有三品，但未成就文像者，不可用于流通，则不是贵物，故唯一也。

总上金三品、银三品、钱一品，则有七品。

七　开缘

【记】

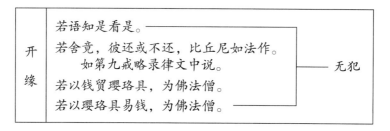

此戒开缘如下：

1. 如果说净语"知是看是"，令净人持去贸易不犯。

2. 如果比丘尼舍钱宝后，彼净人还或不还，比丘尼如前第九条戒略录律文中所说，如法而作，不犯。

3～4. 若为佛法僧三宝而贸钱宝璎珞，不犯此戒。此戒为己则犯，为三宝故开。

 练习题

1. 何谓"贸宝"？

2. 简述佛制"贸宝戒"三要素。

3. 背诵并解释"贸宝戒"之戒文。

4. 佛制"贸宝戒"制意如何？

5. 依于《四分律》，钱宝有哪几种？

6. 何谓"同种相易""异种相易"？

7. "贸宝戒"具哪几缘成犯？

8. "贸宝戒"结犯相状如何？有哪些开缘？

第十二节 贩卖戒

一 戒名

【记】 贩卖戒第十一 （同、大、制）

贩卖：为获利而卖买。如《四分律》云："卖者，价直一钱数数上下。增卖者，价直一钱言直三钱。重增卖者，价直一钱言直五钱。买亦如是。"①

道宣律师在《戒本疏》中解释，此戒中贩卖，须分三位，即贩、卖、买。**贩**：为获利而收买，为营利而卖出，与人讨价还价。**买**：为获利而收取，故意降低前人物价。**卖**：为获利而出卖，过高增加自己物价。②

贩卖戒：如果比丘尼作贩卖，佛制不许。

二 缘起

【记】 跋难陀

跋难陀，乃缘起中能犯之人。

佛制此戒三要素：（1）**何处制**：佛于舍卫国制。（2）**因谁制**：跋难陀。（3）**因何制**：跋难陀往无住处村，以生姜易食，又共外道博衣，悔而不还，讥呵因制。

三 戒文

【记】 戒文——若比丘尼，种种贩卖，尼萨耆波逸提。

戒文分三句：

第一句：若比丘尼——能犯人

白四羯磨如法得处所的比丘尼。

第二句：种种贩卖——所防过

比丘尼作种种贩卖，从中谋利。

种种：乃各种各样、一切。戒文中指贩卖之物品有种种类别。

《四分律》列举**"种种者"**：含时药、非时药、七日药、尽形寿药、波利迦罗。③《羯磨疏·忏六聚法篇》解释：已外，不问重轻，十六枚器，贩搏财食，毡被丝绵，

---

① （后秦）三藏佛陀耶舍共竺佛念等译《四分律》卷八，《大正藏》第 22 册，第 621 页。
② （唐）道宣律师撰《四分律含注戒本疏》卷三，《卍新续藏》第 40 册，第 53 页。
③ （唐）道宣律师撰《四分律删补随机羯磨疏》卷四中云："波利迦罗者唐译助身衣也。"（《卍新续藏》第 41 册，第 301 页。）

衣钵瓶碗，纸笔杂事。虽非犯长，皆由取纳乖方，断当高价，并入卖买舍堕。①《僧祇律》云："种种者"，包括时药、非时药、七日药、尽形寿药、随身物、重物、不净物、净不净物。②

第三句：尼萨耆波逸提——结罪

比丘尼种种贩卖，领受对方之物，即犯舍堕，应舍财、舍心、舍罪忏悔。

四　制意

【记】　四分律疏　制意：凡出家之人，理息缘务，静坐修道。何得躬自贩博，驰骋市肆，动越威仪，招世讥丑。财物既交，或容犯重。临危事险，行非高节。以斯诸过，圣制不许。

佛制此戒意义有二：

1. 乖道意

凡出家之人，志求出离。理应息诸外缘杂务，静坐思惟，修行办道，怎能亲自贩卖营利？终日往返于市场、店铺等交易处所，与俗人净价高低，既乖违道人威仪，又招致俗人讥嫌，从而丑累佛法。

2. 防盗意

钱财交贸，涉犯重盗之虞。《五百问事》云："问：'比丘市卖，自誉己物过价，前人信贵买。犯何事？'答：'犯盗。'"③ 由作买卖，易犯诸过，属极危险之事，更非高风亮节之行。因有如上诸过，故佛制戒遮止。

五　具缘

（一）正列具缘

【记】　南山行事钞　具六缘成犯：一、在家二众。二、共同交贸。三、决价。四、为己。五、自贸易。六、领受。犯。

此戒具六缘成犯：

1. 在家二众：与在家二众贸易。若与出家五众则不犯本罪，但为利故，应结突

---

① （唐）道宣律师撰《四分律删补随机羯磨疏》卷四，《卍新续藏》第41册，第340页。
② （东晋）三藏佛陀跋陀罗共法显译：《摩诃僧祇律》卷十，《大正藏》第22册，第313页。另据《摩诃僧祇律》卷三解释，此中"随物者"，谓三衣、尼师檀、覆疮衣、雨浴衣、钵、大小揵镃、钵囊、络囊、滤水囊及余种种所应畜物。"重物者"，谓床、卧具及一切铜器、木器、竹器、瓦器等。"不净物者"，谓钱金银，比丘不得触故，名不净物。"净不净物者"，谓真珠、琉璃、珂贝、珊瑚、颇梨、车、马瑙、璧玉，是诸宝物得触不得用故，名净不净物。（《大正藏》第22册，第245页。）
③ 《佛说目连问戒律中五百轻重事经》卷二，《大正藏》第22册，第993页。

吉罗罪。

2. **共同交贸**：共同交相贸易。

3. **决价**：决定价格。

4. **为己**：为自己贩卖。

5. **自贸易**：比丘尼亲自贸易。

6. **领受。犯**：领受贸易之物，即犯舍堕。

（二）引文别明

【记】 比丘尼钞 十诵：若可舍物，食噉，口口吉。作衣，着着提。若须是物，审思言：我以此若干物买。若彼不肯，更应再语。若复不肯，应三语索。不得者，觅净人使买。净人不知市易，当教以此若干物买是物，应好量议，教买得者无犯。若买得物此贱彼贵，有利不犯。虽教净人买无犯，然不得对物主前取，尼语上下，屏处教者得。十诵云：若私卖买，前人悔取本物，七日内听还，若过不应。五分：使净人易时，应心念：宁使彼得我利，我不得彼利。三千威仪：教人入市买物有五事，一、当教莫与人诤。二、当教买净者。三、莫使侵人。四、不定走促人。五、当护人意。

此段文分四层说明：

1. 噉着结犯

《十诵律》云："是物若可噉，口口得突吉罗罪。是物若可作衣着，随着得波逸提。"[1]《四分律》中，着用舍堕衣，则结吉罪。[2]

2. 明自贸法

若需此物，应仔细考虑，说：我想用此物换你物。若对方不同意，可再说一次。若对方仍不同意，还可以索第三次。若已索三次，对方依然不肯，则应令净人去买。若净人不懂市易法，当教之，用此多少物可买彼物。还应教他商议价钱时态度须和缓。若比丘尼如此教净人买物，不犯。若买得之物，此地贱，而余地贵，不犯。虽然教净人买不犯，但比丘尼不得在卖主前教，亦不得在卖主前取物，应于屏处教。

3. 悔还得否

《十诵律》云：如果私自卖买，交易后对方反悔，想要回原来物品，若在七日内，可以还；若过七日，则不应还。[3]

---

[1] （后秦）三藏弗若多罗共罗什等译《十诵律》卷七，《大正藏》第 23 册，第 53 页。

[2] （后秦）三藏佛陀耶舍共竺佛念等译《四分律》卷六，《大正藏》第 22 册，第 603 页。

[3] （后秦）三藏弗若多罗共罗什等译《十诵律》卷七，《大正藏》第 23 册，第 53 页。

4. 教人贸法

《五分律》云："若比丘，欲贸易，应使净人，语言：'为我以此物，易彼物。'又应心念：'宁使彼得我利，我不得彼利。'"[1] 意即：宁愿让对方得我之利，我决不能占对方便宜。

《大比丘三千威仪》云：教人到市场上买物，有五件事应注意：（1）使净人买物，应教净人不要与人诤价高下；（2）应教净人买清净之物，即不是犯法物品。（3）不要让净人去损害他人。（4）不要为压低价格而佯装离开，以逼对方降价。（5）应当护卖主心念。[2]

六　罪相

【记】

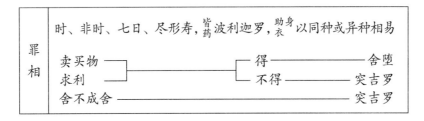

此戒罪相如下：

1. 比丘尼以时药、非时药、七日药、尽形寿药、波利迦罗衣（即助身衣）互相交易。不论是同种物品贸易，还是不同种物品相贸易，只要从卖买物品当中谋求利润。如果得物，则结舍堕罪；如果不得物，结突吉罗罪。

2. 既犯舍堕，忏罪舍财时不得别众舍。若别众舍，不成舍，须结突吉罗罪。

七　并制

（一）正显结犯

【记】

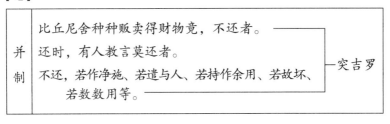

---

① （刘宋）三藏佛陀什共竺道生等译《弥沙塞部和醯五分律》卷一，《大正藏》第 22 册，第 36 页。

② （后汉）三藏安世高译《大比丘三千威仪》卷二，《大正藏》第 24 册，第 922 页。

此并制是反治作法之人：

1. 如果比丘尼舍其种种贩卖所得之财物，作法之人若不还，结突吉罗罪。

2. 作法人欲还财时，有人教言："莫还"，教者结突吉罗罪。

3. 如果作法人不还物，而将此物作净施、或与人、或作余用、或故意损坏、或数数用，俱结突吉罗罪。

（二）引文别释

1. 道宣律师《比丘尼钞》

【记】 比丘尼钞 婆论：此贩卖戒，一切提中最重。宁作屠儿，不作贩卖。何以故？屠儿止害畜生，贩卖者一切俱害。不问道俗贤愚，持戒毁戒，无往不欺，常怀恶心。设若居谷，恒希天下荒俭，霜雹灾变。若居盐及余物，欲使四远反乱，王路隔塞。故重于屠儿。此物作塔作像，皆不得向礼。^{但作佛意礼，亦应得福。}设与僧作食，若作僧房，持戒比丘不应食用，住中得罪。中间若死，得羯磨分。

《比丘尼钞》引《萨婆多论》卷五文：此贩卖戒在三十舍堕中，其性质及后果最为严重，宁作屠夫，也不作贩卖之人。何以故？因屠夫只害畜生，而贩卖之人，不简择圣贤、愚痴，不分别持戒、毁戒，凡与其交易者，无不欺骗，心常怀害意。若是粮商，便希望天下饥荒，或有霜雹灾变，颗粒无收。若是盐商，储存贩卖盐及余物，则希望国家边境发生反叛、动乱，使交通隔断。因贩卖人常怀如此恶心，故其罪重于屠夫。

若贩卖所得财物，用来造佛塔、塑佛像，出家人皆不可顶礼，以治罚贩卖者，令其生惭愧心。否则，他便生侥幸补过之心，认为虽贩卖有过，但造佛塔、塑佛像，让人礼拜，亦可修福报。小字说明：但若以虔诚心礼佛，亦获恭敬之福。若贩卖所得财物，给大众僧作饮食，持戒比丘不得食。如果造四方僧房，一切僧不得于中止住。若受用其饮食或房舍，须结罪。但如果此贩卖比丘亡故，则可作羯磨分其贩卖所得之物。

2.《四分律·第一分》

【记】 第一分 虽许出家五众互易，仍不得如市道法，许价上下。

《四分律·第一分》云："听五众出家人共贸易，应自审定，不应共相高下如市道法。"[①] 意即：允许出家五众相互交易，但不可如世俗买卖法而评价上下。如《资持记》云："准知高下，亦应犯吉。"[②]

① （后秦）三藏佛陀耶舍共竺佛念等译《四分律》卷八，《大正藏》第22册，第621页。
② （宋）元照律师撰《四分律行事钞资持记》卷二，《大正藏》第40册，第302页。

八 开缘

（一）正明开缘

【记】

开缘	若与五众出家人贸易，自审定不相高下，如市易法。	无犯
	若不与余人贸易，应使净人贸易，悔者应还。	
	若以酥易油，以油易酥。	

此戒开缘如下：

1. 若与出家五众彼此贸易，可自审定价格，彼此相差不大，如是贸易则不犯。若共净高下，亦应结吉罪。

比丘尼不得亲自与俗人贸易，应令净人与之贸易。如果对方反悔，当返还。

2. 如果是用酥换油，或以油换酥，不犯。

（二）引文别释

1. 弘一律师加"案"

【记】 案 灵芝资持记：以不与余人贸易之文，判入第二条，或接属第一条末，似亦可通。

弘一律师加"案"说明：灵芝律师所著《资持记》中，将"若不得与余人贸易，应使净人贸易，悔者应还"作为开缘第二条，也可接在第一条末，成为第一缘。如此亦说得通。

2.《资持记》

【记】 灵芝资持记 三明轻物不犯。

灵芝律师在《资持记》中云：开缘第三条，说明此二种轻物互易不犯。《戒本疏》中解释：酥油相易之所以不犯，是因为外用；前"畜七日药过限戒"不忏辄贸是犯，是据内服而言。[1]

练习题

1. 何谓"贩卖"？

2. 略述佛制"贩卖戒"三要素。

---

[1] （唐）道宣律师撰《四分律含注戒本疏》卷三，《卍新续藏》第40册，第54页。

3. 背诵并解释"贩卖戒"之戒文。

4. "贩卖戒"制意有哪些?

5. "贩卖戒"具哪几缘成犯?结犯相状如何?

6. 根据《大比丘三千威仪》,教人贸易应注意什么?

7. "贩卖戒"中并制哪些不如法事?

8. 《萨婆多论》为什么说"此贩卖戒,一切提中最重"?

9. "贩卖戒"有哪些开缘?

思考题

1. 买卖田宅、车乘等八不净物,是否犯"贩卖戒"?为什么?

2. 几位比丘尼为防干扰,离群索居用功修道,需要购置生活必需品。如何才能免犯"贩卖戒"?

第十三节　乞钵戒

一　戒名

【记】　乞钵戒第十二　　(同、大、制)

钵:梵语具云钵多罗,此云应量器,意即应受天人供养,体、色、量皆须如法。《四分律》云:"钵者,有六种:铁钵、苏摩国钵、乌伽罗国钵、忧伽赊国钵、黑钵、赤钵。大要有二种:铁钵、泥钵。大者三斗,小者一斗半,此是钵量,如是应持,应作净施。"[①]《母论》云:"畜钵法:除铁钵、瓦钵,余一切钵皆不得畜。"[②]

乞钵戒:若比丘尼已受持一如法钵,但为贪着好钵故,又从他人乞钵,佛制不许。

二　缘起

【记】　跋难陀

跋难陀,乃缘起中能犯之人。

[①] (后秦)三藏佛陀耶舍共竺佛念等译《四分律》卷九,《大正藏》第22册,第622页。《四分律名义标释》卷十中解释"苏摩国钵、乌伽罗国钵、忧伽赊国钵":"苏摩国钵:苏摩,此云月,然亦未详的翻。此国有一信乐陶师,佛一一指授,教令作钵。彼如教随作,即成特异好钵,因名苏摩钵也。……今按律文。钵有六种。苏摩乃至赤钵。然其大要。不出二种。谓铁及瓦也。……乌伽罗国:或作优伽罗,或作郁伽罗,又云忧伽罗村也,总是一号也。此国之钵,佛听畜持。优伽赊国:或作乌伽赊,或云优伽奢,皆一也。此国出钵,佛听畜之。已上三种钵,因国而受三名。或色容有粗美,实唯瓦之一类也。"(《卍新续藏》第44册,第475页。)

[②] 《毗尼母经》卷二,《大正藏》第24册,第809页。

佛制此戒三要素：（1）**何处制**：佛于舍卫国制。（2）**因谁制**：跋难陀。（3）**因何制**：跋难陀钵破，求众多钵畜，招讥故制。

三　戒文

【记】　戒文——若比丘尼，畜钵减五缀不漏，更求新钵，为好故，尼萨耆波逸提。是比丘尼，当持此钵，于尼众中舍，从次第贸至下座。以下座钵，与此比丘尼言：妹，持此钵，乃至破。此是时。

戒文分四句：

第一句：若比丘尼——能犯人

白四羯磨如法得处所的比丘尼。

第二句：畜钵减五缀不漏 ——旧钵不漏

比丘尼原受持的旧钵，虽有裂痕，但不满五缀，又不渗漏，尚可继续使用。

所谓"五缀"，《四分律》云："相去两指间一缀。"[①]《资持记》解释："中人一指面一寸。即取痕脉长二寸许即为一缀。五缀共一尺也。"[②]

缀：以铅锡等补之。

第三句：更求新钵，为好故，尼萨耆波逸提——更求结罪

比丘尼因为贪着好钵的缘故，再求新钵，领受钵时即犯舍堕。应舍财、舍心、舍罪忏悔。

为好：《僧祇律》云："为好故者，嫌太大、太小、太重、太轻、若粗涩。我有檀越、有泥、有手力，当更作好钵。"[③]

第四句：是比丘尼，当持此钵，于尼众中舍。从次第贸至下座，以下座钵，与此比丘尼言，妹，持此钵，乃至破。此是时——舍还方轨

此句说明忏罪时的舍钵、换钵、还钵之作法仪轨。

犯此戒比丘尼当持舍堕钵于僧中舍，舍已当忏悔。忏后，僧中还钵。僧差行钵人，持忏尼之钵从上座次第问"须是钵否？"若须，应与。取上座钵行与次座，亦如上座法。如是从上座、次座乃至最下座，次第换钵已，最后或还忏尼原钵，或还最下座钵。[④]

---

①　（后秦）三藏佛陀耶舍共竺佛念等译《四分律》卷九，《大正藏》第 22 册，第 623 页。

②　（宋）元照律师撰《四分律行事钞资持记》卷二，《大正藏》第 40 册，第 303 页。

③　（东晋）三藏佛陀跋陀罗共法显译《摩诃僧祇律》卷十，《大正藏》第 22 册，第 315 页。

④　《四分律》卷九制：彼比丘钵，应作白已问僧，作如是白："大德僧听！若僧时到僧忍听，以此钵次第问上座。白如是。"作此白已，当持与上座。若上座欲取此钵，与之。应取上座钵与次座，若与彼比丘尼。彼比丘尼应取，不应护众僧故不取。亦不应以此因缘，受持最下钵。若受，突吉罗。若第二上座取此钵，应取第二上座钵与第三上座，若与彼比丘尼。彼比丘尼应受，不应护众僧故不受。不应以此因缘，受最下钵。若受，突吉罗。如是展转乃至下座。（《大正藏》第 22 册，第 623 页。）

持此钵，乃至破。此是时：嘱咐忏尼得此最下钵，直到此钵破，须如法守护。此为治罚忏尼贪畜好钵，法当如是。

四　制意

【记】 四分律疏 制意：钵减五缀不漏，堪资身用。今乃处处随非亲乞，长贪妨道，恼乱施主。于理不可，故须圣禁。

钵破不满五缀，且不渗漏，尚能使用，堪资身行道。而今，从非亲里处处乞求，如此不仅增长贪心，荒废道业，而且触恼扰乱施主。作为出家人，依理不可，故佛制不许。

五　具缘

【记】 南山行事钞 具六缘成犯：一、先有受持钵。二、减五缀不漏。三、从非亲乞。四、为己。五、乞如法钵。六、领受。犯。

此戒具六缘成犯：

1. **先有受持钵**：比丘尼先有如法受持钵。
2. **减五缀不漏**：此受持钵的裂痕不满一尺，且未渗漏。
3. **从非亲乞**：比丘尼又从非亲里处行乞。
4. **为己**：是为自己。
5. **乞如法钵**：所乞之钵，其体、色、量皆如法。
6. **领受。犯**：比丘尼一领受此钵，即犯舍堕。当舍财、舍心、舍罪忏悔。

六　罪相

（一）正明犯相

【记】

罪相	钵破	减五缀不漏，更求新钵———舍堕
		满五缀不漏，更求新钵———突吉罗

此戒罪相如下：

1. 比丘尼的钵虽破，但不满五缀，而且尚未渗漏，再乞求新钵，即犯舍堕罪。
2. 比丘尼的钵已破，也满五缀，但还没有渗漏，再乞求新钵，结突吉罗罪。

（二）别明行钵

【记】 案律中有行钵法，大意谓比丘尼舍钵忏罪竟，当还钵时，此钵若贵价好者，应留置，取最下不如者与之。僧中当差人持此钵，于僧中依座次展转行钵，至最后众僧不取者，与之。（或非原钵，或仍是原钵。）

僧既还比丘尼钵已，比丘尼应如法守护此钵，如律文广明。（文中"比丘尼"原文中是"比丘"）

弘一律师加"案"说明，律中有行钵法，其大意为：比丘尼舍钵忏罪后，当还钵时，如果此钵是贵价好钵，僧应留下，取最下不好钵与忏尼。僧中应差人持此好钵，于僧中按上下座次第，展转行钵。直至最后，取大众僧皆不取之钵与忏尼。小字说明：所还之钵，或许不是忏尼原来之钵，或许还是原钵。此乃行钵法。

大众僧既已作法还此比丘尼钵，此比丘尼应如法守护此钵，如律文广明。

《四分律》中详制守护此钵之法：彼比丘尼守护此钵，不得着瓦石落处；不得着倚杖下及倚刀下，不得着悬物下；不得着中道；不得着石上，不得着果树下；不得着不平地；不得一手捉两钵，除指隔中央；不得一手捉两钵开户，除用心；不得着户阈内、户扉下；不得持钵着绳床、木床下，除暂着；不得着绳床、木床间；不得着绳床、木床角头，除暂着；不得立荡钵，乃至足令钵破。彼比丘尼不应故坏钵，不应故令失，若故坏，不应作非钵用。[①]

七 并制

（一）正显结犯

【记】

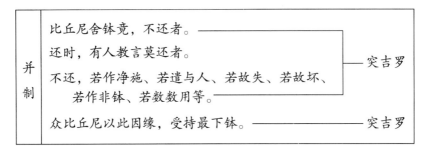

| 并制 | 比丘尼舍钵竟，不还者。
还时，有人教言莫还者。
不还，若作净施、若遣与人、若故失、若故坏、若作非钵、若数数用等。 | —— 突吉罗 |
| | 众比丘尼以此因缘，受持最下钵。 | —— 突吉罗 |

此并制是反治作法人：

1. 比丘尼舍钵后，作法人若不还钵，结突吉罗罪。

---

① （后秦）三藏佛陀耶舍共竺佛念等译《四分律》卷九，《大正藏》第22册，第623～624页。

2. 作法人欲还钵，而有人教言："莫还"，教者结突吉罗罪。

3. 作法人不还比丘尼钵，而把此钵作净施，或送与他人，或故意丢失，或故意损坏，或作非钵使用，或数数用等，此作法人随所作，一一结突吉罗罪。

4. 诸比丘尼以僧中行钵的因缘而故意受持最下钵以换得好钵，结突吉罗罪。

（二）引文别释

【记】 见月止持 以此因缘受持最下钵者，谓众僧不应以此行有犯钵因缘，而故受持最下钵来集，欲换彼好钵。若受来者，先存贪好之心，岂为清净众？所以治罪。此于根本律中显，本部文略义隐。

见月律师在《毗尼止持》中云：以此因缘受持最下钵者，是指大众僧不应以此比丘尼犯长钵，须在僧中行钵之因缘，故意舍日常受持之好钵，改受持最差钵来僧中集合，目的是为换得忏尼好钵。此人事先怀有贪求好钵之心，怎能称为清净众？所以，须治罪。

《根本说一切有部律》卷二十二中有明文详述行钵法。《四分律》中明制："不应以此因缘受最下钵，若受，突吉罗。"①

八　开缘

【记】

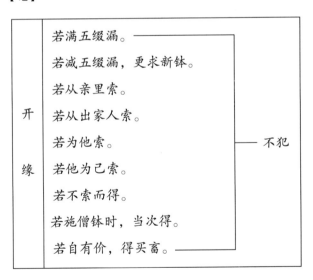

开缘	若满五缀漏。	
	若减五缀漏，更求新钵。	
	若从亲里索。	
	若从出家人索。	
	若为他索。	不犯
	若他为己索。	
	若不索而得。	
	若施僧钵时，当次得。	
	若自有价，得买畜。	

此戒开缘如下：

---

① （后秦）三藏佛陀耶舍共竺佛念等译《四分律》卷九，《大正藏》第 22 册，第 623 页。本部文实乃言简义赅。

1. 如果钵满五缀且渗漏，更乞求新钵，不犯。

2. 虽然钵未满五缀，但渗漏，再乞求新钵，不犯。

3. 如果从亲里乞钵，不犯。

4. 如果从出家人索求钵，不犯。

5. 如果为他人索求钵，不犯。

6. 如果是别人为自己索钵，不犯。

7. 如果自己没索求钵，而是他人主动供养，不犯。

8. 如果有人供养大众僧钵，依次第而得，不犯。

9. 如果自己有专门买钵之净资，多买钵畜存，不犯。

 练习题

1. 何谓"钵"？根据《四分律》，钵有哪几种？多大量为如法？

2. 请解释"乞钵戒"戒名。

3. 简述佛制"乞钵戒"三要素。

4. 背诵并解释"乞钵戒"之戒文。

5. 佛制"乞钵戒"制意如何？从中受到什么启发？

6. "乞钵戒"具哪几缘成犯？

7. 钵破，减五缀不漏，更求新钵，结何罪？满五缀不漏，更求新钵，结何罪？

8. "乞钵戒"并制哪些不如法事？

9. "乞钵戒"有哪些开缘？

第十四节　乞缕使非亲织戒

一　戒名

【记】　**乞缕使非亲织戒第十三**　　（同、制）

缕：线，即纺织布匹所用的麻、纱、毛、丝线等。

乞缕使非亲织戒：如果比丘尼自乞缕线，使非亲里织师织作衣，佛制不许。

二　缘起

【记】　**跋难陀**

跋难陀，乃缘起中能犯之人。

佛制此戒三要素：（1）**何处制**：佛于舍卫国制。（2）**因谁制**：跋难陀。（3）**因**

何制：跋难陀缝僧伽梨，乞线遂多，持线使织，自作纴看织，俗讥因制。

三　戒文

【记】　戒文——若比丘尼，自乞缕线，使非亲里织师，织作衣，尼萨耆波逸提。

戒文分三句：

第一句：若比丘尼 ——能犯人
白四羯磨如法得处所的比丘尼。

第二句：自乞缕线，使非亲里织师，织作衣 ——所防过比丘尼亲自去乞作五衣用的缕线，使非亲里织师织作衣。

第三句：尼萨耆波逸提 ——结罪
若衣织成，比丘尼即犯舍堕。

四　制意

【记】　四分律疏 制意：五衣具足，且得资身。今乃自乞缕纴，以凭势贵，强逼织作五衣。长贪多欲，损恼织师，反招讥谤。是故圣制。（此中"五衣"在原文中为"三衣"）

比丘尼五衣已具足，且足以资身办道。今却亲自乞缕线，凭借势力，强逼非亲里织师织作衣。这样不仅增长贪欲，而且损恼织师，又招俗人讥嫌毁谤。因此佛制此戒。

五　具缘

【记】　南山行事钞 具四缘成犯：一、自乞缕。二、使非亲织。三、不与价。四、织成。犯。

此戒具四缘成犯：

1. **自乞缕**：比丘尼自乞缕线。
2. **使非亲织**：持所乞缕线，使非亲里织师织作衣。
3. **不与价**：不与织师织衣工钱。
4. **织成。犯**：若衣织成，比丘尼即犯舍堕。

六　罪相

（一）正明犯相

【记】

罪相	自乞线，使非亲里织师织作衣 —————— 舍堕 自看织、自织、自作繀 ——————— 突吉罗 舍不成舍 ————————————— 突吉罗

此戒罪相如下：

1. 如果比丘尼自乞缕线，使非亲里织师织作衣，衣织成即犯舍堕。
2. 如果比丘尼看别人织衣，或自己织衣，或自作繀，俱结突吉罗罪。
3. 舍衣忏罪时，如果舍不如法，即别众舍，不成舍，结突吉罗罪。

（二）引文别明

【记】　案律文以织师及与线者，是亲里或非亲里互作多句。结云：非亲里者犯。未指明犯何罪。其后文云：自乞线使织师织作衣者犯舍堕。而与线者非亲里未详。考十诵律互作之句，与本律相似。结云：令非亲里织，舍堕。从非亲里乞缕，突吉罗。南山灵芝撰述，亦如是结罪。但南山含注戒本及行事钞，皆以与线者非亲里吉罗，为四分所载。今检律文，未详所出。

弘一律师加"案"说明：律文中以织师和与线者，是亲里或非亲里互作多句。如：1. 与线者是亲里，织师非亲里；2. 或与线者是非亲里，织师是亲里；3. 或二俱非亲；4. 或二俱亲里。律文总结说：非亲里者犯，但并未说明犯什么罪。律文中说："自乞线，使织师织作衣，织衣成就，即犯舍堕。"而与线者是非亲里的结罪情况，《四分律》中没有明文。

考证《十诵律》有互作句与《四分律》较相似。依据《十诵律》中作句，可总结为："使非亲里织师织作衣，犯舍堕。从非亲里乞线，突吉罗。"道宣律师和灵芝律师的撰述，也是根据《十诵律》来结罪。但《戒本疏》和《行事钞》中都说，与线者是非亲里，须结突吉罗罪，而且说，这是《四分律》所载。但现在检校《四分律》，未见此文。祖师所言出处不详，特加"案"说明。

七　并制

【记】

| 并制 | 同第一长衣过限戒。 |

此并制同于第一条"长衣过限戒"。

八　开缘

（一）正明开缘

【记】

| 开缘 | 若织师是亲里。
若与线者是亲里。
若自织作钵囊。
若自织作革屣囊。
若自织作针毡。
若作禅带。
若作腰带。
若作帽。
若作袜。
若作摄热巾。
若作裹革屣巾。 | 无犯 |

此戒开缘如下：

1. 如果织师是亲里，不犯。因离损恼及诽谤缘故。

2. 如果只乞线，而与线者是亲里，不犯。

3. 如果自织钵囊，不犯。

4. 如果自织鞋袋，不犯。

5. 如果自织针线包，不犯。

6. 如果织坐禅用的带子，不犯。

7. 如果织腰带，不犯。

8. 如果织帽子，不犯。

9. 如果织袜子，不犯。

10. 如果织擦汗用的毛巾，不犯。

11. 如果织裹革屣巾，不犯。

（二）引文别释

【记】　南山戒本疏　开自织中，但为小细，过非深故。至于妨道，非不是损。

道宣律师在《戒本疏》中说：开自织中，因为所织之物细小，过失不深故开。至于妨碍道业，并非不是损害。

练习题

1. 解释"乞缕使非亲织戒"戒名。
2. 列出佛制"乞缕使非亲织戒"三要素。
3. 背诵并解释"乞缕使非亲织戒"之戒文。
4. 陈述佛制"乞缕使非亲织戒"之制意。
5. "乞缕使非亲织戒"具哪几缘成犯？结犯相状如何？有哪些开缘？

第十五节　劝织师增衣缕戒

一　戒名

【记】　劝织师增衣缕戒第十四　（同、大、制）

劝： 劝说。

劝织师增衣缕戒： 如果比丘尼知道有人欲施衣，但尚未受到随意请，便到织师所，劝织师为其增加缕线。使衣加宽加长，并要求质地坚密，从而损恼施主，佛制不许。

二　缘起

【记】　跋难陀

跋难陀，乃缘起中能犯之人。

佛制此戒三要素：（1）**何处制：** 佛于舍卫国制。（2）**因谁制：** 跋难陀。（3）**因何制：** 佛在舍卫国，居士出线为跋难陀作衣。便往居士家择取好线与织师织，又自许与价，因讯而制。

三　戒文

【记】　戒文——若比丘尼，居士、居士妇，使织师为比丘尼织作衣。彼比丘尼先不受自恣请，便往织师所，语言：此衣为我织，与我极好织，令广长坚致，我当多少与汝价。是比丘尼与价，乃至一食直。若得衣者，尼萨耆波逸提。

戒文分四句：

第一句：若比丘尼 ——能犯人

白四羯磨如法得处所的比丘尼。

第二句：居士、居士妇，使织师为比丘尼织作衣——遣织师织衣

有居士、居士妇发心请织师为比丘尼织衣。

第三句：彼比丘尼先不受自恣请，便往织师所，语言：此衣为我织，与我极好织，令广长坚致。我当多少与汝价 ——劝增与值

此比丘尼事先未受居士、居士妇随意请，便到织衣处劝说，令织师为其织极好之衣，说："此衣为我织，请为我织成最好之衣，须宽大、结实、精密、细致。我将随之与价。"

第四句：是比丘尼与价乃至一食直，若得衣者，尼萨耆波逸提 ——与价结罪

比丘尼增加工钱，乃至值一餐饭之价。若得衣，即结舍堕罪。

四　制意

（一）正明制意

【记】 四分律疏 制意：笃信居士，虚心办缕，为比丘尼（原文无"尼"字）故，织作五衣（原文"三衣"）。宜应称施而受，彰己内有廉节之心，外不恼施主。今乃劝赞织师，自与价值。损他缕主，自坏心行。彼我无益，故所以制。

虔诚居士恭敬备办缕线，是为比丘尼织作五衣。比丘尼应随施而受，不应拣择好坏。如此才能彰显道人内有廉洁、勤俭之心，外亦不触恼施主。而今比丘尼却劝说、赞叹织师，令其依己所需，织成宽大、结实、精密、细致之衣，并私自与织师工钱。不仅损恼缕主，亦坏自己向道之心、励修之行。自损恼他，故佛制不许。

（二）引文别释

【记】 南山戒本疏 问：此戒损缕，与前第六、第七戒（原文"与前一二居士"）何异？答：前面对缕主，此屏劝织师，故两制也。

《戒本疏》中设问答比较此戒与前第六、七条戒之差异？

问：此戒损缕主，与前第六条"劝增衣价戒"，和第七条"劝二家增衣价戒"有何不同？

答：前第六、第七条戒是面对布施缕线之缕主，而此戒是屏劝织师增线且承诺与值。由此不同，故分开而制。

五　具缘

【记】 南山行事钞 具六缘成犯：一、非亲居士虚心办缕遣织。二、本期有限。

三、知有限。四、劝赞好织许值。五、彼为增缕。六、领受。犯。

此戒具六缘成犯：

1. **非亲居士虚心办缕遣织**：非亲里居士以虔诚恭敬心备办缕线，请织师为比丘尼织衣。

2. **本期有限**：居士原发心的缕线有限量。

3. **知有限**：比丘尼知有限量。

4. **劝赞好织许值**：比丘尼劝说赞叹织师令其织好者，使衣宽大坚牢细致，并允诺再加工钱。

5. **彼为增缕**：织师听比丘尼劝说后，为比丘尼增加缕线。

6. **领受。犯**：织成好衣，比丘尼领受，即犯舍堕。

六 罪相

【记】

此戒罪相如下：

1. 如果比丘尼先没受非亲里居士、居士妇随意请，便自乞缕线到织师所要求织好衣。若得衣，结舍堕罪。若不得衣，结突吉罗罪。

2. 如果舍衣忏罪时，别众舍，不成舍，结突吉罗罪。

七 并制

【记】

并制	同第一长衣过限戒。

此并制同于第一条"长衣过限戒"。

八 开缘

（一）正明开

【记】

开缘	同第六劝增衣价戒。

此戒开缘同第六条"劝增衣价戒"。

（二）引文释

【记】 　灵芝资持记 不犯中，亲里及出家人，皆约缕主。若劝织师，岂无小过？思之！

灵芝律师在《资持记》中解释：开缘中，亲里居士及出家人，皆是约缕主而言。如果是劝织师，岂能没有小过？请深思之！

练习题

1. 请列出佛制"劝织师增衣缕戒"三要素。

2. 背诵并解释"劝织师增衣缕戒"之戒文。

3. 佛制"劝织师增衣缕戒"制意如何？

4. "劝织师增衣缕戒"具哪几缘成犯？结犯相状如何？有哪些开缘？

5. "劝织师增衣缕戒"与前第六条"劝增衣价戒"、第七条"劝二家增衣价戒"有何不同？

第十六节　与他衣强夺戒

一　戒名

【记】 　与他衣强夺戒第十五 　（同、大、制）

衣：五衣。**强夺**：强硬夺取。

与他衣强夺戒：如果比丘尼以有所求心与他人衣，后因不遂己意，即起嗔心，强硬夺回，佛制不许。

二　缘起

【记】 　跋难陀

跋难陀，乃缘起中能犯之人。

佛制此戒三要素：（1）**何处制**：佛于舍卫国制。（2）**因谁制**：跋难陀。（3）**因何制**：跋难陀意欲共一比丘游行，便先与衣。后此比丘听余比丘言跋难陀不知诵戒、说戒、布萨、羯磨，便不肯随从。跋难陀即嗔恚夺衣。比丘呵举，佛因制戒。

三　戒文

【记】　戒文——若比丘尼，先与比丘尼衣已，后嗔恚，若自夺，若教人夺取。还我衣来，不与汝。彼比丘尼应还衣。若取衣者，尼萨耆波逸提。

戒文分三句：

第一句：若比丘尼 ——能犯人

白四羯磨如法得处所的比丘尼。

第二句：先与比丘尼衣已，后嗔恚，若自夺，若教人夺取。还我衣来，不与汝——所防过

此比丘尼以有所求心与他人衣，后因对方未遂己意，比丘尼即生嗔恚心而自往夺回，或教人强取，云：还回我衣，我不与你。

第三句：彼比丘尼应还衣。若取衣者，尼萨耆波逸提 ——结罪

得衣比丘尼应还衣。如果夺衣比丘尼取衣到手，即犯舍堕。应舍财、舍心、舍罪忏悔。

四　制意

【记】　四分律疏制意：先与他衣，规欲共行。彼若不去，理应和豫而索，本自无过。嗔心强夺，共相逼恼，特非所宜，故所以制。

比丘尼先有所求与他比丘尼衣，约定一起人间游行。对方若反悔不去，理应以和缓态度，索回己衣，这样便无过失。而今，却以嗔恚心强硬夺回，彼此互相触恼、伤害，极损出家人威仪，实非道人应作，故佛制不许。

五　具缘

（一）正明犯缘

【记】　南山行事钞具五缘成犯：一、是比丘尼（原文无"尼"字）。二、本规同行。三、不定与，前人决定取。（钞又云：若受与俱决定，若决定与而受者不定，夺取犯盗罪。）四、嗔夺。五、得属己。犯。

此戒具五缘成犯：

1. **是比丘尼**：对方是比丘尼。简别余四众不是伴类，若强夺但犯吉。

2. **本规同行**：与对方衣之目的是为搭伴同行。规：求也。

3. **不定与，前人决定取**：比丘尼与衣时，心不定与。即，如果对方与自己做伴便与。否则，不与。而受衣比丘尼已认为此衣属己。此时如果与衣比丘尼强行夺回，必定会触恼对方。小字注明：《行事钞》中又说：如果与衣比丘尼决定与，而受衣比丘尼决定得，双方都是决定心；或者与衣比丘尼决定与，而受衣比丘尼得衣之心不决定。若将衣夺回，犯盗戒。

4. **嗔夺**：因对方违背己意，即生嗔恚心，强行夺取。

5. **得属己犯**：夺回此衣后，作自己衣想，即犯舍堕。

（二）引文别释

【记】　开宗记 缘中第三，不定与前人决定取，夺回堕。不定与前人不定取，夺回吉。决定与决定取，决定与不定取，皆犯夷。以既决定送人，则非己物也。

《开宗记》云：具缘第三"不定与，前人决定取"，可以作以下四句：

1. 不定与，决定取：如果比丘尼强行取回犯舍堕。

2. 不定与，不定取：夺但犯吉，因取者既然没有决定得，夺者损恼对方之处轻微，故结罪轻。

3. 决定与，决定取：犯盗罪，满五钱则结重。

4. 决定与，不定取：既然已经决定送人，即不属己物故。若夺犯盗，满五结重。

六　罪相

（一）正明犯相

【记】

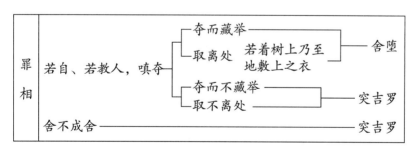

此戒罪相如下：

1. 若夺回衣，并加藏举，结舍堕罪；若夺回衣而未藏举，结突吉罗罪。

2. 即受衣人不现前，其所受衣或挂树上、墙上、篱上、橛上、龙牙橛上、衣架上，或绳床、木床上，或小褥、大褥上、枕上，乃至放在地敷上。如果取回，举离本处即结舍堕罪。如果未举离本处，结突吉罗罪。

3. 如果犯舍堕，应舍衣忏悔。如果别众舍，不成舍，结突吉罗罪。

（二）引文补释

【记】　夺而藏者，谓对面夺也。未藏情疑，属己不显。故约藏相，结成堕罪。

若着树上等者，谓非对面，随举离处，则犯正罪。以无人可诤，故结也。

道宣律师《戒本疏》对罪相作补充说明：夺而藏举，是指对面夺取，并且自己收藏起来，属己无疑。如果尚未收藏，则其心存疑，属己意不明显。故约藏举之相而结堕罪。

若是放在树上，乃至地敷上衣，指非对面夺取。之所以夺者随举离本处即结舍堕罪，是因无人与其诤夺，属己已定故。

七　并制

【记】

并制	同第一长衣过限戒。

此并制同于第一条"长衣过限戒"。

八　开缘

【记】

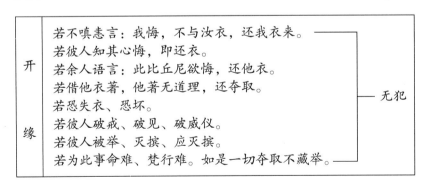

此戒开缘如下：

1. 若比丘尼不以嗔恚心说：我已后悔，不想与你衣，请把衣还给我。如是善言取回，不犯。

2. 若得衣比丘尼知道与衣比丘尼心悔，主动还衣。如是得衣，不犯。

3. 若有其他人告诉得衣比丘尼：此比丘尼与你衣后悔，你当还衣。得衣比丘尼便还衣，如是得衣，不犯。

4. 若借给他人衣，但对方不加以爱护，故意弄脏、弄坏等，如此强夺回，不犯。

5. 若借给他人衣，恐怕对方将衣丢失，或损坏，而将衣要回，不犯。

6. 若对方是破戒、破见、破威仪比丘尼，而将衣要回，不犯。

7. 若对方是被举、灭摈、应灭摈的比丘尼，而将衣要回，不犯。

8. 若给对方衣，将会发生命难、梵行难，这样要回衣，不犯。

以上情况，夺取衣来不藏举，不犯。

练习题

1. 请解释"与他衣强夺戒"戒名。

2. 略述佛制"与他衣强夺戒"三要素。

3. 背诵并解释"与他衣强夺戒"之戒文。

4. 佛为什么制"与他衣强夺戒"？

5. "与他衣强夺戒"具哪几缘成犯？

6.《开宗记》如何解释第三具缘？

7. "与他衣强夺戒"结犯相状如何？有哪些开缘？

8. 若受衣比丘尼决定得，不还，结罪吗？若不决定得，不还，结何罪？

第十七节　畜七日药过限戒

一　戒名

【记】　畜七日药过限戒第十六　（同、大、制）

畜：储存属己。

七日药：四药之一。依据《四分律》，包括：酥、油、生酥、蜜、石蜜五种。

畜七日药过限戒：若比丘尼畜酥等五种药，超过七日制限，佛制不许。

二　缘起

【记】　毕陵伽婆蹉弟子

毕陵伽婆蹉弟子，乃缘起中能犯之人。

佛制此戒三要素：（1）何处制：佛于舍卫国制。（2）因谁制：毕陵伽婆蹉众弟子。（3）因何制：佛在罗阅祇，先开服七日药，毕陵伽婆蹉之徒众，大畜流漫，故制。

三 戒名

【记】 戒文——若比丘尼，有病畜药，酥、油、生酥、蜜、石蜜，得食残宿，乃至七日得服。若过七日服者，尼萨耆波逸提。

戒文分五句：

第一句：若比丘尼 ——能犯人

白四羯磨如法得处所的比丘尼。

第二句：有病畜药 ——畜药之缘

因四大不调而患病，以此病缘得畜七日药。

《僧祇律》卷十云："病者，有四百四病，风病有百一、火病有百一、水病有百一、杂病有百一。若风病者，当用油脂治。热病者，当用酥治。水病者，当用蜜治。杂病者，当尽用上三种药治。"①

第三句：酥、油、生酥，蜜，石蜜 ——所畜药体

比丘尼所畜药体为酥、油、生酥、蜜、石蜜。

第四句：得食残宿，乃至七日得服 ——开齐七日

有病因缘，虽开畜酥、油、生酥、蜜、石蜜，但须在七日限内。

残宿：药经手受，过午称残，经夜名宿。佛不听食残宿食。但此药经手受，加口法，成七日药后，虽是残宿，但七日内可食之。

第五句：若过七日服者，尼萨耆波逸提 ——过限结罪

如果超过七日服用此药，至第八日明相出，即犯舍堕。应舍财、舍心、舍罪忏悔。

四 制意

【记】 四分律疏 制意：凡夫滓秽，以四大为躯。夏末秋初，节气交竞。四大转改，诸病则生。既有病恼，废修道业。大圣愍念，方便开听，畜服诸药，以疗病苦。趣令安身，进修道业。因圣开听，广贮众药。长贪坏行，违教招讥。过是不轻，故制提罪。

凡夫垢秽之身，假地水火风四大组成。每当夏末秋初，季节更替，气候冷热交叉。外四大转变，导致内四大不调，易生疾病。既受病恼，便会废修道业。所以，世尊慈悯道众，开听储畜服用酥、油、生酥、蜜、石蜜等药，以疗治病苦。令病愈身安，勤修道业。但若以佛开缘听畜，而大量贮积诸药，不仅会长养贪心，坏己梵行，更乖违圣教，又招俗讥嫌。过患不轻，故佛制犯舍堕罪。

---

① （东晋）三藏佛陀跋陀罗共法显译《摩诃僧祇律》卷十，《大正藏》第22册，第316页。

五　具缘

【记】　南山行事钞 具五缘成犯：一、是七日药体。（钞又云，若直手受不加口法，亦无长罪。）二、明作二受竟。三、不说净。四、畜过七日。五、无缘。犯。

此戒具五缘成犯：

1. **是七日药体**：所畜药是七日药体，即酥、油、生酥、蜜、石蜜。此约经手受，加口法。若仅手受而未加口法，属时药所摄。若日日手受，则无犯长过失，非本戒所摄。

2. **作二受竟**：已经手受且加口法，成七日药。

3. **不说净**：药未作净施。

4. **畜过七日**：畜存此药超过七日，至第八日明相出。

5. **无缘。犯**：无开缘情况，便犯此戒。

六　罪相

（一）正明犯相

【记】

罪 相	某日^{得药之}得七日药，若不作净施，经七日。此七日内，或再得药，或不再得药。于再得之药，或作净施或不作净施 ——— 至第八日明相出。以第一日所得药已，不作净施，势力相染故。凡此七日内所得药是不作净施者 ——— 皆舍堕 某日^{得药之}得七日药，若不遣与人，若不失药，若不故坏，若不作非药，若不作亲厚意取，若不忘去，^{亦不作}经七日。此七日内，或再得药，或不再得药。于再得之药，或遣与人，乃至忘去，或不遣与人，乃至不忘去，^{亦不作} ——— 至第八日明相出。以第一日所得药已，不遣与人，乃至不忘去者，^{亦不作}势力相染故，凡此七日内所得药，是不遣与人乃至不忘去者。^{亦不作} ——— 皆舍堕 犯舍堕药不舍，持更贸余药。——— 一舍堕，一突吉罗 舍不成舍 ——— 突吉罗

此戒罪相如下：

1. 如果比丘尼某日得到七日药，小字说明：是得药的第一天。若不作净施，经过七天。在此七天内，或再得到七日药，或未再得到。而于再得之药，有的作净施，有的没作净施。到第八天明相出，由于第一天所得七日药未作净施，势力相染故，于此七天之内，凡是没有作净施的七日药都被第一天没作净的七日药所染，皆犯舍堕。如果此七日中得药后作净施，则不被染。

2. 如果比丘尼某日得到七日药，小字说明：是得药的第一天。或送人，或丢失，或药坏而不堪食用，或改成非药（不作内服之药），或者作亲厚意取，乃至确实完全忘记此药。

若无以上种种因缘，而不作净施，经过七天。在此七天之内，有时得药，有时不得药。于再得之药，或者送给人，乃至完全忘记，或者作净施。或者没有如上因缘，而又不作净施。

凡此种种，到第八天明相出，因第一天所得的七日药不送人，乃至没有忘记，又不作净施，已成舍堕药。由此舍堕药势力相染故，在此七日内所得之药，凡是没有上述送人，乃至完全忘记之因缘，而且又不作净施之药，统统被第一天所得七日药所染，皆犯舍堕罪。如果中间有上述因缘，或者已经作净施，则不犯。

3. 如果比丘尼有犯舍堕的七日药，不舍忏，却拿此过限之药去贸其他药，结一舍堕罪，一突吉罗罪。此舍堕罪是约过限七日药言，而突吉罗罪是指不忏辄贸，违教之罪。

4. 舍堕药应舍与僧，若众多人，乃至一人，不得别众舍。若不如法舍，舍不成舍，须结突吉罗罪。

（二）引文别明

【记】 ⊡僧中舍药忏罪已，还此比丘尼药时，应分此药为三类以处分之，如下开缘中广说。

弘一律师加"案"解释：比丘尼于僧中舍药忏罪已，大众僧还药与此尼时，应视具体情况，将此药分为三类处理，如开缘中广说。

七　并制

【记】

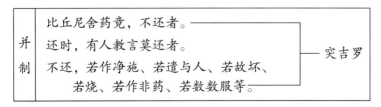

此表含三事：

1. 畜长药比丘尼，于忏罪时，应先舍药与大众僧，或众多人乃至一人。忏罪竟，物还成净，故佛制还药。若作法人不还，结突吉罗罪。

2. 如果作法人还药时，有人教言："莫还"，教者结突吉罗罪。

3. 如果比丘尼舍药忏罪后，作法人不还药，而将此药作净施，或送人，或故意弄坏，或火烧，或作非服用之药，或数数服用此药，一切结突吉罗罪。

八 开缘

（一）正明开

【记】

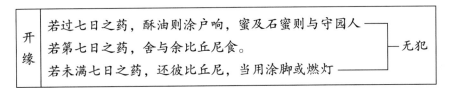

开缘	若过七日之药，酥油则涂户响，蜜及石蜜则与守园人 —— 若第七日之药，舍与余比丘尼食。 —— 无犯 若未满七日之药，还彼比丘尼，当用涂脚或燃灯 ——

此戒开缘，是指忏长药过限舍堕罪之后，药还成净，作法人如法还药，忏尼依律处分。含三类情况：

1. 作法人还回已过七日之药，即第一天所得药，忏尼当将酥、油涂于门上开关、合页、把手等处，以免发出响声。将蜜及石蜜施与守护僧伽蓝人。如是处分，不犯。

2. 作法人还回第七日之药，即第二天所得药，忏尼当舍与其他比丘尼食，不犯。虽然忏罪后药还成净，但为治罚贪心过畜之行，忏尼不得食用。

3. 作法人还回未满七日之药，即第三天乃至第七天所得药，忏尼若用之涂脚或燃灯，不犯。比类第二天之药，若舍与其他比丘尼食，亦不犯。为治罚贪畜之行，忏尼不得食用。

（二）引文释

【记】 灵芝资持记 不犯中：初过七日者，即初日受药至八日也。具兼诸过，僧不合食，故与园人。二、第七日，即第二日受者。既无宿触，口法尚存，故听僧食。三、未满者，即第三日受。始得六日，限法不过，理合说净。但随染犯，无更服义，止得外用。初是能染，下二所染，故分三别。

灵芝律师在《资持记》中详细解释如上开缘：

1. 过七天之药，即第一天所得之药，至第八天明相出，口法已失，则有恶触、残宿、非时诸过生起，僧不合食。故酥油可涂户响，蜜和石蜜则与守园人。

2. 第七天之药，即第二天所得之药。当第一天所得药，至第八天明相出时，正是第二天所得药之第七天，口法尚存，则无残宿、恶触等罪，故听僧食，可舍与余比丘尼食。

3. 若未满七日之药，即第三天所得药。当第一天所得药，至第八天明相出时，正是第三天所得药之第六天。因未超过畜药制限，依理可说净，但被第一天所得药未作净施，势力相染故，亦犯舍堕，没有再服之义。故还本人，涂脚或燃灯，只得外用。

以上，第一是能染，第二、第三是所染，故分三类而加以分别。

九　警策

【记】然口腹之累，道俗同弊。知教慎行，世中稀耳。故晋慧远，至死不饮蜜浆。非律不开，以律文亲须目见。遂讨寻将及，奄从物故。斯人可叙，余固亡言。灵芝释云：故下引事证，即庐山远法师，义熙十二年病重。大德耆年，劝饮豉酒不从，复请饮米汁又不从，复请以蜜和水为浆。远令律师请决，律师曰可。远曰，须亲见律文。律师检律，才及开卷，远已迁化。事出僧传，法师乃四依示迹，岂暗开遮。直欲示其慎护，为后世之轨范耳。今时宗师，知何不啖？尚未殊于流俗，况排毁于严科。睹此明规，宁不自省？

此段文有四层意思：

1. 示食过

饮食虽是有待之形所必须，然而亦是口腹之患，对饮食之贪着是道俗共同之弊。

2. 明多犯

为断轮回之助缘，佛制饮食诸戒。然而，既能了达佛之教法，又能谨慎持奉禁戒之人，在世间却稀有难得。

3. 引事证

欲出三界，须清净持戒，古圣先贤便是例证。东晋慧远法师，至死也不饮蜜浆。并非律中无开缘，是法师要亲眼见到律中明文。于是便向律师讨教，律师为检寻律文，及将查到，远师已自在往生矣。

4. 指事申诫

像远公这样至死不肯因口腹而轻毁禁戒之人，实在值得赞颂。其他毁戒之徒，不足道矣？灵芝律师评析远公之事，劝导后学清净持戒。疏文中慧远即是江西庐山慧远法师。法师于义熙十二年（416）患重病，在诸类饮食无法下咽之时，诸大德上座，劝远公饮用豉酒，远公未接受。接着又劝请远公喝米汁，又拒绝。最后劝远公饮蜂蜜水浆。远公请律师来决判，律师说可以。远公说，须亲自见到律中明文方能饮用。于是律师急速查寻可依之文，刚打开律卷，远公已自在往生。

远公这段公案，出自《高僧传》卷六。慧远法师乃四依之人来此娑婆化迹示现，难道他不懂开遮持犯？只是以小心谨慎持护禁戒，为后世树轨立范。而今宗师，哪里知道何者不该食、何时不可食？饮食无异于俗流，况且排斥毁谤圣戒。亲阅佛制明规，岂能不自深省？

练习题

1. 请解释"畜七日药过限戒"戒名。

2. "七日药"指哪些食物？

3. 略述佛制"畜七日药过限戒"三要素。

4. 背诵并解释"畜七日药过限戒"之戒文。

5. 佛制"畜七日药过限戒"制意如何？

6. "畜七日药过限戒"具哪几缘成犯？结犯相状如何？

7. "畜七日药过限戒"并制哪些事？

8. 结合《资持记》之文，说明忏尼忏罪后，作法人还回之七日药应如何处理？

思考题

1. 概括道宣律师《戒本疏》中警策内容。

2. 请讲述慧远大师至死不饮用非时浆之公案，并谈谈从中受到什么启示。

第十八节　过前受急施衣过后畜戒

一　戒名

【记】 过前受急施衣过后畜戒第十七　（同、制）

急施衣：佛制安居中不得受衣，但施主本为安居而施，忽有急缘，不及夏安居竟，于是提前布施。佛便开安居未竟前十日内可受之。此衣即是急施衣。

过前受：超于佛制限受衣之日，即于七月六日以前受衣，名过前。

过后畜：超过衣时之后的说净期限，不说净而畜。

过前受急施衣过后畜戒：如果比丘尼过前受因急缘而施之夏衣，或过衣时后说净期限而不说净畜，佛制不许。

二　缘起

【记】 跋难陀

跋难陀及六群比丘，乃缘起中能犯之人。

佛制此戒三要素：（1）**何处制：**佛于毗兰若制。（2）**因谁制：**跋难陀。（3）**因何**

制：佛在毗兰若，听受夏衣，跋难陀及六群比丘多受。后于舍卫安居中，大臣为安居施，因开而制。

三 戒文

【记】　戒文——若比丘尼，十日未竟夏三月，诸比丘尼得急施衣。比丘尼知是急施衣，当受。受竟，乃至衣时应畜。若过畜者，尼萨耆波逸提。

戒文分五句：

第一句：若比丘尼 ——能犯人

白四羯磨如法得处所的比丘尼。

第二句：十日未竟夏三月 ——受衣时限

夏安居三月犹有十日在，即七月六日至七月十五日。

于安居期间，佛制不听受夏衣。

第三句：诸比丘尼得急施衣。比丘尼知是急施衣，当受 ——急施听受

诸比丘尼于七月六日至七月十五日期间，若得急施衣，且知是急施衣，则应当受取。此十日为急施因缘而开。

急施衣：《四分律》云："若受便得、不受便失。"① 《根本说一切有部律》云：急施衣者，有五种：（1）或为自病故施；（2）或为他病者故施；（3）或将死时施；（4）或为死亡故施；（5）或将行时施。②

第四句：受竟，乃至衣时应畜——时畜无罪

如果受衣已，即十日应畜，至安居竟乃至衣时（一月或五月），不作净施，得畜。

衣时：自恣竟，不受迦絺那衣有一月，受迦絺那衣则有五月，此两种皆为衣时。

第五句：若过畜者，尼萨耆波逸提 ——过畜结罪

比丘尼得急施衣，应如上说而畜。如果违教过畜，即犯舍堕。应舍财、舍心、舍罪忏悔。

四 制意

【记】　四分律疏 制意：此亦二戒共为一戒。若过前受、过后畜，俱犯舍堕。同由急施衣生，是以须合。若非急施，安居未竟，佛不听受，受得吉罗，五分成文。佛既制意，后因梨师大臣，请僧安居，忽命征讨，舍物施僧，如安居法。诸比丘等，以安居未竟，不敢辄受。佛为利益施主，及润比丘，开时前十日内受，不犯吉罗。因圣开受故，知是急施，过前而受，违犯两教，长贪处深，故

---

① （后秦）三藏佛陀耶舍共竺佛念等译《四分律》卷十，《大正藏》第 22 册，第 631 页。
② （唐）三藏法师义净译《根本说一切有部毗奈耶》卷二十三，《大正藏》第 23 册，第 754 页。

得舍堕。（尼同）

此戒也是二戒合制。即将过前受急施衣戒，过后畜急施衣戒，合为一戒，此二俱犯舍堕。因此二过皆是由急施衣而生，是以须合为一戒。若非急施因缘，安居未结束，佛不听受衣。若受，结突吉罗罪。《五分律》明文："不听于安居内受安居施，犯者突吉罗。"①

佛本已制安居中不得受衣，后因梨师达多、富罗那二位大臣，忽然接到王命，须出征平定叛乱。二人无法等到大众僧安居结束时布施，希望在安居结束前，如安居常法舍物施僧。诸比丘因安居未竟，不敢随便受取夏衣。佛为利益施主，令其得种福田；亦令比丘得资身办道之缘，故听安居结束前十日内可受急施衣，不犯突吉罗罪。

佛既已开受急施衣，且比丘也知是急施衣，却故意过前而受。违犯夏安居不许受衣，及过前受急施衣二教，增长贪心，情节严重，故佛制以舍堕罪。② 比丘尼同制。

五 具缘

【记】 南山行事钞

过前，具五缘成犯：一、是急施。二、知是急施。三、过前。四、无因缘。五、领受。犯。

过后，具五缘成犯：一、是急施。二、知是急施。三、是十日内。四、不作净。五、过限。犯。

此戒具缘有二种：

（一）过前受急施衣，具五缘成犯

1. **是急施**：施主因急事因缘而施衣。

2. **知是急施**：比丘尼知施主是因急事因缘而施衣。

3. **过前**：于七月六日以前。

4. **无因缘**：无开缘情况。

5. **领受。犯**：比丘尼接受此急施衣，即犯舍堕。

（二）过后畜，亦具五缘成犯

1. **是急施**：是施主因急事因缘而施衣。

2. **知是急施**：比丘尼知是施主因急事因缘而施衣。

3. **是十日内**：于衣时（一月、五月）前后合为十日内。

4. **不作净**：于此十日内，不作净施而畜。

---

① （刘宋）三藏佛陀什共竺道生等译《弥沙塞部和醯五分律》卷五，《大正藏》第 22 册，第 33 页。

② 应该还要结一个安居期间受衣之突吉罗罪。

5. 过限。犯：过此制限，即犯舍堕。

六　罪相

（一）正明犯

【记】

		罪相
受急施衣自恣前（七月初六）	十日——九日——八日——七日——六日——五日——四日——三日——二日——一日（十六）（七月十五日）（前减一日）	舍堕
衣时自恣后——一月五月。增一日。增二日。增三日。增四日。增五日。增六日。增七日。增八日。增九日。（二十四日）（后增一日）（七月十五日）	一日——二日——三日（二十四日）	舍堕
过前，自恣前十日已前受		突吉罗
过后，过衣月及日		
舍不成舍，应增之日		

此罪相分二：

1. 受畜时限

（1）如果自恣前十日（七月初六），比丘尼得急施衣，且知是急施衣，应受。受已，从此日到自恣竟，不受迦绨那衣一月（即到八月十五日），受迦绨那衣五月（即到十二月十五日），之前应畜。若到了八月十六日或十二月十六日明相出，还未净施，便犯长。

（2）如果自恣前九日（七月初七），即前减一日，比丘尼得急施衣，且知是急施衣，应受。受已，从此日到自恣竟，不受迦绨那衣一月后增一日（即八月十六日），受迦绨那衣五月后增一日（即十二月十六）应畜。若到了八月十七日或十二月十七日明相出，还未净施，便犯长。（以下类推）

（3）如果自恣前八日（七月初八），即前减二日，比丘尼得急施衣，且知是急施衣，应受。受已，从此日到自恣竟，不受迦绨那衣一月，受迦绨那衣五月，其后各增二日应畜（即八月十七或十二月十七日）。

（4）如果自恣前七日（七月初九），即前减三日，比丘尼得急施衣，且知是急施衣，应受。受已，从此日到自恣竟，不受迦绨那衣一月，受迦绨那衣五月，其后各增三日应畜（即八月十八或十二月十八日）。

（5）如果自恣前六日（七月十日）受衣，即前减四日，从此日到一月、五月后各增四日应畜（即八月十九或十二月十九日）。

（6）如果自恣前五日（七月十一日）受衣，即前减五日，从此日到一月、五月后各增五日应畜（即八月二十或十二月二十日）。

（7）如果自恣前四日（七月十二日）受衣，即前减六日，从此日到一月、五月后各增六日应畜（即八月二十一或十二月二十一日）。

（8）如果自恣前三日（七月十三日）受衣，即前减七日，从此日到一月、五月后各增七日应畜（即八月二十二或十二月二十二日）。

（9）如果自恣前二日（七月十四日）受衣，即前减八日，从此日到一月、五月后各增八日应畜（即八月二十三或十二月二十三日）。

（10）如果自恣前一日（七月十五日）受衣，即前减九日，从此日到一月、五月后各增九日应畜（即八月二十四或十二月二十四日）。

2. 结罪情况

（1）如果比丘尼过前受衣，即自恣前十日以前受衣，即犯舍堕。

（2）如果比丘尼过后畜衣，即超过衣时（一月或五月）及应增之日畜衣，亦犯舍堕。

（3）犯舍堕衣应舍与比丘尼僧，若众多人，若一人。不得别众舍，若舍不成舍，结突吉罗罪。

（二）引文释

【记】　案 一月五月者，具云：不受迦絺那衣者，一个月。受迦絺那衣者，五个月。

弘一律师加"案"说明：所谓一月五月，完整而言：不受迦絺那衣，开一个月可畜长衣不说净；如果受迦絺那衣，则开五个月可畜长衣不说净。

七　并制

【记】

并制	同第一长衣过限戒。

此并制同第一条"长衣过限戒"。

八　开缘

【记】

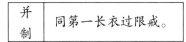

| 开缘 | 若不过前取。——　　　　　　　　　　　　　　　　　　　　　　　　
若不过后畜。
若夺衣、若失衣、若烧衣、若漂衣，如此过前取。
若夺想、若失想、若烧想、若漂想，如此过后畜。
若水道断、若路险难、若贼难、若恶兽难、若河水涨。
若强力者所执。
若系闭、若命难、若梵行难，如此过后畜。
若受寄衣比丘尼命终、若远行、若舍戒、若贼难、
　　若恶兽难、若水漂，如此过后畜。—— | 无犯 |

此戒开缘如下：

1. 如果没有过前受急施衣，顺教故，不犯。

2. 如果没有过后畜急施衣，顺教故，不犯。

3. 如果因夺衣、失衣、烧衣、漂衣等因缘，而过前取急施衣，不犯。

4. 如果因夺想、失想、烧想、漂想等因缘，而过后畜急施衣，不犯。

5. 如果因水陆道断、路途险难、贼难、恶兽难、河水涨等难缘而过后畜急施衣，不犯。

6. 若被强力者所执，而过后畜急施衣，不犯。

7. 如果比丘尼被系闭、命、梵行等难缘，而过后畜急施衣，不犯。

8. 如果因受寄衣的比丘尼命终、远行、舍戒，遇贼难、恶兽难，被水漂，而过后畜急施衣，不犯。

练习题

1. 何谓"急施衣"？请解释"过前受急施衣过后畜戒"戒名。

2. 佛制"过前受急施衣过后畜戒"三要素是什么？

3. 背诵并解释"过前受急施衣过后畜戒"之戒文。

4. 佛制"过前受急施衣过后畜戒"制意如何？

5. "过前受急施衣过后畜戒"具缘分哪两部分？分别列示之。

6. 以表列示"急施衣"之受畜时限。

7. "过前受急施衣过后畜戒"结犯相状如何？有哪些开缘？

第十九节　回僧物入己戒

一　戒名

【记】　回僧物入己戒第十八　（同、大、性）

回：回转。

僧物：包括出家人日常所需之衣、钵、坐具、针筒、饮水器，乃至食物、医药等。此处是指通许僧物，并无僧别之分。意即施主欲供养出家人物品，但未决定供养大众僧还是个人。

回僧物入己戒：如果施主欲供养僧人物品，而比丘尼劝彼供养自己，即回转僧物入己，佛制不许。

二　缘起

【记】　跋难陀

跋难陀，乃缘起中能犯之人。

佛制此戒三要素：（1）**何处制**：佛于舍卫国制。（2）**因谁制**：跋难陀。（3）**因何制**：舍卫城居士欲斋僧施衣，跋难陀闻，语居士言：施僧衣的人多，今可施我。居士后见长老比丘威仪具足，便即悔叹。比丘举过，佛因制戒。

三　戒文

【记】　戒文——若比丘尼，知物向僧，自求入己者，尼萨耆波逸提。

戒文分四句：

第一句：若比丘尼 ——能犯人

白四羯磨如法得处所的比丘尼。

第二句：知物向僧 ——知许僧物

比丘尼知道施主准备供养僧人衣物，但不分僧别。

知：或自知，或从他人闻知，或施主告知。

第三句：自求入己者 ——回物向己

自求施主将准备供养僧人的衣物回转供养给自己。

第四句：尼萨耆波逸提 ——结罪

物一入手，属己已定，即犯舍堕罪。应舍财、舍心、舍罪忏悔。

四　制意

【记】　四分律疏 制意：所以不听者，出家之士，理遵少欲，知足为怀。闻他居士许施僧，方便劝化回来入己。内长贪结，外恼施主，又复损僧，殊所不应，是故圣制。

之所以不允许回僧物入己，是因为出家之士，理应遵从少欲，以知足为怀。现在听闻有居士欲布施僧人衣物，便用种种方便劝化施主，令其回僧物转施自己。如此不仅内长贪心，外恼施主，而且减损大众僧利益。此行极不应该，故佛制戒遮止。

五　具缘

【记】　南山行事钞 具四缘成犯：一、是通许僧物。二、作许想。三、回向己。四、入手。犯。

此戒具四缘成犯：

1. **是通许僧物**：是施主打算供养僧人之物，但未确定是供养大众僧，还是个别僧。

2. **作许想**：比丘尼知道施主是准备供僧，没有想差。

3. **回向己**：比丘尼回转此准备供僧之物而归向自己。

4. **入手。犯**：物一入手，比丘尼即犯舍堕。

六　罪相

（一）正明犯相

【记】

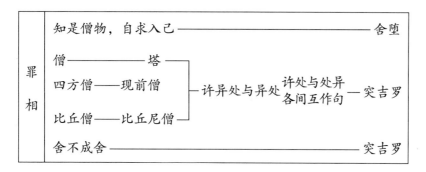

此戒罪相如下：

1. 如果比丘尼知是施主通许施僧之物，而自求施主回僧物转向己有，即犯舍堕。

2. 如果比丘尼将答应供僧之物，回转供塔；或将答应供四方僧之物，回转供现前僧；或将答应供比丘僧之物，回转供比丘尼僧。诸如此类，原本答应给此处，而比丘尼将其回转给另一处，随所作俱结突吉罗罪。

许处与处异，各间互作句：即原本答应给一处，实际给了另一处，两者可以互相作句，即上表反向作句。如：将答应供塔之物，回转供僧；或将答应供现前僧之物，回转供四方僧；或将答应供比丘尼僧之物，回转供比丘僧；答应给此处，而转给另一处。如此回转，俱结突吉罗罪。

3. 此犯舍堕物当舍与僧，若众多人，若一人。不得别众舍，若舍不成舍，突吉罗。

（二）引文别释

【记】　比丘尼钞五分云：回向余人者，犯提。向余僧众多人者，越。此彼畜生物回者，越心悔。见论云：欲供养此像回与彼像，吉。此律若许僧物回与塔，许现前僧物回与四方僧，许僧物回与尼，并吉。故文言许异处也。若入塔不应还取，即属塔用，以福同故。乃至入尼亦尔。十诵、婆论云：若檀越施此自恣僧物，回与彼自恣僧者，物应此分，其比丘作吉忏。若不还此僧，计钱犯重。乃至此彼一人物回亦重。（准此定属僧。僧次行道读经计供等，疏回私入与人，共犯重罪。）僧祇云：尼众乞供，乃至偏心曲受者，重。为众乞物，与余众眷属者，重。此律回僧物者，还竟，得互用罪。

《比丘尼钞》引诸部律补充解释此戒结犯相状。

《五分律》云：若回僧物向余人者，犯波逸提；回此僧向余僧，或众多人者，越毗尼。回此畜生物向彼畜生者，越毗尼心悔（即责心突吉罗）。①

《善见律》云："欲供养此像，回与彼像，悉突吉罗罪。"②

《四分律》卷十云："若物许僧转与塔者，突吉罗。若许塔转与僧者，突吉罗。若物许四方僧转与现在僧者，突吉罗。若物许现前僧转与四方僧者，突吉罗。若物许比丘僧转与比丘尼僧者，突吉罗。若许比丘尼僧转与比丘僧者，突吉罗。"③ 所以律中说"许异处与异处，突吉罗"。④

依《萨婆多论》言，如果已经回僧物入于塔，不应再取回，可以属塔用。因为施主布施所得的福报相同，乃至回比丘僧物与比丘尼僧亦然。⑤

《萨婆多论》又云：若檀越施物与此处之自恣僧，而比丘将之回转与彼处自恣僧者，物应归还此处而分，比丘作突吉罗忏悔。若不归还此处自恣僧，则计钱满五犯重。乃至此人之物与彼人之物回转者，亦计钱满五犯重。⑥ 以上是有定属的结罪情况，故回即归盗戒所摄。

小字说明：如果定属于僧，即不得回转，若回，则落入盗戒中，计钱满五犯重。如：依僧次上中下座得利，或修道、读经所得利养，若按一定顺序分，若在作疏记录时，将大众僧之物回向自己或他人，皆犯重罪。

《僧祇律》云："若比丘尼，知物向僧回向己，尼萨耆波夜提。若回向余人，波夜提。众回向余众，波夜提。眷属回向眷属，亦波夜提。一人物回向一人，越毗尼罪。比丘回众物与余众，越比尼罪。"⑦《比丘尼钞》中言"重"者，是约波逸提重于突吉罗而言。

---

① 《弥沙塞部和醯五分律》卷五云："欲与僧物者：若人发心，作是语：'我当持此物，与彼众僧。'若回欲与僧物，与余人，波逸提；与余僧、比丘尼僧、二部僧、四方僧、与塔，皆突吉罗。若回欲与比丘尼僧、二部僧、四方僧物亦如是。若回欲与塔物入己，与比丘僧、比丘尼僧、二部僧、四方僧、余人、余塔，皆突吉罗。若回欲与人物，亦如是。乃至回与此畜生一抟饭，与彼畜生，亦突吉罗。"（《大正藏》第22册，第30页。）

② （齐）三藏僧伽跋陀罗译《善见律毗婆沙》卷十五，《大正藏》第24册，第779页。

③ （后秦）三藏佛陀耶舍共竺佛念等译《四分律》卷十，《大正藏》第22册，第633页。

④ （后秦）三藏佛陀耶舍共竺佛念等译《四分律》卷十，《大正藏》第22册，第633页。

⑤ 《萨婆多毗尼毗婆沙》卷六云："若比丘知檀越以物施僧，回向彼塔，物即入彼塔，不须还取，以福同故，比丘作突吉罗忏。若比丘知檀越以物施此僧者，回向余僧者，物入此余僧者，不须还取，以僧者同故，比丘作突吉罗忏。"（《大正藏》第23册，第539页。）

⑥ 《萨婆多毗尼毗婆沙》卷六云："若比丘知檀越以自恣腊与此众僧，回向余僧，自恣物应还与此僧，以自恣物所属异故，比丘作突吉罗忏。若不还此僧，计钱成重。面门腊亦如是。若比丘知物向一人，回向余人，应还取，此物已归此物主，作突吉罗忏；若不还彼物，计钱成罪。"（《大正藏》第23册，第539页。）文中"自恣腊""面门腊"，依此论卷五解释："自恣腊"即"时僧得物"，待自恣时取；"面门腊"即"十方现前僧食"，随取食。若取自恣腊、食面门腊时，应打揵椎，若有比丘共食共分，无者自食自取，如法清净。（《大正藏》第23册，第534页。）

⑦ （东晋）三藏佛陀跋陀罗共法显译《摩诃僧祇律》卷四十，《大正藏》第22册，第543～544页。

《比丘尼钞》中"此律回僧物者，还竟，得互用罪"一句，律中未见。据《四分律》所制不得回僧物及互用僧物之义，回僧物者，若将物归还原处，得突吉罗罪。

七　并制

【记】

此并制同第一条"长衣过限戒"。

八　境想

（一）正列境想

【记】

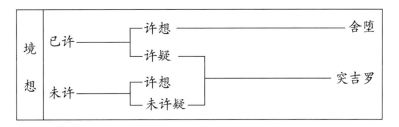

此境想差别，结罪如下：

1. 若已许僧，且作已许僧想，犯舍堕。
2. 若已许僧，但作已许僧疑，犯突吉罗。
3. 若未许僧，但作已许僧想，犯突吉罗。
4. 若未许僧，但作未许僧疑，犯突吉罗。

（二）引文释

【记】　南山行事钞律云，僧物有三种：一、是已许僧。（原注云：谓通明施僧，而未分僧别二异，此回犯舍也。）二、为僧故作，未许僧。（谓俗家为僧作床褥、器具供僧之物，此回得吉罗也。）三、已与僧者，已许僧，已舍与僧。（此决施于僧，不许别属。回，犯弃。）灵芝释云：前二，当戒重轻分异。第三，盗摄。

道宣律师在《行事钞》中说，《四分律》中僧物有三种：

1. **是已许僧物**。原注中云：此通明供僧，但未分是供养大众僧或是供养个人。这种情况下，如果回施，即犯舍堕罪。

2. **是为僧故作，但还未布施与僧**。如俗家为出家人作床褥、器具等供僧之物，但还未施与僧。这种情况下，如果回施，结突吉罗罪。

3. **已与僧，即已答应布施，而且是决定施与大众僧**。因为是决定布施给大众僧的物品，所以不许再给个人。如果回转这类僧物，犯重。

灵芝律师解释说：前二种僧物是此戒所摄，结罪重轻，分舍堕和吉罗。第三种，即属于盗戒所摄。

九　开缘

（一）正明开缘

【记】

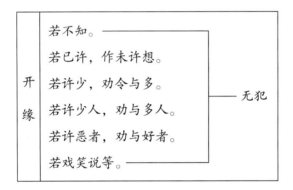

此戒开缘如下：

1. 如果比丘尼不知物已许僧，而自求入己，不犯。
2. 如果比丘尼想差，将已许僧物，当作未许僧物想，不犯。
3. 如果施主许少物，比丘尼劝其多与物，不犯。
4. 如果施主答应给的人少，比丘尼劝其给多人，不犯。
5. 如果施主答应给的物品不好，比丘尼劝其布施好物，不犯。
6. 如果戏笑说等，见下弘一律师加"案"。

（二）引文释

【记】　$\boxed{案}$若戏笑说等者，具云：若戏笑说、若误说（又作若疾疾说）、若独处说、若梦中说、若欲说此错说彼。已下并同，准是应知。

弘一律师加"案"解释：开缘中"若戏笑说等"，完整言：戏笑说、误说（又作疾疾说）、独处说、梦中说、欲说此错说彼。

以下各条戒皆同，准此应知。其中戏笑说、若误说、若独处说，虽不犯本罪，亦须结乖违说话威仪的突吉罗罪。

十　警策

【记】 南山行事钞 僧祇：若人持物来，问僧何处布施？答言：随汝所敬处与。若言：何处果报多？答言：施僧。若言：何者持戒清净？答言：僧无犯戒不清净。若言：我已施僧，今施尊者，得受无罪。若言：此物置何处，使我常见受用？答：某甲比丘坐禅、诵经、持戒。若施彼者，常见受用。灵芝释云：僧祇五种对答，学者宜依。岂唯离罪，颇彰大度。凡愚睹施，谁不动怀。不知教制，多回入己。贪婪鄙吝，不异下流。恶业积深，终归异趣。睹此圣训，岂不介怀。

《行事钞》引《僧祇律》卷十一中五对问答警诫策励后学。

1. 若有人来，欲有布施，问比丘言：尊者，我欲布施，应施何处？比丘答言：随汝心所敬处便与。

2. 施主复问：何处果报多？答言：施僧果报多。

3. 施主复问：何人持戒清净？比丘答言：僧无有犯戒不清净。意即个人可能有犯戒不清净，但僧不会犯戒，不存在不清净。

4. 若人持物来施，比丘应语言：施僧者得大果报。若言：我已曾施僧，今正欲施尊者。比丘受者无罪。

5. 若人问比丘言：我欲以此物布施，为置何处，使我此物常见受用？比丘答：某甲比丘是坐禅、诵经、持戒者。若施彼者，常见受用。

灵芝律师解释说：《僧祇律》中五种对答，学人应当效仿。如此，不仅能离开回僧物之过失，而且还彰显出家人之大度。凡愚之人，见有布施，谁不动念？因为不知佛所制教，所以往往回施物入己。如此贪得无厌，吝啬鄙秽，不异于下类俗流。数数违教，恶业积深，终归三途。所以，目睹此段圣训，怎能不引为鉴，铭记在心。

练习题

1. 请解释"回僧物入己戒"戒名。

2. "回僧物入己戒"中的"僧物"指什么？

3. 简述佛制"回僧物入己戒"三要素。

4. 背诵并解释"回僧物入己戒"之戒文。

5. 陈述佛制"回僧物入己戒"之制意。

6. "回僧物入己戒"具哪几缘成犯？结犯相状如何？

7. 依据《四分律》卷十所制，回僧物结突吉罗罪的情况有哪些？

8. 何谓"通许僧物""未许僧物""已许僧物"？

9. "回僧物入己戒"有哪些开缘？

思考题

1.《僧祇律》中就有人来布施设了哪些问答？从中受到什么启发？

第二十节 乞酥油戒

一 戒名

【记】 乞酥油戒第十九 （大、制）

乞酥油戒：如果比丘尼已向非亲里檀越乞酥，却想换油。或已向他们乞油，却又想换酥。反复互索，乞求不定，损恼众生，佛制不许。

二 缘起

【记】 偷罗难陀尼

偷罗难陀比丘尼，乃缘起中能犯之人。

佛制此戒三要素：（1）**何处制**：佛于舍卫国制。（2）**因谁制**：偷罗难陀比丘尼。（3）**因何制**：偷罗难陀比丘尼求酥已，欲换油，檀越讥嫌，因制。

三 戒文

【记】 戒文——若比丘尼，欲索是，更索彼，尼萨耆波逸提。

戒文分三句：

第一句：若比丘尼 ——能犯人

白四羯磨如法得处所的比丘尼。

第二句：欲索是，更索彼 ——所防过

此比丘尼向檀越索求酥已，随即便还酥乞油。或索油已，却又换酥。

第三句：尼萨耆波逸提 ——结罪

比丘尼索此物已，更索彼物。如果得彼物入手，则犯舍堕。应舍财、舍心、舍罪忏悔。

四 制意

【记】 四分律疏 制意：凡物要用为贵，办之不易。得已还弃，更索异物。志性无恒，长贪恼境。招讥不轻，故结其罪。

凡资身之物实用为贵，备办物资实属不易。而今得物后不需用，更索求他物。

志性不定，反复无常，不仅长己贪心，且损恼施主。招俗讥毁，丑累佛法，其过非轻，故结舍堕罪。

五　具缘

【记】　比丘尼钞 具五缘成犯：一、是非亲里居士。二、当前索酥。三、不用重还主。四、更索异物。五、得异物入手。犯。四分律疏中，加第二为己，共有六缘。

此戒具五缘成犯：

1. **是非亲里居士**：求索对象是非亲里居士。若是亲里，则开。

2. **当前索酥**：当着施主面前乞酥。

3. **不用重还主**：得酥已，不用，重（chóng）还主人。

4. **更索异物**：更索求不同于酥的物品。

5. **得异物入手**。犯：比丘尼得异物入手，即犯舍堕。

《四分律疏》中多一缘："为己"，作为第二缘，共成六缘。

六　罪相

（一）正明犯相

【记】

罪相	从非亲里，乞是，更乞彼———得入手———舍堕
	舍不成舍————————————————突吉罗

此戒罪相包括：

1. 如果比丘尼从非亲里居士索此物已，更索他物，得异物入手，即犯舍堕。

2. 此舍堕物应舍与尼僧，若众多人，若一人。不得别众舍。若舍不成舍，犯突吉罗。

（二）引文别明

【记】　比丘尼钞 若乞酥得，无提舍尼罪，罪由食生。既不食还主，可有罪耶？盖有惠及四开缘，长请、更请、尽形请，听乞医药，无直乞之愆。若有直乞罪时，何须结彼互索之过？

《比丘尼钞》云：约本戒缘起，乞到酥，不犯提舍尼罪。若比丘尼无病，乞酥而食，结提舍尼罪，此罪由食而生。本戒乞酥，既然未食便还与主，何罪之有？律中开有病及四种药请：（1）常请：即居士常供养药；（2）更请：即断后更续与药；（3）分请：即居士持药至僧中分与僧（《表记》原文漏此）；（4）尽形请：即尽比丘尼形寿供给药。若有此等因缘，开乞医药，没有直接乞求之过。若有直乞之过，何必结互索之罪？

七　并制

【记】

并制	同第一长衣过限戒。

此并制同第一条"长衣过限戒"。

八　开缘

【记】

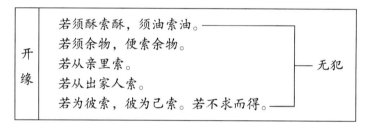

开缘	若须酥索酥，须油索油。 若须余物，便索余物。 若从亲里索。 若从出家人索。 若为彼索，彼为己索。若不求而得。	无犯

此戒开缘包括：

1. 如果比丘尼需酥索酥，需油索油，求乞所需，不犯。

2. 如果需要余物，便索求之，不犯。

3. 如果从亲里乞，因讥嫌义弱，故不犯。

4. 如果从出家人乞，皆为同道，故不犯。

5. 如果此比丘尼为别人索，他比丘尼为自己索，或者不求而得，皆不犯。

 练习题

1. 请解释"乞酥油戒"戒名。

2. 略述佛制"乞酥油戒"三要素。

3. 背诵并解释"乞酥油戒"之戒文。

4. 说明佛制"乞酥油戒"之制意。

5. "乞酥油戒"具哪几缘成犯？有哪些开缘？

第二十一节　互用说戒堂物戒

一　戒名

【记】　互用说戒堂物戒第二十　（大、制）

互用说戒堂物戒：如果施主布施现前僧说戒堂，而比丘尼回转作五衣者，佛制不许。

二　缘起

【记】　众多尼

众多比丘尼，乃缘起中能犯之人。

佛制此戒三要素：（1）**何处制**：佛于舍卫国制。（2）**因谁制**：众多比丘尼。（3）**因何制**：彼等比丘尼回转檀越所施说戒堂值作五衣，俗讥因制。

三　戒文

【记】　戒文——若比丘尼，知檀越所为僧施，异回作余用，尼萨耆波逸提。

戒文分三句：

第一句：若比丘尼——能犯人

白四羯磨如法得处所的比丘尼。

第二句：知檀越所为僧施——知檀越施

此比丘尼知施主为僧布施，欲作说戒堂。

第三句：异回作余用，尼萨耆波逸——回用结罪

比丘尼若不按施主要求，回转说戒堂值作五衣，即犯舍堕。应舍财、舍心、舍罪忏悔。

四　制意

【记】　四分律疏制意：自下四戒皆是互用。总解制意：凡笃信舍施，情期有定，理宜称施而用，事须合当。今转为余用，乖本施心，致招讥累。又长贪结，自坏处深，故所以制。

自此以下四戒，皆属互用。今总叙其制意：凡敬诚有信居士布施财物，用途皆有局定，理应随施心使用，恰当处理。而今却不按施主要求，回转他用。既违背施主之发心，招致讥嫌，丑累佛法，又增长贪欲结使。自坏道心道业之处甚深，故所以制。

五　具缘

【记】　四分律疏 具四缘成犯：一、施现前僧。二、知。三、受得属己。四、转异用。犯。

此戒具四缘成犯：

1. **施现前僧**：施主是布施与现前僧作说戒堂的价值。若非现前僧，回转应犯盗。
2. **知**：比丘尼知是施现前僧。
3. **受得属己**：所接受之物属己。
4. **转异用。犯**：比丘尼不按施主要求，转为他用，则犯舍堕。

六　罪相

【记】

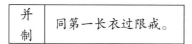

此戒罪相如下：

1. 若比丘尼回转檀越所施现前僧物作余用，犯舍堕。
2. 舍堕衣不得别众舍。若舍，不成舍，结突吉罗罪。

七　并制

【记】

并制	同第一长衣过限戒。

此并制同第一条"长衣过限戒"。

八　开缘

【记】

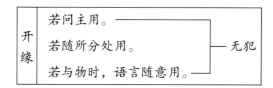

此戒开缘如下:

1. 如果经施主同意后转用,不犯。

2. 如果按施主所指定的处所而用,不犯。

3. 如果施主布施时,说"任意而用",不犯。

练习题

1. 请解释"互用说戒堂物戒"戒名。

2. 略述佛制"互用说戒堂物戒"三要素。

3. 背诵并解释"互用说戒堂物戒"之戒文。

4. 佛为什么制"互用说戒堂物戒"?

5. "互用说戒堂物戒"具哪几缘成犯?有哪些开缘?

第二十二节　回现前僧食值用作五衣戒

一　戒名

【记】　回现前僧食值用作五衣戒第二十一　（大、制）

回现前僧食值用作五衣戒:如果比丘尼将施主供养现前僧饮食之价值,回转用来作五衣,佛制不许。

二　缘起

【记】　众多尼

众多比丘尼,乃缘起中能犯之人。

佛制此戒三要素:(1)**何处制**:舍卫国。(2)**因谁制**:众多比丘尼。(3)**因何制**:舍卫国旧住尼,闻安稳尼欲来,为彼家家乞求,大得财物、衣食。至期,彼尼不到。即取此物,贸衣共分。异时,安稳来入城乞食,居士问知僧中无食,至旧住所问知其故,共相讥嫌,故制。

三　戒文

【记】　戒文——若比丘尼,所为施物,异自求为僧,回作余用者,尼萨耆波逸提。

戒文分三句:

第一句:若比丘尼 ——能犯人

白四羯磨如法得处所的比丘尼。

第二句：所为施物，异自求为僧——知檀越施

比丘尼处处乞求物，是为现前僧。但对于施主所布施的物品，却不按要求而回转作其他用途。比如为食施却用作衣，或为衣施却用作食。

第三句：回作余用者，尼萨耆波逸提——回用结罪

如果将大众僧作饮食的价值，回转作五衣，结舍堕罪。

四　制意

【记】　四分律疏　若居士虚心施作食，或自乞得食值，回用皆犯。

若将居士虔诚布施作饮食之价值，或是自己乞得之饮食价值，回转作他用，皆犯舍堕。

练习题

1. 请解释"回现前僧食值用作五衣戒"戒名。
2. 略述佛制"回现前僧食值用作五衣戒"三要素。
3. 何谓"所为施物，异自求为僧"？
4. 背诵并解释"回现前僧食值用作五衣戒"之戒文。

第二十三节　互用别房戒

一　戒名

【记】　互用别房戒第二十二　（大、制）

互用别房戒：如果比丘尼将施主供养建造别房的价值，用作五衣，佛制不许。

二　缘起

【记】　安隐尼

安隐尼，乃缘起中能犯之人。

佛制此戒三要素：（1）**何处制**：舍卫国；（2）**因谁制**：安隐比丘尼；（3）**为何制**：居士与安隐比丘尼作舍值，尼因作舍多诸事务，回作五衣。遭讥故制。

三　戒文

【记】　戒文——若比丘尼，檀越所施物，异回作余用者，尼萨耆波逸提。

戒文分三句：

第一句：若比丘尼 ——能犯人

白四羯磨如法得处所的比丘尼。

第二句：檀越所施物 ——知檀越施

比丘尼知施主布施物，是为作别房。

第三句：异回作余用者，尼萨耆波逸——回用结罪

比丘尼不按施主之要求，而回转作五衣，则犯舍堕。应舍财、舍心、舍罪忏悔。

练习题

1. 请解释"互用别房戒"戒名？
2. 简述佛制"互用别房戒"三要素。
3. 背诵并解释"互用别房戒"之戒文。

第二十四节　互为现前僧堂戒

一　戒名

【记】　互为现前僧堂戒第二十三　　（大、制）

互为现前僧堂戒：施主供养现前僧堂财物，回作五衣，佛制不许。

二　缘起

【记】　众多尼

众多比丘尼，乃缘起中能犯之人。

佛制此戒三要素：（1）**何处制**：舍卫国。（2）**因谁制**：众多比丘尼。（3）**为何制**：众多尼为房故乞，所得财物贸衣共分，居士讥嫌，佛因此而制。

三　戒文

【记】　戒文——若比丘尼，檀越所施物，异自求为僧，回作余用者，尼萨耆波逸提。

戒文分三句：

第一句：若比丘尼 ——能犯人

白四羯磨如法得处所的比丘尼。

第二句：檀越所施物，异自求为僧 ——知檀越施异

比丘尼向檀越乞房值，檀越为僧造房故施。比丘尼违背施心，以此房值为僧贸作衣。

第三句：回作余用者，尼萨耆波逸提 ——回用结罪

比丘尼不依檀越施心，以房舍值贸衣共分，犯舍堕。应舍财、舍心、舍罪忏悔。

四 制意

【记】 四分律疏 居士好心施作堂值，及乞得堂值，异用皆犯。（以上三戒并同二十戒）

居士善心布施作僧房之价值，或比丘尼自乞而得，皆为建造僧房。后却回作他用，皆犯舍堕。括弧内说明：以上三戒，即二十一、二十二、二十三之具缘、罪相、并制、开缘等并同第二十条戒。

练习题

1. 请解释"互为现前僧堂戒"戒名。
2. 略述佛制"互为现前僧堂戒"三要素。
3. 背诵并解释"互为现前僧堂戒"之戒文。
4. "互为现前僧堂戒"具缘、罪相、并制、开缘与哪几条戒基本相同？

第二十五节　畜长钵过限戒

一　戒名

【记】 畜长钵过限戒第二十四 （比丘、制十日）①

畜：贮用属己。

长：限分之外名长，即除如法受持之钵外，余者皆为长钵。

过限：即超过一日之期限。

畜长钵过限戒：比丘尼畜多余钵，体、色、量皆如法，而不即日作净施，佛制不许。

比丘、制十日：此戒比丘、比丘尼同制别学，比丘制限十天，而比丘尼只有一天。原因有二：（1）比丘在外游行弘化多，获利亦多，故开十日，拟转施于人。（2）比丘不制伴，开十日觅人说净。比丘尼反前二，故制一日。

---

① 此戒乃大乘菩萨戒同制，属于遮戒。括弧内文似应改为"比丘制十日、大、制"。

二　缘起

【记】　六群尼

六群比丘尼，乃缘起中能犯之人。

佛制此戒三要素：（1）**何处制：**佛于舍卫国制。（2）**因谁制：**六群比丘尼。（3）**因何制：**六群比丘尼，受持好色钵①，故者留置，狼藉在地，俗讥因制。

三　戒文

【记】　戒文——若比丘尼，畜长钵，尼萨耆波逸提。

戒文分三句：

第一句：若比丘尼 ——能犯人

白四羯磨如法得处所的比丘尼。

第二句：畜长钵 ——所防过

此比丘尼已有如法受持钵，又储畜多余如法钵。

第三句：尼萨耆波逸提 ——结罪

若比丘尼已受持一如法钵，又畜积余钵，当日不净施，经夜明相出，即犯舍堕。应舍财、舍心、舍罪忏悔。

四　制意

【记】　四分律疏 制意：钵为应供之器，一资身足。今过贮畜，长贪妨道，招讥丑累。损坏不轻，是以圣制。

钵是出家众接受众生供养饮食之器皿，一钵足以资身办道。现在超过制限，贮畜多钵，内则增长贪心，且还须料理多余之物，妨碍道业。外则招致讥嫌，丑累佛法。损失颇重，因此佛制不许。

五　具缘

【记】　四分律疏 具五缘成犯：一、先有受持钵。二、更得。三、如法钵。四、不净施。五、过宿，明相出。犯。

此戒具五缘成犯：

---

① 《五分律》卷二十六记载：如来诣苏摩国，泥土细润，自手作钵坯，令陶师烧，成种种宝色。（《大正藏》第22册，第169页。）

1. **先有受持钵**：比丘尼先有加法受持的如法钵。

2. **更得**：除受持钵外，更得钵。

3. **如法钵**：此再得之钵，体、色、量皆如法。

4. **不净施**：比丘尼于再得之钵，不于当日作真实净施，或展转净施。

5. **过宿，明相出。犯**：再得之钵当日不作净施，经夜，明相出，即犯舍堕。

六　罪相

（一）正明犯相

【记】

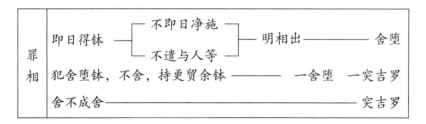

此戒罪相如下：

1. 如果比丘尼已有受持钵，新得钵后，当天不作净施，也不送给人，明相出即犯舍堕。

2. 如果犯畜长钵戒，不舍罪忏悔，而持此舍堕钵再去贸易余钵，犯一舍堕，一突吉罗。此舍堕罪，是犯畜长钵而结。突吉罗罪则是违背佛制，不舍忏便持去贸易而结。

3. 犯舍堕钵，不得别众舍。若不如法舍，不成舍，结突吉罗罪。

（二）引律别明

【记】　第四分 石钵是如来法钵，畜者——偷兰遮。木钵，是外道法。金银琉璃宝钵，是白衣法。若畜是等者。——如法治。（第四分说钵制最详，学者宜广览律文。）

《四分律·第四分》（卷五十二）云：石钵是如来法钵，出家人不得畜用。若畜，结偷兰遮罪。木钵是外道之法，若畜，如法治。而金、银、琉璃、宝钵则是白衣所喜好，若畜如是等钵，则如法治，应结突吉罗罪。[①]

[①]（后秦）三藏佛陀耶舍共竺佛念等译《四分律》卷五十二，《大正藏》第 22 册，第 951～952 页。他部律略有不同：《五分律》卷二十六云："若畜木钵，偷兰遮。"（《大正藏》第 22 册，第 169 页。）《十诵律》卷三十七制："金钵、银钵、琉璃钵、摩尼珠钵、铜钵、白镴钵、木钵、石钵。畜者，突吉罗。"（《大正藏》第 23 册，第 269 页。）

《四分律·第四分》中，有关钵的制法极为详细，学人应当广阅律文。

七　并制

【记】

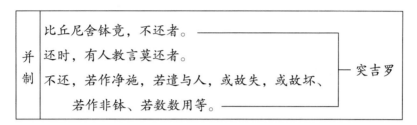

此并制是反治作法人：

1. 如果比丘尼舍钵忏罪竟，作法人不还钵，须结突吉罗罪。

2. 如果作法人想还钵，但有人在旁边教言："莫还。"教者须结突吉罗罪。

3. 如果作法人不还钵，而将此钵，或作净施、或遣与人、或故意丢失、或故意损坏，皆结突吉罗罪。若作非钵，或数数而用等，亦皆结突吉罗罪。

八　开缘

（一）正明开缘

【记】

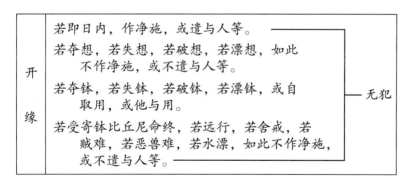

此戒开缘如下：

1. 如果当日得钵，便作净施或送人等，不犯。

2. 如果比丘尼因心迷而误认为钵被贼夺去，或丢失，或烧毁，或被水漂走，而不作净施，不送人，不犯。若日后发现钵尚在，当即日作净施或送人。

3. 如果真实发生钵被夺，或丢失，或被烧毁，或被水漂走等事缘，比丘尼无钵可用，取用自己犯长尚未舍忏之钵，加法受持。或者他人与比丘尼钵用，不犯。

4. 如果受寄存钵的比丘尼命终，或远行，或舍戒，或贼难，或恶兽难，或被水漂走。有如上因缘，比丘尼不作净施，不遣送与人，不犯。

（二）引文别明

1. 引《四分律》

【记】 第三分 键镃，亦作键茨，梵语，母论译言中铁钵也。小钵、次钵，听不净畜。

《四分律·第三分》（卷三十九）中云：键镃、小钵及次钵开不作净施而畜。小字说明：键镃，亦作键茨，此是梵语。《母论》云：译成华言为中铁钵。[①]

2. 引《四分律疏》

【记】 四分律疏 五分：听畜七种粗钵：一、盛饮食，二、盛香，三、盛药，四、盛残食，五、除唾，六、除粪扫，七、除小便。

《五分律》开畜七种粗钵："一以盛饮食、二以盛香、三以盛药、四以盛残食、五以除唾、六以除扫、七以除小便。"[②] 此七种钵，用途皆异，无大小限量，非正式如法钵，故开畜不犯长。

练习题

1. 请解释"畜长钵过限戒"戒名。

2. 佛制"畜长钵过限戒"三要素是什么？

3. 背诵并解释"畜长钵过限戒"之戒文。

4. 佛制"畜长钵过限戒"制意如何？

5. "畜长钵过限戒"具哪几缘成犯？结犯相状如何？有哪些开缘？

6. 根据《四分律》所制，比丘尼畜石钵，结何罪？畜木钵、宝钵结何罪？

第二十六节 过畜十六枚器戒

一 戒名

【记】 过畜十六枚器戒第二十五 （制）

十六枚器：即十六枚器皿，如下将释。

过畜：超过制限而畜，不作净施。

---

① 《毗尼母经》中未见此文。
② （刘宋）三藏佛陀什共竺道生等译《弥沙塞部和醯五分律》卷十二，《大正藏》第22册，第85页。

过畜十六枚器戒：比丘尼可畜十六枚器皿。如果超过制限而畜，不作净施，佛制不许。

二　缘起

【记】　六群尼

六群比丘尼，乃缘起中能犯之人。

佛制此戒三要素：（1）**何处制：**佛于舍卫国制。（2）**因谁制：**六群比丘尼。（3）**因何制：**六群比丘尼多畜好色器，故者留置，狼藉在地，俗讥因制。

三　戒文

【记】　戒文——若比丘尼，多畜好色器者，尼萨耆波逸提。

戒文分三句：

第一句：若比丘尼——能犯人

白四羯磨如法得处所的比丘尼。

第二句：多畜好色器者——所防过

比丘尼即日得器，应即日受。须用者可畜十六枚，余者当净施，或遣与人。而此比丘尼已有十六枚器，更得好色器，畜积而不作净施，或送给人。

好色器：款式美观、颜色适宜之器皿。

好色：青、黄、紫、绿、赤、白、黑，种种奇异花卉，样式新颖，故曰好色。

第三句：尼萨耆波逸提——结罪

比丘尼畜存好色器超过十六枚，不作净施，或不遣与人，即犯舍堕。应舍财、舍心、舍罪忏悔。

四　制意

【记】　四分律疏制意：凡事用供身，得济便罢。今十六枚外，过畜盈长，长贪妨道，增结招讥，故所以制。

凡是物品，其用途皆为资助此色身，取足即可。而今已有十六枚器皿，过量多畜，不仅增长贪心，且妨废道业。更增烦恼，招致俗讥，丑累佛法，故所以制。

五　具缘

【记】　四分律疏具四缘成犯：一、先有十六枚。二、更得器。三、不说净。四、过宿明相出。犯。

此戒具四缘成犯：

1. **先有十六枚**：比丘尼已有佛制应畜之十六枚器皿。

2. **更得器**：十六枚器皿外，更得器。

3. **不说净**：所得多余之器，不作净施。

4. **过宿明相出**。犯：经夜明相出，即犯舍堕。

六 罪相

（一）正明犯相

【记】

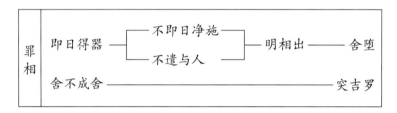

此戒罪相如下：

1. 若比丘尼已有十六枚器，再得器皿，若不即日作净施或遣送与人，第二日明相出，即犯舍堕。

2. 犯舍堕之器，不得别众舍。若不如法舍，舍不成舍，结突吉罗罪。

（二）引文释

【记】 比丘尼钞 十六枚者：一、大釜，二、釜盖，三、大盆，四、大杓，五、小釜，六、釜盖，七、小盆，八、小杓，九、水瓶，十、瓶盖，十一、大盆，十二、大杓，十三、洗瓶，十四、瓶盖，十五、小瓮，十六、小杓。

（原文无序号）

母论云：十六枚中各畜长者，即日施人及施尼。^{不尔，}^{犯堕。}僧祇云，尼得畜十六枚钵。一受持，三作净施，四过钵，四减钵，四随钵。若过畜者，舍堕。

《比丘尼钞》列示十六枚器之名、种、数：1. 大釜：釜是无脚的器皿，口甚大，可支起做饭，如做饭之锅。2. 釜盖：即锅盖。3. 大盆（瓮）：类似缸，用以储水，亦可盛粮食。4. 大杓。5. 小釜：即小锅。6. 釜盖：小锅盖。7. 小盆：盛水所用。8. 小杓：用以吃饭。9. 水瓶：装净水。10. 瓶盖：水瓶盖子。11. 大盆。12. 大杓。13. 洗瓶：即净瓶。14. 瓶盖：净瓶盖子。15. 小瓮（盆）。16. 小杓。

《母论》云："若比丘尼得所用器，听畜。十六种器中各畜一。若长者亦即日施人及作净施，至明相未现已来不犯。"①

《僧祇律》云："比丘尼得畜十六枚钵，一受持、三作净施、四过钵、四减钵、四随钵。若过畜者，尼萨耆波逸提。"②

总结以上十六种器：两釜、四盆（瓮）、两瓶、四杓、四盖。其中虽有重复，但各有其用途。

七　并制

【记】

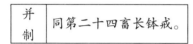

并制	同第二十四畜长钵戒。

此并制同第二十四条"畜长钵戒"。

八　开缘

【记】

开缘	即日得器，即日受十六枚。余者净施。 若遣与人。 若作夺想、失想、破想、漂想，不作净施，不遣与人。 若夺器、失器、破器、漂器，若取自用，若他与器用。 若彼所寄器尼命终、若恶兽难、若水漂。 若远行，若休道，若为贼将去，如此不作净施，或不遣与人等。	无犯

此戒开缘如下：

1. 如果比丘尼当日得到器皿，当日受作十六枚器。其余的作净施，顺教故，不犯。

2. 将多余的器皿送给人，不犯。

3. 如果比丘尼因心迷，误认为所得器皿被贼夺去、或丢失、或破裂、或被水漂走，而不作净施、不送人。不犯。若后发现器皿尚在，须当日作净施或送人。

4. 如果十六枚器中有被夺，或丢失、或破裂、或水漂走等，而取用犯舍堕之器皿，或他人器皿与比丘尼用，如此不作净施、或不送人，不犯。

5. 如果受寄存器皿之比丘尼命终、或遇恶兽难、或被水漂走、或远行、或休

---

① 《毗尼母经》卷七，《大正藏》第 24 册，第 843 页。
② （东晋）三藏佛陀跋陀罗共法显译《摩诃僧祇律》卷三十七，《大正藏》第 22 册，第 525 页。

道、或被贼将去，有如上因缘，比丘尼不作净施，不送与人，不犯。

 练习题

  1. 何谓"好色器"？请解释"过畜十六枚器戒"戒名。

  2. 简述佛制"过畜十六枚器戒"三要素。

  3. 背诵并解释"过畜十六枚器戒"之戒文。

  4. 佛为何制"过畜十六枚器戒"？

  5. "过畜十六枚器戒"具哪几缘成犯？

  6. 犯"过畜十六枚器戒"的相状有哪些？各结何罪？

  7. 根据《比丘尼钞》，十六枚器指哪些器皿？此十六枚器是否需说净？

  8. 据《母论》，十六枚器中各畜一，若长者，应如何行持，方不犯过？

  9. "过畜十六枚器戒"有哪些开缘？

  思考题

  1. 根据目前出家人的实际生活，比丘尼常畜的器皿有哪些？若贪着而畜，犯此戒吗？结合佛制"过畜十六枚器戒"制意，谈谈为什么？

第二十七节 许病衣不与戒

一 戒名

【记】 许病衣不与戒第二十六 （大、制）

许：承诺、应允给与。**病衣：**即月水衣。生理期，用来遮掩下身。

许病衣不与戒：如果比丘尼允诺与他尼月水衣，后于异时，违约不与，佛制不许。

二 缘起

【记】 栴檀输那尼

栴檀输那尼，乃缘起中能犯之人。

  佛制此戒三要素：（1）**何处制：**佛于舍卫国制。（2）**因谁制：**栴檀输那比丘尼。（3）**因何制：**栴檀输那比丘尼自认为没有欲想，而许他尼病衣，后因自己又有月水出而违约不给，招讥，因制。

三 戒文

【记】 戒文——若比丘尼，许他比丘尼病衣，后不与者，尼萨耆波逸提。

此戒文分三句：

第一句：若比丘尼 ——能犯人

白四羯磨如法得处所的比丘尼。

第二句：许他比丘尼病衣 ——许病衣

比丘尼允诺与他尼遮月水之衣

第三句：后不与者，尼萨耆波逸提——不与结罪

比丘尼后违背诺言，而不与他尼病衣者，即犯舍堕，应舍财、舍心、舍罪忏悔。

四　制意

【记】 四分律疏 制意：有漏之身，盈流无恒。须衣遮障，实为要用。先许济他，后违然诺。言行乖爽，非出家法体。又阙彼人障身要用，事甚相恼。故所以制。

女人有漏之身，每期月水来时不定。当月水来时，须病衣来遮障，才能避免渗漏而污身、衣及坐具等，故此病衣对比丘尼来说，实为必不可少之物。既先允诺以病衣济助他人，后却违背诺言，言而无信，本不是出家人应有的行为轨范。而且，已经答应给人，后又违约，彼尼月水来，急需病衣时，却无衣可用，便不能遮障身体垢秽。如此严重触恼他人，佛制不许。

五　具缘

【记】 四分律疏 具五缘成犯：一、是病衣。二、先许他。三、前人来取。四、无因缘。五、不与。犯。[1]

此戒具五缘成犯：

1. **是病衣**：是遮月水之衣。若是余衣物，则结突吉罗罪。
2. **先许他**：先已答应给他比丘尼病衣。
3. **前人来取**：对方来取病衣。
4. **无因缘**：没有开缘中的情况。
5. **不与。犯**：不给对方病衣，即犯舍堕。

---

[1] 此非《四分律疏》原文。《四分律疏》卷六云："别缘具五。一是病衣简余物轻。二先许他。三前人来取。四无因缘，谓前尼破戒见等举摈。及由生二难等不犯。五不与便犯。"（《卍新续藏》第41册，第686页。）

六 罪相

（一）正明犯相

【记】

| 罪相 | 许彼尼病衣不与者 ——————————————— 舍堕
许余衣不与者 ———————————————
许余所须物不与者 ——————— ⎤—— 突吉罗
舍不成舍 ——————————————— 突吉罗 |

此表含三事：

1. 如果比丘尼答应给他比丘尼病衣，后来违背诺言，犯舍堕。

2. 如果比丘尼答应给他比丘尼余衣或者其他所须物，后却不给，结突吉罗罪。

3. 此舍堕衣，若不如法舍，舍不成舍，亦结突吉罗罪。

（二）别释病衣

【记】　*病衣者，月水出时，遮内身之衣。外着涅槃僧。*

病衣：即月水衣。月水出时，用来遮掩下身之衣。**涅槃僧**：即内裙。《四分律》中，佛听许比丘尼"着遮月期衣，若脱听安带。月水犹从两边出污衣，更听作病衣重着，外着涅槃僧。"①

七 并制

【记】

| 并制 | 同第一长衣过限戒。 |

此并制同第一条"长衣过限戒"。

八 开缘

【记】

| 开缘 | 若许病衣与。 ——————————————
若无病衣，若作病衣，若浣染打，举在牢处，求不与。
若彼尼破戒、破见、破威仪。 ⎤—— 无犯
若被举、灭摈，若应灭摈。若由此因缘，命难、梵行难，
　　许病衣不与。 ———————————————— |

---

① （后秦）三藏佛陀耶舍共竺佛念等译《四分律》卷二十四，《大正藏》第 22 册，第 732 页。

此戒开缘如下：

1. 如果比丘尼先已答应给其他比丘尼病衣，后如约而与，不犯。

2. 如果比丘尼没有病衣，或正在作病衣，或病衣正好在浣、染、打（即正在洗治病衣的过程中），或病衣已经收藏好，放在不易丢失之处，一时无法取来。这样，若前人来求，比丘尼不给，则不犯。

3. 虽然比丘尼已答应给他尼病衣，但后来因对方破戒，或起邪见，或破威仪，或被举，或被灭摈，或应灭摈，而不与者，不犯。

4. 如果比丘尼因给他尼病衣，自身将有命难、梵行难，如是先已答应而后不与，不犯。

📖 **练习题**

1. 请解释"许病衣不与戒"戒名，并说明何谓"病衣"。

2. 略述佛制"许病衣不与戒"三要素。

3. 背诵并解释"许病衣不与戒"之戒文。

4. 佛为何制"许病衣不与戒"？

5. "许病衣不与戒"具哪几缘成犯？结犯相状如何？有哪些开缘？

第二十八节　非时衣受作时衣戒

一　戒名

【记】　非时衣受作时衣戒第二十七　　（制）

时衣：夏安居竟，没有迦絺那衣者一月，有迦絺那衣者五月，于此期间，施主供养前安居僧之衣，前安居僧应分。**非时衣**：于余时，即一月五月外所得之衣，现前僧应分。

非时衣受作时衣戒：如果比丘尼将非时衣当作时衣分，佛制不许。

二　缘起

【记】　六群尼

六群比丘尼，乃缘起中能犯之人。

佛制此戒三要素：（1）**何处制**：佛于舍卫国制。（2）**因谁制**：六群比丘尼。（3）**因何制**：六群比丘尼将非时衣受作时衣而分，佛制不许。

三　戒文

【记】　戒文——若比丘尼，以非时衣，受作时衣者，尼萨耆波逸提。

戒文分三句：

第一句：若比丘尼——能犯人

白四羯磨如法得处所的比丘尼。

第二句：以非时衣，受作时衣者——所防过

如果有比丘尼将非时衣当作时衣而分。

第三句：尼萨耆波逸提——结罪

比丘尼将非时衣作时衣而分，即犯舍堕，应舍财、舍心、舍罪忏悔。

四　制意

【记】　四分律疏制意：此谓摄安居僧得施物。善见：要安居竟者，得摄此物，未竟不得。佛既赏前安居人，得物界内时中，直尔摄取。事顺应法，不生罪过。若至非时分，直摄违教。事不应法，故须制犯舍。当摄此物时，界内尽集，无乖别之心，故不犯盗。五分：诸比丘尼非时衣作时衣受法，客尼便不得衣，佛即呵责。故知非时作法摄衣。

这是指分前安居僧得到的布施物（即得时施）。《善见律》云："若檀越布施安居竟僧，后安居者不得，破安居人亦不得。"[1] 佛既然赏前安居人得受时施，若于时中（一月、五月）得到时施，应作法直接分与前安居人，如此则顺于佛陀教法，无过失。若将时施留至非时中（一月、五月已过）分，则违背教法，故须制以舍堕罪。分此物时，当打板集十方僧，进界有份，随人得份，（时衣留至非时，应按非时法分。）如此没有乖别之心，故不犯盗。

《五分律》记载："尔时诸比丘尼，非时衣作时衣受，诸客比丘尼便不能得衣。诸长老比丘尼见，种种呵责，以事白佛。佛以是事集二部僧。……佛种种呵责已，告诸比丘：'今为诸比丘尼结戒，从今是戒应如是说：若比丘尼，非时衣作时衣受，尼萨耆波逸提。'"[2] 由此可知，虽是赏前安居人之衣，但因留到非时，即应作非时衣分，不可直接分与界内前安居人，应打板集十方僧来分。

---

① （齐）三藏僧伽跋陀罗罗译《善见律毗婆沙》卷十七，《大正藏》第 24 册，第 795 页。
② （刘宋）三藏佛陀什共竺道生等译《弥沙塞部和醯五分律》卷十二，《大正藏》第 22 册，第 84 页。

五　具缘

（一）正明犯缘

【记】 ┃四分律疏┃具四缘成犯：一、是安居僧得施物。二、入非时分。三、不作非时法分。四、直尔摄取。犯。

此戒具四缘成犯：

1. **是安居僧得施物**：是施主供养前安居僧的时施衣。

2. **入非时分**：已过衣时（一月、五月），而入于非时之中。

3. **不作非时法分**：不作非时衣来分。

4. **直尔摄取。犯**：直接作法分与前安居僧，即犯舍堕。

（二）释"时"及"非时"

【记】 ┃第二分┃时者：安居竟，无迦缔那衣一月，有迦缔那衣五月。非时者：除此于余时。

《四分律·第二分》云："时者，安居竟，无迦缔那衣一月，有迦缔那衣五月。非时者，除此，于余时得长衣是。"①

六　罪相

（一）正明犯相

【记】

罪相	以非时衣，受作时衣者——————舍堕
	舍不成舍——————————突吉罗

此戒罪相如下：

1. 如果比丘尼将非时衣作时衣而分，即犯舍堕。

2. 如果忏罪舍衣时，不如法舍，舍不成舍，须结突吉罗罪。

（二）引文别显

《重治毗尼》引十诵文别显结犯。

---

① （后秦）三藏佛陀耶舍共竺佛念等译《四分律》卷二十四，《大正藏》第22册，第733页。

【记】 十诵云：时衣作非时衣分，非时衣作时衣分，皆舍堕。时衣，安居僧应分。非时衣，现前僧应分。

蕅益大师在《重治毗尼》中引《十诵律》文：如果时衣，以非时衣法来分；或者，非时衣以时衣法来分，皆犯舍堕。时衣，是施主供养前安居僧的衣，故应分与前安居僧；而非时衣则应分与现前僧。[①]

七 并制

【记】

此并制同第一条"长衣过限戒"。

八 开缘

【记】

此戒开缘如下：

1. 如果比丘尼分衣时，非时衣以非时衣法来分，不犯。

2. 如果比丘尼分衣时，时衣即以时衣之法来分，不犯。

练习题

1. 何谓"时衣"？何谓"非时衣"？

2. 简述佛制"非时衣受作时衣戒"三要素。

3. 背诵并解释"非时衣受作时衣戒"之戒文。

4. 佛为何制"非时衣受作时衣戒"？

5. "非时衣受作时衣戒"具哪几缘成犯？

6. 依据《十诵律》，"非时衣受作时衣戒"结犯相状如何？"时衣""非时衣"应怎样分？

---

① （后秦）三藏弗若多罗共罗什等译《十诵律》卷四十三，《大正藏》第23册，第313～314页。

第二十九节　贸易衣已后强夺戒

一　戒名

【记】　贸易衣已后强夺戒第二十八　（大、制）

贸易：彼此称量，互相交易，犹如世俗买卖法。

贸易衣已后强夺戒：如果比丘尼彼此称量，以衣贸衣，后反悔而强夺己衣，佛制不许。

二　缘起

【记】　偷罗难陀尼

偷罗难陀比丘尼，乃缘起中能犯之人。

佛制此戒三要素：（1）**何处制**：佛于舍卫国祇树给孤独园。（2）**因谁制**：偷罗难陀比丘尼。(3) **因何制**：偷罗难陀尼与比丘尼贸衣，后嗔恚还夺取衣，因制。

三　戒文

【记】　戒文——若比丘尼，与比丘尼贸易衣。后嗔恚，还自夺取，若使人夺。妹，还我衣来，我不与汝。汝衣属汝，我衣属我者。尼萨耆波逸提。

此戒文分三句：

第一句：若比丘尼 ——能犯人
白四羯磨如法得处所的比丘尼。

第二句：与比丘尼贸易衣 ——共贸易衣
此比丘尼与其他比丘尼共相交易衣。

第三句：后嗔恚，还自夺取，若使人夺。妹，还我衣来，我不与汝。汝衣属汝，我衣属我者。尼萨耆波逸提 ——夺之结罪

比丘尼贸衣后，因嗔恨恚怒的缘故，而夺回己衣，或自夺取，或教人夺取。若夺衣入手，即犯舍堕，应舍财、舍心、舍罪忏悔。

四　制意

【记】　四分律疏制意：凡价限已定，事决交判，嗔恨强夺，不以道理，情相恼竞。非出家之戒，故今圣制。

比丘尼与人贸衣时，双方称量，已确定价值，贸易已成。后因嗔恚，无理强行

夺回，易起斗诤，触恼前人。此非道人应作，故佛制戒遮止。

五 具缘

【记】 比丘尼钞 具五缘成犯：一、共相贸易。二、决价值。三、相当。四、嗔心强夺。五、得物。犯。

此戒具五缘成犯：

1. **共相贸易**：比丘尼与他尼彼此共相贸易衣。
2. **决价值**：双方商量，确定价值。
3. **相当**：所确定的价值合理。
4. **嗔心强夺**：贸衣已，因嗔心起而强夺回己衣。
5. **得物，犯**：比丘尼夺回己物入手，即犯舍堕。

六 罪相

（一）正明犯相

【记】

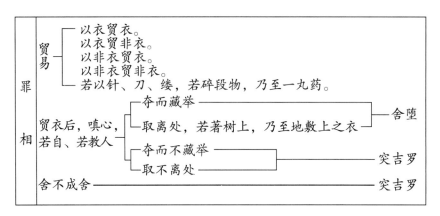

此表含二事：

1. 释贸易相

此处"贸易"包括：（1）以衣贸衣；（2）以衣贸非衣；（3）以非衣贸衣；（4）以非衣贸非衣；（5）以针、刀、缕，若碎段物乃至一丸药贸衣。

2. 明结犯相

（1）比丘尼先与他比丘尼贸易衣，后因对方不遂己意而生嗔恚心，或自己强行夺取，或教人夺取。有两种情况：

① **夺藏成犯**：若夺回衣，并加藏举，结舍堕罪；若夺回衣而未藏举，结突吉罗罪。（当面夺）

②**举离成犯**：即受衣人不现前，所受之衣，或挂在树上、墙上、篱上、橛上、象牙杙上、衣架上，或绳床、木床上，或大小褥上乃至放在地敷上，若取回，举离本处即结舍堕罪；如果取未举离本处，结突吉罗罪。(**不当面夺**)

（2）舍不成舍

犯舍堕的衣，应舍衣忏悔。如果别众舍，不成舍，结突吉罗罪。

（二）引文别显

【记】　比丘尼钞十诵云：尼共大僧贸衣竟，还悔者，尼萨耆。

　　僧祇律云：尼弃故僧伽梨，有人拾取补治，还夺，犯舍堕。自余小杂物，舍与他人还夺者，突吉罗。

《比丘尼钞》引《十诵律》《僧祇律》别显结犯。

《十诵律》云："若比丘尼与比丘贸衣，后到比丘所作是言：'我还汝衣，汝还我衣。'尼萨耆波逸提。"①《僧祇律》卷三十七文："若比丘尼于住止处，弃故僧伽梨，唱言：'有欲取者取。'后还夺者，尼萨耆波夜提。……若比丘尼弃物已，有人取用不得还夺；若无人取，后须用而取者无罪。若比丘精舍内，弃衣钵革屣及余小小物，人取已后还夺者，越比尼罪。若无人取，后还取者无罪。"②

七　并制

【记】

并制	同第一长衣过限戒。

此并制同第一条"长衣过限戒"。

八　开缘

【记】

开缘	同第十五与衣后夺取戒。

此戒开缘同第十五条"与他衣强夺戒"。

◆ **练习题**

1. "贸易衣已后强夺戒"中所言"贸易"是何意？

---

① （后秦）三藏弗若多罗共罗什等译《十诵律》卷四十三，《大正藏》第23册，第314页。
② （东晋）三藏佛陀跋陀罗共法显等译《摩诃僧祇律》卷三十七，《大正藏》第22册，第525页。

2. 请解释"贸易衣已后强夺戒"戒名。

3. 简述佛制"贸易衣已后强夺戒"三要素。

4. 背诵并解释"贸易衣已后强夺戒"之戒文。

5. 佛制"贸易衣已后强夺戒"意义何在？

6. "贸易衣已后强夺戒"具哪几缘成犯？结犯相状如何？

7. 《比丘尼钞》中如何解释"贸易衣已后强夺戒"犯相？

8. "贸易衣已后强夺戒"开缘与哪一条同？请具体说明开缘情况。

第三十节　过乞重衣戒

一　戒名

【记】　过乞重衣戒第二十九　　（大、制）

过乞：超过限量而乞。**重衣**：即障寒冷之衣。《母论》云："何故名重衣？重有二种：一者价重、二者能遮寒，故名为重。"①

过乞重衣戒：如果比丘尼向居士乞索障寒衣，超过限量，佛制不许。

二　缘起

【记】　跋陀迦毗罗尼　迦罗尼

跋陀迦毗罗尼、迦罗尼，乃缘起中能犯之人。

佛制此戒三要素：（1）**何处制**：佛于毗舍离制。（2）**因谁制**：跋陀迦毗罗比丘尼和迦罗比丘尼。（3）**因何制**：梨奢请迦罗比丘尼往索财物，得物已，随意请比丘尼，因而索贵价衣，招讥。复有跋陀迦毗罗比丘尼向亲里索求贵价衣，招讥，因制。

三　戒文

【记】　戒文——若比丘尼，乞重衣，齐价值四张氎。过者，尼萨耆波逸提。

此戒文分三句：

第一句：若比丘尼 ——能犯人

白四羯磨如法得处所的比丘尼。

第二句：乞重衣，齐价直四张氎——开乞四氎

如果比丘尼乞障寒衣，其价值最高只允许到四张氎，此是佛开乞障寒衣之限量。

---

① 《毗尼母经》卷三，《大正藏》第24册，第815页。

印度一张氎值四条衣量，四张氎，则值十六条衣量。《四分律》卷二十四云："若比丘尼求重衣时，极至十六条。"①

第三句：过者，尼萨耆波逸提 ——过分结罪

如果比丘尼乞索障寒衣之价值，超过佛制限度，衣入手，即犯舍堕，应舍财、舍心、舍罪忏悔。

四　制意

【记】 开宗记 制意：出家理应标心累外，至于取受，须合轨仪，何期不能守道。广纵贪情，辄索重衣。亲非并损，由斯过故，立制防之。

出家之人，理应立志出离三界，栖息于尘累之外。至于受取檀越布施，则须合乎出家人应有轨仪。岂料有出家人不能守少欲知足之道，放纵贪心，随便索求高价障寒之衣。不问亲里或非亲里，一并损害。有此等过失故，佛制戒遮之。

五　具缘

【记】 四分律疏 具五缘成犯：一、居士自恣请。二、乞重衣。三、过分索。四、为己。五、得物入手。犯。

此戒具五缘成犯：

1. **居士自恣请**：居士随比丘尼意，与衣。
2. **乞重衣**：比丘尼索求障寒衣。
3. **过分索**：所乞障寒衣之值超过佛之制限，即过四张氎。
4. **为己**：比丘尼为己而乞。
5. **得物入手。犯**：比丘尼得此障寒衣，衣入手，即犯舍堕。

六　罪相

（一）正明犯相

【记】

罪相	乞重衣价过四张氎者 ——————舍堕
	舍不成舍 ———————————突吉罗

---

① 《大正藏》第 22 册，第 734 页。

此戒罪相如下：

1. 如果比丘尼乞障寒衣，其价若超过四张氎（即十六条衣量），即犯舍堕。

2. 如果比丘尼忏罪舍衣时，不如法舍，舍不成舍，须结突吉罗罪。

（二）别释四张氎

【记】　四张氎，即十六条。重衣者，障寒之衣也。

四张氎，则有十六条衣量。所谓重衣，即障寒衣，或云保暖衣。

十六条：按天竺，一迦利沙波挐，分为四分，一分有五磨洒，四分共有二十磨洒。今此十六条，即十六分，共有八十磨洒。此是四迦利沙波挐之大数也。①

七　并制

【记】

此并制同第一条"长衣过限戒"。

八　开缘

【记】

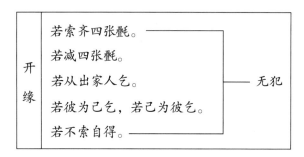

此戒开缘如下：

1. 如果比丘尼索障寒衣，其价值正好是四张氎，不犯。

2. 如果比丘尼索障寒衣，其价值少于四张氎，不犯。

3. 如果比丘尼从出家人乞障寒衣，虽价过制限，不犯。因讥嫌轻少故。

4. 如果是他人为比丘尼乞障寒衣，或比丘尼为他人乞索，不犯。

5. 如果不是比丘尼自己乞索，而是施主供养的贵价衣，不犯。

---

① （明）广州沙门释弘赞在犙辑《四分律名义标释》卷十九，《卍新续藏》第44册，第552页。

练习题

1. 何谓"重衣"？何谓"四张氎"？

2. 请解释"过乞重衣戒"戒名。

3. 简述佛制"过乞重衣戒"三要素。

4. 背诵并解释"过乞重衣戒"之戒文。

5. 佛制"过乞重衣戒"制意如何？

6. "过乞重衣戒"具哪几缘成犯？结犯相状如何？有哪些开缘？

第三十一节　过乞轻衣戒

一　戒名

【记】　过乞轻衣戒第三十　　（大、制）

过乞轻衣戒：如果比丘尼乞障热衣，超过限量，佛制不许。**轻衣**：即障热衣。

二　缘起

【记】　跋陀迦毗罗尼

缘起中能犯之人，根据律文是迦罗尼和跋陀迦毗罗尼。

佛制此戒三要素：（1）**何处制**：佛于毗舍离。（2）**因谁制**：迦罗比丘尼，跋陀迦毗罗比丘尼。（3）**因何制**：迦罗比丘尼向一居士乞价值五百张氎之轻衣，招讥。后有跋陀迦毗罗比丘尼向亲里乞贵价轻衣，招讥，因制。

三　戒文

【记】　戒文——若比丘尼，乞轻衣，极至价值两张半氎。过者，尼萨耆波逸提。

此戒文分三句：

第一句：若比丘尼 ——能犯人

白四羯磨如法得处所的比丘尼。

第二句：乞轻衣，极至价值两张半氎——乞价限量

两张半氎，有十条衣量。如果比丘尼乞障热衣，其价值最高只能到两张半氎，此是佛开乞障热衣之限量。

第三句：过者，尼萨耆波逸提 ——过分结罪

若比丘尼乞障热衣之价超过佛制限量，衣入手，即犯舍堕，应舍财、舍心、舍罪忏悔。

四 释名、指略

释"轻衣"名，并指出余科省略。

【记】 轻衣，即障热衣。乞时，极至二张半氎，即十条，不犯。余同上戒。

轻衣：即障热衣。佛制比丘尼乞障热衣，其价值极至二张半氎，即十条衣之价，不犯。其余内容：如制意、具缘、罪相、并制、开缘等，皆同上戒。

练习题

1. 何谓"轻衣"？
2. 简述佛制"过乞轻衣戒"三要素。
3. 背诵并解释"过乞轻衣戒"之戒文。

第三十二节 结文简问

上已详彰三十舍堕事，了了说竟，众已委知，今又结问。

一 结前文

【记】 诸大姊，我已说三十尼萨耆波逸提法。

诸大姊：呼起一声，提醒注意。我已了了说完三十尼萨耆波逸提法。

二 简众情

【记】 今问诸大姊，是中清净不？三说

诸大姊，是中清净。默然故，是事如是持。

将说后篇戒，先须简别大众。

今问诸大姊，是中清净不：这是正式检问听戒大众，对于比丘尼三百四十八条戒，是否都持守清净？有所毁犯是否已发露忏悔？如果忏悔清净，方与说戒相应。

是中：指三百四十八条戒。

清净不：这是通问之语，每说完一篇，皆通篇而问，不单问当篇。经三遍检问，若大众默然，则知众中清净。

若此处征问只是检校当篇戒是否持守清净，而不含余篇，则说明可以带罪听戒，此不符合"自身有罪，不合闻戒"之教法。

是中清净，默然故，是事如是持：经过三遍检问，大众默然，则知众中清净，可以继续说戒经。

📄 小结

本章"尼萨耆波逸提戒法"，共三十条戒。犯此诸戒，无非是贪心尤重，在受取财物时，乖违出家人应有之仪则。并且由此妨废道业，又招俗人讥嫌，从而丑累佛法。此等过失深重，故世尊立制，令与本贪心相背。

此章诸戒，皆由弟子"于财事取纳乖方，生罪坏道"而制。解脱道以少欲知足为本，身处末法时代者，当常检点本心，勿为物累。同时也应庆幸"毗尼教旨，皎在目前。万行修持，坦然有据"①。佛子可依于戒相，临境之际，如是觉察："若有贪心如实知有贪心，若离贪心如实知离贪心……若有爱心如实知有爱心，若离爱心如实知离爱心；若有取心如实知有取心，若离取心如实知离取心……"② 渐渐削弱乃至断除对资身物质之贪着。故经云："戒为甘露道，放逸为死径，不贪则不死，失道乃自丧。智者守道胜，终不为迷醉，不贪致喜乐，从是得圣道。"③

世尊制戒，具种种利益，无非"自利、利他、令正法久住"。又行者通过持戒"近获人天果报，远获五分法身"。故诸比丘尼应当恭敬奉行，谨慎不放逸。

---

①　（宋）元照律师述《四分律含注戒本疏行宗记》卷十，《卍新续藏》第 40 册，第 16 页。

②　（唐）三藏法师玄奘奉诏译《大般若波罗蜜多经》卷九，《大正藏》第 5 册，第 45 页。

③　〔印度〕尊者法救集，（宋）天息灾奉诏译《法集要颂经》卷一，《大正藏》第 4 册，第 779 页。

全国汉传佛教院校教材

四分律
比丘尼戒相表记
教　程

〔中〕

释如瑞　编著

社会科学文献出版社
SOCIAL SCIENCES ACADEMIC PRESS (CHINA)

本册目录

本册目录

第八章 波逸提戒法

导 言

波逸提法，又称单堕，与前章"尼萨耆波逸提戒法"（舍堕）同属于五篇中第三"波逸提篇"。此章共一百七十八条，从"小妄语戒"至"使外道女香涂身戒"。每条戒中，主要叙述：戒名、缘起、戒文、制意、具缘、罪相、开缘等。

本章重点是每条戒的戒文含义、具缘、结犯相状、开缘。

一百七十八单堕法，罪多轻细，难识好毁。性遮两罪，其相交杂。人多轻陵，数犯其过。故须用心对治，勿令滋广。使戒体皎洁，避俗讥嫌，光显佛法。

学习此章，需详尽讲解、细致讨论，明辨开遮，从而指导实际行持。

建议用 40 课时讲授，15 课时讨论，共计 55 课时。

第一节 概述

【记】 诸大姊，是一百七十八波逸提法，半月半月说戒经中来。

一百七十八单提法 众合 一万万四千四百万年

一 释义

诸大姊：呼起一声，提醒同法大众专心听说，思维戒相，检点己行清净与否。此一百七十八条波逸提法，是半月半月所说，从戒经中来。

是一百七十八：比丘尼波逸提法共一百七十八条。

波逸提法：与前三十尼萨耆波逸提法，同为第三篇——波逸提法。然前三十因财物事，忏罪时需舍财，故又名"舍堕"；此一百七十八条，由犯者轻慢教法，无应舍之物，单结堕罪，所以又叫"单堕"或"单提"。

半月半月说：说戒恒规，每半月宣说一次。今说戒是正时，而非余难缘。

戒经中来：所诵戒法，传承有据，乃出自戒经，为佛亲制。

二 犯戒罪报

一百七十八单提法："单提法"共有一百七十八条，与三十"尼萨耆波逸提法"，同属于比丘尼戒第三篇。

众合：即众合地狱，又名堆压地狱。《长阿含经》记载："其地狱中有大石山，两两相对，罪人入中，山自然合，堆压其身，骨肉糜碎，山还故处，犹如以木掷木，弹却还离，治彼罪人，亦复如是，苦毒万端，不可称计。余罪未毕，故使不死。"①

一万万四千四百万年：若犯一百七十八波逸提任何一法，而不忏悔，则堕众合地狱。此狱一昼夜，相当于欲界夜摩天寿二千岁，而夜摩天一昼夜相当于人间二百年，即合人间年数一万万四千四百万年。

第二节 小妄语戒

一 戒名

（一）正明

【记】 小妄语戒第一 （同、大、性）

小：对初篇大妄语而言，除初篇所列圣法，妄说余事皆摄归此戒。

妄：言非称实为妄，即不如实而说。

语：彰之在口曰语，即话由口出。

小妄语戒：如果比丘尼违心背想，不如实而说，以欺诳他人，佛制不许。

大：大乘菩萨也制。如《梵网经》卷二中云："若佛子！自妄语、教人妄语、方便妄语，妄语因、妄语缘、妄语法、妄语业，乃至不见言见、见言不见，身心妄语。而菩萨常生正语正见，亦生一切众生正语正见，而反更起一切众生邪语、邪见、邪业者，是菩萨波罗夷罪。"②

（二）别释

【记】 四分律疏 言不称实，所以名妄。彰之在口曰语。无心不犯，故曰故妄语戒。

① （后秦）三藏佛陀耶舍共竺佛念译《长阿含经》卷十九，《大正藏》第1册，第123页。
② （后秦）三藏鸠摩罗什译《梵网经》卷二，《大正藏》第24册，第1004页。

法砺律师在《四分律疏》中解释：话不如实而说称之为妄；表现在口名为语；若不是故意，不犯。因此名为故妄语戒。

二　缘起

【记】　象力

象力比丘，乃缘起中能犯之人。

佛制此戒三要素：（1）**何处制：**释翅瘦迦维罗卫国。（2）**因谁制：**象力比丘。（3）**因何制：**象力比丘与外道论议不如，便反前语，至僧中问，复反前语，因制。

三　戒文

【记】　戒文——若比丘尼，故妄语者，波逸提。

文分三句：

第一句：若比丘尼——能犯人

白四羯磨如法得处所的比丘尼。

第二句：故妄语者——所防过

故：即决定心，表明不是错说或误说。

妄语者：对前人以虚诳之语，违心异说。

第三句：波逸提——结罪

如果比丘尼故妄语，言语清楚明了，对方闻解，即结波逸提罪。

四　制意

【记】　四分律疏 制意：出家之人，理宜称实。宁丧身命，许无虚谬。今反违心背想，欺诳前人。令他虚解，自失圣利。过中之甚，是以圣制。

出家之人，凡有所言，理应如实。宁可舍弃身命，也不说虚妄之语。而今违背心想而作异说，欺诳他人。令对方生虚解，自己亦失佛法利益。诸过之中极为严重，故佛制戒遮止。

五　具缘

【记】　南山行事钞 具六缘成犯：一、对境是人。二、人想。三、违想说。四、知违想说。五、言了了。六、前人解。犯。

此戒具六缘成犯：

1. **对境是人：**所对之境是人。

2. **人想**：作人想，无有想差。

3. **违想说**：违心想而说。因为结犯约心，只要违心想，不问外境虚实，皆犯。

4. **知违想说**：知道自己是违心想而说。

5. **言了了**：言语清楚明了。

6. **前人解**。**犯**：对方闻解，即犯波逸提。

六　罪相

（一）正明罪相

【记】

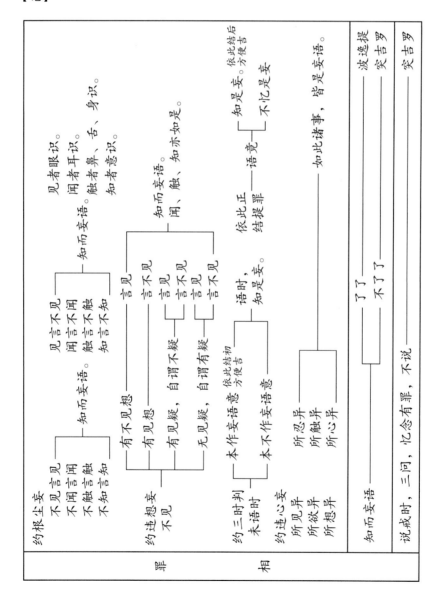

此表先列妄语，后示结犯。

1. 示妄语相

约四事显示妄语之相。

（1）约根尘妄

六根对六尘时所为之妄。

①**不见言见，知而妄语**

见：眼识能见；**不见**：除眼识外，余五识者是。

如眼未见而言见，或耳闻等而言眼见，知而妄语，即是此摄。

②**不闻言闻，知而妄语**

闻：耳识能闻；**不闻**：除耳识外，余五识者是。如耳未闻而言闻，或眼见等而言耳闻，知而妄语，即是此摄。

③**不触言触，知而妄语**

即鼻、舌、身不触而言触，自知是妄，不如实而说。**触**：即是触尘，触中通含鼻、舌、身三识。因眼、耳、意三根性利，力用偏多，又能远取境界，故各分为名；而鼻、舌、身三根性钝，力用处少，又唯近取境界，故合名为触。

④**不知言知，知而妄语**

知：第六意识能知；**不知**：除第六意识以外，余五识者是。

其余见言不见，闻言不闻，触言不触，知言不知，知而妄语，亦同上说，故略之。

（2）约违想判

违心所想，不如实而说。共有六句，今且举见为例，其余闻、触、知，依此类推。

①**若不见，是中有不见想，却言见，知而妄语**

即比丘尼实际没有看见，也作没有看见想，但却说："我见到。"自己知道是妄语，违想而说。

②**若不见，是中有见想，彼便言，我不见**

即比丘尼实际没有看见，而于中生见想，但却说："我不见。"自知妄语，违想而说。

③**若不见，意中生疑，彼作是言，我无有疑，便言，我见，知而妄语**

即比丘尼实际没有看见，而于意中生疑："我是看见还是没有看见？"但却说："我没有疑，我见到。"自知妄语，违想而说。

④**若不见，意中生疑，彼作是言，我无有疑，便言，我不见，知而妄语**

即比丘尼实际没有看见，而于意中生疑："我是看见还是没看见？"但却言："我没有疑，我不见。"自知妄语，违想而说。

⑤若不见，意中无复疑，便言，我有疑，我见，知而妄语

即比丘尼实际没有看见，而于意中亦无有疑，但却言："我有疑，我看见。"自知妄语，违想而说。

⑥若不见，意中无疑，便言，我有疑，我不见，知而妄语

即比丘尼实际没有看见，而意中无疑，但却说："我有疑，我没看见。"自知妄语，违想而说。

（3）约三时判

约初时（未语时）、中时（语时）、后时（语竟）而判。就此三时，律中有四句。

①初、中、后三时皆知，故结一提二吉

未说话前，便作念：我当妄语，依此即结初方便突吉罗罪；妄语时，自知是妄语，依此正结本罪波逸提；妄语后，也知所言是妄语，依此结后方便突吉罗罪。

②初、中二时知，后时不忆，故结一提一吉

未说话前，便作念：我当妄语，依此即结初方便突吉罗罪；妄语时，自知是妄语，依此正结本罪波逸提；妄语后，不忆念是妄语，不犯。

③初时没有妄语心，中、后二时知是妄，故结一提一吉

未说话前，没打算说妄语，不犯；妄语时，自知是妄语，依此正结本罪波逸提；妄语后，知所言是妄语，依此结后方便突吉罗罪。

④初、后二时没有妄语心，正作时知是妄，故唯结一提

未说话前，没打算说妄语，不犯；妄语时，自知是妄语，依此正结本罪波逸提；妄语后，不忆念是妄语，不犯。

（4）约违心妄

行心思度，违反而说。此约意地，有六句，结合后引《戒本疏》说明。

①所见异

所说与所见有异。如禅定时看见种种恶相，思量、揣度后却说见到各种好相。

②所忍异

所说与所忍有异。此中分二：（1）约苦、乐、舍三受而言：若自己感觉痛苦却告诉别人说很快乐。（2）约同法而释：如作羯磨时问："谁不忍者说！"虽心存不忍，却默然不语，表示忍可，故有默妄语之过。

③所欲异

所说与内心希求有异。内心渴望追求财色等世间五欲，却对人说："我有善法欲，好乐正法。"

④所触异

所说与触觉有异。如摸触到冷物体，却说是热；尝到甜味却说是酸；闻到香气

却说是臭气等。

⑤所想异

所说与所想有异。如本心视对方为仇人，而在别人问及时，却说对方是己好友。

⑥所心异

心缘此而说彼。如心想此事，他人问时，却言彼事。

之所以列示多种妄语之相，正为说明妄语种类繁杂，微纵妄情，便乖违圣制。因此广张网目，详尽列出，以令行人谨慎防护，不可妄动。否则，将招未来苦果。

2. 示罪相

表中列出两种结犯相状。

（1）如果比丘尼知而妄语，言语清楚明了，对方闻解，即结波逸提罪；如果言语不清楚明了，结突吉罗罪。

（2）僧说戒时，八处三问："是中清净否?"如果比丘尼自忆知有罪，却不发露，便犯默妄语突吉罗罪。

（二）引文别释

1. 引《行事钞》

【记】 南山行事钞 犯无定境，起必依心。但使违内想心，不论外缘虚实，一切皆堕。

犯此戒不能约尘境来判，妄语之业必由心起。因此，不论外缘虚实，只要违心想而说，即犯波逸提罪。

2. 引《戒本疏》

【记】 南山戒本疏 所见异者，定行心中见诸恶像，言见好相也。及被人问，答他异本所见，故曰所见异也。所忍异者，纳违安苦，名之为忍，语他乐受。亦可同作羯磨，不忍而言忍也。所欲异者，财色经求，名之为欲。答异于本，云乐正法也。所触异者，得冷云热也。所想异者，怨想言亲也。所心异者，缘此说彼也。所以约违心中多列相者，明妄者多，须细张网目。不可辄动，动即入来也。

此文于前"约违心妄"中已明，此不赘述。文中"所以约违心中多列相者"一句，与《戒本疏》中原文稍异。原文："所以约心多列相者"。

3. 引《比丘尼钞》

【记】 比丘尼钞 婆论云：妄语、两舌、恶口，相历作四句。一是妄语非两舌恶口。传他此语向彼说，以不实故名妄语；以无分离心故非两舌；软语说故非恶口。余句类上，有无可知。不妄语者：若说法、议论、传语，一切是非，莫自称为是。常令推寄有本，则无过也。不尔，是斧在口中。

《比丘尼钞》概括《萨婆多论》中"妄语戒"与"两舌戒"所制，云：口中三过，即妄语、两舌、恶口，相互历句，可作四句。①

（1）**是妄语，而不是两舌、恶口**：即传他此语向彼说，因为不如实而说，所以是妄语；然此中没有分离彼此之心，因此不是两舌；又以软语而说，故不属恶口。

（2）**是妄语，是两舌，非恶口**：即传他此语向彼说，以不如实而说，故是妄语；以作分离心，故是两舌；以软语而说，故非恶口。

（3）**是妄语，非两舌，是恶口**：即传他语向彼说，以不如实而说，故是妄语；心不作分离意，故非两舌；但说粗语，故是恶口。

（4）**是妄语，是两舌，是恶口**：即传他语向彼说，以不如实说，故是妄语；以作分离心，故是两舌；又以粗语而说，故是恶口。

此中四句，初句唯局此戒；中间二句双犯，或涉妄语、两舌二戒，或涉妄语、恶口二戒；后句俱犯，则通于三戒。

所谓不妄语：《萨婆多论》云："若说法义论、若传人语、若凡说一切是非，莫自摄为是，常令推寄有本，则无过也。"② 意即：如果说法、论义，须表明所说、所论是有圣教根据；如果转述他人之言，也须表明是替他传话。否则，则斧在口中。

《大智度论》偈曰："夫士之生，斧在口中；所以斩身，由其恶言。应呵而赞，应赞而呵；口集诸恶，终不见乐。"③ 前四句比喻出语伤人，犹如刀斧。后四句合上喻，上三句合斧在口中，下一句合斩身。以此比喻种种非理言论，口业造恶，妄业即成。一语伤人，必先自损。

七　开缘

【记】

开缘	若不见言不见，不闻言不闻，不触言不触，不知言不知。 若见言见，闻言闻，触言触，知言知。	无犯

此戒开缘如下：

1. **若不见言不见乃至不知言不知**：即一切如实而说，不犯。

2. **若见言见乃至知言知**：此亦如实而说，不犯。

---

① 《萨婆多毗尼毗婆沙》卷六，《大正藏》第23册，第539～540页。
② 《萨婆多毗尼毗婆沙》卷六，《大正藏》第23册，第540页。
③ 〔印度〕龙树菩萨造，（后秦）三藏鸠摩罗什译《大智度论》卷十三，《大正藏》第25册，第158页。

3. **若意有见想，便说者**：此乃称想而说，不犯。

八 警策

【记】 南山行事钞 此戒人多喜犯者，良由妄业熏积，识种尤多。故随尘境，动便虚构。不思反流之始，但愿毕世之终。以此安生为要，当死定非排业。良可悲夫。

此戒人常易犯，实因无始劫来习此妄语之业，熏成烦恼种子，并将此种子积集于八识田中。妄业种子甚多，故随六尘之境，运心出口，动辄虚构。出家之人，不思当初断妄修真之志，恒以虚构妄语为毕世之行。以此妄业悠悠度世，临命终时，必定不能排除虚妄恶业。实在可悲！

练习题

1. 请解释"小妄语戒"戒名。
2. 简述佛制"小妄语戒"三要素？
3. 背诵并解释"小妄语戒"之戒文。
4. 佛为何制"小妄语戒"？
5. "小妄语戒"具哪几缘成犯？
6. 约根尘相对，有哪几类妄语？
7. 约违想来判，有哪几类妄语？
8. 约三时来判，有哪几类妄语？
9. 约违心来判，有哪几类妄语？
10. "小妄语戒"结犯相状如何？
11. 用妄语、两舌、恶口，相互历句，可作哪四句？举例说明。

思考题

1. "小妄语戒"有哪些开缘？从中受到什么启发？
2. 《行事钞》中为什么说"此戒人多喜犯"？
3. 为帮助他人而打妄语，犯此戒吗？为什么？

第三节 骂戒

一 戒名

【记】 骂戒第二 （同、大、性）

骂：毁呰。即欲折服、羞辱他人，专取他人短处，而口出毁辱之言。律中，骂亦通以善法羞辱，有别于粗恶语。此戒所言骂者，取羞辱他人之意，通收善恶。

骂戒：亦名毁呰戒。如果比丘尼口出毁辱之言，作折伏、羞辱他人之意，佛制不许。

大：大乘菩萨也制。《梵网经》制："而菩萨应生一切众生中善根无诤之事，常生悲心。而反更于一切众生中，乃至于非众生中，以恶口骂辱加以手打，及以刀杖意犹不息，前人求悔善言忏谢，犹瞋不解者，是菩萨波罗夷罪。"①

二　缘起

【记】　六群

六群比丘，乃缘起中能犯之人。

佛制此戒三要素：（1）何处制：舍卫国。（2）因谁制：六群比丘。（3）因何制：六群比丘毁骂断事人，因制。

三　戒文

【记】　戒文——若比丘尼，毁呰语，波逸提。

文分三句：

第一句：若比丘尼——能犯人
白四羯磨如法得处所的比丘尼。

第二句：毁呰语——所防过
比丘尼口出毁辱之言，欲折伏、羞辱他人。

第三句：波逸提——结罪
此比丘尼若言词了了，对方闻解，即结波逸提罪。

四　制意

【记】　四分律疏 制意：夫人之法，宜出善言，递相赞叹，令彼欢喜勇进修道。反以下贱之言，形呰前人，令彼惭愧，废修正业。伤切人心，甚于剑割。恼处不轻，故所以制。

凡为人之法，当说和善之语。彼此互相赞叹、鼓励，令对方心生欢喜，以增长勇猛修道之力。而今，反以卑贱之语，相形比类毁呰对方，令其惭愧羞耻，由此妨修道业。因毁呰之语刺伤人心，甚于刀剑割体之痛，极为触恼他人，故佛制不许毁呰语。

---

① （后秦）三藏鸠摩罗什译《梵网经》卷二，《大正藏》第24册，第1005页。

五　具缘

【记】　南山行事钞 具六缘成犯：一、是比丘尼（原文无"尼"字）。二、自出毁呰。三、知是毁呰。四、作折辱彼意。五、言了了。六、前人解。犯。

此戒具六缘成犯：

1. **是比丘尼**：毁呰的对象是比丘尼。如果毁呰下三众，则结突吉罗罪。

2. **自出毁呰**：此比丘尼亲自出言毁呰对方。若是传他人之语以毁呰，则结突吉罗罪。

3. **知是毁呰**：自知是毁呰语。

4. **作折辱彼意**：作折伏、羞辱对方之意。

5. **言了了**：毁呰对方时，言语清楚明了。

6. **前人解。犯**：对方闻解，即结波逸提罪。

六　罪相

（一）正明犯相

【记】

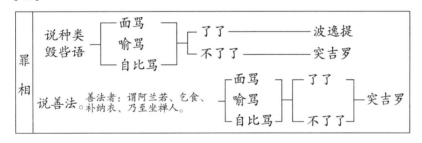

此表含二事：

1. 种类毁呰

以恶法毁呰他人。据《四分律》所制，种类毁呰共有六品：（1）卑姓家生。（2）行业卑。（3）伎术卑。（4）犯过。（5）多结使。（6）病患。[①] 此六品为种，随一品之下，多相为类。

种类毁呰有三种方式：（1）**面骂**：当面直说：你出生于除粪种家等。（2）**喻骂**：比喻骂，即比类他人而毁呰。比如说：你像旃陀罗等。（3）**自比骂**：比类自己而骂。如说：我不是贩卖人。言下之意，你才是贩卖人等。

若比丘尼以种类毁呰他人，无论是面骂、喻骂、自比骂，言语清楚明了，结波

---

① （后秦）三藏佛陀耶舍共竺佛念等译《四分律》卷十一，《大正藏》第22册，第635页。

逸提罪。不清楚明了，结突吉罗罪。

2.善法毁呰

假借善法而毁呰他人，作折辱彼意。善法：阿兰若人、乞食人、着补纳衣人，乃至坐禅人。

善法毁呰亦有三种：（1）**面骂**：如言"你是阿兰若人"。（2）**喻骂**：如言"你像乞食人"。（3）**自比骂**：如言"我不是坐禅人"。

若比丘尼假借善法毁呰他人，无论是面骂、喻骂、自比骂，不论言语清楚明了否，俱结突吉罗罪。因善法骂异于恶语骂，触恼情过轻微，故结罪有阶降。

（二）引文别明

1.引《比丘尼钞》

【记】 比丘尼钞 伽论：传他语骂，吉。僧祇：若以上恶法毁尼及父母，言：汝父母是者，提。汝和尚阿阇梨是，兰。汝同友是，越毗尼。成实论：虽是实语，以非时故，即得绮语。

《比丘尼钞》引他部明别明犯相。

《伽论》云：如果传他人毁呰语，结突吉罗罪。[1]《僧祇律》云："若言：'汝父母是旃陀罗，乃至皮师。'作是语使彼惭羞，波夜提。若言：'汝和上、阿阇梨是旃陀罗，乃至皮师。'使彼惭羞，得偷兰遮。若言：'汝同友知识是旃陀罗，乃至皮师。'作是语使彼惭羞，越毗尼罪。"因为父母、和尚、同友，亲疏有别，故罪分三等。[2]《成实论》卷八云：纵然是实语，但说不当时，也属于绮语所摄。[3]

2.引《行事钞》

【记】 南山行事钞 诤本有六：嗔恨、恶性、贪嫉、谄曲、无惭愧、邪见。灵芝释云：六诤本者，不出三毒。上二是嗔，次一是贪，下三并痴。一切诤起，不越此六，故曰本也。

道宣律师在《行事钞》中引《十诵律》文说明诤事之本有六。彼律云："有六诤本：一者嗔恨不语、二者恶性欲害、三者贪嫉、四者谄曲、五者无惭愧、六者恶欲邪见，是名六诤本。"[4]

灵芝律师解释说：六诤之本，不出三毒。上二：嗔恨不语、恶性欲害属嗔；第

---

① （刘宋）三藏僧伽跋摩译《萨婆多部毗尼摩得勒伽》卷二，《大正藏》第 23 册，第 574 页。
② （东晋）三藏佛陀跋陀罗共法显译《摩诃僧祇律》卷十二，《大正藏》第 22 册，第 325 页。
③ 〔印度〕诃梨跋摩造，（后秦）三藏鸠摩罗什译《成实论》卷八，《大正藏》第 32 册，第 305 页。
④ （后秦）三藏弗若多罗共罗什等译《十诵律》卷五十，《大正藏》第 23 册，第 367 页。

三，贪嫉是贪；下三：谄曲、无惭愧、恶欲邪见都属于愚痴。一切诤事生起，不出此六种，故说为本。

3. 引《资持记》

【记】 灵芝资持记 毁呰有六种：一卑姓家生者，即旃陀罗、除粪种、竹师种、车师种等。二行业者，即屠猎、渔捕、作贼、守城等。三伎术卑者，锻作、木作、瓦陶作、皮革作等。四犯过者，作七聚罪也。五多结使者，从嗔志乃至五百结。六病患者，盲、瞎、秃、跛、聋、哑等，乃至疥癞痈疽及余患所加也。

此段文出自灵芝律师《资持记》卷二，乃原文大意。即：以恶法毁呰，大分有六种（六品是种，随一品下多相为类）：

（1）**卑姓家出生者**：旃陀罗（即屠杀之辈）、除粪种（清扫厕所之人）、竹师种（编制竹器之人）、车师种（制作车之人）等。古代印度，若出生于此等之家，皆属卑姓家生者。

（2）**行业卑贱者**：即屠夫、猎人、渔夫、盗贼、守城人等。古代印度，认为此等行业属于卑贱业。

（3）**伎术卑贱者**：即锻匠（冶金银铜铁工匠之总名）、木匠、作瓦陶人、皮革匠、剃发人、作簸箕人等。

（4）**犯过者**：犯七聚罪人，即犯波罗夷、僧残、偷兰遮、波逸提、波罗提提舍尼、恶作、恶说。

（5）**多结使者**：结使，即烦恼。其有多种，从根本烦恼，随烦恼乃至五百结使（灵芝律师加注说明：此五百结使，依律引之，未详配数）等。

（6）**病患人**：若盲（盲两眼）、若瞎（瞎一眼）、若秃、若跛（一足残）、若躄（两足残）、若聋、若哑等，乃至余患如疥、癞、痈疽，等等。《资持记》中原文："六若盲下且列三病，律中更列跛聋痖及余众患等。"意即：《行事钞》中云"若盲、若秃、瞎人"，仅列三种病，而在《四分律》中更列有跛、聋、哑及余诸多病患等。

4. 引《戒本疏》

【记】 南山戒本疏 前三明其外相，后三明其内报。

《戒本疏》总结六品种类毁呰，云：约文分六。前三品，即种姓、行业、技术，显其外相，是就出生种姓、所作行业而言；后三品，即犯过、多结使、病患，明其内报，是约身心病患烦恼而言。

5. 引《戒本疏》

【记】 南山戒本疏 问：善法是好，骂者是恶，如何结罪？答：以骂者心，欲相屠割。后微见小失，便张广大。汝是兰若，如何犹着？离着无学，尚摄钵衣。

故以微缘，潜相扇作也。

《戒本疏》设问答释疑。问：善法是好事，行骂是恶事，为何结罪？答：因为骂者存心伤害、毁辱对方，令彼痛苦。微见小小过失，便张扬扩大。如见阿兰若人护衣钵，便言："你是阿兰若人，怎么还如此贪着？"实际上，彻断贪着之无学圣者，仍须持护衣钵。现假借摄护衣钵之微小事缘，内怀讥讽之心张扬生事。

七　开缘

（一）正明开缘

【记】

此戒开缘如下：

1. **若相利故说**：如果为规劝同学，不以嫌恨心而呵骂，不犯。
2. **若为法故说**：如果说法时，为令对方生解而示现说恶语，不犯。
3. **若为律故说**：如果讲解戒律时，为令彼生解而示恶语，不犯。
4. **若为教授故说**：如果为当下所作之事，欲令对方及时改正而呵骂，不犯。
5. **若为亲友故说**：如果为规劝亲友，不以嫌恨心而呵骂，不犯。
6. **若戏笑说等**：如果戏笑语，或疾疾语、或独语，不犯本罪。但乖违出家人说话仪则，须结突吉罗罪。如果是梦中语，或欲说此而错说彼，不犯。

（二）引文别释

【记】 灵芝资持记 前五皆据师友匠成，语虽粗恶，内无嗔怒，故在开位。初言相利，即泛尔同学，异下亲友。四云教授，谓直示时事，异上说法说律也。

《资持记》解释：开缘中，前五事皆依据师友彼此之间互相匠导、规劝，旨在利益对方。虽然言语粗恶，但内心全无嗔怒，因此属于开缘之列。第一缘"相利故说"，为彼此互相利益，泛指普通同学道友之间相互谏劝，与下面亲友有所差别。第四缘"为教授故说"，直接对当下所做事之训导，与上"为法、说律故说"不同。

练习题

1. 请解释"骂戒"戒名。

2. 叙述佛制"骂戒"三要素。

3. 背诵并解释"骂戒"之戒文。

4. 佛为何制"骂戒"？

5. 犯"骂戒"的具缘有哪些？

6. "骂戒"结犯相状如何？

7. 种类毁呰有哪几种？毁呰方法有哪几种？

8. 依善法毁呰为何结罪？

9. "骂戒"有哪些开缘？

第四节　两舌戒

一　戒名

（一）正释戒名

【记】　两舌戒第三　（同、大、性）

两舌：两边传言。《行事钞》概括律文，云："两舌者，彼此斗乱令他破也。"①

舌：是成言之具，即言由舌吐。

两舌戒：若比丘尼斗乱两头，欲离间彼此而两边传言，佛制不许。

（二）引疏别解

【记】　南山戒本疏 两舌之名，翻译颇是质陋。故虽两舌，不作分意，不犯此戒。今现翻云离间语，斯为得矣。②

《戒本疏》云：姚秦翻此戒为两舌戒，是直译，不甚确切。因为虽然是两边传言，但不作离间彼此之意，则不犯此戒。所以，现今（唐朝）翻译成离间语，较为恰当。

二　缘起

【记】　六群

---

① （唐）道宣律师撰《四分律删繁补阙行事钞》卷二，《大正藏》第 40 册，第 75 页。

② 《四分律含注戒本疏》卷四中原文是："此本翻译，颇是质陋。故今现翻，云离间语，斯为得矣。故虽两舌，不作分意，不犯此戒。"（《卍新续藏》第 40 册，第 82 页。）

・459・

六群比丘，乃缘起中能犯之人。

佛制此戒三要素：（1）**何处制：**舍卫国。（2）**因谁制：**六群比丘。（3）**因何制：**六群比丘传彼此语，遂致众中未有诤事而生诤，已有诤事而不能灭，因制。

三　戒文

【记】　　*戒文——若比丘尼，两舌语，波逸提。*

文分三句：

第一句：若比丘尼——能犯人

白四羯磨如法得处所的比丘尼。

第二句：两舌语——所防过

斗乱两头，欲离间彼此而两边传言。

第三句：波逸提——结罪

此比丘尼即结波逸提罪。

四　制意

【记】　　四分律疏 制意：夫出家同住，无心生别。专构私屏，传于彼此，令僧未有诤事而生，已有诤事，不可除灭。斗乱僧众，恼坏处重。是故圣制。

凡出家之人，理应六和同住，不应生斗乱众僧之心。若专门营构屏处私语，在彼此间传播，则令众僧未有诤事而生诤，已有诤事而不得除灭。如此传话斗乱，令僧不得安宁。由此所生损恼、毁坏，实为深重，因此，佛制不许两舌语。

五　具缘

【记】　　南山行事钞 具六缘成犯：一、是比丘尼。二、说鄙恶事。三、传于彼此。四、分离意。五、言了了。六、前人解。犯。

具六缘成犯：

1. **是比丘尼：**离间的对象是比丘尼。如果离间小三众，则结突吉罗罪。

2. **说鄙恶事：**说他人不善之事。

3. **传于彼此：**将他人之语传于此人，又将此人之语传向他人，如此两边传言。

4. **分离意：**作离间彼此之意。

5. **言了了：**两边传言时，说得清楚明了。

6. **前人解。犯：**对方闻解，即结波逸提罪。

六 罪相

（一）正明犯相

【记】

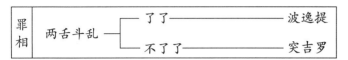

比丘尼两舌语，欲斗乱两头，离间彼此，如果说得清楚明了，对方闻解，结波逸提罪。如果说不清楚，对方不解，则结突吉罗罪。

（二）引文别显

【记】 比丘尼钞 僧祇云：以恶法告言，某甲说汝是，无有上中下法。欲令他离向己，若彼离不离皆提。婆论云：说已更说，提。若不传此语两边令离散者，一切皆吉。

《比丘尼钞》引《僧祇律》文：如果有人以七事恶法传告他人，言某甲说你如此如此，无论所传是上中下哪一法，但欲令对方离开他人而归向己边，皆结波逸提罪，不论对方是否离开。[①] 又引《萨婆多论》文：如果于两边说离间语，说一次尚未达到离间目的，便重复再三说，一一结堕罪。如果不是以两边传言而使其离散，则犯突吉罗罪。[②]

七 开缘

（一）正明开缘

【记】

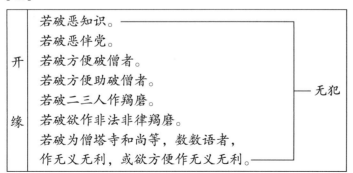

---

① （东晋）三藏佛陀跋陀罗共法显译《摩诃僧祇律》卷十二，《大正藏》第22册，第326～327页。据此律，毁呰语包括种姓、行业、相貌等七事，每一事又分上中下三种毁呰法。下者粗劣、中者中等、上者优胜。

② 《萨婆多毗尼毗婆沙》卷六，《大正藏》第23册，第540页。

此戒开缘如下：

1. 若两边传言，其目的是为破坏恶知识，不犯。

2. 如果以离间语破恶伴党，不犯。

3. 如果有人以种种方便欲破僧，而以离间语破之，令彼不得破僧者，不犯。

4. 如果以离间语，破欲方便助破僧者，不犯。

5. 若二三人作众僧羯磨法，属于非法，故破之，不犯。

6. 如果破欲作非法非律羯磨者，不犯。

7. 如果以离间语，破数数共议，欲侵损破坏僧、塔、寺、和尚等之人，或以种种方便欲侵损破坏僧、塔、和尚等之人。此属破共谋恶事，故不犯。

（二）引文别释

【记】 案 僧塔寺和尚等。具云：僧、塔、寺、和尚、同和尚、阿阇梨、同阿阇梨、知识、亲友。已下并同，准是应知。

弘一律师加"案"解释：僧塔寺和尚等，完整说应该是：僧、塔、寺、和尚、同和尚、阿阇梨、同阿阇梨、知识亲友。以下诸戒皆同，准此应知。

 练习题

1. 请解释"两舌戒"戒名。

2. 叙述佛制"两舌戒"三要素。

3. 背诵并解释"两舌戒"之戒文。

4. 佛制"两舌戒"意义何在？

5. 犯"两舌戒"的具缘有哪些？

6. "两舌戒"结犯相状如何？

7. 在哪些情况下不犯"两舌戒"？

8. 请完整表述开缘中"僧塔寺和尚等"。

思考题

1. 请比较妄语、恶口（骂詈）、两舌与绮语之异同，说明佛陀为何未单独制立"绮语戒"。

第五节 共男人宿戒

一 戒名

【记】 共男人宿戒第四 （同、大、制）

男人：有智，即有知解能力，且命根未断的人男子。**宿**：过夜。

共男人宿戒：如果比丘尼共男子于成室相之房舍中过夜，佛制不许。

二 缘起

【记】 阿那律

阿那律尊者，乃缘起中能犯之人。

佛制此戒三要素：（1）**何处制**：舍卫国。（2）**因谁制**：阿那律尊者。（3）**因何制**：阿那律尊者共一女人同室宿，因制。

三 戒文

【记】 戒文——若比丘尼与男子，同室宿者，波逸提。

此戒文分三句：

第一句：若比丘尼——能犯人

白四羯磨如法得处所的比丘尼。

第二句：与男子同室宿者——所防过

与男子在成室相的房舍中共同过夜。此中"男子"，指有智能解，知好恶且命根未断之人男子。

第三句：波逸提——结罪

此比丘尼即结波逸提罪。

四 制意

【记】 四分律疏 制意：男女形殊，理无同居。境界交涉，容生秽染，招致讥丑，不能自拔[1]。患累不轻，是故须制。

---

[1] 此句"不能自拔"，原文中为"真能自拔"，《表记》编辑者将"真"直接改为"不"，据《四分律疏》前后文意及沙门慧述《四分戒本疏》，此中"真"字应为"莫"。《四分戒本疏》卷三云："男女形殊理无同居。境界交涉容生秽染。又致讥丑。莫能自拔患累不轻。是故圣制。"（《大正藏》第85册，第597页。）

男女形体有别，于理不应同住一处。一旦男女同住，境界现前时，不仅易生欲念染情，甚至会导致毁犯根本大戒。又，男女同住，易遭世人讥嫌而丑累佛法。纵然不行恶事，亦清浊难分，无以辩白。此中过患罪累不轻，因此佛制戒遮止。

五　具缘

【记】　南山行事钞 具五缘成犯。一、是人男（原文"是人女"）。二、室相成。

三、共同宿。四、知同宿。五、随转。^{随胁着地犯}。

本戒具五缘成犯：

1. **是人男**：指共宿的对象是有智，且命根未断的人男子。如果与稚小男孩及畜生男共宿，不犯本罪，但结突吉罗罪。

2. **室相成**：指共宿之处是四种室相成就的房舍。下文罪相中详解室相。

3. **共同宿**：与男子在室相成就的房舍中共同过夜。

4. **知同宿**：知与男子同室而宿。

5. **随转**。^{随胁着地}犯：随胁着地或随身转侧，一一结波逸提罪。地：通收床、几等。胁：必摄偃仰乃至亚卧，即斜倚。

六　罪相

（一）正明犯相

【记】

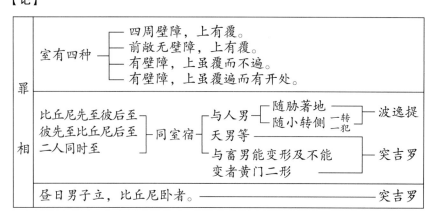

此表含二事：

1. 明四种室相

（1）四周有壁障，上有覆盖。此遮障物无论是砖头、土坯或是布缦皆可。如同在一堂内，即为此摄。

（2）三面有壁障，前面敞开，上有覆盖。如相连接的长行房，其檐下两头有障。

（3）四周有壁障，上虽覆盖而不遍。如四周有屋围绕，中开庭院，于同一院门出入。

（4）四周有壁障，上虽覆盖，而开漏光孔隙，即天窗。

2. 显结犯

（1）如果比丘尼先至，男子后至；或男子先至，比丘尼后至；或比丘尼和男子二人同时至。只要比丘尼和男子在成室相的房舍中过夜，随胁着地，波逸提；或随身转侧，一转一波逸提。

（2）如果比丘尼共天男、龙男、阿修罗男、乾闼婆男、夜叉男、饿鬼男同室而宿，结突吉罗罪。

（3）如果比丘尼共能变形及不能变形之畜生男同室而宿，皆结突吉罗罪。

（4）如果比丘尼共黄门、二形人同室而宿，结突吉罗罪。

（5）如果白天在同一室中，男子站立而比丘尼躺卧，亦结突吉罗罪。

（二）引文别显

【记】 比丘尼钞 婆论：若都集堂同障内，设使堂内有诸小房，虽各各别，以室同故，犹是一房。若多房共一户，亦犯。覆者，乃至以衣缦作屋。壁者，乃至高一肘半。共宿，皆犯。若共十男子同宿，十提。随一一起更卧，一一得十提。随一一转侧得十提。若白衣舍有男子，并房不闭户，吉。

《比丘尼钞》引《萨婆多论》文：大众聚会的都集堂，假如堂内有诸多小房，虽然小房各自分别，但于同一室内，还同一房。如果比丘尼于都堂内与男子共宿，结波逸提罪。

若有多房，但共一门户出入，亦结波逸提罪。覆障，乃至可以用布缦围成一房；壁障，乃至高一肘半，即二尺七寸。若比丘尼在此等房中与男子共宿，亦犯波逸提罪。

再者，如果比丘尼与十位男子同室宿，结十个波逸提罪。且随比丘尼一一身起，又躺卧，一一再结十个波逸提罪。乃至随身一一小转侧，亦一一再结十个波逸提罪。

如果白衣舍中有男子，而比丘尼住房与之并排，若不闭户而宿，结突吉罗罪。①

---

① 《萨婆多毗尼毗婆沙》卷八，《大正藏》第23册，第558页。

七　开缘

（一）正明开

【记】

开 缘	若男子先至，比丘尼后至，比丘尼不知而宿。 若比丘尼先至，男子后至，比丘尼不知而宿。 若室有覆，而无四障。 若尽覆，而半障。 若尽覆，而少障。 若尽障，而不覆。 若尽障，而半覆。 若尽障，而少覆。 若半覆，半障。 若少覆，少障。 若不覆，不障，露地。 若此室中行坐，必有伴。 若头眩倒地。 若病卧。 若强力者所执等。	无犯

此戒开缘如下：

1. 如果男子先到，而比丘尼后到，比丘尼不知房内有男子便宿，不犯。

2. 如果比丘尼先到，而男子后到，比丘尼不知房内有男子便宿，不犯。

3. 房室虽上有覆盖，但四周没有遮障，因其敞露不成室相，故不犯。如四根柱子架起的遮篷，即是此类所摄。

4. 如果上虽有覆盖，但只有两边遮障，另外两边没有遮障，不成室相，不犯。

5. 如果上有覆盖，但只有一边有遮障，不成室相，不犯。

6. 如果四周虽然有遮障，但顶上却没有覆盖，不成室相，不犯。

7. 如果四周有遮障，而顶上只有一半覆盖，不成室相，不犯。

8. 如果四周有遮障，而顶上只有三分之一覆盖，不成室相，不犯。

9. 如果顶上只有一半覆盖，四周只有两边遮障，不成室相，不犯。

10. 如果四周一边有遮障，但顶上只有三分之一覆盖，不成室相，不犯。

11. 如果顶上没有覆盖，且四周没有遮障，即是露地，不成室相，不犯。

12. 如果在成室相的房舍内，或行或坐，且有同伴，不犯。

13. 如果因头晕倒地而与男子同室宿，不犯。

14. 如果因生病躺卧而与男子同室宿，不犯。

15. 如果被强力者所逼迫，或被禁闭，或因命难、梵行难故，而与男子同室，皆不犯。

（二）引文释

1. 引《资持记》

【记】　灵芝资持记 第三已下，非室不犯。三位九别。（南山钞于第六尽障而不覆下，依第五十三戒增尽障而半覆一句，共成九句。今宗彼写录。）初三句，覆遍障缺。次三句，障周覆缺。后三句，覆障俱缺。

灵芝律师在《资持记》中总结开缘。云：从第三缘"若室有覆而无四障"至第十一缘"若不覆不障，露地"，都是因为不成室相，所以不犯。此中共分三位九别，即每三句为一位，或障缺，或覆缺，或俱缺。

弘一大师以小字说明，《行事钞》中，在第六缘"若尽障而不覆"之下，依第五十三条随举戒，又增一缘"若尽障而半覆"，故成九缘，现遵依此。

第一位：覆遍而障缺（第3.4.5缘）：有覆而无四障、尽覆而半障、尽覆而少障。

第二位：障周而覆缺（第6.7.8缘）：尽障而不覆、尽障而半覆、尽障而少覆。

第三位：障覆俱缺（第9.10.11缘）：半覆半障、少覆少障、不覆不障。

2. 弘一律师加"案"释室相差别

【记】　案 室与非室之别异者：覆遍障过半，障周覆过半，是室相成，应遮。覆遍障半，障周覆半，是非室，应开。同卧亦应犯轻。

弘一律师解释，室相或不成室相的差别在于：若顶上覆盖尽遍，而四周遮障过半，即三面有墙；或四面皆有遮障，而顶上覆盖过半。这两种情况都成室相，应遮止比丘尼在此中与男子共宿。

若顶上覆盖尽遍，但仅两面有遮障；或四周有遮障，但顶上覆盖只有一半。这两种情况皆不成室相，应有所开。若比丘尼与男子在此中共宿，不犯本罪，但须结突吉罗罪。

3. 弘一律师加"案"释"强力者所执"

【记】　同 若强力者所执等者。具云：若强力者所执，若系闭，若命难，若梵行难。已下并同，准是应知。

弘一律师补充说明：开缘中"若强力者所执等"，在律中完整的句子是："若强力者所执、若系闭、若命难、若梵行难。"以下诸戒皆同，准此可知。

八 警策

【记】 南山行事钞 十诵云：如熟饮食，人之所欲。女人欲男亦尔。罗汉尚被婬恼，余凡何须拒抗。

道宣律师在《行事钞》中引《十诵律》说：常人皆爱熟食，而女人贪男子亦尔。阿罗汉圣者尚且被婬女所恼，其余凡夫之辈，又岂能抗拒异性诱惑？①

 练习题

1. 请解释"共男人宿戒"戒名。
2. 略述佛制"共男人宿戒"三要素。
3. 背诵并解释"共男人宿戒"之戒文。
4. 佛为什么制"共男人宿戒"？
5. "共男人宿戒"具哪几缘成犯？
6. 根据"共男人宿戒"之"罪相表"，"室相"有哪四种？
7. "共男人宿戒"结犯相状如何？
8. "共男人宿戒"有哪些开缘？依据灵芝律师之解释，不成室相的情况有哪些？
9. 开缘中"强力者所执等"，包括哪些事项？

第六节　共未受具人宿过三夜戒

一 戒名

【记】 共未受具人宿过三夜戒第五 （同、大、制）

未受具人：《四分律》云："未受戒人者，除比丘、比丘尼，余未受大戒人是。"② 含式叉摩那尼、沙弥、沙弥尼（合称"小三众"）及外道、白衣。

过三夜：同一室宿超过三夜。

共未受具人宿过三夜戒：如果比丘尼与未受戒人同一室宿，超过三夜，佛制不许。

---

① 《十诵律》卷十六云："佛以是事集比丘僧，语诸比丘：'阿那律虽离欲得阿罗汉，不应与女人共宿。如熟饮食人之所欲，女人于男亦复如是。'"（《大正藏》第23册，第113页。）
② （后秦）三藏佛陀耶舍共竺佛念等译《四分律》卷十一，《大正藏》第22册，638页。

二 缘起

【记】 六群

六群比丘，乃缘起中能犯之人。

佛制此戒三要素：（1）**何处制：**旷野城。（2）**因谁制：**六群比丘。（3）**因何制：**六群比丘与俗人共宿形露，因制。

三 戒文

【记】 戒文——若比丘尼，共未受戒女人同一室宿，若过三宿，波逸提。

此戒文分三句：

第一句：若比丘尼—— 能犯人

白四羯磨如法得处所的比丘尼。

第二句：共未受大戒女人同一室宿，若过三宿——所防过

比丘尼与式叉摩那尼或沙弥尼或白衣外道女子，在成室相的房舍内过夜，超过三宿。

第三句：波逸提——结罪

此比丘尼即结波逸提罪。

四 制意

【记】 四分律疏 制意：凡道俗路乖，情事相反。始习未闻①，事多相恼。近则生慢，乱道废业。故宜别处，存道益敬，为是须制。然出家之人，栖止无定，事有游行，投人宿止，存形清命。又沙弥尼（原文无"尼"字）离俗，凭荫在此，更无所仗，事须眷接，是以开听，限期二宿。然禁则防其过，开则通其益。开制之宜，理所应然。

道俗二众，目标不同，日常行事全然相反。② 无始染习未断，若共宿而住，会有诸多扰恼。或过于亲近，则易生慢心，闹乱修行，荒废道业，是故应该令未受具人别处而住，方能使其心存于道。是故须遮止共宿。

然而，出家人居无定所，时常游方教化，难免须于白衣舍过夜，以恢复体力，安心办道，清净自活。另外，沙弥尼初离尘俗，归投三宝，唯有依靠师长，再无其

---

① 据前后文义及《大正藏·古逸部》收录沙门慧述《四分戒本疏》卷三所述，"始习未闻"应为"始习未闭"。

② 《四分律行事钞资持记》卷三云：俗修福分，谓布施也。道修智分，谓学慧也。（《大正藏》第40册，第400页。）

他依凭。① 因此，大尼对小众当如眷属般爱护。如《四分律》所云：和尚视弟子如儿想，弟子视和尚如父想。② 是故，制中又开许与沙弥尼共宿，但限期二夜。

佛制戒遮止，是为防过失。后又开听二夜，为令未受具人获得利益。开制相宜，理当如此。

五　具缘

【记】　南山行事钞 具五缘成犯：一、未受具女人。二、室相成。三、共同宿。四、知同宿。五、过三夜。犯。③

此戒具五缘成犯：

1. **未受具女人**：共宿对象是未受具足戒女子。

2. **室相成**：四种室相成就的房间。（如前戒所明）

3. **共同宿**：比丘尼与未受具足戒女人同室而宿。

4. **知同宿**：而且知道是和未受具足戒的女人同室而宿。

5. **过三夜。犯**：如果同室而宿超过三夜，即结波逸提罪。

六　罪相

（一）正明犯相

【记】

罪相	室者同第四共男人宿戒。			
	比丘尼先至彼后至 彼先至比丘尼后至 二人同时至	同室宿、 过二宿至三宿	与未受大戒人	随胁著地 随小转侧 → 波逸提
			与 天　女　等 畜能变形及不能变者	突吉罗

此表中明二事：

1. 指略室相

此戒室相同第四条"共男人宿戒"。即

（1）四周壁障，上有覆。

（2）前敞无壁障，上有覆。

---

① 《十诵律》卷十五中记载，佛告比丘："是沙弥可怜愍，无父母，若不慈愍何缘得活？若值恶兽得大苦恼，是亲里必嗔言：'诸沙门释子但能畜沙弥，而不能守护。'"（《大正藏》第23册，第105页。）

② （后秦）三藏佛陀耶舍共竺佛念等译《四分律》卷三十三，《大正藏》第22册，第799页。

③ 此段文与《四分律删繁补阙行事钞》原文有较大差异。原文是："五缘成：一未受具人，男女余义如别。伽论云：已二夜共沙弥宿，第三夜共女人宿，得二提。二三四缘同前戒。五过三夜犯。"（《大正藏》第40册，第75页。）

（3）有壁障，上虽覆而不遍。

（4）有壁障，上虽覆遍而有开处。

2. 结犯相状

（1）如果比丘尼先到，未受具戒人后到；或未受具戒人先到而比丘尼后到；或两人同时到。若比丘尼与之同室宿，经二夜，到第三夜，随胁着地，犯波逸提罪。或随身小转侧，皆犯波逸提罪。

（2）若比丘尼与天女、龙女、阿修罗女、乾闼婆女、夜叉女、饿鬼女等同室宿，经二夜，到第三夜，犯突吉罗罪。

（3）若比丘尼与畜生中能变形者，或不能变形者同室宿，经二夜，到第三夜，结突吉罗罪。

（二）引文别显

1. 弘一律师加"案"说明

【记】 案 此戒律文，结戒与缘起之宿相不同。结戒中，谓过二宿至三宿，波逸提。缘起中，谓听诸比丘与未受大戒人共二宿，若至三宿明相未出时，应起避去。若至第四宿，若自去，若使未受戒人去。"窃谓如结戒之说，似至三宿，随胁着地即犯。"如缘起之说，似至三宿明相未出时不起避去，或至第四宿自不去亦不使未受戒人去，乃犯。"南山之作，疏与钞亦互有异。"灵芝释以疏顺戒本，钞依广解。宿相不同，不可和会。其说甚繁，须者寻之。

律文中，本戒结戒与缘起的宿相不同。结戒中，是说"若比丘尼与未受大戒人共宿，过二宿，至三宿波逸提"。而缘起中，则允许诸比丘与未受大戒人"共二宿，若至三宿，明相未出时，应起避去；若至第四宿，若自去，若使未受戒人去"。

弘一律师云："我自己认为，按结戒所说，似应到第三夜，随胁着地即犯波逸提。"按缘起所说，似是到第三夜明相未出，比丘尼应起避去，或者到第四夜，如果比丘尼自己不离开，或不让未受大戒人离开，才结波逸提罪。

道宣律师所撰《戒本疏》和《行事钞》对此戒的解释也不同。灵芝律师在《资持记》中解释：《戒本疏》乃诠释戒本，所以顺于结戒之文，入第三夜初夜分，随胁着地，即犯此戒。而《行事钞》则依律中广解，到第三夜明相未出，不起避去，但结突吉罗罪。如果到第四夜，随胁着地，方结波逸提罪。由于《戒本疏》和《行事钞》所依不同，因此其宿相便有差异，不能会通。诸部律中所说繁多，若欲详细了解，可自查律文。

2. 引《比丘尼钞》

【记】 比丘尼钞 伽论云：已二夜共沙弥尼宿，第三夜共男人宿，得二提。僧祇云：三夜犯竟，若未忏悔，后共宿者，转增长罪，更无二夜开。悔过已，当别房宿，后更得二夜也。此律若更无宿处，至第三夜明相未出前，遣沙弥尼白衣出，或自出护明相亦得。至第四夜若自去，若使彼去，更无开法。

《比丘尼钞》引《伽论》文：若比丘尼与沙弥尼已共宿二夜，到第三夜若与男子共宿，须结两个波逸提罪。一个共男子宿提罪，一个与未受具人过三宿波逸提罪。①

又《僧祇律》文：如果与未受具人同室宿，过三夜，结波逸提罪。如果犯后还没有忏悔，再与未受大戒人共宿，罪亦随之增长，再没有更开许第二夜，即每过一夜，便结一波逸提罪。如果忏悔清净后，应当别房而宿，此后才得有二宿开缘。②

《四分律》中，若未受具人仍无住处，至三宿明相未出前，大尼遣其出去，或自避去护明相亦可。至第四宿，若自去若使未受具人去，不可以再共宿。③

七 开缘

【记】

开缘	同第四共男人宿戒。	唯第一第二男人。改作未受大戒人。

此戒开缘，同第四条"共男人宿戒"，唯改第一、第二缘中"男子"改为"未受大戒人"。

练习题

1. 请解释"共未受具人宿过三夜戒"戒名。

2. 背诵并解释"共未受具人宿过三夜戒"之戒文。

3. 佛制"共未受具人宿过三夜戒"意义何在？如何理解"开制之宜，理所应然"？

4. "共未受具人宿过三夜戒"具哪几缘成犯？

---

① （刘宋）三藏僧伽跋摩译《萨婆多部毗尼摩得勒伽》卷二，《大正藏》第23册，第577页。
② （东晋）三藏佛陀跋陀罗共法显译《摩诃僧祇律》卷十七，《大正藏》第22册，第365～366页。
③ （后秦）三藏佛陀耶舍共竺佛念等译《四分律》卷十一，《大正藏》第22册，第63页。

5. 犯"共未受具人宿过三夜戒"的相状有哪些？如何结罪？

6. "共未受具人宿过三夜戒"开缘同哪一条戒？简要说明开缘情况。

第七节 与未具人同诵戒

一 戒名

【记】 与未具人同诵戒第六 （同、大、制）

未具人：即未受具足戒之人，指小三众及白衣。

同诵：齐声同诵，或抄前而诵。如《五分律》云："并诵者：俱时诵；或授声未绝，彼已诵；或彼诵未竟，此复授。"①

与未具人同诵戒：如果比丘尼与未受具戒人齐声同诵经法，佛制不许。

二 缘起

【记】 六群

六群比丘，乃缘起中能犯之人。

佛制此戒三要素：（1）**何处制**：旷野城。（2）**因谁制**：六群比丘。（3）**因何制**：六群比丘与诸长者同诵，语声高大，而扰乱诸坐禅比丘，因制。

三 戒文

【记】 戒文——若比丘尼，与未受大戒人共诵法者，波逸提。

此戒文分三句：

第一句：若比丘尼——能犯人

白四羯磨如法得处所的比丘尼。

第二句：与未受大戒人共诵法者——所防过

诵法时，与小众或白衣齐声同诵或抄前而诵。

第三句：波逸提——结罪

此比丘尼即结波逸提罪。

四 制意

【记】 四分律疏 制意：凡理藉言宣，教为表旨。言辩理通，辞乱隐瞳。通

---

① （刘宋）三藏佛陀什共竺道生等译《弥沙塞部和醯五分律》卷六，《大正藏》第22册，第40页。

益智明，暗增情惑。故多论四种义故：一、为异外道故。二、师与弟子位别故。三、为分别言语分了故。四、为依实义，不贵音声故。为斯四益，是故须制。

义理须凭语言来表达，教旨当借文字以诠释。若言辞清晰，义理即明了。若词句杂乱，义理必隐晦。讲者若能通透阐述，听者即得增长智能。讲者倘若含糊不清，会使听者更增疑惑。

因此，《萨婆多论》云，不许与未受大戒人同诵经法有四义：[①]

1. **为异外道故**：印度外道多与人合诵，为显佛法不同于外道，故佛制不许同诵。

2. **师与弟子位别故**：于佛法中，有上中下座法及师徒尊从别。若同诵，则失长幼、尊卑之仪则。

3. **为分别言语分了故**：若不同诵，可明了双方之言语，避免参差及混乱。

4. **为依实义，不贵音声故**：教为显义，故不在音声；如果齐声同诵，唯求音声而不求解义，则深乖教意。

为此四益，佛制不许与未受具人同诵法。

五　具缘

【记】　南山行事钞　具五缘成犯：一、是佛说法（法者：佛、声闻、仙人、诸天所说）。二、字句味。三、未受具人。四、齐声同诵（共诵或抄前诵）。五、言了了。犯。

具五缘成犯：

1. **是佛说法（法者：佛、声闻、仙人、诸天所说）**：同诵经文为佛所说之法。法是指佛、声闻、仙人、诸天所说。

2. **字句味**：同诵内容为字、句、味三者之中，随一成犯。

字：字义，即一字之下即具其义。**句**：句义，即一偈或半偈，意义已足。**味**：句味，即一句之下，即见理味。

3. **未受具人**：同诵对象为小众或白衣外道。

4. **齐声同诵（共诵或抄前诵）**：与未受具人齐声同诵或抄前而诵。

5. **言了了。犯**：若诵得清楚明了，即结波逸提罪。

---

① 《萨婆多毗尼毗婆沙》卷六，《大正藏》第 23 册，第 541 页。

六 罪相

（一）正明犯相

【记】

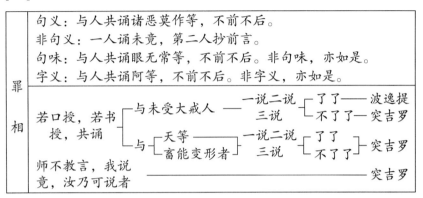

此表含二事：

1. 释义

（1）句义

与人共诵一偈或半偈，不前不后，而此一偈或半偈意义已足。如与人共诵"诸恶莫作，众善奉行，自净其意，是诸佛教"不前不后，即知其所含意义，故名句义。

非句义：一人没诵完一偈或半偈，第二人即抄前而诵，如此参差不齐，文义不辨，故云非句义。如一人说"诸恶莫作"未竟，第二人抄前言"诸恶莫作"。

（2）句味

与人共诵一句，不前不后，此句之下即见理味。如二人共诵"眼无常、耳无常乃至意无常"等，不前不后，即见其理味，故名句味。

非句味：一人没诵完一句，第二人即抄前而诵。如一人未称"眼无常"，第二人抄前言"眼无常"。

（3）字义

与人共诵一字，不前不后，而此字当下即具其义。如与人共诵"阿"字，不前不后，阿字当下即有其义，谓无生义也，故名字义。

非字义：如一人未称言"阿"，第二人抄前言"阿"。

2. 结犯

（1）若比丘尼与未受大戒人共诵，一说、二说、三说，或口授，或书授（即自己诵，他人书写），清楚明了，结波逸提罪；若不清楚，结突吉罗罪。

其中，一说、二说、三说不是指说的次数。一说：是指句义、非句义。二说乃指句味、非句味。三说则指字义、非字义。

（2）比丘尼与天、龙、阿修罗、乾闼婆、夜叉、饿鬼等，以及畜能变形者共诵，一说、二说、三说，或口授，或书授，不论诵得是否清楚明了俱结突吉罗罪。

（3）师父授法前，应预先告诉弟子："我念完，你们再念。"若不教，师父须结突吉罗罪。

（二）引文别解

1. 引《行宗记》

【记】　灵芝行宗记　言句义者：如诸经偈颂，一偈半偈，义意已足。句味者：一句之下，即见理味。字义者：字，即文字，字下有义，如训释等。

灵芝律师在《行宗记》中云：所谓句义，如诸经偈颂之类，其一偈或半偈，即可表达其义。句味：即一句之下，即见理味。字义：字即文字，指一字之下，即见其义，如解释"阿"字等。

2. 引《比丘尼钞》

【记】　比丘尼钞　婆论云：若同声句齐者，提。声齐句异者，吉。

《比丘尼钞》引《萨婆多论》文：如果齐声同诵的句子相同，结波逸提罪；但如果所诵不同，即使是齐声同诵，也只结突吉罗罪。[①]

七　开缘

（一）正明开缘

【记】

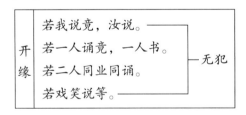

此戒开缘如下：

1. **若我说竟，汝说**：师父授法前，告诉弟子："我念完，你们再念。"则不犯。

2. **若一人诵竟，一人书**：如果是书授，一人诵完，一人方书写，不犯。

3. **若二人同业同诵**：若二人同一师受学，或同业一经，虽同诵，不犯。

4. **若戏笑说等**：如果戏笑语，或疾疾语，或独语，不犯本罪，但乖违说话仪

---

① 《萨婆多毗尼毗婆沙》卷六，《大正藏》第23册，第541页。

则，须结突吉罗罪。如果是梦中语，或欲说此而错说彼，不犯。

（二）引文释

【记】 灵芝行宗记 同业者：或同师受学，或同业一经，同诵无犯。然约相非宜。

《行宗记》云：所谓同业，即同一师受学，或同业一经，如共诵《华严经》等，不犯。虽是同业不犯，但约相而言，也不适宜。①

练习题

1. 请解释"与未具人同诵戒"戒名。
2. 叙述佛制"与未具人同诵戒"三要素。
3. 背诵并解释"与未具人同诵戒"之戒文。
4. 根据《萨婆多论》，佛制"与未具人同诵戒"有哪四义？
5. 何谓"句义""句味""字义"？
6. "与未具人同诵戒"结犯相状如何？
7. 在哪些情况下不犯"与未具人同诵戒"？

第八节　向非具人说粗罪戒

一　戒名

【记】 向非具人说粗罪戒第七 （同、大、性）

非具人：未受大戒之人，即小三众、白衣及外道。

粗罪：指初篇及第二篇罪。

向非具人说粗罪戒：如果比丘尼向未受大戒人说比丘或比丘尼所犯的初篇、二篇罪，佛制不许。

二　缘起

【记】 六群

缘起中能犯之人是六群比丘。

---

① 《四分律含注戒本疏行宗记》卷四中原文是："不犯中同业者，或同师受学，或同业一经。即如多论，二人俱经利，并诵无犯。然约相非宜，故云曲开也。"（《卍新续藏》第40册，第87页。）

佛制此戒三要素：（1）**何处制：**罗阅城。（2）**因谁制：**六群比丘。（3）**因何制：**有行别住比丘在下行坐，六群比丘以所犯事向白衣说，余比丘皆惭愧，因制。

三　戒文

【记】　戒文——若比丘尼，知他有粗恶罪，向未受大戒人说，除僧羯磨，波逸提。

此戒文分四句：

第一句：若比丘尼——能犯人

白四羯磨如法得处所的比丘尼。

第二句：知他有粗恶罪，向未受大戒人说——所防过

比丘尼知其他比丘或比丘尼犯初篇、二篇罪，向未受大戒人陈说。

知：自心了知，简别不知。**他：**指已受具戒人，即比丘、比丘尼。**粗恶罪：**指初篇、第二篇罪。

第三句：除僧羯磨——除开缘

如果是众僧羯磨所差，说其过非，则不犯。

第四句：波逸提——结罪

若比丘尼未受僧羯磨差，向未受具者说比丘、比丘尼所犯初、二篇罪，结波逸提罪。

四　制意

【记】　四分律疏　制意：出家僧众，理宜清显，美名外彰，生人信敬。以此比丘尼（原文无"尼"字）粗恶之事，向俗人说。前人闻之，于彼僧宝，情生薄淡。失其信敬，崇重之意。损坏处深，故所以制。

出家僧众，依理而言，应六和共住，同遵佛教，清净持戒，光显佛法，令僧众美名外彰，从而使俗人对三宝生信敬之心。如果向小众及白衣说比丘、比丘尼粗恶罪，他们闻知，即对三宝情生淡薄，从而失去信敬、尊崇、殷重之心。损害之处实在严重，故佛制不许。

五　具缘

【记】　南山行事钞　具七缘成犯：一、是比丘及尼。二、犯初二篇罪。三、知犯。四、无僧法开。五、向未受具人说。六、言了了。七、前人解。犯。

此戒具七缘成犯：

1. **是比丘及尼**：所说的对象为比丘或比丘尼。如果说小众罪，但结吉罪。

2. **犯初二篇罪**：彼比丘或比丘尼犯初篇波罗夷或第二篇僧残罪。

3. **知犯**：知彼比丘或比丘尼犯粗恶罪。

4. **无僧法开**：僧未作羯磨差其说他比丘或比丘尼粗恶罪。

5. **向未受具人说**：向小众、白衣或外道说比丘或比丘尼粗恶罪。

6. **言了了**：说得清楚明了。

7. **前人解。犯**：如果对方闻解，即结波逸提罪。

六 罪相

（一）正明犯相

【记】

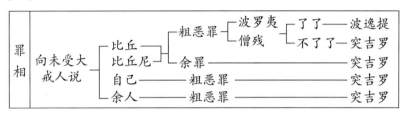

此戒罪相如下：

1. 如果比丘尼向未受大戒人说比丘、比丘尼粗恶罪，说得清楚明了，结波逸提罪；若说得不清楚，结突吉罗罪。

2. 如果比丘尼向未受大戒人说比丘、比丘尼余罪，即初、二篇以下罪，结突吉罗罪。

3. 如果比丘尼向未受大戒人说自己粗恶罪，须结突吉罗罪。

4. 如果比丘尼向未受大戒者说小三众罪，结突吉罗罪。

（二）引文别显

【记】 比丘尼钞 五分云：尼向白衣说比丘泛尔小过，提。（尼同）①

《比丘尼钞》引《五分律》文：比丘尼向白衣说比丘非威仪等小过失，结波逸提罪。② 如果比丘尼向白衣说比丘尼小过失，也结波逸提罪。

七 境想

【记】

---

① 文中"尼同"二字，《五分律》及《比丘尼钞》皆未见，似是《表记》编辑者约义而加。

② （刘宋）三藏佛陀什共竺道生等译《弥沙塞部和醯五分律》卷十三，《大正藏》第 22 册，第 93 页。

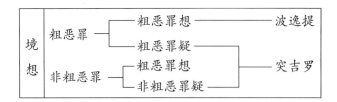

此境想含二事：

1. 若是粗恶罪，作粗恶罪想，结波逸提罪。若作粗恶罪疑，结突吉罗罪。

2. 若是非粗恶罪，作粗恶罪想，或作非粗恶罪疑，俱结突吉罗罪。

八　开缘

（一）正明开缘

【记】

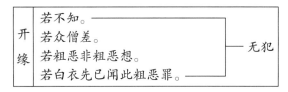

此戒开缘如下：

1. 如果比丘尼不知粗恶罪和非粗恶罪，迷教而说，不犯。

2. 如果为众僧羯磨所差，而说他人的粗恶罪，不犯。

3. 如果本是粗恶罪，但比丘尼作非粗恶罪想，想上有差，以迷心故，不犯本罪。但向未受具人说非粗恶罪，亦应结突吉罗罪。

4. 如果白衣事先已听闻，知道此人犯粗恶罪，而比丘尼后说，不犯，因白衣不是从此比丘尼处听闻而知。

（二）引文别释

【记】　灵芝资持记　不知者，反第三缘，谓迷教也。

灵芝律师在《资持记》云：开缘中第一条"若不知"与具缘中的第三"知犯粗恶罪"正好相反。如果知则结犯；不知，以迷教故，开不犯。

九　警策

（一）《行事钞》引《萨婆多论》明打破戒比丘之过

【记】　南山行事钞　多论：宁破塔坏像，不说他粗罪，则破法身。不问前比丘有罪无罪皆堕。灵芝释云：破法身者，亦同大集。若打破戒，罪同出万亿佛身血。疏云：岂非形服异世为圣道标？若加轻毁，则三宝通坏。故虽破戒，乃是法身之器。制罪虽轻，业道尤重。

《行事钞》引《萨婆多论》文："宁破塔坏像，不向未受具戒人说比丘过恶。若说过罪，则破法身故。……不问比丘有罪无罪，向未受具戒人说其粗罪，尽波逸提。"①

灵芝律师解释云：《萨婆多论》文中所说破法身之意，与《大集经》相同。《大集经》云：若道俗等打破戒、无戒比丘，罪重出万亿佛身血。出一佛身血，则得逆罪，一劫中受地狱苦报，何况出万亿佛身血？②

《戒本疏》云：岂非剃发染衣异于世俗形象，堪示出要之道且作圣道标帜？若对其有所轻毁，则佛法僧三宝皆坏。是故，虽然破戒，但有剃发染衣之相，仍是法身之器。此戒制教罪虽轻，但业道罪极重。③

（二）《行事钞》引他部律如何善巧答问

【记】　同　僧祇：若人问言：某甲比丘犯婬饮酒者？答云：彼自当知。若已作法，人问者，倒问彼言：何处闻？答云：某处闻。比丘云：亦某处闻。因俗女来寺，六群示之，此人犯僧残。俗女说偈云：出家已经久，宜应修梵行。童子戏不止，云何受人施。十诵云：有呵云：佛法中乃有是痴人？应答云：我家广大，种种皆有。灵芝释云：僧祇三节。初是无法不答。若已下，明有法开答。因下，引缘诫约。女人偈词，上半明所应作不作，下半示不应作反作。此言深切，有信闻之，能无愧乎。十诵中答词，乃是护法纲纪，遮俗轻慢故也。

《行事钞》引《僧祇律》《十诵律》文教示善巧答问，结合灵芝律师解释以明。《僧祇律》文分三节④：

第一节、无法不答。 如果比丘知他粗罪，僧未作羯磨者，不得说彼粗罪。若有人问："某甲比丘犯婬、饮酒耶？"应答言："他自己知道。"即比丘不须正面回答。

第二节、有法开答。 "若已作法"，说明有羯磨法，则比丘可以回答。若有问："彼比丘犯婬、饮酒耶？"比丘应问彼言："汝何处闻？"答言："我某处闻。"比丘

---

① 《萨婆多毗尼毗婆沙》卷六，《大正藏》第 23 册，第 542 页。
② （北齐）三藏那连提耶舍译《大方等大集经》卷五十四，《大正藏》第 13 册，第 359 页。
③ （唐）道宣律师撰《四分律含注戒本疏》卷一，《卍新续藏》第 39 册，第 732 页。
④ （东晋）三藏佛陀跋陀罗共法显译《摩诃僧祇律》卷十四，《大正藏》第 22 册，第 337～338 页。

应答言："我亦如是处闻。"

第三节、引缘诫约。 "因俗女来寺"以下，引《僧祇律》卷十四制戒因缘来诫约后学。律中记载：一位长老比丘犯僧残罪行摩那埵在下行坐。檀越优婆夷见已，问何故如是？难陀比丘答言："汝阿阇梨小儿时戏犹故未除。"优婆夷闻已，心不欢喜，而说偈言："出家已经久，修习于梵行。童子戏不止，云何受信施？"上半偈明应作而不作，意即出家已经很久，应该修清净之行，而今却不精进办道。下半偈示不应作反作，即身为出家人，反而像孩童嬉戏不止，哪堪受施主供养？此番话切中要害，若对佛法有信心之人，听后能不惭愧？

《十诵律》记载：佛在夜间经行时，侍者象守比丘扮鬼恐怖佛，时释提桓因为此白佛："世尊，云何佛法中乃有是痴人？"佛言："憍尸迦，我家广大。此人现身亦当得漏尽，所作已办，更不复受后有。"[1] "我家广大"，意即释家种族，弟子众多，所以有种种人。佛之答词，是为护持佛法纲纪，遮止俗人轻慢之心。

 练习题

1. 请解释"向非具人说粗罪戒"戒名。
2. 略述佛制"向非具人说粗罪戒"三要素。
3. 背诵并解释"向非具人说粗罪戒"之戒文。
4. 佛为何制"向非具人说粗罪戒"？
5. "向非具人说粗罪戒"具哪几缘成犯？结犯相状如何？有哪些开缘？
6. 为什么说打破戒比丘，业道罪很重？
7. 若有小众、白衣问比丘、比丘尼犯戒之事，当如何善巧回答？

第九节　实得道向未具者说戒

一　戒名

【记】 实得道向未具者说戒第八　（同、大、制）

实得道： 真实证得圣人之道。

未具者： 未受大戒之人，即小三众、白衣及外道。

实得道向未受具者说戒： 若比丘尼真实证得圣人之道而向未受大戒人说，佛制不许。

---

① （后秦）三藏弗若多罗共罗什等译《十诵律》卷十六，《大正藏》第23册，第113页。

二　缘起

【记】　如前大妄中有实得者

实得道比丘，乃缘起中能犯之人。如前大妄语戒中缘起人，婆裘河边众比丘，或有实得道，或没有实得道。如果比丘未证言证，犯初篇大妄语戒。若真实证得圣人之道，向未受大戒人说，即犯本戒。

佛制此戒三要素：（1）**何处制：**毗舍离。（2）**因谁制：**大妄语中诸比丘。（3）**因何制：**佛因诸比丘未证言证而制大妄语戒，同时又制此戒。

三　戒文

【记】　戒文——若比丘尼，向未受大戒人说过人法，言我知是，我见是，实者，波逸提。

此戒文分四句：

第一句：若比丘尼——能犯人

白四羯磨如法得处所的比丘尼。

第二句：向未受大戒人说过人法——所向说境

向小三众，或白衣，或外道说过人法。

第三句：言我知是，我见是，实者——说己所得

比丘尼自称自己已知法、见法、得法、成就诸法，且自身已真实证得圣道。

第四句：波逸提——结罪

此比丘尼即结波逸提罪。

四　制意

【记】　　四分律疏　制意：多论云，有二义，故所以制。一、为大人法，理宜功德覆藏，诸恶发露。今自说德行，隐匿罪过，非大人之法。二、自显圣德，即贤愚有异。前人闻之，偏心专敬，失于平等净善之心。是故圣制。

根据《萨婆多论》所述，佛制此戒有二义：[①]

1. 显己无大人法

成熟有德之人，处事待人之法，乃隐藏自己功德，发露忏悔过恶。而今却自宣己德，隐匿罪过，此非大人之法。

---

① 《萨婆多毗尼毗婆沙》卷六，《大正藏》第 23 册，第 542 页。

2. 丧他人平等心

若自我标榜圣德，即显圣贤与凡夫差异。未受大戒者闻后，会生分别。于圣贤所，即恭敬供养；于凡夫前，则无心施。失去原本平等净善之心。《梵网经》云："而世人别请五百罗汉菩萨僧，不如僧次一凡夫僧。"[1] 只为心不平等故。

具此二义，是故佛制实得道，亦不得向未受具戒人说。

五 具缘

【记】 南山戒本疏 钞缺 具五缘成犯：一、内实得道。二、自言己证。三、向未受具人说。四、言了了。五、前人解。犯。

《戒本疏》出此戒具缘有五（《行事钞》缺）：

1. **内实得道**：比丘尼内在真实证得圣道。
2. **自言己证**：自己说自己已证得圣道。
3. **向未受具人说**：向未受大戒人说。
4. **言了了**：说得清楚明了。
5. **前人解。犯**：对方听后能解其意，比丘尼便犯此戒。

六 罪相

【记】

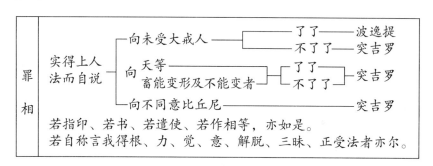

此戒罪相如下：

1. 自说

（1）若比丘尼真实有此事向未受大戒人说，说得清楚明了，即结波逸提罪。说得不清楚，结突吉罗罪。

（2）若比丘尼向天、阿修罗、夜叉、乾闼婆、龙、饿鬼、畜生能变化及不能变化者，不论说得清楚或不清楚，俱结突吉罗罪。

---

① （后秦）三藏鸠摩罗什译《梵网经》卷二，《大正藏》第24册，第1007页。

（3）若向不同意比丘尼说，结突吉罗罪。因不理解，不认同，无法为说者验证。

2. 指印、作相

若比丘尼真实证得圣人之道，虽口不自说，但以指印显示，或以书写方式、或遣使说、或作身相等，结罪同上。

3. 若比丘尼真实得根力觉意等而自说

若比丘尼自称言，我得五根、五力、七觉支、八圣道分、禅定、解脱、入三昧等，结罪情况同上。

七　开缘

【记】

开缘	同波罗夷第四大妄语戒。

此戒开缘与初篇第四大妄语戒相同（除"增上慢"一缘）。

练习题

1. 请解释"实得道向未受具者说戒"戒名。
2. 略述佛制"实得道向未受具者说戒"三要素。
3. 背诵并解释"实得道向未受具者说戒"之戒文。
4. 佛为什么制"实得道向未受具者说戒"？
5. "实得道向未受具者说戒"具哪几缘成犯？
6. "实得道向未受具者说戒"结犯相状如何？

第十节　与男人说法过限戒

一　戒名

【记】　与男人说法过限戒第九　（同、大、制）

男子：有智且命根未断的人男子。

说法过限：即说法超过五、六语。《四分律》云："五语者，色无我、受想行识无我。六语者，眼无常、耳鼻舌身意无常。"①

与男子说法过限戒：如果比丘尼与男子说法过五六语，佛制不许。

---

① （后秦）三藏佛陀耶舍共竺佛念等译《四分律》卷十一，《大正藏》第22册，第640页。

二 缘起

【记】 　迦留陀夷

迦留陀夷，乃缘起中能犯之人。

佛制此戒三要素：（1）**何处制：**舍卫国。（2）**因谁制：**迦留陀夷。（3）**因何制：**迦留陀夷于姑前与儿妇耳语说法，因制。后开五六语及有智男子。

三 戒文

【记】 　戒文——若比丘尼，与男子说法，过五六语，除有智女人，波逸提。

此戒文分四句：

第一句：若比丘尼——能犯人

白四羯磨如法得处所的比丘尼。

第二句：与男子说法，过五六语——所防过

比丘尼与有知解能力，能辨别是非，且命根未断之人男子说法，超过五六语（五阴无我、六根无常）。

第三句：除有智女人——除开缘

此是开缘。佛制比丘尼不得与男子说法过五六语，但旁边若有有智女子便开，因其可为作证明故。

第四句：波逸提——结罪

如果比丘尼与男子说法过五六语，而无有智女子在旁作证明，即结波逸提罪。

四 制意

【记】 　四分律疏 制意：凡说法生善，事须应时。不请而说，理无强授。本无信敬，情怀奢慢，脱因斯次，致兴过非，不免世呵。又若为说法，齐五六语，过则制犯。①

凡说法皆令生善，说法之时，须观机施教，适时知处。如果他人未事先恭请，于理不可强说。更何况他人本无信敬之心，内怀骄奢傲慢，若不请而说，则乖违说法仪则，将导致种种过非，难免世人呵责。如果未请而为他人说法，应该齐五六语，若过此限，佛制不许。

---

① 《四分律疏》中"又若为说法"以下，原文是："又女人形碍，福缘难遇。若全不说，无由生善。于法长隔，永沦苦海。故复听说，齐五六语。过则制犯。"（《卍新续藏》第41册，第644页。）

五　具缘

【记】　南山行事钞 具六缘成犯：一、是人男。二、知。三、不请。四、无有智俗女。五、言了了。六、过五六语。犯。[①]

此戒具六缘成犯：

1. **是人男**：说法的对象是有知解能力，能判断善恶、是非，且命根未断之人男子。

2. **知**：比丘尼知对方为人男子。

3. **不请**：对方未请比丘尼说法。如果比丘尼不被请便说法，佛允许说法齐五六语，若过，结波逸提罪。如果是请说，或问义求解，则随多少不限，因为对方虚心求请，从义理上不属于强为他说法，所以不限多少。

4. **无有智俗女**：说法时，没有具知解能力，且可判断粗恶、非粗恶事的俗女在身旁为作证明。

5. **言了了**：说得清楚明了。

6. **过五六语。犯**：超过五六语，即结波逸提罪。

六　罪相

（一）正明犯相

【记】

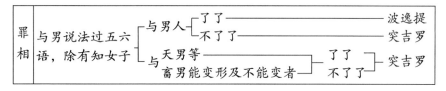

此戒罪相如下：

1. 比丘尼与人男子说法过五六语，如果没有有智女人在旁作证，若说得清楚明了，结波逸提罪。若不清楚明了，结突吉罗罪。

2. 比丘尼与天男、阿修罗男、龙男、夜叉男、乾闼婆男、饿鬼男、畜生男能变形及不能变形者，说法过五六语，如果没有有智女人于旁作证明，不论说得清楚或不清楚，俱结突吉罗罪。

---

① 《四分律删繁补阙行事钞》卷二中原文是："六缘成：一是人女。二知。三不请。四无有智俗男。五言章了。六过五六语便犯。"（《大正藏》第40册，第76页。）《表记》约"比丘尼"而将第一缘、第四缘分别改写为"人男""无有智俗女"。

（二）引文别释

【记】 案有智女子者，（或作有知女子。）本律云：解粗恶不粗恶事。灵芝释云：律取解知者，简小儿痴狂等。

弘一律师加"案"说明：有智女子，或可作有知女子。据《四分律》所制，有智女子是指解知粗恶或非粗恶事，即知男女间好恶之事。[①] 灵芝律师解释：律中是取有智之人，能解知粗恶非粗恶事，即是简除小儿、痴狂等人。

七 开缘

【记】

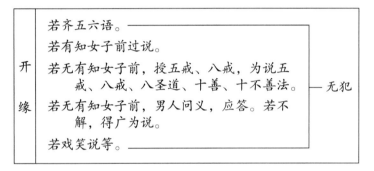

此戒开缘如下：

1. 如果比丘尼与男子说法不超过五六语，顺教故，不犯。

2. 如果比丘尼在有智女子前与男子说法过五六语，不犯，因有智女子可作证明故。

3. 虽然没有有智女子在旁作证明，但如果比丘尼是为男子授五戒、八戒，或为其说五戒、八戒戒相及说八圣道、十善、十不善等，不犯。

4. 如果没有有智女子于旁作证明，而有男子请问法义，则可回答。如果他仍然不解，也可以广为其说。不犯。

5. 如果是戏笑语、疾疾语、独语，不犯本罪，但违说话仪则，须结突吉罗罪。如果是梦中语，或欲说此而错说彼。不犯。

练习题

1. 请解释"与男子说法过限戒"戒名。

2. 略述佛制"与男子说法过限戒"三要素。

3. 背诵并解释"与男子说法过限戒"之戒文。

---

① 《四分律》卷十一云："有知男子者，解粗恶、不粗恶事。"（《大正藏》第22册，第640页。）

4. 佛制"与男子说法过限戒"之意如何？

5. "与男子说法过限戒"具哪几缘成犯？结犯相状如何？有哪些开缘？

思考题

1. 如何理解"与男子说法过限戒"中的"五六语"？

2. 日常行事中，比丘尼与男子说法，还应避免犯哪些过失？

第十一节　掘地戒

一　戒名

【记】　掘地戒第十　（同、大、制）

掘：即挖、刨、砍或用手捣等。地：指生地，能生长植物之地。

掘地戒：如果比丘尼用手或工具损坏生地，佛制不许。

二　缘起

【记】　六群

六群比丘，乃缘起中能犯之人。

佛制此戒三要素：（1）**何处制：**佛于旷野城制。（2）**因谁制：**六群比丘。（3）**因何制：**六群比丘为佛修治讲堂而自掘地，长者讥嫌，因制。后复教人修治讲堂，言掘是置是，长者重讥，比丘举过，佛重制此戒。

三　戒文

【记】　戒文——若比丘尼，自掘地，若教人掘，波逸提。

此戒文分五句：

第一句：若比丘尼——能犯人

白四羯磨如法得处所的比丘尼。

第二句：自掘——自作业

比丘尼自掘。

第三句：地——所伤地

所掘乃是生地，即能生长植物之地。

第四句：若教人掘——教人业

或教人掘地。

第五句：波逸提——结罪

如果比丘尼自掘地，或教人掘地，皆结波逸提罪。

四 制意

【记】 四分律疏 制意：多论有三种益故，不听掘地坏生。一、为不恼众生故。出家修慈，宜愍物命。制不听掘，离恼害故。二、为止诽谤故。三、为大护佛法故。若佛不制此二戒者，一切国王，当使比丘尼（原文无"尼"字）种种作役。事务纷动，遮障修道。以制此故，国王息意，不须（原文"复"）策役，得令比丘尼（原文无"尼"字）息缘修道，终成出益。

《萨婆多论》云：有三种利益，故不允许掘地、坏生种。[①]

（一）为不恼害众生

出家人以慈悲喜舍四无量心为怀，首先要修慈悲心，故应悯念众生之命。若掘地，则伤虫蚁之类；若坏生种，则破坏鬼神住处。为远离恼害众生之过，佛制不许掘地、坏生种。

（二）为止息诽谤

若出家人掘地、坏生种，俗人将嫌责："出家人何有正法，断他命根。"因为印度文化中认为生地、生种皆有生性，如果伤害，即是断他命根，失慈悲之道。

另外，道俗不同，所为应异。若出家人亦掘地、坏生种，世人将讥谤："俗人为谋生计，而掘地、坏生种。出家人为何也作此掘地、坏生种事？云何不安止静坐，勤行办道，却作损草掘地此等鄙陋之事？"

六群比丘修治讲堂，本应得人随喜赞叹，却遭世讥。为佛之事尚遭讥谤，况为余事，故为止诽谤，不听掘地、坏生种。

（三）为大护佛法

如果佛不制掘地、坏生种二戒，一切国王当役使比丘尼作诸杂务，如开荒垦地等。如此，时光将流逝于纷扰事务中，道业也将荒废在无休止劳作上。而佛制此二戒，国王便止息役使出家人之心。僧人才得以息诸外缘，专心办道，最终获得出离法益。

五 具缘

【记】 南山行事钞 具五缘成犯：一、是生地。二、作生地想。三、自掘使人。四、使人时，不作知净法。五、伤。犯堕。

[①]《萨婆多毗尼毗婆沙》卷六，《大正藏》第23册，第543页。下戒"坏生种"，制意与本戒相同，故在此合而论之。

此戒具五缘成犯：

1. **是生地**：能生长植物之地。

2. **作生地想**：作生地想，无想差。

3. **自掘使人**：比丘尼自掘地或教他人掘。

4. **使人时，不作知净法**：使他人掘地时，不说净语"知是看是"。《四分律名义标释》释云："知是看是者，此是净语。谓比丘欲有所取时，当令彼净人自知、自看，所应掘、所应置处。然比丘之法，不得直言：掘是置是也。"①

5. **伤。犯堕**：如果损伤生地，即犯波逸提罪。

六　罪相

（一）正明犯相

【记】

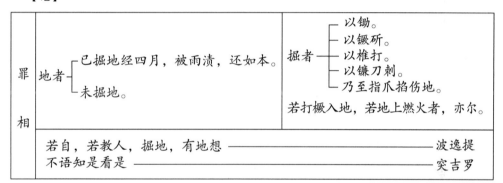

表中明二事：

1. 释地义、掘义

所谓"**地者**"，含二种。（1）**已掘地**：若曾经被掘之地，经过四个月；或被雨水浸泡，又可以重新生长出草木，虫类也随着滋生。（2）**未掘地**：未被开垦、挖掘过之地。

所谓"**掘者**"，包括所有损坏生地之造作。或以锄头锄地；或以镢斫地；或以尖形钢钎乃至木棍杵地；或以镰刀刺地；乃至以指甲掐地。

"乃至"是超略词，中间省略种种情况。如果打小木橛入地，或于地上燃火等，皆是损伤生地。总括而言，只要是损坏生地，即为掘地所摄。

2. 结犯相状

（1）如果比丘尼自掘地，或教人掘地，无论用上述哪一种方法，只要掘地时心作生地想，即结波逸提罪。

---

① （明）弘赞律师辑《四分律名义标释》卷十二，《卍新续藏》第44册，第490页。

（2）如果比丘尼教白衣掘地时，不说净语"知是看是"，结突吉罗罪。

（二）引文别明

1. 引《资持记》

【记】 灵芝资持记 初约四月，谓经时故。二约被雨，由滋润故。由此二缘，还成生地，故不可掘。

此文解释罪相中**"已掘地经四月，被雨渍，还如本"**。灵芝律师云：初约四月，此明已掘之地，经过四个月。二约被雨，即被雨水淋后，地得水之滋润。有此二缘中任意一缘，皆可使曾被掘之地还原成生地，故不可掘之。

2. 引《行宗记》

【记】 灵芝行宗记 若语令掘坏，则成教他。名不净语，开作此法。使人无犯，故名净也。

此段文解释**"开净语不犯"**。灵芝律师云：若对他人说"掘坏此地"，便成教他作，犯波逸提。开不犯的方法是，比丘尼对净人说"知是看是"，对方解意而去掘地，则不犯，故此语名为净语。

3. 引《比丘尼钞》

【记】 比丘尼钞 此律但使教人不作知净，不问现前不现前，掘掘皆提。若自方便掘，一提。若中间止住，一一提。若使前人多掘，一提。若重语疾疾掘，语语提。僧祇云：走来走去，欲令地坏，乃至掷物令伤如蚊脚者，一切提。钉房内壁，损伤人功者，得越毗尼罪。先有孔者不犯，地有沙石者不犯。见论云：若野火来近寺，为护住处，得划（音铲）草掘地以断火。若把火烧手，掷地不犯。僧祇云：覆处地不犯。

《比丘尼钞》引诸部律解释此戒结犯相状。据《四分律》所制，只要是教人掘地而不说净语"知是看是"，不论教者现前不现前，被教者若掘地，教者须结波逸提罪。[①] 据《僧祇律》制，若比丘尼自己作方便掘地，结一波逸提罪。若在掘地时，中间停止，后又再掘，一一结波逸提罪。如果令对方多掘，结一波逸提罪。若重复说"快掘！快掘！"随说一句，即结一波逸提罪。如果故意来回走，存心踩坏地，乃至若打杙伤地，即使只伤如蚊脚之地，也随其所作，一一结波逸提罪。如果钉房内墙壁，损伤作墙的人力物力，须结突吉罗罪。如果墙壁上先有孔而钉，则不犯。

---

① （后秦）三藏佛陀耶舍共竺佛念等译《四分律》卷十一，《大正藏》第22册，第641页。

如果是沙石之地，不犯掘地戒。因为沙石之地不能生长植物。①

《善见律》云："若人放烧火来近寺，为护住处故，比丘得铲草掘土以断火。不犯。""若把火烧手掷地不犯。"② 即手持火把，如果火快烧到手而将火把掷地，不犯，因为不是故意损伤地。《僧祇律》云：掘覆处之地，如屋内之地，由此地不能生长植物，故不犯。③

七　开缘

【记】

开缘

若语知是看是。
若曳材木，曳竹。
若篱倒地扶正。
若反砖石。
若取牛屎。
若取崩岸土。
若取鼠坏土。
若除经行处土。
若除屋内土。
若来往经行。
若扫地。
若杖筑地。
若不故掘。
— 无犯

本戒开缘如下：

1. 如果比丘尼说净语令人掘地，不犯，以顺佛教故。

2. 如果比丘尼因拉木材、竹子，从地面划过，不犯，以非故作也。

3. 如果篱笆倒地，因将其扶正而伤地，不犯。

4. 如果为翻转砖块、石头，而伤地，不犯。

5. 如果为取牛粪而伤地，不犯。

6. 崩岸之土是自然塌下之泥土，如果取之，不犯。

7. 如果取老鼠打洞后的土，不犯。

8. 如果是扫除经行道上的土，不犯。

9. 如果是扫除屋内的泥土，不犯。

10. 如果是来往经行，不是故意伤地，不犯。

11. 如果扫地，不是故意伤地，不犯。

---

① （东晋）三藏佛陀跋陀罗共法显译《摩诃僧祇律》卷十九，《大正藏》第 22 册，第 385 页。

② （齐）三藏僧伽跋陀罗译《善见律毗婆沙》卷十一、十五，《大正藏》第 24 册，第 754、780 页。

③ （东晋）三藏佛陀跋陀罗共法显译《摩诃僧祇律》卷十九，《大正藏》第 22 册，第 385 页。

12. 如果以锡杖筑地，不是故意掘，不犯。

以上种种情况都不是有心伤地，故不犯。

 练习题

1. 请解释"掘地戒"戒名。

2. 简述佛制"掘地戒"三要素。

3. 背诵并解释"掘地戒"之戒文。

4. 何谓地？何谓掘？

5. 犯"掘地戒"的具缘有哪些？

6. 若使净人掘地、坏生种，当说什么净语？不说净语，当如何结罪？

7. "掘地戒"有哪些开缘？

思考题

1.《比丘尼钞》中所引《四分律》《僧祇律》《善见律》如何制掘地罪相？

第十二节 坏生种戒

一 戒名

【记】 坏生种戒第十一 （同、大、制）

坏：《行宗记》"坏字，音怪，毁也"①。此"坏"字，念 guài，即人为毁损之义。若属于自然而坏，则读"huài"。

生种：指五生种：即根种、枝种、节种、覆罗种和子子种。

坏生种戒：如果比丘尼毁损五生种，佛制不许。

二 缘起

【记】 旷野比丘

旷野比丘，乃缘起中能犯之人。

佛制此戒三要素：（1）何处制：佛于旷野城制。（2）因谁制：旷野城比丘。

（3）因何制：旷野比丘欲起房舍，自斫神树，因制。

三 戒文

【记】 戒文——若比丘尼，坏鬼神村，波逸提。

---

① （宋）元照律师述《四分律含注戒本疏行宗记》卷四，《卍新续藏》第40册，第90页。

此戒文分三句：

第一句：若比丘尼——能犯人

白四羯磨如法得处所的比丘尼。

第二句：坏鬼神村——所防过

坏：毁损也。或断、炒、煮，或于生树上打橛、钉杙，或以火烧生草木。

鬼神：即非人，皆属鬼道：有福而灵曰神，无福而钝曰鬼。**鬼**：有二义。一者畏也，即虚怯多畏，畏惧人也；二者威也，能令人畏其威也。**神**：即能也。大力者，能移山填海；小力者，能隐显变化。

村：聚也。鬼神依树而住，犹如人村。人依聚落而住，而鬼神等非人，即依草木而住，故一切草木即鬼神之村。《四分律》云："鬼者，非人是。村者，一切草木是。"① 由此可知，坏鬼神村不是指毁坏神庙，而是毁损一切草木，即坏五生种也。

第三句：波逸提——结罪

如果比丘尼坏鬼神村，即结波逸提罪。

四　指略制意

【记】 ┌四分律疏┐ 制意如上。

指明此戒制意同前"掘地戒"，此略。

五　具缘

【记】 ┌南山行事钞┐ 具犯同前。灵芝释云。但改一二为生种。

据《行事钞》释，此戒具缘同前掘地戒，亦具五缘成犯。灵芝律师云：只要改第一、二缘为"生种"便可。

1. **是生种**：是五生种。

2. **作生种想**：作生种想，无有想差。

3. **自坏使人**：比丘尼自坏生种或教他人坏生种。

4. **使人时，不作知净法**：教他人坏生种时，不说净语"知是看是"。

5. **伤。犯**：如果损伤生种，便犯波逸提。

六　罪相

（一）正明犯相

【记】

---

① （后秦）三藏佛陀耶舍共竺佛念等译《四分律》卷十二，《大正藏》第22册，第641页。

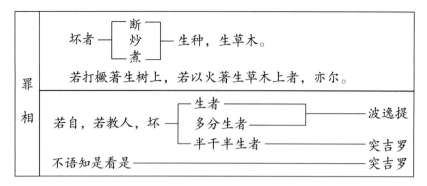

此戒罪相分二：

1. 坏生种的方式

坏生种，即损坏生草木，方式有断、炒、煮，或于生树上钉小木橛，或以火烧生草木等。

2. 结罪情况

（1）如果比丘尼自坏，或教人坏生种、生草木，或多分生的草木，结波逸提罪；如果坏半干半生的草木，结突吉罗罪。

（2）如果比丘尼使人时，不语"知是看是"，即结突吉罗罪。对方一旦实施坏生种的行为，即结教人坏生种的波逸提罪。

（二）引文别释

1. 引《行事钞》明五生种等

【记】 南山行事钞 律中五种村：谓根种、枝种、节种、覆罗种（此言杂种）、子子种等。若斫、截、堕、炒、钉杙、火烧，一切并提。

道宣律师在《行事钞》中云：《四分律》中有五种村，即五生种：（1）根种，（2）枝种，（3）节种，（4）覆罗种（译为"杂种"），（5）子子种。[①] 此五生种，如果比丘尼用斧头砍斫，或以刀截断，或堕地损伤，或以火炒，或钉小木橛，或用火烧，随作一切皆结波逸提罪。

2. 引《资持记》释五生种

【记】 灵芝资持记 五种者合为三：一、根种分二：不假节生者，名根种，如姜、芋、萝卜等；若假节生者，名覆萝种，如芦苇、芹、蓼等。二、枝种亦二：不假节生，名枝种，如柳榴之类；若假节生，名节种，如藕、蔗等。三、种子：子复生子，故名子子，如五谷等。

---

① （后秦）三藏佛陀耶舍共竺佛念等译《四分律》卷十二，《大正藏》第22册，第641页。

灵芝律师在《资持记》中将五生种合为三类：即根种、枝种和种子。

（1）根种分二类：①**根种**，不假节生，如薯、芋、姜、萝卜等；②**覆萝种**，假节生，如芦苇、芹菜、蓼^①、竹子等。

（2）枝种也分二类：①**枝种**，不假节生，如柳树、石榴之类；②**节种**，假节生，如莲藕、甘蔗之类。

（3）子种仅一类

种子生种子，子子相生，故又称子子种，如五谷之类。

3. 引《行事钞》别显结犯

【记】 南山行事钞 僧祇云：水中翻覆浮萍者，越。掷岸上，堕。若入水洗时，水草着身者，以水浇令入水，若断朝菌木耳，吉罗。若以五生种，掷着池井水中、大小便中、粪扫中，越。死，犯提。若草中行，欲令草死，越。伤如蚊脚，提。石上生衣（即石上苔藓），衣上生毛（衣霉），食饼生毛，使净人知，自拂，吉。若日曝知干，得自剥除。^②

此中引《僧祇律》文，分五段。^③

（1）护浮萍

水中若有浮萍遍满水上，欲取水用之时，不得以手拨开取水用。当觅牛马行处，若蛇、若虾蟆行处。若无诸行处者，捉土块仰掷，作如是言："至梵天上去。"若石块下时打水开处，得用无罪。若翻覆水中浮萍草，得越毗尼罪；若捉掷岸上，得波逸提罪。入水浴时，水草着身者，当以水浇，令水草下，还入水中，以免坏生种。

（2）坏非久物

若断坏朝菌、木耳等非久物，犯突吉罗罪。**朝菌：**菌类植物，如蘑菇等。

（3）坏生种

如果将五生种投掷至池水、井水、大小便、粪扫中，结突吉罗罪。如果五生种烂坏，得波逸提罪。

（4）践草

若在草中行，心中故意作念，欲令草死，得突吉罗罪。若草被伤如蚊脚许，则结波逸提罪。如果比丘尼欲使草不生故，在中经行，行时得越毗尼罪；若伤草如蚊脚许，得波逸提罪。如是立、坐、卧亦如是。若以锥画树，伤如蚊脚，得波逸提。

---

① 蓼（liǎo）是蓼科的一年生草本植物。蓼科中部分植物的泛称。叶味辛，可用以调味。最普通的如酸模叶蓼、水蓼、荭草等。大多生长在水边，有何首乌、水蓼、红蓼、扛板归等。
② 此文非《行事钞》原文，乃摘录《行事钞》卷二坏生种结犯相状之要点。
③ （东晋）三藏佛陀跋陀罗共法显译《摩诃僧祇律》卷十四，《大正藏》第22册，第339～340页。

（5）护生毛

若石上生苔藓，比丘尼欲浣衣者，不得自除却，应说净语，使净人除去，然后浣衣。若比丘尼衣、尼师坛、枕、褥、革屣上生霉，或饼上生霉，应说净语，使净人除去。如果自己动手拂去，结突吉罗罪。如果放在太阳下晒，干燥后，得自揉修去，无罪。

七　境想

【记】

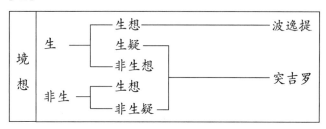

此表含二事：

1. 是生种，心亦作生种想，因心境相当，结波逸提罪。或于生种起生种疑，或生种作非生种想，并结突吉罗罪。

2. 是非生种，或作生种想，或作非生种疑，皆结突吉罗罪。

八　开缘

（一）正明开缘

【记】

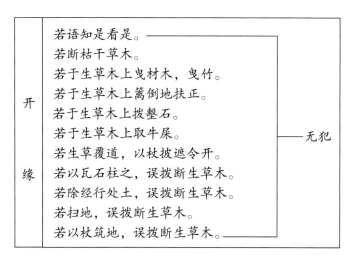

此戒开缘如下：

1. 如果比丘尼说净语"知是看是"，令净人坏生种，不犯，以顺佛教故。

2. 如果是坏已干枯的草木，因没有生分，故不犯。

3. 如果于生草木上拉材木、竹子等，而伤生草木，不犯，因不是故意损伤。

4. 如果于生草木上扶正倒地篱障，虽伤生草木，不犯。

5. 如果因翻转砖石，而伤生草木，不犯。

6. 如果为取生草木上牛屎，而伤生草木，不犯。

7. 如果因生草遮盖道路，以杖拨开，而伤生草，不犯。

8. 如果以瓦石支撑草木，而误伤断生草木，不犯。

9. 如果因扫经行道上土，而误伤断生草木，不犯。

10. 如果因扫地而误伤断生草木，不犯。

11. 如果因锡杖筑地，而误伤断生草木，不犯。

（二）明作净法

引《行事钞》别明作净之法。

【记】　南山行事钞 僧祇云：根种，茎种，以刀中破净。节种者，以刀破，又摘却芽目净。心种者，萝勒蓼等，揉檽净。子种者，十七种谷，脱皮净。火净通上五种。五果中，裹核种（如枣杏类），爪甲净，去核食。火净合食（火净者，谓生熟二枣合核）。肤果种，火净合食（如苹苤桑椹梨奈之类）。若熟时落地，伤如蚊脚者，名创净，去子食。壳果种者，火净（如椰子胡桃石榴之类）。稜果种（香菜苏荏之类），未有子揉檽，有子火净。角果种，净法如稜果种。（大小豆等准此，蒿中含子之草，应得火净。但令相著，即得净，法尔故。）

《行事钞》引《僧祇律》之文，述五生种净法与五果净法。[1]

1. 五生种净法

（1）**根种**、（2）**茎种**：茎种即枝种，都以刀净，即以刀破即成净。

（3）**节种**：可用刀净，或将其所生芽目摘除，即成净。如土豆有芽，摘去芽即成净。

（4）**心种**：即覆萝种，以由心生种，故名心种。萝勒蓼（兰香）、芹菜等，用揉檽净，即以两手相搓成净。

（5）**子种**：即十七种谷[2]，用脱皮净。

以上四种作净方法，即刀净、摘却芽目净、揉檽净、脱皮净都有局限，唯有火

---

[1]　（东晋）三藏佛陀跋陀罗共法显译《摩诃僧祇律》卷十四，《大正藏》第22册，第339页。

[2]　《僧祇律》卷三云"十七种谷"包括：1稻、2赤稻、3小麦、4穬麦、5大豆、6胡豆、7豌豆、8粟、9黍、10麻、11姜句、12阇豆、13婆罗陀、14蒡子〔＝稗子〕、15脂那、16俱陀婆。（《大正藏》第22册，第244页。）

净通五生种作净。

火净：乃至以火一触。《僧祇律》云："火烧者，若树果为野火所烧落地，即名为净，是名火烧净。"①

2. 五果净法

（1）**裹核种**：果中有核之果类，如枣、杏等，可用爪甲净，即以指甲掐伤果实，即成净。但此净法须去核而食。如果不慎咬破其核，则坏生种，犯堕。如果用火净，则不问是熟枣，还是树上生枣，表里皆净，可带核食用。

（2）**肤果种**：肤果是外有皮，内无核而有子之果类，如荜茇、桑葚、梨、奈等。②火净后，果实及子俱合食之。此肤果种，如果成熟落地，伤如蚊脚，叫作创净，可去子而食。

（3）**壳果种**：如椰子、胡桃、石榴等。此类果实外壳坚硬，火净后，得食。

（4）**穙（kuài）果种**③：如香荠④、苏荏⑤之类。此等果类，若无子，可揉穙净，有子，须火净。

（5）**角果种**：角者，菱豆也。净法与穙果种同，即无子以揉穙净，有子须火净。如大小豆等，准此净法。含子的蒿草，应得火净，但令一聚相著，以火触之即得净，法如是故。

以上五果净法，唯火净通净五果，余爪甲净、创净、揉穙净则有局对。

《四分律》云："不应不净果便食，应净已食之。应作五种净法食：火净、刀净、疮净、鸟啄破净、不中净，此五种净应食。是中刀净、疮净、鸟净应去子食。火净、不中种净都食。复有五种净：若皮剥、若刜（pí，刀析、剥）皮、若腐、若破、若瘀燥。"⑥

　练习题

1. 请解释"坏生种戒"戒名。

2. 简述佛制"坏生种戒"三要素。

3. 背诵并解释"坏生种戒"之戒文。

---

① （东晋）三藏佛陀跋陀罗共法显译《摩诃僧祇律》卷十四，《大正藏》第22册，第339页。

② 荜茇：果味辛而香，可入药。桑葚：桑树所结之果实，熟后呈黑紫色或白色，味甜可食。奈：似林檎，果实像苹果而小，亦称"花红""沙果"。

③ 《四分律行事钞资持记》卷二云："粗糠皮故，谓之穙。此果最小，皮如粗糠，轻重仪中谓松柏子也。"（《大正藏》第40册，第310页。）

④ 香荠，即香薷，是唇形科香薷属植物。直立草本，高0.3～0.5米，具密集的须根。全草入药，治急性肠胃炎、腹痛吐泻、夏秋阳暑、头痛发热、恶寒无汗、霍乱、水肿、鼻衄、口臭等症。

⑤ 紫苏、白苏等。其茎叶味辛，性温，无毒，主治解肌发表，散风寒，下气除寒，补中益气，通畅心经，益脾胃等。其籽功效更好，主治一切寒气造成的病症，如心腹胀满，开胃下食，止脚气和腹泻，通顺大小便等。

⑥ （后秦）三藏佛陀耶舍共竺佛念等译《四分律》卷四十三，《大正藏》第22册，第875页。

4. 佛制"掘地戒""坏生种戒"之意义何在?

5. 何谓"鬼神村"?

6. 根据《四分律》,何谓"生种"?

7. 坏生种的方式有哪些?

8. "坏生种戒"结犯相状如何? 有哪些开缘?

9. 根据《僧祇律》,五生种与五果分别如何作净?

10. 《四分律》中有哪些作净方法?

思考题

1. 如何正确理解"掘地戒""坏生种戒"与出家人离俗之本怀。

第十三节　异语恼僧戒

一　戒名

(一) 正释戒名

【记】　异语恼僧戒第十二　(同、大、性)

异语:亦名余语,即答非所问。如律中阐陀比丘犯罪,诸比丘问言:"汝自知犯罪不?"即以余事报言:"汝向谁语? 为说何事? 为论何理? 为语我? 为语谁耶? 是谁犯罪? 罪由何生? 我不见罪,云何言我有罪耶?"属于口四业中之绮语。

恼僧:身行乖违僧敕,触恼众僧。如唤来不来,不唤来便来;应起不起,不应起便起;应语不语,不应语便语,此乃身业绮。

异语恼僧戒:如果比丘尼数数异语恼僧,僧作白,呵止已,彼复作异语恼僧者,佛制不许。

(二) 引文别解

【记】　灵芝行宗记 身口别犯,两戒一制。缘相无异,所以合列。

灵芝律师在《行宗记》中解释:身绮与口绮各自别犯,之所以合为一戒而制,是因为两戒缘起、犯相等没有差别,故合并为一戒。

二　缘起

【记】　阐陀

阐陀比丘,乃缘起中能犯之人。

佛制此戒三要素：（1）**何处制**：佛于拘睒弥国制。（2）**因谁制**：阐陀比丘。（3）**因何制**：阐陀比丘犯罪，余比丘问，以余事答，作白制已，遂恼僧，唤来不来等，又作白制，违白而作，因制。

三　戒文

【记】　戒文——若比丘尼，妄作异语，恼他者，波逸提。

此戒文分四句：

第一句：若比丘尼——能犯人

白四羯磨如法得处所的比丘尼。

第二句：妄作异语——口绮业

此乃口绮，即听到他人问时，心不忍可，便不依其所问之事而答。妄：不真不实，不如其事。

第三句：恼他者——身绮业

此乃身绮，如律中记载，唤来不来，不唤来便来，乃至不应语便语。此中不应语便语与上余语不同，为表身之乖违，故属身绮也。

第四句：波逸提——结罪

如果比丘尼，数数异语或触恼僧，僧与作余语或触恼白已，彼更作异语或触恼僧者，俱结波逸提罪。

四　制意

【记】　四分律疏 制意：凡身口业绮，微而难制，过不至重，恼众非轻。事须众僧作法呵制。仍作不止，违法恼僧。其过不浅，故随得罪。

凡属身绮、口绮之业，皆微细难制。虽非严重过失，但恼众之处不轻，故须众僧作白呵止。作白已，如果仍然口绮身绮，违法恼僧，便不属于轻浅之过。因此，随其再作身口绮业，即结违制波逸提罪。

五　具缘

【记】　南山行事钞 具四缘成犯：一、自作身口业绮。二、数恼不止。三、为僧单白呵止。四、更作。犯。

此戒具四缘成犯：

1. **自作身口业绮**：比丘尼自以身作触恼，或口作余语。

2. **数恼不止**：再三触恼或异语不止。

3. **为僧单白呵止**：众僧作单白羯磨呵令制止。

4. **更作。犯**：众僧作白已，比丘尼更作余语或触恼僧者，俱结波逸提罪。

六　罪相

【记】

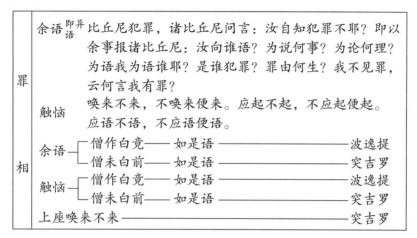

此表列二事：

（一）余语与触恼之相

1. **余语**：即是异语，有比丘尼犯罪，诸比丘尼问言："汝自知犯罪不耶？"此比丘尼便以余事答诸比丘尼："汝向谁语？为说何事？为论何理？为语我，为语谁耶？是谁犯罪？罪由何生？我不见罪。云何言我有罪？"

2. **触恼**：比丘尼僧众，唤来不来，不唤来便来；应起不起，不应起便起；应语不语，不应语便语。

（二）结犯相状

1. 如果比丘尼在僧未作白前作余语，结突吉罗罪；如果在僧作白后，更作余语，结波逸提罪。

2. 如果比丘尼在僧未作白前，作触恼，结突吉罗罪；如果在僧作白后，更作触恼，结波逸提罪。

3. 如果比丘尼上座唤来而不来，结突吉罗罪。此约触恼个人而言。

七　开缘

（一）正明开缘

【记】

	若重听不解，若前语有参错，言似余语。	
开	若欲作非法非律羯磨，若为僧塔寺和尚尼等作无利益羯磨，不与和合，唤来不来。	
	若欲作非法非律羯磨，若为僧塔寺和尚尼等作无利益羯磨，欲知不唤来便来。	
	若一坐食，若不作余食法食，若病，唤起不起。	无犯
缘	若舍崩坏，若火烧，若毒蛇入舍，若贼难若恶兽难，若强力者所执等，教莫起便起。	
	若恶心问，若问上人法，教语不语。	
	若欲作非法非律羯磨，若为僧塔寺和尚尼等作无利益羯磨，教莫语便语。	
	若戏笑说等。	

此戒开缘如下：

1. 若比丘尼听觉有障，不解对方之语；或对方言语不清楚，故言："汝说何事？"等，作如是之语，不犯。

2. 如果有人欲作非法非律羯磨，或欲对僧、塔、寺、和尚尼等作无利益羯磨，为使羯磨法不成就，而不与和合，故唤来不来，不犯。

3. 如果有人欲作非法非律羯磨，或对僧、塔、寺、和尚尼等作无利益羯磨，虽教言莫来，但为知其事，不唤来便来，不犯。

4. 如果比丘尼受一坐食法，或受不作余食法，或病，教起而不起，不犯。

5. 如果房舍倒塌损坏，或被火烧，或毒蛇入舍，或有贼难、恶兽难，或被强力者所执等命难、梵行难，余人教言："莫起"，而比丘尼起去，不犯。

6. 如果有人以恶心问，比丘尼不与回答；或有人问上人法，言："汝说是"，比丘尼不与说，不犯。

7. 如果有人欲作非法非律羯磨，或为僧、塔、寺、和尚尼等作无利益羯磨，虽教言莫语，而比丘尼便语（即呵），不犯。

8. 如果戏笑语，或疾疾语、独语，不犯本罪，但乖违说话仪则，须结吉罪。若梦中语，或欲说此而错说彼，不犯。

（二）别释第一缘

【记】 │灵芝资持记│ 重听，谓己疾不闻。参错，谓他言不了。

灵芝律师释云：此戒开缘中第一缘 **"重听"**，是指自身听觉有障碍，不能听清对方所说之语。**"参错"**，指他人所说之语不明了。

 练习题

1. 何谓"异语"？何谓"恼僧"？

2. 简述佛制"异语恼僧戒"三要素。

3. 背诵并解释"异语恼僧戒"之戒文。

4. 佛制"异语恼僧戒"之意何在？

5. "异语恼僧戒"具哪几缘成犯？结犯相状如何？有哪些开缘？

6. 根据《资持记》，第一开缘中"重听"为何意？

第十四节　嫌骂僧知事戒

一　戒名

（一）正释戒名

【记】　嫌骂僧知事戒第十三　　（同、大、性）

嫌：指面见嫌，即情怀不忍而憎嫌、讥毁于他。**骂**：指背面骂，即出不善之言而呵骂于他。**僧知事**：乃大众僧作白二羯磨所差的知事人。**知事**：知其事而悦其众。

嫌骂僧知事戒：如果比丘尼面见嫌，或背面骂僧所差的知事人，佛制不许。

（二）引文别解

【记】　南山戒本疏　嫌骂两戒，同恼知事不殊，故合制也。

道宣律师在《戒本疏》中云：面见嫌与背面骂是两条戒，因同是触恼僧知事人，故合制为一戒。

二　缘起

【记】　慈地

慈地比丘，乃缘起中能犯之人。

佛制此戒三要素：（1）**何处制**：佛于罗阅城制。（2）**因谁制**：慈地比丘。（3）**因何制**：慈地比丘面见嫌僧知事沓婆摩罗子，后复背面骂之，因制。

三　戒文

【记】　戒文——若比丘尼，嫌骂者，波逸提。

此戒文分三句：

第一句：若比丘尼——能犯人
白四羯磨如法得处所的比丘尼。

第二句：嫌骂者——所防过

嫌：指面见嫌，即齐僧知事人眼见耳不闻处，讥嫌其有爱恚怖痴。骂：指背面骂，即于僧知事人耳闻眼不见处，如有隔障处，呵骂其有爱恚怖痴。

第三句：波逸提——结罪

如果比丘尼面见嫌或背面骂僧知事人，俱结波逸提罪。

四　制意

【记】 四分律疏 制意：凡僧务事广，处之不易，故简备德之人，如法断理。宜应赞叹，令彼勤营。反怀恚忿，发言嫌骂，令彼生恼，废营僧事。损坏不轻，故所以制。

凡僧中事务涉及广泛，如出纳、分物、差请等事，处理得当不易，是故须选择具备五德之人（不爱、不恚、不怖、不痴、知作知不作）如法料理决断。对此知事人，理应赞叹、鼓励，令其精勤不懈为大众执劳。然今却心怀忿恚，讥嫌、呵骂，令其心生烦恼，荒废营办僧务。过损不轻，所以佛制不许。

五　具缘

【记】 南山行事钞 具六缘成犯：一、是羯磨所差。二、知是。三、如法经营。四、说嫌骂法。五、言了了。六、前人闻见互知。犯。

此戒具六缘成犯：

1. **是羯磨所差**：是僧中白二羯磨所差的知事人。若嫌骂口差知事人，结突吉罗罪。

2. **知是**：比丘尼知对方是僧羯磨所差知事人。

3. **如法经营**：僧知事人如法营理僧事。

4. **说嫌骂法**：比丘尼心怀忿恨，于眼见耳不闻处，讥嫌僧知事人；或于耳闻眼不见处，呵骂僧知事人，嫌骂对方有爱恚怖痴。

5. **言了了**：讥嫌或呵骂时，言语清楚明了。

6. **前人见闻互知。犯**：对方如果眼见讥嫌，或耳闻呵骂，俱结波逸提罪。

六　罪相

（一）正明犯相

【记】

	面见嫌。齐眼见耳不闻处，言有爱有恚有怖有痴。
罪相	背面骂。齐耳闻眼不见处，言有爱有恚有怖有痴。
	嫌比丘尼 ┬ 了了 ————————————— 波逸提 　　　　└ 不了了 ——————————— 突吉罗
	骂比丘尼 ┬ 了了 ————————————— 波逸提 　　　　└ 不了了 ——————————— 突吉罗
	上座教嫌骂，受教嫌骂者 ————————— 突吉罗

此表列二事：

1. 嫌骂之相

（1）**面见嫌**：在对方眼见、耳不闻之处，讥嫌说："她是一个有爱恚怖痴之人。"

（2）**背面骂**：在对方耳闻、眼不见之处，呵骂说："她是一个有爱恚怖痴之人。"

2. 结犯相状

（1）比丘尼面见嫌僧知事人，如果言语清楚明了，结波逸提罪；如果言语不清楚明了，结突吉罗罪。

（2）比丘尼背面骂僧知事人，如果言语清楚明了，结波逸提罪；如果言语不清楚明了，结突吉罗罪。

（3）上座教比丘尼嫌骂僧知事人，比丘尼受上座教而嫌骂，受教者，结突吉罗罪。

（二）引文料简

引疏、案之文料简各种结犯情况。

1. 引《戒本疏》

【记】　南山戒本疏　问：与前第二骂戒何异？答：有四异：一、前是泛僧，此僧知事。二、前戒不问虚实，此说实不犯。三、骂词不同，如文所列。四、前非知事，见闻互离者轻。此敬护重，互离犯提。

道宣律师在《戒本疏》中设问答说明此戒与第二条"骂戒"之别。

问：本戒与前第二骂戒有何不同？

答：有四种不同：（1）前骂戒中所毁呰者，为泛泛比丘尼；而此戒所嫌骂者为僧白二羯磨所差知事人。（2）前骂戒只要毁呰便犯，不问对方有无其事；而此戒若僧知事人真有爱恚怖痴，嫌骂则不犯。（3）二戒所言文词不同：前骂戒是以族姓、行业、技术等六种毁呰语为词；而此戒是以有爱、有恚、有怖、有痴为词。（4）前骂戒所骂之人，不是僧知事人，故在眼见耳不闻处，或耳闻眼不见处毁呰他人，但结吉罪，是轻。而此戒为敬护僧差知事人，故纵然在见闻互离之处，如面见嫌，或背面骂，都结波逸提罪，比前骂戒结罪重。此外，前戒唯制骂，此戒嫌骂合制。

2. 弘一律师加"案"

【记】 案 南山含注戒本云：不受上座教，嫌骂，吉。与律文异。

弘一律师说，道宣律师在《四分律比丘含注戒本》中云："若不受上座教，嫌骂，吉罗"① 与律文"若上座教汝嫌骂，若受教嫌骂，突吉罗"② 有所不同。《戒本疏》是指比丘尼不接受上座教导，反嫌骂上座，故结突吉罗罪。虽然二戒同是嫌骂，但所对之境却有差别。律文所嫌骂的对象为僧知事人，而《戒本疏》所嫌骂的对象是上座。

七　开缘

【记】

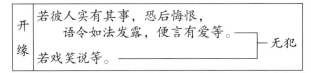

| 开缘 | 若彼人实有其事，恐后悔恨，
　语令如法发露，便言有爱等。 | ┐
├ 无犯 |
| | 若戏笑说等。 | ┘ |

本戒开缘如下：

1. 如果僧知事人实有爱恚怖痴，若比丘尼不说，恐其事后悔恨，是故善意告诫，令其能如法发露忏悔，如是而言其有爱恚怖痴，不犯。此约同行道友相互规劝，故无过失。

2. 如果比丘尼戏笑语，或疾疾语，或独语，虽不犯本罪，但乖违说话仪则，须结突吉罗罪；如果比丘尼梦中语，或欲说此而错说彼，不犯。

练习题

1. 何谓"嫌"？何谓"骂"？

2. 简述佛制"嫌骂僧知事戒"三要素。

3. 背诵并解释"嫌骂僧知事戒"之戒文。

4. 佛制"嫌骂僧知事戒"之意何在？

5. "嫌骂僧知事戒"具哪几缘成犯？结犯相状如何？

6. "嫌骂僧知事戒"与波逸提第二条"骂戒"有哪些差别？

7. 在哪些情况下不犯"嫌骂僧知事戒"？

---

① （唐）道宣律师述《四分律比丘含注戒本》卷二，《大正藏》第40册，第444页。

② （后秦）三藏佛陀耶舍共竺佛念等译《四分律》卷十二，《大正藏》第22册，第643页。

第十五节　露敷僧卧具戒

一　戒名

【记】　露敷僧卧具戒第十四　（同、大、制）

露：露地，即没有覆盖之处。**敷**：敷设。**僧卧具**：大众僧受用的卧具，包括绳床、木床、坐褥、凳子等。

露敷僧卧具戒：如果比丘尼在露地敷用僧卧具，离开住处而不收举，佛制不许。

二　缘起

【记】　十七群

十七群比丘，乃缘起中能犯之人。[①]

佛制此戒三要素：（1）何处制：佛于舍卫国制。（2）因谁制：十七群比丘。（3）因何制：十七群比丘于露地敷用僧卧具而不收举令污秽，因制。

三　戒文

【记】　戒文——若比丘尼，取僧绳床，若木床，若卧具，坐褥。露地自敷，若教人敷。舍去，不自举，不教人举。波逸提。

此戒文分五句：

第一句：若比丘尼——能犯人

白四羯磨如法得处所的比丘尼。

第二句：取僧绳床，若木床，若卧具，坐褥——是僧物

比丘尼取绳床、木床、卧具、坐褥等僧物。

僧物有三：（1）已许与僧；（2）为僧故作，而未许僧；（3）已与僧者，已许僧，已舍与僧。此处僧物是指已与僧，若其余二种，但结吉罪。

"绳床、木床"：律各有五种：旋脚、直脚、曲脚、入陛、无脚。**"卧具"**：用坐，或用卧；**"坐褥"**：即小褥，打坐时可用。

第三句：露地自敷，若教人敷——自受用

---

① 十七群比丘：《四分律》卷十七记载：罗阅城中，有十七群童子，共为亲友，最大者年十七，最小者年十二。最富者八十百千，最贫者八十千。有一童子名优婆离，最为大者，与诸童子相约共出家，即往僧伽蓝中求度。诸比丘即度令出家，与授具足。因年少习嬉戏，常犯过失，且与六群比丘多生纷诤，佛以彼等为缘制若干学处。（《大正藏》第22册，第679页。）

比丘尼于露地自敷设绳床等僧物，或教人敷设，而自受用。

第四句：舍去，不自举，不教人举——舍去不举

敷用僧物已，后离开，自不收举，也不嘱咐他人收举。

第五句：波逸提——结罪

比丘尼于露地敷用僧卧具，离去时，不自收举，亦不教人收举，即结波逸提罪。

四 制意

【记】 四分律疏 制意：多论三义故，制举卧具。一、四方僧物，皆是笃信檀越所舍，供僧受用。利益事廓，理宜常护。资身行道，得安乐故。二、既是施主之物，详心爱惜。常存受用，为令增长信敬心故。三、触即收举，使僧物不坏。合受用功德，反资施主，善根成就故。为兹三益，是以圣制。

《萨婆多论》云："所以时举者，一畏雨湿、二畏日曝、三畏风吹，以守护故应举覆处。"[①] 据此，法砺律师开出佛制此戒之三意：

（一）掌护意

四方僧物都是虔诚檀越所施，供十方三世凡圣僧受用，利益普遍，于理应当恒常护惜。众僧藉此檀越所施，资助身形，身安则心安，心安得行道，行道后安乐。故须常护僧物。

（二）爱惜意

既是施主供养之物，更应倍加谨慎爱护、珍惜，使之常得受用。施主见其所施物得以长期受用，即心生欢喜，更增长信敬之心。

（三）藏举意

僧物用后能及时收拾藏举，则减少耗损，大众僧受用期限延长。众僧长期受用，令施主获殊胜反报之福，成就其善根。

有以上三益，所以佛制露地敷用僧卧具后，应当及时收举。

五 具缘

【记】 南山行事钞 具六缘成犯：一、四方僧床敷。二、知是。三、露处。四、自敷，使人敷。五、去时，不自举，不教人举。六、出门。犯。

此戒具六缘成犯：

1. **四方僧床敷：**是已入僧，已舍与僧的绳床、木床、卧具、坐褥等。

---

① 《萨婆多毗尼毗婆沙》卷六，《大正藏》第23册，第544页。

2. **知是**：比丘尼知是四方僧床敷。

3. **露处**：在没有覆盖之处。

4. **自敷，使人敷**：自己敷设，或使他人敷设后自己受用。

5. **去时，不自举，不教人举**：离住处而去时，自不收举，亦不嘱咐他人代为收举。

6. **出门。犯**：如果比丘尼一出僧伽蓝门，便犯波逸提。

六　罪相

（一）正明犯

【记】

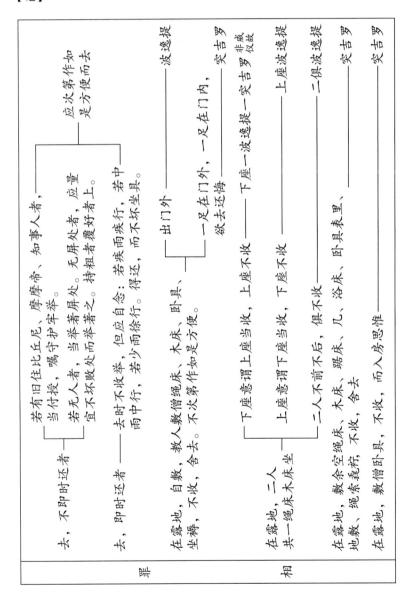

下面的文字（竖排，从右到左阅读）：

罪相

若有旧住比丘尼、摩摩帝、知事人者，当付授，嘱守护举举。若无人者，当举着屏处，当举着屏处者，应量无屏处者，宜不坏败处而举着上。持粗者覆好者。——应次第作如是方便而去

去，不即时还者——去时不收举，若中雨中行，若少雨除行，得还，而不坏坐具。但应自念：若疾雨疾行——波逸提

去，即时还者——出门外——一足在门外，一足在门内，欲去还悔——突吉罗

在露地，自敷，教人敷僧绳床、木床、卧具、坐褥，不收，舍去。不次第作如是方便。——一足在门外，一足在门内，突吉罗

下座意谓上座当收，上座不收——下座一波逸提

上座意谓下座当收，下座不收——上座波逸提

在露地，二人共一绳床木床坐——二人不前不后，俱不收——二俱波逸提

在露地，敷余空绳床、木床、踞床、几、浴床、卧具表里、地敷、绳索氍毹，不收，舍去——突吉罗

在露地，敷僧卧具，不收，而入房思惟——突吉罗

表中明二事：

1. 明舍去方便

（1）若离去后不能即时回来

比丘尼应当次第作好如下三种前方便：①**嘱知事**：如果有旧住比丘尼，或摩摩帝（即寺主）、或知事人（即经营僧物之人），当将僧物交给她们，或嘱授说："我现在托付给您，请您帮着守护、收藏好。"②**举屏处**：若无人可嘱咐，应将僧物收举在有遮障、覆盖之屏处。③**好覆盖**：若无屏障处，应找合适处所，即将僧物放置在不易烂坏之处，并将粗物覆盖在好物上。

（2）若离去能即时回来

比丘尼离去时可以不收举僧物，但应当作如是念："如果天下大雨，我疾行就能赶回来收好，不损坏僧物；如果天下中雨，我中行便可赶回；如果下小雨，我缓步而行即能赶回将僧物收好。"

作如上前方便之后，方可离去。

2. 明结犯相状

（1）如果比丘尼在露处敷用大众僧绳床、木床、卧具、坐褥，自受用后不收举。离去时，不作如上所说种种前方便，只要一出僧伽蓝门外，即结波逸提罪。如果一足在门外，一足尚在门内，欲离去，又后悔不去，结突吉罗罪。

（2）在露地，二人共一绳床、木床坐：①如果下座认为上座会收举，而上座没收举，下座结两罪：一是应举而不收举的波逸提罪，二是不敬上座结非威仪的突吉罗罪。②如果上座认为下座会收举，而下座却没收举，上座结波逸提罪。③如果两人同夏腊，又同时都不收举，两人俱结波逸提罪。

（3）如果比丘尼在露地，敷用不是大众僧正式受用的其余空绳床、木床、踞床（坐凳）、几（小桌子之类）、浴床（洗浴凳子）、卧具表里（即已被拆成内层、外层，各散置一处的卧具）、地敷（铺地用物），或取用毳紵等原料而成的绳索（毳：鸟兽细毛；紵：以麻所织之物）。如果比丘尼用完这些僧物后不收举，便离开，结突吉罗罪。

（4）如果比丘尼在露地敷用大众僧卧具后，不收举而入房思惟修禅定，结突吉罗罪。

（二）引文释

【记】　┃灵芝资持记┃二人不前不后，谓同腊者。表里即内外，谓摘开各处，非全物也。

灵芝律师在《资持记》中解释：二人不前不后，是指二人同夏腊。表里，即内外，指卧具被拆开，分成内外二层，各置一处，不是完整卧具。

七　开缘

【记】

开缘	若次第作如是方便而去，如上广说。	无犯
	若强力者所执等，不次第作如是方便而去。	
	若二人共一绳床木床坐，下座应收。	
	若敷余空床等，收而去。	
	若敷僧卧具，收已而入房思惟。	

此戒开缘如下：

1. 如果比丘尼依次第作，已嘱咐知事、举屏处、好覆盖或者作意回还等，即作好如上详说前方便后再离开，不犯。

2. 如果比丘尼被强力者所执，若命难，若梵行难等，不次第作如是方便而去，因身不由己，故不犯。

3. 如果二人共一绳床、木床坐，用后下座应收举，则不犯。

4. 如果敷用余空木床、绳床、踞床等，用后即收举，不犯。

5. 如果比丘尼在露地敷僧卧具，收举后，入房思惟修禅定，不犯。

练习题

1. 请解释"露敷僧卧具戒"戒名。

2. 简述佛制"露敷僧卧具戒"三要素。

3. 背诵并解释"露敷僧卧具戒"之戒文。

4. 佛制"露敷僧卧具戒"有哪三意？

5. 犯"露敷僧卧具戒"应具哪几缘？

6. 取用僧卧具等，若离去，应次第作哪些方便？

7. "露敷僧卧具戒"结犯相状如何？有哪些开缘？

第十六节　覆处敷僧物戒

一　戒名

（一）正释戒名

【记】　覆处敷僧物戒第十五　　（同、大、制）

覆处：有覆盖之处，如僧房内。

覆处敷僧物戒：如果比丘尼在覆处敷设僧物，离去时不收举，佛制不许。

（二）引疏简别

引《戒本疏》简别此戒与前戒。

【记】 与上戒所以离者：一、屏露异。二、得罪时异：露则出门，屏则出界。决意绝还，如上出界。若暂非永，过三夜，犯。三、开缘不同：露则两相缓急；屏则开于二夜。

道宣律师在《戒本疏》中解释，此戒与上戒，之所以分为二戒，其原因有三：

1. **屏处与露地不同**：此戒是在僧房内敷设卧具，而上戒是于露地敷僧卧具。

2. **得罪时不同**：露地敷僧卧具，如果离去时，不次第作好前方便，一出僧伽蓝门便犯。而覆处敷僧卧具，如果离去时，决定永不回还，不次第作好前方便，一出大界便犯；如果暂时出界，过三夜方犯。

3. **开缘不同**：露地有缓急两相，即离去时，如果嘱咐人收举，或举屏处，或好覆盖是缓；雨中及时还，是急。而覆处开听二夜，至第三夜明相出，不收举，便犯。

二　缘起

【记】　客比丘

客比丘，乃缘起中能犯之人。

佛制此戒三要素：（1）**何处制**：佛于舍卫国制。（2）**因谁制**：客比丘。（3）**因何制**：客比丘于边僧房敷卧具宿，离去不语旧住比丘，令僧卧具烂坏，虫啮色变，因制。

三　戒文

【记】　戒文——若比丘尼，于僧房中，取僧卧具自敷，若教人敷。在中若坐若卧，从彼处舍去，不自举，不教人举者，波逸提。

此戒文分六句：

第一句：若比丘尼——能犯人
白四羯磨如法得处所的比丘尼。

第二句：于僧房中——屏处
于众僧所住的僧房中。

第三句：**取僧卧具**——所用僧物

取：若自取，若教人取。**僧卧具**：指绳床、木床、卧具、坐具、枕头、地铺，下至卧毡等。

第四句：**自敷，若教人敷，在中若坐若卧** ——为己受用

自敷设，或教人敷设，在所敷设的卧具上或坐或卧。

第五句：**从彼处舍去，不自举，不教人举者** ——舍去不举

彼处离去，自不收举，亦不教他人代为收举。

第六句：**波逸提**——结罪

如果比丘尼在僧房中，敷用僧卧具，从彼处离去，又不收举，即结波逸提罪。

四　制意

【记】 ┃四分律疏┃ 制意同前。

此戒制意同前“露敷僧卧具戒”。

五　具缘

【记】 ┃南山行事钞┃ 具六缘成犯：一、是僧物。二、知是。^{依疏增入} 三、屏处。四、自敷，使人敷。五、去时不自举，不教人举。六、或出界，或过三宿。犯。

此戒具六缘成犯：

1. **是僧物**：是大众僧受用的僧物。

2. **知是**^{依疏增入}：比丘尼知是僧物。此缘依《戒本疏》增加。[1]

3. **屏处**：于有覆盖之处，如僧房中。

4. **自敷，使人敷**：比丘尼自敷设或教人敷设，而自受用。

5. **去时不自举，不教人举**：离去时，自不收举，亦不教他人代为收举。

6. **或出界，或过三宿。犯**：若决定永不还者，出大界便犯；若暂出界欲还者，于界外经二宿已，至第三夜明相出，未收举者，便犯波逸提。

---

① 《四分律含注戒本疏》卷四云：“六缘成犯：一僧物、二知是、三屏处、四己受用、五去不举、六过限，犯。”（《卍新续藏》第40册，第93页。）

六　罪相

【记】

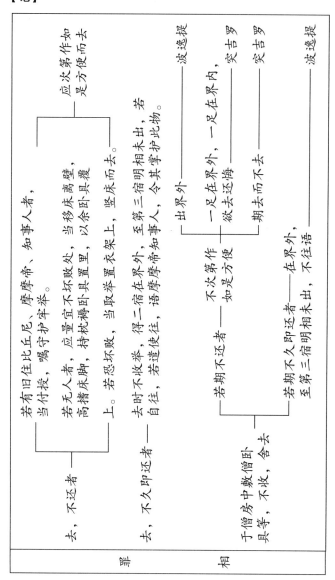

表中明二事：

（一）明舍去方便

1. 若比丘尼离开时决定不再回来

应次第作如下种种方便，方可离去。

（1）如果有旧住比丘尼，或摩摩帝，或知事人，比丘尼当将僧物交付，嘱授其守护、收藏牢举。

（2）如果无人可嘱咐，比丘尼应考虑适宜放置之处，即不令僧物破损、烂坏之地。比丘尼应移床，使床离开墙壁（印度气候，墙壁潮湿，床倚靠墙壁易烂坏），再将床脚用砖头或他物搘高（以离潮湿地。搘：同支，即支撑），再将枕褥、卧具等放在床上，并用其余粗劣卧具覆盖在上。如果还担心僧物败坏，应将物品放置在衣架上，然后将床竖起。

2. 如果离开后不久便回来

比丘尼离开时不收举僧物，只能在界外过二宿，到第三夜明相未出前，比丘尼或自己回僧伽蓝，或遣他人回，告诉寺主或知事人，令他们掌护僧物。

（二）明结犯相状

1. 比丘尼在僧房中敷僧卧具等，离去时，不收举，如果打算不回来，又不次第作如上所说种种方便，一出界外，即结波逸提罪；如果一足在界外，一足在界内，后悔不去，结突吉罗罪；如果打算去，而又没去，亦结突吉罗罪。

2. 如果比丘尼打算去后不久即还，可以在界外过二夜，到第三夜明相没出前，比丘尼自己不回来，或者不派人去告诉寺主，或知事人，请他们帮助掌护僧物，明相一出，即结波逸提罪。[①]

七 开缘

（一）正明开缘

【记】

	若期不还者，次第作如是方便而去，如上广说。	
开缘	若舍崩坏，若火烧，若毒蛇入舍，若贼难，若恶兽难，若强力者所执等，不次第作如是方便而去。	无犯
	若期不久即还者，在界外至第三宿明相未出，往语。	
	若期不久即还者，在界外至第三宿明相未出，若水道断等，若强力者所执等，不得往语。	

此戒开缘如下：

1. 如果比丘尼打算再不回来，能次第作如上所说种种方便才离开，不犯。

2. 如果僧房倒塌、损坏，或房舍被火烧，或毒蛇入舍，或有贼难、恶兽难，或被强力者所执等，比丘尼不次第作如是方便而离去，不犯。

---

① 《根本说一切有部尼律》卷十三云："有五种嘱授。云何为五？应报主人曰：'具寿！此是住房、此房可观察、此是敷具、此应可掌持、此是房门钥。'若于其处无苾刍尼者，应嘱求寂女；此若无者，应嘱俗人；此若无者，应观四方，好藏户钥，然后方去。若于中路逢见，应报某处取之。"（《大正藏》第23册，第976页。）

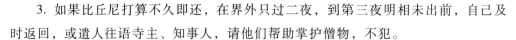

3. 如果比丘尼打算不久即还，在界外只过二夜，到第三夜明相未出前，自己及时返回，或遣人往语寺主、知事人，请他们帮助掌护僧物，不犯。

4. 如果比丘尼打算不久即还，在界外已过两夜，到第三夜明相未出前，本打算自己回僧坊，或派人去告诉寺主、知事人等帮助掌护僧物，但因水陆道断，或被强力者所执等突发因缘，不能自往，或不能派人转告，不犯。

（二）加"案"别释

【记】 案若水道断等，具云：若水道断（亦作水陆道断，又作水道断、路险难），若贼难，若恶兽难，若河水涨。已下并同，准是应知。

弘一律师加"案"解释"水道断等"，完整地说，包括：水道断，也作水陆道断，又作水道断、路险难，若贼难，若恶兽难，若河水涨。以下各戒，例此可知。

练习题

1. 请解释"覆处敷僧物戒"戒名。
2. "露敷僧卧具戒"与"覆处敷僧物戒"的区别有哪些？
3. 简述佛制"覆处敷僧物戒"三要素。
4. 背诵并解释"覆处敷僧物戒"之戒文。
5. "覆处敷僧物戒"具哪几缘成犯？
6. 覆处取用僧卧具等，若离去，应次第作哪些方便？
7. "覆处敷僧物戒"结犯相状如何？有哪些开缘？
8. 弘一律师如何解释"水道断等"？

第十七节　强敷戒

一　戒名

【记】 强敷戒第十六 （同、大、性）

强敷：强使敷设。

强敷戒：如果比丘尼知他比丘尼先住处，后于中间强敷卧具止宿者，佛制不许。

二　缘起

【记】 六群

六群比丘，乃缘起中能犯之人。

佛制此戒三要素：（1）**何处制**：佛于舍卫国制。（2）**因谁制**：六群比丘。（3）**因何制**：十七群比丘先求得住处，六群比丘知，强于中间敷卧具宿，因制。

三　戒文

【记】　戒文——若比丘尼，知比丘尼先住处。后来于中间敷卧具止宿，念言：彼若嫌迮者，自当避我去。作如是因缘，非余，非威仪。波逸提。

此戒文分四句：

第一句：若比丘尼——能犯人

白四羯磨如法得处所的比丘尼。

第二句：知比丘尼先住处——知他先住

比丘尼知道其他比丘尼已经在中止宿。**知**：自己知道，或他人告知。

第三句：后来于中间敷卧具止宿，念言：彼若嫌迮者，自当避我去——后强敷令恼

后到比丘尼，强在中间敷卧具止宿，且心生不善，作念："她如果嫌窄而苦恼不乐住，可以自己避开，再去找别的地方。"**"中间"**：若头边，或脚边，或两胁边。**"卧具"**：草敷、叶敷，下至地敷卧具。**"迮"**：窄也。

第四句：作如是因缘，非余，非威仪。波逸提——结罪

若后到比丘尼，在他比丘尼先住之处中间止宿，作如是强迫、逼恼因缘，又无其他难缘，结波逸提罪。

四　制意

【记】　四分律疏　制意：凡物有限，事局彼此。情通则我为彼有，意隔则事须进否。然知他先得住处，意不筹量，辄便于中强敷卧具，共相逼恼。非出家之式，故所以制。

当物品或空间有限时，人心局限，分别彼此。亲近者，许其分享自己所有；否则，就会权衡轻重，或者给与，或者拒绝。而今，知道他人已经事先在此住处止宿，却不加考虑，在中间强硬地敷卧具止宿，逼恼他人。此行非出家人所宜，故佛制不许。

五　具缘

【记】　南山行事钞　具五缘成犯：一、他先借得，安止已定。二、知他先住。三、作恼意。四、强敷中间。五、随坐卧。犯。

此戒具五缘成犯：

1. **他先借得，安止已定**：他尼先借得住处，且于中已敷设卧具止宿。

2. **知他先住**：知他尼先敷设卧具止宿。

3. **作恼意**：作触恼他尼之意。

4. **强敷中间**：强于中间敷设卧具。

5. **随坐卧。犯**：随比丘尼坐卧，便犯波逸提。《四分律》云："若比丘，知他比丘先得住处，后来强于中间敷卧具止宿，随转侧胁着床，波逸提。"① 据此，此缘应为"随卧"，而非"随坐卧"。

六　罪相

（一）正明犯相

【记】

罪相	知他比丘尼先得住处， 强于中间敷卧具止宿	随胁着床 随小转侧	波逸提

如果比丘尼知道另有比丘尼先借得住处，而于中间强敷卧具止宿，随胁着床，或随身小转侧，一一结波逸提罪。

（二）引文别示

【记】　南山行事钞　十诵：若为恼他故，开户、闭户、燃火、灭火，若呗咒愿、读经说法，随他不乐事作，一一堕罪。

道宣律师在《行事钞》中引《十诵律》文：如果比丘尼为触恼先来比丘尼，随对方所不乐意之事，如开门、关门、燃火、灭火、点灯、熄灯，或梵呗、咒愿、读经、说法等，故意去作，一一结波逸提罪。②

七　开缘

【记】

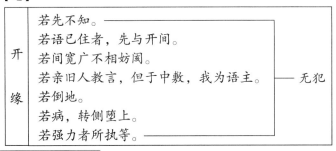

开缘	若先不知。 若语已住者，先与开间。 若间宽广不相妨阂。 若亲旧人教言，但于中敷，我为语主。 若倒地。 若病，转侧堕上。 若强力者所执等。	无犯

---

① （后秦）三藏佛陀耶舍共竺佛念等译《四分律》卷十二，《大正藏》第 22 册，第 645 页。

② （后秦）三藏弗若多罗共罗什等译《十诵律》卷十一，《大正藏》第 23 册，第 79 页。

本戒开缘如下：

1. 若比丘尼事先不知已有其他比丘尼在此处止宿，而于中间敷卧具止宿，不犯。

2. 若事先告诉先住者，为自己空出地方，后到其中止宿，不犯。

3. 若比丘尼住宿中间宽广，再敷一卧具，不相妨碍，不犯。

4. 若有亲友、熟识者言："你就在中间敷卧具止宿，我会替你告诉主人。"如此在中间敷卧具，不犯。如果比丘尼突然倒地，而于中间卧者，不犯。

5. 如果因病缘故，翻身转侧之时，堕在别人中间，不犯。

6. 如果为强力者所执等，被迫于别人中间止宿，因身不由己，不犯。

练习题

1. 请解释"强敷戒"戒名。

2. 略述佛制"强敷戒"三要素。

3. 背诵并解释"强敷戒"之戒文。

4. 佛为什么制"强敷戒"？

5. "强敷戒"具哪几缘成犯？

6. 结合《十诵律》所制，"强敷戒"结犯相状如何？

7. 在哪些情况下不犯"强敷戒"？

第十八节　牵他出僧房戒

一　戒名

【记】　牵他出僧房戒第十七　（同、大、性）

牵：挽也，即引而向前。**僧房**：僧众所住房舍。

牵他出僧房戒：如果比丘尼因内怀嗔恨恚怒，牵他比丘尼出僧房，佛制不许。

二　缘起

【记】　六群

六群比丘，乃缘起中能犯之人。

佛制此戒三要素：（1）何处制：佛于舍卫国制。**（2）因谁制**：六群比丘。**（3）因何制**：六群比丘共十七群比丘在道行，到小住处。十七群比丘先入寺扫洒令净，六群比丘知，故驱起牵出，因制。

三 戒文

【记】 戒文——若比丘尼，嗔他比丘尼不喜，众僧房中，自牵出，若教人牵出者，波逸提。

此戒文分五句：

第一句：若比丘尼——能犯人

白四羯磨如法得处所的比丘尼。

第二句：嗔他比丘尼不喜——内心嗔恚

比丘尼心怀忿恚，不喜他尼同房止宿。

第三句：众僧房中——是僧房

于大众僧所住的房舍。

第四句：自牵出，若教人牵出者——自牵教人牵

自己牵他尼出房，或教他人牵他尼出房。**牵：**或以手牵，或以口牵，或手口俱牵。

第五句：波逸提——结罪

如果比丘尼心怀忿恚，不喜他尼同房止宿，而将对方牵出房，即结波逸提罪。

四 制意

【记】 四分律疏 制意：然四方僧房，众人共有，理无偏属。先至断理，安止已定。后来之徒，宜共受用。嗔心牵出，自坏恼他。诤竞之本，损处不轻。是以圣制。

凡四方僧房，属于大众僧共同所有，依理不应该偏属个人。若先到者已经料理、安顿好住处，后来者依理可共同受用。但今却因嗔恨恚怒，将先来者牵出僧房。不但自坏心行，而且触恼他人，也是引起斗诤之本。损害之处极重，因此佛制不许牵他出僧房。

五 具缘

【记】 南山行事钞 具四缘成犯：一、是僧春冬房。 ^{钞又云，夏房入已，牵出犯吉。} 二、先安止已定。三、作恼意。四、牵出。犯。灵芝释云：初简三时，春冬分房，有上座来，下座应避。非定属己，牵出数故。夏房不尔，稀故结轻。

此戒具四缘成犯：

1. **是僧春冬房** ^{钞又云，夏房入已，牵出犯吉。}：是僧春房及冬房。《行事钞》又云：若是夏房，

牵出已安住者，只结突吉罗罪。①

2. **先安止已定**：先来者已料理、安顿好住处。

3. **作恼意**：作触恼对方之意。

4. **牵出。犯**：将对方牵出房门，便犯波逸提。

灵芝律师释云：第一缘是简别春、夏、冬三时之房。因为春冬二时所分之房，若有上座来，下座应让房回避。已分之房并无决定属己，常常出现牵出先住者的情况，故结罪重。但夏房不同，在夏安居前，已经按上中下座分好房间，所分之房都决定属己，即使上座来亦无须让出。因此牵房事极少，是故结罪轻。

六　罪相

【记】

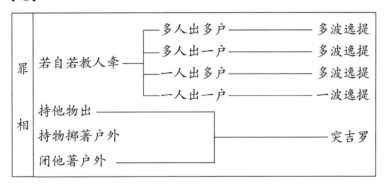

此戒结犯情况如下：

（一）结波逸提罪

比丘尼自牵，或教人牵：

1. 如果牵多人出多个门户，结多波逸提罪。

2. 如果牵多人出一个门户，结多波逸提罪。

3. 如果牵一人出多个门户，结多波逸提罪。

4. 如果牵一人出一个门户，结一波逸提罪。

（二）结突吉罗罪

1. 如果比丘尼持他尼物品出房外，意在牵出他尼，结突吉罗罪。

2. 如果比丘尼嗔恚不喜，将他尼物品弃掷在房外，结突吉罗罪。

3. 如果比丘尼因对方出外，便将门锁住，欲令对方不得回房，结突吉罗罪。

---

① （唐）道宣律师撰《四分律删繁补阙行事钞》卷二，《大正藏》第 40 册，第 78 页。

七 开缘

（一）正明开缘

【记】

开缘	若无嗔恚心，随次第出。————————— 若与未受大戒人共宿，至第三夜遣出。 若破戒，若破见，若破威仪，若为他所举， 　若为他所摈，若应摈，故驱逐出。 若以是因缘故，有命难梵行难，故驱逐出。——	无犯

本戒开缘如下：

1. 如果比丘尼无嗔恚心，因下座随次第见上座来而自避出，不犯。

2. 因为比丘尼不得与未受大戒人共宿过三夜，是故到第三夜，令对方出房，不犯。

3. 若是破戒、破见、破威仪，或为僧所举、所摈，或应灭摈比丘尼，将其驱逐出房，不犯。[①]

4. 如果因他尼住在此处，自身便有命难、梵行难，如是将其驱出，不犯。

（二）引文别释

【记】 灵芝资持记 一、随次出者，即前住者。谓见上座来，自避去也。四、开难缘，若不牵出，必致损己。

灵芝律师释云：开缘中第一**"随次第出者"**，是指先住比丘尼见上座来，主动回避，让出房间，所以不犯。第四缘是开难缘不犯，若不将对方牵出，势必损害自己，所以将其驱出不犯。

练习题

1. 请解释"牵他出僧房戒"戒名。

2. 简述佛制"牵他出僧房戒"三要素。

3. 背诵并解释"牵他出僧房戒"之戒文。

4. 佛制"牵他出僧房戒"意义何在？

5. 犯"牵他出僧房戒"应具备哪些条件？

6. "牵他出僧房戒"结犯相状如何？有哪些开缘？

---

① 《戒本疏》卷四云：此是僧房，清净之人才堪受用。恶戒之人，按理不应同住，所以驱出不犯戒。（《卍新续藏》第40册，第94页。）

第十九节　坐脱脚床戒

一　戒名

【记】　坐脱脚床戒第十八　（同、大、制）

脱脚床：即插脚的床。《戒本疏》云："脱脚者，脚入陛也。"[1]

坐脱脚床戒：如果比丘尼在重阁上，坐脱脚床，佛制不许。

二　缘起

【记】　比丘

缘起中能犯之人是某比丘。

佛制此戒三要素：（1）**何处制：**佛于舍卫国制。（2）**因谁制：**某比丘。（3）**因何制：**一比丘在重阁上坐脱脚床，堕下，砸阁下比丘身出血，因制。

三　戒文

【记】　戒文——若比丘尼，若在重阁上，脱脚绳床，若木床，若坐若卧，波逸提。

此戒文分四句：

第一句：若比丘尼——能犯人

白四羯磨如法得处所的比丘尼。

第二句：若在重阁上——重屋

如果比丘尼在重阁上。**重阁：**立时头不至上的重房棚阁。此阁应是朽薄不坚之棚，或是竹苇草阁。

第三句：脱脚绳床，若木床，若坐若卧——坐卧脱脚床

比丘尼在脱脚绳床或木床上，或坐或卧。**脱脚床：**此处是指插脚不坚牢的床，或床脚不连上盖。

第四句：波逸提——结罪

此比丘尼即结波逸提罪。

四　制意

【记】　四分律疏 制意：凡事宜审，危险须慎。重屋薄覆，脱脚之床，放身坐

---

[1]　（唐）道宣律师撰《四分律含注戒本疏》卷四，《卍新续藏》第40册，第94页。

卧，容有坠堕。伤于下人，恼处不轻。是故圣制。

凡事皆应详审，若有危险即须慎防。重阁朽薄不牢，又是脱脚之床，人在其上放逸坐卧，倘若堕下，定会伤及重阁下面之人。严重损恼他人，是故佛制不许。

五　具缘

【记】 　　具三缘成犯：一、是重屋。二、脱脚床。三、在上坐卧。犯。

此戒具三缘成犯：

1. **是重屋**：是朽薄不坚牢之重阁。
2. **脱脚床**：插脚不坚牢之床。
3. **在上坐卧。犯**：若比丘尼于脱脚床上，或坐或卧，便犯波逸提。

六　罪相

【记】

此戒罪相如下：

1. 如果比丘尼在重阁上，于脱脚绳床、木床上，或坐或卧，随胁着床，或随身小转侧，一一皆结波逸提罪。

2. 如果比丘尼在重阁上，于独坐床、一板床、浴床上，或坐或卧，一切突吉罗。（独坐床：即大凳子。）

七　开缘

（一）正明开

【记】

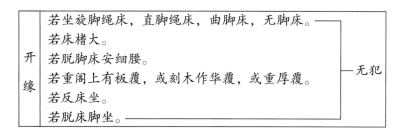

此戒开缘如下：

1. **若坐旋脚绳床、直脚绳床、曲脚床、无脚床**：这些床脚，都不会脱落，在上面坐卧，不犯。**旋脚绳床**：即以螺丝将脚旋钮住之床。**直脚绳床**：即以钉子将脚钉牢之床。**曲脚床**：即脚直接弯下，可以双层承受床板之床。**无脚床**：无脚之床，无所谓脱脚。

2. **若床楉大**：虽然是脱脚床，但其支撑床板之楉厚重坚牢，可承受重量，故不犯。楉：柱下木础或石础。

3. **若脱脚床安细腰**：虽是脱脚床，但于中间钉上横桄卡住，不易脱落，故不犯。

4. **若重阁上有板覆，或刻木作华覆，或重厚覆**：如果重阁上有厚实板覆，或可刻木作花之厚实板覆，或双重厚实板覆。有如是厚实板覆，即使床脱脚，也不会坠到重阁下，故不犯。

5. **若反床坐**：如果比丘尼将床反过来，即四脚朝上，在上面坐卧，不犯。

6. **若脱床脚坐**：如果比丘尼将床脚脱去，在上面坐卧，不犯。

（二）引文释

1. 引《资持记》

【记】　灵芝资持记 一、皆谓不脱。二、虽脱有所承故。三、谓有钉钮锁等。

灵芝律师在《资持记》中解释如上开缘：第一缘，皆是脚不会脱落之床，故不犯；第二缘，虽是脱脚床，但有承受物支撑，所以不犯；第三，虽是脱脚床，但中间钉有横桄及钮锁以固定，故不犯。

2. 引《行宗记》

【记】　灵芝行宗记 四、若重屋板覆，此句总标。刻花及厚，别显二相。

《行宗记》解释第四条开缘：如果重阁上有板覆，此句是总标；刻木作花覆与重厚覆，别显二相。意即有可刻木作花之厚实板覆或双重厚实板覆，比丘尼于上坐卧，不犯。

3. 加"案"说明

【记】　案 开缘第五，南山含注戒本及灵芝资持记皆作若板床坐。原注云：谓以板藉。

弘一律师加"案"云：开缘中第五"若反床坐"，道宣律师《含注戒本》与灵芝律师《资持记》皆作"若板床坐"。《资持记》原注解释：板床坐，意即借靠着板，亦即以木板贴住地面而坐卧。①

1. 请解释"坐脱脚床戒"戒名。

2. 略述佛制"坐脱脚床戒"三要素。

3. 背诵并解释"坐脱脚床戒"之戒文。

4. 佛制"坐脱脚床戒"之意何在？

5. 犯"坐脱脚床戒"应具哪几缘？

6. "坐脱脚床戒"结犯相状如何？

7. "坐脱脚床戒"有哪些开缘？说明开诸缘的具体理由。

8. 灵芝律师如何解释第四开缘？

第二十节　用虫水戒

一　戒名

【记】　用虫水戒第十九　（同、大、性）

虫水：即含有虫之水。**水**：即河水、池水、井水、洗菜水、豆腐水，乃至浆醋等。**用**：使用，或用于和泥，或用于浇花，乃至用于洗涤衣物等。

用虫水戒：如果比丘尼使用有虫的水和泥、浇花等，佛制不许。

二　缘起

【记】　阐陀

阐陀比丘，乃缘起中能犯之人。

佛制此戒三要素：（1）**何处制**：佛于拘睒弥国制。（2）**因谁制**：阐陀比丘。
（3）**因何制**：阐陀比丘起屋，用虫水和泥，或教人和，招讥，因制。

三　戒文

【记】　戒文——若比丘尼，知水有虫，自用浇泥若草，若教人浇者，波逸提。

此戒文分五句：

---

① 《资持记》卷二云："律中若独坐床一板床浴床。坐者皆吉。不犯者若坐镟脚直脚曲脚无脚床（皆谓不脱）。若床支大（虽脱有所承故）。若脱脚安细腰（谓有钉钮）。若重屋板覆厚覆等。若板床坐（谓以板藉）。若脱脚坐（除去脚也）并开。"（《大正藏》第40册，第312页。）

第一句：若比丘尼——能犯人

白四羯磨如法得处所的比丘尼。

第二句：知水有虫—— 知虫水

比丘尼知水中有虫。**知**：自己察看得知，或可信人告知。**水**：河水、池水、井水乃至浆醋等。**有虫**：于水中肉眼可见，或滤囊所得。①

第三句：自用浇泥若草——自作业

比丘尼自用虫水浇泥或浇草。用水有二：一者内用，如饮食之属；二者外用，如浇、灌、浣、濯之属。此戒为外用故制，至于内用，后饮虫水戒所禁。

第四句：若教人浇者——教他业

或教他人用虫水浇泥若草。

第五句：波逸提——结罪

此比丘尼即结波逸提罪。

四　制意

【记】 四分律疏 *制意：慈济物命，道之正要。知水有虫，而故受用。将损物命，违其慈道。心存自营，所为无理。事是非轻，故所以制。*

慈悲众生，拔济物命，是修道根本。现既知水中有虫，还故意使用，将损害物命，乖违修慈之行。为己私利，损害物命，作此违理之事，过失非轻，所以佛制不许。

五　具缘

【记】 南山行事钞 具四缘成犯：一、是虫水。二、知有虫。三、不作滤法。四、随所用。犯。

此戒具四缘成犯：

1. **是虫水**：是有虫之水，或有虫浆醋等。

2. **知有虫**：自己已经察知有虫，或可信人告知有虫。

3. **不作滤法**：不依法过滤。

4. **随所用。犯**：随所用有虫水，即结波逸提罪。

---

① 《萨婆多论》卷八记载："一时舍利弗以净天眼见空中虫，如水边沙、如器中粟，无边无量，见已断食，经二三日。佛敕令食，凡制有虫水，齐肉眼所见、滤水囊所得耳，不制天眼见也。"（《大正藏》第 23 册，第 552 页。）

六　罪相

（一）正明犯相

【记】

此戒罪相如下：

1. 如果比丘尼自作或教人作，用有虫水，或用有虫的酪浆、酢、渍麦浆等，浇泥或草，结波逸提罪。**酪浆**有二：即清酪浆及浊酪浆；**渍麦浆**：即淘麦水。

2. 如果比丘尼自作或教人作，用泥或草掷入有虫水中，或掷入有虫的酪浆、酢、渍麦浆中，也结波逸提罪。①

（二）引文别明

【记】　　比丘尼钞　僧祇云：若虫细者，应作三重滤囊。犹有虫者，更别造井。谛视有虫者，应舍所住处去。若用虫水方便浇者，一息一提，随息多少皆提。若使人浇，一语一提。若使人疾疾浇，语语提。

《比丘尼钞》引《僧祇律》文，分三层意思：②

1. 用水法

《僧祇律》云："若比丘营作房舍温室者须水，若池，若河，若井，滤取满器，看无虫然后用。若故有虫者，当重囊滤之谛观。若故有虫者乃至三重；若故有虫者当更作井如前谛观。若故有虫者当舍所营事至余处去。……虫生无常，或先无而今有，或今有而后无，是故比丘日日谛观无虫便用。"

2. 自作

又云："若比丘知水有虫，方便浇一息一波夜提。随息多少，一一波夜提。使人浇者，一方便语一波夜提。"意即：如果比丘尼知水有虫，仍然用之浇泥或草，中间停止一次，即结一波逸提罪，随停多少，即结多少波逸提罪。

3. 教他作

再云："若更语疾疾浇，语语波夜提。"意即：如果比丘尼令人浇泥或草，一方

①　《资持记·释释相篇》中云："五分用水浇物，本律以物掷水。并计虫鱼多少为量，故云一一堕也。"（《大正藏》第40册，第312页。）

②　（东晋）三藏佛陀跋陀罗共法显译《摩诃僧祇律》卷十五，《大正藏》第22册，第345页。

便语，得一波逸提罪。如果更语"快浇！快浇！"等，随说一句，即结一波逸提罪。

七　境想

【记】

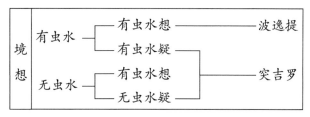

此表分有虫水与无虫水而分别结罪：

1. 如果比丘尼用有虫水浇泥或草，而且内心作有虫水想，即结波逸提罪；如果作有虫水疑，结突吉罗罪。

2. 如果比丘尼用无虫水浇泥或草，内心作有虫水想，或作无虫水疑，俱结突吉罗罪。

八　开缘

（一）正明开缘

【记】

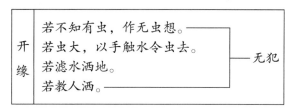

此戒开缘如下：

1. **若不知有虫，作无虫想**：如果比丘尼不知水中有虫，作无虫想，不犯。

2. **若虫大，以手触水令虫去**：如果是大虫，比丘尼用手触水，令虫离去，然后取水用，不犯。

3. **若滤水洒地**：如果用已滤过的水洒地，不犯。

4. **若教人洒**：如果教人用已滤过的水洒地，不犯。

（二）加"案"别释

【记】　案 开缘第四，南山含注戒本及行事钞皆作若教人滤。

弘一律师加"案"释：开缘中第四"若教人洒"，在道宣律师《含注戒本》及

《行事钞》中都作"教人滤",即教人滤虫水已,然后自用,便不犯。

 练习题

1. 请解释"用虫水"。

2. 简述佛制"用虫水戒"三要素。

3. 背诵并解释"用虫水戒"之戒文。

4. 佛制"用虫水戒"之意何在?

5. 犯"用虫水戒"应具哪几缘?

6. 在"用虫水戒"中,犯波逸提罪的相状有哪些?

7. 对境想差的情况有哪些?如何结罪?

8. "用虫水戒"有哪些开缘?

第二十一节　覆屋过三节戒

一　戒名

【记】　覆屋过三节戒第二十　（同、大、制）

覆:覆盖。**覆屋**:覆盖房屋顶部。**三节**:三重,或三层。

覆屋过三节戒:如果比丘尼为自己作大房,房顶覆盖茅草超过三层,佛制不许。

二　缘起

【记】　阐陀

阐陀比丘,乃缘起中能犯之人。

佛制此戒三要素:（1）**何处制**:佛于拘睒弥国制。（2）**因谁制**:阐陀比丘。
（3）**因何制**:阐陀比丘起屋重覆不止,屋便摧破,人嫌因制。

三　戒文

【记】　戒文——若比丘尼,作大房,户扉窗牖,及余庄具饰具。指授覆苫,齐
二三节。若过者,波逸提。

此戒文分四句:
第一句:若比丘尼——能犯人
白四羯磨如法得处所的比丘尼。
第二句:作大房,户扉窗牖,及余庄具饰具 ——作房法式

比丘尼为自己作大房，并户扉窗牖，及余种种庄饰具。**作**：自作或教人作。**大房**：有二，一是形量大，二是所用财物多。**户**：可以过人的出入处，即门；**扉**：即门扇；**窗牖**：通光明之处，在墙曰牖，在屋曰窗。**余庄具饰具**：指刻镂彩画之类。

第三句：**指授覆苫，齐二三节** —— 开覆分齐

比丘尼教他人覆苫，齐二三重覆则应止。**指授**：即教他作也。**苫**：盖，即编茅草覆物。**齐二三节**：此是开覆分齐，即齐二三重覆则止，过即成犯。

第四句：**若过者，波逸提** ——过限结罪

比丘尼指授覆苫到第三节，自己未到不见不闻处，即结波逸提罪。

四　制意

【记】 四分律疏 制意：凡物有限，事成为要。贪不知量，重覆不已。令屋崩倒，损丧功业。讥过不轻，是以圣制。

凡所用之物都有限度，若超过限量，便适得其反，有损无益。所以，造房盖屋应当以事成为标准，不可贪著无度，不加节制。缘起中阐陀比丘层层覆苫，致令屋舍承受不住而倒塌。不但耗费人力、物力和财力，而且还招致世人讥嫌，过失实在不轻，是故佛制不许。

五　具缘

【记】 南山行事钞 具四缘成犯：一、自为己。二、自作使人覆。三、至第三节未竟，不去见闻处。四、至三节竟。犯。

此戒具四缘成犯：

1. **自为己**：比丘尼为自己造房。

2. **自作使人覆**：自己作大房，而使人覆苫。

3. **至第三节未竟，不去见闻处**：比丘尼指授覆苫二节后，在第三节尚未苫完之前，不离开见闻处。

4. **至三节竟。犯**：待第三节覆苫完毕，即结波逸提罪。

六　罪相

（一）正明犯相

【记】

罪相	第三节覆未竟	不去至不见不闻处——第三节覆竟——波逸提
		若舍闻处，至见处；若舍见处，至闻处。
	第三节覆竟————————————突吉罗

此戒罪相如下：

1. 如果比丘尼指授覆苫，在第三节尚未覆完之前，不离开见闻处，待第三节覆苫完毕，即结波逸提罪。

2. 如果比丘尼指授覆苫，在第三节尚未覆完之前，到离开见处却没离开闻处，或到能听闻但却不见之处，待第三节覆苫完毕，俱结突吉罗罪。

（二）引文释相

【记】 灵芝资持记 言三节者，若约缘起，则是三重。覆已更覆，故致摧倒。若据律文，即约苫草。以分节段，纵横皆犯。

灵芝律师在《资持记》中解释：言三节，若按缘起讲，则是三重，即覆已更覆，重复不止，导致房屋倒塌。若根据律文所说，则是约苫草所分的节段，纵覆、横覆都犯本戒。

七 开缘

【记】

| 开缘 | 若第三节覆未竟，去至不见不闻处。 | |
| | 若水陆道断等，若强力者所执等，不去至不见不闻处。 | 无犯 |

此戒开缘如下：

1. 在第三节还未覆完之前，比丘尼就到不见不闻之处，不犯。顺教故。

2. 如果比丘尼指授覆苫，在第三节尚未覆完之前，因水陆道断，或为强力者所执等缘，而无法到不见不闻处，不犯。不由己故。

 练习题

1. 请解释"覆屋过三节戒"戒名。

2. 简述佛制"覆屋过三节戒"三要素。

3. 背诵并解释"覆屋过三节戒"之戒文。

4. 佛为什么制"覆屋过三节戒"？

5. "覆屋过三节戒"具哪几缘成犯?

6. "覆屋过三节戒"结犯相状如何?有哪些开缘?

7. 灵芝律师如何解释"三节"?

第二十二节 施一食处过受戒

一 戒名

【记】 施一食处过受戒第二十一 (同、大、制)

施一食处:居士为福德故,发心造立食宿之处,备诸饮食,以供养往来僧众,但仅布施一顿饭、提供住一宿。因是为求福德而施设的住处,他部律称之为"福德舍"。①

过受:超过一宿一食而受。

施一食处过受戒:居士发心造立食宿之处,内心唯局供养出家人一宿一食,如果比丘尼过限而受,佛制不许。

二 缘起

【记】 六群

六群比丘,乃缘起中能犯之人。

佛制此戒三要素:(1)**何处制:**佛于舍卫国制。(2)**因谁制:**六群比丘。(3)**因何制:**拘萨罗国无住处村,居士作住处,常供一食,六群比丘数数受食,俗讥因制。

三 戒文

【记】 戒文——若比丘尼,施一食处,无病比丘尼应一食。若过受者,波逸提。

此戒文分四句:

第一句:若比丘尼——能犯人

白四羯磨如法得处所的比丘尼。

第二句:施一食处——施一食处

居士发心造立住处,只供养来往出家人一宿一食。

---

① 《十诵律》卷十二云:"福德舍法者,是中应一夜宿应一食。"(《大正藏》第23册,第89页。)《摩诃僧祇律》卷十六云:"从今已后福德舍中,若病比丘,听过一食。"(《大正藏》第22册,第351页。)

第三句：无病比丘尼应一食——食宿分齐

无病比丘尼在此住处只能过一宿，受一食，不可过受。若有病，离开此处，病会加剧，则属开缘所摄。

第四句：若过受者，波逸提——过受结罪

若超过制限，更受食，咽咽结波逸提罪。

四 制意

【记】 四分律疏 制意：笃信居士，割舍家珍，造立住处。树心一食，俟他僧众。宜量其分，称施而受。即彰内有廉节之心，外不恼施主。今久住不去，过受他食。长贪恼物，败善增恶。过损不轻，故所以制。

深信佛法之居士，割舍家中财宝为来往僧众建造住处，其内心局于提供每人一宿一食，以令更多僧人获其供养。既然檀越发心有限，比丘尼应称量其力，随其布施来受用。如此，既可以彰显自己内有少欲知足之心，对外也不会损恼施主。而今，却因为食宿方便，久住不去，超过施主供给的饮食限量，不仅增长贪心，而且损恼他人，令施主失去信敬之心。此乃损善长恶之行，过患实在不轻，是故佛制不许于施一食处，过限而受。

五 具缘

【记】 南山行事钞 具五缘成犯：一、施主期限一食。二、知是。三、重过受。四、无因缘。五、食。犯。

此戒具五缘成犯：

1. **施主期限一食**：施主造立住处，标心唯供出家人一宿一食。
2. **知是**：比丘尼知施主标心一宿一食。
3. **重过受**：超过一宿一食的限量而受。
4. **无因缘**：没有开缘的情况。
5. **食。犯**：如果比丘尼经一宿受一食后，不离去，更受食者，咽咽结波逸提罪。

六 罪相

【记】

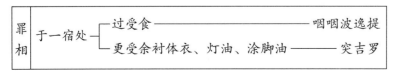

此戒罪相如下：

1. 若比丘尼无病，在一食处，经一宿受一食后，不离去，更受食，咽咽结波逸提罪。

2. 如果比丘尼无病，在一食处，经一宿受一食后，不离去，后更受余衬身衣、灯油、涂脚油，一切突吉罗。

七 开缘

（一）正明开

【记】

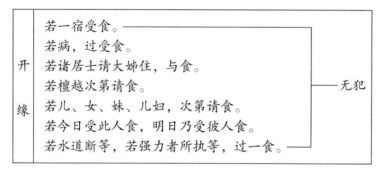

此戒开缘如下：

1. 如果比丘尼在一食处，经一宿，受一食后，即离去，不复更食，不犯。顺教故。

2. 如果比丘尼有病因缘，而过受食，不犯。因病人若离去，病情就会加重，而留住则有益于病愈，施主能体量包容，不生讥嫌。

3. 比丘尼虽然已经过一夜并受一食，但诸居士请其再住，比丘尼不离去，更受食，不犯。因主请留故。

4. 如果施主次第轮流别请，日别一食，不是过受，不犯。

5. 如果施主家人数众多，或施主儿女请，或妹请，或儿妇请，如是次第各请，因为不是同一施主，故不犯。

6. 如果比丘尼今日受此人食，明日受余人食，因施主不是一人，也不犯。

7. 如果比丘尼在一食处，经一宿受一食后，因水陆道断，或强力所执，或盗贼虎狼等难缘，而无法离去，更受食，不犯。

（二）引文释

【记】 灵芝行宗记 居士请住等者，施意通故。檀越次第请者，日别一食，非过受故。儿女以下，并异主故，亦非过也。

灵芝律师在《行宗记》中解释：开缘中**"若诸居士请大姊住，与食"**，是因为诸居士请比丘尼再继续住，其布施之心普遍，没有限约，所以不犯。**"若檀越次第请食"**，是因为檀越次第请，不同人家，每日提供一餐饭，所以不属于过受，故不犯。另外，**"若儿女、妹、儿妇，次第请食"**，因为施主不是一人，而且也不属于过限而受，故不犯。

练习题

1. 请解释"施一食处过受戒"戒名。
2. 简述佛制"施一食处过受戒"三要素。
3. 背诵并解释"施一食处过受戒"之戒文。
4. 佛为什么制"施一食处过受戒"？
5. 犯"施一食处过受戒"应具哪几缘？
6. "施一食处过受戒"结犯情况如何？
7. "施一食处过受戒"有哪些开缘？并说明开缘的理由。

第二十三节　别众食戒

一　戒名

【记】　别众食戒第二十二　（同、大、制）

众：四人或过四人以上。**食**：五正食，即饭、麨、干饭、鱼及肉。**别众食**：能别的比丘尼食处成众，即吃五正食时，食处比丘尼成众，与其他比丘尼食不同味。

别众食戒：如果比丘尼于食处成众，别成一众而食，佛制不许。

二　缘起

【记】　提婆五人

提婆达多及其伴党共五人，乃缘起中能犯之人。

佛制此戒三要素：（1）**何处制**：佛于罗阅祇制。（2）**因谁制**：提婆达多等五人。（3）**因何制**：提婆达多教人害佛，教阿阇世王杀父，恶名流布，利养断绝，乃五人别乞，因制。

三　戒文

【记】　戒文——若比丘尼，别众食，除余时，波逸提。余时者：病时、作衣时、若施衣时、道行时、船上时、大会时、沙门施食时，此是时。

此戒文分五句：

第一句：若比丘尼——能犯人

白四羯磨如法得处所的比丘尼。

第二句：别众食——别众食

食处成众，即四人或四人以上。由成众而别他，与他比丘尼食不同味，不但饮食有隔，同时也易造成作法有别，是故得罪。

第三句：除余时——除开缘

除开缘情况。

第四句：波逸提——结罪

如果比丘尼没有开缘情况而食处成众，咽咽结波逸提罪。

第五句：余时者：病时、作衣时、若施衣时、道行时、船上时、大会时、沙门施食时，此是时——逐缘重解

余时：即上述七种情形。**此是时**：有此七事，才能开别众食。

略述七事如下：（1）**病时**：下至脚跟裂伤，都可称为"病"。（2）**作衣时**：自恣竟，无迦绨那衣一月，有衣五月。于中作衣，乃至衣上马齿一缝。（3）**施衣时**：自恣后，无迦绨那衣一月，有衣五月；及余施衣时，即除一月、五月外，在余时，有施衣因缘，也属于施衣时。（4）**道行时**：若道行时，下至来往半由旬路程，也开别众食。（5）**乘船时**：如果乘船之时，下至乘船半由旬航程，也开别众食。（6）**大会时**：大众集会之时，众僧多，村落小，食少人多，而供具限约不许外送，而比丘尼很难再去别处乞食。[①]（7）**沙门施食时**：此处所谓"沙门"，指沙门释子外，在九十六种外道中出家之人。外道沙门，异见之人，暂生信心，设食供养大众僧，为教化引导其入道，佛听许别众食。

四 制意

【记】 四分律疏 制意：制不听别众者，有二义：一、慈愍白衣家故。然揣食有限，事难普周。人少易供，多则倾竭生恼。损重利浅，故所以制。二、为摄难调人故。恐自结别众羯磨，以恼众僧。为斯二义，故制不听同情别食。

佛制不听别众食有二意：

---

① 《四分律》卷十四云："大众集者，食足四人，长一人为患。五人十人，乃至百人，长一人为患。"意即一人会令四人，乃至百人犯此戒。如：东家限供四人，乃至百人；而西家只能请一人。因为东西二家施心有局，互不相融，比丘尼又很难再从他处乞食。如果不开别众食，西家一人就会使东家四人乃至百人犯别众食戒，所以佛开大众集会时，允许别众食。但如果乞食易得，则不听别众。（《大正藏》第22册，第658页。）

（一）为慈悲体恤白衣家故

檀越施僧的饮食有限，难以供给多人。人少，就不成负担；如果人多，即使拿出全部饮食也无法满足，从而使白衣烦恼。因此，若多人去受用有限饮食，损失重而利益浅。所以，为慈愍白衣家故，佛制不允许别众食。

（二）为摄难调人故

如果食处成众，恐有难调之人，如本戒缘起人，提婆达多及其伴党，聚在一起作别众羯磨，这样就会触恼众僧。是故佛制，令僧海还同一味。

为此二义，佛制不许别众食。

五　具缘

【记】　南山行事钞 具七缘成犯：一、有施主。二、或（原文"是"）僧次请，或别请，或别乞。三、五正食，在时中。四、食处成众。五、知界内有善比丘尼未食不集。六、无诸缘。七、咽咽。犯。

此戒具七缘成犯：

（一）有施主

须是施主请食，不分道俗。若是僧食或己食，不犯。《萨婆多论》云：若取僧食，别自受噉，不与僧同；或遮客僧；或不作相，是盗僧祈，非别众食。[1]

（二）或僧次请，或别请，或别乞

1. 僧次请

僧次请法有二：一者，直言僧次若干人，即施主不定其人，但依僧位次第而请；二者，若言次第上座若干人，亦是僧次所摄。《行事钞·随戒释相篇》中云："五分僧次请者，凡夫圣人，坐禅诵经，劝佐众事，并为解脱出家者得入僧次。唯除恶戒人。"[2] 所谓"恶戒人"，《四分律行事钞批》云："谓僧尼犯四重、八重，名恶戒人也。"[3]

2. 别请

出家理应共遵六和，若受别请，则有乖和合义，复令施主供别人而失于僧田反

---

① 《萨婆多毗尼毗婆沙》卷七云："若不作四相而食僧祈食者，不清净，名为盗食僧祈。不问界内有比丘无比丘、若多若少、若遮若不遮，若知有比丘、若知无比丘，尽名不如法食，亦名盗僧祈，不名别众罪。若作四相食僧祈食者，设使界内有比丘无比丘、若多若少，若知有比丘无比丘、若来不来，但使不遮一切无咎。若使有遮，虽引捷椎，食不清净，名盗僧祈。"（《大正藏》第 23 册，第 549～550 页。）文中"僧祈"，华言"众"，此处指常住众物。

② （唐）道宣律师撰《四分律删繁补阙行事钞》卷二，《大正藏》第 40 册，第 79～80 页。

③ （唐）大觉律师撰《四分律行事钞批》卷十三，《卍新续藏》第 42 册，第 1026 页。

报之福。故别请是别众体，不问界内有僧无僧可别，但使食处成众，即犯。

别请法有二：一者，施主提名入请，即施主特选某人而供养，是名别请；二者，施主以法取人，如言，请禅师十人，虽不定名，但简其所学，即是别请。若本别请，食时僧来，既无遮约，即此别请成僧次也。

3. 别乞

此别乞同别请，不问界内有僧无僧可别，但使食处成众，即犯。《善见律》云："有四乞食比丘，或坐或立，见优婆塞，语优婆塞言：'与我等四人饭。'或一一人乞言与我饭亦如是，或俱去或各去，一时受食得，是名从乞得罪。"① 据此，可将"别乞"作四句：（1）四人一时乞，或别别乞各不相知，而同一主一时往受食者，犯；（2）各各去一时受各处食，不犯；（3）各去各受各食，不犯；（4）别乞别去一时受食，犯。

（三）五正食，在时中

此含二缘：（1）须是五正食（饭、麨、干饭、鱼及肉）：因非正食，资身义少，故须正食充躯，方犯。（2）须在时中：即明相出至日中，方犯此戒。因为在非时分中，无同味义。

（四）食处成众

饮食之处，必须成众，方犯。

1. 辨众

《四分律》云："若二人，若三人随意食。若四人，若过四人，应分作二部更互入食。"② 比如请六人，三人先食，另三人后食，以前后两众各不满四故，不犯。即四人至六人分两部，七人以上分三部，互相交替而食，不成众。《善见律》云：若别请四人俱受成众，即座上一比丘，覆钵不食，待余三食竟，不犯。③

《萨婆多论》云："若三比丘在界外，一比丘在界内，不犯。若三比丘在界内，一比丘在界外，不犯。若三比丘在地中，一比丘在空中，不犯。若三比丘在空中，一比丘在地，不犯。……若三比丘一狂心，三狂心一比丘。设界内四比丘四狂心，各檀越与食，尽无过。乱心、病坏心、灭摈人亦如是。"④

---

① （齐）僧伽跋陀罗译《善见律》卷十六，《大正藏》第 24 册，第 783 页。
② （后秦）三藏佛陀耶舍共竺佛念等译《四分律》卷十四，《大正藏》第 22 册，第 658 页。
③ 《善见律》卷十六云："请四人有一解律比丘，欲俱食，畏犯罪，即作方便。檀越行食时，覆钵不受，檀越问言：'何以不受？'答言：'但与三人食，我欲咒愿。'三比丘食竟，后便受食不犯。"（《大正藏》第 24 册，第 784 页。）
④ 《萨婆多毗尼毗婆沙》卷七，《大正藏》第 23 册，第 551 页。

2．辨处

（1）约初受后食以明

若施主供养，四人前后各自受取食分，虽共一处食，亦不犯别众食，以成己食故。

（2）约食对处料简

①**食同处同**：以界内尽集，同一食味，故无过。如《萨婆多论》云："檀越食，若能一切无遮，大善。"①

②**食一处二**：食处虽异，但以食味同故，不犯。如施主就僧界作食，堂舍不容，次第而出，于异处食，亦得。若界内有余比丘不集者，则彼此二众俱犯别众。

③**食别处一**：如僧食时，或施主食时，中有四人别食他美食，不与僧同，咽咽犯。若彼四人先取僧中一口食已，后得益食者，不犯。

④**食别处异**：彼此二众，互请一人，或互送一分食，不犯。若不尔者，二俱犯堕。

（五）知界内有善比丘尼未食不集

如果比丘尼知道同界内还有其他不犯重戒的比丘尼没有吃正食，却不集。

知：如果界内有比丘尼未食而不集，且作有比丘尼想，须结提罪；若作有比丘尼疑，结吉；若作无比丘尼想，不犯。

界：此别众食通诸界并犯，即作法僧界、聚落界、家界、兰若界、道行界及水界等。

未食：如果已食的人，必无重食之理，便无乖别；只有未食之人，不集，方犯。

不集：若别请、别乞，不问界内有人无人，集与不集，但食处成众，皆犯。而僧次请者，则约界内有人，遮不许集，方犯；若界内无人，不犯。

（六）无诸缘

没有开缘的情况。

（七）咽咽犯

如果比丘尼无因缘而别众食，咽咽犯波逸提。

六　罪相

（一）正明犯相

【记】

罪相	别众食	众者四人已上	——— 咽咽波逸提

① 《萨婆多毗尼毗婆沙》卷七，《大正藏》第23册，第550页。

如果比丘尼别处成众而食，咽咽结波逸提罪。众：指四人以上。

（二）引文释

引《重治毗尼》解释别众。

【记】 重治毗尼 案此别众，凡有二义：一者，别为众，如四分等所明。二者，别于众。（如律摄中所释。律摄云：别众者，谓不同处食，若四苾刍尼同一界内，下至一人不共同食，并名别众。）然则乞食不得四人同行，受请必须僧次差往。僧中净食，要打楗椎。请食私房，无缘不听。圣制昭然，不可越矣。

蕅益大师在《重治毗尼》中云，别众有二义：一是别为众，如《四分律》中缘起，调达等五人家家乞食；二是别于众，如《律摄》所释："别众者，谓不同处食。若四苾刍同一界内，下至一人不共同食，并名别众。"[①]

而且，乞食之时，不可以四人结伴而行。如果接受施主请食，必须依僧次差往，即按僧中戒腊大小，依次差往白衣舍受供。如果是僧常食，必须打楗槌。如果无因缘，不允许取僧食到私房吃，有缘则开。以上都是佛金口所制，开遮持犯皆有分齐，清清楚楚，不可违越。

所谓"请食私房之缘"，《根本说一切有部毗奈耶杂事》云："有五因缘早请食来在房中食。云何为五？一者是客新来；二者将欲行去；三者身婴病苦；四者看病人；五者，身充知事。"[②]

七 并制

【记】

| 并制 | 有因缘不说者 | 因缘者
若病等 | —————— | 突吉罗 |

假如比丘尼有别众食的因缘，应白，如果不说，结突吉罗罪。

《四分律》云："若比丘无别众食因缘，彼比丘即当起白言：'我于此别众食中无因缘，欲求出。'佛言：'听出。'……若比丘有别众食因缘，欲入，寻即当起白言：'我有别众食因缘，欲求入。'佛言：'当听随上座次入。'若比丘别众食，咽咽一波逸提。若有因缘不说者，突吉罗。"[③]

① 〔印度〕尊者胜友集，（唐）三藏义净译《根本萨婆多部律摄》，《大正藏》第24册，第585页。
② （唐）三藏义净译《根本说一切有部毗奈耶杂事》卷三十四，《大正藏》第24册，第375页。
③ （后秦）三藏佛陀耶舍共竺佛念等译《四分律》卷十四，《大正藏》第22册，第658～659页。

八　开缘

【记】

开缘	若病时，若作衣时，若施衣时，若道行时，若乘船时，若大众集时，若沙门施食时。 若三人食，若四人更互食。 若说有因缘而去。	无犯

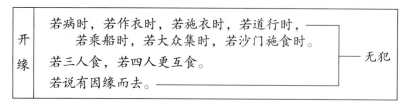

此戒开缘如下：

1. 若病时，乃至若沙门施食时

根据《戒本疏》解释，**病**：身抱患恼，若不开别，无由济命，自救不闲，终无异计；**作衣**：久延，恐废正业；**施衣**：不受，后须难得，自济形苦，亦福施主；**道、船**：途路，多有留难；**大众集时**：村落小，食少人多，不开送食，故开别众；**沙门施**：将化入道，故开受供。①

2. 若三人食，若四人更互食

若三人食，因不成众，故不犯。若是四人，应分开相互交替而食，比如座上一人覆钵，待三人食竟，另一人再食。若人多，可分三部或四部，更互食，不犯别众。

3. 若说有因缘而去

如果有别众食因缘，白入；无缘白出。不犯。

综上，开有二义：（1）为济形命：若有居士施衣，比丘尼不取，后行道有所须，求衣难得，恐有不如法乞衣之事，自损道业，又触恼施主，故佛开。**（2）为益施主**：布施衣食有诸多利益，施主可获反报之福。为利益施主故，佛开许在特定因缘下可以别众食。

九　警策

（一）引《毗尼止持》

【记】 见月止持 嗟！今丛席私厨，例设美味任餐，致令后学仿效，而偭规也。仰祈智者，思幻质非坚，美食难保恒寿。师模任重，严制岂可废也。

见月律师在《毗尼止持》中感叹道：今时（明朝）丛林摆设宴席，僧人私设厨房，作各种美味，任意食噉，致使后学之人效仿，公然违背佛之教法。

恳祈有智之人，能常念此四大假合之躯，本是虚幻不实，终归坏灭。纵然食用

① （唐）道宣律师撰《四分律含注戒本疏》卷四，《卍新续藏》第40册，第108页。

种种美味，亦难保长生不死。出家人乃世人楷模，任重道远，切莫再私设厨房，恣情食噉。佛严制此戒，意在于此，怎可废弛？

（二）引《资持记》

【记】 灵芝资持记 僧护经说：迦叶佛时比丘，为僧上座。不能禅诵，不解戒律。饱食熟睡，但能论说无益之语。精肴供养，先僧饮食。以是因缘，入地狱中作大肉瓮，火烧受苦，至今不息。彼经事广，须者寻之。今时众主，多有斯过。虽传经律，不识因果。别修异馔，对众独澹。纵恣贪心，侵亏常住。岂念违于佛教，伤彼众情。著少顷之甘肥，为长夜之苦楚。深嗟鄙吝，知复何心。

灵芝律师在《资持记》中引《佛说因缘僧护经》云：迦叶佛时，有比丘为僧上座，不能坐禅诵经，亦不解戒律。终日饱食熟睡，喜谈论与修道无关之语。若有供僧的精美佳肴，则必抢在大众僧前，先自食噉。以此因缘，死后堕入地狱，作大肉瓮，火烧受苦，至今不息。[1]《僧护经》中记载很多出家人犯戒下地狱受苦报之事，须者可自行查寻披阅。

灵芝律师叹云：今时（宋朝），寺主或僧中上座，多犯此过。虽然弘经讲律，但不识因果。另作饮食，众中独噉，放纵贪心，侵损常住。哪里想到正违佛教，且挫伤大众向道之心。贪著短暂之甘美，导致漫长之苦报。深叹此等鄙俗悭吝之行径，亦复不知其何等用心。

练习题

1. 结合《重治毗尼》所述，解释"别众"一词的含义。
2. 简述佛制"别众食戒"三要素。
3. 背诵并解释"别众食戒"之戒文。
4. 请解释戒文第五句"余时者：病时、作衣时、若施衣时、道行时、船上时、大会时、沙门施食时，此是时"。
5. 佛制"别众食戒"有哪二义？
6. 犯"别众食戒"应具备哪几缘？
7. 详细解释具缘第二"或僧次请，或别请，或别乞"及具缘第四"食处成众"。
8. "别众食戒"开缘有哪些？请说明开缘的理由。

---

[1] 《佛说因缘僧护经》云："迦叶佛时，是出家人，为僧典知，果菜香美好者先自食噉，酢果涩菜，或逐随意，选好者与，不平等故。以是因缘，入地狱中，作大肉瓮，火烧受苦，至今不息。"（《大正藏》第 17 册，第 569 页。）

思考题

1. 四位比丘尼在露地共食，其中三尼并坐，另一尼在伸手不相及处。此四尼是否犯"别众食戒"？为什么？

2. 见月律师云："仰祈智者，思幻质非坚，美食难保恒寿。师模任重，严制岂可废也。"是何意？你有何感想？

3. 请举二三《僧护经》中所载故事，并以此等故事分别警策后人数语。

第二十四节　取归妇贾客食戒

一　戒名

【记】　取归妇贾客食戒第二十三　（同、大、制）

归妇：暂住父母家，欲回夫家之妇人。**贾客**：商人。**食**：指路粮，通正食、非正食。

取归妇贾客食戒：如果比丘尼过限取归妇食或贾客粮，佛制不许。

二　缘起

【记】　乞食比丘

乞食比丘，乃缘起中能犯之人。

佛制此戒三要素：（1）**何处制**：佛于舍卫国制。（2）**因谁制**：乞食比丘。（3）**因何制**：妇人将还夫家，以办食频施比丘，经时不还，夫别娶妇。诸乞食比丘取商客路粮，贾客数施粮尽，以籴粮不及伴，路中为贼所劫。故制。

三　戒文

【记】　戒文——若比丘尼，至檀越家，殷勤请与饼麨食。比丘尼欲须者，二三钵应受，持至寺内，分与余比丘尼食。若比丘尼无病，过三钵受，持至寺中，不分与余比丘尼食者，波逸提。

此戒文分六句：

第一句：若比丘尼——能犯人
白四羯磨如法得处所的比丘尼。

第二句：至檀越家，殷勤请与饼麨食——施途粮
比丘尼到檀越家，施主虔诚、恳切施与饼麨等食。

第三句：比丘尼欲须者，二三钵应受——教受分齐

比丘尼知是归妇食，或贾客道路粮。若有所须，应以二三钵受为限。

二三钵应受：比丘尼食已，不持还寺；或食已，持一钵、二钵、三钵还寺。

三钵：最多限量。

第四句：持至寺内，分与余比丘尼食——教食方法

比丘尼持归妇食或贾客粮还寺中，当分与余比丘尼食。

第五句：若比丘尼无病，过三钵受，持至寺中，不分与余比丘尼食者 ——过取违教

如果比丘尼无病，而过三钵受归妇食或贾客粮，持还寺中，不分与余比丘尼食者，违佛所教。

第六句：波逸提——结罪

若比丘尼过受归妇食或贾客粮，出门外，即结波逸提罪。

四　制意

【记】　四分律疏 制意：然归妇贾客，舍己途粮，施诸比丘尼（原文无"尼"字）。理宜将护，依限而取。今乃过取三钵，令食罄竭。长贪违教，损恼不轻，故所以制。

凡归妇、贾客舍己路粮来供养僧人，于理当善护施主，依佛制限，有限度而受。而今过取三钵，令归妇食、贾客粮尽施无余。不但长己贪心，又违佛教法，而且损恼施主，自他无利，过失不轻。是以佛制不许过受归妇食贾客粮。

五　具缘

【记】　南山戒本疏 具五缘成犯：一、二缘路粮（是归妇食贾客粮）。二、知是。三、无病缘。四、过三钵。五、出门。犯。

此戒具五缘成犯：

1. **是归妇食贾客粮**：所施之食是归妇食或贾客道路粮。

2. **知是**：比丘尼知是归妇食或贾客道路粮。

3. **无病缘**：无病因缘。

4. **过三钵**：过受三钵。

5. **出门。犯**：出彼家门，便犯波逸提。

六　罪相

（一）正明犯相

【记】

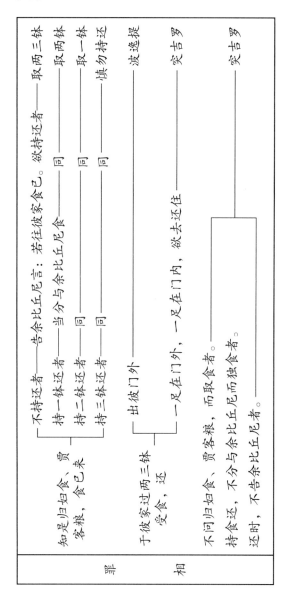

此表含如下内容：

1. 示教授分齐

比丘尼知道是归妇食或贾客粮，自己食后：

（1）如果不持食回到僧伽蓝中，应白诸比丘尼言："某甲家有归妇食、贾客道路粮。若欲食者，食已应出，若欲持食还者，齐二三钵。我今不持食来。"

（2）如果比丘尼已持一钵食物回来，到僧伽蓝后，应该分给其他比丘尼食，且应对余比丘尼说：“某甲家有归妇食、贾客道路粮。若有至彼家者即于彼食，若持食还者应取两钵，我已持一钵还。”

（3）如果比丘尼已持两钵食物回来，到僧伽蓝后，应与诸比丘尼共分此食，当语余比丘尼言：“某甲家有归妇食、商客道路粮。若欲至彼家乞食者，可即彼家食；欲持来者应取一钵还，我今已持两钵还。”

（4）如果比丘尼已持三钵食物回寺，应与诸比丘尼共分此食，当语余比丘尼言：“今某甲家有归妇食、商贾客道路粮，若欲至彼家乞食者，可即于彼家食。慎勿持还，我已持三钵来。”

2. 结罪情况

（1）如果比丘尼无病，从有归妇食、贾客道路粮人家受食超过二三钵，还时，双脚出彼门，结波逸提罪；若一脚在门外，一脚在门内，打算回又不回，结突吉罗罪。

（2）比丘尼到檀越家乞食，若不问是否归妇食或贾客粮，便受取食物，结突吉罗罪。

（3）比丘尼带食物回僧伽蓝中，如果不分与其她比丘尼而独自食，结突吉罗罪。

（4）如果比丘尼持食还寺，当告余比丘尼说：我已持几钵还；汝欲持还，当持几钵。如果不如是说，结突吉罗罪。

（二）引文别明

【记】　南山戒本疏　多论：若上钵取一钵无罪，二钵是犯。中钵取二，下钵取三，各不犯，过则犯。若一人取过三钵犯，谓下钵也。若四人过三钵，前三人不犯，后一人犯。以前人语云：已持三钵来，汝莫持来。过在后人故。

据《萨婆多论》所制：钵有上中下三等。如果用上钵，可以取一钵，不犯；如果取二钵则犯。如果用中钵，可以取二钵，不犯；如果取三钵则犯。如果用下钵，可以取三钵，不犯；超过三钵便犯。[①] 律中所说，如果一人取过三钵犯，是约下钵而言。另外，如果四人取过三钵，前三人不犯，后一人则犯。因为前人已经告诉后人说：“我已持三钵，你们更不许拿食物回来。”所以，过在后人。[②]

---

① 《萨婆多毗尼毗婆沙》卷七，《大正藏》第 23 册，第 549 页。
② （后秦）三藏佛陀耶舍共竺佛念等译《四分律》卷十四，《大正藏》第 22 册，第 659 页。

七 开缘

【记】

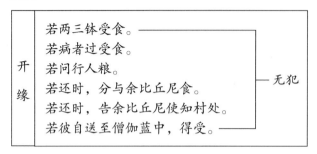

此戒开缘如下：

1. 如果比丘尼受归妇食或贾客道路粮，未超过两三钵限，顺教故不犯。

2. 如果有病因缘而过量受食，不犯。

3. 如果问行人，是否为归妇食或贾客道路粮，则不犯。因律制当问，不问须结违教吉罪。

4. 如果比丘尼持食还寺中，分与余比丘尼食，顺教故不犯。

5. 如果比丘尼还时，告余比丘尼，使她们知道某村落有可乞之归妇食或贾客道路粮，并语言："如果持食还，不要过限。"如此便不犯。

6. 如果归妇或贾客，自持食到僧伽蓝中，比丘尼可以受，乃至过受，乃至不问，或不分与余比丘尼食，都不犯。①

练习题

1. 请解释"取归妇贾客食戒"戒名。

2. 略述佛制"取归妇贾客食戒"三要素。

3. 背诵并解释"取归妇贾客食戒"之戒文。

4. 佛为什么制"取归妇贾客食戒"？

5. "取归妇贾客食戒"具哪几缘成犯？

6. 比丘尼接受归妇食、贾客粮的分齐如何？

7. "取归妇贾客食戒"结犯相状如何？有哪些开缘？

---

① 依《四分律》卷十四，开缘第六完整而言是："若彼自送至僧伽蓝中得受，若复送至比丘尼寺中亦得受，无犯。"（《大正藏》第 22 册，第 660 页。）

第二十五节　非时食戒

一　戒名

【记】　非时食戒第二十四　（同、大、制）

非时：从日中到第二日明相出之前。《四分律》云：时，即从明相出，乃至日中，是名时；非时，从日中乃至明相未出，此非比丘尼受食之时。[1]

食：时药。律中有两种：（1）**蒲阇尼**：此云正食，即饭、麨、干饭、鱼及肉。（2）**佉阇尼**：此云不正食，即根、茎、枝叶、花果、细末食。[2]

余三药：非时药、七日药、尽形寿药，若不加口法，亦同于时药。

非时食戒：如果比丘尼在非时噉食，佛制不许。

二　缘起

【记】　难陀　跋难陀　迦留陀夷

难陀、跋难陀、迦留陀夷三位尊者，乃缘起中能犯之人。

佛制此戒三要素：（1）**何处制**：佛于罗阅城制。（2）**因谁制**：难陀、跋难陀及迦留陀夷。（3）**因何制**：时人民节会，难陀、跋难陀二释子共看伎，并受饮食，向暮方还耆阇山。又，迦留陀夷夜入城乞食，妊妇见，称言鬼，惊吓流产。由此二缘故制。

三　戒文

【记】　戒文——若比丘尼，非时噉食者，波逸提。

此戒文分三句：

第一句：若比丘尼——能犯人
白四羯磨如法得处所的比丘尼。

第二句：非时噉食者——所防过
非时，即从日中至第二日明相未出之时。比丘尼在非时噉时药，乃至没加口法的余三药。噉：即嚼、吞、咽。

第三句：波逸提——结罪

---

① （后秦）三藏佛陀耶舍共竺佛念等译《四分律》卷十四，《大正藏》第 22 册，第 662 页。
② 同上，第 661 页。

若比丘尼在非时噉食，咽咽结波逸提罪。

四　制意

【记】 四分律疏 制意：凡食无时节，数则致患。事须限约，轨克合定。是以始从寅旦 (原文"是以始从平旦寅")，终至日午，顺应法故，名之为时。过则非宜，长贪妨道，招世讥过。事不应法，广生罪累，名为非时。故所以制。

凡于饮食不加节制，数数而食，容易招致病患。故须以限制、约束，定时定量。所以，佛制从晨旦到日中是用斋时间，此乃顺应三世诸佛常法，因为诸佛皆过午不食，故名为时。若过中后再食，就不应该，不仅增长贪心，而且妨废道业，又招世人讥谤。如律中缘起，迦留陀夷黑夜乞食，而招妊妇恚骂："沙门释子，宁自破腹，不应夜乞食。"因此过午而食，便违佛之教法，广生诸罪，并被罪业所累，不得解脱，称之为非时。为此，佛制不许非时噉食。

五　具缘

【记】 南山行事钞 具四缘成犯：一、是非时。二、非时想。三、时食。四、咽咽。犯。

此戒具四缘成犯：
1. **是非时**：在非时中。
2. **非时想**：作非时想，没有想差。
3. **时食**：是时药。没加口法的余三药，亦同时药。
4. **咽咽。犯**：若比丘尼非时噉食，咽咽犯波逸提。

六　罪相

（一）正明犯相

【记】

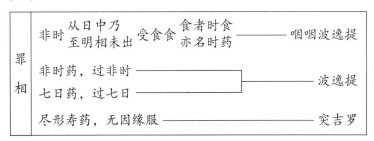

此戒罪相如下：

1. 如果比丘尼在非时，即从日中到第二日明相未出之前，食噉饮食，咽咽结波逸提罪。**"受食食"** 中，前 "食" 字，名词，指时食，亦名时药，含未加法的非时浆、七日药及尽形寿药。后 "食" 字，动词，指食用。

2. 如果非时浆已过非时（日中后、次日明相出之前），不可再饮，否则，结波逸提罪。如果七日药已过七日，第八日明相出，不可再服，否则，亦结波逸提罪。

3. 如果无病因缘，服用尽形寿药，结突吉罗罪。

（二）引文释相

【记】 南山戒本疏 三药解者：谓诸浆等，手口二受。明相未出，受法不失，名之为时；明出法失，得罪，不应服，名非时也。酥油口法未失，名时；八日时过，失法，名非时。尽形寿药有病加服，名为时；无病辄服名非时。

《戒本疏》云：非时药、七日药及尽形寿药，经手口二受已，各有时与非时的限分。

1. **非时药**：即诸浆等，若已经手受并加口法，到第二日明相未出之前，受法不失，称为时。如果第二日明相一出，受法即失，名为非时。不应再饮，若饮，结波逸提罪。

2. **七日药**：即谓酥油等，如果经手口二受已，在七日内，受法不失，名之为时。若过七日，第八日明相出，受法即失，名为非时。不应再食，若食，结波逸提罪。

3. **尽形寿药**：如果经过手口二受已，有病可服，名之为时。若无病辄服，结突吉罗罪，名为非时。

此三药手口二受已，非时药与七日药，望限分内外，而判时与非时；尽形一药，则约病之有无，而论时与非时。

七 境想

【记】

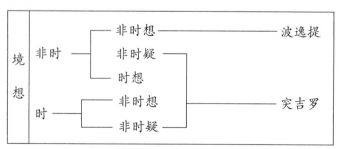

此表说明：

1. 若比丘尼在非时中，作非时想，心境相当，若食，结波逸提罪。

2. 若比丘尼在非时中，作非时疑，或作时想，因其想有差，若食，俱结突吉罗罪。

3. 若比丘尼在时中，但作非时想，或作非时疑，若食，亦结突吉罗罪。

八　开缘

（一）正明开缘

【记】

开缘	若黑石蜜，作时虽中有屬尼（米也），听噉。———————— 无犯
	若病比丘尼过日中，应煮麦不令皮破，滤汁饮之。—
	若喉中呧出，还咽。——————————————

此戒开缘如下：

1. 如果是黑石蜜，在制作过程中，有米掺杂，开非时噉，不犯。

2. 如果患病比丘过日中后，可以煮麦粒过滤后饮用其汁，但不能将麦粒外皮煮破，否则不得饮。如《四分律》记载，时有病比丘，服吐下药，比丘为彼煮粥熟顷，遂日时已过，佛言：“应煮麦令皮不破，滤汁令饮，无犯。”①

3. 如果比丘尼在非时中呕吐，若食物还没出咽喉，还咽，不犯。呧（xiàn）：呕吐。

（二）引文别明

【记】　灵芝资持记　黑石蜜者，古记云：用蔗糖和糯米煎成，其坚如石。此明七日，虽兼时药（即时食），过中开服。有病开麦汁者，虽似时浆，以清澄故。

《资持记》云：黑石蜜，据古书记载，以蔗糖及糯米煎制而成，如石头般坚硬。这是说七日药中虽兼有时药（米属于时药）亦开在非时服用。

另外，有病开饮麦汁，虽然麦汁像是时浆，但因其不破皮，又经过滤，其汁澄清，所以开非时饮用。

九　警策

（一）引《行事钞》并《资持记》

【记】　南山行事钞　初、立时意二（一）引示（二）显义　二、取中意

---

① （后秦）三藏佛陀耶舍共竺佛念等译《四分律》卷十四，《大正藏》第22册，第662页。

此《表记》所录乃《行事钞》之文之大科。钞文共分两大段：**第一大段，初、立时意**，说明立时之意义。此中又分两小段：**（一）引示**：引《大智度论》来说明；**（二）显义**：揭示引文的义理。**第二大段，二、取中意**：说明取日中食之意义。为方便阅读理解，先在此以表列示科目，之后依次解释。

1. 立时意

（1）引示

①道宣律师引文

【记】　智论，问曰：若法无时，云何听时食，遮非时食为戒？答曰：我已说世界名字法有非实①，汝不应难。亦是毗尼中结戒法，是世界中实有。为众人诃责故，亦欲护佛法使久存，定佛弟子礼法故。佛世尊结诸戒，不应求有何名字相应不相应等。"若尔，云何但说假名时？答：实时毗尼中（'中'在《大智度论》原文中是'不'）说，以白衣外道不得闻，闻生邪见故。说假名时，以通多分故。"

《大智度论》卷一中设此问答。②

问：若约法而言，没有所谓的"时"，为什么佛制戒听许时食，而遮止非时食呢？

答：我之前已经说明，世界名字法有，随世俗而立名，"时"是假名，不是真实之法，你不应难问。"时"，是毗尼中结戒法所用名字，也是随世间法而说，不是第一义谛中实法相，此实法相实不可得。因为俗人嗔恨呵责之故，为佛弟子制立礼仪法则之故，也是为了维护佛法，令久住世间。因此用世间之"时"，结非时食戒。三世诸佛为弟子结波罗提木叉戒，此等诸戒是从事相上建立，不应在此中求其名字、实相，亦不应诘难此法与第一义谛法相应、不相应等。

《大智度论》中继续设问答。

问：既然如此，为何仅说世俗谛中"时"（迦逻 kāla），何以不说三摩耶（一时，

---

① "我已说世界名字法有非实"一句，依《大智度论》卷一，应为："我先已说世界名字法，有时非实法……"（《大正藏》第25册，第66页。）

② 〔印度〕龙树菩萨造，（后秦）三藏鸠摩罗什译《大智度论》卷一，《大正藏》第25册，第66页。

samaya）？

答：迦逻（时）是毗尼中说，因为白衣外道不能听闻戒律，若听闻，则生邪见。其余经典外道白衣皆得闻，所以说三摩耶（一时），令其不生邪见。是故说假名"时"，通白衣外道等。

②灵芝律师解释

灵芝律师在《资持记》中对钞文作详细解释。

A. 释二时

解释迦逻时与三摩耶时。

【记】　灵芝释云：智论释六成就中，时成就文。彼明天竺说时有二：一名迦逻（原注云，此云实时，谓年月日时四时节气等，世俗皆计为实故）。二名三摩耶（此云假时，谓随事缘。长短不定，无有实故）。佛随世谛，说三摩耶，不说迦逻，为除外道俗人邪见故。（俗人著有，外道计常。若说实时，更增彼计。此亦大分为言，非俱不说。）论中，先破彼计实时皆无有实。然毗尼制法，多依实时，则显如来亦说实时，岂是无时？故以为问，如钞所引。

钞中难问是从《大智度论》解释六种成就之"时成就文"中录出。《大智度论》中说明在印度，通常认为有二种时：**一迦逻时**。原文中有注解，迦逻时，华言实时，即通常所说年月日时，春夏秋冬及节气等，这是因为世俗人虚妄执着世间一切皆真实存在，故立名为实时。**二三摩耶时**。华言假时，即诸法因缘和合而生，无一定长短，一切皆是假名安立，非真实，故称之为假时。[①]

佛随俗谛而说三摩耶时（即假时），不说迦逻时（即实时），正是为了破除外道及俗人邪见。因为俗人著有，认为一切皆真实存在；而外道计常，认为一切皆常存不变。如果对之说实时，则更增其邪见，故不说迦逻时。这也是大略地说，并不表示佛不说实时。

所以，《大智度论》中，首先解除"有人认为：既然实时都是不真实的，那为什么佛还要安立实时？"之疑问。因为佛制毗尼法，多按实时，由此便显示如来也说实时，哪能说没有实时？所以，论中借此设问，如钞所引"若法无时，云何听时食，遮非时食为戒？"

B. 释答义

解释《大智度论》中回答之义。

【记】　答中为二：初约义释通。二佛下，遮其来难。

---

① 〔印度〕龙树菩萨造，（后秦）三藏鸠摩罗什译《大智度论》卷一，《大正藏》第25册，第65页。

灵芝律师将答中内容分二层：一约义释通；二遮其来难。

初、约义释通

【记】　初中三义：初从假释，论中难破时已，乃云见阴界入生灭假名为时，无别时。（谓时经及余经等，亦说实时。乃是随世名字，故云假名。此与俗说假名，言同义别。又准佛说，则彼二皆是假名。随彼而言，故云实耳。）文云我已说者，即指上文。世界法有故，不妨说时非时，非实故不妨无时。立论已明，不审重问，故反责之，云不应难。（有下阙时字，实下脱法字，论本有之。）亦是下，次随世释。世界实者，俗所计也。（论文实下，有非第一实一句，又无有字。）众人诃者，即指缘起。（律中，女人诃迦留陀夷云：宁自破腹，不应夜食。）由彼计实而致讥诃，律附世相，遮讥故制。亦欲下，三护法释。谓受戒时分，定上中下，互相敬事，令法不灭，故云使久存等。（初义约假，从道以释；后二约实，从俗而释。）

约义释通中含三释：

a. 从假名而释

《大智度论》云："若过去复过去，则破过去相；若过去不过去，则无过去相。未来时亦如是，以是故，时法无实。云何能生天地好丑及花果等诸物？如是等种种除邪见故，不说迦罗时，说三摩耶。见阴界入生灭，假名为时，无别时。所谓方、时、离、合，一、异、长、短等名字，出凡人心着，谓是实有法，以是故，除弃世界名字语言法。"[1] 此段文破除时相不可得。之后，论中又说"见阴、界、入生灭，假名为时，无别时"[2]。即观见五蕴、十二入、十八界等生灭现象，假名为时，更无余时。

《时非时经》[3] 及余诸经典中也说实时，皆随世界名字语言法，强名为时，故云假名为时。此假名与俗人所说假名，名词相同，但其义却有差别。如佛说"空"，是指真空妙有；而俗人所说"空"，意即没有，此乃言同义别。另外，若据佛所说，迦罗时（实时）与三摩耶时（假时或一时）都是假名，因为佛法根本处在于言语道断，凡有所言说，皆是强安立之名言。但现在随世人执有，故言实耳。

回答中说："我先已说世界名字法，有时，非实法。"此句是指上文已明。又因世界法有白天黑夜差别，故随俗而言时与非时。然时与非时其实并不存在，故不妨说无时。这个论点已经很明确，而今却不审思，又重新来难问，因此反过来斥责对方说："汝不应难问。"钞文缺字，根据《大智度论》之文，"我已说世界名字法有

① 〔印度〕龙树菩萨造，（后秦）三藏鸠摩罗什译《大智度论》卷一，《大正藏》第25册，第65页。
② 〔印度〕龙树菩萨造，（后秦）三藏鸠摩罗什译《大智度论》卷一，《大正藏》第25册，第65页。
③ 凡一卷，全称《佛说时非时经》，（西晋）三藏若罗严译，收于《大正藏》第17册，No.794a.

非实"，有字后少"时"字，实字后漏"法"字。所以，完整的句子应该是："我先已说世界名字法，有时，非实法，汝不应难！"

b. 随世俗而释

"亦是"下。"是世界中实有"，说明佛制戒所用实时是随顺世俗人执有的妄计。佛所以不许非时食，因为毗尼中结戒法是依于世谛，不依真谛。以众生计时为实有，故世尊随世流布，但约假名，制此非时食戒。钞文有所省略，根据《大智度论》原文，实下还有一句"非第一实"。另外，原文中没有"有"字。即"亦是毗尼中结戒法，是世界中实，非第一实法相，吾我法相实不可得故；亦为众人嗔呵故"。

另外，若不制此戒遮非时食，则招外道俗人讥呵。如律中缘起，迦留陀夷黑夜乞食，遭妊妇嗔恚，说："沙门释子，宁自破腹，亦不应夜乞食。"[①] 由于俗人妄认时间实有，因此就有此讥嫌呵责。律随事相而有，为避免世人讥嫌呵责，故制此非时食戒。

c. 从护法而释

"亦欲"下。佛弟子礼法，按受戒时间，分上、中、下座。否则，一盘散沙，如外道兵奴无异。有此礼法，入众才能知长幼，有一定次序。出家众彼此互相尊重、爱护，由僧众间和合团结而令佛法久住，故佛依俗谛而制此戒。

灵芝律师对上三义作一总结：第一义（从假释），是约假名从道来解释；后二义（随世释、护法释）是约实从俗来解释。

次、遮其来难

【记】 遮来难中，以毗尼制教，随顺世谛，从权建立，不可横以真理而难俗事。以化就荡相，制是建立，故云不应求等。论具云：诸佛世尊结诸戒，是中不应求有何实（体之虚实），有何名字（名之有无），何者相应，何者不相应（义之违顺），何者是法，如是相。何者是法，不如是相（相之是非）。以是故，是事不应难。（化教诠理，必须四义求之。）

佛依俗谛结毗尼法，是从权巧方便而建立，所以不能强用真谛空理来难问俗谛事相。化教为扫相，即除众生执着；而制教本为禁恶防非，随机设教。所以说"不应求"等。

《大智度论》中完整说法是："诸三界世尊结诸戒。是中不应求：有何实？有何名字等？何者相应？何者不相应？何者是法如是相？何者是法不如是相？以是故，是事不应难！"[②]

---

① （后秦）三藏佛陀耶舍共竺佛念等译《四分律》卷十四，《大正藏》第22册，第662页。
② 〔印度〕龙树菩萨造，（后秦）三藏鸠摩罗什译《大智度论》卷一，《大正藏》第25册，第66页。

因此，在诠理之时，须以四义来求：即体之虚实，名之有无，义之违顺，相之是非。但在学毗尼之时，就不能比类真如之理，以此四义来难问，说戒法与理相应、不相应等。

C. 释次难

【记】　次难中，论文前云：如来为除邪见，不言迦罗，说三摩耶。谓余经中，多说假时。如上引律，乃说实时。义有相违，故以为难。答中为二：初明毗尼说实意，上句正示。以下，显意。谓毗尼不许白衣外道闻故，可说实时。以道众自知非实，不生邪执故。（文中下闻字，论作而字。）说下，次明余经说假意。通多分者，道俗俱可闻故。（古多错解，妄改文字。学者难晓，不免繁文。）

第二个难问，《大智度论》中说：如来为了破除外道计常、白衣着有之邪见，因此不说迦罗时（实时），而说三摩耶时（假时）。并谈到，在其余诸经中也多说假时。但如上所引，毗尼结戒法却是随俗谛而说实时，从义理上看，二者相违，故又有此难问。

答中分二层：初明毗尼说实时意，次明余经说假时意。

第一层中，上句"实时毗尼中说"，是正示，即说明毗尼中讲实时。以下："以白衣外道不得闻，闻生邪见故"，具体揭示其意。佛在毗尼戒法中说实时，是由于白衣外道不得听闻戒法，不会因此转增其邪见。只有道众能听闻戒法，是故佛在毗尼中说实时。因为道众知道佛所说实时，并非第一义谛实法之相，所以不会生起邪见，执实时为实有。钞文中第二个"闻"字，论中作"而"字。《大智度论》具云："此毗尼中说，白衣不得闻，外道何由得闻而生邪见？"

说下，第二层，"说假名时，以通多分故"，明其余经典中佛说假时之意。在其余经典中，之所以说假时，是因为佛说诸经论，道俗二众皆得听闻，故说通多分故。在佛法中虽然少说实时，但并不是不说，所以不应再难问"为什么佛只说假名时"。

灵芝律师在此特别解释：因为从唐到宋，对《事钞》有诸多注解，但古人对此文解释大多有误。他们对道宣律师之钞文随便删除或增补，致使后学之人不能明白这段文字之义理。所以，这里需要详细解释，但这样一来，难免文词繁长。

（2）显义
显示警策之义。

【记】　今有妄学大乘者，多贪著非时食，故具引诫之。灵芝释云：以学语者耻己贪嗜，滥谓大乘无时非时，故今还引大论以诫邪执。近世学大学小，噉食无时，不畏佛戒。铜浆铁丸，焦烂喉腹，痛（原文"病"）彻心髓，谁当代之。悲夫！

道宣律师云：现在（唐朝）有学大乘语者，多在非时贪嗽饮食，是故须详引《大智度论》来诫劝他们，切莫错以为无有时、非时之分，恣意犯此戒。

灵芝律师解释说：因为学大乘语之人，为掩饰他们非时贪嗜饮食之非法行，便找借口，混滥大乘教理，说大乘本没有时、非时之别。所以道宣律师引用大乘论典《大智度论》教诫妄执邪见之人。

另外，近世（宋朝），无论学小乘或大乘之人，饮食都没有时、非时之分，根本不畏惧佛所制非时食戒。然因果丝毫不爽，犯戒必堕地狱，至时，饮热铜汁，嗽烧铁丸，焦烂喉腹，痛彻心髓，谁能代受？实在可悲！

2. 取中意

说明取日中食之意义。

【记】 经中说云：早起诸天食，日中三世诸佛食，日西畜生食，日暮鬼神食。佛制断六趣因，令同三世佛故。灵芝释云：欲超三界，必断六因，故制比丘不同彼食。令依极圣，出离可期。嗟彼愚人，多湌晚食，肯敩[1]诸佛，而甘同鬼畜。不知何意乎。

道宣律师引经[2]文说：诸天在晨朝食，三世诸佛在日中食，畜生在日偏西食，鬼神在夜间食。是故佛制不得同鬼神、畜生食，令同三世诸佛过中不食。

灵芝律师释云：欲出三界，脱离轮回，必须先断六道之因，故佛制此戒，不许弟子同鬼神、畜生食，令同三世诸佛日中而食，如是才有脱离之日。但令人感伤的是，有诸痴人，多用晚餐，口说常随佛学，行则甘同鬼畜，真不知用心何在？

（二）引《行宗记》

【记】 灵芝行宗记 古之高德，奉敬律仪。一食卯斋，用为常务。今时浊恶，嗽食无时。设有营斋，迟留至暮。禅师讲匠，坐受安然。唯知取适于秽躯，岂念公违于圣教。粪虫饿鬼，即此心成。铜汁铁丸，岂从他得。有识高达，宜乎勉之。

灵芝律师在《行宗记》中云：古来高僧大德，都虔诚奉敬佛制戒法，在卯时（即清晨五时至七时，泛指明相已出）用早斋，或日中一食，以此为生活之常途。现值浊恶之时，出家人嗽食无时间限约，假如有施主设斋供僧，常常拖延久留，待到日暮方食。

然今有禅师讲匠，于非时仍安坐受食，唯图一时之口福，取适于秽躯，何曾念

---

① 敩：多音字。音 xué，同"学"字；音 xiào，教导的意思。
② 大觉律师《四分律行事钞批》、景霄律师《简正记》、玄恽律师《毗尼讨要》等皆云，此经指《毗罗三昧经》。《大正藏》未录。

及此乃公然违背佛制戒法。须知，粪虫饿鬼，即此贪食之心所成。堕落地狱，受饮铜汁、吞铁丸之苦报，也是自作自受，岂是从他而得？望有志之士，欲求佛道者，当自勉励！

练习题

1. 请解释"非时食戒"戒名。
2. 简述佛制"非时食戒"三要素。
3. 背诵并解释"非时食戒"之戒文。
4. 佛制"非时食戒"意义何在？
5. "非时食戒"具哪几缘成犯？
6. "非时食戒"结犯相状如何？
7. 根据道宣律师《戒本疏》，说明三药时与非时的限分。
8. "非时食戒"有哪些开缘？

思考题

1. 如何理解"妄学大乘者，多贪著非时食"。

第二十六节　食残宿戒

一　戒名

【记】　食残宿戒第二十五　（同、大、制）

食：噉。**残宿**：即残宿食，今日受已，至明日食。日中之前手受之食物，过午曰残，经夜曰宿。

食残宿戒：如果比丘尼食残宿食，佛制不许。

二　缘起

【记】　迦罗

迦罗比丘，乃缘起中能犯之人。

佛制此戒三要素：（1）**何处制**：佛于罗阅城制。（2）**因谁制**：迦罗比丘。（3）**因何制**：迦罗比丘坐禅、乞食疲苦，食先所得者，佛呵制戒。

三　戒文

【记】　戒文——若比丘尼，残宿食噉者，波逸提。

此戒文分三句：

第一句：若比丘尼——能犯人

白四羯磨如法得处所的比丘尼。

第二句：残宿食噉者——所防过

今日已手受之食，留至明日而食。

第三句：波逸提——结罪

若比丘尼噉残宿食，即结波逸提罪。

四 制意

【记】 四分律疏 制意：凡饮食繁秽，近则长贪，令人不节。又体现交尽，义无储畜。故宜别处，理无共宿，是故圣制。

凡饮食繁杂，能生染秽，即有宿畜等过，故修道之人不宜与食同住。因近则增长贪心，使人无法节制。当日饮食，应当日食用，无有多余，自无储蓄之义。若有余食，当入僧库或舍与白衣，放置边房净地，自无共宿之理。所以佛制不得残宿食，

五 具缘

【记】 南山行事钞 具三缘成犯：一、是残宿。二、知是。三、咽咽（原文"食咽咽"）。犯。

此戒具三缘成犯：

1. **是残宿**：是已手受且又经夜的残宿食。

2. **知是**：知是残宿食。

3. **咽咽**。犯：比丘尼如果食用残宿食，咽一口即结一个波逸提罪。

六 罪相

（一）正明结犯

【记】

罪相	残宿食而食者 ——————— 咽咽波逸提
	非时药，过非时 ——┐
	七日药，过七日 ——┴——— 波逸提
	尽形寿药，无因缘服 ——————— 突吉罗

此戒结罪情况如下：

1. 如果比丘尼食残宿食，咽咽结波逸提罪。此是约咽咽而结罪，并非总结一提。若在口中尚未咽下，只结突吉罗罪。

2. 如果是已过非时的非时药，即第二日明相出，比丘尼再吃，咽咽结波逸提罪。

3. 如果是已过七日的七日药，即第八日明相出，比丘尼再吃，咽咽结波逸提罪。

4. 如果比丘尼无病因缘吃尽形寿药，咽咽结突吉罗罪。

（二）引文别简

引祖师著述简别残、宿之差别。

1. 引《行事钞》

【记】 南山行事钞 问：残之与宿，为一为异？四句答之：一、残而非宿（旦受四药，不加口法过中）。吉罗。二、宿而非残，亦吉。（谓未受食，或共同宿，吉。不宿，不犯。）三、亦残亦宿，提。四、非残非宿，可知。灵芝释云：对简残宿中，初约残宿简四句：一三两句，正属此戒，轻重分异。第二乃犯内宿。第四无过，故云可知。初句注中，上句通明手受，下句别指三药，时药无口法故。

　　残宿内宿亦作四句：一、是残宿非内宿（今日受食安界外，不共宿，非内宿也）。得堕。二、是内非残。三四俱句，类知。灵芝释云：次对内宿简。四句中，三、亦残亦内，一提一吉。四、非残非内，无犯。初句属此戒，第二属内宿，第三涉二戒。

此文通过问答明残与宿之差别。

问：残与宿，是同还是不同？可以作四句来回答：（1）**残而非宿，结突吉罗罪**：如四药在日中前经手受已，还没加口法；日中以后，即成残食，因为没有经夜，故结吉罪。（2）**宿而非残，亦结突吉罗罪**：宿即内宿，即与食物共宿。[①] 若与未经手受之食共宿，即是宿而非残，应结吉罪。因残食是约经手受而言。若未经手受，虽过日中，亦非残食。若不共宿，则不犯。（3）**亦残亦宿**：即残宿食，若噉，结波逸提罪。（4）**非残非宿**：没有过失，显而易知。

---

① 据《四分律》卷四十三文义，内宿有三种情况：1. 未结净地，人在大界内共饮食宿；2. 已结净地，饮食在净地外、大界内，人与饮食宿；3. 或将饮食置于净地，而人在净地中共饮食宿。（《大正藏》第22册，第874页。）

灵芝律师解释：在对比残、宿中，初段是约残与宿来料简，可作四句。其中，一、三两句，正犯本戒，但结罪轻重有所不同。第一句"残而非宿"结吉罪，是轻；第三句"亦残亦宿"结提罪，是重。而第二句"宿而非残"只犯内宿，故结吉罪。第四句"非残非宿"则没有过失，故说"可知"。

又，初句注释中，上句"旦受四药"是总明四药皆经手受。而下句"不加口法过中"乃别指非时药、七日药及尽形寿药三药，时药不需加口法。四药中，除时药外，余三药加口法可延长服用时限：非时药可延至第二日明相出之前，七日药可延至第八日明相出之前，尽形寿药则尽形寿可食。

残宿与内宿之同异，亦可作四句：（1）**是残宿非内宿，结波逸提罪**：如今日受食后，置食在大界外，至第二日明相出，则为残宿食，噉则结波逸提罪。由食物在大界外，故不犯内宿。（2）**是内宿非残宿**：若与未经手受之食共宿，就犯内宿。因没经手受，故不犯残宿。（3）**亦内宿亦残宿**：若与经手受之食共宿，犯内宿，结吉罪。若噉，即食残宿，结波逸提罪。（4）**非内宿非残宿**：没有过失，易知。

灵芝律师解释：接下来对残宿与内宿料简，四句中，第三句"亦残宿亦内宿"，若比丘尼与经手受之饮食共宿，第二日明相出，再噉，须结二罪：一食残宿食，结提罪；二内宿，结吉罪。至于第四句"非残宿非内宿"没有过失，显而易知。初句"残宿非内宿"，正犯此戒；第二句"内宿非残宿"，属内宿一戒；第三句"亦残宿亦内宿"，则涉及食残宿食及内宿二戒。

2. 引《比丘尼钞》

【记】 比丘尼钞 此律云：今日受食，自贮界内，留至明日，自煮食者，咽咽得七罪。谓三提四吉：一、不受。二、非时。三、残宿。^{此三提罪。}四、内煮。五、内宿。六、自煮。七、恶触。^{此四吉罪。}

道宣律师在《比丘尼钞》中约《四分律》文义总结：今日受食后，自将饮食贮畜于大界内，留至明日，自煮，食者，咽咽得七罪，即三个波逸提罪、四个突吉罗罪：（1）不受食，（2）非时食，（3）残宿食。此三结提罪。（4）内煮，（5）内宿，（6）自煮，（7）恶触。此四结吉罪。[1]

七　境想

【记】

---

[1] 此七罪，并非同时皆犯，需根据实际情况判断。又，《四分律》中未见"七罪之说"，法砺律师《四分律疏》及道宣律师《戒本疏》皆云"七罪"，但无"此律云"字样。

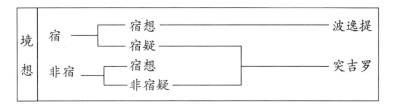

此表说明：

1. 是残宿食，比丘尼作残宿食想，因心境没有想差，若噉，结波逸提罪。

2. 是残宿食，比丘尼作残宿食疑，因在境上生疑，若噉，结突吉罗罪。

3. 不是残宿食，但比丘尼作残宿食想，若噉，结突吉罗罪。

4. 不是残宿食，但比丘尼对此作非残宿食疑，也结突吉罗罪。

八　开缘

（一）正明开缘

【记】

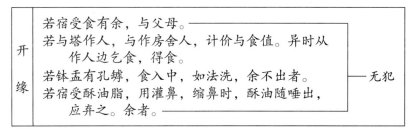

此戒开缘如下：

1. 如果所受饮食有余，已经过宿，可给父母，不犯。需注意，《母论》云："若父母贫苦，应先授三归五戒十善，然后施与。若不贫，虽受三归五戒不合施与。"①

2. 如果今日受食有余，可送给为佛塔做事之人，以及修治房舍之人。但应按其作功计价而与。若比丘尼已将饮食给作人，后于异时又从作人边乞食，即使得本所与食，噉用，不犯。

3. 如果比丘尼钵中有裂缝，残食入中，如法洗治，余不出者，不犯。

4. 如果如法所受之酥、油、脂经宿，可以用来灌鼻治病。当缩鼻往内吸气时，因口、鼻相连，酥油易流入口中，应随即吐出，余有残留在口中者，不犯。

（二）别释第四缘

【记】　灵芝资持记　四为治病，非欲食故。西土患眼，多以酥油灌鼻。

---

① 《毗尼母经》卷二，《大正藏》第 24 册，第 810 页。

灵芝律师释云：开缘中第四缘是为治病，不为服食，所以不犯。印度习俗，若患眼病，多以酥油灌鼻治疗。

（三）俭开八事

1. 引《行事钞》

【记】　南山行事钞　俭开八事者，四分：为谷米勇贵，人民饥饿，乞食难得，虽得少食，为贼持去。佛怜愍故，开界内共食宿，内煮自煮自取食。僧俗二食，水陆两果，并不作余食法。若定罪者，应开八罪：内宿、内煮、自煮、恶触、不受、足食、残宿等。三波逸提、四突吉罗。义加坏生，如水陆果子不受而食，岂令净耶？律云：若时世还贱，故依开食，佛言不得，如法治之。十诵云：若饥俭时，食竟得持残去，语施主知。（四药篇）

道宣律师在《行事钞》中云：所谓俭开八事，《四分律》记载，因时谷米昂贵，人民饥饿，饮食难得，比丘乞食也难得。虽乞得少食，亦为贼人夺去。以此因缘，佛怜愍弟子，故开八事：（1）界内共食宿，即内宿。（2）内煮。（3）自煮。（4）自取食。（5）大众僧饮食，无须作余食法。（6）白衣供养饮食，亦无须作余食法。（7）水中果实，无须作余食法。（8）陆地果实，亦无须作余食法。[①]

约缘而言，开八事。若约罪而论，则开八罪，即：（1）内宿，（2）内煮，（3）自煮，（4）恶触，（5）不受食，（6）足食，（7）残宿食。前四为突吉罗罪，后三为波逸提罪。又约义应加坏生种，如水陆两果，开不受而食，哪里能找人作净？

《四分律》云：时世谷还贱，则不开。若仍依开缘而食，佛言不可以。否则，如法治，即随犯而制。[②] 若自煮，结吉罪；食残宿食，结提罪等。《十诵律》云：若逢饥馑时，可带走剩余之食，但须告知施主。[③]（括弧内说明：此段钞文选自《行事钞·四药受净篇》。）

2. 引《资持记》

【记】　灵芝资持记　俭开八事，四分，初科，前引俭缘。佛下，列八事。内宿、内煮，此二为贼持去故开。自煮，因净人尽食故开。自取，即恶触，因路见果，求净人不得，为人持去故开。二食两果四事，同开足食。律云：早起食（即僧食也，谓早受众食故），从食处持食来（即俗食也，谓乞食食已，持余残来故），受食已，得胡桃乃至阿婆梨果（即陆果也），食已得水中可食物（即

---

① （后秦）三藏佛陀耶舍共竺佛念等译《四分律》卷四十三，《大正藏》第22册，第876页。
② （后秦）三藏佛陀耶舍共竺佛念等译《四分律》卷四十三，《大正藏》第22册，第876页。
③ （后秦）三藏弗若多罗共罗什等译《十诵律》卷二十六，《大正藏》第23册，第190页。

水果也。此四并因于比丘尼边作余食法，彼或分食，或食都尽，故开），此之八事，从缘有八，据事唯五，以后四种同一事故。定罪中，宿、煮、触、足，对上五事。自取兼不受，内宿兼残宿，约文七罪。义加坏生，四提四吉，则有八罪。

灵芝律师《资持记》对钞文作详释：在俭开八事中，初科是引《四分律》俭开八事的缘起。从"佛怜愍故"以下，详细列出所开八事。

（1）**内宿**、（2）**内煮**：此二事，是因饮食被贼持去，故开。《四分律》记载：尔时，世尊于波罗奈国。时世谷贵，人民饥饿，乞食难得。诸比丘持食着露处不盖藏，牧牛羊人，若贼，持去。诸比丘如是念：国土饥饿，世尊应听界内共食宿白佛，佛言："若谷贵时，听界内共食宿。"时诸比丘露处煮食不盖藏，牧牛羊人，若贼，见持去。比丘作如是念："谷贵时，界内应听煮食。"白佛，佛言："谷贵时，听界内煮。"①

（3）**自煮**：因使净人煮食，净人煮后自己将饮食吃完，故开。律中记载：时诸比丘使净人煮食，或分取食，或都食尽。诸比丘作如是念："谷贵时，应听自煮食。"白佛，佛言："谷贵时，听自煮食。"②

（4）**自取食**：因比丘路见果子，便求净人授食，而不得净人，果子即被他人持去，故开。律中记载：时诸比丘道路行，见地有果，比丘求净人顷，他人已取去，白佛。佛言："听以草若叶覆果上。"而人故取去，白佛，佛言："听取，若见净人，应置地，洗手受食。"诸比丘如是念："谷贵时，世尊应听我曹自取食。"佛言："谷贵时，听自取食。"③

（5）~（8）**僧俗二食及水陆两果**：此四事同开足食，即此四事可不作余食法而食。①**开食僧食，不作余食法**：早起食是僧食，即早斋受僧食。如律中记载，时诸比丘早起受食已，置食入村。彼受请还，于余比丘边作余食法，彼比丘或分食或食尽。比丘作如是念，谷贵时，世尊应听我等早起受食已不作余食法食。白佛，佛言：听谷贵时不作余食法食。②**开食俗食，不作余食法**：即从白衣家乞食，食已，持余残食回，若想再食此食，可不作余食法而食。③**开食陆地果子，不作余食法**：如比丘受食已，得胡桃乃至阿婆梨果即陆果。若想再食此食，可不作余食法食。④**开食水中果子，不作余食法**：比丘受食已，得水中可食物，即水中之果。若想再食此食，可不作余食法食。④

---

① （后秦）三藏佛陀耶舍共竺佛念等译《四分律》卷四十三，《大正藏》第22册，第876页。
② （后秦）三藏佛陀耶舍共竺佛念等译《四分律》卷四十三，《大正藏》第22册，第876页。
③ （后秦）三藏佛陀耶舍共竺佛念等译《四分律》卷四十三，《大正藏》第22册，第876页。
④ （后秦）三藏佛陀耶舍共竺佛念等译《四分律》卷四十三，《大正藏》第22册，第876页。

以上四食，皆因在余比丘边作余食法，对方或分食，或将食物食尽，所以佛开，可以不作余食法而食。

俭开八事，约缘而言有八事，若据事以论，但有五事：（1）内宿，（2）内煮，（3）自煮，（4）自取食，（5）不作余食法而食。因后四事皆开不作余食法而食，故可视为同一事。

定罪中，八罪亦可归纳成五罪，即：（1）内宿，（2）内煮，（3）自煮，（4）恶触，（5）足食，则对上五事。若分开说，自取食有恶触兼不受食两罪；内宿兼残宿。约文而言有七罪。另外，义加坏生种的波逸提罪，所以成四提、四吉共八罪。

九　警策

【记】　 律中残宿、不受食戒，以坐禅比丘为缘起者，为防未来恶比丘故。内无道观，烦恼未伏。妄倚道业，便轻圣戒。此乃心涉爱憎，大我未伐。故诸三乘道人，并不轻戒。以深伐我根，倾慢使幢。敬戒而增道业，可不钦尚之哉。灵芝释云：世以禅观为真道，戒检为闲务。岂知道观非戒不成，故云妄倚等。此下，显过。取道弃戒，故心涉爱憎。轻戒慢圣，故大我未伐。故下，引劝。上叙众圣尊戒，下句劝令效圣。近世禅讲，率多此见。请披圣训，勿任凡情。

道宣律师说：律中食残宿食及不受食二戒，以坐禅、乞食比丘为缘起，是为了防止未来恶比丘仿效故。末法时代，行者无有观慧，不能调伏内心烦恼。却妄自依凭禅定内观为究竟之道，是修行急务，而轻慢佛制圣戒，视为无关紧要。此等言行，皆因内怀爱憎，我倒未除。声闻、缘觉、菩萨三乘道人，皆不轻慢圣戒。实由拔除大我深根，推倒我慢之幢，都需依赖净戒之基。故尊奉戒律，方能令道业增长。所以，对于佛制净戒，怎能不起钦敬、崇尚之心？

灵芝律师解释：世人认为禅定内观才是真正解脱之法，以戒律检束身口却被视为闲务。哪里知道无戒则难以成就定慧，由戒生定，因定发慧，此乃修道之必由之路。因此道宣律师说：此乃妄自倚傍道业而轻毁戒律等。"此乃心涉爱憎，大我未伐。"是显其过。因为他们只欲直取道果而弃舍戒基，所以说他们"心涉爱憎"。戒是佛金口所宣，如果轻视戒律便是侮慢圣人，所以说他们是"大我未伐"。故下是引劝，从"故诸三乘道人"到"敬戒而增道业"，说明三乘道人皆尊奉戒律，不敢轻视，以劝末法众生当效仿圣人，钦敬、崇尚戒律，依戒而行。

最后，灵芝律师感叹：近世有许多禅师及讲经法师，大多执持谬见，认为教急戒缓，而轻慢戒律。是故祖师策励：愿有此见者，当仔细披览佛之教诫，慎勿任由己性！

练习题

1. 请解释"食残宿戒"戒名。

2. 简述佛制"食残宿戒"三要素。

3. 背诵并解释"食残宿戒"之戒文。

4. 佛为什么制"食残宿戒"?

5. "食残宿戒"具哪几缘成犯?

6. 根据《行事钞》及《资持记》,简别"残"与"宿"及各自结罪情况。

7. 据《四分律》,今日受食自贮界内,留至明日,自煮食者,有可能得哪七罪?

8. "食残宿戒"有哪些开缘?

9. 饥馑年佛开哪八事?约罪论,开哪些罪?

思考题

1. 此戒以坐禅比丘为缘起,是为防止未来恶比丘效仿故制。对此,你如何理解?

第二十七节 不受食戒

一 戒名

【记】 不受食戒第二十六 (同、大、制)

不受:没有经过手受。**食**:通指四药,即时药、非时药、七日药、尽形寿药。

不受食戒:如果比丘尼不受食,自手取食而食,佛制不许。

二 缘起

【记】 乞食比丘

乞食比丘,乃缘起中能犯之人。

佛制此戒三要素:(1) **何处制**:佛在舍卫国制。(2) **因谁制**:乞食比丘。(3) **因何制**:城人为父母等,于四衢道头,乃至庙中祭祀供养,粪扫衣乞食比丘自取食之,居士共嫌,因制。

三 戒文

【记】 戒文——若比丘尼,不受食,及药著口中,除水及杨枝,波逸提。

此戒文分五句：

第一句：若比丘尼——能犯人

白四羯磨如法得处所的比丘尼。

第二句：不受——明不受

指未经净人及小三众授食。《四分律》云："受者有五种受：手与、手受；或手与、持物受；若持物授、手受；若持物授、持物受；若遥过物与，与者受者俱知中间无所触碍，得堕手中，是谓五种受。复有五种受食：若身与身受、若衣与衣受、若曲肘与曲肘受、若器与器受、若有因缘置地与，是为五种受食。"①

第三句：食，及药著口中——食体

将未经手受之饮食及药放于口中。

食：偏指时药，即五正食及五非正食。**药**：指未经手受的非时药、七日药及尽形寿药。**著口中**：约正判而言，应是咽下方结提罪；如果仅著口中，但结吉罪。

第四句：除水及杨枝——开听

若水及杨枝，则开听比丘尼不受而自取。

水：一切河水、池水、泉水、井水等皆可不受自取。**杨枝**：不是可食之物，故开不受自取。佛世，饭后必嚼杨枝以净口。

第五句：波逸提——结罪

如果比丘尼未经受食，而自取食之，除水及杨枝，咽咽结波逸提罪。

四　制意

【记】　四分律疏　制意。多论五义故制：一、为断盗窃因缘故。二、为作证明故。从非人受食，得成受否？成受，不成证明。谓在旷野无人之所，为是开听。若在人中，非、畜、无知小儿，皆不成受。三、为止诽谤故。四、为成少欲知足故。五、生他信敬心故，为令外道得益故尔。

根据《萨婆多论》，制此戒有五义：②

1. **为断盗窃因缘故**：如果比丘尼随便自己捉取食物，久之易犯盗。为断盗窃因缘，故须从他人受食后，方得食。

2. **为作证明故**：若比丘尼不从他受而自取食，一旦被人冤枉，难以辩白。若从

---

① （后秦）三藏佛陀耶舍共竺佛念等译《四分律》卷十五，《大正藏》第22册，第663页。文中所言"置地与"，《五分律》卷七记载："有诸白衣恶贱比丘，不肯亲授，以食著比丘前地，语令自取。诸比丘不知云何？以是白佛。佛言：'若施主恶贱不肯授食，亦听以彼语取，为受食。'"（《大正藏》第22册，第53页。）

② 《萨婆多毗尼毗婆沙》卷八，《大正藏》第23册，第552页。

他人受食，授食者可为其作证。如果从非人受食，成受否？答：成受，但非人不能作证明。若在旷野无人之处，方开非人受食。如果在有人处，从非人、畜生及无知小儿受食，皆不成受。

3. 为止诽谤故：出家人乃人天师表，若自手取食，易遭俗人讥嫌诽谤。如《五分律》卷七记载："佛在王舍城，尔时世尊未制比丘受食食。诸比丘各在知识家不受食食。诸白衣讥呵言：我等不喜见此恶人着割截坏色衣不受食食，不受食食是为不与取。"因遭世讥，故佛制此戒。

4. 为成少欲知足故：若比丘尼从他人受食，便可以此制约自己，不得恣情食噉，从而得以成就少欲知足。

5. 为生他信敬心故，为令外道得益故：若比丘尼自己不亲手取食，则可令外道、俗人生起信仰恭敬之心。《萨婆多论》记载：昔有比丘与外道共行，止果树下。外道令比丘上树，比丘言："我比丘法，树过人不应上。"又令摇树取果，比丘言："我法，不得摇树落果。"外道上树取果掷地与之，比丘言："我法，不得不受而食。"由此外道知佛法清净，即随佛出家，寻得漏尽。[①]

由有以上五意，故佛制不许比丘尼自手取食食用。

五　具缘

【记】　南山戒本疏 钞缺　具三缘成犯：一、是四药。二、辄自取。三、咽（原文"食"）咽。犯。

《行事钞》缺此戒具缘。依于《戒本疏》，此戒具三缘成犯：

1. 是四药：时药、非时药、七日药、尽形寿药。
2. 辄自取：未经手受四药，辄自拿取。
3. 咽咽。犯：如果比丘尼食用未经手受之药，咽咽犯波逸提。

六　罪相

【记】

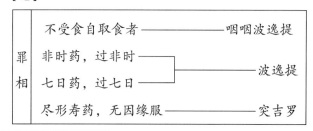

罪相	不受食自取食者 ——— 咽咽波逸提	
	非时药，过非时 ——┐	
	七日药，过七日 ——┴—— 波逸提	
	尽形寿药，无因缘服 ——— 突吉罗	

① 《萨婆多毗尼毗婆沙》卷八，《大正藏》第 23 册，第 552 页。

此戒罪相如下：

1. 如果比丘尼不从他人受食，便自取而噉，咽咽结波逸提罪。此约咽下方结；如果只是不受食，唯结突吉罗罪。

此中"他人"，即授食者。综诸部律制，首先应由净人授食；若无净人，由沙弥、沙弥尼授食；若无沙弥、沙弥尼，由式叉尼授食；若无净人或小三众，比丘与比丘尼之间可相互授食。余趣众生若知解亦成授食。

2. 非时药过非时，即第二日明相出；七日药过七日，即第八日明相出。如果比丘尼饮用食噉，即结波逸提罪。

3. 如果无病因缘，比丘尼辄噉尽形寿药，结突吉罗罪。

《四分律》又制："尽形寿药，无因缘不受而食者，突吉罗。"[1]

七 境想

【记】

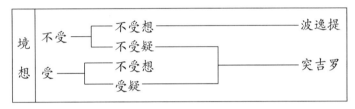

此表说明：

1. 如果比丘尼不受食，也作不受食想，因心境相当，若噉，结波逸提罪。
2. 如果比丘尼不受食，但作不受食疑，因想上有差，若噉，结突吉罗罪。
3. 如果比丘尼虽经他人受食，但作不受食想，若噉，结突吉罗罪。
4. 如果比丘尼虽经他人受食，但作受食疑，若噉，结突吉罗罪。

八 开缘

【记】

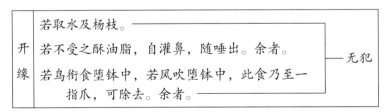

此戒开缘如下：

---

[1] （后秦）三藏佛陀耶舍共竺佛念等译《四分律》卷十五，《大正藏》第22册，第664页。

1. 如果比丘尼自手取水及杨枝，不犯。

2. 如果是未经手受之酥、油、脂，比丘尼用来灌鼻，虽然流到口中，随即吐出。余有残留在口中，不犯。

3. 如果比丘尼乞食时，鸟衔食堕在钵中，或风吹食落钵中，应除去此食，乃至一指爪。余除不尽者，不犯。

九　警策

【记】　南山行事钞 今奉法者，希有一二。多并任痴心，抑挫佛法。得便进噉，何论净秽。高谈虚论，世表有余。摄心顺教，一事不彻。焉知未来恶趣，且快现在贪痴。有识者深镜大意。灵芝释云：初叙恣情慢法。希有一二，言其极少，斯时尚尔，于今可知。圣制不行，即是灭法，故云抑挫。高谈下，斥有言无行。高谈谓超世之语，虚论谓言过其实。摄心则动无自任，顺教则专奉律仪。此明好大者，据说则超出世表，检行即混迹常流。一事行之不彻，则无量法行灭于身矣。此徒满眼，实为寒心。真诚出家，幸勿自屈。

道宣律师警策后学：现在（唐朝）能依教如法受食者，已极为稀少。大多数人任己痴心，损毁佛法。得到食物，直接食噉，哪管饮食是否清净。专好高谈阔论，言过其实。听其言，则为世人师表，绰绰有余；但观其行，无论是摄心正念，还是专奉律仪，一事无成。哪里知道毁犯禁戒必堕恶趣，只贪图一时享受，放纵贪痴。希望有识之士，能体悉佛制戒之慈悲深意。

灵芝律师释云：钞文中首先叙述当时出家人任由己性、轻慢戒法之相状。言"稀有一二"，表示极少。灵芝律师感叹：在佛法兴盛的唐朝，能严守此戒者尚且稀少，如今，能持者更微乎其微。如果不能奉行佛制戒法，即是灭法之相，因此钞云"抑挫佛法"。

"高谈虚论"以下，是道宣律师斥责有言无行之徒。**"高谈"**，即超世言语；**"虚论"**，即言过其实。如果能摄心正念，就不会恣意放肆；如果能顺佛所教，则必专心奉持律仪。据其所言，真可谓超出世表，堪称人天之师；然观其所行，则与凡夫俗子无异。身为出家人，若一事作不如法，即是坏灭正法，无量正法之行必在其身毁灭！此等有言无行，高谈阔论之徒，处处可见，实在为之心寒。愿真诚为求解脱而出家者，莫自甘下流，枉费此生。

练习题

1. 请解释"不受食戒"戒名。

2. 略述佛制"不受食戒"三要素。

3. 背诵并解释"不受食戒"之戒文。

4. 据《四分律》，有多少种受食方法？

5. 根据《萨婆多论》，佛制"不受食戒"有哪五义？

6. "不受食戒"具哪几缘成犯？

7. "非时食戒""食残宿戒"及"不受食"三戒之结犯相状有何异同？

8. "不受食戒"有哪些开缘？

思考题

1. 将下文翻译成白话并解释其意思：

"今奉法者，希有一二。多并任痴心，抑挫佛法。得便进啖，何论净秽。高谈虚论，世表有余。摄心顺教，一事不彻。焉知未来恶趣，且快现在贪痴。有识者深镜大意。"

2. 机器人为比丘尼送饮食，成授食吗？为什么？

第二十八节 不嘱同利入聚戒

一 戒名

【记】 不嘱同利入聚戒第二十七   （同、大、制）

嘱：嘱授。

同利：即同界共住，同得利养，同受一家所请之人。

不嘱同利入聚戒：如果比丘尼先已受请，有缘入聚落，而不嘱授其余同受请的比丘尼，令其知道自己所在之处，佛制不许。

二 缘起

【记】 跋难陀

跋难陀，乃缘起中能犯之人。

佛制此戒三要素：（1）何处制：舍卫国。（2）因谁制：跋难陀。（3）因何制：长者为跋难陀饭僧，彼时欲过方来，比丘食竟不足。又，罗阅城大臣得果，令跋难陀于僧中分。彼后食已，诣余家，僧不得食，故制。

三 戒文

【记】 戒文——若比丘尼，先受请已，若前食后食，行诣余家，不嘱余比丘尼，除余时，波逸提。余时者：病时、作衣时、施衣时，此是时。

此戒文分七句：

第一句：若比丘尼——能犯人

白四羯磨如法得处所的比丘尼。

第二句：先受请已——以前受请

比丘尼先受施主请已。

第三句：若前食后食，行诣余家——食前后

如果比丘尼先已受请，在前食或后食，又到其余未请之家。

前食：即清旦明相出至食时；**后食：**即食时①至日中。

第四句：不嘱余比丘尼——不嘱授

比丘尼欲到余家，却未嘱授同受请者，令彼知己所在处。

第五句：除余时——除开缘

除开缘情况。

第六句：波逸提——结罪

若比丘尼先受请已，除余时因缘，于前食后食行诣余家，若入其门，即结波逸提罪。

第七句：余时者，病时、作衣时、施衣时，此是时——逐缘重解

所谓余时，即开缘：病时，作衣时，施衣时。

病时：下至脚跟裂伤，亦谓之病。**作衣时：**即自恣竟，无迦缔那衣一月，有衣五月中作衣，乃至衣上马齿一缝。**施衣时：**即自恣竟，无迦缔那衣一月，有衣五月，及余施衣时。余施衣时，即除一月、五月外，在余时中，别有施食及衣因缘。

四　制意

【记】 ┃四分律疏┃制意：以三过故制。一、凡俗里多务，为善事难。慒其家业，专崇福会。已许受请，行诣他家。脱若事差，恼处不轻。二、既有食处，宜息缘修道。无事游散，妨废所习。三、共众受请，背请入聚落。令他施主，见僧不集，竟不设食，稽留大众，使不得饱满，恼众殊深。以斯过故，是以圣禁。

以有三过，故制此戒：

1. 恼俗过

凡世俗人多忙于事业，或被家务所缠，因此，想要兴慈修善，实在不易。欲作

---

① 所谓"食时"，《行宗记》卷四云：前食后食，合云食前食后。依时经（即《佛说时非时经》）者，彼从明至中已前，中半折之，故云时中，谓时之中间也。若约此方，正当辰时，即如经云：食时着衣持钵是也。（《卍新续藏》第40册，第119页。）准此，食时即指辰时（上午7：00～9：00）。

供僧求福之事，必须放下家业，全力以赴，专心备办福德斋会。既然已允诺施主接受请食，当体恤施心，如约受请。然而，却不告知施主，另到余家。一旦因事拖延，便无法按时践约前请之处，如此损恼施主颇重。

2. 多事过

比丘尼既然已有受请之处，理应息诸外缘，安心办道。如果无事游行，会令心浮散乱，从而妨废修行正业。

3. 恼僧过

既与大众僧共同受请，现在却违背施主预请而独自入聚落，且不嘱授其余同受请者，致使施主见大众僧未尽集，而迟迟不肯行食斋僧，直到临近日中才得饮食。因时间短促，故令众僧不得饱足，极为触恼大众僧。

由有以上种种过失，故佛制，不得不嘱同利入聚落。

五　具缘

【记】　南山行事钞 具五缘成犯：一、先受他请。二、食前后。三、不嘱授。四、诣余家无缘。五、入门。犯。

此戒具五缘成犯：

1. **先受他请**：比丘尼先已受施主请。

2. **食前后**：于前食或后食。

3. **不嘱授**：未嘱授界内同受者，令彼知自己将去某处。

4. **诣余家无缘**：比丘尼无余时因缘，而至余家。

5. **入门。犯**：但入余家之门，便犯波逸提。

六　罪相

【记】

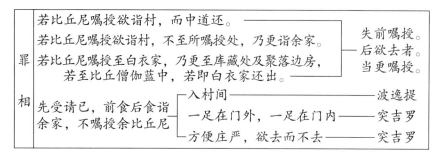

此表说明二事：

1. 明失嘱授

（1）如果比丘尼已嘱授欲入聚落，后中途回还，便失前嘱授。如果想再去，就需要重新嘱授。

（2）如果比丘尼已嘱授欲入聚落，后未去所嘱授之处，而另外到其他人家，便失前嘱授。如果想再去，应当重新嘱授。

（3）如果比丘尼已嘱授到白衣家，后却不到所嘱授之处，却到另外库藏之处，或聚落边房，或比丘僧伽蓝，便失前嘱授。如果想再去，应当重新嘱授。

（4）如果比丘尼已嘱授到白衣家，后出此白衣家，也失前嘱授。如果想再去，应当重新嘱授。

2. 示结犯相

（1）如果比丘尼先已受请，而在前食或后食诣余家，不嘱授余同受请的比丘尼，只要一入聚落间，即结波逸提罪。

（2）如果比丘尼入聚落时，一足在门外，一足在门内，结突吉罗罪。

（3）如果已作入村前种种准备，欲去而后不去，亦结突吉罗罪。

七　开缘

（一）正明开

【记】

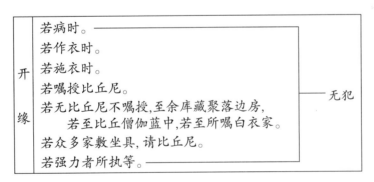

开缘	若病时。	无犯
	若作衣时。	
	若施衣时。	
	若嘱授比丘尼。	
	若无比丘尼不嘱授,至余库藏聚落边房, 　　若至比丘僧伽蓝中,若至所嘱白衣家。	
	若众多家敷坐具,请比丘尼。	
	若强力者所执等。	

此戒开缘如下：

1. **若病时**：如果比丘尼先受请已，后因病缘，下至脚跟裂伤，不嘱授余同请的比丘尼而入聚落，不犯。

2. **若作衣时**：如果作衣时，乃至衣上马齿一缝，不犯。

3. **若施衣时**：如果施衣时，及有余施食及施衣因缘，不犯。

4. **若嘱授比丘尼**：如果已嘱授其余比丘尼，不犯。

5. **若无比丘尼不嘱授，至余库藏聚落边房，若至比丘僧伽蓝中，若至所嘱白衣**

家：如果没有比丘尼可嘱授，到余库藏，或聚落边房，或比丘僧伽蓝中，或到所嘱授的白衣家，不犯。

6. 若众多家敷坐具，请比丘尼：如果有众多家敷设坐具请比丘尼，比丘尼随到任何一家，即是请处，不嘱授不犯。

7. 若强力者所执等：如果被强力者所执等，不犯。

（二）引文释

【记】 南山戒本疏 多家敷具者，谓多家同会处，处处待僧，随至何家，皆是请处。

道宣律师在《戒本疏》中云：所谓多家敷具，就是在同一聚落间，多家同会一处，处处敷设坐具请僧，所以随便到一家，都是请处，故不犯。此约同会一处，不犯；如果不同会，也犯。

 练习题

1. 请解释"不嘱同利入聚戒"戒名。
2. 略述佛制"不嘱同利入聚戒"三要素。
3. 背诵并解释"不嘱同利入聚戒"之戒文。
4. 不嘱授同利入聚落有哪些过失？
5. "不嘱同利入聚戒"具哪几缘成犯？
6. 请举例说明"不嘱同利入聚戒"中失嘱授的情况。
7. "不嘱同利入聚戒"结犯相状如何？有哪些开缘？

第二十九节　食家强坐戒

一　戒名

【记】　食家强坐戒第二十八　（同、大、性）

食：有四种，即段食、触食、思食、识食。此戒中"食"，指触食。《说一切有部律》云："有食者，男以女为食、女以男为食，更相爱故，名之为食。"[1]

家：是男子、女人所依之处，即白衣舍。

强：即不问主人，自纵己心，不随他意。

---

[1] （唐）三藏义净译《根本说一切有部毗奈耶》卷三十七，《大正藏》第23册，第829页。

食家强坐戒：如果比丘尼在俗人男女之家，不经主人同意，强坐，佛制不许。

性：此戒是性戒。因涉婬欲，故深防中制。

二　缘起

【记】　　迦留陀夷

迦留陀夷，乃缘起中能犯之人。

佛制此戒三要素：（1）**何处制**：佛于舍卫国制。（2）**因谁制**：迦留陀夷。（3）**因何制**：迦留陀夷与本俗友妇系意，后往其家。彼妇严身，其夫极爱。比丘食已坐住，其夫便嗔舍去，因制。

三　戒文

【记】　　戒文——若比丘尼，食家中有宝，强安坐者，波逸提。

此戒文分四句：

第一句：若比丘尼——能犯人

白四羯磨如法得处所的比丘尼。

第二句：食家中有宝——食家有宝

食家：有男有女的白衣舍，即男以女为食，女以男为食，故名食家。**有宝**：律列砗磲、玛瑙、真珠、琥珀、金、银等，即用以严身之具，喻为女人。如《萨婆多论》云："所着宝衣，轻明照彻内身，外现以发欲意。"[1]

食家中有宝：从喻为名，贪噉欲味故名为食，互相爱重名为宝。

第三句：强安坐者——强坐

比丘尼不经主人许可，随己心而强坐。

第四句：波逸提——结罪

如果比丘尼，食家中有宝，不经主人许可，在伸手不及门处而坐，即结波逸提罪。此戒结罪，是从食家而得，不是从有宝而得。即约比丘尼知彼夫妇欲行欲事，而强安坐，妨彼行欲乐之事，故结波逸提罪。

四　制意

【记】　　四分律疏　制意：凡在家俗人，婚会无时。久坐不去，妨彼邪心。遂致相逼辱斥，理非所宜。又复出家，离秽爱染之所。事须防违，容自坏心行，外

---

[1]　《萨婆多毗尼毗婆沙》卷九，《大正藏》第23册，第560页。

涉讥丑。故所以制。①

凡世俗男女，婚姻和会，没有定时，出家人应来去知时。若久坐不去，妨碍白衣夫妇欲乐之事，必招致逼恼、侮辱、呵责。再者，既已出家，就应远离男女秽爱染着之处，以免临境生欲染之心，须从事相上严加防范。否则，将损己向道之心及摄修之行，在外招世人讥嫌，丑累三宝。故佛制不许于食家强安坐。

五　具缘

【记】 南山行事钞 具五缘成犯：一、是食家。二、知是。三、强坐屏处。四、无第四人（夫妇比丘尼外，更有一人曰第四人）。五、申手不及户坐。犯。

此戒具五缘成犯：

1. **是食家**：是有男有女的食家。

2. **知是**：比丘尼知是食家。

3. **强坐屏处**：在食家屏处强安坐。

4. **无第四人**：除夫妇、比丘尼三人外，无第四人。

5. **申手不及户坐。犯**：若比丘尼于伸手不及门处坐者，犯波逸提。②

六　罪相

（一）正明犯

【记】

罪相	食家中有宝，在舒手不及户处	── 坐者 ──── 波逸提
		── 立住者 ──── 突吉罗
	盲而不聋，聋而不盲（第四人）──── 突吉罗	

此戒罪相如下：

1. 如果比丘尼，食家中有宝，在伸手不及门处坐，结波逸提罪；如果立住，则结突吉罗罪。

2. 如果比丘尼，食家中有宝，在伸手不及门处坐者，除夫妇、比丘尼三人外，

---

① 此段文乃融合法砺律师《四分律疏》与沙门慧《四分戒本疏》之文而出。《四分律疏》卷五中原文："凡在家俗人，婚会无时，久坐不去，妨彼耶心。遂遥相道适斥，理非所宜。又复出家，离秽爱染之所，事须防违，容自怀心。行水涉丑，故所以制。"（《卍新续藏》第41册，第663页。）沙门慧述《四分戒本疏》卷三中原文："凡在家俗人婚会，无时久坐不去，放妨彼邪心递相逼斥，理非所宜。又复出家离秽受染之所，事须防远，容自坏心行。外涉讥丑，故所以制。"（《大正藏》第85册，第611页。）

② "申手不及户"一缘，非《行事钞》中文，乃《表记》校订者依道宣律师《四分律含注戒本疏》补入。

有第四人为伴，此人或盲但不聋，或聋但不盲，因缺一根，不能为比丘尼作完全证明，比丘尼须结突吉罗罪。

（二）引文释

1.《行事钞》释"食"

【记】　南山行事钞　食者，四食之中，是触食家。眼根对色，故名触食。五分：男女情相共食。僧祇：见色爱著，故名食也。

《行事钞》云：此戒食家，在段、触、思、识四食中，属于触食家。眼根对色尘，由眼触生爱，故明触食。《五分律》云："有食者，有男女情相食入。"① 意即男女相互爱著，交会之时，彼此受用。《僧祇律》云："复有食名，眼识见色，起爱念生欲着，耳鼻舌身亦如是。……复有食名，男子是女人食，女人是男子食。"②

2.《资持记》释"四食"

【记】　灵芝资持记　四食者：一、段食。粗细为二：粗则五道（原文无"五道"二字）可知。细谓中有食香。天及劫初，食无变秽，如油沃沙，散入支体，故名为细。二、触食。根尘识，三和合生诸触。如见色生喜乐等，今戒当此。三、思食。谓意业也。思心希望，能延命故。四、识食。中阴、地狱、无色众生、入灭尽定，虽无现识，识得在故。小乘则识蕴，大教即梨耶。势力所资，能任持诸根故。段食局欲界，余三通三界。

灵芝律师释：四食，即段、触、思、识四种。

（1）段食

即有形段之食，亦名抟食。又分粗食、细食两种：粗食，人所共知，如每日所食米饭、馒头、叶菜等；细食，即有香味之食，如天人所食③，及劫初光音天人到此世间所食的地味。此食极细，如油入沙，自然能被身体吸收，所以叫细食。

---

① （刘宋）三藏佛陀什共竺道生等译《弥沙塞部和醯五分律》卷十三，《大正藏》第 22 册，第 94 页。

② （东晋）三藏佛陀跋陀罗共法显译《摩诃僧祇律》卷十八，《大正藏》第 22 册，第 374 页。

③ 天人所食：是欲界无与伦比的美味妙食。《起世经》卷七云："念欲食时，即于其前有众宝器，自然盛满天须陀味，种种异色。诸天子中有胜业者，其须陀味色最白净；若彼天子果报中者，其须陀味则稍赤；若彼天子福德下者，其须陀味色则稍黑。时彼天子以手把取天须陀味入其口中，此须陀味既入口已，即自渐渐消融变化，譬如酥及生酥掷置火中，即自消融无复形影。"（《大正藏》第 1 册，第 346 页。）地味：又称地肥，指劫初之际，自然生于地上的薄饼，光音天子即食此地味。《增一阿含经》卷三十四云：劫初之时，光音天子至此世间食地肥。食少者，其体不重，且不失神足，故亦能于虚空飞行；然食多者，其体遂重，终失神足，而致不能重返天上。（《大正藏》第 2 册，第737 页。）

（2）触食

又作细滑食、乐食。触，即对也。六识所对六尘，柔软细滑冷暖等触，而生喜乐，俱能资益诸根，故名触食。此戒中"食"，即属于此。男女二人互为可意境缘，根、尘、识和合生触，彼此相恋，情相爱著，相互为食。

（3）思食

即第六识相应之思心所，于可意境而生希望，意思资润，诸根增长。又思想饮食，令人不死，如小儿视梁上悬囊①，及望梅止渴等。

（4）识食

即以识为食。如中阴身、地狱、无色界及入灭尽定②者，虽外在不能显现其识，但识在其中，有识在方可维持生命。关于此"识"，大小二乘观点不同。小乘《俱舍论》有七十五法，唯说识蕴，即第六意识，认为是依凭识蕴维持生命。而大乘唯识宗讲阿赖耶识，认为以此阿赖耶识之势力来执持种子及诸色根以维持生命。

以上四食，段食仅在欲界，其余三食通欲界、色界、无色界。

3.《资持记》释"手不及户"

【记】 灵芝资持记 手不及户，据身在内为言。

此文出自《行宗记》卷四。灵芝律师解释：罪相中所云"舒手不及户"，是据比丘尼身在屋内而言。

4.《重治毗尼》明从食家得罪

【记】 重治毗尼 案此戒正从食家得罪，（律云：食者，男以女为食，女以男为食，故名为食家。）不从有宝得罪。言有宝者，或有宝则是夫妇可行欲处故耳。

蕅益大师在《重治毗尼》中加"案"说明：此戒是约食家正结波逸提罪，而不是从有宝得罪。若说"有宝"，是指夫妇可行婬欲之处。《表记》编辑者注释，《四分律》云：言食者，谓男以女为食，女以男为食，即夫妇相生爱染贪著，互以为食，因此称为食家。③

---

① 《俱舍论》卷十记载："昔有一父，时遭饥馑，欲造他方。自既饥羸，二子婴稚，意欲携去力所不任。以囊盛灰挂于壁上，慰喻二子云是麨囊，二子希望多时延命。后有人至取囊为开，子见是灰望绝便死。"（《大正藏》第29册，第55页。）

② 灭尽定：又作灭受想定，即灭尽心、心所，而住于无心位之定。

③ （后秦）三藏佛陀耶舍共竺佛念等译《四分律》卷十五，《大正藏》第22册，第666页。

七 开缘

【记】

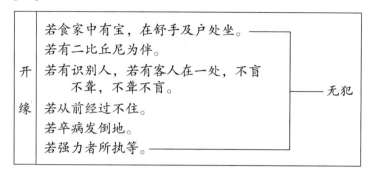

此戒开缘如下：

1. 如果食家中有宝，比丘尼在伸手及门处坐，不犯，以顺教故。

2. 如果有二比丘尼相互为伴，为作证明，不犯。此约有同类作证。《行事钞》所列此戒具缘第四"无第四人"，即夫妇二人及比丘尼外，更有一人曰第四人。比丘尼不可独自入白衣家，此第四人即指另一比丘尼。据此，此处"二比丘尼为伴"，意即只要有另一比丘尼与自己为伴，则不犯。

3. 如果有熟识者或客人共于一处，他们不盲不聋，可为作证明，不犯。此约有俗人作证。**有识别人**：即相识相知之人。**客人**：非相识相知之人。

4. 如果比丘尼从食家前经过而不停留，不犯。

5. 如果比丘尼在食家不及门处，突然病发倒地，不犯。

6. 如果比丘尼被强力者所执等，被迫在食家中不及门处坐，不犯，因身不由己故。

练习题

1. 请解释"食家强坐戒"戒名。

2. 简述佛制"食家强坐戒"三要素。

3. 背诵并解释"食家强坐戒"之戒文，重点说明"食家中有宝"之意。

4. 佛为何制"食家强坐戒"？

5. "食家强坐戒"具哪几缘成犯？

6. "食家强坐戒"结犯相状如何？

7. "四食"包括什么？"食家强坐戒"中"食"为哪一种？

8. "食家强坐戒"有哪些开缘？

第三十节　屏与男子坐戒

一　戒名

【记】　屏与男子坐戒第二十九　　（同、大、制）

屏：指屏处，即有树、墙壁、篱栅，若衣及余物遮障之处。

屏与男子坐戒：如果比丘尼在屏处与男子坐，佛制不许。此戒相承上戒而制，因为上戒制须于伸手及户处坐，故迦留陀夷又于户扉后坐，佛再制戒不许。

二　缘起

【记】　迦留陀夷

迦留陀夷，乃缘起中能犯之人。

佛制此戒三要素：（1）**何处制**：舍卫国。（2）**因谁制**：迦留陀夷。（3）**因何制**：迦留陀夷念前戒，开手及门处坐，即与女人在户扉后坐共语，招讥因制。

三　戒文

【记】　戒文——若比丘尼，食家中有宝，在屏处坐者，波逸提。

此戒文分三句：

第一句：若比丘尼——能犯人

白四羯磨如法得处所的比丘尼。

第二句：食家中有宝，在屏处坐者 ——所防过

在饮食男女家，坐于有遮障处。

第三句：波逸提——结罪

如果比丘尼在食家中屏处坐，即结波逸提罪。

四　制意

【记】　四分律疏 制意同前。

此戒制意同前"食家强坐戒"。

五　具缘

【记】　南山行事钞 具四缘成犯：一、是俗男（原文"是俗女"）。二、屏处。

三、无第三人（此不对妇，故云第三人）。四、申手不及户坐。犯。

此戒具四缘成犯：

1. **是俗男**：对方是世俗男子。

2. **屏处**：比丘尼在有树、墙壁、篱栅，或衣及余物遮障处坐。

3. **无第三人**：没有第三人可为作证明。此戒不对妇，只要比丘尼与男子在屏处坐，无第三人为作证明，即犯。

4. **申手不及户坐。犯**：如果比丘尼在食家中伸手不及户之屏处坐，即犯波逸提。如果在门后，手虽及户亦犯，如缘起中说。

六 罪相

【记】

| 罪相 | 同第二十八食家强坐戒。 |

此戒罪相同上戒"食家强坐戒"。

七 开缘

【记】

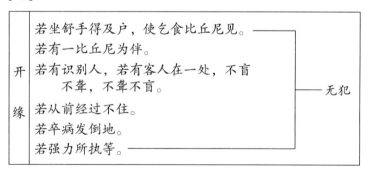

开缘	若坐舒手得及户，使乞食比丘尼见。	
	若有一比丘尼为伴。	
	若有识别人，若有客人在一处，不盲不聋，不聋不盲。	无犯
	若从前经过不住。	
	若卒病发倒地。	
	若强力所执等。	

此戒开缘如下：

1. 如果比丘尼在伸手得及门处而坐，余乞食比丘尼可看见，不犯。

2. 如果在伸手不及门处坐，若有另一比丘尼为伴，不犯。

3. 若有相识者，或客人共在一处，不盲不聋，可为作证明，故不犯。

4. 如果比丘尼从食家前经过，不停留，不犯。

5. 如果比丘尼在食家屏处，突然病发倒地，不犯。

6. 如果比丘尼被强力者所执，被迫在食家屏处坐，不犯。

1. 请解释"屏与男子坐戒"戒名。

2. 背诵并解释"屏与男子坐戒"之戒文。

3. "屏与男子坐戒"具哪几缘成犯？有哪些开缘？

第三十一节　独与男人坐戒

一　戒名

【记】　独与男人坐戒第三十　（同、大、制）

独与男人坐戒：如果比丘尼独与男子在露处共坐，佛制不许。

二　缘起

【记】　迦留陀夷

迦留陀夷，乃缘起中能犯之人。

佛制此戒三要素：（1）**何处制**：舍卫国。（2）**因谁制**：迦留陀夷。（3）**因何制**：迦留陀夷与女露坐，招讥因制。

三　戒文

【记】　戒文——若比丘尼，独与男子露地一处共坐者，波逸提。

此戒文分三句：

第一句：若比丘尼——能犯人

白四羯磨如法得处所的比丘尼。

第二句：独与男子露地一处共坐者——所防过

比丘尼独与男子在露地共坐一处。**男子**：即有智，且命根未断的人男子。**露处**：在空露地，离开他人见闻处。

第三句：波逸提——结罪

若比丘尼违教，即结波逸提罪。

四　制意

【记】　四分律疏 制意同前。

此戒制意同"食家强坐戒"。

五　具缘

【记】　比丘尼钞　具四缘成犯：一、是俗男。二、露处（原注云：净人见闻屏处）。[①]　三、无第三人。四、在申手内共坐。犯。

此戒具四缘成犯：

1. **是俗男**：对方是世俗男子。

2. **露处**：在空露地，离净人见闻之处。

　　见屏：即在尘雾黑暗中，人看不见。**闻屏**：即用常语之声，人听不到。此戒是在空露之地，只要离开余人见闻之处即犯。而前戒以室中屏处为结罪分齐，与此戒不同。

3. **无第三人**：没有第三人可为比丘尼作证明。

4. **在申手内共坐。犯**：如果比丘尼与男子在露地，于伸手内共坐，犯波逸提。

六　罪相

（一）正明犯相

【记】

此表含二事：

1. 如果比丘尼独与男子在露地共一处坐，结波逸提罪；如果在露地共一处站立，结突吉罗罪。

2. 如果有第三人，此人盲而不聋，或聋而不盲，俱结突吉罗罪，因为此人不能作完全证明。

（二）引文别显

【记】　南山行事钞　十诵：与男（原文"女"）露地坐，随起还坐，随尔数堕。相去一寻内（一寻八尺），堕。一寻半，吉。二寻若过，无犯。（原文中无"一寻八尺"）

---

① 　此文出自《四分律删繁补阙行事钞》卷二，《大正藏》第40册，第85页。《比丘尼钞》中未见。

《行事钞》引《十诵律》文：如果比丘与女子在露地共一处坐，随比丘起立又坐下之次数结罪。若起坐十次，即结十个波逸提罪。两人若在一寻（即八尺）范围内共坐，结波逸提罪；若相距一寻半，结突吉罗罪；相距二寻或过者，不犯。[1]

约比丘尼而言，则是与男子，结罪相同。

七　开缘

【记】

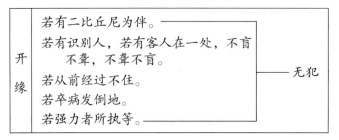

此戒开缘如下：

1. 如果比丘尼与男子在露地共一处坐，有另一比丘尼为伴，不犯。所谓"二比丘尼为伴"，包括自己在内有二比丘尼。如具缘第三"无第三人"，意即除白衣男子、比丘尼外，另有一人。约比丘尼不得独入白衣舍而言，此"第三人"应指另一比丘尼。

2. 如果有熟识者，或客人共在一处，他们既不盲、也不聋，可为作证明，故不犯。

3. 如果比丘尼在露地，从男子前经过不停留不犯。

4. 如果比丘尼在露地男子前，突然病发倒地，不犯。

5. 如果比丘尼被强力者所执等，被迫在露地与男子共一处坐，不犯。因不得自主故。

练习题

1. 请简述"独与男人坐戒"三要素。

2. 背诵并解释"独与男人坐戒"之戒文。

3. "独与男人坐戒"具哪几缘成犯？

4. 犯"独与男人坐戒"之罪相如何？

5. 依《十诵律》，如何结犯？

6. "独与男人坐戒"有哪些开缘？

---

[1] （后秦）三藏弗若多罗共罗什等译《十诵律》卷十二，《大正藏》第23册，第85页。

第三十二节　驱他出聚戒

一　戒名

【记】　驱他出聚戒第三十一　（同、大、性）

驱：驱逐。他：余比丘尼。出聚：出聚落，即出乞食处。

驱他出聚戒：如果比丘尼与他比丘尼事先有约，共同前往聚落，此比丘尼可为同伴提供饮食。但却在将过日中时驱逐对方出聚落，目的是不令彼乞得饮食，佛制不许。

二　缘起

【记】　跋难陀

跋难陀，乃缘起中能犯之人。

佛制此戒三要素：（1）**何处制：**舍卫国。（2）**因谁制：**跋难陀。（3）**因何制：**跋难陀与比丘共斗，结恨在心，便诱至城中无食处。知还寺时过，便驱出，令彼不得食，疲乏，因制。

三　戒文

【记】　戒文——若比丘尼，语比丘尼如是言：大姊，共汝至聚落，当与汝食。彼比丘尼随至聚落，竟不与食。而却语言：汝去，我与汝一处共坐共语不乐，我独坐独语乐。以是因缘，非余方便遣去。波逸提。

此戒文分五句：

第一句：若比丘尼——能犯人

白四羯磨如法得处所的比丘尼。

第二句：语比丘尼如是言：大姊，共汝至聚落，当与汝食——许与食

比丘尼语他尼如是言：“大姊！与我共往聚落，我当与汝食。”**“当与汝食”：**此是欺诳之语，意欲损恼前人。

第三句：彼比丘尼随至聚落——将入村

比丘尼欺骗、诱惑彼尼入聚落，而对方也随其共入聚落。

第四句：竟不与食，而却语言：汝去，我与汝一处共坐共语不乐，我独坐独语乐。以是因缘，非余方便遣去——不与食且驱出村

共往聚落后，日中将过，比丘尼竟不与食，反而说：“汝速去，我共汝一处，

若坐若语不乐，我独坐独语乐。"以如此因缘使对方不得饮食。

食：指时食。**汝去，我与汝一处共坐共语不乐等**：是驱遣他尼之词。**坐**：即禅坐。**语**：即读诵。**方便遣**：即假借共坐共语不乐等种种方便驱出他尼。

第五句：波逸提——结罪

比丘尼与他比丘尼事先有约，若对方随自己到聚落，当与饮食。后来无缘无故将对方驱出聚落，即结波逸提罪。

四 制意

【记】 四分律疏 制意：凡出家人，理怀诚实，忠信自居。先许他食，而竟不与，恶心驱出。时限已过，使他一日不得食以充躯。恼处至重，故所以制。

出家之人，理应心怀坦诚、真实不虚，为人忠厚而有信用。先许诺对方，若同行，与饮食，竟然临近日中，以恶心将对方驱出聚落。由于时间短促，尚未回到僧伽蓝，已过日中，令对方一天不得饮食资身，疲乏至极。此行恼害甚重，故佛制戒不许。

五 具缘

【记】 南山行事钞 具四缘成犯：一、是比丘尼（原文无"尼"字）。二、期与设食。三、无诸缘碍。四、遣去。犯。

此戒具四缘成犯：

1. **是比丘尼**：对方是比丘尼。如果是下三众，只结突吉罗罪。
2. **期与设食**：事先有约定，如果共行，便供给饮食。
3. **无诸缘碍**：于中没有其他因缘障碍。
4. **遣去。犯**：驱遣他比丘尼，只要离开见闻之处，即结波逸提罪。

六 罪相

【记】

此戒罪相如下：

1. 如果比丘尼故意使他比丘尼不能得饮食，并用种种方便将彼遣去，不论是他比丘尼还是自己，一离开见闻处，此比丘尼即结波逸提罪。2. 如果彼此见闻互离，即离开见处，但未离闻处；或者离开闻处，但未离见处，结突吉罗罪。

七　开缘

【记】

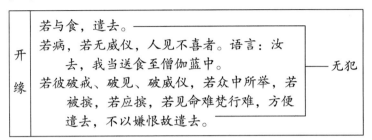

| 开缘 | 若与食，遣去。——————————————————— ——无犯
若病，若无威仪，人见不喜者。语言：汝去，我当送食至僧伽蓝中。
若彼破戒、破见、破威仪，若众中所举，若被摈，若应摈，若见命难梵行难，方便遣去，不以嫌恨故遣去。 |

此戒开缘如下：

1. 如果比丘尼已给他比丘尼饮食，后遣去，不犯。

2. 如果彼比丘尼有病，或无威仪，俗人不喜见，于是对彼说："你先去，我会将饮食给你送到僧伽蓝中。"如是不犯。

3. 如果他比丘尼破戒、破见、破威仪；或是被举、被摈、应灭摈者；或因彼在，自身将有命难、梵行难。如此，比丘尼以种种方便驱遣他尼离开，不是以嫌恨心遣去，不犯。

练习题

1. 请解释"驱他出聚戒"戒名。

2. 简述佛制"驱他出聚戒"三要素。

3. 背诵并解释"驱他出聚戒"之戒文。

4. 佛制"驱他出聚戒"意义何在？

5. 犯"驱他出聚戒"应具哪几缘？

6. "驱他出聚戒"结犯相状如何？有哪些开缘？

第三十三节　过受四月药请戒

一　戒名

【记】　过受四月药请戒第三十二　（同、大、制）

过受：超过期限而受。**四月药请**：檀越供给众僧药，但时间局限在夏四月。

过受四月药请戒：如果是檀越供给众僧药，但时间局限在夏四月，而比丘尼超过期限受，佛制不许。

二　缘起

【记】　六群、摩诃男

六群比丘，是缘起中能犯之人。

佛制此戒三要素：（1）**何处制**：佛于释翅瘦迦维罗卫国制。（2）**因谁制**：六群比丘。（3）**因何制**：时摩诃男请僧与药，六群比丘求难得药，彼言家中无，须至市求。六群呵骂摩诃男心不平等且妄语。彼因此而断僧药，因制。

三　戒文

【记】　戒文——若比丘尼，请四月与药，无病比丘尼应受。若过受，除常请、更请、分请、尽形请者，波逸提。

此戒文分六句：

第一句：若比丘尼——能犯人
白四羯磨如法得处所的比丘尼。

第二句：请四月与药——请与药
檀越请众僧供给药，局在夏四月。

第三句：无病比丘尼应受——明听受
如果比丘尼无病应随施主之心而受。

第四句：若过受——过受
如果超过施主限定而受。

第五句：除常请、更请、分请、尽形请者——除开缘
除施主常请、更请、分请及尽形寿请因缘。

常请：即施主不作日限，常时供养大众僧药。如施主作如是言："我常与药。"

更请：即药请中断后，又重新供养。

分请：即施主持药到僧伽蓝中，分与。

尽形请：即施主尽受施者一期报形，常施与药。

第六句：波逸提——结罪
如果比丘尼，无病因缘及常请乃至尽形请诸缘，而过受药请，即结波逸提罪。

四　制意

【记】　四分律疏 制意：然笃信居士，供办美药。延请僧众，虔心供养。施心有限，宜应将护，称施而受。今过受他药，长贪恼物。败善增恶，损处不轻。

故今圣制。

诚信居士，备办贵重好药，延请众僧，虔心供养。但施心有限，只局夏四月中。受施者应善护施主之心，随其所施纳受。而今，超过居士布施限度，过多受用施主好药，不仅增己贪心，也触恼施主。此乃败善增恶行为，损恼之处颇重，故佛制不许。

五　具缘

【记】　南山行事钞 具六缘成犯：一、是药请。二、施主限定。三、知限。四、过受。五、无缘。六、食。犯。

此戒具六缘成犯：

1. **是药请**：是施主请僧供给之药。

2. **施主限定**：施主心有局限。

3. **知限**：比丘尼知施主心有局限。

4. **过受**：超过居士布施限度而受。

5. **无缘**：无开缘情况。

6. **食。犯**：如果比丘尼吃过受之药，咽咽结波逸提罪。

六　罪相

【记】

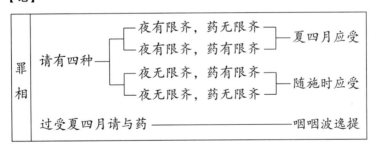

此表含二：

（一）明夜、药之分齐

1. **夜有限齐，药无限齐**：如施主言"我与尔许夜药"。

2. **夜有限齐，药有限齐**：如施主言"我与尔许夜药，与如是药"。

3. **夜无限齐，药有限齐**：如施主言"我与如是药"。

4. **夜无限齐，药无限齐**：如施主言"我请汝，与药"。

上面四种，前二种请，夏四月应受；后二种请，应随施而受。

夜：指时间，或天数。之所以说夜，因为一天时间必含夜晚，若时间还在夜晚，不算一日已过。因此须用夜分表示一日分齐。

（二）明结犯

如果施主局在夏四月供养药，比丘尼超过施主时间限度而受，服用此药，咽咽结波逸提罪。

七　开缘

（一）正明开

【记】

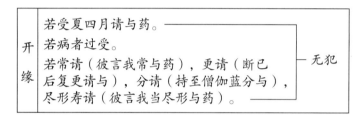

此戒开缘如下：

1. 如果施主供给药，请僧接受，局在夏四月，比丘尼称施主布施而受，不犯。

2. 如果比丘尼有病因缘过受居士所供养之药，不犯。

3. 如果是施主常请、更请、分请及尽形寿请之药，过受不犯。

（二）引文释

【记】　灵芝行宗记 常请，约能施之主，不限于时。尽形，据所请之僧，除死而已。

灵芝律师在《行宗记》中解释：常请是约能施者，不限时间而布施；而尽形药请，则约所请之僧人，施主尽受施者此身报形，常施与药，直到受者命终方止。

 练习题

1. 请解释"过受四月药请戒"戒名。

2. 略述佛制"过受四月药请戒"三要素。

3. 背诵并解释"过受四月药请戒"之戒文。

4. "过受四月药请戒"具哪几缘成犯？

5. 根据"夜""药"分齐，有哪四种请，当何时接受？

6. 何谓"常请""更请""分请""尽形请"？

7. "常请"与"尽形请"有何区别？

8. "过受四月药请戒"有哪些开缘？

第三十四节 观军阵戒

一 戒名

【记】 观军阵戒第三十三 （同、大、制）

观：观看。**军**：即军队。《四分律》云，军者有象军、马军、车军、步军四种。[①]

阵：即行列布阵。《四分律》云："阵者，四方阵，或圆阵，或半月形阵，或张甄阵，或减相阵，象王、马王、人王阵。"[②]

观军阵戒：如果比丘尼无因缘而往观军阵，佛制不许。

二 缘起

【记】 六群

六群比丘，乃缘起中能犯之人。

佛制此戒三要素：（1）**何处制**：舍卫国。（2）**因谁制**：六群比丘。（3）**因何制**：人民反叛，王领六军征伐。六群观阵，波斯匿王见而不悦，以一裹石蜜奉佛，并持名礼拜。六群比丘至佛所，具陈此缘，因制。

三 戒文

【记】 戒文——若比丘尼，往观军阵。除时因缘，波逸提。

此戒文分四句：

第一句：若比丘尼——能犯人

白四羯磨如法得处所的比丘尼。

第二句：往观军阵——所防过

比丘尼往观军队行列布阵，若戏、若斗，乃至一马、一车、一步。

第三句：除时因缘——除开缘

如果须有所白，及有请唤因缘，则开听往。

————————————————

① （后秦）三藏佛陀耶舍共竺佛念等译《四分律》卷十五，《大正藏》第 22 册，第 669 页。

② 《四分律》卷十六，《大正藏》第 22 册，第 671 页。

第四句：波逸提——结罪

比丘尼无开缘情况而往观军阵，若见到，即结波逸提罪。

四　制意

【记】　四分律疏 制意：凡军阵凶险，兵刃交竞。实则倾败俄尔，戏便令心荡逸。招讥损道，愆深过极。交违慈愍，故不听观。多论三义故：一、为佛法尊重故。二、为灭诽谤故。三、为灭诸恶，增长善法故。

军阵之地极其凶险，兵刃交接，刀光剑影。若真枪实弹，顷刻之间便你死我活。若军事演习，现场观看令心荡逸。而且还会招致讥嫌，损害道业，过失极其严重。何况两军交战，必有死伤。道人观之，乖违慈愍，所以佛制戒不允许往观军阵。

《萨婆多论》云，佛制此戒有三义：①

1. 为佛法尊重故

出家人往观军阵，损及佛法尊严，令人不生信敬。为显佛法尊贵，故不听。

2. 为灭诽谤故

出家人往观军阵，必遭俗人讥嫌毁谤，言沙门释子无惭无愧无慈悲心。为灭诽谤，故不听。

3. 为灭诸恶，增长善法故

战场凶暴，杀戮残害，实乃极大恶法。往观此境，易增恶法。为灭恶增善，故不听。

五　具缘

【记】　南山行事钞 具四缘成犯：一、是军阵。二、故往观。三、无缘。四、往见。犯。

此戒具四缘成犯：

1. **是军阵**：军事阵仗，包括正式交战与军阵演习。

2. **故往观**：比丘尼故意前往观看。

3. **无缘**：无开缘情况。如果有所秉白，及被请唤等因缘，则开听往。

4. **往见。犯**：如果比丘尼往观，见到军阵，便犯波逸提。

---

① 《萨婆多毗尼毗婆沙》卷八，《大正藏》第23册，第554页。

六　罪相

（一）正明犯相

【记】

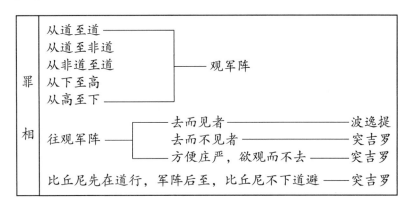

此表说明三项内容：

1. 若比丘尼从正道至正道，或从正道至非正道，或从非正道至正道，或从低处至高处，或从高处至下处，不论以何种途径往观军阵，往而见者，结波逸提罪；往而不见者，结突吉罗罪。（正道：即正式道路。非正道：即非正式道路。）

2. 若比丘尼以种种方便准备，欲往观军阵，而后却没去，结突吉罗罪。

3. 比丘尼先在道行，军阵后至。若比丘尼不下道回避，结突吉罗罪。

（二）引文别显

【记】 比丘尼钞 僧祇云：若入聚落城邑，道中逢军阵不作意见，无犯。若作意举头、下头、窥望，欲使见者，提。十诵云：若军阵发行，为斗彼贼杀死，因观无常故不犯。婆论云：道由中过无犯，若立住看犯。左右反顾坏威仪，故吉罗。

《比丘尼钞》引《僧祇律》文：若入聚落或城邑，于道中巧遇军阵战事，不作意看者，不犯。若作意欲看，但抬头，或低头，或从旁窥看，欲使见者，结波逸提罪。[1]

又引《十诵律》文："若军中有应死因杀，观无常故无罪。"[2] 因为观此无常，易生厌离，故开往观立。若不是真实观无常，往观亦犯。

再引《萨婆多论》文：若道行必由军阵中过者，不犯；若立住观看，则犯。若

---

① （东晋）三藏佛陀跋陀罗共法显译《摩诃僧祇律》卷十八，《大正藏》第22册，第374页。

② （后秦）三藏弗若多罗共罗什等译《十诵律》卷五十三，《大正藏》第23册，第394页。

左右回视，须结坏威仪突吉罗罪。①

七　开缘

【记】

开缘	若比丘尼有事往，若被请去，若强力者将去。	
	若比丘尼先在道行，军阵后至，比丘尼下道避。	无犯
	若水道断等，若强力者所执等，比丘尼下道避。	

此戒罪相如下：

1. 如果比丘尼有事，或被请唤，或被强力者所执，有如是因缘而往至军中，不犯。

2. 如果比丘尼先在道上行，军阵后至，比丘尼下道回避，不犯。

3. 如果比丘尼巧遇军阵，因为水陆道断，或盗贼恶兽，或水大涨，或被强力者所执，或命难、梵行难等因缘，无法下道回避，不犯。

练习题

1. 请解释"观军阵戒"戒名。
2. 略述佛制"观军阵戒"三要素。
3. 背诵并解释"观军阵戒"之戒文。
4. 据《萨婆多论》，佛为什么制"观军阵戒"？
5. "观军阵戒"具哪几缘成犯？
6. "观军阵戒"结犯相状如何？有哪些开缘？

思考题

1. 比丘尼在电视上看阅兵式犯此戒吗？为什么？

第三十五节　有缘军中过限戒

一　戒名

【记】　有缘军中过限戒第三十四　（同、大、制）

有缘：如果国王、王夫人、太子、大臣、诸将等请；如果为僧事、塔事、私己

---

① 《萨婆多毗尼毗婆沙》卷八，《大正藏》第23册，第554页。

事，有所启白。**军中：**即军马营寨战阵之所。

有缘军中过限戒：如果比丘尼被请，或有所启白，于军中住，超过制限，佛制不许。

二　缘起

【记】　　六群

六群比丘，乃缘起中能犯之人。

佛制此戒三要素：（1）**何处制：**舍卫国。（2）**因谁制：**六群比丘。（3）**因何制：**六群比丘有缘至军中住，居士言："我等为爱欲故在此耳，沙门复于此何为？"因制。

三　戒文

【记】　　戒文——若比丘尼，有因缘至军中，若二宿三宿，过者，波逸提。

此戒文分四句：

第一句：若比丘尼——能犯人

白四羯磨如法得处所的比丘尼。

第二句：有因缘至军中——军中宿

比丘尼有因缘至军中住。

因缘：即被请或有所启白等因缘。之所以开请唤当往，《萨婆多论》云："凡人亦尔，止诽谤故，若唤不往。当言：'比丘有所求时不唤自来。无所求时故唤不来。'为沙门果故，若往说法，或得须陀洹、或得斯陀含、或得阿那含，又长信敬善根故，又以道俗相须，长养佛法故，是以听往。以欢喜心故，得沙门果也。"[①]

第三句：若二宿三宿——宿分齐

若比丘尼在军中宿，但已经过二宿，到第三宿明相未出，应离见闻处。

第四句：过者，波逸提——过限结罪

比丘尼军中宿，超过制限，即结波逸提罪。

四　制意

【记】　　四分律疏 制意同前。

此戒制意同前"观军阵戒"。

---

① 《萨婆多毗尼毗婆沙》卷八，《大正藏》第 23 册，第 554 页。

五　具缘

【记】　具四缘成犯：一、有请缘。二、曾经二夜。三、第三宿不离见闻处。四、明相出。犯。

此戒具四缘成犯：

1. **有请缘**：有被请唤因缘。

2. **曾经二夜**：比丘尼在军中宿已经二夜。

3. **第三宿不离见闻处**：第三夜明相未出前，不离见闻处。

4. **明相出。犯**：第三夜明相出，比丘尼未离见闻处，便犯波逸提。

六　罪相

【记】

如果比丘尼有因缘至军中止宿，到第三夜明相未出，不离见闻处。明相出，即结波逸提罪；如果比丘尼到见闻互离之处，结突吉罗罪。

七　开缘

【记】

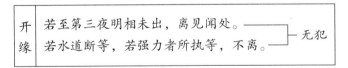

此戒开缘如下：

1. 如果比丘尼在军中住，到第三夜明相未出前，便离开见闻处，不犯。未过制限故。

2. 如果比丘尼在军中住，到第三夜明相未出前，因水陆道断，或被强力者所执等因缘，而无法离去，不犯。身不由己故。

练习题

1. 请解释"有缘军中过限戒"戒名。

2. 简述佛制"有缘军中过限戒"三要素。

3. 背诵并解释"有缘军中过限戒"之戒文。

4. "有缘军中过限戒"具哪几缘成犯？结犯相状如何？有哪些开缘？

第三十六节 观军合战戒

一 戒名

【记】 观军合战戒第三十五 （同、大、制）

观军合战戒：如果比丘尼有因缘到军中宿，而往观军阵斗战，或观游军象马势力，佛制不许。

二 缘起

【记】 六群

六群比丘，乃缘起中能犯之人。

佛制此戒三要：（1）**何处制**：佛于舍卫国制。（2）**因谁制**：六群比丘。（3）**因何制**：六群比丘有缘在军中宿，而往观军阵斗战等，中有一人被箭所射，同伴以衣裹之舆还，俗见讥嫌，因制。

三 戒文

【记】 戒文——若比丘尼，军中住，若二宿三宿。或时观军阵斗战，若观游军象马势力，波逸提。

此戒文分四句：

第一句：若比丘尼——能犯人

白四羯磨如法得处所的比丘尼。

第二句：军中住，若二宿三宿——在军中

比丘尼有因缘至军中住，或二夜或三夜。

第三句：或时观军阵斗战，若观游军象马势力——观战

比丘尼在军中宿，往观军阵真实斗战，或观军阵演习，或观游军象马势力。《僧祇律》云："势力者，强弱相倾，观其事势，是名势力。"[1]

第四句：波逸提——结罪

此比丘尼即结波逸提罪。

---

[1] （东晋）三藏佛陀跋陀罗共法显译《摩诃僧祇律》卷十八，《大正藏》第22册，第375页。

四　制意

【记】　四分律疏 制意：过不异前。既有因缘，听至军中，宜应坐住。复方便往观，过同于初。故所以制。

观军合战，其过失与前事无别。现在，比丘尼既然有因缘，可于军中止宿，理应安坐一处，俨然不动。而今，却方便往观军阵合战，其过失与往观军阵一样。因此，佛制不许。

五　具缘

【记】　南山行事钞 具四缘成犯：一、先有缘在宿。二、军阵合战。三、方便往观。四、见。犯。

此戒具四缘成犯：

1. **先有缘在宿**：比丘尼先有被请唤，或有所启白等因缘在军中住。
2. **军阵合战**：军中有真实斗战，或军阵演习等。
3. **方便往观**：比丘尼以方便，故意去观看。
4. **见。犯**：如果比丘尼看见军阵合战，便犯波逸提。

六　罪相

【记】

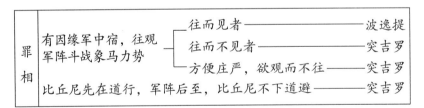

此戒罪相如下：

1. 如果比丘尼有因缘在军中住，往观军阵斗战及象马势力，见到，结波逸提罪；若未看见，结突吉罗罪。

2. 如果比丘尼有因缘在军中住，以种种方便准备往观军阵斗战及象马势力，后又不去，须结突吉罗罪。

3. 如果比丘尼先在道上行走，军阵后到，比丘尼不下道回避，结突吉罗罪。

七　开缘

【记】

开缘	若有时因缘，若比丘尼有所白，若被请去，—— 　若强力者将去，若命难，若梵行难。 若比丘尼先在道行，军阵后至，比丘尼下道避。 若水道断等，若强力者所执等，不下道避。	——无犯

此戒开缘如下：

1. 如果比丘尼有时因缘，或有所启白，或被请唤，或被强力者所执，或有命难、梵行难等，如是因缘而至军中，不犯。

2. 如果比丘尼先在道上行，军阵后到，比丘尼到下道回避，不犯。

3. 如果比丘尼巧遇军阵，但因水陆道断，或盗贼恶兽，或水大涨，或被强力者所执系，或命难梵行难，而无法下道回避，不犯。

练习题

1. 请解释"观军合战戒"戒名。

2. 简述佛制"观军合战戒"三要素。

3. 背诵并解释"观军合战戒"之戒文。

4. 佛为什么制"观军合战戒"？

5. "观军合战戒"具哪几缘成犯？

6. "观军合战戒"结犯相状如何？有哪些开缘？

第三十七节　饮酒戒

一　戒名

【记】　饮酒戒第三十六　（同、大、制）

饮：吞咽。**酒**：以米、麦、藕根、甘蔗、果汁等，加酒曲发酵酿制而成，名为酒。《四分律》云："酒者：木酒、粳米酒、余米酒、大麦酒。若有余酒法作酒者是。……酒者，酒色、酒香、酒味，不应饮；或有酒，非酒色，酒香、酒味不应饮。或有酒，非酒色，非酒香，酒味不应饮。或有酒，非酒色，非酒香，非酒味，不应饮。"[1] 律文之意：只要是酒，无论是否具酒色、酒香、酒味，皆不得饮。

饮酒戒：如果比丘尼饮酒，佛制不许。

大：大乘菩萨戒也制。《梵网经》云：若佛子！故饮酒，而酒生过失无量。若

---

① （后秦）三藏佛陀耶舍共竺佛念等译《四分律》卷十六，《大正藏》第22册，第672页。

自身手过酒器与人饮酒者，五百世无手，何况自饮。不得教一切人饮，及一切众生饮酒，况自饮酒。若故自饮、教人饮者，犯轻垢罪。①

二 缘起

【记】 　娑伽陀

娑伽陀尊者，乃缘起中能犯之人。

佛制此戒三要素：（1）**何处制：**佛于支陀国制。（2）**因谁制：**娑伽陀。（3）**因何制：**娑伽陀比丘降龙示拘睒弥王，得酒饮醉卧路，因制。

三 戒文

【记】 　戒文——若比丘尼，饮酒，波逸提。

此戒文分三句：

第一句：若比丘尼——能犯人

白四羯磨如法得处所的比丘尼。

第二句：饮酒——所犯境

比丘尼饮酒。**酒：**即木酒、粳米酒、余米酒、大麦酒，及一切花果根叶所制之酒。

第三句：波逸提——结罪

此比丘尼即结波逸提罪。

四 制意

【记】 　四分律疏　制意：酒为毒水，饮则成患。令人志性猖狂，广兴诸恶。妨修废业，损道招讥。生患之本，宁容不禁？是故圣制。

酒类使人昏醉，能生诸恶并损善法，故名毒水。如果饮用则生诸多过患：其一，令人神志不清，甚至丧失理智，猖狂放肆。其二，因饮酒令人造作许多过恶。其三，饮酒会令人心神昏迷，从而妨碍修行，荒废道业。四者，饮酒本非出家人所宜，若饮，必招世人讥嫌。酒是产生过患之本②，怎能不加禁止？所以，佛制不许饮酒。

---

① （后秦）三藏鸠摩罗什译《梵网经》卷二，《大正藏》第24页，第1005页。

② 《大智度论》卷十三云，酒有三十五失：1. 现世财物虚竭。2. 众病之门。3. 斗诤之本。4. 裸形无耻。5. 丑名恶声，人所不敬。6. 覆没智慧。7. 所应得物不得，已得之物即失。8. 伏匿之事，尽向人说。9. 种种事业，废不成办。10. 醉为愁本，以醉中多失，醒则惭愧忧愁故。11. 身力转少。12. 身色坏。13. 不知敬父。14. 不知敬母。15. 不敬沙门。16. 不敬婆罗门。17. 不敬尊长，以醉闷惛恼，无所别故。18. 不尊敬佛。19. 不敬法。20. 不敬僧。21. 朋党恶人。22. 疏远贤善。23. 作破戒人。24. 无惭无愧。25. 不守六情。26. 纵色放逸。27. 人所憎恶，不喜见之。28. 贵重亲属，及诸知识，所共摈弃。29. 行不善法。30. 弃舍善法。31. 人不信用。32. 远离涅槃。33. 种狂痴业。34. 身坏命终，堕恶道泥犁中。35. 若得为人，所生之处，常当狂骋。（《大正藏》第25册，第158页。）

五　具缘

【记】　南山行事钞 具三缘成犯：一、是酒。二、无重病缘。三、饮咽。犯。

此戒具三缘成犯：

1. **是酒**：所饮之物是酒。

2. **无重病缘**：无重病因缘。若重病，须用酒方能治愈，则开。

3. **饮咽。犯**：如果饮而咽下，便犯波逸提。

六　罪相

（一）正明犯相

【记】

罪 相	是酒————虽无酒色、酒香、酒味————不应饮 非酒————虽有酒色、酒香、酒味————应饮 酒、酒煮、酒和合，若食、若饮————波逸提 若饮甜味酒 若饮酢味酒 若食曲 若饮酒糟		突吉罗

此戒罪相如下：

1. 如果是酒，虽然没有酒色、酒香、酒味，也不应饮；如果不是酒，即使有酒色、酒香、酒味，也可以饮。

2. 如果是酒，或用酒煮之饮食，或用酒和合之其他食物、饮料，不论比丘尼是食是饮，俱结波逸提罪。

3. 如果比丘尼饮甜味酒、酢味酒（即酸酒）、食酒曲，或饮酒糟，皆结突吉罗罪。

（二）引文别明

1. 弘一律师加"案"

【记】　案 南山含注戒本及行事钞所引律文，皆云：若非酒而有酒色香味不得饮。灵芝释云：若非下，明非酒，具三同酒。必不具者，如下甜酢，但犯吉罗。

弘一律师加"案"说明：《含注戒本》及《行事钞》所引律文，皆云：若非酒，而有酒色、酒香、酒味，不得饮。灵芝律师解释："若非酒"下，明非酒，若具酒色、酒香、酒味，等同于酒。若不具此三，比如甜酒、酢酒等，若饮用，只结突吉罗罪。[①]

2. 引《资持记》

【记】 灵芝资持记 此方多有糟藏之物，气味全在，犹能醉人。世多贪嗷，最难节约。想西竺本无，故教所不制。准前糟曲，足为明例。有道高士，幸宜从急。

此方（即东土）多有发酵食物，具有浓郁酒味且能醉人。世人多贪此口味，难以节制。估计印度当时没有此类食物，故圣教对此未加制约。但据罪相，酒糟酒曲皆不许食。此乃证明，诸发酵食品，若有酒味且能醉人，出家人不宜食。愿有道明达之士，从严守持此戒。

七 境想

（一）正示境想

【记】

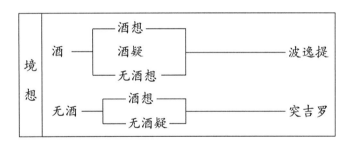

此表说明二事：

1. 如果是酒，不问是否有酒想，或酒疑，或无酒想，皆结波逸提罪。

2. 如果没有酒，却作有酒想，或无酒疑，结突吉罗罪。

（二）引文别释

【记】 南山戒本疏 境想三句皆重。诸师云：约心从境制，余意不同。圣制有以，文少不了。岂有智人由来不嗅，须浆误饮，可结提耶？此谓重者，先有方

---

① 弘一律师在《扶桑集》中会通《四分律》与《行事钞》，云：现行律本，非酒具酒色、酒香、酒味，开饮，是约不能醉人而言。《行事钞》中所说，非酒具酒色、酒香、酒味，不开饮，则是约能醉人而言。因此，对非酒可作四句：1. 具三而醉人，同酒，犯提；2. 具三而不醉人，不犯；3. 不具三而醉人，犯吉；4. 不具三且不醉人，不犯。（《钞记扶桑集释》卷下，台湾正觉精舍倡印，香港实业公司承印，2003 年 5 月版，第 756 页。）

便，欲饮此酒。及举向口，乃生非酒想疑。约后心边，止吉罗耳。成前方便，非重如何？

《戒本疏》云：此戒境想中，酒作酒想、作酒疑、作无酒想，三事俱结波逸提罪。古来诸师认为：此乃约心从境而制，但我（即道宣律师）意不然。佛制戒必定有其缘由，但律中文不具足，义不明了。有智之人，哪里会在须饮用之时，不嗅就饮？难道因欲饮浆而误饮酒即须结提罪？实际上，结提罪之因在于，此人事先已作饮酒前方便，等举杯向口之时，心作非酒想，或非酒疑，但仍然饮之。若约后转想之心，本应结突吉罗罪。但因之前有饮酒前方便，不结提罪又当如何？

八　开缘

（一）正明开

【记】

开缘	若有病，余药治不瘥，以酒为药。 若以酒涂疮。	——无犯

此戒开缘如下：
1. 如果比丘尼有病，除酒之外其他药不能治愈，饮之不犯。
2. 如果用酒涂疮，亦不犯。

（二）引文释

【记】　南山戒本疏　余药不治，酒为药者，非谓有病即得饮也。故须遍以余药治之不瘥，方始服之。

《戒本疏》云：开缘中所谓"余药不治，以酒为药"不犯，并非言比丘尼但凡有病，即饮酒治疗。而是先须寻找其他能治此病之药，遍用后，仍然不愈，才开饮酒治病。

九　警策

（一）《行事钞》引本律明酒之十过

【记】　南山行事钞　律云：若以我为师者，乃至不得以草木内酒中滴口。因说酒有十过。灵芝释云，十过者：一、颜色恶。二、少力。三、眼视不明。四、现嗔恚相。五、坏业资生。六、增疾病。七、益斗讼。八、无名称。九、智慧少。十、命终堕三恶道。^{原注云：上九现}观斯十过，现事灼然。世愚反云益力治病者，不亦谬哉。

《行事钞》引《四分律》文："佛告阿难：自今以去，以我为师者，乃至不得以草木头内著酒中而入口。"^① 意即：作为佛弟子，一切酒不应饮，乃至不得将草木沾酒中，令入口一滴。继而说饮酒有十种过患。灵芝律师在《资持记》中解释饮酒十过：（1）颜色恶：饮酒者面色不好。（2）少力：酒中含酒精，饮用等于慢性中毒，因此气力也随之减少。（3）眼视不明：饮酒之人视力不清。（4）现嗔恚相：饮酒之人，脸现嗔恚之相，似凶神恶煞。（5）坏业资生：饮酒之人，毁坏家产，荒废治生之业。（6）增疾病：病者饮酒，加剧病情；无病者饮之，将导致疾病。（7）益斗讼：因酒迷乱性，容易令人丧失理智，而增斗讼。（8）无名称：以饮酒丧德，而不得好名声。（9）智慧少：饮酒易使大脑皮层受酒精麻醉，令思考能力减弱，故智慧随之减少。（10）命终堕三恶道：饮酒将招未来堕三恶道之苦报。

小字说明：前九种是现世过恶，第十种是未来苦果。

观此十种过患，生活中实例已明证。但世上愚人，却反说饮酒可增强气力，尚可治病。岂非荒谬？

（二）《行事钞》次引多论显此戒极重

【记】 多论云：此戒极重，能作四逆，除破僧。又能破一切戒，及余众恶故。灵芝释云：一切者，总收五八十具。彼论云：有人饮酒，婬母、盗鸡、杀人。人问，皆云不作。（原注云：即妄语也。）四戒尚毁，余则可知。良以昏神乱思，放逸之本。沙门大患，可不然乎？^②

《萨婆多论》云：一切遮戒中，此饮酒戒最重。因为饮酒会使人失去理智而造四逆之罪，即杀父、杀母、杀阿罗汉、出佛身血。五逆中唯有不犯破僧。而且，饮酒之后能破一切禁戒，及造作其他恶业。

灵芝律师释云：文中"一切戒"，总收五戒、八戒、十戒及具足戒。论中又举一例，如迦叶佛时，有优婆塞，因喝酒乱性而奸婬其母（《萨婆多论》卷一云"邪婬他妇"），又盗邻家鸡，并杀人。他人问言：何以故尔？答言：不作。小字注明，此即犯妄语。如是饮酒之人，一时能破四根本戒，又因饮酒，能犯四逆，余戒由此可知。饮酒实为神志不清之因，放逸颠倒之本，修习道业之大忌。不是这样吗？

---

① （后秦）三藏佛陀耶舍共竺佛念等译《四分律》卷十六，《大正藏》第22册，第672页。

② 《萨婆多毗尼毗婆沙》卷九云："若过是罪者，此酒极重，饮之者能作四逆，除破僧逆，以破僧要当自称为佛故。亦能破一切戒及余众恶也。"（《大正藏》第23册，第560页。）

练习题

1. 何谓"饮"? 何谓"酒"?

2. 简述佛制"饮酒戒"三要素。

3. 背诵并解释"饮酒戒"之戒文。

4. 佛为何制"饮酒戒"?

5. "饮酒戒"具哪几缘成犯?

6. "饮酒戒"结犯相状如何? 有哪些开缘?

7. 根据《四分律》,饮酒有哪十种过患?

思考题

1. 据《戒本疏》,"饮酒戒"境想前三句,古今诸师观点有何不同?

2. 《萨婆多论》为何说一切遮戒中,此饮酒戒最重?

第三十八节　水中戏戒

一　戒名

【记】　水中戏戒第三十七　（同、大、制）

水中戏戒：如果比丘尼在水中放逸自恣,嬉戏玩耍,佛制不许。

二　缘起

【记】　十七群

十七群比丘,乃缘起中能犯之人。

佛制此戒三要素：（1）**何处制**：舍卫国。（2）**因谁制**：十七群比丘。（3）**因何制**：十七群比丘在阿耆罗婆提河中嬉戏浇溅,波斯匿王与末利夫人在楼上见,王言："看汝所事者。"夫人言："是始出家,或无知也。"即派遣那陵迦婆罗门以石蜜奉佛,佛呵责制戒。

三　戒文

【记】　戒文——若比丘尼,水中戏者,波逸提。

此戒文分三句:

第一句：若比丘尼——能犯人
白四羯磨如法得处所的比丘尼。

第二句：水中戏者——所防过

在水中放逸自恣，嬉戏玩耍。

第三句：波逸提——结罪

此比丘尼即结波逸提罪。

四 制意

【记】 四分律疏 制意。多论四义故制：一、佛法尊重，理宜奉敬。今入水遊戏，损坏匪轻。二、理宜威仪庠序，外长信敬。入水遊戏，动越威仪，招世讥过。三、宜息缘修道。入水遊戏，防（原文"妨"）废正业。四、宜修正念。入水游戏，令心散失正念故。为斯等义，所以圣禁。

根据《萨婆多论》，佛制此戒有四义：[①]

1. **为佛法尊重故**：佛法高尚尊贵，出家人理应恭敬尊奉，清净持守。而今却入水中游戏，严重损辱佛法。

2. **为长敬信故**：出家人理应威仪庠序，如行步平视，如象王回身等，不得轻佻放逸；如此，动静有仪，对外方可令世人生信敬之心。现在，反倒入水玩耍嬉戏，此举乖越威仪，极易招致俗人讥嫌，丑累佛法。

3. **不废正业故**：出家人理宜摒息诸缘，专心办道。若入水玩耍，妨碍、废修出离正业。

4. **为修正念故**：出家人应常尔一心，二六时中系心于道。如果入水嬉戏，令心掉举、散乱，从而失去正念。

而且，水性漂荡，深浅不定，在中戏笑，容损身命。由于以上诸种过失，故佛制不许水中嬉戏。

五 具缘

【记】 南山行事钞 具三缘成犯：一、是水。二、无缘。三、入中戏。犯。

此戒具三缘成犯：

1. **是水**：只要是水，不论深浅，皆犯。
2. **无因缘**：无开缘情况。
3. **入中戏。犯**：若比丘尼为放逸自恣，嬉戏玩耍，入水中，便结波逸提罪。

六 罪相

【记】

---

① 《萨婆多毗尼毗婆沙》卷八，《大正藏》第 23 册，第 557 页。

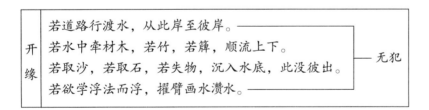

此表含二事：

（一）犯相

水中戏：即不摄正念，放纵己身，恣意玩耍，或从此岸至彼岸；或顺流，或逆流；或此没彼出；或以手画水；或以水互相浇洒；乃至以钵盛水戏弄等。

（二）罪相

1. 如果比丘尼在水中戏，结波逸提罪。

2. 如果比丘尼戏弄器皿中的酪浆、清酪浆、苦酒、麦浆等，俱结突吉罗罪。

七 开缘

（一）正明开缘

【记】

开缘	若道路行渡水，从此岸至彼岸。 若水中牵材木，若竹，若簰，顺流上下。 若取沙，若取石，若失物，沉入水底，此没彼出。 若欲学浮法而浮，擢臂画水溅水。	无犯

此戒开缘如下：

1. 如果道路行，须渡水而过，从此岸至彼岸，不犯。

2. 如果为牵水中材木，或竹，或筏，而于水中顺流上下，不犯，因为作务，没有戏心故。簰：同"排"，渡水之竹筏或木筏。

3. 如果为捞取水中沙，或石头，或失物，而沉入水底，此没彼出，不犯。

4. 如果想学水中浮法而振臂、画水、洒水，不犯。因渡水恐生难缘，故佛开可学浮法，但学成已后，即须止。

（二）解字音义

【记】 灵芝行宗记 擢合作掉，音调，振也、引也、拔也。

《行宗记》注释"擢"字：合作掉，读音"调"，是振、引、拔之意。根据《现代汉语词典》，此字应念 zhuó。

练习题

1. 请略述佛制"水中戏戒"三要素。
2. 背诵并解释"水中戏戒"之戒文。
3. "水中戏戒"具几缘成犯？
4. 水中戏有哪些相状？如何结罪？
5. "水中戏戒"有哪些开缘？

思考题

1. 为何戏弄钵中水亦结波逸提罪？

第三十九节　击攊戒

一　戒名

【记】 击攊戒第三十八　（同、大、制）

击攊：谓以指挃其身体令痒，而失禁发笑。
击攊戒：如果比丘尼以指挃他尼身体令痒，而失禁发笑，佛制不许。

二　缘起

【记】 六群

六群比丘，乃缘起中能犯之人。

佛制此戒三要素：（1）**何处制**：舍卫国。（2）**因谁制**：六群比丘。（3）**因何制**：六群比丘中一人，击攊十七群中一人乃令命终，因制。

三　戒文

【记】 戒文——若比丘尼，以指相击攊者，波逸提。

此戒文分三句：

第一句：若比丘尼——能犯人

白四羯磨如法得处所的比丘尼。

第二句：以指相击擽者——所犯境

以手指或脚指挃他尼身体令痒。

第三句：波逸提——结罪

此比丘尼即结波逸提罪。

四 制意

【记】 四分律疏 制意：事虽是轻，过容至重。人之喜为，特宜须禁。故所以制。

击擽虽是轻微小事，但会导致极重过患。如缘起中，十七群比丘中一人，因被击擽而丧命。常人喜欢如是戏耍，然则极乖出家人威仪。特须禁止，故佛制不许。

五 具缘

【记】 南山行事钞 具四缘成犯：一、大比丘尼（原文无"尼"字）。二、作恼意。三、手脚十指。四、触着。犯。

此戒具四缘成犯：

1. **大比丘尼**：对方是大比丘尼。若击擽式叉尼或沙弥尼，只结吉罪。
2. **作恼意**：作触恼他尼意。
3. **手脚十指**：以手十指，或脚十指击擽对方。
4. **触着。犯**：若触着对方，便犯波逸提。

六 罪相

（一）正明犯相

【记】

此戒罪相如下：

1. 如果比丘尼以手指，或脚指击擽他比丘尼，结波逸提罪。

2. 如果比丘尼以杖，或户钥，或拂柄等余物，击擽他比丘尼，结突吉罗罪。

（二）引文别显

【记】 比丘尼钞 僧祇云：以指指比丘亦提。五指指五提，乃至差会指某甲去者亦提。_{尼亦应同。}五分云：若击攊沙弥、畜生等亦吉。_{尼下众亦同。}

《比丘尼钞》引《僧祇律》文：若比丘以指触他比丘，亦结波逸提罪。若以五指触，结五个波逸提罪，乃至以指差派某甲去作某事，亦结波逸提罪。[①] 小字注明：比丘尼亦同。又引《五分律》文：若比丘以指击攊沙弥或畜生等，亦结突吉罗罪。[②] 小字注明：比丘尼击攊下众亦同。

（三）示击攊相

【记】 灵芝资持记 击攊，谓以手于腋下拽弄令痒。

灵芝律师云：所谓击攊，即以手于他人腋下拽弄，令其生痒。

七　开缘

【记】

此戒开缘如下：

1. 如果不是故意，而不慎击攊他人，不犯。

2. 如果他人睡眠时，为唤醒对方而触，不犯。

3. 如果出入行来时，不慎触着他人，不犯。

4. 如果扫地时误触他人，或误以杖头触着他人，不犯。

练习题

1. 请解释"击攊戒"戒名。

2. 略述佛制"击攊戒"三要素。

3. 背诵并解释"击攊戒"之戒文。

4. 佛为何制"击攊戒"？

---

① （东晋）三藏佛陀跋陀罗共法显译《摩诃僧祇律》卷十九，《大正藏》第22册，第381页。

② （刘宋）三藏佛陀什共竺道生等译《弥沙塞部和醯五分律》卷八，《大正藏》第22册，第59页。

5. "击攊戒"具哪几缘成犯？结犯相状如何？有哪些开缘？

第四十节　不受谏戒

一　戒名

【记】　不受谏戒第三十九　（同、大、制）

受：心悦诚服，领纳接受。**谏：**谏劝。此戒是指别谏，即有比丘尼将欲犯戒，僧中有智比丘尼谏劝。

不受谏戒：若比丘尼将欲犯戒，他尼知而谏劝。彼却违谏不从，仍犯诸戒，佛制不许。

二　缘起

【记】　阐陀

阐陀比丘，乃缘起中能犯之人。

佛制此戒三要素：（1）**何处制：**拘睒毗国。（2）**因谁制：**阐陀比丘。（3）**因何制：**阐陀比丘将欲犯戒，比丘谏言："莫作此意，不应尔。"彼却不从他谏，即犯诸罪，因制。

三　戒文

【记】　戒文——若比丘尼，不受谏者，波逸提。

此戒文分三句：

第一句：若比丘尼——能犯人
白四羯磨如法得处所的比丘尼。

第二句：不受谏者——所防过
比丘尼将欲犯戒，他尼如法谏劝，却违谏不从。

第三句：波逸提——结罪
此比丘尼即结波逸提罪。

四　制意

【记】　四分律疏 制意：凡出家之人，理宜离恶为宗。然己迷情，将欲作过。他愍理谏，复不从顺。苟且为非，违损处重。故须圣制。

出家之人为求解脱，理应远离诸恶，此是修道宗旨。而今因痴迷情见，欲造作诸过，道友怜悯，据理谏劝。但却任由己性，对此良言相谏，不肯顺从，故造过非。由此自损恼他，情节较重，故佛制戒遮止。

五 具缘

（一）正明犯缘

【记】 南山行事钞 具五缘成犯：一、己欲作非法事。二、他如法设谏。三、知己所作非，前人谏者是。四、拒谏不受。五、随作。犯。（第五缘原文是"随作犯根本违谏波逸提"）

此戒具五缘成犯：

1. **己欲作非法事**：比丘尼将欲作非法之事。

2. **他如法设谏**：他比丘尼如法谏劝，莫作如是非法之事。

3. **知己所作非，前人谏者是**：比丘尼自知自己所作非法，而他比丘尼所谏正确。

4. **拒谏不受**：拒绝谏劝，不肯听从。

5. **随作。犯**：如果比丘尼随其所作非法事，即犯违谏波逸提罪。

（二）引文别简

【记】 灵芝释云：第五随作犯者。前僧残中，违僧命重，随谏即结。此别人谏，要待作成。若不作事，便成受谏故也。又不同下拒劝学戒。^{下第五}^{十五戒}谏于止犯，出言即止。此谏作犯，待作成违。^{原注云：}^{上并疏意。}

灵芝律师在《资持记》中解释第五缘"随作犯"：前僧残中，有"恶性拒僧违谏戒"，因为违背僧法，情节严重，随三番羯磨谏劝竟，即结僧残罪。而此戒是别人僧谏劝，所以，在谏劝竟，尚不成犯，若作非法之事，方犯。若不作非法事，则表示已接受谏劝，故无犯。另外，本戒亦不同下面单提第五十五条"拒劝学戒"。"拒劝学戒"亦是谏劝，但属于止犯，若不学之人拒谏，发言不学，便正式结罪。而此戒属于作犯，虽然被谏者拒谏，口说要造作非法，但无实际行动，仍不算违谏。待作非法事，违谏之义方成。小注说明，以上所说均为《戒本疏》之意。

六 罪相

（一）正明犯相

【记】

| 罪相 | 自知我所作非，然故作，犯根本。不从语者———波逸提 |
| | 自不知我所作非，然故作，犯根本。不从语者——突吉罗 |

此戒罪相如下：

1. 若比丘尼知道自己欲作非法之事，却不顺从他人谏劝，仍然故意去作，随所作，即犯根本罪。由不受谏故，须结波逸提罪。

2. 若比丘尼不知道自己将作之事属于非法，又不顺从他人谏劝，故意去作，随所作，即犯本罪。由不受谏故，须结突吉罗罪。

（二）引文别明

1. 引《比丘尼钞》

【记】 比丘尼钞 根本违谏得提，此谏作犯。虽发言拒犯，未是作犯。要待作事违谏义成，故得提罪。

《比丘尼钞》说：本戒中，根本违谏方结波逸提罪，即约谏劝后，仍然故作，才犯本罪。若口说拒绝谏劝，尚未作非法，不犯本罪，但结吉罪。只有当被谏者实际去作非法事，违谏义方成，故得提罪。

2. 引《戒本疏》

【记】 南山戒本疏 犯重者，谓知己犯非，前谏者是，违情过重，所以非轻。犯轻者，迷心为己是，前谏己为非，情微故犯吉。①

道宣律师在《戒本疏》中说明结罪轻重不同之原因。

之所以犯重，是因为既然已经知道自己将作非法之事，而他比丘尼谏劝如法，却仍然故意违背谏劝。此约违谏恼僧来说，过失严重，所以结提，得罪相对较重。

之所以犯轻，是因为犯者心迷，自认为所作如法，而他比丘尼谏劝错谬，便依然去作，不听谏劝。此过失情节轻微，所以只犯吉罗。

七　开缘

【记】

---

① 《戒本疏》中原文："犯轻者，迷心为己是，前谏己为非，情微故犯吉。不妨随有作事，随犯轻重。后犯重者，谓知己犯非，前谏者是，违情过重，所以非轻。"（《卍新续藏》第40册，第126页。）

开缘	若为无知人谏时，语彼如是言：汝可问汝师和尚尼，—— 　　更学问诵经，知谏法然后可谏。若谏者当用。——无犯 若戏笑说等。——

此戒开缘如下：

1. 如果比丘尼被无智慧者谏劝时，如是告言：你可先去请问你师父、和尚尼，更多地去学习、请教、诵经，懂得谏劝法后，再谏劝。到那时，你若谏劝，我当接受。因为谏劝者无知，所以不受谏，不犯。

2. 如果比丘尼戏笑语，或疾疾语，或独语，不犯本罪，但有违说话仪则，须结吉罪。如果是梦中语，或欲说此而错说彼，不犯，不由己故。

 练习题

1. 请解释"不受谏戒"戒名。
2. 简述佛制"不受谏戒"三要素。
3. 背诵并解释"不受谏戒"之戒文。
4. 佛为何制"不受谏戒"？
5. "不受谏戒"具哪几缘成犯？
6. 灵芝律师如何解释第五具缘"随所作犯"？
7. "不受谏戒"结犯相状如何？有哪些开缘？

第四十一节　怖比丘尼戒

一　戒名

【记】　怖比丘尼戒第四十　（同、大、性）

怖：即恐怖、吓唬，即作出种种可怕之相，或发出种种恐怖声音等，恐吓他人。

怖比丘尼戒：如果比丘尼用色、声、香、味、触、法，即六尘等事，恐怖他比丘尼，佛制不许。

二　缘起

【记】　龙护

龙护，即那迦波罗尊者，乃缘起中能犯之人。

佛制此戒三要素：（1）何处制：波罗梨毗国。（2）因谁制：那迦波罗比丘。

（3）**因何制**：那迦波罗比丘侍佛左右，于经行处反披拘执怖佛，因制。此戒中，举佛为缘，欲明此犯，不论所怖，以佛无怖故。

三　戒文

【记】　戒文——若比丘尼，恐怖他比丘尼者，波逸提。

此戒文分三句：

第一句：若比丘尼——能犯人

白四羯磨如法得处所的比丘尼。

第二句：恐怖他比丘尼者——所防过

以色、声、香、味、触、法，六尘等事，或身示相，或口说，恐怖他比丘尼。

第三句：波逸提——结罪

若比丘尼恐怖他比丘尼，对方见到或听到等，即结波逸提罪。

四　制意

【记】　四分律疏 制意：凡出家人，宜须将护，不相恼触。今以六尘等事，递相恐怖，令彼惶悸。废修正业，触恼殊深。故须制断。

凡出家人当六和共住，彼此爱护，不应相互触恼。而今却以色、声、香、味、触、法六尘等事，加以恐怖，使对方惶恐惊悸，从而荒废光阴，妨修正业。如此触恼实重，故佛制不许。

五　具缘

【记】　南山行事钞 具五缘成犯：一、大比丘尼（原文无"尼"字）。二、作怖彼意。三、以色声等六尘事，一一示说。四、一一相现。五、见闻。犯。

此戒具五缘成犯：

1. **是比丘尼**：被恐怖的对象是大比丘尼。
2. **作恐彼意**：心作恐怖他比丘尼意。
3. **以色声等六尘事，一一示说**：以六尘等任何一事，示相陈说，目的是恐怖对方。
4. **一一相现**：以六尘中的任何一事示相，而恐怖之。
5. **见闻。犯**：如果对方眼见所现恐怖之相，或耳闻所出恐怖之声，不论内心恐怖与否，作恐怖状者俱结波逸提罪。

六 罪相

（一）正明犯相

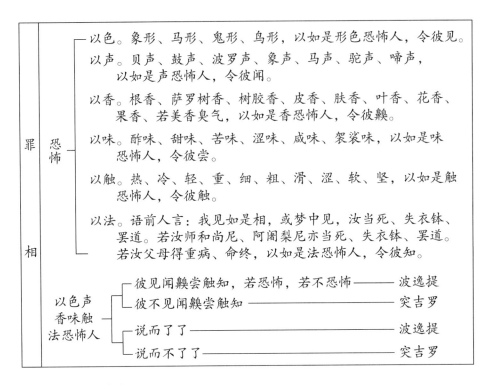

此表含两部分内容：

1. 明恐怖相

恐怖：即以色、声、香、味、触、法等六尘事，恐怖他人。

（1）**以色**：作象形、马形、鬼形、鸟形等恐怖形色，令对方看见。**问**：此是常所见事，何以为怖？**答**：以非时故，令人怖也。《僧祇律》云："色者，在暗地悚耳皱面、反眼吐舌，乃至曲一指嘷嘷作恐怖相，彼若畏、若不畏，波夜提。"①

（2）**以声**：作贝声（海螺声）、鼓声、波罗声（吹击乐声）、象声、马声、驼声、啼声等，恐怖人，令对方闻之。

（3）**以香**：以根香、萨罗树香、树胶香、皮香、肤香、叶香、花香、果香等，或美香，或臭气，恐怖人，令对方嗅之。

根香：梵语多伽楼。**树香**：由树发出之香气。《大智度论》云："香树者，名阿伽楼（蜜香〔树〕）、多伽楼（木香树）、栴檀，如是等种种香树。"②

---

① （东晋）三藏佛陀跋陀罗共法显译《摩诃僧祇律》卷十九，《大正藏》第22册，第379页。
② 〔印度〕龙树菩萨造，（后秦）三藏鸠摩罗什译《大智度论》卷十，《大正藏》第25册，第134页。

萨波罗树香：即青胶香。梵语萨波罗，此云出生。

树胶香：《四分律名义标释》解释："梵云杜噜，此云熏陆。南洲异物志云：状如桃胶。西域记云：南印度阿咤釐国，有熏陆香树，叶似棠梨。本草云：出天竺、邯郸。南方草物状曰：出大秦国，树生海边沙中。盛夏，树胶流沙上，形似白胶，类如松脂。黄白色，天竺者色白，邯郸者夹绿色。香不甚，又云乳香，亦其类也。作香者，皆名胶香也。"[①]

皮香：树皮之香；

肤香：即树肤之香。

（4）**以味**：以酢味、甜味、苦味、涩味、咸味、袈裟味等，恐怖人，令对方尝之。**袈裟味**：即淡味。

（5）**以触**：即以热、冷、轻、重、细、粗、滑、涩、软、坚等触，恐怖人，令对方触之。

热：以火炙户钥，使热触彼身。**冷**：以扇风、衣风，或以水洒。**轻**：以轻细衣覆上。**重**：持重毡压上。**滑**：以优钵罗华茎触彼身。**涩**：以钵头摩华茎触彼身。

（6）**以法**：即对前人说："我见如是相。"或说："我梦中见你会死，或失衣钵，或还俗。"或说："你的师父、和尚尼、阿阇梨尼会死，或失衣钵，或还俗。"或说："你的父母得重病，命终。"以如是等法恐怖人，令对方知。

2. 显结犯相

（1）如果比丘尼以色、声、香、味、触、法等六尘事，现相示人而恐怖他比丘尼。假如对方看见、闻到、嗅到、尝到、触到、了知等，无论有没有感到恐怖，此比丘尼都须结波逸提罪。假如对方未见、未闻乃至未知等，结突吉罗罪。此约对方见闻或不见闻等来分别结罪重轻。

（2）如果比丘尼说色、声、香、味、触、法等六尘事恐怖人，言语清楚明了，对方能明白，无论有没有感到恐怖，俱结波逸提罪。如果比丘尼的言语虽然清楚、明了，但对方不解。或比丘尼的言语不清楚，则结突吉罗罪。此约对方闻解或不闻解，来区别结罪重轻。

（二）引文结显

【记】 南山戒本疏 就犯相中，初以六尘示人结罪轻重。后说六尘语人，约闻知中，结罪轻重。

《戒本疏》云：犯相中，先用六尘等事现相怖人，约对方闻知或不闻知，故结

---

① （明）弘赞律师辑《四分律名义标释》卷十四，《卍新续藏》第 44 册，第 514 页。

罪有重轻之分。然后通过说六尘等事来恐怖人，此约对方闻解或不闻解，故结罪有重轻不同。

七　开缘

（一）正明开

【记】

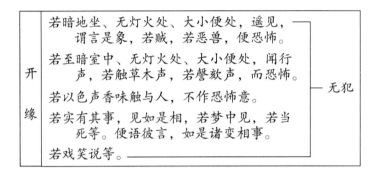

此戒开缘如下：

1. 如果比丘尼在暗地坐，没有灯火之处，或大小便处，对方遥见，认为是象、或贼、或恶兽等而心生怖畏，不犯。因为是对方感到恐怖，并非比丘尼作相来恐怖。

2. 如果比丘尼在暗室中，没有灯火之处，或大小便处，对方听到行走声音，或触草木之声，或謦欬声，而心生怖畏，不犯。原因同上。

3. 如果比丘尼用色声香味触等六尘示人，无恐怖对方之意，不犯。

4. 如果真有其事，即比丘尼实际看见如是相，或作梦，看见有人当死、罢道、失衣钵，或其和尚尼等当死、失衣钵、罢道，或其父母病重当死等，便告诉他比丘尼说将有如是等变相之事，不犯。因为此比丘尼认为确有其事。

5. 如果戏笑语，或疾疾语，或独语，不犯本罪，但违说话仪则，须结吉罪。如果是梦中语，或若欲说此而错说彼，不犯，以不由己故。

（二）引文释

【记】　灵芝资持记　一、二、开色声。三、开非意，则通六尘。四、点法尘。五、开戏误。①

《资持记》云：开缘中第一、第二缘开色声二尘，因他比丘尼自己心生怖畏，因此不犯。第三缘因比丘尼没有恐怖他人之意，故开，此通六尘之事。第四缘，别

---

① 《四分律行事钞资持记》卷二云："不犯中初开色声，謦欬谓嗽声也。若以下开非意，则通六尘。若实下点法尘。下开戏误可知。"（《大正藏》第40册，第323页。）

举法尘，以示不犯。第五缘，开戏笑、误说等。

练习题

1. 请解释"怖比丘尼戒"戒名。

2. 略述佛制"怖比丘尼戒"三要素。

3. 背诵并解释"怖比丘尼戒"之戒文。

4. 佛为何制"怖比丘尼戒"？

5. "怖比丘尼戒"具哪几缘成犯？

6. "怖比丘尼戒"中"恐怖相"有哪些？

7. 犯"怖比丘尼戒"的相状如何？分别结何罪？

8. "怖比丘尼戒"有哪些开缘？

第四十二节　半月浴过戒

一　戒名

【记】　半月浴过戒第四十一　（同、大、制）

半月：即洗浴时限。**过**：指未满半月数数洗浴。《戒本疏》云：在半月内浴名过，因佛制戒，半月一浴，今减数受，过越圣制。[①]

半月浴过戒：如果比丘尼未满半月而洗浴，佛制不许。然准后开边方五事[②]，得数数洗浴，为生世善，故知此戒局制佛法兴盛之地。

二　缘起

【记】　六群

六群比丘，乃缘起中能犯之人。

佛制此戒三要素：（1）**何处制**：罗阅祇。（2）**因谁制**：六群比丘。（3）**因何制**：迦兰陀竹园有池，瓶沙王听比丘常在中浴，六群后夜入池浴，王与婇女诣池相值，王竟不浴，大臣嫌恚。比丘白佛，因呵制戒。

三　戒文

【记】　戒文——若比丘尼，半月洗浴，无病比丘尼应受。若过受，除余时，波

---

① （唐）道宣律师撰《四分律含注戒本疏》卷四，《卍新续藏》第40册，第127页。

② 《四分律》卷三十九记载：边方诸事不同于中国，为生世善，世尊开许边方五事：一者持律五人得授具戒；二者著重革屣；三者数数洗浴；四者敷皮卧具；五者得衣入手数满十日，若过应舍。（《大正藏》第22册，第846页。）

逸提。余时者，热时、病时、作时、大风时、雨时、远行来时，此是时。

此戒文分六句：

第一句：若比丘尼——能犯人

白四羯磨如法得处所的比丘尼。

第二句：半月洗浴，无病比丘尼应受——浴分齐

半月洗浴是佛所制，比丘尼如果无病，当依教行持，不得违越。

半月洗浴：即从浴日数满十五天，才能更浴。

第三句：若过受——过受

如果未满半月，数数洗浴。

第四句：除余时——除开缘

除开缘情况。

第五句：波逸提——结罪

如果比丘尼未满半月便洗浴，除余时因缘，结波逸提罪。

第六句：余时者，热时、病时、作时、大风时、雨时、远行来时，此是时——逐缘重解

余时：即热时、病时、作时、大风时、雨时、远行来时。此等因缘，即是开过受洗浴之时。

四　制意

【记】 四分律疏 制意：十诵律洗浴有五利：一、除垢。二、身清净。三、去寒热。四、除身风。五、得安隐。事值澡除，但皎洁过常，令身光泽，玩着色身，无心厌背，正违出离，故须限约。半月一洗，若过即犯。[1]

《四分律疏》据《十诵律》，列出洗浴五种利益：[2]

1. 可去除身体污垢。

2. 能令身体清净，有轻松之感。

3. 有御寒防热之功。

---

[1] 此文与《四分律疏》中原文有些许出入，似出自沙门慧所述《四分戒本疏》，此疏卷三中文："十律云，洗浴有五利：一除垢秽。二身清净。三除身中寒冷病。四除风。五得安隐。故温室经云：浴除七病故。凡身多不净，事须澡除。但皎洁过常，令身光泽，玩着色身，无心厌背。正违出离，故须限约，半月一洗，若过即犯。"（《大正藏》第 85 册，第 615 页。）《四分律疏》卷五中文："十律洗浴有五利：一除垢。二身清净。事值澡除，但皎洁过常，令身光泽，玩着色身，无心猒背。正违出离，故须限约。半月一洗，若过即犯。"（《卍新续藏》第 41 册，第 666 页。）

[2] 《十诵律》卷三十七云："洗有五功德：一者除垢、二者身清净、三者除去身中寒冷病、四者除风、五者，得安隐。"（《大正藏》第 23 册，第 270 页。）

4. 去除身体风寒，即可疗治风病。

5. 浴后身心得安稳，有利于精进办道。

由此五利，知澡浴可清身去病，外无垢染。正因有此诸利，故佛制半月一浴。但若过分追求身体皎洁、光泽，贪著色身，很难生起厌离之心，正违出离之道，所以须加制限。若过半月限者，须结波逸提罪。

五　具缘

【记】 南山行事钞 具五缘成犯：一、曾前洗浴。二、未满半月。三、无缘。四、更浴。五、洗半身。犯。

此戒具五缘成犯：

1. **曾前洗浴**：如果比丘尼先前曾洗浴。

2. **未满半月**：从浴日至今，未满十五日。

3. **无缘**：没有热、病、作、大风、雨、远行等因缘。

4. **更浴**：比丘尼更洗浴。

5. **洗半身。犯**：乃至洗浴半身，即结波逸提罪。半身乃结犯分齐。

六　罪相

（一）正明犯相

【记】

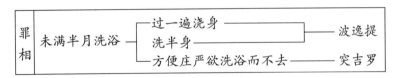

此戒罪相如下：

1. 如果比丘尼无因缘，未满半月洗浴，假如浇一遍身（即全身洗浴）或只洗浴了半身，结波逸提罪。

2. 如果比丘尼无因缘，未满半月，而作种种方便欲洗浴，临至洗浴处，后悔而不洗，结突吉罗罪。

（二）引文别显

【记】 比丘尼钞 五分云：共白衣浴室中浴者，兰。

《比丘尼钞》引《五分律》云："若共白衣浴室中浴，偷兰遮。"①

七　开缘

（一）正明开

【记】

开缘	若半月洗浴。————————————	无犯
	若热时，若病时，若作时，若风时，若雨时， 　　若道行时，数数洗浴。	
	若强力者所执，强使洗浴。	

此戒开缘如下：

1. 如果比丘尼依佛制限，半月一浴，不犯。

2. 如果有热、病、劳作、风吹、雨淋、道上来往行走等因缘，数数洗浴，不犯。

3. 如果被强力者所执，而被迫洗浴，不犯。以非自愿，身不由己故。

（二）引文释

【记】 比丘尼钞 此律六缘不犯。一、热时者：春后四十五日，夏初一月亦得。二、病时者：下至身体臭秽。三、作时者：下至扫屋前地。四、风时者：下至一旋风。五、雨时者：下至一滴雨着身。六、道行时者：下至半由旬来往。皆开不犯。

《比丘尼钞》依据《四分律》解释六种开缘。②

1. 热时

《四分律》云："春四十五日夏初一月是热时。"春四十五日，是指三月一日至四月十五日；夏初一月，是指四月十六日至五月十五日，共七十五天，皆名热时。

2. 病时

《四分律》云："下至身体臭秽，是诸病。"

3. 作时

《四分律》云："下至扫屋前地。"

4. 风时

《四分律》云："下至一旋风。"

---

① （刘宋）三藏佛陀什共竺道生等译《弥沙塞部和醯五分律》卷二十八，《大正藏》第 22 册，第 182 页。

② （后秦）三藏佛陀耶舍共竺佛念等译《四分律》卷十六，《大正藏》第 22 册，第 675 页。

5. 雨时

《四分律》云：下至一滴雨着身。

6. 道行时

《四分律》云："下至半由旬，若来若往者是也。"

练习题

1. 请解释"半月浴过戒"戒名。

2. 佛制"半月浴过戒"三要素是什么？

3. 背诵并解释"半月浴过戒"之戒文。

4. 据《十诵律》，洗浴有哪五利？

5. 佛制"半月浴过戒"意义何在？

6. "半月浴过戒"具哪几缘成犯？

7. 《五分律》中，共白衣洗浴结何罪？

8. 不犯"半月浴过戒"的情况有哪些？据《四分律》逐一解释。

第四十三节 露地燃火戒

一 戒名

【记】 露地燃火戒第四十二 （同、大、制）

露地：即屋外没有覆盖之处。**燃火**：烧燃草薪等物。

露地燃火戒：如果比丘尼在露地，烧燃草薪等物，佛制不许。

二 缘起

【记】 六群

六群比丘，乃缘起中能犯之人。

佛制此戒三要素：（1）何处制：旷野城。（2）因谁制：六群比丘。（3）因何制：六群比丘露地拾柴草燃火向炙，蛇从木出，彼等遂惊掷木，而烧佛讲堂，故制。

三 戒文

【记】 戒文——若比丘尼，无病，为炙身故，露地燃火，若教人燃。除余时，波逸提。

此戒文分四句：

第一句：若比丘尼 ——能犯人

白四羯磨如法得处所的比丘尼。

第二句：无病，为炙身故，露地燃火，若教人燃 ——所防过

无病因缘，为自身取暖，在房外，没有覆盖之处燃火，或教他人燃。

第三句：除余时 ——除开缘

如果有余时因缘，则开许。**余时**：即为病人煮粥、羹饭；或于厨屋中、温室中、浴堂中燃火；或熏钵、染衣燃火、燃灯烧香等类似情况。

第四句：波逸提——结罪

如果比丘尼没有上述因缘，自己燃火，或教人燃，结波逸提罪。

四　制意

【记】　四分律疏 制意：凡火性焚炽，事变无恒，容有烧坏，不可不禁。又复燃火群聚，多著俗话，废修正业。是以圣制。

凡火性猛烈，一发难收。一旦火势蔓延，势必烧毁房屋财物，危害极大，不可不禁。另外，露地燃火，大众共聚，多论俗事，散心杂话，荒废道业。是以佛制不许露地燃火。

五　具缘

（一）正明犯缘

【记】　南山行事钞 具四缘成犯：一、是露地。二、无缘。三、燃草木有焰者。四、燃。犯。

此戒具四缘成犯：

1. **是露地**：房外没有覆盖处。此戒局于露地，若在屋中，不犯。

2. **无缘**：无开缘情况。

3. **燃草木有焰者**：燃草木有火焰。《五分律》云："若为炙然火，炎高乃至四指，波逸提。"[①] 若无焰，则结轻罪。

4. **燃。犯**：如果比丘尼无因缘，在露地燃火，便犯波逸提。

（二）引文别显

【记】　比丘尼钞 僧祇云：旋火作轮，或火中有草木，比丘拨聚，一切皆犯

---

① （刘宋）三藏佛陀什共竺道生等译《弥沙塞部和醯五分律》卷九，《大正藏》第 22 册，第 64 页。

（尼应例同）。若燃生种二提：一坏生，二燃火。

《比丘尼钞》引《僧祇律》文：如果比丘用手旋火炬成轮形，结波逸提罪。或是火中有已燃、未燃的草木，比丘将其拨聚在一起，也须结提罪。[①] 比丘尼结罪同此。如果燃生种，则结二波逸提罪：一是坏生种，二是露地燃火。

六　罪相

（一）正明犯

【记】

```
罪    ┌ 无病，为自炙   ┌ 以草木、枝叶、麻、刍麻、牛屎、  ┐
      │ 故，在露地若   │   糠、粪扫橶—燃火            │ 一切波
      │ 自若教人燃火 ──┤                            ├ 逸提
      │               └ 以火—投草木、枝叶、纻麻、刍麻、 │
相    │                   牛屎、糠、粪扫橶中燃 ─────── ┘
      │ 被烧半焦，掷著火中。 ──────────────── 突吉罗
      │ 燃炭 ─────────────────────────── 突吉罗
      └ 不语知是看是 ──────────────────── 突吉罗
```

此戒罪相如下：

1. 若比丘尼无病，为烤火，自己在露地燃火，或教人燃。此中含二事：

（1）如果用草木、枝叶、纻麻、刍麻、牛屎、糠及粪扫橶燃火，结波逸提罪。此约以物燃火而结罪。粪扫橶：即麦糠，麸。

（2）如果将火投入草木、枝叶、纻麻、刍麻、牛屎、糠及粪扫橶中燃，也结波逸提罪。此约以火投物而结罪。

2. 如果比丘尼用曾被火烧成半焦之草木等投入火中，或燃炭，俱结突吉罗罪。因无火焰，故罪轻。

3. 如果比丘尼使居士燃火，不语知是看是，结突吉罗罪。

（二）引文释

【记】 灵芝行宗记 被烧半焦，即上草木等曾经火者。燃炭轻者，以无焰故。

《行宗记》云：罪相中云"被烧半焦"，即指上面所言各种草木，曾被火烧，故结罪轻。如果燃炭，亦结吉罗，无火焰故。

七 开缘

【记】

开 缘	若语知是看是。———— 若病人自燃，教人燃。 若有时因缘，看病人为病者煮糜粥羹饭。 若在厨屋中。 若在温室中。 若在浴室中。 若熏钵。 若煮染衣汁。 若燃灯烧香。————

（表格右侧）——无犯

此戒开缘如下：

1. **若语知是看是**：如果使居士燃火时，说净语"知是看是"，不犯。

2. **若病人自燃，教人燃**：病人可以自己燃火，或教人燃火。但须在死土石及余物上。

3. **若有时因缘，看病人为病者煮糜粥羹饭**：若有适当因缘，比如比丘尼为照顾病人需煮糜粥、羹饭等而燃火，不犯。为病人故。

4. **若在厨屋中**：如果在厨房中燃火，不犯。

5. **若在温室中**：如果在温室中燃火，不犯。

6. **若在浴室中**：如果在洗浴室中燃火，不犯。

7. **若熏钵**：如果比丘尼为熏钵而燃火，不犯。

8. **若煮染衣汁**：如果比丘尼为染衣，而燃火煮染衣汁，不犯。

9. **若燃灯烧香**：如果比丘尼为点灯，或烧香而燃火，不犯。

 练习题

1. 请解释"露地燃火戒"戒名。

2. 佛制"露地燃火戒"三要素是什么？

3. 背诵并解释"露地燃火戒"之戒文。

4. 佛为何制"露地燃火戒"？

5. "露地燃火戒"具哪几缘成犯？

6. 若犯"露地燃火戒"，何种情况结波逸提罪？何种情况结突吉罗罪？

7. "露地燃火戒"有哪些开缘？

第四十四节　藏他衣钵戒

一　戒名

【记】　藏他衣钵戒第四十三　（同、大、制）

藏：即收举，令人不见。**他**：其他比丘尼。**衣钵**：衣钵是佛制比丘、比丘尼应畜之随身物。即比丘尼五衣、体色量皆如法之钵。

藏他衣钵戒：如果比丘尼藏他比丘尼衣钵等物，佛制不许。

二　缘起

【记】　六群

六群比丘，乃缘起中能犯之人。

佛制此戒三要素：（1）**何处制**：舍卫国。（2）**因谁制**：六群比丘。（3）**因何制**：六群比丘藏举十七群比丘衣钵等物，因制。

三　戒文

【记】　戒文——若比丘尼，藏比丘尼，若钵、若衣、若坐具、针筒，自藏，教人藏，下至戏笑。波逸提。

此戒文分四句：

第一句：**若比丘尼**——能犯人

白四羯磨如法得处所的比丘尼。

第二句：**藏比丘尼，若钵、若衣、若坐具、针筒**——所藏物

比丘尼藏他比丘尼衣钵、坐具、针筒等六物。

第三句：**自藏、教人藏，下至戏笑**——自他藏业

如果比丘尼自己藏举，或教他人藏举，下至戏笑而藏，并同制断。

第四句：**波逸提**——结罪

此比丘尼随藏衣钵等物，俱结波逸提罪。

四　制意

【记】　四分律疏 制意：所以须制者。一、调戏宣烦，因事相恼。藏他衣钵，觅不得时，令彼惶怖，恼处匪轻。二、容生盗心，临危事险，可惧之甚。三、假无盗心，致彼言谤，清白难分，莫能自拔。以斯诸过，故合圣制。

佛之所以制此戒，原因有三：

1. 轻己恼他

出家之人调戏喧闹，彼此因事相恼。藏他人衣钵，当需用之时，寻觅不得，彼将惶恐怖畏。此事虽小触恼颇深，故佛制戒遮止。

2. 深防重盗

虽为戏笑而藏他衣物，但若起盗心，则面临犯盗之险。一旦罹于盗网，后果可畏。

3. 招谤难辩

纵无盗心，但因藏举他物而招致讥谤时，则清白难辩，深陷枉屈，不能自拔。

由于上述种种过失，所以佛制不许藏他衣钵。

五　具缘

【记】　比丘尼钞具三缘成犯：一、比丘尼衣钵。二、惊动彼意。三、取藏。犯。

此戒具三缘成犯：

1. **比丘尼衣钵**：所藏之物是大比丘尼衣钵等物。若藏小三众之物，结突吉罗罪。若藏其他物品，亦但结吉罪。

2. **惊动彼意**：作触恼意，存心使对方惊怖。

3. **取藏。犯**：如果比丘尼取他比丘尼衣钵等物，而藏举者，犯波逸提。

六　罪相

【记】

罪相	若自，若教人，藏他比丘尼衣钵坐具针筒，下至戏笑者 —— 波逸提

如果比丘尼自藏，或教人藏他比丘尼五衣、钵、坐具、针筒等物，下至戏笑，俱结波逸提罪。

七　开缘

【记】

开缘	若实知彼人物，相体悉而取举。 若在露地为风雨所漂渍而取举。 若物主为性慢藏，所有衣钵坐具针筒放散狼藉，为欲诫敕彼故而取藏之。 若借彼衣著，彼不收摄，恐失而取举之。 若以此衣钵诸物故，有命难梵行难，而取藏之。	无犯

［开缘一、体悉者，言体谅而洞浊其衷曲也。（北史薛聪传）帝欲进以名位，则苦让不受，帝亦雅相体悉。（见辞典）］　　　（迸，使也）

　　此戒开缘如下：

　　1. **若实知彼人物，相体悉而取举**：如果比丘尼确实知道是他人之物，但因彼此相互体谅、了解，便为对方收举，不犯。以是同心故。

　　2. **若在露地为风雨所漂渍而取举**：如果衣钵等物放在露地，被风吹雨淋，比丘尼为爱护故，而收举，不犯。

　　3. **若物主为性慢藏，所有衣钵坐具针筒放散狼藉，为欲诫敕彼故而取藏之**：如果物主性情懒惰、怠慢，将其衣钵、坐具、针筒等物随处放置，零乱不堪，狼藉满地。比丘尼为劝诫、教敕，令其改正而藏其衣钵，不犯。

　　4. **若借彼衣着，彼不收摄，恐失而取举之**：如果比丘尼将衣借他尼着，但对方不爱护收藏。比丘尼恐其衣失坏而取之藏举，不犯。借余物亦应准此不犯。

　　5. **若以此衣钵诸物故，有命难，梵行难，而取藏之**：如果有此衣钵等物，便会有命难、梵行难，比丘尼取藏，不犯。

　　表下括弧是慈舟律师所加，云：此开缘第一言"体悉"，是指彼此间相互体谅，且非常了解对方心思。此言出自《北史薛聪传》，此书记载从魏到隋期间历史。传中云：薛聪对朝廷有功，皇帝欲授与官位，他却苦辞不受，皇帝亦能体谅其心思。

　　此外，慈舟律师又加括弧释"迸"字。疑似解释上戒"露地燃火戒"。《四分律》卷十六记载该戒缘起，云："迸火乃烧佛讲堂。"[①] 迸，乃爆发、往外溅散之意。

练习题

1. 请解释"藏他衣钵戒"戒名。

2. 简述佛制"藏他衣钵戒"三要素。

3. 背诵并解释"藏他衣钵戒"之戒文。

4. 佛为何制"藏他衣钵戒"？

5. 犯"藏他衣钵戒"应具备哪几缘？

6. "藏他衣钵戒"有哪些开缘？

---

① （后秦）三藏佛陀耶舍共竺佛念等译《四分律》卷十六，《大正藏》第22册，第675页。

第四十五节　真实净不语取戒

一　戒名

（一）正明戒名

【记】　真实净不语取戒第四十四　　（同、大、制）

真实净：即真实净施。**真实**：绝舍不虚；**净施**：永断染心。**不语取**：不问主而随便取用。

真实净不语取戒：如果比丘尼真实净施与他比丘尼衣后，着用时不问主，随便取，佛制不许。

（二）引文别解

【记】　四分律疏 舍与前人不虚，称为真实。此物不复染心，名为净施。故曰真净施辄取戒。

法砺律师解释：将衣物真正舍与净施主，叫作真实。同时，不对此物有染着之心，名为净施，故此戒亦名为"真净施辄取戒"。

二　缘起

【记】　六群

六群比丘，乃缘起中能犯之人。

佛制此戒三要素：（1）**何处制**：舍卫国。（2）**因谁制**：六群比丘。（3）**因何制**：六群比丘真实施亲厚比丘衣已，后不语主还取着，因制。

三　戒文

【记】　戒文——若比丘尼，净施比丘、比丘尼、式叉摩那、沙弥、沙弥尼衣，后不问主，取着者，波逸提。

此戒文分四句：

第一句：若比丘尼——能犯人
白四羯磨如法得处所的比丘尼。

第二句：净施比丘、比丘尼、式叉摩那、沙弥、沙弥尼衣——作净法
比丘尼将衣作真实净施与其他比丘尼。

根据《善见律》所述，比丘作真实净施只能对比丘，展转净施得通五众。①《四分律疏》解释：因为展转净施不在施主面前说净，又不将物交付与彼，不生讥嫌过。而真实净法则不然，僧尼二众墨服是同而男女相别，何有大僧得物对尼，又物付彼。容生染习，招致外讥故。②

之所以戒文通列五众，《戒本疏》中解释：为明五众俱有犯相，虽结罪轻重有异，但净施义相同，故通列名。③

据此，比丘尼作真实净施只能对同众。

第三句：后不问主，取着者——不问净主辄取

比丘尼将衣物作真实净施与他人，后不问主，随便取着。

第四句：波逸提——结罪

此比丘尼即结波逸提罪。

四　制意

【记】　四分律疏　制意：凡净施之法，为去封著之情，远同大行。事既付彼，取用之时，一须谘问。不问辄取，理违圣教。又复前人，既不见物，谓成失夺。恼他不轻，故所以制。

佛制净施之法，近者，可令弟子去除对财物之贪著；远者，同于诸佛菩萨之因行。日久行之，可成就檀波罗蜜，进而达到究竟解脱。而今，既已将衣物真实净施与人，取用之时，当须谘问净主。否则，即乖违佛之教法。再者，净主对衣物有掌护之责，若不见物，会以为丢失而惶恐。如是触恼净主颇重。故佛制不许。

五　具缘

【记】　南山行事钞　具四缘成犯：一、是己物。二、作真实净。三、不语主。四、取。犯。

此戒具四缘成犯：

---

① 《善见律毗婆沙》卷十四云：说净有二种法，一者对面净真实净，二者展转净。云何对面净？（将衣）并缚相着，将至一比丘所，胡跪作如是言："我有此长衣，为净故，我今施与长老，正得掌护不得用。"云何得用？若施主语言："此是我衣，随长老用。"若作是语，得用无罪，是名对面真实净。云何展转净？于五众中，随得一人作施主，将长衣至比丘所说言："我比丘某甲，有此长衣未作净，为展转净故，施与长老。"彼受施者言："大德有此长衣未作净，为展转净故，施与我，我今受。施主是谁？"答言："某甲比丘。"更说言："大德有此长衣，为净故，施与我，我已受。此是某甲比丘物，大德为某甲比丘护持，用时随意不须问主。"是名展转净施。（《大正藏》第24册，第772页。）

② （唐）法砺律师撰述《四分律疏》卷六，《卍新续藏》第41册，第667页。

③ （唐）道宣律师撰《四分律含注戒本疏》卷四，《卍新续藏》第40册，第128页。

1. **是己物**：是自己衣物。

2. **作真实净**：已作真实净施，而非展转净施。

3. **不语主**：取用时，不问净施主。

4. **取。犯**：取到衣物，便犯波逸提。

六 罪相

（一）正明犯

【记】

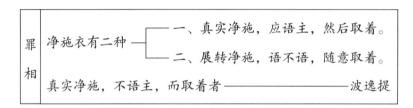

此表先明净施衣法，后示结犯相状。

1. 净施衣法

（1）**真实净施**：即物寄他边，由对方掌管。取用时，必须告诉净施主。

（2）**展转净施**：即物在己边，但作他人物想。用时，问不问皆可，随意着用。

2. 结犯相状

如果比丘尼真实净施他人衣，后不问主而取着，结波逸提罪。

（二）引文释

【记】 灵芝行宗记 若物寄他边，令彼掌录，名真实净。若物在己边，但作他想，名展转净。

上文已释，此略。

七 开缘

【记】

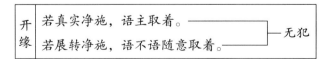

此戒开缘如下：

1. 如果比丘尼真实净施他尼衣，问主后再取着，不犯。

2. 如果比丘尼展转净施他人衣，问不问主，均可随意取着，不犯。

练习题

1. 请解释"真实净不语取戒"戒名。
2. 佛制"真实净不语取戒"三要素是什么？
3. 背诵并解释"真实净不语取戒"之戒文。
4. 佛制"真实净不语取戒"意义何在？
5. "真实净不语取戒"具哪几缘成犯？
6. 净施有哪两种？二者有何区别？
7. "真实净不语取戒"有哪些开缘？

第四十六节　着新衣戒

一　戒名

【记】　着新衣戒第四十五　（同、大、制）

着： 穿。**新衣：** 或衣体是新，或初从人得。如《十诵律》云："若比丘得他故衣，初得故，亦名新衣。"[①]

着新衣戒： 如果比丘尼得新衣，不作青、黑、木兰三种染坏色，便即穿着，佛制不许。

二　缘起

【记】　六群

六群比丘，乃缘起中能犯之人。

佛制此戒三要素：（1）**何处制：** 佛于舍卫国制。（2）**因谁制：** 六群比丘。（3）**因何制：** 六群比丘着白衣行，俗人讥嫌，因制。

三　戒文

【记】　戒文——若比丘尼，得新衣，当作三种染坏色，青、黑、木兰。若比丘尼，得新衣，不作三种染坏色，青、黑、木兰，新衣持者，波逸提。

此戒文分四句：

第一句：若比丘尼——能犯人

---

① （后秦）三藏弗若多罗共罗什等译《十诵律》卷十五，《大正藏》第23册，第109页。

白四羯磨如法得处所的比丘尼。

第二句：得新衣，当作三种染坏色，青、黑、木兰——教染方法

比丘尼得新衣后，当染成青、黑、木兰三种坏色。

青： 有四种，即铜青、蓝靛青、石青、碇青，其中唯铜青是如法色，余三皆非法色。

黑： 即杂泥等，以果汁浸于铁器，遂成黑色；河底缁泥，亦可染黑。《僧祇律》云："黑者，名字泥、不名字泥。名字泥者，呵黎勒、卑醯勒、阿摩勒，合铁一器中。是名名字泥。不名字泥者，实泥、若池泥、井泥，如是一切泥。"①

木兰： 树名，亦名林兰，树皮赤黑色，可以为染，微有香气。

第三句：若比丘尼得新衣，不作三种染坏色，青、黑、木兰，新衣持者——违教

如果比丘尼得新衣不作青、黑、木兰三种染坏色，而受持新衣。

第四句：波逸提——结罪

此比丘尼违教故，须结波逸提罪。

四　制意

【记】 四分律疏 制意：凡坏色染衣，道服标式。内遣着情，外长信敬。今不染畜着，非是沙门道服之标。内长贪着，外招讥损。过是弗轻，故须圣制。

坏色染衣是沙门释子道服标志，着用此衣，内可遣除贪着之情，外则增长俗人信敬。今得新衣，不染坏色而直接着用，实非沙门释子道服之标。不仅内长贪着之心，外亦招致俗人讥毁。过患不轻，故佛制不许。

五　具缘

【记】 南山行事钞 具四缘成犯：一、是五衣（原文"三衣"）。二、是己物。三、不染坏。四、无缘辄着。犯。

此戒具四缘成犯：

1. **是五衣：** 是比丘尼受持之五衣。

2. **是己物：** 是自己衣。

3. **不染坏：** 不作青、黑、木兰三种染坏色。

4. **无缘辄着。犯：** 如果比丘尼无因缘，辄着未染坏色之新衣，便犯波逸提罪。

---

① （东晋）三藏佛陀跋陀罗共法显译《摩诃僧祇律》卷十八，《大正藏》第22册，第369页。

六 罪相

（一）正明犯相

【记】

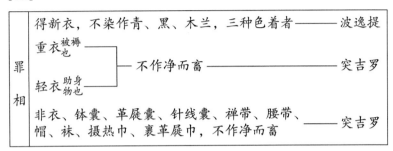

此戒罪相如下：

1. 如果比丘尼得新衣，不染作青、黑、木兰三种如法色便穿着，结波逸提罪。

2. 如果是比丘尼重衣（即被褥）、或轻衣（即助身衣），不点净或不贴净而畜，结突吉罗罪。

3. 如果是比丘尼非衣，如钵囊、革屣囊、针线囊、禅带、腰带、帽、袜、摄热巾、裹革屣巾等，不点净而畜，结突吉罗罪。

（二）引文明净

【记】 南山行事钞注 准此言净者，谓以成色衣，或以余物贴，或以点着名净。而并须染坏，非谓五（原文"三"）衣须染，余者但净而已。灵芝释云：初至染坏，明作净之法，必须通染。言成色者，即已染也。物贴、点着，此二种净，随一即成。非下，例通余衣。又云：余衣染坏，但据助身可染者为言。故戒疏云：非谓巾屣，以三色染，更成惊俗。故知巾袜，但须点净。

《行事钞》中，道宣律师以小注说明：根据罪相，所谓作净，是指在已染成坏色之成色衣上，或用余物贴净，或点净，此名作净。而且一切衣物皆须染坏，并非只染五衣，余衣无须染而直接作净。

灵芝律师将此段钞文分成两部分来解释：

初明作净之法，必须通染坏：从初至"染坏"，首先说明作净之法，必须将衣全部染成坏色。"成色衣"，是指已经染成坏色之衣物。可以作二种净，即以物贴净或点净，随用哪一种皆可。贴净：即在已染好之坏色衣上，贴上青、黑、木兰任何一色之布来作净。点净：即随取青、黑、木兰三种颜色作点为净。

次明例通余衣，亦须染坏：灵芝律师又云，"非谓五衣须染"下，例通余衣。然而余衣须染成坏色，只是就助身衣可染成坏色而言。《戒本疏》中说：余衣也须染坏，并非毛巾、鞋袜等物皆须用青、黑、木兰色染坏。如果这样，必使俗人惊怪。由此可知，毛巾、袜子等，仅点净即可。①

七 并制

【记】

如果比丘尼将未染成坏色之衣物寄着白衣家，结突吉罗罪。滥同俗服，不能辨别故。

八 开缘

【记】

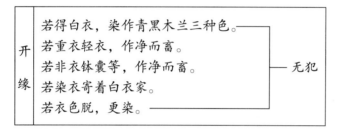

此戒开缘如下：

1. 如果比丘尼得白色衣，便染成青、黑、木兰三如法色，不犯。

2. 如果比丘尼被褥、助身衣等重轻衣物，都如法贴净或点净而畜，不犯。

3. 如果比丘尼非衣、钵囊等物，点净而畜，不犯。

4. 如果比丘尼将染成坏色之衣物寄着在白衣家，不犯。

5. 如果比丘尼衣物色脱落，重新染坏，不犯。

 练习题

1. 何谓"新衣"？

2. 简述佛制"着新衣戒"三要素。

3. 背诵并解释"着新衣戒"之戒文。

4. 佛为何制"着新衣戒"？

5. "着新衣戒"具哪几缘成犯？

6. "着新衣戒"罪相中，何者结波逸提罪？何者结突吉罗罪？

---

① 《四分律含注戒本疏》卷四云："余小细物，并须点净。非谓巾屣，以三色染。更成惊俗，可笑至甚也。"（《卍新续藏》第40册，第129页。）

7. "着新衣戒" 有哪些开缘？

第四十七节　夺畜生命戒

一　戒名

【记】　夺畜生命戒第四十六　（同、大、性）

夺：杀、断之意，即断其命根，令不相续。**畜生**：指鸟兽虫鱼等一切动物。畜生之名是因人畜养之意而得，主要指家畜、家禽。新译称之为傍生，是取其形不如人之直立。

夺畜生命戒：如果比丘尼故断畜生命者，佛制不许。

二　缘起

【记】　迦留陀夷

迦留陀夷，乃缘起中能犯之人。

佛制此戒三要素：（1）**何处制**：舍卫国。（2）**因谁制**：迦留陀夷。（3）**因何制**：迦留陀夷不喜见鸟，以竹弓射杀成大积，招讥因制。

三　戒文

【记】　戒文——若比丘尼，故断畜生命者。波逸提。

此戒文分三句：

第一句：若比丘尼——能犯人

白四羯磨如法得处所的比丘尼。

第二句：故断畜生命者——故断

故意杀害、断畜生命。**故断**：即不是无心错误，而是故意杀害畜生。即自己断，或教人断，乃至下毒药、安杀具等，广如初篇杀戒中所明。

第三句：波逸提——结罪

此比丘尼即结波逸提罪。

四　制意

【记】　四分律疏 制意：形命之重，事勿有过，贪生畏死，讵简人畜？今乃侵害前境，损恼事深，招讥坏道，是以圣制。故多论三义故制：一出家之人，恒以四等为心。今反加害，违其慈道，非怜愍故。二自坏恼他。正是生死根本，障道之原。三为长信敬，息诽谤故。

世事之重，莫过求生。故贪生怕死，岂简人畜？而今，身为修道行慈之沙门释子，却杀害畜生性命，损恼众生，十分严重。招致俗人讥嫌，坏灭正法，所以佛制不许。

《萨婆多论》云："与诸比丘结戒者，为怜愍故，为断罪恶故，为长敬信心故。"[①] 据此，法砺律师列如下三义：

1. **为顺行故制**：出家之士应当恒怀慈悲喜舍四无量心，而今却杀害畜生，实在有违慈悲之道，此非怜愍众生之行。

2. **为趣道故**：杀生违慈，为诸业之首，因此流转六道。自坏恼他，正是生死之根本，障道之根源。

3. **为息诽谤故**：如果出家人杀害畜生，必招世人毁谤。如缘起中，居士至僧伽蓝中礼拜，因见地上死乌成积，皆共讥嫌。今为增长世人信敬之心，息灭诽谤，故不得杀害畜生。

由此三义，故佛制不许断畜生命。

五　具缘

【记】　南山行事钞 具五缘成犯：一、是畜生。二、作畜生想。三、起杀心。四、兴方便。五、命断。犯。[②]

此戒具五缘成犯：

1. **是畜生**：所杀是畜生。

2. **作畜生想**：心境相当，没有想差。

3. **起杀心**：有杀畜生之心。

4. **兴方便**：作种种方便，如安杀具等。

5. **命断。犯**：断其识、气、暖，令命根不相续，便犯波逸提。

六　罪相

（一）正明犯相

【记】

罪相	一自杀乃至二十安杀具，同波罗夷第三杀人戒。
	故杀畜生命。畜生不能变形者 ┬ 杀死 ——— 波逸提 └ 方便不死 ——— 突吉罗

---

① 《萨婆多毗尼毗婆沙》卷八，《大正藏》第 23 册，第 557 页。

② 《行事钞》未见此具缘，似出自道宣律师《戒本疏》卷四，疏文："五缘成犯：一是畜生。二作畜生想。三有杀心。四起方便。五命断。"（《卍新续藏》第 40 册，第 129 页。）

此表内容分二：

1. 指略杀法

其杀法，从第一"自己亲自杀"乃至第二十"安杀具"，在初篇波罗夷第三条大杀戒中已经详细说明，此略之。

2. 结犯相状

比丘尼故杀不能变形之畜生，若杀死，结波逸提罪。若方便杀而不死，结突吉罗罪。

（二）引文别明

1.《四分律·第三分》

【记】 第三分 若蛇入屋者，应以筒盛，或以绳系，解而弃之。若患鼠入屋者，应惊出，或作鼠槛以盛，出而弃之。若患蝎蜈蚣蚰蜒入屋者，应以弊物或泥团扫帚盛裹解而弃之。

《四分律·第三分》云：时诸比丘患蛇入屋，未离欲比丘恐怖，佛言："听惊。"若以筒盛，若以绳系，弃之。而彼不解绳便置地，蛇遂死，佛言："不应不解，应解。"

时诸比丘患鼠入屋，未离欲比丘皆惊畏。佛言："应惊令出，若作鼠槛，盛出弃之。"竟不出，置槛内即死。佛言："应出之，不应不出。"

尔时诸比丘患蝎、蜈蚣、蚰蜒入屋，未离欲比丘惊畏。佛言："若以弊物，若泥团，若扫帚，盛裹弃之。"而不解放，便死。佛言："不应不解放，应解放。"①

2.《四分律·第四分》

【记】 第四分 拾虱者，应以器或毹或劫贝或弊物或绵拾着中。若走出者，应作筒盛、盖塞，以缕系着，床脚里。

《四分律·第四分》云：时有上座老病比丘，于多人住处舍虱弃地。佛言："不应尔。"彼上座老病比丘数数起弃虱疲极，佛言："听以器，若毹、若劫贝、若弊物、若绵拾着中。若虱走出，应作筒盛。……虱若出，应作盖塞，应以缕系着床脚里。"②

七 开缘

【记】

---

① （后秦）三藏佛陀耶舍共竺佛念等译《四分律》卷四十二，《大正藏》第22册，第870页。

② （后秦）三藏佛陀耶舍共竺佛念等译《四分律》卷五十，《大正藏》第22册，第941页。

| 开缘 | 若不故杀。
若掷刀杖、瓦、石，误著彼身，死者。
若营事作房舍，误堕墼石、材木、椽柱，死者。
若於重病者扶起、扶卧、浴时、服药时、从凉处至热处、从热处至凉处、入房、出房，作如是众多事，无害心而死者。 | 无犯 |

此戒开缘如下：

1. 如果比丘尼不是故意杀害畜生命，不犯。

2. 如果比丘尼手掷刀杖、瓦石，误着，畜生因此而死，不犯。

3. 如果比丘尼建造房舍时，失手误堕砖石、材木、椽柱，畜生因此而死，不犯。

4. 如果比丘尼照顾重病畜生，若扶起、扶卧、洗浴、服药，从凉处至热处、从热处至凉处，将入房、将出房，作如是众多事，无有害心而死者，无犯。

八　警策

（一）引《行事钞》

【记】　南山行事钞　四分：拾虱，（见上录第四分律文）不明养法。准上蛇鼠，并令出之，不令内死。准须将养，不尔杀生。灵芝释云：拾虱中，律文但明拾法，故准蛇鼠，将护彼命。世人愚教，多以火焙汤浸、爪掐令死。素无慈愍，纵行杀害，心同罗刹，行等屠儿。物命虽微，死苦无别。请披圣训，深须诚之。

《行事钞》中道宣律师说：在《四分律》中，虽有拾虱之法，（见上所录《四分律》文），但文中并未说养虱之法。可据上治理蛇鼠之法，应将它们持出房外放生，勿令其死在屋内。准此，说明虱子也当小心养护。否则，一旦弄死虱子，也属杀畜生。

灵芝律师释云：在拾虱一法中，律文只说捡虱子法，但未明其养法，因此，理应根据《四分律》护蛇鼠之法来护惜其命。但现在人们却愚痴昧教，看见虱子，多用火烤，或以热水烫，或用指甲掐，全无慈悯物命之心，放纵自己行害生之业。心如罗刹，行同屠儿。须知畜生之命虽然微小，但死时之痛苦与人无异。奉劝人们详览佛之教导，深须警惕，切莫故杀畜生之命。

（二）引《资持记》

【记】　灵芝资持记　今时沙门，不知因果，多害生命，以资口腹。削鳞掷羽，火炙汤煎，但嗜甘肥，宁思痛苦。刀砧自执，实坏服之屠儿。血肉辄湌，信髡

（kūn 秃，古代剃除男子头发之刑罚）头之罗刹。俗中君子，隐恻为心。出世道人，凶顽若此。深愿后学，思而勉之。虽取适于一时，奈招殃于万劫。悲哉。

灵芝律师云：今时（指宋朝），沙门释子不信因果，很多人杀生害命，为贪图一时口腹之欲，削剥鱼鳞、拔鸟兽毛，又以火煎烤、汤水烧煮。唯贪其味之甘美，哪里会想到众生之痛苦。更有甚者，亲手执刀在砧板上宰割，实乃着坏色衣之屠夫！不加拣择噉血腥肉食，全然光头罗刹。世间有德君子对众生尚有恻隐之心，[①] 而出家求解脱之人，反倒如此凶狠。因此，深切希望后学之人，思惟检点自己所行，自警自勉。虽满足一时之口腹，却招感万劫之殃祸。悲哉。

练习题

1. 请解释"夺畜生命戒"戒名。
2. 略述佛制"夺畜生命戒"三要素。
3. 背诵并解释"夺畜生命戒"之戒文。
4. 佛为何制"夺畜生命戒"？
5. "夺畜生命戒"具哪几缘成犯？
6. "夺畜生命戒"结犯相状如何？有哪些开缘？
7. 灵芝律师警策语中"坏服之屠儿""髡头之罗刹"是何意？

第四十八节　饮虫水戒

一　戒名

【记】 饮虫水戒第四十七 　（同、大、性）

饮虫水戒：如果比丘尼知道水有虫，饮用之，佛制不许。

二　缘起

【记】 六群

六群比丘，乃缘起中能犯之人。

佛制此戒三要素：（1）**何处制**：舍卫国。（2）**因谁制**：六群比丘。（3）**因何制**：六群比丘取杂虫水饮用，招讥因制。

---

① 《孟子·告子章句上》云："恻隐之心，人皆有之。"在《梁惠王章句上》中，孟子又云："君子之于禽兽也：见其生，不忍见其死；闻其声，不忍食其肉。是以君子远庖厨也。"

三　戒文

【记】　戒文——若比丘尼，知水有虫，饮用者，波逸提。

此戒文分三句：

第一句：若比丘尼——能犯人

白四羯磨如法得处所的比丘尼。

第二句：知水有虫，饮用者——所防过

知水中有虫，饮用之。除水之外，其余有虫之浆、苦酒、清酪浆、渍麦汁等，若饮用，同犯。

知：或是自己察看得知，或可信人告知。

第三句：波逸提——结罪

比丘尼违教故，随咽，结波逸提罪。

四　制意

【记】　四分律疏 制意同上。前戒是限分中制，要断命方犯。此戒为养护物命，深防中制。但使知水有虫，饮用结罪，不待命断，为异。

此戒制意同前戒。前"夺畜生命戒"是限分中制，须断畜生命，方结提罪。此戒为护养虫命，约深防中制。只要比丘尼知水中有虫而饮用者，即结波逸提罪，不待彼虫命断。若断虫命，则属前戒。此是二戒不同之处。

五　具缘

【记】　南山行事钞 具五缘成犯：一、是虫水。二、作虫想。三、不作滤法。四、饮用。五、随咽。犯。

此戒具五缘成犯：

1. **是虫水**：是有虫的水，或有虫的浆醋等。

2. **作虫想**：作虫水想，没有想差。

3. **不作滤法**：不用滤水囊等如法滤之。

4. **饮用**：饮用虫水。

5. **随咽。犯**：随比丘尼咽下有虫之水，便犯波逸提。

六　罪相

【记】

罪相	知是杂虫水，或杂虫浆、苦酒、清酪浆、渍麦浆，饮用者————波逸提

如果比丘尼知道是有虫水，或有虫浆、苦酒、清酪浆、渍麦浆等，饮用之，结波逸提罪。（渍麦浆：即淘麦水。）

七　境想

【记】

境想	同第十九用虫水戒。

此戒境想同前第十九条"用虫水戒"。具体言之：

1. 如果有虫水，比丘尼作有虫水想，而饮用者，结波逸提罪。如果作有虫水疑，而饮用，结突吉罗罪。

2. 如果是无虫水，但比丘尼作有虫水想，或作无虫水疑，而饮用，俱结突吉罗罪。

八　开缘

【记】

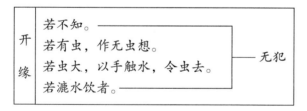

此戒开缘如下：

1. 如果比丘尼不知水中有虫，而饮用，不犯。

2. 如果水中有虫，但比丘尼认为没有虫，而饮用，不犯。此开心迷，以心不当境故。

3. 如果水中虫大，比丘尼以手触水，令虫离去，后取水饮用，不犯。

4. 如果比丘尼先以滤水囊等如法滤已，然后饮用，不犯。

九　警策

【记】　南山行事钞　今不肖之夫，见执滤袋者，言律学唯在于滤袋。然不知所为处深。损生妨道者，犹不畜滤袋，纵畜而不用，虽用而不泻虫，虽泻而损虫命。且存杀生一戒，尚不能遵奉，余之威仪见命，常没其中。灵芝释云：然下，责非。愚教故，不知所为处深；无慈故，不知损物；不思出离故，不知妨道。然滤水一法，极为微细。人虽行之，尠（尠：音藓，少也）能免过。教诫仪中，文极详委，寻之。且下，伤叹。律中四事：破戒，破威仪，破正见，破正命。戒相粗显，余三微细。粗者尚破，余三巨言。故云常没其中。

道宣律师云：今有不肖沙门释子，见持滤水囊者就讽刺说："律学唯在于滤水囊而已！"然他们不知，若不使用滤水囊如法滤水而直接饮用，所犯过失实深。损伤物命，妨己道业者，干脆不畜滤水囊。有人纵然畜，也从来不用。或者有人虽然使用，但滤后却不将虫泻在水中。有人即使将虫泻在水中，也因不用心而损伤虫命。杀生一戒，戒相粗显易持，尚不能依教而行，其余微细之事，如威仪、正见、正命，更是破毁无遗。

灵芝律师释云："然不知所为处深"以下，是指责那些不肖沙门释子之过非。因为愚痴昧教，所以"不知所为处深"；因为没有慈悲心，所以不懂得保护众生之命；因为不思出离生死，所以不知杀生业重，妨修道业。然而，滤水之法极为微细。虽然有人能用此法，却很少人能避免使用中的过失。在道宣律师的《教诫新学比丘行护律仪》①中，对滤水一法有详尽叙述，大家当自查寻、披阅学习。

从"且存杀生一戒"下，是道宣律师之伤叹。律中有四事，即破戒、破正见、破威仪、破正命。其中，破戒之相最为明显，余三则较为微细。而现今此等人，对粗显戒相尚且毁破，其余三事，更不屑说，想必尽毁无遗。

 练习题

1. 请解释"饮虫水戒"戒名。

2. 略述佛制"饮虫水戒"三要素。

3. 背诵并解释"饮虫水戒"之戒文。

4. 结合制意，说明"饮虫水戒"与"夺畜生命戒"之差异。

5. "饮虫水戒"具哪几缘成犯？

6. "饮虫水戒"有哪些开缘？

7. 道宣律师云"且存杀生一戒，尚不能遵奉，余之威仪见命，常没其中"，这句话是何意？

---

① 凡一卷，终南山沙门道宣述，收于《大正藏》第45册，No.1897.

第四十九节　疑恼比丘尼戒

一　戒名

【记】　疑恼比丘尼戒第四十八　（同、大、性）

疑恼：说六事，令他比丘尼因疑而生恼。六事：为生时、为年岁、为受戒、为羯磨、为犯、为法，如罪相中所明。

疑恼比丘尼戒：如果比丘尼故意说生年等六事，令他比丘尼因疑而生恼，佛制不许。

二　缘起

【记】　六群

六群比丘，乃缘起中能犯之人。

佛制此戒三要素：（1）**何处制**：舍卫国。（2）**因谁制**：六群比丘。（3）**因何制**：十七群比丘语六群比丘言："云何入初禅？云何得罗汉果？"六群比丘报言："汝说犯波罗夷！"佛呵因制。

三　戒文

【记】　戒文——若比丘尼，故恼他比丘尼，乃至少时不乐，波逸提。

此戒文分三句：

第一句：若比丘尼——能犯人

白四羯磨如法得处所的比丘尼。

第二句：故恼他比丘尼，乃至少时不乐——所防过

比丘尼故意以生年等六事疑恼他比丘尼，乃至欲令对方少时不乐。

少时不乐：能犯人所怀目的，是令对方不乐，并非对方感到少时不乐才结罪。

第三句：波逸提——结罪

若比丘尼故以六事疑恼他比丘尼，对方闻知，即结波逸提罪。

四　制意

【记】　四分律疏 制意：凡出家所期，标心处远，尽形毕命，专志崇道。今以生年等六，令他疑恼。内心怀惑，废其正修。事恼殊深，是以圣制。

凡离俗出家，志向高远，上求佛道，下化众生，竭尽此生，专心一意尊崇道业。而今，却以生年等六事疑恼对方，致使对方心生烦恼，怀有疑惑。由此丧失信心，

废修正业。损恼深重，故佛制戒遮止。

五　具缘

【记】　南山行事钞　具五缘成犯：一、大比丘尼（原文无"尼"字）。二、故生恼意。三、以六事一一说告。四、言了了。五、前人解。犯。

此戒具五缘成犯：

1. **大比丘尼**：对方是大比丘尼。
2. **故生恼意**：作故恼他比丘尼意。
3. **以六事一一说告**：以生年等六事，一一告知对方。
4. **言了了**：言语清楚明了。
5. **前人解**。犯：对方理解所说之意，便犯波逸提。

六　罪相

（一）正明犯相

【记】

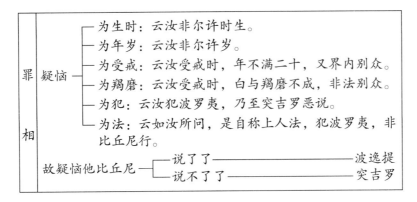

表中含二事：

1. 明六事疑恼

（1）为生时：用彼出生时间疑恼对方，如向对方说："你不是那个时间出生。"

（2）为年岁：用年龄疑恼对方，如向对方说："你实际年龄或夏腊没有那么大。"

（3）为受戒：用受戒疑恼对方，如向对方说："你受戒时未满二十岁，又界内别众。"

（4）为羯磨：用羯磨法疑恼对方，如向对方说："你受戒时，作白不成，羯磨不成，非法别众。"

（5）为犯：以犯戒疑恼对方，如向对方说："你犯波罗夷，乃至突吉罗、恶说。"

（6）为法：以犯圣法疑恼对方，如向对方说："如你所问，是自称上人法，犯波罗夷，非比丘尼行。"

2. 结犯相状

（1）如果比丘尼故意用生年等六事疑恼他比丘尼，说得清楚明了，对方闻解，结波逸提罪。

（2）如果说得清楚明了，但对方未闻解，或说得不清楚明了，俱结突吉罗罪。

（二）别释六事

1. 《行事钞》

【记】 南山行事钞 律中六事恼者：若以生时，若年岁，若受戒，若羯磨，若犯六聚，若犯圣法。随一一事皆堕。

《行事钞》解释律中所言六事：或用出生年岁；或用夏腊；或用受戒年岁不足，虽受戒但不得戒；或用羯磨不如法；或以犯六聚戒，如以自称上人法，犯大妄语。以上随以一事疑恼他人，俱结波逸提罪。

2. 《资持记》

【记】 灵芝资持记 初生时者：即云汝非尔许时生。二、年岁者：云汝非尔许岁，如余受者。三、受戒者：云汝受戒年不满，又界有别众。四、羯磨者：汝受戒时羯磨不成。五、六聚者：云汝犯夷乃至恶说。六、圣法者：云汝所问法，则自称上人法。犯重，非比丘也。

此中六事，"罪相"中已释，此不赘述。

七 开缘

【记】

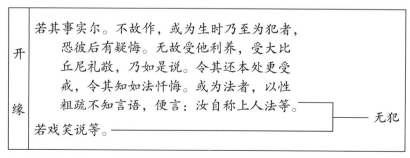

此戒开缘如下：

1. 如果事实本来如此，如实而说，不是故意疑恼对方，不犯。今分别六事述之：

（1）如果对方实际不是如其所说时间出生，为避免彼将来怀疑自己不得戒，贼住，不敢再受他利养，或受大比丘尼礼敬，便说："你不是某日出生。"

（2）如果对方实际年龄确实不够，为避免彼将来怀疑自己是否得戒，或后悔成贼住，便说："你实非尔许岁。"

（3）如果对方受戒时确实不满二十岁，或界内别众，为避免彼将来疑悔，而告其再回本处受戒，便说："你受戒时不够二十岁，或界内别众，不得戒。"

（4）如果对方受戒时羯磨确实不成，或非法别众，为避免彼将来疑悔，而告其再回本处受戒，便说："你受戒时作白不成，或羯磨不成，或非法别众。"

（5）如果对方确实已犯波罗夷，乃至突吉罗恶说等罪，为避免彼将来疑悔，为令其如法忏悔而告言："你犯波罗夷，乃至突吉罗恶说等罪。"

（6）如果对方生性懈慢，说话不知言语轻重，恐彼会犯过人法，便告言："像你那样说，是自称上人法，会犯波罗夷。"目的是令其改正，而非有意疑恼。

2. 戏笑语等

如果戏笑语，或疾疾语，或独语，不犯本罪，但违说话仪则，须结吉罪。如果梦中语，或欲说此而错说彼，不犯。

练习题

1. 请解释"疑恼比丘尼戒"戒名。

2. 简述佛制"疑恼比丘尼戒"三要素。

3. 背诵并解释"疑恼比丘尼戒"之戒文。

4. 佛为何制"疑恼比丘尼戒"？

5. "疑恼比丘尼戒"具哪几缘成犯？结犯相状如何？

6. "疑恼比丘尼戒"制六事疑恼，请说明哪六事？

7. "疑恼比丘尼戒"有哪些开缘？请详释第一开缘。

第五十节　覆他粗罪戒

一　戒名

【记】　*覆他粗罪戒第四十九*　（同、大、性）

覆：覆藏，即掩蔽他过而不向人发露。**粗罪**：此戒仅指僧残罪。由于二篇罪体及犯罪之因皆粗弊可恶，所以叫粗罪。

覆他粗罪戒：如果比丘尼覆藏他比丘尼僧残罪，佛制不许。

同：比丘、比丘尼同制同学，但有少分不共。比丘若覆藏其他比丘波罗夷及僧残罪，自身结波逸提罪。而比丘尼若覆藏其他比丘尼波罗夷罪，自身须结波罗夷罪；如果覆藏对方僧残罪，结波逸提罪。

二　缘起

【记】　有比丘

某比丘，即跋难陀之亲厚比丘，乃缘起中能犯之人。

佛制此戒三要素：（1）**何处制：**舍卫国。（2）**因谁制：**跋难陀之亲厚比丘。（3）**因何制：**跋难陀与亲厚比丘数犯，向说不语人知，后共斗便相说，因制。

三　戒文

【记】　戒文——若比丘尼，知比丘尼有粗罪，覆藏者。波逸提。

此戒文分三句：

第一句：若比丘尼——能犯人

白四羯磨如法得处所的比丘尼。

第二句：知比丘尼有粗罪，覆藏者——所防过

知他比丘尼犯僧残罪，故意覆藏，不向人发露。

第三句：波逸提——结罪

此比丘尼即结波逸提罪。

四　制意

【记】　四分律疏　制意：凡出家之人，见他犯粗，理须发露。彰己内心清净，亦令前人征于后犯。彼我俱益，众法清显，理所宜然。今故相隐愿，致令前人造罪滋漫，永不可改。自坏心行，彼我无润，损败众轨，故所以制。前不听说，为护于外，恐生不信，辱损佛法。此为内护，制不听覆，洁众内心，防过不起。

凡出家之人，见他人犯粗罪，依理须向人发露，不应覆藏其恶。如此既能彰显自己内心清净，又可令犯者如法忏悔，后不再犯。彼此俱益，且僧法清净，理当如是。而今却故意隐匿对方罪过，致使犯者所造之罪日渐滋长，不断漫延，永无改过向善机会。损己向道之心及摄修之行，彼此无益。且由不清净者参与僧中法事，损毁、败坏众法轨则。由此诸多过失，因此圣制不许覆藏他人粗罪。

前第七条戒"向非具人说粗罪戒"，制比丘尼不许向未受具戒人说比丘尼粗罪，是为保护僧众对外威望，恐世人听闻而失信心，损辱佛法。此戒则是内护，为使僧众内心洁净，防范再生其过。

五　具缘

（一）正明犯缘

【记】　南山行事钞 具五缘成犯：一、大比丘尼。二、知犯二篇。三、作覆心。四、不发露。五、明相出。犯。①

此戒具五缘成犯：

1. **大比丘尼**：覆藏对象是大比丘尼。

2. **知犯二篇**：知对方犯僧残罪。

3. **作覆心**：作覆藏心。

4. **不发露**：不向人发露他比丘尼粗罪。

5. **明相出。犯**：如果比丘尼覆藏他比丘尼僧残罪，明相出，便犯波逸提。

（二）引文别释

【记】　灵芝资持记（僧网大纲篇）能举人须具五德：知时，以实，利益，柔软，慈心也。②

《资持记》云：举罪之人须具备五德：（1）知时：即知时不以非时。（2）以实：即如实不以虚妄。（3）利益：即利益不以损减。（4）柔软：即柔软不以粗犷。（5）慈心：即慈心不以嗔恚。

六　罪相

（一）正明犯

【记】

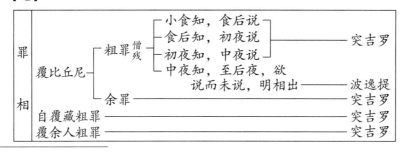

---

① 《四分律删繁补阙行事钞》二云："五缘。一大比丘。二知犯二篇已上。三作覆心。四不发露。五经明相。"（《大正藏》第40册，第87页。）《表记》编辑者对钞文作两点修改：（1）将"大比丘"改为"大比丘尼"。（2）"知犯二篇已上"改为"知犯二篇"。因为比丘尼覆藏他比丘尼初篇罪，须结波罗夷罪。比丘覆藏比丘初篇罪，但结提罪。

② 《资持记》中未见此文。（唐）道宣律师撰《四分律删补随机羯磨》卷二云："具举罪五德：知时如实利益柔软慈心也。"（《大正藏》第40册，第504页。）

此戒罪相如下：

1. 如果比丘尼覆藏他比丘尼的僧残罪，或早斋时知，午斋后说；或午斋后知，初夜时说；或初夜时知，中夜时说，都结突吉罗罪。若中夜知，到后夜，想说还没说，明相便出，此比丘尼须结波逸提罪。

2. 如果比丘尼覆藏他比丘尼初二篇以外罪，结突吉罗罪。

3. 如果比丘尼覆藏自己僧残罪，结突吉罗罪。

4. 如果比丘尼覆藏未受具戒者粗罪，结突吉罗罪。

（二）引文释

1. 定结犯时限

【记】 灵芝资持记 覆他粗罪内，约昼夜各分时限，递明知说。故知露罪，制在半日之内。问：小食时知，食后不说，复有罪不？答：约义以求，初夜中夜不说皆吉，并是方便。若论犯堕，须约明相。文中结堕，因前次第，且据中后夜耳。

灵芝律师云：覆藏他人粗罪中，是约白天黑夜各时段分限，次第说明比丘尼知他人犯粗恶罪，应在何等时间范围内向人发露。可知，发露他人粗罪限在半日之内。

有人问：若早斋时知，午斋后说，结突吉罗罪。若不说，更须结罪否？

答：约义言，若早斋时知，午斋时不说，乃至初夜中夜时皆不说，俱结突吉罗罪，皆是前方便罪。若论犯波逸提，须约明相出。此戒罪相，不论何时知，如果在半日内向余人发露，就不结罪；若超过半日不说，而明相未出，则结方便突吉罗罪；若明相出未说，方结波逸提罪。而罪相中"中夜知，至后夜，欲说而未说，明相出，结波逸提罪"，是承顺前面次第，依顺序而言。

2. 明覆他与自覆之别

【记】 灵芝资持记 覆他，名重而治轻（但悔本罪）。自覆，名轻而治重（覆残行别住，余篇并先悔）。

《资持记》云：覆藏他人僧残罪，虽然结罪重但治罚轻。名重，即指结波逸提罪；治轻，只须忏悔本罪即可。而覆藏自己僧残罪，则结罪轻但治重。名轻，即只结突吉罗罪；治重，如小字所说，比丘犯僧残罪后，须根据覆藏日行别住。若覆藏两年，即须行两年别住。此外覆藏余篇之罪，在忏悔时，都必须先忏覆藏之罪，之后才忏本罪。

七 境想

【记】

| 境想 | 同第七向非具人说粗罪戒。 |

此戒境想同第七条"向非具人说粗罪戒"。具体言之：

1. 若是粗罪，作粗罪想，结波逸提罪；若作粗罪疑，结突吉罗罪。

2. 若是非粗罪，作粗罪想，或作非粗罪疑，俱结突吉罗罪。

八 开缘

（一）正明开

【记】

| 开缘 | 若先不知。
若粗罪，非粗罪想。
若向人说。
若无人可向说。
若发心言，我当说。未说之间，明相已出。
若说，有命难梵行难，故不说。 | 无犯 |

此戒开缘如下：

1. 若事先不知他比丘尼犯粗罪，而不向余人发露，不犯。由不知情故。

2. 若他比丘尼犯粗罪，而比丘尼作非粗恶罪想，不向余人发露，不犯。因想差故。

3. 若比丘尼知他尼犯粗罪，向余人发露，不犯。顺教故。

4. 若比丘尼知他尼犯粗罪，但没有可发露之人，不犯。无所对人故。

5. 若比丘尼知他尼犯粗罪，有发露之心，言"我要向人发露"。但未说之前，明相出，不犯。无覆藏意故。

6. 若比丘尼知他尼犯粗罪，若向人发露，自身有命难、梵行难，不说不犯。

（二）引文释

【记】　灵芝资持记 初不知者，无心覆故。不粗想者，由心差故。若向说者，已发露故。无人向者，缺所对故。若发心者，非覆意故。

如前释，此略。

 练习题

1. 请解释"覆他粗罪戒"戒名。

2. 略述佛制"覆他粗罪戒"三要素。

3. 背诵并解释"覆他粗罪戒"之戒文。

4. 佛制"覆他粗罪戒"之意何在？

5. "覆他粗罪戒"具哪几缘成犯？

6. 比丘尼覆藏自己僧残罪结何罪？覆藏小三众粗罪结何罪？

7. 知他比丘尼犯僧残罪，须在多长时间内向人发露？正犯波逸提之时间是何时？

8. 灵芝律师为何说"覆他，名重而治轻；自覆，名轻而治重"？

9. "覆他粗罪戒"有哪些开缘？

第五十一节　发诤戒

一　戒名

【记】　发诤戒第五十　（同、大、性）

发：重更发起。**诤**：言诤、觅诤、犯诤及事诤。

发诤戒：如果比丘尼知诤事如法灭已，重更发起，佛制不许。

二　缘起

【记】　六群

六群比丘，乃缘起中能犯之人。

佛制此戒三要素：（1）**何处制**：舍卫国。（2）**因谁制**：六群比丘。（3）**因何制**：六群比丘斗诤，如法灭已，后更发起，令僧没有诤事而生起诤事，已有诤事不得除灭。诸比丘白佛，因制。

三　戒文

【记】　戒文——若比丘尼，知诤事，如法忏悔已，后更发举者。波逸提。

此戒文分五句：

第一句：若比丘尼——能犯人

白四羯磨如法得处所的比丘尼。

第二句：知诤事——具四诤事

知是四诤事。

第三句：如法忏悔已——如法灭已

大众僧已如法如律、如佛所教除灭诤事。

第四句：后更发举者——更发起

后更发起已如法除灭之诤事。

第五句：波逸提——结罪

此比丘尼即结波逸提罪。

四　制意

【记】 四分律疏 制意：凡四诤之兴，乖理违和，恼乱僧众。备德断理，消殄事怗。辄便发起，更增凶炽，助恶扬波，转成弥漫。恼众之深，故所以制。

凡僧中诤事兴起，皆乖违于理，又不顺于六和，且损恼斗乱僧众，故须具备不爱、不恚、不怖、不痴、知犯与不犯之五德人，依理如法评断是非，及时除灭诤事。现在，比丘尼明知诤事已如法除灭，却随己意又重新发起，推波助恶，扩大诤事波及面，使诤事更加剧烈。恼害众僧深重，故佛制不许。

五　具缘

【记】 南山行事钞 具五缘成犯：一、是四诤事。二、僧如法灭。三、知。四、辄发起。五、言了了。犯。

此戒具五缘成犯：

1. **是四诤事**：僧中发起四诤事。若是其余斗诤、骂詈之事，但结吉罪。

2. **僧如法灭**：大众僧已如法如律，如佛所教，除灭此诤事。

3. **知**：比丘尼知此诤事，已如法除灭。

4. **辄发起**：辄便重更发起此诤事。

5. **言了了。犯**：如果比丘尼指责灭诤之僧："不善观，不成观。不善解，不成解。不善灭，不成灭。"言语清楚明了，便犯波逸提罪。

六　罪相

（一）正明犯

【记】

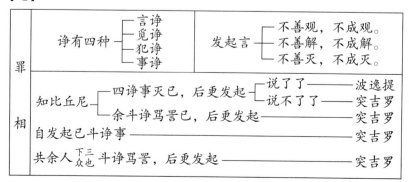

表中明三事：

1. 明示四诤

诤事有四：言诤、觅诤、犯诤及事诤。何谓"言诤"乃至"事诤"，见下引灵芝律师《资持记》之文。

2. 发起诤事之言语相

（1）**言僧不善观，不成观**：即说僧不善观察称量现前诤事，故曰不善观。若作如是观，不成正观，故曰不成观。

（2）**言僧不善解，不成解**：即说僧不善解诤事的根源及四诤中是何等诤事，故曰不善解。若作如是解，不成正解，故曰不成解。

（3）**言僧不善灭，不成灭**：即说僧不清楚诤事的根源，其所施用的灭诤之法与诤事相违，即事与法不相应，故曰不善灭。若作如是灭，不成正灭，故曰不成灭。

3. 结犯相状

（1）比丘尼知诤事如法灭已，后更发起，而作如是言："僧不善观，不成观。不善解，不成解。不善灭，不成灭。"若言语清楚明了，结波逸提罪；若言语不清楚明了，则结突吉罗罪。

（2）如果比丘尼，余斗诤及骂詈事灭已，后更发起，俱结突吉罗罪。因为其余斗诤事不能陷僧，故结轻罪；而四诤须僧法灭，若重新发举，即是陷僧，故结罪重。

（3）如果比丘尼自发起已斗诤事，结突吉罗罪。已斗诤事：即先已斗诤，比丘尼后助发起。

（4）如果比丘尼共余小三众斗诤、骂詈，后除灭已，而更发起者，结突吉罗罪。

（二）引文释

1. 引《资持记》

【记】　灵芝资持记　四诤者：一、言诤。评教理是非，犯相轻重。二、觅诤。评三根清浊，五德（不爱、不恚、不怖、不痴、知犯不犯）是非。三、犯诤。于五犯聚，忏评有滥。四、事诤，通上三种。评羯磨事非，迷悟不决，名言中事诤。评用法治举，征覈虚实，名觅中事诤。非法羯磨，定罪轻重，名犯中事诤。（覈：音核，验也，考事虚实也。）

此文详解四诤：

1. **言诤**：即在评断教理是非邪正及犯相轻重之时，彼此言语相论，各执己见，发生争辩，名之曰诤。此诤由言语而起，故曰言诤。

2. **觅诤**：即比丘尼犯过，于理须为其除罪。佛制举罪人须具见闻疑三根，又须具不爱、不恚、不怖、不痴、知犯不犯五德人来评断。今举罪五德人，同举彼罪来诣僧中，以寻觅前罪，令其除灭。但在僧中寻觅犯者所犯之罪时，因审核举罪人见闻疑三根是否属实、评断净事人五德是否具备时，大众意见分歧，从而引起净事。此净是由觅罪而生，所以叫觅净。

3. **犯诤**：即比丘尼犯罪，有过在身，理应忏悔，荡除罪垢。然罪相难识，在评断犯者应忏悔五篇七聚中何篇何条何罪时，大众意见不一，从而引起诤竞。此诤是由犯事而起，因此名为犯诤。

4. **事诤**：当生起言诤、犯诤、觅诤时，须以羯磨法来除灭。对于不同之事，须用不同羯磨法。大众对羯磨法各执己见，由此引起诤事。此诤由羯磨法事而起，故曰事诤。此诤通上三种诤事：因评论羯磨法是如法或非法，迷悟难决而致纷诤，即为言诤中之事诤。因评论治罚举罪，征问考核其虚实，所用之羯磨法是如法或非法，而致纷诤，名为觅诤中之事诤。评论犯者犯罪轻重，所用之羯磨法是如法或非法，而致纷诤，名犯诤中之事诤。

括弧内是对"覈"字注音并解释。按照《现代汉语词典》，"覈"为"核"的异体字。

2.《毗尼止持》

【记】 见月止持 言观解者：谓称量得宜，应与何法，当与何法也。不成观解者：谓法不应诤，与毗尼相乖也。

见月律师在《毗尼止持》中云：观解，是指合理、恰当地称量现前诤事，应用何种灭诤法除灭，便用何种灭诤法来灭除。不成观解，是指所施用的灭诤法与现前的诤事不相应，乖违毗尼教法。

七　境想

【记】

此戒境想如下：

1. 若僧善观，成观，比丘尼亦作僧善观，成观想，后更发起诤事，结波逸提罪。

2. 若僧善观，成观，而比丘尼作僧善观，成观疑，后更发起诤事，结突吉罗罪。

3. 若僧不善观，不成观，但比丘尼作僧善观，成观想，后更发起诤事，结突吉罗罪。

4. 若僧不善观，不成观，而比丘尼作僧不善观，不成观疑，后更发起净事，结突吉罗罪。

八 开缘

（一）正明开缘

【记】

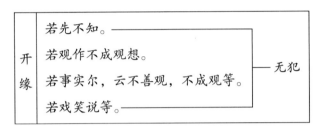

此戒开缘如下：

1. **若先不知**：若比丘尼事先不知净事已如法除灭，后更发起净事，不犯。

2. **若观作不成观想**：如果大众僧善观净事，已如法除灭，而比丘尼认为僧不善观，不成观，是非法灭，后更发起净事，不犯。因想差故。

3. **若事实尔，云不善观，不成观等**：如果大众僧确实不善观，不成观；不善解，不成解；不善灭，不成灭。比丘尼作如是言："僧不善观，不成观。不善解，不成解。不善灭，不成灭。"不犯。事实如是故。

4. **若戏笑说等**：如果戏笑语、疾疾语、独语，不犯此戒，但乖违说话仪则，应结吉罪。梦中语、欲说此而错说彼，不犯。不由己故。

（二）引文释缘

【记】 灵芝资持记 若观作不成观想者，僧如法观断想，谓不善观。

《资持记》中原文："若观作不观想（僧如法观断想，谓不善观）。"如开缘第二所述。

📖 练习题

1. 请解释"发诤戒"戒名，并说明何谓"发诤"。

2. 简述佛制"发诤戒"三要素。

3. 背诵并解释"发诤戒"之戒文。

4. 说明佛制"发诤戒"之意义。

5. "发诤戒"具哪几缘成犯？

6. 何谓"四诤"？

7. 发起诤事之言词是什么？

8. "发诤戒"结犯相状如何？

9. "发诤戒"境想差别如何？分别如何结罪？

10. "发诤戒"有哪些开缘？

第五十二节　与贼期行戒

一　戒名

【记】　与贼期行戒第五十一　（同、大、性）

贼：害也。《律摄》云："言贼者，若窃盗，若强夺，若偷税人，曲路而过。"①
与贼期行戒：如果比丘尼与贼人相约共行，佛制不许。

二　缘起

【记】　六群

六群比丘，乃缘起中能犯之人。

佛制此戒三要素：（1）何处制：佛于舍卫国制。（2）因谁制：六群比丘。（3）因何制：六群比丘与贼相约共行，齐被守关捉，王念是释子，放之，臣讥嫌，因制。

三　戒文

【记】　戒文——若比丘尼，知是贼伴，共一道行，乃至一聚落，波逸提。

此戒文分四句：

第一句：若比丘尼 ——能犯人
白四羯磨如法得处所的比丘尼。

第二句：知是贼伴——知是贼
比丘尼知伴是贼。**贼伴**：或者已经作完贼事而还，或者正要去作贼事，比丘尼与此两种贼作伴皆犯。

第三句：共一道行，乃至一聚落 ——同道行
与贼相约结伴共一道行，乃至在一聚落间行。

第四句：波逸提——结罪

---

① 〔印度〕尊者胜友集，（唐）三藏义净译《根本萨婆多部律摄》卷十二，《大正藏》第 24 册，第 597 页。

此比丘尼即结波逸提罪。

四　制意

【记】　四分律疏 制意：断奸禁非，王者之法。既知贼伴，与共同行，迹同贼相，清白难分。招世讥丑，过损非轻。故须圣制。

断恶除奸，禁止非法，乃国之法令。今比丘尼既知对方是贼，理应避而远之。现在却反与贼约定，搭伴同行。从外相看，出家人行迹与贼人无异，令人难辨同行比丘尼之清白。如此将招致俗讥，丑累佛法。过患及损辱颇重，所以佛制不许与贼相约共行。

五　具缘

【记】　南山行事钞 具六缘成犯：一、是贼。二、知。三、共期。四、同一道行。五、不离见闻处。六、越界（原文"过限"）。犯。

此戒具六缘成犯：

1. **是贼**：对方是贼。

2. **知**：比丘尼知对方是贼。

3. **共期**：共相约定。

4. **同一道行**：比丘尼与贼共一道行。

5. **不离见闻处**：在见闻处内。

6. **越界**。**犯**：如果比丘尼与贼结伴同行过一村界，便犯波逸提。

六　罪相

【记】

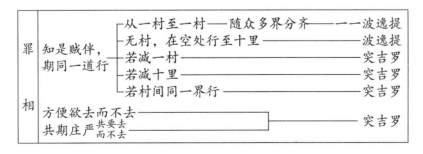

此戒罪相如下：

（一）如果比丘尼知是贼伴，相约共一道行

1. 从一村到另一村，随行过众多村界的分齐，一一结波逸提罪。

2. 在无村，即空旷无界之处，共行至十里，结波逸提罪。

3. 若减一村，即共行至村间半道，而未过村界，结突吉罗罪。

4. 若旷野无界处，行不满十里，结突吉罗罪。

5. 若在村间，同一界内共行，结突吉罗罪。

（二）如果比丘尼与贼相约共一道行，作种种准备欲去而不去，结突吉罗罪。

（三）如果比丘尼与贼共约而行，作种种庄严后，欲去而不去，结突吉罗罪。

七　开缘

【记】

此戒开缘如下：

1. **若先不知**：如果比丘尼事先并不知道对方是贼，便与其共一道行，不犯。

2. **若不共结伴**：如果比丘尼未与贼共约结伴而行，即使同一道行，不犯。

3. **若逐行安隐有所至**：在险难处，如果比丘尼跟逐贼行可免难缘，能安稳到达目的地，同一道行，不犯。《十诵律》云："若险难处贼送度者，不犯。"[1]《根本说一切有部律》云："若以贼为防援引导人者，同行无犯，或迷失道彼来指示者，虽同道去此亦无犯。"[2]

4. **若强力者所执等**：如果比丘尼被强力者所持，或被系缚将去，或有命难梵行难，而与贼共一道行，不犯。

练习题

1. 请解释"与贼期行戒"戒名。

2. 略述佛制"与贼期行戒"三要素。

3. 背诵并解释"与贼期行戒"之戒文。

4. 简述佛制"与贼期行戒"之意义。

5. "与贼期行戒"具哪几缘成犯？有哪些开缘？

---

① （后秦）三藏弗若多罗共罗什等译《十诵律》卷十六，《大正藏》第 23 册，第 116 页。

② （唐）三藏义净译《根本说一切有部毗奈耶》卷四十一，《大正藏》第 23 册，第 853 页。

第五十三节 恶见违谏戒

一 戒名

【记】 恶见违谏戒第五十二 （同、大、性）

恶见：亦名恶邪，即作如是言："我知佛所说法，行婬欲非是障道法。"婬欲本是鄙恶障道之法，此人颠倒，认为行婬欲不障道，固执不舍，故云恶见。

违谏：违背僧谏。

恶见违谏戒：如果比丘尼生恶见，作如是言："我知佛所说法，行婬欲非是障道法。"大众僧如法设谏，而拒谏，不舍此恶见，佛制不许。

二 缘起

【记】 阿梨吒

阿梨吒比丘，乃缘起中能犯之人。

佛制此戒三要素：（1）**何处制**：佛于舍卫国制。（2）**因谁制**：阿梨吒。（3）**因何制**：阿梨吒生恶见言："我知佛所说法，行婬欲非是障道法。"比丘谏劝而犹不舍。佛令白四谏，便呵因制。

三 戒文

【记】 戒文——若比丘尼，作如是语：我知佛所说法，行婬欲，非是障道法。彼比丘尼谏此比丘尼言：大姊，莫作是语，莫谤世尊，谤世尊者不善。世尊不作是语，世尊无数方便，说婬欲是障道法，犯婬欲者，是障道法。彼比丘尼谏此比丘尼时，坚持不舍。彼比丘尼乃至三谏，令舍是事。乃至三谏时，舍者善。不舍者，波逸提。

此戒文分六句：

第一句：若比丘尼 ——能犯人

白四羯磨如法得处所的比丘尼。

第二句：作如是语：我知佛所说法，行婬欲，非是障道法——所谏事

此即大众僧所谏之事。比丘尼生恶见，作如是语："我审知于佛说法中，行婬欲非是障道法。"

第三句：彼比丘尼谏此比丘尼言：大姊，莫作是语，莫谤世尊，谤世尊者不善。世尊不作是语，世尊无数方便，说婬欲是障道法，犯婬欲者，是障道法——屏谏

正见比丘尼屏谏此邪见比丘尼言：大姊！莫作是语：我知佛所说法，行婬欲非是障道法。莫诽谤世尊，诽谤世尊者不善。世尊所说，都是离欲清净，寂灭无为之法。而你现在却说婬欲不是障道法，这便等同于非理诽谤世尊，是不善之事，乃是恶因，必招恶果！世尊不作是语：行婬欲非是障道法。世尊无数方便说，婬欲是障道法；犯婬欲是障道法，能障初禅，乃至阿罗汉果。

第四句：彼比丘尼谏此比丘尼时，坚持不舍——拒屏谏

当正见比丘尼屏谏邪见比丘尼时，邪见比丘尼却坚持自己的邪见，不肯听从。

第五句：彼比丘尼乃至三谏，令舍是事。乃至三谏时，舍者善——僧谏

邪见比丘尼拒绝屏谏，所以大众僧应如佛所教，与此邪见比丘尼作呵谏白四羯磨，令舍弃邪见。如果作白之时，能舍其邪见便好。若不舍，作初番羯磨，乃至三番羯磨未竟，能舍其邪见，也好。

第六句：不舍者，波逸提 ——违谏结罪

如果坚持不舍，三番羯磨竟，即违僧谏，此邪见比丘尼须结波逸提罪。

四　制意

【记】 四分律疏 制意有三：一、所以不听说欲不障道意。欲是生死根本，亦是障道之原。既能口说，身喜为之。永沦生死，障碍出道故尔。二、须谏意。有倚傍故。以见在家二果，犹有欲事故。如五分，诸比丘问：汝云何是解？梨吒答言：今有质多、须达多，二长者及诸优婆塞，皆为五欲所吞，为欲所烧。今得初果二果，以是故我作是解。然圣辨障道，结有强弱。上品障见谛，下品障思惟。以见须达等道成初果，犹有欲事。执如是义，说欲非障。言同意别，理须标别。圣言非障者，以治道品殊，各敌对而遣，当分障除。异则非此断，故有非我障，非谓不障于彼。若生胜解，此惑斯除。而今偏执，言欲非障。邪正殊途，理在于此。须僧设谏，开示是非。三、解结罪意。僧既设谏，欲使返迷从正。固执不舍，违法恼僧。是故制罪。

此戒制意有三：

（一）不许说婬欲不障道之意

婬欲是生死流转根本，也是障道根源。既然能口言"婬欲不障道！"想必身喜作此事。耽着婬欲，必将导致沉沦生死苦海，永无出期。正因为婬欲会障出离之道，所以佛不许作如是说。

（二）须谏劝意

1. 阿梨吒之所以云"我知佛所说法，行婬欲非是障道法"，因他见在家居士未断婬欲事，却证得初果、二果，是故作如是解。

2. 世尊辨析障道之关键在于众生之烦恼、惑业。众生流转三界，皆因烦恼惑恶业，归纳有十种：即贪、嗔、痴、慢、疑五钝使，及身、边、邪、见取、戒禁取见五利使。五利使能障见谛，故名见惑。此惑粗显，所以易断，名之为强。而贪、嗔、痴、慢四使能障思惟，故名思惑。此惑微细，所以难断，名之为弱。证初果仅断见惑，爱染烦恼仍然未除，故尚有欲事。然阿梨吒不明此意，见须达多等居士得证初果，便固执邪见，言婬欲非障道法。此言与佛所说似有同处，然其中含义却天壤之别，理须加以标列辨别。

3. 佛说不障道，约结使粗细，断证深浅而言。浅断粗恶，深除细障。若初见道起，能治道，仅断见惑。后修道中，起下下道，断上上惑，乃至次第，起上上道，断下下惑，九地同然，各各敌对。当道自断当品之惑，绝无异道断异惑之理。所以，作婬欲事者，不障初、二果，但并非不障三、四果。约道众言，若行婬欲，则一切皆障。在修道中，应不断增胜圣解，此欲惑方能灭除。阿梨吒所执婬欲非障道，与佛所云完全不同，其理即在于此。故须僧设谏，开示是非，除其邪见。

（三）释结罪意

大众僧既已如法设谏，欲除其邪见，令彼返迷归正。但却固执己见不舍，违法恼僧，是故制结提罪。

五　具缘

【记】 南山行事钞 具五缘成犯：一、是恶见。二、屏谏。三、不受。四、僧如法谏。五、三羯磨竟。犯。

此戒具五缘成犯：

1. **是恶见**：比丘尼生邪见说婬欲不障道。
2. **屏谏**：具正见比丘尼先屏谏此邪见尼。
3. **不受**：邪见尼不受谏语。
4. **僧如法谏**：大众僧如法作白四羯磨呵谏。
5. **三羯磨竟。犯**：如果比丘尼不舍此邪见，三番羯磨竟便犯波逸提。

六　罪相

（一）正明犯相

【记】

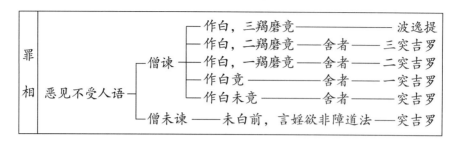

此表说明：

比丘尼生恶见，说："我知佛所说法，行婬欲非是障道法。"且不受正见比丘尼屏谏，后大众僧为令其舍此邪见，作白四羯磨呵谏。

1. 僧未作羯磨谏劝

未作白之前，比丘尼言"我知佛所说法，行婬欲非是障道法"，一切结突吉罗罪。

2. 僧作羯磨谏劝

（1）若作白未竟，舍者，结突吉罗罪；

（2）作白竟，舍者，结一突吉罗罪；

（3）作白，一羯磨竟，舍者，结二突吉罗罪；

（4）作白，二羯磨竟，舍者，结三突吉罗罪；

（5）作白，三羯磨竟，即结波逸提罪。

（二）引文别明

1.《行宗记》明道俗有别

【记】 灵芝行宗记 接俗之教，生福向善，故不断正婬。出家为道，发智断惑，理须齐断也。

灵芝律师云：佛陀接引俗人之法，旨在使其增长福业，投心向善，许其不断正婬，但制邪婬。而出家之人，为修出离之道，须以正戒、正定引发真智，从而根除烦恼。因此，必须彻断婬欲。

2. 引经证明

【记】 同 无行经云："婬欲即是道，恚痴亦复然。如是三法中，具一切佛法。"此乃点妄即真，即事显理之言。倘有错解，应入阿鼻。学大乘者，其慎诸。[①]

----

① "点妄即真"之后，非《行宗记》原文。原文是："无行经云：淫欲即是道，恚痴亦复然，如是三法中，具一切佛法。此乃点妄即真，意令反本。世之讲者，谓小乘则作欲障道，大乘则一切不妨。文饰秽行，诳诱后生，误无量人，入阿鼻狱，谤经毁圣，永无出期，惑众罔时，义当此罚。"（《卍新续藏》第40册，第137页。）

灵芝律师引《无行经》卷二中文：婬欲便是道，嗔痴亦如是。如此在贪嗔痴三法中，已具足一切佛法。[①] 意即真妄同体，此是大乘佛教究极之义，明事相差别与真如理体，如同冰与水，同为一体，相即不离。虽说冰之体性是水，但在事相上，冰水毕竟不同。虽贪嗔痴本是法性，然于事相上若行婬欲，必受果报。此理必须辨别清楚。若错误理解，认为行婬欲非是障道法，即是以理乱事，必然贻误无量众生，终将受阿鼻地狱之报。学大乘语者，应慎思慎行！

七　并制

【记】

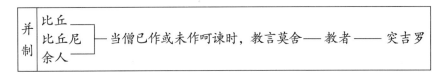

佛制恶见不受人语比丘尼之同时，也制教者之罪。有比丘尼生邪见说："我知佛所说法，行婬欲非是障道法。"僧已作呵谏，或未作呵谏时，若比丘、比丘尼，或小三众教言："莫舍此事。"教者须结突吉罗罪。

八　开缘

【记】

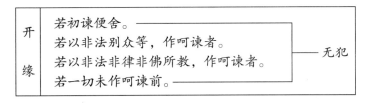

本戒开缘如下：

1. **若初谏便舍**：如果有比丘尼生邪见说："我知佛所说法，行婬欲非是障道法。"他人初谏时，便舍此事，不犯。

2. **若以非法别众等，作呵谏者**：如果大众僧以五非羯磨，即非法别众、非法和合众、法别众、法相似别众及法相似和合众，作呵谏时，邪见比丘尼拒而不受语，不犯。因人法皆非。

3. **若以非法非律非佛所教，作呵谏者**：如果大众僧以非法、非律、非佛所教作呵谏，邪见比丘尼拒而不受语，不犯。因法非故。

---

① （后秦）三藏鸠摩罗什译《诸法无行经》卷二云："婬欲无障碍。嗔恚无障碍。愚痴无障碍。一切诸法皆无障碍。"（《大正藏》第15册，第759页。）

4. 若一切未作呵谏前： 如果比丘尼生邪见，在一切未作呵谏前，便自舍恶见，不犯。

以上开缘所说"不犯"，是指不犯违僧谏波逸提罪。但说此邪见语，尚须结吉罪。

 练习题

1. 何谓"恶见"？请解释"恶见违谏戒"戒名。

2. 简述佛制"恶见违谏戒"三要素。

3. 背诵并解释"恶见违谏戒"之戒文。

4. 叙述佛制"恶见违谏戒"之意义？

5. 佛为何遮止说"婬欲不障道"？

6. 为何对持"婬欲不障道"邪见者须设谏劝？

7. "恶见违谏戒"具哪几缘成犯？

8. 僧作呵谏羯磨前后，持邪见之比丘尼分别如何结罪？

9. "恶见违谏戒"有哪些开缘？

第五十四节　随举戒

一　戒名

【记】　随举戒第五十三　（同、大、性）

随：随顺。举：被僧举罪治罚之人，即有比丘尼生邪见，说婬欲不障道，而被大众僧举罪治罚。

随举戒： 如果比丘尼随顺恶见被举之人，佛制不许。

二　缘起

【记】　六群

六群比丘，乃缘起中能犯之人。

佛制此戒三要素：（1）**何处制：** 佛于舍卫国制。（2）**因谁制：** 六群比丘。（3）**因何制：** 阿梨吒比丘起邪见，说婬欲不障道，众僧为彼作恶见不舍举已，六群比丘供给所须，共同羯磨、止宿、言语，因制。

三　戒文

【记】　戒文——若比丘尼，知如是语人。未作法，如是邪见不舍。若畜，同一羯磨、同一止宿，波逸提。

此戒文分四句：

第一句：若比丘尼——能犯人

白四羯磨如法得处所的比丘尼。

第二句：知如是语人。未作法，如是邪见不舍——恶见人未舍未解

比丘尼知此人作如是语："我知佛所说法，行婬欲非障道法。"众僧已为此人作恶见不舍举羯磨，而且尚未作法为彼解罪，同时，此人仍然不舍如是邪见。

第三句：若畜，同一羯磨、同一止宿——摄以财法

比丘尼知是恶见被举者，若畜养、供给所须，若同一羯磨、若同一止宿、共相言语。

第四句：波逸提——结罪

此比丘尼随顺一一事，即结波逸提罪。

四　制意

【记】　四分律疏　制意有三：一、须举意者。有三义故，所以须举。（一）此人谬执，说欲不障。僧谏不舍，邪心成就，障于学路，于佛法中无长用故。（二）来。此人执见心成，若不治举，永无改愆，忏悔从善。须僧举罚，折勒身心，使思愆改过，有入道之益。（三）来。欲顺人情，或多信受。今以举治，绝化道故。第二、解不听顺意。亦有三事：（一）若听随顺，前人谓己见为是，转增炽盛。即是损他。（二）来。既随顺彼，必同所见。染着欲事，便成自坏。（三）来。僧既举治，今辄随顺，违恼僧众，故不听随。第三、解随顺三举结罪重轻意。三举意齐，所以此举随顺罪重，自余二举但轻者何？解言：说欲不障，言说相似，滥于圣教，以灭正法，有坏他意。又自坏心行，障于学路。亦是顺情，多喜随顺。故制提罪。余两条然是非，更无两滥。灭法之过，坏他义微，随顺义齐，唯有自坏，是以犯轻。

此戒制意有三：

（一）须举罪意

因有三义，故须举罪：

1. 此人坚执自己错谬知见，言"我知佛所说法，行婬欲非障道法"。大众僧已作羯磨法谏劝，仍不舍邪见，说明其邪心成就，障其修学之路，在佛法中不得长进、受用。所以，必须举罪。

2. 此人邪见已经形成，若不举罪治罚，恐其永无忏悔改过机会。因此，须大众僧举罪治罚，以折服、禁约犯者身心，令其反省，改正过恶，如此才能获得入道利益。

3. 婬欲顺于常人之情，若妄加宣说"我知佛所说法，行婬欲非障道法"，恰迎常人所好，会令多人信受。因此，大众僧举罪治罚，将其摈于众外，绝其化导众生之道。

（二）不许随顺邪见被举比丘尼之意

1. 若允许随顺此比丘尼，彼即认为自己知见正确，从而更增邪见。对其有害无益，此即损他。

2. 随此邪见比丘尼者，想必其知见与彼无异。而且，言为心声，既能彰之于口，其心也必然染着欲事。如此自坏心行，实乃自损。

3. 大众僧既已对邪见比丘尼举罪治罚，若辄便随顺于彼，则是公开违背、触恼大众僧。所以佛制不许。

（三）随顺三举结罪轻重不同意

大众僧对犯过者据事而作不见举、不忏举、恶见不舍举，此三举治罚之意相同，但若论及随顺，则结罪轻重有异。为何随顺持恶见者结罪重，随顺余二结罪轻？其道理在于：持恶见者言"我知佛所说法，行婬欲非障道法"。此言相似于佛说，容易混滥圣教，覆灭正法，有坏他意。又，说此语者，不仅损己信法向道之心、励己摄修之行，障碍自己修学之路。而且，此言恰好随顺常人贪欲之情，人多欢喜随顺、信受，由此被导入邪途。正因有此滥教、损己及害他之义，所以，佛制随顺恶见者，须结波逸提罪。

而不见举、不忏举中，是非清楚明了，无滥于圣教及灭法之过，损他义较轻。虽然随顺之义齐等，但唯自坏，故只结突吉罗罪。

五　具缘

【记】　　具四缘成犯：一、是恶见被举人。二、知。三、随顺同事（供给所须、共同羯磨、止宿、言语）[①]。四、随一一事。犯。

此戒具四缘成犯：

1. **是恶见被举人**：随顺的对象是生邪见且被大众僧举罪治罚之人。

2. **知**：比丘尼知是恶见被举人。

3. **随顺同事**：随顺此邪见比丘尼，或供给所须，或共说戒羯磨，或共住，或共语。

4. **随一一事。犯**：如果比丘尼随作上面所说四事之一，便犯波逸提。

---

① 　此文非《行事钞》中文，应是《表记》编辑者所加。

六 罪相

（一）正明犯

【记】

罪	供给所须者，有二种	法：教修习增上戒、增上意、增上智、学问、诵经。
		财：供给衣服、饮食、床卧具、医药。
相	同羯磨者——同说戒	室者——同第四共男人宿戒
	比丘尼先至彼后至 彼先至比丘尼后至 — 同室宿 — 随胁着地 二人同时至	随小转侧 — 波逸提

此表包括两部分内容：

1. 释三事

（1）供给邪见被举尼所须者

①**法**：教被举邪见比丘尼修学增上戒学、增上定学、增上慧学，或教其学问、诵经。

②**财**：供给被举邪见比丘尼衣服、饮食、床卧具及医药。

（2）**同羯磨者**：与被举邪见比丘尼共同说戒羯磨。

（3）**室者**：同单提第四条"共男人宿戒"。

2. 明结犯

如果比丘尼先至，被举邪见尼后到；或被举邪见尼先至，而比丘尼后到；或二人同时到。在室相成就的屋内止宿，随胁着地，或随身小转侧，一一结波逸提罪。

（二）引文释

【记】 案 律中罪相，仅列同宿。但提罪通于四种（同羯磨、供须、止宿、言语）。灵芝行宗记云：随同一事，随一成犯，不待具也。

弘一律师加"案"解释：此戒只列出同室宿一事的罪相，但所结提罪是通于共同说戒羯磨、供给所须、同止宿、共言语等四事。

灵芝律师在《行宗记》中云：随同一事，谓供给、羯磨等事，如文所列。只要随顺其中一事即犯，不须具足随顺四事。

七 开缘

【记】

| 开缘 | 同第四共男人宿戒。唯第一第二男子改作恶见被举人。 |

此戒的开缘与第四条"共男人宿戒"大致相同，唯改第一、第二中的"男子"为"恶见被举人"。具体言之：

1. 如果恶见被举人先到，而比丘尼后到，比丘尼不知房内有邪见尼便宿，不犯。

2. 如果比丘尼先到，而恶见被举人后到，比丘尼不知房内有恶见尼便宿，不犯。但比丘尼无论在何处夜宿，都应当事先检查有没有恶见尼隐藏于房内，方可入睡；不应该入房便睡。

3. 若房屋上有覆盖，但四周无遮障，因其敞露不成室相，故不犯。如以四根柱子架起的遮篷，即是此类所摄。

4. 若房屋上虽有覆盖，但只有两边遮障，另外两边无遮障，亦不成室相，故不犯。

5. 若房屋上有覆盖，但仅一边有遮障，不成室相，故不犯。

6. 若房屋四周虽然有遮障，但顶上却没有覆盖，不成室相，故不犯。

7. 若房屋四周有遮障，而顶上只有一半覆盖，不成室相，故不犯。

8. 若房屋四周有遮障，而顶上只有三分之一覆盖，不成室相，故不犯。

9. 若房顶上只有一半覆盖，四周也只有两边遮障，不成室相，故不犯。

10. 若房屋四周一边有遮障，但顶上只有三分之一的覆盖，不成室相，故不犯。

11. 若房顶上没有覆盖，而且四周没有遮障，或是露地，不成室相，故不犯。

12. 如果在成室相的房舍内，或行或坐，皆有同伴，不犯。

13. 若因头晕倒地而与恶见被举人同室宿，不犯。

14. 若因生病躺卧而与恶见被举人同室宿，不犯。

15. 若被强力者所逼迫，或被禁闭，或有命难、梵行难故，而与恶见被举人同室，皆不犯。

 练习题

1. 请解释"随举戒"戒名。

2. 略述佛制"随举戒"三要素。

3. 背诵并解释"随举戒"之戒文。

4. 佛为何制"随举戒"？

5. 为什么对恶见人必须举罪？

6. 为何不许随顺邪见被举比丘尼？

7. 为什么随顺"恶见不舍举"者结罪重，随顺"不见举""不忏举"者结罪轻？

8. "随举戒"具哪几缘成犯？

9. "随举戒"中"供给所须"指什么？

10. "随举戒"结犯相状如何？有哪些开缘？

第五十五节 随摈沙弥尼戒

一 戒名

【记】 随摈沙弥尼戒第五十四 （同、大、性）

随：随顺。谓以财、法二事随顺及同止宿。**摈**：灭摈。**沙弥尼**：为五众之一，华言息慈女，意即息世间染法，慈济众生。

随摈沙弥尼戒：因为沙弥尼说婬欲不障道，僧已呵劝，但彼仍然不舍此见，大众僧便作白四羯磨法灭摈以怖之。如果比丘尼随顺供给此沙弥尼，佛制不许。

二 缘起

【记】 六群

六群比丘，乃缘起中能犯之人。

佛制此戒三要素：（1）**何处制**：佛于舍卫国制。（2）**因谁制**：六群比丘。（3）**因何制**：跋难陀有二沙弥共行不净，便说婬欲不障道。佛令白四遥谏，不舍邪见，僧灭摈。六群比丘诱将畜养，因制。

三 戒文

【记】 戒文——若沙弥尼作如是言：我知佛所说法，行婬欲，非障道法。彼比丘尼谏此沙弥尼言：汝莫作是语，莫诽谤世尊，诽谤世尊者不善，世尊不作是语。沙弥尼，世尊无数方便，说婬欲，是障道法。犯婬欲者，是障道法。彼比丘尼谏此沙弥尼时，坚持不舍。彼比丘尼应三谏，舍此事故，乃至三谏时，若舍者善。不舍者，彼比丘尼应语是沙弥尼言：汝自今已去，非佛弟子，不得随余比丘尼，如诸沙弥尼得与比丘尼二宿，汝今无是事，汝出去，灭去，不须此中住。若比丘尼知如是摈沙弥尼，若畜，共同止宿，波逸提。

此戒文分六句：

第一句：若沙弥尼作如是言：我知佛所说法，行婬欲，非障道法——沙弥尼

恶见

如果有沙弥尼生邪见作如是言："我知佛所说法，行婬欲非是障道法。"

第二句：彼比丘尼谏此沙弥尼言：汝莫作是语，莫诽谤世尊，诽谤世尊者不善，世尊不作是语。沙弥尼，世尊无数方便，说婬欲，是障道法，犯婬欲者，是障道法——屏谏

此是正见比丘尼屏谏邪见沙弥尼之言："你不要这样说：'我知佛所说法，行婬欲非是障道法。'不要再诽谤世尊，诽谤世尊不是善事。因为佛所说法，离欲清净。而你现在却这样说，完全是非理谤佛。此是恶因，必招恶果。世尊从未说行婬欲不是障道法。沙弥尼！世尊无数方便呵毁诸欲，如火如剑，又如怨敌等，长夜伺作衰损，能障圣道。若犯婬欲者，不能证圣道。"

第三句：彼比丘尼谏此沙弥尼时，坚持不舍。彼比丘尼应三谏，舍此事故，乃至三谏时，若舍者善，不舍者——违谏

比丘尼谏劝此邪见沙弥尼时，彼坚持邪见，不肯改悔。比丘尼僧应为其作白四羯磨遥呵谏劝，令其弃舍邪见。乃至僧中三番羯磨未竟，若沙弥尼能舍此邪见，弥善。若仍然不舍，待三番羯磨竟，此沙弥尼将被灭摈。

第四句：彼比丘尼应语是沙弥尼言：汝自今已去，非佛弟子，不得随余比丘尼，如诸沙弥尼得与比丘尼二宿，汝今无是事，汝出去，灭去，不须此中住——明摈出法

如法比丘尼应语此邪见沙弥尼说："披缁离俗，称佛为师，恶见深沉，诽谤佛法，非佛弟子。自今已去，你不是佛弟子，也不得像其他如法沙弥尼，可以与比丘尼共宿二夜。你自今以后再也不许做如法沙弥尼可作之事。必须将你从僧团中驱出，不允许在此与清净大众僧同住，以免搅乱佛法。"

沙弥尼法，必须依凭大尼而得衣食等。现既已被灭摈，一切利养皆无份。所以说："汝今无是事。"

第五句：若比丘尼知如是摈沙弥尼，若畜，共同止宿——诱将畜养

比丘尼知如是邪见不舍被摈沙弥尼，若畜养并与其共同止宿。

第六句：波逸提——结罪

此比丘尼即结波逸提罪。

四　制意

【记】 四分律疏制意有三：一、解须摈意。亦有三义，如前戒说。问所以沙弥尼（原文无"尼"字）作摈名者，入道以来要由信心，沙弥尼（原文无"尼"字）既未受戒，说欲不障，违僧三谏，邪心成就。于后受戒，事容难尅。故须加其重法，与作摈名，怖以从道。大僧既先得戒，故直举治，不须摈怖。又但口说，未作重过，故今加摈，明为怖之。是以文言，共行不净者，谓第二篇事。若实犯重，何须谏后方摈。又复多论，若解摈已，应与受戒，故知不是犯重。伽论，沙弥说欲，众僧和已，彼若忏悔，还当摄授。问沙弥不见不忏，同是邪见，何不作摈称，而此举独障摈，其义何也？解言：不见不忏，条然是非，与教不滥，又无谏可违，情过轻微。后无顺情化人之义，故作举名不加摈称。说欲不障，滥于圣教，又违僧谏，复顺情行化，故作摈名，与彼不类。第二解不随顺意。第三解结罪意，同前戒说。

此戒制意有三：

1. 须摈出意

如前戒所说，亦有三义。问：举治沙弥尼为何先作遥谏，白四灭摈羯磨？答："信为道源功德母"，须凭借信心才能入道，之后方能精进修道。若不尔者，则入道无门。而今，沙弥尼尚未受具足戒，竟说："我知佛所说法，行婬欲非是障道法。"虽然大众僧已如法设谏，但却公然违背僧谏，不舍邪见。由此可见，其邪心已经形成，若日后受具足戒，更难改其邪见。是故须以重法，为作遥呵灭摈羯磨，令其心生畏惧，舍此恶见，返迷归正。若能完全弃舍邪见，下意忏悔，机缘成熟，方可进受大戒。大尼已受具戒，可依佛制作"恶见不舍举"白四羯磨治罚，不可以灭摈怖之。

又，彼沙弥尼只是口说"行婬欲非障道法"，而身却未犯重罪。所以，现在对其加以摈法，目的是令其生怖畏之心。律中缘起言共行不净者，是指第二篇僧残罪。如果已犯根本重戒，直接灭摈即可，岂须众僧作法三谏后才灭摈？如《萨婆多论》云：僧为邪见沙弥尼作摈法之后，如果能舍其恶见，下心求忏，众僧应为其解除摈法。解摈已，应与受大戒。[①] 由此可知，彼沙弥尼不是犯根本戒，仍可出家受具足戒。《摩得伽论》亦云："沙弥言：'我知佛所说，欲不障道。'众僧和合已，彼若忏悔，还者当摄受。"[②]

又问：不见举、不忏举同是邪见，为什么不作灭摈羯磨，而独此恶见不舍为作摈之名？释云：不见、不忏，此二种是非过错清楚明了，没有滥同圣教之嫌。而且没有僧谏可违，所犯之过轻微。又无顺于众生贪欲之情，及以邪见化导他人之义。只有自损，而无损他，所以，只作举名治罚，而不灭摈。而今，此恶见不舍沙弥尼云："我知佛所说法，行婬欲非是障道法。"此言混滥圣教。又违僧中三谏，所犯过深。又因凡夫贪欲之情，人多欢喜随顺信奉，一旦受其化导，必会误入邪途。此过

① 《萨婆多论》卷八云："若沙弥恶邪不除三教不止，与灭摈羯磨。若服俗作白衣、后还作沙弥，即先羯磨。若受具戒，亦即先羯磨。若根变作沙弥尼，亦即先羯磨。"（《大正藏》第 23 册，第 556 页。）
② （刘宋）僧伽跋摩译《萨婆多部毗尼摩得勒伽》卷二，《大正藏》第 23 册，第 577 页。

失极重，所以必须灭摈。与不见、不忏之治罚有异。

2. 释不听随顺被摈沙弥尼之意：同前戒。

3. 释结罪意：同前戒。

五　具缘

【记】 南山戒本疏钞缺具四缘成犯：一、是被摈沙弥尼（原文无"尼"字）。二、知。三、同事止宿（诱将、畜养、共止宿）。四、随一一事。犯。

《行事钞》中缺此戒具缘，依《戒本疏》，此戒具四缘成犯：

1. **是被摈沙弥尼：**是邪见不舍被众僧作法灭摈的沙弥尼。

2. **知：**比丘尼知是被摈沙弥尼。

3. **同事止宿（诱将、畜养、共止宿）：**比丘尼以财、法来畜养，供给所须，或在成室相的屋内共同止宿。

4. **随一一事。犯：**如果比丘尼随顺被摈沙弥尼，随作一一事，一一犯波逸提。

六　罪相

（一）正明犯相

【记】

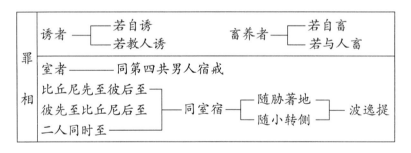

此表包括如下内容：

1. 释名相

（1）**诱者：**即比丘尼知是被摈沙弥尼，若自引诱，若教人引诱，令彼到己住处。

（2）**畜养：**即比丘尼知是被摈沙弥尼，若自畜养，若教人畜养。

（3）**室者：**同第四条"共男人宿戒"。即室有四种：四周壁障，上有覆；前敞无壁障，上有覆；有壁障，上虽有覆而不遍；有壁障，上虽覆遍而有开处。

2. 明结犯

如果比丘尼先到，被摈沙弥尼后到；或被摈沙弥尼先到，比丘尼后到；或二人同时到。在成室相的屋内止宿，随胁着地，或随身小转侧，一一结波逸提罪。

（二）引文别明

1. 弘一律师加"案"

【记】 案 此戒亦随一一事犯，不专指同宿也。

弘一律师释云：此戒罪相，即随顺被摈沙弥尼一一事，便犯，不单指同室止宿一事。

《十诵律》云："若比丘教灭摈沙弥法，若偈说，偈偈波逸提。若经说，章章波逸提。若别句说，句句波逸提。若从灭摈沙弥受经、读诵亦如是。若与灭摈沙弥钵，波逸提。若与衣户钩、时药、夜分药、七日药、尽形药，皆波逸提。若从灭摈沙弥取衣钵、户钩、时药、夜分、七日、尽形药，一一皆波逸提。四种舍中共宿，波逸提。起已还卧，随起还卧，一一波逸提。通夜坐不卧，亦波逸提。"[1]

2. 引《四分律·第一分》

【记】 第一分 比丘僧谏沙弥时，当作"遥谏羯磨"。"遥谏"者，众僧置此沙弥于众前，令立于眼见耳不闻处，为作呵谏白四羯磨也（尼亦同）。

据《四分律·第一分》所制：比丘僧谏劝沙弥时，应作遥谏羯磨。**遥谏**：即众僧为邪见沙弥作呵谏白四羯磨时，当置此沙弥在众僧前，令彼立于眼见众僧作法，而耳不闻羯磨法之处。[2] 尼众同制。

七　开缘

【记】

开缘	同第四共男人宿戒。	唯第一第二男子改作灭摈者

此戒开缘与第四条"共男人宿戒"大同，唯改第一、第二中的"男子"为"恶见不舍被摈沙弥尼"。

练习题

1. 请解释"随摈沙弥尼戒"戒名。

① （后秦）三藏弗若多罗共罗什等译《十诵律》卷十五，《大正藏》第23册，第107页。
② 《四分律》卷十七云："自今已去与此二沙弥作呵谏，舍此事故，白四羯磨。应如是作呵谏。立此二沙弥于众僧前眼见耳不闻处，众中当差堪能羯磨者如上，作如是白……"（《大正藏》第22册，第684页。）

2. 略述佛制"随摈沙弥尼戒"三要素。

3. 背诵并解释"随摈沙弥尼戒"之戒文。

4. 佛制"随摈沙弥尼戒"之意何在？与"随举戒"制意有何异同？

5. "随摈沙弥尼戒"具哪几缘成犯？结犯相状如何？

6. "随摈沙弥尼戒"开缘和哪一条戒大同小异？请列示之。

第五十六节　拒劝学戒

一　戒名

【记】　拒劝学戒第五十五　　（同、大、性）

拒：即拒绝。**劝：**劝导。

拒劝学戒：若有比丘尼不学戒，如法比丘尼以善言劝导，而此尼却断然拒绝，佛制不许。

二　缘起

【记】　阐陀

阐陀比丘，乃缘起中能犯之人。

佛制此戒三要素：（1）**何处制：**佛于拘睒弥国制。（2）**因谁制：**阐陀比丘。（3）**因何制：**阐陀比丘不学戒，如法比丘谏时，言："我今不学此戒，当问余智慧持律比丘。"因制。

三　戒文

【记】　戒文——若比丘尼，如法谏时，作如是语，我今不学是戒，乃至问有智慧持律者，当难问，波逸提。若为求解，应难问。

此戒文分五句：

第一句：若比丘尼 ——能犯人
白四羯磨如法得处所的比丘尼。

第二句：如法谏时——前人谏劝
余比丘尼如法、如律，如佛所教，劝导其学戒。

第三句：作如是语，我今不学是戒，乃至问有智慧持律者，当难问——不受谏
不学戒比丘尼不受谏语，而作如是言："我今不学此戒，若欲学时，乃至问有智慧、且严净毗尼、通达开遮持犯之人，当以巧言诘问之。"此是反斥能谏人。意即：像你这么愚痴，且不通达戒律之人，怎么有资格来谏劝我？

第四句：波逸提——结罪

如果比丘尼作如上言说，须结波逸提罪。

第五句：若为求解，应难问——开缘

若比丘尼为求解，了知毗尼之差别义理，或广学开遮持犯，及通晓止作二持，可难问。

四　制意

【记】　四分律疏 制意：凡行不自成，必须训导，方能策进，有趣道之益。故善知识者，入道之良缘。然以痴心，陵蔑胜德。如法谏劝，理应顺奉。假说异求，不肯承禀，即是内无进修之诚，复无从善之意。自坏招讥，是故圣制。

依理而言，单凭自己力量难以成就清净戒行，必须凭借师长训诫、引导，方能不断增上，策进修善，获得趣向解脱之利益。所以，善知识是契入正道必不可少之良缘。而今此人却以顽痴之心，轻慢戒法，欺凌、毁辱胜德之人。他人如法如律善意谏劝，理应顺奉无违，却反推说另求有智持律者，而不肯欢喜秉受。如此言行，无非表明此人内无策进修学之心，又缺改过从善之意。如此，不仅自坏心行，也触恼他人，且招致讥嫌。所以，佛制此拒劝学戒。

五　具缘

【记】　南山行事钞 具五缘成犯：一、作止不学意。二、前人如法劝。三、知己非，前人谏是。四、不受劝意。五、言了了。犯。

此戒具五缘成犯：

1. **作止不学意**：比丘尼作不学戒之心。

2. **前人如法劝**：余比丘尼如法、如律，如佛所教，劝导其学戒。

3. **知己非，前人谏是**：比丘尼知道自己不对，而其他比丘尼谏劝正确。

4. **不受劝意**：不接受对方谏劝。

5. **言了了。犯**：如果比丘尼说："我今不学是戒，乃至问有智慧持律者，当难问。"言语清楚明了，便犯波逸提。

六　罪相

【记】

罪相	拒谏不学此戒，当难问余智人 ── 说了了 ── 波逸提 说不了了 ── 突吉罗

比丘尼有不学戒之心，如法比丘尼如法谏劝时，却拒不接受，并作异语："我今不学是戒，乃至问有智慧持律者，当难问。"如是言语清楚明了，即结波逸提罪。若言语不清楚明了，即结突吉罗罪。

七 开缘

（一）正明开

【记】

开缘	若为无智人谏时，语彼如是言，汝还问汝和尚尼，── 阿阇梨尼，汝可更学问诵经，知谏法然后可谏。── 无犯 若其事实尔。 若戏笑说等。

此戒开缘如下：

1. 如果比丘尼被无智慧人谏劝时，可说："你可以去向你的和尚尼、阿阇梨尼请教，或再多去学问诵经，懂得谏法后，再来谏劝。"如此，不犯。

2. 如果事实的确如此，不犯。

3. 如果戏笑语、疾疾语、独语，不犯本罪，须结吉罪。若梦中语，若欲说此而错说彼，不犯。

（二）引文释

引《戒本疏》别释开缘中第二缘。

【记】　南山戒本疏　其事实尔者，由痴无解慧，强谏智人，故拒不受，为知难问。灵芝释云：初开拒劝，无知强劝故。为下，次开难问，为学求解故。

《戒本疏》云：开缘中所说"若其事实尔"有两种情况：一是，若谏劝者本身愚痴，无有智能、胜解，却强劝谏有智慧之人。因此，被谏之人拒谏不受，不犯。二是，如果有比丘尼为求知解而难问其他有智慧之持律者，不犯。

灵芝律师释云：第一种是开"拒劝"，即被谏者拒绝谏劝，是因为被无知人劝谏之故。第二种是开"难问"，是为学习、求解故，所以不犯。

八 警策

祖师对后学施以策励教诫。此中有八段文：

（一）《戒本疏》明毗尼住持功胜

【记】 南山戒本疏 问：会正之极，勿过明慧，如何久住，偏约毗尼？答：明义不同，各有兼正。据理深浅，能治功用。戒律指事，伏业方便，故劣明慧。若就住持，建兴三宝，则律为胜。由世随相有，律附缘生，亲成大用。故文云，以众和合故，佛法得久住也。又约根条，定慧不及。自不能起，必因戒生。如经，依因此戒生定慧等。教据斯义，故弘演之。所以善见论中，佛告阿难，有五法令正法久住。一、毗尼者，是汝大师。二、下至五人持律在世。三、中国十人，边方五人受具。四、乃至二十人得出罪。五、由律师持律故，佛法住世五千年。广文如彼。良由一闻行教，信而奉遵，业非外倾，定慧内发（四果定慧）。远近两果，无不思怀。引生后进，永隆万载，故为久住也。灵芝释云，问：所以住法须五人者？答：除出僧残，余皆可秉。四人虽体，不办边受。受法不行，僧宝永绝。道假人弘，由僧绝故，佛法无讬，苟缺斯人，法皆覆坠。五千年者，有二：初五千年中，一千年得三达智（原注云，通三世故），二千年得四果，三千年得三果，四千年得二果，五千年得初果。第二五千年，学不得道，万年经书灭尽，但剃发披袈裟而已。愿诸后学，竭力护持，但得五人，是名法住。末世虽多，但知剃染，戒德不修，律范安识，岂能令法光显于时。况二千年，尚得四果，去圣未远，但不策勤，必有勇进，何患不及。请观圣论，退而省之。

此文包括道宣律师阐述、灵芝律师诠释两大部分。

1. 道宣律师阐述

在《戒本疏》中，道宣律师设问答以说明毗尼法住持功强。[①]

问：若论断惑证真，获得最高果位，则慧学功用最高。为何约佛法久住，却偏重说毗尼？

答：戒定慧三学所诠释义理互不相同，其功用也有主次之别。可从三方面来论证：

（1）先约断证，推慧为胜

如果根据所证真如理体之深浅，能够对治烦恼之功用而言，慧为最胜。因为戒律是随事相而制，是降伏烦恼之方便。所以，约断惑证真，戒律不如明慧。

（2）次约住持，以明戒胜

此中又分三层：

①若就住持佛法、兴建三宝而论，则戒律最为殊胜。因为俗谛随事相而有，戒

---

① （唐）道宣律师撰《四分律含注戒本疏》卷一，《卍新续藏》第39册，第736~737页。

律便随事缘而生，因此能够亲成大用。即戒律能直接轨范道众，众别二行依戒而起，个人僧于别行上依戒起行，如此则可揽别成众，如法说戒、羯磨，令羯磨法永住不坠，使正法久住，因此，戒律便起到纲维正法之大用。

②因为大众僧和合共住，僧人具足威仪幢相，俗人见已，即对三宝生起信敬之心。故《四分律》偈颂云："以众和合故，佛法得久住。"① 而明慧，因为真理体寂，所以须待证后方显，无法即刻而起大用。故约住持三宝而言，戒律为胜。

③再约根本与枝末来说，则戒为根本，定慧为枝末。定慧不能独自发起，必须依戒而生。唯有清净戒，方能生清净定，进而引发清净慧。如《遗教经》云："戒是正顺解脱之本，故名波罗提木叉。依因此戒，得生诸禅定及灭苦智慧。是故比丘，当持净戒勿令毁犯。若人能持净戒，是则能有善法。若无净戒，诸善功德皆不得生。是以当知，戒为第一安稳功德之所住处。"②

通过以上对比，说明戒律比定慧住持佛法功强之义，所以，必须弘演毗尼教法，以令佛法得久住。

（3）引论证明

《善见律》中，佛告阿难，有五法能令正法久住：

①**毗尼者是汝大师**："如律本中说，佛语阿难：'若我灭度后，毗尼即是汝大师也。'是名令正法久住。"佛临涅槃时，阿难请问佛："佛在世时，以佛为师；佛灭度后，以谁为师？"佛言："我灭度后，以戒为师。"若能依戒而行，如佛在世无异。

②**下至五人持律在世**："下至五比丘解律在世，能令正法久住。"末法时代，如果能有五比丘持律，行羯磨法，令羯磨法不坠，则使正法久住。

③**中国十人，边方五人受具**："若中天竺佛法灭，若边地有五人受戒，满十人往中天竺，得与人具足戒，是名令正法久住。"如果在中国佛法兴盛之处，必须有十位清净比丘；如果在边方佛法未兴之处，必须有五位清净比丘，方能行授戒之事。这样，便能令僧种不断，正法得以久住。

④**乃至二十人得出罪**："如是乃至二十人得出罪，是名令正法久住。"如果有二十位清净比丘，就可以为比丘出僧残罪。

⑤**由律师持律故，佛法住世五千年**："因律师故，令正法久住。"此是约个人而言。如果有人能持戒，即能令佛法延续五千年。③

为什么说有此五法便能令正法久住？实是由于，只要一听闻到佛的教法，即能信奉持守，不再造作非法。清净持戒，便能内发四果定慧，惑业烦恼随之而灭。因

---

① （后秦）三藏佛陀耶舍共竺佛念等译《四分律》卷一，《大正藏》第22册，第568页。

② （后秦）三藏鸠摩罗什译《佛垂般涅槃略说教诫经》，《大正藏》第12册，第1111页。

③ （齐）三藏僧伽跋陀罗译《善见律毗婆沙》卷十六，《大正藏》第24册，第786页。

此，则近获人天，远成五分法身。而此出世远近两果，不正是每位出家人渴望获证的吗？同时，也能依此而引导后学，如是沿续相传，令佛法得以久住。

2. 灵芝律师诠释

灵芝律师也设问答。有人问：为什么住持佛法必须五人？答：因为五人僧，除不能出僧残罪外，可以秉办其余一切羯磨法。而四人僧虽是僧体，但不能承办边方受戒事。如果没有受戒法，则僧种断灭，僧宝永绝。而人能弘道，非道弘人。僧宝既绝，佛法无所依托。所以，如果没有五人持律住世，佛法就会覆灭坠落。[1]

又，道宣律师在疏文中引《善见律》由律师持律故，佛法住世五千年。灵芝律师在此特别解释五千年的含义。[2]

五千年有二义：①初五千年中，第一个千年中得漏尽、天眼、宿命三达智，《行宗记》中灵芝律师以小注说明：此三达智，即通达三世。第二个千年中，可证四果；第三千年中，可证三果；第四千年中，可证二果；第五千年中，可证初果。[3]②第二个五千年，虽有学道之人，但已无证道者。到万年之时，经书灭尽，出家人只是剃发披袈裟而已，根本不学道。

为此，律师慨叹说：希望未来学者，能竭尽全力护持正法。只要有五位清净持律比丘住世，就仍然能称为正法住世。末法时代，出家人虽多，但只知剃发染衣，不学不修，对戒律一无所知。身为出家人而不修戒德，不懂开遮持犯，举止非法。俗人见后便生讥嫌、诽谤。如此之人，岂能令佛法光显于时？现在（宋朝），离佛灭度才两千年，尚能得证四果。离圣人不远。本可以证，为何不得？因为没有勤勉策励自己。若能勇猛精进修道，何愁不能得证圣果？请细读圣论，反观内省！

（二）《戒本疏》告诫当勤修自励

【记】　同　止得勤勤自励，一死知生何道也。灵芝释云：一死之语，请为思之。

经云：从人身中得人身者，如爪上尘；失人身者，如大地土。且现身微病，欲听无由，况当死去，前途未委。纵使即还人道，犹经二十余年，脱于余趣受生，何曾百千万劫，既沉戒障，永背真乘。其有卒世不闻，无非重障。其或始终无缺，须庆宿因。宜自深思，更增勇励。

道宣律师云：吾人只得精勤策励己行，否则，今生一死，不知将会投生何道？

灵芝律师释：文中"今生一死，知生何道"一句，请善思惟。《杂阿含经》云："如甲上土，如是众生人道中没还生人道中者亦如是。如大地土，其诸众生从人道

① （宋）元照律师述《四分律含注戒本疏行宗记》卷一，《卍新续藏》第 39 册，第 737 页。
② （宋）元照律师述《四分律含注戒本疏行宗记》卷一，《卍新续藏》第 39 册，第 737 页。
③ （宋）元照律师述《四分律含注戒本疏行宗记》卷一，《卍新续藏》第 39 册，第 737 页。

中没生地狱中者亦如是。如地狱，如是畜生、饿鬼亦尔。"① 且现生身体稍有病患，欲听戒法，则无机会。何况将来死去，岂知趣向何道？纵使又生人中，也得再经二十余年，方可受具，修习佛法。若不幸堕于三涂，何止百千万劫。既然沉沦戒障诸难，则永背佛道，欲至涅槃彼岸，无有是处。有人毕生与戒无缘、不得闻之，无非是重障所感。而有人则得始终持戒、无有缺犯，须庆幸宿世培植善根。当自深思，更加勇猛精进，策励学修。

（三）《戒本疏》明五夏专精戒律

【记】 同行不顿成，必待教学。不诵恐忘，将何依据。故制五夏，或尽形也。灵芝释云：以道假行成，行由教立。若非教本，行成虚丧。将何依据，斯言有旨，焉得为僧弃而不顾。若论读经求利，则专忆忘劳。至于诵戒修身，而生平未瞩。轮回长劫，非此而何。律中：愚痴比丘五夏不诵戒羯磨，尽形不得离依止。

道宣律师云：清净戒行非一时成就，须依教修学。若不诵戒，恐有遗忘。依据什么来行？所以佛制比丘受戒后，五夏之内专精戒律。若是愚痴无智，尽形寿不得离开依止师。

灵芝律师释：道业必须凭借戒行方能成就，而戒行则须凭教法才能成立。如果没有佛的教法，行持便失去了依托，如人无目而行。因此，道宣律师所说"将何依据"等，有其深意。哪里可以出家为僧而弃戒法而不顾？若论诵经求利，则专心一意，不知疲倦。至于诵戒修身，却终生未见。漫长轮回之苦报，不是此等痴人受，又能是谁？所以，律制愚痴比丘若过五夏，还不会诵戒、羯磨，则尽形不得离依止。

（四）《行事钞》告诫当常学律藏

【记】 南山行事钞善见云：若师犹在，应听律藏及广义疏。年别应受，非一过也。讽诵通利，是名律师恭敬于律。灵芝释云：师犹在者，即得戒和尚，可从学故。设复师亡，当从依止。年别受者，持犯微细，处断从文，故须常学，不可暂废。吾祖圣师，犹听广律满二十遍。自余庸昧，未可自矜（音竞，自贤也）。

道宣律师引《善见律》文："若师犹在，应听律藏及广义疏，年年应受，非一过也。讽诵通利，是名律师恭敬于律。"② 意即如果和尚在世，应跟随和尚学习律藏和广解律藏之疏钞。且年年须学一遍，不是只简单过一遍而已。必须通达熟练，并能讽诵通利，方称律师恭敬于戒，听佛所嘱。

---

① （刘宋）三藏求那跋陀罗译《杂阿含经》卷十六，《大正藏》第 02 册，第 114 页。
② （齐）三藏僧伽跋陀罗译《善见律毗婆沙》卷七，《大正藏》第 24 册，第 723 页。

灵芝律师释："师犹在"，是指得戒和尚还在，可依之学习戒律。律制与人授戒作和尚，授戒后须教导戒子学戒、持戒，并以财法摄取弟子。若和尚亡故，当求依止律师从彼受教。"年别受学"，因律中开遮持犯微细，须依据教文处断是非、轻重。所以应当常时修学，不可一时暂废。吾祖道宣律师尚且听四分广律二十遍，至于其他庸俗钝根之辈，切不可自视有智，妄自矜夸。

（五）《行事钞》比较理性与事相

【记】 南山行事钞 岂非凭虚易以形声，轨事难为露洁者矣。灵芝释此钞文引他解云，上句指虚通理性，即经论之学。下句明轨范事相，即毗尼之教。彼引僧传僧休法师，听洪律师讲四分律三十余遍。顾诸徒曰，予听涉多矣，至于经论，一遍入神。今听律部，逾增逾暗，岂非理可虚求，事难通会乎。此谓诸师谈经说理，无不精穷。考律行事，未能决白，此释可取。

道宣律师云：经论之学，虚通理性，凭借形像言语，便可体会其义。而戒乃轨范事相，是非外显，难以尽美。灵芝律师在《资持记》中，引他人对此钞文之解释：上句"凭虚易以形声"，是指虚通理性，即经论乃无相之学，可以虚求。而下句"轨事难为露洁"者，是明轨范事相，即毗尼之教有轨有则，难可应法也。

他师复引《续高僧传》记载慧休法师之事迹以明轨事难为。慧休法师是隋末唐初人，十六岁出家，对经论颇有见谛，尤善于华严，而于戒律却无暇研习。开始，他错误地认为，戒律属事相，应该极为容易。若有机缘，稍读即解，不劳师教。后有因缘披阅大律，对遮性之罪及开遮持犯，茫然不解，始知往昔错解。遂发心随当时洪遵律师听《四分律》。听三十遍已，对徒众说："我经论听多矣！对于经论，听一遍，即能理解。然今听《四分律》三十多遍，却愈听愈迷惘。由此可知，理性易悟入，不须藉事相体验，即能理解。但戒律依事相而制，其森罗万相实难以通会。"[1]

由此可知，谈经说理的法师在理上容易精通，但考证到律学，对于持犯轻重就无法清楚判断。灵芝律师认为此解契合道宣律师本意，故引以为释。

（六）《资持记》告诫重经论轻戒律者

【记】 灵芝资持记 举宗以明，持犯为正，自余随律之经，略知名相而已。诸经论师自分宗体，彼尚不解律刑，此岂横知他学。自宗犹困于未闻，况余经论，何由道尽？可谓不识分量也。须臾死去，莫浪多事。

---

[1] （唐）道宣律师撰《续高僧传》卷十五，《大正藏》第 50 册，第 544~545 页。

《资持记》云：学习戒律的根本目的在于洞悉开遮持犯。其余随律经论，则先略知其名相即可。现今诸经论师，妄自分宗立派。彼尚且不明白戒律规范，怎能越次第而修学其他？身为出家人，最基础之本分事尚且不知，更何况经论，如何能道尽？真可谓不分轻重缓急。当知人生无常，须臾死去，切莫放纵于悠悠不急之事。

（七）《资持记》斥当时非法

【记】 同 今世愚僧，不知教相，破戒作恶，习俗成风。见持戒者，事与我违，便责不善随方，呵为显异。邪多正寡，孰可言之。法灭世衰，由来渐矣。又东南禅讲，半夜噉粥，过午方斋。木钵纱衣，不殊外俗。循名昧实，并谓随方。不学愚痴，一至于此。慎之。

灵芝律师云：现在（宋朝）一些愚痴出家人不知教相，毁犯戒律，造作过非，已习以为常。见持戒者行持与己相违，便指摘其不善因地制宜，呵责其显异惑众。执邪见者多，具正见者少，谁可以言说？渐渐地戒法毁灭、世道衰没矣。

又，在（宋朝时）东南地区各处讲经参禅之所，往往在明相未出时，乃至在半夜吃粥。且时过日中，才进午斋。更有出家人使用外道木钵，穿着俗人纱衣，外表上与俗人外道无异。俨然有名无实，却粉饰为随方毗尼。此等人不学、愚痴已到如此地步，有识之人千万要引以为诫！

（八）《资持记》对正法住世之忧患

【记】 同 嗟今讲者，学非经远，行乃尘庸。媚世趋时，为师据位。丰华四事，盛聚来徒。驰逐五邪，多求利养，谁念弘扬三宝，但知虚饰一身。未善律仪，安能轨众。率由臆度，妄立条章。故有罚米赎香，烧衣行杖。遂使僧宗滥浊，佛化尘埃。道在人弘，谁当斯寄。呜呼。

灵芝律师感叹：当时讲经论者，所学不精，所行混同于尘世庸人。趋炎附势，位居于师。房舍、卧具、医药、衣服四事供养丰盛，且广收徒众，奔驰追逐五种邪命。[①] 贪求利养，哪里还想到弘扬三宝？只知道虚饰色身，根本不通戒律，如此之人，又怎能轨范徒众？处世率由己性，但凭自己私心揣度，妄立条款规章。若徒众犯过，便以罚米、赎香、烧衣，杖笞来治罚。使摄僧的纲宗混滥、污浊，佛之正法毁灭殆尽。道在人弘，谁能担当住持正法之大任。呜呼！

---

① 所谓"五种邪命"，《大智度论》卷十九云："一者、若行者为利养故，诈现异相奇特；二者、为利养故，自说功德；三者、为利养故，占相吉凶为人说；四者、为利养故，高声现威令人畏敬；五者、为利养故，称说所得供养以动人心。邪因缘活命故，是为邪命。"（《大正藏》第25册，第203页。）

练习题

1. 请解释"拒劝学戒"戒名。

2. 略述佛制"拒劝学戒"三要素。

3. 背诵并解释"拒劝学戒"之戒文。

4. 佛制"拒劝学戒"之意何在？

5. 犯"拒劝学戒"应具哪几缘？

6. "拒劝学戒"结犯相状如何？有哪些开缘？

思考题

1. 谈谈你如何理解"会正之极，勿过明慧，如何久住，偏约毗尼"？

2. 律制：比丘五夏专精戒律，若愚痴无智，尽形寿不离依止。比丘尼当如何？

第五十七节　毁毗尼戒

一　戒名

【记】　毁毗尼戒第五十六　（同、大、性）

毁：毁呰，即毁谤、轻呵。**毗尼**：梵音名毗奈耶，亦云鼻奈耶，正翻为律。律者，法也，从教立名。

毁毗尼戒：如果比丘尼毁谤、轻呵戒律，佛制不许。

二　缘起

【记】　六群

六群比丘，乃缘起中能犯之人。

佛制此戒三要素：（1）**何处制**：佛在舍卫国制。（2）**因谁制**：六群比丘。（3）**因何制**：时比丘共集诵毗尼，六群比丘恐被举，乃言"长老何用此杂碎戒为，若欲诵者，当诵四事。若必欲诵者，当诵四事十三事，余者不应诵。何以故，汝等若诵者，使人怀疑忧恼"。佛便呵责制戒。

三　戒文

【记】　戒文——若比丘尼，说戒时，如是语：大姊，用是杂碎戒为？说是戒时，令人恼愧怀疑。轻毁戒故，波逸提。

此戒文分五句：

第一句：若比丘尼 ——能犯人

白四羯磨如法得处所的比丘尼。

第二句：说戒时——诵戒时

若自说戒时，或他说戒时，若诵戒时。

第三句：如是语，大姊，用是杂碎戒为——毁不诵习

比丘尼轻呵戒律，作如是语："大姊，用此杂碎戒何为？若欲诵者，当诵八事。若必欲诵者，当诵八事、十七事，余者不须诵。"

杂碎戒：根据本律制此戒缘起，指下三篇戒。若准《萨婆多论》，则以略教一偈为纯一，广教五篇为杂碎。《萨婆多论》云："阐那以十二年前佛常说一偈，今说五篇名为杂碎。"①

第四句：说是戒时，令人恼愧怀疑——计前毁意

之所以轻呵戒律，是因为诵戒时，如果有犯，便令其生热恼和惭愧。

第五句：轻毁戒故，波逸提——轻毁结罪

比丘尼轻毁戒律，故结波逸提罪。

四　制意

【记】 ┃四分律疏┃制意：然戒为众善之本，灭恶之原，超生死之舟航，趣涅槃之正路。理宜赞叹，令人修学，使戒法兴显，千载不坠。今反毁呰，乖隔人心，使不诵习，致令正法于兹沦灭。败损非轻，所以须制。

戒为众善根本，灭恶之源，是超越生死苦海之舟航，趣向涅槃之正路。于理应当赞叹，劝令修学，令戒法兴盛，光显于世，千载不坠。今却反而轻呵、毁谤，乖违阻隔他人学戒之心，使其弃而不学，不再诵习，致使正法由此毁呰而沉沦坏灭。破败、损害之处颇重，故须制戒遮止。

五　具缘

【记】 ┃比丘尼钞┃具五缘成犯：一、是毗尼。二、前比丘尼诵戒时。三、作灭法意，不令久住。四、发言毁呰。五、言了了。犯。

此戒具五缘成犯：

1. 是毗尼：是毗尼戒法。包括随经之律，即如《涅槃经》《遗教经》等经中所论及的戒律。

---

① 《萨婆多毗尼毗婆沙》卷六，《大正藏》第23页，第543页。

2. **前比丘尼诵戒时**：于前比丘尼诵戒时，此不限定在众中。

3. **作灭法意，不令久住**：比丘尼作灭法之意，不令戒法得以久住。

4. **发言毁呰**：发言轻呵毁谤。

5. **言了了。犯**：如果言语清楚明了，即犯此戒。

六 罪相

（一）正明犯相

【记】

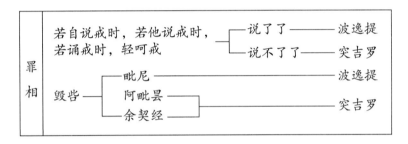

此戒罪相如下：

1. 如果比丘尼自说戒时，或他说戒时，若诵戒时，轻呵戒律。若说得清楚明了，波逸提；若说得不清楚明了，突吉罗。

2. 比丘尼如果毁呰毗尼结波逸提罪；毁呰经、论结突吉罗罪。

（二）引文别显

1. 《资持记》释"毁呰契经结吉罪"

【记】 灵芝资持记 毁呰契经吉者（原文"引律契经吉者"）。疏云，此据小乘为言，毁大乘罪重。私谓约制教边，大小同吉。就业道边，重轻须分。

《资持记》云：毁呰契经之所以结突吉罗罪，《戒本疏》云：此据小乘经典而言，若毁呰大乘究竟实教，则结罪重。灵芝律师认为：约制教，大小二乘经典，同结吉罪；就业道言，则重轻须分，即毁呰大乘罪重，毁呰小乘罪轻。

2. 《资持记》明时非

【记】 同 今时新戒，欲诵戒本。师多苦障，或加毁呰，正犯此戒。

灵芝律师云：今时有新受戒者，欲诵戒本，而其师却想方设法阻拦、障碍，或者加以毁呰，则正犯此戒。

3. 《比丘尼钞》引他部律补充

【记】 比丘尼钞 僧祇云：僧未说戒时诃，越；说时诃，提；说已诃，越心悔。

五分云：发心作念，令人远离毗尼，不诵而毁呰，提；若作念令木叉不久住，兰。

《比丘尼钞》引《僧祇律》文："轻呵有三种：有未说时呵、有说时呵、有说已呵。……未说时呵，越毗尼罪。说时呵，波夜提。说已呵，越毗尼心悔。"[1] 又引《五分律》文："若比丘发心作念，欲令人远离比尼，不诵、不读，而毁呰戒，波逸提。若比丘发心作是念：'我当毁呰，令波罗提木叉不得久住。'而毁呰戒，偷罗遮。"[2]

七　开缘

（一）正明开

【记】

开缘	若言先诵阿毗昙，然后诵律。先诵余契经，然后诵律。	无犯
	若有病者须瘳，然后诵律。	
	若言当勤求方便，于佛法中成四沙门果，然后诵律。	
	若戏笑说等。	

此戒开缘如下：

1. 如果比丘尼说先习学经论，后再诵戒，不犯。因标心后诵，不是为毁灭戒法故。

2. 如果比丘尼有病须疗治，待病愈再诵戒，不犯。

3. 如果比丘尼说先勤求方便，精进行道，破惑取证，得沙门四果，然后诵戒，不犯。

4. 如果戏笑语、疾疾语、独语，不犯本罪，须结吉罪。若梦中语，若欲说此而错说彼，不犯。

（二）引文释

【记】 灵芝资持记 不犯中，并谓期心后诵，非毁灭故。初开先习经论，虽无所犯，乖学次第，非本教意。净心观云：越学空宗，佛不随喜是也。三开进行（原文"次开病缘，后开进行"），谓直修三学，破惑取果，拟后诵之。故知至圣，

---

① （东晋）三藏佛陀跋陀罗共法显译《摩诃僧祇律》卷十四，《大正藏》第 22 册，第 338 – 339 页。

② （刘宋）三藏佛陀什共竺道生等译《弥沙塞部和醯五分律》卷六，《大正藏》第 22 册，第 41 页。

不违此制。

灵芝律师云：于开缘中，所以开不犯者，都是先有标心，以后将诵戒，不是为毁灭佛法的缘故。第一，开先习学经论，虽无所犯，但乖违修学次第，不是本教旨意。如《净心诫观法》卷二云："始入道门，未修戒定，越学空宗，佛不随喜。"①开缘中第三条是开精进修行，即直修戒定慧三学，破惑证果，而后诵之。故知四果圣人亦不违此制。

八 警策

祖师就此戒对后学施以警戒策励。有十一段文：

（一）《行事钞》引《四分律》明"佛之嘱累"

【记】 南山行事钞 四分：若说戒日，无能诵者，当如布萨法，行筹告白，差一人说法诵经。余诸教诫，诵遗教亦得。若全不解者，律云，下至一偈，诸恶莫作，诸善奉行，自净其意，是诸佛教。如是作已，不得不说。若不解者，云谨慎莫放逸，便散。并是佛之嘱累，深有来致，令正法久住。而世有住寺，轻此教网，故违不说，染污净识。渐于大法无有滋味，是则出家无有利益。口言佛是我师，师教拒违，故是外道弟子也。灵芝释云：详此律意，未必愚暗而至于此，欲明住持之本，摄僧之要，必不可废，故曲示之。高僧传中，隋东川僧云法师，住宝明寺，以四月十五临说戒时，乃白众曰，戒本防非，人人诵得，何劳徒众，数数闻之。可令一僧竖义，令后生开悟，当时无敢抗者。讫于夏末，废说戒事，至七月十五日早，将升草座，失云所在。大众崩腾，四出追觅，乃于寺侧三里许古冢间得之。遍体血流，如刀屠割，借问其故？云有一大丈夫，执三尺大刀，厉色嗔云，改变布萨，刀脸身形，痛毒难忍。因接还寺，端情忏悔，乃经十载，说戒布萨。临终之日，异香迎之，神色无乱，欣然而卒。此乃上智，故动幽诃。今时下愚，竟无显验，纵令永废，反自安然。法灭于时，可用长叹。

此文分道宣律师正显、灵芝律师诠释两部分。

1. 道宣律师正显

道宣律师引《四分律》所制：若说戒日无有人堪说戒，亦应同布萨法，鸣钟、集僧、行筹、作白等，如法而作。作种种前方便已，差一人说法诵经；或说余诸教诫；若无人堪能，诵遗教经也可以。如果还不会，下至诵一偈也可，如诵"诸恶莫作，诸善奉行。自净其意，是诸佛教"。如果还不理解，不会作，上座可以约敕说：

---

① （唐）道宣律师撰《净心诫观法》卷二，《大正藏》第 45 册，第 833－834 页。

"谨慎莫放逸!"大众答:"顶戴受持!"便可散去,但不可不说。①

以上制法,皆是佛临终嘱咐,谆谆教诲。深究其义,无不是为令正法久住。然而今时(唐朝)有住持寺庙者,轻视摄僧之纲要,故意违背佛之圣教而不说戒。此乃染污清净识田,积恶愈深,渐渐对戒法感到贫乏无味,离出离之道越来越远。因此,仅有出家之名,却得不到修行之益。虽口说佛是吾师,但对佛陀的教法却公然拒绝、违背。如此不顺佛之教诲,则毫无师徒之义,所以只能说是外道弟子。

2. 灵芝律师诠释

灵芝律师解释:仔细思惟律文之意,僧人未必愚暗至此。而佛开此方便,令诵经、说偈,乃至说"谨慎莫放逸!"其目的是令人知道,半月半月诵戒是住持佛法之根本,摄僧之大要,绝不可废除,所以在此详细示之。

《续高僧传》记载:隋朝时,东川有僧名云法师,是宝明寺住持。于四月十五日临说戒时,白大众言:"戒本为防非止恶,人人皆可诵得,何劳大众半月半月聚集一处,数数闻之耶?可令一比丘竖义②,令后学开悟。"因为他是主法人,无人敢违抗,于是废除说戒事。如是直至夏安居竟,七月十五日早晨,大众僧将升草座③,准备自恣,却不见云法师。大众遂乱成一团,四处寻找,最后在离寺三里许之古坟墓间找到云法师。时云法师浑身血流,似被刀屠割过。大众请问其缘由,彼云:"有一高大男子,手持三尺之大刀,脸色非常严厉,嗔怒呵责,说我擅自将布萨改为竖义,又用刀割我身体,其痛楚实难以忍受!"说已,大众即将云法师接回寺院。还已,彼即专心一意求忏悔。如是经十年,说戒布萨,从不间断,至临终时,有异香瑞相现,彼神色不变,欣然往生。④云法师是上根利智之人,一旦有些许过失,便能惊动护法来呵责。而今时下根劣智之人,竟无此灵验,纵然一辈子不诵戒,亦无大汉手持大刀恐吓,反而安然无恙度过一生。法灭于当下,仅可深叹矣!

(二)《资持记》明当时之非法

【记】 灵芝资持记今说戒之事(原文无此句),或多轻略,废置而不行。纵有行之,事同于厌课。尘缘可弃,不惮奔趋。正法宜尊,反生薄滥。业绳弥固,苦海尤长。徒丧天龄,真可怜愍。

灵芝律师云：说戒之事，或多被轻视忽略，或被搁置，废之不行。纵然有行，亦如厌课，不生好乐之心。与道不相干之世俗尘缘，本应舍弃，却不辞辛苦，奔波驰求。对于诵戒等正法之事，本该遵奉，反而轻薄滥竽。业力之绳愈益坚固，以致沉沦苦海，无有出期。白白辜负暇满人身，真可怜愍！

（三）《济缘记》引《十诵律》明说戒法维系正法命脉

【记】　灵芝济缘记 十诵（原文无此二字）：比丘问佛，三世佛法兴废久近。佛因答之，止以说戒，用验存亡。方今天下行此法者，百无一二。纵行乖法，佛法住世，知非久矣。

《十诵律》云，比丘问佛：如何验知三世佛法兴废与久近？佛言：唯以说戒法，方可验知正法之存亡。① 若有半月半月诵戒之处，即明正法犹存，反之则法灭矣！今若依东土而言，行此法者百处无有一二。纵然行之，亦不如法。由此可知，佛法不久住矣！

（四）《行宗记》告诫后学当谨尊圣训

【记】　灵芝行宗记 今时禅讲各尚己宗，顿忘戒律，况加轻弄，惑诳后生。谓持戒则徒自拘囚，学道则不劳把捉。岂念坛场立誓，尽寿坚持。非戒无以为僧，非戒将何受施？阿鼻苦楚，本为忘恩。瘖痖盲冥，良由谤法。金言诃制，明为将来。后学聪明，幸遵慈训。

灵芝律师云：今时（宋朝）不论禅师或讲师，皆各推崇自己所宗派别及所修法门。在谈禅说教中，全然忘记戒律，甚至加以轻视戏弄，欺诳迷惑后学。彼谓持戒是徒自拘束、捆缚，而修学道法则无须劳神把捉。律师慨叹：彼等说此语时，哪里还念及登坛受戒所立誓愿，尽形寿奉持戒律，依教而行。试想，若无戒，何堪为僧；若无戒，将如何受施？当知阿鼻地狱之苦，本因忘失佛恩；而瘖哑盲聋，实由毁谤佛法！戒律乃佛金口所宣，正是为末法众生而制。后学聪明，望能遵奉佛之慈海，体悉佛制戒本怀，学戒、持戒，谨奉持守。

（五）《行事钞》引《十诵律》明世尊诃责越次第者

【记】　南山行事钞 十诵：诸比丘废学毗尼，便读诵修多罗阿毗昙。世尊种种诃责，乃至由有毗尼，佛法住世等。灵芝释云：十诵中，佛制比丘，五夏以前

---

① 《十诵律》卷四十八文："又问：'过去佛法几时住世？'佛言：'随清净比丘不坏法说戒时，名法住世。'又问：'未来佛法几时住世？'佛言：'随清净比丘不坏法说戒时，名法住世。'又问：'今世尊法几时住世？'佛言：'随清净比丘不坏法说戒时，名法住世。'"（《大正藏》第 23 册，第 346 页。）

专精律部。若达持犯，办比丘事，然后乃可学习经论。今越次而学，行既失序，入道无由。大圣呵责，终非徒尔。今时才沾戒品，便乃听教参禅。为僧行仪，一无所晓。况复轻陵戒检，毁呰毗尼。贬学律为小乘，忽持戒为执相。于是荒迷尘俗，肆恣凶顽。嗜杯窝自谓通方，行婬怒言称达道。未穷圣旨，错解真乘。且戒必可轻，汝何登坛而受？律必可毁，汝何削发染衣？是则轻戒全是自轻，毁律还成自毁。妄情易习，正道难闻。拔俗超群，万中无一。请详圣训，能无从乎！

道宣律师云：《十诵律》中，诸比丘废弃学修戒律，却直接读诵经论，佛种种呵责，乃至说，毗尼藏者，佛法寿命；毗尼若住，佛法亦住等语。[1]

灵芝律师释云：《十诵律》中，佛制比丘五夏以前，专精研习戒律，若已通达开遮持犯，能办比丘事，方可学习经论。而今越次第先学经论，于行持上既已失去次序，入道自然无门。以三学次第，乃由戒生定，以定发慧，故不可越次而学。佛如此呵责废学毗尼之比丘，终究不是徒劳，全然为令弟子真正步入佛道。

然今时（宋朝）出家者，才刚刚受戒，便听教参禅。为僧所应遵奉之法则威仪，却全然不知。反而轻陵戒律，毁呰毗尼。贬低学戒者为小乘，轻忽持戒者为着相。于是终日荒迷于尘劳俗世，随心所欲，顽固任性。喝酒吃肉，自称通彻方便之法；婬欲嗔怒，却言明达真道。未能穷通佛理，错解如来真义。今且退而言之，若戒确实可被轻忽，当初又何必登坛受戒？若律理应被毁呰，汝又何必剃发染衣？是以轻戒即是轻己，毁律等于辱己。妄情极易熏染，正法则难听闻。欲超凡入圣，万中难得有一。请仔细思惟圣训，能不遵崇奉行？

（六）《行事钞》引《大智度论》斥学大乘语者

【记】 ⃞同 智论，问曰：有人言，罪不罪不可得，名为戒者，何耶？答曰：非谓邪见粗心，言无罪也。若深入诸法相，行空三昧，慧眼观故，言罪不可得。若肉眼所见，与牛羊无异也。今诵大乘语者，自力既弱，不堪此戒。自耻秽行，多不承习。有引此据，不解本文。故曲疏出。

道宣律师云：《大智度论》中，问曰：有人言，既罪非罪了不可得，今称之为戒，其原因何在？答曰：言罪了不可得者，不是邪见粗心众生所能说。若能深入诸法实相，行空三昧，心与理冥然相寂，且以慧眼起观，不见众生相，亦无不一不异

---

① 《十诵律》卷三十四文："佛在舍卫国。尔时诸比丘废学比尼，诵读修多罗、阿毗昙，远离比尼。佛见诸比丘不学比尼，诵读修多罗、阿毗昙，远离比尼故。见已赞叹比丘通利比尼者，面前赞叹：'长老优波离！诸持比尼中最胜第一。'诸比丘作是念：佛赞叹比丘通利比尼者，面前赞叹：'长老优波离！诸持比尼中最为第一。'我等何不读诵比尼？"（《大正藏》第23册，第246页。）

相时，方可言罪不可得。① 如果尚未通达性空之慧，还以凡夫肉眼，此时所见与牛羊所见无异。

今学说大乘语者，自力羸弱，不堪严持净戒。虽然羞己所为鄙秽之行，但却不肯秉教修习。于是便以罪不罪不可得作为托词，而实际上却没有理解此语在原文中真正含义。道宣律师欲令后学明了此义，所以详细疏解此疑难点。

（七）《资持记》斥当时愚者

【记】 灵芝资持记 今时愚者，错解佛乘。皆谓理观，寂尔无思，空然无境。取舍不得，能所俱亡。顽然寂住，便是真如。放荡任情，即为妙用。由是不礼圣像，不读真经。毁戒破斋，嗜酒啖肉。夸为大道，传化于人。恶业相投，率多承习。此乃虚妄臆度，颠倒轮回。岂知达法皆真，何妨泯净。了真即用，岂碍修行。是故悟理则万行齐修，涉事则一毫不立。自非通鉴，余复何言。

灵芝律师云：今时愚暗者，错解真理。谓理观即是一切寂然，没有思维觉知。能观之心与所观之境俱亡，无有取亦无有舍。殊不知此乃顽空，而愚暗者却谓是真如。因彼等错解顽空即真如，遂肆无忌惮，放纵妄心，任由己性，犹称妙用。由是不礼拜佛菩萨圣像，亦不读诵真经，甚而毁犯戒律。不持斋戒，喝酒吃肉，却夸耀为真正上乘之道，并以此教化于人。以众生喜为此事，故多人与之一拍即合，并随之学习。然此纯属虚构之言，无非颠倒因果，歪曲佛法。岂知了达法性者，一切法皆可体现真如本性。所谓一真一切真，何妨心源泯净耶！又若达真如，真空即妙有，理事无碍，又岂碍修行！故悟得真理后，万行皆可齐修。然若涉及事相，却一毫也不可执着。若非真正通达法性妙用，又何须多言。

（八）《行事钞》斥不知教者

此文颇长，分段解释。

【记】 南山行事钞 今时不知教者，多自毁伤，云此戒律所禁止，是声闻之法。于我大乘弃同粪土，犹如黄叶，木牛木马，诳止小儿。此戒法亦复如是，诳汝声闻子也。灵芝释云：自毁者，身为佛子，反毁佛教故。又自身禀戒，反毁戒律故，如黄叶等。（此处省略原文） 为如来追述尔前施小之意，至涅槃时，决了权疑，同归常住，宁复有小耶。此所谓不知教也。

---

① 《大智度论》卷十四云："复次若菩萨于罪不罪不可得故，是时名为尸罗波罗蜜。问曰：若舍恶行善是为持戒，云何言罪不罪不可得？答曰：非谓邪见粗心言不可得也。若深入诸法相，行空三昧，慧眼观故罪不可得，罪无故不罪亦不可得。复次众生不可得故，杀罪亦不可得，罪不可得故戒亦不可得。何以故？以有杀罪故则有戒，若无杀罪则亦无戒。"（《大正藏》第25册，第163页。）

道宣律师云：今时（唐朝）有不解佛教者，多自毁损佛教戒律。云："此戒律所禁止者，乃声闻之法，属小乘教。于我等大乘学者而言，弃如粪土。犹如黄叶、木马、木牛，诳止啼哭儿！"戒法亦尔，哄诳小乘声闻人而已。①

灵芝律师释云：自毁伤者，谓身为释迦弟子，却反来毁坏佛教。自身秉受戒法，复又毁伤戒律，谓戒律如黄叶、木马等。且来追述佛在鹿野苑初成道时，为声闻人施设权教之意，无非是方便接引之法；至法华、涅槃时，方决了权教之疑，即告曰："无二亦无三，终归一佛乘。"此即揭示根本，明前所说是方便法，最后皆归一乘常住真如法性，哪里还有小乘教！而言戒律乃声闻小乘者，实未通达佛之教法。

【记】　原夫大小二乘，理无分隔，对机设药，除病为先。故鹿野初唱，本为声闻，八万诸天，便发大道。双林告灭，终显佛性，而有听众，果成罗汉。以此推之，悟解在心，不唯教旨也。灵芝释云：此谓如来一音演法，众生随类得解。然此但望言教是一，至于佛意，不无密赴，故使随类得益也。此明不以所学，即判大小。但达其大者，一切归大，何妨学律。志之小者，所为皆小，徒自穷经。故曰在心不唯教。

道宣律师云：本来大小二乘，义理相同。佛因机设教，以除众生烦恼为先。佛于鹿野苑，初转法轮，本为声闻，时在座却有八万天人发大菩提心。佛在拘尸那城娑罗双树间，临般涅槃，揭示常住不灭之真如法性，宣扬佛法一乘实理。时有听众，但证无学。以此推之，根有利钝，悟有深浅，解悟在心不在教也。

灵芝律师释云：此谓如来一音演说法，众生随类各得解。然此但望佛之言教是一，至于佛说法之意，并非无其秘密所赴之处。故同听一音，各随根机得益。由此说明，不应以己所学，来判大小。若是了达诸法实相之大乘学者，一切所学皆归大乘，如此何妨学律？反之，若志向狭小，唯自求出离，即使读尽大乘教典，亦是徒然无益于他人。故曰，悟解在心不在于教。

【记】　故世尊处世，深达物机，凡所施为，必以威仪为主。但由身口所发，事在戒防。三毒勃兴，要由心使。今先以戒捉，次以定缚，后以慧杀，理次然乎。今有不肖之人，不知己身位地。妄自安讬，云是大乘。轻弄真经，自重我教。即胜鬘经说，毗尼者即大乘学。智论云：八十部者即尸波罗蜜。如此经论，不

---

① 言黄叶、木马止啼者，此明彼不肖者倚滥。《大般涅槃经》卷二十中云，婴儿啼哭之时（喻小机也），父母即以杨树黄叶，而语之言："莫啼！我与汝金！"（喻如来实施权教也）。婴儿见已，生真金想，便止不啼（谓得涅槃也）。然此黄叶实非金也（非大涅槃也）。又如木牛、木马、木男、木女等物，婴儿见已，亦复生于男女等想（喻亦如上）。（《大正藏》第12册，第485页。）又，如《法华经·譬喻品》中，长者为令无知小儿出火宅，即告之宅外有羊车、鹿车、牛车，随彼所好与之。小儿闻此语，便争先恐后出火宅，到达安稳处。以上皆是比喻如来为度化众生所施设之权巧方便。（《大正藏》第9册，第12页。）

入其耳，岂不为悲。

道宣律师云：故世尊住于世间，深达众生根机。凡所施教法，身所行事，必以威仪为主。何以故？凡动身发语，皆触及事相，而事须以戒来防。贪嗔痴三毒勃然兴起，乃由心之驱使。故今先以戒捉烦恼惑业，次以定缚之，终以慧杀之。修学次第，理应如是。然今有不肖之人，不知己身所处地位。本是薄地凡夫，却妄自依滥，自称大乘学人。轻视毗尼真经，偏重自己习学之教。即如《胜鬘经》云："比尼者即大乘学。何以故？以依佛出家而受具足，是故说大乘威仪戒是比尼、是出家、是受具足。"① 又如《大智度论》云："八十部律，即是尸波罗蜜。"② 尸波罗蜜乃六度之一，六度岂小乘学耶？此等大乘经论，并谓毗尼乃大乘学。然彼等却闻而不信，不入其耳，岂不悲乎！

【记】 故摩耶经云：若年少比丘，亲于众中，毁呰毗尼，当知是为法灭之相。涅槃又云：若言如来说突吉罗，如上岁数入地狱者，并是如来方便怖人。如是说者，当知决定是魔经律，非佛所说，以此文证。如来悬知未来有此，故先说示，以定邪正，不令有滥。而有同前群党，可谓即是魔民。

道宣律师云：故《摩耶经》云：若年少比丘亲于大众中，轻呵毁谤毗尼，当知此即法灭之相也。③ 以毗尼住持之义偏胜，毁之，则法将灭矣！《涅槃经》亦云：若有人言，如来虽说犯突吉罗，如忉利天日月岁数八百万岁堕在地狱，亦是如来示现怖人。言波罗夷至突吉罗轻重无差，是诸律师，妄作此言，言是佛制，必定当知非佛所说。如是言说是魔经律。④ 此二经文证明，佛在往昔已预知末代不肖弟子将作如是说，故事先开示，以定邪正，不令有所混滥。若有如经文所说之群党，可谓即是魔王子民也。

【记】 又遗教等经，并指毗尼以为大师，若我在世无异此也。而故违逆，自陷深殃。故百喻经云：昔有一师，畜二弟子，各当一脚，随时按摩。其大弟子，嫌彼小者，便打折其所当之脚。彼又嫌之，又折大者所当之脚。譬今方等学者，非于小乘。小乘学者，又非方等。故使大圣法典，二途兼亡。以此证知，今自目睹。

道宣律师云：又于佛《遗教经》等，皆并指出：以毗尼为汝等大师，若我住世

① （刘宋）三藏求那跋陀罗译《胜鬘师子吼一乘大方便方广经》，《大正藏》第12册，第219页。
② 〔印度〕龙树菩萨造，（后秦）三藏鸠摩罗什译《大智度论》卷六十八，《大正藏》第25册，第536页。
③ （齐）释昙景译《摩诃摩耶经》卷二云："千一百岁已，诸比丘等，如世俗人嫁娶行媒，于大众中毁谤毗尼。"（《大正藏》第12册，第1013页。）
④ （北凉）昙无谶译《大般涅槃经》卷七，《大正藏》第12册，第405页。

无异。① 不肖弟子故意违逆，自陷深殃，难以救拔。故《百喻经》卷二云：往昔有师，畜二弟子。其师患有脚疾，遣二弟子，一人各负责一脚，随时来与按摩。二弟子常相憎恨妒嫉。一日小弟子不在，其大弟子便捉小弟子所负责之脚，以石打之令折。彼小弟子还已，忿大弟子竟如是作，复捉彼所负责之脚，寻复打之令折。② 今佛弟子众，亦复如是。大乘学者非议小乘，而小乘学亦谤毁大乘。故使大圣法典，大小乘二学兼亡矣。以此证知，今亲眼目睹。

【记】　且菩萨设教，通道济俗，有缘而作，不染其风。初心大士，同声闻律仪，护讥嫌戒，性重无别。即涅槃经中，罗刹乞微尘浮囊，菩萨不与，譬护突吉罗戒也。又智论云：出家菩萨，守护戒故，不畜财物，以戒之功德，胜于布施。如我不杀，则施一切众生之命等，以此文证。今滥学大乘者，行非可采，言过其实，耻己毁犯，谬自襃扬。余曾语云，戒是小法，可宜舍之。便即不肯，可宜持之。又复不肯，岂非与烦恼合。卒难谏谕，又可悲乎。灵芝释云，<u>同声闻者</u>，以出家菩萨必兼小戒故。又三聚中，律仪断恶，大小不异故。行非可采，<u>所为庸常也</u>。言过实者，高谈虚论也。<u>耻己犯者</u>，虑他见轻也。<u>谬自襃者</u>，言我大乘人，不拘小检也。<u>烦恼合者</u>，纵放为恶，顺欲情也。

道宣律师云：且菩萨施设教法，通于道俗。"有缘而作，不染其风。"是说菩萨已得净心地，为方便利益众生，有缘而作杀盗等十恶时，自无染浊过失。地前菩萨，未破无明，容生染浊，则不得逆行化他，须同声闻律仪，并护讥嫌小戒与根本重戒。如《涅槃经》云：罗刹乞微尘浮囊，菩萨不与，譬如菩萨护突吉罗。③ 又《大智度论》云：出家菩萨守护戒故不畜财物，又自思惟戒之功德胜于布施。如我不杀，则施一切众生之命。④ 以此文证。

彼等滥学大乘者，行非可取，又言过其实，高谈虚论！彼人耻于自己毁犯戒律，唯恐他人轻呵，故妄自襃扬己是学大乘者。道宣律师曾对彼说：戒既是小法，可宜舍之。彼却不舍。既不肯舍，即当善持守之，又复不肯。如是岂不正与烦恼相合？终究难以谏劝，实在可悲！

灵芝律师释：初心大士同声闻者，由出家菩萨必兼持声闻戒故。又菩萨三聚净

①　《佛垂般涅盘略说教诫经》云："汝等比丘，于我灭后，当尊重珍敬波罗提木叉。如暗遇明、贫人得宝，当知此则是汝大师，若我住世无异也。"（《大正藏》第12册，第1110页。）

②　〔印度〕僧伽斯那尊者撰，（萧齐）三藏求那毗地译《百喻经》卷三，《大正藏》第4册，第551页。

③　（北凉）昙无谶译《大般涅槃经》卷十一，《大正藏》第12册，第432页。《资持记》云："涅槃罗刹喻三毒。浮囊喻戒体。一全乞喻犯重。二乞半喻犯残。三乞三分之一喻犯兰。四乞手计喻舍堕单提。五乞微尘许喻犯吉（六聚中阙提舍。义同吉故）。文举吉罗以轻况重。"（《大正藏》第40册，第261页。）

④　〔印度〕龙树菩萨造，（后秦）三藏鸠摩罗什译《大智度论》卷二十九，《大正藏》第25册，第271页。

戒，摄律仪戒为先。约断恶修善而言，大小二乘无有异也。行非可采，指其所作所为庸俗平常，无可取处。言过其实者，谓高谈虚论也。耻己犯者，是恐他人轻视。谬自褒扬者，谓妄自褒扬："吾乃大乘人，不拘于声闻小戒检校也！"烦恼合者，谓放纵自己，随顺己性，为所欲为，造作非法也。

【记】　今僧尼等，并顺圣教，依法受戒，理须护持，此则成受。若元无护，虽受不成。故萨婆多云：无殷重心，不发无作。灵芝释云：明今禅讲之众，所学虽殊，未有不受戒者。若本为持，则发戒品。反此徒受，定无有戒。则将何以为僧宝，以何而消信施。空自剃染，终为施堕。又复方等大乘，止开心解，不拘形服。净名居士、华严知识，随缘化物，不假形仪。今既通方，何劳剃染，如能省己，当自摩头。

道宣律师云：今时（唐朝）比丘、比丘尼，并顺佛制，依白四羯磨如法受戒，理须护持戒体，方成受戒。若登坛时，本无护戒之心，虽受亦不得戒。故多论云：受戒时，无殷重心，不发无作戒体。①

灵芝律师释：钞文乃说明唐朝参禅讲经者，所学虽异，但无不受具足戒者。若登坛受戒本为持戒，则发戒体。反之，则徒然受戒，必不得戒。既未得戒，如何为僧宝？又何堪受信施？无有戒品，徒自剃发染衣，最终必将为施所堕。又，方等大乘学者，只求开示悟入佛之知见，唯重心解，不拘剃发染衣之形相法服。如维摩诘居士、《华严经》中善财童子及诸大善知识，不藉出家形仪，皆现在家身，随缘度众生。今滥学大乘者，既然口称通方，随缘方便，又何劳剃发染衣。若能自省，当自摩头！

（九）《行事钞》续前斥愚

【记】　南山行事钞 纵使成受，形仪可观。佛法住持，理须同护。今时剃发染衣，四僧羯磨，伽蓝置设，训导道俗，凡所施为，无非戒律。若生善受利，须身秉御之处。口云，我应为之。若污戒起非，违犯教网之处，便云，我是大乘，不关小教。故佛藏立乌鼠比丘之喻，驴披师子之皮，广毁讥诃，何俟陈显。灵芝释云：若下，责其诳妄。初叙贪利附小。若污下，明拒犯倚大。故下，引责。佛藏第一，佛告舍利弗，譬如蝙蝠，欲捕鸟时（原注云：捕，捉也，谓人欲捕也），则入穴为鼠，欲捕鼠时，则飞空为鸟，而实无有鸟鼠之用。其身臭秽，

---

① 所谓"无作戒体"，《毗尼止持》卷二释：无作者，天台（智者）大师云，戒体者不起而已，起则性无作假色。磐公（宋志磐法师）释云，谓此戒体不起则已，起则全性。而性修交成，必有无作假色。无作一发，任运止恶，任运行善。一作之后不俟再作，故云无作。（《卍新续藏》第39册，第331~332页。）

但乐暗冥。舍利弗,破戒比丘,亦复如是。既不入布萨自恣,亦不入王者役使,不名白衣,不名出家等。又十轮经第七云:自于大乘诸行境界,不曾修学,未能悟解,于大众中,自号大乘。为名利故,诱诳愚痴,令亲附己,共为朋党。譬如有驴披师子皮,而便自谓以为师子,有人遥见,谓真师子。及至鸣已,皆识是驴等。

道宣律师云:纵成受戒,则有威可敬,有仪可观。戒律乃住持佛法之纲要,依理应依体起护,轻重等持。今(唐朝)剃发染衣,四僧(即四人僧、五人僧、十人僧、二十人僧)羯磨,伽蓝内种种施设以及训导道俗法式仪则,凡所施为,皆是戒律。

又,若生善受利时,此须大众和合,共作羯磨分物。彼等便贪利附小,言:"我是出家人,亦是僧数之一。"若污毁戒律,造作非法,违犯圣教之处,便言:"我是大乘,声闻戒检,与我无关!"如此之人,正如《佛藏经》中所立鸟鼠之喻,又如驴披狮子皮。经中广设讥嫌呵责,何待陈显方知。

灵芝律师释:"若生善受利"以下之文,乃呵责其诳妄。其中,初叙彼因贪利而依附于小乘;次明为掩饰犯戒,又倚滥于大乘。"故佛藏立鸟鼠比丘之喻"以下,引《佛藏经》与《十轮经》之譬喻以呵责。《佛藏经》卷上记载,佛告舍利弗:"破戒比丘亦复如是,不名在家、不名出家,命终之后直入地狱。舍利弗!譬如蝙蝠欲捕鸟时则入穴为鼠,欲捕鼠时则飞空为鸟,而实无有大鸟之用,其身臭秽但乐闇冥。舍利弗!破戒比丘亦复如是!既不入于布萨自恣,亦复不入王者使役,不名白衣、不名出家,如烧尸残木不复中用。"①

《十轮经》又云:自于大乘诸行境界,不曾修学,未能悟解诸法实相道理,却于大众中自称己是大乘人。为名闻利养,诱惑欺诳愚痴者,令其亲附己身,共结为朋党。譬如有驴披上狮子皮,而自谓己是狮子。有人遥见,亦谓是真狮子。驴未鸣时,无能分别,既出声已,远近皆知,非实狮子。诸人见已,皆悉唾言:"此弊恶驴,非狮子也。"②

(十)《行事钞》中祖师悲悯后学

【记】 同恐后无知初学,为彼尘蒙,故曲引张,犹恐同染,悲夫。灵芝释云:所谓素丝易染,朱紫难分。虽委曲指陈,犹未能知返。岂非禁情节欲,举世之所难,纵意为非,是人之所欲。且祖师之世,其风尚然,况及于今,无足怪矣。

道宣律师云:恐后来无知初学,为彼等错误知见所化,故详细引诸譬喻,广张其义。依然担心与彼等同流合污,悲呼!

---

① (后秦)三藏鸠摩罗什译《佛藏经》卷一,《大正藏》第15册,第788页。
② 《大方广十轮经》卷六,《大正藏》第13册,第708页。

灵芝律师释：所谓洁白丝绸易于染色，朱紫二色相杂，则难以分辨。道宣律师虽已详细陈述，然犹未能返迷归悟。禁约妄情节制欲望，举世难办。而放纵己意，为非作歹，却是人之所欲。道宣律师之世，佛法兴盛，僧才辈出，尚且如此。况于今日，不足为怪了！

（十一）"见月止持"引《善见律》明持律之利益与功德

【记】 见月止持 善见律云：若学毗尼者，一、身自护戒；二、能断他疑；三、入众无畏；四、能伏怨家；五、令正法久住。又持律有六德：一者守领波罗提木叉；二者知布萨；三者知自恣；四者知授人具足戒；五者受人依止；六者得畜沙弥。若不解律，但知修多罗、阿毗昙，不得度沙弥，受人依止。以律师持律故，佛法住世五千年。

见月律师在《毗尼止持》中引《善见律》卷十六文，明学毗尼五种利益和持律者六种功德。[①]

若学戒律者，有五种利益：1. 自身护戒，此为自利。2. 堪能为人决断疑问，此是利他。3. 入众中无所畏惧。以持戒功德及能处断轻重，又因持戒清净，心中坦然。4. 由持戒之功德，能降伏怨家，包括内魔、外魔，以戒德令之信服故。5. 持戒能住持正法。

又，持律有六德：1. 能守护戒律。2. 知说戒之法。3. 懂自恣之法。4. 能与人授具足戒，绍隆僧种。5. 可为人作依止师。6. 听畜沙弥等徒众。

然若不解戒律，即使通达经论，亦不得度沙弥且受人依止。以律师持律故，佛法得住世五千年。

练习题

1. 请解释"毁毗尼戒"戒名。
2. 略述佛制"毁毗尼戒"三要素。
3. 背诵并解释"毁毗尼戒"之戒文。
4. 佛制"毁毗尼戒"意义何在？
5. "毁毗尼戒"具哪几缘成犯？结犯相状如何？
6. 为什么毁呰契经结突吉罗罪？
7. 在哪些情况下不犯"毁毗尼戒"？

---

① （齐）僧伽跋陀罗译《善见律毗婆沙》卷十六，《大正藏》第24册，第785～786页。

思考题

1. 祖师如何呵斥轻视戒律的所谓"学大乘语者"?

2. 若有人轻毁戒律,你将如何劝导?

第五十八节　恐举先言戒

一　戒名

【记】　恐举先言戒第五十七　　(同、大、制)

恐举:犯戒已,恐他人举罪。**先言**:先诣余清净比丘尼所,云:"我今始知是戒半月半月说,从戒经中来。"

恐举先言戒:如果比丘尼说戒时,自知犯戒,恐他清净比丘尼举罪,便先向余比丘尼言:"我今始知是戒半月半月说,从戒经中来。"佛制不许。

此据缘起及戒文,故名"恐举先言戒"。若据犯缘,亦名"不摄耳戒",即比丘尼曾在众中听闻他人广诵戒,由于不摄耳听法,因此无知无解。后又向人言己始知,佛制不许。

二　缘起

【记】　六群

六群比丘,乃缘起中能犯之人。

佛制此戒三要素: (1) **何处制**:佛于舍卫国制。(2) **因谁制**:六群比丘。(3) **因何制**:六群比丘中一人,当说戒时,自知有罪,恐他人发举,故先诣清净比丘所,言:"我今始知此法,戒经所载,半月半月说,戒经中来。"比丘举过,因制。

三　戒文

【记】　戒文——若比丘尼,说戒时,作如是语:大姊,我今始知是戒,半月半月说戒经中来。余比丘尼知是比丘尼,若二若三说戒中坐,何况多。彼比丘尼无知无解,若犯罪,应如法治,更重增无知法。大姊,汝无利,得不善,汝说戒时,不用心念,不一心两耳听法。彼无知故,波逸提。

此戒文分七句:

第一句:若比丘尼 ——能犯人

白四羯磨如法得处所的比丘尼。

第二句：**说戒时——说戒时**

或是自己说戒时，或是他说戒时，乃至诵戒之时。

第三句：**作如是语：大姊，我今始知是戒，半月半月说戒经中来——自言始知**

向清净比丘尼言："大姊！我今始知此戒是半月半月布萨时说，从戒经中来。"由于比丘尼先犯罪，恐僧举罪治罚，故言始知，意即以前不知不犯。

第四句：**余比丘尼知是比丘尼，若二若三说戒中坐，何况多——证久曾闻**

清净比丘尼察知此比丘尼曾二、三次半月半月布萨中，坐听说戒，应知持犯。更何况此人已经多次参加布萨，岂有不知之理？

因为此比丘尼言始知戒法，所以，现在众僧共同证明，此比丘尼已经屡闻说戒，岂能说"始知"？其先犯之过，自应结罪，何容掩饰诈说"始知"。

第五句：**彼比丘尼无知无解，若犯罪，应如法治——如罪治**

因犯戒比丘尼不摄耳听法，所以无知无解，不识戒相，遇缘造作非法。如果犯罪，应如法治罚。而此比丘尼先说始知，即为免治罚。故在此重新说明，如果有犯，皆须治罚。

第六句：**更重增无知法。大姊，汝无利，得不善。汝说戒时，不用心念，不一心两耳听法——结多罪**

如果此比丘尼不摄耳听戒，所犯之罪不会因其不知得脱。事实上，除结所犯根本罪外，更重结无知波逸提罪。清净比丘尼谏劝犯戒比丘尼言："大姊！你得不到佛法利益。不懂犯相，造诸过非，将得不善果报。因为在布萨说戒时，不一心专注，不摄耳听戒。"

第七句：**彼无知故，波逸提——正结罪**

彼比丘尼因无知故，须结波逸提罪。

四　制意

【记】　四分律疏制意：凡解不孤起，要藉说假听，方能开晓心怀，识达邪正。犯相轻重，顺教奉修，有出道之益。今反痴心怠惰，不肯听法，迷于圣教。事等面墙，动成滞碍，莫由进道。轻慢圣法，失利处深，故所以制。

法不孤起，仗缘方生。正确知解亦然，须凭借说、闻，方能开解心怀。识别教理邪正，通达犯相轻重，进而依解起行，顺教修持，则有修道解脱之实益。然今却愚痴懈怠，废于学修，不肯听闻戒法，对圣教茫然无知。故遇事昏暗，等同面墙。动则成障，无由进道。轻慢圣法，自失道利，害处甚深，故佛制不许。

五　具缘

【记】　南山行事钞具四缘成犯：一、是广诵戒时。二、在众中。三、作不听之意。四、说过五篇，即言我始闻。犯。

此戒具四缘成犯：

1. **是广诵戒时**：是广诵戒时，而非略说戒等。

2. **在众中**：于众中。

3. **作不听意**：比丘尼故作不一心摄耳听法之意。

4. **说过五篇，即言我始闻。犯**：如果比丘尼曾听闻他人广诵戒过五篇，后向人言："我今始知此戒半月半月说，戒经中来。"便犯波逸提。

六　罪相

（一）正明犯相

【记】

罪相	若自说戒时，若他说戒时，若诵戒时，不用心念，不一心摄耳听法，无知故—————————波逸提

如果比丘尼自说戒时，若他人说戒时，若诵戒时，不一心专注，不摄两耳听法，致无知无解，后向人言："我今始知此戒半月半月说，是从戒经中来。"即结波逸提罪。

（二）引文别显

1. 引《行宗记》

【记】　灵芝行宗记 若实久知，而言始知，即是妄语，自属前戒。虽经说戒，由不摄听，实无知解，而言始知，正犯当戒。

灵芝律师释云：确实已听闻说戒很久，而且对戒法有所解知，却言始知，即是妄语，属前小妄语戒所摄。若虽曾听闻说戒，但因为不一心摄耳听法，确实无知无解，而向人言："我今始知此戒半月半月说，从戒经中来。"正犯本戒。

2. 引《比丘尼钞》

【记】　比丘尼钞 僧祇云：从序至篇，吉。随中间戒，一一吉。一切不听，止一提。此提不得向人悔，当于众中持戒威德敬难者前悔，前人应诃治。

《比丘尼钞》引《僧祇律》文：诵波罗提木叉时，从序至任何一篇，不一心摄耳听法，即结突吉罗罪。若随至中间一一戒，不一心摄耳听法，一一结突吉罗罪。若说戒时，自始至终，一切不摄耳谛听，只结一波逸提罪。犯此提罪，不得向别人悔，当于众中持戒有威德，人所敬畏者前，如法忏悔。彼忏悔主应先呵责犯戒者，言："长老！汝失善利，半月说波罗提木叉时，汝不尊重，不一心念，不摄耳听法。"呵已，行波逸提悔过法。[1]

七 并制

【记】

若作法比丘尼，不与不摄耳听法比丘尼无知波逸提罪，彼作法者须结突吉罗罪。

八 开缘

【记】

此戒开缘如下：

1. 若比丘尼实未曾听闻说戒，今始听闻，而言始知者，不犯。

2. 若比丘尼未曾听闻广说戒，今始听闻，而言始知者，不犯，以昔但闻略说戒故。

3. 若戏笑语、疾疾语、独语，不犯本罪，但违说话仪则，须结吉罪。若梦中语，若欲说此而错说彼，不犯。

九 警策

【记】 南山行事钞 佛法东流，行此法者（六聚忏法）亦少。纵有行悔，则弃小取大。依佛名方等而忏者，余意所未安。由心怀厌欣，未合大道。灵芝释云：当隋唐之世，僧英极众，佛法大兴，尚云亦少。况今末法，焉可言哉。六聚忏法，坠地久矣。僧徒造恶，秽迹巨言。或临布萨，则安坐默然，抱过毕生，死犹无悔。岂非妙药虽留，毒气深入，不肯服耶。悲夫！

道宣律师云：佛法传入中国，行此法者已渐稀少。小字注明，此法指六聚忏法。

---

① （东晋）三藏佛陀跋陀罗共法显译《摩诃僧祇律》卷二十一，《大正藏》第 22 册，第 396 页。

纵有行忏悔者，亦弃小乘制教作法忏，而取大乘化教取相忏。若有犯罪，多依佛名、方等诸经之忏法行之。然道宣律师，甚觉不安。以彼怀有厌弃作法忏而欣慕取相忏之心，不合佛之大道。

灵芝律师释云：隋唐之世，僧中英才辈出，道宣律师尚言，行六聚忏法者稀少。何况当今末法，更不用提。此六聚忏法，以无人行之，故覆灭已久。而僧人造恶犯非，却不忏悔，满身罪垢，不可言说。或临布萨说戒，有罪不忏，却默然安坐。如此身怀罪过，终其一生，至死犹不改悔。岂不正合《法华经》中之喻：妙药虽存，然毒气深入，因失本心，不肯服用。实在可悲！

 练习题

1. 请解释"恐举先言戒"戒名。
2. 略述佛制"恐举先言戒"三要素。
3. 背诵并解释"恐举先言戒"之戒文。
4. 佛制"恐举先言戒"的意义是什么？
5. "恐举先言戒"具哪几缘成犯？结犯相状如何？有哪些开缘？

第五十九节　同羯磨后悔戒

一　戒名

【记】　同羯磨后悔戒第五十八　（同、大、性）

同羯磨后悔戒：亦名同法赏人后悔戒。谓若比丘尼与大众僧同集意和秉羯磨法，以可分现前僧物赏与他人，后反悔，而谤僧言："诸比丘尼随所亲厚与物。"佛制不许。

二　缘起

【记】　六群

六群比丘，乃缘起中能犯之人。

佛制此戒三要素：（1）**何处制**：佛于罗阅城制；（2）**因谁制**：六群比丘；（3）**因何制**：沓婆摩罗子知僧事，外人设会布施，不得赴彼请。其衣服破坏，后僧得贵价衣，便白二与之。六群比丘后悔，因制。

三　戒文

【记】　戒文——若比丘尼，共同羯磨已，后作如是说：诸比丘尼随亲厚，以众僧物与者。波逸提。

此戒文分五句：

第一句：若比丘尼 ——能犯人

白四羯磨如法得处所的比丘尼。

第二句：共同羯磨已——同法

比丘尼共大众僧同集意和秉羯磨法，以僧物赏与他人。

第三句：后作如是说：诸比丘尼随亲厚——后谤

作羯磨与物已，比丘尼反悔，便谤大众僧顺己私情，作如是言："诸比丘尼随所亲厚者"。

亲厚：和尚、阿阇梨、同和尚、同阿阇梨及诸亲友等。

第四句：以众僧物与者——所谤事

以众僧所得施物与之。

僧物：十方现前僧物或现前现前僧物。物者，谓衣、钵、针筒、尼师坛，下至饮水器。

第五句：波逸提——结罪

此比丘尼谤僧言语若清楚明了，即结波逸提罪。

四　制意

【记】 四分律疏 制意：僧物共有，众情非一。既同和作法，赏知事人已，辄便悔反谤僧，随爱而与。骚动群情，喜生诤竞，递相苦恼，不得安乐修道。故制斯戒。

僧物为大众共有，未和合作法前，众心不一。今既共大众僧和合作羯磨法，赏劳知事人已，却又轻易反悔，谤大众僧顺己私情，以众僧所得施物与之。如此扰乱众心，容生斗诤，相互苦恼，不得安乐修道。故《萨婆多论》云："为灭斗诤故、为灭苦恼故、为得安乐行道故"①，佛制此戒。

五　具缘

【记】 南山行事钞 具四缘成犯：一、是僧得施物。二、同羯磨赏他。三、辄反谤僧。四、言了了。犯。

此戒具四缘成犯：

————————————

① 《萨婆多毗尼毗婆沙》卷六，《大正藏》第 23 册，第 542 页。

1. **是僧得施物**：是大众僧所得布施物，但限于现前现前僧物及十方现前僧物。若常住常住僧物和十方常住僧物，则闭。

2. **同羯磨赏他**：比丘尼共大众僧同情和合作羯磨法，以僧物赏与他人。

3. **辄反谤僧**：同作羯磨赏物已，后辄便反悔而谤僧。

4. **言了了。犯**：比丘尼谤僧言："诸比丘尼随亲厚，以众僧所得施物与之。"若言语清楚明了，便犯波逸提。

六　罪相

（一）正明犯相

【记】

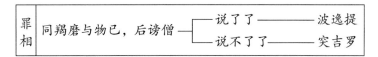

比丘尼与大众僧共同羯磨，赏物与他人已，后反悔谤僧："诸比丘尼随亲厚，以众僧所得施物与之。"若言语清楚明了，即结波逸提罪；若言语不清楚明了，须结突吉罗罪。

（二）引文别显

【记】　比丘尼钞 婆论云：凡僧和合，若执苦人，大德及贫匮人，和合赏己，诃者提。若外来诃者，吉。

《比丘尼钞》引《萨婆多论》别显结犯。《萨婆多论》云："凡众僧中，若为僧执劳苦人，若大德及贫匮者，若僧和合与，尽得与之。若与欲，和合后诃者，波逸提。若在外来诃者，突吉罗。此戒不必言随亲厚与，但言不应与，尽犯。"[①] 之所以从界外来者结突吉罗罪，以彼先前未共作羯磨故。

七　开缘

【记】

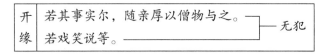

此戒开缘如下：

---

① 《萨婆多毗尼毗婆沙》卷六，《大正藏》第 23 册，第 543 页。

1. 若实有其事，大众僧顺于私情，随亲厚以僧物与他人，而比丘尼作如是说，不犯。

2. 若戏笑语、疾疾语、独语，不犯本罪，但违说话仪则，须结吉罪。若梦中语，若欲说此而错说彼，不犯。

练习题

1. 请解释"同羯磨后悔戒"戒名。

2. 略述佛制"同羯磨后悔戒"三要素。

3. 背诵"同羯磨后悔戒"戒文并解释文意。

4. 佛制"同羯磨后悔戒"意义何在？

5. "同羯磨后悔戒"具哪几缘成犯？结犯相状如何？有哪些开缘？

第六十节　不与欲戒

一　戒名

【记】　　不与欲戒第五十九　　（同、大、性）

欲：乐欲。**与欲**：即请假。谓僧如法作羯磨承办僧事，自己乐欲随喜。然因有三宝事、瞻病事、己病、作衣等缘，不得前往，佛开与欲。请受欲者持己欲传至僧中，表示自己乐欲随喜如法僧事。

不与欲戒：若比丘尼，僧作羯磨时，故不与欲而离去，令僧事不能成办，佛制不许。

二　缘起

【记】　　六群

六群比丘，乃缘起中能犯之人。

佛制此戒三要素：（1）**何处制**：佛于舍卫国制。（2）**因谁制**：六群比丘。（3）**因何制**：众多比丘集一处，共论法毗尼。六群比丘自相谓言："看诸比丘似为我等作羯磨。"便从座起去，比丘唤住而故去，因制。

三　戒文

【记】　　戒文——若比丘尼，僧断事时，不与欲而起去者，波逸提。

此戒文分三句：

第一句：**若比丘尼** ——能犯人

白四羯磨如法得处所的比丘尼。

第二句：**僧断事时，不与欲而去**——所防过

大众僧作羯磨断事时，比丘尼不与欲，从座起身而离去。

事者：《四分律》云："有十八破僧事法非法乃至说不说。"①

第三句：**波逸提** ——结罪

此比丘尼双足出门外，即结波逸提罪。

四 制意

【记】 四分律疏 制意：如法僧事，理宜同遵，许无乖隔。今隔僧作法，辄便舍去，心不和同，障碍僧事。恼众非轻，是以圣制。

如法僧事，于理大众皆应共同遵守，不许有所乖违阻隔。今为阻挠僧众作法，辄便舍僧离去，心不与僧和同，障碍僧事。恼众之处实重，故佛制不许。

五 具缘

【记】 南山行事钞 具五缘成犯：一、是如法僧事。二、知。三、不与欲。四、辄去。五、双脚出门。犯。

此戒具五缘成犯：

1. **是如法僧事**：是如法僧事，简别非法僧事。

2. **知**：比丘尼知是如法僧事。

3. **不与欲**：不作与欲法。

4. **辄去**：僧羯磨断事未竟，辄便离去。

5. **出门。犯**：若双足出门户，即结波逸提罪。

六 罪相

【记】

罪相	僧中断事未竟，不与欲而去	出门外	波逸提
		一足在门外，一足在门内	突吉罗
	方便欲去而不去		突吉罗
	共期庄严，欲去而不去		

---

① （后秦）佛陀耶舍共竺佛念等译《四分律》卷十八，《大正藏》第22册，第687页。

此戒罪相如下：

1. 若僧中作羯磨断事未竟，比丘尼不与欲，辄便离去，双足出门外，即结波逸提罪；若一足在门外，一足在门内，则结突吉罗罪。

《五分律》卷八云："若屋下羯磨，随几过出，一一出，皆波逸提。若露地羯磨，出去，去僧面一寻，波逸提。"① （一寻约八尺）

《行宗记》卷四云：出户外者，据有堂宇为言。约义，若无门户，须离见闻。②

2. 若僧中作羯磨断事未竟，比丘尼不与欲，方便欲去而未去，或与人共约欲去而未去，皆结突吉罗罪。

七 开缘

【记】

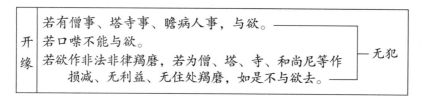

此戒开缘如下：

1. 若比丘尼有僧事、佛塔寺事、瞻病事等，与欲而离去者，不犯。

2. 若比丘尼口有病，不能言语，不以口说与欲，而以现身相与欲者，不犯。

律中，与欲法有五：若言与汝欲，若言我说欲，若言为我说欲，若现身相，若广说欲，名成与欲。若不现身相，若不口说者，不成，应更与余者欲。③

3. 若有人欲作非法、非律羯磨，或为僧、塔、寺、和尚尼等妄作损减无利益及驱摈羯磨，比丘尼不与欲而离去，令羯磨法不成者，不犯。

练习题

1. 请解释"不与欲戒"戒名。

2. 略述佛制"不与欲戒"三要素。

3. 背诵并解释"不与欲戒"之戒文。

4. 佛制"不与欲戒"意义如何？

5. "不与欲戒"具哪几缘成犯？结犯相状如何？

---

① （刘宋）佛陀什共竺道生等译《弥沙塞部和醯五分律》卷八，《大正藏》第22册，第58～59页。

② （宋）元照律师述《四分律含注戒本疏行宗记》卷四，《卍新续藏》第40册，第143页。

③ （唐）道宣律师撰《四分律删补随机羯磨》卷一云：若欲广说者应具修威仪，至可传欲者所如是言："大德一心念。某甲比丘尼如法僧事与欲清净。"（一说）（《大正藏》第40册，第493页。）

6. 在什么情况下不犯"不与欲戒"？

第六十一节　与欲后悔戒

一　戒名

【记】　与欲后悔戒第六十　（同、大、性）

与欲后悔戒：若比丘尼如法与欲已，后又反悔，言羯磨不成，佛制不许。

二　缘起

【记】　六群

六群比丘，乃缘起中能犯之人。

佛制此戒三要素：（1）**何处制**：佛于舍卫国制。（2）**因谁制**：六群比丘。（3）**因何制**：六群比丘恐他人举罪，六人常共相随，僧无由得与作羯磨。后时作衣，僧唤受欲者，即与彼作举羯磨。后六群比丘言："我以彼事与欲。"比丘举过，因制。

三　戒文

【记】　戒文——若比丘尼，与欲竟，后更诃，波逸提。

此戒文分三句：

第一句：若比丘尼 ——能犯人
白四羯磨如法得处所的比丘尼。

第二句：与欲竟，后更诃——与欲还悔
比丘尼如法与欲已，后又反悔而诃言："汝等作羯磨非法，羯磨不成。我以彼事故与欲，不以此事。"

第三句：波逸提——结罪
此比丘尼若言语清楚明了，即结波逸提罪。

四　制意

【记】　四分律疏制意：凡如法僧事，理宜顺可。先与欲已，见治同从，以偏私之情，辄便悔反，说言不成。相朋毁法，恼众不轻，故所以制。

凡大众僧作如法僧事，于理应顺从认可。而今比丘尼既与欲已，后见众僧作羯磨治罚同伴，遂以偏私之心，辄便反悔，更诃言："汝等作羯磨非法，羯磨不成。我以彼事故与欲，不以此事。"如是相互朋党，谤毁羯磨法。触恼大众匪轻，是以

佛制不许。

五　具缘

【记】　南山行事钞具四缘成犯：一、如法羯磨。二、如法与欲。三、辄反悔，言不成。四、言了了。犯。

此戒具四缘成犯：

1. **如法羯磨**：大众僧如法作羯磨。

2. **如法与欲**：比丘尼如法与欲已。

3. **辄反悔，言不成**：辄便反悔，而言羯磨不成。

4. **言了了。犯**：比丘尼呵言："汝等作羯磨非法，羯磨不成。我以彼事故与欲，不以此事。"若言语清楚明了，便犯波逸提。

六　罪相

【记】

比丘尼与欲已，后反悔，更呵言："汝等作羯磨非法，羯磨不成。我以彼事故与欲，不以此事。"若言语清楚明了，即结波逸提罪；若言语不清楚明了，则结突吉罗罪。

七　开缘

【记】

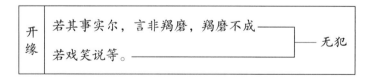

此戒开缘如下：

1. 若大众僧所作羯磨确实非法，比丘尼如实而言："汝等作羯磨非法，羯磨不成。"不犯。

2. 若戏笑语，若疾疾语，若独语，不犯本罪，但违说话仪则，须结吉罪。若梦中语，若欲说此而错说彼，不犯。

练习题

1. 请解释"与欲后悔戒"戒名。

2. 简述佛制"与欲后悔戒"三要素。

3. 背诵并解释"与欲后悔戒"之戒文。

4. 佛制"与欲后悔戒"意义何在？

5. "与欲后悔戒"具哪几缘成犯？结犯相状如何？

6. 在什么情况下不犯"与欲后悔戒"？

思考题

1. 除了僧羯磨所断事，其他僧中所断之事，和合以后后悔呵责，结罪吗？为什么？

第六十二节　屏听四诤戒

一　戒名

【记】　屏听四诤戒第六十一　　（同、大、性）

屏听：于屏处窃听。**四诤**：言诤、觅诤、犯诤、事诤。

屏听四诤戒：若比丘尼于屏处窃听斗诤者评量四诤之语，拟向彼说，以斗乱彼此，令诤事发起者，佛制不许。

二　缘起

【记】　六群

六群比丘，乃缘起中能犯之人。

佛制此戒三要素：（1）**何处制**：佛在舍卫国制；（2）**因谁制**：六群比丘；（3）**因何制**：六群比丘在屏处听闻诸比丘斗诤言语，作念欲斗乱彼此，令诤事不得除灭。因制。

三　戒文

【记】　戒文——若比丘尼，比丘尼共斗诤后，听此语已，欲向彼说，波逸提。

此戒文分三句：

第一句：若比丘尼——能犯人

白四羯磨如法得处所的比丘尼。

第二句：比丘尼共斗诤后，听此语已，欲向彼说——所防过

彼比丘尼彼此相互斗诤后，此比丘尼于屏处窃听诤者评量诤事之言语，拟向对方说，以斗乱彼此，令诤事发起。

第三句：波逸提——结罪

此比丘尼即结波逸提罪。

四　制意

【记】　四分律疏制意：凡公言则理显，屏语喜随情。今徐行窃步，盗听彼语，传于彼此，情存斗乱。过是不轻，是以圣制。

凡在公开场合所发言论，通常经过详思审虑，故能依理宣说。而屏处私语，则常随个人之情，容有虚妄不实，是以不应往闻屏处之语。然今已有诤事兴起，诤者于屏处评量，比丘尼缓行慢步，窃听他语。拟传于彼此，且心存斗乱之意。此过甚重，是故佛制不许。

五　具缘

【记】　南山行事钞具五缘成犯：一、先起四诤。二、前人屏量。三、作斗乱意。四、往彼盗听。五、闻。犯。

此戒具五缘成犯：

1. **先起四诤**：僧中已兴起四诤事。
2. **前人屏量**：诤者于屏处评量诤事。
3. **作斗乱意**：比丘尼心存斗乱彼此之意。
4. **往彼盗听**：比丘尼往彼处窃听。
5. **闻。犯**：若闻到评量诤事之言语，便犯波逸提。

六　罪相

（一）正明犯相

【记】

```
      ┌ 往听他诤比丘尼语 ┬ 往而闻 ─────────── 波逸提
      │                 └ 往而不闻 ───────── 突吉罗
罪    │ 方便欲去而不去 ──────────────┐
      │ 共期庄严去而不去 ─────────────┴─────── 突吉罗
      │ 若有二人共在暗地语 ┐
相    │ 若有二人共在屏处语 ├ 不弹指或謦咳以惊者 ─ 突吉罗
      └ 若道行，有二人在前行共语 ┘
```

此戒罪相如下：

1. 比丘尼往听诤者评量诤事言语。若往而闻语，即结波逸提罪；若往，但未闻语，则结突吉罗罪。

2. 若比丘尼以种种方便，欲往听诤者评量诤事之言语，后又未去，结突吉罗罪。

3. 若比丘尼与人共约，欲往听诤者评量诤事之言语，后又未去，亦结突吉罗罪。

4. 若有二人，或在暗处共语，或在隐蔽处共语，或道行中在前行共语，而比丘尼不弹指或謦咳，令彼惊觉，须结突吉罗罪。

（二）引文别显

《比丘尼钞》引二律别显结犯。

【记】 比丘尼钞 僧祇云：若闻他怨欲相杀害，或闻贼来，非法比丘尼恶计欲偷僧物。知事人闻，即白僧言，当自警备，我闻恶声。若师日暮窃来按行诸房，闻弟子说法语，不得对面赞毁。后时得，若来然后叹责。此律，二人在暗地语，若在道行共语，应先弹指謦欬，否者吉罗。

《比丘尼钞》引《僧祇律》文："若比丘共余比丘斗诤结恨，作是骂詈：'我要当杀此恶人。'然后舍去。比丘闻已得语彼人：'长老！好自警备，我闻有恶声。'有诸客比丘来，若在讲堂、温室、禅坊中，若摩摩帝、若知事人往看客比丘，闻客比丘作是言：'长老！我等当盗某库藏、某塔物、某僧净厨、某比丘衣钵。'闻是语已默然应还，还已应众僧中唱言：'诸大德！某库藏、某塔物、某僧净厨、某比丘衣钵当警备，我闻恶声。'应使前人知。若比丘多有弟子，日暮窃来按行诸房，知如法不？若闻说世俗谈话，若说王、说贼，如是种种言说，不得便入呵责。待自来已，然后诲责曰：'汝等信心出家，食人信施，应坐禅、诵经。云何论说世俗非法之事？此非出家随顺善法。'若闻论经说义、问难答对，不得便入赞叹。待自来已，然后赞美：'汝等能共论经说义讲佛法事，如世尊说，比丘集时当行二法：一者贤

```
```

圣默然，二者讲论法义。'"①

《四分律》中制："若二人共在暗地语，当弹指若謦欬惊之；若不尔者，突吉罗。若二人隐处语，亦当弹指謦欬；若不者，突吉罗。若在道行有二人在前共语，亦当弹指謦欬；若不者，突吉罗。"②

（三）对简二戒

引《资持记》简别本戒与"两舌戒"之结犯。

【记】 灵芝资持记 戒本，向彼说者，据听者意。至于结罪，但闻便犯。若待向说，落两舌中。

《资持记》引道宣律师《戒本疏》所述：戒文**"欲向彼说"**是根据听者本意而言。缘起中六群比丘屏听净者评量净事的目的，是为斗乱彼此而向彼方说。所以结罪时，只要听到此语便犯，不等转向他人说。若比丘尼将所听之言转向人说时，则落入两舌戒中。

七 开缘

【记】

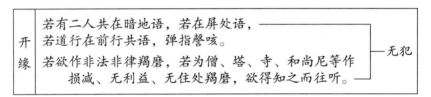

此戒开缘如下：

1. 如果二人在暗处共语，或在隐蔽处共语，或道行中在前行共语，比丘尼行近彼时，用弹指或謦咳令他们惊觉，不犯。

2. 如果有人欲作非法、非律羯磨，或为僧、塔、寺、和尚尼等妄作损减无利益及驱摈羯磨，比丘尼欲知之而往听屏语，不犯。

练习题

1. 请解释"屏听四诤戒"戒名。

2. 略述佛制"屏听四诤戒"三要素。

3. 背诵并解释"屏听四诤戒"之戒文。

---

① （东晋）佛陀跋陀罗共法显译《摩诃僧祇律》卷二十，《大正藏》第 22 册，第 388 页。
② （后秦）三藏佛陀耶舍共竺佛念等译《四分律》卷十八，《大正藏》第 22 册，第 688 页。

4. 佛制"屏听四诤戒"的意义是什么？

5. "屏听四诤戒"具哪几缘成犯？

6. 犯"屏听四诤戒"如何结罪？

7. "屏听四诤戒"与"两舌戒"之结犯有何不同？

8. 在哪些情况下不犯"屏听四诤戒"?

第六十三节　嗔打比丘尼戒

一　戒名

【记】　嗔打比丘尼戒第六十二　　（同、大、性）

嗔：恼怒、嗔恨。打：即捉或遥掷木、瓦、石、杖等，击打对方。

嗔打比丘尼戒：若比丘尼因嗔恨心，而以手、木、瓦、石、杖等，击打余比丘尼者，佛制不许。

二　缘起

【记】　六群

六群比丘，乃缘起中能犯之人。

佛制此戒三要素：（1）**何处制**：佛于舍卫国制。（2）**因谁制**：六群比丘。（3）**因何制**：六群比丘中有一比丘，嗔恚打十七群比丘，因制。

三　戒文

【记】　戒文——若比丘尼，嗔恚故不喜，打彼比丘尼者，波逸提。

此戒文分三句：

第一句：若比丘尼 ——能犯人
白四羯磨如法得处所的比丘尼。

第二句：嗔恚故不喜，打彼比丘尼者——所防过
比丘尼因嗔恨恚怒故，心不欢喜，而以手、木、石、瓦、杖等打余比丘尼。

第三句：波逸提——结罪
打者结波逸提罪。

四　制意

【记】　四分律疏 制意：凡出家之人，理须居忍，堪耐恼缘。今乃内怀嗔忿，

加打前人。自坏心行，忽逼前境。过损非轻，故须制也。

凡出家之人，为求解脱，理应断嗔，令心安忍一切无理恼缘。然今，比丘尼内怀嗔恨恚怒，竟大打出手。如此嗔怒之举，不仅损己向道之心、摄修之行，亦严重逼恼前人，令对方身心痛苦。所生过患及损害颇深，故须制戒遮止。

五　具缘

【记】　比丘尼钞 具四缘成犯：一、大比丘尼。二、生嗔心。三、作打意。四、打着。犯。

此戒具四缘成犯：

1. **大比丘尼**：被打者是大比丘尼。若是小众，但结吉罪。
2. **生嗔心**：打者生嗔根恚怒心。
3. **作打意**：作打对方之意。
4. **打着。犯**：比丘尼以手或木石瓦杖等，嗔打余比丘尼，若打着对方，便犯波逸提。

六　罪相

（一）正明犯相

【记】

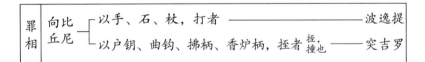

此戒罪相如下：

1. 若比丘尼以手、石、杖等物，嗔打比丘尼，结波逸提罪。
2. 若比丘尼以门插、曲钩、拂把、香炉把，触撞比丘尼，结突吉罗罪。

（二）引文别显

【记】　比丘尼钞 十诵云：一把沙豆散众多比丘，随着一一提（尼亦应同）。

伽论云：嗔心欲心打女人，残（尼打俗男亦然）。

《比丘尼钞》引《十诵律》等别显结犯。彼律云："若比丘嗔意，把沙把小豆、胡豆洒散大众，随所着人得罪。"[1] 比丘尼亦同。

---

[1]　（后秦）三藏弗若多罗共罗什等译《十诵律》卷五十三，《大正藏》第23册，第394页。

又引《伽论》：若比丘以欲心嗔打女人，结僧残罪。[1] 如果比丘尼以欲心嗔打俗男，结罪亦同。

七 开缘

【记】

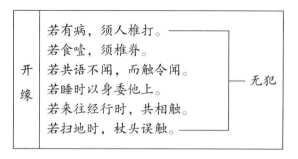

此戒开缘如下：

1. 若他比丘尼有病因缘，须人为其捶打，如是比丘尼为彼捶打，不犯。

2. 若他比丘尼因食物噎住食道，须人为其捶背，如是比丘尼为彼捶背，不犯。

3. 若比丘尼与人共语，对方不闻，为令彼闻而触撞，不犯。

4. 若比丘尼睡眠时，以不自觉故，而以身或身分压在彼尼身上，不犯。

5. 若比丘尼来往经行时，以不慎故，共相碰触，不犯。

6. 若比丘尼扫地时，误以杖头触着他人，不犯。

以上皆非嗔恼，故开不犯。

八 警策

【记】南山行事钞 检诸经律，无为训治故开比丘行笞杖者。释迦一化并无，末代往往见有。前卷已明，故是法灭之相。大集经云：若道俗等打破戒、无戒比丘，罪重出万亿佛身血。何以故？以能示人出要道，乃至涅槃故。打尼亦然

道宣律师云：检阅诸部经律，并没有为了训导或治罚，便开比丘可以用笞（竹鞭或竹板之类的器具）杖打他人之文。释迦牟尼佛一代时教，其治罚之法，是为折伏对方与作呵责等羯磨法，无有杖打他人之法。然而末法时代则常见。此于前卷"师资相摄篇"中已有说明。如此随己处断，滥用杖打是违背佛教之举，法灭

---

① 《摩得伽论》中未见此文，《萨婆多论》卷八云：比丘"若婬乱心打比丘尼、式叉摩尼、沙弥尼、白衣女人，悉僧残"。（《大正藏》第23册，第554页。）

之相。①

《大集经》云：若出家或在家之人，打破戒（犯根本戒）或无戒（不得戒）比丘，其罪如出万亿佛身血。以此比类，说明嗔打比丘，罪过极重。何以故？因此人已剃发染衣，外表异于世俗，可为圣道标志，能引示他人修出离业，乃至证得涅槃。②小字注明：如果打破戒、无戒比丘尼，其过亦同。

练习题

1. 请解释"嗔打比丘尼戒"戒名。

2. 略述佛制"嗔打比丘尼戒"三要素。

3. 背诵并解释"嗔打比丘尼戒"之戒文。

4. 佛为什么制"嗔打比丘尼戒"？

5. "嗔打比丘尼戒"具哪几缘成犯？结犯相状如何？

6. 在哪些情况下不犯"嗔打比丘尼戒"？

第六十四节　搏比丘尼戒

一　戒名

【记】　搏比丘尼戒第六十三　　（同、大、性）

搏：举手作打状。

搏打比丘尼戒：若比丘尼以手搏他尼者，佛制不许。

二　缘起

【记】　六群

---

① 道宣律师于《行事钞·师资相摄篇》云："凡欲责他，先自量己内心喜怒。若有嫌恨，但自抑忍。火从内发，先自焚身。若怀慈济，又量乖轻重，又依呵辞进退，前出其过，使知非法。依过顺呵，心伏从顺。若过浅重呵，罪深轻责，或随愤怒，任纵丑辞。此乃随心斟酌，未准圣旨。本非相利，师训不成。宜停俗鄙怀，依出道清过。内怀慈育，外现威严，苦言切勒，令其改革。"依呵辞进退：即重轻随用也。（《大正藏》第40册，第33页。）

② （北齐）那连提耶舍译《大方等大集经》卷五十四云："若有为佛剃除须发、被服袈裟不受禁戒、受已毁犯。其刹利王与作恼乱骂辱打缚者得几许罪？佛言：大梵，我今为汝且略说之。若有人于万亿佛所出其身血，于意云何，是人得罪宁为多不？大梵王言：若人但出一佛身血得无间罪，尚多无量不可算数，堕于阿鼻大地狱中。何况具出万亿诸佛身血者也，终无有能广说彼人罪业果报，唯除如来。佛言：大梵，若有恼乱骂辱打缚为我剃发着袈裟片不受禁戒、受而犯者，得罪多彼。何以故？如是为我出家剃发着袈裟片，虽不受戒或受毁犯，是人犹能为诸天人示涅槃道。是人便已于三宝中心得敬信，胜于一切九十五道。其人必速能入涅槃，胜于一切在家俗人。"（《大正藏》第13册，第359页。）

六群比丘，乃缘起中能犯之人。

佛制此戒三要素：（1）**何处制：**佛于舍卫国制。（2）**因谁制：**六群比丘。（3）**因何制：**六群比丘以手搏十七群比丘，因制。

三 戒文

【记】 戒文——若比丘尼，嗔恚故不喜，以手搏比丘尼者，波逸提。

此戒文分三句：

第一句：若比丘尼 ——能犯人
白四羯磨如法得处所的比丘尼。

第二句：嗔恚故不喜，以手搏比丘尼者——所防过
比丘尼因嗔恨恚怒故，心不欢喜，而举手作打的姿势，拟向他比丘尼。

第三句：波逸提 ——结罪
此比丘尼即结波逸提罪。

四 制意

【记】 ┃四分律疏┃制意：前戒限分中制，打着始犯。此戒深防中制，以手拟搏即犯，不待打着。着，前戒摄。

前戒是限分中制，须打着其身，方结提罪。此戒是深防中制，只要作打的姿势，用手拟向对方，即犯波逸提，不待打着彼身。若打着彼身，则属前戒所摄。

道宣律师在《戒本疏》云：本意为打而非搏，若搏，便成打之方便，结突吉罗罪；本意为搏而非打，若动心，即搏之方便，亦结突吉罗罪。①

五 指略具缘

【记】 ┃案┃钞缺具犯，当同上戒，惟易三四为搏犯。

弘一律师加"案"云：《行事钞》中缺本戒具缘。当同上戒（"嗔打比丘尼戒"），具四缘成犯，唯改第三、第四缘中"打"为"搏"。

六 罪相

（一）正明犯相

【记】

---

① （唐）道宣律师撰《四分律含注戒本疏》卷四，《卍新续藏》第 40 册，第 144 页。

		以手搏者 —————— 波逸提
罪相	向比丘尼	以户钥、拂柄、香炉柄，搏者 —————— 突吉罗

此戒罪相如下：

1. 若比丘尼举手作打状，拟向他比丘尼，结波逸提罪。

2. 若比丘尼举手作打状，以门插、拂尘把、香炉把拟向他比丘尼，结突吉罗罪。

（二）释相对简

【记】 见月止持 搏者，拟也。拟乃形像也，谓举手相向，以现其打相，而令他人恐怖也。前戒，本心实欲打之，打不着身，不得本罪。此戒，心本无念，直以掌拟，拟便得本罪。所以两戒有异，故别制之。

见月律师在《毗尼止持》中解释搏相并简别前戒。云：搏者，即拟也。拟，即举手向对方，作欲打之相，令其恐怖。前戒"嗔打比丘尼"，若本心确实想打他人，但没打到对方，不得本罪，唯得前方便突吉罗罪。而"搏比丘尼戒"，其心本无打他人之意，只是作打状。用手拟向对方，便结波逸提罪。两戒有此不同，故别别而制。

（三）别显结犯

【记】 比丘尼钞 伽论云：若举手刀向众多比丘，一一提。_{向尼亦尔}

《比丘尼钞》引《伽论》卷二文：若比丘举手刀向众多比丘，得众多波逸提。小字注明：若向比丘尼作此相，结罪亦同。[1]

七 开缘

【记】

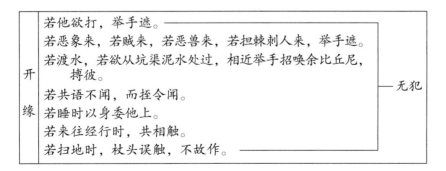

开缘	若他欲打，举手遮。 若恶象来，若贼来，若恶兽来，若担棘刺人来，举手遮。 若渡水，若欲从坑渠泥水处过，相近举手招唤余比丘尼，搏彼。 若共语不闻，而捺令闻。 若睡时以身委他上。 若来往经行时，共相触。 若扫地时，杖头误触，不故作。 —— 无犯

① （刘宋）三藏僧伽跋摩译《萨婆多部毗尼摩得勒伽》卷二，《大正藏》第 23 册，第 577 页。

此戒开缘如下：

1. 若有人欲来打，比丘尼举手遮，不犯。

2. 若有恶象、贼人、恶兽、担棘刺人迎面而来，比丘尼举手来遮，不犯。

3. 若比丘尼渡水，或欲从坑、渠、泥水处过，为令余比丘尼身相近而举手召唤，不犯。

4. 若比丘尼与人共语，对方不闻，为令彼闻而触撞，不犯。

5. 若比丘尼睡眠时，以不自觉而将身或身分压在彼尼身上，不犯。

6. 若比丘尼来往经行时，以不慎故，共相碰触，不犯。

7. 若比丘尼扫地时，误以杖头触着他人，非故作，不犯。

 练习题

1. 请解释"搏比丘尼戒"戒名。

2. 背诵并解释"搏比丘尼戒"之戒文。

3. 佛为何制"搏比丘尼戒"？

4. "搏比丘尼戒"与"嗔打比丘尼"在具缘与罪相方面有什么异同？

5. "搏比丘尼戒"开缘有哪些？

第六十五节　无根僧残谤戒

一　戒名

【记】　　无根僧残谤戒第六十四　　（同、大、性）

根：即根据。律中制三根，即见根、闻根、疑根。无根：无见闻疑三根。僧残谤：以比丘、比丘尼戒第二篇罪加诬。

无根僧残谤戒：若比丘尼无见闻疑三根，凭空捏造僧残罪，加诬他比丘、比丘尼者，佛制不许。

二　缘起

【记】　　六群

六群比丘，乃缘起中能犯之人。

佛制此戒三要素：（1）**何处制：**佛于舍卫国制。（2）**因谁制：**六群比丘。（3）**因何制：**六群比丘以无根僧伽婆尸沙谤十七群比丘，因制。

三　戒文

【记】　戒文——若比丘尼，嗔恚故不喜，以无根僧伽婆尸沙谤者，波逸提。

此戒文分三句：

第一句：若比丘尼 ——能犯人

白四羯磨如法得处所的比丘尼。

第二句：嗔恚故不喜，以无根僧伽婆尸沙谤者——所防过

比丘尼因嗔恨恚怒，心不欢喜，无见闻疑三根，以僧残法谤余比丘、比丘尼。

第三句：波逸提 ——结罪

若谤者言语清楚明了，即结波逸提罪。

四　指略制意

【记】　四分律疏 制意，与僧残第二无根重谤戒同。

此戒制意，同僧残第二条"无根重谤戒"，唯所谤、所犯不同。

五　具缘

【记】　南山行事钞 具八缘成犯：一、是比丘及尼。二、作比丘及尼想。三、嗔。四、无三根。五、下至对一比丘尼。六、以残罪加诬。七、言词了了。八、前人解。犯。①

此戒具八缘成犯：

1. **是比丘及尼**：所谤的人是比丘或比丘尼。

2. **作比丘及尼想**：比丘尼知对方是比丘或比丘尼。

3. **嗔**：自己有嗔恨心。

4. **无三根**：没有见闻疑三根。

5. **下至对一比丘尼**：乃至对一比丘尼言。

6. **以残罪加诬**：以僧残罪加诬。

7. **言词了了**：毁谤之词，清楚明了。

8. **前人解。犯**：对方闻解，谤者便犯波逸提。

---

① 此具缘乃《表记》编辑者依《行事钞》《资持记》文义而出。《四分律删繁补阙行事钞》卷二云："无根僧残谤戒八十，略同第二篇罪堕。"（《大正藏》第40册，第88页。）《四分律行事钞资持记》卷二原文："指略中，恐忘前戒略引缘成有八。一是大比丘。二作大比丘想。三内有瞋心。四无三根。五下至对一人说。六以残罪加诬。七言词了了。八前人知犯。"（《大正藏》第40册，第327页。）

六　罪相

【记】

比丘尼因嗔恨恚怒故，无见闻疑三根，凭空捏造僧残罪，加诬其他比丘、比丘尼。若言语清楚明了，即结波逸提罪；若言语不清楚明了，结突吉罗罪。

七　开缘

【记】

| 开缘 | 若见根、闻根、疑根，说其实事。 欲令改悔，而不诽谤。 若戏笑说等。 | 无犯 |

此戒开缘如下：

1. 若比丘尼有见根、闻根或疑根，言彼实作之事。此乃以慈心，欲令彼改过忏悔，非无根毁谤，不犯。

2. 若戏笑语，若疾疾语，若独语，不犯本罪，但违说话仪则，须结吉罪。若梦中语，若欲说此而错说彼，不犯。

练习题

1. 请解释"无根僧残谤戒"戒名。

2. 略述佛制"无根僧残谤戒"三要素。

3. 背诵并解释"无根僧残谤戒"之戒文。

4. "无根僧残谤戒"制意与哪条戒大同？

5. "无根僧残谤戒"具哪几缘成犯？有哪些开缘？

第六十六节　突入王宫戒

一　戒名

【记】　突入王宫戒第六十五　（同、大、制）

突入：不告而入。**王宫**：王之住处。**王**：自在义，其情多奢纵，染乐无期。

突入王宫戒：若比丘尼无因缘，不告辄入王宫者，佛制不许。

二 缘起

【记】 迦留陀夷

迦留陀夷，乃缘起中能犯之人。

佛制此戒三要素：（1）**何处制**：佛于舍卫国制。（2）**因谁制**：迦留陀夷。（3）**因何制**：末利夫人供佛奉信，劝王信乐，听诸比丘入宫无障。迦留陀夷，到时入宫，夫人拂床失衣形露。比丘举过，因制。

三 戒文

【记】 戒文——若比丘尼，刹利水浇头王，王未出，未藏宝，若入过宫门阈者，波逸提。

此戒文分五句：

第一句：若比丘尼 ——能犯人

白四羯磨如法得处所的比丘尼。

第二句：刹利水浇头王，王未出——王未出

刹帝利灌顶王未出寝宫，采女未还本处，犹在王宫。

刹利：即刹帝利王种，为古印度四姓之一。**水浇头王**：即灌顶王，即取四大海水，以白牛右角，收拾一切种子，盛满其中，置金辇上。使诸小王舆，王与第一夫人共座辇上。大婆罗门以水灌王顶上，如是立王，名为刹利王水浇头。

第三句：未藏宝——宝未藏

夫人与王共眠，采女侍寝，所着轻疏宝衣，轻明照彻，内身外现，以发欲意，此宝衣犹未收藏。

第四句：若入过宫门阈者——入宫门

若比丘尼突入王宫而越过门限。**阈**：门限，即门下横木，为内外分限。

第五句：波逸提 ——结罪

此比丘尼即结波逸提罪。

四 制意

【记】 四分律疏 制意：凡王者自在，情多奢婚，纵情无时。容相逼斥，彼此怀愧，理非所宜。又复王宫采女，艳色丰姿。动乱人心，容生染着。自坏心行，过在匪轻。是故圣制。

凡为国王，统领万民，不受约束，多喜恣情纵欲，没有节制。若比丘尼辄入王宫，正遇王与夫人采女娱乐，妨其乐事，即会触恼彼等，容被呵斥，彼此心怀愧疚，此非出家人应为之事。而且，宫中采女，姿色艳丽，体态丰盈，搔首弄姿，动乱凡心，易生染爱贪著，坏己向道之心、摄修之行。此过失实重，故佛制不听突入王宫。

五　具缘

【记】　南山行事钞 具四缘成犯：一、是刹利王。二、王共夫人同处。三、王未出宝未藏。四、入王宫门限。犯。

此戒具四缘成犯：

1. **是刹利王**：是刹帝利王。

2. **王共夫人同处**：王与夫人共在一处。如果只有国王在，不犯。

3. **王未出宝未藏**：王未出寝宫，采女未还本处，所着宝衣未藏举。《萨婆多论》卷九云：未藏宝者，王已出外、夫人未起。其进御时，所着宝衣轻明照彻，内身外现，以发欲意未藏此衣，名未藏宝。又女为男宝，夫人未以余衣覆身，亦名未藏宝。[①]

4. **入王宫门限。犯**：若比丘尼入王宫门限，便犯波逸提。此属深防中制，初入门限即结罪，不待见宝。

六　罪相

（一）正明犯相

【记】

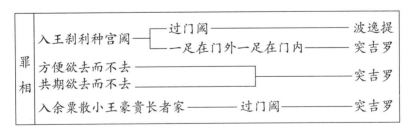

此戒罪相如下：

1. 比丘尼入刹帝利王宫门，若双足越过门限，即结波逸提罪；若一足在门内，一足在门外，则结突吉罗罪。

2. 若比丘尼作种种方便欲入王宫，后未去，结突吉罗罪。

3. 若比丘尼与人共约欲入王宫，后未去者，结突吉罗罪。

---

① 《萨婆多毗尼毗婆沙》卷九，《大正藏》第 23 册，第 560 页。

4. 若比丘尼入余粟散小王及豪贵长者家，越过门限，结突吉罗罪。

（二）别释粟散

【记】　粟散：言余小王，如粟之多。

《资持记》云：粟散者，比喻其余小王如粟米之多。[1]《行宗记》亦云："除四轮王，余诸小国之主，名粟散王。言其众多，不可计数也。"[2]

七　开缘

【记】

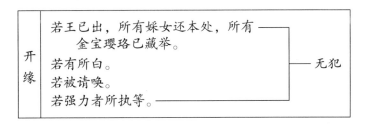

此戒开缘如下：

1. 若比丘尼入王宫时，王已出寝宫，采女也还本处，并且，其所着宝衣及金宝璎珞等皆已藏举，不犯。

2. 若比丘尼有所奏白而入王宫，不犯。

3. 若比丘尼被王或夫人等请唤而入王宫，不犯。

4. 若比丘尼被强力者所执等而入王宫，不犯。

练习题

1. 请解释"突入王宫戒"戒名。

2. 简述佛制"突入王宫戒"三要素。

3. 背诵并解释"突入王宫戒"之戒文。

4. 佛为何制"突入王宫戒"？

5. "突入王宫戒"具哪几缘成犯？结犯相状如何？

6. 在哪些情况下不犯"突入王宫戒"？

① （宋）元照律师撰《四分律行事钞资持记》卷二，《大正藏》第 40 册，第 327 页。

② （宋）元照律师述《四分律含注戒本疏行宗记》卷四，《卍新续藏》第 40 册，第 145 页。

第六十七节　捉宝戒

一　戒名

【记】　捉宝戒第六十六　　（同、大、制）

捉：手执持。宝：即金、银、真珠、琥珀、砗磲、玛瑙、琉璃、贝玉、生像金银等。

捉宝戒：若比丘尼自捉，或教他人捉宝及宝装饰具，除僧伽蓝内及寄宿处之遗落宝，佛制不许。

二　缘起

【记】　众多比丘

众多比丘，乃缘起中能犯之人。

佛制此戒三要素：（1）**何处制：**佛于舍卫国制。（2）**因谁制：**众多比丘。（3）**因何制：**外道在道行，因止息，忘千两金而去。比丘见之，为持去。后以金还之，外道便言："金少！"即诣官了之。王断罚谪，夺金入官。比丘举过，因制。

三　戒文

【记】　**戒文——若比丘尼，宝及宝庄饰具，自捉，若教人捉，除僧伽蓝中，及寄宿处，波逸提。若僧伽蓝中，若寄宿处，若宝，若以宝庄饰具。自捉，若教人捉。若识者当取，如是因缘非余。**

此戒文分六句：

第一句：若比丘尼 ——能犯人

白四羯磨如法得处所的比丘尼。

第二句：宝及宝庄饰具——所犯境

宝：金银、真珠、琥珀、砗磲、玛瑙、琉璃、贝玉、生像金银等。

宝庄饰具：铜、铁、铅、锡、白镴，以诸宝庄饰。

第三句：自捉，若教人捉——所防过

比丘尼自捉或教他人捉。《戒本疏》云：比丘使同类捉宝，不审非法，故自他同犯。[1]

---

[1]　《四分律含注戒本疏》卷四云：问：佛制宝物，自捉不应，如何使人，亦有犯者？今解：不审非法，自他同犯。（《卍新续藏》第 40 册，第 146 页。）

第四句：除僧伽蓝中，及寄宿处——开缘

此是开捉宝不犯之二缘，即在僧伽蓝内及寄宿处，见遗落宝，恐他失物，为坚牢故，开为收举。

第五句：波逸提 ——结罪

若比丘尼自捉或教他人捉宝及宝庄饰具，除僧伽蓝内及寄宿处之遗落宝，即结波逸提罪。

第六句：若僧伽蓝中，若寄宿处。若宝，若以宝庄饰具。自捉，若教人捉。若识者当取。如是因缘非余——逐缘重解

重释开缘中事。若比丘尼于僧伽蓝内或寄宿处，见遗落宝及宝庄饰具，为他不失物，当代为收举。但捉举前，应作是念："此非我物，有主识者当还，为彼藏举坚牢故。"后可自捉或教人捉。若作如上拾还，则顺教不犯，非是余犯缘。若拾取作不还意，则犯盗戒。

四　制意

【记】 四分律疏 制意：宝物利重，人情多贪。既落在地，事是难近。虽好心拾取，为欲还主。致彼诬谤，清浊难分，莫能自拔。又复既取此物，容生盗心。临危事险，行非高节。败损不轻，故所以制。（若非遗落，捉犯小罪。）

凡金银宝物，乃资生来源，资重利多，为世人所贪。今既遗落于地，若比丘尼捉取，易生是非，故须远离。纵虽好心拾取，代为藏举，并作意还与失主。然失主却诬告毁谤，或失少言多，以致清白难辨。陷于冤枉，不能自雪。

又，于拾取遗落宝时，以累劫贪使烦恼，临境容生贪心。稍不谨护心念，便作不还之意，而罹盗网。故拾取遗落宝物之事，实在危险，其行亦非高风亮节。此败德损名之行，过患严重，故佛制不许拾取遗落宝。如果非遗落之宝，结小罪。

五　具缘

【记】 南山行事钞 具五缘成犯：一、是重宝通自他。二、及庄饰具。三、非住处及宿处。四、无心盗取，拟还主。五、捉。犯。

此戒具五缘成犯：

1. **是重宝通自他**：是金银等真宝而非似宝，且不问是自宝或他宝，并犯。

2. **及庄饰具**：及铜、铁、铅、锡、白镴，而以诸宝庄饰者。

3. **非住处及宿处**：非于僧伽蓝内及寄宿处。

4. **无心盗取，拟还主**：比丘尼无盗心，拟还物主。若无心还主，本欲盗取，则罹盗网。

5. 捉。犯。比丘尼捉宝及宝庄饰具，便犯逸提罪。

六　罪相

【记】

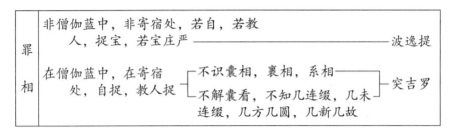

| 罪相 | 非僧伽蓝中，非寄宿处，若自，若教人，捉宝，若宝庄严 ——波逸提 |
| | 在僧伽蓝中，在寄宿处，自捉，教人捉 — 不识囊相，裹相，系相 ／ 不解囊看，不知几连缀，几未连缀，几方几圆，几新几故 — 突吉罗 |

此戒罪相如下：

1. 若比丘尼自捉或教他人捉宝及宝庄饰具，除在僧伽蓝内及寄宿处，即结波逸提罪。

2. 比丘尼在僧伽蓝内或寄宿处，自捉，或教人捉取遗落宝及宝庄饰具时，若不分辨识别囊袋之相、包裹之相及系结之相。且不解开囊袋，检视其中物品，亦不知几物相连缀、几物未连缀、几物是方、几物是圆、几物是新、几物是旧，俱结突吉罗罪。

七　开缘

（一）正明开

【记】

| 开缘 | 若在僧伽蓝中，在寄宿处，自捉，教人捉，当识囊相，裹相，系相。应解囊看，知几连缀，几未连缀，几方几圆，几新几故。若有求索者，应问言：汝物形何似？若语相应，应还。若不相应，当语言：我不见如是物。若有二人俱来索，应问言：汝物形何似。若语相应，应还。若不相应，当语言：我不见如是物。若二人语俱相应者，当持物著前，语言：是汝物者持去。—— 无犯 若是供养塔寺庄严具，为坚牢故收举。 |

此戒开缘如下：

1. 若比丘尼于僧伽蓝中或寄宿处，自捉或教人捉取遗落宝或宝庄饰具，作如下方便还主：

（1）当辨识囊袋之相、包裹之相及系结之相。且应解开囊袋，检视其中物品。亦当知几物相连缀、几物未连缀、几物是方、几物是圆、几物是新、几物是旧。

（2）若有人来求索物时，应问言："汝物相状为何？"若答与所拾物相应者，应还彼。若答与所拾物不相应者，当语彼言："我不见如是物。"若同时有二人来求索物时，应问彼等："汝物相状为何？"若答与所拾物相应者，应还彼。若答与所拾物不相应者，当语彼等言："我不见如是物。"若二人所答俱与所拾物相应者，当持所拾物置二人前，语言："是汝物者，自持去。"以二人所答，与所拾物皆相应，无由辨别是谁物，故任彼等自持去。

若如上所说，皆一一俱作，不犯，以依教行故。

2. 若是供养塔寺庄严具，为坚牢故收举者，不犯。

《四分律》开此事不犯。若据《僧祇律》① 及《萨婆多论》② 亦不许捉。《行事钞》则约净人有无，以通两文。若有净人，当教净人收举；如果没有，才开比丘尼自己收举。③

（二）引文释

【记】 南山戒本疏 初所以开者，若不自执，脱余将去，后来觅者，比丘尼同处，犹不免谤。是故听取，待主当还。

《戒本疏》云：开缘中，之所以开捉取僧伽蓝中及寄宿处遗落宝，是因为若不自拾取或教人拾取，恐余人持去，后失主来寻，不见物品，而只有比丘尼与物同处，难免招致毁谤。所以，佛开听在僧伽蓝及寄宿处捉取遗落宝，待物主来觅，还之。

练习题

1. 请解释"捉宝戒"戒名。
2. 简述佛制"捉宝戒"三要素。
3. 背诵并解释"捉宝戒"之戒文。
4. 佛制"捉宝戒"的意义是什么？
5. "捉宝戒"具哪几缘成犯？结犯相状如何？有哪些开缘？
6. 佛为何开许比丘尼自捉或教人捉取僧伽蓝中及寄宿处之遗落宝？

---

① （东晋）三藏佛陀跋陀罗共法显译《摩诃僧祇律》卷十八，《大正藏》第 22 册，第 371 页。
② 《萨婆多毗尼毗婆沙》中未见此意。
③ （唐）道宣律师撰《四分律删繁补阙行事钞》卷二，《大正藏》第 40 册，第 88 页。

第六十八节　非时入聚落戒

一　戒名

【记】　非时入聚落戒第六十七　　（同、大、制）

非时：从日中之后至第二日明相出之前。

聚落：《大智度论》云："一切白衣舍名为聚落。"①

非时入聚落戒：若比丘尼于非时入聚落，而不嘱界内余比丘尼者，佛制不许。

二　缘起

【记】　跋难陀

跋难陀比丘，乃缘起中能犯之人。

佛制此戒三要素：（1）何处制：佛于舍卫国制。（2）因谁制：跋难陀。（3）因何制：跋难陀非时入村与诸居士共搏蒲得胜。居士悭嫉，故讥嫌之。比丘举过，因制。

三　戒文

【记】　戒文——若比丘尼，非时入聚落，不嘱比丘尼，波逸提。

此戒文分三句：

第一句：若比丘尼 ——能犯人

白四羯磨如法得处所的比丘尼。

第二句：非时入聚落，不嘱比丘尼——所防过

日中后至次日明相出之前，比丘尼入村落或白衣舍，不嘱授界内余比丘尼。

第三句：波逸提 ——结罪

此比丘尼若两脚入聚落门，即结波逸提罪。

四　制意

【记】　四分律疏 制意：凡出家修道，理无游散。时为济命，事须往反。既是非时，无缘而入。妨废修道，招致讥丑。损处不轻，所以须制。

---

① 〔印度〕龙树菩萨造，（后秦）三藏鸠摩罗什译《大智度论》卷六十一，《大正藏》第 25 册，第 491 页。

凡出家修道，当摒息外缘，住于静处，不应无事散逸游行。于时中，为资身济命，须往返聚落乞食。然今既是非时，且无三宝、瞻病、请唤等缘，辄便入聚落。如是妨修废道，并招俗人讥嫌，进而丑累佛法。损害之处实重，故须制戒遮止。

五 具缘

【记】 南山行事钞 具五缘成犯：一、非时分。二、无启白唤缘。三、不嘱授。四、向俗人舍。五、入门。犯。

此戒具五缘成犯：

1. **非时分**：于日中后至次日明相出之前。

2. **无启白唤缘**：无启白及被请唤因缘。**启白**：比丘尼有事须告知白衣。**请唤**：白衣请唤比丘尼至家中。

3. **不嘱授**：比丘尼未嘱授界内余比丘尼，令知己所至处。

律云：若至白衣舍、聚落，应先告余比丘尼言："大姊一心念！我某甲比丘尼非时入聚落，至某城邑、某聚落、某甲舍，为某缘故，白大姊知。"彼言："可尔！"方去。

4. **向俗人舍**：往至白衣舍。

5. **入门。犯**：入村落门，便犯波逸提。入村落已，随入一一白衣舍门，亦一一结提。

六 罪相

（一）正明犯相

【记】

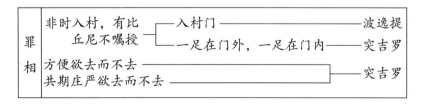

此戒罪相如下：

1. 比丘尼于非时入聚落，界内有余比丘尼而不嘱授，若双足入聚落门，结波逸提罪；若一脚在门外，一脚在门内，结突吉罗罪。

2. 若比丘尼已作前方便欲非时入聚落，后又未去；或与人共约非时入聚落，后又未去，皆结突吉罗罪。

（二）引文别显

【记】 比丘尼钞 十诵云：若兰若处，白比丘来入聚落，还至兰若处，即以先白，复入聚落者提。若白入聚落，从聚落出，至本僧坊，还入聚落，即以先白入提。同一界善比丘不白入提。不白比丘随所经过大巷小巷，得尔所吉罗。随入白衣家，随一一提。若入兰若，近聚落僧坊，不白无罪。 尼准 同僧

《比丘尼钞》引《十诵律》别显结犯。[1] 有五层意思：

1. 若比丘于兰若处，白余比丘入聚落。入聚落已，从聚落出，还至兰若处。还兰若处已，后又往聚落，须结波逸提罪。以先白入聚落者成，后入聚落者，前白不摄，故欲更入聚落者，当应重白。

2. 若比丘于兰若处，白余比丘入聚落。入聚落已，从聚落出，还至本所住僧坊。即以先前所白而复至聚落，结波逸提罪。

3. 同一界内有善比丘，不白令知而入聚落者，结波逸提罪。

4. 若比丘不白余比丘而入聚落，随所经大巷、小巷，一一结突吉罗罪。又随其所入白衣舍，一一结波逸提罪。

5. 若比丘入兰若处，或近聚落僧坊，不白而入者，无罪。入近聚落僧坊不须白者，谓聚落相周，中间复有僧坊，比丘从聚落外欲入僧坊，不须白也。

七　开缘

（一）正明开

【记】

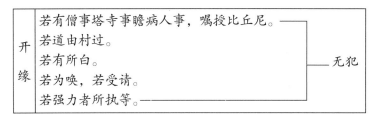

此戒开缘如下：

1. 若比丘尼有僧、塔、寺事，或瞻病事，嘱授界内余比丘尼已，后入聚落者，不犯。

2. 若比丘尼道行时，须由村落过，如是不嘱授而入聚落者，不犯。

---

[1] （后秦）三藏弗若多罗共罗什等译《十诵律》卷十七，《大正藏》第23册，第124页。

3. 若比丘尼有事须告知白衣，如是不嘱授而直入白衣舍者，不犯。

4. 若白衣有事，请或唤比丘尼至彼家，如此不嘱授而入白衣舍，不犯。

5. 若比丘尼被强力者所执，或有命难、梵行难，如此不嘱授而入聚落者，不犯。

（二）引文释

【记】 比丘尼钞 婆论云：若总白入聚落后，到随意所至处无犯。僧祇云：若多人道行欲入聚落，展转相白，然后当入。已到宿处，复欲出外取薪草木者，若从本道出者无犯。若更从余道出者，不白提。智度论云：一切白衣舍皆名聚落。（准此寺院内净人房院不白亦提。）

《比丘尼钞》引他部律论解释入聚落之白法及结罪相状。

《萨婆多论》云："入聚落内时，若总白入聚落，后到随意所至也。若别相白、若先不白随见异寺比丘白，无犯。"① 由此知，非时入聚落，白法有二：1. 总白。应云："长老！我非时入聚落，随至所处。"2. 别相白。应云："长老！我非时入聚落，至某城邑、聚落，某甲舍。"前人言："可尔！"此嘱授之法，但令余人知，即成防过。只要嘱授清楚去向某家，令善忆持，即成白法。

《僧祇律》云：如果多位比丘同伴远行，日暮欲入聚落宿。先令二比丘净洗浴，展转相白，遣入聚落，求宿止处。若得宿处，应从檀越索随所安，还出聚落。语诸比丘，已得宿处。尔时诸比丘应净洗手足，展转相白，然后当入。已到宿处，复欲出取薪草水者，若从本道出者无罪。若更从余道行，应白。不白去者，波夜提。②

《大智度论》卷六十一云："一切白衣舍皆为聚落。"准此，寺中净人所住房院，若非时不白而入，亦须结提罪。

练习题

1. 请解释"非时入聚落戒"戒名。

2. 略述佛制"非时入聚落戒"三要素。

3. 背诵并解释"非时入聚落戒"之戒文。

4. 佛制"非时入聚落戒"的意义是什么？

5. "非时入聚落戒"具哪几缘成犯？结犯相状如何？有哪些开缘？

6. 若有因缘需要非时入聚落，应如何白其他比丘尼？

---

① 《萨婆多毗尼毗婆沙》卷九，《大正藏》第 23 册，第 560 页。

② （东晋）三藏佛陀跋陀罗共法显译《摩诃僧祇律》卷二十，《大正藏》第 22 册，第 389 页。

第六十九节　过量床足戒

一　戒名

【记】　过量床足戒第六十八　（同、大、制）

过量：床足高过佛八指（相当于姬周尺一尺六寸）之量。**床**：绳床、木床各有五种，即直脚床、旋脚床、曲脚床、无脚床、入陛床。**足**：指床脚。

过量床足戒：若比丘尼作床竟，除入陛孔，床足超过一尺六寸之量，佛制不许。[①]

二　缘起

【记】　迦留陀夷

迦留陀夷，乃缘起中能犯之人。

佛制此戒三要素：（1）**何处制**：佛在舍卫国制。（2）**因谁制**：迦留陀夷。（3）**因何制**：迦留陀夷预知佛从此道来，即于道中敷高好床，白佛言："看我床座。"佛言："当知痴人，内怀弊恶。"集僧呵责，因制。

三　戒文

【记】　戒文——若比丘尼，作绳床，若木床，足应高佛八指。除入陛孔上，若截竟，过者，波逸提。

此戒文分三句：

第一句：若比丘尼——能犯人

白四羯磨如法得处所的比丘尼。

第二句：作绳床，若木床，足应高佛八指，除入陛孔上——教作尺度

此是佛制限度。若作绳床或木床时，床足应高一尺六寸。床脚入陛孔之量，不在一尺六寸之数。

第三句：若截竟，过者，波逸提——过则结罪

若比丘尼作床竟，床足高过一尺六寸之定量，即结波逸提罪。**截竟**：即作竟。

---

① 《四分律名义标释》卷十一云："如阿含经云，高广大床者，榫下足长尺六，非高；阔四尺，非广；长八尺，非大。越此量者，方名高广大床。复有八种床，初四约物辩贵，体不合坐；下四约人辩大，纵令地铺，拟于尊人，亦不合坐。一金床、二银床、三牙床、四角床、五佛床、六辟支佛床、七罗汉床、八师僧床。"（《卍新续藏》第44册，第488页。）

四　制意

【记】　四分律疏 制意：高床长慢，理非所宜。事须依法，不容过限。过则长贪，违反圣教，故制不听。

坐卧高广大床，易生憍慢，实非出家人所用。当依佛所制床足之量，不可妄随己意，超过制限。若过量而作，则增长贪心，又乖违圣教，故佛制不许。

五　具缘

（一）正明犯缘

【记】　南山行事钞 具五缘成犯：一、是床。二、僧床及己床。三、过量。四、自作使人。五、作成。犯。

此戒具五缘成犯：

1. **是床**：所作之物是床。
2. **僧床及己床**：僧私二床并犯。
3. **过量**：床足高过一尺六寸之量。
4. **自作使人**：比丘尼自作，或教他人作。
5. **作成。犯**：若床作竟，便犯波逸提。另外，若本意欲截，作成不犯，不截方犯；若本不打算截，床作成即犯。

（二）释床足量

【记】　比丘尼钞 此律足高如来八指者。十诵云：佛一指二寸，谓高一尺六寸如法。阔狭 任情

《比丘尼钞》引《四分律》《十诵律》释床足之量。《四分律》制：无论绳床、木床，床高皆不得超过佛八指。[①]《十诵律》云：佛一指为二寸，八指即一尺六寸，这是如法之量。[②]小字注明：至于床之宽狭，则可任意，没有定限。

六　罪相

【记】

[①]《四分律》卷二十五云："若比丘尼，作绳床若木床，足应高佛八指。除入陛孔上，若截竟过者，波逸提。"（《大正藏》第22册，第736页。）

[②]《十诵律》未见此文。《萨婆多毗尼毗婆沙》卷九云："八指者，一指二寸也。"（《大正藏》第23册，第560页。）

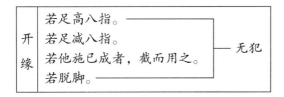

此戒罪相分二：

1. 比丘尼自作或教人，为己及僧作绳床、木床，其床足高过一尺六寸，若床作竟，即结波逸提罪；若未成，须结突吉罗罪。

2. 若比丘尼自作或教人，为他作绳床、木床，其床足高过一尺六寸，无论床作成未成，俱结突吉罗罪。

七　开缘

【记】

此戒开缘如下：

1. 若比丘尼作床竟，床足高为八指，不犯，以应量故。

2. 若比丘尼作床竟，床足高减八指，不犯，以减量故。

3. 若他人以高床布施，比丘尼截其床足，令应量而坐者，不犯。

4. 若比丘尼坐脱脚床，不犯。此谓活动床，即拆下床脚而坐。以无床脚，故无过量意。

练习题

1. 请解释"过量床足戒"戒名。

2. 简述佛制"过量床足戒"三要素？

3. 背诵并解释"过量床足戒"之戒文。

4. 佛制"过量床足戒"的意义是什么？

5. 根据《四分律名义标释》，何谓高广大床？有哪八种？

6. "过量床足戒"具哪几缘成犯？有哪些开缘？

第七十节　兜罗贮床褥戒

一　戒名

【记】　兜罗贮床褥戒第六十九　　（同、大、制）

兜罗：华言霜绵。《萨婆多论》云："兜罗者，草木花绵之总称也。"① 如白杨树花、杨柳花、蒲台花是。

贮：《律摄》云："贮者，谓于床褥上散布其绵，便用布禅随时掩覆。"②

兜罗贮床褥戒：若比丘尼以兜罗绵贮床褥者，佛制不许。

二　缘起

【记】　六群

六群比丘，乃缘起中能犯之人。

佛制此戒三要素：（1）**何处制**：佛于舍卫国制。（2）**因谁制**：六群比丘。（3）**因何制**：六群比丘持兜罗绵贮床褥，居士讥无有慈心，断众生命，因制。

三　戒文

【记】　戒文——若比丘尼，持兜罗绵贮作绳床、木床，若卧具、坐具，波逸提。

此戒文分三句：

第一句：若比丘尼 ——能犯人

白四羯磨如法得处所的比丘尼。

第二句：持兜罗绵贮作绳床，木床，若卧具，坐具——所防过

以兜罗绵贮作绳床、木床、卧具、坐具。

第三句：波逸提 ——结罪

若比丘尼以兜罗绵贮作床褥，即结波逸提罪

四　制意

【记】　四分律疏 制意：以其多生细小诸虫，用损物命，违于慈道，所以不听。

---

① 《萨婆多毗尼毗婆沙》卷九，《大正藏》第 23 册，第 560 页。
② 〔印度〕尊者胜友集，（唐）三藏义净译《根本萨婆多部律摄》卷十三，《大正藏》第 24 册，第 603 页。

以兜罗绵多生细小诸虫，若比丘尼用此贮作床褥，于上坐卧，必损伤虫命，有违出家修慈之本。所以佛制不许。

五　具缘

【记】　南山行事钞 具五缘成犯：一、是兜罗绵。二、贮床褥。三、为己。四、自作使人。五、作成。犯。

此戒具五缘成犯：

1. **是兜罗绵**：能贮之物是兜罗绵。

2. **贮床褥**：以兜罗绵贮作床褥。

3. **为己**：是为自己受用。若为他作，但结吉罪。

4. **自作使人**：比丘尼自作，或教他人作。

5. **作成。犯**：床褥作成，便犯波逸提。

六　罪相

【记】

此戒罪相如下：

1. 比丘尼自作或教人，为己以兜罗绵贮作绳床、木床及大小褥，若作成者，即结波逸提罪；未成者，结突吉罗罪。

2. 若比丘尼自作或教人，为他人以兜罗绵贮作绳床、木床及大小褥，无论作成或未成，俱结突吉罗罪。

七　开缘

【记】

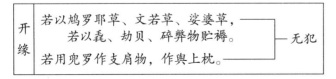

此戒开缘如下：

1. 若比丘尼以鸠罗耶草、文若草、婆婆草、毳（兽毛）、劫贝（木绵花）、碎弊物贮作褥，不犯，以不易生虫故。

鸠罗耶草：此土无，故不翻，是印度一种柔草。**文若草**：或云文阇草、文柔草，亦即柔软草。**娑婆草**：此草甚柔软，按梵音婆娑，此翻为腻。

2. 若比丘尼以兜罗绵贮作支肩物，或车舆所用之枕，不犯。以常挪动，不易生虫故。

练习题

1. 请解释"兜罗贮床褥戒"戒名。

2. 背诵并解释"兜罗贮床褥戒"之戒文。

3. 佛制"兜罗贮床褥戒"的意义何在？

4. "兜罗贮床褥戒"具哪几缘成犯？结犯相状如何？有哪些开缘？

第七十一节 食蒜戒

一 戒名

【记】 食蒜戒第七十 （吉、大、制）

食：吃、噉。**蒜**：即大蒜、山蒜二种，是荤辛菜，其味辛而臭。菜中味辛而臭者有五：大蒜、茖葱、慈葱、兰葱、兴渠，其中以大蒜为首。

食蒜戒：若比丘尼食蒜者，佛制不许。

吉：若比丘食蒜，结突吉罗罪。

二 缘起

【记】 偷罗难陀尼

偷罗难陀比丘尼，乃缘起中能犯之人。

佛制此戒三要素：（1）**何处制**：佛于毗舍离制。（2）**因谁制**：偷罗难陀尼。（3）**因何制**：蒜园主与偷罗难陀尼蒜，尼日后便数数往彼得蒜。园主即敕守园人，每日给每位比丘尼五枚。后园主诣毗舍离卖蒜，偷罗难陀尼领众弟子将其园中蒜拔尽，因制。

三 戒文

【记】 戒文——若比丘尼，噉蒜者，波逸提。

此戒文分三句：

第一句：若比丘尼 ——能犯人

白四羯磨如法得处所的比丘尼。

第二句：噉蒜者——所防过

比丘尼噉生蒜、熟蒜及杂蒜。

第三句：波逸提 ——结罪

若比丘尼噉蒜者，咽咽结波逸提罪。

四　制意

（一）引疏正明

先引《四分律疏》正式说明此戒制意。

【记】 四分律疏 制意：出家之士，宜断五辛，香洁修道。今贪味食蒜，使臭气外勋，招讥损道，过是不轻。是故圣制。

出家之人，为人天师表，理宜断食五辛之物，方能香盈其身，洁净修道。而今比丘尼却贪著辛味而噉蒜，令臭气外扬，熏污他人。不仅招世人讥嫌，亦损坏自身道业，过患不轻。故佛制不许。①

（二）引钞别明

次引《比丘尼钞》别明食蒜罪重之意。

【记】 比丘尼钞 所以蒜重余轻者：一、美味，尼多喜食。二、臭故，重余辛也。

《比丘尼钞》云：之所以食蒜结罪重，吃余四辛结罪轻，其因有二：一者美味，尼众多喜食噉。二者味臭，其味浓烈，过于其他四辛。

五　具缘

【记】 比丘尼钞 具三缘成犯：一、是蒜，余辛犯轻 二、无重病缘。三、食用咽咽。犯。

---

① 《楞严经》卷八云："是诸众生求三摩提，当断世间五种辛菜，是五种辛，熟食发淫，生啖增恚，如是世界食辛之人，纵能宣说十二部经，十方天仙嫌其臭秽咸皆远离，诸饿鬼等因彼食次，舐其唇吻常与鬼住，福德日销长无利益。是食辛人修三摩地，菩萨、天仙、十方善神不来守护，大力魔王得其方便，现作佛身来为说法，非毁禁戒赞淫怒痴，命终自为魔王眷属，受魔福尽堕无间狱。"（《大正藏》第19册，第141页。）此明食五辛有五过失：1. 生多过失；2. 诸天远离；3. 饿鬼近身；4. 福德日消；5. 为魔眷属。

此戒具三缘成犯：

1. **是蒜，^{余辛}_{犯轻}**：所食之物是蒜。若是余四辛，仅结突吉罗罪。

2. **无重病缘**：无有重病因缘。

3. **食用咽咽。犯**：若比丘尼啖蒜，咽咽犯波逸提。

六 罪相

（一）正明犯相

【记】

罪相	啖生蒜、熟蒜，若杂蒜者 ——— 咽咽波逸提

若比丘尼食生蒜、熟蒜、杂蒜，咽咽结波逸提罪。

《僧祇律》云："一切蒜不听食，熟不听、生亦不听，重煮亦不听，烧作灰亦不听。"① 《十诵律》云："若比丘尼啖生蒜，波夜提。啖熟蒜，波夜提。若啖蒜子，波夜提。若啖茎叶，波夜提。若啖蒜皮蒜须，突吉罗。"②

（二）别示余相

1. 食余辛及见食不呵

【记】 比丘尼钞 啖余辛者，突吉罗。不诃者，亦犯。

若比丘尼食余四辛，即荞葱、慈葱、兰葱、兴渠，结突吉罗罪。若见他人食时，应呵。若不呵者，同结吉罪。

2. 引经证明

【记】 比丘尼钞 五辛报应经云：比丘尼等饮酒食肉荤辛，读经诵论等，得提。五辛得重吉，唯除僧伽蓝外白衣家，限四十九日香汤澡浴竟，读诵无犯。故啖秽物，见不诃者，亦犯。

《五辛报应经》③ 云：比丘尼等若饮酒、食肉、啖荤辛，读诵经论，得波逸提罪。食五辛，得重突吉罗罪（对首忏悔）。若有病，开许在伽蓝外白衣家服用，但必须四十九日香汤澡浴，然后读诵经论，不犯。若见他人故意啖五辛等污秽物而不

---

① （东晋）三藏佛陀跋陀罗共法显译《摩诃僧祇律》卷三十八，《大正藏》第 22 册，第 530 页。

② （后秦）三藏弗若多罗共罗什等译《十诵律》卷四十四，《大正藏》第 23 册，第 317 页。

③ 《诸经要集》卷二十、《法苑珠林》卷九十四皆提及此经，藏经中未见。

呵者，亦同结吉罪。

七　开缘

（一）正明开

【记】

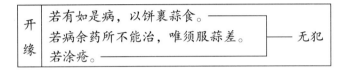

此戒开缘如下：

1. 若比丘尼有如是病，而以饼裹蒜食噉，不犯。

2. 若比丘尼有病因缘，余药皆不能治，唯有食蒜方可治愈，如是食噉者，不犯。

3. 若比丘尼身有疮，以蒜涂敷，不犯，以外用非食噉故。

（二）引文释

【记】　同　僧祇十诵五分等，更无余治法者，开病比丘服蒜听七日。在一边小房内，不得卧僧床褥。大小便处讲堂，皆不得至。又不得受请及僧中食，不得就佛礼拜，得在下风处遥礼。七日满已，澡浴薰衣，方得入众。若用香涂病者，先供养佛已，然后涂身。还在屏处，一同前法。尼应例同

《比丘尼钞》云：《僧祇律》《十诵律》《五分律》等并云：若比丘有病，更无余药可治，须噉蒜方能治愈，开听食蒜七日。但须与众僧隔离，在边房小屋止宿，不得卧僧床褥，且僧伽蓝内大小便处、讲堂，皆不得去。又不得受请及僧中同食，亦不得佛前礼拜，得于下风处遥礼。噉蒜满七日已，当澡沐净身，以香熏衣，方可入众。若以香涂病，应先供养佛已，后涂身，亦应在屏处涂敷，同前有病食蒜法。[①]
小字注明：比丘尼例同比丘法。

练习题

1. 请解释"食蒜戒"戒名。

2. 简述佛制"食蒜戒"三要素。

[①]　（东晋）三藏佛陀跋陀罗共法显译《摩诃僧祇律》卷三十一，《大正藏》第22册，第483页。（后秦）三藏弗若多罗共罗什等译《十诵律》卷三十八，《大正藏》第23册，第275页。（刘宋）三藏佛陀什共竺道生等译《五分律》卷二十六，《大正藏》第22册，第176页。

3. 如何理解"食蒜戒"戒文？

4. 佛制"食蒜戒"制意如何？

5. "食蒜戒"具哪几缘成犯？

6. 根据"罪相"一科内容，列出食蒜及其余荤辛之结罪情况。

7. "食蒜戒"有哪些开缘？

第七十二节　剃三处毛戒

一　戒名

【记】　剃三处毛戒第七十一　（兰、制）

剃：以刀刮去毛发。**三处**：即大、小便处及两腋下。

剃三处毛戒：若比丘尼剃大、小便处及两腋下之毛，佛制不许。

兰：比丘同制别学，若比丘剃三处毛，结偷兰遮罪。

二　缘起

【记】　偷罗难陀尼

偷罗难陀比丘尼，乃缘起中能犯之人。

佛制此戒三要素：（1）**何处制**：佛于舍卫国制。（2）**因谁制**：偷罗难陀比丘尼。（3）**因何制**：偷罗难陀尼剃三处毛，俗女见，生讥，因制。

三　戒文

【记】　戒文——若比丘尼，剃三处毛者，波逸提。

此戒文分三句：

第一句：若比丘尼 ——能犯人

白四羯磨如法得处所的比丘尼。

第二句：剃三处毛者——所防过

比丘尼剃大、小便处及两腋下之毛。

第三句：波逸提 ——结罪

若比丘尼剃三处毛，随动刀，一动一波逸提。

四　制意

【记】　四分律疏 制意：自下四戒，皆是长养爱欲方便，招世讥过。障道处深，故所以制。

自此以下四戒，皆是因长养爱欲之方便，招世讥嫌。障道之处深重，是故佛制不许。

五　具缘

（一）正列犯缘

【记】 开宗记 具三缘成犯：一、是三处毛。二、除病及势力执。三、随动刀。犯。

根据《开宗记》中所述，此戒具三缘成犯①：
1. **是三处毛**：是大、小便处及腋下之毛。若剃余处毛，结突吉罗罪。
2. **除病及势力执**：除病及被强迫等因缘。
3. **随动刀。犯**：若无病及被强迫等因缘而剃三处毛，随其动刀，一动即犯一波逸提。

（二）别释三处毛

【记】 第二分 三处毛者，谓大小便处及腋下是。

《四分律·第二分》云：所谓三处毛，是指大、小便处及两腋下毛。

六　罪相

（一）正明犯相

【记】

罪相	若剃大小便处及腋下毛者 —— 随动刀—— 一一波逸提
	若拔若剪若烧———————————— 一切突吉罗

此戒罪相如下：
1. 若比丘尼剃大、小便处及腋下之毛，随其动刀，一动结一波逸提罪。
2. 若比丘尼拔、剪或烧三处毛者，一切俱结突吉罗罪。

---

① （唐）怀素律师撰《四分律开宗记》卷五，《卍新续藏》第42册，第460页。

（二）引文别显

引《比丘尼钞》别显结犯及余事。

1. 显结犯

【记】　比丘尼钞 母论云：剃发者，但除头毛及须，余毛一切不听却。所以剃发者，为除憍慢自恃心。不听利木刀刮汗却毛，若断一一毛，一一突吉罗，除头上毛不犯。五分云：尼过半月不剃发，提。涅槃云：发爪长利，破戒之相。此律云：不得为白衣剃发驱使，提。除欲出家者不犯。（今时多有僧尼谄心求利，受俗驱使，败善增恶，无过此等。）头发极长，若两月，若广二指一剃。爪极长如一麦即剪。发不得用剪刀剪。半月应一剃发，一剪爪。违者，突吉罗。

道宣律师在《比丘尼钞》中引本宗他部并明犯相。

《母论》云："剃发法。但除头上毛及须，余处毛一切不听却也。所以剃发者，为除憍慢自恃心故。若发长不得用剪刀剪，应用剃刀除之。佛所制剪刀者……比丘不听作利木刀刮汗却毛也，若断一毛一突吉罗。除头上毛，若断，一一偷兰遮。"①

《五分律》云："比丘尼发长，波逸提。式叉摩那、沙弥尼畜发及发长不剃，突吉罗。半月一剃，过此名为发长。若无人剃及强力所逼不得剃，皆不犯。"②

《涅槃经》云："头须发爪悉皆长利，虽服袈裟犹如猎师，细视徐行如猫伺鼠。"③ 故发长爪利，为佛呵斥，是破戒之相。《增壹阿含经》云："沙门出家有五毁辱之法。云何为五？一者头发长；二者爪长；三者衣裳垢坌；四者不知时宜；五者多有所论。"④

《四分律》记载："佛言：'出家人不应为白衣剃发，除欲出家者。'"⑤ 即不得受白衣驱使而为其剃发，若剃者，结波逸提罪。若不是为白衣驱使，而是自己发心为白衣剃发，但结突吉罗罪。如果白衣欲出家，僧尼为其剃发，不犯。小字是道宣律师感叹：目观现今（指唐朝），多有比丘、比丘尼心怀谄曲，为求得利养而受俗人驱使。败善增恶，实无过于此矣！

《四分律》又载：佛言："不应畜长爪。"……不知长短几许应剪？佛言："极长如一麦应剪。"时六群比丘以剪刀剪须发，佛言："不应尔。"……彼比丘不知发长几许应剃？佛言："极长长两指，若二月一剃，此是极长。"⑥

---

① 《毗尼母经》卷三，《大正藏》第 24 册，第 816 页。

② （刘宋）三藏佛陀什共竺道生等译《弥沙塞部和醯五分律》卷十四，《大正藏》第 22 册，第 96 页。

③ （北凉）三藏昙无谶译《大般涅槃经》卷四，《大正藏》第 12 册，第 386 页。

④ （东晋）三藏瞿昙僧伽提婆译《增壹阿含经》卷二十六，《大正藏》第 2 册，第 694 页。

⑤ （后秦）三藏佛陀耶舍共竺佛念等译《四分律》卷四十二，《大正藏》第 22 册，第 874 页。

⑥ 《四分律》卷五十一，《大正藏》第 22 册，第 945～946 页。

2. 示余事

【记】 比丘尼钞 十诵云：发当埋坑中。若发长者，开畜剃刀及鞘。若刀卷者手上波，石上磨，其石内刀囊中。

《比丘尼钞》引《十诵律》云：剃除之发应埋在坑中。为剃除长发，佛开许比丘畜剃刀及刀鞘。如果剃刀打卷，可以在手上拨平，或在石上磨平。磨刀石当放在刀囊中。[①]

七 开缘

【记】

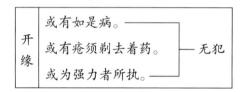

此戒开缘如下：

1. **或有如是病**：若比丘尼有如是病，须剃三处毛，不犯。

2. **或有疮须剃去着药**：如果比丘尼于三处中有疮、癞、癣、皮肤炎、寄生虫、毛蚤、瘤、癌、外伤、手术等，须剃除三处毛而着药，不犯。

3. **或为强力者所执**：若比丘尼为他人所迫而剃除，不犯。

练习题

1. 请解释"剃三处毛戒"戒名。

2. 简述佛制"剃三处毛戒"三要素。

3. 如何理解"剃三处毛戒"之戒文？

4. 佛为何制"剃三处毛戒"？

5. "剃三处毛戒"具哪几缘成犯？

6. "剃三处毛戒"结犯相状如何？

7. 《比丘尼钞》中列出哪些结犯相状及相关事宜？

8. "剃三处毛戒"有哪些开缘？

---

① 《十诵律》卷三十九记载："佛言：从今不应处处剃发。时多积发，佛言应除弃。除弃时比丘吐逆，佛言应一处作坑。"（《大正藏》第23册，第280页。）卷五十六又云："剃刀法者，佛听众僧畜剃刀。一人亦畜，为剃须发故，是名剃刀法。剃刀鞘法者，佛听诸比丘畜剃刀鞘，为掌护，莫令失。更求觅，妨行道故。"（《大正藏》第23册，第417页。）

第七十三节 洗净过分戒

一 戒名

【记】 洗净过分戒第七十二 （大、性）

洗净：大小便后，以水洗大小便道令净。**过分**：洗净时超过佛之制限，即过两指各一节。

洗净过分戒：若比丘尼大小便后，以水洗净，手指内入大小便道，超过两指各一节，佛制不许。

二 缘起

【记】 偷罗难陀尼

偷罗难陀比丘尼，乃缘起中能犯之人。

佛制此戒三要素：（1）**何处制**：佛于释翅瘦迦维罗卫国制。（2）**因谁制**：偷罗难陀比丘尼。(3) **因何制**：偷罗难陀欲心洗净过限，出血污卧具，众尼讥嫌，因制。

三 戒文

【记】 戒文——若比丘尼，以水作净，应齐两指各一节。若过者，波逸提。

此戒文分三句：

第一句：若比丘尼 ——能犯人

白四羯磨如法得处所的比丘尼。

第二句：以水作净，应齐两指，各一节——洗净法

若比丘尼大小便后，以水洗净，手指内入大小便道时，应齐两指，各一节。此是佛制比丘尼洗净限齐。

第三句：若过者，波逸提——过则结罪

若比丘尼洗净过限，即结波逸提罪。

四 制意指略

【记】 四分律疏 制意同前。

此戒制意，同前"剃三处毛戒"。

五　具缘

【记】　开宗记 具四缘成犯：一、以水净。二、有染心。三、无因缘。四、过限。犯。

此戒具四缘成犯：

1. **以水净**：比丘尼大小便后，以水洗净。

2. **有染心**：有欲染之心。

3. **无因缘**：没有开缘情况。

4. **过限。犯**：若比丘尼以水洗净，手指内入大小便道，超过两指各一节，便犯波逸提。

六　罪相

（一）正明犯相

【记】

罪相	以水净内两指各一节过者————波逸提

若比丘尼大小便后，以水洗净，手指内入大小便道，超过两指各一节，即结波逸提罪。《善见律》云："若洗小便处，两指齐一节，不得过，若一指洗，得入两节，不得过，不得用二指洗，入便犯罪。"[1]

（二）引文别明

《比丘尼钞》引经律别明不洗净之过患。

【记】　比丘尼钞 僧祇云：大小行已，不用水，而用僧坐具床褥者，越毗尼。

十诵云：不洗大小行处，不得坐卧僧卧具上。若坐者，吉。伽论云：不洗大小便处，不得礼拜，受人礼。除无水。三千威仪经云：不洗净礼佛者，吉。设礼拜无功德。

《比丘尼钞》引诸经律之文，明大小便后不洗净之过患。

《僧祇律》云："不得大小行已不用水而受用僧坐具床褥。"[2]　《十诵律》云：

---

① （齐）三藏僧伽跋陀罗译《善见律毗婆沙》卷十六，《大正藏》第 24 册，第 788 页。

② （东晋）三藏佛陀跋陀罗共法显译《摩诃僧祇律》卷三十四，《大正藏》第 22 册，第 504 页。

"若不洗大便处，不应坐卧僧卧具上。若坐卧，得突吉罗。"①《伽论》云："若比丘不洗大小便，不得礼拜、受礼，不得坐卧僧卧具上，除无水处。若为，非人所嗔、水神嗔，或服药。"②《三千威仪经》云："净身者：洗大小便，剪十指爪。净口者：嚼杨枝、漱口、刮舌。若不洗大小便，得突吉罗罪，亦不得僧净坐，具上坐及礼三宝。设礼，无福德。"③

七　开缘

【记】

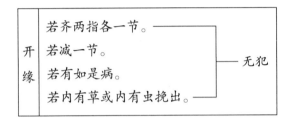

此戒开缘如下：

1. 若比丘尼大小便后，以水洗净，齐两指各一节，不犯，以顺教故。
2. 若比丘尼大小便后，以水洗净，减两指各一节，不犯。
3. 若比丘尼有如是病而洗净过限，不犯。
4. 若比丘尼大小便道内有草或虫，以手挽出而过两指各一节者，不犯。

练习题

1. 请解释"洗净过分戒"戒名。
2. 简述佛制"洗净过分戒"三要素。
3. 背诵并解释"洗净过分戒"之戒文。
4. "洗净过分戒"具哪几缘成犯？结犯相状如何？有哪些开缘？
5. 依《比丘尼钞》，不洗净有哪些过患？

第七十四节　用胡胶作男根戒

一　戒名

【记】　用胡胶作男根戒第七十三　（残、大、性）

① （后秦）三藏弗若多罗共罗什等译《十诵律》卷五十七，《大正藏》第23册，第423页。
② （刘宋）三藏僧伽跋摩译《萨婆多部毗尼摩得勒伽》卷六，《大正藏》第23册，第604页。
③ （后汉）三藏安世高译《大比丘三千威仪》卷一，《大正藏》第24册，第914页。

胡胶：即树胶，产在印度等国。

用胡胶作男根戒：若比丘尼欲心炽盛，以胡胶作男根内女根中，① 佛制不许。

残：比丘若犯此戒，结僧残罪。

二　缘起

【记】　六群尼

六群比丘尼，乃缘起中能犯之人。

佛制此戒三要素：（1）何处制：佛于舍卫国制。（2）因谁制：六群比丘尼。

（3）因何制：六群比丘尼欲心炽盛，以胡胶作男根，而共行婬事，因制。

三　戒文

【记】　戒文——若比丘尼，以胡胶作男根，波逸提。

此戒文分三句：

第一句：若比丘尼 ——能犯人

白四羯磨如法得处所的比丘尼。

第二句：以胡胶作男根——所防过

以树胶等物作男根形。作男根：即用诸物作，或以胡胶作，或以饭、炒、腊作，或以牛羊等角作。

第三句：波逸提 ——结罪

若比丘尼以胡胶等，作男根形内女根中，即结波逸提罪。

四　制意指略

【记】　四分律疏 制意同前。

此戒制意，同前"剃三处毛戒"。

五　具缘

【记】　开宗记 具四缘成犯：一、有欲心（比丘尼戒会义）。二、用胡胶作男根。三、无病缘。四、内根中。犯。②

此戒具四缘成犯：

---

① 此"内"字，念"nà"，意即"入"。

② （唐）怀素律师撰《四分律开宗记》卷五云：别缘具四：一是胡胶腷及余饭麨等。二作男形。三除病。四内便犯。（《卍新续藏》第 42 册，第 460 页。）

1. **有欲心（比丘尼戒会义）**：比丘尼有爱欲之心（此缘据《比丘尼戒本会义》而出）。

2. **用胡胶作男根**：以树胶等物作男根。

3. **无病缘**：无病因缘。

4. **内根中。犯**：若以胡胶作男根内女根中，便犯波逸提罪。

六　罪相

【记】

此戒罪相如下：

1. 若比丘尼以胡胶、饭、麨、蜡作男根，内女根中，结波逸提罪。

2. 比丘尼以胡胶等物作男根，若不加以摩治内女根中，结突吉罗罪。

《十诵律》云："若韦囊、若脚指、若肉脔、藕根，若萝卜根、若芜菁根，若瓜、若匏、若梨，着女根中，皆波逸提。"①

七　开缘

【记】

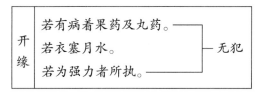

此戒开缘如下：

1. 若比丘尼有病，须着果药及丸药内女根中，不犯。

2. 若比丘尼为塞月水，而以布放到女根中，不犯。

3. 若比丘尼被强力者所执，而以诸物置女根中，不犯。

练习题

1. 请解释"用胡胶作男根戒"戒名。

2. 简述佛制"用胡胶作男根戒"三要素。

---

① （后秦）三藏弗若多罗共罗什等译《十诵律》卷四十四，《大正藏》第 23 册，第 320 页。

3. 如何理解"用胡胶作男根戒"之戒文？

4. 犯"用胡胶作男根戒"应具哪几缘？

5. "用胡胶作男根戒"结犯相状如何？有哪些开缘？

第七十五节　共相拍戒

一　戒名

【记】　共相拍戒第七十四　（大、性）

共相拍：以手掌、脚掌拍女根，或二女根共相拍。

共相拍戒：若比丘尼，以手掌、脚掌拍女根，或二女根共相拍者，佛制不许。

二　缘起

【记】　六群尼

六群比丘尼，乃缘起中能犯之人。

佛制此戒三要素：（1）何处制：佛于舍卫国制。（2）因谁制：六群比丘尼。

（3）因何制：六群比丘尼中有二尼共相拍，因制。

三　戒文

【记】　戒文——若比丘尼，共相拍，波逸提。

此戒文分三句：

第一句：若比丘尼 ——能犯人
白四羯磨如法得处所的比丘尼。

第二句：共相拍——所防过
以手掌、脚掌拍女根，或二女根共相拍。

第三句：波逸提 ——结罪
此比丘尼即结波逸提罪。

四　制意指略

【记】　四分律疏 制意同前。

此戒制意，同前"剃三处毛戒"。

五 具缘

【记】 尼戒会义 具三缘成犯：一、本有欲心。二、无病缘。三、受拍乐。犯。

此戒具三缘成犯：

1. **本有欲心**：比丘尼本有欲染心。

2. **无病缘**：无病因缘。

3. **受拍乐。犯**：若比丘尼二女根共相拍，或受他尼以手掌或脚掌拍己女根，受乐者，便犯波逸提。《四分律》制："若比丘尼共相拍，拍者，突吉罗。受拍者，波逸提。若二女根共相拍，二俱波逸提。"① 据此意，比丘尼共相拍，不以受乐为结罪条件。

六 罪相

【记】

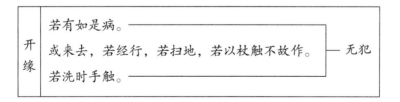

此戒罪相如下：

1. 若比丘尼与余比丘尼，二女根共相拍，俱结波逸提罪。

2. 若比丘尼与余比丘尼，以手掌或脚掌拍女根，受拍者结波逸提罪；拍者结突吉罗罪。

七 开缘

【记】

开缘	若有如是病。	
	或来去，若经行，若扫地，若以杖触不故作。	无犯
	若洗时手触。	

此戒开缘如下：

1. 若比丘尼有如是病而共相拍者，不犯。

---

① （后秦）三藏佛陀耶舍共竺佛念等译《四分律》卷二十五，《大正藏》第 22 册，第 738 页。

2. 若比丘尼来往、经行、扫地或持杖，而不慎误触女根者，不犯。

3. 若比丘尼洗时，不慎误触女根者，不犯。

 练习题

1. 请解释"共相拍戒"戒名。

2. 简述佛制"共相拍戒"三要素。

3. 如何理解"共相拍戒"之戒文？

4. 犯"共相拍戒"应具哪几缘？

5. "共相拍戒"结犯相状如何？有哪些开缘？

第七十六节　供僧水扇戒

一　戒名

【记】　供僧水扇戒第七十五　　（大、制）

供僧水扇： 供给比丘水，并以扇子为彼扇风。

供僧水扇戒： 若比丘尼供给无病比丘水，并以扇为彼扇风者，佛制不许。

二　缘起

【记】　有一尼

有一比丘尼，乃缘起中能犯之人。

佛制此戒三要素：（1）何处制：佛于舍卫国制。（2）因谁制：有一尼。（3）因何制：一长者共妇出家，本妇比丘尼持水在立，并以扇扇。比丘羞人，语本妇速去。本妇比丘尼嗔恚，以扇柄打，以水浇头，因制。

三　戒文

【记】　戒文——若比丘尼，比丘无病时，供给水，以扇扇者，波逸提。

此戒文分三句：

第一句：若比丘尼 ——能犯人
白四羯磨如法得处所的比丘尼。

第二句：比丘无病时，供给水，以扇扇者——所防过
比丘无病因缘，而比丘尼供给水，并以扇为彼扇风。

第三句：波逸提——结罪

此比丘尼即结波逸提罪。

四 制意

【记】 四分律疏 制意：大僧与尼，男女相异。供给水扇，易生染秽。迹涉讥丑，故制提罪，除瞻病僧。供给尼希，故得小愆。

比丘与比丘尼，男女之相有别。今比丘尼供给比丘水，并以扇为彼扇风，易生贪爱染浊。于外相上，易招世人讥嫌，进而丑累佛法，故佛制以提罪，唯除看护病比丘。又，比丘供给比丘尼之事稀少，若有者，结突吉罗罪。

五 具缘

【记】 尼戒会义 具三缘成犯：一、有爱染心。二、无病比丘。三、给水，扇扇。犯。

此戒具三缘成犯：

1. **有爱染心**：比丘尼有爱染之心。《四分律》制："若彼比丘尼，比丘不病食时，供给水、在前立、以扇扇者，波逸提。"[1] 据此，无论比丘尼是否有爱染心，皆犯。

2. **无病比丘**：比丘无病因缘。

3. **给水，扇扇。犯**：若比丘尼供给水，并以扇为彼扇风，便犯波逸提。

六 罪相

（一）正明犯相

【记】

罪相	比丘不病食时，供给水，以扇扇者————————波逸提

比丘无病食时，若比丘尼供给水，并以扇为彼扇风，结波逸提罪。

（二）引文别显

【记】 比丘尼钞 僧祇云：水扇互给，越。水扇俱给，提。十诵云：比丘食时，尼立侍者，提。与食已还坐，若别处，无犯。

《比丘尼钞》引他部律别显结犯。《僧祇律》云："若比丘尼持水瓶不持扇者，

---

① （后秦）三藏佛陀耶舍共竺佛念等译《四分律》卷二十五，《大正藏》第 22 册，第 739 页。

越比尼罪；持扇不持水者亦越比尼罪；二俱持者，波夜提；二俱不持，无罪。"①《十诵律》云："若比丘尼，比丘食时，在前立侍，波夜提。……若与比丘食已还坐，若余处去，不犯。"②

七　开缘

（一）正明开缘

【记】

开缘	若看视病比丘无水问。————— 无犯

若比丘尼瞻视病比丘时，比丘无水，尼得知已供给水者，不犯。

（二）引文别显

【记】　开宗记是罪一比丘一比丘尼。若众多比丘无罪。若众中有父母者，扇扇无罪。

《开宗记》依《僧祇律》所制，云：此戒成犯，是指一比丘尼独供给一比丘水，并以扇扇；若是众多比丘，则不犯。若众中有自己父母，以扇扇者，不犯。③

 练习题

1. 请解释"供僧水扇戒"戒名。

2. 简述佛制"供僧水扇戒"三要素。

3. 如何理解"供僧水扇戒"戒文？

4. 佛制"供僧水扇戒"之意何在？

5. 犯"供僧水扇戒"应具哪几缘？

6. "供僧水扇戒"结犯相状如何？《僧祇律》《十诵律》如何制？

7. "供僧水扇戒"有哪些开缘？

---

① （东晋）天竺三藏佛陀跋陀罗共法显译《僧祇律》卷三十八，《大正藏》第 22 册，第 530 页。
② （后秦）三藏弗若多罗共罗什等译《十诵律》卷四十四，《大正藏》第 23 册，第 318 页。
③ 《摩诃僧祇律》卷三十八云："是罪一比丘、一比丘尼；若众多比丘，行水扇者无罪。若众中有父兄者，以扇扇无罪。"（《大正藏》第 22 册，第 530 页。）

第七十七节 乞生五谷戒

一 戒名

【记】 乞生五谷戒第七十六 （大、制）

乞：乞求。**生**：未煮熟之谷物。**五谷**：即大豆、小豆、大麦、小麦、胡麻等粮食。

乞生五谷戒：若比丘尼乞生谷者，佛制不许。

二 缘起

【记】 六群尼

六群比丘尼，乃缘起中能犯之人。

佛制此戒三要素：（1）**何处制**：佛于舍卫国制。（2）**因谁制**：六群比丘尼。
（3）**因何制**：六群比丘尼乞生谷，俗人讥嫌，因制。

三 戒文

【记】 戒文——若比丘尼，乞生谷者，波逸提。

此戒文分三句：

第一句：若比丘尼 ——能犯人
白四羯磨如法得处所的比丘尼。

第二句：乞生谷者——所防过
比丘尼向他人乞生谷、米、豆等。

第三句：波逸提——结罪
比丘尼随所乞，即结波逸提罪。

四 制意

【记】 四分律疏制意：出家理宜乞食资身，无事修道。今乃乞生谷豆，事务纷多，废修道业。又长贪结，恼乱施主，是以圣制。除亲里，或从出家人乞，或为他乞，或不乞自得，并无过。

出家人理应乞食资助色身，无诸尘事纷扰，安心修道。而今比丘尼却乞生谷米豆，此须自磨自春，去谷壳糠，种种料理，调弄饮食。如是事务纷扰繁多，既妨废修道，又增长贪，并触恼施主，故佛制不许乞生谷米豆。若时有所需，或向亲里、出家人乞，或为他尼乞，或不乞自得，此等皆无过失。

五 具缘

【记】 开宗记 具四缘成犯：一、非亲里家。二、生谷麦等。三、为己。四、随乞。犯。

此戒具四缘成犯：

1. **非亲里家**：是向非亲里家乞。
2. **生谷麦等**：所乞之物是生谷，如胡麻、大小麦、大小豆等。
3. **为己**：比丘尼为自己乞。
4. **随乞。犯**：随所乞得，便犯波逸提。

六 罪相

【记】

罪相	若乞生谷、胡麻、米、大小豆、大小麦。—— 一切波逸提

若比丘尼向非亲里乞生谷，若胡麻、米、大小豆、大小麦等，一切俱结波逸提罪。

七 开缘

（一）正示开缘

【记】

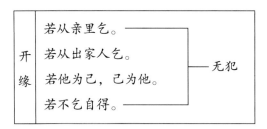

此戒开缘如下：

1. 若比丘尼向亲里家乞生谷者，不犯，以少讥嫌故。
2. 若比丘尼向出家人乞生谷者，不犯，讥嫌亦轻故。
3. 若他人为比丘尼，或比丘尼为他人，乞生谷者，不犯。
4. 若比丘尼未向他人乞，施主主动供养生谷，比丘尼得之，不犯。

（二）引文别显

【记】 比丘尼钞 见论云：乞豆、瓜、果，为造僧房舍乞谷米等，一切无犯。

《比丘尼钞》引《善见律》文：若比丘尼为造僧伽蓝房舍，而向他人乞谷米、豆、瓜、果等，一切不犯。[1]

练习题

1. 请解释"乞生五谷戒"戒名。
2. 简述佛制"乞生五谷戒"三要素。
3. 如何理解"乞生五谷戒"戒文？
4. 佛制"乞生五谷戒"之意何在？
5. "乞生五谷戒"具哪几缘成犯？结犯相状如何？
6. "乞生五谷戒"有哪些开缘？《善见律》开哪些缘？

第七十八节　生草上大小便戒

一　戒名

【记】 生草上大小便戒第七十七　（大、制）

生草：众人聚集之草地。《一切有部尼律》云："在生草上者，谓青活草地。"[2]
生草上大小便戒：若比丘尼，在众人聚集之生草地上大小便，或置大小便、粪扫于上，佛制不许。

二　缘起

【记】 坐禅诸比丘尼

坐禅诸比丘尼，乃缘起中能犯之人。

佛制此戒三要素：（1）**何处制**：佛于舍卫国制。（2）**因谁制**：诸坐禅比丘尼。
（3）**因何制**：诸坐禅比丘尼以大小便、粪扫，置于诸居士数来坐卧、嬉戏之生草地上，居士讥嫌，因制。

---

① （萧齐）三藏僧伽跋陀罗译《善见律毗婆沙》卷十六云："若乞谷麦，波夜提。乞豆及苽菜不犯。为造房舍乞谷麦不犯。"（《大正藏》第24册，第788页。）
② （唐）三藏义净译《根本说一切有部苾刍尼毗奈耶》卷十七，《大正藏》第23册，第999页。

三　戒文

【记】　　戒文——若比丘尼，在生草上大小便，波逸提。

此戒文分三句：

第一句：若比丘尼　——能犯人

白四羯磨如法得处所的比丘尼。

第二句：在生草上大小便——所防过

在生草地上大小便，或置大小便、粪扫于其上。

第三句：波逸提　——结罪

此比丘尼即结波逸提罪。

四　制意

【记】　　　四分律疏 制意：一切草木，人及非人，俱有受用。以不净污秽，招讥处深，故制不听。除病无犯。

凡一切草木，既是鬼神及虫蚁等所依托处，亦是人坐卧嬉戏处，故人及非人皆有受用。而今比丘尼却故意在上大小便，或将不净粪秽之物置其上，使他人身衣污损，招致诸人讥嫌，所生过患十分严重。故佛制不听在众人聚集之生草上大小便。若有病缘，不犯。

五　具缘

【记】　　　开宗记 具四缘成犯：一、是好生草。二、众人聚处。三、无病等缘。四、在上便。犯。

此戒具四缘成犯：

1. **是好生草**：是可供众人坐卧嬉戏之好草，简别杂草。

2. **众人聚集**：是大众聚集之处。

3. **无病等缘**：无病等因缘。

4. **在上便。犯**：若在好生草上大小便，或置大小便于生草上，即犯波逸提。

六　罪相

【记】

罪相		
于生草上大小便者		波逸提
若大小便置生草上		

此戒罪相如下：

1. 若比丘尼故于生草地上大小便，即结波逸提罪。

2. 若比丘尼故置大小便于生草地上，亦结波逸提罪。

七 开缘

【记】

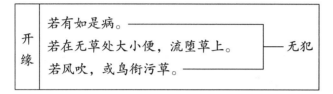

此戒开缘如下：

1. 若比丘尼有如是病苦，而于生草上大小便，不犯。

2. 若比丘尼本于无草处大小便，后自流堕生草上，不犯。

3. 若比丘尼本于余处大小便，后被风吹或鸟衔落至生草上，不犯。

练习题

1. 请解释"生草上大小便戒"戒名。

2. 简述佛制"生草上大小便戒"三要素。

3. 如何理解"生草上大小便戒"戒文？

4. 佛制"生草上大小便戒"之意何在？

5. 犯"生草上大小便戒"应具哪几缘？

6. "生草上大小便戒"结犯相状如何？有哪些开缘？

第七十九节　不看弃大小便戒

一 戒名

【记】 不看弃大小便戒第七十八 　（大、制）

不看弃大小便戒：若比丘尼夜解大小便在器皿中，昼日不看墙外而弃者，佛制不许。

二 缘起

【记】 六群尼

六群比丘尼，乃缘起中能犯之人。

佛制此戒三要素：（1）何处制：佛于罗阅祇制。（2）因谁制：六群比丘尼中一尼。（3）因何制：六群比丘尼中一尼，夜大小便器中，明旦不看墙外而弃，倒污一不信乐大臣身，欲往告官，为一信乐婆罗门谏止。故制。

三　戒文

【记】　戒文——若比丘尼，夜大小便器中，昼不看墙外弃者，波逸提。

此戒文分三句：

第一句：若比丘尼 ——能犯人
白四羯磨如法得处所的比丘尼。

第二句：夜大小便器中，昼不看墙外弃者——所防过
夜解大小便于器皿中，明旦不审察墙外，辄便弃之。

第三句：波逸提——结罪
此比丘尼即结波逸提罪。

四　制意

【记】　开宗记 制意：凡所为作，皆须审谛，况弃便利，而不看人。以此污秽，损污他人，情过不轻，故须圣制。

出家之人，凡有所作，皆须详审辨析，方可行之。不看墙外是否有人，随便倒弃大小便，以此污秽不净之物，损污他人，过失颇重，故须佛制戒遮止。

五　具缘

【记】　开宗记 具三缘成犯：一、是便利。二、不外看。三、弃。犯。

此戒具三缘成犯：
1. **是便利**：是大小便利。
2. **不外看**：比丘尼不看墙外是否有人。
3. **弃。犯**：若弃大小便，便犯波逸提。

六　罪相

【记】

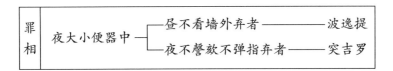

此戒罪相如下：

1. 若比丘尼夜解大小便在器皿中，明旦不看墙外，辄便弃者，结波逸提罪。

2. 若比丘尼夜解大小便至器皿中，黑夜不謦欬或不弹指，随便弃者，结突吉罗罪。

七 开缘

【记】

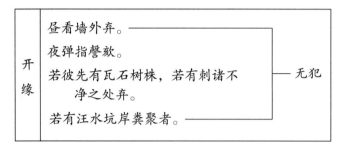

此戒开缘如下：

1. 若比丘尼昼日倒大小便器时，审察墙外而弃者，不犯。

2. 若比丘尼夜晚倒大小便器时，先弹指、謦欬，令人、非人知，方弃之，不犯。

3. 若彼处先有瓦石、树株、若有刺等不净物，倒之不犯。

4. 若是汪水、坑岸粪聚之处，倒之不犯。

练习题

1. 请解释"不看弃大小便戒"戒名。

2. 简述佛制"不看弃大小便戒"三要素。

3. 如何理解"不看弃大小便戒"戒文？

4. 佛制"不看弃大小便戒"之意何在？

5. 犯"不看弃大小便戒"应具哪几缘？

6. "不看弃大小便戒"结犯相状如何？有哪些开缘？

第八十节 观听伎乐戒

一 戒名

【记】 观伎乐戒第七十九 （大、制）

观：看也。眼以色为缘，能生眼识，对色分别，名为色入。**伎**：倡伎，男女口出歌曲，音声微妙。**乐**：谓筝琴笙管之类。

观听伎乐戒：若比丘尼观听伎乐，佛制不许。[①]

二　缘起

【记】　六群尼

六群比丘尼，乃缘起中能犯之人。

佛制此戒三要素：（1）**何处制：**佛于罗阅祇制。（2）**因谁制：**六群比丘尼。（3）**因何制：**国人俗节会日，伎乐嬉戏，六群比丘尼往看，因制。

三　戒文

【记】　戒文——若比丘尼，往观听伎乐者，波逸提。

此戒文分三句：

第一句：若比丘尼 ——能犯人

白四羯磨如法得处所的比丘尼。

第二句：往观听伎乐者——所防过

前往观听种种歌舞伎乐。

第三句：波逸提 ——结罪

若比丘尼往观，见境闻声，即结波逸提罪。

四　制意

（一）正明制戒意

【记】　开宗记 制意：出家之人，应须静念，系心守道，方合轨仪。今观伎乐，妨废正修。招讥不轻，故须圣制。

凡出家之人，应静心正念，息诸尘缘，制心于道，方合道人轨仪。而今，比丘尼往观听歌舞伎乐，使心外驰，妨废修习出离正业，又招俗人讥毁。是故须佛制戒遮止。[②]

---

① 《大正藏》收录《四分律》卷二十五中，此戒文为："若比丘尼，往观看伎乐者，波逸提。"而宋、元、明、宫、圣乙等诸藏，皆为："若比丘尼，往观听伎乐者，波逸提。"（《大正藏》第22册，第740页。）据律意，此戒不仅遮观看，亦防听闻，是故此戒名似应为"观听伎乐戒"。

② （唐）三藏法师玄奘译《阿毗达磨大毗婆沙论》卷六十一记载："昔有王号坞陀衍那，将诸宫室诣水迹山，除去男子，纯与女人奏五妙乐。纵意嬉戏，乐音清妙，香气馛馥，命诸女人露形而舞。时有五百离欲仙人乘神境通经此上过，有见妙色，有闻妙声，有嗅妙香，皆退神通，堕此山上如折翼鸟，不复能飞。王见问曰：汝等是谁？诸仙答曰：我是仙人。王复问言：汝得非想非非想处根本定不？仙人答言：我等未得。王乃至问汝等为得初静虑不？仙乃至答我等曾得而已退。时王嗔忿作如是言：不离欲人如何观我宫人采女，极非所宜。便拔利剑断截五百仙人手足。"如是仙人观听，才生一念欲，便失五神通，况凡夫僧，能不禁乎？（《大正藏》第27册，第314页。）

（二）别明结罪意

【记】 比丘尼钞 观听伎乐，令心荡逸，废修道业。动越威仪，污辱僧众，损己不轻。故制往看，见便犯提。见论云：下至猿猴、孔雀，共言好，往看得提。

《比丘尼钞》云：凡观听伎乐，令心散乱放逸，从而荒废修习道业。有违道人威仪，且招俗人讥嫌，进而污辱僧众，尤其损害自己。故佛制若往观听，见境闻声，便犯波逸提。

又，《善见律》云："往观看伎乐者，下至猕猴孔雀共戏，往看波夜提。"[①]

五 具缘

【记】 四分律疏 具四缘成犯：一、种种戏唤。二、方便往观听（原文无"听"字）。三、无诸难缘。四、往见。犯。（原文为"四见即成犯"。）

此戒具四缘成犯：

1. **种种戏唤**：所观听者为种种歌舞倡伎、戏笑、叫唤等。
2. **方便往观听**：以种种方便往观听。
3. **无诸难缘**：没有各种难缘。
4. **往见。犯**：若前往观听，见境闻声，便犯波逸提。

六 罪相

【记】

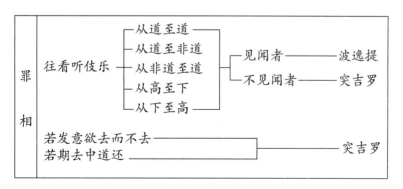

此戒罪相如下：

1. 若比丘尼往观听伎乐，或从正道至正道，或从正道至非正道，或从非正道至

---

① （萧齐）印度三藏僧伽跋陀罗译《善见律毗婆沙》卷十六，《大正藏》第 24 册，第 788 页。

正道，或从高处至低处，或从低处至高处，无论以何种方式往观听，见闻者，即结波逸提罪；若不见闻者，须结突吉罗罪。

2. 若比丘尼作意欲往观听伎乐，后未去者；或与人共约往观听伎乐，而中道还者，俱结突吉罗罪。

七 开缘

【记】

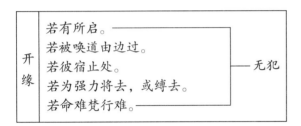

开缘
- 若有所启。
- 若被唤道由边过。
- 若彼宿止处。
- 若为强力将去，或缚去。
- 若命难梵行难。
—— 无犯

此戒开缘如下：

1. 若比丘尼有所启白，须至歌舞倡伎处，不犯。

2. 若比丘尼被唤，道须经歌舞倡伎处边而过，不犯。

3. 若比丘尼止宿之处有歌舞倡伎者，不犯。

4. 若比丘尼为强力者掳持或系缚至歌舞倡伎处，不犯，以身不由己故。

5. 若比丘尼有命难、梵行难，而至歌舞倡伎处，不犯。

【练习题】

1. 请解释"观听伎乐戒"戒名。

2. 简述佛制"观听伎乐戒"三要素。

3. 如何理解"观听伎乐戒"戒文？

4. 佛制"观听伎乐戒"之意何在？

5.《比丘尼钞》如何说明"观听伎乐戒"结罪意？

6. 犯"观听伎乐戒"应具哪几缘？

7. "观听伎乐戒"结犯相状如何？有哪些开缘？

【思考题】

1. 比丘尼观听影视作品会犯到此戒吗？为什么？

第八十一节 共男子入屏处共语戒

一 戒名

【记】 共男子入屏处共语戒第八十 （大、制）

屏处：不见不闻处。**不见处**：即有烟、云、尘、雾、黑暗遮挡，人所不见之处。
不闻处：乃至不闻常语声之处。

共男子入屏处共语戒：若比丘尼独与一男子入不见不闻之屏处，共立、共语，
佛制不许。

二 缘起

【记】 六群尼

六群比丘尼，乃缘起中能犯之人。

佛制此戒三要素：（1）**何处制**：佛于舍卫国制。（2）**因谁制**：六群比丘尼。
（3）**因何制**：六群比丘尼入村，于屏处与男子共立、共语，俗人讥嫌，因制。

三 戒文

【记】 戒文——若比丘尼，入村内，与男子在屏处共立共语，波逸提。

此戒文分三句：

第一句：若比丘尼 ——能犯人
白四羯磨如法得处所的比丘尼。

第二句：入村内，与男子在屏处共立共语——所防过
入村内，独与一男子于不见不闻之处，共立、共语。

第三句：波逸提——结罪
此比丘尼即结波逸提罪。

四 制意

【记】 四分律疏 制意：男女形别，理无参涉。共入屏障，容生染患。远成大
恶，招讥丑累，清白难分。如斯流类，制意悉同。

男女形体有别，于理不应往来止住。然今比丘尼独与男子共入不见不闻处共立、
共语，易生爱染过患，是犯根本重罪之助缘。又招俗人讥嫌，进而丑累佛法。即使
无染，若他人藉此毁谤，难辨清白。故佛制比丘尼不许独与男子入屏处共立共语。

已下与此戒类似者，制意皆同。

五　具缘

【记】　四分律疏具五缘成犯：一、人男子。二、离见闻屏处。三、无第三人。四、无因缘。五、共语（原文"立语"）。犯。

此戒具五缘成犯：

1. **人男子**：对方是人男子，通于道俗。

2. **离见闻屏处**：于不见不闻之处。

3. **无第三人**：无第三人为作证明，即独与一男子。

4. **无因缘**：无开缘情况。

5. **共语**（原文"立语"）。**犯**：随比丘尼独与一男子共立、共语，便犯波逸提。

六　罪相

（一）正明犯

【记】

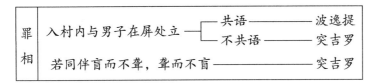

此戒罪相如下：

1. 若比丘尼入村内，于不见不闻之处，独与一男子共立、共语，即结波逸提罪。

2. 若共立而不共语，结突吉罗罪。

3. 若比丘尼同伴，或盲而不聋，或聋而不盲，结突吉罗罪。

（二）引文释

1. 引《四分律》

【记】　第二分村者：白衣舍。屏处者：不见不闻处。不见处者：若烟云尘雾黑暗。不闻处者：乃至不闻常语声。

《四分律·第二分》云：此戒中之"**村**"，即白衣所居住之处。"**屏处**"，即不见不闻之处。"**不见处**"，即有烟、云、尘、雾、黑暗遮挡，人所不见之处。"**不闻处**"，乃至不闻一般言语音声之处。①

---

① （后秦）三藏佛陀耶舍共竺佛念等译《四分律》卷二十五，《大正藏》第22册，第740页。

2. 引《比丘尼钞》

【记】　比丘尼钞 若离见闻屏，又无染心，而非共语，但犯吉罗。要假共语，方犯于提。若有染心，落在八事戒中，不犯此。

《比丘尼钞》云：若比丘尼独与一男子，入于不见不闻之处，既无染心，亦无共语，但结突吉罗罪。若与男子共语，方犯波逸提罪。若有染污心，则落于初篇之八事成重戒，不为此戒所摄。

七　开缘

【记】

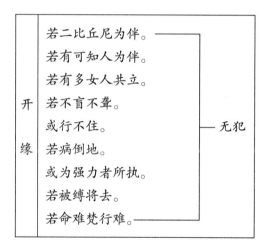

此戒开缘如下：

1. 若二比丘尼相互为伴，与男子于屏处共立、共语，不犯。

2. 若有解知男女粗恶事之女人为伴，不犯，以可为作证明故。

3. 若有众多女人同于屏处与男子共立，不犯。

4. 若有不盲不聋之女人同于屏处，不犯，以可作为全证明故。

5. 若比丘尼独与男子行入屏处而不立住者，不犯。

6. 若比丘尼因病倒地，而独与男子共在屏处，不犯。

7. 若比丘尼被强力者所执，而独与男子共在屏处，不犯，以身不由己故。

8. 若比丘尼被系缚将持而独与男子共在屏处，不犯。

9. 若比丘尼有命难、梵行难，而独与男子共在屏处，不犯。

练习题

1. 请解释"共男子入屏处共语戒"戒名。

2. 简述佛制"共男子入屏处共语戒"三要素。

3. 如何理解"共男子入屏处共语戒"之戒文？

4. 佛制"共男子入屏处共语戒"之意何在？哪几条戒与此戒制意相同？

5. 犯"共男子入屏处共语戒"应具哪几缘？

6. "共男子入屏处共语戒"结犯相状如何？

7. 《四分律》如何解释"村""屏处""不见处""不闻处"？

8. 《比丘尼钞》如何解释"共男子入屏处共语戒"之犯相？

9. "共男子入屏处共语戒"有哪些开缘？

第八十二节　共男子入屏障处戒

一　戒名

【记】　共男子入屏障处戒第八十一　　（大、制）

屏障处： 有树、墙、篱笆等物遮障之处。

共男子入屏障处戒： 若比丘尼独与一男子共入有树、墙、篱笆等物遮障之处，佛制不许。

二　缘起

【记】　六群尼

六群比丘尼，乃缘起中能犯之人。

佛制此戒三要素： （1）**何处制：** 佛于舍卫国制。（2）**因谁制：** 六群比丘尼之一。（3）**因何制：** 六群比丘尼中一尼独与男子共入屏障处，俗讥因制。

三　戒文

【记】　戒文——若比丘尼，与男子共入屏障处者，波逸提。

此戒文分三句：

第一句：若比丘尼 ——能犯人

白四羯磨如法得处所的比丘尼。

第二句：与男子共入屏障处者——所防过

独与一男子共入有树、墙、篱笆等物遮障之处。

第三句：波逸提 ——结罪

此比丘尼即结波逸提罪。

四　简别制意

明此戒制意与上戒之异同。

【记】 ｜四分律疏｜制意：与前戒同。惟前戒离见闻，复假语方犯。此屏障戒不假语，犯。①

此戒制意，同前"共男子入屏处共语戒"。前戒约离见闻处，且须假共语方犯。而此戒不假共语，只要与男子共入屏障处便犯。

五　具缘

【记】 ｜四分律疏｜具五缘成犯：一、人男子。二、屏障处。三、无第三人。四、无病及难缘。五、共入。犯。

此戒具五缘成犯：

1. **人男子**：对方是人男子，且通于道俗。
2. **屏障处**：有树、墙、篱笆等物遮障之处。
3. **无第三人**：无第三人为作证明，即比丘尼独与一男子。
4. **无病及难缘**：无病因缘及种种难缘。
5. **共入。犯**：若比丘尼独与男子共入屏障处，便犯波逸提。

六　罪相

（一）正明犯

【记】

罪相	与男子共入屏障处者 —————————— 波逸提
	若同伴盲而不聋，聋而不盲 —————————— 突吉罗
	若立住 —————————— 突吉罗

此戒罪相如下：

1. 若比丘尼独与一男子，共入有树、墙、篱笆等物遮障之处，即结波逸提罪。
2. 若比丘尼之同伴，或盲而不聋，或聋而不盲，须结突吉罗罪，以不能为作全证明故。

---

① 《四分律疏》原文为："前戒离见闻，复假语犯。此覆障屏不假语"。（《卍新续藏》第 41 册，第 688 页。）

3. 若比丘尼独与男子立住，而未行入屏障处，亦结突吉罗罪。

（二）引文释

1. 引《四分律》

【记】　第二分 屏障处者：若树、若墙、若篱、若衣，若复余物障。

《四分律·第二分》云：屏障处，即有树、墙、栅篱、衣或余物遮障之处。[①]

2. 引《比丘尼钞》

【记】　比丘尼钞 前戒，离见闻屏复语犯；此戒，是露障屏，不假语犯。又云：立住吉者，以不行故犯轻。

《比丘尼钞》云：前"共男子入屏处共语戒"，是在不见不闻处，且须假共语方犯。而此戒，乃与男子入有物遮障之处，不须共语便犯。又，独与男子立住之所以结突吉罗罪，是因为未共行入屏障处，故结轻罪。

七　指略开缘

【记】

开缘	同第八十共男子入屏处共语戒。

此戒开缘同第八十条"共男子入屏处共语戒"。

练习题

1. 请解释"共男子入屏障处戒"戒名。《四分律》如何解释"屏障处"？
2. 简述佛制"共男子入屏障处戒"三要素。
3. 如何理解"共男子入屏障处戒"戒文？
4. "共男子入屏障处戒"制意与"共男子入屏处共语戒"有何异同？
5. 犯"共男子入屏障处戒"应具哪几缘？
6. "共男子入屏障处戒"结犯相状如何？
7. 《比丘尼钞》如何比较"共男子入屏障处戒"与"共男子入屏处共语戒"之犯相差别？

---

① （后秦）三藏佛陀耶舍共竺佛念等译《四分律》卷二十五，《大正藏》第22册，第741页。

第八十三节　遣伴远去与男子屏处耳语戒

一　戒名

【记】　遣伴远去与男子屏处耳语戒第八十二　（大、制）

遣伴远去：即遣开同行伴尼，令远离自己。**耳语**：以口就耳边，彼此共语，不令余人闻。

遣伴远去与男子屏处耳语戒：若比丘尼遣同行伴尼远去，独与男子于不见不闻处耳语，佛制不许。

二　缘起

【记】　六群尼

六群比丘尼，乃缘起中能犯之人。

佛制此戒三要素：（1）**何处制**：佛于舍卫国制。（2）**因谁制**：六群比丘尼中一尼。（3）**因何制**：六群比丘尼之一尼遣伴远去，独与男子于屏处共立作耳语，因制。

三　戒文

【记】　戒文——若比丘尼，入村内巷陌中，遣伴远去，在屏处与男子共立耳语者，波逸提。

此戒文分三句：

第一句：若比丘尼 ——能犯人

白四羯磨如法得处所的比丘尼。

第二句：入村内巷陌中，遣伴远去，在屏处与男子共立耳语者——所防过

比丘尼与同行伴尼共入村内巷陌中，[①] 故意遣伴尼远去，而在屏处独与男子共立耳语。

第三句：波逸提 ——结罪

此比丘尼即犯波逸提罪。

---

①　所谓"巷陌"，《四分律名义标释》卷二十云："巷，里中巷也。直曰街，曲曰巷。陌，市中街也。"（《卍新续藏》第44册，第555页。）

四　简别制意

【记】　四分律疏 制意：与前戒同（原文无此句），亦离见闻屏。唯以遣伴远去、耳语为异。

此戒制意，同前"共男子入屏处共语戒"，亦是于不见不闻之处。唯以遣开同行伴尼远去，而于屏处与男子耳语为异。

五　具缘

【记】　四分律疏 具五缘成犯：一、人男子。二、离见闻屏。三、遣伴远去（谓离伴见闻处）。四、无难等缘。五、立耳语。犯。

此戒具五缘成犯：

1. **人男子**：对方是人男子，亦通于道俗。

2. **离见闻屏**：于不见不闻之屏处。

3. **遣伴远去（谓离伴见闻处）**：比丘尼遣开同行伴尼，令其离开自己，到不见不闻处。

4. **无难等缘**：无难缘等情况。

5. **立耳语。犯**：随与男子于屏处共立耳语，便犯波逸提。

六　罪相

【记】

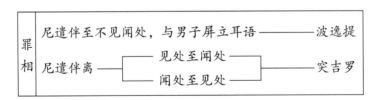

此戒罪相如下：

1. 若比丘尼遣开伴尼至不见不闻处，而独与男子在屏处共立耳语，即结波逸提罪。

2. 若比丘尼遣开伴尼至耳闻而眼不见之处，或眼见但耳不闻之处，俱结突吉罗罪。

七　开缘

【记】

	若二比丘尼为伴。	
	若与可知女人为伴。	
	若有余人为伴。	
	若伴不盲不聋。	
开	若病发倒地。	
	为强力者所执，或被缚将去。	无犯
	若命难梵行难。	
	若有所与遣伴远去。	
缘	若伴病。	
	若无威仪而语言：妹汝去，我当送食与汝。	
	若破戒、破见、破威仪，若被举、应灭摈。	
	若以此事有命难梵行难。	

此戒开缘如下：

1. 若二比丘尼相互为伴，而与男子于屏处共立耳语，不犯。

2. 若有解知男女粗恶事之女人为伴，不犯，以可为作证明故。

3. 若比丘尼有余人为伴，而于屏处与男子共立耳语，不犯。

4. 若同行伴尼不盲不聋，不犯，以可为作全证明故。

5. 若比丘尼因病发倒地，而独与男子共在屏处，不犯。

6. 若比丘尼被强力者所执，或被系缚将持而独与男子共在屏处，不犯，以身不由己故。

7. 若比丘尼有命难、梵行难，而独与男子共在屏处，不犯。

8. 若比丘尼有所与，而遣伴尼远去，不犯。

9. 若同行伴尼有病，比丘尼请伴先离去者，不犯。

10. 若同行伴尼无有威仪，比丘尼语彼言："妹！汝离去，我当送食与汝。"如是遣伴远去，不犯。

11. 若同行伴尼，或破戒、破见、破威仪，或被举、应灭摈，如是遣伴离去，不犯。

12. 若比丘尼不遣伴尼远去，则自身有命难、梵行难，如是遣去者，不犯。

练习题

1. 请解释"遣伴远去与男子屏处耳语戒"戒名。

2. 简述佛制"遣伴远去与男子屏处耳语戒"三要素。

3. 如何理解"遣伴远去与男子屏处耳语戒"戒文？

4. "遣伴远去与男子屏处耳语戒"制意与"共男子入屏处共语戒"有何异同？

5. "遣伴远去与男子屏处耳语戒"具哪几缘成犯？结犯相状如何？有哪些开缘？

第八十四节　入白衣舍坐已不辞主人去戒

一　戒名

【记】　入白衣舍坐已不辞主人去戒第八十三　（大、制）

入白衣舍坐已不辞主人去戒：若比丘尼入白衣舍内，主人敷设床座，请尼坐已。后不语主人，舍座离去者，佛制不许。

二　缘起

【记】　有一尼

有一比丘尼，乃缘起中能犯之人。

佛制此戒三要素：（1）**何处制：**佛于舍卫国制。（2）**因谁制：**一比丘尼。（3）**因何制：**一尼诣居士家，坐独坐床已，不语主人便去。后有贼人见此独坐床即取去，居士讥嫌。因制。

三　戒文

【记】　戒文——若比丘尼，入白衣家内坐，不语主人舍去者，波逸提。

此戒文分三句：

第一句：若比丘尼 ——能犯人

白四羯磨如法得处所的比丘尼。

第二句：入白衣家内坐，不语主人舍去者——所防过

比丘尼入白衣舍内，主人敷设床座，请尼坐已。后不语主人，辄便舍座离去。

第三句：波逸提 ——结罪

此比丘尼出白衣家门，即结波逸提罪。

四　制意

【记】　开宗记 制意：出家乃是方外之宾，来往经过，事须应法。今坐他家，去不辞别，迹同贼仪，岂成客礼。由此损失主人床座，事恼弗轻，故须圣制。

出家人乃方外之宾，应脱离尘俗。若有缘来往、经过白衣家时，亦须顺应出家法式。如今比丘尼至俗舍，主人敷座请入坐已，不辞而别，外相如贼之行仪，岂成作客之礼？又因此使主人损失床座，触恼俗人不轻，故须佛制戒遮止。

五　具缘

【记】　比丘尼钞 具四缘成犯：一、是白衣舍。二、主人请在好床席坐已。三、不辞辄去。四、出门。犯。

此戒具四缘成犯：

1. **是白衣舍**：是白衣家。

2. **主人请在好床席坐已**：主人铺设好床座，请比丘尼坐。《四分律》只说"入白衣家内坐"，未分别是否好床席。

3. **不辞辄去**：比丘尼不辞主人，随便离去。

4. **出门。犯**：若出白衣家门，即结波逸提罪。

六　罪相

【记】

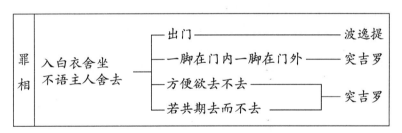

此戒罪相如下：

1. 若比丘尼入白衣舍内，主人敷设床座，请尼坐已。后不语主人，辄便舍座离去，双脚出白衣家门，即结波逸提罪；若一脚在门内，一脚在门外，结突吉罗罪。

2. 若比丘尼入白衣舍坐已，不语主人，而以种种方便欲去，后又未去；或与人共约离去，而未去者，俱结突吉罗罪。

七　开缘

【记】

开缘	若语主人而去。 若座上更有人坐。 若去时嘱比坐人而去。 若坐石木擊上草敷上埵上。 若屋欲崩、或火烧，或有毒蛇恶兽盗贼。 若为强力所执。 若被缚。 若命难梵行难。	无犯

此戒开缘如下：

1. 若比丘尼离去时，语主人知，不犯。

2. 若座上还有余人坐，如是不语主人离去，不犯。

3. 若比丘尼离去时，嘱咐邻座而去，不犯。

4. 若比丘尼坐于石头上、木擊①上、草敷上或坚硬的土堆上，不犯，以此物不为人所重，不易丢失故。

5. 若房屋将崩塌、遭火烧，或有毒蛇、恶兽、盗贼入屋中，如是不语主人而去，不犯，以有难缘故。

6. 若比丘尼为强力者所执，而不语主人离去，不犯，以身不由己故。

7. 若比丘尼被系缚，而不语主人离去者，不犯。

8. 若比丘尼有命难、梵行难，而不语主人离去者，不犯。

 练习题

1. 请解释"入白衣舍坐已不辞主人去戒"戒名。

2. 简述佛制"入白衣舍坐已不辞主人去戒"三要素。

3. 如何理解"入白衣舍坐已不辞主人去戒"戒文？

4. 佛制"入白衣舍坐已不辞主人去戒"之意何在？

5. "入白衣舍坐已不辞主人去戒"具哪几缘成犯？

6. "入白衣舍坐已不辞主人去戒"结犯相状如何？有哪些开缘？

第八十五节　辄坐他床戒

一　戒名

【记】　辄坐他床戒第八十四　（大、制）

---

① 擊：jī，基本字义是指未经烧制的砖坯，也指用炭末做成的块状。

辄：辄便、随意。他：指白衣家。床：床座。

辄坐他床戒：若比丘尼入白衣舍内，不告诉主人，便坐他床座者，佛制不许。

二　缘起

【记】　偷罗难陀尼

偷罗难陀比丘尼，乃缘起中能犯之人。

佛制此戒三要素：（1）**何处制：**佛在罗阅祇制。（2）**因谁制：**偷罗难陀比丘尼。（3）**因何制：**偷罗难陀比丘尼至一不信乐大臣家，不语主人，辄坐他床。月水出，污他床座。大臣嗔讥，因制。

三　戒文

【记】　戒文——若比丘尼，入白衣家内，不语主人，辄坐床座者，波逸提。

此戒文分三句：

第一句：若比丘尼 ——能犯人

白四羯磨如法得处所的比丘尼。

第二句：入白衣家内，不语主人，辄坐床座者——所防过

入白衣舍内，主人未请坐，又未告知主人，即辄便坐他床座。

第三句：波逸提 ——结罪

此比丘尼即结波逸提罪。

四　制意

【记】　四分律疏 制意：不语主人，辄坐他床，特乖法式，故所以制。

比丘尼不告诉主人，即随便坐他床座，严重乖违出家人行仪法式，故佛制不许。

五　具缘

【记】　比丘尼钞 具四缘成犯：一、白衣舍。二、是床座。三、不语主人。四、辄坐。犯。

此戒具四缘成犯：

1. **白衣舍：**比丘尼入白衣家内。

2. **是床座：**是白衣之床座。

3. **不语主人：**主人未请坐，比丘尼亦不告知主人。

4. **辄坐。犯：**辄便坐他床座，便犯波逸提。

六 罪相

【记】

罪相	入白衣家不语主人辄坐床座者 ———— 波逸提

若比丘尼入白衣舍内，主人未请坐，亦未告知主人，而辄坐他床座者，即结波逸提罪。

七 开缘

【记】

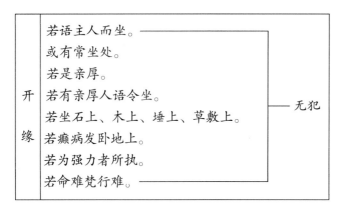

此戒开缘如下：

1. 若比丘尼告知主人已，方坐他床座者，不犯。

2. 若白衣家，有比丘尼常坐之床座，如是不语主人而坐，不犯。

3. 若白衣家主人乃比丘尼之亲厚，如是不语主人而坐，不犯，以不分彼此故。

4. 若白衣家主人之亲厚请比丘尼坐，不犯，以彼可为作主故。

5. 若比丘尼不语主人，而坐于石上、木上、埵上、草敷上，不犯。以非床座，不为人所重故。

6. 若比丘尼因癫病突发而卧他床座上，不犯。

7. 若比丘尼为强力者所执，而坐他床座，不犯，以身不由己故。

8. 若比丘尼因有命难、梵行难，而坐他床座者，不犯。

 练习题

1. 请解释"辄坐他床戒"戒名。

2. 简述佛制"辄坐他床戒"三要素。

3. 如何理解"辄坐他床戒"戒文？

4. 佛制"辄坐他床戒"之意何在？

5. "辄坐他床戒"具哪几缘成犯？结犯相状如何？有哪些开缘？

第八十六节　白衣舍辄宿戒

一　戒名

【记】　白衣舍辄宿戒第八十五　　（大、制）

白衣舍：即俗人家。**辄宿**：不语主人，辄便敷卧具止宿。

白衣舍辄宿戒：若比丘尼入白衣家，不语主人，但恣己意，辄便敷卧具止宿，佛制不许。

二　缘起

【记】　众多比丘尼

众多比丘尼，乃缘起中能犯之人。

佛制此戒三要素：（1）何处制：佛在舍卫国制。（2）因谁制：众多比丘尼。

（3）因何制：众多比丘尼道路行，诣一无住处村。不语主人，便自敷坐具，于中止宿。居士讥嫌，因制。

三　戒文

【记】　戒文——若比丘尼，入白衣家内，不语主人，辄自敷座宿者，波逸提。

此戒文分三句：

第一句：若比丘尼 ——能犯人

白四羯磨如法得处所的比丘尼。

第二句：入白衣家内，不语主人，辄自敷座宿者——所防过

入白衣家内，主人未请留宿，也不向主人说借宿之意，便自己敷卧具止宿。

敷座：或敷草、敷树叶，乃至敷卧毡等。

第三句：波逸提 ——结罪

此比丘尼随胁着卧处，或随身小转侧，一一结波逸提罪。

四　制意

【记】　四分律疏制意：不语辄宿，迹同贼相。致彼言谤，莫能自拔。故制不听。

若比丘尼入白衣舍内，不告诉主人，便自己敷座止宿，行迹犹如贼人。由此遭俗人毁谤，尼有口难辩，故佛制不许。

五　具缘

【记】　四分律疏 具五缘成犯：一、白衣舍。二、不语主。三、敷卧具。四、无因缘。五、随转侧。犯。

此戒具五缘成犯：

1. **白衣舍**：比丘尼入白衣家内。
2. **不语主**：主人未请比丘尼留宿，比丘尼亦不语主人借宿之意。
3. **敷卧具**：辄自敷卧具止宿。
4. **无因缘**：无开缘的情况。
5. **随转侧。犯**：随胁着地，或随身小转侧，一一犯波逸提。

六　罪相

（一）正明犯相

【记】

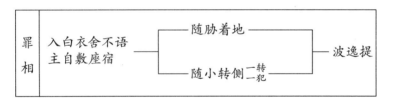

若比丘尼入白衣家内，主人未请留宿，亦不告诉主人借宿之意，辄自敷卧具止宿，随胁着地，即结波逸提罪；或随身小转侧，一转一波逸提。

（二）别释敷座

【记】　第二分 敷座者：或敷草，敷树叶，乃至敷卧毡。

《四分律·第二分》云，敷座者，是指敷草，或敷树叶，乃至敷卧毡。①

七　开缘

【记】

---

① （后秦）三藏佛陀耶舍共竺佛念等译《四分律》卷二十五，《大正藏》第22册，第742页。

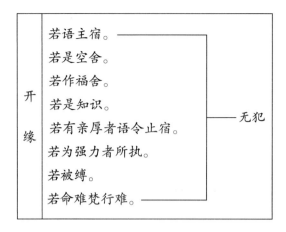

此戒开缘如下：

1. 若比丘尼告诉主人借宿之意后，方敷卧具止宿，不犯。

2. 若是空舍，比丘尼自敷卧具止宿，不犯，因为无人可语故。

3. 若是居士发心所造福舍，供来往出家人止宿，如是不语主人而自敷卧具止宿，不犯。

4. 若白衣家主人是比丘尼所熟悉者，尼不语主辄自敷卧具止宿，不犯。

5. 若白衣家主人之亲厚，让比丘尼止宿，如是不语主人而自敷卧具止宿，不犯，以其可为作主故。

6. 若比丘尼被强力者所执，而不语主人辄自敷卧具止宿，不犯，以身不由己故。

7. 若比丘尼被系缚将持，而不语主人辄自敷卧具止宿，不犯。

8. 若比丘尼因有命难、梵行难，而不语主人辄自敷卧具止宿，不犯。

练习题

1. 请解释"白衣舍辄宿戒"戒名。

2. 简述佛制"白衣舍辄宿戒"三要素。

3. 如何理解"白衣舍辄宿戒"戒文？

4. 佛制"白衣舍辄宿戒"之意何在？

5. "白衣舍辄宿戒"具哪几缘成犯？结犯相状如何？有哪些开缘？

6. 《四分律》如何解释"敷座"？

第八十七节　与男子入暗室戒

一　戒名

【记】　　与男子入暗室戒第八十六　　（大、制）

暗室：无灯火，亦无窗牖，或虽有窗牖，然被窗帘等物遮挡，无光明之室。

与男子入暗室戒：若比丘尼与男子共入暗室中，佛制不许。

二　缘起

【记】　六群尼

六群比丘尼，乃缘起中能犯之人。

佛制此戒三要素：（1）**何处制**：佛于舍卫国制。（2）**因谁制**：六群比丘尼。

（3）**因何制**：六群比丘尼与男子共入暗室中，居士讥嫌，因制。

三　戒文

【记】　*戒文——若比丘尼，与男子共入暗室中者，波逸提。*

此戒文分三句：

第一句：若比丘尼 ——能犯人

白四羯磨如法得处所的比丘尼。

第二句：与男子共入暗室中者——所防过

与男子共入无灯火、无窗牖，或有窗牖而被窗帘等物遮挡之无光明房室。

第三句：波逸提 ——结罪

此比丘尼即结波逸提罪。

四　简别制意

对比此戒制意与第八十一条之异同。

【记】　开宗记 制意：前第八十一是覆障屏处，有光明故，无第三人犯，有则不犯。此是暗室，绝无光明。虽是昼日，生患处深。纵有多人，亦是其犯。余相是同，以此为别。

前第八十一"共男子入屏障处戒"，是比丘尼独与一男子共到有物遮障之处，因为有光明，所以，没有第三人为作证明方犯，有则不犯。而此戒是暗室，毫无光明。虽在白天，如果与男子共处在一起，易生过患，纵有多人，亦犯此戒。唯此为二戒不同之处，其余皆同。

五　具缘

（一）正列犯缘

【记】　四分律疏 具四缘成犯：一、人男子。二、暗室（原文为"暗室无窗牖光明"）。三、无因缘。四、入。犯。

此戒具四缘成犯：

1. **人男子**：对方是人男子，通于道俗。

2. **暗室**：比丘尼与男子共入之处是暗室。

3. **无因缘**：无开缘情况。

4. **入。犯**：若共同进入，便犯波逸提。

（二）别释暗室

【记】 第二分 暗室者：无灯火无窗牖，无光明。

《四分律·第二分》云：暗室者，是指没有灯火、没有窗牖，或虽有窗牖，但被窗帘等物遮挡而使室内没有光明。[①]

六　罪相

（一）正明犯相

【记】

罪相	与男子共入暗室中者 ———————— 波逸提

若比丘尼与男子共入没有灯火、没有窗牖，或虽有窗牖，但被窗帘等物遮挡而没有光明之室内，即结波逸提罪。

（二）引文别显

【记】 比丘尼钞 五分云：共男子入暗室，语语提。若恐怖处，若卒灯灭，不犯。义云：不问亲与非亲，须有灯明。

《比丘尼钞》引《五分律》别显结犯。《五分律》云："若比丘尼与男子暗处共立共语波逸提。若暗处语，语语波逸提。""若疑怖处，若灯卒灭，不犯。"[②] 意即：若于有疑恐怖处，与男子共入暗室；或与男子共入原有光明之室，后灯火突然熄灭，则不犯。

道宣律师依义而判：不问男子是亲里或非亲里，室中皆须有灯火光明，为避讥嫌。如《僧祇律》记载：尔时跋陀罗比丘尼至亲里家，兄弟姊妹儿于暗处无灯。先

---

① （后秦）三藏佛陀耶舍共竺佛念等译《四分律》卷二十五，《大正藏》第 22 册，第 743 页。

② （刘宋）三藏佛陀什共竺道生等译《弥沙塞部和醯五分律》卷十三，《大正藏》第 22 册，第 93 页。

不语，卒尔而入，时亲里羞惭。诸比丘尼语大爱道，乃至答言：实尔！佛言：汝云何知男子在暗中无灯而入？自今已后，不听。[1]

七　开缘

【记】

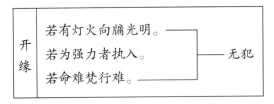

此戒开缘如下：

1. 若比丘尼与男子共入有灯火，或有窗牖光明之室，不犯。

2. 若比丘尼被强力者所执，而与男子共入暗室中，不犯，以身不由己故。

3. 若比丘尼因有命难、梵行难，而与男子共入暗室中，不犯。

练习题

1. 请解释"与男子入暗室戒"戒名。《四分律》如何解释"暗室"？

2. 简述佛制"与男子入暗室戒"三要素。

3. 如何理解"与男子入暗室戒"戒文？

4. "与男子入暗室戒"制意与"共男子入屏障处戒"有何异同？

5. 犯"与男子入暗室戒"应具哪几缘？

6. "与男子入暗室戒"结犯相状如何？《五分律》中犯相如何？

7. "与男子入暗室戒"有哪些开缘？

第八十八节　不审谛受语向人说戒

一　戒名

【记】　不审谛受语向人说戒第八十七　（大、制）

审：详察。**谛**：仔细、注意。

不审谛受语向人说戒：若比丘尼受他人嘱语时，不详审思惟，辨别其语，便向余人说，致错传他意者，佛制不许。

---

[1]　（东晋）三藏佛陀跋陀罗共法显译《摩诃僧祇律》卷三十九，《大正藏》第22册，第540页。

二　缘起

【记】　提舍难陀尼

提舍难陀比丘尼，乃缘起中能犯之人。

佛制此戒三要素：（1）**何处制：**佛于舍卫国制。（2）**因谁制：**提舍难陀比丘尼。（3）**因何制：**师教提舍难陀比丘尼取衣钵，此尼不审谛师语，便语诸比丘尼言："师教我偷衣、钵、尼师坛、针筒。"因制。

三　戒文

【记】　戒文——若比丘尼，不审谛受语，便向人说，波逸提。

此戒文分三句：

第一句：若比丘尼 ——能犯人
白四羯磨如法得处所的比丘尼。

第二句：不审谛受语，便向人说——所防过
受他人嘱语时，不加以思惟，不辨别语意，便向余人说己所听闻之意。

第三句：波逸提——结罪
若比丘尼不审谛受语，便向余人说，言语清楚明了，即结波逸提罪。

四　制意

【记】　四分律疏制意：听若不审，必有谬闻之过。错传之失，即是内心粗裈，外恼于师，殊所不应故。

凡师有所教令，弟子当恭敬谛听。若听后不加详审辨别语意，必有错解师意之过及误传师语之失。究其原因皆是因弟子内心粗疏，不专意秉承师语所致。如此严重触恼师长，实非弟子应为。故佛制不许。

五　具缘

【记】　四分律疏具四缘成犯：一、师如法教。二、不审受。三、说言师教我偷。四、言章了了。犯。

此戒具四缘成犯：

1. **师如法教：**师如法教弟子取衣、钵、尼师坛、针筒。

2. **不审受：**弟子不审谛受语。

3. **说言师教我偷：**告诉诸比丘尼说："我师教我偷衣、钵、尼师坛、针筒。"

4. 言章了了。犯：若向他人说，言语清楚明了，便犯波逸提。

此具缘乃据律载缘起而说，若约佛制此戒之意，应不局于不审谛师语。

六 罪相

【记】

若比丘尼受他人嘱语时，不加详察，辨别语意，便向余人说。若言语清楚明了，即结波逸提罪；若言语不清楚明了，结突吉罗罪。

七 开缘

【记】

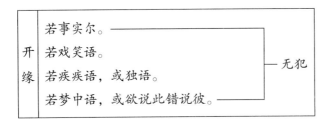

此戒开缘如下：

1. 若师实教弟子偷衣等，弟子如实而说，不犯。

2. 若戏笑语，若疾疾语，若独语，不犯本罪，但违说话仪则，须结突吉罗罪。

3. 若梦中语，若欲说此而错说彼，不犯，以不由己故。

练习题

1. 请解释"不审谛受语向人说戒"戒名。

2. 简述佛制"不审谛受语向人说戒"三要素。

3. "不审谛受语向人说戒"戒文分几句？如何理解？

4. 如何理解"不审谛受语向人说戒"制意？

5. "不审谛受语向人说戒"具哪几缘成犯？结犯相状如何？有哪些开缘？

第八十九节　恶心咒诅戒

一　戒名

【记】　恶心咒诅戒第八十八　　（大、制）

恶心：即嗔恨心。**诅：**盟誓，或以祸福之言相咒愿。此处咒诅，即咒愿使之沮败。

恶心咒诅戒：若比丘尼以嗔恨心，作恶咒诅，佛制不许。

二　缘起

【记】　六群尼

六群比丘尼，乃缘起中能犯之人。

佛制此戒三要素：（1）**何处制：**佛于舍卫国制。（2）**因谁制：**六群比丘尼。（3）**因何制：**六群比丘尼以小事，便共嗔恚，作咒诅，因制。

三　戒文

【记】　戒文——若比丘尼，有小因缘事，便咒诅：堕三恶道，不生佛法中。若我有如是事，堕三恶道，不生佛法中。若汝有如是事，亦堕三恶道，不生佛法中。波逸提。

此戒文分四句：

第一句：若比丘尼——能犯人

白四羯磨如法得处所的比丘尼。

第二句：有小因缘事——遇事

因为无关紧要之事。

第三句：便咒诅：堕三恶道，不生佛法中。若我有如是事，堕三恶道，不生佛法中。若汝有如是事，亦堕三恶道，不生佛法中——发恶誓

便发恶誓，作如是言：若我有如此之事，便堕三涂恶道中，不得生于有佛法之处。若汝有如此之事，亦堕三涂恶道中，不得生于有佛法之处。此乃自咒、咒他之恶语。以不生佛法中，将不能听闻佛法，而永远沉沦于生死苦海中。

第四句：波逸提——结罪

若比丘尼有小因缘事，便咒诅自他堕三恶道，不得生于佛法中。言语清楚明了，即结波逸提罪。

四 制意

【记】 四分律疏 制意：然修道之人，宜发善愿。自度度彼，人我兼益。今咒
堕三恶，不生佛法。垢障尤重，深以制之。

修道之人，应发善愿，自度度他，如此则益人利己。而今，比丘尼却以小因缘
事，便咒诅自他堕三恶道不生佛法中。此骂詈咒诅，其垢障无比深重，为深防恶口
之报，故佛制不许。

五 具缘

【记】 比丘尼钞 具三缘成犯：一、嗔心。二、作恶咒诅。^{不生佛法中}_{堕三恶道。} 三、言
词了了。犯。

此戒具三缘成犯：

1. **嗔心**：比丘尼怀有嗔恨心。

2. **作恶咒诅^{不生佛法}_{中堕三恶道}**：发恶毒誓愿。小字注明：如咒诅自他堕三恶道，不生佛
法中。

3. **言词了了。犯**：若言语清楚明了，便犯波逸提。

六 罪相

【记】

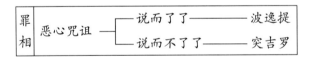

若比丘尼怀有嗔恨心，作恶咒诅，言语清楚明了，即结波逸提罪；若言语不清
楚明了，结突吉罗罪。

七 开缘

（一）正列开缘

【记】

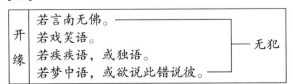

此戒开缘如下：

1. 若比丘尼与人相互辩白时，欲表明心迹，而作如是言："南无佛！若我有如是事，南无佛！若汝有如是事，亦南无佛！"不犯。称南无佛者，乃引佛为证，谓佛大慈悲，知他心智，我若欺汝，便同诳佛。事若不虚，愿知我意。

2. 若戏笑语，若疾疾语，若独语，不犯本罪，但违说话仪则，须结突吉罗罪。

3. 若梦中语，若欲说此而错说彼，不犯，以不由己故。

（二）别释第一缘

【记】　比丘尼钞 提谓经云：南者归，无者命，佛者觉。此云归命觉也。又南者礼，无者大，佛者寿。此云礼大寿也。

《比丘尼钞》引《提谓经》解释"南无佛！"。南者，归也；无者，命也；佛者，觉也。称言南无佛，即誓归命觉也。又，南者，礼也；无者，大也；佛者，寿也。称南无佛，即是愿礼大寿也。[1]

练习题

1. 请解释"恶心咒诅戒"戒名。

2. 简述佛制"恶心咒诅戒"三要素。

3. 如何理解"恶心咒诅戒"戒文？

4. 如何理解"恶心咒诅戒"制意？

5. "恶心咒诅戒"具哪几缘成犯？结犯相状如何？有哪些开缘？

6. 根据《比丘尼钞》所释，"南无佛"是何意？

第九十节　因嗔槌胸哭戒

一　戒名

【记】　因嗔槌胸哭戒第八十九　　（大、制）

因嗔：因与人斗诤，不善忆持诤事而起嗔恚心。**槌胸哭**：以手捶胸啼哭。

---

[1] 《大正藏》中未见《提谓经》。所谓"南无佛"，《大悲经》卷三云：佛言阿难，所言南无佛者，此是决定诸佛世尊名号音声。过去有大商主，将诸商人，为摩竭大鱼欲来吞舟，由三称南无佛名，并皆免难。鱼闻佛名，以善心故，舍身已，后世出家得道。（《大正藏》第12册，第957页。）又，《摩诃般若波罗蜜经》卷二十一云，佛言：若有人一称南无佛，乃至毕苦，其福不尽。（《大正藏》第08册，第375页。）

"椎"，是名词。此戒乃遮止比丘尼自手捶胸，似应用动词"捶"字。

因嗔椎胸哭戒：若比丘尼因与人斗诤，不善忆持诤事而起嗔恚心，即自手捶胸啼哭，佛制不许。

二 缘起

【记】 迦罗尼

迦罗比丘尼，乃缘起中能犯之人。

佛制此戒三要素：（1）**何处制**：佛在拘睒弥国制。（2）**因谁制**：迦罗比丘尼。
（3）**因何制**：迦罗比丘尼，与他共斗诤，不善忆持诤事，便自手捶胸啼哭，因制。

三 戒文

【记】 戒文——若比丘尼，共斗诤，不善忆持诤事，椎胸啼哭者，波逸提。

此戒文分三句：

第一句：若比丘尼 ——能犯人
白四羯磨如法得处所的比丘尼。

第二句：共斗诤，不善忆持诤事，椎胸啼哭者——所防过
与他人共斗诤，不记忆诤事发生之缘由。不善反省己过，亦不顺从呵责治罚，故起嗔恚心，便以手，或拳，或掌，捶胸啼哭。

第三句：波逸提 ——结罪
此比丘尼随捶胸、落泪，一一结波逸提罪。

四 制意

【记】 四分律疏 制意：嗔忿结恨，废修正业故。

若逢恼境，嗔恚忿怒，结恨在心，乃至捶胸啼哭，实在妨废修习道业，故佛制不许。

五 具缘

【记】 比丘尼钞 具四缘成犯：一、同于诤事不善忆持。二、内嗔恨。三、椎胸哭已。四、随泪堕。犯。

此戒具四缘成犯：

1. **同于诤事不善忆持**：比丘尼与人共斗诤，不善忆持诤事。

2. **内嗔恨**：内怀嗔恨心。

3.　**槌胸哭已**：自手捶胸啼哭。

4.　**随泪堕**。犯：随捶胸、落泪，便犯波逸提。一捶胸，一提；随落一滴泪，亦一提。

六　罪相

（一）正明犯相

【记】

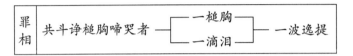

若比丘尼与人共斗诤，不善忆持诤事，便自手捶胸啼哭，一捶胸，结一波逸提罪；随落一滴泪，亦结一波逸提罪。

（二）引文别示

【记】　同 僧祇云：若尼自打不啼，啼而不打，亦打亦啼，俱提。

《比丘尼钞》引《僧祇律》云：若比丘尼，自打而不啼哭，或啼哭而不自打，或亦自打亦啼哭，俱结波逸提罪。然《僧祇律》中原文为："若比丘尼自打不啼者，越毗尼罪；啼而不打者，亦越毗尼罪。若自打而啼者，波夜提。"[①] 据此，须自打且啼，方结提罪。

七　开缘

【记】

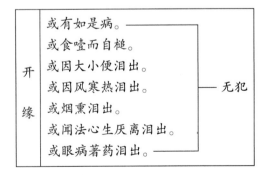

此戒开缘如下：

---

①　（东晋）三藏佛陀跋陀罗共法显译《摩诃僧祇律》卷三十八，《大正藏》第22册，第532页。

1. 若比丘尼有如是病，须捶胸治疗，不犯。

2. 若比丘尼因食物噎住，而自手捶打，不犯。

3. 若比丘尼解大小便时，因用劲而泪出者，不犯。

4. 若比丘尼因风寒，而热泪出者，不犯。

5. 若比丘尼被烟所熏，而泪出者，不犯。

6. 若比丘尼因闻法对世间心生厌离，而流泪者，不犯。

7. 若比丘尼因眼病着药，而泪出者，不犯。

练习题

1. 请解释"因嗔槌胸哭戒"戒名。

2. 略述佛制"因嗔槌胸哭戒"三要素。

3. 如何理解"因嗔槌胸哭戒"戒文？

4. 佛为什么制"因嗔槌胸哭戒"？

5. "因嗔槌胸哭戒"具哪几缘成犯？结犯相状如何？有哪些开缘？

第九十一节　覆身同床戒

一　戒名

【记】　覆身同床戒第九十　（大、制）

覆身：各自有覆身衣物。**同床**：二人共床同卧。

覆身同床戒：若比丘尼无病因缘，覆身同床共卧者，佛制不许。[①]

二　缘起

【记】　跋提迦毗罗尼

跋提迦毗罗比丘尼乃缘起中能犯之人，律中能犯人还有六群比丘尼中二人。

佛制此戒三要素：（1）何处制：佛在婆祇陀国制。（2）因谁制：六群比丘尼中二人及跋提迦毗罗比丘尼。（3）因何制：六群尼中二人，同一床卧。诸尼见，谓与男子共卧。又，有一大将远征，将妇咐嘱跋提迦毗罗比丘尼。二人同床止宿，尼身细软，妇人身触生染。后大将征还，迎妇归家，妇乐着尼身，遂逃还至尼所。大将讥嫌，因制。

---

① 此戒名出自《比丘尼钞·随戒篇》。《四分律疏》及《开宗记》中，此戒名为"无衣同床卧戒"。

三　戒文

【记】　戒文——若比丘尼，无病，二人共床卧，波逸提。

文分三句：

第一句：若比丘尼——能犯人

白四羯磨如法得处所的比丘尼。

第二句：无病二人共床卧——所防过

无病因缘，二人同床共卧。

病：四大不调的四百四病。

床：有木床，绳床两类。各有五种：旋脚床、直脚床、曲脚床、入陛床及无脚床。

第三句：波逸提——结罪

若比丘尼无病因缘，二人同床共卧，随胁着床敷，或随身小转侧，一一结波逸提罪。

四　制意

【记】　四分律疏 制意：二人同床，容生染习，自坏心行，修道又难故。

二人同床共卧，相近日久，易生爱染习气，如此则自坏道心令道业难成，故佛制不许二人同床共卧。

五　具缘

【记】　比丘尼钞 具四缘成犯：一、同床卧。二、覆身。三、无病缘。四、随卧。犯。

此戒具四缘成犯：

1. **同床卧：**二人同床共卧。
2. **覆身：**比丘尼各自有衣、被覆身。①
3. **无病缘：**无病因缘。
4. **随卧。犯：**随胁着床敷，或随身小转侧，一一结波逸提罪。

六　罪相

【记】

---

① 《四分律疏》及《开宗记》中此缘皆为"露身"。

若比丘尼无病因缘，二人同床共卧，随胁着床敷，或随身小转侧，一一结波逸提罪。

七　开缘

【记】

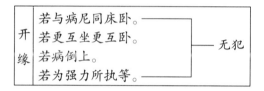

此戒开缘如下：

1. 若比丘尼为照顾病尼，而与之同床共卧，不犯。

2. 若二人同床，但彼此更互坐卧，不犯。

3. 若比丘尼因病倒于床敷，遂二人同床共卧，不犯。

4. 若比丘尼，或被强力者所执，或被系缚，或命难、梵行难，而二人同床共卧，不犯。以身不由己故。

 练习题

1. 简述佛制"覆身同床戒"三要素。

2. 背诵并解释"覆身同床戒"之戒文。

3. 佛为什么制不得二人同床共卧？

4. "覆身同床戒"具哪几缘成犯？结犯相状如何？有哪些开缘？

第九十二节　同被褥卧戒

一　戒名

【记】　同被褥卧戒第九十一　（大、制）

被：卧具，为盖身用。**褥**：敷具，有草褥、树叶褥、棉花褥及杂碎物褥等。
同被褥卧戒：若比丘尼无因缘，二人同被褥共卧者，佛制不许。

二　缘起

【记】　六群尼

六群比丘尼，乃缘起中能犯之人。

佛制此戒三要素：（1）**何处制：**佛在婆祇陀国制。（2）**因谁制：**六群比丘尼中二人。（3）**因何制：**六群比丘尼中二人，同一被褥共卧，诸尼见，谓与男子共卧，因制。

三　戒文

【记】　戒文——若比丘尼，共一褥，同一被卧，除余时，波逸提。

文分四句：

第一句：若比丘尼——能犯人

白四羯磨如法得处所的比丘尼。

第二句：共一褥，同一被卧——所防过

二人同被褥共卧。

第三句：除余时——除开缘

除有余时因缘。

余时：若只有一敷具，或草，或树叶，各别敷卧褥。若寒时只有一被，内各着衬身衣。

第四句：波逸提——结罪

若比丘尼无因缘，二人同被褥共卧者，即结波逸提罪。

四　简别制意

【记】　四分律疏　制意同前。有同床不同被褥，前戒是。或同被褥，不同床，在地敷上卧者是。有斯殊状，故别制此。因缘同前戒，以被褥为别。

此戒制意，同前"覆身同床戒"，皆为防二人共卧而生染习。共卧时，或同床，但不同被褥，即前戒所摄。或同被褥，但不同床，即于地敷上，同被褥共卧者是。因为有此不同，故别制此戒。然其犯缘同于前戒，唯以同床或同被褥为异。

五　具缘

【记】　尼戒会义　具三缘成犯：一、同被褥。[①]　二、非无被褥。三、胁已着床。犯。

---

① （清）德基律师述《四分律比丘尼戒本会义》原文为"心有染着"（福建省晋江市天竺讲堂佛历2547年恭印，第889页），根据《四分律》卷二十六所制，无染心亦犯。《表记》校订者改为"同被褥"。

此戒具三缘成犯：

1. **同被褥**：二人同一被褥共卧。

2. **非无被褥**：并非无多余被褥。

3. **胁已着床**。犯：若二人同被褥共卧，随胁着床敷，或随身小转侧，一一结波逸提罪。

六　罪相

（一）正示犯相

【记】

此戒结犯相状如下：

1. 若比丘尼，二人同一褥，且共一被卧，随胁着床，或随身小转侧，一一结波逸提罪。

2. 若比丘尼，二人同一褥但别被，或同一被但别褥，俱结突吉罗罪。

（二）引文别显

【记】　比丘尼钞 同床不同被褥，同床同被褥，不同床在地上卧，亦犯。

《比丘尼钞》解释：若比丘尼二人同床但不同被褥；或同床且同被褥；或不同床，但于地上同被褥共卧。皆犯。

七　开缘

【记】

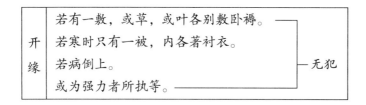

此戒开缘如下：

1. 若比丘尼二人但有一敷具，或草，或树叶，若各自分开铺草或树叶，而卧者，不犯。此开同褥。

2. 若天气寒冷时，但有一被，比丘尼二人内各着衬身衣，共盖一被而卧，不犯。此开同被。

3. 若比丘尼病倒于床敷上，遂二人共被褥而卧，不犯。

4. 若比丘尼，或被强力者所执，或被系缚，或命难、梵行难，二人同被褥共卧，不犯。

练习题

1. 解释"同被褥卧戒"戒名。
2. 略述佛制"同被褥卧戒"三要素。
3. 背诵并解释"同被褥卧戒"之戒文。
4. "同被褥卧戒"具哪几缘成犯？
5. 请说明"同被褥卧戒"的结犯相状。
6. 请列出"同被褥卧戒"的开缘。
7. "同被褥卧戒"与"覆身同床戒"的制意有何异同？

思考题

1. 从"同被褥卧戒"的开缘中思惟佛制戒的本意。

第九十三节　故恼客旧戒

一　戒名

【记】　故恼客旧戒第九十二　（大、制）

故：故意。

恼：触恼，此戒是口业触恼。

客旧：指客比丘尼或旧住比丘尼。

故恼客旧戒：若比丘尼知他比丘尼是旧住或客来，为触恼故，于前诵经、问义、教授者，佛制不许。

二　缘起

【记】　六群尼

六群比丘尼，乃缘起中能犯之人。

佛制此戒三要素： （1）**何处制：** 佛在舍卫国制。 （2）**因谁制：** 六群比丘尼。（3）**因何制：** 六群比丘尼，知他尼是先住后至，或后至先住，为恼故，于前诵经、问义、教授，因制。

三　戒文

【记】　　戒文——若比丘尼，知先住后至，知后至先住。为恼故，在前诵经问义教授者，波逸提。

文分三句：

第一句：若比丘尼——能犯人

白四羯磨如法得处所的比丘尼。

第二句：知先住后至，知后至先住。为恼故，在前诵经问义教授者 ——所防过

比丘尼知他比丘尼是先住，己是后至。或他比丘尼是后至，己是先住。为触恼他比丘尼故，于前诵经、问义、教授。

第三句：波逸提——结罪

若言词清楚明了，即结波逸提罪。

四　制意

【记】　　四分律疏 制意：故相恼娆，彼我俱损，其过深厚，故所以制。

出家之人，理应如同水乳，和合共住。然今比丘尼却故意触恼、搅扰余比丘尼，以致自他受损。此举所生过失十分严重，故佛制不许故恼客旧比丘尼。

五　具缘

【记】　　比丘尼钞 具四缘成犯：一、知他尼先住后至。二、作故恼心。三、在前诵经、问义。四、言词了。犯。

此戒具四缘成犯：

1. **知他尼先住后至：**比丘尼知他比丘尼是先住或后至。
2. **作故恼心：**有故意触恼他尼之心。
3. **在前诵经问义：**于彼尼前诵经、问义、教授。
4. **言词了。犯：**若言词清楚明了，便犯波逸提。

六　罪相

【记】

| 罪相 | 知尼先住后至，为恼故，诵经问义教授者 | 说而了了 ——波逸提
说而不了了——突吉罗 |

若比丘尼知他比丘尼是先住或后至，为触恼故，在前诵经、问义、教授，言词清楚明了，即结波逸提罪。若言词不清楚明了，结突吉罗罪。

七 开缘

【记】

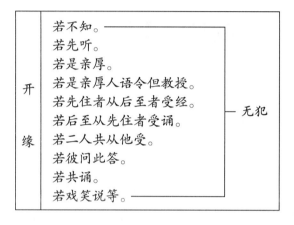

| 开缘 | 若不知。
若先听。
若是亲厚。
若是亲厚人语令但教授。
若先住者从后至者受经。
若后至从先住者受诵。
若二人共从他受。
若彼问此答。
若共诵。
若戏笑说等。 | 无犯 |

此戒开缘如下：

1. 若比丘尼先不知他尼是先住或后至，而在其前诵经、问义、教授，不犯。

2. 若旧住尼或客尼，先允许比丘尼在前诵经、问义、教授，如是而作，不犯。

3. 若旧住尼或客尼，是比丘尼亲厚，如此在前诵经、问义、教授，不犯。

4. 若旧住尼或客尼的亲厚人语比丘尼言："你可以在此教授，无妨碍。"如此而教授，不犯。

5. 若先住比丘尼从后至比丘尼受经，不犯。

6. 若后至比丘尼从先住比丘尼受持诵经，不犯。

7. 若比丘尼与客旧尼，共同从他尼受经，不犯。

8. 若比丘尼与客旧尼彼此问答，不犯。

9. 若比丘尼与客旧尼，共同诵经，不犯。

10. 若戏笑语，若疾疾语，若独语，不犯本罪，但违说话仪则，须结突吉罗罪。若梦中语，若欲说此而错说彼，不犯，以不由己故。

练习题

1. 请解释"故恼客旧戒"戒名。

2. 佛制"故恼客旧戒"三要素是什么？

3. 佛为什么制"故恼客旧戒"？

4. "故恼客旧戒"具哪几缘成犯？

5. "故恼客旧戒"结犯相状如何？有哪些开缘？

思考题

1. 同学间互动学习、教授，辩论以及难问对方，因心态不同，导致的后果有何不同？

第九十四节　同活病不看戒

一　戒名

【记】　同活病不看戒第九十三　　（大、制）

同活：与自己共同生活，亦即同利养、同师。**病：**四大不调的四百零四种病。**不看：**不瞻视，看顾。

同活病不看戒：共同生活比丘尼患病，若比丘尼不瞻视照顾者，佛制不许。

大：大乘菩萨戒也制。《梵网经菩萨戒本》轻垢戒第九云："若佛子，见一切疾病人，常应供养如佛无异。八福田中，看病福田，是第一福田。若父母、师僧、弟子病，诸根不具，百种病苦恼，皆供养令瘥。"①

二　缘起

【记】　偷罗难陀尼

偷罗难陀比丘尼，乃缘起中能犯之人。

佛制此戒三要素：（1）**何处制：**佛在舍卫国制。（2）**因谁制：**偷罗难陀比丘尼。（3）**因何制：**偷罗难陀比丘尼，同活尼病，不往瞻视。余尼语令看视，犹故不看，后病尼命过，因制。

三　戒文

【记】　戒文——若比丘尼，同活比丘尼病，不瞻视者，波逸提。

文分三句：

第一句：若比丘尼——能犯人

_____

① （后秦）三藏鸠摩罗什译《梵网经》卷二，《大正藏》第24册，第1005页。

白四羯磨如法得处所的比丘尼。

第二句：同活比丘尼病，不瞻视者 ——所防过

共同生活的比丘尼生病，不看视、照顾。

第三句：波逸提——结罪

此比丘尼即结波逸提罪。

四　制意

【记】 四分律疏 制意：病人苦恼，若不瞻养，容坏善心，损害道器。又违慈行，无愍物心故。

凡生病之人身心多诸苦恼，若同活者不瞻视、照顾，不仅有损善心，而且损害道器。因无人照顾，会导致病情加剧，乃至病亡。又，舍弃病人而不顾，有违出家人应有之慈悲行，亦无怜悯心。故佛制戒遮止。

五　具缘

【记】 比丘尼钞 具四缘成犯：一、是比丘尼病。二、是同活（同活者，二尼同生活即同利养同师者）。三、无因缘。四、不看。犯。

此戒具四缘成犯：

1. **是比丘尼病**：是大比丘尼生病。

2. **是同活**：与自己是同活。"同活"，指二比丘尼共同生活，即共同利养、同一师学。①

3. **无因缘**：没有开缘情况。

4. **不看。犯**：若比丘尼不看视同活病比丘尼，便犯波逸提。

六　罪相

（一）正示犯相

【记】

罪相	同生活比丘尼病不看视者 —————————— 波逸提 若余比丘尼，及和尚尼、阿阇梨尼，若同 　和尚尼、同阿阇梨尼，若弟子，亲厚 　知识等病，不看者 —————————— 一切突吉罗

---

① 此段小字为《表记》编辑者所加，非《比丘尼钞》原文。

此戒罪相如下：

1. 若比丘尼，同活比丘尼病，不看视者，即结波逸提罪。

2. 若比丘尼，余比丘尼、和尚尼、阿阇梨尼、同和尚尼、同阿阇梨尼、弟子及亲厚知识等生病，而不看视者，俱结突吉罗罪。

（二）引文别显

【记】　比丘尼钞　五分云：同学病不看提。同学者，谓同和尚尼、阿阇梨尼，及常共伴。若止住不同，无犯。

《比丘尼钞》引《五分律》别显结犯："若比丘尼，同学病，不自看、不教人看，波逸提。同学者：同和尚、阿阇梨，及常共伴。式叉摩那、沙弥尼，突吉罗。若住止不同，不犯。"①

七　开缘

【记】

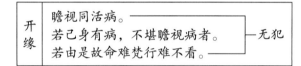

此戒开缘如下：

1. 若比丘尼，瞻视同活病比丘尼，不犯，以顺教故。

2. 若比丘尼因自身有病，无力瞻视病人，不犯。

3. 若比丘尼瞻视同活病尼，则自身有命难、梵行难，如是不看视，不犯。

练习题

1. 请解释"同活病不看戒"戒名。

2. 简述佛制"同活病不看戒"三要素。

3. 背诵并解释"同活病不看戒"之戒文。

4. 佛为什么制"同活病不看戒"？

5. "同活病不看戒"具哪几缘成犯？

6. 请说明"同活病不看戒"的结犯相状。

7. "同活病不看戒"有哪些开缘？

---

① （刘宋）三藏佛陀什共竺道生等译《弥沙塞部和醯五分律》卷十三，《大正藏》第22册，第92页。

思考题

1. 为什么大小二乘通制必须瞻视病人？

第九十五节　安居中牵他出房戒

一　戒名

【记】　安居中牵他出房戒第九十四　（大、性）

安居：指夏安居。形心摄静曰安，要期在住曰居。**房**：指大众僧受用的僧房，在夏安居中，此房已分给个人受用。

安居中牵他出房戒：若比丘尼，夏安居初时，先允许他尼在自己房中住，后在安居期间，因不欢喜，而嗔恚驱彼出房，佛制不许。

二　缘起

【记】　偷罗难陀尼

偷罗难陀比丘尼，乃缘起中能犯之人。

佛制此戒三要素：（1）何处制：佛于舍卫国制。（2）因谁制：偷罗难陀比丘尼。（3）因何制：偷罗难陀比丘尼，于夏安居时，初听他尼于己房中住，后嗔恚牵他出房，因制。

三　戒文

【记】　戒文——若比丘尼，安居，初听余比丘尼在房中安床，后嗔恚驱出者，波逸提。

文分三句：

第一句：若比丘尼——能犯人
白四羯磨如法得处所的比丘尼。

第二句：安居，初听余比丘尼在房中安床，后嗔恚驱出者——所防过
于夏安居，初时先允许他尼于己房中安床，敷设卧具。后在安居中，以志性不合，心怀忿怒，不喜前人同房共住，而驱其出房。

第三句：波逸提——结罪
若驱他尼出房，彼出房门，比丘尼即结波逸提罪。

四　制意

【记】　四分律疏制意：先听在房，后嗔驱出。自容独宿，恼彼还俗。故所以制。

比丘尼夏安居初时，先允许他尼在自己房中安床敷设卧具。后因彼此志性不合，便心怀忿怒，不喜前人同住，将其驱出。不仅自己一人独宿，而且使他尼心生惭愧。因九旬结夏是佛所制，不可有违。今在夏中被人驱出，无处置身，又恐失宿破夏，于是罢道还俗。安居中驱他尼出房，后果严重，故佛制不许。

五　具缘

【记】　比丘尼钞具五缘成犯：一、是僧房分得入己。二、先听在彼房中住。三、嗔心牵出。四、无因缘。五、出户。犯。

此戒具五缘成犯：

1. **是僧房分得入己**：是僧房，在夏安居时，分给自己住。
2. **先听在彼房中住**：夏安居初时，先同意他尼在自己房中住。
3. **嗔心牵出**：后嗔恚驱他出房。
4. **无因缘**：无开缘情况。
5. **出户。犯**：若驱他尼出房，被驱者出房门，驱者即犯波逸提罪。

六　罪相

（一）正明犯相

【记】

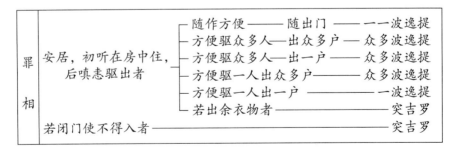

此戒罪相如下：

1. 若比丘尼，安居初允许他尼在房中住，后嗔恚驱出

（1）随作方便驱他尼，随出房门，一一结波逸提罪。

（2）方便驱众多人，出众多户，结众多波逸提罪。

（3）方便驱众多人，出一户，亦结众多波逸提罪。

（4）方便驱一人出众多户，亦结众多波逸提罪。

（5）方便驱一人出一户，结一波逸提罪。

（6）若为驱他尼出房，而将其衣物持出房外，结突吉罗罪。

2. 若闭门使不得入

若比丘尼将房门关闭，令同住尼不得进入，结突吉罗罪。

（二）引文别显

【记】　比丘尼钞 僧祇云：牵他出时，彼若抱柱、捉户、倚壁，随离一一处，皆犯提。若口呵叱，随语离处，亦提。此律驱下二众吉。僧祇云：若尼出行，不付房舍、床褥与知事人，闭户而去者提。十诵、伽论云：若鼾眠，应起经行。不能经行，应起屏处，不应恼他。

《比丘尼钞》引诸部律别显结犯相状。

1. 《僧祇律》云："若比丘牵比丘出时，彼比丘若抱柱、若捉户、若倚壁，如是牵离一一处，一一波夜提。若口呵叱遣彼比丘，随语离一一处者，一一波夜提。若方便驱直出门者，得一波夜提。"①

2. 《四分律》云：若比丘尼驱式叉摩那、沙弥尼出房，结突吉罗罪。②

3. 《僧祇律》记载："佛住舍卫城，尔时伽梨比丘尼受僧房已闭户而去。后客比丘尼上座来，次第与房，见户闭即嫌言，此僧房舍何以闭户而去？诸比丘尼语大爱道，乃至佛言：'呼是比丘尼来。'来已问言：'汝实尔不？'答言：'实尔。'佛言：'此是恶事，乃至汝云何僧房舍不舍闭户而行，从今已后不听。'……若比丘尼欲行去，当舍床褥。与知床褥人已而去，若不舍而去者波夜提。"③ 以僧房是十方僧受用，不得占为己有，故离开时，应嘱咐知事人。

4. 《十诵律》云：若睡眠时打鼾，不得先睡，应起来经行。若不能经行，应到屏处，等他人睡熟后，方入房睡，莫以自己鼾声使他人生恼。④《伽论》中未见类似文句。

七　开缘

【记】

---

① （东晋）三藏佛陀跋陀罗共法显译《摩诃僧祇律》卷十四，《大正藏》第 22 册，第 343 页。

② （后秦）三藏佛陀耶舍共竺佛念等译《四分律》卷二十六，《大正藏》第 22 册，第 746 页。

③ （东晋）三藏佛陀跋陀罗共法显译《摩诃僧祇律》卷三十九，《大正藏》第 22 册，第 538 页。

④ （后秦）三藏弗若多罗共罗什等译《十诵律》卷五十六，《大正藏》第 23 册，第 417 页。

| 开缘 | 若不以嗔恚，随上座次驱下座出。
若未受大戒人共二宿，第三宿驱出。
若令病人出至大小便处便利。
若破戒、破见、破威仪。
若被举，若灭摈，若应灭摈。
若以此事，命难、梵行难。 | 无犯 |

此戒开缘如下：

1. 若比丘尼不以嗔恚心，乃随上座来，让下座退让，如是依次第出房，不犯。

2. 若比丘尼与未受大戒人共二宿，至第三宿，驱其出房，不犯。

3. 若比丘尼唤病人出房，至大小便处便利，不犯。

4. 若其人破戒、破见、破威仪，如是驱其出房，不犯。

5. 若其人被举、灭摈、应灭摈，如是驱其出房，不犯。

6. 若比丘尼与他尼同房，则己身有命难、梵行难，故驱其出房者，不犯。

练习题

1. 请解释"安居中牵他出房戒"戒名。

2. 略述佛制"安居中牵他出房戒"三要素。

3. 背诵并解释"安居中牵他出房戒"之戒文。

4. 佛为何制"安居中牵他出房戒"？

5. "安居中牵他出房戒"具哪几缘成犯？

6. 犯"安居中牵他出房戒"的相状有哪些？分别如何结罪？

7. "安居中牵他出房戒"有哪些开缘？

思考题

1. 学习"安居中牵他出房戒"后，应如何与同学相处，使僧团和合，自他二利？

第九十六节　三时无事游行戒

一　戒名

【记】　三时无事游行戒第九十五　（大、制）

三时：即春、夏、冬三季。印度一年但分春、夏、冬三季，而无秋季。**无事**：没有三宝事及病比丘尼等事缘。**游行**：游方行走。

三时无事游行戒：若比丘尼，无三宝事及病尼事等因缘，于春、夏、冬一切时，游方行走者，佛制不许。

大：大乘菩萨戒也制。《梵网经菩萨戒本》轻垢戒第三十七条制："若佛子，常应二时头陀，冬夏坐禅，结夏安居。"①

二　缘起

【记】　六群尼

六群比丘尼，乃缘起中能犯之人。

佛制此戒三要素：（1）**何处制**：佛于舍卫国制。（2）**因谁制**：六群比丘尼。（3）**因何制**：六群比丘尼，春夏冬一切时，人间游行，遇天暴雨，河水泛涨，漂失衣钵等物。后踏杀生草，俗人讥嫌，因制。

三　戒文

【记】　戒文——若比丘尼，春夏冬一切时，人间游行，除余时因缘，波逸提。

文分四句：

第一句：若比丘尼——能犯人

白四羯磨如法得处所的比丘尼。

第二句：春夏冬一切时，人间游行——所防过

春夏冬一切时，在人间游方行走。

第三句：除余时因缘——除开缘

余时因缘者，谓有三宝事及病等因缘，开受七日法，出界行。

第四句：波逸提——结罪

若比丘尼违教，一切时人间游行，结波逸提罪。

四　制意

【记】　四分律疏　制意：出家修道，息缘静虑。无事游行，妨修正业。复断生命，违其慈道。招讥自损，所以圣制。

离俗出家本为修道，应息诸外缘，静心观修。无事游行，妨碍修行出离正业，又断伤畜生之命，有违出家人慈悲之道，且招世人讥嫌。由于如上自损、损他及招讥之过，故佛制不许三时无事游行。

---

① （后秦）三藏鸠摩罗什译《梵网经》卷二，《大正藏》第24册，第1008页。

五　具缘

【记】　 具三缘成犯：一、春夏冬游。二、无因缘。三、随所越界。犯。

此戒具三缘成犯：

1. **春夏冬游**：春、夏、冬一切时，在人间游行。

2. **无因缘**：无开缘情况。

3. **随所越界**。**犯**：随比丘尼所越村界，一一结波逸提罪。若无村兰若处，随行十里，亦一一结波逸提罪。

六　罪相

【记】

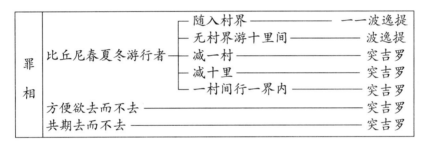

罪相	比丘尼春夏冬游行者	随入村界	一一波逸提
		无村界游十里间	波逸提
		减一村	突吉罗
		减十里	突吉罗
		一村间行一界内	突吉罗
	方便欲去而不去		突吉罗
	共期去而不去		突吉罗

此戒结犯相状如下：

（一）比丘尼春夏冬一切时于人间游行

1. 随所入村界，一一结波逸提罪。

2. 若无村兰若处，随行十里，亦一一结波逸提罪。

3. 若行未至村界或未满十里，俱结突吉罗罪。

4. 若在村中行，随所越家界，一一结突吉罗罪。

（二）欲去而不去

若比丘尼无开缘情况，而作种种方便，欲人间游行，但未去成。或与人共约往人间游行，后未去者，俱结突吉罗罪。

七　开缘

【记】

开缘	若为佛法僧事、病尼事，受七日法出界行。	无犯
	若为强力所执，或命难、梵行难等去。	

此戒开缘如下：

1. 若比丘尼为佛、法、僧及病尼事，而受七日法出界行，不犯。

2. 若比丘尼被强力者所执，或命难、梵行难等缘，而在人间游行者，不犯。

练习题

1. 请解释"三时无事游行戒"戒名。

2. 简述佛制"三时无事游行戒"三要素。

3. 背诵并解释"三时无事游行戒"之戒文。

4. 佛为什么不许三时无事游行？

5. "三时无事游行戒"具哪几缘成犯？

6. 请说明"三时无事游行戒"的结犯情况。

7. 请列出"三时无事游行戒"的开缘。

第九十七节　安居竟不知请戒

一　戒名

【记】　安居竟不知请戒第九十六　（大、制）

不知请：比丘尼受请于居士家安居，安居竟，犹住不去。

安居竟不知请戒：若比丘尼，居士唯请夏安居，安居竟，居士未重新请住，而犹住不去者，佛制不许。

二　缘起

【记】　谶摩尼

谶摩比丘尼，乃缘起中能犯之人。

佛制此戒三要素：（1）**何处制**：佛于舍卫国制。（2）**因谁制**：谶摩比丘尼。（3）**因何制**：谶摩尼受居士夏安居请，安居竟，犹住不去，居士讥嫌，因制。

三　戒文

【记】　戒文——若比丘尼，夏安居讫，不去者，波逸提。

文分三句：

第一句：若比丘尼——能犯人

白四羯磨如法得处所的比丘尼。

第二句：夏安居讫，不去者——所防过

居士唯请比丘尼在家夏安居，安居竟，犹住不离去。

第三句：波逸提——结罪

此比丘尼结波逸提罪。

四　制意

【记】 四分律疏 制意：笃信檀越，请僧供养。夏限已满，久延不去。过受他食，长贪恼主，败善增恶故。

虔诚施主，请比丘尼僧到家中供养，但唯局夏三月。而今安居讫，比丘尼犹住不肯离去，过限接受檀越饮食。不但增长贪求，亦损恼施主。此是败善生恶行为，故佛制不许。

五　具缘

【记】 比丘尼钞 具四缘成犯：一、是檀越安居请。二、夏限已满。三、无因缘。四、不去。犯。

此戒具四缘成犯：

1. **是檀越安居请**：是受檀越夏安居请。
2. **夏限已满**：夏安居竟，限期已满。
3. **无因缘**：无开缘情况。
4. **不去。犯**：若比丘尼不离开请处，即结波逸提罪。

六　罪相

（一）正明犯

【记】

罪相	尼在檀越家安居竟不去者 ——————— 波逸提

若比丘尼受檀越夏安居请，安居竟，不离去者，即结波逸提罪。

（二）引文释

【记】 第二分 比丘尼安居竟，应出行，乃至一宿。

根据《四分律・第二分》所制，比丘尼安居竟，应当离开安居处出行，乃至在外度过一宿。否则，便犯此戒。①

七　开缘

（一）正明开缘

【记】

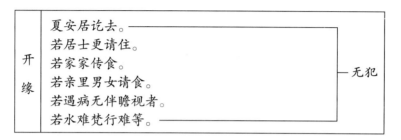

此戒开缘如下：

1. 若比丘尼夏安居竟，即离开请处，不犯。以顺教故。

2. 若夏安居竟，居士重新请住，比丘尼不离去者，不犯。

3. 若比丘尼非受一家请，乃多家次第请受供养，如是不离去者，不犯。

4. 若施主之亲里男女或知识，次第请供，如是比丘尼不离去者，不犯。

5. 以比丘尼遇病，若离请处，则无伴瞻视，如是不离去者，不犯。

6. 若比丘尼欲离请处，但因水陆道断或有命难、梵行难等，而不离去者，不犯。

（二）引文别示

【记】　比丘尼钞　母论云：安居竟，应移余处，若有缘不得去，不犯。若无缘者，出界一日还来不犯。五分云：若不限请，若更受请处，无犯。

《比丘尼钞》引《母论》文：“若比丘夏安居竟，应移余处住。若有缘，不得去者不犯。若无缘，安居竟出外一宿还来亦不犯。”② 又引《五分律》文：“若病，若恐怖，若不齐限请，若非受请处安居，不去，不犯。”③

练习题

1. 请解释“安居竟不知请戒”戒名。

2. 佛制“安居竟不知请戒”三要素是什么？

---

① （后秦）三藏佛陀耶舍共竺佛念等译《四分律》卷二十六，《大正藏》第 22 册，第 746 页。

② 《毗尼母经》卷七，《大正藏》第 24 册，第 841 页。

③ （刘宋）三藏佛陀什共竺道生等译《弥沙塞部和醯五分律》卷十三，《大正藏》第 22 册，第 89 页。

3. 背诵并解释"安居竟不知请戒"之戒文。

4. 佛为什么制"安居竟不知请戒"？

5. "安居竟不知请戒"具哪几缘成犯？有哪些开缘？

思考题

1. 面对居士之请，如何做才能既不违背戒律，又不触恼施主？

第九十八节　边界恐怖处游行戒

一　戒名

【记】　边界恐怖处游行戒第九十七　　（大、制）

边界：一国边陲之地，即两国交接之处。

恐怖处：常有盗贼出没，易有怖畏之事发生之地。

边界恐怖处游行戒：若比丘尼在边疆恐怖处人间游行，佛制不许。

二　缘起

【记】　六群尼

六群比丘尼，乃缘起中能犯之人。

佛制此戒三要素：　（1）何处制：佛于舍卫国制。　（2）因谁制：六群比丘尼。

（3）因何制：六群比丘尼于边界有疑恐怖处游行，为叛民触娆，居士讥嫌，因制。

三　戒文

【记】　戒文——若比丘尼，边界有疑恐怖处，人间游行者，波逸提。

文分三句：

第一句：若比丘尼——能犯人

白四羯磨如法得处所的比丘尼。

第二句：边界有疑恐怖处，人间游行者——所防过

于两国交接，有疑恐怖处人间游行。有疑处：疑有盗贼出没之处。

第三句：波逸提——结罪

若比丘尼于边界有疑恐怖处，人间游行，随越村界；或无村兰若处，随行十里，

——结波逸提罪。

四　制意

【记】　四分律疏 制意：边界迥崄，无故游行，容坏命行，招讥累故。

凡两国交接之处，人烟稀疏，常有盗贼出没又易发生反叛。若两国相敌，亦是交战之地，极为危险。今比丘尼无事在边界恐怖处游行，容易损伤性命及破坏梵行。又，出家人无事在边界游行，遭俗人讥嫌，丑累佛法。故佛制不许无事于边界恐怖处游行。

五　具缘

【记】　四分律疏 具四缘成犯：一、边界恐怖难处。二、无请难等缘。请者：请唤等缘。三、在中行。四、越界。犯。

此戒具四缘成犯：

1. **边界恐怖难处：** 是边界有疑恐怖难处。

2. **无请难等缘，**请者：请唤等缘：无被请唤事及诸难缘。

3. **在中行：** 在边界恐怖处游行。

4. **越界。犯：** 随越村界；或无村兰若处，随行十里，一一结波逸提罪。

六　罪相

【记】

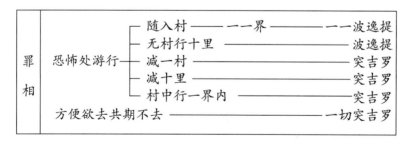

此戒罪相如下：

（一）若比丘尼在边界有疑恐怖处，人间游行者

1. 随入一一村，随越诸村界，一一结波逸提罪。

2. 若无村兰若处，随行十里，亦一一结波逸提罪。

3. 若行减一村，即未越村界；或兰若行未至十里，俱结突吉罗罪。

4. 若村中行，随越过诸家界，一一结突吉罗罪。

（二）方便欲去而未去

若比丘尼作种种方便，欲往边界有疑恐怖处游行，后未去成。或与人共约往边界有疑恐怖处游行，后又未去，俱结突吉罗罪。

七　开缘

【记】

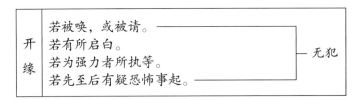

此戒开缘如下：

1. 若比丘尼为国王大臣召唤，或被请至边界，不犯。

2. 若比丘尼有事须启白，而至边界处，不犯。

3. 若比丘尼，被强力者所执，或被系缚，或有命难、梵行难，而至边界处，不犯。

4. 若比丘尼先至彼处，后有战乱等恐怖事起，不犯。

练习题

1. 请解释"边界恐怖处游行戒"戒名。

2. 简述佛制"边界恐怖处游行戒"三要素。

3. 背诵并解释"边界恐怖处游行戒"之戒文。

4. 佛为什么制不许边界恐怖处游行？

5. 犯"边界恐怖处游行戒"须具哪几缘？

6. "边界恐怖处游行戒"结犯相状如何？

7. 在哪些情况下不犯"边界恐怖处游行戒"？

第九十九节　界内（绕城四边）有疑恐怖处游行戒

一　戒名

【记】　界内（绕城四边）有疑恐怖处游行戒第九十八　（大、制）

界内：指国土内绕城四边，即靠近村落、城邑之处。

界内（绕城四边）有疑恐怖处游行戒：若比丘尼在国内绕城四边，靠近村落、城邑，有疑恐怖之处人间游行，佛制不许。

二 缘起

【记】 六群尼

六群比丘尼，乃缘起中能犯之人。

佛制此戒三要素：（1）**何处制**：佛于舍卫国制。（2）**因谁制**：六群比丘尼。（3）**因何制**：六群比丘尼于界内有疑恐怖处游行，遭贼人触娆，居士讥嫌，因制。

三 戒文

【记】 戒文——若比丘尼，于界内有疑恐怖处，在人间游行，波逸提。

文分三句：

第一句：若比丘尼——能犯人

白四羯磨如法得处所的比丘尼。

第二句：于界内有疑恐怖处，在人间游行——所防过

于界内绕城四边，近村落、城邑，有疑恐怖之处，人间游方行走。

第三句：波逸提——结罪

若比丘尼于界内有疑恐怖处，人间游行，随越村界；或无村兰若处，随行十里，一一结波逸提罪。

四 指同制意

【记】 四分律疏 制意同前。

此戒制意，同前"边界恐怖处游行戒"。

五 指同余科

【记】 四分律疏 犯不犯具同上戒，惟界内为别。

此戒具缘、罪相、开缘亦同前戒，唯以界内为别。

练习题

1. 请解释"界内（绕城四边）有疑恐怖处游行戒"戒名，并说明何谓"界内"？

2. 简述佛制"界内（绕城四边）有疑恐怖处游行戒"三要素。

3. 背诵并解释"界内（绕城四边）有疑恐怖处游行戒"之戒文。

4. "界内（绕城四边）有疑恐怖处游行戒"与"边界恐怖处游行戒"有何区别？

第一百节　习近住违谏戒

一　戒名

【记】　习近住违谏戒第九十九　（大、性）

习近住：数数共语，数数嬉笑，数数相调戏。**违谏：**违背僧谏。

习近住违谏戒：若比丘尼与居士、居士儿习近住，大众僧如法设谏，却拒而不从，佛制不许。

二　缘起

【记】　有尼

某比丘尼，乃缘起中能犯之人。

佛制此戒三要素：（1）**何处制：**佛于舍卫国制。（2）**因谁制：**有一比丘尼。（3）**因何制：**有一比丘尼与居士、居士儿习近住，僧中设谏而违背不听，因制。

三　戒文

【记】　戒文——若比丘尼，亲近居士、居士儿，共住，作不随顺行。余比丘尼谏此比丘尼言：妹，汝莫亲近居士、居士儿，共住，作不随顺行。大姊可别住，若别住，于佛法中，有增益安乐住。彼比丘尼谏此比丘尼时，坚持不舍。彼比丘尼应三谏，舍此事故，乃至三谏，舍此事善。若不舍者，波逸提。

文分六句：

第一句：若比丘尼——能犯人

白四羯磨如法得处所的比丘尼。

第二句：亲近居士、居士儿，共住，作不随顺行——所防过

与居士、居士儿共亲近住，数数共语、数数嬉笑、数数相调戏，作诸非随顺圣教之行。

第三句：余比丘尼谏此比丘尼言：妹，汝莫亲近居士、居士儿，共住，作不随顺行。大姊可别住，若别住，于佛法中，有增益安乐住——屏谏

如法比丘尼屏谏习近住比丘尼言："妹！汝莫亲近居士、居士儿，与之共住，作不随顺圣教之行。大姊！可别住，远离彼等。若别住，不与之相亲近，则于佛法

中，现前能增进道业，身心安乐。将来则能超三有，绝三苦，得涅槃究竟安乐。"

第四句：彼比丘尼谏此比丘尼时，坚持不舍——违屏谏

彼如法比丘尼屏谏此习近住比丘尼时，此尼坚持己见，不舍非法。

第五句：彼比丘尼应三谏，舍此事故，乃至三谏，舍此事善——僧谏

以习近住比丘尼不听屏谏，彼如法比丘尼应如佛所教，于僧中作白四羯磨，三谏此习近尼，令舍非随顺圣教之行。乃至第三番羯磨未竟，能舍者最好。

第六句：若不舍者，波逸提——违僧谏结罪

若不舍者，第三番羯磨竟，即违僧谏，须结波逸提罪。

四 制意

【记】 四分律疏 制意三：一、不听习近意。一男女形殊，理无参涉。共相习近，容生染漏，远成大损，故制不许，违结小罪。二、谏意。祇律，与白衣及外道并沙弥习近住，或竟日，或迳须臾，犯提，而无羯磨谏法。此律今以倚傍圣教，有净施主檀越。又见俗人，善言慰喻，坚执谓是，不肯别住，将坠于恶事。实是可愍，故须设谏，开示是非，欲令识是遵修，晓恶弃舍。三、结罪意。众僧设谏，是非既分，违反圣教，不肯顺从，故制提罪。

此戒制意有三：

（一）不听习近住意

男女形体有别，于理不应往来住止，参杂交涉。若比丘尼与居士、居士儿共相亲近住，数数共语、数数嬉笑、数数相调戏，容易产生欲染烦恼，终将导致毁犯根本。为深防故，佛制戒遮止。违者，结突吉罗罪。

（二）谏劝意

须劝谏之意，乃因习近尼倚傍于圣教，谓佛开听比丘尼须有净施主，及受檀越供养，故与居士共相亲近，数数相见。他尼如法如律，善言慰喻，习近住尼却坚持自己所作，不肯弃舍。由彼执迷不悟，坚持己见，仍与居士、居士儿共相亲近，容犯根本，堕落恶道。实在令人怜悯，故须设谏，开示是非，令彼识知善恶，遵制奉修，弃舍恶法。

（三）结罪意

大众僧既如佛所教，详审设谏，是非已分。彼习近尼仍坚持己见，违反圣教，不肯顺从大众僧谏劝，故制以提罪。

五 具缘

【记】 四分律疏 具六缘成犯：一、与居士子习近住。二、尼僧劝别住。三、倚傍不肯别住。四、如法设谏。五、拒谏。六、三羯磨竟。犯。

此戒具六缘成犯：

1. **与居士子习近住**：比丘尼与居士、居士儿习近住。

2. **尼僧劝别住**：比丘尼僧先屏谏，劝其别住。

3. **倚傍不肯别住**：习近尼倚傍圣教，开听有净施主及受檀越供养，而不肯别住。

4. **如法设谏**：大众僧于僧中作白四羯磨，谏劝习近尼别住。

5. **拒谏**：拒僧谏，不肯听从。

6. **三羯磨竟。犯**：第三番羯磨竟，习近尼便犯波逸提罪。

六 罪相

【记】

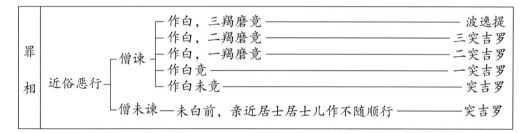

此戒罪相如下：

（一）若僧未谏、未白前

比丘尼与居士、居士儿，共相亲近，作不随顺行，一切俱结突吉罗罪。

（二）大众僧为作呵谏白四羯磨，令舍此事

1. 若作白未竟，舍者，结突吉罗罪。

2. 若作白竟，舍者，结一突吉罗罪。

3. 若作白，一羯磨竟，舍者，结二突吉罗罪。

4. 若作白，二羯磨竟，舍者，结三突吉罗罪。

5. 作白，三羯磨竟，即结波逸提罪。

七 指同开缘

【记】

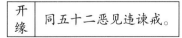

此戒开缘，同第五十二"恶见违谏戒"。具体言之：

1. 若比丘尼与居士、居士儿，共相亲近，作不随顺行，他人初谏时，便舍此事，不犯。

2. 若大众僧以五非羯磨，即非法别众、非法和合众、法别众、法相似别众及法相似和合众羯磨，作呵谏时，彼习近尼拒而不从，不犯。以谏劝羯磨不成故。

3. 若大众僧以非法、非律、非佛所教作呵谏时，彼习近尼拒而不从，不犯。以法非故。

4. 若比丘尼与居士、居士儿，共相亲近，作不随顺行，于一切未作呵谏前，便自舍此事，不犯。

开缘中，言不犯，是不犯违谏之罪，但所为习近住种种事，一一须结突吉罗罪。

练习题

1. 请解释"习近住违谏戒"戒名，并说明何谓"习近住"？

2. 佛制"习近住违谏戒"三要素是什么？

3. 背诵并解释"习近住违谏戒"之戒文。

4. 佛为什么制比丘尼不许习近住？

5. 大众僧为什么要谏劝习近住比丘尼？

6. "习近住违谏戒"具哪几缘成犯？

7. "习近住违谏戒"结犯相状如何？

8. 在哪些情况下不犯"习近住违谏戒"？

全国汉传佛教院校教材

四分律
比丘尼戒相表记
教　程

〔下〕

释如瑞　编著

社会科学文献出版社
SOCIAL SCIENCES ACADEMIC PRESS (CHINA)

本册目录

第八章　波逸提戒法

第一〇一节　往观王宫戒

一　戒名

【记】　往观王宫戒第一百　（大、制）

往：前往也。**观：**观赏。**王宫：**国王居住之宫殿。

往观王宫戒：若比丘尼前往观赏王宫、画堂、园林、浴池，佛制不许。

二　缘起

【记】　六群尼

六群比丘尼，乃缘起中能犯之人。

佛制此戒三要素：（1）**何处制：**舍卫国。（2）**因谁制：**六群比丘尼。（3）**因何制：**六群比丘尼往观王宫、画堂、园林、浴池，居士讥嫌，因制。

三　戒文

【记】　戒文——若比丘尼，往观王宫、文饰画堂、园林、浴池者，波逸提。

文分三句：

第一句：若比丘尼——能犯人
白四羯磨如法得处所的比丘尼。

第二句：往观王宫、文饰画堂、园林、浴池者——所防过
前往观赏王宫、文饰画堂、园林、浴池。王宫乃总标，文饰画堂等是别陈处所。

文饰画堂：藻浮丹绘、雕镂严饰之亭台楼阁等。

园：种植花卉，瓜果等处。

林：树木枝叶翁郁，苍翠深幽，可游观之处。

浴池：或流泉，或温泉，或看泉等。

第三句：波逸提——结罪

若比丘尼往观王宫等，往而见者，即结波逸提罪。

四　制意

【记】 四分律疏 制意：王宫绮丽，精华之所。纵观荡逸，废修正业。又容染着世事，自坏心行。故所以制。

王宫堂室，皆绮错艳丽、金碧辉煌，是精美豪华之地，实非出家人所游行处。而今，比丘尼任由己性，往观王宫，散荡放逸，妨修出离正业。又，观此处所，容易对世间情物生起贪着爱染，而不思出离。如是则自坏向道之心、摄修之行，故佛制不许。

五　具缘

【记】 四分律疏 具四缘成犯：一、王宫、园林、浴池。二、方便往观。三、无因缘。四、见。犯。

此戒具四缘成犯：

1. **王宫园林浴池**：比丘尼往观王宫、园林、浴池。
2. **方便往观**：以种种方便前往观赏。
3. **无因缘**：无开缘情况。
4. **见。犯**：若比丘尼往而见者，即结波逸提罪。

六　罪相

（一）正明犯相

【记】

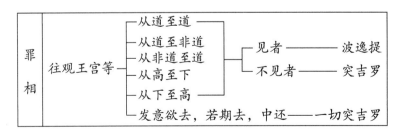

此戒结犯相状如下：

1. 若比丘尼往观王宫、文饰画堂、园林、浴池，或从正道至正道，或从正道至非正道，或从非正道至正道，或从高处至低处，或从低处至高处。无论以何种方式至彼处，若见者，即结波逸提罪。若往而未见，结突吉罗罪。

2. 若比丘尼，发心欲往观王宫等，或与人共约往观王宫等，后又未去者，结突吉罗罪。

（二）引文别显

【记】 四分律疏 五分云：发心及方便吉；若行，步步提。

法砺律师引《五分律》文："若比丘尼，种种游看，波逸提。发心及方便，突吉罗；若发行，步步波逸提。"[1] 此与《四分律》结判有异，本律是约见结罪。

七　开缘

（一）正列开缘

【记】

开 缘	若有所启白入王宫。 若路由中过。 若寄宿。 若为强力者所执等。 若请若唤。 若为僧事塔事，看画堂取模法。 若至僧伽蓝中受教授听法。 ——无犯

此戒开缘如下：

1. 若比丘尼有所启白而入王宫，不犯，以非为观赏故。

2. 若比丘尼道行时，经过王宫，不犯。

3. 若比丘尼寄宿在王宫，而不观赏者，不犯。

4. 若比丘尼被强力者所执，或被系缚，或有命难、梵行难而至王宫，不犯。

5. 若比丘尼有请唤等缘而至王宫，不犯。

6. 若比丘尼为办僧事、塔事，欲取画堂模法，而往观王宫，不犯。

7. 若比丘尼至僧伽蓝受教授听法途中，有事缘而至王宫，不犯。《四分律》云："若至僧伽蓝中受教授听法，或被请道由中过，若寄宿，或为强力者所执，或被缚将去，或为僧事、塔事往观园林浴池欲取摸法者，不犯。"[2] 意即：至僧伽蓝受教授听法途中，发生被请乃至为僧塔事取模法等缘，去王宫者，不犯。

① （刘宋）三藏佛陀什共竺道生等译《弥沙塞部和醯五分律》卷十三，《大正藏》第22册，第90页。
② （后秦）三藏佛陀耶舍共竺佛念等译《四分律》卷二十六，《大正藏》第22册，第748页。

（二）引律别明

【记】　第二分　往观园林浴池亦如上。

根据《四分律·第二分》中所制，以上所列开缘，是约往观王宫而言。若往观园林、浴池，律文所列开缘同上。

练习题

1. 请解释"往观王宫戒"戒名，并分别说明文饰画堂、园林、浴池的含义。
2. 简述佛制"往观王宫戒"三要素。
3. 背诵并解释"往观王宫戒"之戒文。
4. 佛为什么制"往观王宫戒"？
5. "往观王宫戒"具哪几缘成犯？结犯相状如何？有哪些开缘？
6. 在现实生活中，除王宫外，其他豪华处所应如何进退，免生过患？

第一〇二节　　露身水中浴戒

一　戒名

【记】　泉渠水中露身洗浴戒第一〇一　　（大、制）

泉水：据《汉语大词典》释，从地下流出之水。或正出，或侧出，或上出，或下出，常流不竭者。**渠水**：以人力凿成之沟，狭者名渠，宽者名溪。

依律文，此戒中"水"还包括河水及池水。**河水**：天然或人工大小水道中水。**池水**：天然或人工池塘中水。《尼戒会义》中此戒名为"露身水中浴戒"[①]，似更妥当。

泉渠水中露身洗浴戒：若比丘尼于泉水、渠水中露身洗浴，佛制不许。

二　缘起

【记】　六群尼

六群比丘尼，乃缘起中能犯之人。

佛制此戒三要素：（1）**何处制**：佛于舍卫国制。（2）**因谁制**：六群比丘尼。（3）**因何制**：六群比丘尼露身于河水、泉水、池水、渠水中洗浴，贼女、婬女往劝彼，言：汝今年少可于爱欲中共相娱乐，老时可修梵行。中有年少者，便生不乐学道之心。居士见讥，因制。

---

① （清）德基律师述《四分律比丘尼戒本会义》，福建省晋江市天竺讲堂佛历 2547 年恭印，第 915 页。

三　戒文

【记】　　戒文——若比丘尼，露身形，在河水、泉水、流水中，浴者，波逸提。

文分三句：

第一句：若比丘尼——能犯人

白四羯磨如法得处所的比丘尼。

第二句：露身形，在河水、泉水、流水中，浴者——所防过

比丘尼现露身形在无遮障的河水、泉水、流水中洗浴。

第三句：波逸提——结罪

比丘尼违教故，结波逸提罪。

四　制意

【记】　　四分律疏 制意：漏形须障，招讥损道故。

有漏之形，于洗浴时，应假物遮障。今在无遮障的河水、泉水、渠水中露身洗浴，由此招讥损道，故佛制不许。

五　具缘

【记】　　比丘尼钞 具三缘成犯：一、是河渠水。二、露身洗浴。三、洗身遍。犯。

此戒具三缘成犯：

1. **是河渠水**：洗浴处所是无遮障之河水、渠水等。

2. **露身洗浴**：比丘尼露身形于中洗浴。

3. **洗身遍。犯**：若洗遍全身，即结波逸提罪。

六　罪相

（一）正明犯相

【记】

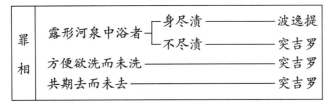

此戒结犯相状：

1. 比丘尼露身形在河、泉等水中洗浴，全身浸湿者，结波逸提罪。若未浸湿全身，则结突吉罗罪。

2. 若作种种准备，欲去河、泉等水中洗浴而未洗者，结突吉罗罪。

3. 若与他人约定共去河、泉等水中洗浴而未去者，结突吉罗罪。

（二）引文别显

【记】　　僧祇云：尼入俗人室浴，有年少入，身怀孕，坏其净行。因制不听尼入俗浴室。病者，在房燃火油涂揩。不如是者，越毗尼。十诵云：男子洗处前浴，皆提。

《比丘尼钞》引《僧祇律》文："佛住舍卫城，尔时释种女、摩罗女于浴室中浴，时有年少入中坏其梵行。诸比丘尼语大爱道，乃至'从今日后不听入浴室。'若病者得房内燃火油涂而揩。若比丘尼入浴室浴者，越毗尼罪。是名浴室法。"①

又引《十诵律》文："若比丘尼男子洗处浴，波夜提。"② 因为在其处洗浴有二过：一者招讥嫌，二者恐遭梵行难。

七　开缘

【记】

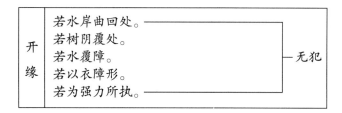

此戒开缘如下：

1. 若在水岸拐弯能遮挡处洗浴，不犯。

2. 若在有树枝垂下能遮挡处洗浴，不犯。

3. 将身形深浸在水中，以水作覆障洗浴，不犯。

以上三种虽不犯，但不得互相取物、与物，以互递则形露故。

4. 若用布或衣来遮障身体，不犯。

5. 若被强力者所执，露身形在无遮障之河、泉等水中，不犯。

---

① （东晋）三藏佛陀跋陀罗共法显译《摩诃僧祇律》卷四十，《大正藏》第22册，第547页。
② （后秦）三藏弗若多罗共罗什等译《十诵律》卷四十七，《大正藏》第23册，第345页。

练习题

1. 请解释"泉渠水中露身洗浴戒"戒名。
2. 略述佛制"泉渠水中露身洗浴戒"三要素。
3. 背诵并解释"泉渠水中露身洗浴戒"之戒文。
4. 佛为什么制不许在泉渠等水中露身洗浴？
5. "泉渠水中露身洗浴戒"具哪几缘成犯？
6. "泉渠水中露身洗浴戒"结犯相状如何？有哪些开缘？

第一〇三节　过量浴衣戒

一　戒名

【记】　过量浴衣戒第一〇二　（大、制、衣）

过量：佛制浴衣量，长佛六搩手，广二搩手半，过此限量，谓之过量。

浴衣：即比丘尼入水中洗浴时，用作遮障身体之衣物。

过量浴衣戒：若比丘尼作浴衣，长超过佛六搩手，宽超过佛二搩手半，佛制不许。

衣：比丘是雨浴衣。《四分律》云：雨衣者，比丘用雨中浴。[1]

二　缘起

【记】　六群尼

六群比丘尼，乃缘起中能犯之人。

佛制此戒三要素：（1）**何处制：**舍卫国。（2）**因谁制：**六群比丘尼。（3）**因何制：**世尊听比丘尼作浴衣，六群比丘尼多作广大浴衣，因制。

三　戒文

【记】　戒文——若比丘尼，作浴衣，应量作。应量作者，长佛六搩手，广二搩手半。若过者，波逸提。

文分四句：

第一句：若比丘尼——能犯人

---

[1]　（后秦）三藏佛陀耶舍共竺佛念等译《四分律》卷十，《大正藏》第 22 册，第 630 页。

白四羯磨如法得处所的比丘尼。

第二句：作浴衣——作浴衣

裁作浴衣。

第三句：应量作，应量作者，长佛六搩手，广二搩手半——应量尺度

应按佛制限量作浴衣。佛制之量为长佛六搩手，广二搩手半。

《五分律》云："一修伽陀磔手者，方二尺。"[①]《一切经音义》云："一磔手者，开掌布地，以头指中指为量也。"[②]

第四句：若过者，波逸提——过则结罪

若超过限量而作，即结波逸提罪。

四　制意

【记】 四分律疏 制意：此浴衣，为障身要用，是以开听。今作过量，长己贪结，违反圣教。是以须制。

浴衣是入水洗浴时用以遮障身形必用之物，故佛允许尼众畜用。今比丘尼超过制限作浴衣，既长己贪，又违圣教，故佛制不许。

五　具缘

【记】 尼戒会义 具三缘成犯：一、自为己作。二、违制过量。三、裁作已竟。犯。

此戒具三缘成犯：

1. **自为己作**：比丘尼亲手为自己作，或教他人为自己作。

2. **违制过量**：违背佛制，超过限量。

3. **裁作已竟。犯**：裁作完成，即结波逸提罪。

六　罪相

【记】

罪相	若自若教人，作浴衣，若长广有一过量，若俱过量	成——波逸提
		不成——突吉罗
	为他作——成不成——突吉罗	

此戒结犯相状：

---

① （刘宋）三藏佛陀什共竺道生等译《弥沙塞部和醯五分律》卷五，《大正藏》第 22 册，第 35 页。

② （唐）翻经沙门慧琳撰《一切经音义》卷四十三，《大正藏》第 54 册，第 590 页。

1. 若比丘尼自作，或教他人作浴衣，长、广只要一边过量，或长、广俱过量。作成，即结波逸提罪。若未作成，结突吉罗罪。

2. 若比丘尼为他人作浴衣，无论作成或未作成，俱结突吉罗罪。

七　开缘

【记】

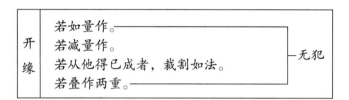

| 开缘 | 若如量作。
若减量作。
若从他得已成者，裁割如法。
若叠作两重。 | 无犯 |

此戒开缘如下：

1. 若比丘尼作浴衣，如佛制限量而作，不犯，以顺教故。

2. 若比丘尼作浴衣，减佛制限量而作，不犯。

3. 若比丘尼从他得已成过量浴衣，而将之裁割成如法应量者，不犯。

4. 若准备作浴衣之衣材过量，比丘尼将之折叠作成两层，不犯。

练习题

1. 请解释"过量浴衣戒"戒名。

2. 列出佛制"过量浴衣戒"三要素。

3. 背诵并解释"过量浴衣戒"之戒文。

4. 佛为什么制浴衣不许过量？

5. "过量浴衣戒"具哪几缘成犯？

6. "过量浴衣戒"结犯相状如何？有哪些开缘？

第一○四节　缝僧伽梨过五日戒

一　戒名

【记】　缝僧伽梨过五日戒第一○三　（大、制）

缝：谓缝制成衣。**五日**：佛制缝僧伽梨之时限。

缝僧伽梨过五日戒：若比丘尼于时中，无因缘，缝僧伽梨过五日，佛制不许。

二　缘起

【记】　偷罗难陀尼

偷罗难陀比丘尼，乃缘起中能犯之人。

佛制此戒三要素：（1）**何处制：**佛于舍卫国制。（2）**因谁制：**偷罗难陀比丘尼。（3）**因何制：**偷罗难陀比丘尼为他尼裁缝僧伽梨，欲使他尼久作供养，而不即缝衣。后为火所烧，风吹零落，因制。

三　戒文

【记】　戒文——若比丘尼，缝僧伽梨，过五日。除求索僧伽梨、出迦绨那衣、六难事起者，波逸提。

文分四句：

第一句：若比丘尼——能犯人

白四羯磨如法得处所的比丘尼。

第二句：缝僧伽梨过五日——所防过

比丘尼安居自恣竟，受持迦绨那衣后，享受五事利益的五个月中，为他尼缝制僧伽梨，超过佛制五日时限。

第三句：除求索僧伽梨、出迦绨那衣、六难事起者——除因缘

此列开缘情况。

求索僧伽梨：据《四分律疏》解释，包括两种情况：一是作衣人无僧伽梨，不成受功德衣，故无过五日之罪；二是衣主尼求作僧伽梨的衣材未足，作衣尼自然亦无过五日缝僧伽梨之过。[①]

出迦绨那衣：出迦绨那衣之后，入到非时，大众僧不再享受五事利益，由无受利，故不犯。

六难事：水难、火难、王难、命难、梵行难、缚闭难。

第四句：波逸提——结罪

若比丘尼在时中，为他缝僧伽梨，超过五日，无开缘情况，即结波逸提罪。

四　制意

【记】　开宗记　制意：为他作衣，理应早了。情贪利养，久近不成。又损衣财，令彼致恼。情过不轻，故须圣制。

比丘尼在时中，为他尼缝制僧伽梨，理应早日完成。然今却贪图利养而拖延时日，遂使衣财毁损，令衣主生恼。过失匪轻，故佛制戒遮止。

---

① 《四分律疏》卷6云："言除求索僧伽梨，或作衣。人无大衣，不成受德衣，故无过罪。或衣主求未足，故亦无过。"（《卍新续藏》第41册，第689~690页。）

五　具缘

【记】　四分律疏 具五缘成犯：一、与他作衣。二、是时中。三、缝僧伽梨。

四、无因缘。五、过五日不成。犯。

此戒具五缘成犯：

1. **与他作衣**：比丘尼为他尼作衣。

2. **是时中**：是指大众僧自恣竟，受迦絺那衣后享受五事利益的五个月中。虽然前安居僧可在时中享受五事利益，但前提之一是须具足僧伽梨。故在时中若有因缘缝制僧伽梨，不得超过五日。

3. **缝僧伽梨**：所缝之衣为僧伽梨。

4. **无因缘**：无开缘情况。

5. **过五日不成。犯**：若超过五日，明相出，衣未作成，便犯波逸提。

六　罪相

【记】

罪相	缝僧伽梨，过五日 ——————————————————波逸提

若比丘尼于时中，为他尼缝僧伽梨，过五日，衣未作成。结波逸提罪。

七　开缘

（一）正明开缘

【记】

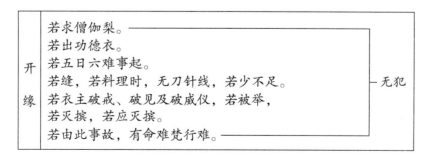

开缘	若求僧伽梨。 若出功德衣。 若五日六难事起。 若缝，若料理时，无刀针线，若少不足。 若衣主破戒、破见及破威仪，若被举， 若灭摈，若应灭摈。 若由此事故，有命难梵行难。	无犯

本戒开缘如下：

1. 第一缘至第三缘：若比丘尼，或求索僧伽梨，或已出功德衣，或五日中，有六难事生起，无法在五日内缝制成衣，不犯。

2. 第四缘：若比丘尼在裁剪缝制的过程中，无刀、针、线，或衣财少不足成衣，过五日未作成衣，不犯。

3. 第五缘、第六缘：若衣主破戒、破见、破威仪，或被举、灭摈、应灭摈，故比丘尼不及时为缝衣，过五日未作成衣，不犯。

4. 第七缘：若比丘尼为他尼缝大衣，则自身有命难、梵行难，于五日未作成衣，不犯。

（二）别释诸难

【记】 重治毗尼 八难中，除非人恶兽二难，故云六难。尼众不住阿兰若故。

（八难者：水、火、王、命、梵行、缚闭、非人、恶兽。）

蕅益大师在《重治毗尼》卷十六中云：在八难中，除非人及恶兽二难。余下诸难，故称为六难。因为尼众不住阿兰若，故无非人及恶兽二难。慈舟律师加括弧列出八难：水难、火难、王难、命难、梵行难、缚闭难、非人难及恶兽难。

练习题

1. 请解释"缝僧伽梨过五日戒"戒名。
2. 简述佛制"缝僧伽梨过五日戒"三要素。
3. 背诵并解释"缝僧伽梨过五日戒"之戒文。
4. 佛为什么制"缝僧伽梨过五日戒"？
5. "缝僧伽梨过五日戒"具哪几缘成犯？有哪些开缘？
6. "缝僧伽梨过五日戒"中所言"六难"指什么？

第一○五节　过五日不看僧伽梨戒

一　戒名

【记】 过五日不看僧伽梨戒第一○四 （大、制）

五日：佛制比丘尼照看僧伽梨间隔时间之上限。

过五日不看僧伽梨戒：若比丘尼超过五日不看僧伽梨，佛制不许。

二　缘起

【记】 有尼

有比丘尼，乃缘起中能犯之人。

佛制此戒三要素：（1）何处制：佛于毗舍离制。（2）因谁制：有比丘尼。（3）因何制：一尼置僧伽梨于房中，不看令坏。

三　戒文

【记】　戒文——若比丘尼，过五日不看僧伽梨，波逸提。

此戒文分三句：

第一句：若比丘尼——能犯人

白四羯磨如法得处所的比丘尼。

第二句：过五日不看僧伽梨——所防过

超过五日不照看僧伽梨。

第三句：波逸提——结罪

此比丘尼结波逸提罪。

四　制意

【记】　[四分律疏] 制意：僧伽梨价重，营求叵办。久时不捡，事容损坏。缺资受用，事恼非轻。故制。

僧伽梨价值贵重，新者两重，旧者四重，条相多，所须布材亦多，甚费人功，难以备办，故营求不易。若置僧伽梨于一处，久时不看，容易招致虫咬、霉烂。一旦有所损坏，便缺受用之衣。由此产生损恼匪轻，故佛制每隔五日须查看一次僧伽梨。

五　具缘

【记】　[比丘尼钞] 具三缘成犯：一、是僧伽梨。二、举处不坚密。三、过五日不看。犯。

此戒具三缘成犯：

1. **是僧伽梨**：是僧伽梨。若余衣，五日不看，但结突吉罗罪。

2. **举处不坚密**：举藏之处不牢固隐密，易损坏丢失。

3. **过五日不看。犯**：若超过五日，不查看僧伽梨，即结波逸提罪。

六　罪相

（一）正示犯相

【记】

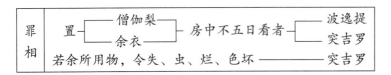

此戒结犯相状：

1. 若比丘尼置僧伽梨在房中，每隔五日不查看一次，即结波逸提罪。余四衣，即郁多罗僧、安陀会、覆肩衣、僧祇支，过五日不看，俱结突吉罗罪。

2. 若比丘尼，余所用之物，隔五日不查看一次，而导致丢失、虫咬、烂破、色坏，亦俱结突吉罗罪。

（二）引文别显

【记】 比丘尼钞 十诵云：故意不看五衣，俱提。

《比丘尼钞》引《十诵律》文：若比丘尼五夜故意不查看僧伽梨乃至覆肩衣等五衣，俱结波逸提罪。[1]

七 开缘

【记】

此戒开缘如下：

1. 若比丘尼置僧伽梨于房中，每五日便查看一次，不犯。以顺教故。

2. 若比丘尼置僧伽梨于坚密牢固之处，不犯。由衣不易被虫坏、色损故。

3. 若比丘尼以衣寄托他人，其受寄人言"但安意，我当为汝看"。若受寄人隔五日便为比丘尼查看一次，不犯。以有人代为查看故。

4. 若比丘尼隔五日查看一次僧伽梨，恐失衣，如是不看，不犯。

练习题

1. 佛制"过五日不看僧伽梨戒"三要素是什么？

2. 背诵并解释"过五日不看僧伽梨戒"之戒文。

3. 佛制"过五日不看僧伽梨戒"意义何在？

---

① （后秦）三藏弗若多罗共罗什等译《十诵律》卷四十六，《大正藏》第23册，第335页。

4."过五日不看僧伽梨戒"具哪几缘成犯？

5."过五日不看僧伽梨戒"结犯相状如何？

6. 请列出"过五日不看僧伽梨戒"开缘。

思考题

1. 比丘尼五衣中，佛为什么只制过五日不看僧伽梨结波逸提罪？

第一〇六节　与僧衣作留难戒

一　戒名

【记】　与僧衣作留难戒第一〇五　（大、制）

留难：即阻挡。有施主欲供养大众僧衣，比丘尼于中阻挡，变相赞叹："众僧有大功德，大威神，多檀越布施，但可施食，不须施衣。"如是谏劝施主息心乃至不供养衣。

与僧衣作留难戒：若比丘尼，阻挡施主布施大众僧衣，令施主息其供养心，佛制不许。

二　缘起

【记】　偷罗难陀尼

偷罗难陀比丘尼，乃缘起中能犯之人。

佛制此戒三要素：（1）何处制：佛于舍卫国制。（2）因谁制：偷罗难陀比丘尼。（3）因何制：檀越欲施大众僧衣，偷罗难陀尼故作留难，因制。

三　戒文

【记】　戒文——若比丘尼，与众僧衣，作留难者，波逸提。

文分三句：

第一句：若比丘尼——能犯人
白四羯磨如法得处所的比丘尼。

第二句：与众僧衣，作留难者——所防过
檀越欲供养大众僧衣，比丘尼于中作留难，令施主息其施心。

第三句：波逸提——结罪
此比丘尼即结波逸提罪。

四　制意

【记】　四分律疏　制意：修道立行，无祈于物。虔心奉献，赞誉助喜。今反悭惜他物，令不施衣。彼此俱损，失利之重，是以圣制。

凡出家修道宜立正行，应少欲知足，不贪祈于外物。若有檀越以虔诚心供养僧众，理应称赞随喜。然今比丘尼却因悭吝施主财物，于中作留难，令其息心，不再施衣。如此施主便失去供僧获福之益，大众僧亦失得衣机会。自他两损，失利颇重。故佛制不许。

五　具缘

【记】　比丘尼钞　具四缘成犯：一、是檀那许施衣。二、知许施衣。三、作方便劝彼不令施衣。四、施主息心施。犯。

此戒具四缘成犯：

1. **是檀那许施衣**：施主已许施与大众僧衣。

2. **知许施衣**：比丘尼知施主已许施与大众僧衣。

3. **作方便劝彼不令施衣**：比丘尼作种种方便，于中作留难，劝施主息其施衣之心。

4. **施主息心施。犯**：若施主息其施心，比丘尼便犯波逸提。

六　罪相

【记】

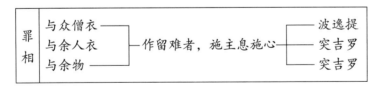

此戒结犯相状：

1. 若檀越欲施与众僧衣，比丘尼于中作留难，令施主息其施心，即结波逸提罪。

2. 若檀越欲施与余人衣（余人即指一、二、三人及式叉摩那尼、沙弥尼），比丘尼于中作留难，令施主息其施心，则结突吉罗罪。

3. 若檀越欲施与众僧余物，比丘尼于中作留难，令施主息其施心，亦结突吉罗罪。

七　开缘

【记】

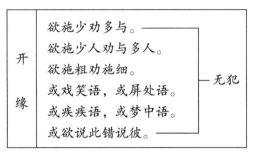

此戒开缘如下：

1. 若施主本欲施少物，而劝彼施多物，不犯。

2. 若施主本欲施少人，而劝彼施多人，不犯。

3. 若施主本欲施粗劣物，而劝其施细好物，不犯。

4. 若戏笑语、屏处语、疾疾语，虽不犯本罪，但乖言语仪轨，须结突吉罗罪。

5. 若梦中语，若欲说此错说彼，不犯。

练习题

1. 请解释"与僧衣作留难戒"戒名。

2. 简述佛制"与僧衣作留难戒"三要素。

3. 背诵并解释"与僧衣作留难戒"之戒文。

4. 佛为什么制"与僧衣作留难戒"？

5. "与僧衣作留难戒"具哪几缘成犯？结犯相状如何？

6. 在哪些情况下不犯"与僧衣作留难戒"？

第一〇七节　辄着他衣戒

一　戒名

【记】　辄着他衣戒第一〇六　　（大、制）

辄：随便。

辄着他衣戒：若比丘尼不问主，随便着他尼衣者，佛制不许。

二　缘起

【记】　有尼

某比丘尼，乃缘起中能犯之人。

佛制此戒三要素：（1）**何处制：**佛于舍卫国制。（2）**因谁制：**有一比丘尼。（3）**因何制：**有比丘尼着他僧伽梨，不语主，入村乞食，因制。

三　戒文

【记】　　*戒文——若比丘尼，不问主，便着他衣者，波逸提。*

文分三句：

第一句：若比丘尼——能犯人

白四羯磨如法得处所的比丘尼。

第二句：不问主便着他衣者——所防过

自己不问主，亦未令他人告知衣主。作亲厚意想，随便着他衣。

第三句：波逸提——结罪

此比丘尼即结波逸提罪。

四　制意

【记】　　四分律疏 制意：辄着他衣，似同贼相。青白难分，致招嚣垒。前人谓失，恼主之重。圣所弗许，故制提罪。

若比丘尼不问主，即随便穿着他尼之衣，行迹如贼，易被衣主误以为偷衣。如是，青白难分，招致诬谤。又，衣主以为失衣而处处寻觅，由此触恼衣主不轻，故佛制不许，制以波逸提罪。

五　具缘

【记】　　比丘尼钞 具三缘成犯：一、是他衣。二、不问辄着。三、入村乞食。犯。

此戒具三缘成犯：

1. **是他衣：**是其他比丘尼五衣。
2. **不问辄着：**不亲自问衣主，亦未令他人告知，随便穿着。
3. **入村乞食。犯：**比丘尼不问主着他衣，入村乞食，即结波逸提罪。

六　罪相

【记】

罪相	取他衣着，不语主入村乞食者 ———— 波逸提

若比丘尼取他比丘尼衣穿着，不告诉衣主，入村乞食者，即结波逸提罪。

七　开缘

【记】

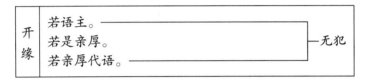

此戒开缘如下：

1. 若先告诉衣主而穿着，不犯。

2. 若确实是亲厚，不分彼此，不问主便穿着，不犯。

3. 若衣主之亲厚语言："汝但着去，我当为汝语主。" 如此代语，亦不犯。

练习题

1. 请解释 "辄着他衣戒" 戒名。

2. 列出佛制 "辄着他衣戒" 三要素。

3. 背诵并解释 "辄着他衣戒" 之戒文。

4. 佛为什么制不可以辄着他衣？

5. "辄着他衣戒" 具哪几缘成犯？有哪些开缘？

思考题

1. 同学一起共住，若临事急需用其他同学物品，当如何避免犯过？

第一〇八节　与俗人外道衣戒

一　戒名

【记】　与俗人外道衣戒第一〇七　（大、制）

俗人：在家人。

外道：指在佛法外出家人，以彼心外求法，故名外道。

衣：指染色衣，即用青、黑、木兰染成坏色之袈裟。

与俗人外道衣戒：若比丘尼以袈裟施与俗人和外道，佛制不许。

二 缘起

【记】 六群尼

六群比丘尼，乃缘起中能犯之人。

佛制此戒三要素：（1）何处制：佛于舍卫国制。（2）因谁制：六群比丘尼。（3）因何制：六群比丘尼以沙门衣施与俗人、外道，因制。

三 戒文

【记】 戒文——若比丘尼，持沙门衣，施与外道白衣者，波逸提。

文分三句：

第一句：若比丘尼——能犯人

白四羯磨如法得处所的比丘尼。

第二句：持沙门衣，施与外道白衣者——所防过

比丘尼以沙门释子的袈裟施与外道或白衣。

第三句：波逸提——结罪

若外道、白衣接受，此比丘尼即结波逸提罪。

四 制意

【记】 四分律疏 制意：白衣外道，非真福田。躬持衣物，授与于彼，生人惑倒。谓外道是胜，出家不如。损处不轻，故所以制。

白衣和外道非真正福田。檀越虔诚施衣，为获福德。今以施主布施之衣转施与白衣、外道，违背檀越施心。而且，易令世人产生惑乱、颠倒，误认为外道比沙门释子更殊胜。由此造成的损害及影响极其严重，所以佛制此戒。

五 具缘

【记】 比丘尼钞 具四缘成犯：一、非亲里白衣外道。二、是袈裟。三、持与彼。四、前人领受。犯。

此戒具四缘成犯：

1. **非亲里白衣外道**：依《四分律》，指父母以外的一切白衣、外道。[①]

---

① （后秦）三藏佛陀耶舍共竺佛念等译《四分律》卷二十七，《大正藏》第22册，第751页。

2. **是袈裟**：是沙门释子之法服。

3. **持与彼**：比丘尼亲自持衣与白衣、外道。

4. **前人领受。犯**：前人领受此衣，比丘尼即犯波逸提罪。

六　罪相

【记】

此戒结罪情况如下：

1. 比丘尼以沙门释子衣施与白衣、外道。对方接受，比丘尼便结波逸提罪。如果对方不接受，比丘尼结突吉罗罪。

2. 如果比丘尼作种种方便欲与而后未与，结突吉罗罪。

3. 如果比丘尼约定与衣而未与，结突吉罗罪。

七　开缘

（一）正明开缘

【记】

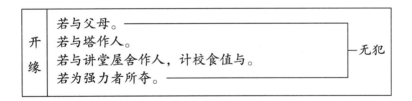

此戒开缘如下：

1. 若比丘尼持衣与父母，不犯。

2. 若比丘尼持衣与塔作人，不犯。以彼有功劳故。

3. 若比丘尼与修治讲堂、房舍工人衣，以衣折合饮食之价，不犯。

4. 若比丘尼衣被强力者所夺，而非自己与，不犯。

（二）引文别明

【记】　比丘尼钞 僧祇云：若尼有德，听女人为儿，乞小小破衣以襀衩者，不得与大者，不得自手与，应遣人与。

《比丘尼钞》引《僧祇律》明如法与衣："若比丘尼有戒德，妇女小儿欲乞破衣段以禳灾者，不得自手与，应遣净人女与。若比丘自手与俗人外道沙门衣者，越毗尼罪。若有戒德比丘，人索破袈裟段欲以禳灾者，应使净人与，不得与大段当与小者。"①

八 警策

【记】 ｜比丘尼钞｜ 十诵云：与外道与白衣皆提。义云：今数见尼僧往道士观求治病，交涉来往，供给衣食。因染俗情，坏其梵行，招世讥谤，损辱佛僧。非但师无纲纪，亦因前无法度。若有力罚令归俗者，此人为护法因缘故，当来之世，必获净土之报。（白衣者：在家人。外道者：在佛法外出家者。）

道宣律师在此文中表达三层意思：

1. **先引律明犯**：《十诵律》云：若比丘尼持衣与外道、白衣，俱结波逸提罪。②

2. **次斥时非**：现在常见比丘、比丘尼到道观中，求请道士治病，与其交涉来往，供给衣食，因染着世俗之情而毁坏梵行。因为外道皆心外求法，不能获得究竟解脱。若时常亲近，容易沾染其邪见，废修出离之业。这种行为亦招致世人讥嫌、毁谤，从而损辱三宝。为人之师，不仅自己行为不符合轨则，也由此违法之行，导致后人行为没有法度。

3. **期惩戒非法**：如果有大力之人能出自护法之心，惩戒此不法之流，勒令他们还俗。那么，此人必将由此护法因缘，当来之世感获往生净土之果报。

练习题

1. 请解释"与俗人外道衣戒"戒名。
2. 列示佛制"与俗人外道衣戒"三要素。
3. 背诵并解释"与俗人外道衣戒"之戒文。
4. 佛为什么制"与俗人外道衣戒"？
5. "与俗人外道衣戒"具哪几缘成犯？结犯相状如何？有哪些开缘？
6. 根据《僧祇律》，若俗人祈袈裟片禳灾者，当如何与？

---

① （东晋）三藏佛陀跋陀罗共法显译《摩诃僧祇律》卷三十八，《大正藏》第22册，第528页。
② 《十诵律》卷四十六"比丘尼波逸提"第132条制："若比丘尼，以衣与白衣，波逸提。"（《大正藏》第23册，第336页。）

第一〇九节　遮僧分衣戒

一　戒名

【记】　遮僧分衣戒第一〇八　　（大、制）

遮：遮止。

遮僧分衣戒：如果比丘尼恐弟子不得衣，而遮止大众僧如法分衣，佛制不许。

二　缘起

【记】　偷罗难陀尼

偷罗难陀比丘尼，乃缘起中能犯之人。

佛制此戒三要素：（1）**何处制**：佛于舍卫国制。（2）**因谁制**：偷罗难陀比丘尼。（3）**因何制**：偷罗难陀遮众僧如法分衣，恐弟子不得，因制。

三　戒文

【记】　戒文——若比丘尼，作如是意，众僧如法分衣，遮令不分，恐弟子不得者，波逸提。

文分三句：

第一句：若比丘尼——能犯人

白四羯磨如法得处所的比丘尼。

第二句：作如是意，众僧如法分衣，遮令不分，恐弟子不得者——所防过

比丘尼作如是意："弟子游行在外，人不现前，如果众僧分衣，恐不能得衣，应遮止此时分衣，等弟子回来后再分。"

如法分衣：如法如律、如佛所教作羯磨分衣。

第三句：波逸提——结罪

比丘尼恐弟子分不到衣，而遮众僧如法分衣。若僧不分，即结波逸提罪。

四　制意

【记】　四分律疏 制意：如法分衣，理宜详遵，许无乖碍。为弟子故，遮僧分衣，增贪恼众，非轻故制。

若众僧如法如律、如佛所教分衣，比丘尼理应无条件遵守，不可作诸障碍。而

今恐弟子分不到衣，便遮止众僧分衣，不仅增长贪心，亦触恼众僧。由此产生过失不轻，故佛制不许。

五　具缘

【记】　 比丘尼钞 具四缘成犯：一、是僧作法分。二、恐弟子不得。三、遮令不分。四、僧不分。犯。

此戒具四缘成犯：

1. **是僧作法分**：大众僧如法作羯磨分衣。

2. **恐弟子不得**：比丘尼恐弟子分不到衣。

3. **遮令不分**：遮止大众僧如法分衣。

4. **僧不分。犯**：如果大众僧不分衣，比丘尼便犯波逸提罪。

六　罪相

【记】

罪相	众僧如法分衣，遮令不分者 ——————— 波逸提

若比丘尼，众僧如法分衣，遮令不分者，即结波逸提罪。

七　开缘

【记】

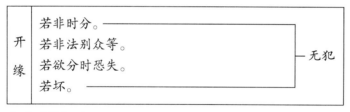

此戒开缘如下：

1. 若众僧在非法之时分衣（如将时衣作非时衣分等），比丘尼遮令不分者，不犯。

2. 若众僧作非法别众等五非羯磨分衣，比丘尼遮令不分者，不犯。

3. 若众僧欲分衣，比丘尼恐失衣，故遮令不分者，不犯。

4. 众僧欲分衣，比丘尼担心分后衣会坏损，故遮令不分，不犯。

练习题

1. 列示佛制"遮僧分衣戒"三要素。

2. 背诵并解释"遮僧分衣戒"之戒文。

3. 佛为什么制"遮僧分衣戒"？

4. "遮僧分衣戒"具哪几缘成犯？有哪些开缘？

第一一〇节　停众僧出功德衣戒

一　戒名

【记】　停众僧出功德衣戒第一〇九　　（制）

停：暂停。

出功德衣：至十二月十五日，众僧羯磨出功德衣。出此衣后，不再享受五事利益。

停众僧出功德衣戒：若比丘尼欲令五事久得放舍，而暂停众僧如法出功德衣，待后当出，佛制不许。

二　缘起

【记】　六群尼

六群比丘尼，乃缘起中能犯之人。

佛制此戒三要素：（1）何处制：佛于舍卫国制。（2）因谁制：六群比丘尼。
（3）因何制：六群比丘尼作是意：今比丘尼僧如法出迦绨那衣，遮使不出，欲令久得五事放舍，因制。

三　戒文

【记】　戒文——若比丘尼，作如是意，令众僧今不得出迦绨那衣，后当出。欲令五事久得放舍，波逸提。

文分四句：

第一句：若比丘尼——能犯人

白四羯磨如法得处所的比丘尼。

第二句：作如是意，令众僧今不得出迦绨那衣，后当出——遮出衣

比丘尼作如是意："大众僧今出功德衣后，则五利随之而失，应使彼等不得出衣，待以后再出。"

第三句：欲令五事久得放舍——留衣意

比丘尼遮止出功德衣之目的是欲令五事利益久得延续。《四分律》卷四十三云：

五事利益是指：得畜长衣、得离衣宿、得别众食、得展转食、得食前食后不嘱授入聚落。前安居人在自恣竟一月或五月中得享有此五利。

第四句：波逸提——结罪

若比丘尼遮止僧不出迦绨那衣，即结波逸提罪。

四　制意

【记】　四分律疏　制意：详心和同，出功德衣，修道急务，理应依制。为贪五利，遮令不出。增结恼僧，情过深重。故今圣制。

众僧同心一愿，和合出功德衣，此是修道急务，理应遵从佛制。然今比丘尼为贪享五利，遮众僧令不得出功德衣，待后当出。如是既增长贪心，又触恼众僧。过失严重，故佛制不许。

五　具缘

【记】　四分律疏　具四缘成犯：一、先受功德衣。二、时中如法出。三、为利故遮。四、僧不出。犯。

此戒具四缘成犯：

1. **先受功德衣**：大众僧于先前已作法受功德衣。

2. **时中如法出**：大众僧在十二月十五日，如法出功德衣。

3. **为利故遮**：比丘尼为延长五事利益而遮止大众僧，令今不得出功德衣，待以后再出。

4. **僧不出。犯**：若大众僧不出功德衣，比丘尼即结波逸提罪。

六　罪相

【记】

罪相	为五事故，停僧不得出功德衣，后当出者———波逸提

若比丘尼为延长五事利益，而遮止众僧令今不得出功德衣，待以后再出，结波逸提罪。

七　指同开缘

【记】

开缘	同第一百零八戒。

此戒开缘同第一百零八条"遮僧分衣戒"。

练习题

1. 请解释"停众僧出功德衣戒"戒名。
2. 佛制"停众僧出功德衣戒"三要素是什么?
3. 背诵并解释"停众僧出功德衣戒"之戒文。
4. 佛为什么制"停众僧出功德衣戒"?
5. "停众僧出功德衣戒"具哪几缘成犯?

第一一一节 遮比丘尼僧出功德衣戒

一 戒名

【记】 遮比丘尼僧不出功德衣戒第一一〇 （制）

遮比丘尼僧不出功德衣戒：若比丘尼为久享五事利益，而遮止比丘尼僧出功德衣，佛制不许。根据律文，此戒名应改为"遮比丘尼僧出功德衣戒"。

二 缘起

【记】 六群尼

六群比丘尼，乃缘起中能犯之人。

佛此戒制戒三要素：（1）**何处制**：佛于舍卫国制。（2）**因谁制**：六群比丘尼。（3）**因何制**：六群比丘尼作是意，遮止众僧如法出功德衣，欲令久得五事放舍，因制。

三 戒文

【记】 戒文——若比丘尼，作如是意，遮比丘尼僧，不出迦缔那衣。欲令久得五事放舍，波逸提。

文分四句

第一句：若比丘尼——能犯人
白四羯磨如法得处所比丘尼。

第二句：作如是意，遮比丘尼僧，不出迦缔那衣——遮出衣
比丘尼起如是心念，遮止比丘尼僧，令久不出迦缔那衣。

第三句：欲令久得五事放舍——留衣意

比丘尼留功德衣之意，是欲令久享五事利益。

第四句：波逸提——结罪

若比丘尼为久享五事利益，而遮比丘尼僧出功德衣，若言词了了，即结波逸提罪。

四 简别制意、具缘

【记】 四分律疏 制意、具缘同上。前戒现遮僧不出，后当出犯。此戒当遮久不出，言了了犯者。有斯异故。

《四分律疏》原文："制意犯缘同上。前戒现遮僧不出犯。此戒当遮。言了了犯者。有斯异故。别制此戒。"① 意即：此戒制意、具缘，同上"停众僧出功德衣戒"。前戒是现遮众僧，令暂时不出功德衣，以后再出，僧若不出功德衣便犯；此戒为当遮众僧，令将来久不出功德衣，若言词了了即犯。有此不同，所以又制此戒。

五 罪相

（一）正明犯相

【记】

| 罪相 | 为五事故，遮众僧永不出功德衣 | 说而了了——波逸提 |
| | | 说而不了了——突吉罗 |

比丘尼为久享五事利益，而遮止众僧，令永不出功德衣。若言语清楚明了，结波逸提罪；若言语不清楚明了，结突吉罗罪。

（二）对比二戒

【记】 尼戒会义 前戒是暂时停止，此戒是欲到底竟不出也。

《尼戒会义》云：前戒是令僧暂时不出功德衣，此戒是欲令僧久不出功德衣。

六 指同开缘

【记】

| 开缘 | 同第一百零八戒。 |

---

① （唐）法砺律师撰述《四分律疏》卷六，《卍新续藏》第41册，第690页。

此戒开缘与同于第一百零八条"遮僧分衣戒"。

《四分律》列示此戒开缘："不犯者，出迦絺那衣非时，非法别众、非法和合众、法别众、似法别众、似法和合众、非法非律非佛所教；若出恐失坏，如是遮者，无犯。"①

练习题

1. 请列出佛制"遮比丘尼僧不出功德衣戒"三要素。

2. 背诵并解释"遮比丘尼僧不出功德衣戒"之戒文。

3. "遮比丘尼僧不出功德衣戒"与"停众僧出功德衣戒"有何区别？

4. "遮比丘尼僧不出功德衣戒"结犯相状如何？有哪些开缘？

第一一二节　不与他灭诤戒

一　戒名

【记】　不与他灭诤戒第一一一　　（大、制）

诤：四诤，即言诤、觅诤、犯诤及事诤。

不与他灭诤戒：若比丘尼有智慧有能力堪灭诤事，而不与他比丘尼灭诤，佛制不许。

二　缘起

【记】　偷罗难陀尼

偷罗难陀比丘尼，乃缘起中能犯之人。

佛制此戒三要素：（1）**何处制：**佛于舍卫国制。（2）**因谁制：**偷罗难陀比丘尼。（3）**因何制：**有尼与人共斗诤，求偷罗难陀比丘尼为其灭诤，偷罗难陀尼拒绝，致彼尼休道，因制。

三　戒文

【记】　戒文——若比丘尼，余比丘尼语言，为我灭此诤事，而不与作方便令灭者，波逸提。

文分四句：

第一句：若比丘尼——能犯人

---

① （后秦）三藏佛陀耶舍共竺佛念等译《四分律》卷二十七，《大正藏》第22册，第752页。

白四羯磨如法得处所的比丘尼。

第二句：余比丘尼语言，为我灭此诤事——求灭诤

若比丘尼与他人共诤，求请有智慧有能力比丘尼："为我灭此诤事！"

第三句：而不与作方便令灭者——不为灭

被求请比丘尼有智慧有能力，堪为其灭诤，而不以佛所教灭诤法令诤事息灭。

方便：佛所教灭诤法。

第四句：波逸提——结罪

此被求请比丘尼即结波逸提罪。

四　制意

【记】 四分律疏 制意：凡修德之人，有诤须灭，使消殄和合，众法成立。竟不为灭，令诤增长，损恼还俗，损处非轻故。

凡修行进德之人，如果有诤事生起，即须作诸方便，令诤事息灭，使僧团和合，众法得以成立。缘起中有智慧有能力比丘尼，堪灭诤事，竟袖手旁观，致使诤事炽盛。因诤事不灭，共诤尼愁忧休道。损害严重，故佛制此戒。

五　具缘

【记】 四分律疏 具五缘成犯：一、是四诤事。二、前人求请灭。三、有解堪灭。四、无因缘。五、不为灭。犯。

此戒具五缘成犯：

1. **是四诤事**：是言诤、觅诤、犯诤及事诤。
2. **前人求请灭**：共诤比丘尼求请为其灭除诤事。
3. **有解堪灭**：被求请比丘尼有智慧有能力，堪能息灭诤事。
4. **无因缘**：没有开缘情况。
5. **不为灭。犯**：若比丘尼不作方便为其灭除诤事，便犯波逸提。

六　罪相

【记】

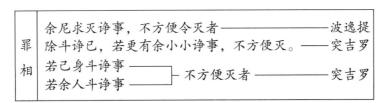

此戒罪相如下：

1. 如果有诤事的比丘尼来求灭诤，被请比丘尼却不作方便为其灭者，结波逸提罪。

2. 除四诤事外，若有其余小诤事，如口不和合、共相骂詈等，比丘尼不作方便除灭者，结突吉罗罪。

3. 若比丘尼自身与他人斗诤，而不作方便息灭诤事，结突吉罗罪。

4. 余人（即小三众）有斗诤事，若比丘尼不作方便灭除，亦结突吉罗罪。

七　开缘

【记】

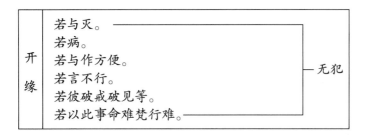

此戒开缘如下：

1. 如果有斗诤尼求灭诤事，比丘尼便为其息灭，不犯。

2. 如果比丘尼自身有病，而不作方便为斗诤比丘尼息灭诤事，不犯。

3. 如果有斗诤尼求灭诤事，比丘尼与作方便，即使诤事未灭，亦不犯。

4. 若比丘尼为斗诤尼作方便灭诤时，彼人言："我不信此法能灭诤事！"如是不与灭诤，不犯。

5. 若破戒、破见、破威仪之斗诤尼求请灭诤，比丘尼不与灭，不犯。据《四分律》所制，"若被举，若灭摈，若应灭摈"者求请灭诤，而不与灭者，亦不犯。①

6. 若比丘尼为斗诤尼息灭诤事，则自身有命难、梵行难，如是不与灭，不犯。

练习题

1. 请解释"不与他灭诤戒"戒名。

2. 列示佛制"不与他灭诤戒"三要素。

3. 背诵并解释"不与他灭诤戒"之戒文。

4. 佛为什么制"不与他灭诤戒"？

5. "不与他灭诤戒"具哪几缘成犯？结犯相状如何？

---

① （后秦）三藏佛陀耶舍共竺佛念等译《四分律》卷二十七，《大正藏》第 22 册，第 752 页。

6. 在哪些情况下不犯"不与他灭诤戒"？

第一一三节　与白衣外道食戒

一　戒名

【记】　与白衣外道食戒第一一二　（大、制）

白衣：即在家人。**外道**：佛法外出家者。

与白衣外道食戒：若比丘尼自手持食与白衣、外道，佛制不许。

二　缘起

【记】　六群尼

六群比丘尼，乃缘起中能犯之人。

佛制此戒三要素：（1）何处制：佛于舍卫国制。（2）因谁制：六群比丘尼。
（3）因何制：六群比丘尼自手持食与白衣、外道，因制。

三　戒文

【记】　戒文——若比丘尼，自手持食，与白衣及外道食者，波逸提。

文分三句：

第一句：若比丘尼——能犯人
白四羯磨如法得处所的比丘尼。
第二句：自手持食，与白衣及外道食者——所防过
比丘尼自手持可食之物，与白衣及外道食。
自手持食与：或手与手受，或手与器受，或器与手受，或器与器受。
第三句：波逸提——结罪
若比丘尼自手持食与白衣、外道，彼若受，此尼即结波逸提罪。

四　制意

【记】　四分律疏 制意。与外道食有三过：一、异学情反，恒怀殊外，难与理亲。虽复惠施，不荷其恩，反生讥谤。二、邪见乖宗，非真福田。今以施主之食，授与外道，损他施主，不得胜田，获反报之福。三、躬自持食，授与外道，容生惑倒，谓外道是胜，比丘不如。以斯多过，故制不许。

此戒制意要旨，在于自手持食与外道有三种过失：

1. 外道与沙门释子知见相反，所学不同

外道心外求法，与沙门释子所学相反。恒常执持异见，很难认同佛法。设使惠施饮食，亦不会感念恩德，反生讥嫌毁谤。[①]

2. 外道、白衣非真正福田

凡属外道，计种种错见，乖离佛陀教法；白衣营利俗务，不修出离道业。二者皆非真正福田。缘起中比丘尼，以檀越虔诚布施之食，授与外道、白衣，损害施主，令其不能在殊胜福田中获得反报之福。

3. 令人疑惑颠倒，不知胜劣

若比丘尼亲自持食授与外道、白衣，容易使人产生疑惑颠倒，误认为沙门释子反而不如外道殊胜。

由以上诸过，佛制不许自手持食与外道、白衣。

五　具缘

【记】　比丘尼钞　具五缘成犯：一、是白衣外道（在家出家外道俱犯）。二、知。三、是食。四、自手与。五、彼领受。犯。

此戒具五缘成犯：

1. **是白衣外道**：与食的对象是白衣、外道。只要是外道，无论在家出家，俱犯。
2. **知**：比丘尼知对方是白衣、外道。
3. **是食**：是可食之物。
4. **自手与**：比丘尼自手持与。
5. **彼领受**。**犯**：若对方领受，比丘尼便犯波逸提。

六　罪相

【记】

---

① 《四分律》卷十五中记载，时阿难受教，以饼分与众僧。分已，以余饼与乞人，一人一饼。时有二饼相粘，阿难不知，谓是一饼，与一裸形外道家女。此女颜貌端正，旁人得知，便对外道女言："彼与汝私通，何得与汝二饼耶?"时阿难闻此语，即怀愁忧。复有一梵志，于舍卫国食已，便向拘萨罗国，道逢一婆罗门，问其饮食从何而得，报言："秃头居士边得。"复问："何者是秃头居士?"报言："沙门瞿昙是!"婆罗门言："汝是何人，食他食已，发此恶言也。"（《大正藏》第22册，第664页。）

此戒罪相如下：

1. 如果比丘尼自手持食与白衣、外道，对方如果领受，比丘尼便结波逸提罪；若对方未接受，比丘尼则结突吉罗罪。

2. 如果比丘尼作种种方便，打算自手持食与白衣、外道，而后未与，结突吉罗罪。

3. 如果比丘尼与白衣、外道共约，当与食，后反悔不与，结突吉罗罪。

七 开缘

【记】

此戒开缘如下：

1. 若比丘尼持食置地与白衣、外道，不犯。**地**：或地板，或桌上，或阳台等类似之处。

2. 若比丘尼使他人与白衣、外道食，不犯，以非自手持与故。

3. 若比丘尼自手持食与父母，不犯。

4. 若比丘尼自手持食与建造佛塔工匠，不犯。

5. 若比丘尼手中持食，而被强力者所夺，不犯。

八 警策

【记】 比丘尼钞 五分云：若外道来乞，应以己分一团别着一处与，不得以僧食与。泛泛男子自手与食提，亲里者不犯。义云：比见边方僧尼寺内，设会及僧施，每唤道士同僧受施。灭法之原，无过此等。自惟高迈人天，重逾金玉。忽然下坠邪流，无辜自辱，岂不痛心。

此文中，道宣律师先引他部明犯，次斥当时非法。

《五分律》云：若有外道来乞，应以己份一揣，另外放置一处，使其自取；但不得以僧食与之。因外道非真福田故。此外，比丘尼自手持食与一般男子，须结波逸提罪；若父母是外道，自手与，不犯。①

---

① （刘宋）三藏佛陀什共竺道生等译《弥沙塞部和醯五分律》卷八，《大正藏》第22册，第55页。

近来见有边方僧尼寺中，有斋僧法会及僧施之时，常常唤道士同来与僧一起受供。此乃灭法根源。沙门释子当自思惟：身为人天之师，尊贵无比，重过金玉之价。怎可自降己尊，忽然下坠，与外道邪流混同一类。如此自取其辱，岂不令人痛心。

练习题

1. 请解释"与白衣外道食戒"戒名。

2. 略述佛制"与白衣外道食戒"三要素。

3. 背诵并解释"与白衣外道食戒"之戒文。

4. 自手持食与外道、白衣有哪些过失？

5. "与白衣外道食戒"具哪几缘成犯？结犯相状如何？

6. 在哪些情况下不犯"与白衣外道食戒"？

第一一四节　为白衣作使戒

一　戒名

【记】　为白衣作使戒第一一三　（不定、大、制）

作使： 即为白衣营理家务，如磨面、舂米、做饭、炒麦、煮食、敷床座卧具、扫地、取水及受人使令等。

为白衣作使戒： 若比丘尼为白衣作使，佛制不许。

不定： 比丘随其所犯而结罪。若自炊煮、自舂米磨面，波逸提；若营理家事、受人使令、受雇佣作、为人敷床褥卧具、取水等，一切突吉罗。因比丘极少做此等事，故结罪轻。

二　缘起

【记】　六群尼

六群比丘尼，乃缘起中能犯之人。

佛制此戒三要素： （1）**何处制：** 佛于舍卫国制。（2）**因谁制：** 六群比丘尼。（3）**因何制：** 六群比丘尼为白衣营理家务，乃至受人使令。居士嗤笑，如彼妇无异，因制。

三　戒文

【记】　戒文——若比丘尼，为白衣作使者，波逸提。

文分三句：

第一句：若比丘尼——能犯人

白四羯磨如法得处所的比丘尼。

第二句：为白衣作使者——所防过

比丘尼为白衣营理家务，或作舂磨、炊饭、炒麦、煮食，或敷床座、卧具，或扫地、洗地、洗衣，或取水及其他一切使役。

第三句：波逸提——结罪

若比丘尼为白衣作使，随其所作，即结波逸提罪。

四 制意

【记】 四分律疏 制意：出家尊贵，为下人策役，令彼轻薄，污辱僧众。妨修废业，损处尤深故。

出家之人，乃人天师表，其位尊贵，理应受白衣恭敬供养。而今屈尊下位，受白衣使役，令其心生轻慢，失于虔敬。由此既污辱了僧众，又妨碍修行，荒废道业。损害之重，过患甚深。因此，佛制此戒。

五 具缘

【记】 四分律疏 具四缘成犯：一、是白衣。二、非法作使。三、非父母及有信优婆夷病，或强力缘等。四、随所作。犯。

此戒具四缘成犯：

1. **是白衣**：对方是白衣。

2. **非法作使**：非法为白衣作使。

3. **非父母及有信优婆夷病，或强力缘等**：无开缘情况，如父母及信心优婆夷病，或为强力者所执等。

4. **随所作。犯**：随比丘尼所作，便犯波逸提。

六 罪相

（一）明犯相

【记】

罪相	为白衣作使者 ——————————— 波逸提

若比丘尼为白衣作诸使劳作，如营理家务，或作舂磨、炊饭、炒麦、煮食，或敷床座、卧具，或扫地、洗地、洗衣，或取水，或其他一切劳作，随其所作，一一结波逸提罪。

（二）释作使

【记】 第二分 作使者：营理家业，或磨、舂，或炊饭，或炒麦，或煮食，或敷床座卧具，或扫地，或取水，或受人使令。[①]

《四分律·第二分》解释"作使"，文义显了易懂，不赘释。

七 开缘

【记】

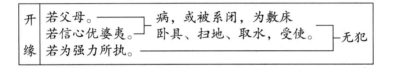

此戒开缘如下：

1. 若父母及信心优婆夷病，或被系闭，比丘尼为其敷床、卧具、扫地、取水，如此受使，不犯。

2. 若比丘尼为强力者所执，而为白衣作使，不犯，以身不由己故。

练习题

1. 请解释"为白衣作使戒"戒名。

2. 列出佛制"为白衣作使戒"三要素。

3. 背诵并解释"为白衣作使戒"之戒文。

4. 佛为什么制不许为白衣作使？

5. "为白衣作使戒"具哪几缘成犯？有哪些开缘？

思考题

1. 若比丘尼为白衣或外道写字、作画，犯此戒吗？为什么？

2. 一笃信居士长期护持寺院，其公司发生纠纷，请寺院中懂法律的比丘尼帮忙料理纠纷事务，此比丘尼当如何？

---

① （后秦）三藏佛陀耶舍共竺佛念等译《四分律》卷二十七，《大正藏》第22册，第752页。

3. "为白衣作使"与"污家、恶行"有什么相同之处？

第一一五节　自手纺绩戒

一　戒名

【记】　自手纺绩戒第一一四　（大、制）

纺：纺纱，即将丝麻纤维制成纱或线。**绩**：缉麻，即将麻搓成细线。

自手纺绩戒：若比丘尼自手纺纱、缉麻，佛制不许。

二　缘起

【记】　六群尼

六群比丘尼，乃缘起中能犯之人。

佛制此戒三要素：（1）**何处制**：佛于舍卫国制。（2）**因谁制**：六群比丘尼。
（3）**因何制**：六群比丘尼自手纺绩，居士嗤笑言：如我妇纺绩无异。因制。

三　戒文

【记】　戒文——若比丘尼，自手绩纺者，波逸提。

文分三句：

第一句：若比丘尼——能犯人
白四羯磨如法得处所的比丘尼。

第二句：自手绩纺者——所防过
比丘尼自手纺丝、缉麻。

第三句：波逸提——结罪
若比丘尼自手纺绩，随其所作，即结波逸提罪。

四　制意

【记】　四分律疏 制意：躬自绩纺，道之大患，又招讥累，非出家法体故。

比丘尼亲自以手纺绩，此是修道大患，并且招致世人讥嫌，从而丑累三宝。实非出家修道者所应做之事，故佛制不许自手纺绩。

五　具缘

【记】　比丘尼钞 具三缘成犯：一、是麻缕。二、自手纺绩。三、随手。犯。

此戒具三缘成犯：

1. **是麻缕**：即麻线，印度乃以苎麻擗出线，东土则以棉花纺织成线。

2. **自手纺绩**：比丘尼自手纺线，及揉合成线。

3. **随手。犯**：随比丘尼所作，一引线，便犯一波逸提。

六　罪相

（一）正明犯相

【记】

罪相	若比丘尼，自手纺绩者 ——————— 一引一波逸提

若比丘尼自手纺线及合线者，一引线便结一波逸提罪。

（二）引文别明

【记】　比丘尼钞　十诵云：若纺、萦、绩，若织，若擗，若抖擞，若缠手，随动手，一一犯提。缠线开不犯。五分云：尼自织作衣提，若刺靴法，张衣先刺，吉罗。衣差缩听安綦。义云：今时尼众慕道者希，专事机帛，纺绩是常，作务精勤，经教多忘。贫者贪美不休，富则转生纷扰。还复仿习，恶法愈兴。荏苒流行，致乖常式。敬寻舍俗入道，冀免业因。入道被缠，反同累俗。静虑推事，深可悲乎。

此文先引他部别明犯相，次针对时弊警策后人。

《十诵律》制："若比丘尼纺绩，波夜提。若萦，若绩，若擗，若抖擞，若缠手，皆波夜提。随动手，随得波夜提。方便欲作，突吉罗。若还合缕，一转一突吉罗。"若缠平时缝补所用之线，不犯。[1]

《五分律》制："若比丘尼，自织作衣着，波逸提。若织掷梭，掷掷波逸提。……若织腰绳、禅带，不犯。"[2]又制："有诸比丘尼如刺靴法，张衣刺。佛言：'不应尔！若衣卷缩，听安綦。'"[3]

道宣律师云：今时（唐朝）尼众，出家真为慕灭修道者稀少，大多将精力投注于机杼、打扫中，终日忙于纺绩，对经教一无所知。纵然有学，也多忘失。贫者因贪着

---

① （后秦）三藏弗若多罗共罗什等译《十诵律》卷四十六，《大正藏》第23册，第339页。

② （刘宋）三藏佛陀什共竺道生等译《弥沙塞部和醯五分律》卷十四，《大正藏》第22册，第99页。

③ 《弥沙塞部和醯五分律》卷二十九，《大正藏》第22册，第189页。"綦"（qí），在甲骨文里，上部"其"是一只鞋的形象，下部"丝"，指古人系鞋的带子。《礼记·内则》曰："履，着綦。"意即戴上裹腿，系上鞋带。此处应指绳子、带子之类。

好衣而奔波不休，富者衣本充足，却仍然乐此不疲。后学见已，便加以效仿，如此恶法愈益炽盛，道风亦日渐衰微。光阴悄然流逝，而其所作，皆乖违法式。敬请尼众寻回最初舍俗入道之心，不复造作世俗杂业，惭愧、忏悔，以期免除生死业因。虽然剃发出家，反被杂业所缠。当静心反思，弃亲入道，本图何事？出家如此，实在悲哀！

七　开缘

【记】

开
缘
若自索线合线。————————
若为强力所执。————————
————无犯

此戒开缘如下：

1. 若比丘尼将自己索来的线合接，不犯。以非自手纺织故。
2. 若比丘尼被强力者所执，而自手纺绩，不犯。以身不由己故。

练习题

1. 请解释"自手纺绩戒"戒名。
2. 列出佛制"自手纺绩戒"三要素。
3. 背诵并解释"自手纺绩戒"之戒文。
4. 佛为什么制不许自手纺绩？
5. "自手纺绩戒"具哪几缘成犯？
6. 《十诵律》《五分律》所制结犯相状如何？
7. "自手纺绩戒"有哪些开缘？

第一一六节　辄在白衣床卧戒

一　戒名

【记】　着俗服辄在白衣床卧戒第一一五　（大、制）

着俗服辄在白衣床卧戒： 若比丘尼到白衣家，随便在白衣床上坐卧，佛制不许。《四分律》制："若比丘尼入白衣舍内，在小床、大床上，若坐，若卧，波逸提。……彼比丘尼，入白衣舍内，在小床、大床上若坐若卧，随胁着床，一转一一波逸提。"[①] 据此，比丘尼着俗服，不是此戒结犯条件，戒名改为"辄在白衣床卧

---

① （后秦）三藏佛陀耶舍共竺佛念等译《四分律》卷二十七，《大正藏》第 22 册，第 753 页。

戒"为妥。

二　缘起

【记】　偷罗难陀尼

偷罗难陀比丘尼，乃缘起中能犯之人。

佛制此戒三要素：（1）**何处制**：佛于舍卫国制。（2）**因谁制**：偷罗难陀比丘尼。（3）**因何制**：偷罗难陀比丘尼辄着他璎珞衣服，在居士床上卧，因制。

三　戒文

【记】　戒文——若比丘尼，入白衣舍内，在小床、大床上，若坐，若卧，波逸提。

文分三句：

第一句：若比丘尼——能犯人

白四羯磨如法得处所的比丘尼。

第二句：入白衣舍内，在小床、大床上，若坐，若卧——所防过

比丘尼至白衣家内，随便在小床、大床上，或坐，或卧。**小床**：即坐床；**大床**：谓卧床，即夫妇平时共宿之床。

第三句：波逸提——结罪

若比丘尼在白衣床上坐卧，即结波逸提罪。

四　制意

【记】　四分律疏　制意：在他夫妻常居之处，辄尔坐卧，容生染情，自坏心行，讥累不少故。

若比丘尼在白衣夫妇共宿之床上随便坐卧，会生染污之情，自坏向道之心及摄修之行。且招俗讥嫌，进而丑累佛法。过患匪轻，故佛制戒遮止。

五　具缘

【记】　比丘尼钞　具三缘成犯：一、是白衣舍。二、是他夫妇常宿床。三、随卧。犯。

此戒具三缘成犯：

1. **是白衣舍**：是白衣家。

2. **是他夫妇常宿床**：是白衣夫妇常宿之床。

3. **随卧**。犯：若随胁着床，或随身小转侧，——犯波逸提。

六 罪相

【记】

若比丘尼入白衣舍内，于大床、小床上，或坐，或卧，随胁着床，或随身小转侧，——结波逸提罪。

七 开缘

【记】

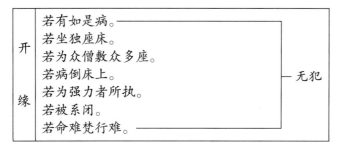

此戒开缘如下：

1. 若比丘尼有如是病，在他夫妇常宿之床上坐卧，不犯。

2. 若比丘尼在白衣舍内坐于独座床上，不犯，以非夫妇常宿之床故。

3. 若白衣为大众僧敷设众多床座，比丘尼在上坐者，不犯。

4. 若比丘尼因病而倒卧在白衣床上，不犯。

5. 若比丘尼，或被强力者所执，或被系缚关闭，或有命难、梵行难，而在白衣床上坐卧，不犯，以身不由己故。

练习题

1. 请解释"辄在白衣床卧戒"戒名。

2. 略述佛制"辄在白衣床卧戒"三要素。

3. 背诵并解释"辄在白衣床卧戒"之戒文。

4. 佛为什么制"辄在白衣床卧戒"？

5. "辄在白衣床卧戒"具哪几缘成犯？结犯相状如何？有哪些开缘？

第一一七节　经宿不辞主人去戒

一　戒名

【记】　经宿不辞主人去戒第一一六　（大、制）

经宿不辞主人去戒：若比丘尼在白衣舍内住宿，第二日不辞主人随便离去，佛制不许。

二　缘起

【记】　众多比丘尼

众多比丘尼，乃缘起中能犯之人。

佛制此戒三要素：（1）**何处制**：佛于舍卫国制。（2）**因谁制**：众多比丘尼。（3）**因何制**：诸比丘尼于白衣舍内住宿，第二日不辞主人而去。后村内起火烧舍，舍主谓舍内有人而未救火，火烧舍尽。因制。

三　戒文

【记】　戒文——若比丘尼，至白衣舍，语主人敷坐具止宿，明日不辞主人而去，波逸提。

文分四句：

第一句：若比丘尼——能犯人

白四羯磨如法得处所的比丘尼。

第二句：至白衣舍，语主人敷坐具止宿——止宿白衣家

比丘尼至白衣舍，告诉主人在其家内敷设坐具止宿。

第三句：明日不辞主人而去——不辞而去

经宿至第二日，不辞主人便离去。

第四句：波逸提——结罪

此比丘尼出白衣舍门，即结波逸提罪。

四　简别制意

明此戒制意与前第八十三条之异同。

【记】 四分律疏 制意：同前八十三条，前昼日不辞，此经宿辄去。

此戒制意，与第八十三条"入白衣舍坐已不辞主人去戒"大同。小异之处：前戒是在白天不辞主人而离去，此戒是经宿不辞主人便离去。

五　具缘

【记】 比丘尼钞 具四缘成犯：一、语主人在他舍内宿。二、不辞主去。三、无因缘。四、出门。犯。

此戒具四缘成犯：

1. **语主人在他舍内宿**：比丘尼告诉主人在其舍内止宿。
2. **不辞主去**：第二日不辞主人便离去。
3. **无因缘**：无开缘情况。
4. **出门。犯**：若比丘尼出白衣舍门，便犯波逸提。

六　罪相

【记】

罪相	语主人止宿，明日不辞而去	出门	波逸提
		一脚在内一脚在外	突吉罗
	方便欲去而不去		突吉罗
	共期去而不去		突吉罗

此戒罪相如下：

1. 若比丘尼告诉主人在其舍内止宿，次日不辞主人而去，出其家门，结波逸提罪。若一脚在门内，一脚在门外，结突吉罗罪。

2. 若比丘尼作种种方便欲离去，而后未去，结突吉罗罪。

3. 若比丘尼与人共约离去，而后未去，亦结突吉罗罪。

七　开缘

【记】

开 缘	若辞主人而去。 若先有人在舍内。 若舍先空。 若先为作福德舍。 若是亲厚。 若亲厚语但去，当语主。 若舍崩坏，或为火烧。 若中有毒蛇恶兽。 若有贼人入。 若为强力者所执。 若被系闭。 若命难梵行难。 ——无犯

此戒开缘如下：

1. 若比丘尼在白衣舍内止宿，第二日辞主人而去，不犯。

2. 若先有人在白衣舍内，比丘尼在中止宿，第二日不辞主人而去，不犯。

3. 若白衣舍是无主空房，比丘尼在中止宿，第二日自行离去，不犯。

4. 若此房为福德舍，即供过往出家人一宿一食之处，比丘尼在中止宿，第二日自行离去，不犯。

5. 若白衣舍主人是比丘尼亲厚，不辞而去，不犯。

6. 若白衣舍主人之亲厚语比丘尼言："但去无妨，当转告主人。"如是比丘尼不辞主人而去，不犯。

7. 若白衣舍倒塌崩坏，或为火所烧，比丘尼不辞主人而去，不犯。

8. 若白衣舍内有毒蛇、恶兽，比丘尼不辞主人而去，不犯。

9. 若白衣舍内有贼人入，比丘尼不辞主人而去，不犯。

10. 若比丘尼，或被强力者所执，或被系缚关闭，或有命难、梵行难，如是不辞主人而去，不犯。

📖 **练习题**

1. 请解释"经宿不辞主人去戒"戒名。

2. 列出佛制"经宿不辞主人去戒"三要素。

3. 背诵并解释"经宿不辞主人去戒"之戒文。

4. "经宿不辞主人去戒"具哪几缘成犯？结犯相状如何？有哪些开缘？

第一一八节　自诵咒术戒

一　戒名

【记】　自诵咒术戒第一一七　（大、制）

诵：受持读诵。咒术：种种世俗方术，如支节咒、刹利咒、鬼咒、吉凶咒，或习转鹿轮卜、或习解知音声等。

自诵咒术戒：若比丘尼自受持读诵世俗咒术，佛制不许。

二　缘起

【记】　六群尼

六群比丘尼，乃缘起中能犯之人。

佛制此戒三要素：（1）何处制：佛于舍卫国制。（2）因谁制：六群比丘尼。
（3）因何制：六群比丘尼诵种种杂咒术，因制。

三　戒文

【记】　戒文——若比丘尼，诵习世俗咒术者，波逸提。

文分三句：

第一句：若比丘尼——能犯人

白四羯磨如法得处所的比丘尼。

第二句：诵习世俗咒术者——所防过

受持、读诵、习学种种世俗咒术。

第三句：波逸提——结罪

若比丘尼诵习世俗咒术，言语清楚明了，即结波逸提罪。

四　制意

【记】　四分律疏 制意：修道立行，要假正法，轨生真解。今弃舍正典，诵世俗咒术。多喜染着，妨崇正道。

出家修道，宜立正行，须凭借正法，方能培育真知灼见。然今比丘尼弃舍正教圣典，受持、读诵、习学世俗咒术，此乃弃金玉拾粪扫。若喜好染着，数数习学，必妨碍尊崇正道。故佛制不许。

五　具缘

（一）正明犯缘

【记】　四分律疏 具三缘成犯：一、世间咒术。二、无因缘（谓自治病等）。三、言章了了。犯。

此戒具三缘成犯：

1. **世间咒术**：是种种世俗咒术。

2. **无因缘（谓自治病等）**：无开缘情况，比如自治病等。

3. **言章了了。犯**：若比丘尼诵习世俗咒术，言语清楚明了，便犯波逸提。

（二）引律解释

【记】　第二分 世俗咒术者：种种杂咒术，或支节咒，或刹利咒、鬼咒、吉凶咒，或转鹿轮卜，或习解知音声之类。

根据《四分律·第二分》所云，世俗咒术，是指种种杂咒术，或支节咒，或刹利咒、鬼咒、吉凶咒，或转鹿轮卜，或习解知音声咒等。[①]

支节咒：支，即四肢；节，即身体筋骨节。若肢节疼痛，咒之即愈；诵持此咒，能令人肢节伸缩。**刹利咒**：刹利尊姓所持，出于刹利书。**鬼咒**：若鬼附着人体，持之即去；或咒起尸鬼。**吉凶咒**：预知生死吉凶等事之咒。**转鹿轮卜**：亦名转禽兽轮卜，即作诸禽兽形象，周匝行列，旋轮以卜吉凶，如东土人所用卜筮龟等。**习解知音声**：习学解知动物之语言，后听其音声，能知吉凶祸福。

六　罪相

【记】

若比丘尼诵习世俗咒术，乃至解知音声，若口受，若执文诵，言语清楚明了，结波逸提罪。若言语不清楚明了，结突吉罗罪。

---

① （后秦）三藏佛陀耶舍共竺佛念等译《四分律》卷二十七，《大正藏》第 22 册，第 754 页。

七 开缘

（一）正明开缘

【记】

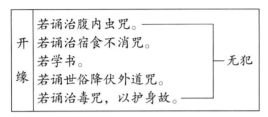

此戒开缘如下：

1. 若比丘尼诵治腹内虫咒，不犯。

2. 若比丘尼因宿食不消，而诵宿食不消咒，不犯。

3. 若比丘尼为学书写，而诵习世俗咒者，不犯。

4. 若比丘尼为降伏外道，而诵世俗咒者，不犯。

5. 若比丘尼为护身故，而诵习治毒咒①，不犯。

（二）引律别释

【记】 第二分 以上诸咒，以护身故，诵之无犯。

《四分律·第二分》云：以上开缘，皆为护身，故诵之无犯。②

虽诵习俗咒开护身不犯，然出家修道，乃志求解脱。世间咒术但能治病护身，终归是有为法，非究竟之道，故不宜习学。《菩萨善戒经》云：若菩萨不读不诵如来正经，读诵世典文颂书疏者得罪。不犯者：若为论议破于邪见，若二分佛经一分外书。何以故？为知外典是虚妄法，佛法真实故。为知世事故，不为世人所轻慢故。③《资持记·释诸杂篇》云："故智论云。习外典如以刀割泥泥无所成而刀自损。又如视日光令人眼暗。"④

练习题

1. 请解释"自诵咒术戒"戒名。

---

① 治毒咒：如《五分律》卷二十六中所说，持自护慈念咒，以免蛇毒是也。其偈云："我慈诸龙王，天上及世间。以我此慈心，得灭诸恚毒。我以智慧力，用之杀此毒。味毒无味毒，破减入地去。"佛言：若彼比丘以此咒自护者，不为毒蛇之所伤杀。（《大正藏》第 22 册，第 189 页。）

② （后秦）三藏佛陀耶舍共竺佛念等译《四分律》卷二十七，《大正藏》第 22 册，第 754 页。

③ （刘宋）三藏求那跋摩译《菩萨善戒经》卷一，《大正藏》第 30 册，第 1016～1017 页。

④ （宋）元照律师撰《四分律行事钞资持记》卷三，《大正藏》第 40 册，第 414 页。

2. 列示佛制"自诵咒术戒"三要素。

3. 背诵并解释"自诵咒术戒"之戒文。

4. 佛为什么不许自诵世俗咒术？

5. "自诵咒术戒"具哪几缘成犯？

6. 根据《四分律》，何谓"世俗咒术"？

7. "自诵咒术戒"结犯相状如何？有哪些开缘？

第一一九节 教人诵习咒术戒

一 戒名

【记】 教人诵习咒术戒第一一八 （大、制）

教人诵习咒术戒：若比丘尼教人诵习世俗咒术，佛制不许。

二 缘起

【记】 六群尼

六群比丘尼，乃缘起中能犯之人。

佛制此戒三要素：（1）何处制：佛于舍卫国制。 （2）因谁制：六群比丘尼。 （3）因何制：六群比丘尼教人诵习种种杂咒术，因制。

三 戒文

【记】 戒文——若比丘尼，教人诵习世俗咒术者，波逸提。

文分三句：

第一句：若比丘尼——能犯人
白四羯磨如法得处所的比丘尼。

第二句：教人诵习世俗咒术者——所防过
教人读诵、习学种种世俗咒术。

第三句：波逸提——结罪
若比丘尼教人诵习世俗咒术，言语清楚明了，即结波逸提罪。

四 略示余科

【记】 开宗记 释义、制意、具缘同上。但为自他业殊，故分两戒。

此戒之释义、制意、具缘皆同上戒。但前戒为自诵习，而此戒为教他人诵习，因自作、教他之不同，故分为两戒。

五　对简开缘

对比简别此戒与上戒开缘。

【记】　四分律疏 前自诵中，四开不犯：一、治病。二、学书。三、折伏外道。四、护身。教人诵中，全是不开。故离为二。

法砺律师在《四分律疏》中云：前戒自诵习世俗咒术，有四因缘开不犯：一、治病。二、学书。三、折伏外道。四、护身。而此教人诵习世俗咒术中，无论何缘，全不听许，故分为二戒。

 练习题

1. 背诵并解释"教人诵习咒术戒"之戒文。
2. "自诵咒术戒"与"教人诵习咒术戒"有何异同？

第一二〇节　度妊身女人戒

一　戒名

【记】　度妊身女人戒第一一九　　（制）

度：度与授具足戒。**妊身女人**：怀有身孕之女子。

度妊身女人戒：若比丘尼度怀有身孕之女子授具足戒，佛制不许。

二　缘起

【记】　婆罗尼

婆罗比丘尼，乃缘起中能犯之人。

佛制此戒三要素：（1）何处制：佛于舍卫国制。（2）因谁制：婆罗比丘尼。（3）因何制：婆罗比丘尼度他妊娠女人授具足戒已，彼女后生儿，自抱入村乞食，居士讥嫌，因制。

三　戒文

【记】　戒文——若比丘尼，知女人妊身，度与授具足戒者，波逸提。

文分三句：

第一句：若比丘尼——能犯人

白四羯磨如法得处所的比丘尼。

第二句：知女人妊身，度与授具足戒者——知妊身

比丘尼知他女人怀有身孕而度其出家与授具足戒。

知：或自知，或从他闻知，或彼女人自告知。

第三句：波逸提——结罪

和尚尼须结波逸提罪。

四　制意

【记】　四分律疏 制意：出家僧众，须避嫌涉，长他信敬，理亦宜然。今知妊
　　　　身，度令受具，后方产乳，丑累三宝故。

出家尼众，宜须远避讥嫌之事，令清净美名外显，以增长俗人信敬之心，依理
本应如此。然今比丘尼知他女人怀有身孕，却度其出家授具足戒。受具足戒已，方
产乳儿。招致世人讥嫌，从而丑累三宝，故佛制戒遮止。

五　具缘

【记】　比丘尼钞 具四缘成犯：一、是妊身。二、知。三、授具戒。四、三羯
　　　　磨竟。犯。

此戒具四缘成犯：

1. **是妊身：**是怀有身孕之女子。

2. **知：**比丘尼知彼怀有身孕。

3. **授具戒：**为彼授具足戒。

4. **三羯磨竟。犯：**授具戒羯磨，第三番羯磨竟，和尚尼便犯波逸提。

六　罪相

【记】

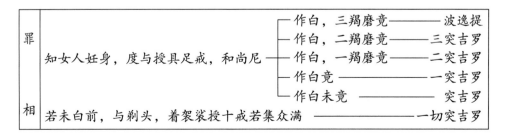

罪	知女人妊身，度与授具足戒，和尚尼	作白，三羯磨竟 —— 波逸提
		作白，二羯磨竟 —— 三突吉罗
		作白，一羯磨竟 —— 二突吉罗
		作白竟 —— 一突吉罗
		作白未竟 —— 突吉罗
相	若未白前，与剃头，着袈裟授十戒若集众满 —— 一切突吉罗	

此戒罪相如下：

（一）度妊娠妇女之和尚尼，授具戒羯磨中

1. 作白未竟，结突吉罗罪。

2. 作白竟，结一突吉罗罪。

3. 作白，一羯磨竟，结二突吉罗罪。

4. 作白，二羯磨竟，结三突吉罗罪。

5. 作白，三羯磨竟，结波逸提罪。

（二）若未白前

若未白前，与剃头、着袈裟、授十戒、若集众满，一切皆结突吉罗罪。

七　开缘

（一）正明开缘

【记】

此戒开缘如下：

1. 若比丘尼不知彼女怀有身孕，而与授具足戒。授戒以后，方产乳儿，不犯。

2. 若比丘尼信彼女言："我无身孕！"而与授具足戒。授已，彼方产乳儿，不犯。

3. 若比丘尼相信其可信人之语，谓彼女无有身孕，而与授具足戒。授已，彼方产乳儿者，不犯。

4. 若比丘尼相信其父母之语，谓其女无有身孕，而与授具足戒。授已，彼方产乳儿，不犯。

（二）引文别明

1.《四分律》

【记】　第二分　如上信人语，与授具足戒，后生儿不犯。若生已疑，不敢捉抱。佛言：若未能离母自活，听一切如母法乳哺长养。后有疑，不敢与此男儿同室宿。佛言：若未能离母宿，听共一处宿，无犯。

《四分律·第二分》云：如开缘中，若信其可信人及父母语，谓彼女无有身孕，而与授具足戒。授戒已，彼女方生儿，不犯。若生已，起疑，不敢捉抱乳儿。佛言：若儿小，尚未能离母自活，听一切如母法，乳哺长养。后有疑，不敢与此男儿同室宿。佛言："若未能离母宿，听共一处宿。"无犯。①

2. 《比丘尼钞》

【记】　|比丘尼钞| 十诵云：掘多尼生男儿，作是念：佛说比丘尼不得独房，乃至佛言：告诸尼等，与掘多尼作独房宿羯磨，是尼应与。从僧三乞，牒乞而作。未离乳听母触，余尼触吉。离乳母触吉，余尼触提。离母共宿吉，辞去后提。

五分云：听白二羯磨，差一尼伴之，被差尼得羯磨故不犯。自今已后，欲受戒时，先看乳相，若无乳相不犯。

僧祇云：不知在白衣时妊，已度者，未应与授戒，待娩身已。若生女者，出草蓐已，与授具戒。若生男者，离乳已后，与授具。若有亲里将养，即与授具。

《比丘尼钞》引诸部律说明度妊娠妇女之善后方法。

（1）《十诵律》

律中记载：崛多比丘尼生男儿，作是念：佛说比丘尼不得独房宿，我今云何？以事白佛，佛言："汝等与崛多比丘尼作独房羯磨。"又若未离乳，听母触儿无罪；余尼触，须结突吉罗罪。若离乳，母触儿结突吉罗罪；余尼触，结波逸提罪。若能离乳，母与儿共宿，得吉罪；余比丘尼共宿，得提罪。若辞去以后，母再与之共宿，得提罪。②

（2）《五分律》

律中记载：有比丘尼产一男儿，不知云何，以是白佛。佛言："听白二羯磨差一比丘尼伴之。"应一比丘尼僧中唱言：阿姨僧听，此某甲比丘尼生男儿，今差某甲比丘尼伴之。若僧时到僧忍听，白如是。阿姨僧听，此某甲比丘尼生男儿，今差某甲比丘尼伴之。谁诸阿姨忍，默然；不忍者，说。僧已差某甲比丘尼，伴某甲比丘尼竟。僧忍，默然故。是事如是持。二比丘尼捉儿生疑，佛言"无犯"。二比丘尼共儿眠生疑，佛言"亦无犯"③。

---

① （后秦）三藏佛陀耶舍共竺佛念等译《四分律》卷二十七，《大正藏》第22册，第754页。

② （后秦）三藏弗若多罗共罗什等译《十诵律》卷四十，《大正藏》第23册，第293页。所谓"独房羯磨"，《十诵律》卷四十记载：崛多比丘尼从坐起，脱革屣、偏袒右肩、右膝着地，作是言："大德比丘尼僧忆念！我崛多生男儿，从僧乞独房羯磨，僧与我作独房羯磨，怜愍故！"第二、第三亦如是乞。是中一比丘尼应僧中唱言："大德僧听！是崛多生男儿，从僧乞独房羯磨。若僧时到僧忍听，僧与崛多比丘尼作独房羯磨。是名白。"白二羯磨。"僧与崛多比丘尼作独房羯磨竟，僧忍，默然故，是事如是持。"

③ （刘宋）三藏佛陀什共竺道生等译《弥沙塞部和醯五分律》卷二十九，《大正藏》第22册，第189页。

又云：若欲与授具足戒，应先看乳，若无儿相不犯。若受戒竟方知妊身亦不犯。[①]

（3）《僧祇律》

律云：若不知彼女在白衣时已妊身，已度，不应与其授具足戒。等分娩以后，若生女婴，出草蓐已，与授具足戒；若生男婴，等儿能离乳已，再与其授具足戒。若有亲里姊妹言："取是小儿来，我自养活。"如是者，即与授具足戒。[②]

 练习题

1. 请解释"度妊身女人戒"戒名。
2. 简述佛制"度妊身女人戒"三要素。
3. 背诵并解释"度妊身女人戒"之戒文。
4. 佛制"度妊身女人戒"意义何在？
5. "度妊身女人戒"具哪几缘成犯？结犯相状如何？有哪些开缘？
6. 《四分律》《五分律》《僧祇律》分别对已度妊娠妇女作如何安排？

第一二一节 度乳儿妇女戒

一 戒名

【记】 度乳儿妇女戒第一二〇 （制）

度：度与授具足戒。**乳儿妇女**：尚在哺乳期之妇女。

度乳儿妇女戒：若比丘尼度哺乳期妇女，与其授具足戒，佛制不许。

二 缘起

【记】 有一尼

有一比丘尼，乃缘起中能犯之人。

佛制此戒三要素：（1）**何处制**：佛于舍卫国制。（2）**因谁制**：一比丘尼。（3）**因何制**：时有比丘尼度他乳儿妇女，留儿在家，彼家中送儿还之。此比丘尼抱儿入村乞食，居士见讥，因制。

三 戒文

【记】 戒文——若比丘尼，知妇女乳儿，与授具足戒，波逸提。

---

① 《弥沙塞部和醯五分律》卷十三，《大正藏》第 22 册，第 92 页。
② （东晋）三藏佛陀跋陀罗共法显译《摩诃僧祇律》卷三十九，《大正藏》第 22 册，第 536 页。

文分三句：

第一句：若比丘尼——能犯人

白四羯磨如法得处所的比丘尼。

第二句：知妇女乳儿，与授具足戒——所防过

比丘尼知是尚在哺乳婴儿之妇女，度彼授具足戒。

知：或自知，或从他闻知，或彼女自告知。

第三句：波逸提——结罪

和尚尼结波逸提罪。

四　指同制意具缘

【记】 四分律疏 制意犯缘同前，唯以乳儿为异。

此戒制意与犯缘并同前戒，唯以哺乳妇女为异。

五　对简二戒

【记】 尼戒会义 前戒妊身度与授具；此已生儿，度与授具，后送儿来，抱入村乞食为异。余并同前。

《尼戒会义》云：前戒是妊身妇女，比丘尼度与授具足戒；此戒是已生儿之妇女，度与授具足戒后，家中送儿还之，此比丘尼抱儿入村乞食。此为二戒之不同，其余并同前戒。

练习题

1. 请解释"度乳儿妇女戒"戒名。
2. 略述佛制"度乳儿妇女戒"三要素。
3. 背诵并解释"度乳儿妇女戒"之戒文。
4. "度乳儿妇女戒"与"度妊身女人戒"有何不同？

第一二二节　度童女年不满受具戒

一　戒名

【记】 度童女年不满受具戒第一二一　　（少同、制）

童女：未曾婚嫁之女。**年不满：**未满二十岁。

度童女年不满受具戒：若比丘尼，知是生年未足二十岁之童女，度与授具足戒，佛制不许。

少同：比丘戒有少分同。①

二　缘起

【记】　　诸尼

诸比丘尼，乃缘起中能犯之人。

佛制此戒三要素：（1）**何处制**：佛于舍卫国制。（2）**因谁制**：诸比丘尼。（3）**因何制**：诸比丘尼度小年童女，后以染心共男调戏，因制。

三　戒文

【记】　　戒文——若比丘尼，知年不满二十，与授具足戒，波逸提。

文分三句：

第一句：若比丘尼——能犯人

白四羯磨如法得处所的比丘尼。

第二句：知年不满二十，与授具足戒——所防过

比丘尼知戒子是生年未足二十岁之童女，与彼授具足戒。

第三句：波逸提——结罪

和尚尼即结波逸提罪。

四　制意

【记】　　四分律疏　制意：夫年满二十，志干成立，情标处远，堪能持戒及忍众苦。修道进德，有功成之益，理宜济度。然年不满者，志性软弱，不耐众苦，遇缘退败，进道无由。违教授具，损道不轻，故须禁断。

凡年岁满二十，志向性情方趋于稳定。懂得树立远大目标，堪能严持净戒，忍耐众苦（寒、热、饥、渴、风、雨、蚊虻、恶言、持戒、日中一食等）。修道进德，可获成功。对此等人，理应济度与授具戒，以绍隆三宝。然年岁未满二十者，志性软弱，不堪忍苦，若遇烦恼逆缘，容易退失道心，难以进修道业。而今故违佛制，辄与授具，损害道业，实在不轻，故须制戒遮止。

五　具缘

【记】　　比丘尼钞　具四缘成犯：一、年未满二十。二、知。三、与授具。四、

---

① 《四分律》卷十七"比丘波逸提"第六十五条制："若比丘知年不满二十与受大戒，此人不得戒，彼比丘可呵痴故，波逸提。"（《大正藏》第22册，第680页。）据此戒文，比丘此戒与比丘尼基本相同。

三羯磨竟。犯。

此戒具四缘成犯：

1. **年未满二十**：是年岁未满二十之童女。

2. **知**：比丘尼知彼女未满二十岁。

3. **与授具**：与其授具足戒。

4. **三羯磨竟。犯**：第三羯磨竟，和尚尼便犯波逸提罪。

六　罪相

【记】

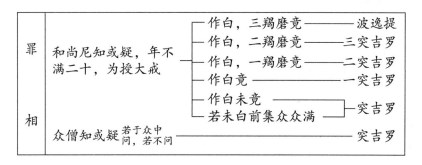

此戒罪相如下：

（一）若和尚尼知或疑戒子年未满二十，为其授具足戒，作白四羯磨

1. 作白未竟，结突吉罗罪。

2. 作白竟，结一突吉罗罪。

3. 作白，一羯磨竟，结二突吉罗罪。

4. 作白，二羯磨竟，结三突吉罗罪。

5. 作白，三羯磨竟，结波逸提罪。

（二）若未白前

若未白前，集众众满，一切结突吉罗罪。

（三）其余僧众

其余僧众若知或疑，若于众中问，若不问，一切突吉罗。①

---

① "众僧知或疑，若于众中问，若不问，突吉罗。"此结犯相状，是根据《四分律》比丘波逸提法第六十五条"与年不满戒"而出。《四分律》卷十七云："其受戒人年未满二十，和上不知，众僧及受戒人疑，众中问言：'汝年满二十？'未受戒人报言或满二十、或未满、或疑、或不知、或默然，众或不问，和上无犯，众僧突吉罗。"（《大正藏》第 22 册，第 680 页。）比丘尼律中此戒无此犯相。

七　开缘

（一）正明开缘

【记】

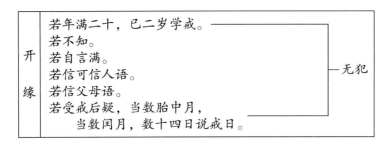

此戒开缘如下：

1. 若此女年满二十岁，且已二岁学戒，比丘尼度与授具足戒，以顺教故，不犯。

2. 若比丘尼不知此女未满二十岁，度与授具足戒，不犯。

3. 若此女自言满二十岁，比丘尼度与授具足戒，不犯。

4. 若比丘尼相信可信人之语，认为此女已满二十岁，与授具足戒，不犯。

5. 若比丘尼信彼父母语，认为此女已满二十岁，与授具足戒，不犯。

6. 若此女受戒后，怀疑自己未满二十岁，当数胎中月、闰月、十四日说戒日，若满，不犯。

（二）引文别明

1. 引《比丘尼钞》

【记】　　比丘尼钞　婆论云：六十已去，不得受大戒。设师僧强授，亦不得戒。以不堪任苦行道故。心智钝弱，听为沙弥。七岁以下，亦不许度。未满二十，不得受具者。以其轻躁，不堪忍受寒苦。若受大戒，人多诃责。若是沙弥，人则不诃。母论云：佛言实得罗汉果者，此是上法受具，虽不满二十得戒无犯。（尼应例同。）

《比丘尼钞》引《萨婆多论》《母论》别明此戒犯相及开缘等。

（1）《萨婆多论》

论云：六十岁以上，则不得受大戒，假如师僧强授，亦不得戒，以不堪忍受诸苦、精勤行道故。又，心智愚钝软弱，允许为授沙弥戒。若七岁以下，亦不许度。若未满二十岁，则不得受具足戒，以其轻浮躁动，不堪忍受寒苦。若受大戒，人们常常会呵责。若是沙弥，人们则会体谅而不呵。①

（2）《母论》

论中记载：佛问诸比丘："此人得阿罗汉果未？"诸比丘白佛言："实得阿罗汉果。"佛语诸比丘："此是上受具。"若如此者，虽未满二十得具足，不犯。② 比丘尼亦然。

2.《资持记》

【记】　灵芝资持记　初凭他语，师僧无过，受者无戒。末开后疑，有戒无过。

灵芝律师云：开缘中第三至第五缘，因为凭借他人之语，相信此女已满二十岁，并与之授具足戒，故师僧无过，受戒者不得戒。第六缘开彼女受戒后，怀疑自己未满二十岁，可以数胎中月、闰月、十四日说戒日，如果满二十，便得戒，无过。

3.《见月止持》

【记】　见月止持　斯乃受具已后有疑，佛慈听开。若未登坛，先算此而为满岁者，则法犯相似，人堕全非。

见月律师在《毗尼止持》中云：开缘中所说可以数胎中月、闰月、十四日说戒日，是在受具足戒以后自己有疑，佛慈悲听开。如果尚未登坛，先如此计算满二十岁，则落入相似法中，亦属于人非。③

八　警策

【记】　灵芝资持记　今时受者，年多不满，十师愚教，不能提诲。下坛以后，辄同僧事，冒受信施，真可怜愍。

灵芝律师云：今时（宋朝）受戒之人，年多不满二十，而十师又昧于教法，不能提醒教诲。下坛以后，便一同参与僧事，冒受檀越信施，实是可怜！

练习题

1. 请解释"度童女年不满受具戒"戒名。
2. 略述佛制"度童女年不满受具戒"三要素。
3. 背诵并解释"度童女年不满受具戒"之戒文。
4. 佛为什么不许为不满二十岁童女授具戒？

---

① 《萨婆多毗尼毗婆沙》卷九，《大正藏》第23册，第559页。
② 《毗尼母经》卷七，《大正藏》第24册，第841页。
③ （清）读体律师集《毗尼止持会集》卷十二，《卍新续藏》第39册，第450页。

5. "度童女年不满受具戒"具哪几缘成犯?

6. "度童女年不满受具戒"结犯相状如何? 有哪些开缘?

7. 见月律师如何解释第六开缘?

第一二三节　不与二岁学戒羯磨戒

一　戒名

【记】　不与二岁学戒羯磨戒第一二二　　（大、制）

二岁学戒羯磨：大众僧为沙弥尼增学六法成为式叉尼而作的白四羯磨。佛制式叉尼应二岁学比丘尼戒，清净者方可受具戒，故此羯磨又称为"二岁学戒羯磨"。

不与二岁学戒羯磨戒：若比丘尼，彼女年已十八岁，不与二岁学戒，便直接与其授具足戒，佛制不许。

二　缘起

【记】　诸尼

诸比丘尼，乃缘起中能犯之人。

佛制此戒三要素：（1）何处制：佛于舍卫国制。（2）因谁制：诸比丘尼。（3）因何制：有尼度童女，彼女年已十八岁，不与二岁学戒，便与授具足戒，因制。

三　戒文

【记】　戒文——若比丘尼，年十八童女，不与二岁学戒。年满二十，便与授具足戒者，波逸提。

文分三句：

第一句：若比丘尼——能犯人

白四羯磨如法得处所的比丘尼。

第二句：年十八童女，不与二岁学戒，年满二十，便与授具足戒者——所防过

年十八岁童女，和尚尼不与其二岁学戒，年满二十，即为授具足戒。

第三句：波逸提——结罪

第三羯磨竟，和尚尼便犯波逸提罪。

四　制意

【记】　四分律疏　制意：若不与学戒，不识戒相，广兴诸过。随缘坏行，何成

师训摄受之益？违教非轻，故所以制。

若比丘尼度童女，不与二岁学戒。受具足戒后，因不识戒相，造作诸多过失。遇到非缘，则违反禁戒，从而毁坏净行，如是怎能获得师长训导、摄受弟子之功益？此行为乖违教制，过患严重，故佛制不许。

五　具缘

【记】　比丘尼钞 具五缘成犯：一、是十八已上童女。二、不与学戒羯磨。三、年满二十。四、与授具戒。五、三羯磨竟。犯。

此戒具五缘成犯：

1. **是十八已上童女**：所对境是十八岁已上童女。
2. **不与学戒羯磨**：不与二岁学戒羯磨。
3. **年满二十**：彼童女年满二十岁。
4. **与授具戒**：比丘尼与授具足戒。
5. **三羯磨竟。犯**：第三羯磨竟，便犯波逸提。

六　指略罪相

【记】

罪相	同第一百一十九度妊身女人戒。但改为十八童女，不与二岁学戒，便与授具

此戒罪相与第一百一十九"度妊身女人戒"大同小异。具体言之：

1. 若比丘尼知十八童女，不与二岁学戒，便与授具足戒，作白四羯磨。作白未竟，结突吉罗罪。作白竟，结一突吉罗罪。作白，一羯磨竟，结二突吉罗罪。作白，二羯磨竟，结三突吉罗罪。作白，三羯磨竟，结波逸提罪。

2. 若未白前，与剃头，着袈裟，授十戒，若集众满，一切结突吉罗罪。

七　开缘

【记】

开缘	若年十八童女，二岁学戒，满二十，与授具足戒——无犯

若比丘尼知年十八童女，与二岁学戒，满二十，与授具足戒，顺教故不犯。

练习题

1. 何谓"二岁学戒羯磨"？
2. 简述佛制"不与二岁学戒羯磨戒"三要素。
3. 背诵并解释"不与二岁学戒羯磨戒"之戒文。
4. 佛为什么制"不与二岁学戒羯磨戒"？
5. "不与二岁学戒羯磨戒"具哪几缘成犯？

思考题

1. 佛为什么对尼众受戒次第有特殊要求？

第一二四节　不说六法名字戒

一　戒名

【记】　不说六法名字戒第一二三　（大、制）

六法：式叉尼应学之法。包括：（1）不得与染心男子身相触。（2）不得盗四钱。（3）不得故断畜生命。（4）不得众中妄语。（5）不得非时食。（6）不得饮酒。

不说六法名字戒：若比丘尼与十八童女二岁学戒，但不宣六法戒相，年满二十，与授具足戒，佛制不许。

二　缘起

【记】　诸尼

诸比丘尼，乃缘起中能犯之人。

佛制此戒三要素：（1）**何处制**：佛于舍卫国制。（2）**因谁制**：诸比丘尼。（3）**因何制**：诸尼度十八童女，与二岁学戒，不与说六法。彼学戒时，犯四重及六法，因制。

三　戒文

【记】　戒文——若比丘尼，年十八童女，与二岁学戒，不与六法。满二十，便与授具足戒，波逸提。

文分四句：

第一句：若比丘尼——能犯人
白四羯磨如法得处所的比丘尼。

第二句：年十八童女，与二岁学戒，不与六法——不与六法

比丘尼与十八童女二岁学戒，但不为具说随相四戒及六法名字。彼由不知戒相故，造作诸非法。

第三句：满二十，便与授具足戒——与授具

彼童女年满二十，即与授具足戒。

第四句：波逸提——结罪

三番羯磨竟，和尚尼即结波逸提罪。

四　制意

【记】　四分律疏　制意：不说六法，犹不识相，坏行违教，如前无别，故所以制。

比丘尼与年十八童女二岁学戒，却不为说六法名字，令其因不了知六法戒相而毁坏戒行，乖违圣教。此与前条不与二岁学戒无异，是故佛制戒遮止。

五　具缘

（一）正列犯缘

【记】　比丘尼钞　具六缘成犯：一、是十八童女。二、与学羯磨。三、不说六法。四、年满二十。五、授具戒。六、羯磨竟。犯。

此戒具六缘成犯：

1. **是十八童女**：对境是已满十八岁的童女。

2. **与学羯磨**：僧中与彼作二岁学戒白四羯磨。

3. **不说六法**：不为彼解说六法戒相。

4. **年满二十**：年满二十岁。

5. **授具戒**：比丘尼与其授具足戒。

6. **羯磨竟。犯**：三番羯磨竟，和尚尼即结波逸提罪。

（二）别示六法

【记】　第二分　若式叉摩那，犯应灭摈①。若有染污心，与染污心男子身相触，缺戒，应更与戒。若偷五钱、过五钱，应灭摈。若减五钱，缺戒，应更与戒。若断人命，应灭摈。若断畜生命，缺戒，应更与戒。若自言得上人法者，应灭

①　"犯应灭摈"一句中少"婬"字，依律文应是"犯婬应灭摈"。

摈。若在众中故妄语者，缺戒，应更与戒。若非时食，缺戒，应更与戒。若饮酒，缺戒，应更与戒。

根据《四分律·第二分》中所制，式叉摩那应学六法如下：[①]

1. 若犯婬，应灭摈，因犯本法。

若有染污心，与染污心男子身相触，缺戒，应重新乞受二岁学戒。

2. 若盗五钱或过五钱，应灭摈，因犯本法。

若盗减五钱，缺戒，应重新乞受二岁学戒。

3. 若断人命，应灭摈，因犯本法。

若断畜生命，缺戒，应重新乞受二岁学戒。

4. 若自称得上人法，应灭摈，因犯本法。

若于众中妄语，缺戒，应重新乞受二岁学戒。

5. 若非时食，缺戒，应重新乞受二岁学戒。

6. 若饮酒，缺戒，应重新乞受二岁学戒。

六　罪相

【记】

罪相	同一百二十一度童女年不满戒。但加不说六法四字。

此戒罪相同第一百二十一条"度童女年不满戒"。小字说明：将前戒"和尚尼知或疑，年不满二十为授具足戒"改为"和尚尼知十八童女，与二学戒，不与六法"。

七　开缘

【记】

开缘	十八童女二岁学戒，与六法已，授具足戒 ——— 无犯

与十八岁童女二岁学戒，为说六法。年满二十与授具足戒，顺教故不犯。

练习题

1. "不说六法名字戒"中的"六法"指哪些法？请根据《四分律》所制，作简略解释。

---

① （后秦）三藏佛陀耶舍共竺佛念等译《四分律》卷二十七，《大正藏》第 22 册，第 756 页。

2. 简述佛制"不说六法名字戒"三要素。

3. 背诵并解释"不说六法名字戒"之戒文。

4. 佛为什么制"不说六法名字戒"？

5. "不说六法名字戒"具哪几缘成犯？

第一二五节 度受诸遮女戒

一 戒名

【记】 度受诸遮女戒第一二四 （制）

诸遮：即有多种遮难，律中列有一百多种轻遮，总称六根不具。

度受诸遮女戒：若比丘尼度有诸遮障者与其授具足戒，佛制不许。

二 缘起

【记】 诸尼

诸比丘尼，乃缘起中能犯之人。

佛制此戒三要素：（1）**何处制**：佛于舍卫国制。（2）**因谁制**：诸比丘尼。（3）**因何制**：诸尼度盲、瞎、癃、躄、跛、聋、瘖、哑及余种种病者，污辱众僧，因制。

三 戒文

【记】 戒文——若比丘尼，年十八童女，与二岁学戒，与六法，满二十。众僧不听，便与授具足戒者，波逸提。

文分三句：

第一句：若比丘尼——能犯人

白四羯磨如法得处所的比丘尼。

第二句：年十八童女，与二岁学戒，与六法，满二十。众僧不听，便与授具足戒者——所防过

年十八童女，已学戒二年，年亦满二十，但因有盲、癃、躄、跛、聋、瘖、哑诸病，众僧不听与彼授具足戒，而比丘尼依然与授。

第三句：波逸提——结罪

三番羯磨竟，和尚尼即结波逸提罪。

四 制意

【记】 四分律疏 制意：僧众清显，要须胜人宗集，光益佛法。今此女人诸根

不具，辄度出家，污辱尼众，丑累不轻，故所以制。

僧众清净庄严，美德光显于世。须善贤者聚集一处，光大佛法，利益众生。而今女人，诸根不具，随便度其出家授具足戒，令世人不生信敬，有辱尼僧，从而丑累佛法。毁损非轻，故佛制不许。

五　具缘

【记】　比丘尼钞　具四缘成犯：一、是诸根不具。二、知。三、与授具戒。四、三羯磨竟。犯。

此戒具四缘成犯：

1. **是诸根不具**：受戒者是诸根不具之人。

2. **知**：和尚尼知彼诸根不具。

3. **与授具戒**：与诸根不具者授具足戒。

4. **三羯磨竟。犯**：三番羯磨竟，和尚尼即结波逸提罪。

六　罪相

【记】

罪相	同第一百一十九度妊身女人戒。但改为十八童女，二岁学戒，与六法，诸根不具，僧不听，与授具。

此戒罪相同第一百一十九"度妊身女人戒"，但将"知女人妊身，度与授具足戒"改为"年十八童女，二岁学戒，与六法，诸根不具，大众僧不许，与授具戒"。

七　开缘

【记】

开缘	十八童女与二岁学戒，满二十，僧听与授具足戒——无犯

若十八童女，与二岁学戒，满二十，大众僧允许，与其授具足戒，顺教故不犯。

《四分律》中列有一百三十余种辱僧之相，[①] 授戒时，略问十六种，故云十六轻遮。授戒时，若有重难，则必不开。若是轻遮，假如先前不知而与授具，授后方知，则不应遣走。

---

① （后秦）三藏佛陀耶舍共竺佛念等译《四分律》卷三十五，《大正藏》第22册，第814页。

练习题

1. 请解释"度受诸遮女戒"戒名。
2. 略述佛制"度受诸遮女戒"三要素。
3. 背诵并解释"度受诸遮女戒"之戒文。
4. 佛制"度受诸遮女戒"意义如何？
5. "度受诸遮女戒"具哪几缘成犯？

思考题

1. 度诸遮女子出家受具戒有何过患？
2. 日常行事中，如何能够既维护僧团庄严清净，又能度化广大众生？

第一二六节　度少年曾嫁妇女知减十二受具戒

一　戒名

【记】　度少年曾嫁妇女知减十二受具戒第一二五　　（制）

少年曾嫁妇女：不满十二岁即已婚嫁，识知欲与非欲，能防他染，自理能力强。能奉事二师，凡师有所须作之事，皆堪能代劳。

减十二：不满十二岁。

度少年曾嫁妇女知减十二授具戒：若比丘尼，度少年曾嫁妇女，知彼不满十二岁，与授具足戒，佛制不许。

二　缘起

【记】　诸尼

诸比丘尼，乃缘起中能犯之人。

佛制此戒三要素：（1）**何处制**：佛于舍卫国制。（2）**因谁制**：诸比丘尼。（3）**因何制**：有尼度少年曾嫁妇女授具足戒，彼受戒已，不知男子有染污心，无染心，而与其共立、共语、共相调戏，因制。

三　戒文

【记】　戒文——若比丘尼，度曾嫁妇女，年十岁，与二岁学戒。年满十二，听与授具足戒。若减十二，与授具足戒，波逸提。

文分四句：

第一句：若比丘尼——能犯人

白四羯磨如法得处所的比丘尼。

第二句：度曾嫁妇女，年十岁，与二岁学戒，年满十二，听与授具足戒——度法

此是度小年曾嫁妇女之教制。印度气候属热带，男女均早熟，至九、十岁即可结婚，至十一二岁即产儿。年十岁之曾嫁妇女，志欲出家，亦可度之。然须先与二岁学戒，并与六法，至十二岁，听与授具足戒。

第三句：若减十二，与授具足戒——违教

若小年曾嫁妇女未满十二岁，而与授具足戒。

第四句：波逸提——结罪

三番羯磨竟，和尚尼即结波逸提罪。

四　制意

【记】 四分律疏 制意：然十二曾嫁妇女，堪能一食，忍苦持戒，故佛听许。年不满者，不避嫌涉，容坏行故，制不听度。

十二岁曾嫁妇女，因在夫家受过磨炼，如料理家务，侍奉公婆等，故堪能日中一食，亦能忍苦耐劳，所以佛听许度之。若年不满十二岁，心智尚弱，不知避嫌疑，如缘起中所说，与男子共立、共语、共相调戏。如此易坏梵行，因此佛不听度。

五　具缘

【记】 四分律疏 具五缘成犯：一、年减十二妇女。二、知。三、为授具足。四、和尚尼。五、羯磨竟。犯。

此戒具五缘成犯：

1. **年减十二妇女**：受戒者为年未满十二岁之曾嫁妇女。

2. **知**：比丘尼知彼年未满十二。

3. **为授具足**：为彼授具足戒。

4. **和尚尼**：授具足戒时，作和尚尼。

5. **羯磨竟。犯**：三番羯磨竟，和尚尼即结波逸提罪。

六　罪相

【记】

| 罪相 | 同第一百一十九度妊身女人戒。但改为小年嫁女，度与二岁学戒，年减十二与授具。 |

此戒罪相同第一百一十九"度妊身女人戒"。小字说明：但将"知女人妊身，度与授具足戒"改为"小年曾嫁妇女，度与二岁学戒，年不满十二，与授具足戒"。

七　开缘

【记】

| 开缘 | 年十岁与二岁学戒，满十二与授具足戒。——无犯 |

年十岁之曾嫁妇女，与二岁学戒，年满十二，与授具足戒，顺教故不犯。

练习题

1. 何谓"少年曾嫁妇女"？
2. 佛制"度少年曾嫁妇女知减十二授具戒"三要素是什么？
3. 背诵并解释"度少年曾嫁妇女知减十二授具戒"之戒文。
4. 佛为什么制"度少年曾嫁妇女知减十二授具戒"？
5. "度少年曾嫁妇女知减十二授具戒"具哪几缘成犯？

第一二七节　度受诸遮曾嫁妇女戒

一　戒名

【记】　度受诸遮曾嫁妇女戒第一二六　　（制）

度受诸遮曾嫁妇女戒：若比丘尼度有诸遮障曾嫁妇女，与其授具足戒，佛制不许。

二　缘起

【记】　诸尼

诸比丘尼，乃缘起中能犯之人。

佛制此戒三要素：（1）何处制：佛于舍卫国制。（2）因谁制：诸比丘尼。（3）因何制：有尼度诸遮少年曾嫁妇女授具，毁辱众僧，因制。

三 戒文

【记】　戒文——若比丘尼，度小年曾嫁妇女，与二岁学戒，年满十二，不白众僧，便与授具足戒，波逸提。

文分四句：

第一句：若比丘尼——能犯人

白四羯磨如法得处所的比丘尼。

第二句：度小年曾嫁妇女，与二岁学戒，年满十二，不白众僧——不白僧

度小年曾嫁妇女，与二岁学戒，行六法，年满十二，若有诸遮病障，不白众僧，未经僧许可。

第三句：便与授具足戒——与授具

辄便与彼女授具足戒。

第四句：波逸提——结罪

三番羯磨竟，和尚尼即结波逸提罪。

四 指同制意具缘

【记】　四分律疏 制意具缘如前第一百二十四戒。

此戒制意、具缘同前第一百二十四条"度受诸遮女戒"。

五 罪相

【记】

罪相	同第一百一十九度妊身女人戒。但改为年满十二岁，曾嫁妇女，不白众僧，便与授具戒。

此戒罪相同第一百一十九"度妊身女人戒"。小字说明：唯将"知女人妊身，度与授具足戒"改为"年满十二岁曾嫁妇女，不白众僧，便与授具足戒"。

六 开缘

【记】

开缘	度年满十二岁曾嫁妇女，白众僧授具足戒 —— 无犯

度年满十二岁曾嫁妇女，白众僧，众僧许可后，方与彼授具足戒，顺教故不犯。

练习题

1. 请列出佛制"度受诸遮曾嫁妇女戒"三要素。
2. 背诵并解释"度受诸遮曾嫁妇女戒"之戒文。

第一二八节　度婬女戒

一　戒名

【记】　度婬女戒第一二七　　（制）

婬女：与人私通之女子。《四分律》云："彼或有夫主，或有夫主兄弟，乃至有故私通者。"①《根本说一切有部尼律》云："婬女者，谓先不贞谨女人。"②

度婬女戒：若比丘尼知是婬女，而度令出家，与授具足戒，佛制不许。

二　缘起

【记】　诸尼

诸比丘尼，乃缘起中能犯之人。

佛此戒制戒三要素：（1）**何处制**：佛于舍卫国制。（2）**因谁制**：诸比丘尼。（3）**因何制**：有诸比丘尼度婬女出家授具足戒，世人讥嫌，因制。

三　戒文

【记】　戒文——若比丘尼，知如是人，与授具足戒者，波逸提。

文分三句：

第一句：若比丘尼——能犯人

白四羯磨如法得处所的比丘尼。

第二句：知如是人，与授具足戒者——所防过

比丘尼知是婬女而与其授具足戒。

如是人：即婬女，彼或有夫主，或有夫主兄弟，乃至有故私通者。

第三句：波逸提——结罪

和尚尼于三羯磨竟，即结波逸提罪。

---

① （后秦）三藏佛陀耶舍共竺佛念等译《四分律》卷二十八，《大正藏》第22册，第759页。
② （唐）三藏义净译《根本说一切有部苾刍尼毗奈耶》卷十九，《大正藏》第23册，第1014页。

四 制意

【记】 四分律疏 制意：然此婬女，虽先愆违，理非正障。度受具已，令人嗤毁，丑累三宝。故须远去、深藏。

然此婬女，虽先有过愆，于理并非完全障其出家受具。但若度与授具戒，必令世人耻笑，进而丑累三宝。为避讥嫌，故须将其远送别处或深藏。

五 具缘

（一）正明犯缘

【记】 四分律疏 具五缘成犯。一、是婬女。二、知是。三、为授具足。四、和尚尼。五、不深藏或不将远去。犯。

此戒具五缘成犯：

1. **是婬女**：受戒者是婬女。
2. **知是**：比丘尼知此人先前是婬女。
3. **为授具足**：为其授具足戒。
4. **和尚尼**：为彼授具戒时作和尚尼。
5. **不深藏或不将远去。犯**：不将彼女深藏或远送别处，犯波逸提罪。

（二）引文别明

【记】 开宗记 耽欲女人，虽非正障，度受具已，为人嗤笑，此还丑累不轻，要须深藏远送。

《开宗记》云：耽于婬欲之女人，虽然不是正式遮障，但度其出家授具戒后，将遭世人耻笑，并且严重丑累三宝。故须将其深藏，或远送别处。

六 罪相

【记】

罪相	知是婬女，与授具 ——————————————————— 波逸提
	先不知与授具已，不将至五六由旬，及不深藏之 ——

此戒罪相如下：

1. 若比丘尼知是婬女，而度其出家授具足戒，结波逸提罪。

2. 若比丘尼先不知是婬女，与其授具足戒，后知是婬女。而不将其送至五六由旬以外之处，及不深藏之，结波逸提罪。

七　开缘

【记】

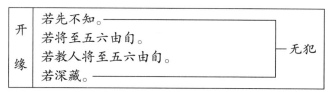

此戒开缘如下：

1. 若比丘尼先不知是婬女，度其出家授具足戒，不犯。

2. 若比丘尼后知是婬女，亲自将其送至五六由旬以外之处，不犯。

3. 若比丘尼后知是婬女，教人将彼送至五六由旬以外之处，不犯。

4. 若比丘尼后知是婬女，将其深藏，不令人见，不犯。

练习题

1. 何谓"婬女"？

2. 请解释"度婬女戒"戒名。

3. 简述佛制"度婬女戒"三要素。

4. 背诵并解释"度婬女戒"之戒文。

5. 佛为什么制"度婬女戒"？

6. "度婬女戒"具哪几缘成犯？结犯相状如何？有哪些开缘？

第一二九节　不与二事摄弟子戒

一　戒名

【记】　不与二事摄弟子戒第一二八　（大、制）

二事摄：以法及衣食摄取，亦称"二法摄"。

法摄取：以法教授，增戒、增心、增慧。

衣食摄取：给与衣被、饮食、卧具、医药及一切日用所须之物。

不与二事摄弟子戒：若比丘尼多度弟子，不与财法二事摄受者，佛制不许。

《四分律》云："和尚看弟子，当如儿意看。弟子看和尚，当如父意。展转相敬，重相瞻视，如是正法便得久住，长益广大。"[1]

---

① （后秦）三藏佛陀耶舍共竺佛念等译《四分律》卷三十三，《大正藏》第22册，第799页。

二　缘起

【记】　安隐尼

安隐比丘尼，乃缘起中能犯之人。

佛制此戒三要素：（1）**何处制：**佛于舍卫国制。　（2）**因谁制：**安隐比丘尼。
（3）**因何制：**安隐比丘尼，多度弟子而不教诫。弟子以不被教授故，犯种种过失，因制。

三　戒文

【记】　戒文——若比丘尼，多度弟子，不教二岁学戒，不以二法摄取者，波逸提。

文分四句：

第一句：若比丘尼——能犯人
白四羯磨如法得处所的比丘尼。

第二句：多度弟子——多度人
多收徒众。

第三句：不教二岁学戒，不以二法摄取者——不教导摄受
度弟子后，不教二岁学戒，亦不以二法摄取。师失教故，致使弟子犯种种过失。

第四句：波逸提——结罪
多度弟子却不教授，为师者即结波逸提罪。

四　制意

【记】　四分律疏 制意：凡为师训，二法摄受。济给衣食，免其形苦。又诲以法，开其心目。立行修道，终成出益。今不摄受，致令弟子，形不免苦，心迷于法。随缘坏行，何成师训摄受之道？患累之重，勿过于斯。

师父训导弟子，须以法及衣食二法摄受。供其衣食，可使其形体免受饥寒之苦；诲之以法，可开其智慧，令其能依教起修，终究成就出离之道。而今有比丘尼，广收弟子，却不摄受。不以衣食供给，致令他们形体遭苦；又不能如法教诲，使他们对佛法一无所知，随境造作种种过非，毁坏道行。如此，怎能成就师训教导之法？过患之重，莫过于此，因此，佛制戒遮止。

五　具缘

【记】　比丘尼钞 具四缘成犯：一、是清净弟子。二、恒随和尚。三、师有法及衣食。四、不以二事摄取。犯。

此戒具四缘成犯：

1. **是清净弟子**：其弟子清净，堪能受教。

2. **恒随和尚**：其弟子常随和尚未曾离开。

3. **师有法及衣食**：为师者有法及衣食。

4. **不以二事摄取。犯**：为师者不以法及衣食摄受弟子，即结波逸提罪。

六 罪相

（一）正明犯相

【记】

若比丘尼多度弟子，不以法、衣食二法摄取者，结波逸提罪。

（二）别释二法

【记】 第二分 二法者：一法，二衣食。法摄取者：教增戒、增心、增慧、学问、诵经。衣食摄者：与衣食、床、卧具、医药，随力能办，供给所须。

《四分律·第二分》云：二法者，一是法，二是衣食。法摄取：即教授弟子增上戒、增上心、增上慧三学，以及学问、诵经。衣食摄取：即供给衣、食、床、卧具、衣药，随其力所能及，皆须供给所须。①

七 开缘

【记】

此戒开缘如下：

1. 若弟子受具足戒后，即离和尚而去。如是，不以二事摄取，不犯。

---

① （后秦）三藏佛陀耶舍共竺佛念等译《四分律》卷二十八，《大正藏》第 22 册，第 760 页。

2. 若以法及衣食二法摄受弟子，顺教故不犯。

3. 若弟子破戒、破见等，师不以二事摄受，不犯。

4. 若以二事摄受，则自身有命难、梵行难，如是不摄受，不犯。

 练习题

1. 请解释"不与二事摄弟子戒"戒名。

2. 略述佛制"不与二事摄弟子戒"三要素。

3. 背诵并解释"不与二事摄弟子戒"之戒文。

4. 佛制"不与二事摄弟子戒"意义何在？

5. "不与二事摄弟子戒"具哪几缘成犯？

6. 根据《四分律》，何谓法摄取？何谓衣食摄取？

7. "不与二事摄弟子戒"有哪些开缘？

第一三〇节　不二岁随和尚尼戒

一　戒名

【记】　不二岁随和尚尼戒第一二九　　（少同、大、制）

不二岁随和尚尼戒：若初受具足戒的比丘尼，不二岁随和尚尼学戒，佛制不许。

少同：比丘与比丘尼少分相同。据《四分律》卷三十四、卷五十九等所制，比丘五夏之前须依止和尚或同和尚习学戒法，待通达开遮持犯，方可离开。[①] 而比丘尼"度童女年不满受具戒"等戒皆制：比丘尼受具戒前，须作二年式叉尼，随学比丘尼戒；此戒又制：受具戒后，复须随和尚尼二年学戒。

二　缘起

【记】　诸尼

诸比丘尼，乃缘起中能犯之人。

---

① 《四分律》卷三十四记载：有诸新受戒比丘，和尚命终，无人教授，以不被教授故，常犯诸过。诸比丘白世尊，世尊言：自今已去听依止阿阇梨。新戒比丘应如是请依止阿阇梨：偏露右臂、脱革屣、右膝着地、合掌作是言："大德一心念！我某甲，今求大德为依止，愿大德与我依止，我依止大德住。"第二、第三亦如是说。阿阇梨当言："可尔！与汝依止，汝等莫放逸！"（《大正藏》第22册，第803～804页）。《四分律》卷五十九云："……复有五法不应无依止而住：不能自勤修威仪戒，不能增净行、增波罗提木叉戒，有恶见不能舍而住善见、年不满五岁。……"（《大正藏》第22册，第1003～1004页。）

佛制此戒三要素：（1）**何处制**：佛于舍卫国制。（2）**因谁制**：诸比丘尼。（3）**因何制**：诸尼受具足戒以后，离和尚而去，以不被教授故，犯种种过失，因制。

三　戒文

【记】　戒文——若比丘尼，不二岁随和尚尼者，波逸提。

文分三句：

第一句：若比丘尼——能犯人

白四羯磨如法得处所的比丘尼。

第二句：不二岁随和尚尼者——所防过

比丘尼受具足戒已，不二岁随和尚尼学戒。

第三句：波逸提——结罪

此比丘尼即结波逸提罪。

四　制意

【记】　四分律疏 制意：新受戒人，创未闲晓，随师谘禀，以成己益。辄离师去，不蒙训奖，执迷自滞，违教愆深故。

凡新受具人，始入比丘尼位，于戒法未知晓娴熟，于理应随师谘承禀问，方能成就修道之益。然缘起中比丘尼，初受具足戒，便离师而去，不蒙师长训导，对戒律无所明了，以致造作诸多过非。如此违背佛制，过愆极重，故佛制不许。

五　具缘

【记】　四分律疏 具六缘成犯：一、和尚尼。二、有德堪摄。三、师不听。四、未满二夏。五、无因缘（命梵二难）。六、离去。犯。

此戒具六缘成犯：

1. **和尚尼**：是为之授受具足戒的和尚尼。

2. **有德堪摄**：和尚尼有德行、有能力摄受弟子。

3. **师不听**：和尚尼不允许离去。

4. **未满二夏**：新受具人未满二夏。

5. **无因缘**：无命难、梵行难等因缘。

6. **离去。犯**：若离和尚尼而去，便犯波逸提。

六　罪相

（一）正明犯相

【记】

罪相	比丘尼不二岁随和尚尼者————波逸提

若比丘尼，不二岁随和尚尼修学，结波逸提罪。

（二）别显结犯

【记】　重治毗尼　五分云：不六岁随和尚尼，波逸提。

蕅益大师在《重治毗尼》中引《五分律》文："若比丘尼，新受具足戒，不六年依承和尚，若使人依承者，波逸提。"①

七　开缘

【记】

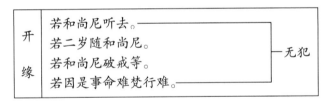

此戒开缘如下：

1. 若和尚尼允许比丘尼离去，不犯。

2. 若比丘尼二年随和尚尼，以顺教故，不犯。

3. 若因和尚尼破戒等，而不能教授，比丘尼随学不满二年离去者，不犯。

4. 若比丘尼随和尚尼，则自身有命难、梵行难，故随学不满二年离去者，不犯。

练习题

1. 解释"不二岁随和尚尼戒"戒名，并说明"少同"是何意。

2. 佛制"不二岁随和尚尼戒"三要素是什么？

---

① （刘宋）三藏佛陀什共竺道生等译《弥沙塞部和醯五分律》卷十三，《大正藏》第22册，第92页。

3. 背诵并解释"不二岁随和尚尼戒"之戒文。

4. 佛为什么制"不二岁随和尚尼戒"？

5. "不二岁随和尚尼戒"具哪几缘成犯？有哪些开缘？

第一三一节　违僧度人授具戒

一　戒名

【记】　违僧度人授具戒第一三〇　（大、制）

违僧度人授具戒：若比丘尼无智无德，不堪摄受弟子，大众僧不许其度人授具戒，此尼却违背僧命，与人授具戒者，佛制不许。

二　缘起

【记】　诸尼

诸比丘尼，乃缘起中能犯之人。

佛制此戒三要素：（1）**何处制**：佛于舍卫国制。（2）**因谁制**：诸比丘尼。（3）**因何制**：有诸愚痴比丘尼，度人不知教授，尼呵已展转白佛，佛呵而制戒，听与授具者白二羯磨，尼僧当观察可否。

三　戒文

【记】　戒文——若比丘尼，僧不听，而授人具足戒者，波逸提。

文分三句：

第一句：若比丘尼——能犯人

白四羯磨如法得处所的比丘尼。

第二句：僧不听而授人具足戒者——所防过

愚痴无智者，于别解脱经，不能解了开遮持犯。不护四仪，不修边幅。复不能与二岁学戒及二事摄取，故僧不听其度人。而比丘尼违僧命辄与他人授具足戒。

第三句：波逸提——结罪

三番羯磨竟，此比丘尼即结波逸提罪。

四　制意

【记】　四分律疏　制意：人不自审，须僧筹处。辄度违教，事或多损。轻蔑僧众，故制提罪。

凡人大都不能自我审察，自以为是。因此，度人授具足戒，须经大众僧筹量考核。若未经大众僧同意，辄度人授具，即违制教，容生诸多过患。又轻蔑僧众，故制波逸提罪。

五 具缘

【记】 四分律疏 具四缘成犯：一、僧不听。二、为授具。三、和尚尼。四、羯磨竟。犯。

此戒具四缘成犯：

1. **僧不听**：大众僧筹量后不允许度人。
2. **为授具**：为人授具足戒。
3. **和尚尼**：授具足戒之和尚尼。
4. **羯磨竟。犯**：三番羯磨竟，便犯。

六 罪相

（一）正明犯相

【记】

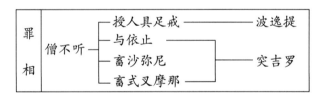

此戒结罪情况如下：

1. 若比丘尼，大众僧不许，而授人具足戒，结波逸提罪。
2. 若比丘尼，大众僧不许，而与人作依止，结突吉罗罪。
3. 若比丘尼，大众僧不许，而畜养沙弥尼，结突吉罗罪。
4. 若比丘尼，大众僧不许，而畜养式叉尼，结突吉罗罪。

（二）别明度人法

【记】 第二分 若尼欲度人者，当往僧中求。尼僧当观察此人，堪能教授，与二岁学戒，二事一、法二、衣食摄取否？若不堪者，当言：妹，止！勿度人。若有智慧堪能者，僧应为作授人具足戒白二羯磨。

《四分律·第二分》云：若比丘尼欲度人，当作如是求。至比丘尼众中，偏露右肩、脱革屣、礼诸比丘尼足，右膝着地、合掌，作如是白：大姊僧听！我某甲比丘尼，求众僧乞度人授具足戒。如是第二第三说。尼僧当观察此尼，是否有能力教授人、与二岁学戒、及以二事摄取。小字注明：二事者，一法，二衣食。若没有能力，不堪度人，应语彼言："妹，止！莫度人。"若有智慧，堪能摄受弟子，僧应为作授人具足戒白二羯磨，后方可度人。①

又，《四分律》中制和尚、阿阇梨须具三德，方可与人授具戒及依止：（1）年十岁以上（尼十二岁）；（2）须具智慧；（3）能勤教弟子。② 此三必具，缺一不可。

七　开缘

【记】

若在僧中乞求，经大众僧允许而度者，顺教故不犯。

练习题

1. 请解释"违僧度人授具戒"戒名。
2. 列示佛制"违僧度人授具戒"三要素。
3. 背诵并解释"违僧度人授具戒"之戒文。
4. 佛为什么制"违僧度人授具戒"？
5. "违僧度人授具戒"具哪几缘成犯？
6. 据《四分律》，如何在僧中祈求度人？大众僧当如何作？

思考题

1. 结合实际生活，谈谈你对律中要求和尚、阿阇梨应具三德的理解。

第一三二节　未满十二夏度人戒

一　戒名

【记】　未满十二夏度人戒第一三一　（大、制）

十二夏：亦称"十二岁"，指十二夏腊。即十二次如法安居，每安一居，即长

---

① （后秦）三藏佛陀耶舍共竺佛念等译《四分律》卷二十八，《大正藏》第22册，第761页。
② 《四分律》卷三十三，《大正藏》第22册，第800～801页。

一夏。

未满十二夏度人戒：若比丘尼未满十二夏，便度人出家与授具足戒，佛制不许。

二 缘起

【记】 诸尼

诸比丘尼，乃缘起中能犯之人。

佛制此戒三要素：（1）何处制：舍卫国。（2）因谁制：诸比丘尼。（3）因何制：新学年少比丘尼度人，不能教授，使弟子处处非法，因制。

三 戒文

【记】 戒文——若比丘尼，年未满十二岁，授人具足戒者，波逸提。

文分三句：

第一句：若比丘尼——能犯人

白四羯磨如法得处所的比丘尼。

第二句：年未满十二岁，授人具足戒者——所防过

比丘尼未满十二夏，与人授具足戒。

第三句：波逸提——结罪

三番羯磨竟，即结波逸提罪。

四 制意

【记】 四分律疏 制意：夏未满者，创入佛法，未多闲晓，师德不成，焉能摄训？故制不听，意在于此。

未满十二夏的比丘尼，始入佛法，尚未广学深修，师德尚未成就，何能摄受教导弟子？故制不许度人，以免因师无德而误人子弟，佛制此戒之意即在于此。

如《四分律》中云：佛言，自身未断乳，应受人教授，云何教授人？[①] 故尼未满十二夏，虽有智慧，不得度人授具。若满十二夏而愚痴无知，亦不应度人。

五 具缘

【记】 比丘尼钞 具四缘成犯：一、内无实夏。二、与人授具。三、作和尚尼（出开宗记）。四、羯磨竟。犯。

---

① （后秦）三藏佛陀耶舍共竺佛念等译《四分律》卷三十三，《大正藏》第22册，第800页。

此戒具四缘成犯：

1. **内无实夏**：能授戒者确实未满十二夏。

2. **与人授具**：与他人授具足戒。

3. **作和尚尼**：作授具足戒的和尚尼（此缘出自《开宗记》）。

4. **羯磨竟。犯**：三番羯磨竟，和尚尼即结波逸提罪。

六 罪相

【记】

此戒结罪情况如下：

1. 若比丘尼受具后未满十二夏，即授人具足戒，结波逸提罪。

2. 若比丘尼受具后未满十二夏，与人作依止师，或畜养式叉尼，或畜养沙弥尼，俱结突吉罗罪。

七 开缘

【记】

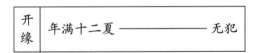

若年满十二夏，与人授具足戒者，顺教故不犯。

练习题

1. 解释"未满十二夏度人戒"戒名。

2. 列示佛制"未满十二夏度人戒"三要素。

3. 背诵并解释"未满十二夏度人戒"之戒文。

4. 佛制"未满十二夏度人戒"意义何在？

5. "未满十二夏度人戒"具哪几缘成犯？结犯相状如何？

第一三三节 无德度人戒

一 戒名

【记】 无德度人戒第一三二 （大、制）

无德度人戒：若比丘尼，虽年满十二夏，然师德尚未成就，而度人授具足戒者，佛制不许。

二 缘起

【记】 诸尼

诸比丘尼，乃缘起中能犯之人。

佛制此戒三要素：（1）**何处制**：佛于舍卫国制。（2）**因谁制**：诸比丘尼。（3）**因何制**：诸尼虽满十二夏，以愚痴故，度人授具足戒，不知教授，弟子处处非法，因制。

三 戒文

【记】 戒文——若比丘尼，年满十二岁，众僧不听，便授人具足戒，波逸提。

文分四句：

第一句：若比丘尼——能犯人

白四羯磨如法得处所的比丘尼。

第二句：年满十二岁——满十二夏

比丘尼已满十二夏。

第三句：众僧不听，便授人具足戒——所防过

年虽满但无师德，不堪教授摄取，故僧不听其度人授具足戒。比丘尼违背大众僧而与人授具足戒。

第四句：波逸提——结罪

三番羯磨竟，即结波逸提罪。

四 制意

【记】 四分律疏 制意：自行不立，焉能训导？彼我俱损，过障尤深故。

自行尚未建立，怎能训导弟子？以盲引盲，自他俱损，由此所生过患深重，故佛制戒遮止。

五　具缘

【记】　四分律疏　具四缘成犯：一、无德。二、为授具。三、作和尚尼。四、羯磨竟。犯。

此戒具四缘成犯：

1. **无德**：比丘尼无德，不堪教授、摄取弟子。

2. **为授具**：为他人授具足戒。

3. **作和尚尼**：作授具足戒的和尚尼。

4. **羯磨竟。犯**：三番羯磨竟，和尚尼即结波逸提罪。

六　罪相

（一）正明犯相

【记】

此戒结罪情况如下：

1. 若比丘尼，年满十二夏，大众僧不许，而与人授具足戒，结波逸提罪。

2. 若比丘尼年满十二夏，大众僧不许，与人作依止，或畜养式叉尼，或畜养沙弥尼，俱结突吉罗罪。

（二）引文对简

【记】　开宗记　此戒即是简愚取智；次前戒简小取大；不以二事摄受，简无行取有行。尼为过损多，故并获提愆。僧即损微，但犯小罪。

《开宗记》云：此戒是简去愚痴，取有智人；次前戒（即一百三十一条"未满十二夏度人戒"）是简去未满十二夏，取满十二夏，即简小取大；第一百二十八条"不与二事摄弟子戒"是简去无行，取有行者。比丘尼无德度人，过失损害多，故结波逸提罪。比较而言，比丘损害颇微，故结突吉罗罪。①

——————————

① （唐）怀素律师撰《四分律开宗记》卷五，《卍新续藏》第42册，第465页。

比丘尼须具三德，方可作和尚尼。三德者：

（1）简小取大，谓十二夏以上。

（2）简愚取智，谓明娴律藏。

（3）简惰取勤，谓能勤教授。

七 开缘

【记】

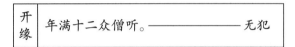

| 开缘 | 年满十二众僧听。————————无犯 |

若比丘尼年满十二，且大众僧许其度人，为人授具足戒，顺教故不犯。

练习题

1. 背诵并解释"无德度人戒"戒文。

2. 佛制"无德度人戒"意义何在？

3. "无德度人戒"具哪几缘成犯？结犯相状如何？

4. 简别"无德度人戒"与"未满十二夏度人戒""不与二事摄弟子戒"之区别，并说明为师三德。

思考题

1. 举例说明无德度人之过失。

第一三四节　不听度人谤僧戒

一 戒名

【记】　不听度人谤僧戒第一三三　　（大、制）

不听度人：因无智无德，故大众僧不许度人授具足戒。

谤僧：谤毁大众僧有爱、恚、怖、痴。

不听度人谤僧戒：若比丘尼，至僧中求度人羯磨，大众僧不许，便谤僧有爱、恚、怖、痴，佛制不许。

二 缘起

【记】　诸尼

诸比丘尼，乃缘起中能犯之人。

佛制此戒三要素：（1）**何处制：**佛在舍卫国制。（2）**因谁制：**诸比丘尼。（3）**因何制：**诸愚痴尼，众僧不听彼等度人授具足戒，便谤僧有爱、有恚、有怖、有痴，因制。

三 戒文

【记】　戒文——若比丘尼，僧不听授人具足戒，便言众僧有爱、有恚、有怖、有痴，欲听者便听，不欲听者便不听，波逸提。

文分四句：

第一句：若比丘尼——能犯人

白四羯磨如法得处所的比丘尼。

第二句：僧不听授人具足戒——僧不听授戒

比丘尼从众僧乞授人具足戒，僧观此人，不堪与二岁学戒，亦无二事摄取之能。自是愚痴，令后学不生敬仰，故不允许授人具足戒。

第三句：便言众僧有爱、有恚、有怖、有痴，欲听者便听，不欲听者便不听——谤僧

众僧不听愚痴尼授人具足戒，彼便谤僧有爱、有恚、有怖、有痴，欲听者便听，不欲听者便不听。

有爱：有尼僧中乞求度人，众僧听允，便谤僧有爱。

有恚：有尼不堪教授，不能以二事摄取弟子，众僧不允许其度人，便谤僧有恚。

有怖：有尼为王臣卫护，众僧听允度人，便谤僧有怖。

有痴：同在僧中乞度人，有听允，有不听允，便谤有痴（即不善分别）。

第四句：波逸提——结罪

若谤僧，言了了，即结波逸提罪。

四 制意

【记】　开宗记 制意：不量无德，非理谤僧，恼众自伤，故所以制。

比丘尼本无德度人，自不审量，反而非理谤僧有爱、有恚、有怖、有痴。如是，既触恼大众僧，于己亦有损，故佛制不许。

五 具缘

【记】　比丘尼钞 具四缘成犯：一、内无实德。二、僧不听。三、非理谤僧。四、言了了。犯。

此戒具四缘成犯：

1. **内无实德**：无智无德，虽有夏，视同无夏，故言无实德。

2. **僧不听**：大众僧不听彼尼授人具足戒。

3. **非理谤僧**：非理谤大众僧有爱、有恚、有怖、有痴。

4. **言了了。犯**：若谤僧，说得清楚明了，即结波逸提罪。

六　罪相

【记】

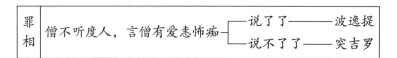

若比丘尼，众僧不允许其度人授具足戒，便谤僧有爱、有恚、有怖、有痴，说得清楚明了，即结波逸提罪。若说得不清楚明了，结突吉罗罪。

七　开缘

【记】

| 开缘 | 若其事实尔。————————————————————无犯 |
| | 若戏笑语等。———————————————————— |

此戒开缘情况如下：

1. 若大众僧确实有爱、有恚、有怖、有痴，如实而说，不犯。

2. 若戏笑说、独处说、疾疾说，不犯本罪，但结违说话仪轨的吉罪。若梦中说、欲说此错说彼，不犯。

 练习题

1. 请解释"不听度人谤僧戒"戒名。

2. 略述佛制"不听度人谤僧戒"三要素。

3. 背诵并解释"不听度人谤僧戒"之戒文。

4. 佛为什么制"不听度人谤僧戒"？

5. "不听度人谤僧戒"具哪几缘成犯？结犯相状如何？有哪些开缘？

第一三五节 父母夫主不听辄度人戒

一 戒名

【记】 父母夫主不听辄度人戒第一三四 （少同、大、制）

父母夫主不听：童女之父母，或已婚妇女之丈夫，不允许其出家。

辄度：随便度人出家，并与其授具足戒。

父母夫主不听辄度人戒：童女之父母，或已婚妇女之丈夫不许，而比丘尼随便度其出家与授具足戒，佛制不许。

少同：此戒比丘少同，仅限"父母不听"。

二 缘起

【记】 诸尼

诸比丘尼，乃缘起中能犯之人。

佛制此戒三要素：（1）**何处制**：佛于舍卫国制。（2）**因谁制**：诸尼。（3）**因何制**：诸尼辄度父母夫主不听者，出家授具足戒，授具已，父母夫主皆来将去，因制。

三 戒文

【记】 戒文——若比丘尼，父母夫主不听，与授具足戒者，波逸提。

文分三句：

第一句：若比丘尼——能犯人

白四羯磨如法得处所的比丘尼。

第二句：父母夫主不听，与授具足戒者——所防过

童女父母或已婚妇女之丈夫，不允许其出家，比丘尼辄度彼授具足戒。

第三句：波逸提——结罪

三番羯磨竟，和尚尼即结波逸提罪。

四 制意

【记】 四分律疏 制意：既有所属，恼境处深。复为牵捉，辱累尼众故。

未出嫁童女、已出嫁妇女既有所属，若父母夫主不听，而辄度其出家授具，则不顺人情，触恼颇深。又，受具足戒后，其父母夫主至僧伽蓝中强行牵捉还俗，污

辱尼众，丑累佛法，故佛制不许。

五　具缘

【记】　┃比丘尼钞┃具四缘成犯：一、有父母夫主。二、不听。三、辄与授具。四、三羯磨竟。犯。

此戒具四缘成犯：

1. **有父母夫主**：求受戒之女子有父母或丈夫。

2. **不听**：其父母或夫主不允许。

3. **辄与授具**：辄便与其授具足戒。

4. **三羯磨竟。犯**：三番羯磨竟，即结波逸提罪。

六　罪相

【记】

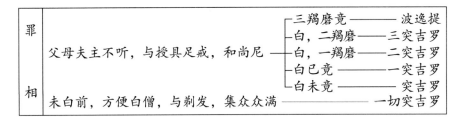

此戒结罪情况如下：

（一）若父母夫主不听，与授具足戒，作白四羯磨

1. 白未竟，和尚尼结突吉罗罪。

2. 作白已竟，和尚尼结一突吉罗罪。

3. 作白，一羯磨竟，和尚尼结二突吉罗罪。

4. 作白，二羯磨竟，和尚尼结三突吉罗罪。

5. 作白，三羯磨竟，和尚尼结波逸提罪。

（二）若未白前

在未白以前，方便白僧，或与剃发，或集僧众满，一切皆结突吉罗罪。

七　开缘

【记】

| 开缘 | 若父母夫主听。—— ┐ |
| | 若无父母夫主。—— ┘—— 无犯 |

此戒开缘如下：

1. 若父母夫主允许，度之不犯。

2. 若无父母夫主，度之不犯。

练习题

1. 请解释"父母夫主不听辄度人戒"戒名。

2. 略述佛制"父母夫主不听辄度人戒"三要素。

3. 背诵并解释"父母夫主不听辄度人戒"之戒文。

4. 简述"父母夫主不听辄度人戒"、制意。

5. "父母夫主不听辄度人戒"具哪几缘成犯？结犯相状如何？

思考题

1. 为避免犯此戒，和尚尼度人出家之前应做哪些前方便工作？

第一三六节　度恶行喜嗔者戒

一　戒名

【记】　度恶行喜嗔者戒第一三五　　（大、制）

恶行： 恶劣品行。此戒中指染污行，即与童男、男子互相私通爱恋。

喜嗔： 喜生嗔恚，即爱发脾气。

度恶行喜嗔者戒： 若比丘尼知女人与童男、男子私通爱恋，愁忧嗔恚，易生斗净，而度其出家授具足戒，佛制不许。

二　缘起

【记】　诸尼

诸比丘尼，乃缘起中能犯之人。

佛制此戒三要素：（1）**何处制：** 佛在舍卫国制。（2）**因谁制：** 诸比丘尼。（3）**因何制：** 诸比丘尼度与童男、男子相敬爱，愁忧嗔恚女人，与授具足戒。彼受戒已，念男子故，与余尼共斗，因制。

三　戒文

【记】　戒文——若比丘尼，知女人与童男、男子相敬爱，愁忧嗔恚女人，度令出家受具足戒者，波逸提。

文分四句：

第一句：若比丘尼——能犯人

白四羯磨如法得处所的比丘尼。

第二句：知女人与童男男子相敬爱，愁忧嗔恚女人——知不良女

比丘尼知此女人与童男、男子私通爱恋，且为情所牵，愁忧不乐，触事喜生嗔恚。

童男：指未曾行婬事，独处未有家室者。

男子：有家室妻妾之人男。

相敬爱：互相爱恋，彼此共调戏等。

第三句：度令出家授具足戒者——度出家授具

度此不良女人出家授具足戒。

第四句：波逸提——结罪

若为此女人授具足戒，三番羯磨竟，和尚尼即结波逸提罪。

四　制意

【记】　四分律疏 制意：恶行女人，情多放逸。度令受具，犹存不舍，行辱僧众。急性者，自恼恼人，无趣道之益。故此二戒合制。前婬女戒，公自为非。此中恶行，偷身外逸。有斯别状，故复制此。

凡与童男、男子相敬爱之恶行女人，性情常常放荡不羁，心中思念所恋男子。若比丘尼度其出家，与授具足戒后，彼身虽在僧中，但心仍旧恋着不舍。此等行径，有如偷身贼女，实在有辱僧众。又，此恶行女人，心不念道，懈怠放逸，被情爱所牵，故常愁忧不乐，触事不适，即生烦恼，倍增嗔恚，与诸尼共斗诤，自恼恼人，实无趣道之利益。故此戒是恶行与喜嗔恚二戒合制。前度婬女戒，彼女公开卖身行非法事，而此恶行女是偷身外逸，与童男、男子相敬爱。有此等不同，故佛复制此戒。

五　具缘

【记】　四分律疏 具五缘成犯：一、是贼女喜嗔恚者。二、知是。三、为授具。四、作和尚尼。五、羯磨竟。犯。

此戒具五缘成犯：

1. **是贼女喜嗔恚者**：受戒者是偷身贼女，喜嗔恚发怒。

2. **知是**：比丘尼知受戒者是偷身贼女，喜嗔恚发怒者。

3. **为授具**：比丘尼为此女授足戒。

4. **作和尚尼**：授戒时作和尚尼。

5. **羯磨竟。犯**：三番羯磨竟，便犯波逸提。

六 罪相

【记】

罪相	同一百卅四父母夫主不听辄度人戒。	但改为与男相爱女人受具戒。

此戒罪相大同第一百三十四条"父母夫主不听辄度人戒"。小字注明：但改
"父母夫主不听之女人，度令出家授具足戒"为"与男相敬爱，愁忧嗔恚女人，度
令出家授具足戒"。小字中"受"改为"授"为妥。

七 开缘

【记】

此戒开缘如下：

1. 若比丘尼事先不知是恶行喜嗔女人，而度其出家授具足戒，不犯。

2. 若比丘尼相信可信人之语，说彼女不是恶行喜嗔之人，而度其出家授具足
戒，不犯。

3. 若比丘尼相信彼女父母之语，而度其出家授具足戒，不犯。

4. 若比丘尼为彼女授具足戒之后，彼女与男相敬爱，而愁忧不乐，喜生嗔恚，
不犯。

练习题

1. 请解释"度恶行喜嗔者戒"戒名。

2. 略述佛制"度恶行喜嗔者戒"三要素。

3. 背诵并解释"度恶行喜嗔者戒"之戒文。

4. 佛为什么制"度恶行喜嗔者戒"？

5. "度恶行喜嗔者戒"具哪几缘成犯？结犯相状如何？有哪些开缘？

第一三七节　不与学戒尼授具戒

一　戒名

【记】　不与学戒尼受具戒第一三六　　（大、制）

学戒尼：式叉摩那尼。

不与学戒尼授具戒：若比丘尼应允式叉尼学法两年满，与授具足戒，但为久得其利养，不及时与之授具戒者，佛制不许。

二　缘起

【记】　偷罗难陀尼

偷罗难陀比丘尼，乃缘起中能犯之人。

佛制此戒三要素：（1）**何处制：**佛于舍卫国制。（2）**因谁制：**偷罗难陀比丘尼。（3）**因何制：**偷罗难陀比丘尼先应允式叉尼与授具戒，后为久得利养，而不及时与授具，式叉尼嫌责，因制。

三　戒文

【记】　戒文——若比丘尼，语式叉摩那言：汝妹，舍是学是，当与汝授具足戒。若不方便与授具足戒者，波逸提。

文分四句：

第一句：若比丘尼——能犯人
白四羯磨如法得处所的比丘尼。

第二句：语式叉摩那言，汝妹，舍是学是，当与汝授具足戒——许授具
比丘尼告诉式叉摩那尼说："汝二年学法满已，无须再作式叉尼，亦不用再学六法，我当为汝授具足戒。"

第三句：若不方便与授具足戒者——不与授
比丘尼不为式叉尼准备衣、钵、具等，亦不作请师等种种前方便，更不与授具足戒。

第四句：波逸提——结罪
此比丘尼须结波逸提罪。

四　制意

【记】　 四分律疏 制意：学戒成备，专心渴仰，希欲受具。反贪供养，不时为

受。特乖师训，摄受之方。又恼前人，不得正修。自坏损他，故须圣制。

式叉尼二年学戒已圆满，一心渴望受具足戒。而今和尚尼因贪图式叉尼供养，不及时与其授具足戒，实违师者应尽之责及摄受弟子之规。尤其触恼式叉尼，令其不能按次第修学。此行既自坏师德，又损恼他人，故须制戒遮止。

五　具缘

【记】　比丘尼钞　具四缘成犯：一、是学戒清净。二、满二年。三、无因缘。四、作心不与授具。犯。

此戒具四缘成犯：

1. **是学戒清净**：是如法学戒之式叉尼。

2. **满二年**：已学满两年。

3. **无因缘**：无开缘情况。

4. **作心不与授具。犯**：比丘尼为贪图式叉尼利养，作意不与其授具戒，即结波逸提罪。

六　罪相

【记】

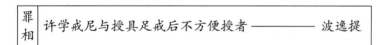

| 罪相 | 许学戒尼与授具足戒后不方便授者 ——— 波逸提 |

若比丘尼已应允式叉尼与其授具足戒，后不作种种方便与其授具戒者，结波逸提罪。

七　开缘

【记】

| 开缘 | 若许已，与授具足戒。
若彼病。
若更无共活者。
若无五衣。
若无十众。
若彼缺戒破戒等。
若由是命难梵行难。 | ——无犯 |

此戒开缘如下：

1. 若应许与授具足戒，后实践允诺而授，顺教故不犯。

2. 若欲为式叉尼授具，而彼病不能受，故不为授，不犯。

3. 若为式叉尼授具，以其无共活伴尼，恐其犯独，不与授具，不犯。

4. 若五衣不具足，不与授具，不犯。

5. 若无比丘授戒十师，或不具足比丘尼授戒十师，不与授具，不犯。

6. 若式叉尼破戒、破见、破威仪，或被举、灭摈等，不与授，不犯。

7. 若与式叉尼授具，自身会有命难、梵行难等，不与授，不犯。

 练习题

1. 请解释"不与学戒尼授具戒"戒名。

2. 列示佛制"不与学戒尼授具戒"三要素。

3. 背诵并解释"不与学戒尼授具戒"之戒文。

4. 佛制"不与学戒尼授具戒"意义何在？

5. "不与学戒尼授具戒"具哪几缘成犯？有哪些开缘？

第一三八节　受衣已不与授具足戒

一　戒名

【记】　受衣已不与授具足戒第一三七　　（大、制）

受衣已不与授具足戒：若比丘尼语式叉摩那言："持衣来与我，我当与汝授具足戒。"后式叉尼与衣，却不与授具足戒，佛制不许。

二　缘起

【记】　偷罗难陀尼

偷罗难陀比丘尼，乃缘起中能犯之人。

佛制此戒三要素：（1）何处制：佛在舍卫国制。（2）因谁制：偷罗难陀比丘尼。（3）因何制：偷罗难陀尼语式叉尼言："与我衣，我当授汝具足戒。"受他衣已，而不方便与授具，因制。

三　戒文

【记】　戒文——若比丘尼，语式叉摩那言：持衣来与我，我当与汝授具足戒。而不方便与授具足戒者，波逸提。

文分四句：

第一句：若比丘尼——能犯人

白四羯磨如法得处所的比丘尼。

第二句：语式叉摩那言：持衣来与我，我当与汝授具足戒——索衣许授戒

比丘尼向式叉尼索衣，并许诺与授具足戒。

第三句：而不方便与授具足戒者——不与授

比丘尼受衣后，却不方便与彼式叉尼授具足戒。

第四句：波逸提——结罪

此比丘尼即结波逸提罪。

四　制意

【记】　四分律疏 制意：前制和尚，复不取衣。此制依止师，许与他作和尚授戒。不授得罪，又取他衣。

前"不与学戒尼授具戒"制和尚尼，且彼未向学戒尼索衣。此戒制依止师，先已许诺与式叉尼作和尚尼，为其授具足戒，后不为授，结罪。又取式叉尼衣。此为二戒不同之处。

五　具缘

（一）正列犯缘

【记】　四分律疏 具五缘成犯：一、学戒清净满二年。二、取衣许为和尚。三、僧衣缘备。四、无因缘。五、不为授。犯。

此戒具五缘成犯：

1. **学戒清净满二年**：彼式叉尼，二年学戒已清净圆满。
2. **取衣许为和尚**：比丘尼取式叉尼衣，许诺为其作和尚尼。
3. **僧衣缘备**：十师、五衣等缘皆已具足。
4. **无因缘**：无开缘情况。
5. **不为授。犯**：比丘尼不为彼式叉尼授具足戒，便犯波逸提。

（二）引文别示

【记】　四分律疏 五分云：从白衣妇女，欲出家者，索衣已，不为授。犯。

《四分律疏》引《五分律》文，若比丘尼从欲出家之白衣妇女索衣已，后不为授具足戒，犯波逸提。彼律记载："尔时偷罗难陀比丘尼主人妇，求欲出家。偷罗难陀言：'汝先与我衣，我当度汝。'主人妇便呵责言：'我是主人，云何先索我衣，然后见度？不欲度我生老病死，反利我衣！此等无沙门行，破沙门法！'诸长老比丘尼闻，种种呵责。……从今是戒应如是说：若比丘尼，语白衣妇女：'先与我衣，我当度汝。'波逸提。"①

六　指同余科

【记】　余同前。

此戒余项，如罪相、开缘等皆同前戒。

 练习题

1. 简述佛制"受衣已不与授具足戒"三要素。
2. 背诵并解释"受衣已不与授具足戒"之戒文。
3. 佛制"受衣已不与授具足戒"意义云何？
4. "受衣已不与授具足戒"具哪几缘成犯？

第一三九节　多度弟子戒

一　戒名

【记】　多度弟子戒第一三八　（大、制）

多度弟子戒：若比丘尼，先已曾度人，尚未满十二月，更度人与授具足戒。佛制不许。

二　缘起

【记】　安隐尼

安隐比丘尼，乃缘起中能犯之人。

佛制此戒三要素：（1）**何处制**：佛在舍卫国制。（2）**因谁制**：安隐比丘尼。（3）**因何制**：安隐尼多度弟子，与授具戒，不能一一教授。故致彼等不按威仪，衣食行住等不如法。因制。

三　戒文

【记】　戒文——若比丘尼，不满一岁（不满十二月），授人具足戒，波逸提。

① （刘宋）三藏佛陀什共竺道生等译《弥沙塞部和醯五分律》卷十三，《大正藏》第22册，第91页。

文分三句：

第一句：若比丘尼——能犯人

白四羯磨如法得处所的比丘尼。

第二句：不满一岁（不满十二月），授人具足戒——所防过

先前已曾度人尚未满十二月，更度人为授具足戒。

第三句：波逸提——结罪

此和尚尼结波逸提罪。

四　制意

【记】 四分律疏 制意：凡度弟子，宜有分限，多难教授，损坏不轻。故制一年限度其一，过者犯提。

凡比丘尼度弟子，应有限度。若年年度人出家，弟子众多，难以尽师训之责。既不教授，以致弟子不识戒律，随缘坏行。如此多度弟子不仅损害弟子，而且也败坏佛法。故佛制比丘尼一年只能度一人。若过此限，犯提。

五　具缘

【记】 比丘尼钞 具四缘成犯：一、曾前度人。二、未满十二月。三、更度人授具。四、三羯磨竟。犯。

此戒具四缘成犯：

1. **曾前度人**：比丘尼先前曾度人。
2. **未满十二月**：尚未满十二月。
3. **更度人授具**：又度人授具足戒。
4. **三羯磨竟。犯**：比丘尼为彼授具足戒，三番羯磨竟，便犯波逸提。

六　罪相

【记】

比丘尼先前曾度人，尚未满十二月，又度他人。若与授具足戒，结波逸提罪。若与其作依止，或畜式叉摩那、沙弥尼，俱结突吉罗罪。

七　开缘

（一）正明开缘

【记】

开缘	若满十二月更度人。——————　无犯

若比丘尼先前虽曾度人，已满十二月，更度人者，顺教故不犯。

（二）引文别明

【记】　比丘尼钞　僧祇云：若年年与弟子受具者提，应停一年。若尼有多弟子，若一年与授学法，一年与授具戒，虽年年不犯。古德光师云：若宽解者，一年间，与一人授具，一人依止，一人六法，一人沙弥尼，令得四人。若急解者，一年止得度一人，准此应然，据前僧祇提。

母论云：受一人具足，一年教授一切大道人所作法竟，然后更度一人。若沙弥尼受学戒已，二年不得度沙弥尼。式叉尼受具已，得度沙弥尼。

《比丘尼钞》先引《僧祇律》文："若比丘尼年年畜弟子，波夜提。……若比丘尼有福德，一年与学戒弟子，二年与受具足，虽年年无罪。"[1] 意即若比丘尼有多弟子，若第一年与一弟子授六法，第二年与另一弟子授具足戒，如此虽年年度人，不犯。古德光法师（慧光律师）云：若从宽理解，一年间，与一人授具足戒，与一人依止，与一人授六法，与一人授沙弥尼戒，如此一年得度四人。若从急理解，一年只得度一人。准此，一年只能度一人授具足戒。否则，根据前引《僧祇律》，须结波逸提罪。

次引《母论》文：十二月相应法者，若比丘尼与一人授具足戒，于一年中，教授彼一切大比丘尼所作之法已，然后方可再度一人。若为沙弥尼增学六法，授式叉尼戒后，在两年内，应教式叉尼学戒。待此式叉尼受具足戒以后，方得再度沙弥尼。[2]

练习题

1. 简述佛制"多度弟子戒"三要素。

---

① （东晋）三藏佛陀跋陀罗共法显译《摩诃僧祇律》卷三十九，《大正藏》第 22 册，第 536 页。
② 《毗尼母经》卷八，《大正藏》第 24 册，第 844 页。

2. 背诵并解释"多度弟子戒"之戒文。

3. 佛为什么制"多度弟子戒"？

4. "多度弟子戒"具哪几缘成犯？结犯相状如何？

思考题

1. 《僧祇律》中言"虽年年无犯"是何意？

2. 根据《母论》，何谓"十二月相应法"？

3. 谈谈你如何理解慧光律师所言"从宽理解"与"从急理解"？

第一四○节　不即往大僧求具戒

一　戒名

【记】　不即往大僧求具戒第一三九　　（制）

不即往大僧求具戒： 八敬法中，佛制尼众当于二部僧中受具足戒。若比丘尼，于本部为式叉尼授具足戒以后（即作本法已），不即日往比丘僧中，与授具足戒，佛制不许。

二　缘起

【记】　诸尼

诸比丘尼，乃缘起中能犯之人。

佛制此戒三要素：（1）**何处制：** 佛在舍卫国制。（2）**因谁制：** 诸比丘尼。（3）**因何制：** 诸比丘尼与式叉尼在本部授具足戒后，经宿方往比丘僧中，因中间有得诸病者，使僧众受毁辱，因制。

三　戒文

【记】　戒文——若比丘尼，与人授具足戒已，经宿方往比丘僧中，与授具足戒者，波逸提。

文分三句：

第一句：若比丘尼——能犯人
白四羯磨如法得处所的比丘尼。

第二句：与人授具足戒已，经宿方往比丘僧中，与授具足戒者——所防过
比丘尼于本部中，与式叉尼授本法已，经夜明相出，方往比丘僧中，与授具足戒。

第三句：**波逸提**——结罪

和尚尼结波逸提罪。

四　制意

【记】　四分律疏 制意：即日往者，善心相续，发戒则易。经宿已往，遮难容生。善心喜退，与戒留难。与恼非轻，故所以制。

比丘尼在尼本部为式叉尼作本法已，须在当日往比丘僧中求受具足戒，如此才能令善心相续，易感发戒体。若经夜方往比丘僧中，容生种种障缘，如缘起中，或得盲、瞎、痴、聋、跛、躄等诸病，而成遮难。另外，其善心亦可能退失，或烦恼生起，恐己不堪持守大比丘尼戒法而萌生退意。如此，对受戒产生留难，令戒子遗憾终生。由此造成极深恼害，故佛制此戒。

五　具缘

【记】　四分律疏 具四缘成犯：一、曾作本法竟。二、不即日往。三、无因缘。四、不往经宿。犯。（明相出）

此戒具四缘成犯：

1. **曾作本法竟**：比丘尼曾于尼本部与彼式叉尼授本法竟。
2. **不即日往**：作本法竟，当日不往比丘僧中与其授具足戒。
3. **无因缘**：无开缘情况。
4. **不往经宿。犯**：不即日往比丘僧中与授具足戒，经夜明相出，便犯波逸提。

六　罪相

【记】

罪相	与人授本法已，经宿往大僧中，与授具戒者————波逸提

若比丘尼与式叉尼授本法已，不即日往比丘僧中与授具足戒，经夜明相出，和尚尼即结波逸提罪。

七　开缘

【记】

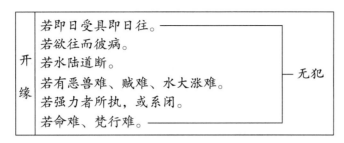

此戒开缘如下：

1. 若比丘尼于本部与式叉尼授本法竟，即日往比丘僧中与授具足戒，顺教故不犯。

2. 若比丘尼本欲即日往比丘僧中与授具足戒，而彼本法尼生病不能往，故不即日往者，不犯。

3. 若比丘尼本欲即日往比丘僧中与授具足戒，但因水陆道断，或有恶兽难，或贼难，或水大涨难，或被强力者所执，或系闭，或命难，或梵行难，而无法即日往，不犯。

📖 练习题

1. 请解释"不即往大僧求具戒"戒名。
2. 简述佛制"不即往大僧求具戒"三要素。
3. 背诵并解释"不即往大僧求具戒"之戒文。
4. 佛为什么制"不即往大僧求具戒"？
5. "不即往大僧求具戒"具哪几缘成犯？有哪些开缘？

第一四一节　教授日不往听戒

一　戒名

【记】　教授日不往听戒第一四〇　（大、制）

教授日：比丘受僧差往尼寺教授比丘尼之日。《僧祇律》云："应从四日至十三日往教诫。"[1] 准此，月初四至十三日为教授日，余者则为非教授日。据《四分律》所制，教授者得具十德：（1）戒律具足、（2）多闻、（3）诵二部戒利、（4）决断无疑、（5）善能说法、（6）族姓出家、（7）颜貌端正、（8）比丘尼众见便欢喜、堪任与比丘尼众说法劝令欢喜、（9）不为佛出家而披法服犯重法、（10）若满二十

---

① （东晋）三藏佛陀跋陀罗共法显译《摩诃僧祇律》卷三十，《大正藏》第 22 册，第 475 页。

夏若过二十夏。①

不往听：比丘尼不往听受比丘教授。

教授日不往听戒：若比丘尼于教授日，无病等因缘，而不往听受比丘教授，佛制不许。

二　缘起

【记】　诸尼

诸比丘尼，乃缘起中能犯之人。

佛制此戒三要素：（1）**何处制**：佛在舍卫国制。（2）**因谁制**：诸比丘尼。（3）**因何制**：诸比丘尼教授日，不往受教授，因制。

三　戒文

【记】　戒文——若比丘尼，不病，不往受教授者，波逸提。

文分三句：

第一句：若比丘尼——能犯人

白四羯磨如法得处所的比丘尼。

第二句：不病，不往受教授者——所防过

无病等因缘，于教授日，不往听受比丘教授。

第三句：波逸提——结罪

此比丘尼违教故，结波逸提罪。

四　制意

【记】　四分律疏　制意：备德之人，慈心教授，理须敬法重人，躬往听禀。今反慢法轻人，不受训导。失于法利，自坠义深故。

比丘僧如佛所教，差遣具十德比丘，往尼僧中慈心教授，诲以未闻。比丘尼理须敬法重人，亲自前往听受教诫，然后如法秉持。而今却慢法轻人，不受训诲教导。如是，则失于受法之利，其自害之义实深，故佛制不许教授日不往听受教授。

五　具缘

【记】　四分律疏　具四缘成犯：一、僧所差。二、是教授日。三、无因缘。

---

① （后秦）三藏佛陀耶舍共竺佛念等译《四分律》卷十二，《大正藏》第22册，第648页。

四、不往听。犯。

此戒具四缘成犯：

1. **僧所差**：是比丘僧白二羯磨所差之具德教授尼人。

2. **是教授日**：根据《僧祇律》是黑、白两个半月的初四至十三日。

3. **无因缘**：无开缘情况。

4. **不往听。犯**：若比丘尼不往听受比丘教授，犯波逸提。

六 罪相

【记】

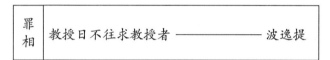

若比丘尼，于教授日，无病等因缘，而不往听受比丘教授者，结波逸提罪。

七 开缘

【记】

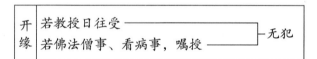

此戒开缘如下：

1. 若比丘尼，在教授日，往听受比丘教授，顺教故不犯。

2. 若比丘尼有三宝事、看病事，而嘱授不往受教授，不犯。

练习题

1. 何谓"教授日"？

2. 列示"教授者"十德。

3. 简述佛制"教授日不往听戒"三要素。

4. 背诵并解释"教授日不往听戒"之戒文。

5. 佛制"教授日不往听戒"意义云何？

6. "教授日不往听戒"具哪几缘成犯？有哪些开缘？

第一四二节　不半月请教授师戒

一　戒名

【记】　不半月请教授师戒第一四一　　（大、制）

请教授师：求请教授尼众八不可违法之比丘。

不半月请教授师戒：若比丘尼不半月半月至比丘僧中请教授师，佛制不许。此是八敬法第六条："半月半月当从僧中求教授人。"

二　缘起

【记】　诸尼

诸比丘尼，乃缘起中能犯之人。

佛制此戒三要素：（1）何处制：佛于舍卫国制。（2）因谁制：诸比丘尼。（3）因何制：诸比丘尼半月不往比丘僧中求教授人。

三　戒文

【记】　戒文——若比丘尼，半月，应往比丘僧中求教授，若不求者，波逸提。

文分三句：

第一句：若比丘尼——能犯人

白四羯磨如法得处所的比丘尼。

第二句：半月，应往比丘僧中求教授——半月请教授

比丘尼僧半月半月应作白二羯磨，差比丘尼至比丘僧中求教授尼人。

第三句：若不求者波逸提——违教结罪

若不至比丘僧中求教授尼人，须结波逸提罪。

四　制意

【记】　四分律疏 制意：不请教授，有三种过：一、违佛敬教。二、违自誓受戒之心。三、慢法轻人，失利障道。

比丘尼不至比丘僧中求请教授尼人，有三过：

1. **违佛所制八敬法**：佛制八敬法中第六条云：半月半月当从僧中求教授人。而今半月不往求教授师，即违佛制敬教。

2. **违自誓受戒之心**：如来成道十四年，姨母求出家，佛不许度。以正法千年，若度减半，故不听之。阿难三请，佛令传八敬向说。若能行者，听汝出家。彼云：顶戴受持，即得戒也。由是，凡尼众受戒皆应遵行八敬法。今不求教授人，即有违自誓受戒之心。

3. **慢法轻人，失利障道**：比丘尼不请教授师，既是慢法轻人，又失去法利，障碍修道。

五　具缘

【记】　比丘尼钞　具三缘成犯：一、僧尼成众。二、无因缘。三、不差人往请。犯。

此戒具三缘成犯：

1. **僧尼成众**：比丘和比丘尼皆须成众，即僧数满五，或五人以上。若四人以下，不宜作法差人往僧中求教授。因被差之人不入僧数，余三人不成众，众法羯磨不成就，比丘亦同。故比丘僧或比丘尼僧数不满五，比丘尼但须往僧中问讯顶礼即可。若不去者，亦须结突吉罗罪。

2. **无因缘**：无开缘情况。

3. **不差人往请。犯**：若僧尼皆满五人，比丘尼僧不作白二羯磨差比丘尼往僧中请教授师，须结波逸提罪。

六　罪相

【记】

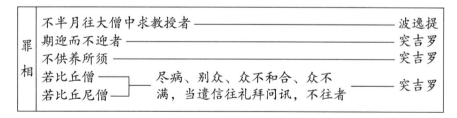

罪相	不半月往大僧中求教授者		波逸提
	期迎而不迎者		突吉罗
	不供养所须		突吉罗
	若比丘僧	尽病、别众、众不和合、众不满，当遣信往礼拜问讯，不往者	突吉罗
	若比丘尼僧		

此戒结罪情况如下：

1. 若僧尼人数皆满五，比丘尼半月半月不作白二羯磨差人往比丘僧中请教授师，比丘尼须结波逸提罪。

2. 若教授师约定某时来，比丘尼应出界半由旬（约二十里）迎接。不迎者，以慢法轻人故，比丘尼须结突吉罗罪。

3. 教授师请入寺已，比丘尼应供养一切所需，如安置住处、洗浴具、羹粥饭食瓜果等种种供养。不如是者，结突吉罗罪。

4. 若比丘僧全部患病，或别众，或众不和合，或众不满五，比丘尼僧应派人往比丘僧中礼拜问讯。又，若比丘尼僧全部患病，或别众，或众不和合，或众不满五，亦应派人往比丘僧中礼拜问讯。若不往者，皆须结突吉罗罪。

七　开缘

【记】

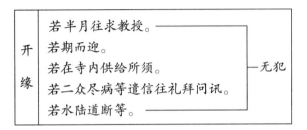

此戒开缘如下：

1. 若比丘尼僧半月半月差人往比丘僧中求教授。若按约定时间，至界外半由旬迎接。若教授师至寺内时，供给一切所需。若比丘僧或比丘尼僧尽病，或别众，或众不和合，或众不满，比丘尼派人往比丘僧中问讯礼拜。以上皆顺教故，不犯。

2. 若水陆道断，无法至僧中求教授或问讯礼拜，不犯。若贼难、恶兽难，若河水暴涨，若被强力所执，若被系闭，若命难、梵行难，如是众难，不遣人问讯，不犯。

练习题

1. 请解释"不半月请教授师戒"戒名。

2. 背诵并解释"不半月请教授师戒"之戒文。

3. 比丘尼半月不请教授师有哪三过？

4. "不半月请教授师戒"具哪几缘成犯？结犯相状如何？

5. 在哪些情况下不犯"不半月请教授师戒"？

第一四三节　不诣大僧自恣戒

一　戒名

【记】　不诣大僧自恣戒第一四二　（大、制）

诣：往、至。

自恣：自言己过，请他人随意举罪。《行事钞》云："然九旬修道精练身心。人多迷己不自见过。理宜仰凭清众垂慈诲示。纵宜己罪恣僧举过。内彰无私隐。外显有瑕疵。身口托于他人。故曰自恣。"①

不诣大僧自恣戒：若比丘尼僧夏安居竟，不至比丘僧中，说三事自恣见闻疑，佛制不许。此乃八敬法第八条："安居竟，应诣比丘僧中，求三事自恣见闻疑。"

二　缘起

【记】 诸尼

诸比丘尼，乃缘起中能犯之人。

佛制此戒三要素：（1）**何处制**：佛于舍卫国制。（2）**因谁制**：诸比丘尼。（3）**因何制**：诸比丘尼夏安居竟，不往比丘僧中说三事自恣见闻疑，因制。

三　戒文

【记】 戒文——若比丘尼，僧夏安居竟，应往比丘僧中，说三事自恣，见、闻、疑。若不者，波逸提。

文分四句：

第一句：若比丘尼——能犯人

白四羯磨如法得处所的比丘尼。

第二句：僧夏安居竟——安居竟

大众僧夏安居圆满结束。

第三句：应往比丘僧中，说三事自恣，见、闻、疑——应往大僧说自恣

夏安居竟，比丘尼僧应作白二羯磨差一比丘尼，且口差二三人为伴，往比丘僧中，说三事自恣见、闻、疑，即比丘僧或见，或闻比丘尼犯戒，乃至于见闻二根上有疑，皆可恣意举罪。

比丘尼至比丘僧中礼僧足已，曲身、低头、合掌，作如是言："大德僧听！比丘尼僧夏安居竟，比丘僧夏安居竟，比丘尼僧说三事自恣见闻疑。大德僧慈愍语我，我若见罪，当如法忏悔。"②（三说）

第四句：若不者，波逸提——违教结罪

若比丘尼夏安居竟，不往比丘僧中说三事自恣见、闻、疑，即结波逸提罪。

四　制意

【记】 四分律疏 制意：亦有三过，上二如前。三、既不自恣，人多迷己，不自见罪，恶业羁障。慢法轻人，过累情深，故制提罪。

---

① （唐）道宣律师撰《四分律删繁补阙行事钞》卷一，《大正藏》第40册，第42页。
② 此文出自《四分律》卷二十九，《大正藏》第22册，第766页。

若比丘尼夏安居竟，不诣大僧中，说三事自恣见、闻、疑，亦有三过：

1. 违佛所制八敬法：佛制八敬法中第八条云："安居竟应诣比丘僧中求三事自恣见闻疑。"今既不行，则有违教之过。

2. 违自誓受戒之心：即违背初受戒时，自誓受持八敬法之心。

3. 凡人习性，多自以为是，不见己罪。若夏安居竟不诣大僧中求三事自恣见、闻、疑，有罪不举治，恶业不忏除，即成修道障碍。如此轻慢八敬法，藐视比丘，过患深重，故佛制以波逸提罪。

五　具缘

【记】　　比丘尼钞　具四缘成犯：一、是夏安居竟。二、五人已上成众。三、无因缘。四、不差人往自恣。犯。

此戒具四缘成犯：

1. **是夏安居竟**：是结夏安居圆满时。根据《四分律·自恣犍度》，自恣日通于三日，即七月十四、十五、十六日皆得。[①] 又云：僧十四日自恣，尼十五日自恣。[②] 此谓相依问罪，故制异日。

2. **五人以上成众**：僧尼人数皆须满五人或以上。若僧尼二众，有一众不满五人，比丘尼但遣人至大僧中礼拜问讯。若不尔者，须结突吉罗罪。

3. **无因缘**：无开缘情况。

4. **不差人往自恣。犯**：若比丘尼僧夏安居竟，不作白二羯磨，差人往比丘僧中说三事自恣见、闻、疑，便犯波逸提罪。

六　罪相

【记】

罪相	安居竟不往大僧中说三事自恣者 ———————— 波逸提
	若二众尽病、别众等，不遣信礼拜问讯 —— 突吉罗

此戒罪相如下：

1. 若比丘尼僧夏安居竟，不至大僧中说三事自恣见、闻、疑，结波逸提罪。

2. 若比丘僧或比丘尼僧，或尽病，或别众，或众不和合，或不满五人，比丘尼僧不差人往比丘僧中礼拜问讯，结突吉罗罪。

---

① （后秦）三藏佛陀耶舍共竺佛念等译《四分律》卷三十八，《大正藏》第 22 册，第 841 页。
② 《四分律》卷二十九，《大正藏》第 22 册，第 766 页。

七　开缘

（一）正明开缘

【记】

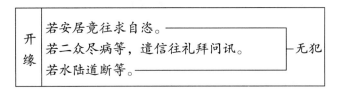

此戒开缘如下：

1. 安居竟，比丘尼僧作白二羯磨差人往比丘僧中说三事自恣见、闻、疑，不犯。

2. 若比丘僧或比丘尼僧，或尽病，或别众，或众不和合，或不满五人，比丘尼僧差人往比丘僧中礼拜问讯，不犯。

3. 若比丘尼僧因有水陆道断等难缘，而不差人往比丘僧中说三事自恣见、闻、疑，或不礼拜问讯，不犯。

（二）引文别显

【记】　比丘尼钞 五分云：若尼聚落无比丘自恣，无请处。兰若有比丘，道路险难，彼比丘为尼入聚落自恣。尼先自众中自恣已，后差人往比丘中自恣，教诫语同。

《比丘尼钞》引《五分律》云：若比丘尼所住聚落附近无比丘僧自恣，故比丘尼无有请自恣处。若兰若处有比丘，但比丘尼往兰若处之道路险难，则彼等比丘可为尼众入聚落自恣。而比丘尼僧先于自众中自恣，后差人往比丘僧中说三事自恣见、闻、疑，其教诫语无异。①

练习题

1. 请解释"不诣大僧自恣戒"戒名。

2. 列示佛制"不诣大僧自恣戒"三要素。

3. 背诵并解释"不诣大僧自恣戒"之戒文。

---

① 《五分律》卷二十九云："时聚落中无比丘，诸比丘尼往阿练若处请见闻疑罪，或道远不达、或彼比丘不为和合，遂不得请。以是白佛，佛言：'听阿练若处比丘为比丘尼来聚落自恣、为其和合。诸比丘尼应先集众自恣，然后差比丘尼，就比丘僧请见闻疑罪。'至已，偏袒右肩，脱革屣，遥礼僧足。然后入僧中，合掌曲身，白言：'某精舍和合，比丘尼僧顶礼和合比丘僧足。我等比丘尼僧和合，请大德僧自恣说见闻疑罪。'如是三请。"（《大正藏》第22册，第187页。）

4. 不诣大僧自恣有哪些过失?

5. "不诣大僧自恣戒"具哪几缘成犯? 结犯相状如何?

6. "不诣大僧自恣戒"有哪些开缘?

第一四四节　不依大僧安居戒

一　戒名

【记】　不依大僧安居戒第一四三　　（大、制）

不依大僧安居戒: 若比丘尼不依大僧安居, 佛制不许。此乃八敬法第七条, 即: "不得在无比丘处夏安居。"

《大爱道比丘尼经》卷二云: "女人多欲态, 但欲惑色益畜弟子, 亦不欲学问, 但知须臾之事, 是故当须比丘僧耳。"①

二　缘起

【记】　诸尼

诸比丘尼, 乃缘起中能犯之人。

佛制此戒三要素: (1) **何处制**: 佛于舍卫国制。 (2) **因谁制**: 诸比丘尼。 (3) **因何制**: 诸比丘尼于无比丘处夏安居, 教授日无受教授处, 有所疑无可谘问, 因制。

三　戒文

【记】　戒文——若比丘尼, 在无比丘处夏安居者, 波逸提。

文分三句:

第一句: **若比丘尼**——能犯人

白四羯磨如法得处所的比丘尼。

第二句: **在无比丘处夏安居者**——所防过

在附近无比丘处夏安居。《善见律》云: 比丘尼夏安居, "去比丘寺半由旬得安居, 过半由旬不得"。②

第三句: **波逸提**——结罪

违教故, 即结波逸提罪。

---

① 《大爱道比丘尼经》卷二,《大正藏》第 24 册, 第 952 页。

② （齐）三藏僧伽跋陀罗译《善见律毗婆沙》卷十五,《大正藏》第 24 册, 第 782 页。

四 制意

【记】 四分律疏 制意：亦有三过，上二如前。三、既不依知法，脱有疑滞，无谘决定之所，抱迷缺示，失利之重故也。

若比丘尼不依大僧安居，亦有三过：

1. 违佛所制八敬法：佛制八敬法中第七条："不得在无比丘处夏安居。"今既不依大僧安居，则有违教之过。

2. 违自誓受戒之心：谓违背初受戒时，自誓受持八敬法之心。

3. 比丘尼既不依知法比丘安居，一旦有疑难问题，则无谘问决疑之所。如是心中有迷而缺乏开示，失利之处实重，故佛制不许于无比丘处夏安居。

五 具缘

【记】 比丘尼钞 具三缘成犯：一、在无比丘处。二、不作依止心。三、结安居竟。犯。

此戒具三缘成犯：

1. **在无比丘处**：比丘尼在附近无比丘处夏安居。
2. **不作依止心**：不作依止比丘安居之心。
3. **结安居竟。犯**：若比丘尼结夏安居竟，便犯波逸提罪。

六 罪相

【记】

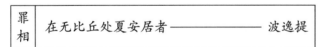

| 罪相 | 在无比丘处夏安居者 —————— 波逸提 |

若比丘尼在附近无比丘处夏安居，结波逸提罪。

七 开缘

【记】

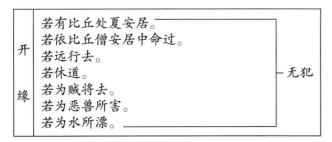

| 开缘 | 若有比丘处夏安居。
若依比丘僧安居中命过。
若远行去。
若休道。
若为贼将去。
若为恶兽所害。
若为水所漂。 | 无犯 |

此戒开缘如下：

1. 若比丘尼在有比丘处夏安居，不犯，以顺教故。

2. 若比丘尼依止比丘僧安居，在安居中，比丘命终，不犯。

3. 若比丘尼依止比丘僧安居，在安居中，比丘远行而去，不犯。

4. 若比丘尼依止比丘僧安居，在安居中，比丘罢道还俗，不犯。

5. 若比丘尼依止比丘僧安居，在安居中，比丘为贼将持而去，不犯。

6. 若比丘尼依止比丘僧安居，在安居中，比丘被恶兽所害，不犯。

7. 若比丘尼依止比丘僧安居，在安居中，比丘被水漂去，不犯。

 练习题

1. 请解释"不依大僧安居戒"戒名。

2. 列示佛制"不依大僧安居戒"三要素。

3. 背诵并解释"不依大僧安居戒"之戒文。

4. 佛为什么制比丘尼应依大僧安居？

5. "不依大僧安居戒"具哪几缘成犯？有哪些开缘？

第一四五节　不白入大僧寺戒

一　戒名

【记】　不白入大僧寺戒第一四四　　（制）

白：下对上陈告。

不白入大僧寺戒：若比丘尼知是大僧寺，不白而入，佛制不许。

二　缘起

【记】　诸尼

诸比丘尼，乃缘起中能犯之人。

佛制此戒三要素：（1）**何处制**：佛于舍卫国制。（2）**因谁制**：诸比丘尼。（3）**因何制**：有尼命过，诸尼为彼于比丘所住寺院起塔，后数数诣寺，闹乱坐禅比丘，因制。

三　戒文

【记】　　戒文——若比丘尼，知有比丘僧伽蓝，不白而入者，波逸提。

文分三句：

第一句：若比丘尼——能犯人

白四羯磨如法得处所的比丘尼。

第二句：知有比丘僧伽蓝，不白而入者 ——所防过

比丘尼知是有比丘住的僧伽蓝，不白告比丘便进入。

僧伽蓝： 是佛世出家人居处之总称，华言众园，即佛子居之，能生植道芽果本。

第三句：波逸提——结罪

若比丘尼知是大僧寺，不白而入，即结波逸提罪。

四　制意

【记】 四分律疏 制意：不白而入，迹涉讥丑。容生大过，喜相触恼。故所以制。

若比丘尼知是大僧寺，不白而入，俗人见已，认为比丘、比丘尼共相亲近。如此行迹易招讥嫌，进而丑累佛法。

又，比丘在僧伽蓝内，或为常住修治房舍，或因天热而裸露上身。若比丘尼先不白唐突而入，自失威仪，令对方惭愧。复因女人八十四态，难免动人眼目，久之易生染爱，恐犯大过。且喜高声喧哗，妨碍比丘坐禅用功，从而触恼大僧。由于不白而入大僧寺有如上诸过，故佛制不许。

五　具缘

【记】 比丘尼钞 具四缘成犯：一、是有比丘寺。二、不白比丘。三、无因缘。四、入门。犯。

此戒具四缘成犯：

1. **是有比丘寺：** 是有比丘住的僧伽蓝。

2. **不白比丘：** 比丘尼入寺前，未白告比丘。

3. **无因缘：** 无开缘情况。

4. **入门。犯：** 若比丘尼二脚入僧伽蓝门，便犯波逸提。

六　罪相

（一）正明犯相

【记】

		二脚全入门 ——— 波逸提
罪相	知有比丘寺不白而入	一脚在门内，一脚在门外。— 突吉罗
	若方便欲入而不入 ——— 突吉罗
	若期入而不入 ———

此戒罪相如下：

1. 若比丘尼知有比丘住的僧伽蓝，不白大僧辄入，其两脚皆入门，即结波逸提罪。若一脚在门内，一脚在门外，结突吉罗罪。

2. 若比丘尼不白大僧，作种种方便欲入比丘僧伽蓝，后未入，结突吉罗罪。

3. 若比丘尼不白大僧，与人共约入比丘僧伽蓝，后未入，亦结突吉罗罪。

（二）引文别显

【记】 比丘尼钞 僧祇云：尼不白大僧入伽蓝者，最初入者，提。后入者无犯。五分云：若立不见比丘，不得不白而入。须见比丘，应往前白比丘，筹量可听不可听者，若人不见及不听而入，提。

《比丘尼钞》引《僧祇律》文：若比丘尼欲入大僧寺院，"若先不语最初入者，波夜提。后来者无罪。不白而入者，举一足，越毗尼罪；两足，波夜提。"[1]

又引《五分律》文：若比丘尼入有比丘住处，见比丘不白，除急难时，波逸提。若不见比丘，不得不白而入，须见比丘便往白。彼比丘应筹量，若可入时应听入，若不可入时不应听入。见而不白及不听而入，波逸提。[2]

七　开缘

【记】

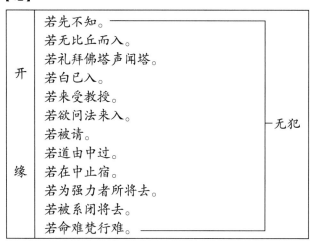

	若先不知。	
开	若无比丘而入。	
	若礼拜佛塔声闻塔。	
	若白已入。	
	若来受教授。	
	若欲问法来入。	无犯
	若被请。	
	若道由中过。	
缘	若在中止宿。	
	若为强力者所将去。	
	若被系闭将去。	
	若命难梵行难。	

---

① （东晋）三藏佛陀跋陀罗共法显译《摩诃僧祇律》卷三十九，《大正藏》第22册，第539页。
② （刘宋）三藏佛陀什共竺道生等译《弥沙塞部和醯五分律》卷十三，《大正藏》第22册，第90页。

此戒开缘如下：

1. 若比丘尼先不知是大僧寺，不白辄入，不犯。

2. 若大僧寺内无比丘，比丘尼不白辄入，不犯。

3. 若比丘尼为礼拜佛塔、声闻塔，不白辄入大僧寺，不犯。

4. 若比丘尼欲入大僧寺，白比丘已方入者，不犯。

5. 若比丘尼先与比丘有约，欲至大僧寺内受教授，不白辄入，不犯。

6. 若比丘尼先与比丘有约，欲至大僧寺内问法，不白辄入，不犯。

7. 若比丘尼被请至大僧寺内，不白辄入，不犯。

8. 若比丘尼道行时，须经大僧寺内过，不犯。

9. 若比丘尼先于大僧寺内止宿，后不白而入，不犯。

10. 若比丘尼，或为强力者将持，或被系缚将持，或有命难、梵行难，不白辄入大僧寺内，以身不由己故，不犯。

练习题

1. 请列出佛制"不白入大僧寺戒"三要素。

2. 背诵并解释"不白入大僧寺戒"之戒文。

3. 佛为什么制"不白入大僧寺戒"？

4. "不白入大僧寺戒"具哪几缘成犯？结犯相状如何？有哪些开缘？

思考题

1. 若比丘寺院被政府定为旅游景点，比丘尼不白而入此寺院犯此戒吗？为什么？

第一四六节 呵骂比丘戒

一 戒名

【记】 呵骂比丘戒第一四五 （大、制）

呵骂比丘戒：若比丘尼呵责谩骂比丘，佛制不许。

制：此戒是遮戒。如果根据单提第二条"骂戒"，此戒应为性戒。

二 缘起

【记】 诸尼

诸比丘尼，乃缘起中能犯之人。

佛制此戒三要素：（1）何处制：佛于舍卫国制。（2）因谁制：诸比丘尼。（3）因何制：诸比丘尼骂詈迦毗罗比丘，因制。

三　戒文

【记】　　戒文——若比丘尼，骂比丘者，波逸提。

文分三句：

第一句：若比丘尼——能犯人
白四羯磨如法得处所的比丘尼。

第二句：骂比丘者——所防过
比丘尼呵责骂詈比丘。

《四分律》卷十一及卷二十九中将骂詈归纳为六种：[①]

（1）下贱处生：于边地下贱处所生，即生于无佛法僧化导之处，一生不闻三宝名。

（2）种姓下贱：如言："汝是车师种！汝是首陀姓！"

（3）技术下贱：如锻作、木作、陶作及余种种下贱技术。

（4）作业下贱：如言："汝是贩卖猪羊人。"

（5）若说犯罪：如言："汝犯波罗夷！"乃至言："汝犯突吉罗！"

（6）若说汝有如是如是结使，乃至触他人所忌讳。

第三句：波逸提——结罪
若比丘尼骂詈比丘，言词了了，即结波逸提罪。

四　制意

【记】　　四分律疏　制意：大僧上尊，理宜祗奉。反以恶言，呵骂折辱。慢法轻人，违反佛教故。

大僧乃七众之首，比丘尼之上位，于理应虔诚恭敬。今反以恶言呵责、谩骂、折辱比丘。此即慢八敬、轻大僧之恶劣行为，严重有违佛所制教，故佛制不许。

五　具缘

【记】　　比丘尼钞　具三缘成犯：一、是大比丘。二、以恶言骂彼。三、言了了。犯。

此戒具三缘成犯：

---

① （后秦）三藏佛陀耶舍共竺佛念等译《四分律》卷十一，《大正藏》第22册，第635页；《四分律》卷二十九，《大正藏》第22册，第767页。

1. **是大比丘**：所对境为大比丘。

2. **以恶言骂彼**：以种类呵责、谩骂，乃至言其所忌讳事。

3. **言了了。犯**：若言语清楚明了，便犯波逸提。

六　罪相

（一）正明犯相

【记】

若比丘尼以种类呵责、谩骂比丘，乃至言其所忌讳之事，言语清楚明了，结波逸提罪。若言语不清楚明了，结突吉罗罪。

（二）引文别显

【记】　比丘尼钞　十诵云：喑嗌向比丘者，提。

《比丘尼钞》引《十诵律》文：若比丘尼以低微喉音呵骂比丘，结波逸提罪。[1]此乃彼律比丘尼单提第一百五十四条。

七　开缘

【记】

此戒开缘如下：

1. 若戏笑语、疾疾语、独语，不犯本罪，但违说话仪则，须结突吉罗罪。

2. 若梦中语，或欲说此错说彼，不犯，以不由己故。

练习题

1. 请解释"呵骂比丘戒"戒名。

----

① （后秦）三藏弗若多罗共罗什等译《十诵律》卷四十七，《大正藏》第23册，第340页。

2. 列出佛制"呵骂比丘戒"三要素。

3. 背诵并解释"呵骂比丘戒"之戒文。佛为什么不许比丘尼呵骂比丘？

4. "呵骂比丘戒"具哪几缘成犯？结犯相状如何？有哪些开缘？

第一四七节　骂尼众戒

一　戒名

【记】　骂尼众戒第一四六　（大、制）

骂尼众戒：若比丘尼口出非言骂比丘尼僧，佛制不许。

制：此戒是遮戒。根据比丘尼单提第二条"骂戒"，此戒应属性戒。

二　缘起

【记】　迦罗尼

迦罗比丘尼，乃缘起中能犯之人。

佛制此戒三要素：（1）**何处制**：佛于拘睒弥制。（2）**因谁制**：迦罗比丘尼。

（3）**因何制**：迦罗尼喜斗诤，不善忆持诤事，后嗔恚嫌骂尼众，因制。

三　戒文

【记】　戒文——若比丘尼，喜斗诤，不善忆持诤事。后嗔恚不喜，骂比丘尼众者，波逸提。

文分五句：

第一句：若比丘尼——能犯人
白四羯磨如法得处所的比丘尼。

第二句：喜斗诤——喜诤
比丘尼喜好斗诤。诤有四种：言诤、觅诤、犯诤、事诤。

第三句：不善忆持诤事——不善忆
不记忆诤事发生之由，不认真反省己过，亦不服呵责治罚。

第四句：后嗔恚不喜，骂比丘尼众者——嗔骂僧
后嗔根恚怒不欢喜，口出非言，骂詈比丘尼众。

众者：若四人、若过四人。

第五句：波逸提——结罪
若比丘尼骂詈比丘尼众，言语清楚明了，即结波逸提罪。

四 制意

【记】 四分律疏 制意：因诤嗔忿，骂辱尼众，自坏恼他，理所弗可。

僧众有诤事起，大众僧已如法灭诤，比丘尼却不善忆持诤事，谓大众僧不善灭诤，故心怀嗔恨、忿怒，谩骂、毁辱尼众。如是不仅自坏心行，也触恼众僧，于理实不应该，故佛制不许。

五 具缘

【记】 比丘尼钞 具四缘成犯：一、是尼众。二、因诤事嗔忿。三、以恶言骂辱。四、言了了。犯。

此戒具四缘成犯：

1. **是尼众**：所骂者为四人或四人以上之尼众。
2. **因诤事嗔忿**：比丘尼因诤事而心怀嗔恨恚怒。
3. **以恶言骂辱**：以恶言骂詈毁辱比丘尼众。
4. **言了了。犯**：若言语清楚明了，便犯波逸提。

六 罪相

【记】

罪相	喜斗诤经宿后骂比丘尼众	说而了了 ——— 波逸提
		说而不了了 ——— 突吉罗

若比丘尼喜好斗诤，于诤事评断已，由不善忆持诤事，而心怀嗔恚。经夜后，以恶言骂詈尼众，说得清楚明了，结波逸提罪。若说得不清楚明了，结突吉罗罪。

七 指同开缘

【记】

开缘	同上戒

此戒开缘与上条戒相同。

 练习题

1. 请列示佛制"骂尼众戒"三要素。

2. 背诵并解释"骂尼众戒"之戒文。

3. 佛为什么制"骂尼众戒"？

4. "骂尼众戒"具哪几缘成犯？

5. 犯"骂尼众戒"之相状及结罪情况如何？

第一四八节　不白众使男子治痈戒

一　戒名

【记】　不白众使男子治痈戒第一四七　　（大、制）

不白众使男子治痈戒：若比丘尼身生痈及疮，不白大众，随便令男子破痈治疮，佛制不许。痈：即毒疮。

二　缘起

【记】　跋陀罗迦毗罗尼

跋陀罗迦毗罗比丘尼，乃缘起中能犯之人。

佛制此戒三要素：（1）**何处制**：佛于释翅瘦迦毗罗国制。（2）**因谁制**：跋陀罗迦毗罗比丘尼。（3）**因何制**：跋陀罗迦毗罗比丘尼身生痈，使男子破之。彼男子因生染心，欲坏其梵行，因制。

三　戒文

【记】　戒文——若比丘尼，身生痈及种种疮。不白众，及余人。辄使男子破，若裹者，波逸提。

文分五句：

第一句：若比丘尼——能犯人

白四羯磨如法得处所的比丘尼。

第二句：身生痈及种种疮——生痈疮

比丘尼身生痈，及种种疮。

疮：即痈、疽等通称。**痈**：是六腑不和所生；**疽**：则五脏不调所致，阳滞于阴，则生痈；阴滞于阳，则生疽。

第三句：不白众，及余人——不白人

不白比丘尼众，或若无比丘尼，设有余式叉尼等人，亦不告知。

第四句：辄使男子破，若裹者——使男治

辄使男子破痈治疮，以刀针刺破，使毒气外泄。刺破后消毒、上药及以布帛缠裹等。

第五句：波逸提——结罪

若比丘尼不白众及余人，辄使男子破痈治疮，即结波逸提罪。

四　制意

【记】　四分律疏 制意：男女形殊，理无交对。轻使治疗，容生秽染。

男女形体不同，于理不应独自与其交往接触。若比丘尼身生痈及种种疮，宜白告大众，令僧遣尼作伴，方可使男子治疗。然缘起中比丘尼不加防范，随便使男子破痈治疗，致其产生污秽染着之心，欲毁尼梵行。故佛制不许辄使男子破痈。

五　具缘

【记】　开宗记 具五缘成犯：一、身有疮痈。二、使男子破。三、无染心。四、不白众。五、随下刀。犯。

此戒具五缘成犯：

1. **身有疮痈**：比丘尼身生痈及种种疮。
2. **使男子破**：使男子破痈治疮、上药、包扎等。
3. **无染心**：比丘尼无有染污心。若有染污心，则为摩触戒所摄。
4. **不白众**：未白告大众僧或众多比丘尼。
5. **随下刀。犯**：随男子下刀为破治，比丘尼便犯波逸提。若包扎时，一匝缠，亦犯一波逸提。

六　罪相

（一）正明犯相

【记】

罪相	身生痈，及种种疮，不白众，使男子破，一下刀，一裹时，一匝缠——波逸提

若比丘尼身生痈及种种疮，不白众僧或众多比丘尼，随便使男子破治。随一下刀，即结一波逸提罪。若包扎时，一裹时，一匝缠，亦一一结波逸提罪。

（二）引文别明

【记】 比丘尼钞 五分云：若令男子治痈，打钟集僧来往病人前。然后衣裹身，唯留可治处治之。余法如摩触戒具述。

《比丘尼钞》引《五分律》文：若比丘尼欲令男子治痈，应打钟集僧至病人前，然后以衣裹身，唯留治痈疮之处，令彼治之。① 余法如摩触戒中具述。如男子为比丘尼破痈时，应令余尼紧握手，不使尼觉是男子为彼治病。

七　开缘

【记】

| 开缘 | 白众使男子破，若裹。
若为强力者所执。 | 无犯 |

此戒开缘如下：

1. 若比丘尼身生痈，白告大众已，方使男子破痈治疮、上药、包扎，不犯，以顺教故。

2. 若比丘尼为强力者所执，而不白告众僧，使男子破痈治疮、上药、包扎，不犯。

练习题

1. 请解释"不白众使男子治痈戒"戒名。
2. 略述佛制"不白众使男子治痈戒"三要素。
3. 背诵并解释"不白众使男子治痈戒"之戒文。
4. 佛为什么制"不白众使男子治痈戒"？
5. "不白众使男子治痈戒"具哪几缘成犯？
6. "不白众使男子治痈戒"结犯相状如何？有哪些开缘？

思考题

1. 如果不白大众令男医生按摩、针灸等其他需接触身体的治疗，会犯哪条戒？在看病时应怎样防范？

---

① （刘宋）三藏佛陀什共竺道生等译《弥沙塞部和醯五分律》卷十四，《大正藏》22 册，第 96 页。

第一四九节 背请戒

一 戒名

【记】 背请戒第一四八 （大、制）

背请戒：若比丘尼先受居士请食，赴请前，已食五正食，后方诣请食家，复食施主五正食，佛制不许。

《四分律》此戒罪相中制："比丘，波逸提"[1]，说明比丘、比丘尼同制同学。

二 缘起

【记】 诸尼

诸比丘尼，乃缘起中能犯之人。

佛制此戒三要素：（1）何处制：佛于舍卫国制。**（2）因谁制**：诸比丘尼。**（3）因何制**：诸尼先受请食，赴请前已食五正食，方诣居士家食，居士讥嫌。因制。

三 戒文

【记】 戒文——若比丘尼，先受请，若足食已，后食饭、麨、干饭，鱼及肉者，波逸提。

文分四句：

第一句：若比丘尼——能犯人

白四羯磨如法得处所的比丘尼。

第二句：先受请——先受请

先已受居士请食。

第三句：若足食己，后食饭、麨、干饭，鱼及肉者——足食已更食

若赴请前已足食，后至请食家，复食饭、麨、干饭、鱼及肉者。

第四句：波逸提——结罪

若比丘尼先受居士请食，赴请前已足食，后至请食家，复食五正食，即结波逸提罪。

四 制意

【记】 四分律疏 制意：凡食以充躯为用，过则长贪，少复不足，事须节量。

---

① （后秦）三藏佛陀耶舍共竺佛念等译《四分律》卷二十九，《大正藏》第 22 册，第 768 页。

既有笃信居士，供办美食，延请众僧，希存受用。而今许后违，是无信也。使他饮食徒设而已，无供僧之益。损恼施主，其过非轻，是以圣制。

凡饮食以充饥养身为用，若食过量，则增己贪心，若食不足，则无以充饥，故饮食须节制衡量。既有虔诚居士，备办种种美食，延请众僧，希冀受用。然今比丘尼先答应受供，后又违施主请食，此乃不守信用之相。如此，不仅言而无信，亦使施主徒设饮食，得不到供僧利益。损恼施主，其过实重，故佛制不许背请。

五　具缘

【记】　尼戒会义　具三缘成犯：一、预受他请。二、先已足食。三、食已入咽。犯。

此戒具三缘成犯：

1. **预受他请**：比丘尼先已接受居士请食。
2. **先已足食**：赴食前，已足食。
3. **食已入咽**。犯：若复食五正食，一入咽，便犯波逸提。

六　罪相

【记】

罪相　先受请已，若足食后食他五正食者 —— 咽咽波逸提

若比丘尼先受居士请食，于赴请前已足食，后方诣请食家，复食五正食，咽咽结波逸提罪。

七　开缘

【记】

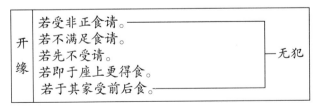

开缘　若受非正食请。／若不满足食请。／若先不受请。／若即于座上更得食。／若于其家受前后食。 —— 无犯

此戒开缘如下：

1. 若比丘尼，接受居士非正食请，即居士请粥、根、茎、叶、花、果、细末等食，虽先食五正食已，后方赴请，不犯。《四分律》云：非正食者，根食乃至细末食。[①]

---

① （后秦）三藏佛陀耶舍共竺佛念等译《四分律》卷十四，《大正藏》第22册，第663页。

2. 若比丘尼，受居士不满足食请，即居士虽请五正食，但食有限，不令饱足。尼虽先食五正食已，后赴请，不犯。

3. 若比丘尼先未受居士请食，虽足已，后复食他家五正食，不犯。

4. 若比丘尼先食五正食，后于座上更得五正食，不犯。

5. 若比丘尼于施主家受前食、后食，先已足食，后复食五正食，不犯。以不恼施主故。

练习题

1. 请解释"背请戒"戒名。

2. 佛制"背请戒"三要素是什么？

3. 背诵并解释"背请戒"之戒文。

4. 佛为什么制"背请戒"？

5. "背请戒"具哪几缘成犯？有哪些开缘？

第一五〇节 于家生嫉妒心戒

一 戒名

【记】 于家生嫉妒心戒第一四九 （大、制）

家：檀越家。梵音檀，此云施。**越**：度也。行施舍，即能越度贫穷苦海，为解脱之本。

嫉妒：自徇名利，障人供养，而生嫉妒。

于家生嫉妒心戒：若比丘尼于檀越家，见施主以信敬心供养己师，而生嫉妒心者，佛制不许。

二 缘起

【记】 提舍尼

提舍比丘尼，乃缘起中能犯之人。

佛制此戒三要素：（1）**何处制**：佛于舍卫国制。（2）**因谁制**：提舍比丘尼。（3）**因何制**：檀越供养安隐比丘尼，其弟子提舍比丘尼心生嫉妒而发言嫉师，因制。

三 戒文

【记】 戒文——若比丘尼，于家生嫉妒心者，波逸提。

文分三句：

第一句：若比丘尼——能犯人

白四羯磨如法得处所的比丘尼。

第二句：于家生嫉妒心者——生妒心

于檀越家，见施主虔诚供养和尚，而心生嫉妒。

第三句：波逸提——结罪

若比丘尼生嫉妒心，说嫉妒之语，言了了，即结波逸提罪。

据缘起，嫉妒师父结波逸提罪。在实际行事中，不局于此。

四　制意

【记】　四分律疏 制意：师得供养，弥应助喜，反生妒忌，轻心汝师。悭惜他物，垢障尤深，故须圣制。

凡施主虔诚供养己师，弟子应随喜赞叹师之德行。然今比丘尼不仅不随喜，反生嫉妒心，而发言："檀越笃信好施，供养于汝。"以轻慢师长，悭贪吝惜施主之物。此过实重，故佛制不许。

五　具缘

【记】　比丘尼钞 具四缘成犯：一、施主好心供养于师。二、见师得利生嫉妒心。三、发言嫉师。四、言词了了。犯。

此戒具四缘成犯：

1. **施主好心供养于师**：施主以净善之心供养于师。
2. **见师得利生嫉妒心**：弟子见师得利养而生嫉妒心。
3. **发言嫉师**：口出嫉妒之语。
4. **言词了了。犯**：若言语清楚明了，便犯波逸提。

六　罪相

（一）正明犯相

【记】

若比丘尼见施主供养和尚时，心生嫉妒，而口出嫉妒语，言语清楚明了，结波

逸提罪。若言语不清楚明了，结突吉罗罪。

（二）引文别显

【记】 比丘尼钞 十诵云：护惜他家者，人取觅，代他言无，提。五分云：嫉妒他人得利，欲专我得，犯提。

《比丘尼钞》引《十诵律》文：护惜他家物，即有尼向他家取觅所须之物，而比丘尼心生吝惜，便代檀越说没有，结波逸提罪。彼律记载：佛在舍卫国。尔时偷兰难陀比丘尼，喜入出他家。早起行诣诸家，中庭立大门中立，厨下立。是中若有沙门婆罗门来，为乞食故来。偷兰难陀比丘尼语言：食未办，若言主人不在。如是从家至家，遮诸乞食人。诸乞食人不得食故，呵责言：是不吉弊女，悭惜他家，故令我等不得食。如法比丘尼展转白佛，佛呵责已制戒："若比丘尼护惜他家，波夜提。"①

又引《五分律》文：若比丘尼嫉妒他人得利养，唯欲己独得物，不令他得，结波逸提罪。②

七 开缘

【记】

开缘	若其事实尔。	无犯
	若戏笑语等。	

此戒开缘如下：

1. 若施主确实笃信，喜供养于己师，弟子如实说者，不犯。

2. 若戏笑语，或疾疾语，或独语，不犯本罪，但违说话仪则，须结突吉罗罪。若梦中语，或欲说此错说彼，不犯。

练习题

1. 请解释"于家生嫉妒心戒"戒名。

2. 简述佛制"于家生嫉妒心戒"三要素。

3. 背诵并解释"于家生嫉妒心戒"之戒文。

4. 佛为什么制"于家生嫉妒心戒"？

---

① （后秦）三藏弗若多罗共罗什等译《十诵律》卷四十七，《大正藏》第23册，第341页。

② 《弥沙塞部和醯五分律》卷十二云："若比丘尼，护惜他家，波逸提。护惜他家者：欲使他家供养己，不供养余人。"（《大正藏》第22册，第89页。）

5. "于家生嫉妒心戒"具哪几缘成犯？有哪些开缘？

6. 结合《十诵律》《五分律》，说明"于家生嫉妒心戒"结犯相状。

第一五一节　用香涂摩身戒

一　戒名

【记】　用香涂摩身戒第一五〇　（大、制）

香：即香油、香水、香料，或以种种香和合成末等。《五分律》云："香者，根香、茎香、叶香、花香、虫香、胶香。"① 此等原料做成之香料，皆称为香。

用香涂摩身戒： 若比丘尼以香涂摩身，佛制不许。

二　缘起

【记】　六群尼

六群比丘尼，乃缘起中能犯之人。

佛制此戒三要素：（1）**何处制：** 佛于舍卫国制。（2）**因谁制：** 六群比丘尼。
（3）**因何制：** 六群比丘尼以香涂摩身，居士讥嫌，因制。

三　戒文

【记】　戒文——若比丘尼，以香涂摩身者，波逸提。

文分三句：

第一句：若比丘尼——能犯人
白四羯磨如法得处所的比丘尼。

第二句：以香涂摩身者——所防过
以世间女子所用之种种香涂摩身体。

第三句：波逸提——结罪
随比丘尼涂摩身，即结波逸提罪。

四　制意

【记】　四分律疏 制意：出家修道，观身不净，特生厌离。反以香滓涂摩，令身香洁，耽着情深。意存放逸，患累之极，勿过于此。

---

① （刘宋）三藏佛陀什共竺道生等译《弥沙塞部和醯五分律》卷十四，《大正藏》第 22 册，第 95 页。

凡出家修道，应观此有待之形，乃假四大和合而成。九孔常流不净，无一处可爱。于有漏之身，应生厌离。然今比丘尼不思厌离，反以香涂摩身，令身香洁，深爱耽着，意存放逸而不慕修道。如是容犯余过，乃至根本婬戒。其过患之大，丑累佛法，莫过于此。故佛制不许。

五 具缘

【记】 开宗记 具三缘成犯：一、是香滓。二、无病。三、随涂。犯。

此戒具三缘成犯：

1. **是香滓**：是以种种香所作之膏。滓者，谓渣滓、沉淀物。
2. **无病**：无病因缘。
3. **随涂。犯**：随比丘尼涂摩身，便犯波逸提。

六 罪相

【记】

罪相	比丘尼以香涂摩身者———波逸提

若比丘尼以香涂摩身体，结波逸提罪。

七 开缘

【记】

开缘	若有如是病。	无犯
	若为强力所执。	

此戒开缘如下：

1. 若比丘尼有如是病，而以香涂摩身，不犯。
2. 若比丘尼为强力者所执，而以香涂摩身，不犯，以身不由己故。

 练习题

1. 解释"用香涂摩身戒"戒名。
2. 略述佛制"用香涂摩身戒"三要素。
3. 背诵并解释"用香涂摩身戒"之戒文。
4. 佛为什么制"用香涂摩身戒"？

5. "用香涂摩身戒"具哪几缘成犯？有哪些开缘？

第一五二节　以胡麻滓涂摩身戒

一　戒名

【记】　以胡麻滓涂摩身戒第一五一　（大、制）

胡麻：《四分律名义标释》释：又名巨胜，本生胡国，故名胡麻。黑色，俗呼为黑芝麻。八谷之中最为大胜，故明巨胜。①

滓：淀也、浊也，即渣滓。

以胡麻滓涂摩身戒：若比丘尼以胡麻滓涂摩身者，佛制不许。

二　缘起

【记】　六群尼

六群比丘尼，乃缘起中能犯之人。

佛制此戒三要素：（1）**何处制**：佛于舍卫国制。（2）**因谁制**：六群比丘尼。
（3）**因何制**：六群比丘尼以胡麻滓涂摩身，俗讥，因制。

三　戒文

【记】　戒文——若比丘尼，以胡麻滓涂摩身者，波逸提。

文分三句：

第一句：若比丘尼——能犯人

白四羯磨如法得处所的比丘尼。

比丘尼欲使皮肤光滑细腻，而以胡麻滓涂摩身。

第三句：波逸提——结罪

随比丘尼涂摩身，即结波逸提罪。

四　指同余科

【记】　四分律疏 自下五戒制意犯缘等，悉同前戒。

指明此戒及以下五戒制意犯缘等皆同前戒。

自此以下有五条戒，即从第一百五十二条"使比丘尼涂摩身戒"至第一百五十

---

① （明）弘赞律师辑《四分律名义标释》卷十九，《卍新续藏》第 44 册，第 549 页。

五条"使白衣妇女涂摩身戒"，另加第一百七十八条"使外道女香涂摩身戒"。其制意、犯缘等，皆同。

五　本律教人涂身戒之排列

【记】　四分律疏　自下教人涂身，立为五戒，一戒落后，今次第有四。

自此以下有五条戒，皆因教人涂身而制。中有一戒在结集时落后，即第一百七十八条"使外道女香涂摩身戒"。今次第相列，但有四戒，即从第一百五十二条至第一百五十五条是。

＊＊＊　练习题

1. 何谓"胡麻"？
2. 简述佛制"以胡麻滓涂摩身戒"三要素。
3. 背诵并解释"以胡麻滓涂摩身戒"之戒文。

第一五三节　使比丘尼涂摩身戒

一　戒名

【记】　使比丘尼涂摩身戒第一五二　（大、制）

涂：或以澡豆、皂角，或以蜜、药等涂身。

摩：揩擦摩拭令净。

使比丘尼涂摩身戒：若比丘尼使比丘尼为己涂摩身，佛制不许。

二　缘起

【记】　六群尼

六群比丘尼，乃缘起中能犯之人。

佛制此戒三要素：（1）何处制：佛于舍卫国制。（2）因谁制：六群比丘尼。
（3）因何制：六群比丘尼使诸比丘尼揩摩身，俗讥因制。

三　戒文

【记】　戒文——若比丘尼，使比丘尼涂摩身者，波逸提。

文分三句：

第一句：若比丘尼——能犯人

白四羯磨如法得处所的比丘尼。

第二句：使比丘尼涂摩身者——所防过

比丘尼为适意故，令他比丘尼为己涂摩身。

第三句：波逸提——结罪

随他尼为己涂摩身，即结波逸提罪。

 练习题

1. 解释"使比丘尼涂摩身戒"戒名。

2. 简述佛制"使比丘尼涂摩身戒"三要素。

3. 背诵并解释"使比丘尼涂摩身戒"之戒文。

第一五四节　使式叉摩那涂摩身戒

一　戒名

【记】　使式叉摩那涂摩身戒第一五三　（大、制）

使式叉摩那涂摩身戒：若比丘尼使式叉摩那为己涂摩身，佛制不许。

大、制：大乘菩萨也制；此戒是遮戒。

二　缘起

【记】　六群尼

六群比丘尼，乃缘起中能犯之人。

佛制此戒三要素：　（1）何处制：佛于舍卫国制。　（2）因谁制：六群比丘尼。

（3）因何制：六群比丘尼使式叉摩那涂摩身，俗讥，因制。

三　戒文

【记】　戒文——若比丘尼，使式叉摩那涂摩身者，波逸提。

文分三句：

第一句：若比丘尼——能犯人

白四羯磨如法得处所的比丘尼。

第二句：使式叉摩那涂摩身者——所防过

比丘尼为适意故，而使式叉摩那为己涂摩身。

第三句：波逸提——结罪

随式叉摩那为比丘尼涂摩身，此比丘尼即结波逸提罪。

第一五五节　使沙弥尼涂摩身戒

一　戒名

【记】　使沙弥尼涂摩身戒第一五四　（大、制）

沙弥尼：此翻息慈女，谓息世染之情，以慈济众生。又其初入佛法，多存俗情，故须息恶行慈。

使沙弥尼涂摩身戒：若比丘尼使沙弥尼为己涂摩身，佛制不许。

二　缘起

【记】　六群尼

六群比丘尼，乃缘起中能犯之人。

佛制此戒三要素：（1）何处制：佛于舍卫国制。（2）因谁制：六群比丘尼。
（3）因何制：六群比丘尼使沙弥尼涂摩身，俗讥，因制。

三　戒文

【记】　戒文——若比丘尼，使沙弥尼涂摩身者，波逸提。

文分三句：

第一句：若比丘尼——能犯人

白四羯磨如法得处所的比丘尼。

第二句：使沙弥尼涂摩身者——所防过

比丘尼纵逸己身，为舒适故，役使沙弥尼为己涂摩身。

第三句：波逸提——结罪

随沙弥尼为比丘尼涂摩身，此比丘尼即结波逸提罪。

第一五六节　使白衣妇女涂摩身戒

一　戒名

【记】　使白衣妇女涂摩身戒第一五五　（大、制）

白衣妇女：即在家妇女。

使白衣妇女涂摩身戒：若比丘尼使白衣妇女为己涂摩身，佛制不许 。

二　缘起

【记】　　*六群尼*

六群比丘尼，乃缘起中能犯之人。

佛制此戒三要素：（1）**何处制：**佛于舍卫国制。（2）**因谁制：**六群比丘尼。

（3）**因何制：**六群比丘尼使白衣妇女涂摩身，俗讥，因制。

三　戒文

【记】　　*戒文——若比丘尼，使白衣妇女涂摩身者，波逸提。*

文分三句：

第一句：若比丘尼——能犯人

白四羯磨如法得处所的比丘尼。

第二句：使白衣妇女涂摩身者——所防过

比丘尼纵逸己身，为舒适故，役使白衣妇女为己涂摩身。

第三句：波逸提——结罪

随白衣妇女为比丘尼涂摩身，此比丘尼即结波逸提罪。

练习题

1. 简述佛制第一五三条至一五五条诸戒三要素。

2. 背诵第一五三至一五五三条戒文。

第一五七节　着贮跨衣戒

一　戒名

【记】　　*着贮跨衣戒第一五六*　　（大、制）

着：穿。**贮：**积，加厚。**跨：**应为"胯"，指胯骨。

贮跨衣：多层布，形成胯骨宽大，或系布于腰，裹之令细。印度俗家妇女皆喜着此等衣，欲令男子生爱念故。

着贮跨衣戒：若比丘尼着贮跨衣者，佛制不许。

二　缘起

【记】　偷罗难陀尼

缘起中能犯之人是偷罗难陀比丘尼。

佛制此戒三要素：（1）**何处制**：佛于舍卫国制。（2）**因谁制**：偷罗难陀比丘尼。
（3）**因何制**：偷罗难陀比丘尼作如是念："着贮跨衣令身粗大。"居士见皆讥嫌，言与婬女贼女无异。因制。

三　戒文

【记】　戒文——若比丘尼，着贮跨衣者，波逸提。

文分三句：

第一句：若比丘尼——能犯人

白四羯磨如法得处所的比丘尼。

第二句：着贮跨衣者——所防过

比丘尼为令臀大腰细而着贮跨衣。

第三句：波逸提——结罪

随比丘尼着身缠绕，即结波逸提罪。

四　制意

【记】　┃四分律疏┃制意：出家威仪，应生物善，着此丑障，特乖法式。

出家本应厌离生死，远离爱欲，内修清净梵行，外显出家威仪，以生世人信敬心。然今，比丘尼为令臀大腰细，而仿俗人着此鄙陋贮跨衣，极其乖违僧人仪则，故佛制不许。

五　具缘

【记】　┃尼戒会义┃具二缘成犯：一、心作欲念着。二、着身缠绕。犯。

此戒具二缘成犯：

1. **心作欲念着**：比丘尼心中生起欲念而着贮跨衣。
2. **着身缠绕犯**：若比丘尼着贮跨衣，随着身缠绕，便犯波逸提。

六　罪相

（一）正明犯相

【记】

罪相	若比丘尼着贮跨衣者—————波逸提

若比丘尼着令显腰细臀大的贮跨衣，结波逸提罪。

（二）别释贮跨衣

【记】　第二分 贮跨衣者：若用毳，若劫贝，若俱遮罗，若乳叶草，若刍摩，若野蚕绵，一切犯提。

据《四分律·第二分》云，所谓贮跨衣，是指以毳（兽毛细者），或以劫贝（木棉），或以俱遮罗（此方无，故不翻），或以乳叶草（细软草），或以刍摩（麻之类），或以野蚕绵（丝绵），贮积多层者。若着此等衣，俱结波逸提罪。[①]

七　开缘

【记】

开缘	若有如是病，内着病衣，外着涅槃僧，次着袈裟。 若为强力者所执。	无犯

此戒开缘如下：

1. 若比丘尼有如是病，当先内着病衣，复着涅槃僧，后搭袈裟，令显腰细臀大，不犯。
2. 若比丘尼为强力者所执，而着贮跨衣，不犯。

练习题

1. 请解释"着贮跨衣戒"戒名。
2. 略述佛制"着贮跨衣戒"三要素。
3. 背诵并解释"着贮跨衣戒"之戒文。

---

① 参见（后秦）三藏佛陀耶舍共竺佛念等译《四分律》卷二十九，《大正藏》第 22 册，第 770 页。

4. 佛为什么制"着贮跨衣戒"?

5. "着贮跨衣戒"具哪几缘成犯?

6. 根据《四分律》,何谓"贮跨衣"?

7. 什么情况下不犯"着贮跨衣戒"?

第一五八节　畜妇女严身具戒

一　戒名

【记】　畜妇女严身具戒第一五七　（大、制）

畜:畜积。

严身具:庄严身形之物。如此方妇女所用玄黄、朱紫、绫罗、绸缎、刺绣等。西土则用七宝璎珞上服、钗、钏、指环、耳铛、手镯、脚镯之属,乃至树皮作鬘,悉名庄严具。

畜妇女严身具戒:若比丘尼畜妇女庄严身之物,佛制不许。

二　缘起

【记】　六群尼

六群比丘尼,乃缘起中能犯之人。

佛制此戒三要素: （1）**何处制**:佛在舍卫国制。　（2）**因谁制**:六群比丘尼。
（3）**因何制**:六群比丘尼畜妇女庄严具,手脚钏及猥处庄严具,俗讥,因制。

三　戒文

【记】　戒文——若比丘尼,畜妇女严身具,除时因缘,波逸提。

文分四句:

第一句:若比丘尼——能犯人
白四羯磨如法得处所的比丘尼。

第二句:畜妇女严身具——所防过
畜妇女庄严身之物。

第三句:除时因缘——除开缘
除有开缘的情况,比如有人欲断其命,或欲破其梵行,或欲劫夺其衣钵,以庄严具庄束成世俗妇女逃避,开听。

第四句:波逸提——结罪

若比丘尼无因缘而畜妇女庄严身具，即结波逸提罪。

四　制意

【记】　四分律疏 制意：畜俗严具，多生染习，障道之深，故须圣制。

若比丘尼畜世俗妇女严身之具，易生爱染之习。因见物思俗，心生贪着。如是深障圣道。故佛制不许。

五　具缘

【记】　尼戒会义 具两缘成犯：一、有心蓄积。二、已成妇女庄严。犯。

此戒具二缘成犯：

1. **有心畜积**：比丘尼有心畜积庄严身之物。

2. **已成妇女庄严**。犯：若比丘尼以此严身具庄严己身如世俗妇女，便犯波逸提。依据律文，只要畜积世俗妇女庄严身具，即犯。不以用此物庄严己身为结犯条件。

《四分比丘尼戒本注解》卷下列三缘：一、妇女庄严身具。二、无因缘。三、蓄着。即犯。[①]

六　罪相

（一）正明犯相

【记】

罪相	尼畜妇女庄严具者 ———— 波逸提

若比丘尼畜世俗妇女庄严身形之物，结波逸提罪。

（二）释严身具

【记】　第二分 严身具者：手脚钏，及猥处庄严具，乃至树皮作鬘，一切波逸提。

《四分律·第二分》云：严身具者，谓手镯、脚镯，及身体隐处之庄严物，如乳罩之类，乃至以树皮作花鬘，俱结波逸提罪。[②] **"猥处者"**，谓隐蔽之处。

---

① （民）佛莹法师编《四分比丘尼戒本注解》卷二，《大藏经》补编第 8 册，第 394 页。
② （后秦）三藏佛陀耶舍共竺佛念等译《四分律》卷二十九，《大正藏》第 22 册，第 770 页。

七　开缘

【记】

| 开缘 | 若有如是病。
若命难、梵行难，著庄严具逃走。
若强力者所执。 | ——无犯 |

此戒开缘如下：

1. 若比丘尼有如是病，而畜庄严身具，不犯。

2. 若比丘尼有命难、梵行难，而着庄严身具逃走，不犯。

3. 若比丘尼为强力者所执，而着庄严身具，不犯。

练习题

1. 请解释"畜妇女严身具戒"戒名。

2. 略述佛制"畜妇女严身具戒"三要素。

3. 背诵并解释"畜妇女严身具戒"之戒文。

4. 佛为什么制"畜妇女严身具戒"？

5. "畜妇女严身具戒"具哪几缘成犯？

6. 根据《四分律》，何谓"严身具"？

7. "畜妇女严身具戒"有哪些开缘？

第一五九节　着革屣持盖行戒

一　戒名

【记】　着革屣持盖行戒第一五八　（大、制）

革：经加工去毛之兽皮也。**屣**：鞋；**革屣**：即皮履。**盖**：伞盖，即能遮日、雨者是。

着革屣持盖行戒：若比丘尼无因缘，着革屣、持伞盖于道路行，佛制不许。

二　缘起

【记】　六群尼

六群比丘尼，乃缘起中能犯之人。

佛制此戒三要素：（1）**何处制**：佛于舍卫国制。（2）**因谁制**：六群比丘尼。
（3）**因何制**：六群比丘尼着革屣、手擎盖而行，俗讥，因制。

三　戒文

【记】　戒文——若比丘尼，着革屣，持盖行，除时因缘，波逸提。

文分四句：

第一句：若比丘尼——能犯人
白四羯磨如法得处所的比丘尼。

第二句：着革屣，持盖行——所防过
比丘尼足着皮履，手擎伞盖于道路行。

第三句：除时因缘——除开缘
除有开缘之情况，或大食、小食、夜集、说戒时遇雨，听持盖。或天雨时，赤足行，恐泥污脚、污衣、污坐具，听着革屣。

第四句：波逸提——结罪
若比丘尼无因缘，着革屣、持伞盖于道路行，即结波逸提罪。

四　制意

【记】　四分律疏 制意：革屣持盖，在道而行，长己傲情，招讥损道。

若比丘尼着革屣、持伞盖于道路行，易增己傲慢心，且招俗讥嫌，又损害道业，故佛制不许。

五　具缘

【记】　开宗记 具四缘成犯：一、着革屣持盖。二、在道行。三、无因缘。四、随越界。犯。

此戒具四缘成犯：

1. **着革屣持盖**：比丘尼足着皮履，手擎伞盖。
2. **在道行**：于道路行。
3. **无因缘**：无开缘情况。
4. **随越界**。犯：随比丘尼所越村界，一一结波逸提罪。若无村兰若处，行至十里，结波逸提罪。

六　罪相

【记】

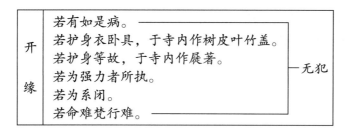

此戒罪相如下：

（一）若比丘尼着革屣擎伞盖于道路行

1. 从一村乃至另一村，随所行村界，一一结波逸提罪。

2. 若无村，在兰若处，行至十里，结波逸提罪。

3. 若行未至村界或在兰若处未满十里，俱结突吉罗罪。

4. 若于村中行，随所越家界，一一结突吉罗罪。

（二）欲去未去

若比丘尼作种种方便，欲着革屣、持盖行，后未成行。或与人共约着革屣、持盖行，后未去，俱结突吉罗罪。

七　开缘

【记】

开缘	若有如是病。 若护身衣卧具，于寺内作树皮叶竹盖。 若护身等故，于寺内作屣著。 若为强力者所执。 若为系闭。 若命难梵行难。	无犯

此戒开缘如下：

1. 若比丘尼有头疼或脚底有疮等病，须着革屣、持盖行，不犯。

2. 若比丘尼为护身、护衣、护卧具，而于寺内以树皮、叶子、竹子等作盖，不犯。**叶者**：如荷叶一类。**竹盖者**：谓以竹子所编之草帽等，可戴于头上，或可擎举。但律中云，不得擎大圆伞盖。① 约义，亦不得擎大红、大绿等彩色伞，当擎坏色者。

---

① 《四分律》卷五十二记载："时跋难陀在道行，持好大圆盖，诸居士遥见，谓是王若大臣恐怖避道去。彼不远谛视，乃知是跋难陀，即皆讥嫌言：'沙门释子多欲无厌，自称言：我知正法。而持大好圆盖在道行，犹如王大臣，令我等恐怖避道。如是有何正法？'诸比丘白佛，佛言：'比丘不应持圆盖在道行，亦不应畜。'"（《大正藏》第 22 册，第 955 页。）

3. 若比丘尼，以处所多石或荆棘，为护身、护衣、护卧具，于寺内作皮履而着，不犯。

4. 若比丘尼，或为强力者所轨，或被系闭，或有命难、梵行难，而着革屣、持盖行，不犯。

练习题

1. 请解释"着革屣持盖行戒"戒名。

2. 佛制"着革屣持盖行戒"三要素是什么？

3. 背诵并解释"着革屣持盖行戒"之戒文。

4. 佛为什么制"着革屣持盖行戒"？

5. "着革屣持盖行戒"具哪几缘成犯？结犯相状如何？有哪些开缘？

第一六〇节　无病乘乘行戒

一　戒名

【记】　无病乘乘行戒第一五九　（大、制）

病：因四大不调，或脚病、腰病等而无法行走。

乘乘：前之乘（chèng），动词，乃骑或坐；后之乘（shèng），名词，即车。

乘有四种：马乘、象乘、车乘、步乘（人力所拉之车）。

无病乘乘行戒：若比丘尼无病因缘而乘乘行，佛制不许。

二　缘起

【记】　六群尼

缘起中能犯之人是六群比丘尼。

佛制此戒三要素：（1）**何处制**：佛于舍卫国制。　（2）**因谁制**：六群比丘尼。
（3）**因何制**：六群比丘尼乘乘在道行，俗讥，因制。

三　戒文

【记】　戒文——若比丘尼，无病乘乘行，除时因缘，波逸提。

文分四句：

第一句：若比丘尼——能犯人

白四羯磨如法得处所的比丘尼。

第二句：无病乘乘行——所防过

身无诸病痛，乘象、马、车、步乘而行。

第三句：除时因缘——除开缘

除老病等开缘中事。

第四句：波逸提——结罪

若比丘尼无病因缘而乘乘行，结波逸提罪。

四　制意

【记】 开宗记 制意：出家理应修慈济物，今辄乘乘，苦恼前境。动越威仪，招讥损道。由斯过故，制与提愆。

凡出家之人，理应修慈悲心济助众生。然今比丘尼无病等因缘，只为一时适意，随便乘乘而行。如此，不仅策役劳力，令众生身心苦恼。而且乖违出家人应有之威仪，从而招致世人讥嫌、毁谤，同时损害道业。因为有以上诸过，故佛制以提罪。

五　具缘

【记】 四分律疏 具四缘成犯：一、乘乘。二、在道行。三、无因缘。四、随越界。犯。①

此戒具四缘成犯：

1. **乘乘**：乘象、马、车、步乘。

2. **在道行**：于道路行。

3. **无因缘**：无开缘情况。

4. **随越界。犯**：随比丘尼所越村界，一一犯波逸提。或于无村兰若处，行至十里，犯波逸提。

《四分比丘尼戒本注解》卷下列四缘：一、是乘。二、无因缘。三、乘乘。四、随所越界。犯。②

六　罪相

（一）指同

【记】

---

① 《四分律疏》未见此文。
② （民）佛莹法师编《四分比丘尼戒本注解》卷二，《大藏经补编》第 8 册，第 395 页。

| 罪相 | 同上著革屣持盖行戒。但改为尼无因缘乘乘。 |

此戒罪相，同前第一百五十八条"着革屣持盖行戒"。但改"着革屣、持盖行"为"尼无因缘乘乘行"。

（二）明乘

【记】 第二分 乘者有四种：象、马、车、步乘。

《四分律·第二分》云："乘者有四种：象乘、马乘、车乘、步乘。"①

七　开缘

（一）正明开缘

【记】

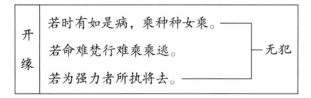

| 开缘 | 若时有如是病，乘种种女乘。
若命难梵行难乘乘逃。
若为强力者所执将去。 | 无犯 |

此戒开缘如下：

1. 若比丘尼有四大不调、脚、腰痛等病，而乘坐种种雌性畜生所拉或女人驾驶之车乘等，不犯。

2. 若比丘尼因有命难、梵行难，乘乘而逃，不犯。

3. 若比丘尼为强力者所将持，而乘乘行，不犯。

（二）引文别明

【记】 比丘尼钞 五分云：乘乘行戒者：车舆象马乃至着屣，皆名乘。若老病，若行路，乃至脚指痛，无犯。僧祇云：若病人不能行，乘雌乘无罪。

《比丘尼钞》引《五分律》文：所谓乘乘行戒，即不问车、舆、象、马，乃至着木屐，皆名乘。若老病行路，乃至脚指痛，乘乘行皆不犯。②

又引《僧祇律》文："乘者：象乘、马乘、驴乘、驼乘、船乘、牛乘、车乘、辇

①　（后秦）三藏佛陀耶舍共竺佛念等译《四分律》卷三十，《大正藏》第22册，第771页。
②　（刘宋）三藏佛陀什共竺道生等译《弥沙塞部和醯五分律》卷十三，《大正藏》22册，第94页。

乘，如是一切乘，不病不听乘。若病者得。不听乘雌乘，应乘雄乘。若病重不分别者，乘无罪。"① 此乃约比丘言，若病，得乘雄乘。若病重不能分别雌雄，开乘雌乘。

练习题

1. 请解释"无病乘乘行戒"戒名，并说明何谓"乘"？
2. 简述佛制"无病乘乘行戒"三要素。
3. 背诵并解释"无病乘乘行戒"之戒文。
4. 佛为什么制"无病乘乘行戒"？
5. "无病乘乘行戒"具哪几缘成犯？有哪些开缘？

第一六一节　不着僧祇支入村戒

一　戒名

【记】　不着僧祇支入村戒第一六〇　（大、制）

僧祇支：灵芝律师在《资持记》中解释：即覆左腋，着带系右腋下的衣，是比丘尼五衣之一。其量与覆肩衣等。②《一切经音义》中译为"掩腋衣"。③

不着僧祇支入村戒：若比丘尼不着僧祇支而入村，佛制不许。

二　缘起

【记】　六群尼

六群比丘尼，乃缘起中能犯之人。

佛制此戒三要素：（1）**何处制**：佛于舍卫国制。（2）**因谁制**：六群比丘尼。
（3）**因何制**：六群比丘尼不着僧祇支入村，露胸、腋、乳、腰带，俗讥，因制。

三　戒文

【记】　戒文——若比丘尼，不着僧祇支入村者，波逸提。

文分三句：

第一句：若比丘尼——能犯人
白四羯磨如法得处所的比丘尼。

---

① （东晋）三藏佛陀跋陀罗共法显译《摩诃僧祇律》卷三十一，《大正藏》第 22 册，第 485 页。
② （宋）元照律师撰《四分律行事钞资持记》卷三，《大正藏》第 40 册，第 364 页。
③ （唐）慧琳法师撰《一切经音义》卷四十一，《大正藏》第 54 册，第 581 页。

第二句：不着僧祇支入村者——所防过

比丘尼不着僧祇支，而直搭袈裟入村。

第三句：波逸提——结罪

若比丘尼不着僧祇支入村，待两脚入村界，即结波逸提罪。

四 制意

【记】 开宗记 制意：女身不覆，丑相外彰。又生他染，招致讥过。故制。

凡女人身体，如果不用衣来遮挡，丑陋形态便会外露。易使他人生染着之心，又招致世人讥嫌。因有如此过失，故佛制不许。

五 具缘

【记】 比丘尼钞 具三缘成犯：一、有僧祇支。二、不着。三、入村门。犯。

此戒具三缘成犯：

1. **有僧祇支**：比丘尼有此衣。

2. **不着**：不穿。

3. **入村门。犯**：若比丘尼不穿掩腋衣两脚入村门（界），便犯波逸提罪。

六 罪相

【记】

此戒罪相如下：

1. 若比丘尼不着僧祇支入村，双脚入村门，结波逸提罪。若一脚在门内，一脚在门外，结突吉罗罪。

2. 若比丘尼作种种方便，欲不着僧祇支入村，后又未入者，结突吉罗罪。

3. 若比丘尼与人共约不着僧祇支入村，后又未入者，结突吉罗罪。

七 开缘

【记】

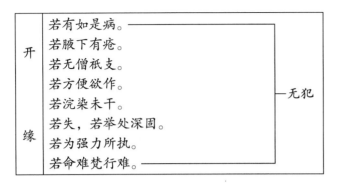

此戒开缘情况如下：

1. 若比丘尼有如是病，而不着僧祇支入村，不犯。

2. 若比丘尼因腋下生疮，而不着祇支入村，不犯。

3. 若比丘尼没有僧祇支，不着而入村，不犯，但须结缺衣突吉罗罪。

4. 若比丘尼没有僧祇支，但已准备作，如是不着入村，不犯。

5. 若比丘尼浣洗僧祇支未干，而不着入村，不犯。

6. 若比丘尼丢失僧祇支，或举藏在安全、牢固，不易取得之处，如是不着而入村，不犯。以无法及时取得故。

7. 若比丘尼为强力者所执，或有命难梵行难而不着僧祇支入村，不犯。以身不由己故。

练习题

1. 何谓"僧祇支"？

2. 略述佛制"不着僧祇支入村戒"三要素。

3. 背诵并解释"不着僧祇支入村戒"之戒文。

4. 佛为什么制"不着僧祇支入村戒"？

5. "不着僧祇支入村戒"具哪几缘成犯？

6. "不着僧祇支入村戒"结犯相状如何？有哪些开缘？

第一六二节 向暮至白衣家戒

一 戒名

【记】 向暮至白衣家戒第一六一 （大、制）

向：近也；**暮**：天将晚。**向暮**：犹言薄暮。即日欲没而未没，为震旦申酉相接时分。

向暮至白衣家戒：若比丘尼先不被请唤，向暮到白衣家，佛制不许。

二 缘起

【记】 偷罗难陀尼

偷罗难陀比丘尼，乃缘起中能犯之人。

佛制此戒三要素：（1）**何处制：** 佛于舍卫国制。（2）**因谁制：** 偷罗难陀比丘尼。（3）**因何制：** 偷罗难陀比丘尼向暮至居士家，就座而坐，随坐时顷，不语主人开门而去。时有贼先常有心欲偷其家，遇见门开，即入偷其财物去。俗讥，因制。

三 戒文

【记】 戒文——若比丘尼，向暮至白衣家，先不被唤，波逸提。

文分三句：

第一句：若比丘尼——能犯人

白四羯磨如法得处所的比丘尼。

第二句：向暮至白衣家，先不被唤——所防过

天将晚时，至白衣家，先不被白衣请唤。

请唤： 或预先约定请说法教授，或打算经营三宝事，或瞻病事，或乞受三归五戒等。

第三句：波逸提——结罪

若比丘尼，无请唤等因缘，而向暮至白衣家，双足入白衣家门，即结波逸提罪。

四 制意

【记】 四分律疏 制意：既是夜暮，容有损败。致贼偷劫，清浊难分。要白舍主，方无愆犯。今乃辄入辄出，患累之深。故所以制。

既是夜暮时分，多有奸贼作非，白衣舍容易遭受损失毁坏。若比丘尼向暮至白衣舍，恰逢贼人偷劫，则会招致白衣误解、诬陷，如此则清白难辨。故向暮至白衣舍，须先告诉主人，方免过失。而今比丘尼先不被请唤，随便入白衣舍，后又不告诉主人，随即离去，使白衣损失财物，从而招致嗔责讥毁。此中过患极深，故佛制此戒。

五 具缘

（一）入白衣舍之犯缘

【记】 开宗记 入具五缘成犯：一、夜分。二、白衣舍。三、无三宝请唤等缘。四、不语主。五、入门。犯。

入白衣舍，具五缘成犯：

1. **夜分**：是即将入夜的时分。

2. **白衣舍**：比丘尼所之处是白衣舍。

3. **无三宝请唤等缘**：无三宝事、瞻病事及请唤等因缘。

4. **不语主**：未先告诉白衣舍主人。

5. **入门。犯**：若比丘尼入白衣家门，便犯波逸提。

（二）出白衣舍之犯缘

【记】　开宗记 出具五缘成犯：一、夜分。二、先在白衣家。三、无三宝二难等缘。四、不语主。五、出门。犯。

出白衣舍，亦具五缘成犯：

1. **夜分**：是即将入夜的时分。

2. **先在白衣家**：比丘尼先于白衣家内。

3. **无三宝二难等缘**：无三宝、命难、梵行难等缘。

4. **不语主**：未告诉主人。

5. **出门。犯**：若比丘尼出白衣家门，便犯波逸提。

六　罪相

【记】

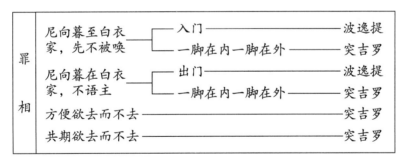

此戒罪相分二：

（一）入白衣舍

1. 若比丘尼先不被请唤，向暮至白衣家，双脚入白衣家门，结波逸提罪。若一脚在门内，一脚在门外，结突吉罗罪。

2. 若比丘尼作种种方便，欲向暮至白衣家，后未去。或与人共约欲向暮至白衣家，后又未去，俱结突吉罗罪。

（二）出白衣舍

1. 若比丘尼先于白衣舍内，后不语主，随便离去，双脚出白衣家门，结波逸提罪。若一脚在门内，一脚在门外，结突吉罗罪。

2. 若比丘尼先于白衣舍内，作种种方便欲不语主，随便离去，后未离去。或与人共约欲不语主，随便离去，后又未离去，俱结突吉罗罪。

七 并制

【记】

若比丘、式叉摩那、沙弥、沙弥尼，无三宝、请唤等因缘，向暮至白衣舍，俱结突吉罗罪；或先在白衣舍，不语主人，随便离去，亦俱结突吉罗罪。

八 开缘

【记】

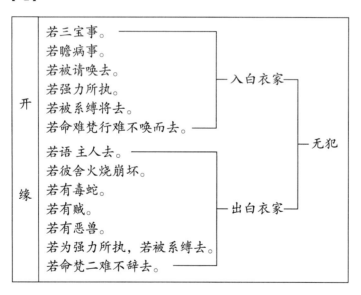

此戒开缘分二：

（一）入白衣舍

1. 若比丘尼因有三宝事、瞻病事或被请唤因缘，向暮至白衣家，不犯。

2. 若比丘尼，或为强力者所执，或被系缚将持，或有命难、梵行难，先不被请唤，而向暮至白衣家，不犯，以身不由己故。

（二）出白衣舍

1. 若比丘尼先于白衣家，后离去时，语主人而去，不犯。

2. 若比丘尼因彼白衣舍，或为火烧，崩塌毁坏，或有毒蛇入，或有贼人，或有恶兽入，而不语主，辄便离去，不犯。

3. 若比丘尼于白衣舍，或为强力者所执，或被系缚将持，或有命难、梵行难，而不语主，辄便离去，不犯。

练习题

1. 请解释"向暮至白衣家戒"戒文。

2. 略述佛制"向暮至白衣家戒"三要素。

3. 背诵并解释"向暮至白衣家戒"之戒文。

4. 佛制"向暮至白衣家戒"意义何在？

5. "向暮至白衣家戒"具缘分哪两种情况？详述之。

6. "向暮至白衣家戒"结犯相状如何？有哪些开缘？

第一六三节　向暮开僧伽蓝门戒

一　戒名

【记】　向暮开僧伽蓝门戒第一六二　（大、制）

向暮开僧伽蓝门戒：若比丘尼向暮开僧伽蓝门，不嘱余比丘尼而出，佛制不许。

二　缘起

【记】　六群尼

缘起中能犯之人是六群比丘尼。

佛制此戒三要素：（1）何处制：佛于舍卫国制。（2）因谁制：六群比丘尼。（3）因何制：六群比丘尼之一，向暮辄开僧伽蓝门，无所语而去。诸贼趁机入门，劫夺财物尽，因制。

三　戒文

【记】　戒文——若比丘尼，向暮开僧伽蓝门，不嘱余比丘尼而出者，波逸提。

文分三句：

第一句：若比丘尼——能犯人

白四羯磨如法得处所的比丘尼。

第二句：向暮开僧伽蓝门，不嘱余比丘尼而出者——所防过

比丘尼于向暮时，开僧伽蓝门，未嘱咐其他比丘尼而出。

第三句：波逸提——结罪

若比丘尼向暮开僧伽蓝门，不嘱余比丘尼出，双脚出门，即结波逸提罪。

四　制意

【记】 四分律疏 制意：暮辄开门，喜增奸盗。入出无节，深违众轨。故制。

凡尼众所居之处，当谨慎门户。若于向暮时随便开僧伽蓝门而出，容易为奸人盗贼作方便，致使损失财物，或命难、梵行难。又，大众共住，必有规约，出入行来，皆应告知。若入出僧伽蓝门无有时限，则有违共住规约。由有如上诸过，故佛制此戒。

五　具缘

【记】 四分律疏 具五缘成犯：一、向暮。二、蓝门已开。三、不嘱授。四、无因缘（火贼诸难）。五、出门。犯。

此戒具五缘成犯：

1. **向暮**：已是向暮时分。

2. **蓝门已开**：比丘尼随便自开僧伽蓝门。

3. **不嘱授**：不嘱授余比丘尼。

4. **无因缘（火贼诸难）**：无开缘情况，如火、贼等诸难缘。

5. **出门。犯**：若比丘尼双脚出僧伽蓝门，便犯波逸提。

六　罪相

【记】

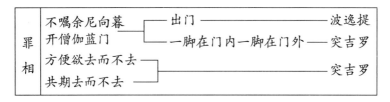

此戒罪相如下：

1. 若比丘尼于向暮时，不嘱余比丘尼，开僧伽蓝门而出，双脚出门，结波逸提罪。若一脚在门内，一脚在门外，结突吉罗罪。

2. 若比丘尼作种种方便，欲向暮不嘱余比丘尼，开僧伽蓝门而出，后又未出，结突吉罗罪。

3. 若比丘尼与人共约，向暮不嘱余比丘尼，开僧伽蓝门而出，后又未出，结突吉罗罪。

七　开缘

【记】

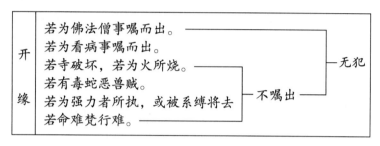

此戒开缘如下：

1. 若比丘尼于向暮时，因有三宝事，嘱授他尼后，方开僧伽蓝门而出者，不犯。

2. 若比丘尼于向暮时，为看病事，嘱授他尼后，方开僧伽蓝门而出者，不犯。

3. 若比丘尼因寺庙破坏，或为火所烧，或有毒蛇、恶兽、贼，或被强力者所执、被系缚将持，或有命难、梵行难，于向暮时，不嘱余尼，开僧伽蓝门而出，皆不犯。

练习题

1. 请简述佛制"向暮开僧伽蓝门戒"三要素。

2. 背诵并解释"向暮开僧伽蓝门戒"之戒文。

3. 佛为什么制"向暮开僧伽蓝门戒"？

4. "向暮开僧伽蓝门戒"具哪几缘成犯？

5. "向暮开僧伽蓝门戒"结犯相状如何？

6. 在什么情况下不嘱而出不犯"向暮开僧伽蓝门戒"？

第一六四节　日没开僧伽蓝门戒

一　戒名

【记】　日没开僧伽蓝门戒第一六三　（大、制）

日没：日落，即属初夜分。

日没开僧伽蓝门戒：若比丘尼在日没时，开僧伽蓝门，不嘱余尼而出，佛制不许。

二　缘起

【记】　六群尼

六群比丘尼，乃缘起中能犯之人。

佛制此戒三要素：（1）**何处制：**佛于舍卫国制。（2）**因谁制：**六群比丘尼。（3）**因何制：**六群比丘尼中一人，日没开僧伽蓝门出，不嘱而去。时有贼因越狱而出，趁机而入僧伽蓝，因制。

三　戒文

【记】　　戒文——若比丘尼，日没开僧伽蓝门，不嘱而出者，波逸提。

文分三句：

第一句：若比丘尼——能犯人

白四羯磨如法得处所的比丘尼。

第二句：日没开僧伽蓝门，不嘱而出者——所防过

比丘尼于日落开僧伽蓝门，不嘱余比丘尼而出。

第三句：波逸提——结罪

若比丘尼日没开僧伽蓝门，不嘱余比丘尼，双脚出门，即结波逸提罪。

四　简别二戒

（一）简别二戒制意

【记】　　四分律疏　制意：前戒日未没，故称向暮。此戒日没后，故有差别。余释同前。

法砺律师解释：前戒太阳未落，是黄昏时分，故名向暮。此戒为日落后，进入初夜分。所以有差别，其余皆同前戒。

（二）简别二戒具缘

【记】　　重治毗尼　前戒因贼入劫物而制，此戒因狱囚入而制，究竟原无二法。分作二戒，结集者失检点也。

蕅益大师在《重治毗尼》中云：前戒乃因向暮开僧伽蓝门，贼入内劫物而制。此戒是因日没开僧伽蓝门，狱中贼囚逃躲入内而制。然探究其内容实为一法，现在之所以分作二戒，可能是结集律藏者有失检点所致。

练习题

1. 请解释"日没开僧伽蓝门戒"戒名。
2. 略述佛制"日没开僧伽蓝门戒"三要素。
3. 背诵并解释"日没开僧伽蓝门戒"之戒文。
4. "日没开僧伽蓝门戒"与"向暮开僧伽蓝门戒"有何区别？

第一六五节　不安居戒

一　戒名

【记】　不安居戒第一六四　（吉、大、制）

不安居戒：若比丘尼不前安居，亦不后安居，佛制不许。

吉：比丘若不夏安居，结突吉罗罪。

二　缘起

【记】　诸尼

诸比丘尼，乃缘起中能犯之人。

佛制此戒三要素：（1）**何处制：**佛于舍卫国制。（2）**因谁制：**诸比丘尼。（3）**因何制：**诸比丘尼不夏安居，因制。

三　戒文

【记】　戒文——若比丘尼，不前安居，不后安居者，波逸提。

文分三句：

第一句：若比丘尼——能犯人

白四羯磨如法得处所的比丘尼。

第二句：不前安居，不后安居——所防过

比丘尼不前安居，亦不后安居。

《四分律》云："有三种安居。前安居、中安居、后安居。"① 四月十六日，是前安居。四月十七日至五月十五日，名中安居。五月十六日，名后安居。

---

① （后秦）三藏佛陀耶舍共竺佛念等译《四分律》卷五十八，《大正藏》第22册，第998页。

第三句：波逸提——结罪

自四月十六日至五月十五日，随日不结安居，日日结突吉罗罪。五月十六日不结后安居者，无论有因缘或无因缘，俱结波逸提罪。

四　制意

【记】　四分律疏 制意：夏中游行，不结安居。违教妨修，招讥污辱。故制提愆。

律制春夏冬三时皆须安居，而偏制夏日不安居结重。夏中无事游行，不结安居，违反佛制，妨修道业。所作既非，招世讥谤，污辱佛法。故制以提罪。

五　具缘

【记】　比丘尼钞 具三缘成犯：一、是后安居日。二、不结安居。三、过后安居日。犯。

此戒具三缘成犯：

1. **是后安居日**：是后安居日，即农历五月十六日。
2. **不结安居**：不作法安居。
3. **过后安居日。犯**：若比丘尼不结夏安居，过五月十六日，便犯波逸提。

六　罪相

【记】

若比丘尼无三宝事及瞻病事，不前安居，结突吉罗罪。若至五月十六日，不后安居，结波逸提罪。

七　开缘

【记】

此戒开缘如下：

1. 若比丘尼于四月十六日，如法前安居，顺教故不犯。

2. 若比丘尼因有三宝事或瞻病事，来不及前安居，而结后安居者，不犯。

练习题

1. 请略述佛制"不安居戒"三要素。

2. 背诵并解释"不安居戒"之戒文。

3. 佛为什么制"不安居戒"？

4. "不安居戒"具哪几缘成犯？

5. "不安居戒"的结犯相状如何？有哪些开缘？

第一六六节　度有病女受具戒

一　戒名

【记】　度有病女受具戒第一六五　（制）

有病女：患常漏大小便、涕唾常出之女。

常漏大小便：此有先天所患，亦有后天所得，即世人所谓大小便失禁。

涕唾常出：鼻涕与口液，或二，或一常常流出。

度有病女受具戒：若比丘尼度如是病女子出家授具足戒，佛制不许。

二　缘起

【记】　诸尼

诸比丘尼，乃缘起中能犯之人。

佛制此戒三要素：（1）何处制：佛于舍卫国制。（2）因谁制：诸比丘尼。（3）因何制：诸比丘尼闻世尊听度人授具足戒，便度常漏大小便、涕唾常出者，彼污身、污衣、污卧具，因制。

三　戒文

【记】　戒文——若比丘尼，知女人常漏大小便，涕唾常出者，授具足戒，波逸提。

文分三句：

第一句：若比丘尼——能犯人

白四羯磨如法得处所的比丘尼。

第二句：知女人常漏大小便，涕唾常出者，授具足戒——所防过

比丘尼知女人患有常漏大小便及涕唾常出等病，与此女授具足戒。

知：或自知，或从他人得知，或此女自告知。

第三句：波逸提——结罪

受具戒羯磨第三番羯磨竟，比丘尼即结波逸提罪。

四　制意

【记】　四分律疏 制意：带病度之，丑累三宝，故须制之。

若度带种种病女子出家，外相遭讥，又非福田。由此丑累三宝，故佛制此戒。佛制女子欲受具戒，应先作二年学法女，以练心验身。若患常漏大小便、涕唾常出，则臭秽熏人。又，浣洗无节，自顾不暇，何谈修道。

五　具缘

【记】　四分律疏 具五缘成犯：一、病。二、知。三、为受具。四、和尚尼。五、三羯磨竟。犯。

此戒具五缘成犯：

1. **病**：所度之女患有常漏大小便、涕唾常出者之病。
2. **知**：比丘尼知道女子有如是病。
3. **为受具**：比丘尼与此病女授具足戒。
4. **和尚尼**：比丘尼作授具足戒时的和尚尼。
5. **三羯磨竟。犯**：授具足戒时，第三羯磨竟，即结波逸提罪。

六　罪相

【记】

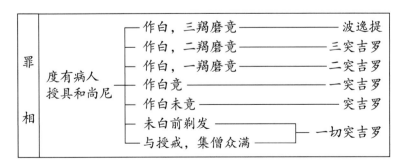

此戒罪相如下：

（一）比丘尼作和尚尼，度病女授具足戒，作白四羯磨：

1. 作白未竟，结突吉罗罪。

2. 作白竟，结一突吉罗罪。

3. 作白，一羯磨竟，结二突吉罗罪。

4. 作白，二羯磨竟，结三突吉罗罪。

5. 作白，三羯磨竟，结波逸提罪。

（二）未白前

若未白前，与剃发，或为授戒集僧众满，一切皆结突吉罗罪。

七 开缘

【记】

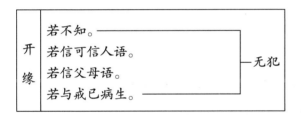

此戒开缘如下：

1. 若度此女时，比丘尼不知其有病，不犯。

2. 若相信可信人之语，认为此女无病，度后方知有病，不犯。

3. 若此女之父母言其无病，比丘尼相信其父母所说而度，后知不犯。

4. 若受戒时无此病，受后方得，不犯。

练习题

1. 请解释"度有病女受具戒"戒名。

2. 简述佛制"度有病女受具戒"三要素。

3. 背诵并解释"度有病女受具戒"之戒文。

4. 佛为什么制"度有病女受具戒"？

5. "度有病女受具戒"具哪几缘成犯？结犯相状如何？有哪些开缘？

思考题

1. 度心脏病、肺结核、病毒性肝炎、脑血栓等患者出家受具足戒，和尚尼结罪否？为什么？

2. 如果有病女隐瞒病情受了具足戒，得戒否？为什么？

第一六七节　与二形人授具戒

一　戒名

【记】　与二形人授具戒第一六六　　（制）

二形：一身具有男女二根。《善见律》云："二根有三种：一者自受胎能令他受胎，二者自受胎不能令他受胎，三者不能自受胎能令他受胎。此三种人悉不得出家受具足戒，若已受具足戒，应灭摈。"①

度二形人授具戒：若比丘尼度二形人出家授具足戒，佛制不许。

二　缘起

【记】　诸尼

诸比丘尼，乃缘起中能犯之人。

佛制此戒三要素：（1）**何处制**：佛于舍卫国制。（2）**因谁制**：诸比丘尼。（3）**因何制**：诸比丘尼度二形人授具足戒，大小便时，有比丘尼见，白如法比丘尼，如法比丘尼白比丘，比丘转白世尊，因制。

三　戒文

【记】　戒文——若比丘尼，知二形人，与授具足戒者，波逸提。

文分三句：

第一句：若比丘尼——能犯人

白四羯磨如法得处所的比丘尼。

第二句：知二形人，与授具足戒者——所防过

比丘尼知是一身具有男女二根之人，与其授具足戒。

第三句：波逸提——结罪

授具戒羯磨第三番羯磨竟，比丘尼即结波逸提罪。

四　制意

【记】　四分律疏 制意：形成两境，障不发戒，无安置处，故制不听。

---

① （齐）三藏僧伽跋陀罗译《善见律毗婆沙》卷十七，《大正藏》第 24 册，第 792 页。

一体而具男女二境，称为二形难，因有此障不发戒体。受戒后亦无安置此人之处所，故佛不许度二形人出家授具足戒。

五 指同余科

指明具缘、罪相、开缘等同前，少异。

【记】 同上戒，唯罪相中改为二形人。

此戒具缘、罪相、开缘皆同上戒，唯罪相中改"有病人"为"二形人"即可。

练习题

1. 解释"度二形人授具戒"戒名。

2. 根据《善见律》，二形人有哪三种？

3. 略述佛制"度二形人授具戒"三要素。

4. 背诵并解释"度二形人授具戒"之戒文。

5. 佛制"度二形人授具戒"意义何在？

第一六八节 与二道合人授具戒

一 戒名

【记】 与二道合人受具戒第一六七 （制）

二道合：即大小便道连合为一，大小便时无分别，互融而出。

与二道合人授具戒：若比丘尼与二道合人授具戒，佛制不许。戒名中"受"字，改为"授"为妥。

二 缘起

【记】 诸尼

诸比丘尼，乃缘起中能犯之人。

佛制此戒三要素：（1）何处制：佛于舍卫国制。**（2）因谁制：**诸比丘尼。**（3）因何制：**诸比丘尼度二道合人与授具足戒，大小便时，有比丘尼见，白如法比丘尼，如法比丘尼白比丘，比丘转白世尊，因制。

三 戒文

【记】 戒文——若比丘尼，知二道合者，与授具戒，波逸提。

文分三句：

第一句：若比丘尼——能犯人

白四羯磨如法得处所的比丘尼。

第二句：知二道合者，与授具戒——所防过

比丘尼知是大小便二道合之人，与此女授具足戒。

第三句：波逸提——结罪

授戒羯磨第三番羯磨竟，比丘尼即结波逸提罪。

四　指同余科

【记】　同上戒，唯罪相中改为二道合者。

此戒制意、具缘、罪相、开缘皆同上戒，唯罪相中改"二形人"为"二道合者"便可。

 练习题

1. 解释"与二道合人授具戒"戒名。

2. 略述佛制"与二道合人授具戒"三要素。

3. 背诵并解释"与二道合人授具戒"之戒文。

第一六九节　与负债难病难人授具戒

一　戒名

【记】　与负债难病难人授具戒第一六八　　（制）

负债难人：指亏欠他人财物之人。根据印度当时国法所制，若负债人出家，债主即不许再索讨。由此招致世人讥嫌，谓沙门释子皆逃避债务者，所以佛制不许度负债人出家。① 而此土与印度不同，虽负债出家，亦应还债。

---

① 《四分律》卷三十四记载："尔时世尊游罗阅城。时摩竭王瓶沙告语国人言：欲于沙门释子中能出家学道者，听如来法中善修梵行尽诸苦际。……尔时有负债人，逃避债主，来至园中语诸比丘言：'度我出家为道。'时诸比丘辄与出家，受具足已人间乞食，为财主所捉，高声唤言：'止莫捉我！止莫捉我！'左右诸居士闻，即问言：'何故唤耶？'报言：'此人捉我。'问其人言：'汝何故捉耶？'报言：'负我财物。'诸人语言：'汝放去莫捉，汝既不得财，或为官所罚。何以故？摩竭国王瓶沙先有教令，若有能出家学道者，听善修梵行得尽苦际，随意莫有留难。'财主即便放之，而生嗔恚言：'负我财物而不能得，以此推之，沙门释子尽是负债人。'时诸比丘，以此事往白佛，佛言：'自今已去不得度负债人出家，若度者当如法治。'"（《大正藏》第22册，第807页。）

病难人：患有慢性病，乃至头常痛者。如是病人，自不能用功办道，又常须他人守视，徒入空门，暖衣饱食，虚消信施，为施所堕，于自无益，故不应度之出家。

与负债难病难人授具戒：若比丘尼度负债难人及病难人出家授具足戒，佛制不许。

二　缘起

【记】　诸尼

诸比丘尼，乃缘起中能犯之人。

佛制此戒三要素：（1）**何处制**：佛于舍卫国制。（2）**因谁制**：诸比丘尼。（3）**因何制**：诸比丘尼闻世尊听度弟子，便度负债人及诸病者与授具足戒。债主来牵捉。若病者，常须人守视，不得远离，因制。

三　戒文

【记】　戒文——若比丘尼，知有负债难者、病难者，与受①具足戒，波逸提。

文分三句：

第一句：若比丘尼——能犯人

白四羯磨如法得处所的比丘尼。

第二句：知有负债难者、病难者，与授具足戒——所防过

比丘尼自知，或从人得知此女有负债难或有病难。比丘尼与此女授具足戒。

第三句：波逸提——结罪

第三番羯磨竟，比丘尼即结波逸提罪。

四　指同余科

【记】　同上戒，唯罪相中改为负债人及病人。

此戒制意、具缘、罪相、开缘与上戒同，唯罪相中改"二道合者"为"负债者及病难者"即可。

五　引文别明

（一）引《四分律》

【记】　第二分 负债难者：乃至一钱十六分之一分也。病难者：乃至常头痛是。

《四分律·第二分》云：负债者，纵然亏欠极少，乃至把一钱分成十六份，欠其中

---

① 是中"受"字，依律改为"授"为妥。

之一份即是负债。病难者，即使世间人认为微不足道之病痛，乃至头痛，亦是病难。①

（二）引《尼戒会义》

【记】 尼戒会义 开缘中：但以受具后，负债及病为异。五分云：若言出家竟，然后还债，无犯。

《尼戒会义》云：此戒开缘，只将受具足戒后变为"二形"改为"负债及病"即可。《五分律》云：若此女言，出家已，然后再还债。如是度与出家授具足戒，无犯。②

练习题

1. 解释"与负债难病难人授具戒"戒名。
2. 何谓"负债难人"？何谓"病难人"？佛为什么不许度这些人出家？
3. 简述佛制"与负债难病难人授具戒"三要素。
4. 背诵并解释"与负债难病难人授具戒"之戒文。
5.《四分律》如何解释"负债难"及"病难"？

第一七〇节 诵咒为活命戒

一 戒名

【记】 诵咒为活命戒第一六九 （大、制）

诵咒：受持读诵世俗咒，如支节咒、刹利咒、鬼咒、吉凶咒等。
为活命：诵咒的目的是为了自己谋生活命。
诵咒为活命戒：若比丘尼诵习世俗种种咒术，以此谋生活命，佛制不许。

二 缘起

【记】 六群尼

六群比丘尼，乃缘起中能犯之人。

佛制此戒三要素： （1）**何处制**：佛于舍卫国制。 （2）**因谁制**：六群比丘尼。
（3）**因何制**：六群比丘尼学习咒术，以自活命，因制。

---

① （后秦）三藏佛陀耶舍共竺佛念等译《四分律》卷三十，《大正藏》第22册，第774页。
② （刘宋）三藏佛陀什共竺道生等译《弥沙塞部和醯五分律》卷十三，《大正藏》第22册，第93页。

三 戒文

【记】 戒文——若比丘尼，学世俗伎术以自活命，波逸提。

文分三句：

第一句：若比丘尼——能犯人

白四羯磨如法得处所的比丘尼。

第二句：学世俗伎术以自活命——所防过

比丘尼学习种种世俗咒术，以此谋生活命。

第三句：波逸提——结罪

若比丘尼诵咒活命，言语清楚明了，即结波逸提罪。

四 简别制意

【记】 四分律疏 制意：前戒为弃舍正典，诵世咒术，不为活命。此戒为活命故异。

前戒（单提第一百一十七条）"自诵咒术戒"，乃因弃舍正典，而诵习世俗咒术，不为活命；此戒是为谋生活命而诵习世俗咒术。此为二戒不同之处。

五 具缘

【记】 比丘尼钞 具三缘成犯：一、是世间咒术。二、为活命。三、言了了。犯。

此戒具三缘成犯：

1. **是世间咒术**：是世俗种种咒术。
2. **为活命**：比丘尼诵咒目的是为谋生活命。
3. **言了了。犯**：若口受，若执文诵，言语清楚明了，即结波逸提罪。

六 罪相

（一）正明犯相

【记】

若比丘尼诵习世俗种种咒术、如解支节咒、起尸鬼咒，乃至听众鸟音声而占卜吉凶祸福等，以此邪业谋生活命，言语清楚明了，结波逸提罪。若言语不清楚明了，结突吉罗罪。

（二）引文别显

【记】　比丘尼钞 十诵云：以外书声，诵佛经者，吉。五分云：学迷人咒，起死人咒，兰。尼自使人卜，提。

《比丘尼钞》引《十诵律》文：若比丘尼用朗读世俗书的声音诵佛经，结突吉罗罪。[①]

又引《五分律》文：若比丘尼学迷人咒，或起尸咒，俱结偷兰遮罪。若自己占卜吉凶祸福，或使他人占卜，俱结波逸提罪。然，据彼律文，比丘尼自使人卜，结突吉罗罪。[②]

七　开缘

【记】

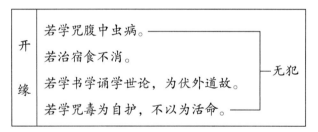

此戒开缘如下：

1. 若比丘尼学世俗咒术，为治腹中虫病，不犯。
2. 若比丘尼因宿食不消，而诵宿食不消咒，不犯。
3. 若比丘尼为降伏外道，而学书写、诵习世俗论典，不犯。
4. 若比丘尼为护自身故，而学治毒咒，不犯，以非为自活命故。

练习题

1. 请解释"诵咒为活命戒"戒名。

---

① （后秦）三藏弗若多罗共罗什等译《十诵律》卷三十八，《大正藏》第23册，第274页。另，《四分律》卷三十五云：歌咏声说法有五过失：（1）自生贪着音声。（2）令闻者贪着音声。（3）令闻者习学。（4）俗人生慢心，不恭敬。（5）静处思惟，但缘音声以乱禅思。（《大正藏》第22册，第817页。）

② 《弥沙塞部和醯五分律》卷二十六云："诸比丘学迷人咒，佛言不听，犯者偷兰遮。诸比丘学起死人咒，佛言不听，犯者偷兰遮。诸比丘问卜相师欲自知吉凶，佛言不听，犯者突吉罗。"（《大正藏》第22册，第174页。）比丘尼同制。

2. 略述佛制"诵咒为活命戒"三要素。

3. 背诵并解释"诵咒为活命戒"之戒文。

4. 佛为什么制"诵咒为活命戒"?

5. "诵咒为活命戒"具哪几缘成犯?结犯相状如何?有哪些开缘?

思考题

1. 出家人为他人诵"楞严咒""大悲咒"等换取衣食等生活必需品,犯"诵咒为活命戒"吗?为什么?

第一七一节　以世俗伎术教授白衣戒

一　戒名

【记】　以世俗伎术教授白衣戒第一七〇　（大、制）

以世俗伎术教授白衣戒：若比丘尼以种种阴阳吉凶伎术,教授白衣,佛制不许。

二　缘起

【记】　六群尼

六群比丘尼,乃缘起中能犯之人。

佛制此戒三要素：（1）**何处制**：佛于舍卫国制。（2）**因谁制**：六群比丘尼。（3）**因何制**：六群比丘尼以世俗技术教授白衣,因制。

三　戒文

【记】　戒文——若比丘尼,以世俗伎术教授白衣,波逸提。

文分三句：

第一句：若比丘尼——能犯人

白四羯磨如法得处所的比丘尼。

第二句：以世俗伎术教授白衣——所防过

以种种世俗阴阳吉凶伎术教授白衣。

第三句：波逸提——结罪

若比丘尼以世俗伎术教授白衣,言语清楚明了,即结波逸提罪。

四 简别制意

【记】 四分律疏 制意：前戒诵习咒术，此以阴阳吉凶教授白衣。又前自诵戒开四种。一、治病。二、学言。三、降伏外道。四、护身。此教授白衣全无是开缘。

简别此戒与第一六九条"诵咒为活命戒"、第一一七条"自诵咒术戒"：（1）第一六九戒乃诵习世俗咒术以自活命；而此戒是以阴阳吉凶伎术教授白衣。（2）第一一七戒开四缘不犯，谓治病、学言、降伏外道及护身；而此戒教授白衣世俗伎术，不开此四缘。

五 具缘

【记】 四分律疏 具三缘成犯：一、阴阳吉凶等事。二、教授白衣。三、言了了。犯。

此戒具三缘成犯：

1. **阴阳吉凶等事**：教授之内容为世俗阴阳吉凶等事。
2. **教授白衣**：教授的对象为白衣。
3. **言了了。犯**：若比丘尼教授时，言语清楚明了，便犯波逸提。

六 罪相

（一）正明犯相

【记】

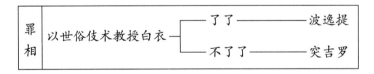

若比丘尼以世俗伎术教授白衣，言语清楚明了，结波逸提罪。若言语不清楚明了，结突吉罗罪。

（二）引律别释

【记】 第二分 世俗伎术者：教授诸白衣，莫向日月及神祀庙舍大小便，除去粪扫及诸荡器不净水，莫向日月神祀舒脚。若欲起房舍耕田种作，当向日月等。又言今日某甲星宿日好，宜种作、宜作舍、宜使作人、宜与小儿剃发、亦宜长发、宜剃须、宜举取财物、宜远行。

《四分律·第二分》记载：所谓教授白衣世俗技术，是指比丘尼教授白衣世俗禁忌及看黄道吉日之邪术。比如：不得向日月及神祇庙舍大小便、丢垃圾、倾倒不净水等；不可以向日月神祇舒脚坐；某年月日时不可起房舍、耕种田地，等等。又：某年月日时，适宜剃须发、造房舍、耕种、远行，等等。①

七　开缘

（一）正明开缘

【记】

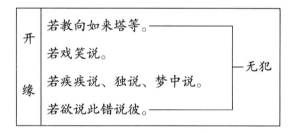

本戒开缘如下：

1. 若比丘尼教授白衣，莫向如来塔及声闻塔大小便等，不犯。
2. 若戏笑说，或疾疾说，或独说，不犯本罪，但违说话仪则，须结突吉罗罪。
3. 若梦中语，或欲说此错说彼，不犯，以不由己故。

（二）引律别明

【记】　第二分　当教莫向如来塔及声闻塔大小便，及除弃粪扫荡器不净水，亦莫向如来塔及声闻塔舒脚。若欲起房舍等，当向如来塔、声闻塔。应语言：宜入塔寺，供养比丘僧，受斋法，八日十四日十五日现变化日。

《四分律·第二分》云：比丘尼当教授白衣言：汝等莫向如来塔及声闻塔大小便，除弃粪扫及往外倒诸不净水；亦莫向如来塔及声闻塔舒脚；若欲起房舍、耕田、种作物等，当向如来塔及声闻塔。应告诉他们最好到塔寺去供养比丘僧。于六斋日，八日、十四日、十五日、现变化日，到寺院中受斋法。② 此中变化日，是指每月八日、十四日、十五日、二十三日及月末二日。此六斋日以斋戒功德能避鬼魅损害，

---

① （后秦）三藏佛陀耶舍共竺佛念等译《四分律》卷三十，《大正藏》第 22 册，第 775 页。
② （后秦）三藏佛陀耶舍共竺佛念等译《四分律》卷三十，《大正藏》第 22 册，第 775 页。

转凶为吉，变恶成善，进而变生死为涅槃，故名变化日。[①]

 练习题

1. 略述佛制"以世俗伎术教授白衣戒"三要素。

2. 背诵并解释"以世俗伎术教授白衣戒"之戒文。

3. 佛为什么制"以世俗伎术教授白衣戒"？

4. "以世俗伎术教授白衣戒"具哪几缘成犯？结犯相状如何？

5. 在哪些情况下不犯"以世俗伎术教授白衣戒"？

6. 根据《四分律》，白衣欲作房舍等事务，比丘尼当如何教授白衣？

第一七二节　被摈不去戒

一　戒名

【记】　被摈不去戒第一七一　（大、制）

摈：此戒指驱摈。有三种：不见摈、不忏摈、恶邪不除摈。又，一切僧制当遵，若不依从，亦当驱摈。

被摈不去戒：若比丘尼被僧驱摈，而不离去，佛制不许。

二　缘起

【记】　六群尼

六群比丘尼，乃缘起中能犯之人。

佛制此戒三要素：（1）**何处制**：佛于周那绨罗国制。（2）**因谁制**：六群比丘尼。（3）**因何制**：六群比丘尼被摈而不去，因制。

三　戒文

【记】　戒文——若比丘尼，被摈不去者，波逸提。

文分三句：

第一句：若比丘尼——能犯人

白四羯磨如法得处所的比丘尼。

---

① 《大智度论》卷十三云："是日恶鬼逐人欲夺人命，疾病凶衰令人不吉。是故劫初圣人，教人持斋修善作福以避凶衰。是时斋法不受八戒，直以一日不食为斋。后佛出世教语之言：汝当一日一夜如诸佛持八戒，过中不食，是功德将人至涅槃。"（《大正藏》第25册，第160页。）

第二句：**被摈不去者**——所防过

比丘尼被僧驱摈治罚，不下意悔过，求请解摈，且作意不离去。

第三句：**波逸提**——结罪

若比丘尼被僧驱摈治罚，作意不离去，即结波逸提罪。

四　制意

【记】 四分律疏 制意：既被摈治，祗命而出。仍故不去，违法恼僧。故制提罪。

比丘尼既被驱摈治罚，应遵奉僧命而出。然今被摈比丘尼，故作意不离去，不仅违逆僧法，且触恼众僧，故佛制以提罪。

五　具缘

【记】 四分律疏 具四缘成犯：一、被摈治。二、不下意求解。三、无因缘。四、作意不去。犯。

此戒具四缘成犯：

1. **被摈治**：比丘尼被僧驱摈治罚。

2. **不下意求解**：不下意悔过，求请解摈。

3. **无因缘**：无开缘的情况。

4. **作意不去**。犯：若比丘尼作意不离去，便犯波逸提。

六　罪相

【记】

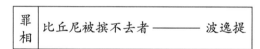

若比丘尼被僧驱摈治罚而不离去，结波逸提罪。

七　开缘

【记】

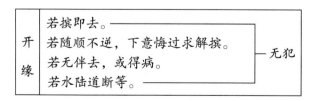

此戒开缘如下：

1. 若比丘尼被僧驱摈，即离去，不犯，以顺教故。

2. 若比丘尼随顺，不违逆僧命，而下意悔过，求请解摈。僧因而为其解摈，如是不离去者，不犯。

3. 若比丘尼被驱摈，但无伴或得病，而不及时离去，不犯。

4. 若比丘尼被驱摈，但因水陆道断等，而不及时离去，不犯。

练习题

1. 请简述佛制"被摈不去戒"三要素。

2. 背诵并解释"被摈不去戒"之戒文。

3. 佛为什么制"被摈不去戒"？

4. "被摈不去戒"具哪几缘成犯？有哪些开缘？

思考题

1. 一比丘尼因烦恼重，常与同住尼诤斗，恼乱大众修学，寺院管理机构决定对此比丘尼作"迁单"处理，但此尼坚决不离开。是否犯此戒？为什么？

第一七三节　先不请比丘辄问义戒

一　戒名

【记】　先不请比丘辄问义戒第一七二　（大、制）

先不请比丘：先没有向比丘求请听许。

辄问：随便直尔问之。

义：经、律、论三藏义理。

先不请比丘辄问义戒：若比丘尼有疑不能解，欲问比丘佛法义理，却先未向其求请听许，随便直尔问之，佛制不许。

二　缘起

【记】　安隐尼

安隐比丘尼，乃缘起中能犯之人。

佛制此戒三要素：（1）**何处制**：佛于舍卫国制。（2）**因谁制**：安隐比丘尼。

（3）**因何制**：安隐比丘尼，有大智慧，问诸比丘义。比丘被问已，不能答，皆惭愧，因制。

三　戒文

【记】　戒文——若比丘尼，欲问比丘义，先不求而问者，波逸提。

文分三句：

第一句：若比丘尼——能犯人

白四羯磨如法得处所的比丘尼。

第二句：欲问比丘义，先不求而问者——所防过

欲问比丘经、律、论中的法义。先不求请比丘听许，便直接而问。

欲：谓乐法情深。**问**：谓有疑不解而问，非难问。

第三句：波逸提——结罪

若比丘尼乐法情深，有疑不能解，欲问比丘佛法之义理，先不求请听许，即辄便直尔问之，言词清楚明了，即结波逸提罪。

四　制意

【记】　四分律疏 制意：大僧上尊，谘问先启。今不请辄问，慢法轻人。递相穷诘，令彼增恼故。

比丘乃上尊之位，比丘尼理应敬奉如师。若有所谘问，当先启白，得听许已，方可问之。然今，比丘尼先不求请听许，随便直尔问之，既轻慢佛法，又不尊敬大僧。再者，穷追不舍地发问，令比丘不能应答，而惭愧生恼。因有以上诸过，故佛制此戒。

五　具缘

【记】　四分律疏 具五缘成犯：一、大僧。二、先不求听。三、非常听问及亲友。四、问义，除戏笑等。五、言词了了。犯。

此戒具五缘成犯：

1. **大僧**：谘问的对象为大比丘。

2. **先不求听**：先未向比丘求请听许。

3. **非常听问及亲友**：不是有疑常去谘问的比丘，且非亲友。

4. **问义，除戏笑等**：是问经、律、论三藏中佛法之义理。若戏笑等，则属开缘中事。

5. **言词了了。犯**：若比丘尼问义时，言词清楚明了，便犯波逸提。

六 罪相

（一）正明犯相

【记】

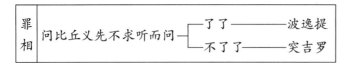

若比丘尼欲问比丘佛法义理，先未向比丘求请听许，即随便直尔问之，言语清楚明了，结波逸提罪。若言语不清楚明了，结突吉罗罪。

（二）引文别明

【记】 比丘尼钞 辄问即慢法轻人，递相穷诘，令彼生恼，特非所宜，故所以制。若二人习一部不解，转问无犯。

《比丘尼钞》云：比丘尼欲问比丘佛法义理，不先求请听许，即随便直尔问之，即轻慢于法，又不尊重大僧。穷追不舍发问，令其生恼，实不应该，故佛制此戒。若比丘、比丘尼二人共同研习一部经、律、论，比丘尼有不解之处，转而请问比丘，不犯。

七 开缘

【记】

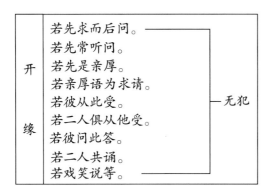

此戒开缘如下：

1. 若比丘尼先向比丘求请听许，后问之，不犯，以顺教故。

2. 若比丘先允许比丘尼，平时若有疑难可以请问，如此直尔问之，不犯。

3. 若比丘尼与比丘是亲厚，有疑直问，不犯。

4. 若比丘的亲厚人告诉比丘尼说："汝但问！我当为汝求请。"如是直尔问之，不犯。

5. 若比丘尼从比丘受法，有疑，直尔问之，不犯。

6. 若比丘、比丘尼俱从他人受法，以同学故，直尔问之，不犯。

7. 若同学间彼此问答，如是比丘尼直尔问之，不犯。

8. 若比丘、比丘尼二人共同诵习经卷，如是比丘尼直尔问之，不犯。

9. 若戏笑语，或疾疾语，或独语，不犯本罪，但违说话仪则，须结突吉罗罪。若梦中语，或欲说此而错说彼，不犯，以不由己故。

练习题

1. 请解释"先不请比丘辄问义戒"戒名。

2. 简述佛制"先不请比丘辄问义戒"三要素。

3. 背诵并解释"先不请比丘辄问义戒"之戒文。

4. 佛为什么制"先不请比丘辄问义戒"？

5. "先不请比丘辄问义戒"具哪几缘成犯？结犯相状如何？

6. 在什么情况下不犯"先不请比丘辄问义戒"？

第一七四节　身业恼他戒

一　戒名

【记】　身业恼他戒第一七三　　（大、制）

身业：行、住、坐、卧四威仪的造作。**恼**：触恼。**他**：指旧住比丘尼或客比丘尼。

身业恼他戒：若比丘尼以行、住、坐、卧四威仪，触恼客尼或旧住尼，佛制不许。

二　缘起

【记】　六群尼

六群比丘尼，乃缘起中能犯之人。

佛制此戒三要素：（1）**何处制**：佛在舍卫国制。（2）**因谁制**：六群比丘尼。（3）**因何制**：六群比丘尼，先住后至，后至先住，欲恼乱故，在前经行，若立，若坐，若卧，因制。

三　戒文

【记】　戒文——若比丘尼，知先住后至，后至先住，欲恼乱彼故，在前经行，若立，若坐，若卧，波逸提。

此戒文分四句：

第一句：若比丘尼 ——能犯人

白四羯磨如法得处所的比丘尼。

第二句：知先住后至，后至先住 ——知住至时

知他比丘尼先住，己后至；或他比丘尼后至，己先住。

第三句：欲恼乱彼故，在前经行，若立，若坐，若卧——作触恼事

欲触恼扰乱客旧尼的缘故，于彼前作种种身业触恼，或经行，或立，或坐，或卧。

第四句：波逸提——结罪

若比丘尼知比丘尼是先住或后至，为触恼彼故，于前经行，若立，若坐，若卧，随所作诸事，一一结波逸提罪。

四　制意指略

指明此戒制意同前少异。

【记】 四分律疏 制意：同上九十二戒口业恼他，唯以身恼为别。

此戒制意，同上第九十二条"口业恼他戒"，谓故相触恼扰乱，彼我俱损，其过深重，故所以制。然上戒，为恼他尼故，于彼前诵经、问义、教授，乃由心口起过。而此戒，为欲令他尼生恼故，于彼前四仪不定，动止纷纭，是从身心而得罪。此为二戒之异。

五　具缘

【记】 四分律疏 具四缘成犯：一、知他比丘尼先住后至。二、作故恼心。三、在前经行，若立，若坐，若卧。四、随行立坐卧。犯。[①]

此戒具四缘成犯：

1. **知他比丘尼先住后至**：比丘尼知他比丘尼是先住或后至。

2. **作故恼心**：作故触恼客旧尼之意。

3. **在前经行，若立，若坐，若卧**：于彼前作种种身业触恼，或经行，或立，或坐，或卧。

---

① 《四分律疏》中未见此文。《四分律疏》卷六云："身业恼他戒百七十三　制意犯缘同上口恼，唯以身恼为别。"（《卍新续藏》第41册，第697页。）此处所列四缘，疑是《表记》编辑者据此义推。

4. 随行立坐卧。犯：随比丘尼身所造作，或经行，或立住，或坐，或卧，随所作诸事，一一结波逸提罪。

六 罪相

【记】

罪相	欲恼彼故，在前行、住、坐、卧者————一一波逸提

若比丘尼知他比丘尼是先住或后至，为恼乱彼故，于前作种种身业触恼，或经行，或立，或坐，或卧，随所作种种事，一一结波逸提罪。

七 开缘

【记】

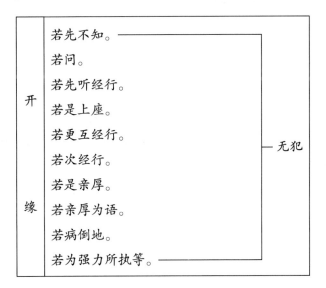

开缘	若先不知。	
	若问。	
	若先听经行。	
	若是上座。	
	若更互经行。	— 无犯
	若次经行。	
	若是亲厚。	
	若亲厚为语。	
	若病倒地。	
	若为强力所执等。	

此戒开缘如下：

1. 若比丘尼先不知他尼是先住或后至，而于其前经行，若立，若坐，若卧，不犯。

2. 若比丘尼先问客旧比丘尼，彼听许已，后于彼前经行等，不犯。

3. 若客旧比丘尼先听许比丘尼于彼前经行，如是而经行者，不犯。

4. 若比丘尼是上座，于客旧尼前随意经行等，不犯，以非触恼故。

5. 若比丘尼与客旧尼彼此更替经行者，不犯。

6. 若比丘尼与客旧尼次第经行者，不犯。

7. 若比丘尼与客旧尼是亲厚，而于彼前经行等，不犯。

8. 若客旧尼的亲厚人告诉比丘尼说："汝但经行等，我当为汝语。"如是随语而作，不犯。

9.若比丘尼因病，而倒于客旧尼前，不犯。

10.若比丘尼，或为强力者将持，或被系缚，或有命难、梵行难，而于客旧尼前坐卧等，不犯，以身不由己故。

 练习题

1.请解释"身业恼他戒"戒名。

2.简述佛制"身业恼他戒"三要素。

3."身业恼他戒"文分几句？如何理解？

4."身业恼他戒"与"口业恼他戒"制意有何不同？

5."身业恼他戒"具哪几缘成犯？结犯相状如何？有哪些开缘？

第一七五节　在有比丘寺内起塔戒

一　戒名

【记】　在有比丘寺内起塔戒第一七四　（大、制）

塔：具云塔婆，或云偷婆，此云冢，亦云方坟。《僧祇律》云："有舍利名塔，无者名支提。"① 支提者，此云庙，谓貌也。准此，安舍利者曰塔，安形像者曰庙。此戒中指安放比丘尼舍利之塔。

在有比丘寺内起塔戒：若比丘尼于有比丘的僧伽蓝内起比丘尼塔，佛制不许。

二　缘起

【记】　诸尼

诸比丘尼，乃缘起中能犯之人。

佛制此戒三要素：（1）**何处制：**佛在舍卫国制。（2）**因谁制：**诸比丘尼。（3）**因何制：**有一多知识尼命终，诸尼于比丘僧伽蓝中立塔，客比丘来不知，便向礼拜，因制。

三　戒文

【记】　戒文——若比丘尼，在有比丘僧伽蓝内起塔，波逸提。

此戒文分三句：

① （东晋）三藏佛陀跋陀罗共法显译《摩诃僧祇律》卷三十三，《大正藏》第22册，第498页。

第一句：若比丘尼——能犯人

白四羯磨如法得处所的比丘尼。

第二句：在有比丘僧伽蓝内起塔——所防过

在有比丘住的僧伽蓝内起比丘尼塔。

第三句：波逸提——结罪

若比丘尼知是有比丘住之僧伽蓝，而在其中起比丘尼塔，随所取砖、石等建材，一一结波逸提罪。

四　制意

【记】　开宗记 制意：僧尼位别，居止亦殊。交杂往来，互相触恼。又令客僧不知，致敬乖礼。以此情过，故制提愆。

比丘、比丘尼尊卑有别，居止之处亦有不同。若交相混杂往来，将妨废彼此修学，而且相互触恼。又，在比丘寺内起比丘尼塔，客比丘不知而致敬礼拜，乖违尊卑礼法。若尼塔在比丘寺内，比丘尼为扫塔故，常诣比丘寺中，将招世人疑讯诬谤，且易生染缘。因有如上诸过，故佛制以提罪。

五　具缘

【记】　四分律疏 具四缘成犯：一、有比丘伽蓝。二、知有。三、造尼塔。四、随用砖等。犯。

此戒具四缘成犯：

1. **有比丘伽蓝**：是有比丘住的僧伽蓝。

2. **知有**：比丘尼知有比丘住在此僧伽蓝中。

3. **造尼塔**：造比丘尼塔。

4. **随用砖等。犯**：随比丘尼取用砖、石等建材，便犯波逸提。

六　罪相

【记】

罪相	有比丘寺内起塔，随所取洗足石，若团泥，若草团等。————一一波逸提

若比丘尼知是有比丘住的僧伽蓝，而在其中起比丘尼塔，随所取洗足石、团泥、草团等，一一结波逸提罪。

七 开缘

【记】

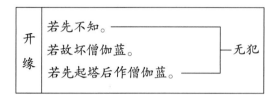

此戒开缘如下：

1. 若比丘尼先不知僧伽蓝内有比丘住，而在其中起比丘尼塔，不犯。

2. 若比丘僧伽蓝已故旧败坏，比丘尼在其中起比丘尼塔，不犯。

3. 若比丘尼先已造尼塔，后比丘在此建僧伽蓝，如此尼塔在比丘僧伽蓝内，不犯。

练习题

1. 请解释"在有比丘寺内起塔戒"戒名。

2. 简述佛制"在有比丘寺内起塔戒"三要素。

3. "在有比丘寺内起塔戒"文分几句？如何理解？

4. 佛制"在有比丘寺内起塔戒"之意何在？

5. "在有比丘寺内起塔戒"具哪几缘成犯？结犯相状如何？有哪些开缘？

第一七六节 不敬比丘戒

一 戒名

【记】 百岁尼不敬比丘戒第一七五 （大、制）

百岁尼： 比丘尼受具戒已来，经坐夏受岁有百夏腊，是以尼众中极上座来比况。

百岁尼不敬比丘戒： 纵然是百腊的比丘尼见新受戒比丘，无因缘，不起迎逆，恭敬礼拜，请与坐者，佛制不许。

此乃八敬法中第一条。此戒戒文中无"百岁尼"三字，另据此戒制意及具缘，所谓"百腊尼"，仅为比况。事实上，无论比丘尼夏腊大小，只要不恭敬比丘，即犯此戒。故可将此戒名改为"不敬比丘戒"。

二 缘起

【记】 诸尼

诸比丘尼，乃缘起中能犯之人。

佛制此戒三要素：（1）**何处制**：佛在舍卫国制。（2）**因谁制**：诸比丘尼。（3）**因何制**：世尊制戒，百腊尼见新戒比丘，当迎逆礼敬，问讯与敷坐具，然诸比丘尼乖违佛制，因制。

三　戒文

【记】　戒文——若比丘尼，见新受戒比丘，应起迎逆、恭敬、礼拜、问讯、请与坐。不者，除因缘，波逸提。

此戒文分四句：

第一句：若比丘尼——能犯人

白四羯磨如法得处所的比丘尼。

第二句：见新受戒比丘，应起迎逆、恭敬、礼拜、问讯、请与坐——应为恭敬事

见初下戒坛，未经坐夏受岁的新戒比丘，比丘尼若坐时，即应起立，且向前而迎逆之，并恭敬、礼拜、问讯，正几拭座，恭请令坐。

恭敬：约意业，恒怀庄谨，内心诚慎之至。**礼拜**：约身业，五体投地，外仪虔肃之至。**问讯**：约口业，善言安慰，如经云："四大调和否？饮食易得否？起居轻利，少病少恼否？"

第三句：不者，除因缘——除开缘

不如上而做，除有诸因缘。**因缘**：比丘尼行持一坐食，或不作余食法食，或病等。

第四句：波逸提——结罪

比丘尼，不问夏腊多少，纵坐夏受岁百腊，当尊重比丘。见比丘，无论彼受具足戒之久远，纵初下戒坛，未经坐夏受岁之新戒比丘，皆应迎逆、恭敬、礼拜、问讯、请与坐。若不如是做者，除有诸因缘，即结波逸提罪。

四　制意

【记】　四分律疏 制意：有三过：一、违敬教。二、违本受戒奉行之心。三、慢法轻人故。

由有三过，故佛制此戒：

1. 违教过

八敬法中第一条："虽百腊比丘尼，见初受戒比丘，应起迎礼拜问讯，请令坐。"故尼见比丘不恭敬礼拜者，即违八敬法。

2. 违誓过

违本受戒时，自誓顶戴奉行八敬法之心。

3. 轻僧过

慢八敬法，且不尊重大僧故。

五　具缘

【记】　 开宗记 具四缘成犯：一、是比丘。二、知。三、无病缘。四、不起迎礼。犯。

此戒具四缘成犯：

1. **是比丘**：是大比丘。
2. **知**：比丘尼知对方是大比丘。
3. **无病缘**：无病等因缘。
4. **不起迎礼。犯**：若比丘尼不起身迎逆、恭敬、礼拜、问讯、请与坐，便犯波逸提。

六　罪相

（一）正明犯相

【记】

罪相	尼见比丘不起迎逆礼拜者 ——— 波逸提

若比丘尼见比丘来，不起身迎逆、恭敬、礼拜、问讯、请与坐，结波逸提罪。

（二）引文别明

【记】　 开宗记 僧祇云：尼入僧寺，应头面着地，一一礼一切比丘足。若老病不堪者，应随力多少礼。不遍者得总礼，应言我尼某甲，头面礼一切僧足。僧至尼寺，尼敬亦然。五分云：尼见比丘，不起、不礼、不请坐者，皆提。

怀素律师在《开宗记》中先引《僧祇律》明尼入僧寺之法，后引《五分律》别示结犯。《僧祇律》云：若比丘尼入比丘僧伽蓝，应头面着地，一一礼诸比丘。若比丘尼，或老，或病，不堪一一礼比丘足，应随力随分而礼。若不能一一遍礼所有比丘，可总礼，应云："我比丘尼某甲，头面礼一切僧足。"若比丘至比丘尼僧伽蓝，尼敬比丘亦如是。①

---

① （东晋）三藏佛陀跋陀罗共法显译《摩诃僧祇律》卷三十，《大正藏》第22册，第471页。

《五分律》云：比丘尼见比丘来，或不起身，或不作礼，或不请比丘坐者，一一结波逸提罪。①

七 开缘

（一）正明开

【记】

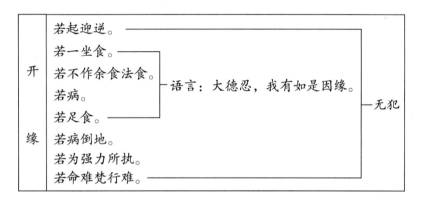

此戒开缘如下：

1. 若比丘尼见比丘即起迎逆、恭敬、礼拜、问讯、请与坐，顺教故不犯。

2. 若比丘尼见比丘，以有因缘：或受一坐食；或受不作余食法食；或生病；或足食不离座而更坐食。应向比丘言："大德：忏悔，我有如是如是因缘，不得起迎逆。"如是不起迎逆等，不犯。

3. 若比丘尼因病倒地，而无法起身迎逆比丘，不犯。

4. 若比丘尼，或为强力者所执；或有命难、梵行难，见比丘无法迎逆等，不犯。

（二）引律释

【记】 第二分 开缘中，第二、三、四、五缘，应向比丘语言：大德，忏悔，我有如是如是因缘，不得起迎逆。无犯。

如前文释。

练习题

1. 请解释"不敬比丘戒"戒名。

2. 佛制"不敬比丘戒"三要素是什么？

---

① （刘宋）三藏佛陀什共竺道生等译《弥沙塞部和醯五分律》卷十四，《大正藏》第 22 册，第 97 页。

3. 如何理解"不敬比丘戒"之戒文？

4. 比丘尼不恭敬比丘有哪些过失？

5. "不敬比丘戒"具哪几缘成犯？结犯相状如何？

6. 《僧祇律》中制比丘尼入比丘僧寺应行哪些法？

7. "不敬比丘戒"有哪些开缘？

第一七七节　摇身趋行戒

一　戒名

【记】　摇身趋行戒第一七六　　（大、制）

摇身：谓左右摇摆身体，或摆腰扭臀，或摇摆两手，或摇头等。**趋行**：快步行走。

摇身趋行戒：若比丘尼为好故，左右摇摆身体，快步行走，佛制不许。

二　缘起

【记】　六群尼

六群比丘尼，乃缘起中能犯之人。

佛制此戒三要素：（1）**何处制**：佛在舍卫国制。（2）**因谁制**：六群比丘尼。
（3）**因何制**：六群比丘尼，着衣摇身趋行，为好故，居士讥嫌，因制。

三　戒文

【记】　戒文——若比丘尼，为好故，摇身趋行者，波逸提。

此戒文分三句：

第一句：若比丘尼——能犯人
白四羯磨如法得处所的比丘尼。

第二句：为好故，摇身趋行者——所防过
为令人观视，爱敬系念故，左右摇摆身体，快步行走。

第三句：波逸提——结罪
若比丘尼为好故，而左右摇摆身体，迈步快行，即结波逸提罪。

四　制意

【记】　开宗记 制意：威仪容止，事须合法。内自肃清，外生物善。今乃摇身

趋行，相同鄙染，损坏不轻，故须圣制。

出家修道者，乃人天师表，威仪举止，皆须合乎仪则。内心系念于道，清净无有杂念。如此德仪外显，能使世人肃然起敬。然今比丘尼摇身趋行，外相如同贼女、婬女，其损坏之处实重，故佛制不许。

昔马胜比丘，威仪端正，引人注目。舍利弗初从外道学法，然以未能究竟，迷于所归。后马胜于王舍城乞食，舍利弗遥望其威仪端正，乃近而问其所师之法为何？师事何人？马胜比丘谓其乃释迦佛之弟子，并告之世尊所说法："诸法从因生，诸法从因灭。"舍利弗闻已，净诸尘垢，得以眼净。[1] 是以出家人，安详徐步，不唯能生世人净善之心，亦能度其出家修道。

五　具缘

【记】　尼戒会义　具三缘成犯：一、在寺外。二、有心为好。三、张足摇身。犯。

此戒具三缘成犯：

1. **在寺外**：于僧伽蓝外。据《四分律》此戒戒文，不论僧伽蓝内外，皆犯。
2. **有心为好**：比丘尼有为好之心。
3. **张足摇身。犯**：随比丘尼迈开步伐，摇摆身体，便犯波逸提。

六　罪相

【记】

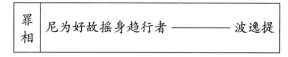

| 罪相 | 尼为好故摇身趋行者 ———— 波逸提 |

若比丘尼为好故，左右摇摆身体，迈步快行者，结波逸提罪。

---

[1] 《四分律》卷三十三记载：尔时世尊在罗阅城。时城中有删若梵志，有二百五十弟子，优波提舍、拘律陀为上首。尔时尊者阿湿卑给侍如来，时到着衣持钵入城乞食，颜色和悦诸根寂定，衣服齐整行步庠序，不左右顾视，不失威仪。时优波提舍，时已到入园观看，见阿湿卑威仪如是，便生是念："今观此比丘威仪具足，我今宁可往问其义。"复自念言："此比丘乞食时，非问义时。今且待彼乞食已，当往问义。"时优波提舍寻从其后。时阿湿卑比丘入罗阅城乞食已，置钵在地，叠僧伽梨。优波提舍念言："此比丘乞食已竟，今正是问义时，我今当问。"即往问义："汝为谁？师字谁？学何法？"即报言："我师大沙门，是我所尊，我从彼学。"优波提舍即复问言："汝师大沙门说何法耶？"报言："我年幼稚出家日浅，未堪广演其义，今当略说其要。"优波提舍言："我唯乐闻为要，不在广略。"阿湿卑言："汝欲知之，如来说因缘生法，亦说因缘灭法。若法所因生，如来说是因。若法所因灭，大沙门亦说此义。此是我师说。"时优波提舍闻已，实时诸尘垢尽得法眼净。（《大正藏》第22册，第798页。）

七 开缘

【记】

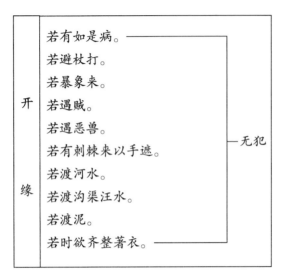

此戒开缘如下：

1. 若比丘尼有如是病，而摇身趋行，不犯。

2. 若比丘尼为避开杖打身，而摇身趋行，不犯。

3. 若比丘尼因有暴象来，或遇贼、恶兽，而摇身趋行，不犯。

4. 若有挑刺棘人，迎面而来，比丘尼恐为刺伤，以手遮之而摇身，不犯。

5. 若比丘尼渡河水时，以水流湍急，站立不稳，而摇身，不犯。

6. 若比丘尼渡沟、渠及有汪水之处，而摇身趋行，不犯。

7. 若比丘尼渡泥水处，而摇身趋行，不犯。

8. 若比丘尼时欲齐整着衣，恐有高下参差，而左右顾视摇身，不犯。

 练习题

1. 请解释"摇身趋行戒"戒名。

2. 简述佛制"摇身趋行戒"三要素。

3. 如何理解"摇身趋行戒"之戒文？

4. 佛制"摇身趋行戒"制意如何？

5. "摇身趋行戒"具哪几缘成犯？结犯相状如何？有哪些开缘？

第一七八节　作妇女庄严香涂身戒

一　戒名

【记】　作妇女庄严香涂身戒第一七七　　（制）

作妇女庄严：作种种妇女庄严，如畜长发、缠腰，或戴耳环、指环、臂钏等。

香涂身：以香油、香水、香料、香末等，涂摩己身。

作妇女庄严香涂身戒：若比丘尼作种种妇女庄严，以香涂摩身，佛制不许。

二　缘起

【记】　六群尼

六群比丘尼，乃缘起中能犯之人。

佛制此戒三要素：（1）何处制：佛在舍卫国制。（2）因谁制：六群比丘尼。
（3）因何制：六群比丘尼自庄严身，梳发、香涂摩身，居士讥嫌，因制。

三　戒文

【记】　戒文——若比丘尼，作妇女庄严，香涂摩身，波逸提。

此戒文分三句：

第一句：若比丘尼——能犯人

白四羯磨如法得处所的比丘尼。

第二句：作妇女庄严，香涂摩身——所防过

作种种妇女庄严，以香涂摩身。

第三句：波逸提——结罪

若比丘尼起世俗心，而作妇女庄严，以香涂摩身，即结波逸提罪。

四　制意

【记】　开宗记 制意：出家进道，须绝邪心。忽作妇女庄严，香涂身者。此失
宗敬之心，招讥损道。污辱不轻，故制提罪。

出家乃为精进修道，理须杜绝庄严色身，以取悦他人之邪心。然今缘起中比丘
尼反生世俗心，忽作种种妇女庄严，涂香梳洗，以令身光洁。此等行径，有失信敬
佛法之心，又招世人讥嫌，毁损道人形象。污辱佛法之处实重，故制以波逸提罪。

五 具缘

【记】 　　尼戒会义　具二缘成犯：一、起世谛心。二、作世俗庄严。犯。

此戒具二缘成犯：

1. **起世谛心**：比丘尼起世俗妇女爱美之心。

2. **作世俗庄严**。犯：作世俗妇女庄严，以香涂摩身，便犯波逸提。

六 罪相

【记】

罪相	作妇女庄严，香涂摩身乃至一点者 ———— 波逸提

若比丘尼起世俗心，作种种妇女庄严，以香涂摩身，乃至一点，俱结波逸提罪。

七 开缘

【记】

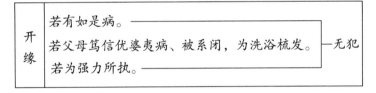

此戒开缘如下：

1. 若比丘尼有如是病，而作妇女庄严，以香涂摩身，不犯。

2. 若因父母、笃信优婆夷生病，或被系闭，比丘尼为彼等洗浴、梳发，不犯。

3. 若比丘尼被强力者所执，而作妇女庄严，以香涂摩身，不犯，以身不由己故。

　　练习题

1. 请解释"作妇女庄严香涂身戒"戒名。

2. 简述佛制"作妇女庄严香涂身戒"三要素。

3. 如何理解"作妇女庄严香涂身戒"之戒文？

4. 佛为何制"作妇女庄严香涂身戒"？

5. "作妇女庄严香涂身戒"具哪几缘成犯？结犯相状如何？有哪些开缘？

第一七九节 使外道女香涂身戒

一 戒名

【记】 使外道女香涂身戒第一七八 （制）

外道女：于佛法外出家之女子。

使外道女香涂身戒：若比丘尼使外道女，以香涂摩己身，佛制不许。

二 缘起

【记】 伽罗旃陀输那尼

伽罗旃陀输那比丘尼，乃缘起中能犯之人。

佛制此戒三要素：（1）**何处制**：佛在舍卫国制。（2）**因谁制**：伽罗旃陀输那比丘尼。（3）**因何制**：伽罗旃陀输那之妹为外道女，此比丘尼使外道妹以香涂摩身，居士讥嫌，因制。

三 戒文

【记】 戒文——若比丘尼，使外道女香涂摩身者，波逸提。

此戒文分三句：

第一句：若比丘尼——能犯人
白四羯磨如法得处所的比丘尼。

第二句：使外道女香涂摩身者——所防过
比丘尼使外道女香涂摩己身。

第三句：波逸提——结罪
此比丘尼须结波逸提罪。

四 制意指略

指明此戒制意同前，此略。

【记】 四分律疏 制意同前一五〇戒释。

此戒制意，同前第一百五十条"用香涂摩身戒"所释。

五 具缘

【记】 尼戒会义 具二缘成犯：一、使外道女。二、令香涂摩身。犯。

此戒具二缘成犯：

1. **使外道女**：比丘尼使外道女。

2. **令香涂摩身。犯**：令以香涂摩己身，比丘尼便犯波逸提。

六　罪相

（一）正明犯相

【记】

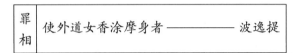

| 罪相 | 使外道女香涂摩身者 ——— 波逸提 |

若比丘尼使外道女，以香涂摩己身，结波逸提罪。

（二）引文别显

【记】　 重治毗尼 五分云：发长波逸提。半月一剃，过此名为发长。若无人剃及强力所逼不得剃，无犯。

蕅益大师在《重治毗尼》中引《五分律》别显结犯之相。彼律云：若比丘尼发长，须结波逸提罪。何者名为发长？以半月应一剃，若过半月者，即名为发长。若无人为己剃发，或被强力者所逼，而不得剃，不犯。[①]

七　开缘

【记】

| 开缘 | 若有如是病。———
若为强力所执。——— | — 无犯 |

此戒开缘如下：

1. 若比丘尼有如是病，而使外道女，以香涂摩己身，不犯。

2. 若比丘尼被强力者所执，而使外道女，以香涂摩己身，不犯，以身不由己故。

练习题

1. 请解释"使外道女香涂身戒"戒名。

2. 简述佛制"使外道女香涂身戒"三要素。

---

① （刘宋）三藏佛陀什共竺道生等译《弥沙塞部和醯五分律》卷十四，《大正藏》第 22 册，第 96 页。

3. 如何理解"使外道女香涂身戒"之戒文？

4. "使外道女香涂身戒"具哪几缘成犯？结犯相状如何？有哪些开缘？

第一八〇节　结文简问

上已详彰一百七十八波逸提事，了了说竟，众已委知，今又结问。

一　结前文

【记】　诸大姊，我已说一百七十八波逸提法。

诸大姊：呼起一声，提醒注意。

我已了了说完一百七十八波逸提法。

二　简众情

【记】　今问诸大姊，是中清净不？三说

　　　　诸大姊，是中清净，默然故，是事如是持。

因为将要说后篇戒，所以先须简别大众。

今问诸大姊，是中清净不：正式问同法大众，对于比丘尼三百四十八条戒，是否皆持守清净？有所毁犯是否已发露忏悔？清净已，方与说戒相应。**是中**：指三百四十八条戒。**清净不**：这是通问之语，每说完一篇，都要通篇而问，不单问当篇。若只问当篇是否清净，则表示可以戴罪听戒，此不合"自身有罪，不合闻戒"之教法。小字说明，须问三遍。

是中清净，默然故，是事如是持：经过三遍检问，如果大众默然，则知众中清净，可继续说戒经。

小结

本章"单提法"，共一百七十八条戒，第一"小妄语戒"乃至第一百七十八"使外道女香涂身戒"。如此众多禁戒，细致教导规范比丘尼在日常生活中应如何摄持三业、受用衣食、与道俗男女相处、畜养徒众等威仪细节。旨在避世讥嫌，生增物信，防护重戒，光显佛法。

《戒本疏》云：波逸提戒，罪名轻细，难识好毁；性遮两罪，其相交杂；人多

轻陵，数犯其过。大须功用对治，勿令滋广。① 末代弟子应深切体会世尊制戒之本意，领解祖师慈悲之警策。诚勖身心，谨言慎行，作两种健儿，则无非而不除，无戒而不净也。

———————

① （唐）道宣律师撰《四分律含注戒本疏》卷一，《卍新续藏》第 39 册，第 767 页。

第九章　波罗提提舍尼戒法

导　言

此章共八条戒：即无病乞酥、油、蜜、黑石蜜、乳、酪、鱼、肉食戒。

诸戒中，除所乞饮食种类不同外，其余内容皆无异。是故此章重点是第一条"乞酥食戒"之戒文、制意、具缘、罪相、开缘。从第二条到第八条，诸戒内容基本相同，故合为一节。

此八条戒，皆由饮食，自长贪惑，坏他信敬，是故佛制。学习此章，观自身心，远离非法贪求，避诸讥过。

建议用2课时讲授，1课时讨论，共计3课时。

第一节　概述

【记】　诸大姊，是八波罗提提舍尼法，半月半月说戒经中来。

八提舍尼法　黑绳　三千六百万岁

一　释义

诸大姊：呼起一声，此八波罗提提舍尼法，乃半月半月说，从戒经中来。

八波罗提提舍尼法：《四分律疏》释云："西音波罗提提舍尼，此名向彼悔。故下文言：我今向诸大德悔过，是名悔过法。又可名为可呵法，亦是文言我犯可呵法，所不应为故。"[1]《四分戒本如释》设问答释"向彼悔"："然一切罪皆应向他说悔，何故此中独名向彼悔耶？以此罪若犯，即须向他发露忏悔、请诃，是故独受悔名。"[2]

---

[1]　（唐）法砺律师撰述《四分律疏》卷六，《卍新续藏》第41册，第675页。
[2]　（明）弘赞律师绎《四分戒本如释》卷十，《卍新续藏》第40册，第279页。

《律摄》称此法为"对说法",并设问答解释:"问:'自余诸罪皆对他说,云何于此得对说名?'答:'谓于住处现有苾刍,皆须一一别对陈说,不同余罪故受别名。又犯罪已,即须陈说不得停息,复异余罪。'"[①]

波罗提提舍尼法(以下简称提舍尼法),比丘尼共有八条,即无病自为己乞八种上味美食,谓酥、油、蜜、石蜜、乳、酪、鱼及肉而噉。(1)酥:牛羊等酥也,从乳出酪,从酪出酥,为第三味也。(2)油:即木蜜、苣胜、蔓菁等油,及五种脂,如法澄滤而服,能治风病。(3)蜜:即蜂蜜,和百药而解诸毒,能治水病。(4)石蜜:乃甘蔗糖煎炼坚硬者,有黑白二种,白者,味纯甘,能治热病;黑者,味带苦,能治冷病,及生津解渴和血。(5)乳:即牛羊等所产一切乳,能补真阴,清烦热,补劳润噎。(6)酪:即从乳出酪,第二味也,能补虚润肠。(7)鱼、(8)肉:可知。

二　犯戒罪报

八提舍尼法:"波罗提提舍尼法"为比丘尼戒第四篇,共有八条。

黑绳:即黑绳地狱。《长阿含经》云:"其诸狱卒捉彼罪人扑热铁上,舒展其身,以热铁绳绊之使直,以热铁斧逐绳道斫,绊彼罪人,作百千段,犹如工匠以绳绊木,利斧随斫,作百千段。治彼罪人,亦复如是,苦毒辛酸,不可称计。余罪未毕,故使不死。"[②]

三千六百万岁:如果犯此波罗提提舍尼中任何一法,将堕黑绳地狱。此狱一昼夜,相当于欲界忉利天寿一千岁,而忉利天一昼夜相当于人间一百年,堕此狱时间合人间年数三千六百万年。

第二节　首戒——乞酥食戒

一　释名

【记】　乞酥食戒第一

乞:求、讨。出家僧尼皆名乞士,福利众生,告求资身,以成净德。

酥:《四分律名义标释》释:酥,是牛羊等酥,钻抨成之,或以草叶药而成之。所谓从牛出乳,从乳出酪,从酪出生酥,从生酥出熟酥。[③]

食:吞、咽。

乞酥食戒:若比丘尼无病乞酥而食,佛制不许。

①　〔印度〕胜友尊者造,(唐)三藏义净译《根本萨婆多部律摄》卷十四,《大正藏》第24册,第604页。

②　(后秦)三藏佛陀耶舍共竺佛念译《长阿含经》卷十九,《大正藏》第1册,第123页。

③　(明)弘赞律师辑《四分律名义标释》卷十,《卍新续藏》第44册,第477页。

二　缘起

【记】　六群尼

六群比丘尼，乃此戒缘起中能犯之人。此戒由二缘合制。

佛制此戒三要素：（1）**何处制：**舍卫国。（2）**因谁制：**六群比丘尼。（3）**因何制：**六群比丘尼乞酥而食，居士见讥，因制。

三　戒文

【记】　**戒文——若比丘尼，不病，乞酥食者，犯应忏悔可诃法。应向余比丘尼说言：大姊，我犯可诃法，所不应为，我今向大姊忏悔。是名悔过法。**

戒文分五句：

第一句：若比丘尼 ——能犯人

白四羯磨如法得处所比丘尼。

第二句：不病——不病

身无病患。《僧祇律》云：病者，"不谓小小病，谓疥黄、烂疮、痤、痛痤，人所恶贱，是名为病"[1]。热病，当用酥治疗，是教所开听。

第三句：乞酥食者 ——所为事

比丘尼向他人乞酥食噉。

第四句：犯应忏悔可诃法——结犯

正示结犯之罪名为可诃法，此据犯过之体而立名。

第五句：应向余比丘尼说言：大姊，我犯可诃法，所不应为，我今向大姊忏悔，是名悔过法 ——忏法

此明忏悔之法：比丘尼犯罪已，即须陈说，不得迟延。应向一清净比丘尼，作如是言："大姊一心念！我某甲比丘尼，无病，故乞酥食，犯（尔许、众多）波罗提提舍尼罪（余随种名，事别称之）。大姊！我犯可诃法，所不应为。今向大姊悔过，不敢覆藏等。同上。"[2]《僧祇律》云：前人应问："汝见罪不！"答云："见！"应语言："慎莫更作！"答云："顶戴持！"[3]

可诃法：所作非善，是佛遮止。既违所制，是应呵责。

所不应为：正陈所犯，自知不应作而作之，故悔过自责。

我今向大姊忏悔：即正忏所犯可呵法之罪。

---

①　（东晋）三藏佛陀跋陀罗共法显译《摩诃僧祇律》卷二十一，《大正藏》第 22 册，第 397 页。

②　（唐）怀素律师集《尼羯磨》卷二，《大正藏》第 40 册，第 552 页。

③　（东晋）三藏佛陀跋陀罗共法显译《摩诃僧祇律》卷二十一，《大正藏》第 22 册，第 396 页。

是名悔过法：此明所犯之聚。

四　制意

【记】　开宗记 制意：初戒乞酥者，离俗进修，须异凡品。酥是上味，乞增贪求，内缺贞廉，外失信意，为过不轻，故须圣制。下七义同，事别为异。

之所以不听乞酥者，皆由出家道人，离俗舍家，进修无为。一切所为，理应与世人有别。酥乃上品美味，道人乞之，必增贪求。内缺少欲知足之廉德，外致施主失信敬。过患不轻，故佛制不许。

以下七戒义同，只是所乞食物有别。

五　具缘

【记】　南山行事钞 具四缘成犯：一、是酥食。二、无病。三、自为己。四、咽咽。犯。①（下七均同）

此戒具四缘成犯：

1. **是酥食**：所乞之食为酥食。
2. **无病**：无热病等因缘。
3. **自为己**：自为己乞。
4. **咽咽**。犯：如果食噉，咽咽结波罗提提舍尼罪。

《表记》编辑者加括弧说明：以下七条提舍尼戒，犯缘均同。

六　罪相

（一）正明犯

【记】

罪相	尼无病自为身乞酥食食 ———————— 咽咽波罗提提舍尼

如果比丘尼无病，自为己身，向他人乞酥食而食者，咽咽结波罗提提舍尼罪。

（二）引文释

1.《重治毗尼》引《僧祇律》

【记】　重治毗尼 僧祇云：若自知我某时病常发，尔时药必难得，预乞无罪。

---

① 此乃《行事钞》中比丘单提第四十"索美食戒"之具缘。《四分律删繁补阙行事钞》卷二云："一是美食（奶酪鱼肉）。二无病（一坐间不堪食竟）。三自为己。四食咽犯。"（《大正藏》第40册，第84页。）

若不病乞，病时食，越毗尼。病时乞，不病时食，无罪。病时乞，病时食，无罪。不病时乞，不病时食，悔过。

蕅益大师在《重治毗尼》中引《僧祇律》文：如果自知某时病将发作，而且在病发时，定难得药，于是事先乞求，无罪。如果不病时乞，病时食，越毗尼罪。病时乞，无病时食，无罪。病时乞，病时食，无罪。不病时乞，不病时食，犯提舍尼罪，须向人悔过。[①]

2.《重治毗尼》引《根本说一切有部尼律》

【记】　同根本律有十一：乳、酪、生酥、熟酥、油、糖、蜜、鱼、肉、干脯、学家。又乳、酪、鱼、肉、脯，比丘提。生熟酥、油、糖、蜜，比丘吉。学家，比丘同。

蕅益大师又引《根本说一切有部尼律》所制，比丘尼有十一条提舍尼法：无病乞（1）乳、（2）酪、（3）生酥、（4）熟酥、（5）油、（6）糖、（7）蜜、（8）鱼、（9）肉、（10）干脯，以及（11）从学家受食。[②] 比丘如果乞乳、酪、鱼、肉、干脯，结波逸提罪。[③] 若乞生酥、熟酥、油、糖、蜜，结突吉罗罪。若从学家乞，比丘同比丘尼一样，结波罗提提舍尼罪。

七　开缘

（一）正明开

【记】

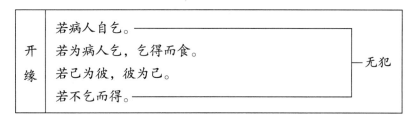

---

① （东晋）三藏佛陀跋陀罗共法显译《摩诃僧祇律》卷四十，《大正藏》第 22 册，第 544 页。

② （唐）三藏义净译《根本说一切有部苾刍尼毗奈耶》卷二十，《大正藏》第 23 册，第 1016 页。所谓"学家"，指大众僧为作"学家羯磨"之白衣。《根本说一切有部尼律》卷二十云："学者，谓信三宝证得见谛；家谓四姓。"彼律记载佛制"学家羯磨"之缘起："缘在广严城，于此城中有一长者名曰师子，得见谛理，于佛声闻众深生正信，所有赀财供养三宝，如是奉施，家财罄尽资产悉空。……俗旅讥嫌，作如是语：'师子长者衣不覆身、食不充口，皆由供养。'苾刍闻已白佛。佛言：'汝诸苾刍！可与师子学家羯磨。'"作学家羯磨已，苾刍苾刍尼不应往彼受其饮食、床座、卧具等，违者结波罗提提舍尼罪。（《大正藏》第 23 册，第 1016 页。）

③ （唐）三藏义净译《根本说一切有部毗奈耶》卷三十七，《大正藏》第 23 册，第 828 页。

此戒开缘有：

1. 病人自己乞酥而噉，不犯，以病缘故。

2. 如果自己为病人乞酥，乞得后，病人分食给自己吃，不犯。

3. 若比丘尼为他人乞，或他人为自己乞，如是互乞食，不犯。

4. 如果比丘尼未乞而得，食之不犯。

（二）引文释

【记】　灵芝资持记　三、自他交乞，乃是为他。

开缘中第三，自为他乞、他为己乞，因皆为他人，故不犯。

第三节　后七戒——乞油食戒至乞肉食戒

一　乞油食戒

（一）释名

【记】　乞油食戒第二

油：《僧祇律》释云："油者，胡麻油、芜菁油、黄蓝油、阿陀斯油、蓖麻油、比楼油、比周缦陀油、迦兰遮油、差罗油、阿提目多油、缦头油、大麻油，及余种种油，是名为油。"①

乞油食戒：若比丘尼无病乞油而食，佛制不许。

（二）戒文

【记】　戒文——若比丘尼，不病，乞油食者，犯应忏悔可诃法。应向余比丘尼说言：大姊，我犯可诃法，所不应为，我今向大姊忏悔。是名悔过法。

此戒文分五句：（一）能犯人。（二）不病。（三）乞油食。（四）结犯。（五）忏法。如第一条所释。

二　乞蜜食戒

（一）释名

【记】　乞蜜食戒第三

---

① （东晋）三藏佛陀跋陀罗共法显译《摩诃僧祇律》卷三，《大正藏》第22册，第244页。

蜜：《僧祇律》释云："蜜者，军茶蜜、布底蜜、黄蜂蜜、黑蜂蜜，是名为蜜。"①

乞蜜食戒：若比丘尼无病乞蜜而食，佛制不许。

（二）戒文

【记】　戒文——若比丘尼，不病，乞蜜食者，犯应忏悔可诃法。应向余比丘尼说言：大姊，我犯可诃法，所不应为，我今向大姊忏悔。是名悔过法。

此戒文分五句：（一）能犯人。（二）不病。（三）乞蜜食。（四）结犯。（五）忏法。如第一条所释。

三　乞黑石蜜食戒

（一）释名

【记】　乞黑石蜜食者戒第四

石蜜：《僧祇律》释云："石蜜者，槃拖蜜、那罗蜜、缦阇蜜、摩诃毗梨蜜，是名石蜜。"②

乞黑石蜜食者戒：若比丘尼无病乞黑石蜜而食，佛制不许。

（二）戒文

【记】　戒文——若比丘尼，不病，乞黑石蜜食者，犯应忏悔可诃法。应向余比丘尼说言：大姊，我犯可诃法，所不应为，我今向大姊忏悔。是名悔过法。

此戒文分五句：（一）能犯人。（二）不病。（三）乞黑石蜜食。（四）结犯。（五）忏法。如第一条所释。

四　乞乳食戒

（一）释名

【记】　乞乳食戒第五

乳：牛、羊等动物乳汁。

乞乳食戒：若比丘尼无病乞乳而食，佛制不许。

---

① （东晋）三藏佛陀跋陀罗共法显译《摩诃僧祇律》卷三，《大正藏》第 22 册，第 244 页。
② （东晋）三藏佛陀跋陀罗共法显译《摩诃僧祇律》卷三，《大正藏》第 22 册，第 244 页。

（二）戒文

【记】　戒文——若比丘尼，不病，乞乳食者，犯应忏悔可诃法。应向余比丘尼说言：大姊，我犯可诃法，所不应为，我今向大姊忏悔。是名悔过法。

此戒文分五句：（一）能犯人。（二）不病。（三）乞乳食。（四）结犯。（五）忏法。如第一条所释。

五　乞酪食戒

（一）释名

【记】　乞酪食戒第六

酪：从乳中提炼之食品。如《四分律》云："如牛出乳，乳中出酪。"①
乞酪食戒：若比丘尼无病乞酪而食，佛制不许。

（二）戒文

【记】　戒文——若比丘尼，不病，乞酪食者，犯应忏悔可诃法。应向余比丘尼说言：大姊，我犯可诃法，所不应为，我今向大姊忏悔。是名悔过法。

此戒文分五句：（一）能犯人。（二）不病。（三）乞酪食。（四）结犯。（五）忏法。如第一条所释。

六　乞鱼食戒

（一）释名

【记】　乞鱼食戒第七

乞鱼食戒：若比丘尼无病乞鱼而食，佛制不许。

（二）戒文

【记】　戒文——若比丘尼，不病，乞鱼食者，犯应忏悔可诃法。应向余比丘尼说言：大姊，我犯可诃法，所不应为，我今向大姊忏悔。是名悔过法。

此戒文分五句：（一）能犯人。（二）不病。（三）乞鱼食。（四）结犯。（五）忏法。如第一条所释。

---

① （后秦）三藏佛陀耶舍共竺佛念等译《四分律》卷四十，《大正藏》第22册，第854页。

七　乞肉食戒

（一）释名

【记】　乞肉食戒第八

乞肉食戒：若比丘尼无病乞肉而食，佛制不许。

（二）释文

【记】　戒文——若比丘尼，不病，乞肉食者，犯应忏悔可诃法。应向余比丘尼说言：大姊，我犯可诃法，所不应为，我今向大姊忏悔。是名悔过法。

此戒文分五句：（一）能犯人。（二）不病。（三）乞肉食。（四）结犯。（五）忏法。如第一条所释。

第四节　祖师警策

《表记》引道宣律师《行事钞》两段文警策后学。

一　明食鱼肉之过

【记】　南山行事钞 诸律并明鱼肉为时食，此是废前教。涅槃云：从今日后，不听弟子食肉，观察如子肉想。夫食肉者，断大慈种，水陆空行有命者怨，故不令食，广如彼说。（省略数语）今有凡愚多嗜诸肉，罪中之大，勿过于此。故屠者贩卖，但为食肉之人，必无食者，亦不屠杀。故知食者同屠造业，沾杀生分，可不诫乎。

《行事钞·四药受净篇》中云：诸部律中皆有鱼肉为时食之明文。然而，此乃已废之前教。佛在《涅槃经》中云："善男子！从今日始，不听声闻弟子食肉，若受檀越信施之时，应观是食如子肉想。……夫食肉者，断大慈种。"[1] 大慈种即是佛心，而杀生食肉伤于大慈，断自他佛种，便是水陆空行一切生命之怨仇，由害其命根故。因此，佛不许弟子食肉。详文如彼经所说。

现今（唐朝）愚痴之辈多贪肉食，实乃重罪中之大罪。屠夫贩肉，是为满足食肉人之需求。若无食肉者，屠夫则不屠杀。由此推之，故知食肉之人，同屠夫造业，沾杀生之分，怎能不警诫？

---

① （北凉）天竺三藏昙无谶译《大般涅槃经》卷四，《大正藏》第 12 册，第 386 页。

二 示学大乘语者之非

【记】 有学大乘语者，用酒肉为行解。则大小二教不收，自入屠儿行内。天魔外道，尚不食酒肉。此乃阎罗之将吏耳。

道宣律师云：有学大乘语之人，将饮酒食肉作为行解。[①] 或认为对酒肉之境，已全然了知实相，不染着其色香味。或认为不拘小节、饮酒食肉便是大乘之修行及知解。检其行解，实乃三有之人，大小二乘俱不收摄。教既不被，非佛弟子。无慈好杀，宜应入于屠夫之列。又天魔（报胜，净因所感）外道（苦行，飡风自饿）尚不饮酒食肉。可知，噉肉之人，尚不如天魔外道，定是阎罗王将吏。[②]

第五节 结文简问

上已详彰八波罗提提舍尼法，了了说竟，众已委知，今又结问。

一 结前文

【记】 诸大姊，我已说八波罗提提舍尼法。

诸大姊：呼起一声，提醒同法大众注意。

我已说八波罗提提舍尼法：此是总结之文，表明此篇八条波罗提提舍尼戒法已说竟。冀在座听戒者，重审自己是否有所违犯。

二 简众情

【记】 今问诸大姊，是中清净不？三说

诸大姊，是中清净，默然故，是事如是持。

因为将继续说戒文，所以先须简别大众。经过三遍检问，如果大众默然，则知众中清净。

今问诸大姊，是中清净不：正式征问听戒大众，对于比丘尼三百四十八条戒，是否都持守清净？有所毁犯是否已发露忏悔？若自身清净，才与说戒法相应。

诸大姊，是中清净。默然故，是事如是持：通过三番检问，大众默然，表明皆

---

① 《佛光大辞典》解释"行解"：(1)指心王与心所对某一对象发生作用，同时了解、认知此一对象之意。(2)为"行"与"解"之并称。行，修行之意，即依循教理而实践躬行；解，知解、智解、认知，即从各种见闻学习而领解教理。
② 灵芝律师在《资持记》中解释：将吏，谓夜叉、鬼卒之类。（《大正藏》第40册，第378页）

清净，应继续谨护身心，严持勿犯。大众既清净，堪继续说戒经。

小结

　　本章八条戒，皆是因无病因缘自为己乞美味饮食，增长贪心，招世讥嫌，佛乃立制。此章内容比较简单，容易理解。行持上亦不难护，重点把握勿自为己索求此八种食物即可。但约佛制此等戒之本意而言，则需时常自警其心。面对各种顺境，包括戒文所列八种饮食及六根所对所有可意境界时，皆须当下起观，防心离过。

第十章 众学法

导 言

此章含一百条戒，《四分律疏》将其分为四大类：**一、敬僧威仪行**："不齐整着内衣"至"立大小便"共五十一戒；**二、敬法威仪行**："不得为不恭敬人说法"下有八戒；**三、敬佛威仪行**："不得止宿佛塔中"下有二十六戒；**四、四威仪中杂明敬上三宝行**："人坐己立"下有十五戒。每类中各条戒基本内容大同小异，故不再以每条戒设节，而以类立节。

每条戒中，主要叙述戒名、缘起、戒文、制意、具缘、罪相、开缘等。诸戒相同部分，若前戒已详述，后戒不赘述。此章重点是有代表性之戒文含义、具缘、结犯相状、开缘。

其他戒易持罪重，犯稀忏难。此篇戒难持易犯，常须念学。所以未列罪名，但言"应当学"。

建议用 10 课时讲授，5 课时讨论，共计 15 课时。

第一节 概述

【记】　诸大姊，是众学戒法，半月半月说戒经中来。

　　　　百众学法　等活　九百万年

一 释义

诸大姊：呼起一声，此众学戒法，半月半月说，是从戒经中来。

众学戒法：罪无限量，故云众；易犯难持，故令学。

戒本余篇皆题数，如"八波罗夷法""十七僧伽婆尸沙法"等。何以此篇但云众学法，而不云数？《戒本疏》云："所以此篇不别显数者，但威仪微细，量等尘沙，何有约数，定其名目？故总目之为众学篇。故诸部中，名数不定。且约人之喜犯，举百列之，集在篇中，为罪纲纪。"① 而于《五分律》及《四分律》中，独列百戒，故又称为"百众学"。又，百是数之总名，由无限量，故举百以总称。

《萨婆多论》中设问答释"何以称此篇戒为应当学"："问曰：'余篇戒不言应当学，而此戒独尔？'答曰：'余戒易持而罪重，犯则成罪，或众中悔或对首悔。此戒难持而罪轻，脱尔有犯，心悔念学，罪即灭也。以戒难持易犯故，常慎心念学，不结罪名，直言应当学也。'"② 若就所防彰名，应云"众突吉罗篇"。**突吉罗**：翻为恶作，即所防过。今隐其所防，就能治之行来立名，故云"学"也。论其所学，实通上四篇，不单局此篇。但因人情薄淡，重罪多持，轻便不敬。若论行持，非勤摄护，终不可成。所以大圣观物机缘，特加劝勉，故与此"学"名。又能持此篇戒，没有缺犯，即名学行成就，行彰学功，故偏于此而受于学称。

半月半月说：明说戒恒规，每半月宣说一次。今说戒是正时，而非余难缘。

戒经中来：所诵戒法，传承有据，乃出自戒经，为佛亲制。

二　犯戒罪报

百众学法："众学法"为比丘尼戒第五篇，共有一百条。

等活：即"等活地狱"，又称更活地狱、活地狱、更生地狱、想地狱，为八热地狱之首。《长阿含经》记载："其中众生手生铁爪，其爪长利，迭相瞋忿，怀毒害想，以爪相劚，应手肉堕，想为已死；冷风来吹，皮肉还生，寻活起立。"③

九百万年：若犯此百众学法而不忏悔，则堕等活地狱。此狱一昼夜，相当于欲界四天王天天寿五百岁，而四天王天一昼夜相当于人间五十年。堕此地狱时间合人间年数九百万年。

三　约义分判

【记】　　四分律疏 文分为四：初有五十一戒，敬僧威仪行。二、不恭敬人不得为说法下有八戒，敬法威仪行。三、不得止宿佛塔中下有二十六戒，敬佛威仪行。四、人坐己立下有十五戒，能敬之人，于四威仪中杂明敬上三宝之戒。先敬僧者，据住持三宝故尔。

法砺律师在《四分律疏》中，约戒条文意将此章百戒略分四大类：④

① （唐）道宣律师撰《四分律含注戒本疏》卷四，《卍新续藏》第 40 册，第 154 页。
② 《萨婆多毗尼毗婆沙》卷九，《大正藏》第 23 册，第 561～562 页。
③ （后秦）三藏佛陀耶舍共竺佛念译《长阿含经》卷十九，《大正藏》第 1 册，第 121 页。
④ （唐）法砺律师撰述《四分律疏》卷六，《卍新续藏》第 41 册，第 677 页。

（一）敬僧威仪行

从初"不齐整着内衣"至"不得立大小便"，共五十一条戒，如果遵承奉行，即是敬僧。"先敬僧者，据住持三宝故尔"，意即：此五十一戒皆关涉僧人应具之威仪，无论是着衣服饰，还是行坐进止，乃至饮食便利，皆是僧之威容。若齐整端严，动静有法，则彰内有道行，外生信敬，光显佛法，利益含识。若僧众有违，则自坏心行，外长他恶，于此僧宝，情生淡薄，污辱不轻。乃至对三宝，通不敬重，故先明敬僧威仪行，以成住持三宝故。由住持之力，必先见僧，次乐佛法，后方归佛而出家离染。如舍利弗先逢马胜比丘，威仪寂静，遂请说法。闻法见谛，方与目连及二百五十弟子，归佛出家。所以众学戒，即据此义而先明。

（二）敬法威仪行

从"不得与反抄衣人说法"至"不得为骑乘人说法"，共八条戒。法能脱苦发智，乃济度生死之良药，开启识性之眼目。若能敬而顺行，便能超越众累，清升彼岸。如果轻毁侮慢，则永沉生死，长沦苦海，殃累极深，所以必须慎护。由僧而行法，因此次制敬法威仪行。

（三）敬佛威仪行

从"不得在佛塔内止宿"至"不得安佛塔在下房，己在上房住"，共二十六戒。佛为法王，于法自在，上求究竟，独拔世表。大悲愍世，下化无穷，利益群识。其恩深厚，事须尊敬，以求度世，因此制尊敬塔庙，以弘利人天。凡有心向道之人，皆应归向，虔净恭仰。

（四）四威仪敬上三宝行

从"人坐己立，不得为说法"到最后"人持盖，不应为说法"，共十五条戒。虽然三宝通列，但其中敬法有十二，余则有三。因为末代凡僧，即使内明道法，也轻侮不敬，随缘辄说，既不利人，亦自亏戒，所以佛多置纲目，作为后人准绳，不得漏越，致失大利。

练习题

1. "众学戒"是何意？

2. 为什么"众学戒法"但云"众"，而不列具体数目？

3. 其他诸篇戒皆不说"应当学"，为何此篇独言"应当学"？

4. 根据《四分律疏》，"众学法"约义分哪四类？

5. 如何理解"敬僧威仪行"？

6. 为何将"敬僧威仪行"列在首位？

7. 如何理解"敬法威仪行"？

8. 如何理解"敬佛威仪行"？

9. 如何理解"四威仪敬上三宝行"？

第二节 敬僧威仪行

敬僧威仪行，从第一条"不齐整着涅槃僧"至第五十一条"不得立大小便"，共五十一条戒。

一 不齐整着涅槃僧戒

（一）戒名

【记】 齐整着涅槃僧戒第一

涅槃僧：又作泥洹僧，译曰内衣，即裙也。印度国土本无裤，以裙为衬体内衣。《南海寄归传》中云："然四部之殊，以着裙表异：一切有部则两边向外双褶；大众部则右裾，蹙在左边向内插之不令其堕，西方妇女着裙与大众部无别；上座、正量制亦同斯，但以向外直翻傍插为异。腰条之制亦复不同，尼则准部如僧，全无别体。"[①]

齐整着涅槃僧戒：若比丘尼不齐整着内衣者，佛制不许。

此戒戒名应改为"不齐整着涅槃僧戒"。戒是能防，所犯之事是所防。"齐整着涅槃僧"是如法行相，无须以戒来防。应当防者则是"不齐整着涅槃僧"，故应在前加"不"字。

以下涉及类似问题之戒条，释文中直接更正"戒名"。理由与此戒相同，不赘述。

（二）缘起

【记】 六群

六群：即六群比丘，乃缘起中能犯之人。

佛制此戒三要素：（1）**何处制**：佛于舍卫国制。（2）**因谁制**：六群比丘。（3）**因何制**：六群比丘着涅槃僧，或时下着，或时高着，或作象鼻，或作多罗树叶，或时细褶，俗讥，因制。

---

① （唐）三藏义净撰《南海寄归内法传》卷二，《大正藏》第 54 册，第 214 页。

（三）戒文

【记】　　*戒文——齐整着内衣，应当学。*

文分二句：

第一句：齐整着内衣

比丘尼应齐整着内衣，不得不齐整着。

不齐整着者：或时下着，或时高着，或作象鼻，或作多罗树叶，其叶形似棕榈，或时细褶。**下着**：系带于脐下。**高着**：上褰齐膝。**作象鼻**：垂前一角。**作多罗树叶**：垂前二角。**细褶**：绕腰褶皱。

第二句：应当学

比丘尼应当学齐整着内衣。若故不齐整着，犯应忏悔突吉罗。以故作故，复犯非威仪突吉罗，若不故作，但犯根本突吉罗。如《四分律》中制："若比丘，高着、下着涅槃僧，或作象鼻，或作多罗树叶，或时细褶，故作犯应忏突吉罗。以故作故，犯非威仪突吉罗；若不故作，突吉罗。"[1]

应当学：译自梵语"式叉迦罗尼"。《善见律》释云："尸沙者，学也。迦罗尼者，应学作。"[2] 因为梵语倒说，故译成华言是"应当学"。

以下诸戒中"应当学"，皆同此解，不赘释。

（四）具缘

【记】　　灵芝资持记前诸戒并列犯缘，此独无者，由故误皆制，动即成犯。必欲强立，准具五缘。如云：一、是涅槃僧。二、知。三、无缘。四、不齐整。五、随着。犯。自余例此可知。

灵芝律师云：前篇诸戒皆列出犯缘，唯独此篇未列。因为此篇戒不论故作还是误作皆制，动即成犯。若定要设立犯缘，准前篇诸戒，应具五缘成犯：

1. **是涅槃僧**：所着的是涅槃僧。

2. **知**：比丘尼知是涅槃僧。

3. **无缘**：无病等诸开缘。

4. **不齐整**：不齐整着。或时下着，或时高着，或作象鼻，或作多罗树叶，或时细褶。

5. **随着。犯**：比丘尼随不齐整着，便犯突吉罗罪。

余下诸戒，例此便知，不再重列。

① （后秦）三藏佛陀耶舍共竺佛念等译《四分律》卷十九，《大正藏》第 22 册，第 698 页。
② （齐）三藏僧伽跋陀罗译《善见律毗婆沙》卷十六，《大正藏》第 24 册，第 787 页。

（五）罪相

1. 正明犯

【记】

罪相	故作　　　　　　　　　二突吉罗 一应忏 一非威仪
	不故作　　　　　　　　　突吉罗

此戒罪相包括：（1）如果比丘尼不齐整着内衣，若故作，犯两个突吉罗罪：一是应忏悔突吉罗罪；二是非威仪突吉罗罪。（2）如果不是故作，但犯根本突吉罗罪。

2. 引文释

（1）引《戒本疏》

【记】　南山戒本疏 故作犯应忏吉者，根本吉也，对首一说悔。以故作故，又犯非威仪吉者，根本罪外，复加不应失仪之罪，此责心悔也。若不故作者，识事而作，非故违教，但犯根本，无失仪罪。（若不故作但犯根本无失仪罪者，此为责心吉罗，非是对首。）

《戒本疏》云：罪相中所说"故作犯应忏悔突吉罗"，即根本突吉罗罪，应对首一说忏悔。因为是故作，又犯非威仪突吉罗罪，即在根本突吉罗罪外，加上不应该的失威仪罪，以责心忏悔法。如果不是故作，识事而作，因为没有故意违背圣教之心，所以只犯根本突吉罗罪，而没有失威仪罪。括号中内容是慈舟律师所说："如果不是故作，只犯根本罪，而不犯失威仪罪，此为责心突吉罗，不是对首突吉罗。"

（2）弘一律师加"案"

【记】　案 百众学法，罪相皆同。已下准是应知更不重出。尼百法中九十八法均同比丘。唯摇身行，及生草上大小便二戒，尼提。

弘一律师加"案"说明：百众学法，罪相皆同。以下诸戒，准此应知，更不重出。

另外，比丘尼百众学法中，有九十八法与比丘相同，只有摇身行及生草上大小便二戒有别。比丘尼戒，若摇身为好故，结波逸提罪；若但摇身，无心为好，属于不摄威仪，犯突吉罗罪。另一条，生草上大小便戒，若但生草上便利，不作妨碍，因属于威仪戒，只犯突吉罗罪；如果作妨碍心，而招俗讥，则结波逸提罪。

（六）开缘

【记】

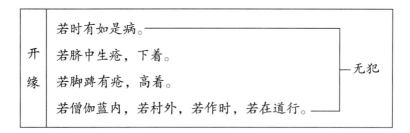

此戒开缘如下：

1. 如果比丘尼有如是病，而不齐整着内衣，不犯。

2. 如果比丘尼因脐中生疮，故系带于脐下，不犯。

3. 如果比丘尼因小腿（即脚踝上四指左右处）有疮，而上塞衣，不犯。①

4. 如果比丘尼在僧伽蓝内，或村外，不齐整着内衣，不犯，不遭讥嫌故。若作务时或道行时，亦不犯，由顾及不暇故。

（七）警策

【记】 南山行事钞 忏误作者，谓心不正念，遇缘起非，外越威仪，理须改忏。如着三衣，必回顾看视，诸相齐整，方乃进路。戏笑妄语，诸非法相，并先不摄念，故起斯过。律云：佛制摄持威仪，比丘若入若出，屈申俯仰，摄持衣钵，若衣若食，若服药，大小便利，若眠若睡若觉，若来若去，若坐若卧，若语若默，常尔一心。若违此制，具结其犯。（尼同）

灵芝释云：准此有犯，并须责心。故知真出家人，无时忘念，此制微细，逗彼上根。末世下愚，故非力分。准如母论，衣食作观，利根之人，着着口口，钝根总作一念。然须励力，望上增修，未可自屈，甘为下根。便即纵怠，故当勤策，准此摄修，是则出家不徒然矣。

道宣律师云：之所以要忏悔误作之罪，是因为凡夫之心常常外驰，不能住于正念，因此遇缘便起过非，一举一动皆乖越威仪，于理必须改过忏悔。如搭三衣之时，必先左右回顾，看看衣相是否齐整，是否高着、下着、作象鼻着、作多罗树着、作细褶着。一切齐整后，始得行路。日常诸如戏笑、妄语等种种非法之相，皆由先不摄护正念，从而引起此等诸过。

---

① 《根本萨婆多部律摄》卷十四云："齐何是着裙量？谓齐踝上四指。"（《大正藏》第 24 册，第 606 页。）据此，脚踝，应指脚踝上四指处，若此处有疮，衣物磨触令苦，故佛开高着。

《四分律》中，佛制比丘当摄持威仪，"比丘若出若入屈伸俯仰、执持衣钵、若饮、若食、若服药、大小便利、若眠若觉、若来若去、若坐若住、若睡若觉、若语若默，常尔一心，是谓比丘摄持威仪"。[①] 文中"常尔一心"，不出三业：初并身业，语默是口业，一心即意业。身口是别，意业为通。又身业中不出四仪，内外资缘，便利睡卧等，括尽日常之事，皆须摄心。若违此戒，具须结犯。比丘尼准此。

灵芝律师释云：准此，如果有所毁犯，并须佛前责心忏悔。由此可知，真出家人，须恒时摄护正念：此等众学之法，佛制十分微细，旨在接引上根之人。至于未世下愚之人，非其力所能及，极难保持清净不犯。准如《母论》所说：利根比丘得食时，口口作念，得衣时，着着作念；钝根之人，初得衣食时，总作一念。[②] 因为利根之人，摄心成熟，故能随事观察，不容遗忘；钝根反此，非其力分故。尽管如此，我辈凡夫仍须策励自己，向上增修，不可自屈平生，甘为下根，自我放纵懈怠。当精勤策励，效仿上根，则不枉费出家，为僧一回。

二 不齐整着五衣戒

（一）戒名

【记】 齐整着五衣戒第二

如果比丘尼不齐整着五衣，佛制不许。此戒名应改为"不齐整着五衣戒"。

五衣：安陀会、郁多罗僧、僧伽梨、僧祇支（掩腋衣）、覆肩衣。此乃佛制比丘尼应畜之衣。

（二）缘起

【记】 六群 如象鼻

六群：即六群比丘，乃缘起中能犯之人。**如象鼻**：即缘起中所犯事之外相。

佛制此戒三要素：（1）**何处制**：佛于舍卫国制。（2）**因谁制**：六群比丘。（3）**因何制**：六群比丘所着衣，或高着，或下着，或作象鼻，或作多罗树叶，或细褶，俗讥，因制。

（三）戒文

【记】 戒文——齐整着五衣，应当学。

---

① （后秦）三藏佛陀耶舍共竺佛念等译《四分律》卷四十，《大正藏》第 22 册，第 856 页。
② 《毗尼母经》中未见此文意。《善见律毗婆沙》卷十五云："若有聪明智慧信心出家比丘，至受食时，口口作念，若钝根者，未食时先作一念，若钝根比丘受用衣时，应朝先作一念，利根者着着作念，房舍床席卧具一切受用信施，应先作念，若不先作念，是名负债用者。"（《大正藏》第 24 册，第 778 页。）

比丘尼当齐整着五衣，不得不齐整着。

不齐整着：或高着衣，过小腿上；或下着衣，下垂过肘露胁；或作象鼻着，下垂一角；或作多罗树叶着，垂前两角后褰高；或作细褶，褶已安缘。

（四）引律示犯

引他部律明结犯相状。

【记】　$\boxed{\text{四分如释}}$引律摄云：不依佛教，不顾羞耻，欲为非法者，捉衣开张，得责心恶作。若披着身，得对首恶作。若有顺奉心，而着衣不如法，或是忘念，或时无知，非法着者，惟犯责心恶作。

《四分戒本如释》卷十一引《律摄》文：若比丘尼不依佛教，不顾羞耻，起心欲不齐整着衣，捉衣、张衣，便得责心恶作罪。若衣披着身，便得对首恶作罪。若有顺教奉持之心，而着衣不如法，或因一时忘念，或不知着衣法式，未能齐整着衣，唯犯责心恶作罪。[①]

（五）开缘

1. 正明开

【记】

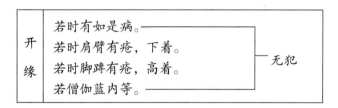

此戒开缘如下：

（1）若比丘尼时有如是病，而不齐整着五衣，不犯。

（2）若比丘尼肩膀或手臂长疮，故下着衣，不犯。

（3）若比丘尼脚踝上四指处长疮，故高着衣，不犯。

（4）若比丘尼在僧伽蓝内，或村外，不齐整着五衣，不犯。由不遭讥嫌故。又，若作务时，或道行时，亦不犯，顾及不暇故。

2. 引文释

（1）弘一律师加"案"

【记】　$\boxed{\text{案}}$若僧伽蓝内等，具云：若僧伽蓝内，若村外，若作时，若在道行。

---

① 〔印度〕尊者胜友集，（唐）三藏义净译《根本萨婆多部律摄》卷十四，《大正藏》第 24 册，第 606 页。

已下并同，准是应知。

弘一律师加"案"说明：开缘中"若僧伽蓝内等"，全文应是："若僧伽蓝内，若村外，若作时，若在道行。"以下诸戒并同，准此应知。

（2）德基律师《尼戒会义》

【记】　尼戒会义 僧祇云：若泥时，作时，手得抄举。

德基律师在《尼戒会义》中引《僧祇律》所制：若地上泥泞时，或作务时，畏污衣故，得用手将衣撩高。[1]

三　反抄衣戒

（一）戒名

【记】　反抄衣戒第三（偏袒则左抄，通肩则右抄）

若比丘尼左右反抄衣着肩上入白衣舍，佛制不许。

抄衣：将衣撩起，露出形体。

反抄衣：《四分律》释："或左右反抄衣着肩上。"[2] 即左右反抄衣着肩上。若偏袒右肩，则左抄衣露身。若通肩披衣，则右抄衣露身。

（二）缘起

【记】　六群　如王臣

六群：即六群比丘，乃缘起中能犯之人。**如王臣：**即缘起中所犯事之外相.

佛制此戒三要素：（1）**何处制：**佛于舍卫国制。（2）**因谁制：**六群比丘。（3）**因何制：**六群比丘反抄衣入白衣舍，俗讥，因制。

（三）戒文

【记】　戒文——不得反抄衣行入白衣舍，应当学。

比丘尼不得左右反抄衣着肩上，行入俗人家、村落处。

（四）开缘

【记】

---

① （东晋）三藏佛陀跋陀罗共法显译《摩诃僧祇律》卷二十一，《大正藏》第22册，第399页。

② （后秦）三藏佛陀耶舍共竺佛念等译《四分律》卷十九，《大正藏》第22册，第699页。

开缘	若时有如是病。 ┐ 若胁胁边有疮。 ├─ 无犯 若僧伽蓝内等。 ┘

此戒开缘如下：

1. 若比丘尼有如是病，而左右反抄衣着肩上，行入白衣舍，不犯。

2. 若比丘尼胁边有疮，恐衣摩擦，故左右反抄衣着肩上，行入白衣舍，不犯。

若比丘尼于僧伽蓝内，或村外，左右反抄衣着肩上，不犯，由不被讥嫌故。又若作务时，或道行时，亦不犯，以顾及不暇故。

《僧祇律》云："若风雨时得抄一边，若偏袒右肩得抄左边，若通肩被得抄右边，不得令肘现。乞食时畏污衣故，得反抄，肘不现无罪。"①

四　反抄衣坐戒

（一）戒名

【记】　　反抄衣坐戒第四

若比丘尼左右反抄衣着肩上，入白衣舍坐，佛制不许。

（二）缘起

【记】　　六群

六群：即六群比丘，乃缘起中能犯之人。

佛制此戒三要素：（1）**何处制**：佛于舍卫国制。（2）**因谁制**：六群比丘。（3）**因何制**：六群比丘反抄衣入白衣舍坐，俗讥，因制。

（三）戒文

【记】　　戒文——不得反抄衣入白衣舍坐，应当学。

比丘尼不得左右反抄衣着肩上，入白衣舍坐。

（四）指同

指明此戒同前。

【记】　　案 此戒同第三反抄衣戒。

---

① （东晋）三藏佛陀跋陀罗共法显译《摩诃僧祇律》卷二十一，《大正藏》第22册，第400页。

弘一律师加"案"云：此戒同前第三"反抄衣戒"。除戒名、缘起、戒文外，尚余开缘，此处"同"，即指此戒开缘同第三条戒。下同，不赘述。

五　衣缠颈戒

（一）戒名

【记】　衣缠颈戒第五

若比丘尼以衣两角着肩上缠颈行入白衣舍，佛制不许。

衣缠颈：即总捉衣两角，以缘绕颈着肩上。

（二）缘起

【记】　六群　如居士长者

六群：即六群比丘，乃缘起中能犯之人。**如居士长者**：即缘起中所犯事之外相。

佛制此戒三要素：（1）**何处制**：佛于舍卫国制。（2）**因谁制**：六群比丘。（3）**因何制**：六群比丘以衣缠颈入白衣舍，俗讥，因制。

（三）戒文

【记】　戒文——不得衣缠颈入白衣舍，应当学。

比丘尼不得以衣两角着肩上缠颈行入白衣舍。

（四）开缘

【记】

此戒开缘如下：

1. 若比丘尼有如是病，以衣两角着肩上缠颈，行入白衣舍，不犯。

2. 若比丘尼，因肩膀或手臂长疮，恐衣摩擦，故以衣两角着肩上缠颈，行入白衣舍，不犯。

3. 若比丘尼于僧伽蓝内，或村外，若作务时，或道行时，以衣两角着肩上缠颈，不犯。

六　衣缠颈坐戒

（一）戒名

【记】　衣缠颈坐戒第六

若比丘尼以衣两角着肩上缠颈，入白衣舍坐，佛制不许。

（二）缘起

【记】　六群

六群：即六群比丘，乃缘起中能犯之人。

佛制此戒三要素：（1）**何处制：**佛于舍卫国制。（2）**因谁制：**六群比丘。
（3）**因何制：**六群比丘以衣缠颈入白衣舍坐，俗讥，因制。

（三）戒文

【记】　戒文——不得衣缠颈入白衣舍坐，应当学。

比丘尼不得以衣两角着肩上缠颈，入白衣舍坐。

（四）指同

【记】　案此戒同第五缠颈戒。

弘一律师加"案"云：此戒开缘同第五条"衣缠颈戒"。

七　覆头戒

（一）戒名

【记】　覆头戒第七

若比丘尼以树叶或碎段物覆盖头，行入白衣舍，佛制不许。
《律摄》云：以衣物覆头，如新嫁女。[①]

（二）缘起

【记】　六群　如贼

六群：即六群比丘，乃缘起中能犯之人。**如贼：**即缘起中所犯事之外相。

---

①　〔印度〕尊者胜友集，（唐）三藏义净译《根本萨婆多部律摄》卷十四，《大正藏》第 24 册，第
606 页。

佛制此戒三要素：（1）**何处制**：佛于舍卫国制。（2）**因谁制**：六群比丘。
（3）**因何制**：六群比丘以衣覆头行入白衣舍，俗讥，因制。

（三）戒文

【记】　戒文——不得覆头入白衣舍，应当学。

比丘尼不得以树叶或碎段物覆盖头，行入白衣舍。

（四）开缘

1. 正明开缘

【记】

此戒开缘如下：

（1）若比丘尼有如是病，而以树叶或碎段物覆盖头，行入白衣舍，不犯。

（2）若比丘尼时患风寒，以树叶或碎段物覆盖头，行入白衣舍，不犯。

（3）若比丘尼因头上长疮，以树叶或碎段物覆盖头，行入白衣舍，不犯。

（4）若比丘尼，因有命难、梵行难，为避人眼目而以物覆头，行入白衣舍，不犯。

《僧祇律》云："覆头者，尽覆及两耳，不得覆头行入白衣家。若大寒雨雪患头风，得覆半头一耳。"①

2. 引文别明

【记】　灵芝资持记 今时帽覆，入俗须除，礼佛侍上，皆为媟慢。但患寒有病，例准开之。

灵芝律师云：现在（指宋朝）若以帽覆头，入俗人舍时，应摘下。若戴着帽礼佛，或侍奉上座，皆是不敬轻慢之相。但患有风寒等病，例准此戒开缘。

八　覆头坐戒

（一）戒名

【记】　覆头坐戒第八

---

① （东晋）三藏佛陀跋陀罗共法显译《摩诃僧祇律》卷二十一，《大正藏》第22册，第400页。

若比丘尼以树叶或碎段物覆头，入白衣舍坐，佛制不许。

（二）缘起

【记】 六群

六群：即六群比丘，乃缘起中能犯之人。

佛制此戒三要素：（1）**何处制**：佛于舍卫国制。（2）**因谁制**：六群比丘。（3）**因何制**：六群比丘以衣覆头入白衣舍坐，俗讥，因制。

（三）戒文

【记】 戒文——不得覆头入白衣舍坐，应当学。

比丘尼不得以树叶或碎段物覆头，入白衣舍坐。

（四）指同

【记】 案 此戒同第七覆头戒。

弘一律师加"案"云：此戒开缘同前第七条"覆头戒"。

《僧祇律》云："不得覆头坐家内。若精舍中食上、和上、阿阇梨、长老比丘前，不得覆头坐。若风寒雨时、若病、若头患风，不得全覆，当覆半令一耳现。若见长老比丘时当抛却。若屏处、私房覆头无罪。"[①]

九 跳行戒

（一）戒名

【记】 跳行戒第九

若比丘尼跳行入白衣舍，佛制不许。

（二）缘起

【记】 六群 如鸟雀

六群：即六群比丘，乃缘起中能犯之人。如鸟雀：即缘起中所犯事之外相。

佛制此戒三要素：（1）**何处制**：佛于舍卫国制。（2）**因谁制**：六群比丘。（3）**因何制**：六群比丘跳行入白衣舍，俗讥，因制。

---

① （东晋）三藏佛陀跋陀罗共法显译《摩诃僧祇律》卷二十一，《大正藏》第22册，第402页。（文中抛，在宫、宋、元、明本中皆为"挽"字。）

（三）戒文

【记】 戒文——不得跳行入白衣舍，应当学。

比丘尼不得跳行入白衣舍。[①]

（四）开缘

【记】

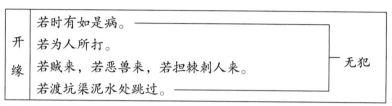

开缘	若时有如是病。	无犯
	若为人所打。	
	若贼来，若恶兽来，若担棘刺人来。	
	若渡坑渠泥水处跳过。	

此戒开缘如下：

1. 若比丘尼有如是病，跳行不犯。

2. 若比丘尼被他人所打，跳行不犯。

3. 若时有贼、恶兽、担棘刺人迎面而来，比丘尼为避开而跳行，不犯。

4. 若比丘尼为渡坑、渠、泥水处，跳行而过，不犯。

十 跳行坐戒

（一）戒名

【记】 跳行坐戒第十

若比丘尼跳行入白衣舍坐，佛制不许。

（二）缘起

【记】 六群

六群： 即六群比丘，乃缘起中能犯之人。

佛制此戒三要素：（1）**何处制：** 佛于舍卫国制。（2）**因谁制：** 六群比丘。（3）**因何制：** 六群比丘跳行入白衣舍坐，俗讥，因制。

---

① 《佛说目连问戒律中五百轻重事》中记载：昔有一优婆塞，请一比丘，欲与作一领好衣，比丘即随去。中道有一小水，比丘便踊度。此优婆塞即嫌，心念：我谓是好比丘，欲与一领好衣，而更跳踊沟坑，我归当与半领衣。此是无着人，即知其心念，前行见水，复故踊过。贤者复念：我归当与一张粗毡。无着人前行见水，复踊过。贤者复念：我归当与一顿食。无着人复知其念，前行见水，便举衣涉渡。贤者问比丘：何以不踊渡？比丘言：卿前与我一领衣已，一踊过水，正得半领衣。复一踊，正得一张粗毡。复一踊，正得一顿食。我今所不踊者，恐复失食！贤者乃知是道人，便向忏悔，将归大供养。以此验之，知比丘不得踊过坑水。（《大正藏》第 24 册，第 980 页。）

（三）戒文

【记】　戒文——不得跳行入白衣舍坐，应当学。

比丘尼不得跳行入白衣舍坐。

（四）指同

【记】　案 此戒同第九跳行戒。

弘一律师加"案"云：此戒开缘同前第九条"跳行戒"。

十一　蹲坐戒

（一）戒名

【记】　蹲坐戒第十一

若比丘尼于白衣舍内蹲坐，佛制不许。

蹲坐：若在地上，若在床上，屈蹲两膝，尻不至地。

（二）缘起

【记】　六群　如裸形

六群：即六群比丘，乃缘起中能犯之人。如裸形：即缘起中所犯事之外相。

佛制此戒三要素：（1）**何处制**：佛于舍卫国制。（2）**因谁制**：六群比丘。（3）**因何制**：六群比丘于白衣舍内蹲坐，比座比丘以手触之，是时却倒露形体，俗讥，因制。尼戒同制。

（三）戒文

【记】　戒文——不得蹲坐白衣舍内，应当学。

比丘尼不得于白衣舍内，屈蹲两膝，尻不至地。

（四）开缘

【记】

开缘
若时有如是病。
若尻边生疮。
若有所与。
若礼。
若忏悔。
若受教诫。
——无犯

此戒开缘如下：

1. 若比丘尼时有如是病，而蹲坐白衣舍内，不犯。

2. 若比丘尼尻边长疮，尻至地，则痛楚难忍，故蹲坐白衣舍内，不犯。

3. 若比丘尼有所与物，而尻不至地，不犯。

4. 若比丘尼，或礼拜时，或忏悔时，或受教诫时，而尻不至地，皆不犯。

十二　叉腰戒

（一）戒名

【记】　叉腰戒第十二

若比丘尼以手叉腰匡肘行入白衣舍，佛制不许。

叉腰：即以手叉腰匡肘，或一手，或两手。

（二）缘起

【记】　六群　如新婚得意憍恣

六群：即六群比丘，乃缘起中能犯之人。**如新婚得意憍恣**：即缘起中所犯事之外相。

佛制此戒三要素：（1）**何处制**：佛于舍卫国制。（2）**因谁制**：六群比丘。（3）**因何制**：六群比丘以手叉腰行入白衣舍，俗讥，因制。

（三）戒文

【记】　戒文——不得叉腰行入白衣舍，应当学。

比丘尼不得以手叉腰匡肘行入白衣舍。

（四）开缘

1. 正明开缘

【记】

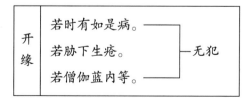

此戒开缘如下：

（1）若比丘尼时有如是病，以手叉腰行入白衣舍，不犯。

（2）若比丘尼因胁下长疮，以手叉腰行入白衣舍，不犯。

（3）若比丘尼于僧伽蓝内，或村外，若作务时，或道行时，以手叉腰行，不犯。

2. 引文别显

【记】 尼戒会义 僧祇云：若老病，若风动腰痛，叉腰无罪。臀座疮癣，以药涂之，畏污衣故，叉腰无罪。

《尼戒会义》引《僧祇律》所制：若因老病或风动腰痛，故以手叉腰匡肘，无罪。又，若身上长疮、癣、疥等皮肤病，以药涂之，恐药污衣，叉腰无罪。[①]

十三　叉腰坐戒

（一）戒名

【记】 叉腰坐戒第十三

若比丘尼以手叉腰匡肘，入白衣舍坐，佛制不许。

（二）缘起

【记】 六群

六群：即六群比丘，乃缘起中能犯之人。

佛制此戒三要素：（1）何处制：佛于舍卫国制。（2）因谁制：六群比丘。（3）因何制：六群比丘以手叉腰，入白衣舍坐，俗讥，因制。

（三）戒文

【记】 戒文——不得叉腰入白衣舍坐，应当学。

比丘尼不得以手叉腰匡肘，入白衣舍坐。

（四）指同

【记】 案 此戒同第十二叉腰戒。

弘一律师加"案"云：此戒开缘同前第十二条"叉腰戒"。

《僧祇律》云："不得叉腰坐家内。若精舍中食上、和上、阿阇梨、长老比丘前，不得叉腰坐。"[②]

---

① （东晋）三藏佛陀跋陀罗共法显译《摩诃僧祇律》卷二十二，《大正藏》第 22 册，第 403 页。
② （东晋）三藏佛陀跋陀罗共法显译《摩诃僧祇律》卷二十二，《大正藏》第 22 册，第 403 页。

十四 摇身戒

（一）戒名

【记】 摇身戒第十四

若比丘尼左右戾身趋行入白衣舍，佛制不许。

摇身：左右戾身趋行。**戾身：**即斜曲身体。**趋行：**疾行。

（二）缘起

【记】 六群 如王臣

六群：即六群比丘，乃缘起中能犯之人。**如王臣：**即缘起中所犯事之外相。

佛制此戒三要素：（1）**何处制：**佛于舍卫国制。（2）**因谁制：**六群比丘。（3）**因何制：**六群比丘摇身行入白衣舍，俗讥，因制。

（三）戒文

1. 正释戒文

【记】 戒文——不得摇身行入白衣舍，应当学。

比丘尼不得左右戾身趋行入白衣舍。

2. 对简二戒

对比简别此戒与单提第一百七十六戒。

【记】 尼戒会义 前第三篇中，百七十六戒。摇身趋行为好故，波逸提。此但摇身，无心为好，由不摄威仪，犯突吉罗。罪依心结，非混滥也。

《尼戒会义》云：第三篇中第一百七十六条"摇身趋行戒"，是为好故摇身趋行，结波逸提罪。此戒但摇身，无为好之心，由不摄护威仪，故犯突吉罗。犯此二戒，依心而结罪，并不混滥。

（四）开缘

1. 正明开

【记】

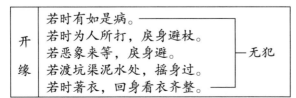

此戒开缘如下：

（1）若比丘尼有如是病，而摇身趋行，入白舍内，不犯。

（2）若比丘尼为人所打，而左右斜曲身体，以避杖，不犯。

（3）若比丘尼，或因有恶象、狮子等恶兽来触，或遇盗贼来触，或逢担棘人来，如是而左右斜曲身体回避，不犯。

（4）若比丘尼渡坑、渠、泥水处，摇身而过，不犯。

（5）若比丘尼着衣时，回身左右顾视齐整衣，作如是回身，不犯。

2. 引文释

【记】 案 若恶象来等。具云：若恶象来，若贼来，若恶兽来，若担棘刺人来。已下并同，准是应知。

弘一律师加"案"云：此戒开缘中，若恶象来等，全文应是："若恶象来，若贼来，若恶兽来，若担棘刺人来。"以下诸戒并同，准此应知。

十五　摇身坐戒

（一）戒名

【记】 　摇身坐戒第十五

若比丘尼左右戾身趋行，入白衣舍坐，佛制不许。

（二）缘起

【记】 　六群

六群：即六群比丘，乃缘起中能犯之人。

佛制此戒三要素：（1）**何处制**：佛于舍卫国制。（2）**因谁制**：六群比丘。（3）**因何制**：六群比丘摇身入白衣舍坐，俗讥，因制。

（三）戒文

【记】 　戒文——不得摇身入白衣舍坐，应当学。

比丘尼不得左右戾身趋行，入白衣舍坐。

（四）指同

【记】 　案 此戒同第十四摇身戒。

弘一律师加"案"云：此戒开缘同前第十四条"摇身戒"。

十六 掉臂戒

（一）戒名

【记】 掉臂戒第十六

若比丘尼垂臂前却行入白衣舍，佛制不许。

掉臂：《四分律》释云："掉臂者，垂臂前却。"① 前却，即进退。掉臂行，即垂下两臂，前后摇摆而行。

（二）缘起

【记】 六群

六群：即六群比丘，乃缘起中能犯之人。

佛制此戒三要素：（1）**何处制**：佛于舍卫国制。（2）**因谁制**：六群比丘。（3）**因何制**：六群比丘掉臂行入白衣舍，俗讥，因制。

（三）戒文

【记】 戒文——不得掉臂行入白衣舍，应当学。

比丘尼不得垂臂前后摇摆行走入白衣舍。

（四）开缘

【记】

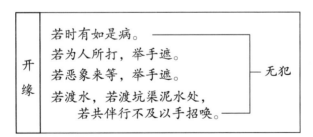

此戒开缘如下：

1. 若比丘尼有如是病，而掉臂行入白衣舍，不犯。

2. 若比丘尼为人所打，而举手遮挡，不犯。

3. 若比丘尼，或因有恶象、狮子等恶兽来触，或遇盗贼来触，或逢担棘人来，如是举手遮挡，不犯。

---

① （后秦）三藏佛陀耶舍共竺佛念等译《四分律》卷二十，《大正藏》第22册，第701页。

4. 若比丘尼渡河水，或渡坑、渠、泥水处时，垂臂前却者，不犯。又，若比丘尼与伴共行，而伴不及，故举手召唤，不犯。

《僧祇律》云："若欲唤人，不得双举两手，当以一手招。"① 又云："若檀越欲令比丘起精舍者，应观地形势，随作便指示，此中可起精舍、此中可起讲堂、此中可起温室、此中可起僧房，得指示无罪。"②

十七　掉臂坐戒

（一）戒名

【记】　掉臂坐戒第十七

若比丘尼垂臂前却，入白衣舍坐，佛制不许。

（二）缘起

【记】　六群

六群：即六群比丘，乃缘起中能犯之人。

佛制此戒三要素：（1）何处制：佛于舍卫国制。（2）因谁制：六群比丘。（3）因何制：六群比丘，掉臂行入白衣舍坐，俗讥，因制。

（三）戒文

【记】　戒文——不得掉臂入白衣舍坐，应当学。

比丘尼不得垂臂前却，入白衣舍坐。

（四）指同

【记】　案 此戒同第十六掉臂戒。

弘一律师加"案"云：此戒开缘同前第十六条"掉臂戒"。

十八　不好覆身戒

（一）戒名

【记】　覆身戒第十八

若比丘尼入白衣舍不好覆身，而令身处处露现，佛制不许。此戒名应改为"不

---

① （东晋）三藏佛陀跋陀罗共法显译《摩诃僧祇律》卷二十二，《大正藏》第 22 册，第 401 页。
② （东晋）三藏佛陀跋陀罗共法显译《摩诃僧祇律》卷二十二，《大正藏》第 22 册，第 403 页。

好覆身戒"。

覆身：将形体覆盖好，不令身处处露现。

（二）缘起

【记】 六群 如外道

六群：即六群比丘，乃缘起中能犯之人。**如外道**：即缘起中所犯事之外相。

佛制此戒三要素：（1）**何处制**：佛于舍卫国制。（2）**因谁制**：六群比丘。（3）**因何制**：六群比丘不好覆身行入白衣舍，俗讥，因制。

（三）戒文

【记】 戒文——好覆身入白衣舍，应当学。

比丘尼入白衣舍，应好覆身，不令身处处露现。《僧祇律》云：好覆身者，应用致物作内衣，若用疏物者，应两重三重。若内衣疏者，郁多罗僧应用致物。郁多罗僧疏者，僧伽梨应用致物。僧伽梨疏者，郁多罗僧应用致物。[①]

（四）开缘

【记】

此戒开缘如下：

1. 若比丘尼有如是病，不好覆身，令身处处露现，不犯。
2. 若比丘尼被缚绑，而不好覆身，令身处处露现，不犯。
3. 若比丘尼为风所吹，而衣离体，令身处处露现，不犯。

十九 不好覆身坐戒

（一）戒名

【记】 覆身坐戒第十九

若比丘尼入白衣舍坐，不好覆身，令身处处露现，佛制不许。此戒名应改为"不好覆身坐戒"。

---

① （东晋）三藏佛陀跋陀罗共法显译《摩诃僧祇律》卷二十一，《大正藏》第 22 册，第 401 页。

（二）缘起

【记】 六群

六群：即六群比丘，乃缘起中能犯之人。

佛制此戒三要素：（1）**何处制**：佛于舍卫国制。（2）**因谁制**：六群比丘。（3）**因何制**：六群比丘不好覆身入白衣舍坐，俗讥，因制。

（三）戒文

【记】 戒文——好覆身入白衣舍坐，应当学。

若比丘尼入白衣舍坐，应好覆身，不令身处处露现。

（四）指同

【记】 案 此戒同第十八覆身戒。

弘一律师加"案"云：此戒开缘同前第十八条"不好覆身戒"。

二十 左右顾视戒

（一）戒名

【记】 左右顾视戒第二十

若比丘尼四处观看，行入白衣舍，佛制不许。

（二）缘起

【记】 六群 如贼

六群：即六群比丘，乃缘起中能犯之人。**如贼**：即缘起中所犯事之外相。

佛制此戒三要素：（1）**何处制**：佛于舍卫国制。（2）**因谁制**：六群比丘。（3）**因何制**：六群比丘左右顾视，行入白衣舍，俗讥，因制。

（三）戒文

【记】 戒文——不得左右顾视入白衣舍，应当学。

比丘尼不得四处观看，行入白衣舍。

《僧祇律》云："谛视入家内，应当学。谛视行时不得如马低头行，当平视行，防恶象马牛，当如担辇人行，不得东西视瞻。若欲看时，回身向所看处。"①

《律摄》云："不高视者，举目视前一踰伽地是为视量，踰伽量者长四肘也。不应傍视亦不回顾，端形直视徐行而进，牛马犬等应预观察，不应逼近恐有伤损。"②

《大智度论》云："不破戒故，出入来去等安详一心。'举足下足，视地而行'者，为护众生、为避乱心故。"③

（四）开缘

【记】

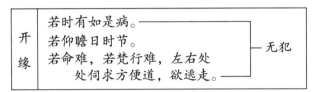

此戒开缘如下：

1. 若比丘尼有如是病，而四处观看者，不犯。若比丘尼为知时、日、节气，而仰观瞻看，不犯。

2. 若比丘尼因有命难、梵行难，而左右处处伺求方便道，欲逃走者，不犯。

二十一　左右顾视坐戒

（一）戒名

【记】　左右顾视坐戒第二十一

若比丘尼四处观看，入白衣舍坐，佛制不许。

（二）缘起

【记】　六群

六群：即六群比丘，乃缘起中能犯之人。

佛制此戒三要素：（1）**何处制**：佛于舍卫国制。（2）**因谁制**：六群比丘。（3）**因何制**：六群比丘左右顾视，入白衣舍坐，俗讥，因制。

（三）戒文

【记】　戒文——不得左右顾视入白衣舍坐，应当学。

---

① （东晋）三藏佛陀跋陀罗共法显译《摩诃僧祇律》卷二十一，《大正藏》第 22 册，第 400 页。

② 〔印度〕尊者胜友集，（唐）三藏义净译《根本萨婆多部律摄》卷十四，《大正藏》第 24 册，第 606 页。

③ 〔印度〕龙树菩萨造，（后秦）三藏鸠摩罗什译《大智度论》卷七十三，《大正藏》第 25 册，第 572 页。

比丘尼不得四处观看，入白衣舍坐。

《僧祇律》云："谛视家内坐时，不得如马延颈低视，当平视，勿令不觉檀越持热器来汤突手面。若精舍中食上，若在和上、阿阇梨、长老比丘前坐时，不得左右顾视，当平视坐。"[1]

（四）指同

【记】 案 此戒同第二十左右顾视戒

弘一律师加"案"云：此戒开缘同前第二十条"左右顾视戒"。

二十二 不静默戒

（一）戒名

【记】 静默戒第二十二

若比丘尼高声大唤入白衣舍，佛制不许。此戒名应改为"不静默戒"。

静默：即静寂无声，不高声大唤。

（二）缘起

【记】 六群 大呼如外道

六群：即六群比丘，乃缘起中能犯之人。**大呼如外道**：即缘起中所犯之事及其外相。

佛制此戒三要素：（1）**何处制**：佛于舍卫国制。（2）**因谁制**：六群比丘。（3）**因何制**：六群比丘高声大唤行入白衣舍，俗讥，因制。

（三）戒文

【记】 戒文——静默入白衣舍，应当学。

比丘尼不得高声大唤行入白衣舍。

《律摄》云："不应同俗多作言说，不大叫呼如童儿类，设有须唤他不闻时，应请俗人为其大唤。"[2]

（四）开缘

1. 正明开缘

【记】

---

① （东晋）三藏佛陀跋陀罗共法显译《摩诃僧祇律》卷二十一，《大正藏》第 22 册，第 402 页。
② 〔印度〕尊者胜友集，（唐）三藏义净译《根本萨婆多部律摄》卷十四，《大正藏》第 24 册，第 606 页。

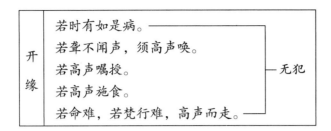

此戒开缘如下：

（1）若比丘尼有如是病，而高声大唤，不犯。

（2）若比丘尼所语的对象，是耳聋不闻声之人，故高声语，令彼得闻，不犯。

（3）若比丘尼有事须嘱授，恐对方听不清楚，故高声嘱授，不犯。若比丘尼高声施食，如供圣、咒愿等，不犯。

（4）若比丘尼有命难、梵行难，高声大唤而逃，不犯。

2. 别释施食缘

引《资持记》释施食缘。

【记】 灵芝资持记 施食者，如供圣咒愿等。

灵芝律师释云：所谓施食，即供圣、咒愿等。

二十三 不静默坐戒

（一）戒名

【记】 静默坐戒第二十三

若比丘尼高声大唤入白衣舍坐，佛制不许。此戒名应改为"不静默坐戒"。

（二）缘起

【记】 六群

六群：即六群比丘，乃缘起中能犯之人。

佛制此戒三要素：（1）**何处制**：佛于舍卫国制。（2）**因谁制**：六群比丘。（3）**因何制**：六群比丘高声大唤入白衣舍坐，俗讥，因制。

（三）戒文

【记】 戒文——静默入白衣舍坐，应当学。

比丘尼不得高声大唤，入白衣舍坐。

（四）指同

【记】 案 此戒同第二十二静默戒。

弘一律师加"案"云：此戒开缘同前第二十二条"不静默戒"。

据《僧祇律》所制：小声入家内，应当学。若欲唤时，应弹指。若前人不闻者，应语彼坐。若精舍中，食上，若和上、阿阇梨、长老比丘前坐，不得高声大唤。若欲语时，语比座，如是展转第二第三，令彼得知。[①]

二十四　戏笑戒

（一）戒名

【记】 戏笑戒第二十四

若比丘尼露齿戏笑行入白衣舍，佛制不许。

（二）缘起

【记】 六群　如猿

六群：即六群比丘，乃缘起中能犯之人。如猿：即缘起中所犯事之外相。

佛制此戒三要素：（1）何处制：佛于舍卫国制。（2）因谁制：六群比丘。（3）因何制：六群比丘戏笑，行入白衣舍，俗讥，因制。

（三）戒文

1. 正释戒文

【记】 戒文——不得戏笑入白衣舍，应当学。

比丘尼不得露齿戏笑行入白衣舍。

2. 引文别显

《尼戒会义》引《伽论》别显结犯之相。

【记】 尼戒会义 摩得勒伽云：欠时不遮口，突吉罗。

《尼戒会义》引《伽论》文，若打哈欠时，不遮口，结突吉罗罪。[②]

---

① （东晋）三藏佛陀跋陀罗共法显译《摩诃僧祇律》卷二十一，《大正藏》第 22 册，第 402 页。
② （刘宋）三藏僧伽跋摩译《萨婆多部毗尼摩得勒伽》卷三，《大正藏》第 23 册，第 583 页。

（四）开缘

【记】

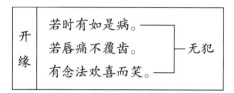

此戒开缘如下：

1. 若比丘尼有如是病，而露齿笑，不犯。

2. 若比丘尼因唇痛而无法覆齿，不犯。

3. 若比丘尼因念法心生欢喜而笑，不犯。

二十五　戏笑坐戒

（一）戒名

【记】　戏笑坐戒第二十五

若比丘尼露齿戏笑，入白衣舍坐，佛制不许。

（二）缘起

【记】　六群

六群：即六群比丘，乃缘起中能犯之人。

佛制此戒三要素：（1）**何处制**：佛于舍卫国制。（2）**因谁制**：六群比丘。（3）**因何制**：六群比丘戏笑，入白衣舍坐，俗讥，因制。

（三）戒文

【记】　戒文——不得戏笑入白衣舍坐，应当学。

比丘尼不得露齿戏笑入白衣舍坐。

《僧祇律》云："不得白衣家内笑坐，若精舍内食上，和上、阿阇梨、长老比丘前坐不得笑。若有可笑事者，不得出齗现齿大笑，应当忍之。起无常、苦、空、无我想、思惟死想，当自啮舌。若复不止者，不得现齗大笑，当以衣角遮口制之。"[1]

---

[1]　（东晋）三藏佛陀跋陀罗共法显译《摩诃僧祇律》卷二十一，《大正藏》第22册，第402页。

（四）指同

【记】 案 此戒同第二十四戏笑戒。

弘一律师加"案"云：此戒开缘同前第二十四条"戏笑戒"。

（五）结诫

总结前文教诫后学。

【记】 灵芝资持记 已前诸戒，并谓入聚落中，乖越威仪，不生世善。若在伽蓝，岂得不尔。但缘起在俗，故结为戒。时开寺内，非是常途，安有处寺而容纵放。教诫律仪，并明寺内威仪之行。义准诸戒，内外通犯，学者思之，勿谓无过。

灵芝律师云：此前诸戒皆因入聚落中，不摄正念，乖越道人威仪，不令世人生净善之心，故制。若在僧伽蓝中，亦须摄念，不可放逸。缘起中，造作非法皆在俗人舍，故由此结戒。当时开于僧伽蓝内不犯，并非常途。哪里能开许在寺内纵容放逸。道宣律师在《教诫新学比丘行护律仪》①中，详明比丘在寺内应具威仪之行。义准诸戒，寺内寺外通犯，学者思之，千万不要认为在寺内非威仪便无过失。

二十六　不用意受食戒

（一）戒名

【记】 用意受食戒第二十六

若比丘尼不用心留意受食，而弃落羹饭，佛制不许。此戒名应改为"不用意受食戒"。

用意受食：用心留意受食，不令饭羹弃落。

《五分律》云："一心受食者：左手一心擎钵，右手扶缘。"② 《僧祇律》云："一心受食时，不得两手按钵在脚前，当先净洗手涤钵，行食至当一心受。"③

（二）缘起

【记】 六群　落食如饥夫

六群：即六群比丘，乃缘起中能犯之人。**落食如饥夫：**即缘起中所犯之事及其外相。

① （唐）道宣律师述，凡一卷，收于《大正藏》第45册，No.1897.

② （刘宋）三藏佛陀什共竺道生等译《弥沙塞部和醯五分律》卷十，《大正藏》第22册，第74页。

③ （东晋）三藏佛陀跋陀罗共法显译《摩诃僧祇律》卷二十二，《大正藏》第22册，第404页。

佛制此戒三要素：（1）**何处制**：佛于舍卫国制。（2）**因谁制**：六群比丘。（3）**因何制**：六群比丘不用意受食，弃落羹饭，俗讥，因制。

（三）戒文

【记】　*戒文——正意受食，应当学。*

比丘尼应用心留意受食，不得令饭羹弃落。

（四）开缘

【记】

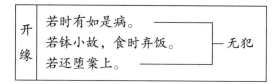

此戒开缘如下：

1. 若比丘尼有如是病，不用意受食，而弃落羹饭，不犯。若比丘尼因钵小，食时弃落羹饭，不犯。

2. 若羹饭还堕于案上，不犯。

二十七　不平钵受食戒

（一）戒名

【记】　*平钵受食戒第二十七*

若比丘尼溢钵受食，佛制不许。此戒名应改为"不平钵受食戒"。

平钵：即不从钵中溢出。

（二）缘起

【记】　*六群　如饥夫*

六群：即六群比丘，乃缘起中能犯之人。**如饥夫**：即缘起中所犯事之外相。

佛制此戒三要素：（1）**何处制**：佛于舍卫国制。（2）**因谁制**：六群比丘。（3）**因何制**：六群比丘溢钵受食，捐弃羹饭，俗讥，因制。

（三）戒文

【记】　*戒文——平钵受食，应当学。*

比丘尼应平钵受食，不得溢满而受。

（四）指同

【记】 开缘同第二十六用意受食戒

弘一律师加"案"云：此戒开缘同前第二十六条"不用意受食戒"。

二十八　不平钵受羹戒

（一）戒名

【记】 平钵受羹戒第二十八

若比丘尼不平钵受羹（煮熟带汁的蔬菜），溢满而受，佛制不许。此戒名应改为"不平钵受羹戒"。

（二）缘起

【记】 六群　如饥夫

六群：即六群比丘，乃缘起中能犯之人。**如饥夫**：即缘起中所犯事之外相。

佛制此戒三要素：（1）**何处制**：佛于舍卫国制。（2）**因谁制**：六群比丘。（3）**因何制**：六群比丘取饭过多，不容受羹，俗讥，因制。

（三）戒文

【记】 戒文——平钵受羹，应当学。

比丘尼当平钵受羹，不得溢满而受。

（四）开缘

【记】

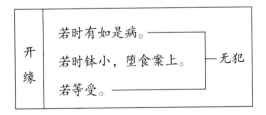

此戒开缘如下：

1. 若比丘尼有如是病，而溢钵受羹，不犯。

2. 若比丘尼受食之钵量小，溢钵而堕食于案上，不犯。

3. 若比丘尼等钵而受食，不犯。

二十九　不羹饭等食戒

（一）戒名

【记】 羹饭等食戒第二十九

若比丘尼羹饭不等食，佛制不许。此戒名应改为"不羹饭等食戒"。

羹饭不等食：或饭至羹未至，饭已尽；或羹至饭未至，羹已尽。

（二）缘起

【记】 六群　如饥夫

六群：即六群比丘，乃缘起中能犯之人。**如饥夫**：即缘起中所犯事之外相。

佛制此戒三要素：（1）**何处制**：佛于舍卫国制。（2）**因谁制**：六群比丘。（3）**因何制**：六群比丘，饭至羹未至，饭已尽。羹至饭未至，羹已尽。俗讥，因制。

（三）戒文

【记】 戒文——羹饭俱食，应当学。

比丘尼应羹饭俱食，不得饭至羹未至，饭已尽；或羹至饭未至，羹已尽。

《僧祇律》云："羹饭等受者，不得先取羹后取饭，当先取饭按已后取羹。若国俗法先行羹后行饭者，当取捷镟拘钵受。若无者，当用树叶椀受。复无叶者，得以钵受羹。但受饭时应以手遮徐徐下钵中，莫令溢出。若比丘病宜多须羹者，多取无罪。"①

（四）开缘

1. 正明开缘

【记】

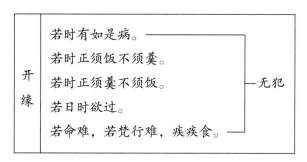

---

① （东晋）三藏佛陀跋陀罗共法显译《摩诃僧祇律》卷二十二，《大正藏》第 22 册，第 404 页。

此戒开缘如下：

（1）若比丘尼有如是病，羹饭不等食，不犯。

（2）若比丘尼已吃完钵中饭，须饭不须羹。行饭时，再受饭，不犯。

（3）若比丘尼已吃完钵中羹，须羹而不须饭。行羹时，更受羹，不犯。

（4）若时欲过日中，故比丘尼羹饭不等食，不犯。

（5）若比丘尼因有命难、梵行难，故疾疾食，而羹饭不等食，不犯。

2．别释正须之相

《资持记》解释"正须"相状。

【记】　⊡灵芝资持记⊡正须者：谓随食尽已，更须受益，非贪速故。

灵芝律师解释：所谓"正须"，即随所食之饭或羹尽已，须饭或羹，故再受饭或羹，不犯。因不是为贪食而速吃尽故。

三十　不次食戒

（一）戒名

【记】　不次食戒第三十

若比丘尼在钵中处处取食吃，佛制不许。

不次食：不依次第取食，即在钵中处处取食噉。

（二）缘起

【记】　六群　如鸟兽

六群：即六群比丘，乃缘起中能犯之人。**如鸟兽**：即缘起中所犯事之外相。

佛制此戒三要素：（1）**何处制**：佛于舍卫国制。（2）**因谁制**：六群比丘。（3）**因何制**：六群比丘不次第取食食，俗讥，因制。

（三）戒文

【记】　戒文——以次食，应当学。

比丘尼应次第取食，不得在钵中处处取食而食。

（四）开缘

【记】

| 开缘 | 若时有如是病。
若时患饭热，挑取冷处食。
若日时欲过。
若命难，若梵行难，疾疾食。 | 无犯 |

此戒开缘如下：

1. 若比丘尼有如是病，钵中处处取食食，不犯。

2. 若比丘尼因饭热，故挑取冷处之食而食，不犯。

3. 若比丘尼因时欲过日中，而不次第取食吃，不犯。

4. 若比丘尼因有命难、梵行难，故疾疾食，而不次第取食，不犯。

三十一　挑钵中央食戒

（一）戒名

【记】　不挑钵中央食戒第三十一

若比丘尼挑钵中央食噉，佛制不许。此戒名应改为"挑钵中央食戒"。

挑钵中央食：置钵四边食不吃，而专挑钵中央之食物吃，直至吃到钵底。

（二）缘起

【记】　六群　中空现馋

六群：即六群比丘，乃缘起中能犯之人。**中空现馋**：即缘起中所犯之事。

佛制此戒三要素：（1）**何处制**：佛于舍卫国制。（2）**因谁制**：六群比丘。（3）**因何制**：六群比丘受食，挑钵中央而食，令现空，俗讥，因制。

（三）戒文

【记】　戒文——不得挑钵中央食，应当学。

比丘尼不得置钵四边食不吃，而挑钵中央之食，直至吃到钵底。

（四）开缘

【记】

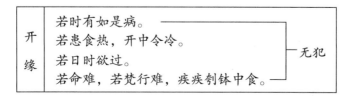

| 开缘 | 若时有如是病。
若患食热，开中令冷。
若日时欲过。
若命难，若梵行难，疾疾刳钵中食。 | 无犯 |

此戒开缘如下：

1. 若比丘尼有如是病而挑钵中央食，不犯。

2. 若比丘尼因患食热，而开钵中央食，令食冷，不犯。

3. 若比丘尼因时欲过中，故挑钵中央食，不犯。

4. 若比丘尼因有命难、梵行难，而疾疾刳钵中食而食，不犯。（刳：kū，从中间破开再挖空。）

三十二　为己索羹饭戒

（一）戒名

【记】　索羹饭戒第三十二

若比丘尼无病因缘，自为己索羹饭，佛制不许。此戒名应改为"为己索羹饭戒"。

（二）缘起

【记】　六群　如饥夫

六群：即六群比丘，乃缘起中能犯之人。**如饥夫**：即缘起中所犯事之外相。

佛制此戒三要素：（1）**何处制**：佛于舍卫国制。（2）**因谁制**：六群比丘。（3）**因何制**：六群比丘自为己索食，如似饥饿人，俗讥，因制。

（三）戒文

【记】　戒文——无病不得自为己索羹饭，应当学。

若比丘尼无病因缘，应随缘受食，不得贪求美味，而自为己索羹饭。

（四）开缘

【记】

此戒开缘如下：

1. 若病比丘尼，自为己索羹饭，不犯。

2. 若比丘尼为他人索羹饭，不犯，以非为己故。

3. 若比丘尼，他人为自索羹饭，不犯。

4. 若比丘尼不求而自得羹饭，不犯。

三十三 饭覆羹戒

（一）戒名

【记】 饭覆羹戒第三十三

若比丘尼以饭覆羹，更望得羹，佛制不许。

（二）缘起

【记】 六群 如饥夫

六群：即六群比丘，乃缘起中能犯之人。**如饥夫：**即缘起中所犯事之外相。

佛制此戒三要素：（1）**何处制：**佛于舍卫国制。（2）**因谁制：**六群比丘。（3）**因何制：**六群比丘，以饭覆羹，更望得，俗讥，因制。

（三）戒文

【记】 戒文——不得以饭覆羹更望得，应当学。

比丘尼不得以饭覆羹，希望更得羹。

《僧祇律》云："不得以饭覆羹更望得，应当学。若比坐迎食虑污衣者，不得尽覆，当露一边。若一切覆者，前人问：'得未？'应答：'已得。'"①

《律摄》云："羹饭不得互掩覆者，意欲多求长贪心故，应于饮食生厌离想，是为出家所应作事，随得随食少欲为念。"②

（四）开缘

【记】

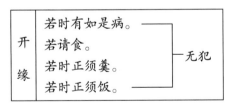

此戒开缘如下：

1. 若比丘尼有如是病，而以饭覆羹，不犯。

---

① （东晋）三藏佛陀跋陀罗共法显译《摩诃僧祇律》卷二十二，《大正藏》第 22 册，第 407 页。
② 〔印度〕尊者胜友集，（唐）三藏义净译《根本萨婆多部律摄》卷十四，《大正藏》第 24 册，第 606 页。

2. 若檀越请羹，虽以饭覆羹，不犯，以非更望得。

3. 若比丘尼已吃完羹，还需要羹时，希望再得羹，不犯，以无互覆故。

4. 若比丘尼时食饭尽，正需饭而更望得饭，不犯，以非由贪心望得故。

三十四　视比座钵戒

（一）戒名

【记】　视比座钵戒第三十四

若比丘尼视比座钵中食，而嫌行食之人有爱不平之心，佛制不许。

比座：即邻座。

（二）缘起

【记】　六群中一人　谓人有爱

六群中一人：即六群比丘中有一人，乃缘起中能犯之人。**谓人有爱**：即缘起中所犯之事。

佛制此戒三要素：（1）**何处制**：佛于舍卫国制。（2）**因谁制**：六群比丘中一人。（3）**因何制**：六群比丘中一人视比座钵中食，而嫌居士有爱不平之心，俗讥，因制。

（三）戒文

【记】　戒文——不得视比坐钵中，起嫌心，应当学。

比丘尼不得视邻座钵中食，比较谁多谁少，从而认为行食之人有不平等之心。

（四）开缘

1. 正明开缘

【记】

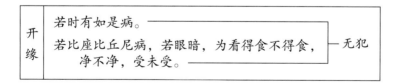

此戒开缘如下：

（1）若比丘尼有如是病，而视比座钵中食，不犯。

（2）若比丘尼，因比座比丘尼病，或眼暗看不清楚，而为彼看得食否？作净否？受食否？故视彼钵中食，不犯，以无嫌心故。

2. 引文别示

【记】 尼戒会义 僧祇云：若监食人，看食何处得，何处不得，无犯。若共行弟子、若依止弟子病，看其钵中是应病食不？无罪。若看上座，为得食不？无罪。

《尼戒会义》引《僧祇律》文："若监食人看食何处得？何处不得？得看无罪。若共行弟子、若依止弟子病者，看其钵中是应病食不？得看无罪。若看上下坐为得不？无罪。"[①] 律文意显，此不赘释。

三十五 不系钵想食戒

（一）戒名

【记】 系钵想食第三十五

若比丘尼不系钵想食，而左右顾视，佛制不许。此戒名应改为"不系钵想食戒"。

不系钵想食：即食时无正念，左右顾视，不专心于钵及食。

（二）缘起

【记】 六群 左右视失羹

六群：即六群比丘，乃缘起中能犯之人。**左右视失羹：**即缘起中所犯之事。

佛制此戒三要素：（1）**何处制：**佛于舍卫国制。（2）**因谁制：**六群比丘。（3）**因何制：**六群比丘受羹饭已，左右顾视不觉，比座比丘取其羹藏之，因制。

（三）戒文

【记】 戒文——当系钵想食，应当学。

比丘尼当系钵想食，不得左右顾视。

（四）开缘

【记】

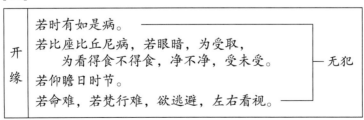

开缘	若时有如是病。 若比座比丘尼病，若眼暗，为受取，为看得食不得食，净不净，受未受。 若仰瞻日时节。 若命难，若梵行难，欲逃避，左右看视。	无犯

---

① （东晋）三藏佛陀跋陀罗共法显译《摩诃僧祇律》卷二十二，《大正藏》第22册，第406页。

此戒开缘如下：

1. 若比丘尼有如是病，而左右顾视，不犯。

2. 若比丘尼，因比座比丘尼病，或眼暗看不清楚，而为彼受取食，或为看得食否？作净否？受食否？故左右顾视，不犯。

3. 若比丘尼为仰瞻日、时、节气而左右顾视，不犯。

4. 若比丘尼因有命难、梵行难，欲逃避而左右顾视，不犯。

三十六 大抟食戒

（一）戒名

【记】 大抟食戒第三十六

若比丘尼作大抟饭，令口不容受，佛制不许。

大抟食：抟饭过大，口不容受。

（二）缘起

【记】 六群 口不容似畜

六群：即六群比丘，乃缘起中能犯之人。**口不容似畜**：即缘起中所犯之事及其外相。

佛制此戒三要素：（1）**何处制**：佛于舍卫国制。（2）**因谁制**：六群比丘。（3）**因何制**：六群比丘大抟饭食，令口不受，俗讥，因制。

（三）戒文

【记】 戒文——不得大抟饭食，应当学。

比丘尼食时，不得作大抟饭，令口不容受。

（四）开缘

【记】

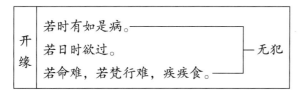

此戒开缘如下：

1. 若比丘尼有如是病，而大抟饭食，不犯。

2. 若比丘尼因时欲过日中，而大抟饭食，不犯。

3. 若比丘尼因有命难、梵行难，故作大抟饭，疾疾而吃，不犯。

三十七 张口待食戒

（一）戒名

【记】 张口待食戒第三十七

若比丘尼饭食未至，先大张口以待，佛制不许。

张口待食： 饭抟未至，便先大张口等待。

（二）缘起

【记】 六群 如畜

六群： 即六群比丘，乃缘起中能犯之人。**如畜：** 即缘起中所犯事之外相。

佛制此戒三要素：（1）何处制： 佛于舍卫国制。**（2）因谁制：** 六群比丘。**（3）因何制：** 六群比丘受食未至，先大张口待，俗讥，因制。

（三）戒文

【记】 戒文——不得大张口待饭食。应当学。

比丘尼饭食未至，不得先大张口等待。

《僧祇律》云："不得张口待饭食者，比丘食时当如雪山象王食法，食入口已，并以鼻作后口分齐。前食咽已，续内后团，不得张口而待食。若口有疮，得预张口无罪。"[①]

（四）指同

【记】 案 开缘同第三十六大抟食戒。

弘一律师加"案"云：此戒开缘同前第三十六条"大抟食戒"。

三十八 含饭语戒

（一）戒名

【记】 含饭语戒第三十八

---

① （东晋）三藏佛陀跋陀罗共法显译《摩诃僧祇律》卷二十二，《大正藏》第 22 册，第 404～405 页。

若比丘尼口中有饭食而言说，佛制不许。

含饭语：饭在口中，语不可了，令人不解。

（二）缘起

【记】　六群　不了了如畜

六群：即六群比丘，乃缘起中能犯之人。**不了了如畜**：即缘起中所犯之事及其外相。

佛制此戒三要素：（1）**何处制**：佛于舍卫国制。（2）**因谁制**：六群比丘。（3）**因何制**：六群比丘食时，含饭语，俗讥，因制。

（三）戒文

【记】　戒文——不得含饭语，应当学。

若比丘尼口中有饭食，不得言说。

《僧祇律》云："若食上和上、阿阇梨、长老比丘唤时，咽未尽能使声不异者得应；若不能得者，咽已然后应。若前人嫌者，应答言：'我口中有食，是故不即应。'"①

（四）开缘

【记】

此戒开缘如下：

1. 若比丘尼有如是病而含饭语，不犯。

2. 若比丘尼因食噎，为向他人索水而含饭语，不犯。

3. 若比丘尼因有命难或梵行难，而含饭语，不犯。

三十九　遥掷口中戒

（一）戒名

【记】　遥掷口中戒第三十九

若比丘尼遥掷饭食至口中，佛制不许。

遥掷口中：饭食与口尚有一段距离，即将饭食远掷口中。

---

① （东晋）三藏佛陀跋陀罗共法显译《摩诃僧祇律》卷二十二，《大正藏》第22册，第405页。

（二）缘起

【记】 六群 如幻师

六群：即六群比丘，乃缘起中能犯之人。**如幻师**：即缘起中所犯事之外相。

佛制此戒三要素：（1）**何处制**：佛于舍卫国制。（2）**因谁制**：六群比丘。（3）**因何制**：六群比丘抟饭遥掷口中，俗讥，因制。

（三）戒文

【记】 戒文——不得抟饭遥掷口中，应当学。

比丘尼应如法进食，不可轻佻而遥掷。

（四）开缘

【记】

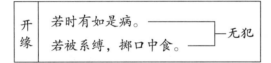

此戒开缘如下：
1. 若比丘尼有如是病，而抟饭遥掷口中，不犯。
2. 若比丘尼被系缚而遥掷饭食至口中，不犯。

四十 遗落食戒

（一）戒名

【记】 遗落食戒第四十

若比丘尼遗落饭食，半入口，半于手中，佛制不许。

遗落：半入口，半于手中。

（二）缘起

【记】 六群 如畜

六群：即六群比丘，乃缘起中能犯之人。**如畜**：缘起中所犯事之外相。

佛制此戒三要素：（1）**何处制**：佛于舍卫国制。（2）**因谁制**：六群比丘。（3）**因何制**：六群比丘，受食不如法，手把饭抟，啮半食，俗讥，因制。

（三）戒文

【记】　戒文——不得遗落饭食，应当学。

比丘尼应可口抟食，不得半入口，半于手中。

《资持记》云："西土手抟食故，此方饼果亦多用手，纵用匙箸，亦准手犯。"① 意即：如果饮食一半入口，一半在匙或箸中，即犯。

（四）开缘

【记】

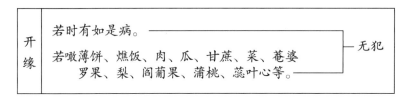

| 开缘 | 若时有如是病。 | —— 无犯 |
| | 若噉薄饼、燋饭、肉、瓜、甘蔗、菜、菴婆罗果、梨、阎葡果、蒲桃、蕊叶心等。 | |

此戒开缘如下：

1. 若比丘尼时有如是病，而遗落饭食，不犯。

2. 若噉薄饼、燋饭、肉、瓜、甘蔗、菜、菴婆罗果、梨、阎葡果、蒲桃、蕊叶心等，半入口半在手中，不犯。

《僧祇律》云："不得啮半食半还着钵中，当段段可口食。若麨团大，当手中分令可口。……若饼，当手作分齐令可口。"②

四十一　颊食戒

（一）戒名

【记】　颊食戒第四十一

若比丘尼颊饭食，令两颊鼓起，似猕猴状，佛制不许。

颊食：即大满口食，令两颊鼓起。

（二）缘起

【记】　六群　如猿

六群：即六群比丘，乃缘起中能犯之人。**如猿**：即缘起中所犯事之外相。

佛制此戒三要素：（1）何处制：佛于舍卫国制。**（2）因谁制**：六群比丘。**（3）因**

---

① （宋）元照律师撰《四分律行事钞资持记》卷二，《大正藏》第 40 册，第 330 页。

② （东晋）三藏佛陀跋陀罗共法显译《摩诃僧祇律》卷二十二，《大正藏》第 22 册，第 405 页。

何制：六群比丘颊食，俗讥，因制。

（三）戒文

【记】　戒文——不得颊饭食，应当学。

比丘尼不得满口而食，令两颊鼓起，似猕猴状。

《僧祇律》云："不得口中回食食，应当学。口中回食者，含饭团从一颊回至一颊。当一边嚼，即嚼边咽。若比丘食麨粳米者，当一边浸一边嚼无罪。若放恣诸根口中回食食者，越学法。"①

（四）指同

【记】　案 开缘同第三十六大抟食戒。

弘一律师加"案"云：此戒开缘同第三十六条"大抟食戒"。

四十二　嚼饭作声戒

（一）戒名

【记】　嚼饭作声戒第四十二

若比丘尼嚼饭作声，佛制不许。

（二）缘起

【记】　六群　如猪

六群：即六群比丘，乃缘起中能犯之人。如猪：即缘起中所犯事之外相。

佛制此戒三要素：（1）何处制：佛于舍卫国制。（2）因谁制：六群比丘。（3）因何制：六群比丘嚼饭作声食，俗讥，因制。

（三）戒文

【记】　戒文——不得嚼饭作声，应当学。

比丘尼食时，应细嚼慢咽，不得嚼时作声。

《十诵律》云："噉时勿令大作声，是名噉法。"②《僧祇律》云："不得全吞食，使唼唼作声。"③

---

① （东晋）三藏佛陀跋陀罗共法显译《摩诃僧祇律》卷二十二，《大正藏》第22册，第404页。
② （后秦）三藏弗若多罗共罗什等译《十诵律》卷五十六，《大正藏》第23册，第416页。
③ （东晋）三藏佛陀跋陀罗共法显译《摩诃僧祇律》卷二十二，《大正藏》第22册，第406页。

（四）指同

【记】 案 开缘同第四十遗落食戒。

弘一律师加"案"说明：此戒开缘同前第四十条"遗落食戒"。

《僧祇律》云："若比丘咽喉病，作声无罪。若咽喉干燥，当以水通之，然后咽食。"①

四十三 噏饭食戒

（一）戒名

【记】 噏饭食戒第四十三

若比丘尼张口遥吸饭食，佛制不许。
噏饭食：张口遥吸饭食。

（二）缘起

【记】 六群 大呵如畜

六群：即六群比丘，乃缘起中能犯之人。**大呵如畜**：即缘起中所犯之事及其外相。
佛制此戒三要素：（1）**何处制**：佛于舍卫国制。（2）**因谁制**：六群比丘。（3）**因何制**：六群比丘大噏饭食，俗讥，因制。

（三）戒文

【记】 戒文——不得大噏饭食，应当学。

比丘尼不得张口遥吸饭食。

（四）开缘

【记】

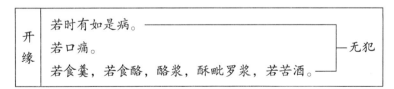

此戒开缘如下：

1. 若比丘尼有如是病，而大噏饭食，不犯。

---

① （东晋）三藏佛陀跋陀罗共法显译《摩诃僧祇律》卷二十二，《大正藏》第22册，第406页。

2. 若比丘尼因口痛，而大噲饭食，不犯。

若比丘尼啜饮羹、酪、酪浆、酥毗罗浆、苦酒，不犯。

四十四　舌舐食戒

（一）戒名

【记】　舌舐食戒第四十四

若比丘尼以舌舐饭抟食，佛制不许。

舌舐食：以舌舐饭抟食。

（二）缘起

【记】　六群　吐舌如畜

六群：即六群比丘，乃缘起中能犯之人。**吐舌如畜：**即缘起中所犯之事及其外相。

佛制此戒三要素：（1）**何处制：**佛于舍卫国制。（2）**因谁制：**六群比丘。（3）**因何制：**六群比丘吐舌舐食，俗讥，因制。

（三）戒文

【记】　戒文——不得舌舐食，应当学。

比丘尼不得以舌舐饭抟食。

《僧祇律》云："不得反覆舐手食，若酥油蜜石蜜着手者，当就钵缘上概聚着一处，然后取食。"[1] 又云："不得吐舌食，应当学。吐舌食者，吐出舌以食着舌上然后合口。若直月及监食人，欲知生熟、醎淡、甜酢，得着掌中舌舐，无罪。若病，得置盐掌中舐，无罪。若放恣诸根吐舌食者，越学法。"[2]

（四）开缘

【记】

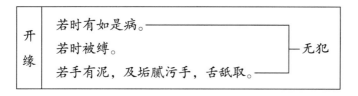

开缘	若时有如是病。	无犯
	若时被缚。	
	若手有泥，及垢腻污手，舌舐取。	

---

[1] （东晋）三藏佛陀跋陀罗共法显译《摩诃僧祇律》卷二十二，《大正藏》第 22 册，第 405 页。

[2] （东晋）三藏佛陀跋陀罗共法显译《摩诃僧祇律》卷二十二，《大正藏》第 22 册，第 404 页。文中 "直月"，据《摩诃僧祇律》卷十所云："若比丘为僧作直月"（《大正藏》第 22 册，第 313 页。）等文，是指当月为僧执劳服务。

此戒开缘如下：

1. 若比丘尼有如是病，而舌舐食，不犯。

2. 若比丘尼时被缚绑，而舌舐食，不犯。

若比丘尼因手有泥，及垢腻污手，而以舌舐食，不犯。

四十五　振手食戒

（一）戒名

【记】　振手食戒第四十五

若比丘尼振手而食，佛制不许。**振手食**：即以手握食，振动而食。

（二）缘起

【记】　六群　如王臣

六群：即六群比丘，乃缘起中能犯之人。**如王臣**：即缘起中所犯事之外相。

佛制此戒三要素：（1）**何处制**：佛于舍卫国制。（2）**因谁制**：六群比丘。（3）**因何制**：六群比丘振手而食，俗讥，因制。

（三）戒文

【记】　戒文——不得振手食，应当学。

比丘尼不得将食放在手上，振动而食。

《僧祇律》云："若振手食时，不得向比坐振手。若食着手，当向己前振手，若钵中抖擞。若放恣诸根振手食者，越学法。"①

（四）开缘

【记】

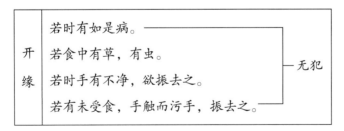

此戒开缘如下：

1. 若比丘尼有如是病，而振手食，不犯。

———————————

① （东晋）三藏佛陀跋陀罗共法显译《摩诃僧祇律》卷二十二，《大正藏》第22册，第406页。

2. 若比丘尼因食中有草、虫，而振手去之，不犯。

3. 若比丘尼时手有不净物，而振手欲去之，不犯。

4. 若比丘尼因误触未受之食而污手，故振手去之，不犯。

四十六 把散饭戒

（一）戒名

【记】 把散饭戒第四十六

若比丘尼手握饭食，而零落散弃，佛制不许。

把散饭：散弃饭。《律摄》云："不手散食者，不如鸡爬食。"①

（二）缘起

【记】 六群 如鸡鸟

六群：即六群比丘，乃缘起中能犯之人。**如鸡鸟：**即缘起中所犯事之外相。

佛制此戒三要素：（1）**何处制：**佛于舍卫国制。（2）**因谁制：**六群比丘。（3）**因何制：**六群比丘手把散饭食，俗讥，因制。

（三）戒文

1. 正释戒文

【记】 戒文——不得手把散饭食，应当学。

比丘尼手握饭食，不得零落散弃。

2. 对简三戒

【记】 灵芝资持记此谓手握而落，对前遗振，须分别相。余剩在手，即是遗落；挥散左右名振手；抟握零落为手把。

灵芝律师释云：此戒，即手握饭食而零落散弃，与前遗落饭食及振手食，犯相不同，须加以区分：若有余食剩在手中，是遗落饭食；若握食振动，挥散左右，即振手食；若抟握零落饭食，为手把散饭食。

（四）开缘

【记】

---

① 〔印度〕尊者胜友集，（唐）三藏义净译《根本萨婆多部律摄》卷十四，《大正藏》第24册，第606页。

	若时有如是病。	
开缘	若食中有草，有虫。	无犯
	若有不净污。	
	若有未受食，舍弃。	

此戒开缘如下：

1. 若比丘尼有如是病，而手把散饭食，不犯。

2. 若比丘尼因食中有草、虫，而散弃之，不犯。

3. 若比丘尼因有不净污食，而散弃之，不犯。

4. 若比丘尼因食中有未受之食，故舍弃，不犯。

四十七　污手捉食器戒

（一）戒名

【记】　污手捉食器戒第四十七

若比丘尼以污腻之手捉食器，佛制不许。

污手：有腻饭着手。**食器**：即盛饮食之器。

（二）缘起

【记】　六群　如王臣

六群：即六群比丘，乃缘起中能犯之人。**如王臣**：即缘起中所犯事之外相。

佛制此戒三要素：（1）**何处制**：佛于舍卫国制。（2）**因谁制**：六群比丘。（3）**因何制**：六群比丘以不净腻手捉食器，俗讥，因制。

（三）戒文

【记】　戒文——不得污手捉食器，应当学。

比丘尼不得以污腻之手捉食器。

《僧祇律》云："不得腻手受饮器者，比丘食时应护左手令净，当以右手受饮器，拄唇而饮。不得口深含器缘，亦不得令缘触鼻额，不得尽饮，当留少许，当口处泻弃之，更以水涤，次行与下座。若左手病疮者，右手就钵缘上，概去腻净水。洗若不净，以叶承取饮。"[1]《律摄》云："凡欲食噉，皆须上屑澡豆等净洗手已，方捉食器饮器及净水瓶。"[2]

---

① （东晋）三藏佛陀跋陀罗共法显译《摩诃僧祇律》卷二十二，《大正藏》第22册，第407页。

② 〔印度〕尊者胜友集，（唐）三藏义净译《根本萨婆多部律摄》卷十四，《大正藏》第24册，第606页。

（四）开缘

1. 正明开

【记】

此戒开缘如下：

（1）若比丘尼有如是病，而以污腻之手捉食器，不犯。

（2）若比丘尼因有腻饭着手，故于草上、叶上受食，不犯。以口受，不以手捉故。又若净洗手已，方受食，不犯。

2. 引文释

【记】 灵芝资持记 草叶上者：此谓口受，非手捉故。

灵芝律师释云：开缘中，于草、叶上受，是因有腻饭着手，故令受食人将食器置于草、叶上，比丘尼口云："受！受！受！"以口受替手受。不是污手捉食器，故不犯。

四十八 于白衣舍弃洗钵水戒

（一）戒名

【记】 弃洗钵水戒四十八

若比丘尼将含有饭食的洗钵水弃于白衣舍内，佛制不许。此戒名应改为"于白衣舍弃洗钵水戒"。

洗钵水：是杂饭水，即洗钵水中含有饭食。

（二）缘起

【记】 六群 如王臣

六群：即六群比丘，乃缘起中能犯之人。**如王臣**：即缘起中所犯事之外相。

佛制此戒三要素：（1）何处制：佛于舍卫国制。（2）因谁制：六群比丘。（3）因何制：六群比丘在居士家食已洗钵，弃洗钵水及余食狼藉在地，俗讥，因制。

（三）戒文

【记】 戒文——不得洗钵水弃白衣舍内，应当学。

比丘尼不得将含有饭食的洗钵水，弃于白衣舍内。《四分律》云："是中洗钵水者，杂饭水。"①

（四）开缘

【记】

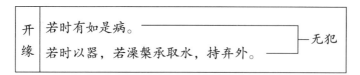

此戒开缘如下：

1. 若比丘尼有如是病而弃洗钵水在白衣舍内，不犯。

2. 若比丘尼以器皿或澡盆承取洗钵水，持弃于白衣舍外，不犯。

四十九　生草上大小便戒

（一）戒名

【记】　　生草上大小便戒第四十九

若比丘尼无病而于生草上大小便、涕唾，佛制不许。

（二）缘起

【记】　　六群　如猪狗

六群：即六群比丘，乃缘起中能犯之人。**如猪狗**：即缘起中所犯事之外相。

佛制此戒三要素：（1）**何处制**：佛于舍卫国制。（2）**因谁制**：六群比丘。（3）**因何制**：六群比丘，于生草菜上大小便、涕唾，俗讥，因制。

（三）戒文

1. **正释戒文**

【记】　　戒文——不得生草菜上，大小便，涕唾，除病，应当学。

比丘尼无病因缘，不得于生草菜上大小便或涕唾。

病：即下病、冷病、风病或足病，不堪行动避生草菜等。

《律摄》云："若青草上好树下，及花果树人所停息者，不应大小便。"②《僧祇律》云："不得生草上大小便唾，当在无草地。若夏月生草普茂无空缺处者，当在

---

① （后秦）三藏佛陀耶舍共竺佛念等译《四分律》卷二十一，《大正藏》第22册，第709页。
② 〔印度〕尊者胜友集，（唐）三藏义净译《根本萨婆多部律摄》卷十四，《大正藏》第24册，第606页。

骆驼牛马驴羊行处。若复无是者，当在砖瓦石上。若复无者，当在干草叶上。若复无者，当以木枝承，令粪先堕木枝上，后堕地。若比丘经行时，不得涕唾生草上。经行头当着唾壶，瓦石、草叶以细灰土着唾壶中，然后唾上。若大小便涕唾污手脚，不得拭生草。"①

《四分比丘尼戒本注解》解释：生草菜上大小便利及涕唾者，有七罪过：（1）使臭气四处熏扬。（2）污草叶。（3）鬼神嗔。（4）毁伤草叶。（5）伤杀小虫。（6）若人取菜食，则因粪便之寄生虫卵着叶上，令人患病。（7）失威仪。②

2. 对简二戒

【记】 尼戒会义 前第三篇中，七十七戒。因有好草，居士在中坐卧嬉戏，乱坐禅尼，故将粪扫捐上，及在上大小便利。居士不知，犹然至此，污身及衣，讥嫌故制。此但生草菜上便利，不作妨碍心，因摄威仪戒中，犯突吉罗。

《尼戒会义》简别本戒与前第三篇"波逸提"第七十七条"生草上大小便戒"结犯不同之意。前戒之所以结波逸提罪，因为是好草，居士于上坐卧嬉戏，扰乱坐禅比丘尼，故尼将粪扫捐弃于好草上，并于上大小便利。居士不知，依然至此坐卧戏笑，而污身及衣。居士讥嫌，因此佛制不许作妨碍心，故于生草上大小便利。此戒只是在生草菜上大小便利，不作妨碍心，因而摄收在威仪戒中，犯突吉罗。

（四）开缘

【记】

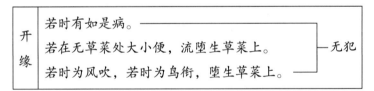

此戒开缘如下：

1. 若比丘尼有如是病，在生草菜上大小便利及涕唾，不犯。

2. 若比丘尼于无生草菜处大小便利，后流堕在生草菜上，不犯。

3. 若比丘尼本于无生草菜处大小便利，后时为风吹或鸟衔，而堕在生草菜上，不犯。

《律摄》云：若棘刺丛处大小便利，无犯。③

---

① （东晋）三藏佛陀跋陀罗共法显译《摩诃僧祇律》卷二十二，《大正藏》第 22 册，第 411～412 页。
② （民）佛莹法师编《四分比丘尼戒本注解》卷二，《大藏经》补编第 8 册，第 475 页。
③ 〔印度〕尊者胜友集，（唐）三藏义净译《根本萨婆多部律摄》卷十四，《大正藏》第 24 册，第 606 页。

五十 水中大小便戒

（一）戒名

【记】 水中大小便戒第五十

若比丘尼无病因缘，而在净水中大小便利及涕唾，佛制不许。

（二）缘起

【记】 六群 如猪狗

六群：即六群比丘，乃缘起中能犯之人。**如猪狗**：即缘起中所犯事之外相。

佛制此戒三要素：（1）**何处制**：佛于舍卫国制。（2）**因谁制**：六群比丘。（3）**因何制**：六群比丘，水中大小便涕唾，俗讥，因制。

（三）戒文

【记】 戒文——不得净水中，大小便涕唾，除病，应当学。

若比丘尼无病因缘，不得在净水中大小便及涕唾。

《僧祇律》云："不得大小便涕唾水中，当在陆地。若雨时水卒起浮满，当在土块上。若无是者，当于瓦石上，若竹木上，先堕木上，然后堕水中。"[1]

净水者，江、河、溪、涧、湖、池、泉、井等处之水。若于净水中大小便利及涕唾，有如下诸过失：（1）污净水。（2）失威仪。（3）涕唾粪秽物中，容有病菌，若落于水中，他人饮用，将随之患病。（4）非人所嗔。[2]

（四）开缘

【记】

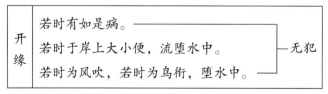

开缘	若时有如是病。	无犯
	若时于岸上大小便，流堕水中。	
	若时为风吹，若时为鸟衔，堕水中。	

此戒开缘如下：

1. 若比丘尼有如是病，而在水中大小便利及涕唾，不犯。

2. 若比丘尼本在岸上大小便，后自流堕到水中，不犯。

若比丘尼本于陆地上大小便，后时为风吹或鸟衔，而堕到水中，不犯。《僧祇

————————

① （东晋）三藏佛陀跋陀罗共法显译《摩诃僧祇律》卷二十二，《大正藏》第22册，第412页。

② （民）佛莹法师编《四分比丘尼戒本注解》卷二，《大藏经》补编第8册，第476页。

律》云："若大小便涕唾，污手脚得水洗，水中洗大小便行无罪。"[1]《善见律》云："若水人所不用，或海水不犯。水虽中用，旷远无人用不犯。"[2]

五十一　立大小便戒

（一）戒名

【记】　立大小便戒第五十一

若比丘尼无病因缘而立大小便，佛制不许。

（二）缘起

【记】　六群　如畜生

六群：即六群比丘，乃缘起中能犯之人。**如畜生：**即缘起中所犯事之外相。

佛制此戒三要素：（1）**何处制：**佛于舍卫国制。（2）**因谁制：**六群比丘。（3）**因何制：**六群比丘，立大小便，俗讥，因制。

（三）戒文

【记】　戒文——不得立大小便，除病，应当学。

若比丘尼无病因缘，不得立大小便。

（四）开缘

【记】

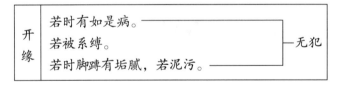

此戒开缘如下：

1. 若比丘尼时有如是病，而立大小便，不犯。

2. 若比丘尼被系缚执持，而立大小便，不犯，以身不由己故。

3. 若比丘尼小腿处有垢腻或泥污，而立大小便者不犯。

练习题

1."敬僧威仪行"共有多少戒？请背诵戒文。

---

① （东晋）三藏佛陀跋陀罗共法显译《摩诃僧祇律》卷二十二，《大正藏》第 22 册，第 412 页。

② （齐）三藏僧伽跋陀罗译《善见律毗婆沙》卷十六，《大正藏》第 24 册，第 787 页。

2. 请解释"应当学"之义。

3. 犯"众学法"如何结罪？

4. 前篇诸戒皆列犯缘，为什么唯独此篇未列？

5. 比丘尼百众学有哪两条戒与比丘不同？请作简单解释。

6. 百众学中"摇身戒"与比丘尼单提"摇身趋行戒"有何不同？

7. 何谓"遗落饭食"？

8. "遗落饭食""振手食""手把散饭食"三戒的区别是什么？

9. 在生草菜上大小便利及涕唾者，有哪些过失？

10. 百众学第四十九条与比丘尼单提第七十七条，同为"生草上大小便戒"，二者有哪些不同？

11. 据律文，如下诸事，居士如何讥嫌？跳行、摇身、覆身、叉腰、颊饭、振手食、含饭语、以饭覆羹、张口待食、左右顾视、不次食、遥掷口中、舌舐食、嚼饭作声。

12. "敬僧威仪行"中诸戒的主要开缘有哪些？

 思考题

1. 为什么此篇戒中，误作亦结罪？意义何在？

2. 道宣律师在《行事钞》中云："心不正念，遇缘起非，外越威仪，理须改忏。""戏笑妄语，诸非法相，并先不摄念，故起斯过。"解释此两段文之意思，并谈谈百众学对摄持正念之功益。

第三节　敬法威仪行

敬法威仪行，从第五十二条"为反抄衣者说法戒"至第五十九条"为骑乘者说法戒"，共八条戒。

一　为反抄衣者说法戒

（一）戒名

【记】　为反抄衣者说法戒第五十二

若比丘尼与无病而反抄衣人说法，佛制不许。

《僧祇律》云："说者，为前人开解其义分别演说，欲令如说修行。法者，佛所说、佛所印可。佛所说者，如来、应供、正遍知自说。佛所印可者，声闻所说，佛赞善哉，是名印可。"①

反抄衣：或左右反抄衣着肩上。

（二）缘起

【记】　六群

六群：即六群比丘，乃缘起中能犯之人。

佛制此戒三要素：（1）**何处制**：佛于舍卫国制。（2）**因谁制**：六群比丘。（3）**因何制**：六群比丘，与不恭敬反抄衣人说法，因制。

（三）戒文

【记】　戒文——不得与反抄衣人说法，除病，应当学。

比丘尼不得与反抄衣人说法，除对方有病因缘。

（四）开缘

【记】

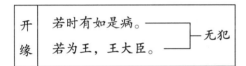

此戒开缘如下：

1. 若听法者有如是病，比丘尼为其说法，不犯。

2. 若听法人是反抄衣的国王、大臣，比丘尼与其说法，不犯。

《行事钞》云：不恭敬听法之人，唯开国王及大臣。良由佛法广流天下，必假国王之力故。初虽开听，为在通法，被及黔黎（黎民百姓）。后必虔仰，故无开法。②《毗尼止持会集》亦云："虽曰王臣，世所尊贵，宜当深重佛法。若生慠慢，纵闻奚益？为法忘躯，上古皆然！况灵山会上，亲以付嘱，是故特须尊敬。其说者愈当以法自重，苟彼此不恭，二皆失利。若夫诱进摄化之权，必须随机称量，不可直尔造为向下说法！"③

本律百众学中，从五十二至五十九有八戒，从八十六至九十二有七戒，从九十六至一百有五戒，共二十戒，皆非听法之威仪，比丘尼辄便为其说法，故制。

---

① （东晋）三藏佛陀跋陀罗共法显译《摩诃僧祇律》卷二十二，《大正藏》第22册，第408页。
② （唐）道宣律师撰《四分律删繁补阙行事钞》卷二，《大正藏》第40册，第90页。
③ （清）读体律师集《毗尼止持会集》卷十五，《卍新续藏》第39册，第479页。

二　为衣缠颈者说法戒

（一）戒名

【记】　　为衣缠颈者说法戒第五十三

若比丘尼，为无病因缘却用衣两角着肩上缠颈之人说法，佛制不许。

衣缠颈：即总捉衣两角，以缘绕颈着肩上。

（二）戒文

【记】　　戒文——不得为衣缠颈人说法，除病，应当学。

比丘尼不得为将衣两角着肩上缠颈之人说法，除对方有病因缘。

三　为覆头者说法戒

（一）戒名

【记】　　为覆头者说法戒第五十四

若比丘尼，为无病因缘却用衣物覆头之人说法，佛制不许。

覆头：以树叶或碎段物覆头。

（二）戒文

【记】　　戒文——不得为覆头人说法，除病，应当学。

比丘尼不得为用衣物覆头之人说法，除对方有病因缘。

《僧祇律》云："若比丘为塔、为僧事，诣王、若地主时，乃至边有净人者，当立意为彼人说，王听，无罪。若比丘在怖畏险道行时，防卫人言：'尊者！为我说法。'彼虽覆头，为说法无罪。"①

四　为裹头者说法戒

（一）戒名

【记】　　为裹头者说法戒第五十五

若比丘尼为无病因缘而用衣物缠裹头之人说法，佛制不许。

---

① （东晋）三藏佛陀跋陀罗共法显译《摩诃僧祇律》卷二十二，《大正藏》第22册，第409页。

（二）戒文

【记】　戒文——不得为裹头人说法，除病，应当学。

比丘尼不得为用衣物缠裹头之人说法，除对方有病因缘。

五　为叉腰者说法戒

（一）戒名

【记】　为叉腰者说法戒第五十六

若比丘尼为无病而以手叉腰之人说法，佛制不许。

叉腰：用一手，或两手叉腰、匡肘。

（二）戒文

【记】　戒文——不得为叉腰人说法，除病，应当学。

比丘尼不得为手叉腰之人说法，除对方有病因缘。以此叉腰人傲慢轻法，故不得为说。**病：**胁下生疮等。

六　为着革屣者说法戒

（一）戒名

【记】　为着革屣者说法戒第五十七

若比丘尼为无病因缘而着革屣之人说法，佛制不许。

革屣：即皮鞋，若一重，若两重。

（二）戒文

【记】　戒文——不得为着革屣人说法，除病，应当学。

比丘尼不得为穿皮鞋之人说法，除对方有病因缘。

《五分律》云："若多人着屐革屣不能令脱，但因不着者，为说，不犯。"[1] 此即在多人中，乃至有一人没着履革屣，当作意为其说，余人虽听无罪。

《毗尼关要》云："西国以露顶跣足而为敬，东土以衣冠整齐而为恭。然随国风，必以敬重为心。"[2]

---

① （刘宋）三藏佛陀什共竺道生等译《弥沙塞部和醯五分律》卷十，《大正藏》第 22 册，第 77 页。
② （清）德基律师辑《毗尼关要》卷十五，《卍新续藏》第 40 册，第 626 页。

七 为着木屐者说法戒

（一）戒名

【记】 为着木屐者说法戒第五十八

若比丘尼，为无病因缘而脚着木屐之人说法，佛制不许。

木屐：木底鞋，或鞋的通称。《僧祇律》云："屐者有十四种：金屐、银屐、摩尼屐、牙屐、木屐、多罗屐、皮屐、钦婆罗屐、綖屐、芒屐、树皮屐、婆迦屐、草屐。如是等种种屐，是名屐。"①

（二）戒文

【记】 戒文——不得为着木屐人说法，除病，应当学。

比丘尼不得为脚着木屐之人说法，除对方有病因缘。木屐或拖鞋都是室内放恣用物，着之听法，便现恣情放逸、不敬法相，因此不得为说。

八 为骑乘者说法戒

（一）戒名

【记】 为骑乘者说法戒第五十九

若比丘尼为无病因缘而骑马等或乘乘之人说法，佛制不许。

骑：骑牛、马、驼、驴、象等。**乘**：乘各种乘。《僧祇律》云："乘者，有八种：象乘、马乘、牛乘、驴乘、船乘、车乘、舆乘、辇乘。"②

（二）戒文

【记】 戒文——不得为骑乘人说法，除病，应当学。

比丘尼不得为骑马等及乘乘者说法，除对方有病因缘。因骑乘听法，是慢法轻人之相，故制不得为说。

（三）指同

【记】 案已上诸戒并同第五十二为反抄衣者说法戒。

弘一律师加"案"云：以上诸戒开缘并同第五十二条"为反抄衣者说法戒"。

---

① （东晋）三藏佛陀跋陀罗共法显译《摩诃僧祇律》卷二十二，《大正藏》第 22 册，第 409 页。
② （东晋）三藏佛陀跋陀罗共法显译《摩诃僧祇律》卷二十二，《大正藏》第 22 册，第 411 页。

即：1. 若听法者时有如是病。2. 若为王及王大臣说法。

📖 练习题

1. "敬法威仪行"共有多少戒？背诵诸戒文。

2. "敬法威仪行"诸戒的开缘有哪些？

3. 举例说明为什么不可以为着革屣人说法？

📖 思考题

1. 依《行事钞》所言："不恭敬听法之人，唯开国王及大臣。良由佛法广流天下，必假国王之力故。初虽开听，为在通法，被及黔黎（黎民百姓）。后必虔仰，故无开法。"此段文是何意？

2. 《毗尼关要》云："西国以露顶跣足而为敬，东土以衣冠整齐而为恭。然随国风，必以敬重为心。"举例说明此段文之义。

第四节　敬佛威仪行

敬佛威仪行，从第六十条"佛塔中宿戒"至第八十五条"安塔在下房戒"，共二十六条戒。

一　佛塔中宿戒

（一）戒名

【记】 佛塔中宿戒第六十

若比丘尼，不为守视佛塔，而在其中止宿，佛制不许。

《大般涅槃经后分》云：佛般涅槃，荼毗既讫，一切四众，收取舍利。于都城内四衢道中起七宝塔，高十三层，上有轮相，一切妙宝间杂庄严，一切世间众妙花幡而严饰之。辟支佛塔应十一层，阿罗汉塔成以四层，亦以众宝而严饰之。其转轮王塔，亦七宝成，无复层级，何以故？未脱三界诸有苦故。[①]

（二）缘起

【记】 六群

---

① （唐）若那跋陀罗译《大般涅槃经后分》卷一，《大正藏》第 12 册，第 903 页。

六群：即六群比丘，乃缘起中能犯之人。

佛制此戒三要素：（1）**何处制：**佛于舍卫国制。（2）**因谁制：**六群比丘。（3）**因何制：**六群比丘止宿佛塔中，因制。

（三）戒文

【记】　戒文——不得在佛塔内止宿，除为守视，应当学。

比丘尼不得在佛塔内止宿，除为守护、看视佛塔。即如现在的殿主、香灯等，常在塔中洒扫尘秽，燃灯、烧香，守视佛塔物，故佛开听，得在中止宿。

（四）开缘

【记】

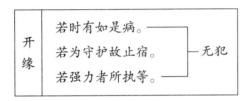

此戒开缘如下：

1. 若比丘尼有如是病，而在佛塔内止宿，不犯。

2. 若比丘尼为守护、看视佛塔，而在其中止宿，不犯。

3. 若比丘尼，或为强力者所执，或为系闭，或有命难、梵行难，在佛塔中止宿，不犯。

（五）警策

引《行事钞》两段文教诫劝勉后学。

第一段：须恭敬经像

【记】　南山行事钞 佛像经教，住持灵仪，并是我等所尊敬，则至真齐观。今流俗僧尼，多不奉佛法，并愚教网，内无正信，见不高远，致亏大节。或在形像之前，更相戏弄，出非法语，举目攘臂，偏指圣仪。或端坐倨傲，情无畏惮。虽见经像，不起迎奉。致令俗人轻笑，损灭正法。故僧祇中：礼人不得对于佛法，乃至悬施幡盖，不得蹈像，别施梯隥。以此文证，明敬处别。既知多过，弥须大慎。至堂殿塔庙，如履冰临深。睹形像经教，必慞然加敬。此则道俗通知奉法，贤圣达其信心。且如对王臣令长，事亦可会。凡情难任，圣法宜遵。

道宣律师云：凡泥塑木雕之佛像及纸素黄卷之教典，并是住持佛法之灵仪，皆是我等所应尊敬。理当至真齐观，敬佛像如真佛，敬圣典如真法。然今混同俗流之僧尼，多不恭敬奉持佛法。推其缘由，皆因愚痴昧教，缺于正信，而且见识短浅，无有崇高远大之志向。故不能遵从佛教之礼仪法度，失去出家人应有之仪范。或在佛菩萨形像前，互相戏弄，说非法语，甚至卷袖出臂，手指圣仪，妄加评论佛菩萨圣像；或在佛像之前傲然端坐，身处殿堂竟然无所顾忌。即使看见经像，亦不起立迎奉。如此行径，导致俗人轻笑，进而坏灭正法。

因此《僧祇律》中说，不得在佛像及法宝前礼人，[①] 乃至为佛像悬挂幡盖时，不得脚踏佛像，须另设梯凳。以此律文证知，在在处处，当恭敬三宝。既然知道稍失正念即成过咎，因此更须小心谨慎。每到殿堂、塔庙，须如临深渊、如履薄冰。目睹佛像、经教，务必肃然起敬。如此出家在家佛子，皆知奉敬佛法，便可与贤圣感应道交。且如面对世间国王、大臣、官长，尚须毕恭毕敬，更何况面对佛菩萨圣像及经教圣典，岂能不敬？凡夫之情难信，不可放纵妄情，宜应谨遵圣制。

第二段：当敬重僧寺

【记】　同又还自腾践，如己庄宅。众僧房堂，诸俗受用。毁坏损辱，情无所愧。屈道承俗，如奴事主。是名寺法灭也。原注云：其甚者，打骂众僧，种种非法。取要言之，从僧强力抑夺，贷借乞请，乃至停尸僧院，举哀寺内，置冢澡浴等，并非法也。

灵芝释云：此科大字，并引寺诰，故注以助之。乞请即求索。请观诸事，彼时尚然，今何足怪。更有殿堂饮宴，僧厨宰杀，寄着杂物，贮积粮储。或设作衙庭，或编为场务，婚姻生产，杂秽难言。斯由道众之非才，岂独俗儒之无识。每恨法门之覆灭，孰为扶持。更嗟狱报之艰辛，谁当救疗。必怀深识，岂不再思。是知祸福无门，唯人所召。有力能济，传而勉之。

道宣律师又云：一些愚痴俗人，肆意践踏僧园，出入如在自己庄宅。众僧寮房堂舍，任由俗人受用。如此毁坏僧物，损辱僧众，竟无丝毫愧疚。身为道众，屈尊道法，奉事俗人，如同奴仆奉事主人，自甘下贱，心无惭耻，如此必然毁灭寺法。钞中小字注明：更有严重者，俗人竟然打骂僧众，行种种非法。或强力压迫、强取豪夺，或假称借贷，变相勒索。乃至将死尸放置伽蓝院内，在寺内举伤哀悼，安置坟墓及澡浴等，如此种种皆是非法。

灵芝律师释云：此科大字之文，皆引自寺诰，[②] 故加注说明。文中"乞请"，即是求索之意。请观俗人对僧众所作种种非法之事，在佛法兴盛之唐朝，尚且如此，

---

① 《僧祇律》未见此文，《十诵律》卷四十一云："佛前不得礼人，佛塔前、声闻塔前亦不得礼人。"（《大正藏》第23册，第300页。）

② 未见此书。《中天竺舍卫国祇洹寺图经·序》中云：隋初魏郡灵裕法师，名行凤彰，风操贞远，撰述《寺诰》，具引祇洹。（《大正藏》第45册，第883页。）

于今佛法逐渐衰微之宋朝，则不足为怪。更有在殿堂内，设宴请客，款待饮食。在僧厨内宰杀生灵，寄存、堆放各种杂物，在僧库中贮积粮食、物资等。或将僧伽蓝设为官府衙庭，或改为盐铁转卖场所，甚至成为婚姻、妇产之处。污秽杂染，难以言说。造成这种局面实在是因为道众没有才德，哪里只是俗人无知？目睹此情此景，律师叹言：常常感叹法门之覆灭，由谁来匡正佛法，住持正法？更悲叹造罪之人将受地狱果报之痛苦，谁又堪能拯救、拔济？有识之士，岂能不深刻反省？由此可知"祸福无门，唯人所召"。有能力并发愿住持正法之人，应当深勉自己，精勤传灯，延续正法命脉。

二 藏物塔中戒

（一）戒名

【记】 藏物塔中戒第六十一

若比丘尼贮藏财物在佛塔内，佛制不许。

物：指出家人之衣具、钵器等物。

（二）缘起

【记】 六群

六群：即六群比丘，乃缘起中能犯之人。

佛制此戒三要素：（1）**何处制**：佛于舍卫国制。（2）**因谁制**：六群比丘。（3）**因何制**：六群比丘，藏财物置佛塔中，因制。

（三）戒文

【记】 戒文——不得佛塔内藏财物，除为坚牢，应当学。

比丘尼不得在佛塔内藏积财物，除供养佛塔财物，或僧祇之物，恐有所损失，因此藏举。若是个人私物，必不开。

（四）开缘

1. 正明开缘

【记】

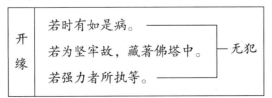

此戒开缘如下：

（1）若比丘尼有如是病，在佛塔内藏积财物，不犯。

（2）若是佛塔财物或僧祇物，比丘尼为藏举深密，不令损失，故藏积于佛塔中，不犯。

（3）若比丘尼，或为强力者所执，或被系闭，或有命难、梵行难，而于佛塔内藏财物，不犯。

2. 引文别明

【记】 见月止持 财物者：谓衣具器物也。（戒本云，不得藏财物置佛塔中。）若为贪积藏中则不可。以重己物，而轻佛塔。若供养塔及形像之物，或僧祇物，为守护坚牢，不令有失，权可藏举。

读体律师在《毗尼止持》云：戒文中的"财物"是指衣具、钵器等物。戒本云"不得藏财物置佛塔中"。若比丘尼是为贪物而积藏在佛塔中则不可，因为这是重视私物，而轻视佛塔之表现。若供养塔及佛形像之物，或大众僧共有之物，为守护、藏举深密牢固，不令有所损失，佛则听许方便藏着于佛塔内。

三 着革屣入塔戒

（一）戒名

【记】 着革屣入塔戒第六十二

若比丘尼着皮鞋入佛塔内，佛制不许。
革屣：即皮鞋，若一重，若二重。

（二）缘起

【记】 六群

六群：即六群比丘，乃缘起中能犯之人。
佛制此戒三要素：（1）**何处制**：佛于舍卫国制。（2）**因谁制**：六群比丘。（3）**因何制**：六群比丘，著革屣入佛塔中，因制。

（三）戒文

【记】 戒文——不得着革屣入佛塔中，应当学。

比丘尼不得着皮鞋入佛塔内。

（四）开缘

【记】

| 开缘 | 若时有如是病。——
若强力者所执，将入塔中。 | ——无犯 |

此戒开缘如下：

1. 若比丘尼有如是病，而着革屣入于佛塔内。

2. 若比丘尼着革屣，然为强力者所执，将入佛塔内，不犯，以身不由己故。

四 捉革屣入塔戒

（一）戒名

【记】　捉革屣入塔戒第六十三

若比丘尼，手提皮鞋入佛塔内，佛制不许。

（二）戒文

【记】　戒文——不得捉革屣入佛塔中，应当学。

比丘尼不得手提皮鞋入佛塔内。

五 着革屣绕塔行戒

（一）戒名

【记】　着革屣绕塔行戒第六十四

若比丘尼着皮鞋绕佛塔行，佛制不许。

（二）戒文

【记】　戒文——不得着革屣绕佛塔行，应当学。

比丘尼不得着皮鞋绕佛塔行。

六 着富罗入塔戒

（一）戒名

【记】　着富罗入塔戒第六十五

若比丘尼着短靴入佛塔内，佛制不许。

富罗：此云短靴。

（二）戒文

【记】　戒文——不得着富罗入佛塔中。应当学。

比丘尼不得着短靴入于佛塔内。

七　捉富罗入塔戒

（一）戒名

【记】　捉富罗入塔戒第六十六

若比丘尼手提短靴入佛塔，佛制不许。

（二）戒文

【记】　戒文——不得手捉富罗入佛塔中，应当学。

比丘尼不得手捉短靴入于佛塔中。

（三）指同

明以上诸戒开缘同前。

【记】　案已上诸戒并同第六十二着革屣入塔戒。

弘一律师加"案"说明：以上诸戒（第六十三至第六十六）之开缘，皆同第六十二条"着革屣入塔戒"。即：1. 若比丘尼有如是病。2. 若比丘尼为强力者所执，不犯。以身不由己故。

八　塔下坐食戒

（一）戒名

【记】　塔下坐食戒第六十七

若比丘尼坐在佛塔下噉食，离去时，留有残食及草污地，佛制不许。

（二）缘起

【记】　六群

六群：即六群比丘，乃缘起中能犯之人。

佛制此戒三要素：（1）**何处制**：佛于舍卫国制。（2）**因谁制**：六群比丘。（3）**因**

何制：六群比丘在塔下坐食已，留残食及草污地而去，因制。

（三）戒文

【记】　戒文——不得塔下坐食留草及食污地，应当学。

比丘尼不得在塔下坐食，遗留草及残食污地。

留草：因西域受食之时，并无椅凳，敷草席地而坐，离去时，若不收举，则留草污地。

（四）开缘

【记】

此戒开缘如下：

1. 若比丘尼有如是病，在塔下坐食，留草及食污地，不犯。

2. 若比丘尼在塔下坐食时，先将残食及草聚于一处，离去时，一起持弃之，不犯。小字说明：戒本云，不得留草及食污地。怀素律师所集《四分律比丘戒本》《四分律比丘尼戒本》皆云："不得塔下坐食、留草及食污地，应当学。"①

（五）警策

【记】　灵芝资持记 比见多在佛殿设斋，背像安坐，果菜弃遗，纵横污地。违制虽轻，恶业弥重。有识高士，愿速改过，自余愚叟，何足语之。

灵芝律师云：近来常常见到有人在佛殿设斋，身背圣像，安然而坐。果菜弃之，遗留遍处，污秽佛地。此违制教虽轻，但结吉罪，然业道罪弥重。志向远大之士，愿速改过自新。至于那些顽愚之辈，实不足与语。

九　塔下担死尸戒

（一）戒名

【记】　塔下担死尸戒第六十八

若比丘尼担死尸从塔下过，佛制不许。

---

① （唐）怀素律师集《四分比丘尼戒本》卷一，《大正藏》第22册，第1021页、第1039页。

（二）缘起

【记】　六群

六群：即六群比丘，乃缘起中能犯之人。

佛制此戒三要素：（1）**何处制**：佛于舍卫国制。（2）**因谁制**：六群比丘。（3）**因何制**：六群比丘，担死尸从塔下过，护塔神嗔，因制。

（三）戒文

【记】　戒文——不得担死尸从塔下过，应当学。

比丘尼不得担死尸从塔下过。

（四）开缘

【记】

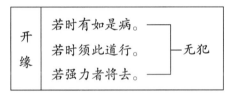

此戒开缘如下：

1. 若比丘尼有如是病而担死尸从塔下过，不犯。

2. 若唯有此道，比丘尼须担死尸从此道行，而从塔下过，不犯。

3. 若比丘尼为强力者将持，而担死尸从塔下过，不犯。

十　塔下埋死尸戒

（一）戒名

【记】　塔下埋死尸戒第六十九

若比丘尼于塔下埋死尸，佛制不许。

塔下：或塔内之下，或塔外围之下。**埋**：埋葬。

（二）戒文

【记】　戒文——不得塔下埋死尸，应当学。

比丘尼不得在塔下埋葬死尸。凡死尸，烂坏恶臭，聚集虫蚁，不但污秽圣地，且易损毁塔基，护塔神嗔，现世损福德，当来招恶果，是以圣制。

十一　塔下烧死尸戒

（一）戒名

【记】　塔下烧死尸戒第七十

若比丘尼于塔下焚烧死尸，佛制不许。

烧死尸：在经律中，称为荼毗、阇维。

（二）戒文

【记】　戒文——不得塔下烧死尸，应当学

比丘尼不得在塔下焚烧死尸。[①]

十二　向塔烧死尸戒

（一）戒名

【记】　向塔烧死尸戒第七十一

若比丘尼向塔焚烧死尸，佛制不许。

向塔烧：正对塔前而焚烧，其臭气、火烟均能熏及于塔。

（二）戒文

【记】　戒文——不得向塔烧死尸，应当学。

比丘尼不得正对塔前焚烧死尸，因为向塔焚烧死尸，臭气相熏，火烟相向，热焰风吹，恐烧及塔，故应禁止。

---

① 《根本说一切有部毗奈耶杂事》卷十八记载如何荼毗亡故出家人之法：缘在室罗伐城逝多林，时城中有一长者，娶妻未久便诞一息，年渐长大，于佛法中而为出家，遇病身死。时诸苾刍即以死尸并其衣钵弃于路侧，有俗人见，作如是语："沙门释子身亡弃去。"有云："我试观之。"见已便识，报诸人言："是长者子。"各共生嫌："于释子中为出家者，无有依怙。向若在俗，诸亲必与如法焚烧。"苾刍白佛。佛言："苾刍身死，应为供养。"苾刍不知云何供养。佛言："应可焚烧。"具寿邬波离请世尊曰："如佛所说，于此身中有八万户虫，如何得烧？"佛言："此诸虫类，人生随生，若死随死，此无有过。身有疮者，观察无虫，方可烧殡。"欲烧殡时，无柴可得。佛言："可弃河中，若无河者，穿地埋之。"夏中地湿，多有虫蚁。佛言："于丛薄深处，令其北首右胁而卧，以草稕支头。若草、若叶覆其身上。送丧苾刍可令能者诵三启无常经，并说伽他，为其咒愿。"事了归寺，便不洗浴，随处而散。俗人见讥，咸言："释子极不净洁，身近死尸，身不洗浴。"佛言："不应尔！应可洗身。"彼即俱洗。佛言："若触尸者，连衣俱洗。其不触者，但洗手足。"（《大正藏》第24册，第286～287页。）

十三　塔四边烧死尸戒

（一）戒名

【记】　塔四边烧死尸戒第七十二

若比丘尼在塔四周围焚烧死尸，佛制不许。

（二）戒文

【记】　戒文——不得绕塔四边烧死尸，使臭气来入，应当学。

比丘尼不得在塔的四周焚烧死尸，使臭气来入塔中。

（三）指同

【记】　案已上诸戒并同第六十八塔下担死尸戒。

以上诸戒（第六十九至第七十二）之开缘，同第六十八条"塔下担死尸戒"。

十四　持死人衣及床塔下过戒

（一）戒名

【记】　持死人衣及床塔下过戒第七十三

若比丘尼持不浣、不染、不香熏的死人衣及床，从塔下过，佛制不许。

（二）缘起

【记】　六群

六群：即六群比丘，乃缘起中能犯之人。此戒由二缘合制。

佛制此戒三要素：（1）**何处制**：佛于舍卫国制。（2）**因谁制**：六群比丘。（3）**因何制**：六群比丘，持死人衣及床，从塔下过，彼所住处神嗔，因制。

（三）戒文

【记】　戒文——不得持死人衣，及床，从塔下过，除浣染香熏，应当学。

比丘尼不得持死人衣及床，从塔下过。若将死人衣及床经过浣、染、香熏，则可。

（四）开缘

1. 正明开缘

【记】

此戒开缘如下：

（1）若比丘尼有如是病，而持死人衣及床从塔下过，不犯。

（2）若死人衣及床，先已浣、染、香熏，方持之从塔下过者，不犯。

2. 引文别明

【记】　　尼戒会义　毗尼母论云：若得粪扫衣者，水中久渍，用纯灰浣净，以奚黑伽香涂上，然后得着入塔。

《尼戒会义》引《母论》文：得粪扫衣者，当于水中长时浸泡，用纯灰洗浣令净。再用奚墨伽香（未见译文）涂上。然后得着入塔。[①]

十五　塔下大小便戒

（一）戒名

【记】　塔下大小便戒第七十四

若比丘尼在塔下大小便，佛制不许。

（二）戒文

【记】　戒文——不得塔下大小便，应当学。

比丘尼不得于塔下大小便。

十六　向塔大小便戒

（一）戒名

【记】　向塔大小便戒第七十五

---

① 《毗尼母经》卷五，《大正藏》第24册，第828页。

若比丘尼正对于塔大小便，使臭气熏及塔，佛制不许。

（二）戒文

【记】　戒文——不得向塔大小便，应当学。

比丘尼不得正对塔大小便。

十七　绕塔四边大小便戒

（一）戒名

【记】　绕塔四边大小便戒第七十六

若比丘尼在塔四周大小便，佛制不许。

（二）戒文

【记】　戒文——不得绕塔四边大小便，使臭气来入，应当学。

比丘尼不得在塔四周大小便，使臭气来入于塔中。

（三）指同

【记】　案已上诸戒并同第七十三持死人衣及床塔下过戒。

以上诸戒（第七十四条至第七十六条）之开缘，皆同第七十三条"持死人衣及床塔下过戒"[①]。即：

1. 若比丘尼有如是病，不犯。

2. 若死人衣及床，先已浣、染、香熏，方持之从塔下过者，不犯。

十八　持佛像至大小便处戒

（一）戒名

【记】　持佛像至大小便处戒第七十七

若比丘尼持佛像至大小便处，佛制不许。

（二）戒文

【记】　戒文——不得持佛像至大小便处，应当学。

---

① 第七十三条之开缘不甚契合"塔下大小便戒""向塔大小便戒"以及"绕塔四边大小便戒"。比较而言，第六十八条"塔下担死尸戒"之开缘更相应。即：1. 若比丘尼有如是病，不犯。2. 若时须此道行。即唯有此道，别无选择，不犯。3. 若比丘尼为强力者将持，不犯。

比丘尼不得持佛像至大小便处。余如菩萨、声闻、一切圣贤等像及三藏法宝，皆不得持到秽弃之处。

（三）指同

【记】 案 开缘同第六十八塔下担死尸戒。

弘一律师加"案"说明，此戒开缘同第六十八条"塔下担死尸戒"，即：

1. 若比丘尼有如是病，不犯。

2. 若时须此道行。即唯有此道，别无选择，比丘尼持佛菩萨圣象从此道行经过秽处，不犯。

3. 若比丘尼为强力者将持，不犯。

十九　塔下嚼杨枝戒

（一）戒名

【记】 塔下嚼杨枝戒第七十八

若比丘尼于塔下嚼杨枝，佛制不许。

（二）戒文

【记】 戒文——不得塔下嚼杨枝，应当学。

比丘尼不得在塔下嚼杨枝。

二十　向塔嚼杨枝戒

（一）戒名

【记】 向塔嚼杨枝戒第七十九

若比丘尼正对塔前嚼杨枝，佛制不许。

（二）戒文

【记】 戒文——不得向塔嚼杨枝，应当学。

比丘尼不得面对塔嚼杨枝。

二十一 塔四边嚼杨枝戒

（一）戒名

【记】 塔四边嚼杨枝戒第八十

若比丘尼在塔四周嚼杨枝，佛制不许。

（二）戒文

【记】 戒文——不得绕塔四边嚼杨枝，应当学。

比丘尼不得在塔四周嚼杨枝。

二十二 塔下涕唾戒

（一）戒名

【记】 塔下涕唾戒第八十一

若比丘尼在塔下涕唾，佛制不许。

涕唾：从鼻出曰涕，从口出曰唾。

（二）戒文

【记】 戒文——不得塔下涕唾，应当学。

比丘尼不得在塔下涕唾。凡涕唾当在屏处，并须弹指、謦欬。

二十三 向塔涕唾戒

（一）戒名

【记】 向塔涕唾戒第八十二

若比丘尼面对塔涕唾，佛制不许。

（二）戒文

【记】 戒文——不得向塔涕唾。应当学。

比丘尼不得面对塔涕唾。

（三）指同

【记】 案已上诸戒，并同第七十七持佛像至大小便处戒。

弘一律师加"案"说明，以上诸戒开缘，皆同第七十七条"持佛像至大小便处戒"。

《表记》第七十七条开缘中，指同第六十八条"塔下担死尸戒"，即：1. 若比丘尼有如是病，不犯。2. 若时须此道行。即唯有此道，别无选择，不犯。3. 若比丘尼为强力者将持，不犯。

二十四　塔四边涕唾戒

（一）戒名

【记】　塔四边涕唾戒第八十三

若比丘尼在塔四周涕唾，佛制不许。

（二）缘起

【记】　六群

六群：即六群比丘，乃缘起中能犯之人。

佛制此戒三要素：（1）**何处制：**佛于舍卫国制。（2）**因谁制：**六群比丘。（3）**因何制：**六群比丘，佛塔四边涕唾，因制。

（三）戒文

【记】　戒文——不得绕塔四边涕唾，应当学。

比丘尼不得在塔四周涕唾。

（四）开缘

【记】

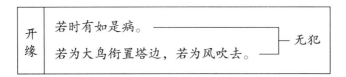

此戒开缘如下：

1. 若比丘尼有如是病，而在塔四周涕唾，不犯。
2. 若比丘尼在余处涕唾，而为大鸟衔置在塔四边；或为风吹到塔四边，不犯。

二十五　向塔舒脚坐戒

（一）戒名

【记】　向塔舒脚坐戒第八十四

若比丘尼向塔伸脚而坐，佛制不许。

舒脚：伸脚，或舒一脚，或舒两脚。

（二）缘起

【记】 六群

六群：即六群比丘，乃缘起中能犯之人。此戒由二缘合制。

佛制此戒三要素：（1）**何处制**：佛于舍卫国制。（2）**因谁制**：六群比丘。（3）**因何制**：六群比丘，向塔舒脚坐，因制。

（三）戒文

【记】 戒文——不得向塔舒脚坐，应当学。

比丘尼不得纵情放逸，向塔伸脚而坐。

（四）开缘

【记】

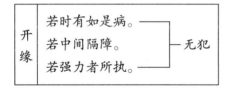

此戒开缘如下：

1. 若比丘尼时有如是病，而向塔舒脚坐，不犯。

2. 若与塔中间有隔障，如是舒脚坐，不犯。

3. 若比丘尼为强力者所执，而舒脚向佛塔坐，不犯。

二十六 安塔在下房戒

（一）戒名

【记】 安塔在下房戒第八十五

若比丘尼安佛塔在下房，而己在上房住，佛制不许。

（二）缘起

【记】 六群

六群：即六群比丘，乃缘起中能犯之人。

佛制此戒三要素：（1）**何处制**：拘萨罗国。（2）**因谁制**：六群比丘。（3）**因何**

制：六群比丘，安佛塔在下房，己在上房住，因制。

（三）戒文

【记】　戒文——不得安佛塔在下房，己在上房住，应当学。

比丘尼不得安佛塔在下房，而己在上房住。

上房：有二种，一者高显为上；二者妙好严丽为上。下房：亦有二种，一者处所低下名下；二者粗弊名下。

（四）开缘

【记】

开缘	若时有如是病，持佛塔在下房，己在上房住。若命难，若梵行难。	—— 无犯

此戒开缘如下：

1. 若比丘尼有如是病，安佛塔在下房，己在上房住，不犯。
2. 若比丘尼因有命难、梵行难，安佛塔在下房，己在上房住，不犯。

练习题

1. 背诵百众学第六十条至第八十五条戒文。

2. "至堂殿塔庙，如履冰临深。睹形像经教，必惨然加敬。"此段文出自哪里？请解释文意。

3. "斯由道众之非才，岂独俗儒之无识。每恨法门之覆灭，孰为扶持。更嗟狱报之艰辛，谁当救疗。"此段文出自哪里？如何理解？

4. 为什么不得塔下埋死尸？

5. 不可以在塔下做哪些事？

6. 不可以面向塔做哪些事？

7. 不得在塔周围做哪些事？

8. 百众学中在佛塔内不许做的事有几条？

9. 何为"上房"？何为"下房"？

10. "敬佛威仪行"中诸戒主要有哪些开缘？

思考题

1. 举例说明不恭敬佛宝的行为及果报。

第五节 四威仪敬上三宝行

四威仪敬上三宝行，从第八十六条"人坐己立说法戒"至第一百条"为持盖人说法戒"，共十五条戒。

一 人坐己立说法戒

（一）戒名

【记】 人坐己立说法戒第八十六

若听法人无病端坐，而比丘尼站立为其说法，佛制不许。本戒是因听法人无敬法之心，而比丘尼亦不尊重圣教，自卑于他，非法而说，故制。

（二）缘起

【记】 六群

六群： 即六群比丘，乃缘起中能犯之人。此戒由二缘合制。

佛制此戒三要素： （1）**何处制：** 佛于拘萨罗国制。（2）**因谁制：** 六群比丘。（3）**因何制：** 六群比丘，人坐己立而为彼说法。

（三）戒文

【记】 戒文——人坐己立，不得为说法，除病，应当学。

若听法人端坐，而比丘尼站立，比丘尼不得说法，除听者有病因缘。

（四）开缘

1. 正明开

【记】

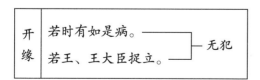

此戒开缘如下：

（1）若听者有如是病，比丘尼站立为其说法，不犯。

（2）若比丘尼被王或王大臣捉立说法，不犯，因其有势力，身不由己故。

2. 引文释

【记】 如律所开，唯王臣闻，岂非法由人弘？且悦形好，事通情服，自有恒准。灵芝释云：且悦形好，谓初弘法化，权暂引接。事通情服，谓后得信乐，不可自轻，还须从制，故云自有恒准也。

道宣律师云：如律中所开，唯独对国王及王大臣说法，开己立彼坐，这岂不是法由人弘？暂时权巧取悦，方便迎合。然后再用善巧方法度化之，待其得法利益，真诚欢喜笃信佛法，道众便不可自轻，即须从佛所制。

灵芝律师释云："且悦形好"，即初弘佛法之时，可以权巧方法接引。"事通情服"，待其信乐佛法后，则不可再如此自轻佛法，还须依佛所制，故云自有恒准。

二 人卧己坐说法戒

（一）戒名

【记】 人卧己坐说法戒第八十七

若人无病躺卧，比丘尼坐着向其说法，佛制不许。

（二）戒文

【记】 戒文——人卧己坐，不得为说法，除病，应当学。

若闻法人躺卧，而比丘尼坐着，则不得为其说法，除有病因缘。

除病：时毗舍佉母，道获三果，染疾。比丘、比丘尼往看，彼乐法情深，请为说法。因佛制戒，不敢为说，白佛，因此开听。

三 人在座己在非座说法戒

（一）戒名

【记】 人在座己在非座说法戒第八十八

若听法人无病在正座，而比丘尼在非正座为其说法，佛制不许。

座：或云正座，指好座、高广大座等。**非座**：指粗劣座、卑小座等。

（二）戒文

【记】 戒文——人在座，己在非座，不得为说法。除病，应当学。

若听法人在正座，而比丘尼在非正座，不得为说法，除其有病因缘。

四 人在高座己在下座说法戒

（一）戒名

【记】 人在高座己在下座说法戒第八十九

若听法人无病在高座，而比丘尼在下座，为彼说法者，佛制不许。

高座：妙好座或高床座。**下座**：卑床座或低床座。

《僧祇律》云："卑床有二种，一者下床名卑；二者粗弊亦名卑。高者二种：高大名高；妙好者亦名高。"①

（二）戒文

【记】 戒文——人在高座己在下座，不得为说法，除病，应当学。

若听法人在高座，而比丘尼在下座，则不得为说法，除其有病因缘。

五 人在前行己在后说法戒

（一）戒名

【记】 人在前行己在后说法戒第九十

若听法人无病在前行，而比丘尼在后行为其说法，佛制不许。

（二）戒文

【记】 戒文——人在前行己在后行，不得为说法。除病，应当学。

若听法人在前行，而比丘尼在后行，则不得为说法，除其有病因缘。

六 人在高经行处己在下经行处说法戒

（一）戒名

【记】 人在高经行处己在下经行处说法戒第九十一

若听法人无病在高处经行，而比丘尼在低处经行为其说法，佛制不许。

（二）戒文

【记】 戒文——人在高经行处己在下经行处，不得为说法。除病，应当学。

若听法人在高处经行，而比丘尼在下处经行，则不得为说法，除其有病因缘。

---

① （东晋）三藏佛陀跋陀罗共法显译《摩诃僧祇律》卷二十二，《大正藏》第22册，第408页。

七　人在道己在非道说法戒

（一）戒名

【记】　人在道己在非道说法戒第九十二

若听法人无病在正道，而比丘尼在非正道为其说法，佛制不许。

道：指正式道路，即宽而平坦之大道。**非道**：指非正式道，即弯而崎岖之小路。

（二）戒文

【记】　戒文——人在道，己在非道，不得为说法。除病，应当学。

若听法人在正道上，而比丘尼在非正道上，则不得为说法，除听法人有病因缘。

（三）指同

弘一律师加"案"指明诸戒开缘同前。

【记】　案 已上诸戒并同第八十六人坐己立说法戒。

已上诸戒，即第八十七条至第九十二条之开缘，同第八十六条"人坐己立不得为说法戒"。

八　携手在道行戒

（一）戒名

【记】　携手在道行戒第九十三

若比丘尼手牵手在道并行，佛制不许。

（二）缘起

【记】　六群　如王臣

六群：即六群比丘，乃缘起中能犯之人。**如王臣**：即缘起中所犯事之相状。

佛制此戒三要素：（1）**何处制**：佛于舍卫国制。（2）**因谁制**：六群比丘。（3）**因何制**：六群比丘，携手在道行，或遮他男女，因制。

（三）戒文

【记】　戒文——不得携手在道行，应当学。

比丘尼不得手拉手在道并行，不仅妨他行路，亦失道人威仪。

（四）开缘

【记】

| 开缘 | 若时有如是病。 ———————
若时有比丘尼患眼暗须扶接。 | ——— 无犯 |

此戒开缘如下：

1. 若有如是病，而携手在道行，不犯。

2. 若他比丘尼患眼暗，须人扶持，携手在道并行，不犯。

九　上树戒

（一）戒名

【记】　　上树戒第九十四

若比丘尼上树过人头，佛制不许。

（二）缘起

【记】　　安居比丘

安居比丘：乃缘起中能犯之人。此戒由二缘合制。

佛制此戒三要素：（1）**何处制**：佛于舍卫国制。（2）**因谁制**：一安居比丘。
（3）**因何制**：有一比丘，在大树上受夏安居，于树上大小便利。时树神嗔，伺其便，欲断其命根，因制。

（三）戒文

【记】　　戒文——不得上树过人，除时因缘，应当学。

比丘尼不得上树超过人头。若时有命难、梵行难，不犯。

（四）开缘

【记】

| 开缘 | 若时有如是病。 ———————
若命难，梵行难，上树过人。 | ——— 无犯 |

此戒开缘如下：

1. 若比丘尼有如是病，而上树过人，不犯。

2. 若比丘尼因有命难、梵行难，而上树过人，不犯。

《四分律》云："欲取树上干薪，听作钩钩取，听作梯取，若绳罥取，后诸比丘畏慎，不敢上干树上，佛言：若树通身干，听上。"[①] 树干则无神依，故开。

十　杖络囊戒

（一）戒名

【记】　杖络囊戒第九十五

若比丘尼以络囊盛钵，贯杖头，置肩上而行，佛制不许。

杖：竹杖、木杖、藤杖。**络囊**：以绳线作或布作络为囊，将钵盛在里面。

（二）缘起

【记】　跋难陀　如官人

跋难陀：乃缘起中能犯之人。**如官人**：即所犯事之相状。

佛制此戒三要素：（1）**何处制**：佛于舍卫国制。（2）**因谁制**：跋难陀。（3）**因何制**：跋难陀络囊中盛钵，贯着杖头肩上担。时诸居士见已，谓是官人，皆下道避于屏处看之，乃知是跋难陀，俗讥，因制。

（三）戒文

【记】　戒文——不得络囊盛钵，贯杖头，置肩上而行，应当学。

比丘尼不得以络囊盛钵，贯于杖头，置在肩上担行。

（四）开缘

【记】

此戒开缘如下：

1. 若比丘尼有如是病，以络囊盛钵，贯在杖头，置在肩上担行，不犯。

2. 若比丘尼，或为强力者所执持，或被系缚，或命难，或梵行难而以络囊盛钵，贯于杖头置在肩上担行，不犯。

---

① （后秦）三藏佛陀耶舍共竺佛念等译《四分律》卷三十七，《大正藏》第 22 册，第 832 页。

十一　为持杖人说法戒

（一）戒名

【记】　为持杖人说法戒第九十六

若比丘尼，为无病因缘而手持杖者说法，佛制不许。因不是老弱病人，持杖听法不恭敬，故制。

（二）缘起

【记】　六群

六群：即六群比丘，乃缘起中能犯之人。此戒由二缘合制。

佛制此戒三要素：（1）**何处制**：佛于舍卫国制。（2）**因谁制**：六群比丘。（3）**因何制**：六群比丘，为执杖不恭敬者说法，因制。

（三）戒文

【记】　戒文——人持杖不恭敬，不应为说法。除病，应当学。

人持杖听法，不恭敬法，故比丘尼不应为其说，除听者有病因缘。

（四）开缘

【记】

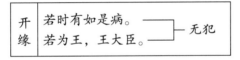

此戒开缘如下：

1. 若比丘尼有如是病，而为无病持杖人说法，不犯。

2. 若比丘尼为王、王大臣，彼虽无病持杖，不犯，以其有大势力，法赖弘通故。

《僧祇律》云："若比丘在怖畏崄道行时，防卫人言：'尊者为我说法。'彼虽捉杖，为说法无罪。"[1]

十二　为持剑人说法戒

（一）戒名

【记】　为持剑人说法戒第九十七

---

[1]　（东晋）三藏佛陀跋陀罗共法显译《摩诃僧祇律》卷二十二，《大正藏》第 22 册，第 410 页。

若比丘尼为无病而手持剑者说法，佛制不许。

剑：即两面刃有脊者曰剑，其有大小、长短之分。

（二）戒文

【记】　戒文——人持剑，不应为说法。除病，应当学。

若听法人手持剑，比丘尼则不应为说法，除其有病因缘。

十三　为持矛人说法戒

（一）戒名

【记】　为持鉾人说法戒第九十八

若比丘尼为无病而手持矛者说法，佛制不许。

鉾：古同"矛"，用来刺杀敌人的长柄兵器。

（二）戒文

【记】　戒文——人持鉾，不应为说法。除病，应当学。

若听法人手持矛，比丘尼则不应为说法，除其有病因缘。

十四　为持刀人说法戒

（一）戒名

【记】　为持刀人说法戒第九十九

若比丘尼为无病而手持刀者说法，佛制不许。

（二）戒文

【记】　戒文——人持刀，不应为说法。除病，应当学。

若听法人手持刀，比丘尼则不应为说法，除其有病因缘。

十五　为持盖人说法戒

（一）戒名

【记】　为持盖人说法戒第一百

若比丘尼为无病而手持伞盖者说法，佛制不许。此戒为众学法中第一百条。

盖：伞盖，或遮日，或遮雨，或作庄严用。《僧祇律》云："盖者，树皮盖、多罗叶盖、多梨叶盖、竹伞盖、叠伞盖、孔雀尾盖，如是种种能遮雨日者，皆名伞盖。"①

（二）戒文

【记】 戒文——人持盖，不应为说法。除病，应当学。

若听法人手持伞盖，比丘尼则不应为说法，除其有病因缘。

病： 或头上患疮，畏日晒；或身因病苦，畏雨畏日，必须伞盖。

（三）指同

弘一律师加"案"指明诸戒开缘同前。

【记】 案已上诸戒并同第九十六为持杖人说法戒。

以上诸戒，即第九十七至第一百条戒之开缘，并同第九十六条"为持杖人说法戒"。

练习题

1. 背诵百众学第八十六条至第一百条戒文。
2. 为什么在诸戒中佛为王及大臣开缘？
3. 请解释"且悦形好，事通情服，自有恒准"之文意。
4. 为什么人坐己立不可以为说法？
5. "人持盖，不应为说法。除病，应当学。"此戒中的"病"指什么？
6. "人在道己在非道说法戒"中的"道"与"非道"各是何意？
7. "四威仪敬三宝行"中诸戒主要开缘有哪些？

思考题

1. 结合戒定慧三学次第修学关系，谈谈持守百众学之重要意义。

第六节 结文简问

上已详彰百众学法，了了说竟，众已委知，今又结问。

一 结前文

【记】 诸大姊，我已说众学戒法。

---

① （东晋）三藏佛陀跋陀罗共法显译《摩诃僧祇律》卷二十二，《大正藏》第22册，第410页。

诸大姊：呼起一声，提醒注意。我已了了说完众学戒法。

二　简众情

通过征问简别同法大众是否清净。

【记】　今问诸大姊，是中清净不？三说

诸大姊，是中清净，默然故，是事如是持。

今问诸大姊，是中清净不：正式征问同法大众，对于比丘尼三百四十八条戒，是否皆持守清净？有所毁犯是否已发露忏悔？只有自身清净，方与说戒相应。

是中：指三百四十八条戒。

清净不：这是通问之语，每说完一篇，都要通篇而问，不单是只问当篇。如果只问当篇是否清净，则表示可以带罪听戒，不符合"自身有罪，不合闻戒"之教法。

是中清净，默然故，是事如是持：大众默然，表明皆清净，应继续谨护身心，严持勿犯。大众既清净，堪继续说戒经。

📖 小结

本章一百条戒，多涉道众行住坐卧、穿衣吃饭、出入佛塔、为俗讲法等日常生活之威仪。

是中诸戒微细难持，实由凡夫众生多缺正念，日常之中，遇缘起过，动乖威仪。道宣律师在《行事钞》中言：戏笑妄语，诸非法相，并先不摄念，故起斯过。[①]《四分律》卷四十、五十三两处记载佛陀教导比丘摄持威仪、常尔一心：比丘若出若入，屈伸俯仰，执持衣钵，若饮若食，若服药，大小便利，若眠若觉，若来若去，若坐若住，若睡若觉，若语若默，常尔一心，是谓比丘摄持威仪。[②]

严护微细戒行，既是深防前篇诸重戒之方便，更是培育正念、定力乃至观智之正途。正如《佛遗教经》云："若摄心者心则在定，心在定故能知世间生灭法相。"[③]

此外，舍利弗尊者折伏于马胜比丘之威仪，得闻佛法，证得圣果，乃佛门中耳

---

① （唐）道宣律师撰《四分律删繁补阙行事钞》卷二，《大正藏》第 40 册，第 104 页。
② （后秦）三藏佛陀耶舍共竺佛念等译《四分律》卷四十，《大正藏》第 22 册，第 856 页；《四分律》卷五十三，《大正藏》第 22 册，第 964 页。
③ （后秦）三藏鸠摩罗什译《佛垂般涅槃略说教诫经》，《大正藏》第 12 册，第 1111 页。

熟能详之公案。^① 可知，比丘正念一心，摄持威仪，能生增物信，续佛法命脉。

鉴于微细戒行具诸多功德利益，诸比丘尼当恭敬奉行，不可轻忽。

---

① 《四分律》卷三十三记载：尔时世尊在罗阅城，尊者阿湿卑（马胜比丘，佛陀最初度五比丘之一）给侍如来。时到着衣持钵入城乞食，颜色和悦，诸根寂定，衣服齐整，行步庠序，不左右顾视，不失威仪。时优波提舍（舍利弗尊者从父之名），时已到入园观看，见阿湿卑威仪如是，便生是念：今观此比丘威仪具足，我今宁可往问其义。……即往问义："汝为谁？师字谁？学何法？"即报言："我师大沙门，是我所尊，我从彼学。"优波提舍即复问言："汝师大沙门说何法耶？"报言："我年幼稚出家日浅，未堪广演其义，今当略说其要。"优波提舍言："我唯乐闻为要，不在广略。"阿湿卑言："汝欲知之，如来说因缘生法，亦说因缘灭法。若法所因生，如来说是因。若法所因灭，大沙门亦说此义。此是我师说。"时优波提舍闻已，即时诸尘垢尽得法眼净。（《大正藏》第22册，第798页。）

第十一章　灭诤法

导　言

此章列示殄灭诤事之七种方法：现前毗尼法、忆念毗尼法、不痴毗尼法、自言治毗尼法、多人语毗尼法、觅罪相毗尼法以及草覆地毗尼法。

此七法与前述诸章戒法，不甚相同。以上戒法重在遮止，而此七种"灭诤毗尼"皆为佛制当用之法。若约遮止而言，此七法可理解为"若应与而不与，或不应与而与，令法事乖违，施法不当，佛制不许"。

《表记》中此篇内容安排与前诸篇有异，故此章内容亦随之有所变化。第一节"概述"、第二节"总示戒本灭诤义"以及第五节"结文简问"，如常解释戒本中所示佛制灭诤法。第三节"引文别解灭诤法"，为《四分律含注戒本疏行宗记》中对"七灭诤法"之诠释。第四节"灭诤毗尼之如非"，乃据《四分律》《十诵律》《萨婆多论》等律论，列出运用灭诤毗尼之诸种如法与非法。

此章重点：七灭诤法之含义、所适用之诤事及《四分律》所示之具体做法，主要在第二节内容。难点：四诤品量之准确判断、灭诤法对九品诤事之恰当抉择、灭诤法核心义理于现代僧团管理之实际应用，主要在第三节内容。疑点：现实僧团修学生活中发生之诸种诤事，究竟当用何种灭诤法，须深入思维、细致斟酌，主要在第四节内容。

建议用6课时讲授，2课时讨论，共计8课时。

第一节　概述

【记】　诸大姊，是七灭诤法，半月半月说戒经中来。

诸大姊：呼起一声。提醒同法诸比丘尼大姊，专心听说，思维戒相，检点己行清净与否。

七灭诤法：共有七种灭诤之法。若比丘尼有四诤事起，当以此七法，如法如律，如佛所教，而除灭之。故四诤如病，灭诤法如药，用药消灭诤事，实乃和众之良方。

四诤：言诤、觅诤、犯诤、事诤。

七法：现前、忆念、不痴、自言、多人语、觅罪相、草覆地。

半月半月说：说戒恒规，每半月宣说一次。今说戒是正时，而非余难缘。

戒经中来：所诵戒法，传承有据，乃出自戒经，为佛亲制。

第二节　总示戒本灭诤义

总标并列示戒本中七灭诤法之文义。

【记】　七灭诤法

继百众学后，戒本列示七灭诤法。

一　现前法

（一）戒名

【记】　现前法第一

现前法：即现前毗尼，即诤事生起之时，令双方在现前对决，或引证三藏教文而判；或依据戒律制文而决。

第一：此戒为七灭诤法中第一条。比丘同制同学。

据《四分律》所制，现前法有三现前、五现前。

所谓三现前，即法、毗尼、人。"云何法现前？所持法灭诤者是。云何毗尼现前？所持毗尼灭诤者是。云何人现前？言议往返者是。"[1]

所谓五现前，即法、毗尼、人、僧、界。前三同上。"云何僧现前？同羯磨和合集一处，不来者嘱授在现前，应呵者不呵者是。云何界现前？在界内羯磨作制限者是。"[2]

（二）缘起

【记】　迦留陀夷

迦留陀夷：即缘起中应与现前毗尼法之人。

---

[1] （后秦）三藏佛陀耶舍共竺佛念等译《四分律》卷四十七，《大正藏》第 22 册，第 917 页。

[2] 同上。

佛制此戒三要素：（1）**何处制：**佛于舍卫国制。（2）**因谁制：**迦留陀夷等。（3）**因何制：**时迦留陀夷与六群比丘在河中浴，迦留陀夷误着他衣而去。六群比丘上岸后不见己衣，言迦留陀夷犯盗，彼不现前便与灭摈羯磨。迦留陀夷以此白佛，佛呵责诸犯过比丘，因制。

（三）戒文

【记】　戒文——若比丘尼有诤事起，即应除灭。应与现前毗尼，当与现前毗尼。

此戒文分两句：

第一句：若比丘尼有诤事起，即应除灭——有诤即灭

若比丘尼有诤事生起，即须及时除灭。否则，会有自损、坏众法两种损失。

1. **自损：**凡夫修道，因为我倒未除，所以在同住之时，多见他过。如果有过而不除，便会转增旧习，障碍修道。

2. **坏众法：**由于凡夫内怀迷倒，便会制造诤事。如果不及时给予化解，必将令诤事扩大，使僧众不能和合。因此，佛制有诤事起，即须及时除灭。若放任自流，就会使发诤者执迷不悟，使诤事的波及面不断扩大，逐渐障垢覆心，难以接受正确的教法。因为佛法二宝，赖僧而住，僧和之义既失，佛法焉能独存？所以三宝灭尽，无不由之。因此，拘睒弥国起诤之由，及后法灭亦在此国。

第二句：应与现前毗尼，当与现前毗尼——现前毗尼

凡诤事生起，先须甄别考量，然后根据具体诤事来施相应法药。若衡量诤事须现前毗尼法药治时，依理就应该与现前毗尼法药殄息。《四分律》制："不应人不现前而作羯磨：呵责羯磨、摈羯磨、依止羯磨、遮不至白衣家羯磨、举羯磨、灭摈羯磨。若作羯磨，不成，得突吉罗。自今已去，为诸比丘结现前毗尼灭诤。"①

应：衡量。**当：**理合。

应与现前：因为用佛法教导必托于相，要求现前；如果在屏处衡量暗断，终究不能平息妄情，此即现前毗尼法之意义所在。

当与：即现前毗尼具三法、五法（三法现前、五法现前如后释）。理皆灼然，观点明确，因此，须顺教而行，以息灭纷诤。

此现前毗尼法，本制灭诤，兼该一切众别羯磨。若别人对首、心念，三现前毗尼即得；若四人以上僧法，作羯磨时，须五现前毗尼。因羯磨所起，必在作法界内。唯结界羯磨在自然界中。

---

①　（后秦）三藏佛陀耶舍共竺佛念等译《四分律》卷四十七，《大正藏》第22册，第913~914页。

二　忆念法

（一）戒名

【记】　忆念法第二

忆：记忆；**念**：明记不忘。**忆念**：即与法证明被诘问者忆记无犯。

忆念法：即诸同梵行之人，数数诘问其罪，尽管被问之人不忆念有犯，但仍被人诘问不止。佛令僧为其作忆念毗尼，令彼忆念，使诸同梵行者，勿再令其忆念。

《善见律》云："忆念毗尼者，为爱尽比丘，下至阿那含人，不为凡夫。"[1]

第二：此戒为七灭诤法中第二条。比丘同制同学。

（二）缘起

【记】　沓婆摩那子

沓婆摩那子：即缘起中应与忆念毗尼法之人。《大正藏》收录的《四分律》中为"沓婆摩罗子"。

佛制此戒三要素：（1）**何处制**：佛于王舍城制。（2）**因谁制**：沓婆摩那子等。（3）**因何制**：时沓婆摩那子为僧知事人，依次分房食。慈地比丘得恶房、劣卧具、恶请处，生嗔，即令其妹尼以婬事诬谤。佛亲于众中，问于虚实，沓婆言生来乃至于梦中，皆无婬欲事，况实作。后诸比丘故诘问不止，沓婆摩那子展转白世尊。佛言："听为沓婆摩罗子作忆念毗尼白四羯磨。"

（三）戒文

1. 释文

【记】　戒文——应与忆念毗尼，当与忆念毗尼。

如果衡量诤事须用忆念毗尼法药治时，理当与忆念毗尼法药殄息。如果应与而不与，或不应与而与，令法事乖违，施法不当，得突吉罗罪。

2. 示法

《四分律》中制"忆念毗尼白四羯磨法"。

沓婆摩罗子应往僧中，偏露右肩、脱革屣、右膝着地，合掌白如是言："大德僧听！我沓婆摩罗子不犯重罪，诸比丘言：'我犯重罪波罗夷、僧伽婆尸沙、偷兰遮。'诸比丘问我言：'汝忆犯重罪波罗夷、僧伽婆尸沙、偷兰遮不？'我不忆犯重罪波罗夷、僧伽婆尸沙、偷兰遮，答言：'我不忆犯如是重罪。诸长老！不须数数

---

[1]　（齐）三藏僧伽跋陀罗译《善见律毗婆沙》卷十八，《大正藏》第24册，第796页。

难诘问我。'而诸比丘故难诘不止。我今不忆念，从僧乞忆念毗尼，愿僧与我忆念毗尼，慈愍故。"如是第二、第三乞。

众中应差堪能羯磨者如上，作如是白：

"大德僧听！此沓婆摩罗子，不犯重罪波罗夷、僧伽婆尸沙、偷兰遮。诸比丘皆言：'犯重罪波罗夷乃至偷兰遮。'诸比丘问言：'汝忆犯重罪波罗夷乃至偷兰遮不？'彼不忆犯重罪，即答言：'我不犯重罪。诸长老！不须难诘我。'而诸比丘故难诘不止。彼不忆犯罪，今从僧乞忆念毗尼。若僧时到僧忍听，与彼忆念毗尼。白如是。"

"大德僧听！此沓婆摩罗子，不犯重罪波罗夷、僧伽婆尸沙、偷兰遮。诸比丘皆言：'犯波罗夷、僧伽婆尸沙、偷兰遮。'即问言：'汝忆犯重罪波罗夷乃至偷兰遮不？'彼不忆犯重罪，即答言：'我不忆犯重罪。诸长老！不须数难诘问我。'而诸比丘故数数难诘不疑。彼不忆罪，今从僧乞忆念毗尼。今僧与沓婆摩罗子作忆念毗尼。谁诸长老忍僧与沓婆摩罗子忆念毗尼者默然，谁不忍者说。此是初羯磨。"第二、第三亦如是说。

"僧已忍与沓婆摩罗子忆念羯磨竟，僧忍，默然故，是事如是持。"

自今已去，与诸比丘结忆念毗尼灭净，应如是说忆念毗尼。[1]

三　不痴法

（一）戒名

【记】　不痴法第三

不痴法：《尼羯磨》云："云何不痴毗尼？彼比丘尼此罪，更不应作举、作忆念。"[2] 此中"彼比丘尼"，指曾经狂痴现狂痴已止者。"此罪"，指狂痴时所造诸罪。"更不应作举、作忆念"，意即若其他比丘尼对其狂痴时所犯诸罪数数诘难，彼丘尼当从僧乞"不痴毗尼"，大众僧当与"不痴毗尼"。从此后，其他比丘尼不可再对其狂痴时作犯诸罪作举、作诘难令其忆念。

第三：此戒为七灭净法中第三条。比丘同制同学。

（二）缘起

【记】　难提比丘

难提比丘：即缘起中应与不痴毗尼法之人。

---

① （后秦）三藏佛陀耶舍共竺佛念等译《四分律》卷四十七，《大正藏》第22册，第914页。
② （唐）怀素律师集《尼羯磨》卷三，《大正藏》第40册，第556页。

佛制此戒三要素：（1）**何处制：**佛于王舍城制。（2）**因谁制：**难提比丘等。
（3）**因何制：**难提比丘，因癫狂心乱，行来出入不顺威仪，多犯众罪。后难提病
瘥，诸比丘诘问，难提即报言："痴时造诸重罪，不是我故意而作！"诸比丘诘问不
止，难提以此事展转白佛，佛言："听僧与难提比丘不痴毗尼白四羯磨。"

（三）戒文

1. 释文

【记】 戒文——应与不痴毗尼，当与不痴毗尼。

如果衡量诤事须用不痴毗尼法药治时，理应及时施与不痴毗尼法药来息灭诤事。
如果应与而不与，不应与而与，令法事乖违，施法不当，得突吉罗罪。

2. 示法

《四分律》制"不痴毗尼白四羯磨法"。

难提比丘应至僧中，偏露右肩、脱革屣、右膝着地，合掌作如是白言："大德
僧听！我难提比丘，癫狂心乱时多犯众罪，行来出入不顺威仪。后还得心，诸比丘
问我言：'汝忆犯重罪波罗夷、僧伽婆尸沙、偷兰遮不？'我答言：'先癫狂心乱时
多犯众罪，行来出入不顺威仪，非我故作，是癫狂故。诸长老！不须数难诘问
我。'而诸比丘故难问不止。我今不痴，从僧乞不痴毗尼。愿僧与我不痴毗尼，慈
愍故。"如是第二、第三说。

众中应差堪能羯磨者如上，作如是白：

"大德僧听！此难提比丘，癫狂心乱多犯众罪，言无齐限，出入行来不顺威仪。
后还得心，诸比丘语言：'汝忆犯重罪波罗夷、僧伽婆尸沙、偷兰遮不？'即答言：
'我先癫狂时多犯众罪，言无齐限，出入行来不顺威仪，此是癫狂，非是故作。诸
长老！莫数难诘我。'而诸比丘故难诘不止。此比丘今不痴，从僧乞不痴毗尼。若
僧时到僧忍听，与难提比丘不痴毗尼。白如是。"

"大德僧听！此难提比丘，癫狂心乱多犯众罪，言无齐限，出入行来不顺威仪。
后还得心，诸比丘语言：'汝忆犯重罪波罗夷、僧伽婆尸沙、偷兰遮不？'即答言：
'我先癫狂心乱，多犯众罪，出入行来不顺威仪。此是我癫狂心乱，非是故作。诸
长老！莫数难诘问我。'而诸比丘故难诘不止。此比丘今不痴，从僧乞不痴毗尼。
僧今与难提比丘不痴毗尼。谁诸长老忍僧与难提比丘不痴毗尼者默然，谁不忍者说。
是初羯磨。"如是第二、第三说。"僧已忍与难提比丘不痴毗尼竟，僧忍，默然故，
是事如是持。"

自今以去，与诸比丘结不痴毗尼灭诤，应如是说不痴毗尼。①

---

① （后秦）三藏佛陀耶舍共竺佛念等译《四分律》卷四十七，《大正藏》第22册，第914页。

四　自言治法

（一）戒名

【记】　自言治法第四

自言：即面对众人，自陈己过。《尼羯磨》云："云何自言？说罪名、说罪种忏悔者是。"①

治：因发露己罪之时，没有隐瞒、覆藏之意，表示既已知错，后不更作，故名"治"。如《尼羯磨》云："云何治？自责汝心，生厌离。"②

自言治法：即比丘尼犯罪，不以威力强制，令犯者自己表白决了。据《四分律》记载：目犍连尊者以天眼清净，见比丘犯戒，不取自言，牵出门外。佛言：不应如是。若于异时，亦不应如是。令彼伏罪然后与罪，不应不自伏罪而与罪。自今已去，为诸比丘结自言治灭净。③

第四：此戒为七灭净法中第四条。比丘同制同学。

（二）缘起

【记】　有一比丘

有一比丘：即缘起中应与自言治毗尼法之人。

佛制此戒三要素：（1）何处制：佛于瞻波国制。（2）因谁制：一犯戒比丘。（3）因何制：时白月十五众僧布萨日，佛默然坐于众中，初夜、中夜已过，阿难请佛说戒，世尊依然默然。后夜已过，阿难复请："愿世尊说戒！"佛告阿难："欲令如来于不清净众中说戒，无有是处！"目犍连尊者以天眼观察众中，见去佛不远坐有一犯戒比丘，即手牵彼令出说戒堂，白佛言："大众已清净，愿世尊说戒！"佛告目犍连尊者："不应如是，若于异时亦不应如是。目连！令彼伏罪然后与罪，不应不自伏罪而与罪。自今已去，为诸比丘结自言治灭净。"

（三）戒文

【记】　戒文——应与自言治，当与自言治。

如果衡量须用自言治毗尼法药来息诤事时，理应及时与自言治毗尼法药殄息。若应与而不与，不应与而与，令法事乖违，施法不当，得突吉罗罪。

---

① （唐）怀素律师集《尼羯磨》卷三，《大正藏》第40册，第556页。
② （唐）怀素律师集《尼羯磨》卷三，《大正藏》第40册，第556页。
③ （后秦）三藏佛陀耶舍共竺佛念等译《四分律》卷四十七，《大正藏》第22册，第914～915页。

五 多人语法

（一）戒名

【记】 多人语法第五

多人语法：《尼羯磨》云："若诸比丘尼诤事现前不能灭者，应多求知法比丘尼行舍罗灭，以筹多表语。"①

用多人知法者语：《四分律》云："若用多人说，持法、持毗尼、持摩夷。"②

第五：此戒为七灭诤法中第五条。比丘同制同学。

（二）缘起

【记】 诸比丘

诸比丘：乃缘起共中斗诤之人。

佛制此戒三要素：（1）**何处制**：佛于舍卫国制。（2）**因谁制**：诸比丘。（3）**因何制**：时舍卫诸比丘起诤，众僧求觅罪，如法、如毗尼、如佛所教。尔时佛告诸比丘："应多求觅罪用多人知法者语。自今已去，为诸比丘结用多人语灭诤法。"

（三）戒文

1. 释文

【记】 戒文——应与多人语，当与多人语。

如果衡量诤事须用多人语毗尼法药治时，理合适时与多人语毗尼法药殄息。若应与而不与，不应与而与，令法事乖违，施法不当，得突吉罗罪。

2. 示法

《四分律》制"多人语灭诤法"。

（1）差行舍罗人羯磨

应灭此诤用多人语，听行舍罗。差行舍罗人白二羯磨，不爱、不恚、不怖、不痴、知已行不行。有如是五法，应差行舍罗。

众中应如是差堪能羯磨者如上，作如是白："大德僧听！若僧时到僧忍听，僧差某甲比丘行舍罗。白如是。""大德僧听！僧今差某甲比丘行舍罗。谁诸长老忍僧差某甲比丘行舍罗者默然，谁不忍者说。""僧已忍差某甲比丘行舍罗竟，僧忍，默

---

① （唐）怀素律师集《尼羯磨》卷三，《大正藏》第 40 册，第 556 页。
② （后秦）三藏佛陀耶舍共竺佛念等译《四分律》卷四十七，《大正藏》第 22 册，第 919 页。文中"摩夷"，乃论藏四名之一。《大乘义章》卷一云："言摩夷者，此名行母。辨诠行法，能生行故，名为行母。"（《大正藏》第 44 册，第 468 页。）

然故，是事如是持。"（比丘尼同制，唯改"大德"为"大姊"；改"比丘"为"比丘尼"。下同。）

（2）行舍罗法

有三种行舍罗：一显露、二覆藏、三耳语。

①显露行舍罗

A. 何时显露行舍罗

彼诸比丘作如是念：众中非法比丘多，然彼和尚、阿阇梨皆如法。或众中多非法人，而上座智人持法、持毗尼、持摩夷者皆如法语。或不知此净事为如法语者多、非法语者多？然彼和尚、阿阇梨皆如法。或不知此净事为法语多、非法语多？然彼上座智人持法、持毗尼、持摩夷皆如法说。或此净事法语人多。即应显露行舍罗。

B. 如何显露行舍罗

应作二种舍罗，一破舍罗；二完舍罗。行舍罗者白言："作如是语者捉不破舍罗；作如是语者捉破舍罗。"行舍罗已，应别处数。若如法语者多，应作白："作如是语者净事灭。"若如法语者少，应作乱已便起去。遣信往比丘住处，僧中白言："彼住处非法比丘多。善哉长老！能往至彼若如法语比丘多，净事灭功德多。"此比丘闻应往，若不往如法治。

②覆藏行舍罗

A. 何时覆藏行舍罗

诸比丘作如是念：此净事如法比丘多，而彼和尚、阿阇梨不如法，我等若显露行舍罗，恐诸比丘随和尚、阿阇梨捉舍罗。或此净事如法比丘多，彼众中有上座标首智人者，持法、持毗尼、持摩夷而住非法。若我等显露行舍罗者，诸比丘随彼众中上座标首智人住非法者捉舍罗。或不知此净事为如法语者多、非法语者多？然彼和尚、阿阇梨皆不如法。或不知此净事为法语多、非法语多？然彼上座智人持法、持毗尼、持摩夷皆不如法说。是比丘应覆藏行舍罗。

B. 如何覆藏行舍罗

《毗尼止持会集》云：谓盖覆，非显露筹盘而行，使众不见。[①] 即为避免如法者随不如法和尚、阿阇梨、上座智人捉舍罗，故以盖覆舍罗盘而行，使众不见。

其余作法，同上"显露行舍罗法"。

③耳语行舍罗

A. 何时耳语行舍罗

彼比丘作如是念：如法比丘多，彼和尚、阿阇梨非法说。或此净事如法比丘多，而彼众中上座智人标首比丘住非法持法、持毗尼、持摩夷。或不知此净事为如法语

---

① （清）读体律师集《毗尼止持会集》卷十六，《卍新续藏》第 39 册，第 491 页。

者多、非法语者多？然彼和尚、阿阇梨皆不如法。或不知此净事为法语多、非法语多？然彼上座智人持法、持毗尼、持摩夷皆不如法说。彼比丘应耳语行舍罗。

B. 如何耳语行舍罗

应作二种舍罗：一破舍罗、二完舍罗。行舍罗者应作白："如是语者捉完舍罗；如是语者捉破舍罗。"彼行舍罗时，应稀坐间容一人身小障翳，便于行舍罗人曲身耳语，以遮挡捉舍罗者，令彼二师、上座等，不能见舍罗及闻声故。彼比丘作耳语，语言："汝和尚、同和尚、阿阇梨、同阿阇梨、亲厚知识已捉舍罗。善哉！汝亦当捉舍罗，慈愍故。"若如法比丘多，净事得灭得功德多。

其余作法，皆同"显露行舍罗法"。

自今已去，与诸比丘结用多人语灭净法。应如是说用多人语。[①]

六　觅罪相法

（一）戒名

【记】　觅罪相法第六

觅罪相法：或云罪处所法，即比丘尼犯罪，作妄语，以重为轻，不自首本罪。众僧以白四羯磨治其本罪，夺三十五事。若彼伏首本罪，复以白四羯磨为解。

第六：此戒为七灭净法中第六条。比丘同制同学。

（二）缘起

【记】　象力比丘

象力比丘：乃缘起中应与觅罪相毗尼法之人。

佛制此戒三要素：（1）**何处制**：佛于释翅瘦制。（2）**因谁制**：象力比丘。（3）**因何制**：象力比丘共外道论议，被逼问时，前后言语相违。于僧中问时，亦是前后言语相违，在众中故作妄语。诸外道皆共讥嫌，言沙门释子不知惭愧，故作妄语。如法比丘嫌责象力比丘已，以此因缘具白世尊。世尊集僧，以无数方便诃责象力已，告诸比丘："应与彼比丘作罪处所白四羯磨。"

（三）戒文

1. 释文

【记】　戒文——应与觅罪相，当与觅罪相。

如果衡量净事须用觅罪相毗尼法药来治时，理应及时与觅罪相毗尼法药殄息。

---

① （后秦）三藏佛陀耶舍共竺佛念等译《四分律》卷四十七，《大正藏》第 22 册，第 918~920 页。

若应与而不与，不应与而与，令法事乖违，施法不当，得突吉罗罪。

2. 示法

《四分律》制"觅罪相毗尼羯磨法"。

世尊以无数方便呵责象力已。告诸比丘，应与彼比丘作罪处所白四羯磨。应如是与：集僧已，为作举。作举已，为作忆念。忆念已，与罪。

众中应差堪能作羯磨者，作如是白：

"大德僧听！此象力释子好论议，与外道论得切问时，前后言语相违；设于众僧中问，亦前后言语相违，众中故作妄语。若僧时到僧忍听，僧今与象力释子作罪处所羯磨。'汝象力！无利不善得。汝得切问时，前后言语相违；设众僧中问时亦复如是，在众中故作妄语。'白如是。""大德僧听！此象力释子好论议，与外道论得切问时，前后言语相违；在众僧中问时亦复如是，在众中故作妄语。今僧与象力释子作罪处所羯磨。'汝象力！无利不善得，汝得切问时前后言语相违，在众中问时亦复如是，在众中故作妄语。'谁诸长老忍僧与象力释子作罪处所羯磨者默然，谁不忍者说。是初羯磨。"第二、第三如是说。"僧已忍与象力释子作罪处所羯磨竟，僧忍，默然故，是事如是持。"

自今已去，为诸比丘结罪处所灭诤法。应作如是说结罪处所。①

七　草覆地法

（一）戒名

【记】　草覆地法第七

草覆地法：据道宣律师《戒本疏》释，如果彼此二众共诤，经久不息，堪检罪事，不知首尾，无由以教取断是非。则会二众，由其上座，让彼此各陈灭诤之言而息其诤，不须复说彼此是非。法药如草，诤论如泥，今以法药而止诤论，如草之覆泥地，故云草覆地。②

《四分律》云："云何草覆地？不称说罪名、罪种忏悔者是。"③《五分律》亦云："何谓草布地？彼诸比丘不复说斗原，僧亦不更问事根本。"④

第七：此戒为七灭诤法中第七条。比丘同制同学。

---

① （后秦）三藏佛陀耶舍共竺佛念等译《四分律》卷四十七，《大正藏》第22册，第915页。

② 《戒本疏》卷四云："草覆地者，两朋相诤，经年难灭。勘检罪事，不知首尾。无由以教，取断是非。故直面对，各陈咎失。不须后说，彼我是非。罪净于此，一时俱净。如草掩泥，事净便止。故曰也。"（《卍新续藏》第40册，第168页。）

③ （后秦）三藏佛陀耶舍共竺佛念译《四分律》卷四十八，《大正藏》第22册，第922页。

④ （刘宋）三藏佛陀什共竺道生等译《弥沙塞部和醯五分律》卷二十三，《大正藏》第22册，第156页。

（二）缘起

【记】　诸比丘

诸比丘： 乃缘起中共斗诤，应与草覆地毗尼法之人。

佛制此戒三要素：（1）**何处制：** 佛于舍卫国制。（2）**因谁制：** 舍卫国诸比丘。（3）**因何制：** 时舍卫诸比丘共诤，诸比丘多犯众戒，亦作亦说，出入无限。彼诸比丘自作如是念："我等多犯众戒，若我等彼此问罪，会令此诤事转增深重、经历年月，不得如法、如毗尼、如佛所教灭除诤事，令僧不得安乐。"于是诸比丘白佛，佛言："为诸比丘结如草覆地灭诤法。"

（三）戒文

1. 释文

【记】　戒文——应与草覆地，当与草覆地。

如果衡量诤事须用草覆地毗尼法药治时，理当适时与草覆地毗尼法药殄息。若应与而不与，不应与而与，令法事乖违，施法不当，得突吉罗罪。

2. 示法

《四分律》制"草覆地毗尼灭诤法"。

佛告阿难草覆地毗尼灭诤法应如是作：若比丘诤事，是中比丘多犯众罪非沙门法，言无齐限，出入行来不顺威仪。彼作如是念："我等此诤事，多犯众罪非沙门法，言无齐限，出入行来不顺威仪。我等若自共寻究此事，恐令罪深重，不得如法、如毗尼、如佛所教诤事灭，令诸比丘住止不安乐。"

彼一众中有智慧堪能比丘，从座起，偏露右肩、右膝着地，合掌作如是言："诸长老！我等此诤事，多犯众罪非沙门法，言无齐限，出入行来不顺威仪。若我等寻究此事，恐令罪深重，不得如法、如毗尼、如佛所教诤事灭，令诸比丘住止不安乐。若长老忍者，我今为诸长老作如草覆地忏悔此罪。"第二众中亦如是说。

彼诸比丘应作白如草覆地忏，如是白："大德僧听！若僧时到僧忍听，僧今此诤事作草覆地忏悔。白如是。"应作如是白已，作如草覆地忏悔。是一众中有智慧堪能者从座起，偏露右肩、右膝着地，合掌作如是白："诸长老！我今此诸诤事已所犯罪，除重罪遮不至白衣家羯磨，若诸长老听者，为诸长老及己作草覆地忏悔。"第二众亦应作如是说①。

《毗尼关要》卷十六释"除重罪遮不至白衣家羯磨"："言除重罪者，谓此草覆地法，一切波逸提、突吉罗等轻罪，皆悉除灭。若犯波罗夷仍须灭摈；僧残还须行

---

① （后秦）三藏佛陀耶舍共竺佛念等译《四分律》卷四十八，《大正藏》第22册，第921~922页。

别住等法；偷兰亦用作法方除。遮不至白衣家，亦非因此而解。"①

 练习题

1. 何谓"现前法"？"三现前""五现前"各指什么？

2. 略述佛制"现前毗尼"三要素。

3. 解释"若比丘尼有诤事起，即应除灭""应与现前毗尼，当与现前毗尼"两句戒文之意思。

4. 何谓"忆念法"？据《戒本疏》，此法什么人可行、哪些人不可行？

5. 佛制"忆念毗尼"缘起如何？

6. 解释戒文"应与忆念毗尼，当与忆念毗尼"。

7. 背诵"忆念毗尼白四羯磨法"。

8. 略述佛制"不痴毗尼"三要素。

9. 背诵"不痴毗尼白四羯磨法"。

10. 根据《四分律》及《尼羯磨》，解释戒名"自言治法第四"。

11. 略述佛制"自言治毗尼"之缘起。

12. 何谓"多人语法"？

13. 略述佛制"多人语毗尼"三要素。

14. 在"多人语毗尼"中，有几种行舍罗法？用自己语言说明各种行舍罗法在何时用？怎么作？

15. 何谓"觅罪相法"？

16. 略述佛制"觅罪相毗尼"三要素。

17. 背诵"觅罪相毗尼白四羯磨法"。

18. 据《戒本疏》，解释何谓"草覆地法"。《四分律》《五分律》如何解释？

19. 佛制"草覆地毗尼"缘起如何？

20. 用自己语言陈述"草覆地毗尼"之作法。

 思考题

1. 佛制灭诤法对民主管理僧众、构建六和僧团之意义。

2. 七灭诤法与解脱道之关系。

3. 七灭诤法与菩萨道之关系。

4. 谈谈你对目前各大僧团管理模式之感想。

---

① （清）德基律师辑《毗尼关要》卷十六，《卍新续藏》第40册，第636页。

第三节　引文别解灭诤法

引《四分律含注戒本疏行宗记》卷四之文详释四诤及相应殄息法。此中引文有出自道宣律师《四分律含注戒本疏》（以下简称《戒本疏》），有出自灵芝律师《四分律含注戒本疏行宗记》（以下简称《行宗记》）。

【记】　七灭诤法

先明四诤即病起之源

后列七药乃除殄之法

一　明四诤

四诤，乃病之根源。《戒本疏》云："先须识病。何者为诤？略分为三：初识名相，二分品量，三治灭法。"①

（一）识名相

识别四诤之名相。

【记】　行宗记②初释名相。诤有四种：一、言诤。二、觅诤。三、犯诤。四、事诤。

首先解释（识别）名相：诤事有四种，谓言诤、觅诤、犯诤、事诤。

【记】　（一）言诤者：谓评法相是非，须知邪正，各执己见而生诤。诤由言起，故曰言诤。

言诤：因评论法相是非，辨别教理邪正，各执己见而生纷诤。诤由言起，故名言诤。如律中辨教理邪正，即引十八事，法、非法，乃至正说、非正说，各执己见，而生诤是。

【记】　（二）觅诤者：谓比丘犯过，理须为除。制有三根五德，举来诣僧，伺觅前罪，令其除殄。因举评犯，遂生其诤。诤由觅起，故曰觅诤。

觅诤：若有比丘犯过，理须为其除罪。佛制举罪人，须具有见闻疑三根及举罪五德（知时不以非时，如实不以虚妄，有利益不以无利益，柔软不以粗犷，慈心不以嗔恚），方可举他人罪。

---

①　（唐）道宣律师撰《四分律含注戒本疏》卷四，《卍新续藏》第40册，第164页。

②　此中引文皆出自《戒本疏》，《表记》标"行宗记"，误也。

今有三根、具五德举罪人，举罪到僧中。众僧伺觅前人之罪，令其除灭。而在评定举罪人三根虚实、五德具否时发生论诤。此诤是由觅而生，故曰觅诤。

【记】 （三）犯诤者：谓有过在怀，宜须忏荡。罪相难识，各议纷纭，遂生诤竞。竞由犯起，故曰犯诤。

犯诤：由有比丘犯五篇七聚罪，而将所犯之过隐匿在怀，理应令其忏除清净。然罪相难识，词各纷纭，而生诤竞。此诤由犯相而生，故曰犯诤。

【记】 （四）事诤者：谓羯磨被事，义在顺明。片有乖违，未有成遂。然人情易忍，同和理难。各执一见，事法成坏，由斯致诤。诤由事起，故曰事诤。

事诤：羯磨法被现前僧事，成就与否，关键在于僧众是否和顺安忍、同遵羯磨教法。若稍有乖违，则不能成就现前僧务。然人情易于忍可，知见却难以同解。总是执己见为是，他人为非。对于法、事、人、界四法之如、非、成、坏，众说纷纭，遂生诤竞。此诤由羯磨法事而生，故曰事诤。

（二）分品量

料简四诤之品位。此中引文亦出自《戒本疏》。

【记】 二、分品量 言觅犯诤各分三品，则上中下故分九种也。事诤一种，离为九品。约言、觅、犯，各生事诤。

其次分品量：即言诤、觅诤、犯诤，各分上、中、下三品，故总有九品。而事诤一种，亦分为九品，乃约言诤、觅诤、犯诤中，各生事诤。

【记】 一、言诤中若评教理是非，犯相轻重，是名言诤。若评羯磨是非，迷悟不决，此名言诤中事诤。

言诤中：若因评论教理是非、犯相轻重而致纷诤，是名言诤；若因评论羯磨法是如法或非法，迷悟不决而致纷诤，是名言诤中事诤。

【记】 二、觅诤中若评三根清浊，五德通塞，是名觅诤。若评用法治举，征核虚实，是名觅诤中事诤。

觅诤中：若因评论举罪人三根是否属实、五德是否具足而致纷诤，是名觅诤；若因评论治罚举罪，征问考核其虚实，所用羯磨法是如法或非法而致纷诤，是名觅诤中事诤。

【记】 三、犯诤中于五犯聚，忏评有滥，是名犯诤。非法羯磨，定罪重轻，是名犯诤中事诤。

犯诤中：若对于五篇七聚罪，评论犯者应忏何罪时而致纷诤，是名犯诤；若评论判定犯者结罪之轻重，所用之羯磨法是如法或非法而致纷诤，是名犯诤中之事诤。

【记】 四、事诤 随上三诤分上中下异，故为九品。

事诤：随上三诤分上、中、下品之不同而有九品。即事诤唯据羯磨僧事，若非羯磨，并归上三诤。

（三）治灭法

对不同诤事施以相应治灭法。

【记】 三、治灭法

此正对病用药。于律文中，前后交参，颇难解了。灵芝律师以图示之，皎如指掌。今先略述图示；次别释言诤；后总明余诤。

1. 图示

前三诤及事诤各分九品，其各品诤事所用之灭诤法，以下图示。

【记】 三诤事诤各分九品

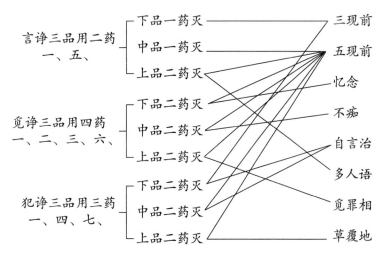

现对此图作简单说明：

（1）言诤三品

共用二种灭诤法息灭：第一现前毗尼；第五多人语毗尼。

① 下品言诤：用一种灭诤法得以息灭，即三现前毗尼。

② 中品言诤：用一种灭诤法得以息灭，即五现前毗尼。

③ 上品言诤：用二种灭诤法得以息灭，即五现前毗尼及多人语毗尼。

（2）觅诤三品

共用四种灭诤法息灭：第一现前毗尼；第二忆念毗尼；第三不痴毗尼；第六觅

罪相毗尼。

①　下品觅净：用二种灭诤法得以息灭，即五现前毗尼及忆念毗尼。

②　中品觅净：用二种灭诤法得以息灭，即五现前毗尼及不痴毗尼。

③　上品觅净：用二种灭诤法得以息灭，即五现前毗尼及觅罪相毗尼。

（3）犯诤三品

共用三种灭诤法息灭：第一现前毗尼；第四自言治毗尼；第七草覆地毗尼。

①　下品犯净：用二种灭诤法得以息灭，即三现前毗尼及自言治毗尼。

②　中品犯净：用二种灭诤法得以息灭，即五现前毗尼及自言治毗尼。

③　上品犯净：用二种灭诤法得以息灭，即五现前毗尼及草覆地毗尼。

此外，**"事诤九品"**，除上所列之药，更无别药。言净中事诤三品，觅净中事诤三品，犯净中事诤三品，即依如上言诤三品、觅诤三品、犯诤三品所用之药而施之。

2. 别释言诤

此中又分二：一是正明言诤；二简别三五现前。

（1）正明言诤

【记】　一、言诤

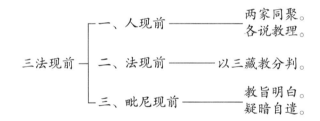

《戒本疏》云："下品言诤，以三品现前毗尼灭。一人现前，两家同聚，各说教理也。二法现前，以三藏教判也。三毗尼现前，教旨明白，疑暗自遣也。"[1]

下品言诤，以三现前毗尼法息灭：①人现前：生诤双方并现前，同聚一处，各说所执教理。②法现前：以三藏教文，评判双方所执。③毗尼现前：明白毗尼教旨者，评断诤事；疑暗者，自遣出。

据《四分律》所制，断事比丘应具十法："一、持戒具足。二、多闻。三、若诵二部毗尼极利。四、若广解其义。五、若善巧言语辞辩了了，堪任问答令彼欢喜。六、若诤事起能灭。七、不爱。八、不恚。九、不怖。十、不痴。有如此十法者，应差共别评断事。彼有十法者，应别住一处共评断此事。"[2]

---

①　（唐）道宣律师撰《四分律含注戒本疏》卷四，《卍新续藏》第40册，第165页。

②　（后秦）三藏佛陀耶舍共竺佛念等译《四分律》卷四十七，《大正藏》第22册，第917页。

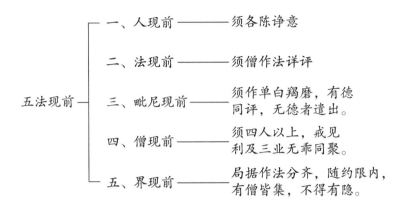

《戒本疏》云："中品言诤，以五品现前灭。一人现前，须各陈诤意也。二法现前，须僧作法详评也。三毗尼现前，须用羯磨，有德同评，无德贬退也。四僧现前，戒见利及三业无乖同聚也。五界现前，随约限内，有僧皆集，无得隐也。"①

中品言诤，以五法现前毗尼息灭：①人现前：生诤双方须俱现前，各陈述诤意。②法现前：须僧所作之羯磨法现前，以详审评量诤事。③毗尼现前：须用羯磨，谓作单白，拣集智人。不诵戒等人，作白遣出。② ④僧现前：有秉法之四人以上僧现前，即戒见利及身口意三业无乖违，同聚一处。⑤界现前：作法之处所须现前。此处所局于作法界，随其齐限内有僧皆须尽集，不得隐没不现。

至于**"上品言诤"**：以五法现前及多人语二种毗尼息灭。即言诤生起时，由单白所集具十法之有智有德者，依五现前毗尼法评断诤事。评断已，起诤人不忍可，又往别处如法僧中乞灭诤，僧评断已，尚不忍可。乃至众多比丘、二比丘、一比丘为其灭诤，皆不忍可。如《四分律》所载"舍卫国比丘诤"。世尊即集比丘僧，无数方便呵责彼诤比丘言："汝所为非，非威仪、非沙门法、非净行、非随顺行，所不应为。云何痴人！舍卫僧如法灭诤而不忍可，乃至一比丘灭诤亦不忍可？"世尊以无数方便呵责已，告诸比丘："应灭此诤用多人语。"③

（2）简别三五现前

【记】　三法现前与五法现前的前三，名同实别。简别如下。④

---

① （唐）道宣律师撰《四分律含注戒本疏》卷四，《卍新续藏》第40册，第165页。
② 《四分律》卷四十七制此单白羯磨法：佛告阿难，彼时僧即应作白，共评此事。作如是白："大德僧听！若僧时到僧忍听，僧今集诸智慧者共别评断事。白如是。"应作如是白共评断事。断事比丘中，有不诵戒者，不知戒毗尼，便舍正义作非法语。僧应白遣此比丘出，应如是白："大德僧听！彼某甲比丘，不诵戒不知戒毗尼，便舍正义作非法语。若僧时到僧忍听，僧令遣此比丘出。白如是。"应作如是白已遣出。若断事比丘中，有诵戒不诵戒毗尼，彼舍正义说少许义。或有法师在座，彼舍正义，以言辞力强说。佛告阿难：僧应作白遣此比丘出。（《大正藏》第22册，第918页。）
③ （后秦）三藏佛陀耶舍共竺佛念等译《四分律》卷四十七，《大正藏》第22册，第918页。
④ 此文乃《表记》编辑者所加。

三法现前与五法现前之前三，即人现前、法现前、毗尼现前，虽名同，但实有别。现简别如下。

【记】

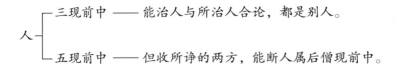

```
人 ┬ 三现前中 —— 能治人与所治人合论，都是别人。
   └ 五现前中 —— 但收所诤的两方，能断人属后僧现前中。
```

《行宗记》云："言诤下品中，三法现前与后五法相滥。初简人者：三中能所合论，俱别人故；五中人者，但收所诤，能断属后僧中。"①

约人现前而言：三现前中，将能治人与所治人合论，并归"人现前"，都是个人，不成僧。五现前中，所诤双方归"人现前"所摄。能断诤事之人，则归"僧现前"所摄。

【记】

```
法 ┬ 三现前中 —— 是教文。
   └ 五现前中 —— 是羯磨。
```

《行宗记》云："二简法者：前是教文；后即羯磨。"②

约法现前来讲：三现前中，所用之法是三藏教文；五现前中，所用之法是羯磨教法。

【记】

```
毗尼 ┬ 三现前中 —— 约能开示迷愚，殄息诤论的为作法。
     └ 五现前中 —— 据选有智德比丘，作单白羯磨选出为作法。
```

《行宗记》云："三简毗尼：前约开迷殄息；五据选德同评。"③

约毗尼现前而言：三现前中，是约能开示迷愚，息灭诤论者为评诤事；五现前中，单白羯磨所集有智且具十德之人为评诤事。

3. 总明余诤

【记】　二、觅诤，三、犯诤，如前表中所列。四、事诤，更无别药。即依三品，如上用药，各随同灭。

---

①　（宋）元照律师述《四分律含注戒本疏行宗记》卷四，《卍新续藏》第40册，第165页。
②　（宋）元照律师述《四分律含注戒本疏行宗记》卷四，《卍新续藏》第40册，第165页。
③　（宋）元照律师述《四分律含注戒本疏行宗记》卷四，《卍新续藏》第40册，第165页。

《戒本疏》云："言事诤者，更无别药，即依三品，如上用药，各随同灭。是以文云：以一切灭灭。文中具三品诤，各分三品，下谓分诤设药，治灭之相如上解也。"①

第二觅诤，第三犯诤之除灭方法，如前表中所列。各分三品，每品皆用二药息灭。第四事诤，无专门灭诤方法。三种事诤（言诤中事诤、觅诤中事诤及犯诤中事诤）分品如上三诤，亦随前三诤各三品分别所用之药而殄灭之。

【记】　现前一药通三诤，该九品，除下品言诤、犯诤不秉羯磨，余七品并加羯磨，皆五现前。自言一药，唯治犯诤中下二品。其余五药，单对一品。七药四诤，各分九品。四诤九品如上。药九品者：言诤一、五，二药；觅诤一、二、三、六，四药；犯诤一、四、七，三药也。是为九。②

对病用药，亦可作如下结示：

（1）现前一药通三诤，该九品。除下品言诤、犯诤不秉羯磨，余七品并加羯磨，皆五现前

现前毗尼法一药，通治言、觅、犯三诤，遍该九品。于此九品中，除下品言诤及下品犯诤，不须秉羯磨，用三法现前毗尼，即得除灭。其余七品，并须秉羯磨，皆须用五法现前毗尼，方得除灭。

（2）自言一药，唯治犯诤中下二品

自言治毗尼法一药，唯治下品及中品犯诤两品病。

（3）其余五药，单对一品

其余五药各单治一品病。即忆念毗尼法单对下品觅诤；不痴毗尼法单对中品觅诤；多人语毗尼法单对上品言诤；觅罪相毗尼法单对上品觅诤；草覆地毗尼法单对上品犯诤。

（4）七药四诤，各分九品，四诤九品如上

七药四诤，各分九品，即四诤有九品，所对之药亦有九品。四诤九品，如上所说。

（5）药九品者，言诤一、五，二药；觅诤一、二、三、六，四药；犯诤一、四、七，三药也。是为九

_____

① （唐）道宣律师撰《四分律含注戒本疏》卷四，《卍新续藏》第40册，第165页。此中"是以文云"之"文"，指《四分律》卷四十八中所云："阿难又问：'事诤以几灭灭？'佛言：'以一切灭灭，随所犯。'"（《大正藏》第22册，第922页。）

② 此文乃《四分律含注戒本疏行宗记》文大意。《行宗记》卷四原文："现前一种，通三诤、该九品。除下品言、犯不秉羯磨，但有三法。余七并加羯磨，皆具五法。自言一种，局后犯诤，通治二品。自余五种，单对一品。上云七药、四诤，各分九品。诤如上分。药九品者：言诤二药、觅诤四药、犯诤三药，则为九也。"（《卍新续藏》第40册，第165页。）

所谓药九品，是指言诤中，用第一现前毗尼、第五多人语毗尼二药；觅诤中，用第一现前毗尼、第二忆念毗尼、第三不痴毗尼、第六觅罪相毗尼四药；犯诤中，用第一现前毗尼、第四自言治毗尼、第七草覆地毗尼三药。共为九品药。

二 列七药

其次列示七种药（即七灭诤法）。《戒本疏》所列七药，皆先举戒文，后作注解。上文已详明四诤及相应殄息法，《表记》在此仅列灭诤法名相、缘起人及诤事品类。

【记】 现前法第一　　迦留陀夷下品言诤

迦留陀夷误着他衣，六群比丘谓彼犯波罗夷。此乃因评论犯相轻重而致纷诤，属下品言诤，应用三法现前毗尼灭之。

【记】 忆念法第二　　沓婆摩罗子下品觅诤

沓婆摩罗子为僧知事，慈地比丘得恶房、卧具，起嗔，令其妹以婬事诬谤。此乃因举罪，评论三根是否属实、五德是否具足，以决其是否有犯，而致纷诤。此属下品觅诤，须僧作白四羯磨，证明忆记无犯，诤情即息。由须作白四羯磨，故须五法现前毗尼。此下品觅诤，须以五法现前及忆念二种毗尼殄灭。

【记】 不痴法第三　　难提中品觅诤

难提比丘得癫狂病，以痴造罪，非心所怀，于教不制。后狂病已止，得法解竟，然他人亦疑有犯。此属中品觅诤，须作白四羯磨，证知病时造过，瘥后不造。由须作白四羯磨，故须五法现前毗尼。是故，此中品觅诤须以不痴与五法现前二种毗尼殄灭。

【记】 自言治法第四　　默妄语下品犯诤

说戒时，自身有罪不发露，默妄语，是属下品犯诤，须用三现前毗尼及自言治毗尼二法药殄灭。如缘起中，由不取自言，恐后清人，滥被驱逐，因制斯药。

【记】 多人语法第五　　五德行筹上品言诤

由诸比丘于十八事诤论不息，遂至僧中决断不了，属上品言诤，故须召集双方同处面决。律云：不爱、不恚、不怖、不痴、知已行不行，有如是五法人，应白二羯磨差行舍罗，并解三种行筹法，详审众情。又知义理，邪正明决，依法行之。非法者多，且令散去，后更断，待法语人。此以捉筹表多人语，定理是非，以灭于诤，是为多人语法。由须作白二羯磨，故须五法现前毗尼。是故，此上品言诤，须用五现前及多人语二种毗尼殄灭。

【记】 觅罪相第六　　象力觅罪上品觅诤

由象力比丘多造罪，前言犯重，后言犯轻，言致相违。征其犯处，以前言为实，后言为虚。何者？以僧未许治，言多是实，后见僧欲治，便复更言。此是惧罚之言，义不可实，故不可信。此属上品觅诤，是以加重法，与白四羯磨，治取本罪，夺三十五事。若伏首本罪者，亦与白四羯磨，如法为解。由须作白四羯摩，故须五法现前毗尼。是故，此上品觅诤，须用五现前与觅罪相二种毗尼殄灭。

【记】 草覆地法第七 上品犯诤

由众僧共犯，因评论犯相，遂致纷诤。言既翻覆，若寻检者，恐成深重，难可从灭。故圣大慈，开不说罪名、罪种，直尔二众和合，作单白羯磨迭相忏谢，以息其诤，如草覆泥地。由须作单白羯摩，故须五法现前毗尼。是故，此上品犯诤须用五现前与草覆地二种毗尼殄灭。

练习题

1. 根据《戒本疏》，解释"四诤"之名义。

2. 何谓"言诤中事诤""觅诤中事诤""犯诤中事诤"？

3. 据《四分律》卷四十七所制，断事比丘应具哪十法？

4. 根据《四分律》所载"舍卫国比丘诤"一事，说明"上品言诤"以哪两种毗尼息灭？为什么？

5. "三现前""五现前"在哪些法上容易混淆，如何简别？

6. 《行宗记》云：现前一药通三诤，该九品。除下品言诤、犯诤不秉羯磨，余七品并加羯磨，皆五现前。自言一药，唯治犯诤中下二品。其余五药，单对一品。七药四诤，各分九品。四诤九品如上。药九品者：言诤一、五，二药；觅诤一、二、三、六，四药；犯诤一、四、七，三药也。是为九。

请解释画线部分。

7. 请依律将下列法药与诤病连线。

现前法第一　　　　　　杳婆摩那子下品觅诤

忆念法第二　　　　　　象力觅罪上品觅诤

不痴法第三　　　　　　上品犯诤

自言治法第四　　　　　默妄语下品犯诤

多人语法第五　　　　　难提中品觅诤

觅罪相第六　　　　　　迦留陀夷下品言诤

草覆地法第七　　　　　五德行筹上品言诤

第四节　灭诤毗尼之如非

依《四分律》《十诵律》《萨婆多论》等律论所述，列举运用各种灭诤法之诸种如法与非法。

一　正明如非

（一）现前毗尼

【记】　第一现前毗尼灭诤，有二种如法：一、若如法者，约敕如法者令折伏。二、若如法者，约敕非法者令折伏。应与，反此不应与。

据《十诵律》所制，现前毗尼灭诤有二种如法、二种不如法。[①] 《萨婆多论》大致相同。

1．二种如法

（1）若如法者约敕如法者，令折伏。比如：有如法僧，约敕如法僧令折伏，与现前毗尼。又如法僧，约敕如法三人、二人、一人令折伏，与现前毗尼。乃至如法一人，约敕如法一人、僧、三人、二人令折伏，与现前毗尼。

（2）若如法者约敕非法者，令折伏。比如：如法僧，约敕不如法僧令折伏，与现前毗尼。又如法僧，约敕不如法三人、二人、一人令折伏，与现前毗尼。乃至如法一人，约敕不如法一人、僧、三人、二人令折伏，与现前毗尼。

2．二种非法

（1）若非法者约敕非法者，令折伏。比如：有非法僧，约敕非法僧令折伏，与现前灭诤。有非法僧，约敕非法三人、二人、一人令折伏，与现前毗尼。乃至不如法一人，约敕不如法一人、僧、三人、二人令折伏，与现前毗尼。

（2）若非法者约敕如法者，令折伏。比如：有不如法僧，约敕如法僧令折伏，与现前毗尼。有不如法僧，约敕如法三人、二人、一人令折伏，与现前毗尼。乃至不如法一人，约敕如法一人、僧、三人、二人令折伏，与现前毗尼。

二种如法，应与现前毗尼法；反之，不应与。

（二）忆念毗尼

【记】

---

① （后秦）三藏弗若多罗共罗什等译《十诵律》卷二十，《大正藏》第23册，第142页。

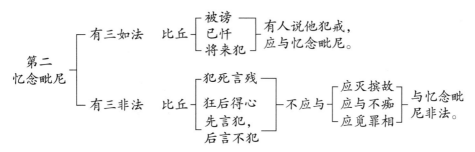

据《十诵律》所制，忆念毗尼灭诤有三种如法、三种非法。①《萨婆多论》大致相同。《四分律》就"忆念毗尼"列有八种如法、八种非法。②

1. 三种如法

（1）有比丘被无根谤，若人常说是事，应与忆念毗尼。如陀骠（沓婆）比丘，为慈地比丘尼无根波罗夷谤故，若僧、三人、二人、一人常说是事。是比丘从僧乞忆念毗尼，若僧与是人忆念毗尼，是名如法。何以故？是人应与忆念毗尼故。

（2）有比丘犯罪已悔除，若人犹说是事，应与忆念毗尼。如一比丘犯罪，是罪发露如法悔过除灭。若僧、三人、二人、一人犹说是事。是比丘从僧乞忆念毗尼，若僧与忆念毗尼，是名如法。何以故？是人应与忆念毗尼故。

（3）有比丘未犯是罪，将必犯，若人说犯是事，应与忆念毗尼。如比丘未犯是罪、将必当犯，以是事故，若僧、三人、二人、一人说是犯罪。是比丘从僧乞忆念毗尼，若僧与是人忆念毗尼，是名如法。何以故？是人应与忆念毗尼故。

《十诵律》云："得忆念比尼③比丘行法者，余比丘不应出其过罪，不应令忆念、不应从乞听，亦不应受余比丘乞听。若彼从乞听，得突吉罗。若受他听，亦得突吉罗。若彼不听、若出过罪、若令忆念，得波逸提。"④

2. 三种非法

（1）有比丘犯波罗夷罪，而自言犯有残罪，从僧乞忆念毗尼。若与者，非法。以应灭摈故。

（2）有比丘狂痴，还得心，从僧乞忆念毗尼。若与者，非法。以应与不痴毗尼故。

（3）有比丘无惭无愧破戒，有见闻疑罪，自言我有是罪，后言我无是罪。是人从僧乞忆念毗尼。若与者，非法。以应与觅罪相毗尼故。

（三）不痴毗尼

【记】

---

① （后秦）三藏弗若多罗共罗什等译《十诵律》卷二十，《大正藏》第 23 册，第 142～143 页。
② （后秦）三藏佛陀耶舍共竺佛念等译《四分律》卷四十八，《大正藏》第 22 册，第 920 页。
③ 比尼：即毗尼。
④ （后秦）三藏弗若多罗共罗什等译《十诵律》卷二十，《大正藏》第 23 册，第 143 页。

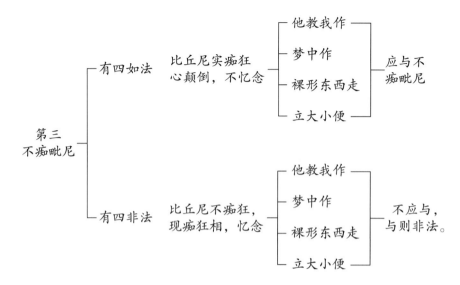

据《十诵律》制，不痴毗尼灭诤有四如法、有四非法。① 《萨婆多论》大致相同。《四分律》就"不痴毗尼"列有八种如法、八种非法。②

1. 四种如法

有比丘尼实狂痴心颠倒，现狂痴相貌，诸比丘尼僧中问："汝狂痴时，有所作，今忆念不？"答言：（1）"我不忆念他教我作。"（2）"我不忆念梦中作。"（3）"我不忆念裸形东西走。"（4）"我不忆念立大小便。"是人乞不痴毗尼，若与者，如法。

《十诵律》云："得不痴比尼行法者，余比丘不应出其过罪，不应令忆念、不应从乞听，亦不应受他比丘乞听。若从彼乞听，得突吉罗。若受他乞听，亦得突吉罗。若彼不听，便出过罪，若令忆念，得波逸提。"③

2. 四种非法

有比丘尼不痴狂，现狂痴相貌，诸比丘尼僧中问："汝狂痴时有所作，今忆念不？"答言：（1）"我不忆念他教我作。"（2）"我不忆念梦中作。"（3）"我不忆念裸形东西走。"（4）"我不忆念立大小便。"是人乞不痴毗尼，若与者，非法。

（四）自言治毗尼

【记】　第四犯自言犯，不犯自言不犯，应与。反此不应与。

据《十诵律》所制，自言治毗尼灭诤有十种如法、十种非法。④ 《萨婆多论》

---

①　（后秦）三藏弗若多罗共罗什等译《十诵律》卷二十，《大正藏》第23册，第143页。
②　（后秦）三藏佛陀耶舍共竺佛念等译《四分律》卷四十八，《大正藏》第22册，第920～921页。
③　（后秦）三藏弗若多罗共罗什等译《十诵律》卷二十，《大正藏》第23册，第143页。
④　（后秦）三藏弗若多罗共罗什等译《十诵律》卷二十，《大正藏》第23册，第141～142页。

大致相同。《四分律》卷四十八就"自言治毗尼"列举众多非法、十四种如法。①

1. 十种如法（含两种五如法）

若犯五篇罪，自言犯，与自言治，如法： 比如：有比丘犯波罗夷，自言我犯。众僧问言："汝自说犯不？"自言我犯，是名如法。有比丘犯僧残、波夜提、波罗提提舍尼、突吉罗，自言我犯。众僧问言："汝自说犯不？"自言我犯。是名五如法。

若不犯五篇罪，自言不犯，与自言治，如法： 比如：比丘不犯波罗夷、僧残、波夜提、波罗提提舍尼、突吉罗，自言不犯。众僧问言："汝自说犯不？"自言不犯，是又五如法。

是名十如法。

2. 十种非法（含两种五非法）

若犯五篇罪，自言不犯，与自言治，非法： 比如：若比丘犯波罗夷罪，自言不犯。众僧问言："汝自说犯不？"自言不犯，是名非法。又比丘犯僧残、波逸提、波罗提提舍尼、突吉罗，自言不犯。众僧问言："汝自说犯不？"自言不犯。是名五非法也。

若不犯五篇罪，自言犯，与自言治，非法： 比如：比丘不犯波罗夷罪，自言我犯。众僧问言："汝自说犯不？"自言我犯，是名非法。有比丘不犯僧残、波夜提、波罗提提舍尼、突吉罗，自言我犯。众僧问言："汝自说犯不？"自言我犯。是则又五非法。

是名十非法。

（五）多人语毗尼

【记】　第五　五德（不爱、恚、怖、痴、知已行不行），行筹取多如法人语，以成如法，应与。反此不应与。

第五多人语毗尼灭诤有一种如法、一种非法

若五德人行筹，取多如法人语，以成如法，则应与多人语毗尼。反此，则不应与。

五德人者，依《多论》，须由具备"不爱、不嗔、不畏、不痴、知断不断"此五法人来评断诤事。②《四分律》亦云："是中有人，不爱、不恚、不怖、不痴，此人于彼人中，最为尊贵殊胜第一，犹若乳出酪、酪出酥、酥出醍醐最胜无比。如是不爱、不恚、不怖、不痴，于彼人中，最为尊贵殊胜无比，是为五种平当人。"③

① （后秦）三藏佛陀耶舍共竺佛念等译《四分律》卷四十八，《大正藏》第 22 册，第 922 页。
② 《萨婆多毗尼毗婆沙》卷九云："五法者，不随爱故舍有罪、不随瞋故罚无过、不畏彼故而违法、不痴故不畏罪非法轻断事也、知断不断。"（《大正藏》第 23 册，第 564 页。）
③ （后秦）三藏佛陀耶舍共竺佛念等译《四分律》卷四十七，《大正藏》第 22 册，第 920 页。

（六）觅罪相（罪处所）毗尼

【记】　第六先言犯，后言不犯，应与。反此不应与。

据《十诵律》所制，觅罪相毗尼灭诤有五种如法、五种非法。① 《萨婆多论》卷九大致相同，《四分律》就"罪处所毗尼"列八种如法、众多非法。②

1. 五种如法

有比丘犯五篇罪，先言犯，后言不犯。是人应与觅罪相毗尼。

比如：有比丘犯波罗夷，先言犯、后言不犯。若僧与是人觅罪相毗尼，是名如法。何以故？是人应与故。

又如：若比丘犯僧残、波夜提、波罗提提舍尼、突吉罗，先言犯、后言不犯。若僧与是比丘觅罪相毗尼，是名如法。何以故？是人应与故。

2. 五种非法

有比丘犯五篇罪，先言不犯，后言犯。若与觅罪相毗尼，非法。

比如：有比丘犯波罗夷罪，先言不犯、后言犯。若僧与是人觅罪相毗尼，是名非法。何以故？是人应与灭摈故。

又如：有比丘犯僧残、波夜提、波罗提提舍尼、突吉罗，先言不犯、后言犯。若僧与是人觅罪相毗尼，是名非法。何以故？是人随所犯应治故。

（七）草覆地毗尼

【记】　第七单提以下识罪相犯多，或二边自愿自求劝行，应与。反此不应与。

第七草覆地毗尼灭诤有二种如法、二种非法。

1. 二种如法

（1）若波逸提以下诸罪，众僧共犯，为识别罪相而致多诤。与草覆地毗尼，如法。《四分律疏》云：此诸比丘，皆共犯戒。现欲忏悔，执见相违。半见提舍尼，半见波逸提。若作提舍尼忏，执波逸提者谓罪不得灭；若作波逸提忏，执提舍尼者又不依从。即诤轻重，碍于忏悔。故听不说罪名种，直相悔谢。如草掩泥，不简纵横，故称草覆。③ 据此而知：若众僧共犯，因评致诤。时已淹久，纷纭难息。若寻究善恶，恐诤事深重。与草覆地毗尼以平息，如法。

（2）或双方自愿和合，自求劝行草覆地法。与草覆地毗尼，如法。《四分律疏》卷九又云："草覆地者，或众僧共犯，因评致诤。或横评他犯，自言不灭。时已淹

① （后秦）三藏弗若多罗共罗什等译《十诵律》卷二十，《大正藏》第 23 册，第 143 ～ 144 页。
② （后秦）三藏佛陀耶舍共竺佛念等译《四分律》卷四十七，《大正藏》第 22 册，第 921 页。
③ （唐）法砺律师撰述《四分律疏》卷九，《卍新续藏》第 41 册，第 794 页。

久，纷纭难息。若寻究善恶，恐诤事深重。故听二众直乞欢喜，不说名种，迭相忏谢。如草掩泥，诤情消灭，故称草覆。"①

2. 二种非法

反上，则不应与。若与草覆地毗尼，非法。

二　引文别显

《尼戒会义》引他部律杂示余法。

【记】 尼戒会义 十诵云，有六种诤本：一、嗔恨不语。二、恶性欲害。三、贪嫉。四、谄曲。五、无惭愧。六、恶欲邪见。

僧祇云，有五德能灭：一、知实。二、是益。三、得伴。四、得平等伴。五、得时。

十诵，又有五种难灭：一、不求僧断。二、不顺佛语。三、不如法白。四、诤心不息。五、不求清净。

《尼戒会义》引他部律说明"诤事之本""灭诤五德"及"难灭之诤"。

（一）引《十诵律》明六种诤本

据《十诵律》所制，有六种能生诤事之根本：②

1. **嗔恨不语**：心怀嗔恨，不与人沟通和解。

2. **恶性欲害**：品行恶劣，欲恼害对方。

3. **贪嫉**：悭贪嫉妒。

4. **谄曲**：谄曲不直。

5. **无惭愧**：无惭无愧。

6. **恶欲邪见**：心生恶欲，执邪知邪见。

（二）引《僧祇律》示灭诤五德

《僧祇律》云：若具有下列五德，能灭诤事。③

1. **知实**：知此诤事是实。

2. **是益**：是为利益大众僧，有益诤事息灭。

3. **得伴**：得如法伴。

4. **得平等伴**：得余具五德伴。

---

① （唐）法砺律师撰述《四分律疏》卷九，《卍新续藏》第 41 册，第 792 页。

② （后秦）三藏弗若多罗共罗什等译《十诵律》卷五十，《大正藏》第 23 册，第 367 页。

③ 《摩诃僧祇律》卷十二云："佛告优波离：'比丘成就五法，能灭诤事。何等五？知是实非是不实、是利益非不利益、得伴非不得伴、得平等伴非不得平等伴、得时非不得时。'"（《大正藏》第 22 册，第 327 页。）

5. **得时**：适时宜，处理得当。

（三）引《十诵律》显五种难灭

《十诵律》云：若有下列五种情况，则净事难灭。①

1. **不求僧断**：不求大众僧为断净事。

2. **不顺佛语**：不随顺佛所说之语。

3. **不如法白**：不如法作白。

4. **诤心不息**：斗诤双方诤心不息。

5. **不求清净**：自身所犯，不欲求得清净。

 练习题

1. "现前毗尼"有哪二种如法？二种非法？

2. "忆念毗尼"对何人可用？如何理解下表中所列三种如法？用自己语言陈述三种不如法。

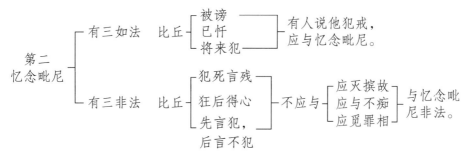

3. 以下两种情况中，哪种当用"不痴毗尼"？

（1）有比丘尼实狂痴心颠倒，现狂痴相貌，诸比丘尼僧中问："汝狂痴时，有所作，今忆念不？"答言："我不忆念他教我作。""我不忆念梦中作。""我不忆念裸形东西走。""我不忆念立大小便。"是人乞不痴毗尼。

（2）有比丘尼不痴狂，现狂痴相貌，诸比丘尼僧中问："汝狂痴时有所作，今忆念不？"答言："我不忆念他教我作。""我不忆念梦中作。""我不忆念裸形东西走。""我不忆念立大小便。"是人乞不痴毗尼。

4. 有比丘尼犯五篇罪，先言不犯，后言犯。是人应与觅罪相毗尼否？为什么？

5. 据《十诵律》，有哪六种诤本？有哪五种诤难灭？

---

① 《十诵律》卷四十九云："有五事，净难灭：不求僧断、不顺佛语、不如法白、二众诤心不息、所犯不求清净，是名五，净难灭。"（《大正藏》第23册，第361页。）

第五节　结文简问

上已详彰七灭诤法，了了说竟，众已委知，今又结问。

一　结前文

【记】　诸大姊，我已说七灭诤法。

诸大姊：呼起一声，提醒注意。我已了了说完七灭诤法。

二、简众情

【记】　今问诸大姊，是中清净不。三说

　　　诸大姊，是中清净，默然故，是事如是持。

到此，三百四十八条戒宣说完毕，尚须最后简问大众。经过三遍检问，确认同法大众清净。

今问诸大姊，是中清净不：正式征问参加听戒的大众，对于比丘尼三百四十八条戒，是否都持守清净？有所毁犯是否已发露忏悔？如果忏悔清净，才与说戒相应。

是中：指三百四十八条戒。

清净不：这是通问之语。每说完一篇，都要通篇而问是否清净。不单问当篇，而是通问比丘尼三百四十八条戒是否皆持守清净。若只问当篇，则表示可以戴罪听戒，此不合"自身有罪，不合闻戒"之教法。小字说明，须问三遍。

是中清净，默然故，是事如是持：经过三遍检问，大众默然，则知众中清净，劝勉大众当继续如法守持。

📓 小结

凡夫修道，烦惑未除。我执颠倒，常随己身。唯忧己不胜人，不知己非他是，由此诤事纷然。乖六和，失四摄，祸及自他，人天无路，道果无分。

佛陀慈悯，为弟子四诤之病，施设七种对症妙药。古来祖师深入体察佛陀本怀，将此甚深微妙之法，领纳于心。为济助后学，列示名相、细分品量、举药配病，极有条绪。将佛陀民主管理僧众、构建六和僧团之甚深智慧，贯穿于僧团实际生活之中。

后辈有志学人，潜心学习、领会并运用此等妙法，不仅能共同营造和谐的修学氛围，为走向究竟解脱扫除诸多障碍，进而亦得生增人信、光显佛法，令正法久住世间。

第十二章　结劝回向

导　言

此章内容包括"总结戒本""劝勉大众""七佛略教"以及"以说戒功德回向众生共成佛道"。

全章共分四节：第一节、总结戒相。第二节、劝学余法。第三节、七佛略教。第四节、部主结颂。前二节尚属释迦牟尼佛所制广教，第三节乃过去六佛及释迦佛为无事僧所宣略教，第四节则是本律（《四分律》）部主昙无德尊者所作结颂。其中最后一偈"我今说戒经，所说诸功德，施一切众生，皆共成佛道"（即"施生成佛"）便是《四分律》分通大乘五义之一。

本章重点：第三节"七佛略教"及第四节"部主结颂"。七佛略教又各分为法体偈、能说人两部分；部主所作十四首偈颂又分为"成二因果"乃至"总结回向"六个主题。

建议用约 3 课时讲授，约 1 课时讨论，共计 4 课时。

第一节　总结戒相

一　结前文

【记】 诸大姊，我已说戒经序，已说八波罗夷法，已说十七僧伽婆尸沙法，已说三十尼萨耆波逸提法，已说一百七十八波逸提法，已说八波罗提提舍尼法，已说众学法，已说七灭诤法。

此段文牒出前面所说各篇篇名以示总结。令听者知道篇聚次第，同时显示说戒之人所说文句没有差脱，句义圆满，已了了说完三百四十八法。

二 显所据

【记】 此是佛所说戒经，半月半月说，戒经中来。

此是佛所说戒经：证明此是佛说，而非说戒人自己或者其他人，如律师、声闻、缘觉、菩萨等所说。

半月半月说：指说戒时间，每到半月即说。

戒经中来：说明以上所说皆从戒经中来，而非从余经所出。

第二节 劝学余法

【记】 若更有余佛法，是中皆共和合，应当学。

如果更有其余佛法，也应当依教和合共同修学。

文中"余佛法"，可从能说人与所说法来解释：

1. **约能说之人**：释迦牟尼佛所说广教诚为本，从毗婆尸佛到迦叶佛，即过去六佛所说之法则称为"余佛法"，以此劝听者深信，并依此修学。又，以上所说广教通被三时，利钝二机，但略教唯局佛初成道教化之时，唯被利根摄心之机。尽管如此，略教作为佛之教法，同样也能令末法时代众生获得利益，所以下文列出七佛略教之法，与前广教共同作为佛制净戒，流布于世。

2. **就所说之法**：以上所说广教为本，是当机之法。而略教在广教之外，因此称为"余佛法"。

和合：即欢喜无诤，同一师学，不生异见，如水乳合。

应当学：如是诸法皆为比丘尼应学，当勤学修习，切莫放逸。

第三节 七佛略教

一 毗婆尸佛

（一）法体偈

【记】 忍辱第一道 佛说无为最 出家恼他人 不名为沙门

1. 消文

忍辱之力最大，在诸行之中忍力最胜。忍辱是出世之因，无为是出世之果。沙门本是息恶之士，若内起嗔心，外恼他人，不能息恶，便乖离出俗修道之本怀，有违出家之美名。

2. 释义

毗婆尸佛之略教诫仅有一偈。上半偈明忍之利益，下半偈示不忍之损害。

忍辱：《法界次第初门》释云："内心能安忍外所辱境。故名忍辱。忍辱有二种。一者生忍。二者法忍。云何名生忍。生忍有二种。一于恭敬供养中。能忍不着。不生憍逸。二于瞋骂打害中。能忍不生瞋恨怨恼。是为生忍。云何法忍。法忍有二种。一者非心法。谓寒热风雨饥渴老病死等。二心法。谓瞋恚忧愁疑婬欲憍慢诸邪见等。菩萨于此二法。能忍不动。是名法忍。"①

第一道：因为忍辱之行，能起极强功用，所以忍辱是最胜入道之门，是证涅槃的快捷方式。故《遗教经》云："忍之为德，持戒苦行所不能及。"② 因此称为"第一道"。此明忍辱之行是因，因不虚设，必能感果。

无为最：说明涅槃之体寂静不动，不同诸有为法随生住异灭四相而迁变，故曰无为。又由此法是最胜之出离法，再无他法能胜于此，因此说"无为最"。

出家：出离在家生活，弃舍亲爱缠缚，修习梵行。

沙门：寂静之义，翻为勤息。勤，即勤修道业。息，是息恶行慈。《长阿含经》云："舍离恩爱，出家修道，摄御诸根，不染外欲，慈心一切，无所伤害，逢苦不戚，遇乐不欣，能忍如地，故号沙门。"③ 如果出家不行忍辱，反而抱怨他人，则乖违涅槃无净之道，行若不称，即非沙门。所以，有智之人，如果希望证得无为之乐，获得涅槃胜果，不应恼害他人，如此方不违沙门之行。

3. 小结

《遗教经》云："能行忍者，乃可名为有力大人。"④ 能行忍辱，便终不会被侮辱、恼害等外缘所动，故在诸行之中，忍力最胜。欲令戒行澄净，必以忍法为先，故先赞叹忍辱之力。忍成戒净，业遣惑除，有为之相自灭，所以次赞无为之法。

（二）能说人

【记】　此是毗婆尸如来，无所着，等正觉，说是戒经。

此略教诫是毗婆尸佛所说。

毗婆尸佛：梵语又作毗钵尸佛、维卫佛等。华言"广说佛"或"种种具佛"。为过去七佛之第一佛。此佛在贤劫前九十一劫出世，其时人寿八万岁，一百年中常说此略教偈。

① （隋）智者大师撰《法界次第初门》卷三，《大正藏》第 46 册，第 686~687 页。
② （后秦）三藏鸠摩罗什译《佛垂般涅槃略说教诫经》，《大正藏》第 12 册，第 1111 页。
③ （后秦）三藏佛陀耶舍共竺佛念译《长阿含经》卷一，《大正藏》第 1 册，第 7 页。
④ （后秦）三藏鸠摩罗什译《佛垂般涅槃略说教诫经》，《大正藏》第 12 册，第 1111 页。

如来，无所着，等正觉：因为佛德难穷，所以只略举三号，统括法报化三身，亦即解脱、般若、法身三德，下六佛偈皆准此。

如来：音译作多陀阿伽度，此翻为如来。《成实论》云："乘如实道，来成正觉，故曰如来。"[1] 表法身德。

无所着：即如来证涅槃时，断尽一切烦恼，令身口意清净，无染无着。表解脱德。

等正觉：即三世诸佛皆以一切法，平等开觉一切众生成无上觉。表般若德。

二　尸弃佛

（一）法体偈

【记】　譬如明眼人　能避险恶道　世有聪明人　能远离诸恶

此偈是尸弃如来所说，明离过之行。上半偈是譬喻，说明须离开险道；下半偈举世事比况，明须远离过恶。

譬如明眼人　能避险恶道：如世间险难恶道，唯有明眼之人才能避开，并最终能到达安稳之地。同样，有慧眼之人，则能见法、得法、最终出离六道险途。

世有聪明人　能远离诸恶：如世间君子皆讲求仁义之德，努力远恶迁善，即是聪明之人。"聪"则能闻道，"明"才能见道。信佛妙法，深识苦因，了达三界宛若水月空花，犹如幻化，自性本空。如是即灭诸恶苦果，永绝轮回，得究竟安稳。

诸恶：即见思、尘沙、无明之惑，一切现行及种子。

（二）能说人

【记】　此是尸弃如来，无所著，等正觉，说是戒经。

尸弃：华言"火"，是能说法之人。此佛在贤劫前三十一劫，出兴于世，其时人寿七万岁，八十年中常说此偈。

三　毗叶罗佛

（一）法体偈

【记】　不谤亦不嫉　当奉行于戒　饮食知止足　常乐在空闲
　　　　心定乐精进　是名诸佛教

此偈是毗叶罗如来所说略教诫。有一偈半，说明止作二行教化于时。初四句，明身口奉戒，止行成就之相。又分为二：初半偈，明口离过；次半偈，示身离过。

---

① 〔印度〕诃梨跋摩造，（后秦）三藏鸠摩罗什译《成实论》卷一，《大正藏》第32册，第242页。

后半偈，明修善策勤，即作行成就。

不谤亦不嫉　当奉行于戒：不毁訾他人，遮止口过；不妒害他人，防意业之恶。欲离此二业过恶，须奉行佛制一切禁戒。三业清净，方为真持戒人。

饮食知止足：有饮食方得资身，但受用之时，不可贪着，应少欲知足。饮食既知止足，身心才能轻安，远离诸过，利于办道。

常乐在空闲：前是身口业，此即心业。又，前是戒学，此即定慧二学。不攀缘白衣，不乐住城邑，喜在空闲静处，不贪名闻利养，清净持戒，勤修定慧，必能获证涅槃之果。

心定乐精进　是名诸佛教：少欲知足，心不驰求，所以心定。心定则乐修道，乐道便能勤精进，精进方能生慧，断惑证真。这是三世诸佛所教，不是余人所传，我等深须谛受，故云"是名诸佛教"。

（二）能说人

【记】　此是毗叶罗如来，无所着，等正觉，说是戒经。

毗叶罗：是能说法之人。为过去七佛之第三佛。又作毗舍浮佛，华言"一切慈"，此佛在贤劫前三十一劫，人寿六万岁时出兴于世，七十年中常说此偈。

四　拘留孙佛

（一）法体偈

【记】　譬如蜂采花　不坏色与香　但取其味去　比丘入聚然
　　　　不违戾他事　不观作不作　但自观身行　若正若不正

此是拘留孙佛所说略教诫，有两首偈，明自利、利他之行。初偈明利他之行。前三句是比喻，后一句即法合。后偈说自利之行，上半偈明外不违恼，下半偈明唯自内慎。

譬如蜂采花　不坏色与香　但取其味去：比如蜜蜂采花成蜜，取之极微，并不损害花之色香。

比丘入聚然：比丘入聚落乞食之时，亦复如是，终不多求，以免坏俗人信敬之心。义同蜜蜂采花不坏色与香，得资身长道即可，因此说"然"。

不违戾他事：即比丘乞食，趣得充身修道便可，故须随施而受，不可过多贪求。如此方不损恼俗人，不破坏其信敬之心。

不观作不作：既不损他，亦不观人之过失，以免心生爱憎，扰乱净心，妨碍证悟。

但自观身行：惟当专心一意，反省自己，谨慎摄护三业。

若正若不正：若自己没有过非，身行必定端正。反之，即名不正，应及时改过迁善。此是为人为道，处众立身之要术。

（二）能说人

【记】　此是拘留孙如来，无所着，等正觉，说是戒经。

拘留孙佛：此翻"金仙人"，乃过去七佛中第四佛，现在贤劫千佛之第一佛。贤劫中人寿六万岁时出世，六十年中常说此偈。

五　拘那含牟尼佛

（一）法体偈

【记】　心莫作放逸　圣法当勤学　如是无忧愁　心定入涅槃

此是拘那含牟尼佛所说略教诫，正明勤修不放逸行，上半偈明因行，下半偈显果满。

心莫作放逸：放逸即是纵心尘境，随缘染着。虽然放逸通于身口，但是枝末，根本在心。因此，必须摄心，与正观相应，才称为心莫作放逸。

圣法当勤学：由心不放逸，方能远离缘非，勤于修学圣道，成为解脱之因。

如是无忧愁：因修学圣道，所以能除忧恼之惑。

心定入涅槃：由除忧惑，故心获定，由获定故，而趣涅槃，得证灭之乐果。

（二）能说人

【记】　此是拘那含牟尼如来，无所着，等正觉，说是戒经。

拘那含牟尼：华言"金色仙"，是贤劫中第二尊佛，人寿四万岁时出兴于世，三十年中常说此偈。

六　迦叶佛

（一）法体偈

【记】　一切恶莫作　当奉行诸善　自净其志意　是则诸佛教

此偈是迦叶佛所说，明三学之行，令改过修善。初三句明行教，下一句示正说。

一切恶莫作：此句明止恶。

当奉行诸善：此句明修善。

自净其志意：止作二行本唯从心而起，观此志意，并是一心。心有所主名意，贞固难拔名志。若发无漏真智，破诸邪倒，了惑虚妄，荡除心垢，净诸瑕秽，照了一切诸法，皆不可得，便是自净其志意。

是则诸佛教：前二句指戒学，第三句指定、慧二学。三世如来随机利物，摄尽三行，故曰是诸佛教。

（二）能说人

【记】　此是迦叶如来，无所着，等正觉，说是戒经。

迦叶佛：华言"饮光"，是贤劫第三尊佛，人寿两万岁时出兴于世，二十年中常说此偈。

七　释迦牟尼佛

（一）法体偈

【记】　善护于口言　自净其志意　身莫作诸恶　此三业道净

　　能得如是行　是大仙人道

此是本师释迦牟尼佛所说略教诫，一偈半，明调三业门，教化于时众。初偈明三业行净，后二句明行成会正。

善护于口言……此三业道净：诸佛兴世，观机设教，法无一定，除惑为先。释迦世尊示迹于五浊恶世，而此世众生多好斗诤，不护口言，且心垢厚重，造作不善身业。是故如来次第教诫，防于未萌。僧以修和为重，故先教之。若能如是善护，是则三业清净，万善全归矣。

能得如是行　是大仙人道：得此净行，即如来大仙之道。

大仙人：如来为天中天，仙中仙，人中之尊，故云大仙人。

（二）能说人

1. 正明能说人

【记】　此是释迦牟尼如来，无所着，等正觉。

释迦牟尼："释迦"翻能仁（慈悲），"牟尼"翻寂默（智慧）。今贤劫人寿一百岁时出世，十二年中常说此偈。

2. 正显说略教所为

【记】　于十二年中，为无事僧，说是戒经。

如来成等正觉，初十二年中，佛为无事僧，说此略教诫。尚未证果位之人，依之而行，便能净三业道，从而证悟。《戒本疏》云："如律，五年制广教，便有犯人。但最初不犯，即名无事也。至十二年，方有重犯。"① 谓有事矣。

---

① （唐）道宣律师撰《四分律含注戒本疏》卷四，《卍新续藏》第 40 册，第 172 页。

无事僧：根据《行宗记》解释，无事僧者，有三解。一者约未兴广释，即由未最初犯，故曰无事。二者约屏犯不碍说戒释，即容有初犯，但不在众，得行说戒，故曰无事。三者今解（道宣律师释），如律，五年制广教，便有犯人。但最初不犯，即名无事也。①

3. 息略通广

【记】　从是已后，广分别说。

佛成道十二年中亲诵略教诫，专接利根众生，无再犯者。其后因弟子重犯其过，佛止不说，即以广略二教付弟子说。如《戒本疏》云："佛言：从今我不说戒，汝今自说等。"②

4. 嘱告流通

【记】　诸比丘尼，自为乐法，乐沙门者，有惭有愧，欲学戒者，当于中学。

诸比丘尼：呼起一声，指参加说戒之人。

自为：独拔厌世，欲成就法身慧命之人。

乐法：即修习正教。

乐沙门：指息恶之士。

自为乐法、乐沙门：法是沙门之果因。若佛不施教，便无从立果。身为佛子，若不学沙门法，又自称沙门，岂能得沙门之果？

有惭：于诸恶自耻，隐不起过，即屏处。

有愧：于恶羞他，外无非违，是露处。世间若无惭愧二法，悉皆违越清净圣道，趣向生老病死险途。故《大般涅槃经》云："诸佛世尊常说是言：'有二白法，能救众生：一惭、二愧。惭者自不作罪，愧者不教他作；惭者内自羞耻，愧者发露向人。惭者羞人，愧者羞天；是名惭愧。'"③

欲学戒者：总摄以上，只有具足如是诸法，方能奉持净戒、好乐修学波罗提木叉戒，成就此戒行。

当于中学：是劝学。说明以上略教诫，可以为行者所依，可受而从之。因为教非虚授，必有成济之用。行不徒然，必然感召圣果。

第四节　部主结颂

此中共有十四偈，乃《四分律》部主昙无德尊者所作。

---

① （宋）元照律师述《四分律含注戒本疏行宗记》卷四，《卍新续藏》第40册，第172页。

② （唐）道宣律师撰《四分律含注戒本疏》卷四，《卍新续藏》第40册，第172页。

③ （北凉）三藏昙无谶译《大般涅槃经》卷十九，《大正藏》第12册，第477页。

一　成二因果

成就世出世间之因果。

【记】　明人能护戒　能得三种乐　名誉及利养　死得生天上
　　　　当观如是处　有智勤护戒　戒净有智慧　便得第一道

此有二偈：前一偈，显世间因果；后一偈，明出世间因果。又，初一偈半，明持戒之时，虽不期世报而自能冥感。次半偈，明持戒之善，与慧相资，道成远益。

明人能护戒："明人"，即有智之人，能了达三途苦趣是恶因所感，人天乐境由善业所招，因此能舍诸恶而修众善。戒为众善之本，明达有智之人方能护之。所以，能持戒人必是智士。

能得三种乐：名誉、利养是现生所受之乐；得生天上，是未来果报之乐。"名"是名声，"誉"是赞誉，"利养"即是衣服、饮食、汤药、房舍等四事。持戒之人，戒德芬馥，十方普闻，人天称誉，故得供养。

当观如是处："如是处"，即上三乐。应思惟观察世间三种乐报悉由持戒而有，由此推知，出世第一道，必从戒净而得。

有智勤护戒：天上是明人得生，出世非智者莫办，故此决非懈惰无戒之人所证获。

戒净有智慧　便得第一道：由持净戒，身口皎洁，定发无漏智慧。由智慧力故，破诸烦恼，而得涅槃第一道。

二　劝重佛戒

劝勉尊重佛制净戒。

【记】　如过去诸佛　及以未来者　现在诸世尊　能胜一切忧
　　　　皆共尊敬戒　此是诸佛法
　　　　若有自为身　欲求于佛道　当尊重正法　此是诸佛教

有两首半偈。前一偈半，举三世诸佛共尊戒而成道——证明；后一偈，示欲求佛道当尊重正法——劝勉。

忧：一切烦恼诸惑，缠缚众生，故名为忧。

能胜：三世如来皆依波罗提木叉，对治诸惑，而得解脱，故名"能胜"。

皆共尊敬戒　此是诸佛法：戒既为三世诸佛所尊敬，则显是诸佛常法。既是佛法，身为佛弟子理当共同奉持。

若有自为身：指厌生死苦，欲借此身，超越生死苦海，证无为之乐果。

欲求于佛道：希求涅槃之乐而求于佛道，非望世乐而期福果。简别非二乘，而是志在成佛者。毗尼之幽深意旨，诚在于此。如《四分戒本如释》中云："戒海无涯。量同太虚。随物受益。等施无二。惟根器自有大小之殊。法无广狭之咎。欲脱二死之渊。当早投心于戒地。庶得自为无乖。求佛有旨矣。"①

当尊重正法　此是诸佛教：应当尊敬波罗提木叉，且秉羯磨说戒，则正法久住于世间。以此戒法，是出生死之舟航，涅槃之径路。不同外道邪教，轮王十善治世之术，故此特名为正法。此是三世诸佛教授之法，三世诸佛亦共同遵从。

三　依法得果

明尊戒法当得果证。

【记】　　七佛为世尊　　灭除诸结使　　说是七戒经　　诸缚得解脱
　　　　　　已入于涅槃　　诸戏永灭尽
　　　　　　尊行大仙说　　贤圣称誉戒　　弟子之所行　　入寂灭涅槃

此有两首半偈。

前一偈半：七佛为人天之师，为灭除诸弟子之结使而说七戒经。诸弟子依法奉行，便能解脱诸烦恼结缚，证无生果，入般涅槃。如此永远灭尽一切有无戏论。此乃证明依法必定会得道果。

后一偈：此是七佛所说之经，是一切圣贤共同称赞之戒法。身为佛子若能遵从修行，皆得证入寂灭涅槃。此乃劝勉今佛弟子，共遵戒法修行，亦能获涅槃之果。

结使：诸烦恼结缚，驱使行人，流转于三界而不得解脱。略言则三结十使，广说则八十八使，乃至五百结使。**诸缚：**是烦恼障。**诸戏：**即所知障。

四　殷勤付嘱

世尊临将涅槃，垂诲付嘱、重申诫喻。

【记】　　世尊涅槃时　　兴起于大悲　　集诸比丘众　　与如是教诫
　　　　　　莫谓我涅槃　　净行者无护　　我今说戒经　　亦善说毗尼
　　　　　　我虽般涅槃　　当视如世尊　　此经久住世　　佛法得炽盛
　　　　　　以是炽盛故　　得入于涅槃
　　　　　　若不持此戒　　如所应布萨　　喻如日没时　　世界皆暗暝

此有四首半偈：初一偈，述佛垂诲，明传遗训之仪。次两偈半，明佛示教付嘱，说明依教修行，佛法便能增益广大。由依教行，如佛在日不殊，故得入灭。后一偈，乃重申诫喻。

世尊涅槃时……与如是教诫：如来说法四十九年，化缘已毕，垂将涅槃，兴大

---

① （明）弘赞律师绎《四分戒本如释》卷十二，《卍新续藏》第40册，第299页。

悲心，重以戒法，谆谆示诲，殷勤付嘱与诸弟子。

莫谓我涅槃……亦善说毗尼： 莫言世尊涅槃之后，清净行者无所依祜。我今说戒经，亦善说律法，即是众僧所依。是以当知，戒法实为佛法纲领，僧伽命脉，苦海津梁，涅槃关要。教存人奉，即能匡摄僧众，化导俗人，修因克果，令三宝久住。

戒经： 即三百四十八别解脱律仪。**毗尼：** 是灭罪之法。

我虽般涅槃　当视如世尊： "般涅槃"，华言入寂灭，生死永寂灭故，亦云灭度。此戒经在世，即是如来法身常住不灭。故特令以戒为师。《佛遗教经》云：如来于娑罗双树间，将入涅槃，告诸弟子曰："汝等比丘，于我灭后，当尊重珍敬波罗提木叉。如暗遇明、贫人得宝，当知此则是汝等大师，若我住世无异此也。"①

此经久住世……得入于涅槃： 此戒经住世，则正法光明炽盛不灭。由此光明，常照世间，众生才能得见谛理，而趣涅槃。

若不持此戒……世界皆暗暝： 若不持戒，便违教受损。不持戒，即丧自行；不布萨，便灭众法。众自之法既亡，罪垢日增，群生便愚痴暗冥，无法睹见圣道，终将堕落三途。比如日没，举世黑暗而无光明，无所见故而堕落坑堑。慧日沉没，众行不存，故喻如日没。

五　秉承教诫

诫令弟子秉承教法。

【记】　当护持是戒　如牦牛爱尾　和合一处坐　如佛之所说

当护持是戒　如牦牛爱尾： 行者当遵佛制，以护戒自珍，宁死不犯，如牦牛自惜其尾，不顾身命。

和合一处坐　如佛之所说： 上句明离别众之过。下句令遵佛制，遣除非法之累。意即令行者以戒自惜，希求无犯。半月半月，共和集一处，如佛所教，而作布萨说戒。

六　总结回向

总结全文，回向佛道。

【记】　我已说戒经　众僧布萨竟

　　　　我今说戒经　所说诸功德　施一切众生　皆共成佛道

此有一首半偈：前半偈，明自他所作事毕，以此结前广略之文。后一偈，明说戒之益，以所作诸功德回施有情，共成佛道。不仅回向即坐听者，亦回此业，向诸有情，共成佛道。

---

① （后秦）三藏鸠摩罗什译《佛垂般涅槃略说教诫经》，《大正藏》第12册，第1110页。

诸功德：一一戒所生之功德。

施一切众生：先作布萨说戒，是为自利；今施众生，乃为利他。

皆共成佛道：《四分戒本如释》解释："不令有人独得灭度，皆以如来灭度而灭度之。是也。亦乃菩萨初发大心。即与一切众生共期佛果。究竟涅槃之弘誓也。"①

四分戒本前序归敬诸佛，后偈同遵三世佛教，欲求佛道，施生成佛等，独出今宗。此即高超群部，使行者学有所归，行不虚弃。

小结

本章是戒经之结尾，七佛略教为本章之核心。

《戒本疏》云：佛初成道，将开化法。众生机缘已发，仰慕希求修道，寄心无处。故先示行法，令依教奉行。不待犯戒，未有罪故。②

略教所摄众，于佛世利机者。但止作持犯之义通被，非不收钝。略教乃根本法轮，能生广教。两教相辅相成，通无废立。

戒本所集广略二教，乃诸佛之本源，万行之宏基，三乘之阶辙，定慧之依因，对治无明业种之醍醐，修证五分法身之妙术。如来始于鹿苑，终至鹤林，谆谆诲嘱，令依木叉为师，视同如佛。我辈学人当细忖世尊悲愍睿智设教之本怀，善察大权示化启教护法之密意，承继遗训，发菩提心。持戒清净如满月，身口皎洁无瑕秽。以渡四流之患，登正觉彼岸。令法久住，光照大千。

练习题

1. 何谓"余佛法"？

2. 背诵七佛略教诫并解释其意。

3. "此是释迦牟尼如来，无所着，等正觉，于十二年中，为无事僧，说是戒经。从是已后，广分别说。诸比丘尼，自为乐法，乐沙门者，有惭有愧，欲学戒者，当于中学。"为此段文分科，并释义。

4. "结颂回向"共有多少首偈？由谁而说？其中哪两首偈说明"成二因果"？

5. 请解释偈文："七佛为世尊　灭除诸结使　说是七戒经　诸缚得解脱　已入于涅槃　诸戏永灭尽　尊行大仙说　贤圣称誉戒　弟子之所行　入寂灭涅槃"。

6. 用偈颂说明世尊临将涅槃垂诲付嘱、重申诫喻。

7. 持戒所获得的利乐是什么？

8. 为什么要将诵戒功德回向众生共成佛道？

---

① （明）弘赞律师绎《四分戒本如释》卷十二，《卍新续藏》第40册，第300页。

② （唐）道宣律师撰《四分律含注戒本疏》卷一，《卍新续藏》第39册，第745页。

附录：道宣律师《行事钞·对施兴治篇》（节录）

《表记》卷末引《行事钞·对施兴治篇》之内容，可分两大部分：初释题；次释文。

一　释题

【记】　南山对施兴治篇 见南山四分律行事钞今节录其文

南山：约地名是指陕西终南山，即道宣律师作《行事钞》等律学著作之地。为尊重故，一般称道宣律师为"南山"。而此"南山对施兴治篇"中的"南山"，特指道宣律师撰述的《四分律删繁补阙行事钞》。

对施兴治篇：即《行事钞》第二十篇。灵芝律师在《资持记》卷三中解释此篇，篇名为"释对施篇"。

此处所引内容详见《四分律删繁补阙行事钞》，现在仅节录其中一部分。

【记】　灵芝资持记释篇题云：对即能受之人，通于五众。施谓所受之物，总彼四事。兴治即能观之智，三毒是所治之过。然出家闲旷，不治田蚕，四事资缘，率由信施。且身衣口食，无时不须。必能随事对治，则出生世善。厥或恣情贪染，则坠陷冥途。寻此一门，极为心要。自非负卓拔之识，标出离之怀，则对面千山，咫尺万里也。

灵芝律师在《资持记》中解释篇题：

对：是指能受之人，通摄出家五众。

施：即所受财物，总括医药、饮食、房舍、卧具等四资具。

兴治：是指能观之智慧。贪嗔痴三毒即所对治之过。

离俗出家之人，本应闲适旷达，不须再去经营治理田业、养蚕等世俗之事，一心修习解脱之道。凡生活所需，如医药等四事助道资缘，皆来自十方信施。尤其色身须衣遮体，须食充饥，不可暂缺。因此，在吃饭穿衣之中，若能随时对治，不贪着驰求，则能增长世人信敬之善心。反之，如果任由己情，贪爱染着，则定堕恶道，受苦无穷。故此，推究这一门，实在是修行之心要。若无超世拔俗之识及高远出离之志，即使对面而处，亦如远隔千山；纵在咫尺之内，犹如相距万里。

二 释文

【记】 就中分五：初明受施之人，二明厌治方便，三明立观有教，四明作观方法，五明随治杂相。

此门可分成五大科：初明接受布施之人；二明对治之方便；三明制立观法之圣教；四明作观之方法；五明随事对治之杂相。

（一）受施之人

【记】 初明受施之人。

第一科，先明接受布施之人。

1. 引《善见律》

善见云：比丘受用施物有四种。一者盗用，若比丘破戒受施，名为盗用。二负债用者，受施之时，必须作念，不作得罪，负人信施。三亲友用，谓七学人受供。四主用，阿罗汉。

《善见律》云："受施用有四种法。云何为四？一者盗用。二者负债用。三者亲友用。四者主用。"①

（1）**盗用**：如果比丘已破戒，若受用信施之物，即是盗用。

（2）**负债用**：比丘在受用信施之时，必须如法作念，如果不用心作念，就要结罪，即亏欠信施，成负债之人。如何用心作念？《中阿含经》云：若用衣服，应作念："非为利故，非以贡高故，非为严饰故，但为蚊虻、风雨、寒热故，以惭愧故也。"若用饮食，应作念："非为利故，非以贡高故，非为肥悦故，但为令身久住，除烦恼、忧戚故，以行梵行故，欲令故病断，新病不生故，久住安隐无病故也。"若用居止房舍、床褥、卧具，应作念："非为利故，非以贡高故，非为严饰故，但为疲惓得止息故，得静坐故也。"若用汤药，应作念："非为利故，非以贡高故，非为肥悦故，但为除病恼故，摄御命根故，安隐无病故。"若不用者，则生烦恼、忧戚，用则不生烦恼、忧戚，是谓有漏从用断也。②

（3）**亲友用**：阿罗汉以下的七学人（初果向、初果、二果向、二果、三果向、三果、四果向）所受用的供养如同使用亲朋好友之物。此七学人结习未全尽除，非

---

① （萧齐）三藏僧伽跋陀罗译《善见律毗婆沙》卷十五，《大正藏》第24册，第778页。
② （东晋）三藏瞿昙僧伽提婆译《中阿含经》卷二，《大正藏》第1册，第432页。

真应供。

（4）**主用**：即已证无学果位的阿罗汉，受用信施，如同主人受用己物。因无学人三界惑尽，方堪应供。

2. 引《母论》

【记】　毗尼母云：受人信施，不如法用。放逸其心，废修道业。入三涂中，受重苦故。若不受苦报者，食他信施食，即破腹出，衣即离身。若知前人无业而施与者，能施所施，二俱为施所堕。

《母论》云：如果接受施主供养，不如法受用。放纵自心，妨废修习解脱道业。将来一定堕落三途，受诸重苦。即使不受未来苦报，若空食信施，现世即受腹破食出、袈裟离体之恶报。若布施者明知受施者无德无修，却仍然施与，那么，能施所施都将被施物所害，因施而堕落。①

【记】　灵芝释云：今时作恶受施，不见此相者，由有生报故也。或可现缠恶疾，有同腹破，遭刑反俗，即衣离身。无业谓无行业。

灵芝律师解释说：现在身为出家人，却造作诸恶。以此作恶之身口受他人之供养，虽暂时未受恶报，是由来生必有苦报。有人现生便恶疾缠身，犹如腹破，或者违犯国法，遭受刑罚，乃至破戒还俗，即是现生袈裟离身。无业即指出家人无戒定慧三学行业。

3. 引《大智度论》与《四分律》

【记】　智论：明能施清净，受者不净，如是四句。若出家人无戒无慧，食于信施，入铜橛地狱，受铁丸铁浆二苦。四分：乃至犯突吉罗已上罪，无故受他利养及持戒比丘礼敬，并不合受。

此中引《大智度论》及《四分律》二段文。

初引《大智度论》。首先通简能所，根据能施所施及清净、不清净可作成四句：（1）能施清净，受者不净；（2）能施清净，受者清净；（3）能施不清净，受者清净；（4）能施不清净，受者不清净。②

其次别示所施：如果出家人既不持戒，又不修定慧，愚痴无所明了，只知贪食

---

① 《母论》卷二云："若比丘不坐禅不诵经、不营佛法僧事，受人施，为施所堕。若有三业，受施无过。若前人无三业，知而转施与者，受施能施二皆为施所堕。若比丘食檀越施，以知足为限，若饱强饮食者，为施所堕。若比丘作憍慢意自饮食者，为施所堕。何以故？世尊于长夜中常赞叹饮食。最后乃至施持戒者，能受施能消也。如佛说曰：'施持戒者果报益大，施破戒者得果报甚少。'如佛说偈：'宁吞铁丸而死，不以无戒食人信施。'"（《大正藏》第24册，第810页。）

② 〔印度〕龙树菩萨造，（后秦）三藏鸠摩罗什译《大智度论》卷十，《大正藏》第25册，第132页。

信施，将来必入铜橛地狱，受饥食铁丸、渴饮铁浆两种苦报。《大智度论》云："诸出家人，或时诈病，多求酥油、石蜜；或无戒、无禅、无有智慧，而多受人施；或恶口伤人。如是等种种宿业因缘，堕铜橛地狱。"①

次引《四分律》之文意：若比丘犯诸篇罪，乃至犯突吉罗罪者，则不可妄受他人利养，亦不得接受持戒比丘礼敬。②

【记】 灵芝释云：四分，即疑恼戒不犯文。彼云犯波罗夷乃至恶说，故云吉已上也。恐妄受利，开语令知，如法忏悔。用斯自检，宁复有人堪受施者，若但养身，此何足议。苟能反己，岂不怀惭。上引诸文，并约戒净。复须临境起治，方堪应供。必非此二，俱为苦因。佛语无虚，固当信奉。

灵芝律师解释说：上引《四分律》之文，是疑恼戒中开缘。律文中说：犯波罗夷乃至恶说，因此钞文中说"犯突吉罗以上罪"。恐犯者妄受利养，故在开缘中特别说明，令其知晓信施难消，然后如法忏悔。③ 若用此文自我检点，不知有谁堪受檀越信施。若出家仅为滋养色身，不足为议。若能自我反省，怎不心怀惭愧？以上所引律论之文，皆约清净持戒而言。尚须临境之时，自我反观，能起对治，这样才堪受供养。若非此两种人（一即严持不犯，一是心怀惭愧，能起对治），凡所受用皆成苦因，现生及来世必受苦果。佛语真实不虚，真惭愧儿，理当信受奉行。

（二）厌治方便

【记】 二、明厌治方便

第二科，说明接受供养时，当生起厌离及对治之方便。

此中先引《大集经》，次引《四分律》。

1. 引《大集经》

（1）经文

【记】 如大集中：云何比丘观所着衣作不乐想？若缝衣、见衣、触衣、着衣、脱衣，观如是时，如血涂皮，烂臭可恶，虫所住处。如是观时，于衣贪心即时除灭。云何修习食不乐想？若有比丘执持钵时，如血涂髑髅，烂臭可恶，虫所住处。若得食时，应观是食如死尸虫；若见糒时，如末骨想；得饭浆时，作粪

---

① 《大智度论》卷十六，《大正藏》第25册，第177页。文中所云"铜橛地狱"，即此论所列八炎热地狱之一。

② （后秦）三藏佛陀耶舍共竺佛念等译《四分律》卷十七，《大正藏》第24册，第678页。

③ 《四分律》卷十七云："犯波罗夷、僧伽婆尸沙、波逸提、波罗提舍尼、偷兰遮、突吉罗、恶说，恐后疑悔，无故受人利养、受持戒比丘礼敬。欲令彼知如法忏悔故便语言：'汝犯波罗夷乃至恶说有。'"（《大正藏》第22册，第678页。）

汁想；得诸饼时，作人皮想；所执锡杖，作人骨想；得乳酪时，作浓血汗想；若得菜茹，作发毛想；得种种浆，作血想。是名于食生不乐想。云何于房舍生不乐想？若入房时，念如地狱受诸苦恼。如是房舍，即是和合。所有材木，即是人骨，土是人肉。乃至一切床榻、被褥亦复如是。作是观时，即名世间不可乐想。若能观察如是想者，是人即得如实法也。

此段文引自《大方等大集经》，教导行人如何对四资具作不净观。①

①观所着衣

怎样对所着衣服作不净观想？若缝制衣、眼见衣、身触衣、穿着衣、脱卸衣，如是等等，应作如下观：此色身如血涂皮，终将烂坏，死尸臭气熏人，可恶至极，终成虫类居所。能作如是观想，对衣之贪着即会淡化，乃至除灭。

②观所受饮食

怎样修习食不净观？如果比丘持钵之时，应观想：此身如血涂之髑髅，实属腐烂臭物，令人可恶，也是虫类集聚之所。若得饮食，应观想：此食如虫之尸体；若见饭麨，作骨末想；得到饭浆，作粪便想；得各种饼，作人皮想；对乞食所执锡杖，作人骨想；得到乳酪，作浓血汗水想；若得菜茹，作毛发想；得种种浆，观成血液。能作如上相应观想，是名对食生不乐之想。

③观所住房舍

云何于房舍生不净观想？入房舍时，应作如是念：入此房舍，如同到地狱中受诸苦恼。思惟此房舍乃因缘和合而成，终将败坏。观想：所有材木便是人骨，土即为人肉。

④观床榻被褥

乃至一切床榻被褥也如上观想。

若能作如上种种观想，即称之为"世间不可乐想"。若常常观察日用所需，并且作相应观想，定能如实知见诸法实相。

（2）诠释

【记】　灵芝释云：此谓以智转境，还伏狂情。如实法者，了达贪着，是虚妄故。远离虚妄，见净心故。又解，贪心无我，性本空故。复知如幻，相亦空故。复知无境，唯一识故。由此观察，出离圣行，是真实法。

灵芝律师解释《大集经》所列观察四事之文：经中所列观察方法，即所谓以智慧转贪境，方便调伏狂情。如实法者，即是以观慧了达贪着乃虚妄不实之法。若能远离虚妄，净心自然显现。又解：此贪心无我、无主宰、因为其性体本来空寂故。且应知此贪心如幻如化，其相亦空无自性故。亦应知所贪之境亦是虚妄无实，唯识

① （北凉）天竺三藏昙无谶等译《大方等大集经》卷三十三，《大正藏》第13册，第227页。

所变故。如此观察，方能成就出离之道，与圣人之行相应。此乃真实法也。

2. 引《四分律》

（1）律文

【记】 四分：宁以热铁为衣，烧烂身尽，不着信心男女衣服。宁在铁床烧身焦烂，不受信心好床卧具。宁受铁屋中住烧身，不受房舍在中止宿。宁吞热铁钩烧烂五脏，从下而出，不受信心饮食。宁以热戟刺脚，不受信心接足作礼。宁以热斧自斩其身，不受信心手扪摸其身。何以故，不以此因堕三恶道。若非沙门，非净行，自言是沙门净行。破戒行恶，都无持戒威仪，邪见覆处作罪。内空腐烂，外现完净。食人施故，以不消信施，堕三恶道，长夜受苦。是故当持净戒，受人信施，一切所须，能令施主得大果报，所为出家作沙门亦得成就。

《四分律》云：今生宁愿以热铁作衣，将身烧尽，也不穿着信心男女所施之衣；宁可睡在热铁床上，将身烧焦烂坏，也不受用信心男女所施舒适床榻卧具；宁可住在热铁屋中，身受燃烧之苦，也不在信心男女所施房舍中行来住宿；宁可吞咽热铁钩，将五脏六腑烧烂，从下流出，也不吃信心男女所施饮食；宁可以热铁戟刺脚，也不受信心男女接足作礼；宁愿以热斧自斩身体，也不接受信心男女恭敬扪摸。何以故？不会以贪图一时之乐因缘而堕三恶道故。

如果自己不是沙门，戒行不清净，却自称说"我是沙门，我持戒清净"。实际已破净戒，广行诸恶，全无出家人戒行威仪。而且邪知邪见，在覆处造罪。内里完全腐烂，却外现清净无染。食用檀越之食，根本不堪消受，死后必堕三恶道中，漫漫长夜受大苦恼。因此应当严持净戒，如此方能受用檀越所施一切所需之物。既能令施主获反报之福，也能成就沙门法中清净道果。[①]

（2）指略

【记】 若明恶报，如僧护中广述五十六事。涅槃阿含等大小乘经论，并种种厌观云云。

若欲明枉受信施之果报，可阅读《僧护经》[②]，其中记载迦叶佛时诸比丘，因妄受信施，非法受用僧物，感招地狱受种种剧苦，共有五十六事。《大般涅槃经》《阿含经》等大小乘经论中，亦有种种厌观对治之文。

（三）立观有教

【记】 三、明立观有教者

---

① （后秦）三藏佛陀耶舍共竺佛念等译《四分律》卷六十，《大正藏》第 22 册，第 1011 页。
② 凡一卷，全称《佛说因缘僧护经》，失译人名，今附东晋录，收于《大正藏》第 17 册，No.0749.

第三科，说明立观法之圣教。

【记】 智论云：若不观食法，嗜美心坚着，堕不净虫中，洋铜灌口，噉烧铁丸。已下所引十诵
律等不具录。

《大智度论》云：受用饮食时，若不如法作观，贪嗜美味之心坚固耽着。以此惑染之心受他信施，将来必流转于三途。或受别报，堕在不净虫中。或受总报，堕入地狱，饮洋铜、食铁丸。[①] 小字说明：以下所引之文出自《十诵律》等，在此不一一详录。

（四） 作观方法

【记】 四、明观法

今约食时立观，以开心道，略作五门，明了论如此分之。

第四科，说明受用饮食之五种观法。

于四事中，现在约食时作观，目的在于拓宽心路。大略分为五门：初、计功量施；二、忖己德行；三、防心离过；四、正事良药；五、为成道业。此五门据《明了论》而分。

第一观、计功量施

【记】 初计功多少，量他来处。

第一观：计量此食形成之功有多少，并思量其来处。计、量即能观智，饮食乃所观境。

引二文：一者《大智度论》；二者《僧祇律》。

1. 引《大智度论》

【记】 智论云：思惟此食，垦植耘除，收获蹂治，舂磨淘沙，炊煮乃成，用功甚多。计一钵之食，作夫流汗，集合量之，食少汗多。须臾变恶。我若贪心，当堕地狱，噉烧铁丸。从地狱出，作诸畜生，偿其宿债。或作猪狗，常噉粪除。故于食中应生厌想。[②]

---

① 《大智度论》卷十七文："云何呵味？当自觉悟：'我但以贪着美味故，当受众苦，洋铜灌口，噉烧铁丸；若不观食法，嗜心坚着，堕不净虫中。'"（《大正藏》第25册，第182页。）

② 《大智度论》卷二十三云："复次，思惟此食，垦植耘除，收获蹂治，舂磨淘汰，炊煮乃成，用功甚重；计一钵之饭，作夫流汗集合，量之食少汗多。此食作之功重，辛苦如是，入口食之，即成不净，无所一直，宿昔之间变为屎尿。本是美味，人之所嗜；变成不净，恶不欲见。行者自思：'如此弊食，我若贪着，当堕地狱噉烧铁丸；从地狱出，当作畜生：牛、羊、骆驼，偿其宿债；或作猪狗，常噉粪除。'如是观食，则生厌想；因食厌故，于五欲中皆厌。"（《大正藏》第25册，第231页。）

此文含四层意思：

（1）**观功力**（思维此食……食少汗多）

受饮食时，当作观：此食须经农夫辛勤开垦土地，春天种下种子，烈日炎炎之下，除草浇灌施肥。收割后，尚需碾压谷穗，舂捣磨治，去糠存米，最后通过净人淘洗炊煮方可食用。所耗功力甚多。此一钵之食，凝聚农夫净人多少辛劳汗水。总计筹量，此辛勤劳苦远远超出所获成果。

（2）**观变秽**（须臾变恶）

其次作观：此食入口，嚼碎咽下。才入生脏，就变酸臭。再到熟脏，则成屎尿。

（3）**观来报**（我若贪心……常噉粪除）

进一步观想：我若以贪心食噉此食，死后将堕地狱噉热铁丸。从地狱出，余报还要作牛马等畜生，偿还所欠宿债，或转作猪狗等，常常食噉粪便等不净之物。

（4）**结示**（故于食中应生厌想）

所以，应对所吃食物生厌离想。出家人在受用饮食时，应如法作观，方与道相应。

2. 引《僧祇律》

【记】　僧祇云：告诸比丘，计此一粒米，用百功乃成。夺其妻子之分，求福故施。云何弃之？

《僧祇律》云：佛告诫诸比丘，计量此一粒米，乃集百种功所成。檀越节俭妻子、儿女口粮，来供养出家人，以获反报之福。我们在受用时怎能随便弃落？[①]

第二观、忖己德行

【记】　二自忖己身德行。

第二观是思忖自己德行全缺，对所受食，堪或不堪。"**忖**"，即观智，衡量自己所修之业，此行业是所观之境。

【记】　毗尼母云：若不坐禅、诵经，不营佛法僧事，受人信施，为施所堕。若无三业，知故而施，俱为施堕。比丘强饱食施主食憍慢意，或自食己食，强饱过分，为施所堕，以其食亦从施主得故。何以故？佛长夜中常叹最后限食（原注云：谓末后减口食），施持戒者，能受能消。施持戒果报大，破戒果报少。足食已更强食者，不加色力，但增其患，故不应无度食。

---

① 《摩诃僧祇律》卷二十二记载："尔时有长者就精舍中饭僧，六群比丘先多受羹，后受饭。时钵中溢出堕地，檀越嫌言：'我夺妻子分饭食众僧，欲尽令食而今弃地。尊者不知耶？此一粒饭中而有百功。'"（《大正藏》第22册，第404页。）

《母论》云：如果出家人不坐禅，不诵经，亦不经营佛法僧三宝之事，而受施主布施，终究将被施所害，堕落三途。作为施主，若明知出家人不作以上三事，仍然对其布施，亦会因此堕落。①

若比丘贪食檀越所施，过分饱食，或者以憍奢轻慢之意而食，乃至不知止足食用已食，亦会因施而堕。因为他们所吃食物皆来自施主。佛对于长夜轮回中众生，常常赞叹减口食。原钞文注释"最后限食"，即吃到最后适当减少几口。

檀越布施持戒者，因受施者持戒清净，堪能消受，施主所得果报便大；反之，若布施破戒者，所得果报便小。

若足食后再强吃，不但不能增强色身体力，而且反添隐患，终将为施所堕。因此，不应无限度受用饮食。

第三观、防心离过

【记】　　三防心离过。
　　　　　　　ˑ ˑ ˑ ˑ

第三观，防心离过。"防"是能观，"心"即所观，此为观法之本。前后四观，皆为防心。此观处于中间，而统前后。

【记】　　明了论疏云：律中说出家人受食，先须观食，后方得噉。凡食有三种，一者上食起贪，应离四事。一离喜乐过，贪着香味，身心安乐，纵情取适故；二离食醉过，食竟身心力强，不计于他故；三离求好颜色过，食毕乐于光悦胜常，不须此心；四离求庄严身过，食者乐得充满肥圆故。二者下食便生嫌嗔。多堕饿鬼，永不见食。三者中膳不分心眼，多起痴舍。死堕畜生中，作诸噉粪乐粪等虫。初贪重故，并入地狱。

《明了论疏》②云：律中说出家人受食前，先须对食作观，然后方可受用。对食所生不善心有三种：一者上食起贪；二者下食生嗔；三者中食起痴。

1. 一者上食起贪

见上等美味食物，易起贪心。因此，应当如法作观，便可远离四种过患：（1）**离喜乐过**。因贪着色香味美食物，见之喜悦，食之快乐。所以放纵贪心，纵情而食。（2）**离食醉过**。贪吃美味，为色身体力健康强壮，不去考虑其余诸事。（3）**离求好颜色过**。贪着美味，为容颜光泽，胜于常人。（4）**离求庄严身过**。贪食饮食，为色身肥圆、肌体丰满。

---

① 《毗尼母经》卷二，《大正藏》第24册，第810页。

② 《南山律学辞典》释"明了论疏"：弘一大师："南山撰述中，屡引明了论疏。灵芝云，未见。今考高丽义天与灵芝同时新编诸宗教藏总录载，律二十二明了论义记五卷，真谛述，海东有本，即此疏也。"（事钞记目次·五·一一）第568页。

2. 二者下食便生嫌嗔

见下劣饮食，生嗔恚、嫌弃之心。此不善心所感果报，大多堕入饿鬼道中，永不见饮食。

3. 三者中膳不分心眼，多起痴舍

见中等饮食，无有正念，不起观照，多起愚痴无记舍心。此心将感招堕落畜生之果报，作贪吃粪便之虫类。

上面所说三种不善心，第一种由贪心重故，必定感地狱之报。

第四观、正事良药

【记】　四正事良药。

第四观、正事良药。《三藏法数》释：正事良药，为疗形枯者。谓饥渴为主病，四百四病为客病，故须以食而为医药，用资其身。凡受食时，当作此观。（四百四病者，人身假地、水、火、风、四大所成，一大不调，则生百一种病，四大共成四百四病也。）①

【记】　观分二：为除故病，饥渴不治，交废道业；不生新病，食饮减约，宿食消灭。又以二事为譬：初如油膏车，但得转载，焉问油之美恶；二欲度险道，有子既死，饥穷饿急，便食子肉，必无贪味。

此观分为两种：

一者为除饥渴旧病。观想食用此药食，是为除去饥渴常病。此病不治，就会荒废道业。

二者为不生新病，即因过量饮食所致消化不良等病。对食作观，饮食知量减约，宿食也易于消化。

又，对食作观，可以二事比喻：一是观想此身犹如车乘，饮食充饥如同为车上油。只要车能转载，何问油之好坏。二者，犹如有人欲度险道，其子死去，恰逢饥饿穷困之极，便食子肉，必定没有贪味之心。

第五观、为成道业

【记】　五为成道业。

第五观、为成道业，方受此食。《三藏法数》云：为成道业，应受此食者，谓不食则饥渴病生，道业何成？②

【记】　观三种：一为令身久住故。欲界之身，必假抟食，若无不得久住，道缘无托故。二为相续寿命。假此报身假命，成法身慧命故。三为修戒定慧，伏灭

① （明）一如法师等编《三藏法数》卷十六，《大藏经》补编第22册，第341页。
② （明）一如法师等编《三藏法数》卷十六，《大藏经》补编第22册，第341页。

烦恼故。持世云：若不除我倒，此是外道，不听受人一杯之水。佛藏亦尔，必厌我倒，于纳衣粗食，不应生着。

第五观含三种：

1. 为令此身久住

为成就道业，需要饮食作为助缘。在欲界，此色身必凭借段食而得以存活，若无饮食，此身不得久住，修道便无依托。

2. 为延续寿命

以借助虚假报身来成就法身慧命，即借假修真。

3. 为修戒定慧，伏灭烦恼

《持世经》云："贪着五阴者，不听受人一杯之水。所以者何？是人于我法中，乃至无有柔顺法忍。是人违逆我法，背舍圣行。"[1] 如果不除我倒，便是外道之人，佛不听此人受施主乃至一杯之水。《佛藏经》[2] 亦同此说。必须生厌离心，除去我倒，对纳衣粗食，不生贪着。

（五）随事对治之杂相

【记】 五、明随治杂相

对于所遇其余境缘，同样也应随时作观对治。

【记】 华严云：若得食时，当愿众生，为法供养，志存佛道。（已下所引五分律等不具录。）前具列正教，必须准用。临食五观，口口缘之。随得随失者，为贪等毒所夺。

灵芝释云：口腹之患，为害颇深。适意片时，招殃累劫。应知三毒，即是三途。故当对事防心，不啻临深履薄。故业疏云：大丈夫既不能造大过，岂为一口之食而陷没耶，所为极弱矣。慈训深切，学者尚复自欺耶。鸣呼！

《华严经·净行品》：若出家人得饮食时，应观想：愿一切众生都能为正法住世而来供养，志求于佛道。[3] 下面钞文所引《五分律》等文，因文繁故不具录。

前面已经具体列示正教观法，行者必须勤当奉持。受饮食时，皆应作以上五种观想，而且应该口口作观。否则，随得随失，口口失念，终将为食所堕，由被贪等三毒夺取正念故。

---

① （后秦）三藏鸠摩罗什译《持世经》卷二，《大正藏》第 14 册，第 651 页。

② 《佛藏经》卷三云："若乞食比丘，于所得食生贪味心，以为甘美而作是念：'我食此食，当得好色气力充盛。'不作是念：'我食此食勤行圣道。'如是比丘我乃不听受一饮水，何况饭食？"《大正藏》第 15 册，第 802 页。

③ （东晋）三藏佛驮跋陀罗译《大方广佛华严经》卷六云："若得食时，当愿众生，为法供养，志在佛道。"（《大正藏》第 9 册，第 432 页。）

灵芝律师解释：贪食过患，其害深重。受用美味生短暂适悦，遭受苦报却殃及累劫。当知贪嗔痴三毒即是三途。因此，应在临境处事之时，谨慎防护此心，恒存如临深渊，如履薄冰之念。

道宣律师在《羯磨疏》中说：大丈夫既然不造大恶入地狱，又岂能为一口之食而陷没此身？① 因小失大，实不值矣。祖师悲心训诲如此深切，后学之人还能再自欺？呜呼！

练习题

1. 根据灵芝律师《资持记》，解释"对施兴治"之含义。

2.《行事钞·对施兴治篇》主要讲述哪五部分内容？

3. 根据《善见律》，简述比丘受用施物有哪四种？

4. 如何理解《母论》中所云"二俱为施所堕"？

5.《大方等大集经》中教导比丘（尼）当如何对衣、食、房舍作不乐想？

6. 依《四分律》中教导，为了不以受施因缘堕三恶道，出家人当如何作意？

7. "食存五观"第一观是什么？根据《大智度论》，当如何观？

8. 据《母论》所讲，你如何理解"食存五观"之第二观？

9. 据《明了论疏》所云，食有哪三种，各起什么过？

10. "食存五观"第四观是什么？观什么？有哪二种比喻？

11. "食存五观"第五观是什么？作哪三种观？

思考题

1. 灵芝律师云："口腹之患，为害颇深。适意片时，招殃累劫。应知三毒，即是三途。……慈训深切，学者尚复自欺耶。"请解释文意并结合实例谈感想。

---

① （唐）道宣律师撰《四分律删补随机羯磨疏》卷四，《卍新续藏》第 41 册，第 300 页。

主要参考文献①

一　经部

1. 《长阿含经》，后秦弘始年佛陀耶舍共竺佛念译，收于《大正藏》第 01 册，No. 0001.

2. 《起世经》，隋天竺三藏阇那崛多等译，收于《大正藏》第 01 册，No. 0024.

3. 《增壹阿含经》，东晋罽宾三藏瞿昙僧伽提婆译，收于《大正藏》第 02 册，No. 0125.

4. 《佛说阿罗汉具德经》，西天译经三藏朝散大夫试光禄卿明教大师臣法贤奉诏译，收于《大正藏》第 02 册，No. 0126.

5. 《师子月佛本生经》，新为失译人名附三秦录，收于《大正藏》第 03 册，No. 0176.

6. 《百缘经》，吴月支优婆塞支谦译，收于《大正藏》第 04 册，No. 0200.

7. 《贤愚经》，元魏凉州沙门慧觉等在高昌郡译，收于《大正藏》第 04 册，No. 0202.

8. 《百喻经》，尊者僧伽斯那撰，萧齐天竺三藏求那毗地译，收于《大正藏》第 04 册，No. 0209.

9. 《法句譬喻经》，晋世沙门法炬共法立译，收于《大正藏》第 04 册，No. 0211.

10. 《摩诃般若波罗蜜经》，后秦龟兹国三藏鸠摩罗什译，收于《大正藏》第 08 册，No. 0223.

11. 《大乘理趣六波罗蜜多经》，罽宾国三藏般若奉诏译，收于《大正藏》第 08 册，No. 0261.

12. 《佛说观普贤菩萨行法经》，宋元嘉年昙无蜜多于扬州译，收于《大正藏》第 09 册，No. 0277.

13. 《大方广佛华严经》，东晋天竺三藏佛驮跋陀罗译，收于《大正藏》第 09

---

① 此中所列电子文献相关资讯出自 CBETA（Version June 2016）所录著作内文；纸质文献相关资讯出自出版物（或有准印证印刷品）封面及版权页。又，电子文献以在《大正藏》《卍新续藏》等藏经中所列册数、经号为序；纸质文献以编者出生先后为序。

册，No. 0278.

14.《大宝积经》，大唐三藏菩提流志奉制译，收于《大正藏》第 11 册，No. 0310.

15.《胜鬘师子吼一乘大方便方广经》，宋中印度三藏求那跋陀罗译，收于《大正藏》第 12 册，No. 0353.

16.《佛说无量寿经》，曹魏天竺三藏康僧铠译，收于《大正藏》第 12 册，No. 0360.

17.《大般涅槃经》，北凉天竺三藏昙无谶译，今收于《大正藏》第 12 册，No. 0374.

18.《大般泥洹经》，东晋平阳沙门法显译，收于《大正藏》第 12 册，No. 0376.

19.《大般涅槃经后分》，大唐南海波凌国沙门若那跋陀罗译，收于《大正藏》第 12 册，No. 0377.

20.《大悲经》，高齐天竺三藏那连提耶舍译，收于《大正藏》第 12 册，No. 0380.

21.《摩诃摩耶经》，萧齐沙门释昙景译，收于《大正藏》第 12 册，No. 0383.

22.《大方等无想经》，北凉天竺三藏昙无谶译，收于《大正藏》第 12 册，No. 0387.

23.《佛垂般涅槃略说教诫经》，后秦龟兹国三藏鸠摩罗什奉诏译，收于《大正藏》第 12 册，No. 0389.

24.《大方等大集经》，北凉天竺三藏昙无谶于姑臧译，收于《大正藏》第 13 册，No. 0397.

25.《大方广十轮经》，失译人名今附北凉录，收于《大正藏》第 13 册，No. 0410.

26.《文殊师利问经》，梁扶南国三藏僧伽婆罗译，收于《大正藏》第 14 册，No. 0468.

27.《维摩诘经》，后秦三藏鸠摩罗什译，收于《大正藏》第 14 册，No. 0475.

28.《海龙王经》，西晋月氏国三藏竺法护译，收于《大正藏》第 15 册，No. 0598.

29.《诸法无行经》，后秦龟兹三藏鸠摩罗什译，收于《大正藏》第 15 册，No. 0650.

30.《佛藏经》，后秦龟兹三藏鸠摩罗什译，收于《大正藏》第 15 册，No. 0653.

31.《解深密经》，大唐三藏法师玄奘奉诏译，收于《大正藏》第 16 册，No. 0676.

32.《正法念处经》，元魏婆罗门瞿昙般若流支译，收于《大正藏》第 17 册，No. 0721.

33.《佛说处处经》，后汉安息国三藏安世高译，收于《大正藏》第 17 册，No. 0730.

34.《佛说因缘僧护经》，失译人名今附东晋录，收于《大正藏》第 17 册，No. 0749.

35.《未曾有因缘经》，萧齐沙门释昙景译，收于《大正藏》第 17 册，No. 0754.

36.《佛说时非时经》，天竺三藏若罗严译，收于《大正藏》第 17 册，No. 0794.

37.《楞严经》，中天竺沙门般剌蜜帝译，收于《大正藏》第 19 册，No. 0945.

38.《大方等陀罗尼经》，北凉沙门法众于高昌郡译，收于《大正藏》第 21 册，No. 1339.

39.《舍利弗问经》，（失译）附东晋录，收于《大正藏》第 24 册，No. 1465.

40.《优婆塞戒经》，北凉中印度三藏昙无谶译，收于《大正藏》第24册，No.1488.

41.《菩萨善戒经》，宋罽宾三藏求那跋摩译，收于《大正藏》第30册，No.1583.

42.《阿育王经》，梁扶南三藏僧伽婆罗译，收于《大正藏》第50册，No.2043.

二 律部

1.《弥沙塞部和醯五分律》，宋罽宾三藏佛陀什共竺道生等译，收于《大正藏》第22册，No.1421.

2.《摩诃僧祇律》，东晋天竺三藏佛陀跋陀罗共法显译，收于《大正藏》第22册，No.1425.

3.《四分律》，后秦罽宾三藏佛陀耶舍共竺佛念等译，收于《大正藏》第22册，No.1428.

4.《四分比丘尼羯磨法》，刘宋罽宾三藏求那跋摩译，收于《大正藏》第22册，No.1434.

5.《十诵律》，后秦北印度三藏弗若多罗共罗什等译，收于《大正藏》第23册，No.1435.

6.《萨婆多毗尼毗婆沙》，失译人名今附秦录，收于《大正藏》第23册，No.1440.

7.《萨婆多部毗尼摩得勒伽》，宋元嘉年僧伽跋摩译，收于《大正藏》第23册，No.1441.

8.《根本说一切有部毗奈耶》，三藏法师义净奉制译，收于《大正藏》第23册，No.1442.

9.《根本说一切有部苾刍尼毗奈耶》，三藏法师义净奉制译，收于《大正藏》第23册，No.1443.

10.《根本说一切有部毗奈耶杂事》，三藏法师义净奉制译，收于《大正藏》第24册，No.1451.

11.《根本说一切有部尼陀那目得迦》，大唐三藏法师义净奉制译，收于《大正藏》第24册，No.1452.

12.《根本说一切有部百一羯磨》，三藏法师义净奉制译，收于《大正藏》第24册，No.1453.

13.《根本萨婆多部律摄》，尊者胜友集，三藏法师义净奉制译，收于《大正藏》第24册 No.1458.

14.《善见律毗婆沙》，萧齐外国三藏僧伽跋陀罗译，收于《大正藏》第24册，No.1462.

15.《毗尼母经》，失译人名附秦录，收于《大正藏》第24册，No.1463.

16.《鼻奈耶》，后秦凉州沙门竺佛念译，收于《大正藏》第24册，No.1464.

17. 《大比丘三千威仪》，后汉安息国三藏安世高译，收于《大正藏》第 24 册，No. 1470.

18. 《佛说目连问戒律中五百轻重事经》，失译人名附东晋录，收于《大正藏》第 24 册，No. 1483b.

19. 《梵网经》，后秦龟兹国三藏鸠摩罗什译，收于《大正藏》第 24 册，No. 1484.

20. 《菩萨戒本》，慈氏菩萨说，北凉天竺三藏昙无谶于姑臧译，收于《大正藏》第 24 册，No. 1500.

21. 《菩萨善戒经》，宋罽宾三藏求那跋摩译，收于《大正藏》第 30 册，No. 1582.

22. 南传《律藏》，（民国元亨寺编译委员会译），收于《汉译南传大藏经》第 01 ~ 05 册，No. 0001 ~ 0003.

23. 《四分比丘尼戒本》，后秦三藏佛陀耶舍共竺佛念译，宝华山传戒比丘读体依藏重刻，香港实业公司承印，ISBN 978 - 988 - 12291 - 2 - 0.

三 论部

1. 《大庄严论经》，马鸣菩萨造，后秦三藏鸠摩罗什译，收于《大正藏》第 04 册，No. 0201.

2. 《分别功德论》，失译人名附后汉录，收于《大正藏》第 25 册，No. 1507.

3. 《大智度论》，龙树菩萨造，后秦龟兹国三藏法师鸠摩罗什奉诏译，收于《大正藏》第 25 册，No. 1509.

4. 《阿毗达摩大毗婆沙论》，五百大阿罗汉等造，三藏法师玄奘奉诏译，收于《大正藏》第 27 册，No. 1545.

5. 《杂阿毗昙心论》，尊者法救造，宋天竺三藏僧伽跋摩等译，收于《大正藏》第 28 册，No. 1552.

6. 《阿毗达磨顺正理论》，尊者众贤造，三藏法师玄奘奉诏译，收于《大正藏》第 29 册，No. 1562.

7. 《瑜伽师地论》，弥勒菩萨说，三藏法师玄奘奉诏译，收于《大正藏》第 30 册，No. 1579.

8. 《菩萨地持经》，北凉中印度三藏昙无谶于姑臧译，收于《大正藏》第 30 册，No. 1581.

9. 《宝性论》，后魏中印度三藏勒那摩提译，收于《大正藏》第 31 册，NO. 1611.

10. 《成实论》，诃梨跋摩造，后秦三藏鸠摩罗什译，收于《大正藏》第 32 册，No. 1646.

11. 《异部宗轮论》，世友菩萨造，三藏法师玄奘译，收于《大正藏》第 49 册，No. 2031.

12. 《清净道论》，觉音尊者著，叶均居士译，台湾省高雄市正觉学会（民89）出版，ISBN 957 - 97561 - 3 - 9.

四　著作

1. 《妙法莲华经玄义》，天台智者大师说，收于《大正藏》第33册，No1716.

2. 《观无量寿经义疏》，净影寺沙门释慧远撰，收于《大正藏》第37册，No. 1749.

3. 《观无量寿佛经疏妙宗钞》，宋四明沙门知礼述，收于《大正藏》第37册，No. 1751.

4. 《维摩经略疏》，天台沙门湛然略，收于《大正藏》第38册，No. 1778.

5. 《四分律删繁补阙行事钞》，京兆崇义寺沙门释道宣撰述，收于《大正藏》第40册，No. 1804.

6. 《四分律行事钞资持记》，大宋余杭沙门释元照撰，收于《大正藏》第40册，No. 1805.

7. 《四分律比丘含注戒本》，太一山沙门释道宣述，收于《大正藏》第40册，No. 1806.

8. 《四分比丘戒本疏》，嵩岳镇国道场沙门定宾撰，收于《大正藏》第40册，No. 1807.

9. 《四分律删补随机羯磨》，京兆崇义寺沙门道宣集，收于《大正藏》第40册，No. 1808.

10. 《僧羯磨》，西太原寺沙门怀素集，收于《大正藏》第40册，No. 1809.

11. 《净心诫观法》，终南山沙门释道宣撰，收于《大正藏》第45册，No. 1893.

12. 《释门归敬仪》，沙门释道宣大唐龙朔元年于京师西明寺述，收于《大正藏》第45册，No. 1896.

13. 《教诫新学比丘行护律仪》，终南山沙门道宣述，收于《大正藏》第45册，No. 1897.

14. 《摩诃止观》，隋天台智者大师说，门人灌顶记，收于《大正藏》第46册，No. 1911.

15. 《止观辅行传弘决》，唐毗陵沙门湛然述，收于《大正藏》第46册，No. 1912.

16. 《法界次第初门》，陈隋国师智者大师撰，收于《大正藏》46册，No.1925.

17. 《净土十疑论》，隋天台智者大师说，收于《大正藏》第47册，No. 1961.

18. 《往生礼赞偈》，沙门善导集记，收于《大正藏》第47册，No. 1980.

19. 《佛祖历代通载》，嘉兴路大中祥符禅寺住持华亭念常集，收于《大正藏》第49册，No. 2036.

20. 《付法藏因缘传》，元魏西域三藏吉迦夜共昙曜译，收于《大正藏》第50

册，No. 2058.

21.《高僧传》，梁会稽嘉祥寺沙门释慧皎撰，收于《大正藏》第50册，No. 2059.

22.《比丘尼传》，大庄严寺释宝唱撰，收于《大正藏》第50册，No. 2063.

23.《高僧法显传》，东晋沙门释法显自记游天竺事，收于《大正藏》第51册，No. 2085.

24.《大唐西域记》，三藏法师玄奘奉诏译，大总持寺沙门辩机撰，收于《大正藏》第51册，No. 2087.

25.《经律异相》，梁沙门僧旻宝唱等集，收于《大正藏》第53册，No. 2121.

26.《法苑珠林》，西明寺沙门释道世撰，收于《大正藏》第53册，No. 2122.

27.《南海寄归内法传》，翻经三藏沙门义净撰，收于《大正藏》第54册，No. 2125.

28.《大宋僧史略》，右街僧录通慧大师赞宁奉敕撰，收于《大正藏》第54册，No. 2126.

29.《一切经音义》，翻经沙门慧琳撰，收于《大正藏》第54册，No. 2128.

30.《一切经音义》，翻经沙门玄应撰，收于《中华藏》第56、57册，No. 1163.

31.《大明三藏法数》，上天竺前住持沙门一如等奉敕集注，收于《永乐北藏》第181～183册，No. 1615.

32.《灵峰蕅益大师宗论》，古歙门人成时编辑，收于《嘉兴藏》第36册，No. B348.

33.《毗尼止持会集》，金陵宝华山弘律沙门读体集，收于《卍新续藏》第39册，No. 0709.

34.《释四分律含注戒本疏科》，大宋余杭沙门元照录，收于《卍新续藏》第39册，No. 0713.

35.《四分律含注戒本疏行宗记》，大宋余杭郡沙门元照述，收于《卍新续藏》第39册，No. 0714.

36.《四分戒本如释》，明广州沙门释弘赞在犙绎，收于《卍新续藏》第40册，No. 0717.

37.《重治毗尼事义集要》，古吴蕅益沙门智旭汇释，收于《卍新续藏》第40册，No. 0719.

38.《四分比丘尼钞》，终南山沙门释道宣述，收于《卍新续藏》第40册，No. 0724.

39.《四分律删补随机羯磨疏济缘记》，大宋余杭郡沙门元照述，收于《卍新续藏》第41册，No. 0728.

40.《四分律疏》，沙门法砺撰，收于《卍新续藏》第41册，No. 0731.

41.《四分律疏》，沙门释智者撰，收于《卍新续藏》第42册，No. 0734.

42. 《四分律开宗记》，西大原寺沙门怀素撰，收于《卍新续藏》第 42 册，No.0735.

43. 《四分律行事钞批》，江东杭州华严寺沙门大觉撰，收于《卍新续藏》第 42 册，No.0736.

44. 《四分律行事钞简正记》，吴越国长讲律临坛赐紫清凉大师景霄纂，收于《卍新续藏》第 43 册 No.0737.

45. 《四分律名义标释》，明广州沙门释弘赞在参辑，收于《卍新续藏》第 44 册，No.0744.

46. 《佛说目连问戒律中五百轻重事经略解》，失译人名附东晋录，明姑苏报国寺弘戒沙门性祇述，收于《卍新续藏》第 44 册，No.0750.

47. 《芝苑遗编》，六世法孙道询集，余杭郡沙门元照录，收于《卍新续藏》第 59 册，No.1104.

48. 《在家律要广集》，后秦三藏法师鸠摩罗什等译，明蕅益沙门智旭等集，清源洪沙门仪润、优婆塞陈熙愿增订，收于《卍新续藏》第 60 册，No.1123.

49. 《沙弥律仪要略述义》，清古杭昭庆万寿戒坛传律沙门书玉科释，收于《卍新续藏》第 60 册，No.1119.

50. 《四分律比丘尼戒本会义》，清德基律师述，福建省晋江市天竺讲堂三宝弟子倡印，佛历 2547 年恭印。

51. 《毗尼作持要录》，慈舟律师录，莆田广化寺佛经流通处编印，准印证号：（闽）新出内书（宗）2017085 号。

52. 《四分律比丘戒相表记》，弘一律主著，福建省新闻出版局准印，准印证号：（闽）新出（2012）内书第 36 号（宗）（编号：B023 ⑤ bfad）。

53. 《钞记扶桑集释》，弘一大师集释，台湾正觉精舍倡印，香港实业公司承印，2003 年 5 月出版。

54. 《四分律藏四阿含集颂》，能海法师集，上海佛学书局印行，上海市新闻出版局准印证（91）第 313 号。

55. 《律藏研究（初稿）》（上、下），（日）文学博士平川彰著，有限会社 山喜房佛书林刊，2014 年 12 月 28 日上传 http://www.doc88.com/p-9079396975165.html

56. 《四分律比丘尼钞讲记》，狮子山沙门释果清律师编述，南投县埔里镇：正觉精舍，民 94 ISBN 957-28669-5-8（精装）。

57. 《四分律比丘尼戒相表记浅释》，清凉山普寿寺比丘尼如瑞法师，2009 年印刷，山西省内部图书准印证（09）字第【20】号。

58. 《当代第一比丘尼——隆莲法师传》，袁山山著，福建美术出版社，1997。

后　记

世尊临般涅槃时，垂诲咐嘱弟子："于我灭后，当尊重珍敬波罗提木叉，如暗遇明、贫人得宝。当知此则是汝大师，若我住世无异此也。"此乃"以戒为师"之圣训。

惭愧如瑞，1981 年出家，承众多前辈教导，尤蒙上通下愿律师训诲，渐渐理解圣训之分量。1991 年，愿老临终之际，殷重嘱托"当弘扬戒律，兴建十方尼众道场"。身为弟子，近三十年来，遵师遗愿，先后与十方尼众研习讲授：《比丘尼戒相表记》《四分律》，道宣律师《行事钞》《羯磨疏》《戒本疏》《随机羯磨》《比丘尼钞》以及法藏大师《梵网经菩萨戒本疏》等。鉴于摄律仪戒为三聚净戒乃至三学之基，故自 1991 年至 2002 年，一年一度讲授《比丘尼戒相表记》。座下学生精勤，整理历年讲义，成《四分律比丘尼戒相表记浅释》。屡经修改，于 2008 年由山西省宗教局批准，印刷流通。

2019 年，中国佛教协会为落实我国宗教院校建设规划和中央统战部有关通知精神，制定了《全国汉传佛教院校教材编写工作方案》及《全国汉传佛教院校教材编写体例》，旨在加强汉传佛教院校教材建设，提升佛教院校教学质量。五台山尼众佛学院本着爱国爱教、护持正法之纯正发心，立足于多年研习学讲《比丘尼戒相表记》、编写完成《四分律比丘尼戒相表记浅释》之基础，积极响应中佛协号召，在"佛教制度学模块"中，申报《四分律比丘尼戒相表记教程》（以下简称《教程》）之选题，并获协会领导慈悲准允。

自 2019 年 6 月始，五台山尼众佛学院统一部署，委任院长（惭愧如瑞）担任主编，调动学院部分资深律学法师，投入《教程》编写、校对、研讨、审核工作。历时年半，几易其稿，终于依"教程编写协议"如期完成。其间，大众付出之辛苦可想而知，所获法喜亦不言而喻。

本书之编辑出版，仰仗中国佛教协会诸位大德长老之鼎力支持，得益于众多法师同学之精诚合作与勤奋努力，在此一并感恩、随喜、赞叹。

书中错谬疏漏之处，恳请十方大德慈悲指正。

惭愧　如瑞

2020 年冬于五台山普寿寺

图书在版编目（CIP）数据

四分律比丘尼戒相表记教程：上中下 / 释如瑞编著
. -- 北京：社会科学文献出版社，2021.12（2024.12 重印）
ISBN 978 - 7 - 5201 - 9005 - 3

Ⅰ. ①四⋯　　Ⅱ. ①释⋯　　Ⅲ. ①《四分律》-教材
Ⅳ. ①B943.3

中国版本图书馆 CIP 数据核字（2021）第 218956 号

四分律比丘尼戒相表记教程(上中下)

编　　著／释如瑞

出 版 人／冀祥德
组稿编辑／袁清湘
责任编辑／赵怀英
责任印制／王京美

出　　版／社会科学文献出版社·人文分社（010）59367215
　　　　　地址：北京市北三环中路甲 29 号院华龙大厦　邮编：100029
　　　　　网址：www. ssap. com. cn
发　　行／社会科学文献出版社（010）59367028
印　　装／三河市龙林印务有限公司

规　　格／开　本：787mm × 1092mm　1/16
　　　　　印　张：77　字　数：1547 千字
版　　次／2021 年 12 月第 1 版　2024 年 12 月第 3 次印刷
书　　号／ISBN 978 - 7 - 5201 - 9005 - 3
定　　价／198.00 元（上中下）

读者服务电话：4008918866